Jörg Lauster
DIE VERZAUBERUNG DER WELT

Jörg Lauster

DIE VERZAUBERUNG DER WELT

Eine Kulturgeschichte des Christentums

C.H.Beck

1. Auflage. 2014
2. und 3. Auflage. 2015
4., durchgesehene Auflage. 2016
5. Auflage. 2017
1., durchgesehene Auflage in C.H.Beck Paperback 2020

Mit 89 Abbildungen, davon 25 in Farbe

Der Verlag dankt akg images
für die gute Zusammenarbeit.

6., durchgesehene Auflage 2021
© Verlag C.H.Beck oHG, München 2014
www.chbeck.de
Umschlaggestaltung: Kunst oder Reklame, München
Umschlagabbildung: Paolo Veronese, Gastmahl im Hause Levis (Ausschnitt), 1573,
Galleria dell'Academia, Venedig, © Cameraphoto Arte Venezia/Bridgeman Images
Satz: Dante Regular bei Fotosatz Amann, Memmingen
Druck: Eberl & Koesel, Altusried-Krugzell
ISBN 978 3 406 66664 3

myclimate
klimaneutral produziert
www.chbeck.de/nachhaltig

*Für Martina, meine Gefährtin,
für Sophie, meine Tochter,
für meine Freunde*

in Dankbarkeit

Inhalt

Einleitung
DIE VERZAUBERUNG DER WELT 13

Erstes Kapitel
DAS GEHEIMNIS DES ANFANGS 19
1. Das Rätsel der Person Jesu 19
2. Der Jesus der Evangelien 21
   Im Schatten der Weltgeschichte 21 – Der nahe Gott 24 – Der Wundertäter 27 – Eine neue Ethik 27 – Die Maßlosigkeit Jesu 29 – Das Ende als Anfang 30

3. Jesus und das Christentum 34

Zweites Kapitel
EINE NEUE RELIGION ENTSTEHT 37
1. Vom Werden des Christentums 38
   Der Traum der Urgemeinde 40 – Prototyp einer christlichen Existenz: Paulus 43 – Die Krisen des frühen Christentums 48

2. Die Säulen des Christentums 56
   Das Werden einer Kirche 56 – Glauben und Denken 60 – Die Erfindung der Bibel 62 – Gottesdienst und Sakrament 72

3. Das frühe Christentum als Kulturrevolution 76
4. Warum hat das Christentum in der Antike überlebt? 84

Drittes Kapitel
DIE MACHT DER SIEGER 91
1. Die konstantinische Wende 91
2. Eine neue Ordnung der Welt 96
   Die Macht der Sinne: Kirchenbau 97 – Die Macht der Augen: Das Christusporträt 105 – Die Macht der Welt: Krieg, Geld und Sexualität 110 – Die Intoleranz der Sieger: Bildungskriege gegen das Heidentum 111
3. Glanz und Fluch des Dogmas: Streit um Christus 115
   Dreieinigkeit: Die Grenzen des Verstandes 117 – Zwei Naturen und viel Hass 120
4. Weltuntergang in Rom, Weltübergang in Konstantinopel 124

Viertes Kapitel
BLÜHENDE FINSTERNIS. DIE CHRISTIANISIERUNG EUROPAS 129
1. Die Rückkehr der Wälder und die blonde Bestie 130
   Aufbruch und Dezivilisierung 130 – Gotische Träume in Ravenna und Toledo 132
2. Die Geburt neuer Imperien 137
   Die Anfänge des fränkischen Großreichs 137 – Byzantiner, Assyrer und Muslime 139
3. Das Kloster als Wiege des Abendlands 142
   Von Ägypten in den Westen 142 – Benedikt von Nursia 147 – Die Geburt Europas aus dem Geist des Klosters 150
4. Licht aus dem Westen 153
   Die Mission der Angelsachsen 153 – Vom Handwerk eines Missionars: Bonifatius 155
5. Die karolingische Renaissance 158
   Christianisierung und Gewalt 160 – Das Heilige im Buch 161 – Die Schönheit des Imperiums: Kulturpolitik als Auftrag Gottes 164

Fünftes Kapitel
DER AUFSTIEG DES ABENDLANDES 171
1. Christliche Weltherrschaft: Das Papsttum 174
   Von Petrus zum Primatsanspruch des römischen Bischofs 174 – Gregor der Große als Musterpapst und Seelenführer 176 – Machtkampf zwischen Kaiser und Papst 178 – Der elende Mensch und der Stellvertreter Christi 180
2. Kultur der Gewalt I: Die Kreuzzüge 184
   Natürliche, gerechte und heilige Kriege 184 – Kleine Geschichte der Kreuzzüge 186 – Warum gab es die Kreuzzüge? 190

3. Kultur der Gewalt II: Ketzerverfolgung und Inquisition 193
   Reinheit und Protest: Die Katharer 193 – Verlorene Unschuld: Scheiterhaufen für die Ketzer 195 – Grausame Vernunft: Die Inquisition 200

4. Ein heiliger Mensch: Franziskus von Assisi 205
   Die Vita eines Heiligen 205 – Der franziskanische Geist 209 – Die Welt als Schauplatz göttlicher Güte 210

5. Die Ordnung des Wissens: Die Universität 212
   Glaube, der nach Einsicht sucht 213 – Aristoteles und das Morgenland 216 – Die Ritter des Denkens 218 – Kathedralen des Denkens 224

6. Gottesdienst der Steine: Die Kathedralen 230

7. Himmel und Hölle: Dantes Göttliche Komödie 238
   «Nel mezzo del cammin di nostra vita» 239 – Sinnuniversum und Vorstellungskraft 240

Sechstes Kapitel
WIEDERGEBURTEN: DAS CHRISTENTUM DER RENAISSANCE 245

1. Neue Lebensgefühle 245
   Petrarca und das nachdenkende Ich 246 – Panoptikum der Renaissancekultur 250 – Heidnisches und Christliches 253 – Christlicher Kulturplatonismus in Florenz 256

2. Die Macht der Bilder 260
   Giotto und die sichtbare Präsenz der Heilsgeschichte 263 – Botticelli und die Erlösung durch Schönheit 269

3. Religion im Auge des Betrachters: Raffael 272

4. Die Religion Michelangelos 276
   Anfang und Ende: Pietà 277 – Ruhm und Ehre: Die Sixtinische Kapelle 281 – Kraft und Gnade: Christus, der Auferstandene und der Weltenrichter 288

Siebtes Kapitel
«ALLES FLIESST»: DIE REFORMATIONEN DES CHRISTENTUMS ... 295

1. Reformation und Reformationen 295

2. Martin Luther: Ein Mönch wird zum Revolutionär 297

3. «Die ich rief, die Geister»: Radikale Reformation 302
   Von Unruhestiftern und Schwärmern 302 – Von Täufern und Bauern 304

4. Die humanistische Reformation 307
   Fürst der Gelehrsamkeit: Erasmus von Rotterdam 307 – Lehrer Deutschlands: Philipp Melanchthon 311

5. Die Zweite Reformation: Zwingli und Calvin 314
   Zwingli und die Reformation in Zürich 314 – Calvin und die Reformation in Genf 316

6. Die Fürstenreformation und Europa 319
   Unterstützer der Reformation 320 – Reformation als europäisches Ereignis 322

7. Die katholische Reformation 325

8. Ein depressiver Kaiser und gelehrte Pfarrer:
   Die Kulturfolgen der Reformation 329

Achtes Kapitel
DIE WUCHT DES BAROCK 335

1. Gott und die Welt: Europas Aufbruch 336
   Christliche Seefahrt 337 – Kolonialismus und Mission 340 – Die Eroberung Lateinamerikas 344 – Die Macht des Gewissens und edle Christen 347 – Konquistadoren, Waldläufer und die Träume der Puritaner 351

2. Entfesselte Christentümer 359
   Der Dreißigjährige Krieg 359 – Wie lässt sich Religion zähmen? 361 – Theologie und Frömmigkeit im 17. Jahrhundert 363

3. Von Teufeln und Hexen 365

4. Rausch der Sinne: Die Barockkultur des Auges 371
   Symbol der Kirche: Die Peterskirche 372 – Weltwiderstand durch Bilder: Barockkunst 377 – Der protestantische Barock und Rembrandt 380

5. Harmonie des Universums: Die Barockkultur des Ohres 386
   Wege zur Vollkommenheit 386 – Das evangelische Kirchenlied und die Kirchenmusik 388 – Kleine Geschichte der Barockmusik 391 – Soli Deo Gloria: Johann Sebastian Bach 393

Neuntes Kapitel
DAS LICHT DER AUFKLÄRUNG UND DAS CHRISTENTUM 401

1. Fromme Modernisierer: Die Pietisten 403

2. Die Kraft der Vernunft 407
   Bücher, Blitzableiter und Kapitalisten 407 – Vom Nutzen und Nachteil des Christentums: Rousseau und Kant 410 – Bibelkritiker und Pelzmützen: Christliche Aufklärer 420 – Religionskritik und Atheismus 425 – Christentum zwischen Absolutismus und Staatsaufklärung 429

3. Die Erfindung des Romans aus dem Geist der Puritaner 435
   Pilgrim's Progress 436 – Robinson Crusoe 439

Zehntes Kapitel
DIE METAMORPHOSE DES CHRISTENTUMS IN DER SATTELZEIT . 445
1. Gott in Frankreich: Der große Umbruch 445
   Das Christentum und die Französische Revolution 446 – Der Blitzeinschlag: Entchristianisierung 450 – Im Dienst des Staates: Napoleons Neuordnung 455
2. Säkularisation: Eine alte Welt stirbt 458
3. Das Christentum der Dichter und Denker 463
   Gottes Plan begreifen: Der deutsche Idealismus 465 – «Dem Gemeinen einen hohen Sinn geben»: Romantik als geistige Tat 472 – Wiederverzauberung der Welt: Novalis 474 – Sinn und Geschmack für das Universum: Schleiermacher 476 – Religion als Kunst und Musik: Wackenroder 479
4. Romantische Transformationen 483
   Mondnacht: Die poetische Verwandlung des Christentums 483 – Das Geheimnis der Welt im Bild: Caspar David Friedrich 487
5. Goethes Weltfrömmigkeit 494

Elftes Kapitel
DAS VERVIELFÄLTIGTE CHRISTENTUM IM 19. UND
20. JAHRHUNDERT 501
1. Säkularisierung als Vervielfältigung religiöser Haltungen 502
2. Konterrevolution: Erweckung, Konfessionalismus und
   Fundamentalismus 504
3. Katholische Abwehrkämpfe 509
   Volksfrömmigkeit und Maria 511 – Kulturkämpfe: Die katholische Kirche und der Staat 516 – Unfehlbarkeit und Antimodernismus 521
4. Kulturprotestantismus 526
   Religion und Wissenschaft: «Religiöses Interesse und wissenschaftlicher Geist» 527 – Gottvertrauen und Fortschritt 528
5. Bürgerliche Religion ohne Gott 530
   Erlösung durch Weltverneinung: Arthur Schopenhauer 531 – Fortschritt durch Tat und Kultur: David Friedrich Strauß 534
6. Kampf gegen den Gott des Christentums 537
   Atheismus und Traurigkeit: Jean Pauls «Rede des toten Christus» 537 – Religion als Projektion und Selbsttäuschung: Feuerbach und Marx 538 – Hass, Spott und Analyse: Nietzsche und Freud 542
7. Das Glück auf Erden 545
   Landnahme, Imperialismus und Mission 545 – Little Lady and Big War: Die Antisklavereibewegung 549 – Soziale Fragen 554

8. Gott und die Natur 556
   Weltbilder ohne Gott 557 – Charles Darwins Suche nach dem Plan der Natur 559 – Die Physiker und die letzten großen Fragen 565 – Gott in der Natur begegnen 569

9. Die religiöse Verwandlung der Kultur 572
   Mozarts Geheimnis und die Erlösung durch Musik 572 – Vom Unendlichen zum Banalen: Kunst 579 – Stillose Moderne? Die Schwierigkeit, Kirchen zu bauen 583 – Die Suche nach Gott in der Literatur des 19. Jahrhunderts 589

10. Die Misere des kurzen 20. Jahrhunderts 599
    Der gefühlte Untergang des Abendlands und die Hoffnung auf das Neue 600 – Christenverfolgung und der Pfahl im Fleische des Christentums 603 – Radikalisierung und Entkolonialisierung: Signaturen des Nachkriegschristentums 610

Ausblick
NOTHING IS EVER LOST 615

ANHANG
Dank 621
Anmerkungen 623
Literatur 681
Bildnachweis 725
Personenregister 727

Einleitung

Die Verzauberung der Welt

«Was wir sind und haben – im höheren Sinn –, haben wir aus der Geschichte und an der Geschichte.»[1] Mit den Worten Adolf von Harnacks, des großen deutschen Kulturprotestanten, ist ein Leitmotiv dieses Buches benannt. Die Kulturgeschichte des Christentums ist die Erzählung unserer Herkunft.

Seit Max Weber sind wir damit vertraut, die Geschichte unserer Kultur und auch unserer religiösen Herkunft als das Resultat einer voranschreitenden Rationalisierung und Abkühlung zu begreifen, als eine fortgesetzte Entzauberung, die der Welt und dem Leben alle Geheimnisse nimmt. Daran ist vieles, aber nicht alles richtig. Webers Zeitgenosse Oswald Spengler bezeichnete die Kultur als «geheime Sprache des Weltgefühls».[2] Kultur verarbeitet und artikuliert über ihr zivilisatorisches Fundament hinaus einen mit keiner Funktion verrechenbaren Überschuss im Welterleben, sie repräsentiert ein Weltgefühl, das mehr ist als das Sich-Einrichten in dieser Welt. Das Christentum ist die Sprache eines Weltgefühls, das den Überschuss als das Aufleuchten göttlicher Gegenwart in der Welt versteht, es ist daher die Sprache einer kontinuierlichen Verzauberung der Welt. Diese Verzauberung endet in der Moderne nicht, sie nimmt andere Formen an.

Das Buch will erstens einen Beitrag dazu leisten, die Erscheinungsformen, Triebkräfte und Erfahrungen zu verstehen, die unsere Kultur geprägt haben, es hilft zu begreifen, woher wir kommen. Friedrich Nietzsche, ein anderer Großer des 19. Jahrhunderts, hat in einem seiner Erstlingswerke unüberbietbar Schönes nicht nur über die Nachteile, sondern – man vergisst das meist – auch über den

Nutzen der Historie für das Leben gesagt. Wer dahin blickt, «woher er kommt, worin er geworden ist [...], trägt [...] gleichsam den Dank für sein Dasein ab».³ Die Dankbarkeit gegenüber unserer Herkunft ist nicht gleichzusetzen mit einer Apologie der Christentumsgeschichte. Es gibt Erscheinungsformen des Christentums, die aus heutiger Sicht nur schwer zu begreifen sind. Beim Blick auf Kreuzzüge, Inquisition, Hexenverfolgung und viele andere Gewaltexzesse zeigt sich das Düstere und Irrationale, das zu jeder Religion und daher auch zum Christentum bis in unsere Tage hinein gehört. Das Finstere kann jedoch nur vertrieben werden, wenn eine Religion das Licht der Aufklärung auf ihre eigene Geschichte wirft.

Eine Kulturgeschichte des Christentums ist zweitens der Versuch, seine kulturelle Erscheinungsvielfalt besser zu verstehen. Die christliche Religion setzt sich aus einer Vielfalt von Motiven, Themen und kulturellen Erscheinungsformen zusammen, deren Sinn es zu verstehen gilt. Daher ist die kulturgeschichtliche Perspektive auch kein theologisches Sakrileg, sondern ein Gewinn. Den Anhängern des Christentums kann sie nützlich sein, den Grund ihrer eigenen Welt- und Lebensorientierung besser einzusehen. Den Gegnern des Christentums könnte sie helfen, mit größerer Klarheit zu wissen, was sie kritisieren.

Das dritte und wichtigste Ziel dieser Kulturgeschichte ist es, das Verständnis des Christentums auf eine kontinuierliche Geschichte der Verzauberung der Welt hin zu erweitern. Von Anbegnin nahm das Christentum Kulturformen aus seiner Umwelt auf und prägte sie in seinem Interesse. Dazu gehören die Bibel als heiliges Buch, die gottesdienstliche Feier, die institutionelle Gestalt einer Kirche, feste Lehren als Dogmen und die praktizierte Nächstenliebe gegenüber Armen, Kranken und Ausgegrenzten. Das alles diente dem Aufbau einer Religionskultur, die wir heute für genuin christlich halten. Aber die Tiefe seiner Überzeugung und die Größe seiner Botschaft trieb das Christentum stets zur Weiterentwicklung der vorhandenen Formen. Als gelebte Religion reicht das Christentum weiter, es ragt hinein in die Kultur und drückt sich in Werken der Kunst, der Architektur und der Musik aus, in der Literatur, in inneren Haltungen von Menschen, ihren Gestimmtheiten, ihrem Umgang mit der Natur und ihrem Verhalten gegenüber anderen Menschen, schließlich in ihren Plänen und Hoffnungen. Es ist eine allzu schlichte Vereinfachung, das Christentum auf die traditionellen Kulturformen seiner ersten Jahrhunderte zu reduzieren und allein an diesen zu messen, was als christlich zu gelten hat. Schon im Bau einer Kathedrale und in dem Bild eines Renaissancekünstlers bricht etwas von dem christlichen Welterleben durch, das die traditionellen Formen übersteigt. Seit der Neuzeit erprobt das Christentum viele Kulturformen, um seine Botschaft zu vermitteln. Romane, Bilder, Musik, der politische Kampf für die Freiheit und der Gang in die Natur, das alles sind Ausdrucksformen, und in manchen dieser Erscheinungsformen erfährt man besser und tiefer als in den traditionellen Gestalten des Christentums, was die Menschen im Innersten bewegte. Das Christentum ist der Ozean einer Religion, und die Kulturgeschichte der Versuch, ihn in seiner Weite zu bereisen.

Es gibt in der protestantischen Theologie eine bedeutende Traditionslinie, die dem inneren Zusammenhang von Religion und Kultur nachgegangen ist. Sie reicht von Friedrich Schleiermacher über Ernst Troeltsch bis zu Paul Tillich. Ihrem Grundanliegen weiß sich eine Kulturgeschichte des Christentums dankbar verpflichtet, wenn sie seine Kulturformen auf ihre religiöse Bedeutung hin zu lesen versucht. In dieser Tradition ist das vorliegende Programm einer Kulturgeschichte der Versuch einer Sinngeschichte des Christentums.

Die Hoffnung, durch die Suche nach Sinn und Bedeutung zu einem umfassenderen Verständnis kultureller Phänomene zu gelangen, hat eine lange Vorgeschichte. Von dem Philosophen Georg Wilhelm Friedrich Hegel stammt der berühmte Satz, die Philosophie sei «ihre Zeit in Gedanken gefaßt».[4] Aus dem philosophischen Denken einer Zeit heraus erschließen sich die Fragen, die die Menschen jener Epoche umtreiben. Damit lieferte Hegel einen wichtigen Impuls für die große Zeit der Kulturgeschichtsschreibung. Deren Protagonisten sind von ihrer philosophischen Berufung her kaum als Hegelianer zu bezeichnen, jedenfalls teilen sie nicht Hegels Geschichtsbild, nach dem die Weltgeschichte allen Wirren zum Trotz letztlich einer planvollen Entwicklung des Weltgeistes folgt. Dennoch ist Hegels Philosophie der Geschichte ein wichtiges Gründungsdokument, da sie universalgeschichtlich den Geist einer Zeit aus ihren kulturellen Phänomenen herauszulesen beabsichtigt.

Das goldene Zeitalter der Kulturgeschichtsschreibung beginnt um die Mitte des 19. Jahrhunderts mit Jacob Burckhardts Meisterwerk über die Kultur der Renaissance.[5] Burckhardt will Kulturphänomene auf ihre Bedeutung und auf ihren Sinn hin lesen, um so ein Zeitalter besser verstehen zu können. Seine Idee, den Geist einer Zeit aus der Bedeutungsanalyse ihrer kulturellen Erscheinungsformen herauszuarbeiten, erweist ihn als Erben Hegels. Denn was er darin unternimmt, ist die kulturgeschichtliche Ausweitung von Hegels Motto, die Philosophie sei «ihre Zeit in Gedanken gefaßt». Burckhardt geht über Hegel hinaus – nicht allein die Analyse der Philosophie, sondern die Gesamtschau der kulturellen Phänomene ist nötig, um den Geist einer Zeit zu erheben und ihr Porträt malen zu können. «Besser zu verstehen»[6] ist auch das ausdrückliche Motto, das Johan Huizinga, ein anderer Großer der klassischen Kulturgeschichtsschreibung, seinem Buch *Herbst des Mittelalters* voranstellt. Für ihn zielt die Kulturgeschichte auf das Lebensgefühl einer Epoche.[7]

Ihren Ausklang findet diese glanzvolle Tradition in den populären Werken von Egon Friedell und Oswald Spengler. Von Seiten der historischen Wissenschaften begegnet man Friedell im günstigsten Falle mit höflichem Schweigen, Spengler üblicherweise mit vernichtender Kritik. Das Lesepublikum hat hingegen Spenglers *Untergang des Abendlandes* und Friedells *Kulturgeschichte der Neuzeit* begeistert aufgenommen. In den beiden erfolgreichen kulturgeschichtlichen Büchern des 20. Jahrhunderts treten Größe und Grenze der Kulturgeschichtsschreibung alter Schule deutlich zu Tage. Die Kulturgeschichtsschreiber des goldenen Zeitalters ihrer Zunft sind glänzende Erzähler, die das Leben vergangener Epochen in seiner ganzen Fülle und Vielfalt nahe an die Leserinnen und Leser heranrücken, den tieferen Sinn aufspüren und große Linien ziehen können. Im Bann der imposanten Deutungsleistung gerät jedoch die Frage ins Hintertreffen, wie die Urteile zustande kommen. Das Methodenproblem aller hermeneutischen Versuche, vergangene Lebensäußerungen auf ihren Sinn hin zu lesen, wird hier virulent.

Bücher sind Kinder ihrer Zeit, und so verdankt sich die Idee zu einer Kulturgeschichte des Christentums heute dem, was der Wissenschaftsbetrieb *cultural turn* nennt. Damit wird ein Phänomen bezeichnet, das in den letzten beiden Jahrzehnten des 20. Jahrhunderts einsetzte und eine beträchtliche Erweiterung der Perspektiven im Umgang mit der Vergangenheit einfordert. Eine Grundintention ist trotz verschiedener Zugangsweisen klar zu erkennen. Die neue Wende zur Kulturgeschichte ist von dem Interesse geleitet, herauszufinden, wie sich Menschen durch Kultur in der Welt orientieren und einrichten. Der kulturgeschichtliche Ansatz «befragt vergangene Zeiten daraufhin, wie sich Menschen in ihnen wahrgenommen und gedeutet haben, welche materiellen, mentalen und sozialen Hintergründe jeweils auf ihre Wahrnehmungs- und Sinnstiftungsweisen einwirkten und welche Wirkungen von diesen ausgingen».[8] Über die Kulturgeschichtsschreibung des 19. Jahrhunderts geht der heutige Ansatz mit einer größeren Vielfalt der Perspektiven hinaus. Der hier eingeschlagene Weg der Kulturgeschichte teilt das Grundanliegen, die Orientierungskraft geschichtlicher Kulturformen über eine Vielzahl von Perspektiven zu erschließen. Es gilt, die Einsichten der Ereignis-, Sozial-, Ideen-, Geistes- und Mentalitätsgeschichte nicht gegeneinander zu stellen, sondern zu einem umfassenden Bild zusammenzuführen. Man muss darum jedoch nicht alle Brücken zur Tradition der Kulturgeschichtsschreibung des 19. und frühen 20. Jahrhunderts einreißen. Vielmehr lässt sich auf diesem Wege das Grundanliegen, Kulturgeschichte hermeneutisch als Sinngeschichte zu fassen, auf ein methodisch verlässlicheres Fundament stellen.

Die aktuellen Debatten zum Verstehen von Kultur und Geschichte haben hinreichend gelehrt, dass es den vermeintlich objektiven «Blick von nirgendwo» nicht gibt. Es ist ein Gebot der Redlichkeit, die Koordinaten des eigenen Standpunkts anzugeben. Dieses Buch will die Kulturgeschichte des Christentums als die Geschichte unserer Herkunft und als Sinngeschichte erzählen. Der Verfasser rechnet also prinzipiell damit, dass uns die kulturellen Erscheinungsformen des Christentums etwas zu sagen haben. Daraus erklärt sich die exemplarische Auswahl der Kulturformen. Ein italienischer Katholik, eine chinesische Presbyterianerin, ein russischer Orthodoxer und eine südafrikanische Anglikanerin würden eine Kulturgeschichte ihrer Herkunft in manchem anders erzählen als ein deutscher Protestant. Den Anspruch, all diese Geschichten auf einmal zu erzählen, kann und will niemand einlösen. Es wäre schon viel gewonnen, wenn wir anfangen würden zu ahnen, wie die Geschichte der anderen aussehen könnte. Hier gibt es auf dem Feld einer Kulturgeschichte des Christentums noch sehr viel zu tun.

Die Standortgebundenheit bringt auch methodische Herausforderungen mit sich. Für jedes Thema des folgenden Buches gibt es weltweit Heerscharen von Experten. Die Forschung schon zu einem Gegenstand zu überblicken, ist schwierig, für das Gesamte vollkommen unmöglich. In Anbetracht der Stofffülle sind Auswahl und Darstellung immer nur in exemplarischer Weise möglich. Es ist das Anliegen des Buches, in der Vielfalt der Entwicklungen eine rote Linie auszumachen und zu einem Ganzen zusammenzufügen. Diese Herausforderungen und die Einsicht in die eigenen Grenzen halten für das Vorhaben am Ende immerhin einen guten Trost bereit: Es ist ehrenvoller, an etwas Großem zu scheitern als etwas Kleines zu meistern.

Erstes Kapitel

Das Geheimnis des Anfangs

1
Das Rätsel der Person Jesu

Das Christentum nimmt seinen Anfang in einer überragenden Persönlichkeit. Das tun andere Religionen auch: Das Judentum verehrt Mose als maßgeblichen Gesetzgeber, der Islam Mohammed als letzten und größten Propheten, der Buddhismus Buddha als einen Weisheitslehrer, der die Welt überwindet. Mose und Mohammed empfingen ihre Autorität unmittelbar von Gott, Buddha wurde erleuchtet. Daher gelten Mose, Mohammed und Buddha mit gutem Recht als Religionsstifter. Sie mussten dazu nicht notwendigerweise eine Religion absichtlich begründen; entscheidend ist, dass eine Religion auf ihr Wirken zurückgeht. Sie befanden sich in einer besonderen Nähe zum Heiligen und ragten darin über die Menschen hinaus, die sie umgaben. Das verlieh ihnen die Autorität, Lehren und Anweisungen auszusprechen, die in heiligen Schriften aufgezeichnet wurden. Sie stifteten Religionen und blieben doch Menschen, sie wiesen den Weg zu Gott und zum Heiligen, aber sie waren nicht das Heilige selbst.

In der Reihe der Religionsstifter steht auch Jesus Christus. Er ist die Persönlichkeit, in der das Christentum historisch seinen Anfang hat, er verkündigte ein neues Ethos, er war ein Prophet und Weisheitslehrer. Und doch hebt sich Jesus von den anderen Religionsstiftern markant ab, denn das Christentum verehrt Jesus Christus selbst als die höchste Erscheinungsform des Heiligen in der Welt.

In Jesus erschien Gott selbst. Das Christentum betet daher seinen Stifter als menschgewordenen Sohn Gottes an. Sein Name ist die Kurzfassung eines religiösen Bekenntnisses: Jesus ist der Christus, der Messias. Gegner und Kritiker sahen in der Vergöttlichung und Anbetung des Religionsbegründers von Anfang an eine religiöse und auch intellektuelle Zumutung. Wegen der einzigartigen Verehrung Jesu als Messias haben sich die Christen von den Juden der Antike getrennt. Philosophen des Römischen Reiches wandten sich gegen diesen ihrer Auffassung nach primitiven Rückfall in eine mythische Religiosität. Der Koran schließlich ehrt Jesus als Propheten, verurteilt aber seine Anbetung als häretischen Polytheismus. Nicht Jesus selbst, sondern die religiöse Stellung, die er als Christus im Christentum einnimmt, zieht die Kritik auf sich.

So skeptisch man jedoch außerhalb des Christentums die Anbetung der Person Jesu betrachtet, so fraglos gilt sie innerhalb des Christentums als Wesenskern. Im Grunde kann man die ganze Kulturgeschichte des Christentums als die Summe der Versuche einer jeden Zeit und einer jeden Epoche lesen, mit den jeweils zur Verfügung stehenden kulturellen Ausdrucksmitteln den persönlichen Umgang mit Christus im Bewusstsein lebendig, frisch und wirkkräftig zu halten.

Das Christentum stand von Anfang an vor der Aufgabe, den ungeheuren Anspruch seines Stifters nicht einfach nur zu behaupten, sondern auch zu begründen. Das wirft die Frage nach der Person Jesu auf. In den Evangelien spricht sie Jesus selbst aus: «Wer sagen die Leute, dass ich sei?» (Mk 8,27) Bezeichnend ist die Reaktion seiner Jünger: «Einige sagen, du seist Johannes der Täufer; einige sagen, du seist Elia; andere, du seist einer der Propheten. Und er fragte sie: Ihr aber, wer sagt ihr, dass ich sei? Da antwortete Petrus und sprach zu ihm: Du bist der Christus!» (Mk 8,28–29) Die Stelle, die sich in abgewandelter Form in allen vier Evangelien findet, spiegelt die Vieldeutbarkeit der Person Jesu eindrucksvoll wider. Seine Anhänger hoben sich dadurch ab, dass sie Jesus nicht nur in Analogie zu anderen historischen Gestalten sahen, sondern ihn als Christus erfuhren und verehrten. Die Jünger, so lassen uns die Evangelien wissen, haben aus der Begegnung mit Jesus, aus seinen Worten und Taten erkannt, dass er Gottes Sohn ist. Von nichts anderem berichten die Evangelien, wenn sie erzählen, wie Jesus auf übernatürliche Weise von der Jungfrau Maria geboren wurde, den Anbruch des Gottesreiches verkündigte, Wunder tat und Sünden vergab, von seinen Gegnern ans Kreuz gebracht und schließlich nach drei Tagen durch Gott von den Toten auferweckt wurde. Die Evangelien sind eine frühe Kulturform des Christentums, in der in einer ganz eigenen und neuen Literaturgattung die Göttlichkeit des Menschen Jesus vergegenwärtigt und in Erinnerung gehalten werden soll. Ihre Verfasser hatten kein Interesse an einer historischen Berichterstattung und an der Wiedergabe von Tatsachen, denn sie sprachen aus einer religiösen Begeisterung und Gewissheit und wollten diesen Enthusiasmus weitergeben. Die Evangelien beschreiben Jesus als Gottessohn, weil sich die Verfasser ganz sicher waren, dass er der Gottessohn ist. Daher griffen sie auf Ausdrucksformen des Mythos zurück und zeichneten Jesus in leuchtenden Farben.

Allerdings wüsste man neben der Verehrung Jesu, die in den Evangelien aufleuchtet, gern mehr darüber, wie es wirklich war. Dass die Evangelien Jesus als Gottessohn verehren, steht außer Frage, aber tun sie das auch zu Recht? Das große Projekt, in dem man seit dem 19. Jahrhundert nach der historischen Person Jesus suchte, endete in einer Enttäuschung. Albert Schweitzer hat diesem ehrgeizigen Unterfangen, das so viele kluge Köpfe anzog, mit seiner *Geschichte der Leben-Jesu-Forschung* ein literarisches Denkmal geschaffen.[1] Das Ziel einer historisch verlässlichen Lebensbeschreibung des christlichen Religionsstifters hat die Wissenschaft nie erreichen können. Bedeutende Theologen wie der Marburger Neutestamentler Rudolf Bultmann zogen daraus die Konsequenz, die Frage nach dem historischen Jesus aufzugeben. Wesentlich ist, so lautet seine berühmte Wendung, dass allein «Jesu Gekommensein selbst das entscheidende Ereignis war».[2] Was die Evangelien über Jesus berichten, sei historisch nicht belangvoll, sondern allein als mythischer Ausdruck des Glaubens der Urgemeinde wichtig. Doch auch dieser Lösungsweg endete in einem Zwist, denn Bultmanns Schüler wandten sich in diesem Punkt von ihrem Meister ab und stellten erneut die Frage nach dem historischen Jesus.[3] Auch wenn man erkennen muss, dass man nie definitiv wird wissen können, wie es wirklich war, bleibt das Bemühen um historische Vergewisserung ein Grundbedürfnis der Wahrheitssuche seit der Aufklärung. Die wissenschaftliche und historische Erforschung der Bibel ist eine spezifisch abendländische Umgangsform mit dem eigenen Religionsstifter. Viele der gewonnenen Einsichten verdanken sich wissenschaftlichen Meisterleistungen.

2
Der Jesus der Evangelien[4]

Im Schatten der Weltgeschichte

Das Christentum begann an einem Ort «im Schatten der Weltgeschichte».[5] In der Perspektive des Römischen Reiches lag Galiläa in einem entlegenen Winkel. Weniger ruhig stellte sich die Lage allerdings in Galiläa und im angrenzenden

Judäa aus Sicht der Bewohner dar. Nach der Rückkehr aus dem babylonischen Exil hatten die Juden keine Möglichkeit mehr zur politischen Gestaltung des eigenen Landes. Von einer kurzen Phase abgesehen, war das Territorium ein Spielball wechselnder Herrscher und Mächte. Nach Alexander dem Großen hinterließ vor allem die hellenistische Kultur nachhaltige Spuren. Der Hellenismus war der Kulturriese der europäischen Antike, eine Mischgestalt aus griechischen und orientalischen Kulturformen. Einerseits pflegte er das Erbe der griechischen Klassik, in dem philosophischer Rationalismus und die Frage nach der richtigen Lebensführung des Einzelnen miteinander in Einklang zu bringen waren. Andererseits flossen in die Religionspraxis üppige orientalische Kultformen ein und Erlösungsvorstellungen bildeten sich aus, die auf eine Überwindung der Welt zielten. Die Grenzen zum Übernatürlichen wurden fließend. Es konnte sich in einzelnen Menschen zeigen, in einem «göttlichen Menschen», dem die Kraft zu wundersamen Handlungen zugetraut wurde. Rationale Wissensformen stießen im Hellenismus auf sehr durchlässige Grenzen zum Natürlichen und Übernatürlichen.

Zur Zeit Jesu stand Palästina unter römischer Herrschaft, zuweilen direkt, zuweilen unter romtreuen oder von Rom eingesetzten Machthabern. Die politische Bedeutungslosigkeit sowie die massiven kulturellen und religiösen Einflüsse der herrschenden Mächte kollidierten empfindlich mit den Verheißungen an das Volk Israel, die für die antiken Juden so große Zukunftshoffnungen begründeten. Das Judentum verarbeitete diese Herausforderung in unterschiedlicher Weise. In der Folge von Religionskriegen und innenpolitischen Auseinandersetzungen bildeten sich verschiedene religiöse Gruppierungen heraus. Am bekanntesten sind aus der biblischen Tradition die Pharisäer. Das von ihnen gezeichnete Bild der borniertem Schriftgelehrten hat wenig mit ihrer tatsächlichen Funktion zu tun. Die Pharisäer arbeiteten für eine Erneuerung des Judentums durch die Pflege und Fortführung der eigenen Traditionen. Die Sadduzäer hingegen, gesellschaftlich meist in der Nähe der Tempelaristokratie angesiedelt, richteten ihre Energien auf wortgetreue Toraauslegung und den Tempelkult. Die Gruppe der Essener, die erst im 20. Jahrhundert durch die Funde der Schriftrollen in Qumran fassbar wurde, war eine zurückgezogene Gemeinde, die sich in der Abgeschiedenheit der Wüste durch eine strenge religiöse Lebensführung auf die erwartete Endzeit vorbereitete. Die Zeloten hingegen strebten die Durchsetzung der Verheißungen an Israel mit politischen und militärischen Mitteln an. Hinzu kamen in der Zeit der Römerherrschaft messianische Bewegungen, in denen sich politische Ziele und religiöse Motive auf einzelne Rettergestalten fokussierten, die als Könige gerechte politische Herrschaft und zugleich religiöse Erlösung stiften sollten.

Wenn man von römischen Schriftstellern erfährt, dass Palästina zur Zeit Jesu ruhig gewesen sei, dann galt das nur aus der Perspektive des fernen Rom. Unter der Decke vermeintlichen politischen und militärischen Friedens brodelten jüdische Erneuerungsversuche, Messiashoffnungen und hellenistisch gefärbte Erlösungsvorstellungen. Dem auf Sicherheit und Vergewisserung bedachten Festhalten an den Traditionen stand eine unruhige Erwartungshaltung und eine erregte Erneuerungshoffnung gegenüber.

In diese angespannte mentale, religiöse und politische Gemengelage hinein wurde Jesus geboren. Die Chronologie und die gesicherten Daten seines Lebens sind karg und darum rasch wiedergegeben.[6] Jesus wurde zwischen den Jahren 6 und 4 vor unserer Zeitrechnung sehr wahrscheinlich in Nazareth geboren, der Geburtsort Bethlehem ist wahrscheinlich eine spätere Konstruktion. Da das Alte Testament die Geburt des Messias in Bethlehem vorhersagt, verlegte schon die frühe christliche Überlieferung die Geburt Jesu dorthin. Seine Familie entstammte dem Handwerkermilieu, möglicherweise hatte er selbst einen Handwerksberuf erlernt und ausgeübt. Jesus hatte mehrere Geschwister, sein Bruder Jakobus, der «Herrenbruder», leitete nach dem Apostel Petrus in den Vierzigerjahren die Jerusalemer Gemeinde (Apg 12,17); auch deren Mutter Maria gehörte ihr an (Apg 1,14). In der Anfangszeit der Regierung des Pontius Pilatus als Statthalter in Palästina begann Jesus öffentlich aufzutreten. Zuvor war er wahrscheinlich Johannes dem Täufer gefolgt, einem weltabgewandten Prediger in der Wüste, der sich der Legende nach mit Kamelhaar kleidete und von Heuschrecken ernährte (Mk 1,6). Der Täufer predigte in der Tradition der alttestamentlichen Propheten mit energischer Entschlossenheit Buße und Umkehr, denn der Zeitpunkt von Gottes Gericht sei nahe. In Anbetracht des Weltendes rief er zur Askese auf. Johannes war Jesu Lehrer. Jesus ließ sich von ihm taufen (Mk 1,9), folgte seinem Lehrer aber nicht in allem. In der Frage der Askese ging er entschieden andere Wege. Was beide aber verband, war die Erwartung, dass das Reich Gottes nahe bevorstehe. Diese Naherwartung, die Jesus von seinem Lehrer Johannes dem Täufer aufnahm, wurde zum Herzstück seiner Verkündigung.

Jesus wirkte in Obergaliläa im Umfeld der Stadt Kapernaum in ländlichen Regionen, die größeren Städte mied er. Er zog umher, predigte den Anbruch des Reiches Gottes und wirkte Wunder. Wegen seiner außergewöhnlichen Ausstrahlung und seines Umherwanderns wird Jesus heute als «Wandercharismatiker»[7] bezeichnet, der Menschen um sich scharte, die aus ihren Alltagszusammenhängen ausstiegen und ihm nachfolgten. Die Dauer von Jesu Wirksamkeit ist schwer zu bemessen, es kann sich im Höchstfall nur um wenige Jahre gehandelt haben. Schließlich zog Jesus nach Jerusalem und fand dort sein Ende. Die jüdischen und die römischen Autoritäten empfanden sein Auftreten als Provokation, so dass ihn der Statthalter Pontius Pilatus nach kurzem Prozess zum Tode verurteilte. Das Leben Jesu endete am Kreuz, und es gibt wahrscheinliche, aber keine unanfechtbaren Gründe, dafür den 14. Nissan des Jahres 30 anzunehmen. Jesus war etwa Mitte 30, als er starb.

Der nahe Gott

Im Zentrum des Wirkens Jesu stand in der Darstellung der Evangelien die Einzigartigkeit seiner Gotteserfahrung.[8] Er war durchdrungen von der unbedingten Nähe Gottes. Gott war für ihn kein metaphysisches Prinzip des Denkens, auch nicht der Adressat kultischer Verehrung, dessen gütige Zuwendung man durch die Verrichtung ritueller Praktiken erwirken konnte. Jesus war weder Denker noch Priester. Gott zeigte sich für ihn in unmittelbarer Gegenwart, und diese göttliche Präsenz leuchtete durch seine Persönlichkeit hindurch.

Jesus sprach Gott als seinen Vater an. Das taten auch andere, selbst hellenistische Popularphilosophen wie Plutarch nannten Gott einen Vater. Sie meinten damit einen fürsorglichen und sanftmütigen Weltenlenker.[9] Bei Jesus lagen die Dinge anders, ihm ging es um mehr. Sprach er vom Vater, dann meinte er eine ihn wohlwollend umfangende Lebensmacht, die er als konkretes Gegenüber erlebte. Es ist bis heute ein Rätsel, was es damit auf sich haben könnte, Gott als Person zu bezeichnen. Aus christlicher Perspektive lässt sich immerhin soviel sagen: Die Rede von Gott als Person nahm in Jesu besonderer Gotteserfahrung ihren Anfang. Es war die Erfahrung göttlicher Gegenwart als eines Gegenübers mit einem erfassbaren Willen, die seine gesamte Perspektive auf die Welt prägte.

Im Vordergrund stand Jesu Predigt über das anbrechende Reich Gottes.[10] Sie bereitet modernen Auslegern traditionell große Nöte, weil man sich fragt, was das Reich Gottes sein soll. Dem antiken Judentum hingegen war es eine vertraute Größe. Es verstand Jahwe als König der Welt, der notwendigerweise sein Reich auf Erden durchsetzen und die unvollkommenen, falschen irdischen Herrscher ablösen würde. Dahinter stand die Überzeugung, dass Gott nicht einfach nur ein Prinzip oder Grund der Wirklichkeit sei, sondern in der Welt handle und in ihren Lauf eingreife. Die Vorstellung vom Reich Gottes liegt in der Logik dieses Gottesverständnisses. Gott als König der Welt muss all das überwinden, was seinem Wesen widerspricht. Das Reich Gottes löst die Welt nicht auf, sondern vollendet sie, im Reich Gottes gelangt sie endlich zu der Fülle, zu der sie als Schöpfung eines guten Gottes bestimmt ist. Alle großen Utopien der westlichen

Kulturgeschichte beerben die Vorstellung vom Reich Gottes als Traum von einer besseren Welt.

Jesus hat das Reich Gottes allerdings nicht als einen Traum gepredigt, sondern er hat aus der Gewissheit seiner Gegenwart heraus gelebt. Der Glaube, dass das Reich Gottes bald kommen werde, war innerhalb des Judentums zur Zeit Jesu keine Seltenheit. Jesus aber lebte die Nähe des Gottesreiches in einer Weise, die nicht einfach die Wünsche und Sehnsüchte seiner Zeit nach einem besseren Leben erfüllte und die auch nicht nach der jüdischen Vorstellung Gott als königlichen Herrscher über die Welt erhoffte.

Jesus proklamierte das Reich Gottes mit Worten, bevorzugt mit Gleichnissen.[11] Er setzte dabei Bilder aus der ländlichen und bäuerlichen Kultur Galiläas ein; die Gleichnisse vom Sämann und vom Senfkorn sind zwei berühmte Beispiele. Der Gebrauch der Gleichnisse hatte eine besondere didaktische Note, die seiner Rede einen Hauch Poesie verlieh. Die kräftigen Bilder brannten sich tief in das Erbe christlicher Kultur ein. Gleichnisse sind ein angemessenes Mittel, um das Verstehen zu erleichtern, und Jesus predigte das Reich Gottes allen, nicht nur den Klugen, Gelehrten und Verständigen. Jede Pointe seiner Gleichnisreden provoziert eine schlagartige Einsicht, und es erschließt sich über das Reich Gottes eine neue, verwandelte Sicht auf die Welt.

Angesichts der Naherwartung lag die Frage nach dem Zeitpunkt in der Luft. Wann kommt das Reich Gottes? Ist es schon da, kommt es bald oder in einer fernen Zukunft? In der gelehrten Welt gibt es lange Debatten darüber, wie Jesus diese Frage beantwortet hat. Die Besonderheit seiner Predigt lag in dem Spannungsbogen zwischen beiden Antworten: Das Reich Gottes ist schon da, es hat schon angefangen, und ist doch auch noch nicht da, denn seine ganze Vollendung steht erst noch bevor, und zwar unmittelbar, in naher Zukunft.[12] «Siehe, das Reich Gottes ist mitten unter euch» (Lk 17,21) lautet der berühmteste Satz der präsentischen Eschatologie Jesu. Luther hatte «mitten unter euch» mit «inwendig» übersetzt und damit eine lange und folgenreiche Kette von Fehlinterpretationen eröffnet, die das Reich Gottes ganz in eine friedvolle Innerlichkeit der Glaubenden verlegen. Der springende Punkt des Wortes ist jedoch nicht die Kraft des Reiches Gottes in den Herzen, sondern seine Anwesenheit in der Welt. Das schon angebrochene Reich Gottes ist eine Überwindung der Weltübel. Daher wird in ihm dem, was nach den Maßstäben dieser Welt verloren ist, ein Platz eingeräumt, der die Verlorenheit aufhebt. Das Gleichnis vom verlorenen Sohn (Lk 15,11–32) ist wirkmächtigster und vielleicht auch schönster Ausdruck dafür, wie das andere Leben im Reich Gottes aussehen könnte und wie dort die üblichen Werthierarchien ausgehebelt werden könnten. Das Reich Gottes bedeutet eine «Umwertung der Werte».[13] Aus der Sicht der Evangelien hat Jesus die Zuwendung zu denen, die verloren scheinen, nicht nur verkündigt, sondern auch gelebt.

Diese scheinbar grenzenlos gütigen Züge in Jesu Predigt vom Reich Gottes haben das Bild eines «lieben» Jesus hervorgebracht. Das ist jedoch nur die halbe Wahrheit. Der Anbruch des Gottesreiches ist ein gewaltiger Akt in kosmischen Ausmaßen, der den Menschen alles abverlangt. Jesus ist ohne Zweifel ein Gerichtsprediger gewesen, auch hier schlägt sich das Erbe des Johannes und der jüdischen Apokalyptik nieder. Der Evangelist Matthäus überliefert die berühmte Rede vom Weltgericht. «Was ihr getan habt einem von diesen meinen geringsten Brüdern, das habt ihr mir getan» (Mt 25,40). Das wird der Maßstab sein, nach dem im Gericht geurteilt werden wird, und zwar mit ganz eindeutigem Ausgang: «Und sie werden hingehen: diese zur ewigen Strafe, aber die Gerechten in das ewige Leben» (Mt 25,46). Der «liebe» Jesus predigte auch Feuer, Finsternis, Heulen und Zähneklappern. Jesu drastische Gerichtsverkündigung ist ein kulturgeschichtlich besonders interessantes Phänomen. Der darstellenden Kunst war es über ein Jahrtausend ein Lieblingsmotiv, modernen Bibelauslegern bereitet es Probleme. Mit Mühe hat man versucht, es als eine Erfindung der Evangelisten abzutun oder als pädagogisches Mittel zu entschärfen – Jesus habe so deutliche Worte gewählt, um die Ernsthaftigkeit des Lebens zu betonen. Entgegen solcher moderner Bereinigungsversuche liegt die Erklärung religionsgeschichtlich doch unabweisbar auf der Hand: Jesus verband das nahe Weltende mit einem großen Gericht, bei dem nicht alles «irgendwie gut wird».[14] Man kann definitiv in diesem Leben auf der falschen Seite stehen und dementsprechend im Gericht auf der falschen Seite seinen Ausgang finden.

Jesu Gerichtspredigt stand in einer eigentümlichen Spannung zu der Art, wie das Reich Gottes eintreten solle. Das Gericht verlangt dem Menschen alle Entschiedenheit ab, und doch ist das Reich Gottes nicht das Resultat menschlicher Anstrengungen. Im Unterschied zur Vorstellung der großen politischen Utopien kann der Mensch mit seinem Tun die Welt nicht besser machen. So häufig man ihm auch diese Rolle zugeschrieben hat, Jesus war kein Weltverbesserer. Das Reich Gottes ist mehr als eine Welt voller guter Menschen, es ist im Lichte der Gotteserfahrung Jesu eine andere, neue Welt, in der die Anwesenheit Gottes unverstellt zu erfahren ist. Im Gleichnis von der selbst wachsenden Saat (Mk 4,26–29) hat Jesus ausdrücklich herausgestellt, dass das Reich Gottes wie bei aufgehendem Samen ohne Zutun des Menschen ganz «von selbst» hervorbreche. Besser wird die Welt allein dadurch, dass Gott «von selbst» in ihr gegenwärtig wird. Dass diese Gegenwart Gottes in der Welt sich schon jetzt ereignet, war das Herzstück der Gotteserfahrung Jesu, und darum war die Predigt vom Reich Gottes das Zentrum seiner Verkündigung.

Der Wundertäter

Jesus hat das Reich Gottes nicht nur gepredigt, er hat es selbst gelebt und dazu aufgefordert, im Angesicht des Reiches Gottes zu leben – daher führte er dieses Leben in ruheloser Wanderschaft und höchster Intensität. Wenn das Reich Gottes schon angefangen hat, bleibt keine Zeit mehr, sich behaglich einzurichten in dieser Welt. Deshalb wandte sich Jesus in besonderer Weise denen zu, die aus der Welt herausgefallen waren oder am Rande standen. Er umgab sich mit Sündern, Dirnen, Zöllnern, Armen und Samaritanern. Darum schlagen schon immer die Herzen aller Sozialrevolutionäre für Jesus.

Er predigte die Sündenvergebung, er vergab selbst Schuld und er wirkte eine Fülle von Wundern. Naturgemäß ziehen die Wunder seit jeher die größte Aufmerksamkeit auf sich.[15] Die Menschen waren zwar zur Zeit Jesu sowohl innerhalb als auch außerhalb des Judentums durchaus gewillt, zwischen der Welt des Natürlichen und der des Übernatürlichen durchlässigere Übergänge anzunehmen. Aber es ist ein Trugschluss modernen Denkens, der Antike zu unterstellen, sie habe naiv sämtliche Wunder für wahr gehalten. Dass ein Mensch Wasser in Wein verwandelt, Brot und Fische ins Unermessliche vermehrt, über das Wasser läuft, Tote auferweckt und am Ende gar selbst von den Toten aufersteht, das schien auch den Menschen damals als höchst sonderbar. Lange Zeit galten daher die Wunder schlicht als Beweis für Jesu Göttlichkeit.

Was erleben und fühlen Menschen, dass sie von Jesus solche Wunder überliefern? Diese Frage führt auf den historischen Kern eines besonderen Charismas Jesu zurück.[16] Offensichtlich hat Jesus als Heiler gewirkt und dabei Menschen Vertrauen in die eigene Kraft zurückgegeben. Er selbst war sich dessen bewusst und verlieh seiner eigenen Wundertätigkeit eine bemerkenswerte Deutung: Jesus erblickte in seinen Wundern Zeichen für den Anbruch der Gottesherrschaft.

Eine neue Ethik

Stand sein eigenes Tun ganz im Zeichen der Gottesherrschaft, so gilt dies auch für das, was Jesus andere zu tun lehrte. Spricht man in diesem Zusammenhang von Jesu Ethik, so ist das irreführend, denn er hat kein Lehrsystem entwickelt, sondern aus der Gewissheit der Nähe Gottes heraus gepredigt. Gleichwohl ist das Bild von Jesus als Lehrer eines der wirkmächtigsten in der Geschichte des Christentums geworden. Offensichtlich erlaubt dieses Bild, das Übernatürliche und Fremde seiner Erscheinung abzumildern und seine Person gemäßigteren kulturellen Kontexten anzupassen. Zweifelsohne finden sich bei Jesus Aussprüche, mit denen man ihn mühelos in die Reihe großer Weisheitslehrer einordnen kann. Er kritisierte einen oberflächlichen Gehorsam, dem es im Interesse eines Heilsegoismus nur darum zu tun sei, die Gesetze seiner eigenen jüdischen Mutterreligion zu erfüllen. Den religiösen Ritualgesetzen konnte er anscheinend mit einem großen Maß an Unabhängigkeit begegnen: «Der Sabbat ist um des Menschen willen gemacht und nicht der Mensch um des Sabbats willen. So ist der Menschensohn ein Herr über den Sabbat» (Mk 2,27). Diese und ähnliche Züge seines Auftretens erklären zum einen die Feindschaft, die er sich von Seiten der zeitgenössischen jüdischen Autoritäten zugezogen hat, zum anderen die hohen Sympathiewerte, die Jesus wegen seiner Freiheitsliebe und Unabhängigkeit bis in die Gegenwart hinein zukommen. Die Pointe seiner Ethik liegt darin jedoch nicht. Sie ist vielmehr gekennzeichnet von einer unglaublichen Radikalisierung alltäglicher Lebensregeln, die sich als drastische Forderungen darstellen.[17] Die Bergpredigt (Mt 5–7) ist eine grandiose Sammlung der wichtigsten Lehrsprüche Jesu, sie ist der bedeutendste und einflussreichste ethische Text des Christentums.[18] Sie enthält die Seligpreisungen (Mt 5,3–10), die in einer kategorischen Umkehr der Werte die Armen, die Leidtragenden, Hungernden, Barmherzigen, die Menschen reinen Herzens und die Friedfertigen betreffen. Das bloß äußerlich richtige Tun reicht nicht aus, sondern die wahre Gesinnung ist entscheidend: «Wer eine Frau ansieht, sie zu begehren, der hat schon mit ihr die Ehe gebrochen in seinem Herzen» (Mt 5,28). Der Anspruch der Bergpredigt mündet ein in den absoluten Gewaltverzicht: «Wenn dich jemand auf deine rechte Backe schlägt, dem biete die andere auch dar» (Mt 5,39). Schließlich ruft Jesus gar zur Feindesliebe auf: «Liebt eure Feinde und bittet für die, die euch verfolgen» (Mt 5,44).

Welcher Mensch sollte so leben können? Die Frage nach der Erfüllbarkeit der Bergpredigt beschäftigt das Christentum seit seinen Anfängen und die Bandbreite der Antworten ist groß. So nannte man beispielsweise in der lutherischen Tradition die Bergpredigt ein *speculum peccati*, einen Spiegel, der den Menschen die eigene Sündhaftigkeit vor Augen hält.[19] Jesus habe die radikalen Forderungen nicht wörtlich gemeint, sondern wollte an der prinzipiellen Unerfüllbarkeit zeigen, wie wenig der Mensch aus eigener Kraft vermöge und wie sehr er daher auf die göttliche Gnade angewiesen sei – eine raffinierte, aber verkehrte Auslegung. Sie mag ein Hinweis darauf sein, wie man heute mit der Bergpredigt umgehen könnte, verfehlt aber die Absicht Jesu. Dieses Auslegungsbeispiel ist eines von vielen Indizien dafür, dass wir zwischen Jesus und dem Christentum nicht einfach eine bruchlose Kontinuität annehmen können. Es steht exemplarisch für das verständliche Ansinnen, sich mittels theologischer Konstruktionen von diesen maximalen Forderungen zu entlasten. Andererseits ist es jedoch die Radikalität dieser Ethik, die innerhalb des Christentums Erneuerungsbewegungen, elitäre Gemeinschaften und Sekten immer wieder zu Versuchen angespornt hat, dieses Ideal zu leben. Die Bergpredigt ist eine Quelle dauerhafter Unruhe, mit der das Christentum zwar aufs Ganze gesehen gut leben, aber letztlich doch nie wirklich fertig werden kann.

Den Schlüssel zum Verständnis dieser maximalen und weltfremden Ethik liefert Jesus in der Bergpredigt selbst: «Trachtet zuerst nach dem Reich Gottes und nach seiner Gerechtigkeit, so wird euch dies alles zufallen» (Mt 6,33). Jesu Ethik beruhte auf der Gewissheit der weltverwandelnden Kraft des Reiches Gottes. Was vernünftigerweise eine gute Ethik leisten sollte, einen Ausgleich zwischen den eigenen Interessen, dem Gemeinwohl und den Gegebenheiten der Realität herzustellen, interessierte im Lichte der angebrochenen Ewigkeit nicht. Für solche Abwägungen war keine Zeit mehr. Der Mensch des Reiches Gottes lebt ganz aus der Liebe, in der er sich selbst vergisst. Entsprechend haben die ersten Anhänger Jesu seinen Tod als konsequente Hingabe des eigenen Lebens für die anderen verstanden. Das Motiv der liebenden Selbsthingabe ist von da an ein kräftiger Impuls des christlichen Weltumgangs, oft missverstanden, noch öfter mit seelisch grausamen Folgen instrumentalisiert, und doch bleibt es eines der größten Ideale des Christentums, das sich selten, aber doch immer wieder in der Geschichte in bedeutenden Gestalten durchsetzen kann, die man dann mit Fug und Recht in der Nachfolge Christi als Heilige bezeichnen. Heilig ist dabei, dass das Leben sich von etwas getragen weiß, das größer und mächtiger ist als das Leben selbst. In diesem Wissen kann es von sich selbst und seiner eigenen Erhaltung getrost ablassen.

Jesu Ethik verkörpert ein Leben, das die Natur mit all ihren Gesetzen der Selbsterhaltung und der Konkurrenz der Lebewesen hinter sich lässt.[20] Ausgerechnet Friedrich Nietzsche legte in einer seiner letzten Hassschriften gegen das Christentum ein eigentümliches Gespür für die Besonderheit Jesu an den Tag. «Der tiefe Instinkt dafür, wie man leben müsse, um sich ‹im Himmel› zu fühlen, um sich ‹ewig› zu fühlen […]: diese allein ist die psychologische Realität der ‹Erlösung›. – Ein neuer Wandel, nicht ein neuer Glaube.»[21]

Die Maßlosigkeit Jesu

Die Frage nach Jesu Selbstverständnis hat die mühsamsten Debatten innerhalb der theologischen Forschung der letzten beiden Jahrhunderte hervorgerufen.[22] Auf der einen Seite steht die Annahme, Jesus sei ein ganz normaler Mensch gewesen, dem erst seine Anhänger später aufgrund ihrer eigenen Erfahrungen mit der Auferstehung oder – so das Argument der Religionskritik – mit Täuschungsabsicht göttliche Prädikate beigelegt haben. Auf der anderen Seite geht man vornehmlich in konservativen Kreisen davon aus, dass Jesus ganz selbstverständlich gewusst habe, dass er der Sohn Gottes sei, und sich daher selbst als Messias und Gottessohn bezeichnet habe.

Dabei geht es um viel mehr als um christologische Spitzfindigkeiten, nämlich darum, wie man sich das Außergewöhnliche von Jesu Person plausibel machen kann. Man muss dafür all die Stellen der Evangelien durchforsten, in denen sich Jesus selbst als Prophet, Menschensohn, Messias oder Gottessohn bezeichnet. So strittig die Verwendung der je einzelnen Titel auch sein mag, ein Gesamteindruck lässt sich dennoch gewinnen. Aus den Evangelien ist herauszulesen, dass Jesus seiner Person eine ungeheure Bedeutung beimaß. Die Wirksamkeit seiner Wunder verstand er als den Anfang der Gottesherrschaft: «Wenn ich aber durch Gottes Finger die bösen Geister austreibe, so ist ja das Reich Gottes zu euch gekommen» (Lk 11,20). Indem er seine eigenen Wunderheilungen mit dieser Deutung auflud, steigerte er sie zu Symbolhandlungen.[23] Jesus war von der Anwesenheit Gottes so durchdrungen und überzeugt, dass er ganz aus ihr heraus lebte und sein eigenes Wirken als Anbruch der neuen Welt verstand. Man mag zur Zeit Jesu über die Grenzen zwischen der natürlichen und der übernatürlichen Welt anders gedacht haben als heute. Jesu Auftreten zeugte dennoch von einer unvergleichlichen religiösen «Maßlosigkeit», die auf seine Zeitgenossen Eindruck gemacht haben muss und die ihn von anderen Religionsstiftern deutlich abhebt.

Das Ende als Anfang

Der Eindruck, den Jesu Selbstanspruch auf seine Zeitgenossen machte, war keineswegs nur positiver Art. Es spricht vieles dafür, dass es dieses außerordentliche Selbstbewusstsein war, das ihm den Tod gebracht hat. Die Passion und der Kreuzestod Jesu sind in der Interpretation der Evangelien das Zentrum seines Lebens.[24] Nicht ganz zu Unrecht hat man das älteste Evangelium, das des Markus, als Passionsgeschichte mit ausführlicher Einleitung beschrieben.[25] Die Ereignisabfolge war über Jahrhunderte innerhalb des Christentums jedem Kind bekannt, sie hat eine eigene Passionsfrömmigkeit mit vielfältigen Darstellungsformen hervorgebracht. Jesus fasste den Entschluss, nach Jerusalem zu ziehen. Sein Einzug gestaltete sich triumphal, doch erregte er nach der Darstellung der Evangelien vor allem durch die Tempelreinigung den Unmut der jüdischen Autoritäten.

Im Bewusstsein seines nahen Todes feierte er mit seinen Jüngern ein Abschiedsmahl, er rang in Gethsemane mit seinem Schicksal, durch den Verrat des Judas wurde er gefangengenommen, vor den Hohen Rat gebracht, von Petrus verleugnet und schließlich dem Statthalter Pontius Pilatus vorgeführt. Der stellte das Volk anlässlich des Passahfestes vor die Wahl, ob er Barabbas oder Jesus freilassen sollte. Das Volk entschied sich für Barabbas, Pilatus verurteilte Jesus zum Tode. Von Soldaten verspottet und geschlagen, wurde er auf die Hinrichtungsstätte Golgatha geführt, wo er am Kreuz starb. Die dort angebrachte INRI-Tafel verhöhnte den Hingerichteten als «König der Juden».

Diese letzten Begebenheiten im Leben Jesu von seinem Einzug in Jerusalem bis zu seinem Tod erzählen minutiös die Passionsgeschichten der Evangelien. Eine historische Bewertung auf ihrer Grundlage ist problematisch, weil sich in ihnen eine religiöse Überzeugung ausspricht, die das tatsächliche Geschehen überlagert. Die Passionserzählungen sind geprägt von den Gewissheiten des Urchristentums. Jesu Tod liegt in der Logik des göttlichen Heilsplanes begründet. Aus ihrer Sicht geht Jesus freiwillig in den Tod, er nimmt ihn auf sich zum Wohle der Vielen. Doch das ist eine spätere Perspektive, eine theologische Deutung des Todes Jesu, die voraussetzt, dass er auferstanden ist. Unter dieser Voraussetzung erschien den ersten Christen der Tod Jesu als etwas ganz und gar Sinnvolles, ja eine Notwendigkeit im göttlichen Heilsplan. Dachte Jesus das auch? Wie verstand er selbst seinen bevorstehenden Tod? Fest steht, dass sein Auftreten sowohl die jüdischen als auch die römischen Autoritäten provoziert hat. Den Juden erschien seine Kritik an der Tradition und am Tempelkult als Gotteslästerung, den Römern war die Predigt der Gottesherrschaft politisch suspekt. Wie provokativ sein Auftreten gewirkt hat, dürfte Jesus selbst nicht entgangen sein, daher ist es wahrscheinlich, dass er seinen Tod vorausgesehen hat. Er nahm ihn vielleicht sogar bewusst in Kauf. Was er damit bezweckte, ist jedoch offen. Albert Schweitzer meinte, Jesus habe mit dem Weg nach Jerusalem und seinem brüskierenden Auftritt das Reich Gottes durch seinen Tod herbeizwingen wollen.[26] Ebenso ist aber in Erinnerung zu halten, was Rudolf Bultmann für denkbar hielt: Jesus sei unter dem Eindruck seines Scheiterns am Kreuz «zusammengebrochen».[27] Gemessen an seiner Verkündigung, seinen Taten und Lehren muss man aus historischer Perspektive sagen: Mit dem Tod am Kreuz war alles zu Ende.

Dass es das Christentum überhaupt gibt, ist sein größtes Wunder. Denn aus dem Ende entstand ein grandioser Anfang. Wider alles Erwarten folgten auf das Kreuz Ereignisse, die das Ende aufhoben und einen neuen Anfang sichtbar machten. Die Auferstehung ist die eigentliche Geburt des Christentums. Die Anstrengung, das Geschehen der Auferstehung zu ergründen, währt seit Jahrhunderten.[28] Nicht die Auferstehung selbst, sondern der Auferstehungsglaube ist ein historisch gesichertes Faktum. Denn mit Sicherheit kann man sagen, dass sich nach dem Tod Jesu unter seinen Anhängern die Gewissheit ausbildete, er sei ihnen leibhaftig erschienen. Die Briefe des Paulus, die er ungefähr zwanzig Jahre nach den Ereignissen auf Golgatha schrieb, sind die ältesten fassbaren schriftlichen Quellen. Besonders die Schilderungen, die Paulus im ersten Brief an die Korinther liefert (1 Kor 15), sind historisch aufschlussreich. Sie belegen aber vor allem die hohe subjektive Authentizität. Paulus lebt ganz aus der Sicherheit der Auferstehungserfahrung, für ihn ist der Auferstehungsglaube das Herzstück christlicher Glaubensgewissheit.

Die Evangelien berichteten darüber eine Generation später. Die Auferstehungsberichte geben viele Rätsel auf. Im Grundgerüst stimmen die Darstellungen überein: Die Frauen suchen am Ostermorgen das Grab auf, das jedoch leer ist. Dann erscheint Jesus, erst Einzelnen, schließlich der versammelten Anhängerschar. Im Detail gibt es jedoch beträchtliche Unterschiede. Hinzu kommen eigenständige Geschichten, sogenanntes Sondergut der jeweiligen Evangelisten. Sie schildern die Erscheinungen als ein plötzliches Wiedererkennen, erzählerisch nicht ganz ohne kuriose Pointen. Maria Magdalena hält die Gestalt des Auferstandenen zunächst für den Gärtner (Joh 20,15); in der Emmaus-Geschichte, der vielleicht schönsten Auferstehungserzählung, gehen die Jünger lange mit einem unbekannten Begleiter des Weges, bevor sie schließlich an der Art, wie er das Brot bricht, erkennen, dass es der auferstandene Jesus ist (Lk 24,13–35).

Auferstehung von den Toten ist für Menschen ein unbegreifliches Ereignis. Bereits in den biblischen Schilderungen laufen stets zwei Motive parallel. Auf der einen Seite bekunden die Texte die unverbrüchliche Gewissheit der Auferstehungshoffnung. Die ersten Christen lebten ganz aus dieser Sicherheit heraus. Auf der anderen Seite lassen die Erzählungen dennoch durchblicken, wie unglaubwürdig die Auferstehung an sich ist. Es sind immerhin die eigenen Jünger, die es zunächst nicht glauben wollen. Zudem finden wir historische Reminiszenzen an Versuche der Zeitgenossen, die Auferstehung so zu erklären, dass sich ihr wundersamer Charakter auflöst. Schon der Evangelist Matthäus kannte das Lieblingsargument der Auferstehungskritiker, die Jünger könnten den Leichnam einfach gestohlen und dann behauptet haben, Jesus sei auferstanden (Mt 28,13). Christliche Auferstehungshoffnung ist daher immer überwundene und durchbrochene Skepsis.

Die Debatten um die Auferstehung füllen seit jeher ganze Bibliotheken. Seit der Aufklärung wurden wieder alle denkbaren Argumente durchgespielt.[29] Zum einen versuchte man, objektive Gründe zu benennen, die eine vernünftige Erklärung für das leere Grab liefern könnten. Aufklärer wie Hermann Samuel

Reimarus brachten dabei noch einmal die Diebstahl-These zu Ehren. Die Auferstehung wäre dann nichts anderes als ein Betrug. In positiver Absicht diskutierten prominente Vertreter der Theologie, ob Jesu Tod ein Scheintod gewesen sein könnte. Zum anderen wandte man sich den Erscheinungen zu und versuchte, sie als Visionen zu erklären. Unter der außergewöhnlichen psychischen Belastung, der die Anhänger nach dem Scheitern Jesu und dem Zusammenbruch seiner Bewegung ausgesetzt waren, hätten sie Visionen des Auferstandenen gehabt.

Der letzte große Streit aus den Neunzigerjahren des 20. Jahrhunderts griff auf die alte Visionshypothese des 19. Jahrhunderts zurück und bereicherte sie mit dem psychopathologischen Vokabular der Gegenwart.[30] Hinter diesen Debatten steht die Frage, ob die Auferstehung Jesu als ein historisches Ereignis fassbar zu machen ist.[31] Was sich aus den biblischen Erzählungen verlässlich erheben lässt, ist der Glaube an die Auferstehung als eine tragende innere Gewissheit, als eine existentielle Gestimmtheit und ein Lebensgefühl der ersten Christen. Diese Gewissheit und Gestimmtheit musste einen Anlass haben. Was die Anhänger Jesu erlebten, stellte sie vor massive Erkenntnisprobleme. Denn was da geschah, zerbrach alle ihre bisherigen Erfahrungen. Sie wussten, dass Jesus tot war und erfuhren doch seine lebendige Wirksamkeit. Die Jünger versuchten, diese Spannung in Worte zu fassen – und zwar mit den Möglichkeiten, die ihnen aus ihrem kulturellen Kontext zur Verfügung standen. Dies war der Vorstellungskomplex der Totenauferstehung, der sich als kulturell vorgegebenes Deutungsmuster anbot, um diese Erfahrung verständlich zu machen.[32] Die Ostergeschichten antworten und reagieren auf einen Transzendenzeinbruch, den sie nicht anders denn als Auferstehung beschreiben können.[33] Die Annahme eines solchen Ereignisses ist zwar nicht zu beweisen, aber andererseits ist es historisch keineswegs absurd oder unvernünftig, davon auszugehen, dass es etwas gegeben haben muss, worauf der christliche Auferstehungsglaube die Antwort darstellt.

Dafür spricht auch, wie rasch und zahlreich im frühen Christentum versucht wurde, den Sinn von Jesu Tod zu ergründen. Jesus wird als Passahlamm verstanden, das am Versöhnungstag geopfert wird, Paulus spricht von Jesus als Sühnopfer (Röm 3,25). Es finden sich aber auch die alttestamentliche Vorstellung vom leidenden Gottesknecht (Jes 53) sowie der Gang in den Tod für die Freunde im Geiste hellenistischer Freundschaftsethik: «Niemand hat größere Liebe als die, dass er sein Leben lässt für seine Freunde» (Joh 15,13). Hinzu kommen Vorstellungen von der errettenden Lebenshingabe und das Motiv vom Freikauf aus Gefangenschaft, bei dem der Tod Jesu gewissermaßen als Lösegeld fungiert: «Denn auch der Menschensohn ist nicht gekommen, dass er sich dienen lasse, sondern dass er diene und sein Leben gebe als Lösegeld für viele» (Mk 10,45).

Ohne den Glauben an die Auferstehung wäre das Kreuz nicht zu *dem* Symbol des Christentums geworden. Was die biblischen Texte Auferstehung nennen, beinhaltet jedoch ein Geheimnis.[34] Alles Leben vollzieht sich immer auch auf Kosten von Leben. Zum Leben gehört ein Kampf aller Dinge, in den alle Lebewesen unweigerlich schuldhaft verstrickt sind. Jesu gewaltsamen Tod am Kreuz erlebten die ersten Christen zunächst als Resultat dieses Kampfes – und damit als das absolute Ende. Doch im Lichte der Erfahrungen, die sie dann machten, zeigte sich ihnen eine wundersame Durchbrechung dieses Lebenskampfes. Durch die Auferstehung sahen die ersten Christen im Kreuz das Aufleuchten einer anderen Dimension der Wirklichkeit, in der die Gesetze des Kampfes und der Kreislauf unaufgebbarer Selbstdurchsetzung erlöschen, aufhören, zur Ruhe kommen. Darum wurde das Kreuz zum Symbol des Christentums. Als Symbol gehört das Kreuz nicht mehr zum Leben Jesu, genauso wenig wie die Auferstehung. Kreuz und Auferstehung stehen für eine innere Haltung, eine mentale Gewissheit, ein tragendes Lebensgefühl, die in Ereignissen ihren Ausgang nehmen, die nach dem Tod Jesu geschahen. In ihnen liegt der Anfang des Christentums.

3
Jesus und das Christentum

Das Christentum verehrt Jesus als Christus, als «Gesalbten». Es sieht in ihm nicht nur seinen Begründer, sondern es betet ihn als Gott an. Zum Stifter des Christentums wurde Jesus aber nicht einfach in folgerichtiger Konsequenz aus seinem Leben. In der Darstellung der Evangelien leuchtete durch Jesu Leben die Gegenwart Gottes durch. Er führte sein Leben in der Gewissheit, dass jeden Augenblick das Reich Gottes anbrechen kann, dass es in jedem Fall sehr bald anbrechen wird. Das Reich Gottes ist jedoch nicht gekommen. Jesu Leben endete mit einer Hinrichtung. Er ist eine uns fremde Gestalt, die einen schier maßlosen Anspruch an die Vollendung der Welt vertrat und die in diesem Anspruch wie andere vor und nach ihm gescheitert ist. Auf das Reich Gottes wartet die Welt noch heute. Am Anfang des Christentums stehen also ein gigantischer Anspruch und eine unerfüllte Hoffnung.

Was Jesus predigte und was das Christentum glaubt, ist nicht dasselbe. Dazwischen liegt eine beachtliche Metamorphose. Die Auferstehungserfahrung ist nicht einfach die Bestätigung aller Hoffnungen Jesu. Zwar haben die ersten Christen die Ereignisse nach seinem Tod durchaus als Bekräftigung des Anspruchs verstanden, aber doch in einem ganz anderen Sinne, als Jesus ihn erhoben hatte. Die Hoffnung auf das Reich Gottes transformierte sich in die Gewissheit, dass Jesus als Christus weiter wirkt unter den Seinen und auf dieser Welt. Die ersten biblischen Texte sprechen ausschließlich von dieser neuen existentiellen Gestimmtheit, die nicht einfach eine Fortsetzung des irdischen Jesus ist. Die Hoffnung auf das unmittelbar bevorstehende Gottesreich verflüchtigte sich, die Radikalität seiner ethischen Forderungen wurde abgemildert, die unruhige Existenz des Wandercharismatikers wurde in stabile Lebensformen überführt. Zwischen dem Leben Jesu und dem Anfang des Christentums liegt unübersehbar ein Bruch.

Daraus sind weitreichende Konsequenzen gezogen worden. Innerhalb der Theologie hat beispielsweise Rudolf Bultmann den Anfang des Christentums auf das Existenzgefühl der ersten Christen verlagert. Auch die neuzeitliche Religionskritik hat diesen Bruch ins Visier genommen. Jesus als Mensch erscheint dabei je nach Geschmack in seinen utopischen oder sozialrevolutionären Zügen nicht unsympathisch, was die Kirche hingegen aus ihm gemacht habe, sei eine Verzerrung oder gar absichtliche Verfälschung. Die konsequente Theologie Bultmanns hat mit der modernen Religionskritik natürlich nichts zu tun, aber in einem Punkt sind sich beide einig: Jesus ist nicht der Stifter des Christentums.

Tatsächlich ist das Christentum in der Form, in der es weltgeschichtlich wirksam wurde, nicht von Jesus Christus gestiftet worden, aber es ist auch nicht ohne seine historische Wirksamkeit denkbar. Durch den offensichtlichen Bruch hindurch verlaufen Kontinuitätslinien. In der urchristlichen Transformation wirkten markante Wesenszüge Jesu weiter, seine unmittelbare Gottesnähe, seine ethische Radikalität, sein Leiden und Sterben für andere. All das lebt im Christentum mit großer Kraft fort, jedoch nicht einfach als Fortsetzung der Absichten Jesu. Kontinuität und Bruch sind zwei Seiten einer Medaille. Zwischen Jesus und dem Christentum liegt ein «Mehr», ein unfassbarer Überschuss, der die Person Jesu in einem anderen Licht erscheinen lässt. Das Geheimnis des Anfangs ist die Transformation der Person Jesu zu Christus. Die Geschichte des Christentums lebt von dieser Transformation, sie ist als Ganzes der fortgesetzte Versuch, mit allen kulturellen Ausdrucksformen die Spannung zwischen dem historischen Jesus und dem Christus des Christentums zu halten. Dies ist eine Aufgabe, mit der das Christentum in seiner Geschichte nie fertig werden kann.

Zweites Kapitel

Eine neue Religion entsteht

Wenn es um die Anfangszeit ihres Gegenstandes geht, dann verbindet die Theologie eine Gemeinsamkeit mit der Geologie. Beide blicken auf einen brodelnden, heißen, flüssigen, gestaltlosen Beginn. Erst durch allmähliche Abkühlung entstehen feste Formen von Bestand, die eine Gestalt zu erkennen geben. Zwar bleiben auch die tektonischen Platten der Erdkruste in steter Bewegung, doch diese Veränderungen sind aufgrund der Größe schwerfällig. Ähnlich verhält es sich mit dem Anfang des Christentums und der weiteren Entwicklung. In etwa drei Jahrhunderten stiegen aus den schwer zu fassenden Anfängen die tragenden und beständigen Säulen der christlichen Religion empor. Auf diesen ruht das Christentum bis heute. Aus einem versprengten Haufen resignierter und eingeschüchterter Anhänger eines hingerichteten Endzeitpropheten wurde eine organisierte Gemeinschaft, die schließlich das römische Imperium und damit die Welt tiefgreifend veränderte. Der Weg dahin war keine kontinuierliche Entwicklung, sondern von Konflikten und Kämpfen bestimmt. In den ersten drei Jahrhunderten lassen sich also nicht nur die prägenden Wesenszüge, sondern auch die inneren Spannungen erkennen, die sich aus dem Entstehen einer christlichen Kultur ergaben.

Die treibende Kraft in der Gestaltwerdung des frühen Christentums ist die Autorität des Heiligen.[1] Das Christusereignis ergriff die Menschen zutiefst als ein Einbruch göttlicher Transzendenz. Sie erfuhren darin etwas, das größer, unfassbarer und mächtiger war, als sie selbst es hätten ersinnen können, und das sich mit Autorität in ihnen Bahn brach. Die ersten Christen erlebten und bezeugten die Gewissheit, dass Christus unter ihnen und in der Welt gegenwärtig war. Diese Gewissheit nahm im frühen Christentum fassbare kulturelle Formen an. Die Erfahrung des Heiligen musste sichtbar und mitteilbar gemacht werden. Um Gestalt zu gewinnen, musste sich das frühe Christentum vorhandener Kulturformen bedienen.

1
Vom Werden des Christentums

Die Gestaltwerdung des Christentums vollzog sich in den ersten drei Jahrhunderten nach unserer Zeitrechnung.[2] Ausgangspunkt war Jerusalem, der Ort des Todes Jesu, die Stadt der Urgemeinde. Jesus hatte aber auch Anhänger in seinen Wirkungsstätten in Galiläa.[3] Nicht alle seine Jüngerinnen und Jünger waren mit ihm nach Jerusalem gezogen. Die biblischen Berichte über die Auferstehungserscheinungen beschränken sich daher nicht allein auf Jerusalem, sondern schließen Galiläa ausdrücklich mit ein. Auch wenn man über die Ausbildung und Entstehung von Gemeinden und gemeindeähnlichen Strukturen auf dem Land wenig weiß und die Quellen sehr spärlich sind, das Christentum wurde nicht allein in Jerusalem geboren.

Die Ausbreitung des Christentums war eng verflochten mit der Infrastruktur des Römischen Reiches. Die sprachliche und kulturelle Einheit des großen Reichsgebietes sowie der verwaltungstechnische und wirtschaftliche Austausch unter den Regionen begünstigten die Verbreitung.[4] Petrus und Paulus waren die berühmtesten, aber nicht die ersten und auch nicht die einzigen Missionare. Zudem waren auch Kaufleute und andere Reisende daran beteiligt, das Christentum nach Kleinasien und in die Großstädte des Reiches zu bringen: nach Antiochia in der heutigen Türkei, nach Alexandria in Ägypten und schließlich in die Hauptstadt Rom.[5] Eine römische Gemeinde wird aus den Quellen etwa ab dem Jahr 50 sichtbar,[6] hundert Jahre später ist auch eine Ausbreitung in den lateinischsprachigen Westen belegt.[7] Zwischen den Christen in den unterschiedlichen Regionen begann ein reger Austausch, vor allem über Briefe, die heute eine wichtige Quelle für diese erste Zeit sind.

Drei markante Einschnitte sind auf diesem Weg auszumachen: Die Epoche der Urgemeinde und des apostolischen Zeitalters bildete den Anfang, die erlebte Christusgegenwart verfestigte sich zu einem Gemeinschaftsleben. Daran schloss sich im nachapostolischen Zeitalter eine Phase an, die in der älteren Forschung und gelegentlich auch heute noch als Frühkatholizismus bezeichnet wird. Sie stellt eine weitere Stufe an Präzisierungsgraden der kulturellen Formen dar, die die junge Kirche in inneren Krisen ausbildete. Schließlich begann um 200 eine Phase der Konsolidierung der «frühkatholischen» – gemeint sind: großkirchlichen – Formen.[8]

Das apostolische Zeitalter setzte ein mit den Geschehnissen unmittelbar nach dem Tod Jesu und den Ereignissen, die die biblischen Berichte als Auferstehung bezeichnen, es endete mit dem Tod der unmittelbaren Augenzeugen Jesu und der ersten Apostel. Die Jesusbewegung stand vor der Aufgabe, im Spannungsfeld ihrer jüdischen Herkunft und ihrer römisch-hellenistischen Umwelt eine eigene Identität zu finden. Aus dem brodelnden, flüssigen Anfang traten kulturell fassbare Formen hervor. In der vergleichsweise kurzen Epoche von etwa zwei Generationen vollzog sich der faszinierende Übergang von der Jesusbewegung zu einer Gemeinschaft, in der sich kirchliche Strukturen abzeichneten.

Zwei Dinge waren für die Identitätsfindung des jungen Christentums entscheidend. Jesu Anhänger und Jünger waren ihrem Herrn persönlich begegnet und waren davon zutiefst ergriffen. Andere, wie Paulus, wussten, ohne den irdischen Jesus je gesehen zu haben, ihre Existenz ganz von der Gegenwart Christi getragen. Konnte das an all die weitergegeben werden, die von Jesus noch nie etwas gehört, geschweige denn ihn gekannt hatten? Dies war der neuralgische Punkt des frühen Christentums. Die ersten Christen begnügten sich nicht damit, einfach die Lehren des Meisters weiterzugeben. Ihnen kam es darauf an, dass auch andere die überirdische Autorität und Heiligkeit Jesu persönlich erfahren konnten. Das war ungleich schwieriger, und doch ist dieser Funke in der Urgemeinde offensichtlich übergesprungen.

In einem zweiten Schritt stellte sich das Nachdenken der frühen Christen über ihr Selbstverständnis und ihre organisatorischen Aufgaben ein. Erste theologische Fragen kamen auf. Paulus, der als exemplarischer Typus dieser Epoche gelten kann, war mit vielen Anfragen aus den Gemeinden beschäftigt. Zu dieser praktischen, aber auch denkerischen Suche nach der eigenen Identität gehörte für die ersten Christen vor allem die Aufgabe, zu ihrer religiösen Herkunft aus dem Judentum Position zu beziehen. Diese Herausforderung kennzeichnet neben dem inneren religiösen Erleben das zweite gestaltende Moment der Epoche.

Der Traum der Urgemeinde

Das Lebensgefühl der ersten Jahrzehnte des Christentums erschließt sich eindrücklich aus den neutestamentlichen Schriften. Die Apostelgeschichte des Lukas schildert die Ereignisse nach Jesu Auferstehung und Himmelfahrt in der Urgemeinde, und aus den Briefen des Apostels Paulus dringt sehr lebendig durch, was eine prägende Persönlichkeit des frühen Christentums und die Christen der ersten Gemeinden innerlich bewegte und umtrieb. Zu allen Zeiten und in allen Konfessionen des Christentums galt das Urchristentum als das goldene Zeitalter, in dem die Kirche ihren wunderbaren Anfang nahm.[9] Ein Beispiel für die kulturelle Prägekraft dieses Ideals ist der historische Roman *Quo vadis?* Anfang des 20. Jahrhunderts machte der polnische Schriftsteller Henryk Sienkiewicz eine Legende, die bereits im frühen Christentum im Umlauf war, zum Thema seines Buches: Petrus ängstigt sich vor den Verfolgungen unter Kaiser Nero und verlässt Rom. Auf der Via Appia begegnet ihm Christus, und Petrus fragt ihn: «Quo vadis, domine?» – «Wohin gehst du, Herr?»[10] Jesus antwortet, er gehe nach Rom, um sich ein weiteres Mal kreuzigen zu lassen. Daraufhin kehrt Petrus beschämt über seine Angst zurück und erleidet das Martyrium. An Sienkiewicz' mit dem Nobelpreis gekröntem Roman sind nicht die historischen Fakten von Interesse; diese gehören in den Bereich der literarischen Imagination. Was dem Autor mustergültig gelingt, ist die Darstellung der betörenden sittlichen Standfestigkeit und religiösen Integrität der ersten Christen, vor der letztlich sogar die Gewalt des Despoten Nero auf die Knie gehen muss. Das Christentum erweist sich als dieser Welt himmelhoch überlegen, sein Siegeszug durch das Römische Reich folgt einer unaufhaltbaren inneren Notwendigkeit. Das ist ein recht treffendes Bild davon, wie das Christentum religiös – wohlgemerkt religiös, und nicht mit dem Blick historischer Forschung – seine eigenen Anfänge verstand.

Dieses Idealbild ist keine wehmütige Erinnerung aus der Perspektive späterer Zeiten, es geht bereits auf das frühe Christentum selbst zurück. Gemalt hat es der Evangelist Lukas in seiner Darstellung der Jerusalemer Urgemeinde. Er zeichnet die Anhänger der dortigen Jesusbewegung als Menschen, die auf das Reich Gottes warteten und sich doch zugleich in dieser Welt mit Zuversicht einrichteten.[11]

Lukas schließt die Apostelgeschichte nahtlos an sein Evangelium an. Das ist theologisch kühn, und nicht wenige Theologen bezeichneten es gar als frech, beide in einem Doppelwerk zu vereinen. Jesus erscheint darin als die «Mitte der Zeit».[12] Die Propheten und Johannes der Täufer gehen voraus, die Zeit kommt aber – das ist das eigentlich Ungeheure – nicht in Jesus an ihr Ende, sondern sie setzt sich in der Wirksamkeit der Apostel und der Kirche fort bis zur einstigen Vollendung der Welt. Die Abfassung des lukanischen Doppelwerks wird meist auf das Ende des 1. Jahrhunderts datiert. Lukas ist daher ein prominenter Zeuge dafür, wie «geräuschlos»[13] sich das Urchristentum damit arrangieren konnte, dass das von Jesus angekündigte Weltende ausblieb. Die Geschichte gab Lukas seinen apokalyptisch echauffierten Gegnern zum Trotz Recht. Bis in die Art und Weise hinein, wie die abendländische Kultur die Zeit berechnet, bekennt sich das Christentum dazu, dass der Eintritt Jesu in die Geschichte nicht das Ende, sondern die Mitte der Zeit ist.

Hinweise aus neutestamentlichen Briefen (Kol 4,14 und 2 Tim 4,11) haben die Kirchenväter dazu veranlasst, den Evangelisten mit dem Arzt zu identifizieren, der Paulus auf seinen Missionsreisen begleitete. Ab Kapitel 16 finden sich in der Apostelgeschichte wiederholt «Wir-Berichte», die diesen Eindruck bekräftigen. Ein in den Methoden historischer Arbeit unüberbietbar versierter Gelehrter wie Adolf von Harnack plädierte noch mit Wärme für diese Identifizierung. Lukas müsse in «direkter Fühlung»[14] zu diesen ersten Ereignissen gestanden haben. Ihm war daran gelegen, hinter dem Evangelisten, der das beste Griechisch des Neuen Testaments schrieb und in so klaren, schönen und ruhigen Farben den Siegeszug des Evangeliums von Jerusalem nach Rom zeichnete, eine aus eigenem Erleben geformte religiöse Persönlichkeit zu sehen.

Die heutige Exegese verwirft die Identifizierung des Evangelisten Lukas mit dem gleichnamigen Paulusbegleiter mehrheitlich.[15] Zu offenkundig sind die Widersprüche zwischen der Apostelgeschichte und der paulinischen Theologie. Man vermutet hinter dem Evangelisten einen Gelehrten, der in einer Großstadt des östlichen Mittelmeerraums aus verschiedenen Quellen schöpfend sein Doppelwerk am Schreibtisch verfasste. Jenseits der sachlichen Argumente erkennen wir in den theologischen Lukasbildern vor allem auch die persönlichen Vorlieben seiner Interpreten wieder. Harnacks Lukas ist die religiöse Persönlichkeit des Kulturprotestantismus, der Lukas gegenwärtiger Exegeten Mitglied eines Sonderforschungsbereichs.

Lukas erzählt, wie sich von der Himmelfahrt Jesu das Evangelium quer durch das römische Imperium bis in die Hauptstadt Rom ausbreitete. Ausgangspunkt ist die Jerusalemer Urgemeinde, dort ereignet sich das Pfingstwunder (Apg 2). Menschen aus den verschiedensten Ländern verstehen einander, obgleich jeder in seiner Muttersprache spricht. Mit dieser Aufhebung der babylonischen Sprachverwirrung erfüllt sich eine Weissagung alttestamentlicher Prophetie (Joel 3,1–5). Lukas legte damit eine grandiose narrative Verdichtung der tragenden Erfahrungen der ersten Christen vor. Die Pfingstgeschichte ist das «wichtigste Zeugnis ihres Selbstbewusstseins».[16] Auch als Jesus nicht mehr unter ihnen ist, wissen sich seine Anhänger erfüllt vom göttlichen Geist, dessen Kommen ihnen Jesus versprochen hat. Die Klarheit sinnlicher Gegenwart des Auferstandenen wird so in die Gewissheit der geistigen Präsenz Gottes überführt. Ostern und Pfingsten gehören in diesem Sinne theologisch zusammen. Der Philosoph Hegel hat im Ausgießen des Geistes den eigentlichen Beginn des Christentums gesehen, denn die geistige Präsenz im Bewusstsein der Menschen erschien ihm in gut idealistischer Manier wichtiger als die zufällige sinnliche Gegenwart einer Person.[17]

Nach Lukas' Darstellung war die Ausbreitung des Christentums eine stetige und unbeirrbare Erfolgsgeschichte. Die Apostel predigten von Tod und Auferstehung Christi, sie riefen auf zur Umkehr, sie tauften und bewirkten im Geiste Jesu Heilungen und Wunder. Die Gemeinschaft der ersten Christen war von legendärer Einmut:

> Alle aber, die gläubig geworden waren, waren beieinander und hatten alle Dinge gemeinsam. Sie verkauften Güter und Habe und teilten sie aus unter alle, je nach dem es einer nötig hatte. Und sie waren täglich einmütig beieinander im Tempel und brachen das Brot hier und dort in den Häusern, hielten die Mahlzeiten mit Freude und lauterem Herzen und lobten Gott und fanden Wohlwollen beim ganzen Volk. (Apg 2,44–47a)

Mit diesen und anderen Worten hat Lukas das Ideal der Urgemeinde begründet.[18] Die altruistische, einmütige und beständige Gemeinde, Mutter so vieler Utopien menschlicher Gemeinschaften, erlebte den Anbruch des Reiches Gottes auf Erden. Dies ist Lukas' eigentliche Intention: Die Wirksamkeit Jesu setzte sich unaufhaltsam fort, prägte Lebensformen aus und zog immer mehr Menschen in ihren Bann. Selbstloser «Liebeskommunismus» und die Einheit in den religiösen Überzeugungen verliehen der Gemeinschaft der ersten Christen offensichtlich eine Anziehungskraft. Täglich wuchs die Gemeinde – allein am Pfingsttag, so will es Lukas wissen, um dreitausend Menschen (Apg 2,41). Fest steht, dass die Zahl der ersten Christen zunahm und sie dadurch den jüdischen Autoritäten ein Dorn im Auge wurden.

Die Apostelgeschichte erzählt weiter, wie dem Christentum mit der Bekehrung des Paulus ihr charismatischster Missionar erwuchs. Aus der Schar der Apostel und Missionare ragten immer klarer er und Petrus heraus. Lukas schildert die Missionsreisen und beschreibt die markante Zäsur in der urchristlichen Missionsstrategie: Mit der Entscheidung auf dem Apostelkonzil in Jerusalem, auch den Heiden das Evangelium zu bringen und deren Bekehrung nicht an die Übernahme jüdischer Ritualgesetze zu binden (Apg 15), nabelte sich das Christentum früh von seiner jüdischen Mutterreligion ab und erhob einen universalen Anspruch. Es war von geradezu symbolischer Kraft, dass sich Paulus aufmachte, um das Evangelium in die bedeutendsten Städte der griechischsprachigen Welt zu bringen, nach Thessaloniki, Athen, Korinth und Ephesus, bis er am Ende schließlich nach Rom reiste.

Ist Lukas' Idealbild historisch? Seine Zeichnung trägt deutlich die Spuren eines theologischen Konzepts: Die Wirkmächtigkeit Jesu breite sich von der Mitte der Zeit unbeirrbar aus. Es mag sein, dass die ersten Christen als kleiner familien- und sektenähnlicher Verbund nahe an dieses Gemeinschaftsideal herangekommen sind. Im Übrigen verschweigt Lukas nicht, dass mit dem Größerwerden der Gemeinde diese Einmütigkeit bröckelte (Apg 6,1). Die von Lukas angegebenen Zuwachszahlen von dreitausend Getauften an einem einzigen Tag wären, gemessen an der Bevölkerung Jerusalems, eine erstaunlich hohe Missionsquote, um nicht zu sagen: «völlig phantastisch».[19] Diese und andere Beobachtungen machen seine Apostelgeschichte selbst zu einem Teil der Propaganda für die Mission, die er darstellt. Der sich anbahnende Konflikt mit dem Judentum und der Drang der jungen Religion in die Hauptstadt des Reiches spiegeln die Ereignisse der ersten Jahrzehnte jedoch durchaus realitätsnah wider.

Lukas verarbeitete in der Apostelgeschichte die prägende Erfahrung des Urchristentums. Wir erfahren von ihm, wie sich das frühe Christentum selbst verstand. Die Wirksamkeit Christi setzt sich als Wirkung des göttlichen Geistes fort. Dieser Geist verbindet Menschen unterschiedlicher Herkunft zu einer Gemeinschaft, durch diesen göttlichen Geist wissen sie sich in ihrem Glauben getragen. An der Ausbreitung des Christentums wirken Menschen mit, aber es sind letztlich nicht sie, sondern es ist die hinter ihnen liegende und nur durch sie zum Vorschein kommende Autorität des Heiligen, die dem Christentum nach dem Zeugnis des Lukas eine offensichtlich unwiderstehliche Anziehungskraft verleiht.

Prototyp einer christlichen Existenz: Paulus

Die Wirksamkeit des göttlichen Geistes und die Ergriffenheit von der Autorität des Heiligen verkörperte in der ersten Christengeneration niemand vollkommener als Paulus.[20] Paulus ist eine umstrittene Gestalt – das war er zu seinen Lebzeiten, das ist er bis heute geblieben. Die Bandbreite der Paulusbewertung ist beachtlich. Nietzsche sah in ihm den eigentlichen Stifter des Christentums, aber in durchweg negativer Hinsicht. Paulus habe die Intention Jesu radikal verfälscht, aus der frohen die allerschlimmste Botschaft gemacht, um so im Interesse der eigenen Macht die Massen tyrannisieren und das Christentum als Religion einer willenlosen Herde prägen zu können.[21] Für Protestanten deutscher und lutherischer Provenienz verkörpert Paulus hingegen wegen seiner Rechtfertigungslehre die Idealform des Christentums. Luther erscheint als wiedererstandener Paulus, in besonders drastischen Fällen des deutschen Luthertums gilt Paulus gar als Vordenker und Wegbereiter Luthers. Die beiden Auffassungen sind wirkungsgeschichtliche Extreme, mit der historischen Persönlichkeit Paulus haben sie nichts zu tun.

Paulus kam im ersten Jahrzehnt des ersten Jahrhunderts in Tarsus zur Welt.[22] In dieser blühenden Provinzhauptstadt Kilikiens, heute im Süden der Türkei gelegen, wuchs er als Jude der Diaspora im kulturellen Klima des Hellenismus auf. Er erlernte das Handwerk eines Zeltmachers, gehörte also der städtischen Mittelschicht in Tarsus an. Religiös begeisterte er sich für die Bewegung der Pharisäer und zeichnete sich durch besondere Treue zur jüdischen Überlieferung und Erfüllung des Gesetzes aus. Dass der gekreuzigte Jesus der erwartete Messias sein sollte, erschien dem Pharisäer Paulus als etwas ganz und gar Widersinniges. Er wurde zu einem heftigen Gegner der jungen Sekte und beteiligte sich an der Verfolgung der Christen. Auf dem Weg zu einer solchen Verfolgungsaktion in Damaskus widerfuhr ihm eine Erscheinung. In der lukanischen Fassung ist es Christus selbst, der sich Paulus zeigt und ihn fragt: «Saul, Saul, was verfolgst du mich?» (Apg 9,4) Diese Begebenheit lässt sich etwa auf das Jahr 33 datieren. Das Bekehrungserlebnis bewirkte eine tiefgreifende Richtungsänderung. Aus dem Christenverfolger Saulus wurde der Legende zufolge der Missionar Paulus. Er wirkte zunächst gegen Ende der Dreißigerjahre in seiner Heimat Kilikien und dann zu Anfang der Vierzigerjahre für einige Zeit in Antiochia. Die in der heutigen Türkei gelegene Stadt war eine Metropole, die drittgrößte Stadt des Römischen Reiches, in der das Urchristentum entscheidende Transformationen durchlief. Die ursprünglich ländlich geprägte, innerjüdische Jesusbewegung kam mit großstädtischem Milieu und hellenistischer Kultur in Berührung. Die Umgestaltungen, die das Christentum dadurch erfuhr, lassen sich an Paulus exemplarisch ablesen. Es ist schwer auszumachen und dementsprechend unter Paulusexperten umstritten, was Paulus jüdischen und was er hellenistischen Einflüssen verdankte. Angeregt wird die Debatte über Paulus in Antiochia zudem noch durch Fragen zur theologischen Kreativität seiner Persönlichkeit.[23] Waren Paulus und mit ihm seine Theologie nur das Sprachrohr antiochenischer Theologie oder vermochte er ihr eigene Impulse zu verleihen? Paulus' weiterer Werdegang legt es nahe, die Bedeutung seiner Persönlichkeit für diesen Transformationsprozess nicht zu unterschätzen. An ihm zeigt sich, wie sich die Nachfolge Jesu zu einem Existenzgefühl der Gegenwart Christi transformierte.

Aus dem antiochenischen Milieu übernahm Paulus die Öffnung des werdenden Christentums für das Heidentum. Er war nicht der Erfinder, aber doch der wichtigste Promotor der Heidenmission. Mit Blick auf seine pharisäische Vergangenheit war das ein höchst bemerkenswerter Umstand, der die Radikalität seines Sinneswandels deutlich macht. Stellung zu den Nichtjuden zu beziehen bedeutete für das junge Christentum zugleich eine der ersten und schwierigsten Zerreißproben. Die Jerusalemer Gemeinde ging mehrheitlich davon aus, dass man zuerst Jude werden und wie ein Jude leben müsse, um die frohe Botschaft Jesu empfangen zu können. Das zeigt, wie sehr sich die ersten Christen noch dem Judentum zugehörig fühlten. Ein zur Klärung dieser Frage eigens einberufenes Apostelkonzil, das wohl im Jahre 48 stattfand, führte zu einem Kompromiss, der in Antiochia die Heidenmission erlaubte. Aus dem Galaterbrief erfahren wir allerdings von Paulus, dass dieser Kompromiss nicht dauerhaft umgesetzt werden konnte. Unter dem Druck der Judenchristen verweigerte Petrus den Heiden die zuvor praktizierte Tischgemeinschaft (Gal 2,11). Paulus setzte von da an seine Missionstätigkeit auf eigene Faust fort und orientierte sich nach Westen, vielleicht auch, um seinen ehemaligen Weggefährten nicht mehr in die Quere zu kommen. Das Römische Reich bot ihm für seine Missionstätigkeit günstige Voraussetzungen. Griechisch diente überall als Verkehrssprache, die Reisewege zwischen den Städten waren gut erschlossen, in den Städten selbst fand Paulus nicht zuletzt durch das Diasporajudentum Anknüpfungspunkte für seine Verkündigung. Strategisch nutzte er eine Vielfalt von Formen, er predigte in den Synagogen, aber auch in privaten Häusern und in Analogie zu kynischen Wanderphilosophen auf öffentlichen Plätzen und in angemieteten Räumen.[24] Paulus tat all das nicht allein, er war von Mitarbeitern und Schülern umgeben, mit denen er in theologischem Austausch stand. Fast zehn Jahre lang bereiste er zu Missionszwecken griechische und kleinasiatische Städte; längere Aufenthalte sind für Korinth und Ephesus belegt. Zur Sicherung seines Lebensunterhalts arbeitete Paulus zeitweise in seinem erlernten Beruf.

Nicht alles gelang ihm. In Athen beispielsweise, der Hochburg antiker Philosophie, mühte er sich ohne jeglichen Erfolg. In Korinth geriet er in heftige Auseinandersetzungen, die in den beiden Briefen an die Gemeinde ihren Niederschlag fanden, und auch in Galatien hatte er sich heftiger Gegenströmungen zu erwehren. Nach einem palästinischen Intermezzo, bei dem Paulus in Haft genommen worden war, gelangte er als Gefangener um das Jahr 60 nach Rom. Es gibt kaum Anhaltspunkte dafür, dass er in der römischen Gemeinde erfolgreich Fuß gefasst hätte, im Gegenteil, er geriet offensichtlich einmal mehr zwischen die sich massiv verschärfenden Fronten, die mittlerweile die Christen von den Juden in Rom trennten. In der ersten Hälfte der Sechzigerjahre wurde Paulus schließlich in Rom unter Kaiser Nero im Zuge der Christenverfolgung hingerichtet.

Einen außergewöhnlichen Rang nehmen im Christentum die Briefe des Paulus ein. Für dreizehn Briefe gibt das Neue Testament Paulus als Verfasser an, wenigstens sieben gelten als unstrittig echt. In der gesamten Bibel sind sie die einzigen Texte, deren Verfasser eindeutig feststeht. Paulus hat sie vermutlich allesamt in den Fünfzigerjahren geschrieben, also fast zwanzig Jahre nach seiner Bekehrung. Gängiger antiker Praxis folgend nutzte er die Briefe als Kommunikationsmedium, um seinen Missionsgemeinden Trost, Ermunterung und Belehrung zuzusprechen und ihre Fragen zu beantworten. Paulus erwies sich darin als der erste Theologe des Christentums. Er folgte, abgesehen vom Römerbrief, keinem systematischen Aufriss, sondern reagierte oftmals auf konkrete Anfragen und argumentierte situativ, assoziativ, impulsiv.

Es fällt auf, wie häufig er in eigener Sache argumentieren musste, um seine apostolische Autorität zu rechtfertigen. Dabei ging es ihm jedoch nicht um seine eigene Person. Gerade das macht Paulus so faszinierend: Man merkt ihm an, dass er an sich etwas erfahren hat, was ungleich größer ist als er selbst. Alle Autorität, die er für sich so nachdrücklich in Anspruch nahm, wusste er durch die Gegenwart Christi in sich begründet: «Paulus, ein Apostel nicht von Menschen, auch nicht durch einen Menschen, sondern durch Jesus Christus und Gott, den Vater, der ihn auferweckt hat von den Toten» (Gal 1,1). Daraus resultiert ein weiteres Motiv seiner Briefe. Paulus verkündete die Zuversicht einer christlichen Existenz auch in Anbetracht von Streitigkeiten, Zerwürfnissen, Anfeindungen und Verfolgungen. Die Lektüre der paulinischen Briefe raubt rasch die Illusion einer einmütigen Urgemeinde, sie vermittelt einen Einblick in die brodelnde Unruhe des werdenden Christentums.

Das Nachdenken über das Verhältnis zum Judentum und zu den Judenchristen durchzieht die Briefe wie ein roter Faden. Paulus griff das Thema in vielen Facetten immer wieder auf: sei es kollektiv durch die Klärung der Funktion Israels in der Heilsgeschichte (Röm 9–11) oder individuell mit der Frage nach der Gültigkeit des Gesetzes (Gal 4). In der gedanklichen Auseinandersetzung mit seiner jüdischen Vergangenheit hat die Lehre von der Rechtfertigung ihren theologischen Ort.[25] Für das Luthertum wurde sie zu einem Herzstück, für Paulus war sie hingegen, wie Albert Schweitzer in unübertroffener Klarheit herausstellte, ein «Nebenkrater».[26]

Aus seinen Gemeinden erreichten Paulus Anfragen zur konkreten Lebensführung. Es drängt sich bisweilen der Eindruck auf, als habe er diese Fragen der Reihe nach abgearbeitet. So behandelt der erste Brief an die Korinther die Fragen, wie sich Christen zur Ehe verhalten sollten, wie zu den heidnischen Riten, welche Stellung der Frau in der Gemeinde zukomme und wie in rechter Weise das Abendmahl zu feiern sei. Aufschlussreich sind insbesondere die theologischen Anfragen. Der Zusammenhang von Tod und Auferstehung bewegte die jungen Gemeinden, und das Problem wurde besonders dringlich, als die ersten Christen starben. Paulus vertrat hier eine entschiedene Naherwartung: Die Toten werden zur Wiederkunft Christi auferweckt, alle anderen werden den Tag der Wiederkunft selbst erleben (1 Thess 4,16 f.). Die Frage der Auferstehung spielt auch im ersten Korintherbrief eine wichtige Rolle, dort allerdings taucht die unmittelbare Naherwartung nicht mehr auf – ein Beispiel dafür, wie sich Paulus' Theologie verändert hat. Im Korintherbrief geht es aber auch um die Frage, wie sich die Erfahrung des Kreuzes Christi zur Weisheit der Welt verhält, worin die christliche Freiheit besteht und was den inneren Zusammenhalt der christlichen Gemeinschaft ausmacht. Den Römerbrief hat Paulus hingegen geschrieben, um sich der dortigen Gemeinde im Vorfeld seines Besuches vorzustellen. Das verleiht ihm einen anderen Charakter; manchen gilt er als das Vermächtnis des Paulus. Er beschreibt darin die Präsenz Christi im Glaubenden als Heil und Gerechtigkeit, als Wirksamkeit des Geistes und als neues Leben, als Vernichtung des alten Menschen und als Befreiung von der Macht der Sünde.

In all der Vielfalt an theologischen, religiösen und ethischen Fragen, die Paulus erörterte, behandelte er im Grunde ein Thema: Was bedeutet eine christliche Existenz, in der der Mensch ganz in Christus ist und ganz aus Christus lebt. Das Erstaunliche an Paulus ist, dass er zur prägenden Gestalt der ersten Generation der Christen aufstieg, letztlich allen anderen Jüngern und Aposteln mit Ausnahme des Petrus den Rang ablief, obgleich er nie zu den unmittelbaren Jüngern Jesu gehört hatte und den irdischen Jesus nicht kannte. In ihm brach die Autorität des Heiligen mit unglaublicher Wucht durch. Paulus steht für eine religiöse Persönlichkeit, die durch und durch von der Erfahrung göttlicher Transzendenz bestimmt ist, und diese Erfahrung ist nicht an den irdischen Jesus gebunden. Sie ereignet sich als kraftvolle Gegenwart Christi im Bewusstsein des Glaubenden.

Das Christsein ist in einem tiefen Christuserlebnis begründet. Für Theoretiker der religiösen Erfahrung ist Paulus zu allen Zeiten eine bemerkenswerte Erscheinung. Man kann an ihm gut studieren, mit welcher Macht sich die Heiligkeit des Christusereignisses durchsetzt. Sie ist für Paulus nichts Erdachtes und Ersonnenes, sondern etwas ganz und gar Reales, und doch sieht man, welche Schwierigkeiten es bereitet, diesen inneren Realitätsgehalt an andere weiterzugeben. Paulus hat dies immer wieder in verschiedenen Anläufen versucht. Die Formel «In-Christus-sein» diente ihm als tragendes Motiv. Trotz aller Schwierigkeiten gelang ihm die Mitteilung inneren Erlebens nach außen in mitreißender Weise als allen anderen Aposteln des frühen Christentums.

Ohne Paulus gäbe es das Christentum nicht, jedenfalls nicht in der Form, in der wir es kennen. Dennoch ist das paulinische Lebensgefühl nicht einfach auf spätere Epochen zu übertragen, der Moderne ist es in seiner religiösen Radikalität völlig fremd. Zu Recht hat man Paulus mit einem ausbrechenden Vulkan verglichen. Sein Leben war eine unruhige Reiseexistenz, zerrissen von Spannungen der Seele, gefährdet von Krankheiten des Körpers, bedroht von Nachstellungen und Verfolgungen der vielen Gegner.[27] Paulus erlebte die Erlösung durch Christus als ein «kollektives, kosmisch bedingtes Ereignis».[28] Dafür zahlte er einen hohen Preis, er führte ein unruhiges, von der Autorität des Heiligen angetriebenes Leben. Die Religion des Paulus steht unter dem Eindruck unfassbarer Kraft, sie eignet sich nicht zum behaglichen Sich-Einrichten in der Welt, sie taugt auch nicht zur Beruhigung. Darin liegen die Größe und die Fremdheit der Gestalt des Paulus.

Die Krisen des frühen Christentums

Weniger als ein Jahrzehnt nach dem Tod der großen Apostel Paulus und Petrus bedeutete das Jahr 70 für die Entwicklung des frühen Christentums eine Zäsur. Die Römer zerstörten als Reaktion auf die jüdischen Erhebungen in Palästina den Tempel in Jerusalem. In der Folge beschleunigte sich die sich abzeichnende Ablösung des Christentums vom Judentum rasant.[29]

Jesus war Jude, seine Jünger waren Juden, Petrus und Paulus waren Juden. Das Judentum war der Mutterboden des Christentums. In seinen Ursprüngen war das Christentum eine innerjüdische Erneuerungsbewegung.[30] Wesentliche Grundzüge der urchristlichen Lehre, wie die paulinische Variante der Lehre von der Rechtfertigung allein aus dem Glauben, sind ohne das jüdische Gegenüber kaum zu verstehen. Die religiöse Praxis ist von zahlreichen Elementen der Religionsausübung des antiken Judentums durchdrungen; dazu gehören der Gottesdienst und der Gebrauch heiliger Schriften. Mindestens eine Generation lang suchten die Anhänger der Jesusbewegung noch den Tempel auf, beteten und opferten dort, ohne darin ein Problem zu sehen.

Im Judentum fand die Erneuerungsbewegung jedoch keineswegs mehrheitlich Resonanz. Die ersten Christen verstanden das, was sie durch Christus erlebten, als Erfüllung dessen, was dem Volk Israel durch seine Propheten in den heiligen Schriften geweissagt worden war. Die meisten Juden in Palästina nahmen von diesem Anspruch der Jesusbewegung zunächst kaum Notiz, und als später der Erfolg dieser Sekte nicht mehr zu übersehen war, bekämpften die jüdischen Autoritäten das Ansinnen, einen Gekreuzigten als Messias zu verehren, energisch als Gotteslästerung. Im Neuen Testament spiegelt sich dieser Konflikt wider: Die Apostelgeschichte erzählt von der Steinigung des Stephanus (Apg 7,54–60), Paulus' Missionspredigt verursachte unter den Juden Tumult und brachte ihn in Bedrängnis (z. B. Apg 17,5 ff.; Apg 21,15 ff.). Der Kirchenvater Tertullian bezeichnete daher die Synagoge als «Brunnenstube der Verfolgung».[31]

Mit dem schon in den Vierzigerjahren auf dem legendären Apostelkonzil in Jerusalem (Apg 15) gefassten Entschluss, auch Heiden zu missionieren, setzte der Ablösungsprozess des werdenden Christentums von seiner jüdischen Mutterreligion ein. Die Geburt einer Religion kennt keine Toleranz und keinen Dialog, sondern ist geprägt von Durchsetzungskraft und Verdrängung. Schon die Evangelien lassen die Juden oftmals in einem unguten Licht erscheinen. Daraus wurde ab Ende des 1. Jahrhunderts eine handfeste antijüdische Polemik, die zentrale Themen jüdischer Identität berührte. Die Juden hatten, so ein gängiges Argument christlicher Kritik, die Gültigkeit des Alten Bundes verwirkt, da sie Jesus nicht als Messias anerkannten. Die alttestamentlichen Verheißungen wurden von den Christen annektiert. Die fatalsten praktischen Folgen entfaltete in späteren Jahrhunderten der erstmals um die Mitte des 2. Jahrhunderts aufgekommene Vorwurf des Christusmordes.[32]

Auch nach der Öffnung der Mission für die Nichtjuden und nach der Zerstörung des Tempels blieb das Judenchristentum eine innerchristliche Größe.[33] Um die Mitte des 2. Jahrhunderts, also zwei, höchstens drei Generationen später, war davon jedoch nichts mehr zu spüren. Einem in Rom, Lyon oder Kleinasien lebenden Christen wäre es zu dieser Zeit vermutlich höchst abstrus erschienen, wenn man ihn darüber belehrt hätte, dass eine Reihe seiner religiösen Praktiken wie der Besuch eines wöchentlichen Gottesdienstes, die Lesungen aus der Schrift, die Predigt und die Feier der Eucharistie jüdische Wurzeln hatten. Das Judenchristentum, die Religion der ersten Christen, war hundert Jahre nach dem Tod Christi verschwunden oder als eine Häresie an den äußersten Rand der Kirche gedrängt.[34] Führt man sich vor Augen, dass die Jesusbewegung als innerjüdische Erneuerung begonnen hatte, dann trifft Harnacks Urteil über diesen christlichen Transformationsprozess sicher zu: «Eine solche Ungerechtigkeit wie die der Heidenkirche gegenüber dem Judentum ist in der Geschichte fast unerhört».[35] Das Verhältnis des Christentums zu seiner Mutterreligion begründete eine Jahrtausende währende, leidvolle Geschichte von Verfolgungen, in der anfangs die Christen von den Juden verfolgt wurden, seither aber über Jahrhunderte die Juden von den Christen verfolgt werden.

Mit der Ablösung vom Judentum ist bereits der Übergang in die nachapostolische Epoche gewiesen. Sie war eine Zeit der Unruhe, der Krisen und der Konflikte. Mehrere Faktoren kamen zusammen: Die Augenzeugen und Anhänger der Jesusbewegung starben aus, und diese sich verflüchtigende Unmittelbarkeit warf Probleme auf. Wie ließen sich die religiöse Stimmung, die persönliche Ergriffenheit, die eigene Überzeugung, ja auch die Begeisterung aufrechterhalten und an andere weitergeben? Was war überhaupt das Wesentliche, das weitergegeben werden sollte? Neben diese Geltungsfragen traten Fragen der kulturellen Orientierung. Die antike Kultur hielt ein beträchtliches Angebot an Weltanschauungen und Sinnstiftungsinstitutionen bereit, zu denen sich die ersten Christen verhalten mussten, wenn sie sich in der Welt einrichten wollten. Drei große Krisen beschäftigten das Christentum in dieser Phase.[36] Der Ablösungsprozess von den jüdischen Ursprüngen war das erste Krisenphänomen, das auf die Autonomie von der eigenen Vergangenheit zielte. In der Auseinandersetzung mit der Gnosis ging es hingegen um die Selbständigkeit gegenüber der hellenistischen Umwelt, sie stellte also ein klassisches Inkulturationsphänomen dar. Die Krise, die durch den montanistischen Prophetismus heraufbeschworen wurde, handelte von der Lebendigkeit und der Unmittelbarkeit der religiösen Erfahrung.

Keinem dieser drei Krisenphänomene eindeutig zuzuordnen und doch mit ihnen eigentümlich verflochten ist das Auftreten einer Einzelgestalt, die für das Christentum zu einer Bewährungsprobe der besonderen Art wurde. Um 140 gelangte Marcion, ein reicher Schiffsreeder aus Sinope am Schwarzen Meer, nach Rom.[37] Nach dem baldigen Zerwürfnis mit der römischen Gemeinde begann er mit einer regen Missionstätigkeit für eine eigene Kirche, die rasch an Größe gewann und sich trotz Bekämpfung von Seiten der Großkirche bis in die Zeit der Islamisierung des Ostens halten konnte. Marcions Frömmigkeit basierte auf einem rigorosen Paulinismus, der Anleihen bei gnostischem Denken nahm und das Christentum dem Judentum radikal entgegensetzte. Gnostisch beeinflusst war sein theologischer Dualismus: Marcion unterschied zwischen dem minderen, unvollkommenen Schöpfergott des Alten Testaments und dem höchsten, guten Gott des Evangeliums. Der Gott des Alten Testaments war für Marcion nicht der Vater Jesu Christi, das Wirken Jesu nicht die Erfüllung der alttestamentlichen Weissagungen. Das hatte weitreichende Konsequenzen für die Frage, was in der Kirche verbindlich zu gelten habe. Marcion konzipierte eine zweiteilige Bibel, die aus einem von ihm selbst überarbeiteten Lukasevangelium und einer Sammlung von ebenfalls revidierten Paulusbriefen bestand. Mit diesem Radikalvorschlag hat Marcion zwar vielleicht nicht allein – so nahm es die frühere Forschung an – das Werden der christlichen Bibel eingeleitet, er hat diesen Vorgang aber beschleunigt und mit der Frage nach der Gültigkeit des Alten Testaments ein Problem aufgeworfen, das das Christentum einmal mehr nötigte, sein Verhältnis zu seinen jüdischen Wurzeln zu klären.[38] Die Aufnahme des Alten Testaments in die christliche Bibel war am Ende ein deutliches Bekenntnis dazu, die Weissagungen des Alten Testaments in der Person Jesu Christi erfüllt zu sehen.

Dass Marcion zu seiner Zeit zahlreiche Anhänger fand, ist keineswegs überraschend. Seine Lehre bestach durch Konsequenz. Marcion sah die Spannungen zwischen dem Eifer und Zorn des alttestamentlichen Gottes und der sich in Jesus Christus offenbarenden Liebe Gottes. Er sah, dass die radikale Gnadenlehre des Paulus, die den Menschen aufgrund seiner sündhaften Verderbtheit ganz auf die göttliche Gnade verwies, nicht zu den ebenfalls im Frühchristentum vertretenen Erlösungsvorstellungen passte, die eine Mitverantwortung und Mitwirkung des Menschen lehrten. Vor allem aber hat sein Ansinnen, das Christentum als etwas ganz Neues und Eigenes zu begreifen und damit das Judentum abzustoßen, Interesse gefunden. Dieser Aufruf, sich an die Einfachheit des paulinischen Evangeliums zu halten, hat ihm durch die Jahrhunderte hindurch einen ambivalenten Ruf beschert. Er galt einerseits als Erzketzer schlechthin, der als Erster die Kirche gespalten habe, andererseits brachten ihm Aufklärer und Liberale Achtung für seinen Mut zur Rationalisierung entgegen. Marcion ist ein mustergültiges Beispiel für die Identitätskonflikte des frühen Christentums. Sein Lösungsweg sah vor, alle inneren Spannungen durch die Eliminierung all dessen aufzulösen, was theologisch sperrig erscheinen musste. Der energische großkirchliche Widerstand gegen diesen an und für sich plausiblen theologischen Versuch speiste sich vor allem aus einer Quelle: der tiefen Ahnung, dass diese Lösung zu einfach gewesen wäre.

In der Auseinandersetzung mit der Gnosis musste sich das frühe Christentum einer weiteren Verlockung erwehren. «Gnosis» ist ein Sammelbegriff für mächtige religiöse Strömungen, die seit dem 1. Jahrhundert christliche und populärplatonische Elemente miteinander verschmolzen.[39] Als kleinster gemeinsamer Nenner der gnostischen Bewegungen gelten erstens ein starker Dualismus zwischen Geist und Materie und zweitens die Überzeugung, dass der Mensch Erlösung durch Erkenntnis erlange. Von dem griechischen Begriff für «Erkenntnis», *gnosis*, rührt der später der Bewegung zugewiesene Name her.[40]

Der Dualismus wurde konsequent auf den Gottesbegriff, die Welt und den Menschen bezogen. Dem jenseitigen, guten Gott steht in Anlehnung an den Demiurgen aus Platons *Timaios* ein Schöpfergott gegenüber, der wenigstens als unvollkommen, manchmal sogar als böse aufgefasst wird. Die Welt erscheint dann ebenfalls als böse, die Materie wird radikal vom Geist getrennt. Die Spaltung zieht sich mitten durch den Menschen. Durch seinen Geist hat er Anteil am göttlichen Licht, in ihm ruht ein göttlicher Funke, der sich im Widerspruch zu seinem in der Materie verhafteten Körper befindet. Eine aus der Sphäre des guten Gottes herabsteigende Erlösergestalt bringt den Menschen diese Erkenntnis, durch ihre Aneignung überwinden sie die Sphäre der bösen Materie und erlangen Erlösung. Ihre Einsichten kleideten die Gnostiker in Mythen, allerdings mit einer durchaus anspruchsvollen Theorie des Mythos. Von dem unsagbaren höchsten Gott und den unerforschlichen Geheimnissen der Welt lässt sich nicht anders als in mythologischer und umschreibender Sprache reden.

Die Entstehung dieser Bewegung ist nicht klar zu fassen. In unseren Tagen sah Rudolf Bultmann im Johannesevangelium einen «Teil einer gnostischen Erlösungsreligion».[41] Der Kirchenvater Irenäus von Lyon, der im 2. Jahrhundert die umfangreichste Widerlegung der Gnosis verfasst hat und damit eine der wichtigsten Quellen bietet, führte ihre Anfänge schon auf die Zeit der Apostel zurück und sah in dem Zauberer Simon, der in der Apostelgeschichte vorkommt (Apg 8,4–24), einen der ersten Gnostiker.[42] Anfänge größerer gnostischer Systementwürfe lieferten Basilides[43] und sein vermutlich ebenfalls aus Alexandria stammender Zeitgenosse Valentinus, der ab etwa 140 in Rom wirkte.[44] Ihm wird eines der bedeutendsten gnostischen Systeme zugeschrieben, das mit platonischen und pythagoreischen Anteilen in mythologischer Sprache den kosmologischen Dualismus der Welt erläutert. Christus tritt darin als Erlösergestalt auf, die den Geist vom Körper ablöst und damit von der pessimistisch verstandenen Materie errettet. Der Einfluss der gnostischen Systematiker auf die Ausbildung einer christlichen Theologie kann nicht hoch genug eingeschätzt werden. Denn es waren die Gnostiker, die durch Fragen wie die nach dem Zusammenwirken von göttlicher und menschlicher Natur in der Person Jesus Christus eine «Experimentierphase christlicher Theologie»[45] einleiteten und dadurch das Christentum zu einer präziseren gedanklichen Durchdringung seiner Lehraussagen drängten.

Den «Gipfel- und Endpunkt»[46] der Gnosis stellt der auf den Perser Mani zurückgehende Manichäismus dar. Er formte im 3. Jahrhundert aus der gnostischen Denkbewegung eine eigenständige Religionsgemeinschaft mit kirchenähnlichem Aufbau und strengen Askese- und Bußvorschriften. Mani erhob die Gnosis zu einer Weltreligion, die sich nach dem Aufstieg des Christentums und auch nach der Eroberungswelle durch den Islam bis zu den Mongolenstürmen des 15. Jahrhunderts halten konnte. Doch auch über das institutionelle Ende hinaus behielt gnostisches Denken in der abendländischen Kultur bis in die Neuzeit hinein eine bleibende Anziehungskraft.[47]

Die Gnosis hat stets ein reges Interesse in der religionsgeschichtlichen Forschung hervorgerufen. Die historischen Probleme der Abgrenzung und Zuordnung sind immens, neuere Funde im 20. Jahrhundert wie beispielsweise die Codices aus Nag Hammadi sind sowohl in der Art ihrer Entdeckung als auch in ihrem Inhalt nahezu spektakulär.[48] Die Quellen legen bisweilen den Eindruck nahe, es handle sich bei der Gnosis und ihrer großkirchlichen Widerlegung lediglich um einen Streit der Gelehrten. Das kann die anhaltende Attraktivität der Gnosis kaum erklären. Es mag richtig sein, dass sie stark intellektualistische Spekulationen in die Debatten des 2. Jahrhunderts eingebracht hat, doch sind die erhaltenen Lehrsysteme keine bloßen Schreibtischspekulationen, sondern Spiegel eines Welterlebens und einer daraus hervorgehenden Haltung zum Dasein.

Diese grundlegende Einsicht macht Hans Jonas' Buch über die Gnosis zu einem unvergänglichen Klassiker. Unter dem Einfluss der Existenzphilosophie Heideggers und deren theologischer Umsetzung bei Bultmann weitete Jonas die Fragestellung kulturhermeneutisch aus. Er wollte die Frage finden, auf welche die gnostischen Lehrsysteme eine Antwort gaben. Sein Fazit lautet: «Ein bedrängtes, um sein Rätsel geängstigtes, um eine Antwort bemühtes Dasein gab da Kunde von sich.»[49] In der Gnosis sprach sich ein irritiertes Welterleben aus, das die Welt als ein fremdes, den Menschen bedrohendes Geheimnis erfuhr. Dass Menschen die Welt so erleben können und dass die Welt ein solches Antlitz immer wieder tragen kann, ist eine ebenso traurige wie unverrückbare Gewissheit menschlicher Lebenserfahrung. Die Gnosis lieferte Antworten auf die Frage, warum das so ist. Der gnostische Dualismus betrachtete die Welt als einen Kampfplatz zwischen Licht und Finsternis, zwischen Gut und Böse. Das war ein beachtlicher Versuch, das unabweisbar Böse in der Welt zu erklären, ohne den Menschen der Verzweiflung anheimzugeben. Die Gnosis erlaubte es, sich dem Bösen in der Welt denkerisch und existentiell zu stellen und doch Hoffnung auf Erlösung in sich tragen zu können. Das erklärt den immensen Einfluss, den die Gnosis in der Antike und generell innerhalb des Christentums in verschiedensten Spielarten ausüben konnte. Es ist keineswegs abwegig, sich zu fragen, warum sich dieser faszinierende Versuch nicht durchsetzen konnte.

Der Anziehungskraft wirkte entgegen, dass der Dualismus kein denkerischer Generalschlüssel zur Lösung aller Probleme im Erleben der ambivalenten Welt sein kann. Metaphysisch gesehen verlagert er das Problem nur in die Aufspaltung des Weltgrundes in zwei entgegengesetzte Götter. Darum lehnte der spätantike Neuplatonismus trotz vieler gedanklicher Berührungen den gnostischen Dualismus ab. Plotin etwa sah darin das Prinzip der Einheit der Wirklichkeit aufgegeben.[50]

Auch die Großkirche des Christentums hatte Gegenargumente. Der gnostische Dualismus unterwanderte den Glauben an den einen Gott, der Himmel und Erde geschaffen hat. Damit entfernte man sich gleichermaßen vom Monotheismus und vom Glauben an Gottes Schöpfung. Zum anderen minimierten die Gnostiker durch ihren Dualismus den Gedanken der Inkarnation. Da die

Welt nicht mehr als ein «Unglück und Versehen»[51] war, konnte die Erlösergestalt auch nicht uneingeschränkt einen weltlichen Leib annehmen. Jesus wurde nicht wirklich Mensch, er erschien seinen Zeitgenossen nur als Mensch, um sie so auf den Weg des Heils zu führen. Diese als Doketismus und Häresie bezeichnete Lehre böte interessante Lösungen für viele theologische Probleme der Passion, des Kreuzestodes und der Auferstehung – allerdings um einen Preis, der für das Christentum zu hoch ist: Doketismus bedeutet zu leugnen, dass Jesus ein wirklicher Mensch war und am Kreuz starb.

Die Gnosis hat mit ihrer Abwandlung des Schöpfungs- und des Erlösungsverständnisses zentrale Lehren des Christentums unterwandert.[52] Die erhaltenen Texte der Auseinandersetzung mit der Gnosis sind die Spitzen des Eisbergs, die rationalisierten, begrifflichen Zuspitzungen zweier entgegengesetzter Weltgefühle. Dem gnostischen Kampf zwischen Licht und Finsternis trat in der christlichen Ablehnung ein anderes Welterleben entgegen, denn durch all ihre Widersprüche und unbestreitbaren Sinnlosigkeiten hindurch wird die Welt in ihrem letzten und tiefen Grund als etwas dennoch Bejahenswertes erfahren. Die Welt selbst ist die Form, in der sich der göttliche Wille der Welt zuwendet. Diese Vorstellung gipfelt in der Überzeugung, dass es das Leben und auch das Sterben eines wirklichen Menschen ist, in dem sich Gott zeigt und der Welt zuwendet. In der Abkehr von den Verlockungen der Gnosis streifte das Christentum die ihm selbst innewohnende Weltverneinung ab, es erfuhr die Welt als etwas Sinnvolles. In der Überwindung der Gnosis nahm eine tragende Form christlichen Welterlebens Gestalt an, ein «kosmisches Gefühl», das eine «Daseinsbereitschaft» erzeugte.[53]

Eine Herausforderung anderer Art war die montanistische Krise, sie stellte ein genuin hausgemachtes Problem dar.[54] Die Stabilisierung und Konsolidierung der jungen Kirche bedeutete zugleich auch eine Abkühlung der geisterfüllten Unmittelbarkeit. Die religiösen Ideen des Namensgebers des Konflikts, Montanus, haben auf den ersten Blick etwas Abstruses an sich. Ab etwa 160 trat er in Phrygien, das entspricht in etwa dem heutigen Westanatolien, mit dem Anspruch auf, er sei der Paraklet, der Tröster, den Christus in den Abschiedsreden im Johannesevangelium seinen Jüngern verheißt. In diesem Gestus verkündigte er das nahe Weltende und rief zur Buße auf. Ihm zur Seite standen die Prophetinnen Priskilla und Maximilla. Die Montanisten beschränkten sich nicht allein auf die Wiederbelebung des urchristlichen Prophetismus, sondern praktizierten auch eine im Hellenismus verbreitete Orakelfrömmigkeit.[55]

Der Erfolg dieser Bewegung macht deutlich, dass sie einen Nerv der frühchristlichen Frömmigkeit traf. Montanus war – zugespitzt gesagt – der Beginn der charismatischen Bewegungen im Christentum. Er trat als Haupt einer Protestbewegung auf, die der institutionellen Kühle einer organisierten Großkirche den Enthusiasmus des unmittelbaren Besitzes des heiligen Geistes entgegenhielt. Von diesem Charisma wollte Montanus die christliche Gemeinschaft durchdrungen sehen. Daran band sich ein ethischer Rigorismus, der Entschlossenheit und Tatkraft an den Tag legte. Die prophetische Bewegung überlebte nach dem Tod ihres Begründers sogar das Ausbleiben des angekündigten Weltendes, und dazuhin gewann der Montanismus am Anfang des 3. Jahrhunderts aus Kritik und Enttäuschung über die Laxheit der Großkirche mit dem Marcion-Gegner Tertullian einen der prominentesten Anhänger. Der Montanismus steht für ein Phänomen, das sich im Christentum immer wieder findet. Die Autorität der Heiligkeitserfahrung gerät in Konflikt mit den erforderlichen Kompromissen einer großkirchlichen Organisation. Am Montanismus lässt sich studieren, dass Großkirchen bereits im Stadium des Werdens notwendigerweise charismatische Gegenbewegungen hervorbringen. Die frühkatholische Kirche musste in der Auseinandersetzung mit dem Montanismus einen Weg finden, Charisma und Institution zusammenzubringen.

Die Krisen, die das frühe Christentum in seiner Gestaltwerdung durchlief, lassen zwei wichtige Schlüsse zu. Zum einen kann man schwerlich von einer geradlinigen Entwicklung sprechen, die bei Jesus begann und in die Großkirche einmündete. Das Bild des frühen Christentums gleicht einem pulsierenden Nebeneinander von unterschiedlichen Versuchen, der urchristlichen religiösen Erfahrung Lebens- und Kulturformen zu geben. Die frühchristliche Pluralität war die notwendige Folge des kulturell nicht einholbaren Überschusses des Christusereignisses. Walter Bauer, der diese Pluralität eindrucksvoll herausgestellt hat, merkte zu dem brodelnden frühen Christentum an:

> Aber als weltverachtende Jenseitsreligion und unerbittliche Lebensordnung eines himmelentstammten Übermenschentums oder als komplizierter Mysterienkult für religiöse und geistige Feinschmecker oder als enthusiastischer Überschwang, der heute anschwillt und morgen abebbt, hätte das Christentum [...] nie überlebt.[56]

Die fortschreitende Institutionalisierung und Abkühlung der Lebensformen waren weder Verfall noch Errungenschaft der ersten Christen, sondern Resultat einer Entwicklung, die den Gesetzmäßigkeiten werdender sozialer Gebilde folgte.[57]

2
Die Säulen des Christentums

In dem Prozess der Gestaltwerdung stiegen in den ersten drei Jahrhunderten feste Säulen empor. Die frühen Christen übernahmen vorhandene Kulturformen und religiöse Ausdrucksmuster und besetzten sie neu. Zuerst galt es, dem Gemeinschaftsleben Gestalt zu geben, zweitens war eine innere Haltung aufzubauen, die aber auch der Reflexion zugänglich sein musste. Drittens formte sich ein heiliges Buch als Grundlage des Gemeinschaftslebens, das viertens im gemeinsamen rituellen Vollzug die Gläubigen untereinander verband und ihren Glauben bekräftigte. Die Struktur der Kirche und der Ämter, der Glaube und die Theologie, die Bibel und der Gottesdienst mit den Sakramenten basieren allesamt auf Kultur- und Religionsformen, die die frühen Christen übernahmen, um ihrer Religion eine Gestalt zu geben. Sie gelten bis heute als die tragenden Säulen des Christentums.

Das Werden einer Kirche

Was das Christentum der Welt zu geben hat und auf welche Weise dies geschieht, ist an eine soziale Form gebunden. Heute erscheint das mit Blick auf die Geschichte des Christentums als etwas ganz und gar Selbstverständliches. Und doch kann man sich fragen: Warum sind die ersten Jünger und Zeugen der Auferstehungsereignisse nicht für sich geblieben? Warum haben sie nicht allein oder jedenfalls in dem kleinen Kreis, der sie einmal waren, ihrer Erlösung und des erhofften Weltendes geharrt?

Dagegen sprechen Grundregeln des menschlichen Daseins. Schon Aristoteles hat den Menschen als ein *zoon politikon*, als ein auf Gemeinschaft ausgerichtetes Wesen, beschrieben.[58] Religionen befördern diesen Gemeinschaftstrieb durch pragmatische Gründe, denn sie haben es mit Dingen zu tun, die schwer zu fassen sind. Es bedarf daher intensiverer Vergewisserungsmechanismen. Die Tatsache, dass andere das Gleiche oder Ähnliches erlebt haben und daher ähnlich fühlen und denken, stellt eine bestärkende Versicherung dar. Dies erreicht man, indem man sich die eigenen Erfahrungen und die eigene Gewissheit gegenseitig mitteilt. Religiöses Erleben hat daher einen inneren Drang, sich anderen kundzutun, und die Darstellung anderer wiederum regt eigenes religiöses Erleben an. Friedrich Schleiermacher beschreibt diesen Sachverhalt treffend auf den Punkt gebracht: «Ist die Religion einmal, so muss sie notwendig auch gesellig sein».[59]

Die ersten Christen verstanden sich als eine Gemeinschaft, die der Geist der Christusgegenwart unter ihnen begründete und zusammenhielt. Aus diesem Grund heraus lebte diese Gemeinschaft, sie war die in eine Sozialform geronnene Gegenwart des göttlichen Geistes. Die neutestamentlichen Schriften nähern sich der Selbsterfahrung ihrer eigenen Gemeinschaft mit mehreren Beschreibungen an.[60] Noch recht profan erscheint das Wort *ekklesia*, es ist aus der Septuaginta, der griechischen Übersetzung des Alten Testaments, übernommen und beschreibt die Gemeinschaft als Versammlung, in Analogie zu den mit diesem Begriff bezeichneten politischen Zusammenkünften in griechischen Stadtstaaten.[61] Zugleich vermieden die neutestamentlichen Autoren den Begriff der *synagoge*, was als ein frühes Distanzierungsmoment gegenüber dem Judentum verstanden werden kann. In Anlehnung an das Alte Testament bezeichneten sich die Christen als Volk Gottes. Sie verstanden das, was bei ihnen geschah, als Fortsetzung dessen, was Gott im Judentum begonnen hatte. In einem berühmten Bild führt der Brief an die Hebräer den Gedanken weiter zu der Vorstellung vom wandernden Gottesvolk (Hebr 12,1 und 13,14). Die Kirche wird nicht in Ewigkeit bestehen, sie ist kein Selbstzweck, sondern ein vorübergehender Zustand einer Gemeinschaft von Menschen, die sich von Christus ergriffen wissen, der in der Erfüllung und Vollendung der Welt aufgehoben wird. Das verbindende Moment der Gemeinschaft war die Erfahrung der Gegenwart Christi. Diese Dimension trifft am besten der Vergleich der Gemeinschaft mit einem Leib mit vielen Gliedern, den Paulus im ersten Brief an die Korinther verwendet (1 Kor 12).[62] Er macht deutlich, wie die existentielle Grundbefindlichkeit des «In-Christus-Seins» gemeinschaftsbildende Kraft gewinnt. Zugleich erlaubte die Leib-Metapher bereits den Ausblick auf unterschiedliche Funktionen, «Berufungen und Gaben».[63] Im johanneischen Schrifttum traten schließlich Modelle der Selbstbeschreibung hervor, denen zufolge sich die Christen als Gemeinschaft der Freunde Jesu verstanden.[64]

Gemeinsam ist den unterschiedlichen Artikulationen des Gemeinschaftserlebens der ersten Christen, dass sie ihre Zusammenkunft als Erscheinungsform der Kraft des Geistes Jesu verstanden,[65] ganz so, wie es Lukas in seinem Bild von der Urgemeinde mit den Mitteln literarischer Imagination unverwechselbar zur Darstellung gebracht hat. Die Kirche ist im Erleben ihrer Mitglieder zunächst ein geistiges Phänomen und erst in einem zweiten Schritt eine real sichtbare und sozial fassbare Größe. Die Spannung zwischen diesen beiden Dimensionen ist durchgängig die faszinierende Stärke, aber auch die fatale Schwäche des Christentums als sozialer Gestalt. Zwar ist die geistige Seite die Grundlegung, aber sie kann nicht vermittelt werden, wenn sie nicht sichtbare Gestalt annimmt. Großkirchliche Bestrebungen neigen allerdings dazu, in ihren berechtigten Sorgen um die sichtbaren, institutionellen Erscheinungsformen des Christentums die geistige Grunderfahrung zu verdrängen; charismatische Gegenbewegungen hingegen vernachlässigen oder kritisieren den notwendigen institutionellen Rahmen.

Zwei Entwicklungen beschäftigten das frühe Christentum besonders. Erstens vollzog sich durch die Sesshaftwerdung der Mehrheit der Christen ein entscheidender Umbruch von der Jesusbewegung zur Kirche. Die Jesusbewegung wurde zunächst dominiert vom Sozialtyp der Wanderradikalen, also jenen Anhängern Jesu, die seinem Ruf in die Nachfolge gehorchten, ihr bisheriges Leben aufgaben und mit Jesus umherzogen. Diese Lebensform starb im Umbruch zur Kirche keineswegs auf einen Schlag aus. Bis ins 2. Jahrhundert hinein finden wir in den Gemeinden Hinweise auf Regelungen, wie mit den umherziehenden Brüdern und Schwestern umzugehen sei. Die Empfehlungen lassen allerdings eine zunehmende Ablehnung dieses unsteten Lebenswandels erkennen.[66] Die Entscheidung für ein sesshaftes und bodenständiges Christentum fiel früh. Jerusalem und Antiochia waren die entscheidenden Umbruchsorte. Dieser Wandel war eine der größten Aussöhnungen zwischen Religion und Kultur. Entgegen der weltfliehenden Option des ortlosen Radikalismus sprach sich die sesshafte Lebensform dafür aus, den Anbruch des Reiches Gottes in und nicht am Rande dieser Welt zu leben. Das religiöse Ideal des Wanderradikalismus ging im Christentum dennoch nicht unter. Bis in die Gegenwart hinein beeinflusst es asketische Strömungen und Ordensbewegungen und bildet so dauerhaft einen Stachel im Fleisch des Christentums,[67] der unentwegt daran erinnert, dass man in dieser Welt nicht einfach weiterleben kann wie bisher, wenn in Jesus Christus das Reich Gottes auf Erden angebrochen ist.

Zweitens machen soziale Gebilde Strukturen des Zusammenlebens erforderlich. Daher gewann die Frage an Bedeutung, wer in der Gemeinde welche religiösen Funktionen übernehmen sollte. Die Übertragung religiöser Ämter an bestimmte Personen ist ein Grundelement religiöser Gemeinschaften, denn religiöse Vermittlung bedarf eines menschlichen Antlitzes – das gilt für die interne Praxis einer Religion, aber auch für ihre sichtbare Kenntlichmachung nach außen.

Über die Entstehung der Ämter im Christentum wissen wir heute einiges.[68] Jesus berief Jünger und umgab sich mit einem engeren Zwölferkreis, der die Stämme Israels symbolisierte. Das war keine Einsetzung in kirchliche Ämter, denn die Ausbildung einer dauerhaften Institution hatte Jesus nicht vor Augen. Trotzdem ist die Annahme einer Kontinuitätslinie sinnvoll, denn die nächsten

Jünger Jesu spielten in der Urgemeinde eine hervorgehobene Rolle. Entscheidender ist, dass sich die ersten Christen in der Gestaltung religiöser Ämter an ihrer Umwelt orientierten. Das Ältestenamt der Jerusalemer Urgemeinde (Apg 11,30) war eine der Synagoge entlehnte Leitungsfunktion, das später sich ausbildende Bischofsamt orientierte sich schon durch die Wahl des Wortes, das von *episkopos* – «Aufseher» – herrührt, an einem Aufsichtsamt. Der urchristliche Enthusiasmus kannte eine Vielzahl von religiösen Funktionsträgern. Paulus legte eine Bestandsaufnahme vor und versuchte, die unterschiedlichen Funktionen in ihrer theologischen Bedeutung zu erfassen. Religiöse Ämter leitete er ganz von dem Charisma, der göttlich gewirkten Gnadengabe, ab, das sie durchdringt. Aufschlussreich ist folgende Aufzählung: «Und Gott hat in der Gemeinde eingesetzt erstens Apostel, zweitens Propheten, drittens Lehrer, dann Wundertäter, dann Gaben, gesund zu machen, zu helfen, zu leiten und mancherlei Zungenrede» (1 Kor 12,28). Die besondere Bedeutung des Apostels mit seiner Gabe, Gemeinden begründen zu können, erklärt sich aus dem Selbstverständnis des Paulus. Bemerkenswert ist das Amt des Propheten, das gewissermaßen eine institutionelle Verankerung unmittelbarer Geistwirkung intendiert. In eine ähnliche Richtung gehen die Wundertäter und Zungenredner. Neben diese stark charismatisch und enthusiastisch geprägten Funktionen tritt aber schon das religiös gesetztere Amt des Lehrers, der für Überlieferungsvermittlung und Unterricht zuständig ist.

Die weitere Entwicklung der Ämter war von einer Tendenz zur Versachlichung und Abkühlung geprägt. Apostel und Prophet galten als Ämter der Gründungszeit, Evangelisten, Hirten und Lehrer (Eph 4,11)[69] gelangten allmählich in den Vordergrund, in den Pastoralbriefen schließlich erschien der Bischof mit seiner Leitungsfunktion als Garant der Einheit der Gemeinde. Fragen der Ordination, also danach, wie man geregelt in ein solches Amt gelangen könne, gewannen an Bedeutung.[70] Um das Jahr 100 zeichnete sich schließlich die Ausbildung des Monepiskopats ab. Das Amt gliederte sich hierarchisch auf in die Funktionen Bischof, Presbyter und Diakon, eine bis heute in der katholischen und der anglikanischen Kirche sowie in den orthodoxen Kirchen bestehende Einteilung.

Die Entwicklung in diese Richtung war nicht der einzige Weg, den das frühe Christentum beschritt. Etwa gleichzeitig propagierte um die Jahrhundertwende das johanneische Schrifttum noch das Modell einer hierarchiefreien Liebesgemeinschaft. Allerdings setzte sich das hierarchische Modell letztlich durch. Die Gründe dafür sind vielschichtig. Hellenistische Inkulturation und jüdisches Erbe reicherten das kirchliche Amt sukzessive mit den Charakterzügen eines Priesteramtes an, eine religiöse Funktion, die den ersten Christen ganz fehlte oder die sie höchstens allein von Christus wahrgenommen sahen. Dass die christlichen Amtsträger priesterliche Funktionen an sich zogen, dürfte die Plausibilität nach außen und die Anschlussfähigkeit christlicher Religionspraxis an antike Kultformen erhöht haben. Zudem kompensierte die Hierarchisierung der Gemeindeämter die auftretenden Steuerungsdefizite kollegial geführter, charismatischer Gemeinden.[71] Die Bindung des Christuscharismas an ein fest gegliedertes Amt schaffte einerseits Klarheit und Struktur, es raubte aber andererseits Enthusiasmus, Unmittelbarkeit und Ursprünglichkeit. Die Abkühlung verlief daher keineswegs geräuschlos. Der radikale Wandel vom Wandercharismatiker über den Apostel zum Bischof war jedoch in nur zwei Generationen abgeschlossen. Am Ende dieses Prozesses war der Anfang nicht mehr wiederzuerkennen. Der rasante Gestaltwandel war ein untrügliches Indiz dafür, dass die neue Religion gedachte, sich in dieser Welt einzurichten.

Glauben und Denken

Wie gelangte man hinein in die neue Religion des werdenden Christentums? Der erlauchte Kreis derer, die Jesus gekannt, ihn gesehen und erlebt hatten oder Zeugen der Geschehnisse geworden waren, die unter dem Begriff «Auferstehung» zusammengefasst werden, war klein und naturgemäß zum Aussterben verdammt – obgleich diese Gruppe selbst etwas ganz anderes erwartete, nämlich noch zu Lebzeiten Zeugen der Wiederkunft Christi und der Vollendung der Welt werden zu können, um so mit Jesus in die Ewigkeit einzugehen. Für das Christentum war es eine überlebenswichtige Frage, wie Nachgeborene in die Aura einer christlichen Existenz eintreten konnten. Die wichtigste Nahtstelle bei dieser Problembewältigung war Paulus. Aus seiner eigenen Erfahrung wusste er zu berichten und zu verkünden, dass Christuszugehörigkeit ein existentielles Erlebnis ist: Die Autorität des Heiligen nimmt vom Menschen Besitz, ergreift ihn innerlich zutiefst und verwandelt seine Existenz.

Die Antwort auf die Frage, wie man in diesen Zustand gelange, war verblüffend einfach: Man brauchte nur durch Verkündigung von dieser heiligen Autorität zu hören. In den Worten der Predigt wirkt die verwandelnde Kraft Christi fort. «So kommt der Glaube aus der Predigt, das Predigen aber durch das Wort Christi» (Röm 10,17). Diese enorme Hochschätzung des Wortes war für Paulus Resultat einer Selbsterfahrung. Das bloße Hören des Wortes kann den Zustand dessen, wovon die Worte handeln, selbst herstellen. In den neueren Debatten zur Sprache hat man dies als Performanz bezeichnet. Solche performativen Sprechakte gibt es auch in Alltagszusammenhängen: Der Satz «Ich liebe dich» oder der Urteilsspruch eines Richters stellen den Zustand real her, den die Worte besagen. Paulus beschreibt, wie das Wahrnehmen der Predigt vom Wirken Jesu das Bewusstsein der eigenen Erlösung im Menschen hervorrufen kann. Gerade das macht das besondere Ergriffensein aus, und in dieser Macht des Wortes liegt die Autorität des Heiligen. Paulus hat aufgrund dieser Kraft die Verkündigung des Evangeliums als Wort Gottes bezeichnet. Den Zustand, in dem sich der Mensch von diesem Wort angesprochen, angegangen und ergriffen weiß, nannte Paulus Glaube.

Der Kulturwissenschaftler Silvio Vietta hat in seiner Kulturgeschichte Europas vorgeschlagen, diesen spezifischen Zugangsmodus des frühen Christentums in seiner kulturellen Eigenart nach dem griechischen Wort für Glaube als Pistis-Codierung zu bezeichnen.[72] Dem liegt die Annahme zugrunde, dass Kultursysteme jeweils auf einem fundamentalen Code aufbauen, einer Grundoperation, die das Herzstück dieser Kultur ausmacht. Vor dem Aufkommen des Christentums dominierte Vietta zufolge in der Antike die Logos-Codierung: Auf der Suche nach dem, was Menschen Orientierung geben kann, stellte die griechische Kultur die Vernunft und deren Möglichkeiten in das Zentrum.[73] Mit der Betonung des Glaubens ging das frühe Christentum einen anderen Weg: «Pistis definiert so ein Kultursystem, das durch gläubiges *Für-wahr-Halten* geprägt ist und nicht durch argumentative Wahrheitssuche und Wahrheitserforschung.»[74] Tatsächlich ist das, was die frühen Christen unter Glauben verstanden, nichts, was sich durch Argumente herstellen lässt. Es handelt sich um einen Modus innerer Gewissheit und Überzeugung, der sich von selbst einstellt. Paulus beschrieb den Zustand als ein Überwältigtwerden oder Ergriffensein. In diesem Sinne ist der Begriff der Pistis-Codierung erhellend, um den individuellen Eintrittsmodus in das frühe Christentum zu beschreiben.

Die philosophischen Gegner des Christentums in der Antike verstanden Glauben als eine menschliche Tat, als einen Entschluss, als einfaches Für-wahr-Halten von Sachverhalten, für die man keine Gründe beibringen kann.[75] Glauben hieß für sie, sich willentlich einer Autorität zu beugen. Das erregte ihren Protest. Dabei übersahen die antiken Philosophen, dass das Christentum enorme Anstrengungen auf sich nahm, eine Theologie auszubilden, die den eigenen Glauben auf die philosophische Vernunft hin ausrichten sollte. Auch wenn man in der Kritik am christlichen Glauben als blinder Autoritätshörigkeit polemische Absichten antiker Philosophen wittern mag, ist der Vorwurf nicht einfach beiseite zu schieben. Er liefert wichtige Indizien dafür, dass das frühe Christentum selbst die Balance zwischen Vernunft und Glauben bisweilen verlor. Seit Paulus versuchte das Christentum, zu verstehen, was es glaubte. Es führte darin das Erbe der griechischen Kultur fort und verzichtete keineswegs auf die Logos-Codierung. Schon im 2. Jahrhundert etablierten sich in Analogie zu den Schulen der Philosophen Theologenschulen.⁷⁶ Theologen wie Justin, Clemens von Alexandria, Origenes, Basilius, Gregor von Nyssa und Gregor von Nazianz ging es darum, den christlichen Glauben zwar nicht durch philosophische Erklärungen zu erzeugen, ihn aber plausibel und nach außen argumentativ vertretbar zu machen. Sie arbeiteten an der Synthese von Logos- und Pistis-Codierung.

Die Ausbildung des christlichen Denkens in Gestalt einer eigenen Theologie war ein überlebenswichtiger Inkulturationsprozess in doppelter Richtung. Zum einen betrieben die antiken Theologen des Christentums, was Jan Assmann als hypoleptische Diskursorganisation bezeichnet.⁷⁷ Seit der antiken Philosophie war der Erkenntnisprozess daran gebunden, an die Einsichten der Vorgänger anzuknüpfen und mit ihnen in einen argumentativen Austausch einzutreten, um sie so weiterführen zu können. Die christlichen Theologen übernahmen dieses Verfahren mit erstaunlicher Selbstverständlichkeit. Viele von ihnen entstammten selbst einer Philosophenschule, die hellenistische Philosophie lieferte daher die Paradigmen ihrer Argumentationsstandards, um den christlichen Glauben plausibel zu machen. Die christliche Theologie ist darin eine legitime Erbin der antiken Philosophie. Zum anderen folgte die sich formierende christliche Theologie aber auch jüdischen Ursprüngen, indem sie sich auf verbindliche religiöse Texte bezog, die es auszulegen galt.⁷⁸ Neben der an der antiken Philosophie orientierten diskursiven Argumentation stieg der Kommentar der biblischen Schriften zur zweiten wichtigen Gattung der theologischen Literatur des Christentums auf. Der doppelte Ursprung der christlichen Theologie in der antiken Philosophie und in der jüdischen Kommentartradition prägt die christliche Theologie bis heute.

Die Erfindung der Bibel

Die Bibel, die als Buch die Schriften des Alten und des Neuen Testaments vereint, gilt vielen als die bedeutsamste religiöse und kulturelle Leistung des frühen Christentums.⁷⁹ Heute ist die Existenz dieses Buches der Bücher eine solche Selbstverständlichkeit, dass es schwerfällt, sich den langen und verschlungenen Weg vor Augen zu führen, auf dem nach mehreren Jahrhunderten schließlich eine christliche Bibel entstand.⁸⁰

Der Umgang mit heiligen Schriften war den ersten Christen vom Judentum her und insbesondere aus dem Gottesdienst der Synagoge bestens vertraut. Die religiöse Grundoperation, dass Texte als heilige Schriften gelesen, verkündigt und interpretiert wurden, um daraus religiöse Orientierung zu empfangen, musste das Christentum daher nicht eigens erfinden. Die Bibel ist durch und durch jüdisches Erbe. Wie kam es aber dazu, dass das Christentum eigene Schriften hervorbrachte, und wieso wurde diese Schriftsammlung als Neues Testament mit den Schriften des Judentums als Altem Testament zusammengeführt?

Das junge Christentum übernahm seiner jüdischen Herkunft entsprechend ganz selbstverständlich den Brauch, die alttestamentlichen Schriften im Gottesdienst zu verlesen. Man hörte die Geschichte des Volkes Israel mit Jahwe, die Prophezeiungen und Weissagungen der Propheten sowie die Psalmen, Weisheits- und Lehrtexte im Lichte der eigenen religiösen Erfahrung: In Christus ist erfüllt und eingetreten, was das Alte Testament verheißen hat. Warum bedurfte es aber über die alttestamentlichen Weissagungen hinaus noch neuer, eigener Schriften?

Die Bedeutung der Schrift für Religionen und Kultursysteme hat in den letzten Jahrzehnten großes Interesse auf sich gezogen. Jan Assmann zufolge haben Schriften für soziale Gruppen die Funktion eines kulturellen Gedächtnisses.[81] Sie regulieren den Umgang mit der Vergangenheit in einer verbindlichen Weise und ermöglichen so Orientierung für die Gegenwart. Verschriftlichung setzt in Kulturen stets an einer bestimmten Nahtstelle an. Die Zeitzeugen sterben aus, es entsteht eine Lücke zur Vergangenheit, die es zu überbrücken gilt: «Traditionsbrüche bedeuten Verschriftungsschübe.»[82] Schriften erbringen diese Kompensationsleistung in antiken Kulturen anders als heute. Antike Autoren haben an einer reinen Faktenrekonstruktion kein Interesse, die Ereignisse der Vergangenheit werden vielmehr so erzählt, dass ihre Bedeutung für die Gegenwart hervortritt. Sie gießen das Vergangene in Erinnerungsformeln, die den Interessen und Bedürfnissen ihrer Gegenwart entsprechen. Daher ist es sinnlos, antike Texte auf die Unterscheidung von Fiktion und Realität hin abzuklopfen, denn bei dem Erinnerungsmedium Schrift ist stets beides in der Verarbeitung und Darstellung der Ereignisse am Werk, eine «rekonstruktive Phantasie» und ein «wertorientierendes Interesse».[83] Als einen «Akt der Semiotisierung»[84] bezeichnet Assmann diese Herstellung von Bedeutsamkeit der Vergangenheit für die Gegenwart durch die Schrift. Der Bezug auf eine gemeinsame Schrift schmiedet zusammen, die Schrift entfaltet eine «soziogene Kraft»,[85] denn die Texte geben Antwort auf die Fragen «Wer sind wir?» und «Was sollen wir tun?».[86] Assmanns Kulturtheorie der Schrift hilft zu verstehen, warum das frühe Christentum nicht nur die jüdischen Schriften verwendete, sondern auch eigene Schriften hervorbrachte. Sie waren ein wichtiger Teil des Sinnstiftungsprozesses, in dem das frühe Christentum nach den Maßstäben jüdischer und auch griechischer Kultur Orientierung fand.

Die ältesten erhaltenen Schriften des Neuen Testaments sind die Briefe des

Paulus. Briefe waren in der Antike ein übliches und weit verbreitetes Kommunikationsmittel,[87] das Paulus selbstverständlich nutzte. Offensichtlich wurde die Orientierungskraft seiner Briefe als so groß empfunden, dass sie in Abschriften rasch auch in andere Gemeinden gelangten. Paulus selbst rechnete mit dieser Praxis.[88] Was er den Korinthern oder Römern zu sagen hatte, galt auch anderen Christen. Die Gemeinden fingen an, Sammlungen von Paulusbriefen anzulegen, die den Kern der späteren Zusammenführung der frühchristlichen Schriften in einen Kanon bildeten.

Die Autorität des Paulus war so groß, dass spätere Briefe die neu aufgekommenen Fragen und Themen unter dem Namen des Paulus behandelten. Zu den sogenannten Deuteropaulinen rechnet man heute den 2. Thessalonicherbrief, den Epheser- und Kolosserbrief sowie die Pastoralbriefe. Bis weit in die Neuzeit hinein wurden diese Briefe wegen der Verfasserangaben Paulus selbst zugeschrieben. Bei diesem als Pseudepigraphie bezeichneten Phänomen handelt es sich nicht um einen vorsätzlichen Betrug, sondern um eine gängige antike Praxis, und nach deren Maßstäben um eine «legitime Strategie im Kampf der Erinnerungen».[89] Der Brief blieb auch lange nach Paulus bis hin zu den jüngsten Schriften des Neuen Testaments ein bevorzugtes Mittel urchristlicher Kommunikation.

Die zweite große Gruppe urchristlicher Schriften bilden die Evangelien. Sie entstanden eine Generation nach Paulus. Als literarische Gattung sind die Evangelien eine genuine Erfindung des Urchristentums.[90] Es gibt Analogien zu antiken Biographien, dennoch sind die Evangelien etwas ganz Eigenes. Im Begriff «Evangelium», wörtlich übersetzt «frohe Botschaft», ist es der Inhalt, der eine eigene Literaturform schafft. Das Leben und Wirken Jesu ist selbst das Heilsgeschehen, und davon zu schreiben, zu lesen und zu hören bedeutet, an diesem Heilsgeschehen teilzunehmen. Als Begründer dieser Gattung gilt Markus, der sein Evangelium vermutlich kurz nach dem Jahr 70 verfasst hat.[91] Er griff auf Vorformen zurück, zu denen mündlich in den Gemeinden kursierende Erzählungen gehörten, aber wahrscheinlich auch eine ihm schon schriftlich vorliegende Form der Passionsgeschichte.

Paulus bezog die Orientierungskraft seines Denkens aus der erlebten Christuspräsenz, die historische Person Jesu verschwand dahinter fast vollständig. Das reichte offensichtlich spätestens dann in den Gemeinden nicht mehr aus, als die mündliche Überlieferung über Jesus zu versiegen drohte. Die von Paulus herausgehobene Gegenwart Christi weckte ein reges religiöses Bedürfnis, mehr über diesen wundersamen Menschen zu erfahren. Diesem Interesse kamen die Evangelien nach, sie schlossen die Lücken der Erinnerung und versuchten, die verlorene Unmittelbarkeit der Person Jesu wiederherzustellen. Die Abfassung der Evangelien ist daher eine wichtige Ergänzung, wenn nicht gar eine Gegenbewegung zur paulinischen Christusfrömmigkeit.[92] Die Evangelien wollten ein religiöses Verlangen nach der Person Jesu stillen, nach seinem Leben und Werk – und dieses Verlangen prägte dann die literarische Ausgestaltung.

Die Erforschung der Entstehung der neutestamentlichen Schriften ist eine der größten wissenschaftlichen Meisterleistungen neuzeitlicher Theologie. Seit dem 19. Jahrhundert zeichnet sich ein Standardmodell ab, das nicht alle, aber immerhin die meisten Fragen mit hoher Wahrscheinlichkeit beantworten kann: die Zwei-Quellen-Theorie.[93] Die Evangelisten Matthäus und Lukas griffen demnach auf das ältere Markusevangelium und zusätzlich auf eine Sammlung von Aussprüchen Jesu zurück, die in der sogenannten Logienquelle Q zusammengetragen worden waren. Diese war wahrscheinlich schon recht früh, vermutlich in den ersten Jahrzehnten nach Jesu Tod entstanden,[94] als Ausdruck einer «affektiven Betroffenheit»,[95] die Jesus ausgelöst hatte. Matthäus und Lukas ergänzten diese Quellen mit ihnen überliefertem Sondergut, und beide setzten redaktionell und theologisch unterschiedliche Akzente, die ihren Evangelien ein je eigenes Profil verliehen.

Eine ganz besondere theologische Prägung hat das etwa um das Jahr 100 entstandene Johannesevangelium. Sein Verfasser kannte sehr wahrscheinlich die schon vorhandene Evangelientradition – andernfalls müsste man annehmen, die Gattung «Evangelium» sei zweimal unabhängig voneinander entstanden. Doch das Johannesevangelium zeugt von einer anderen Frömmigkeitskultur, welche die durch Christus bewirkte Gottespräsenz in der Welt stärker in den Vordergrund stellt. Man kann darin «eine Neuinterpretation des christlichen Glaubens» sehen, «der man ein Ungenügen am traditionellen Christentum anmerkt».[96] Bemerkenswerterweise fügte der johanneische Kreis die beiden Literaturgattungen Evangelium und Brief zu einer Schriftensammlung zusammen und schuf damit eine Vorform des späteren Kanons.[97]

Auf dem Weg zum Kanon nahm der konkrete Gebrauch der urchristlichen Schriften eine wichtige Funktion ein. In den Gemeinden zirkulierte eine Vielfalt von Briefen, Spruchsammlungen, Evangelien, Apostelgeschichten und Apokalypsen, die das frühe Christentum hervorgebracht hat. Ab der dritten Generation kann man geradezu von einer Explosion in der frühchristlichen Literaturproduktion sprechen. Die Gemeinden sammelten die Schriften und legten Bibliotheken an, von deren Existenz wir wissen, weil im Zuge von Christenverfolgungen häufig die Herausgabe von Büchern gefordert wurde.[98] Herstellung und Erwerb dieser Schriften dürften ganz profan den Gesetzmäßigkeiten des damaligen «Buchhandels» entsprochen haben: Die Anfertigung der Abschriften war kostspielige Auftragsarbeit. Wenig Auskunft geben die Quellen darüber, wer den Erwerb von Büchern für Gemeinden anordnete und wer ihn finanzierte. Vermutlich waren dafür reiche Gönner oder die Bischöfe selbst, die meist den wohlhabenderen Schichten entstammten, verantwortlich.[99] Eine kleine Marotte des urchristlichen Literaturbetriebs zeitigte später grandiose Folgen. In den Gemeinden setzte sich gegen die Papyrusrollen immer mehr der Kodex durch. Dabei handelte es sich um zusammengeheftete Papyrus- oder Pergamentblätter zwischen zwei Holztafeln, einen Vorläufer des Buches.[100] Dieser handwerkliche Modewechsel war eine unerlässliche Voraussetzung für die Verbreitung der Schriften und den späteren Siegeszug des Begriffs «Bibel» als heiliges Buch – das griechische Wort *biblos* bezeichnet die Papyrusstaude.

Hauptsächlich dienten die Schriften zur Verlesung im Gottesdienst. In der sozialen Zusammensetzung der ersten Gemeinden dürften Menschen, die lesen konnten, in der Minderheit gewesen sein. Daher war das Amt des Vorlesers mit einiger Wertschätzung verbunden.[101] Aus einem berühmten Zeugnis aus der Mitte des 2. Jahrhunderts weiß man, dass sowohl die Texte von Propheten als auch die von Aposteln, also jeweils Teile des späteren Alten und Neuen Testaments, vorgelesen wurden: «An dem Tage, den man Sonntag nennt, findet eine Versammlung aller statt, die in Städten oder auf dem Lande wohnen; dabei werden die Denkwürdigkeiten der Apostel oder die Schriften der Propheten vorgelesen, solange es angeht.»[102] Außerdem standen die Handschriften auch im privaten Gebrauch, was den Aufforderungen zur Schriftlektüre zu entnehmen ist, die sich bei den Kirchenvätern finden.[103] Sukzessive verschob sich durch das Aufkommen und die Verwendung der christlichen Schriften der antike Bildungskanon. Wichtig war die Schriftlesung jedoch vor allem wegen ihrer religiösen Wirkkraft. Als heilig galten die Schriften, weil sie das Heil durch Lesen und Hören bewirken konnten.

Das alles mag erklären, wie sich aus religiösen Gründen eine christliche Schriftkultur entwickelte; es sagt aber noch nichts darüber, wie es zur Ausbildung des Sammelwerkes kam, das wir heute als Bibel bezeichnen. Dazu bedurfte es eines weiteren Schrittes: Die Vielzahl urchristlicher Schriften musste in eine verbindliche Auswahl zusammengefasst werden. Die internen Krisen des 2. Jahrhunderts haben diesen theologischen Regulierungsbedarf erhöht. Lange Zeit hat man Marcion als alleinigen Auslöser der Kanonisierung betrachtet. Das dürfte nach neueren Einsichten doch zu viel der Ehre sein. In der frühchristlichen Dynamik zur Stabilisierung der Lehre war die Tendenz zu einem Kanonisierungsprozess bereits angelegt.[104] Marcion forcierte freilich durch seine abweichenden Ansichten diesen Prozess ebenso wie die Auseinandersetzungen mit der Gnosis und den Montanisten.

Das Ergebnis ist bekannt. Das frühe Christentum hielt an den jüdischen

Schriften fest, die Evangelien des Markus, des Matthäus, des Lukas und des Johannes setzten sich durch, und nach den Briefen des Paulus fanden auch die Katholischen Briefe, der Hebräerbrief sowie das Corpus Johanneum mit der Apokalypse des Johannes Eingang in den Kanon. Die Erforschung der Geschichte dieses Kanons ist – man kann es nicht anders sagen – aufregend. Im 19. Jahrhundert setzte sich eine plausible Theorie durch, die auf die wichtigsten Fragen vernünftige Antworten zu geben versprach. Eine wichtige Rolle spielte dabei der Canon Muratori, eine Liste mit als kanonisch bezeichneten Schriften vermutlich aus dem späten 2. Jahrhundert, die 1740 der italienische Gelehrte Ludovico Muratori entdeckt hatte.[105] Zeugnisse aus den Schriften der Kirchenväter und der Canon Muratori legten den Eindruck nahe, dass um etwa 200 der biblische Kanon im Wesentlichen feststand.[106] Das begriffliche Konzept eines «Neuen Testaments» und die damit einhergehende Unterscheidung von einem «Alten Testament» war ebenfalls zu dieser Zeit etabliert; es lehnte sich an Paulus' Überlegung zum Alten und Neuen Bund an.[107] In anderen Kanonlisten waren fast alle der späteren neutestamentlichen Schriften wiederholt aufgelistet, strittig waren allein noch die Katholischen Briefe, der Hebräerbrief und die Offenbarung des Johannes. Die Aufnahme oder Ablehnung dieser Schriften blieb lange offen, sie wurde sogar regional unterschiedlich gehandhabt, insbesondere im Fall der Offenbarung des Johannes.[108] Ab dem 4. Jahrhundert setzten sich die heutigen 27 Schriften des Neuen Testaments einheitlich durch, Synodenentscheidungen um die Wende zum 5. Jahrhundert legten den Kanon schließlich für die lateinische und die griechische Kirche definitiv fest.[109]

Zwei Problemkreise treten heute jedoch in besonderer Weise hervor. Zum einen gerät die Sicherheit ins Wanken, der Kanon habe um 200 im Großen und Ganzen festgestanden. Zwar werden schon zu dieser Zeit fast alle späteren Schriften aufgelistet, aber man sieht heute klarer, dass darüber hinaus eine Reihe anderer Schriften kanonischen Rang hatte. So spricht der Canon Muratori von drei Apokalypsen, was ein Indiz dafür sein könnte, dass sich im Gefolge der montanistischen Krise prophetische Texte großer Beliebtheit erfreuten. Auch andere Schriften waren populär. Die apokalyptische Schrift *Hirt des Hermas*, vermutlich im späten 2. Jahrhundert entstanden, machte das für viele Christen drängende Problem der zweiten Buße zum Thema. Entgegen früheren, rigoroseren Auffassungen räumte dieser Text die Möglichkeit ein, auch nach der Taufe noch einmal Buße für begangene Sünden zu leisten,[110] und traf damit einen Nerv gelebter frühchristlicher Frömmigkeit. Damit verschiebt sich die Perspektive. Die Frage ist nun nicht mehr, welche Schriften um 200 schon kanonische Geltung hatten, sondern welche nach 200 diese Geltung verloren oder trotz ihrer Popularität nicht erlangen konnten. Die Vermutung ist keineswegs abwegig, dass der neutestamentliche Kanon auch um ein Beträchtliches seines heutigen Bestandes hätte anwachsen können.[111] Das lenkt das Augenmerk auf die entscheidende Frage nach den Trägern und Entscheidungsinstanzen der Kanonisierung.

In der Kanonfrage stehen zwei klassische Antworten zur Diskussion. Die eine besagt, dass der Kanon sich von selbst durchgesetzt habe. In einer der menschlichen Verfügung entzogenen Art und Weise gelangten die kanonischen Schriften zu Geltung. Andere meinen, der Kanon sei das Resultat menschlicher Setzungen und kirchlicher Entscheidungen. Beide Theorien können wichtige Aspekte der Kanonentwicklung erläutern, beide Theorien sind jedoch falsch, wenn sie die andere Auffassung völlig ausschließen. Der Kanon ist in der uns vorliegenden Form das Werk von Menschen. Doch in diesem Produkt des menschlichen Geistes bricht sich etwas Bahn, was sich menschlicher Verfügung entzieht. Über nichts kann uns die komplizierte Geschichte der Kanonentwicklung mehr Klarheit verschaffen als über die Einsicht, dass hinter diesem Prozess kein wohlgeordneter Plan stand. Die Entstehung des Kanons ist ein Emergenzphänomen. Er entstand als Resultat einer Grenzziehung. Zur Konsolidierung des frühen Christentums gehörte ein Regelungsbedarf in der Frage nach dem, was als verbindlich für die werdende Kirche zu gelten habe und was nicht. Der Prozess der Kanonisierung diente daher der «Bändigung der Varianz»,[112] im Gegensatz zu einer Tradition, die gegenüber dem ständigen Zustrom neuer Offenbarung oder Erkenntnis offen ist.[113]

Schon das antike Christentum versuchte sich Klarheit über die Auswahlkriterien zu verschaffen. Kanonische Geltung war daran gebunden, dass eine Schrift eine apostolische Verfasserschaft ausweisen konnte, dass sie mit den Grundlehren der Kirche übereinstimmte und dass sie in allen Kirchengebieten in Gebrauch und ankannt war.[114] Irenäus von Lyon stellte beispielsweise um etwa 180 in einer der ersten großangelegten Theologien des Kanons folgende Überlegungen zur Herkunft der Evangelien an:

> So hat Matthäus bei den Hebräern in deren Sprache (gepredigt) und außerdem ein Evangelium in schriftlicher Form herausgegeben. Zur selben Zeit predigten Petrus und Paulus in Rom das Evangelium und gründeten die (dortige) Kirche. Nach ihrem Tod hat Markus, der Schüler und Dolmetscher des Petrus, ebenfalls in schriftlicher Form für uns hinterlassen, was Petrus verkündet hat. Und Lukas hat als Begleiter des Paulus das von ihm gepredigte Evangelium in einem Buch niedergelegt. Schließlich gab Johannes, der Jünger des Herrn, der auch an seiner Brust lag, ebenfalls das Evangelium heraus, als er sich in Ephesus in Asien aufhielt.[115]

Klar ist hier die Rückführung auf den apostolischen Ursprung, auf Petrus, Paulus und im Fall des Johannes sogar auf Jesus selbst zu erkennen, zudem lieferte Irenäus eine plausible Begründung für die Vierzahl der Evangelien. Die in der Alten Kirche angenommene apostolische Urheberschaft wurde durch die moderne historische Kritik bisweilen stark in Zweifel gezogen, gleichwohl hält die Debatte, wie nahe man mit den Evangelien an Autoren aus dem Umfeld der Apostel herankommt, bis heute ungebrochen an.[116]

Blickt man auf Schriften, die im Kanonisierungsprozess letztlich außen vor blieben, so würde man in den meisten Fällen intuitiv die Entscheidung der Alten Kirche wohl als richtig begrüßen. Es ist – auch das eine wissenschaftliche Meisterleistung – heute sehr einfach, sich die Apokryphen in kritischen und anderen Editionen anzusehen.[117] Wer sich dieser Mühe unterzieht und nicht der bisweilen reißerisch vorgebrachten Behauptung erliegt, die Kirche verberge darin im Interesse des eigenen Machterhalts sonderbare Geheimnisse, kann rasch den Eindruck gewinnen, dass viele der nichtkanonischen Evangelien, Apostelgeschichten und Apokalypsen eine recht einfache wundergläubige Volksfrömmigkeit vertreten. Es gibt allerdings ebenso Diskussionen, ob nicht manche Schrift doch Eingang in den Kanon hätte finden müssen. Prominentester Anwärter dafür ist gegenwärtig das Thomasevangelium.[118]

Zusammenfassend kann man vier Motive ausmachen, die das Buch der Bibel in der antiken Kirche hervorbrachten. Die Kanonbildung bedeutete erstens religiös eine grandiose Aufwertung sinnlich fassbarer Formen der Offenbarungsvermittlung und damit der religiösen Kommunikation überhaupt. Der göttliche Geist weht nicht nur wo und wie er will, sondern er bindet sich an feste und verlässliche Erscheinungsformen. Er findet Eingang in Worte und Schriften. Die Verehrung des Kanons als heiliges Buch brachte diese tiefe religiöse Überzeugung des jungen Christentums überwältigend zum Ausdruck.

Der Kanon stand zweitens für die Auffassung, dass die Phase der Offenbarung abgeschlossen war. Dem Zustrom ständig neuer, inspirierter und sich als Produkt unmittelbarer Offenbarung ausgebender Zeugnisse wurde ein Riegel vorgeschoben. Das ist eine beachtliche religiöse Selbstbescheidung des frühen Christentums, die auch innerchristlichen Widerspruch erzeugte. Doch letztlich setzte sich die Auffassung durch, dass in der Person Jesus Christus zu einer einmaligen historischen Zeit das alles Entscheidende geschehen war. Das hatte enorme Folgen für das Geschichtsbild. Das Christentum der Großkirche rechnete in der Geschichte der Welt mit keiner Überbietung der Christusoffenbarung mehr. Die Kirche hatte nun die Aufgabe, sich das Christusereignis immer wieder persönlich anzueignen und seine Bedeutung den sich wandelnden Zeiten verständlich zu machen. Die Grundlage dafür bildete der Bezug auf die biblischen Schriften, die an Geist, Lebensgefühl, Lehre und Moral des ursprünglichen Christusereignisses erinnerten.

Drittens dokumentierte das junge Christentum mit der Zusammenfügung von Altem und Neuem Testament, an welchem Ort es sich selbst in der Geschichte sah. Heute erscheint es selbstverständlich, dass die Bibel aus Altem und Neuem Testament besteht. Doch selbstverständlich war dies nie – und ist es auch heute nicht. Man muss, das zeigt schon Marcion, kein Antijudaist geschweige denn ein Antisemit sein, um die Frage aufzuwerfen, welche Rolle das Alte Testament für das Christentum spielt. In der Neuzeit haben vor allem protestantische Theologen von Schleiermacher bis Harnack das Problem erneut zur Diskussion gestellt.[119] Eine Generation später missbrauchten nationalsozialistische Theologen Marcion für ihre antisemitische Ideologie und brachten so die Frage, die Harnack umgetrieben hatte, für lange Zeit zum Verstummen. Beantwortet ist sie dadurch nicht. Das junge Christentum hat trotz beachtlicher Widerstände ausdrücklich am Alten Testament festgehalten, ja es hat dessen Lesung sogar in der heidenchristlichen Umgebung eingeführt, wo die Schriften des Judentums zuvor nicht bekannt waren. Das macht deutlich, für wie unerlässlich man diese Schriften zum Verständnis des eigenen Glaubens hielt. Voraussetzung dafür war jedoch die Christianisierung der jüdischen Schriften. Christen lasen sie als Voraussagen auf das, was sich in Christus erfüllte. Die Christen haben die jüdischen Texte nie anders denn als Schriften eines alten Bundes gelesen, der in der Person Jesus Christus neue Formen angenommen habe. Diese Christianisierung des Alten Testaments markiert eine entscheidende Trennlinie zwischen Judentum und Christentum. Zwar sind die Schriften des Alten Testaments für Juden und Christen heilig, aber sie werden jeweils völlig unterschiedlich gelesen. Die Christianisierung des Alten Testaments erregt gegenwärtig bei manchen christlichen Protagonisten des christlich-jüdischen Dialogs Unbehagen. Natürlich fließen hier die Erfahrungen des christlichen Antisemitismus und des Holocaust ein. Daher vermengen sich in dieser Frage politische und theologische Argumente in unseliger Weise. Theologisch ist das Unbehagen an der Christianisierung der jüdischen Schriften jedoch nicht einfach dadurch aufzuheben, dass man von der «Hebräischen Bibel» oder dem «Ersten Testament» spricht. Denn mit der Vermeidung des Begriffs «Altes Testament» wird zugleich der hermeneutische Schlüssel verworfen, mit dem Christen die jüdischen Schriften lesen und immer schon gelesen haben. Üblicherweise wird man bei dieser Argumentation in Windeseile mit Antijudaismusvorwürfen überhäuft, doch muss man theologisch den Spieß umdrehen. Der Anspruch, die jüdischen Schriften seien als Hebräische Bibel oder Erstes Testament Bestandteile der christlichen Bibel, ist vermessen, denn er raubt dem Judentum das Recht, seine heiligen Schriften im Sinne des Judentums zu lesen und zu verstehen.

Viertens schließlich war der Kanon nicht einfach nur limitierende Regulierung und Begrenzung, seine Entstehung steht vielmehr für ein «Bekenntnis zur Pluralität».[120] Denn im Kanon verzichtete das frühe Christentum darauf, einer einzelnen urchristlichen Deutung der Christusereignisse einen letztgültigen Alleinvertretungsanspruch einzuräumen. Es nahm nicht ein, sondern vier Evangelien auf, es sammelte die Briefe des Paulus, aber auch die seiner Kritiker, es erkannte mit dem Corpus Johanneum eine eigenständige Form urchristlicher Frömmigkeit an. Damit wurde der Kanon selbst zu einem mustergültigen Ausdruck religiöser Pluralität. Die Bibel ist eine feste Säule, die vieles in der christlichen Kulturgeschichte trägt. Sie diente dem Aufbau einer christlichen Schriftkultur. Die großen Theologen der Alten Kirche verstanden sich zunächst und zuerst als Exegeten, deren vornehmste Aufgabe die Kommentierung einer biblischen Schrift war. Die Pflege der Textauslegung wurde zu einer religiösen Tätigkeit,[121] die Bibel wurde zum heiligen Buch. Ein erstes schlüssiges Begründungsmodell legte der Kirchenvater Origenes in seinem theologischen Hauptwerk *Über die Prinzipien* vor. Er spricht darin von der Eingebung der Schriften durch den heiligen Geist.[122]

Die religiöse Kraft der Bibel begründete nicht nur die gelehrte Schriftkultur des Christentums, sie förderte auch eine fromme Buchkultur. Denn die Heilswirkung konnte sich für alle entfalten, die ein Wort aus der Bibel hörten oder lasen. Die antiken Heiligenlegenden berichten, wie die Lektüre der Bibel das Leben von Menschen habe verändern können. Über Antonius, den Begründer der asketischen Wüstenväter, erzählt der Kirchenvater Athanasius in der Lebensgeschichte des Heiligen:

> In solchen Gedanken betrat er das Gotteshaus, und es fügte sich, dass gerade das Evangelium vorgelesen wurde, und er hörte, wie der Herr zum Reichen sprach: «Wenn du vollkommen werden willst, wohlan, verkaufe all deine Habe, gib den Erlös den Armen, komm und folge mir nach, und du wirst einen Schatz im Himmel haben.» Dem Antonius aber war es, wie wenn ihm von Gott die Erinnerung an diese Heiligen geworden sei und als ob um seinetwillen jene Lesung der Schriftstelle geschehen sei.[123]

Das Schriftwort griff in Antonius' Leben ein und war ursächlich für seinen Entschluss, Asket zu werden. Eine bemerkenswerte Parallele findet sich in der berühmtesten Bekehrungsgeschichte eines Kirchenvaters: Augustinus schildert in seinen *Bekenntnissen*, wie er in eine tiefe Lebenskrise geraten war.[124] Sein bisheriges Leben als erfolgreicher Rhetor erschien ihm schal, und doch konnte er den Weg zum Christentum noch nicht finden. Niedergeschlagen saß er in einem

Garten und hörte aus dem Nachbarhaus eine Kinderstimme: «*Tolle, lege*» – «Nimm und lies».[125] Augustinus ahnte sofort, was ihm widerfuhr. Die Bekehrung des heiligen Antonius kam ihm in den Sinn, er ergriff die Bibel und las, was ihm als erstes in die Augen fiel: «Nicht in Fressen und Saufen, nicht in Kammern und Unzucht, nicht in Hader und Neid, sondern ziehet an den Herrn Jesus Christus und hütet Euch vor fleischlichen Gelüsten.»[126] Das eine Wort des Paulus löste den inneren Kampf des Augustinus: «Denn kaum hatte ich den Satz beendet, durchströmte mein Herz das Licht der Gewissheit, und alle Schatten des Zweifels waren verschwunden.»[127] Man kann die religiöse Kraft der Bibel nicht eindrucksvoller beschreiben.

Gottesdienst und Sakrament

Mit der Bibel hatte das Christentum ein außergewöhnlich starkes religiöses Medium in Händen, eine heilige Schrift, die als von Gott eingegeben galt und deren Worte unmittelbar in das Leben der Menschen hineinwirken konnten. Eine Buchreligion wurde das Christentum dennoch nicht.[128] Das frühe Christentum hat in der Weitergabe seiner prägenden Grunderfahrungen nicht nur die eine Kulturform des Wortes und der Schrift eingesetzt, sondern organisierte sich «multimedial». Was die ersten Christen in Jerusalem miteinander verband, waren gemeinsame gottesdienstliche Feiern. An die Seite des Textes trat daher im Christentum von Anfang an der Ritus.

Der Ritus hat eigene Möglichkeiten, die Christusgegenwart zur Darstellung zu bringen. Er ist sinnlicher, fassbarer, intensiver. Das Zusammenkommen, die persönliche Anwesenheit, kurzum das «Dabeisein» ist für den Ritus wesentlich.[129] Im religiösen Ritus ist der Bezug zur Transzendenz an die körperliche Ausführung gebunden, der Kontakt zum Heiligen ereignet sich in einer «multimedialen Inszenierung», an der «Stimme, Körper, Mimik, Gestik, Tanz, Rhythmus und rituelle Handlung»[130] entscheidend beteiligt sind. Der Ritus nimmt daher in allen Religionen eine zentrale Bedeutung ein.

Alltagspraktische Formen der Gottes- und Götterverehrung wie das Anzünden von Kerzen, die Erzeugung von Rauch oder das Niederknien waren den Christen sowohl aus der jüdischen als auch der hellenistischen Umwelt bekannt. Daher überrascht es nicht, dass schon die neutestamentlichen Texte von gottesdienstlichen Zusammenkünften der ersten Christen sprechen.[131] Ebenso belegen frühe Ordnungen des Gemeindelebens wie die *Didache*, die «Lehre der zwölf Apostel» aus dem 1. Jahrhundert, oder spätere Berichte von Kirchenvätern die Zentralstellung des Gottesdienstes. Solche Berichte können jedoch gerade wegen deren performativer Komponente das Geschehen des Gottesdienstes nicht in der Vielfalt seiner sinnlichen Aspekte abbilden. Dasselbe gilt für die liturgischen Formulare, die wichtigen Aufschluss über Aufbau, Formeln und Gebete der Gottesdienste geben, aber eben nicht den tatsächlich vollzogenen Ritus darstellen können.[132] Es ist eine Sache, die liturgische Agende eines Gottesdienstes zu kennen, eine andere, ihn in der Fülle seiner sinnlichen Eindrücke zu erleben. Das ist für den Blick auf die Entwicklungslinie der rituellen Praxis des frühen Christentums zu berücksichtigen.

Die Versammlungen der ersten Christen hatten den Sinn, die Person Jesus Christus zu vergegenwärtigen und an ihn zu erinnern. Sie dürften früh im Zentrum der Gemeinschaft gestanden haben. Bereits das Neue Testament bezeichnet diese Zusammenkünfte als ein «Dem Herrn dienen» (Apg 13,2). Viele Elemente übernahm das frühe Christentum aus dem jüdischen Synagogengottesdienst, den man daher als die Wiege des christlichen Gottesdienstes bezeichnen kann. Gebete und Lieder, Lesungen und Auslegungen fanden von dort Eingang in das Christentum. Die frühen Versammlungen waren klein, privater Natur und aufgrund der rechtlich delikaten Lage nicht für die Öffentlichkeit bestimmt.[133] Während anfangs Gebete und liturgische Texte von den Vorstehern der Gottesdienste frei formuliert sein sollten, setzten sich zunehmend feste Formen durch, die sich später zu aufwendigen Liturgien ausweiteten.[134]

Der frühe christliche Gottesdienst kann wie andere Riten und Kulte als «Verkehr von Menschen mit übernatürlichen Mächten»[135] verstanden werden. Zwei Seiten gehören zu diesem Verkehr: eine aufsteigende, in der sich die Menschen an die übernatürlichen Mächte richten, und eine absteigende, in denen die übernatürlichen Mächte sich den Menschen zuwenden.[136] Der christliche Gottesdienst vollzog die rituelle Aufwärtsbewegung als Anrede Gottes und Lobpreis. Dazu gehörte es, Gott direkt anzurufen, ihm Leid zu klagen, ihn zu bitten, ihn zu beschwichtigen, vor allem aber, ihm Verehrung durch Lobpreis und Dank entgegenzubringen. In der liturgischen Abwärtsbewegung von der Sphäre des Göttlichen hinunter zum Menschen wurden die Gleichgültigkeit der griechisch-römischen Götter gegenüber den Menschen und die Unnahbarkeit des jüdischen Gottes durchbrochen. Gott selbst stieg im Gottesdienst gewissermaßen vom Himmel herab und wandte sich den Menschen zu. Man konnte also im Gottesdienst nicht nur mit Gott kommunizieren, mit ihm sprechen und zu ihm beten, sondern er zeigte sich im Geschehen des Gottesdienstes. Das geschah in Worten, in denen Gott gegenwärtig wurde, es geschah aber vor allem in Riten, die die Gottespräsenz real erlebbar machten und die darum heilsame Wirkung entfalteten.

Im Zentrum des christlichen Gottesdienstes stand von Beginn an das Abendmahl.[137] Sakrale Mahle kennen viele Religionen, zur Zeit des werdenden Christentums gab es religiös aufgeladene Mahlfeiern sowohl im Judentum als auch in den hellenistischen Mysterienkulten. Es ist daher kaum auszumachen, inwieweit das Christentum Anleihen aus seiner Umwelt aufnahm. Wechselnde Wissenschaftsmoden haben jeweils den jüdischen Hintergrund oder die hellenistischen Mysterien zum Ursprung des christlichen Abendmahls zu erheben versucht, allerdings mit dem Risiko, «vorschnell Parallelen in Kausalverhältnisse zu verwandeln».[138] Die ältesten Texte des Neuen Testament, die von der Abendmahlspraxis berichten, sind unterschiedliche Variationen der Einsetzungsworte. Diese führen das Abendmahl auf Jesu Abschiedsmahl am Vorabend seiner Hinrichtung zurück. Es ist mit philologischen und historischen Mitteln nicht mehr mit Sicherheit zu erforschen, ob dieses letzte Mahl stattgefunden und ob Jesus dabei tatsächlich Brot und Wein als seinen Leib und sein Blut bezeichnet hat. Deutlich wird aber, dass die ersten Christen ihr Gemeinschaftsmahl als Fortführung einer Praxis Jesu verstanden. Jesus feierte Gastmähler als Zeichen des Anbruchs der Gottesherrschaft; wer am Mahl teilnahm, übertrat die Schwelle in eine neue Welt.[139] In der urchristlichen Mahlpraxis fand eine gewaltige Bedeutungsanreicherung statt,[140] denn spätestens in jener Zeit wurde das Abendmahl auf die Heilsbedeutung des Todes Jesu bezogen. Die Elemente Brot und Wein wurden in konsequenter Fortsetzung des Inkarnationsgeschehens zu Leib und Blut. Wer sie zu sich nahm, hatte Anteil an dem Heil, das Jesus durch seine Hingabe am Kreuz erwirkt hatte. Auch wenn das Abendmahl seinen Ursprüngen nach ein Gemeinschaftsessen gewesen sein mochte, wuchs es rasch zu einem Heilsmittel besonderer Güte an. Für Ignatius von Antiochia war es zu Beginn des 2. Jahrhunderts eine «Unsterblichkeitsarznei, Gegengift gegen den Tod, Gabe, um immerfort in Jesus Christus zu leben».[141] Aber auch das war nur ein Aspekt; anziehend am Abendmahl war die Vielzahl der religiösen Funktionen, die es übernehmen konnte. Es eröffnete neues Leben, schenkte Anteil an der Auferstehung und der Unsterblichkeit, es befreite von Sünden und stiftete Gemeinschaft unter den Menschen.[142] Eine ähnlich dramatische Entwicklung ist bei der Taufe zu konstatieren:[143] Von Johannes dem Täufer als Bußtaufe praktiziert und an Jesus selbst vollzogen, wird sie zum Erkennungszeichen der Aufnahme in die christliche Gemeinschaft. Zu dem im Wasser symbolisierten Reinigungsmoment tritt die Verleihung des Heiligen Geistes hinzu, so dass die Taufe Sündenvergebung, Neugeburt und Gemeinschaft mit Christus in sich vereint.

Diese zentralen Sakramente, die das Urchristentum hervorbrachte, übten eine faszinierende religiöse Anziehungskraft aus, denn sie waren als «effektive heilige Handlungen» zu verstehen, als «Symbole mit geheimnisvollen Kräften».[144] Dabei darf man Symbol nicht in einem modernen Sinne als bloß bildliche und darum eben nicht reale Abbildung missverstehen. Es war gerade der ausgeprägte Realismus, der die christlichen Sakramente religiös so anziehend machte. Die «Symbole bringen der Seele das, was sie bedeuten, wirklich».[145] Adolf von Harnack steht als Aushängeschild des liberalen Protestantismus nicht im Verdacht, einer besonderen Sakramentsfrömmigkeit zu frönen. Auch die Euphorie der religionsgeschichtlichen Schule gegenüber den hellenistischen Mysterienkulten teilte er nicht. Umso erstaunlicher ist daher die Rolle, die er den Sakramenten für die Verbreitung und Stabilisierung des Christentums als Volksreligion zuwies. Spätestens seit dem frühen Mittelalter sprießen bis in die Gegenwart ungebrochen Theorien mit der Absicht aus dem Boden, die Sakramente theologisch zu erklären, was jedoch am Wesen der Sakramente vorbeigeht. Sakramente leben von der Aura des Geheimnisses. Sie nahmen Gestalt an, um eine geheimnisvolle Anschauungs- und Erlebnisform des Heiligen zu ermöglichen. Sie ermöglichten die Erfahrung göttlicher Präsenz vor allem Denken und Verstehen. Wie ein Magnet zogen sie so viele Bedeutungen auf sich, dass sie jedes religiöse Gemüt ansprechen konnten. Harnack hat das an der Feier des Abendmahls als Herzstück des Gottesdienstes deutlich gemacht:

> Der gemeinsame Gottesdienst, und in ihm wiederum die Feier des Abendmahls steht im Mittelpunkt. Eine solche Feier in ihrer Erhabenheit und Weihe, ihrer Brüderlichkeit und Vielseitigkeit hatte schwerlich ein anderer Kultus aufzuweisen. Die Zusammenstellung von Gebet, Gesang, Schriftverlesung und Predigt war dem synagogalen Gottesdienst nachgebildet und musste bereits auf die Heiden den tiefsten Eindruck machen; aber indem die Feier des Abendmahls dem zugesellt wurde, war eine Handlung miteingeführt, die, so einfach sie war, unter den verschiedensten Gesichtspunkten betrachtet werden konnte und betrachtet worden ist. Sie war eine geheimnisvolle, göttliche Gabe der Erkenntnis und des ewigen Lebens; sie diente der Sündenvergebung; sie war eine Danksagung, sie war ein Opfer, sie war eine Vergegenwärtigung des Todes Christi, sie war ein Liebesmahl der Brüderlichkeit und Band der Einheit, sie war eine Unterstützung der Hungernden und Notleidenden; sie war eine Vorausdarstellung und ein Unterpfand der himmlischen Mahlzeit. Mehr kann eine Handlung schwerlich sein.[146]

Die antiken Christentumskritiker fanden unter intellektuellem Aspekt wenig Gefallen an den Sakramenten und insbesondere am Abendmahl. Die Gefahr, Sakramente im Sinne magischer Praktiken misszuverstehen, stand im Raum, und in seiner Geschichte ist das Christentum dieser Gefahr oft genug erlegen. Die religiöse Leistung der Sakramente ist dennoch nicht zu übersehen. Sie bieten mehrere Interpretationsmöglichkeiten, sie sprechen das Gefühl und die Sinne an und offerieren auch intellektuellen Feinschmeckern die Möglichkeit, mit spiritualistischen Interpretationen den ihnen krude erscheinenden Realismus des Heiligen zu umgehen. Das Verlangen nach rationalen Begründungen der Religion kann in ein und derselben Person ganz mühelos mit der leibhaftig geheimnisvollen Erscheinungsweise des Heiligen im Sakrament einhergehen.[147] In dieser den Menschen in Gefühl und Verstand, in seinen irrationalen Sehnsüchten und seinen rationalen Deutungen der Wirklichkeit ansprechenden Weite lag die außerordentliche Attraktion des religiösen Ritus und in besonderer Weise der Sakramente, die darum von Beginn an eine feste Säule christlicher Religionspraxis bildeten. Der Ritus war nicht nur ein punktuelles Ereignis – sukzessive strukturierte sein Vollzug den Tages- und schließlich den Jahresablauf. Der sich formierende christliche Kalender gliederte die Zeit nach den zentralen heilsgeschichtlichen Ereignissen.[148]

3
Das frühe Christentum als Kulturrevolution

Dem werdenden Christentum war eine innere Kraft anzumerken, ein Drang, der ihn von anderen Religionen der Antike markant unterschied. Ein unvergleichlicher Universalismus trat zutage, den man auch einen «imperialen Anspruch»[149] nennen kann – ein Novum in der antiken Religionskultur. Das Christentum drängte mit aller Macht nach Expansion und Mission, es bildete eine Idee der Moral aus, die tief in den Lebenswandel seiner Anhänger eingriff. Diese geballte religiöse Energie veränderte die antike Kultur grundlegend. Die römische Religionspraxis ließ mehrere Götter, Religionen und Kultformen problemlos nebeneinander bestehen. Die Religionen eroberter Völker wurden in der Regel nicht angetastet, häufig wurden sie sogar romanisiert und integriert. Mission und Bekehrung lagen dieser pluralistischen Religionspraxis fern. Von der Anrufung und kultischen Verehrung der Götter erhoffte man sich Wohlwollen und Abwendung von Kalamitäten nach dem Prinzip «do ut des» – «ich gebe, damit du gibst». Religion umfasste so ein klar abgegrenztes Segment der Lebensführung ohne Anspruch auf eine totale Deutung des Lebens. Das alles wirkt moderat und unfanatisch – aus heutiger Sicht eigentlich nicht unsympathisch.

Der christliche Universalanspruch war radikal anders, er lebte von einer exklusiven Autorität der Heiligkeitserfahrung, einer tiefen Überzeugungskraft und der Entschlossenheit seiner Anhänger, das eigene Leben danach auszurichten. Der frühchristliche Universalismus und der Missionsdrang waren Folgewirkungen einer religiösen Begeisterung: «Wir können's ja nicht lassen, von dem zu reden, was wir gesehen und gehört haben» (Apg 4,20). Es ist zu einfach gedacht, die christliche Missionsgeschichte nur als autoritäre Machterweiterung zu verstehen, denn die frühchristliche Mission war gleichermaßen religiöser Funkenflug.

Die Verwandlungskraft frühchristlicher Begeisterung erfasste den Einzelnen grundlegend in seiner Lebensführung. Der Enthusiasmus wurde im Ideal vollendeter Sittlichkeit sichtbar. Die Verbindung von Religion und Moral war in der Antike keineswegs selbstverständlich, denn die Verehrung der Götter und die Frage nach der richtigen Lebensführung waren voneinander unabhängig. Die Vorstellung, dass sich die Wahrheit der Religion in einer moralischen Lebensführung der Gläubigen erweist, erbten die Christen von den Juden, und sie radikalisierten dieses Erbe erheblich.

Die frühchristlichen Schriften verströmen einen eigenwilligen Geist sowohl des Trostes als auch der Ermahnung.[150] In einer feindlich gesonnenen Welt, in Not und Verfolgung verband sich der Aufruf zum Durchhalten, zur Hoffnung, zum Mut mit dem Appell zu einer ernsthaften Lebensführung. Darin setzte sich die Kraft des Bußrufes wirksam fort, den Johannes der Täufer und nach ihm Jesus verkündet hatten. Die Buße wurde zur Institution einer grundlegenden Lebensänderung, in der die Autorität des Heiligen in das Leben des Einzelnen mit verwandelnder Kraft einbrach. Lebensformen der Weltüberwindung strahlten große Anziehungskraft aus. Darin lebten die asketischen Ideale des ursprünglichen Wanderradikalismus weiter, die mit der Entstehung des Mönchtums wieder an die Oberfläche christlicher Lebensformen gelangten (siehe Seite 142–153.

Besonderes Augenmerk galt der Vermeidung der Sexualität.[151] Sexuelle Askese wurde bald zum Ideal religiöser Funktionsträger deklariert und wirkte sogar in bereits bestehende Ehen hinein. Entschlossen sich Ehepartner nach ihrer Bekehrung gemeinsam zu einer platonischen Ehe, musste das als Glücksfall gelten;[152] delikater waren jene Fälle, in denen ein Ehepartner – meistens die Frau – nach ihrer Hinwendung zum Christentum sexuelle Enthaltsamkeit propagierte. Dies war kaum ein probates Mittel, die Begeisterung der oftmals heidnisch gebliebenen Ehemänner für das Christentum zu wecken. In extremen Fällen kam es durch Denunziation und Anklage sogar zu fatalen Konsequenzen für die Frauen.[153] Im Fortgang der Zeiten und mit dem Anwachsen der Massen, die das Christentum anzog, mäßigten sich die asketischen Ideale. Dies führte zu einer Aufwertung der Ehe als dauerhafter Beziehung.[154] Diese «Verbürgerlichung» der jungen Kirche war sicher auch eine Form der Beruhigung und Konsolidierung, durch sie verminderte sich aber nicht der Ernst des sittlichen Lebensideals. Ab dem späten 3. Jahrhundert erzeugte die Mäßigung des asketischen Ideals allerdings mächtige Gegenbewegungen. Die wichtigste davon war das Mönchtum, eine andere das Propagieren der Jungfräulichkeit.

Die Haltung des antiken Christentums zur Sexualität war erstaunlich unspektakulär. Das Askeseideal gedieh bereits zuvor auf neuplatonischem Boden bestens. Dabei ging es nicht nur um die berüchtigte Körperfeindlichkeit des Platonismus, sondern vor allem um ein rationales Konzept der Lebensführung, das die Affekt- und Triebkontrolle einschloss. Es war kultureller Gemeinbesitz, sexuelle Mäßigung bis hin zur sexuellen Enthaltsamkeit als Zeichen einer vernünftigen Lebensweise zu preisen, in der die Freiheit der Vernunft über die Bedürfnisse des Körpers herrscht. Askese war Teil der Sorge um sich selbst.[155] Nicht die sexuelle Enthaltsamkeit an sich, sondern die erhöhte Intensität der Askese und die anders gelagerte Begründung machten die besondere christliche Note aus. Das christliche Ideal der Jungfräulichkeit ist dafür das beste Beispiel.

Der Mailänder Kirchenvater Ambrosius verfasste im 4. Jahrhundert ein Lob der Jungfräulichkeit und schoss dabei stellenweise sogar über das Ziel hinaus, denn es konnte nicht im Interesse eines Bischofs liegen, die Ehe abzuwerten; so liest sich aber seine Schrift. Jungfräulichkeit bewahre, so sein Argument, vor den Mühen der Ehe. Ambrosius prophezeit der Frau düstere Aussichten: «Sie heiratet – und jammert.»[156] Sie müsse sich in der Kindererziehung ebenso abmühen[157] wie in der dauerhaften Aufgabe, dem Mann zu gefallen.[158] Die Jungfrau hingegen kennt weder die «Last des Mutterschoßes» noch den «Schmerz bei der Geburt».[159] Dieser seltsam anmutende Pragmatismus konnte freilich kein ausschlaggebender Grund sein, dem Ideal der Jungfräulichkeit nachzueifern. Das entscheidende Argument war, dass die christliche Jungfräulichkeit auf einer «unberührten Unversehrtheit»[160] beruhte, die in Christus und Maria ihren Ursprung und ihr Vorbild hatte. Beide verkörperten das Ideal vollkommener Reinheit, die nach Ambrosius' emphatischem Urteil allen asketischen Werten überlegen war, die das Heidentum kannte.[161] Ambrosius wollte mit dem an Christus orientierten Reinheitsideal der Empfehlung zur Affektkontrolle und Enthaltsamkeit eine tiefere und wirkungsvollere Begründung geben. Eine dramatische und folgenreiche Wende vollzog erst Augustinus.[162] Psychologisch tiefschürfender als Ambrosius sah er, welche Kräfte die Sexualität freisetzen und wie sie den Willen in einer Weise dominieren könne, die ihn vernünftigen Argumenten unzugänglich mache. Die Sexualität war für ihn darum Zeichen der menschlichen Verdorbenheit. Indem er sie mit dem Tod verband, verteufelte Augustinus die Sexualität. Dieser vergiftete Blick kam – man muss es ausdrücklich festhalten – spät auf und entfaltete seine Folgen keineswegs sofort.

Durchschlagende Wirkung erzielte das Christentum insbesondere durch die Idee der praktizierten Nächstenliebe. Das Evangelium der Liebe sollte in der

Welt auch durch Taten der Liebe sichtbar werden.[163] Rasch entfaltete das Christentum ein Programm sozialer Fürsorge, wie es die Welt bis dahin nicht gesehen hatte. Zwar kannte auch die heidnische Antike Almosen und Unterstützungsleistungen, aber nicht als verlässliche Institution und nicht als Ausdruck eines religiösen Programms.[164] Das christliche Fürsorgesystem erstreckte sich hingegen auf Waisen und Witwen, auf Kranke, Schwache und Arbeitsunfähige, deren aussichtslose Lebenssituation nach Kräften verbessert werden sollte. Ein besonderes System gegenseitiger Gastfreundschaft entwickelte sich ebenso wie eine überregionale Vermögensumverteilung. Reiche Gemeinden unterstützten ärmere. Gefangene wurden in den Bergwerken besucht, Sklaven erhielten in den Gemeinden die vollen Rechte. Bei schweren Schicksalsschlägen wie einer Pestepidemie griff tätiges Mitleid ein, zuletzt wenigstens durch die Ermöglichung eines Begräbnisses. Geradezu fassungslos beobachteten christentumskritische Heiden, dass die Christen ihre Menschenfreundlichkeit nicht nur ihren eigenen Leuten, sondern auch Fremden zugute kommen ließen.[165] Die von den frühen Christen praktizierte Nächstenliebe sprengte die Dimensionen antiker Vorstellungen, sie war ein unerhörtes Novum, das wesentlich zur Attraktivität der aufstrebenden Religion beitrug.

Stimmten bei dem Siegeszug der christlichen Nächstenliebe Ideal und Wirklichkeit tatsächlich überein? Nein, denn wann und wo immer Menschen die Möglichkeit haben, ein Ideal durch Eigennutz zu unterlaufen, wird es welche geben, die dies tun. Klagen über fälschliche und undurchsichtige Zuteilungen der Unterstützungsleistungen, über die Selbstbereicherung der Kleriker, die für die Almosenverteilung zuständig waren, gab es schon im frühen Christentum.[166] Doch trotz der Missstände übte die tätige Nächstenliebe der christlichen Gemeinden auf ihre Umwelt eine enorme Faszination aus. Das christliche Wohlfahrtsprogramm praktischer Nächstenliebe hat den Siegeszug der jungen Religion in der Antike begünstigt und dabei die Welt verändert.

Weniger Eindruck machten auf die antiken Zeitgenossen allerdings die übrigen Elemente christlichen Verhaltens. Christen galten als sonderbar. Der Historiograph Tacitus und der Politiker Plinius rümpften Anfang des 2. Jahrhunderts die Nase über deren abwegigen Aberglauben.[167] Plinius, damals Statthalter der kleinasiatischen Provinz Bithynia, verdanken wir sogar in einem Brief an Kaiser Trajan eine der ältesten nichtchristlichen Schilderungen christlicher Kultgebräuche. Die nicht ganz falsche, aber doch verzerrte Darstellung zeigt die außerordentliche Mühe, die es einem gebildeten Römer bereiten musste, überhaupt zu verstehen, was die Christen da trieben. Die Ablehnung war nicht überraschend, denn tatsächlich wanderten die Christen aus freien Stücken über den äußersten Rand der römischen Kultur hinaus und entfesselten zunehmend einen subkutanen Kulturkampf auf dem Gebiet der Alltagsgewohnheiten. Die eigene tiefe Überzeugung richtete sich rigide gegen die Götterwelt anderer Religionen. Die Teilnahme an Opferriten oder gar die eigene Darbringung von Opfern verbat sich daher von selbst. Zudem wurde der römische Kaiserkult als unzulässige Menschenvergötterung abgelehnt.[168]

Zur Bekämpfung dieser religiösen Gepflogenheiten gesellte sich eine antikulturelle Prägekraft. Aus frühen Kirchenordnungen wissen wir, dass christliche Gemeinschaften sehr klare Vorstellungen davon hatten, wer zu ihnen gehören dürfe und wer nicht.[169] Eine Liste der *Traditio Apostolica*, einer Kirchenordnung aus dem frühen 3. Jahrhundert, entbehrt nicht einer gewissen historischen Ironie.[170] Dass man Prostituierten und Menschen, die tun, «worüber man nicht spricht»,[171] die Aufnahme verweigerte, überrascht nicht. Magier, Beschwörer, Astrologen und Wahrsager wurden religiösen Praktiken zugeordnet, die man für unvereinbar mit dem Christentum hielt. Von Gladiatoren und von Priestern des Kaiserkultes verlangte man, dass sie ihren Beruf aufgaben – aber nicht nur von ihnen: Auch von Richtern, höheren Staatsbeamten, Soldaten und Schauspielern wurde dies gefordert. Lehrern, die nach antikem Brauch die heidnischen griechischen und römischen Autoren zu unterrichten hatten, wurde die Aufgabe ihres Berufes empfohlen, allerdings mit dem gütigen Hinweis, dass man dem Betreffenden die weitere Berufsausübung nachsehen könne, wenn er sich auf kein Handwerk verstehe. Von Malern und Bildhauern wurde verlangt, dass sie keine Götterbilder mehr schufen. Außer Handel und Handwerk blieb nicht allzu viel übrig, womit ein Christ seinen Lebensunterhalt verdienen konnte. Eine politische Betätigung im römischen Staat wurde jedenfalls skeptisch zurückgewiesen. Das zeigt eindrucksvoll die selbstgewählte kulturelle Randständigkeit des frühen Christentums.

Man mochte die Christen im Römischen Reich nicht, und wie es scheint, wollten sie auch nicht gemocht werden. Eine neue Dimension erreichte die Ablehnung in den Christenverfolgungen. Für das religiöse Selbstverständnis des Christentums wurden sie zu einem identitätsbildenden Mythos, aus dem eine Theologie des Martyriums und eine Märtyrerverehrung mit enormer Prägekraft hervorgingen. Historisch sind zwei grundverschiedene Phasen der Christenverfolgungen zu unterscheiden: Bis um die Mitte des 3. Jahrhunderts kamen Verfolgungen sporadisch vor und sind in ihren Hintergründen oftmals unklar.[172] Tacitus berichtet, wie Kaiser Nero die Christen für den Brand Roms im Jahr 64 verantwortlich machte und deswegen mit Härte und Grausamkeit gegen sie vorging. Der neronischen Verfolgung dürften manche Christen der ersten Generation zum Opfer gefallen sein, Petrus und Paulus gelten als die prominentesten Märtyrer dieser Zeit. Ein gezieltes religiöses Interesse war in diesen Verfolgungen nicht zu erkennen. Die Texte von Tacitus und der Briefwechsel zwischen Plinius und Kaiser Trajan geben doch recht deutlich zu erkennen, dass man von offizieller Seite das Problem gerne kleingehalten hätte. Man fand die Christen sonderbar, wollte aber gerade deswegen kein besonderes Aufheben um sie machen. Die getroffenen Regelungen zeugen von gut römischem Pragmatismus: Staatlicherseits sollte den Christen nicht eigens nachgestellt werden; Handlungsbedarf bestand nur, wenn Anzeige gegen sie erstattet wurde. Erst wenn Christen sich auf wiederholte direkte Befragung weiterhin zu ihrem «Aberglauben» bekannten, sollten sie bestraft werden – was im Regelfall die Hinrichtung bedeutete. Die Anordnung schuf keinen klaren Rechtsstatus für die Christen; ihr Glaube war nicht erlaubt, aber letztlich auch nicht verboten. Die meisten Christenverfolgungen dieser ersten Zeit gingen daher auf regionale Launen und Zufälle zurück.

Das änderte sich in der Mitte des 3. Jahrhunderts. Das Römische Reich glich zu jener Zeit in seiner schwerfälligen Größe einem wankenden Koloss.[173] Ökonomische Krisen und rasante Inflationswellen sorgten für innenpolitische Destabilisierung. Germanen und Perser setzten das Reich militärisch unter Druck. Zu den notwendigen Reformbemühungen zählte eine Restauration der römischen Religion. Kaiser Decius erließ 249 ein Opferedikt, das allen Bürgern ein Opfer an die Staatsgötter abverlangte, um die *pax deorum*, den Frieden mit den Göttern, wiederherzustellen. Kaiser Valerian ging 257 noch einen Schritt weiter und zielte direkt auf die Schädigung der Kirche als Institution, indem er die Befolgung des Opferedikts bei den Klerikern kontrollierte und das Vermögen der Kirche konfiszierte. Damit war eine systematische Verfolgungssituation entstanden, die für die Kirche eine existenzbedrohende Gefahr darstellte.

Ihr Glaube verbot Klerikern, aber auch Laien strikt das Opfer an die Götter, jedoch zog die Weigerung fatale Konsequenzen bis hin zur Todesstrafe nach sich. Die Standhaften, die trotz der Bedrohung ihr Bekenntnis zum Christentum nicht aufgaben, wurden zu Märtyrern. Dabei machte es keinen Unterschied, ob sie Laien oder Kleriker waren. So standhaft waren aber längst nicht alle. Es gab natürlich Christen, die das Opfer an die Götter offiziell verrichteten, um damit der staatlichen Nachstellung zu entgehen; Flucht oder Bestechung waren nur geringfügig elegantere Lösungen. Daraus entstand für die Kirche ein gravierendes inneres Problem. Wie sollte man mit denen umgehen, die dem Druck nicht gewachsen waren? Einmal mehr entschied sich das Christentum für die großkirchliche Lösung. Nach einer Zeit der Reue konnten die *lapsi* wieder in die Kirche aufgenommen werden. Doch rief ein solches Verfahren auch Widerspruch hervor und führte zu Abspaltungen.

Nach Valerians Tod hörten 260 die Verfolgungen auf, für die Christen begann eine Friedenszeit von gut vierzig Jahren. Die größte und schwerste Christenverfolgung brach dann unter Kaiser Diocletian im Jahre 303 aus. Im Rückblick mag es geradezu so erscheinen, als habe das Imperium das Christentum definitiv auszulöschen versucht. Diocletian, der sich 284 an die Macht geputscht hatte, unterzog in seiner Regierungszeit das Reich einer umfassenden Strukturreform, zu der die Einrichtung der Tetrarchie gehörte: Während der folgenden zwei Jahrzehnte herrschte jeweils ein Augustus, dem jeweils ein Caesar als «Juniorpartner» zugeordnet war, über den Westen und den Osten des riesigen Reiches. Teil der Reichsreform war außerdem, ähnlich wie schon bei Decius und Valerian, ein Appell zur Erneuerung der römischen Religion. Ob die Initiative auf Diocletian selbst, seinen Caesar Galerius oder auf Ratgeber aus der militärischen Führung zurückging, ist umstritten. Klar ist, dass die römische Führungselite um 300 im Christentum – ebenso wie in anderen neuen Religionen wie dem Manichäismus – einen eklatanten Widerspruch zu römischen Sitten und römischer Religion sah, der ihrer Auffassung nach einer inneren Erneuerung des Reiches im Wege stand. Bedrohlich mag auch die organisatorische Geschlossenheit der Kirche gewirkt haben, die fast als ein Staat im Staate erscheinen konnte.

Die systematische und gezielte Christenverfolgung setzte 303 mit der Zerstörung der Kirche in der Residenzstadt Nikomedia ein, dem heutigen etwa 100 Kilometer südwestlich von Istanbul gelegenen Izmit. Diocletian ordnete die Zerstörung weiterer Kirchen an, er verlangte die Herausgabe und Vernichtung der heiligen Schriften und setzte die öffentliche Rechtsfähigkeit für Christen außer Kraft, so dass sie nicht vor Gericht klagen konnten. In nachfolgenden Edikten wurden die Verhaftung des Klerus, insbesondere der Bischöfe, angeordnet und der Opferzwang befohlen. Nach Diocletians Amtsverzicht im Jahr 305 intensivierte sich unter seinem Nachfolger Galerius die Verfolgung im Osten noch, während sie im Westen nachließ. Schließlich setzte Galerius 311 der Christenverfolgung ein Ende und erließ das sogenannte Toleranzedikt, das das Christentum als *religio licita* im Reich anerkannte.

Die Folgen waren vielfältig. Vermutlich dürfte die Hälfte der Anzahl von Märtyrern unter den Römern auf die Verfolgung der diocletianischen Ära zurückgehen.[174] Es gab viele prominente Opfer, Presbyter, Bischöfe und Gelehrte, aber auch zahlreiche Gemeindemitglieder traten den Weg ins Martyrium an. Formen einer christlichen Idealisierung des Märtyrers finden sich schon im 1. Jahrhundert in den Briefen des Ignatius: «Selig und ehrwürdig sind alle Martyrien, die nach dem Willen Gottes geschehen sind.»[175] Viele Faktoren flossen in der Theologie des Martyriums zusammen. Wahrheitszeugnis und Sendungsbewusstsein vermischten sich, vor allem aber wurden das Leiden Christi und der Kreuzestod zu einem religiösen Ideal erhoben. Die Botschaft des Martyriums war klar: Die Wahrheit des christlichen Glaubens ist etwas Größeres als das Leben selbst. Der

Kirchenvater Tertullian schrieb im 2. Jahrhundert das berühmte Wort vom Nutzen des Martyriums für die Kirche: «Ein Same ist das Blut der Christen.»[176]

Hatte er Recht? Es besteht Anlass zur Vorsicht. Wahrscheinlich machten die Tapferkeit und Standhaftigkeit vieler Christen auf die heidnische Umwelt Eindruck. Was mochte das für eine Überzeugung sein, die Menschen dazu brachte, ihr eigenes Leben dafür zu opfern? Es ist aber auch anzunehmen, dass «aufgeklärte» Römer das Martyrium als abstoßend empfunden haben. Römische Religiosität war in ihrer Grundanlage jedem Fanatismus abhold. Für das Christentum – und darin behält Tertullian dann doch Recht – bedeutete das Martyrium ein wesentliches Frömmigkeitsmerkmal. Im Märtyrer sah man denselben Geist und dieselbe Kraft Gottes unter Menschen wirksam werden, die durch Christus in die Welt gekommen waren. Die Märtyrer wurden zu personifizierten Oasen göttlicher Präsenz in dieser Welt, derer man habhaft zu werden versuchte. In der Verehrung der Märtyrer liegen die Anfänge christlicher Heiligenverehrung und Reliquienkulte.

Die letzte große Verfolgung verfehlte ihr Ziel, sie konnte das Christentum nicht auslöschen. Ohne Folgen blieb sie dennoch nicht. Das innerkirchliche Problem, das sich schon ein halbes Jahrhundert vorher angebahnt hatte, spitzte sich nun dramatisch zu. Wie sollte mit den *lapsi,* den Gefallenen, umgegangen werden? Das Problem hatte bereits zu kleineren Abspaltungen von der Großkirche geführt, nach 312 entstand daraus regelrecht eine eigene Kirche in Nordafrika.[177] Unter der Führung des Bischofs Donatus sammelten sich Bischöfe und Gemeinden, die es rigoros ablehnten, diejenigen wieder aufzunehmen, die in den Verfolgungen vom Christentum abgefallen waren. Ihrer Auffassung nach musste die Kirche eine Gemeinschaft der Reinen sein. Soziale und politische Faktoren bestärkten die Abspaltung einer donatistischen Kirche. Noch einhundert Jahre später setzte sich Augustinus mit den Donatisten auseinander und arbeitete an einer theologischen Legitimation der Großkirche, die gleichermaßen Heilige und Sünder in sich einschloss. Die Donatisten standen für eine Auffassung, die das frühe Christentum immer wieder in verschiedenen Wellen erfasste: Die Kirche müsse etwas Besonderes sein, ihre Mitglieder sollten sich von dieser Welt durch die Treue ihrer Überzeugungen und die Reinheit ihres Lebenswandels abheben, ihren Priestern müsse die Gabe des göttlichen Geistes als persönliche Lauterkeit anzumerken sein. Die Idee der Großkirche war leichter zu leben, in ihr wehte ein Hauch der Barmherzigkeit, der dem christlichen Gott selbst wesenhaft zugesprochen wurde. Darum setzte sie sich schließlich durch. Und doch verliert der urchristliche Traum von einer Kirche der Reinen, die schon hier auf Erden das Reich Gottes leben, durch die ganze Geschichte des Christentums hindurch nie an Attraktivität.

4
Warum hat das Christentum in der Antike überlebt?

Galerius' Toleranzedikt von 311 markierte eine entscheidende Zäsur, es war das «Eingeständnis des Scheiterns der bisherigen Christenpolitik des Staates».[178] Das Römische Reich konnte das Christentum trotz gegen Ende zunehmend brachialer Gewaltakte nicht auslöschen. Die religionspolitische Kehre von 311 leitete den folgenreichsten Umschwung in der Geschichte des Christentums ein, den Kaiser Konstantin ein Jahr später vollzog. Wie war es möglich, dass eine Sekte aus dem entferntesten Winkel des Römischen Reiches zu Beginn des 4. Jahrhunderts eine ernst zu nehmende politische und religiöse Option war? «Warum», so die immer wieder diskutierte Frage, «hat das Christentum in der Antike überlebt?»[179] Von der Antwort hängt viel ab, denn es geht um die Rechtmäßigkeit dieses Überlebens und damit um den Wahrheitsanspruch des Christentums.

Historisch betrachtet liegt der Reiz der Frage darin, dass die Erfolgsgeschichte des Christentums eine Reihe von Unwahrscheinlichkeiten in sich vereint. Die wenigen Kommentare aus der Frühzeit zeigen, dass die christliche Religion mit ihrer an Jesus Christus gebundenen Erlösungsbotschaft einem Römer und auch Menschen außerhalb des Reiches absurd erscheinen musste. Die verschiedenen Verfolgungswellen belegen, wie sonderbar das Christentum als eine Religion ohne Bilder und ohne Tempel seinen römischen Zeitgenossen vorkam und wie unbeliebt es war.[180] Auf die Frage, warum das Christentum dennoch überlebt hat, liegt aus religiöser Perspektive eine klare Antwort auf der Hand: Es war Gottes wundersame Fügung selbst, die das Christentum zum Erfolg führte – so lasen antike Christen ihre eigene Geschichte im Rückblick. Kirchenväter wie Origenes, Euseb und dann vor allem Augustinus entwarfen eine dazugehörige Geschichtstheologie, die den Ablauf der Ereignisse auf das Wirken Gottes zurückführte.[181] Das war keineswegs nur eine fromme Schau der Dinge. In einer etwas weniger religiös gefärbten und stärker geschichtsphilosophischen Einkleidung zählte dieser Ansatz auch in der Moderne zu den populärsten Erklärungsversuchen für die Erfolgsgeschichte des Christentums. Hegel propagierte diese Auffassung mit Vehemenz. Im Aufstieg des Christentums sah er den Weltgeist am Werk. Die antike Welt war «reif» für die Ankunft des Christentums: «Ihr ganzer Zustand gleicht daher der Geburtsstätte und ihr Schmerz den Geburtswehen von einem anderen höheren Geist, der mit der christlichen Religion geoffenbart worden ist.»[182]

Kritiker des Christentums sehen die Dinge ganz anders. Schon antiken Autoren entging nicht, dass das Christentum trotz seiner Sonderbarkeit Menschen zu gewinnen verstand. Einer der prominentesten Christentumskritiker der Antike, der Philosoph Celsus, führte dies darauf zurück, dass sich das Christentum den breiten, ungebildeten Massen anbiedere. Es verkörpere eine «Religion für Dumme».[183] Nietzsches Tiraden über das Christentum als Platonismus für das Volk oder als übelriechende Religion des schlechten Geschmacks hatten also bereits antike Vorläufer. Bemerkenswert bleibt, dass Celsus sich dennoch der Mühe einer langen philosophischen Widerlegung des Christentums unterzog. Das hat schon sein großer christlicher Gegenspieler Origenes deutlich gesehen.[184] Natürlich bemühten sich auch moderne Religionskritiker um Erklärungen. Man führte an, die Verelendung der Massen oder aber das Gefühl einer grassierenden Weltangst habe sich im Römischen Reich in den illusionären Ausflüchten des Christentums entladen.[185]

Das sind sämtlich wuchtige Thesen, die die Frage aufwerfen, ob es vielleicht auch jenseits von Weltgeist einerseits und Weltangst andererseits plausible Gründe für das Überleben des Christentums geben könnte. Seine Ausbreitung in der antiken Welt verdankte sich zunächst einer Reihe von förderlichen äußeren Faktoren. Die gut erschlossene Infrastruktur, die Einheitlichkeit der Sprache, der rege Austausch von Menschen innerhalb des römischen Imperiums, aber auch die letztlich offene Religionspolitik begünstigten allesamt das Wachstum des Christentums.[186] Schwieriger ist es, die inneren Gründe herauszufinden. Harnack ging von einer allgemeinen Sehnsucht nach Erlösung in jener Epoche aus.[187] Sie hatte seiner Auffassung nach ihren Ursprung in einem dualistischen Wirklichkeitsverständnis, das die Welt in eine göttliche und eine weltliche Sphäre, in Geist und Körper, aufteilte. Harnack zufolge konnte die christliche Religion die aus dem weltanschaulichen Dualismus hervorgehende Sehnsucht nach Überwindung der Spaltung am besten stillen. In der aktuellen Debatte werden die Akzente etwas anders, im Ergebnis aber ganz ähnlich gesetzt.[188] Die antiken Christen machten mit ihrem Lebenswandel offensichtlich Eindruck auf ihre Umwelt. Die christliche Botschaft richtete sich an alle, auch an einfache Menschen, während eine ausgefeilte Theologie zusätzlich die Möglichkeiten tieferer Durchdringung bot. In die ethischen Lebensfragen der Antike brachte das Christentum eine neue Klarheit, die soziale Ausrichtung und die tätige Nächstenliebe imponierten, Sakramente und Riten verfügten aufgrund ihres Anspruchs realer Krafteinflößung über hohe Anziehungskraft, und schließlich gelang es dem Christentum, unter seinen Anhängern ein gemeinschaftstiftendes Gefühl zu erzeugen.

Einen interessanten Beitrag zu der Frage lieferte jüngst der französische Althistoriker Paul Veyne. Ihm zufolge nahm das Christentum erstens eine folgenreiche Präzisierung des Monotheismus vor.[189] Der christliche Gott war nicht ein abstraktes Prinzip – ein solches hätten auch antike Philosophen vertreten können –, sondern ein dem Menschen in Barmherzigkeit zugewandtes Gegenüber. Es mag dahingestellt bleiben, ob der zentrale Inhalt des Christentums tatsächlich eine «Liebesgeschichte zwischen Gott und Mensch»[190] ist, zu den Grundüberzeugungen des Christentums zählte jedenfalls, dass die göttliche Barmherzigkeit in der Person Jesus Christus in der Welt sichtbar geworden sei. Sie gelte jedem einzelnen Menschen. Dieser – wie Harnack es nannte – «unendliche Wert der Menschenseele»[191] maß dem Einzelnen Bedeutung zu, sein Leben wurde in den Augen Gottes belangvoll, es war eingebettet in einen großen Plan und bezog daraus seinen Sinn. In alledem erwies sich das Christentum als «persönlicher und liebevoller»[192] als das Heidentum. Die neuplatonischen Philosophen haben diese andere Tonlage des Christentums herausgehört und dagegen opponiert. Ihnen musste die Sinnaufladung des Einzellebens lächerlich erscheinen, denn sie setzte voraus, Gott als ein dem Menschen irgendwie zugewandtes Gegenüber zu denken. Die christliche Theologie beschritt diesen Denkweg, indem sie Gott als Person dachte. Für einen antiken Philosophen war das ein zu anthropomorphes Gottesbild. Celsus spottete, die Christen glichen in ihrem Glauben an eine göttliche Vorsehung für jeden einzelnen Menschen einem Chor von Fröschen, der im Sumpf sitzt und quakt: «Um unseretwillen ist die Welt geschaffen.»[193] Veyne erzählt ein eindrückliches Beispiel, das für ihn den «Abgrund»[194] deutlich macht, der das Christentum vom Heidentum trennt: «Eine Frau aus dem Volk kann ihren Familien- und Ehekummer der Jungfrau Maria erzählen; falls sie sich mit denselben Sorgen an Hera oder Aphrodite gewandt hätte, würde sich die Göttin wohl gefragt haben, was nur in diese dumme Bäuerin gefahren ist, die ihr da von Dingen erzählt, mit denen Götter nichts zu schaffen haben.»[195]

Zweitens verband das Christentum Religion und Moral.[196] Was heute selbstverständlich erscheint, war dem Heidentum der Antike fremd. Die göttliche Zuwendung zum Menschen erlebte der antike Christ als Berufung zu einer höheren Bestimmung seines Daseins, das wiederum setzte die Kraft zu einem neuen Lebenswandel frei. Drittens schließlich gelang es dem Christentum, eine kollektive Begeisterung auszulösen, die die Privatisierung der Religion überwand.[197] Mit der Kirche entstand ein Organismus, ein Ort in der Welt, an dem die eigene Überzeugung gefeiert und gelebt werden konnte. Darin wirkte das Christentum ansteckend.

Nach der Ausbildung großkirchlicher Strukturen konnten Christen lange Bürger zweier Welten sein, sie lebten in ihrer angestammten Kultur und gerieten doch zusehends in den Bann des Neuen. Die offiziellen Erklärungen des frühen Christentums klangen zwar rigoros, von den neutestamentlichen Texten bis zu den Kirchenvätern wurde stets eine eindeutige Absage an das Heidentum und das «alte» Leben gefordert. Es ist aber nicht wahrscheinlich, dass sie damit durchschlagenden Erfolg hatten. Einmal mehr zeigt sich, dass Texte nur einen Bruchteil des Lebens einfangen können. In diesem Fall spiegeln sie eher den Wunsch strenger Theologen oder das Idealbild einer an Reinheit orientierten Gemeinschaft wider. Die Praxis muss anders ausgesehen haben. Denn in der Entwicklung zur Großkirche nahm das antike Christentum an allen wichtigen Weggabelungen in den Krisen den leichteren Weg, den, der für die Mehrheit der Menschen begehbar war, um so den Unentschiedenen, den Halbherzigen und sogar den Abtrünnigen stets eine Tür offenzuhalten.

Der Erfolg des Christentums in der Antike lag im Aufbau christlicher Kulturformen. Es brachte einen verehrungswürdigen Kanon heiliger Schriften hervor, es lebte seinen Glauben in feierlichen Ritualformen, es organisierte sich als solidarische Gemeinschaft, es bildete ein Amtspersonal aus, in dem antike Menschen die Priester ihrer Religionen wiedererkannten, es formte eine Theologie, die im Dauergespräch mit der Philosophie stand. In alledem leistete das Christentum eine gewaltige kulturelle Assimilierung, in der die übernommenen Kulturformen grundlegend neu besetzt wurden. Die christliche Bibel war der jüdischen ähnlich und doch etwas ganz anderes, der Gottesdienst übernahm Elemente aus der Synagoge und den heidnischen Kulten und hatte mit der Christusgegenwart in der Sakramentsfeier doch einen völlig anderen Höhepunkt, die Kirche war eine religiöse Vereinigung, doch hinsichtlich der inneren Kraft der Organisation völlig verschieden von den heidnischen Religionsgemeinschaften. Bischof und Presbyter übernahmen priesterliche Funktionen und waren doch in ihrer Autorität ganz auf Christus bezogen, die Theologie argumentierte in der Sprache antiker Intellektueller und doch war sie keine Philosophie. Das Verhältnis von Assimilation und Eigenständigkeit galt es stets neu auszutarieren, die Kämpfe des antiken Christentums konzentrierten sich auf die richtige Justierung der neuen christlichen Kulturformen – und waren offensichtlich letztlich erfolgreich.

In den Versuchen, den Erfolg des Christentums mit den Mitteln historischer Forschung zu erklären, schälen sich von Harnack bis Veyne einleuchtende Argumente heraus. Das Christentum brachte ein neues, einzigartiges Lebensgefühl in die Welt, das auf die Person Jesus Christus zurückging. Durch ihn eröffnete sich eine höhere Dimension der Wirklichkeit, die den Menschen aus der Mühsal seiner Welt emporhob. Die Konsolidierungstendenzen des frühen Christentums dienten dem Zweck, dieses an sich ekstatische Erleben auf Dauer zu stellen und damit für breitere Massen lebbar zu machen. Das erzeugte zwar Verlustempfindlichkeiten gegenüber den eigenen Ursprüngen, doch auf das Ganze gesehen konnte die werdende Kirche dies erstaunlich gut auffangen. Es gelang dem Christentum der ersten drei Jahrhunderte, viele Aneignungsmöglichkeiten für seine Anhänger hervorzubringen. Das fing beim «einfachen» Glauben an und ging hinauf bis zu einer ausgefeilten Theologie. Das frühe Christentum war zudem eine sinnliche Religion. Heilige Schriften, gottesdienstliche Feiern, das Heil vergegenwärtigende Sakramente und tätige Nächstenliebe machten die neue Dimension des Lebens sichtbar und erlebbar. In der viel späteren konfessionellen Aufspaltung des Christentums hat man versucht, je eines dieser Vermittlungsmedien in den Vordergrund zu stellen: die Protestanten die heilige Schrift, die Katholiken das sakramentale Leben, die Orthodoxen die Liturgie. Ein antiker Christ hätte das als eine Verarmung der Tiefe seines religiösen Gefühls empfinden müssen. Für ihn erzeugte das Zusammenspiel der Vermittlungsmedien die Präsenz des Heiligen in der Welt, sie repräsentierten eine umfassende Gestimmtheit, die es dem Menschen erlaubte, in vielen unterschiedlichen Anknüpfungsmöglichkeiten das eigene Leben als sinnvoll und in einem höheren, den erkennbaren Weltenlauf übersteigenden Plan aufgehoben zu glauben. Das schuf kosmische Geborgenheit und Orientierung in der Welt. Zudem setzte es Kräfte einer tätigen Menschen- und Weltzuwendung frei, es ermöglichte eine Gewissheit der Erlösung, die in extremen Fällen den Tod attraktiver als die Leugnung dieser Gewissheit erscheinen ließ.

Die Frage, warum das Christentum in der Antike überlebte, wird daher nicht nur aus der religiösen, sondern auch aus einer historischen Perspektive oftmals euphorisch beantwortet. «Und diese Religion hätte nicht siegen sollen?»,[198] rief Harnack am Ende seines dieser Frage gewidmeten Buches aus, und nicht viel anders preist der säkulare Althistoriker Veyne in unseren Tagen das Christentum religionsgeschichtlich als ein unwiderstehliches Meisterwerk. Über den Wahrheitsgehalt der christlichen Religion ist damit jedoch noch nichts gesagt, denn den historischen Erfolg haben auch die rigidesten Christentumskritiker nie geleugnet. Mit den Augen moderner Religionskritik könnte man auch mutmaßen, der Erfolg erkläre sich gerade aus dem illusionären, vertröstenden Charakter: *Mundus vult decipi* – Die Welt will getäuscht werden.

Die kulturgeschichtliche Perspektive weist einen Weg zwischen christlichem Triumphalismus und religionskritischer Skepsis. Der Verdacht, der Erfolg des Christentums basiere auf einer Illusion, kann tatsächlich manche Phänomene der christlichen Frühgeschichte erklären, auf das Ganze gesehen hat er historisch jedoch die schwächeren Argumente auf seiner Seite. In der Gestaltwerdung des Christentums war eine Kraft am Werke, die bei den Anhängern eine außerordentliche Evidenz erzielte. Sie erzeugte eine Gestimmtheit, die sich im Leben einer stetig wachsenden Zahl von Menschen überwältigend bewährte.

Das Heilige setzte sich mit einer Autorität durch, die nicht nur den Aufbau der Kulturformen des Christentums dynamisch prägte, sondern das Lebensgefühl selbst gravierend veränderte. Das alles vollzog sich nicht als stille Fügung, sondern als dramatischer Prozess kultureller Assimilierung. Die Gemeinschaft der Kirche und ihre Ämter, die Bibel, der Gottesdienst und das christliche Ethos sind allesamt Ausdruck eines grandiosen Aufbaus christlicher Kultur, sie sind Formen einer faszinierenden Übersetzungsarbeit vorhandener Kulturformen, sie sind Wesenszüge, in denen sich die Autorität des Heiligen in den ersten dreihundert Jahren des Christentums Bahn bricht. Sie sind aber nicht das Heilige selbst.

Drittes Kapitel

Die Macht der Sieger

1
Die konstantinische Wende

Kaiser Konstantin leitete mit einer Wende der römischen Religionspolitik in der ersten Hälfte des 4. Jahrhunderts einen der folgenreichsten Umbrüche in der Geschichte des Christentums ein. Am Vorabend der Ereignisse hatte das Christentum eine erkennbare kulturelle Gestalt angenommen, im römischen Imperium war es jedoch nur eine religiöse Strömung unter vielen. Vermutlich war etwa ein Zehntel der Bevölkerung des Reiches christlich.[1] Die letzte und schwerste Verfolgung hatte der Kirche erheblichen materiellen und ideellen Schaden zugefügt, sie allerdings nicht ausgelöscht. Die entscheidende Frage ist, warum das Christentum als ernst zu nehmende Religion in den Blickwinkel eines römischen Kaisers geriet.[2]

Das zentrale Ereignis ist unzählige Male erzählt und gemalt worden. Am 28. Oktober 312 kam es vor den Toren Roms zu einer Entscheidungsschlacht zwischen Konstantin und dem Usurpator Maxentius.[3] Der Legende nach sah Konstantin im Traum ein Kreuz mit den griechischen Buchstaben X (Ch) und P (R), den Anfangsbuchstaben des Christusnamens, ineinander verschränkt und vernahm die Worte: «Dadurch siege!» Das Zeichen, später als Labarum berühmt, wurde zur Standarte der Truppen Konstantins, und die legendäre Prophezeiung «In hoc signo vinces» – «In diesem Zeichen wirst du siegen» ging in Erfüllung. Konstantin besiegte die zahlenmäßig überlegenen Truppen, Maxentius fiel in der Schlacht. Als Alleinherrscher des Westteils des Römischen Reiches leitete Konstantin umgehend eine Religionspolitik ein, die den Christen nicht nur auf der Grundlage des Edikts von Galerius aus dem Jahr 311 Religionsfreiheit zusicherte, sondern das Christentum gegenüber der heidnischen Religion sogar begünstigte. Damit setzte er eine Dynamik in Gang, die sowohl das Römische Reich als auch das Christentum grundlegend veränderte. Zwei Generationen später war das Christentum Staatsreligion des Weltreichs. Es war der Sieg in einer Schlacht, durch den sich für die Religion der Liebe das Tor zur Weltgeschichte öffnete.[4]

Die Frage, was diesen epochalen Umschwung veranlasste, beschäftigt seit jeher die Gemüter. Die Legende von Konstantins Bekehrung durch die Erscheinung im Traum war ein früher christlicher Antwortversuch, der schon zu Lebzeiten des Kaisers aufkam. Für den neuzeitlichen historischen Sachverstand verdichtet sich das Problem in dem Begriff «Konstantinische Wende».[5] Ist damit der grundlegende Wandel in der kaiserlichen Religionspolitik im 4. Jahrhundert gemeint, so ist die Bezeichnung unstrittig. Gab es aber darüber hinaus tatsächlich so etwas wie eine Wende, eine Bekehrung, eine wirkliche Hinwendung zum Christentum im Leben Konstantins? Spätestens seit Jacob Burckhardt steht die These im Raum, Konstantin habe allein aus politischem Kalkül gehandelt.[6] Behielte Burckhardt Recht und mit ihm viele andere, die in seinem Gefolge ähnlich argumentieren, dann hätte es keine Konstantinische Wende im engeren Sinne, sondern nur einen Strategiewechsel in der Religionspolitik gegeben. Die Quellen lassen sich ganz unterschiedlich interpretieren. Konstantins Religionspolitik ist als ein Phänomen des Umbruchs in höchstem Maße doppeldeutig. Ein Blick auf seine Biographie ermöglicht immerhin, über einige Motive seiner Zuwendung zum Christentum begründete Mutmaßungen anzustellen.

Über die ersten Jahre weiß man wenig. Seine Geburt in Naissus, dem heutigen Niš in Serbien, kann nur in die Zeitspanne zwischen etwa 272 und 285 datiert werden.[7] Konstantin wuchs als Sohn eines römischen Offiziers, Constantius, und einer Frau niederer Herkunft namens Helena auf – Stallmagd oder Schankwirtin sind häufig genannte Berufsangaben –, mit der sein Vater allerdings bestenfalls im Konkubinat zusammenlebte, bis er später eine standesgemäße Frau, die Stieftochter des Kaisers Maximian, heiratete. Konstantins Vater stieg 293 zum Caesar im Westteil des Reiches auf. Seit dieser Zeit hielt sich Konstantin im Umfeld kaiserlicher Macht auf und setzte seine militärische Laufbahn fort. Im Jahr 305 traten die Augusti Diocletian und Maximian entsprechend der vereinbarten Rotation der Tetrarchie zurück, die bisherigen Caesares Constantius I. und Galerius rückten in die höchsten Ämter nach, ihre leiblichen Söhne

Konstantin und Maxentius wurden indes übergangen. Das war in dem von Diocletian entworfenen System so vorgesehen, doch lag in diesem Bruch mit der dynastischen Tradition der Keim scheinbar unendlicher Querelen. Nach nur einem Jahr an der Macht starb Constantius Chlorus, wie er später genannt wurde, 306 in Eburacum, dem heutigen York in England. Die Truppen riefen entgegen der Logik der Tetrarchie seinen Sohn Konstantin zum Nachfolger als Augustus aus. Ein von Kaiser Galerius ausgehandelter Kompromiss hatte keinen Bestand; nach dessen Tod kollabierte erwartungsgemäß das fragile Herrschaftssystem vollständig. Die Schlacht an der Milvischen Brücke klärte die Führungsfrage im Westen zugunsten Konstantins, die innere Dynamik der Situation drängte jedoch nach einer Entscheidung für das ganze Reich. Ein gutes Jahrzehnt wechselten sich militärische Konfrontationen, Intrigen und vergleichsweise ruhige Perioden ab, bis schließlich Konstantin die entscheidenden Schlachten gegen den Herrscher des Ostteils, Licinius, gewinnen konnte und damit ab 324 Alleinherrscher des Reiches war.

Vermutlich spielte in dieser Entwicklung Konstantins Annäherung an das Christentum eine bedeutende Rolle, allerdings nicht als bloßes strategisches Kalkül, denn die Hinwendung zum Christentum hätte den Aufstieg zur Macht nicht sichern können. Dazu war das Christentum zahlenmäßig zu klein und zu randständig.[8] Auch die Vermutung, Konstantin habe die Christen im Osten unterstützt, um damit die Gegner seines Rivalen Licinius auf seine Seite zu bringen, kann daher nicht überzeugen.[9] Was Konstantin am Christentum interessiert haben könnte – darauf weisen neuere Forschungen in seltener Einmütigkeit hin –, ist eine religiöse Neuformation seines Herrschaftsauftrags.

Mit militärischer Durchsetzungskraft allein ließ sich der Erfolg einer Herrschaft im 4. Jahrhundert nicht begründen. Schon Diocletians Reichsreform war nicht einfach nur eine pragmatische Verwaltungsreform, sie ist vielmehr im Zusammenhang mit einer grundsätzlichen Restauration der Reichsidee zu sehen, die den Konflikten und Krisen des 3. Jahrhunderts ein Ende bereiten sollte.[10] Die tetrarchische Konstruktion wurde auf Jupiter und Herkules selbst zurückgeführt und damit ausdrücklich religiös fundiert. Nur dieser massive Appell an altrömische Religiosität macht überhaupt verständlich, warum ausgerechnet unter der neubegründeten Tetrarchie die heftigsten Christenverfolgungen stattfanden. In diese «Omnipräsenz des Religiösen»[11] wuchs Konstantin hinein. Die Hinwendung zum Monotheismus lag weltanschaulich in der Luft und äußerte sich bei Konstantin zuerst in der Verehrung des *sol invictus*, des unbesiegten Sonnengottes.[12] Der Monotheismus stellte für Konstantin Möglichkeiten einer Neuausrichtung seines Herrschaftsanspruchs bereit. Die Orientierung an Christus als alleinigem Weltenherrscher bot ihm eine religiöse Legitimation seines eigenen Herrschaftsauftrags.¹³ In Konstantins Annäherung an das Christentum lebte ein Aspekt des «maßlosen» Universalismus dieser Religion fort, der den Kaiser offensichtlich faszinierte. Ihm bot sich eine unvergleichliche Quelle von Kraft für seinen eigenen Sendungsauftrag, seine weltgeschichtliche Berufung und seine höhere Mission. In diesem Sinne wird man mit Paul Veyne Konstantins Hinwendung zum Christentum tatsächlich als einen «aufrichtigen, uneigennützigen Schritt ohne ideologische Hintergedanken»¹⁴ beurteilen können.

Konstantin agierte auch nach seiner Zuwendung zum Christentum in der Tradition römischer Kaiser. Das verlieh seiner Religionspolitik die erwähnte Deutungsoffenheit. In der erinnerungspolitischen Gestaltung seines Sieges – berühmtestes Beispiel ist der Konstantinsbogen in Rom, der wenige Jahre nach dem Triumph über Maxentius entstand – wählte er «nebulöse»¹⁵ Ausdrucksformen, die zwar das Neue seiner Berufung nicht verschwiegen, aber in der kaiserlichen Bildersprache auch noch für die Mehrheit seiner heidnischen Untertanen plausibel waren. Selbst die 321 erlassene Einführung der Arbeitsfreiheit am Sonntag war keineswegs nur christlich begründet, sondern nahm ebenso Elemente der *sol-invictus*-Verehrung auf.¹⁶ Heidnische Religionspraktiken duldete Konstantin in begrenztem Maße am Hof, und dies vermutlich nicht nur als reine Konzession an die Heiden.¹⁷ All das belegt einen politischen Pragmatismus, wie ihn römische Kaiser seit Jahrhunderten praktizierten. Konstantin wusste aus eigener Anschauung, wie sehr das Heidentum zum «Grundvorrat römischer Mentalität»¹⁸ gehörte. Dies erforderte von einem christlichen Herrscher im 4. Jahrhundert politische Klugheit im Gewande von Zweckrationalität,¹⁹ spricht jedoch nicht gegen eine tatsächliche Wende Konstantins zum Christentum.

Das Düstere und Despotische des Kaisertums fehlt bei Konstantin nicht. Verschwörungsversuchen begegnete er mit eiserner Hand, die den Konspiranten den sicheren Tod brachte; seinen Widersacher Licinius, immerhin mit seiner Halbschwester verheiratet, ließ er bald nach dem Sieg mitsamt dessen kleinem Sohn, Konstantins Neffen, töten. Im Jahr 326 befahl er gar die Ermordung seiner Frau Fausta und seines aus einer früheren Verbindung stammenden Sohnes Crispus. Was der Anlass für diese dunkelste Tat Konstantins war, bringen die Quellen nicht mehr mit Klarheit ans Licht.²⁰ Erotische Verstrickungen zwischen Stiefmutter und Stiefsohn werden genannt; wahrscheinlicher aber ist ein Verschwörungsversuch – nach alten tetrarchischen Grundsätzen hätte Konstantin 326 abdanken müssen – oder die fälschliche Denunziation eines solchen, der zuerst Crispus zum Opfer fiel, dann aber, nachdem Konstantin seinen Irrtum eingesehen hatte, auch Fausta. Was immer die Gründe waren, die Ermordung von Frau und Sohn geschah nur ein Jahr nachdem Konstantin als Lenker und Oberhaupt der Kirche bei dem Konzil von Nizäa aufgetreten war. Seine christlichen Biographen können zu diesem Dilemma nur betreten schweigen, der heidnische Historiker Zosimos hingegen mutmaßte, hier läge der wahre Grund für Konstantins Konversion: Nur das Christentum habe Konstantin die Vergebung eines so schweren Verbrechens versprochen.[21]

Tatsache ist, dass Konstantin ab 312 eine außerordentlich christentumsfreundliche Religionspolitik an den Tag legte.[22] Er erneuerte nicht nur die von Galerius zugesicherte Religionsfreiheit, sondern veranlasste auch die Rückerstattung eingezogener Kirchengüter und gewährte den Klerikern Immunität und Steuerbefreiung, die Bischöfe erhielten eine auf den Zivilbereich ausgedehnte Gerichtsbarkeit und die Kirche empfing direkte staatliche Zuwendungen.[23] Diese Maßnahmen waren mehr als die bloße Gleichstellung des Christentums mit der heidnischen Religion. Die Rückerstattung und die Anerkennung der freien Religionsausübung konnte Konstantin schon 313 im Mailänder Gespräch mit Licinius durchsetzen und damit reichsweit in Kraft treten lassen; die darüber hinausgehenden Begünstigungen des Christentums erlangten im Ostteil Geltung, nachdem Konstantin an die Alleinherrschaft gelangt war. Sinnfällig wurde die Bevorzugung des Christentums in Konstantins Kirchenbauprogramm. Die in Rom, Konstantinopel und Jerusalem aus dem Boden sprießenden Basiliken wurden zu Zeichen einer monumentalen kaiserlichen Prachtentfaltung, die nur noch durch die Stadtgründung von Konstantinopel 330 überboten wurde. Die prachtvollen Basiliken waren ein vermeintlicher Segen, mit dem die christliche Kirche – darauf ist gleich zurückzukommen – zunächst nichts Rechtes anzufangen wusste.

Konstantin war von dem Universalismus des Christentums angetan. Von den kirchlichen Strukturen erhoffte er sich Unterstützung in der politischen Umsetzung. Als er – vermutlich zu seiner Enttäuschung – bemerkte, dass es massive Spannungen innerhalb der Kirche gab, griff er ein.[24] Daraus resultiert die Annahme, Konstantin habe sich zum Oberhaupt der Kirche auch in internen Angelegenheiten erhoben. Im Streit mit den Donatisten berief er schon 314 eine Synode in Arles ein, auf kaiserliches Geheiß kam es damit zur «Bildung einer episkopalen […] Gerichtsinstanz».[25] Ähnliches unternahm er bei einer noch schwereren innerkirchlichen Auseinandersetzung im Jahr 325 mit der Einberufung des Konzils von Nizäa.[26] Die kaiserliche Veranlassung veränderte den Charakter der auf den Synoden gefällten Lehrentscheide, die Dogmen waren fortan nicht mehr nur Lehrmeinungen, sondern Lehraussagen mit Rechtsverbindlichkeit und dementsprechend sanktionierbar.

Sieben Jahre nach der Einweihung seiner glanzvollen Stadt starb Konstantin dort.[27] Erst auf dem Sterbebett empfing er die Taufe. Das war kein Vorbehalt gegenüber dem Christentum, sondern entsprach damals nicht seltener Praxis.

Die Heilskraft der Taufe sollte nicht mehr durch danach begangene Sünden geschwächt werden können – ein aus heutiger Sicht zwar geradezu magisches, aber auf seine Art zugleich sehr ehrfurchtsvolles Verständnis der Taufe. Seinem Wunsch entsprechend wurde Konstantin in der Apostelkirche inmitten der zwölf symbolisch errichteten Apostelgräber beigesetzt. Das legt die Vermutung nahe, dass sich Konstantin als dreizehnten Apostel gesehen hat, oder gar als christusgleichen Weltenlenker. Konstantins Wende jedenfalls hat die Welt und das Christentum verändert, und es ist schwer zu sagen, für wen von beiden dies mehr gilt.

2
Eine neue Ordnung der Welt

Was die Wende Konstantins für das Christentum bedeutete, ist bis heute heftig umstritten. Die unterschiedlichen Perspektiven haben nicht zuletzt mit konfessionellen Prägungen zu tun. Im orthodoxen Christentum findet sich kaum eine Kirche, die nicht Konstantin mit seiner Mutter Helena als Heiliger abbildet. Protestanten hingegen, vor allem mit liberaler Gemütslage, sehen die Bindung der Kirche an den römischen Staat als ein Verlustgeschäft, in dem der Machtzuwachs durch die Preisgabe frühchristlicher Ursprünglichkeit teuer erkauft worden ist. Der Katholizismus nimmt eine interessante Mittelstellung zwischen Konstantinüberhöhung und Konstantinkritik ein. Die Legende um den Papst Silvester, der herbeieilt, um den sterbenden Kaiser zu taufen, und das Dekret der «Konstantinischen Schenkung» bilden die Grundlage des mittelalterlichen Anspruchs, dass Konstantin selbst die staatliche Autorität auf Papst und Kirche übertragen habe.[28]

Es gibt trotz prominenter Gegenstimmen gute Gründe, Konstantins Wende zum Christentum als einen religiös motivierten Prozess zu begreifen. Ihm imponierten die Glorie und die Herrlichkeit der Vorstellung von Christus als Weltenherrscher. Umgekehrt hielt mit dieser Hinwendung die kaiserliche Pracht Einzug in die christliche Religionspraxis. Konstantin leitete damit einen Prozess ein, in dem das Christentum von einer Sekte zur römischen Staatsreligion aufstieg. Es ist erstaunlich, mit welcher Geschwindigkeit sich dieser Prozess im 4. Jahrhundert in der offiziellen Religionspolitik der römischen Herrscher vollzog.

Ein Selbstläufer war die Entwicklung jedoch keineswegs. Kaum eine Generation nach Konstantin bestieg ein ausgesprochener Christentumsgegner den Thron. Kaiser Julian war eine bemerkenswerte Gestalt.[29] Er begeisterte sich für die Kulturideale der hellenischen Welt, er las den Neuplatoniker Porphyrios und fand Gefallen am Weisheitsideal des Pythagoreismus.[30] Darin allein werden jedoch die Gründe für seinen Hass auf das Christentum nicht gelegen haben. Wachsam beobachtete er, wie die Christen über dogmatische Lehraussagen in gehässigen Streit und Feindschaft untereinander gerieten. Hinzu kam sicherlich, dass er «traumatisiert durch die Mordtaten an seiner Familie»[31] gewesen sein dürfte, die Konstantins Sohn, der christliche Kaiser Constantius II., verübt hatte. Julian fiel nach nur drei Amtsjahren 363 im Feldzug gegen die Perser, seine staatliche Erneuerung des Heidentums blieb eine Episode. Bis heute beschäftigt die Frage die Gemüter, was passiert wäre, wenn Julian diesen Feldzug erfolgreich beendet und jahrzehntelang regiert hätte. Und was wäre geschehen, wenn ein weiterer Christenfeind – die Möglichkeit war durchaus real – Julians Nachfolge angetreten hätte oder wenn wiederum eine Generation später Kaiser Theodosius dem heidnisch denkenden Germanenfürsten Arbogast unterlegen wäre?[32] Das Römische Reich wäre sicher erheblich langsamer christianisiert worden.[33] Doch es kam anders. Durch einen Erlass des Kaisers Theodosius, in dem geregelt wurde, wer als katholisch galt und somit privilegiert war, wurde das Christentum 380 de facto die einzige erlaubte Religion und damit Staatsreligion. Zwei Generationen nach Konstantin war die Duldung des Nebeneinanders von Christentum und Heidentum beendet.[34] Die Römer, Germanen und Goten, die an der Gestaltung der politischen Geschicke des Reiches beteiligt waren, bauten in den Wirren des 4. und 5. Jahrhunderts das Christentum als Religion des Staates weiter aus oder hielten zumindest daran fest. Die großen Gestalten der Spätantike, der Ostgote Theoderich in Italien und der oströmische Kaiser Justinian in Konstantinopel, die im 6. Jahrhundert in vielerlei Hinsicht schon auf eine neue Epoche verwiesen, verstanden sich durch und durch als christliche Herrscher (siehe zu Theoderich Seite 133–136 und zu Justinian Seite 126–128).

Die Macht der Sinne: Kirchenbau

Als Konstantin seit 312 seine Religionspolitik änderte, befand sich das Christentum noch immer in der Phase der Konsolidierung seiner Formen. Innerhalb eines Jahrzehnts fand mit rasanten Kulturfolgen der abrupte Übergang zu einer reichsweit anerkannten Religion statt. Damit wurden «Anforderungen an sie gestellt, denen sie zu diesem Zeitpunkt jedenfalls nicht gewachsen war».[35] Am sinnfälligsten wurde der Gestaltwandel im Kirchenbau.[36] Kirchen sind heute ein fester Bestandteil des Christentums, sie sind seine sichtbaren Erkennungszeichen, doch das war nicht immer so. Was man heute unter Kirche als Bauwerk versteht, ist ein Gebäude zur Feier des christlichen Gottesdienstes. Diesen Sinn des Wortes «Kirche» kannten die ersten Christen nicht. Es dauerte dreihundert Jahre, bis das Kirchengebäude durch Konstantins Kulturpolitik in Erscheinung trat. Zuvor hatte sich das frühe Christentum außerordentliche Mühe gegeben, zu begründen, warum es im Gegensatz zu anderen Religionen auf besondere religiöse Gebäude keinen Wert legte.

In ihrem Enthusiasmus lehnten die frühen Christen Riten in einem heiligen Gebäude, wie sie Juden und Heiden pflegten, ab. Paulus fand dafür klare Worte: «Wisst ihr nicht, dass ihr Gottes Tempel seid und der Geist Gottes in euch wohnt?» (1 Kor 3,16; ähnlich 1 Kor 6,19). Dieser Linie blieb man lange treu, prominente Theologen wie der Apologet Justin und Clemens von Alexandria führten aus, warum Christen keine Tempel brauchten.[37] Um die Mitte des 3. Jahrhunderts polemisierte Origenes, die Lichtgestalt der griechischen Theologie der Alten Kirche, sogar mit harten Worten gegen die religiöse Notwendigkeit der Tempel. In Anlehnung an Paulus argumentierte er, allein der Leib des Menschen sei der Tempel Gottes, gebaute Göttertempel hingegen seien leblos, und wer sie verehre, bete tote Steine an.[38] Damit wandte sich Origenes gegen den Christentumskritiker Celsus. Der hatte gespottet, eine Religion, die wie das Christentum nicht einmal richtige Tempel habe, könne gar keine wahre Religion sein. Die labile rechtliche Stellung des Christentums im Römischen Reich stand lange Zeit der Entstehung christlicher Sakralbauten im Wege. Dennoch ist die christliche Tempelkritik nicht einfach nur eine aus der Not geborene Tugend. Die Spiritualisierung des Tempels verlegte die Präsenz Gottes in eine geistige Sphäre. Die Gleichgültigkeit gegenüber heiligen Gebäuden war eine tiefe religiöse Überzeugung.

Nach allem, was wir aus den sehr wenigen Funden aus den ersten drei Jahrhunderten wissen, wurden Versammlungsräume allein nach pragmatischen Aspekten gewählt. Das galt nicht nur für die kleineren Hauskirchen wie in Dura Europos in Syrien, das musste auch für die Versammlungsräume in den Großstädten und vor allem in Rom gegolten haben. Wenn es zutrifft, dass die stadtrömische Gemeinde um das Jahr 250 etwa einhundert Kleriker und 1500 Hilfsbedürftige zu versorgen hatte,[39] dann muss die Gesamtzahl ihrer Mitglieder in die Zehntausende gegangen sein. Dementsprechend groß und zahlreich müssen die Versammlungsräume und -häuser gewesen sein. Über ihre Gestaltung und ihre Formen geben die Quellen allerdings keine Auskunft. Was zählte, war allein die Versammlung. Darauf ist der bemerkenswerte Umstand zurückzuführen, dass das Christentum das griechische Wort für die Versammlung, *ekklesia*, auch

Die Maxentiusbasilika wurde kurz vor Konstantins Sieg über Maxentius als öffentliches Gebäude errichtet. Konstantins Architekten übernahmen die Grundstruktur für die nun herrschaftlich auszustattenden Gottesdiensträume der Christen.

Abb. 1

für den Versammlungsort gebrauchte. Dass heute mit dem Wort «Kirche» beides gemeint ist, die Institution und das Haus, ist eine Reminiszenz an eine frühchristliche Praxis.

Es gab bereits vor Konstantin Kirchen, vermutlich auch einigermaßen große, dennoch änderte sich durch ihn das Verhältnis des Christentums zu seinen kultischen Versammlungsorten fundamental. Der Einschnitt lag darin, dass Konstantin die Tempelbautradition römischer Kaiser fortführte, diese allerdings grundlegend veränderte. Nach dem Sieg über Maxentius errichtete er nicht den heidnischen Göttern, sondern dem christlichen Gott ein Gebäude. Aus heutiger Sicht mag es überraschen, dass die kaiserlichen Baumeister mit Selbstverständlichkeit auf die ihnen bekannten Formen großer Gebäude zurückgriffen. Die römische Basilika, die im Römischen Reich in Handel, Politik und Rechtsprechung multifunktionale Verwendung fand, wurde christianisiert – etwa so, als würde eine neu aufkommende Religion heute Supermärkte, Stadthallen und Justizgebäude für ihre Zwecke nutzbar machen. Das von da ab einsetzende christliche Kirchenbauprogramm war also zunächst nichts anderes als die Fortsetzung kaiserlicher Baupolitik mit anderen, jetzt christlichen Vorzeichen. Zwischen der von Konstantins Rivalen vor 312 gebauten Maxentius-Basilika, deren Überreste man noch heute am Forum Romanum bestaunen kann, und der von Konstantin ab 313 in Auftrag gegebenen Lateranbasilika dürfte äußerlich aufs Ganze gesehen kaum ein Unterschied auszumachen gewesen sein, und doch lagen Welten dazwischen (Abb. 1).

Der doppelte Beweggrund von Frömmigkeit und Repräsentation prägte das kaiserliche Kirchenbauprogramm. Mit der Übernahme der Bauform der Basilika allein war es nicht getan, sie musste gestaltet werden, um als Gebäude des Christentums kenntlich zu werden. Ein wichtiges Zeichen war die Ostung der Kirchengebäude. Sie wurden zur aufgehenden Sonne als Auferstehungssymbol hin ausgerichtet.[40] Christliche Symbolik wurde zur ornamentalen Formgebung eingesetzt, die Innenräume wurden mit Bildprogrammen für die gottesdienstliche Nutzung ausgeschmückt.

Im Kirchenbau verbanden sich künstlerischer und religiöser Ausdruck. Seit seinen Anfängen übermittelte der Kirchenbau immer auch religiöse Botschaften. Er transportierte das, was man eine implizite Theologie nennen könnte.[41] Damit sind die Formen religiöser Aussagen gemeint, die nicht notwendigerweise im diskursiven Stil akademischer Theologie verfasst sein müssen. Man spricht von dem «Anliegen», das kulturellen Ausdrucksformen zugrunde liegt. In Anwendung auf den Kirchenbau heißt das: Die Idee eines Kirchengebäudes versteht, wer ihr «letztes unbedingtes Anliegen» lesen kann.[42] Seit Konstantin sind Kirchen eine Art und Weise, mit Steinen die christliche Botschaft zu verkünden. Im «Anliegen» des konstantinischen Kirchenbauprogramms flossen mehrere Motive zusammen. Frömmigkeit und Repräsentation spielten eine wichtige Rolle. Kirchen dienten als «materialisiertes Gotteslob»,[43] das aber zugleich dem Bauherrn Ruhm und Ehre einbrachte. Prunk und Großartigkeit waren daher wichtige ästhetische Leitlinien. Das führte zu einer schieren Explosion der Ausmaße. Von der alten Peterskirche in Rom, einer der wichtigsten Kirchen in Konstantins Programm, wissen wir, dass ihre Grundfläche auf Fußballplatzgröße angelegt war und damit die Hauskirche von Dura Europos um mehr als das 120-Fache übertraf.[44]

Vier Kirchen standen im Zentrum von Konstantins Plänen. Als erstes nahm er bereits 313 die Errichtung der Lateranbasilika in Angriff. Konstantin wies sie dem römischen Bischof als Kirche zu, ein Akt imperialer Aufwertung der Repräsentanten der christlichen Religion. Damit folgte er der schlichten Logik, dass die Bedeutung einer Religion, ja ihr Wahrheitsgehalt, am sinnfälligsten an der Größe ihrer Sakralbauten abzulesen sei. Ebenso wuchtig waren die beiden anderen stadtrömischen Projekte angelegt. Die alte Peterskirche und Sankt Paul vor

Zur Christianisierung der Basilika zählten ihre Ausrichtung nach Osten und die Ausstattung mit theologischen Bildprogrammen. Mit der Grabeskirche in Jerusalem wollte Konstantin ein deutliches Zeichen für die Bedeutung des Christentums setzen, das seine Wirkung auf die Betrachter nicht verfehlte. Konstantins Kirchenbau wurde in der wechselvollen Geschichte des Christentums in Palästina zerstört, wieder auf- und umgebaut. Was von der ursprünglichen Anlage erhalten geblieben ist, ist schwer auszumachen. Abb. 2

den Mauern (San Paolo fuori le Mura) sind an den Orten errichtet, an denen sich der Tradition zufolge die Gräber von Petrus und Paulus befinden sollen. In der Jerusalemer Grabeskirche schließlich kulminierte der Anspruch des christlichen Bauherrn Konstantin (Abb. 2). Er hatte seine Mutter Helena spät in seiner Regierungszeit an den Kaiserhof geholt, wo sie als Christin eine entscheidende Rolle in seinen Kirchenbauprojekten einnahm. Von ihr angespornt und unterstützt, plante Konstantin in Jerusalem «das prächtigste Bauwerk der Welt».[45] Antiken Pilgerberichten zufolge dürfte ihm das für seine Zeit annähernd gelungen sein, jedenfalls verfehlte die Kirche in ihrer wunderbaren Ausstattung nicht ihren Eindruck auf die Besucher.[46] Implizit verband sie die früh aufkommende Praxis des Pilgerwesens mit einer Theologie des Grabes Jesu, es ging um Kontakt mit der heiligen Aura der Person Jesu Christi – und dies konnte in der Vorstellung eines römischen Kaisers und seiner Künstler nicht anders geschehen als in unfassbarer Pracht.

Abb. 3 In der im frühen 5. Jahrhundert erbauten Kirche Santa Sabina in Rom sind die Grundstruktur der Basilika, die Abgrenzung der Schiffe durch Kolonnaden und der Abschluss der Basilika durch die Apsis am besten erhalten.

Konstantins christliche Nachfolger haben sein Kirchenbauprogramm und damit die selbstverständliche Zusammengehörigkeit von religiösen Prachtbauten und Christentum fortgeführt (Abb. 3). In den Anfängen liegt bereits ein fulminanter Höhepunkt christlicher Architekturgeschichte. Zweihundert Jahre nach Konstantin ließ Kaiser Justinian die Hagia Sophia in Konstantinopel bauen (Abb. 4). Von der erhabenen Großartigkeit dieser 537 erstmals geweihten Kirche kann sich noch der heutige Besucher des jetzigen Museums in Istanbul überzeugen. Sie ist ein Lehrstück bezüglich der Grenzen der Kirchenbauhermeneutik: Man kann dieses Gebäude nicht aus Vorbildern erklären, an denen sich Justinian und seine Baumeister orientiert haben könnten, und es ist nicht einfach, ein philosophisches, etwa neuplatonisches, oder ein theologisches Programm zu benennen, das seine Besonderheiten zu verstehen hilft. Die Hagia Sophia ist die einzigartige Verdichtung vielfältigster Motive.[47] Der Kuppelbau war ein römisches Motiv, aber die gigantische Umsetzung mit ihrer besonderen Harmonie der Proportionen und dem Eindruck des fließenden Lichts verdankt sich genialer künstlerischer Invention der Baumeister Anthemios von Tralleis und

Die Hagia Sophia ist ein Meisterwerk an Harmonie und Sinn für Proportionen. Kaiser Justinian wollte mit ihr ein Werk schaffen, das durch den Anblick die irdische Welt durchbrach. Die Minarette zeugen von der wechselvollen Geschichte der einstmaligen Kirche.

Abb. 4

Isidor von Milet, deren Beauftragung ein außerordentlich glücklicher Handgriff Justinians war (Abb. 5).[48] Den «herrlichsten Anblick» und «die unaussprechliche Schönheit» priesen schon die Zeitgenossen.[49] Das frühe 6. Jahrhundert war eine Epoche beunruhigender Instabilität. Katastrophenangst, die durch Erdbeben und Pestepidemien genährt wurde, oszillierte zwischen Unruhe, Panik und Endzeiterwartung.[50] Auch das prägte den Bau dieser Kirche. In ihr flossen immenser imperialer Ehrgeiz, unerhörte ökonomische und baulogistische Anstrengung, künstlerische Genialität und meisterhafte Ingenieurskunst zusammen zu einer triumphalen religiösen Gewissheit, diese Welt überwinden zu können, ja bereits überwunden zu haben. Die Hagia Sophia will mit all ihrer Herrlichkeit von der Angst in der Welt erlösen.

Die Hagia Sophia hatte mit den verborgenen und zweckdienlichen Versammlungsräumen des Frühchristentums nichts mehr zu tun. Auch in der Liturgie waren die Veränderungen gewaltig. Es ist müßig, darüber zu spekulieren, ob die Teilnehmer einer sonntäglichen Gottesdienstfeier im Rom des 2. Jahrhunderts, wie sie der Apologet Justin beschreibt, eine Zelebration mit Einzug des Kaisers

Abb. 5 Die Baumeister Anthemios von Tralleis und Isidor von Milet arbeiteten bei der Innengestaltung der Hagia Sophia mit besonderen Effekten, die das Fließen des Lichts hervorhoben.

Drittes Kapitel: Die Macht der Sieger

und der Kleriker in der Hagia Sophia im 6. Jahrhundert überhaupt als christlichen Gottesdienst hätten wiedererkennen können. Die entscheidende Zäsur lag in der Einführung des kaiserlichen Kirchenbaus durch Konstantin. Man könnte darin Sündenfall und Verrat an der enthusiastischen Tempelkritik und an dem feinen Spiritualismus des frühen Christentums wittern, der noch bis weit ins 3. Jahrhundert hinein wirksam gewesen war. Doch macht man es sich mit diesem Urteil zu leicht. Die außerordentliche Geschwindigkeit, mit der das Christentum im 4. Jahrhundert in der Lage war, Konstantins umfangreiches Kirchenbauprogramm zu bewältigen, lässt sich nicht mit imperialer Energie oder kluger Anpassungsfähigkeit erklären. Der Boden für den Wandel musste im Geist bereitet gewesen sein – und er war es auch. Wichtige Indizien liefert dafür der christliche Kirchenbau, der außerhalb des Römischen Reiches in Armenien bereits vor Konstantin mit vermutlich größeren Bauten ans Licht getreten war.[51]

Die frühchristliche Sakralbauaskese ging dennoch nicht einfach verloren. Nicht nur bei den Häretikern und Randgruppen, auch in den christlichen Sakralbauten selbst setzte sich der Spiritualismus fort, beispielsweise in der Lichtsymbolik. Das gilt auch für die Hagia Sophia. Sie hat zwar ihrer Gestalt und Form nach mit den Kirchen des frühen Christentums nichts zu tun, und doch ist sie eine Erscheinungsform desselben christlichen Geistes.

Die Macht der Augen: Das Christusporträt

Der in großem Stil beginnende Kirchenbau setzte eine weitere Ausdrucksmöglichkeit impliziter Theologie frei, mit gewaltigen Folgen für die abendländische Religions- und Kulturgeschichte. Die Innenausgestaltung der Kirchen gab der Entfaltung von Bildprogrammen Raum, in denen das Christentum tragende Grundüberzeugungen seines Glaubens sichtbar machen konnte.[52] Zeugnisse für diese Programme sind erst ab dem 5. Jahrhundert erhalten, aber wir dürfen sie sicher schon für die konstantinischen Bauten annehmen. In ihrer Breitenwirkung standen sie den gelehrten Traktaten der Theologie oder den Beschlüssen der Konzilien und Synoden um nichts nach. Sie illustrierten biblische Erzählungen, um so die wesentliche Botschaft der christlichen Heilsgeschichte zur Darstellung zu bringen. Solche Visualisierungen waren an sich nicht problematisch, heikel allerdings wurde es, wenn es um ein Bild des Göttlichen selbst ging. Durfte man den Gottessohn Christus in einem Bild darstellen? Das Christentum rang in dieser Frage mit seinem doppelten Erbe. In der römisch-hellenistischen Religionskultur waren Götterbilder gängige Praxis, im Judentum waren sie strikt untersagt.[53] Das frühe Christentum übernahm zunächst selbstverständlich

Abb. 6   Das Bedürfnis, Jesus und seine Taten sichtbar zu machen, setzte sich früh durch. Das Bild aus dem 3. Jahrhundert zeigt Jesus bei der Auferweckung des Lazarus in der Tradition antiker Wunderheiler.

das alttestamentliche Bilderverbot (Ex 20 und Dtn 4). Gottes unfassbares Wesen konnte und sollte nicht in einem sichtbaren Bild dargestellt werden. Das frühe Christentum stand allerdings bereits unter dem Eindruck der Macht der Bilder. Sie konnten vorzüglich die Sehnsüchte der religiösen Vorstellung befriedigen. Daher etablierte sich bei den «Bilderlosen in einer Umwelt voller Bilder»[54] de facto ein Kompromiss. Obgleich es an energischen Ermahnungen zum Bilderverbot nicht mangelte, setzten sich Bilder mit biblischen Motiven in der privaten Bestattungskultur und offensichtlich sogar in Versammlungsorten durch (Abb. 6). Wandmalereien aus den Katakomben Roms zeigen, dass sich Darstellungen aus dem Leben Christi bereits seit dem 3. Jahrhundert so großer Beliebtheit erfreuten, dass ein Konzilsbeschluss zu Beginn des 4. Jahrhunderts ausdrücklich an das Verbot erinnern musste, Gottesbilder in Gotteshäusern anzubringen.[55]

Zwei Dinge sind an dieser Selbstdurchsetzung des Bildes bemerkenswert. Das Bilderverbot wurde erstens religiös durch legendarische Ausschmückungen

Abb. 7

Bilder des frühen 4. Jahrhunderts zeigen Jesus als Lehrer, der in der Tradition antiker Philosophie einen Bart trägt, hier auf der Verschlussplatte eines römischen Wandgrabs.

umgangen. Meist waren die Bilder mit Erzählungen verknüpft, die Christus selbst auf wundersame Weise zum Verursacher des Bildes machten. Die Legenden reichen von dem Evangelisten Lukas als Porträtmaler bis zu dem Abdruck des Gesichtes Christi in ein Tuch.[56] Das verlieh dem Christusporträt eine göttliche Autorität.[57] Zweitens war damit ein epochaler Stilwechsel verbunden. Die christliche Kunst gab das antike Ideal der Mimesis auf, das die Nachahmung der Natur zum höchsten Ziel des Künstlers erhoben hatte. Christus und andere

Abb. 8 Christusporträt in der Apsis von Santa Pudenziana in Rom, 4. Jahrhundert. Auf dieser Stufe wachsen dem Christus-Bild die Attribute des Weltenherrschers zu. Die Entwicklung ist bereits im 4. Jahrhundert erreicht, sie prägt alle folgenden Christusbilder.

Figuren der Heilsgeschichte sollten nicht zu menschlich dargestellt werden. Statt den Naturalismus anzustreben, dienten die Bilder symbolischen und spiritualisierenden Zwecken. Das verlieh der christlichen Kunst bis in die Renaissance ihren unverkennbar statischen Charakter.[58]

Das Konzil von Nizäa führte im Jahr 325 die entscheidende Wende im Bilderstreit herbei.[59] Der zentrale theologische Gedanke des Konzils war die trinitätstheologische Entfaltung der Inkarnation (siehe Seite 119). Gott war in Christus Mensch geworden und zwar so, dass Christus mit Gott wesensgleich war. Diese dogmatische Festlegung bedeutete eine fundamentale Aufwertung sinnlicher Darstellungsformen des Göttlichen, denn ein Bild des Menschen Christus war auf der Grundlage des Inkarnationsgedankens zugleich ein legitimes Abbild Gottes. Das Christusbild begann von da an seinen Siegeszug. Zusammen mit der Gottesmutter Maria ist das Christusmotiv das häufigste Bild in der Kulturgeschichte des Christentums.

Das Christusbild ist die dritte und letzte Stufe eines Prozesses, in dem das antike Christentum die Persönlichkeit Christi immer sinnlicher fassbar machte.

Paulus war erfüllt von der Gegenwart Christi in seinem Bewusstsein. Die Evangelisten stillten eine Generation später die religiöse Sehnsucht nach einer historischen Persönlichkeit. Sie verliehen dem religiösen Enthusiasmus ein historisches Gewand, indem sie Jesu Leben erzählten. Die Christusbilder schließlich, die vermutlich im 2. Jahrhundert aufkamen, gaben Christus eine Gestalt und machten ihn für die Augen sichtbar. Es ist faszinierend, wie sich das Bild Christi formte.[60] Die Evangelien berichten nichts über das Aussehen Jesu. Das Bild Christi hatte daher keinen «natürlichen Anfang»[61] – ein weiterer Grund, der die christliche Kunst zur Aufgabe des Mimesisideals nötigte. Die Künstler malten Christus entsprechend den Prototypen der ihm zugeschriebenen Attribute. Er wurde häufig noch bartlos, später als philosophischer Lehrer mit Bart (Abb. 7) oder in Analogie zu den Heilungsgöttern als Wunderheiler dargestellt. Im 4. Jahrhundert kamen außerdem die kaiserlichen Attribute des Weltenherrschers hinzu (Abb. 8). Die einige Zeit nebeneinander bestehenden Christusdarstellungen verschmolzen bis spätestens zum 6. Jahrhundert zu dem bis heute vorherrschenden Bild Christi als eines erwachsenen Mannes mit Bart und längeren Haaren. Die ikonographischen Elemente sind die Summe der Eigenschaften, die ihm die antiken Christen zuschrieben. Die Idee, es handle sich dabei um das Porträt Christi, stand am Ende dieser Entwicklung. Es war eine religiöse, keine künstlerische Idealvorstellung. Noch der Kirchenvater Augustinus konnte im 4. Jahrhundert gut damit leben, dass die Künstler Christus nach ihren Vorstellungen malten.[62] Die tiefe religiöse Sehnsucht, die nicht nur an Christus glauben, sondern ihn auch anschauen wollte, wurde zunächst durch das Bild und dann in einer Steigerungsform durch die Idee des Porträts gestillt: «Das Bild hatte die Theologen besiegt.»[63]

Allerdings war dieser Sieg keineswegs einfach. Das Bilderverbot und der Inkarnationsgedanke sind zwei starke religiöse Vorstellungskomplexe, die nicht reibungslos miteinander vereint werden können. Eine bilderskeptische Dimension durchzieht daher die Kulturgeschichte des Christentums von ihren Anfängen bis heute. Analog zur Kritik am kirchlichen Prachtbau hatten und haben die meisten Bewegungen, die mit dem Anspruch der Erneuerung des Christentums auftraten, bilderfeindliche Züge. Der Streit um die Bilder nahm in der byzantinischen Kirche im 8. und 9. Jahrhundert zeitweilig bürgerkriegsähnliche Ausmaße an.[64] Dabei ging es immer auch darum, der Gefahr zu wehren, das Christusbild zu einem Götzenbild zu machen. Die Besonderheit des Christusbildes lag in seiner doppelten Funktion: Christus ist darin sichtbar und ihm doch in seiner Göttlichkeit auch unfassbar entzogen.

Die Macht der Welt: Krieg, Geld und Sexualität

Konstantin holte die Kirche in das Reich hinein.[65] Dafür war jedoch ein Preis zu entrichten. «Das Ja des Staates zur Kirche», so urteilt der Historiker Alexander Demandt, «war gebunden an das Ja der Kirche zum Staat».[66] Das hatte weitreichende Folgen.

Das frühe Christentum war eine friedliebende Religion. Jesu Anweisung, dem Feind auch die andere Wange hinzuhalten, steht für einen radikalen Pazifismus. Drei Jahrhunderte lang hat daher das Christentum den Militärdienst abgelehnt oder im Falle bekehrter Soldaten bestenfalls geduldet.[67] Kaum zwei Jahre nach Konstantins Vision drohte 314 jedoch die Synode von Arles mit Exkommunikation, wenn Soldaten ihre Waffen niederlegten und dem christlichen Kaiser ihre Pflicht versagten.[68]

Ein anderes Beispiel für die Anpassung an die Welt ist der Umgang mit Geld.[69] Die Kirche wurde unter Konstantin reich, sogar außerordentlich reich. Die staatlichen Zuwendungen und die Steuerbefreiung veränderten die Situation des Klerus gravierend. Bischöfe wurden mit der Macht ziviler Gerichtsbarkeit ausgestattet und erhielten alle Privilegien hoher Reichsbeamter. Dazu gehörte etwa die Nutzung der Wagen der Reichspost für ihre Reisen. Bald überstieg ihre Besoldung gar die der höchsten Reichsbeamten. Zudem erwies sich die Kirche als geschickt im Umgang mit den Gütern einzelner Personen. Es gelang ihr, sich große Erbschaften zu sichern – manch kritischer Zeitgenosse nannte die Sorge um reiche Witwen schlicht Erbschleicherei.[70] Rasch wurde die Kirche nach dem Kaisertum zur zweitgrößten Einrichtung im Römischen Reich, in einigen Provinzen wie beispielsweise in Ägypten könnte sie den Staat sogar übertroffen haben. Wenn man bedenkt, dass Jesus verkündete, eher käme ein Kamel durch ein Nadelöhr als ein Reicher in den Himmel, dann war das eine überraschende Wendung.

Wie sich das Christentum als Religion etablierte, zeigt schließlich auch die Haltung zu den individuellen Sozialformen. Hinsichtlich des Verhältnisses der Geschlechter zueinander akzeptierte es weitgehend die geltenden römischen Regelungen.[71] Noch zweihundert Jahre lang duldete es die Ehescheidung. Erst Justinian legte fest, dass Ehepartner, die ohne triftigen Grund die Scheidung erstrebten, zur Abschreckung in ein Kloster verwiesen werden sollten.[72]

Auch das Konkubinat, also das nicht voll rechtsgültige Zusammenleben von Mann und Frau, duldete das Christentum weiterhin, mit dem Kirchenvater Augustinus hatte es sogar einen außerordentlich prominenten Anhänger dieser Lebensform in den eigenen Reihen – freilich lange vor dem Beginn seiner kirchlichen Laufbahn.[73] Die Ablehnung von Prostitution und Homosexualität wiederum war keine Erfindung des Christentums, sondern in der spätantiken Kultur des Römischen Reiches bereits fest verankert. Allenfalls fielen die ablehnenden Verlautbarungen christlicher Vertreter etwas deutlicher aus.[74] Erstaunlich pragmatisch, geradezu unaufgeregt waren diese Regelungen – von der späteren nervösen Aufmerksamkeit, die dem Thema Sexualität im Christentum zuteil wurde, ist hier noch nichts zu spüren.

Im Umgang mit militärischer Macht, Reichtum und Sexualität fügte sich das Christentum sukzessive und anpassungsfähig in die römisch-hellenistische Kultur ein. Doch zeigten sich nach der konstantinischen Wende auch Schattenseiten dieser Entwicklung. Das Christentum wurde mehr und mehr zu einer «Gewohnheitsreligion».[75] Die von Konstantin und seinen Söhnen begünstigte Kirche zog aufstrebende Gemüter an, und manch einer, der nach einer glänzenden Karriere im römischen Staat zur Kirche wechselte, wurde wie der Mailänder Bischof Ambrosius später gar zum Kirchenvater.[76]

Diese Entwicklung konnte nicht ohne Widerspruch bleiben. Das zunächst auf Einzelgestalten zurückgehende Mönchtum war eine der prominentesten Gegenbewegungen. Es setzte den Lebenssphären Macht, Geld und Sexualität mit den Idealen Demut, Armut und Enthaltsamkeit asketische Impulse entgegen. Es bedurfte einer gewaltigen Anstrengung, die asketischen Ideale urchristlicher Begeisterung in geordnete Bahnen zu lenken – eine Leistung, die zwei Jahrhunderte später mit dem Kloster einen der bedeutendsten Träger abendländischer Kultur hervorbrachte (siehe Seite 142–153).

Die Intoleranz der Sieger: Bildungskriege gegen das Heidentum

Es ist außerordentlich schwer auszumachen, in welchen Ausmaßen die breiten Massen mit der Geschwindigkeit des politischen und kulturellen Christianisierungsschubs mitgehalten haben. Die Anzahl der Christen wuchs jedenfalls rasant.[77] Die Ereignisse nach dem überraschend frühen Tod des heidnischen Kaisers Julian deuten allerdings auf eine Art Pattsituation hin. Zwei Jahre nach seinem Tod wurde der Mittelmeerraum von Naturkatastrophen heimgesucht, einer Serie von Erdbeben mit verheerenden Tsunamis. Heiden und Christen deuteten dies auf ihre Weise. Für die Heiden war es der Zorn der Götter über den frühen Tod Julians und die Rückkehr zum Christentum, für die Christen Mahnung und Strafe für den kurzzeitigen Abfall vom Christentum.[78] In jedem Fall erhielt die Katastrophe durch die konkurrierenden religiösen Interpretationen einen Sinn.

Der Heide der Spätantike wäre uns heute vermutlich nicht unsympathisch. Er wusste um den Wert der Religion. Religiöse Riten waren nötig, um das Gemeinwohl zu stärken, die Götterverehrung war Bürgerpflicht.[79] Aber der Einzelne hatte einen beachtlichen Spielraum in seinem Verhalten zu den Mythen. Er konnte, musste sie aber nicht wörtlich glauben. Das schloss eine ausgesprochen pluralistische Grundhaltung mit ein. Es war ein Wesenszug römischer Religiosität, dass mehrere Kulte nebeneinander bestehen konnten. Mit Symmachus, dem römischen Stadtpräfekten, tritt uns in der zweiten Hälfte des 4. Jahrhunderts eine beeindruckende Persönlichkeit des spätantiken Heidentums entgegen.[80] «Auf einem einzigen Wege können wir nicht zu dem großen Geheimnis des Göttlichen gelangen»,[81] lautet seine Grundhaltung.

Zu einem Sinnbild der Auseinandersetzungen zwischen Heidentum und Christentum ist die Statue der Siegesgöttin Victoria in der Curia, dem Versammlungsort des Senats, in Rom geworden. Seit Augustus stand sie dort als Zeichen römischer Weltherrschaft.[82] Unter Konstantins Nachfolgern wurde sie entfernt, Julian ließ sie wieder aufstellen. Symmachus schließlich plädierte dafür, die Statue an ihrem angestammten Ort zu belassen. Er unterlag dem Einspruch des Mailänder Bischofs Ambrosius beim Kaiser und die Statue verschwand für immer von dem repräsentativen Ort.

Ambrosius' Kampf gegen Symmachus war ein typisches Zeichen wachsender christlicher Unduldsamkeit. Was immer das Christentum in den Jahrhunderten vor Konstantin an Offenheit gegenüber heidnischen Kulten an den Tag legte – allzu viele Indizien dafür wird man ohnehin nicht finden –, geschah aufgrund einer «Toleranz aus Ohnmacht».[83] Bezeichnenderweise beschlossen christliche Bischöfe um das Jahr 306 auf der Synode in Elvira, als sie die brutalste Verfolgung gerade erst überstanden hatten und sich noch keineswegs in Sicherheit wähnen durften, dass christliche Herren ihren Sklaven die heidnischen Götterbilder wegnehmen sollten.[84] Kurz nach Konstantins Bekehrung verfasste der Kirchenvater Laktanz ein Buch über die *Todesarten der Verfolger* (*De mortibus persecutorum*). An den unerfreulichen und grausamen Todesarten der Christenverfolger – Galerius' Krebserkrankung beschreibt Laktanz beispielsweise als «schreckliche Fäulnis»[85] – wird seines Erachtens Gottes Strafe ersichtlich: «So erlitten alle Frevler dem wahren und gerechten Richterspruch Gottes gemäß das gleiche Schicksal, das sie anderen bereitet hatten.»[86] Sehr bald nach Konstantins Wende zeichnete sich ab, wie aus den Verfolgten Verfolger wurden.[87] Konstantins Religionspolitik bemühte sich noch aus offensichtlich pragmatischen Gründen um einen Ausgleich, doch spätestens nach dem Intermezzo des Kaisers Julian schienen die Dämme zu brechen.

Die antiheidnische Haltung des Christentums zeigte viele Gesichter. Sie reichte von der Umfunktionierung heidnischer Tempel zu Kirchen oder zu Wohnhäusern bis hin zu Verfolgungsjagden durch christliche Horden.[88] Eines der prominenten Opfer solcher Gewaltexzesse wurde 415 die neuplatonische Philosophin Hypatia in Alexandria. Der Untergang des antiken Heidentums zog sich dennoch lange hin. Justinians rigorose antiheidnische Politik des 6. Jahrhunderts macht deutlich, dass es immer noch heidnische Minderheiten gegeben haben muss. Die von ihm veranlasste Schließung der platonischen Akademie in Athen markierte 529 den letzten offiziellen staatlichen Hieb gegen das Heidentum.[89] Den kargen Resten seiner Anhänger setzten dann christliche Mobs in Notlagen durch Pogrome ein Ende.

Die religiösen und kulturellen Transformationen von Konstantin bis Justinian legen den Eindruck nahe, das siegreiche Christentum habe das antike Heidentum einfach aus der Welt gedrängt. Musste das Christentum so unduldsam sein? Und hat es tatsächlich das Heidentum und damit die antike Kultur einfach beendet?

Was die erste Frage betrifft, so wünschte man sich aus heutiger Sicht vielleicht ein großherzigeres Christentum. Doch ist das ein anachronistischer Wunsch, der einen Toleranzbegriff zum Maßstab erhebt, den eine wachsende Religion nicht haben kann. Illustre Gestalten des spätantiken Heidentums zeigen durchaus edle Haltungen im Umgang mit der Religion. Symmachus' religiöser Pluralismus ist ein schönes Beispiel, jedermanns Sache ist dieser Pluralismus aber nicht, denn er mindert die Kraft der Überzeugung. Offensichtlich krankte das spätantike Heidentum an einem schleichenden Bedeutungsverlust seiner eigenen Gewissheiten und religiösen Praktiken.[90] Es spricht vieles dafür, dass nicht allein das Christentum dem Heidentum ein Ende setzte. Es hat diesen Prozess beschleunigt und intensiviert, aber letztlich verschwand mit dem antiken Heidentum eine Religion aufgrund innerer Ursachen. Das Christentum vermochte diese Lücke zu schließen, indem es mit fester Autorität letzte Gewissheiten vermittelte. Aber auch dafür war ein hoher Preis zu entrichten. Von der Festigkeit religiöser Überzeugungen zur dogmatischen Rechthaberei ist es kein weiter Schritt. Der eigene Glaubenseifer verlieh dem Christentum eine hohe Orientierungskraft, und doch wurde er – davon ist im nächsten Kapitel zu berichten – zu einer gewaltigen Zerreißprobe, der letztlich die Einheit des Christentums zum Opfer fiel.

Zur zweiten Frage, ob das Christentum die Antike beendet hat, ist festzuhalten, dass die christliche Religion die antike Kultur des Heidentums nicht einfach ausgelöscht hat. Sie saugte viele heidnische kulturelle Ausdrucksmittel auf und transformierte sie, das reichte von der Ausbildung kirchlicher Strukturen bis zur Frömmigkeitspraxis bei der Heiligenverehrung. Wenn in Kirchennamen die heidnischen Wurzeln ganz unverhohlen beibehalten wurden – die römische Kirche Santa Maria sopra Minerva ist dafür ein augenfälliges Beispiel –, dann kam darin auch eine Art von «Siegerstolz»[91] zum Ausdruck, der eine heidnische Götterverehrung fortsetzte, freilich im Modus christlicher Überbietung.[92]

Deutlich lässt sich dieses ambivalente Verhältnis zum Heidentum auf dem Feld der Bildung aufweisen. Die Kirchenväter des lateinisch sprechenden Westens wie Tertullian, Hieronymus oder Augustinus urteilten über die Literatur vor allem der Griechen bisweilen recht rüde und sahen für das Christentum keinen Nutzen in deren Pflege.[93] Tatsächlich kam die antike Bildung bei Augustinus, der alle Bildungsinhalte auf den eigenen Glauben hin ausrichtete, zu einem Ende. Und doch erwuchs gerade aus Augustinus etwas Neues, was den mittelalterlichen Bildungskanon nachhaltig beeinflusste. Hätten sich die lateinischen Kirchenväter mit ihrer Skepsis gegenüber der antiken Literatur und Philosophie durchgesetzt, wären uns heute vielleicht wirklich keine Texte aus der alten Welt mehr erhalten.

Im Osten sah es ohnehin anders aus. Schon aufgrund ihrer eigenen Biographien waren Kirchenväter wie Origenes (ca. 185–254) oder die großen Kappadozier Basilius (ca. 330–379), Gregor von Nyssa (ca. 335–394) und Gregor von Nazianz (ca. 329–390) fest mit der rhetorischen und philosophischen Tradition der hellenistischen Kultur verwurzelt. Dementsprechend räumten sie dem antiken Bildungskanon eine ganz andere Stellung ein. Entscheidend war, dass sie in der griechischen, vor allem in der platonischen und neuplatonischen Philosophie ein äußerst hilfreiches Instrument vorfanden, um die christliche Religion begrifflich zu entfalten. Damit verband sich ein apologetisches Interesse. Denn die antike Philosophie fügte sich keineswegs kampflos der vermeintlichen Überlegenheit des Christentums. Die Philosophen Celsus und vor allem Porphyrios legten scharfe Kritiken des Christentums vor.[94] Diese uns nur bruchstückhaft aus den Werken ihrer christlichen Gegner überlieferten Einwände waren möglicherweise nur die Spitze eines antichristlichen Eisbergs. Die begrifflichen und logischen Zumutungen, die das Christentum seinen Anhängern abverlangt, wurden nicht erst in der Moderne wahrgenommen. Dass ein guter Gott der Schöpfer einer Welt mit so vielen Missständen sein sollte, dass sich alles tatsächlich so zugetragen haben sollte, wie es die biblischen Texte berichten, dass schließlich Gott in Christus Mensch geworden und nach seinem Tod am Kreuz auferstanden sein sollte, das alles war für einen antiken Intellektuellen vom Rang eines Porphyrios nicht hinnehmbar.[95] Daher setzte er sich mit wuchtigen Argumenten gegen das Christentum zur Wehr, das keineswegs als strahlender Sieger aus dieser intellektuellen Auseinandersetzung hervorging. Seinen Erfolg verdankte es dem Umstand, dass es seinen Anhängern vielfältige geistige und seelische Vermittlungs- und Anknüpfungsmöglichkeiten zu bieten hatte, wie den rituellen Rahmen, das Leben in einer organisierten Gemeinschaft und die ethische Orientierung.

Die griechischen Theologen nahmen die Verteidigung der christlichen Religion mit dem ihnen vertrauten begrifflichen Instrumentarium antiker Philosophie auf. Dabei war die Philosophie nicht einfach nur im Sinne der später prominent gewordenen Unterscheidung die Magd der Theologie. Philosophische Argumentation nötigte auch die Theologie zu Klärungen. Es ist beispielsweise leicht zu zeigen, wie bei Origenes die Einführung platonischer Kategorien das christliche Gottesverständnis von allzu kruden Anthropomorphismen gereinigt hat.[96] Seit gut hundert Jahren streitet man sich darüber, wie dieser intellektuelle Synkretismus zu beurteilen ist. Einige protestantische Autoren vernunftphober Provenienz sprechen von einer Hellenisierung des Christentums, um damit auf ein christliches Verlustgeschäft hinzuweisen.[97] Die antike Philosophie habe die eigentlich christliche Botschaft verfälscht. Ranghohe katholische Autoren unserer Tage unterstreichen hingegen die harmonische Synthese zwischen Glauben und Vernunft, als deren Erben und Sachwalter sie sich selbst sehen.

Die Anstrengung des philosophischen Begriffs hat keineswegs alle gedanklichen Probleme der christlichen Lehre gelöst. Von einer Harmonie zwischen Glauben und Vernunft wird man in der Theologie schwerlich sprechen können. Aber die philosophisch orientierte Theologie der Kirchenväter bewahrte das Christentum davor, in einen unaufgeklärten Irrationalismus zu verfallen. Hinter dem, was als Hellenisierung gebrandmarkt wird, verbirgt sich die Notwendigkeit, die tragenden Überzeugungen einer Religion wenigstens so plausibel zu machen, dass sich Ablehnung oder Zustimmung überhaupt erst formulieren lassen. Es ist die große Leistung der griechischen Kirchenväter, die christliche Theologie kulturell anschluss- und gesprächsfähig gemacht zu haben. Ohne das große philosophische Erbe der Antike hätte das nicht gelingen können.

3
Glanz und Fluch des Dogmas: Streit um Christus

Die Ausbildung einer Theologie gehört zu fast allen Religionen, allerdings in sehr unterschiedlichen Ausmaßen. Im Christentum geschah dies sowohl von der Sozialform als auch von den Inhalten her in ausdrücklicher Anknüpfung an die Tradition antiker Philosophie. Ausgerechnet der kulturelle Vorgang, der die

Rationalität des Christentums sicherstellen sollte, erwies sich dann aber als Keimstätte eines bisweilen geradezu irrationalen Fanatismus.

Die Lehrauffassungen der Kirche werden bis heute unter dem Begriff «Dogma» subsumiert. Der Begriff zeigt einmal mehr den inneren Zusammenhang zwischen Philosophie und Theologie, denn ursprünglich bezeichnete er eine philosophische Lehrmeinung.[98] Dogmen entstehen aus einem diskursiven Verfahren, in dem Argumente ausgetauscht werden. Sie haben eine hermeneutische und apologetische Funktion, weil sie es ermöglichen, den Inhalt des Glaubens durch begriffliche Explikation besser verstehen und damit gegen Einwände absichern zu können. Im Laufe der Entwicklung kam eine regulative Funktion hinzu. In Analogie zur Kanonisierung der biblischen Schriften kann man dies als eine «Varianzbändigung» verstehen, die einen Rahmen für das abzustecken versuchte, was als angemessener Ausdruck christlichen Glaubens zu verstehen war. Durch die Veränderungen des 4. Jahrhunderts und den Eingriff der Kaiser in die Lehrentwicklung der Kirche wurden die Dogmen schließlich rechtlich aufgeladen. Das Dogma wurde zur offiziellen kirchlichen Lehrmeinung, die in einer Streitfrage durch ein geregeltes Verfahren – meist den Beschluss einer Synode oder eines Konzils – eine Entscheidung herbeiführte. Dadurch erhöhte sich der normative Verbindlichkeitsanspruch beträchtlich, bei Abweichung oder Nichtzustimmung zu dogmatisch fixierten Lehraussagen waren rechtliche Sanktionen möglich. Es ist der Wirkungsgeschichte des christlichen Dogmas zuzuschreiben, dass nahezu alles, was mit dem Wort «Dogma» zu tun hat, heute fast immer einen negativen Beigeschmack hat. «Dogmatisch» ist ein Synonym für geistige Enge und rechthaberische Streitsucht geworden. An sich steht das Dogma jedoch für das Bemühen um Rationalität und Klarheit. Die Frage muss daher lauten, warum auf dem christlichen Dogma dennoch dieser unbestreitbare Fluch liegt.

Von Paulus wissen wir, dass die Christen von Anfang an in Streit über die wahre Lehre gerieten. Das lag offensichtlich daran, dass der christliche Glaube mehr zum Inhalt hat, als sich mit den Möglichkeiten menschlicher Rationalität angemessen ausdrücken lässt. Darum sind kulturelle Ausdrucksmöglichkeiten religiösen Erlebens stets strittig. Abspaltungsbewegungen durchzogen die ganze Konsolidierungsphase des frühen Christentums von den Gnostikern bis zu den Donatisten. Was den Lehrstreitigkeiten vom 4. Jahrhundert an eine erschütternd neue Qualität verlieh, waren die ausschließliche Konzentration auf dogmatische Differenzen, die fanatische Energie der streitenden Parteien und die fatalen Folgen.

Gegenstand des Streits war das Herzstück des christlichen Glaubens, die Verehrung Jesu Christi als Gott. Die Antike kannte durchaus Bräuche, einen Menschen als Gott zu ehren – am augenfälligsten beim Kaiserkult –, aber kein römischer Staatstheologe wäre auf die Idee gekommen, diesen nomenklatorischen, politisch-religiösen Akt näher begründen zu wollen. Das antike Christentum war ehrgeiziger, es wollte auch theologisch und philosophisch erklären, wie Jesus als Gottes Sohn zu verstehen sei. Im Kontext der griechischen Kultur wollte man verstehen und erklären können, was man glaubte.

Dreieinigkeit: Die Grenzen des Verstandes

Es war der Versuch, die Göttlichkeit Christi in der Tradition antiker Philosophie zu denken, der die Lehre von der Trinität hervorbrachte. Spätestens seit dem 2. Jahrhundert kamen theologische Versuche auf, die Göttlichkeit Christi begreifbar zu machen.[99] Es ging dabei um die Frage, wie die Einheit Gottes zu denken sei, wenn Gott als Mensch auf Erden erschienen ist. Grundsätzlich standen zwei Lösungsansätze bereit. Die als Modalismus bezeichneten Denkwege betrachteten Christus als eine Erscheinungsform Gottes. Gott sei in Christus gewissermaßen in eine andere «Rolle» geschlüpft. Dem stand jedoch das neutestamentliche Zeugnis entgegen, das klar zwischen Vater und Sohn unterscheidet. Einen anderen Lösungsvorschlag unterbreitete eine Richtung, die wegen ihrer zentralen Denkfigur Adoptianismus genannt wird. Dieser in vielen Spielarten und noch lange über das 3. Jahrhundert hinaus wirksame Ansatz besticht zunächst durch seine Rationalität. Jesus wird als normaler Mensch gedacht, der dann in besonderer Weise durch Gott «adoptiert» wird. Die Schwierigkeit liegt darin, wie dieser Adoptionsvorgang zu denken sei.

Den philosophisch anspruchsvollsten Weg schlugen Theologen ein, die den platonischen Logosbegriff für die trinitätstheologische Frage nutzbar machten. Nach platonischer Überzeugung ist der Logos ein göttliches Ordnungsprinzip, das die gesamte Welt durchdringt. Er ist gewissermaßen die den Kosmos gestaltende göttliche Vernunft. Das Neue Testament selbst identifiziert an prominenter Stelle im Prolog des Johannesevangeliums den göttlichen Logos mit Christus (Joh 1,1–14). Dies war eine große Neuerung des Christentums, und antiken Philosophen musste das geradezu unerhört erscheinen – dementsprechend harsch fiel ihre Kritik aus. Dennoch hat diese Denktradition von der Antike bis zum deutschen Idealismus bei Hegel und darüber hinaus trinitätstheologische und christologische Denkversuche befruchtet.

Sieht man in Christus den göttlichen Logos, dann ist die Menschwerdung nicht etwas ganz und gar Mirakulöses, sondern der Kulminationspunkt göttlicher Gegenwart in der Welt. Die göttliche Vernunft ordnet die Welt, in Christus tritt diese Präsenz Gottes ans Licht und wird für die Menschen sichtbar. Da der göttliche Logos nicht Gott selbst ist – wie ein Gedanke nicht mit demjenigen identisch ist, der ihn denkt –, erlaubt dieser Ansatz, zwischen Gott und Christus zu unterscheiden. Doch liegt hierin zugleich das Hindernis. Platonischem Verständnis zufolge ist der Logos nicht nur etwas von Gott selbst Unterschiedenes, er ist als eine göttliche Ausdrucksform dem höchsten göttlichen Prinzip untergeordnet. Die Übertragung dieses platonischen Stufenmodells auf die Trinitätslehre bereitete Schwierigkeiten, weil sie Christus zwar als zur göttlichen Sphäre gehörend, aber doch geringer als Gott-Vater zu denken empfahl. In der Theologie wurde dies «Subordinatianismus» genannt, gut zu studieren in den Werken des Origenes, der als einer der ersten großen und wirkmächtigen Logos-Denker des Christentums gilt. Die Anstrengungen, Christus als Gottes Sohn zu denken, hatten über lange Zeit den Charakter einer Suchbewegung. Alle Lösungsansätze litten unter demselben Manko: Sie konnten zwar ein bestimmtes Problem lösen, handelten sich aber damit andere Schwierigkeiten ein.

Eine neue Dimension stellte der Streit um den Presbyter Arius in Alexandria (ca. 260–336) dar. Zum Ausbruch kam er nach der konstantinischen Wende. Das spricht für die Annahme, dass die dogmatischen Auseinandersetzungen im Christentum ihren Charakter veränderten, als für die unterschiedlichen christlichen Strömungen der gemeinsame äußere Feind wegfiel. Dass sich von nun an auch die Kaiser selbst in die Theologie einmischten, es also zu einer unseligen Verquickung von Politik und Dogma kam, war eine weitere einschneidende Veränderung. Es ist ein großes Unrecht, dass aus diesem ersten großen Dogmenstreit des Christentums Arius als Inbegriff des Erzketzers der Erinnerung übergeben wurde. Arius war klug und fromm, sein Vergehen bestand darin, dass er die Denkvoraussetzungen des Mittelplatonismus mit Klarheit und Konsequenz zur Anwendung brachte.[100] Aus der Tradition des Origenes formte Arius eine Theorie, die Christus dem Vater unterordnete. Christus konnte Arius zufolge nicht das gleiche Wesen wie der absolut transzendente Vater haben, obgleich er auch für Arius ganz selbstverständlich ein göttliches Wesen und nicht nur ein Geschöpf war. Was ist, so kann man sich noch heute fragen, eigentlich so schlimm an diesem Subordinatianismus, der sich ganz auf der philosophischen Höhe der Zeit bewegte? Arius' großer Gegenspieler in Alexandria, der nicht immer angenehme und später doch mit der Würde des Kirchenvaters bedachte Athanasius (ca. 298–373), brachte das Problem luzide auf den Punkt: Wäre Christus in welchem Sinne auch immer weniger als Gott, dann wäre auch die durch Christus gebrachte Erlösung des Menschen nicht vollkommen.[101] Es bliebe sozusagen ein dem Menschen verschlossener Rest in Gott, den selbst Christus nicht eröffnen kann. Athanasius' Gegenargument trägt Züge eines Erlösungsegoismus, vielleicht ist gerade das mit ein Grund für den Erfolg seiner Lehre. In jedem Fall hat Arius eine andere Rolle in der Theologiegeschichte verdient.[102]

Um den Streit zu schlichten, berief Kaiser Konstantin 325 ein Konzil in Nizäa ein. Das Konzil bekannte sich feierlich zu Christus als «wahrer Gott aus wahrem Gott, gezeugt, nicht geschaffen, wesensgleich dem Vater».[103] Entscheidend war das griechische Wort für «wesensgleich», *homoousios*. Der Streit schien beigelegt. Doch der Schein trügt: Über das Wort *homoousios* entbrannte ein neuer erbitterter Streit.

Vermutlich sind nur wenige Menschen willens und in der Lage, sich einzuprägen, wann welcher Kaiser welche Strömung begünstigt und was wann welche Synode beschlossen hat. Schon allein Konstantin hat erstaunliche Haken geschlagen und später Arius begnadigt und Athanasius in die Verbannung geschickt. Ein schönes Bild gab das Christentum in diesen Jahrzehnten nicht ab. Man ist geneigt zu verstehen, warum der spätere Kaiser Julian, der am Hof das dogmatische Gezänk aus nächster Nähe erlebte, des Christentums überdrüssig wurde.

Schließlich kam die Frage hinzu, wie das Verhältnis des Heiligen Geistes zu Vater und Sohn zu denken sei. Die Schwierigkeiten potenzierten sich, da der Heilige Geist als eine Kraft nicht in einem besonderen göttlichen Wesen wie Christus, sondern im Menschen wirksam wird. Es ist dem außerordentlich gelehrten Sachverstand zweier Brüder und ihres Freundes zu verdanken, dass für diese diffizilen Verhältnisbestimmungen wenigstens ein brauchbarer Rahmen gesteckt werden konnte. Die drei großen Kappadozier Gregor von Nazianz, Gregor von Nyssa, vor allem aber dessen älterer Bruder Basilius der Große unterschieden zwischen einem göttlichen Wesen (*ousia*) und drei Hypostasen. Damit war der Wesenszusammenhang zwischen den drei göttlichen Personen gedacht und gleichzeitig ihre jeweilige Eigenständigkeit denkbar.[104] In dieser Interpretation konnte das Konzil von Konstantinopel 381 das nizänische Glaubensbekenntnis bestätigen und um die Verhältnisbestimmung des Heiligen Geistes zum göttlichen Wesen ergänzen. Der Ausgleich trug beiden Grundintentionen des Streites Rechnung. Der von Athanasius eingeforderte Aspekt der Erlösung war ebenso berücksichtigt wie der aus dem christlichen Platonismus herrührende Anspruch, die Unterschiedenheit des Vaters, des Sohnes und des Geistes zu denken. Der Kompromiss war eine beeindruckende Leistung, und doch macht er deutlich, wie das Bekenntnis zur heiligen Dreifaltigkeit die christliche Theologie an die Grenzen dessen treibt, was mit philosophischer Begrifflichkeit zu leisten ist.

Zwei Naturen und viel Hass

Weit weniger glimpflich ging der zweite große dogmatische Streit der Alten Kirche aus.[105] Er erreichte seinen Höhepunkt um die Mitte des 5. Jahrhunderts. Theologisch gesehen sind die darin aufgeworfenen Fragen Folgen der trinitätstheologischen Debatten, und vielleicht endete der Streit über die Dreieinigkeit auch nur deswegen halbwegs friedlich, weil sich die Diskussionspunkte auf die Christologie verlagert hatten. Erscheint in Christus ein dem Vater gleiches göttliches Wesen, dann stellt sich notwendigerweise die Frage, wie sich das damit verträgt, dass Jesus als Mensch unter Menschen gelebt hat. Wie sich Gottheit und Menschheit in der Person Jesus Christus zueinander verhalten, ist der Gegenstand des christologischen Disputs.

Auch hier gingen dem eigentlichen Streit theologische Suchbewegungen voraus. Wie kann, so die Grundfrage, die Inkarnation Gottes tatsächlich als Menschwerdung gedacht werden, wie verhält sich der göttliche Geist zur Materie des Menschen, wie kann überhaupt göttliche Transzendenz als konkret in einem Menschen anwesend gedacht werden? Zwei Lösungsansätze mit klar erkennbaren regionalen Schwerpunkten kristallisierten sich heraus.

Gemäß dem einen Ansatz ersetzt der göttliche Logos den menschlichen Geist und die Seele, der Körper dient gewissermaßen als Instrument. Der Theologe Apollinaris von Laodicea (310–390) hat diesen Gedanken mit großer Klarheit entfaltet. Diese Position setzte sich später vor allem in Alexandria fort und wurde lange mit der an sich unpräzisen Bezeichnung «Monophysitismus» etikettiert, heute spricht man korrekter von «Miaphysitismus». Ihre Stärke liegt auf der Hand. Gemessen an den anthropologischen Voraussetzungen klingt es plausibel, dass die göttliche Vernunft an die Stelle der menschlichen tritt. Folgenreicher waren die frömmigkeitsgeschichtlichen Aspekte. Christus ist nach diesem Modell ein einzigartiges göttliches Wesen, seine Menschheit wird ganz von der Göttlichkeit aufgesogen. Christus gleicht bereits als Mensch dem allmächtigen Pantokrator fernab allen Elends der Welt.

Diese Stärke ist aber zugleich die Schwäche aller miaphysitischen Ansätze. Sie erschweren es, Christus auch als einen Menschen zu denken. Er gleicht in dieser Konzeption einem «divine tourist»,[106] der in der Spanne seiner Lebenszeit über die Erde wandelte. Kann ein solches Wesen, das kein richtiger Mensch ist und demzufolge das Bedrängende menschlicher Existenz nicht kennen kann, die Menschen tatsächlich erlösen? Der biblische Befund scheint eindeutig. Die Evangelien beschreiben Jesus als Menschen mit Zorn, Trauer, Angst, Sorge und Schmerz am Kreuz.

Antiochenische Theologen wie Theodor von Mopsuestia (ca. 352–428) favorisierten daher die Rede von zwei getrennten Naturen in Christus. Diese Lehre war nach unseren heutigen Maßstäben «moderner», weil sie den Menschen Jesus stärker in den Vordergrund stellte. Ihr Einfluss auf die westliche Theologie der folgenden Jahrhunderte ist nicht zu unterschätzen, aus ihr speisen sich die Impulse, die den Menschen Jesus zum ethischen Maßstab erheben, den es in der eigenen Lebensführung nachzuahmen gilt.[107] Gerade darum konnte sie aber die im Orient verbreitete Sehnsucht nach der ganzen Herrlichkeit göttlicher Anwesenheit in einem Menschen nicht ausreichend befriedigen. Darin lag ein wichtiger Grund, warum sich der Miaphysitismus so energisch gegen die Zwei-Naturen-Lehre und alle ihr nahekommenden Kompromissformeln gewehrt hat.

Der Streit entzündete sich zunächst an einem ganz anderen Argument. Der antiochenisch ausgebildete Bischof von Konstantinopel, Nestorius (ca. 381–451), verwahrte sich dagegen, Maria als Gottesgebärerin (*theotokos*) zu bezeichnen. Vor dem Hintergrund der Unterscheidungschristologie konnte sie zwar den Menschen Jesus, bestenfalls Christus als Wesen aus zwei Naturen, nicht aber Gott selbst geboren haben. Dagegen regte sich massiver Widerstand, bei dem miaphysitische Theologie und eine stark ausgeprägte Marienfrömmigkeit ineinanderflossen. Ein erstes Konzil in Ephesus errang 431 einen mühsamen Kompromiss, 449 kam es abermals in Ephesus zu einem Konzil, bei dem sich die miaphysitische Position geradezu handstreichartig durchsetzte. Ein Kaiserwechsel und der Einspruch des Papstes führten schließlich 451 zur berühmten dogmatischen Formel des Konzils von Chalcedon:

> Ein und derselbe ist Christus, der in zwei Naturen unvermischt, unveränderlich, ungetrennt und unteilbar erkannt wird, wobei nirgends wegen der Einung der Unterschied der Naturen aufgehoben ist, vielmehr die Eigentümlichkeit jeder der beiden Naturen gewahrt bleibt und sich in einer Person und einer Hypostase vereinigt.[108]

Das Konzil von Chalcedon lehrte, dass Christus wahrer Gott und wahrer Mensch sei. Mit dieser Formulierung ist das Konzil wirkmächtig geworden. Es gibt allerdings zwei völlig unterschiedliche Rezeptionsgeschichten des Konzils. Im Westen sorgte es tatsächlich für Ruhe. Aber im Osten beruhigte sich die Lage nach Chalcedon nicht mehr. Die Miaphysiten haben Chalcedon nie anerkannt. In Alexandria kam es unmittelbar danach zu Tumulten. De facto führte das Konzil zur Kirchenspaltung, in der sich zunächst eigenständige miaphysitische Kirchen, dann auch eine als «nestorianisch» beschimpfte Kirche der assyrischen Christen herausbildete. Einig waren sich die einstigen dogmatischen Gegner in einem:

Der eigentliche Feind war der Kaiser in Konstantinopel, der die Beschlüsse von Chalcedon wenn nötig mit Waffengewalt durchsetzen wollte. Die assyrischen Christen, die sogenannten «Nestorianer», und mehr noch die unter byzantinischer Hoheit stehenden Miaphysiten Syriens und Ägyptens begrüßten die arabischen Reiterheere des Islam im 7. Jahrhundert als Befreier – und erlebten sie tatsächlich als solche.

Eine der jüngsten Darstellungen des christologischen Streits trägt den Titel *Jesus Wars*.[109] Er ist bedauerlicherweise außerordentlich treffend gewählt, denn der christologische Streit führte bald zu einer Gewaltexplosion. Philip Jenkins beschreibt, wie miaphysitische Horden ihre Gegner massakrierten und orthodoxe Herrscher und Bischöfe Miaphysiten verfolgten. Das hatte zunächst äußere Gründe. Die Streitigkeiten gewannen erst an Heftigkeit, nachdem unter Konstantin der Druck des römischen Staates auf das Christentum weggefallen war. Damit fehlte der gemeinsame Feind, der alle Aufmerksamkeit auf sich zog.[110] Ein weiterer Grund dürfte die schiere Größe des Christentums gewesen sein. Oswald Spengler sprach von einem je unterschiedlichen «Geist der Landschaften», der die Einheit des Christentums nach seiner Ausbreitung bis zu den römischen Reichsgrenzen aufsprengte.[111] In der Tat waren römischer Pragmatismus, griechische Intellektualität und orientalischer Enthusiasmus nicht mühelos auf einen Nenner zu bringen. Politische Konflikte waren ebenfalls von großer Bedeutung. Erheblich vergiftet wurden die Auseinandersetzungen durch den Machtkampf zwischen Konstantinopel und Alexandria. Hinzu kamen soziale Unterschiede.[112] All diese Aspekte spielten als zusätzliche Faktoren eine Rolle, das Phänomen als Ganzes in seiner energischen Aufladung können sie jedoch nicht erklären.

Weiter führen die Argumente, die Jan Assmann mit der These von der Mosaischen Unterscheidung zur Diskussion gestellt hat. Der in der Antike aufkommenden Mosaischen Unterscheidung zufolge ist eine religiöse Aussage entweder wahr oder falsch. *Tertium non datur*, sie kann nicht beides zugleich sein.[113] Religiöse Wahrheit wird damit exklusiv. Gerade das erhöht aber die Leistungskraft einer Religion. Denn dogmatische Intoleranz ist eine notwendige Voraussetzung, um die lebensgestaltende Kraft steigern zu können. Dogmatische Ausschließlichkeit und ein absoluter Wahrheitsanspruch stabilisieren die Normativität, Autorität und Verbindlichkeit religiöser Aussagen. Damit kann man erklären, warum seit dem 3. Jahrhundert diese eklatante dogmatische Aufladung des christlichen Alltags eintrat, die schon den Intellektuellen der damaligen Zeit seltsam vorkam. Gregor von Nyssa klagte:

Wenn du jemanden nach dem Preise einer Ware fragst, hält er dir einen Vortrag über gezeugt und ungezeugt. Wenn du Brot kaufen willst, hörst du, der Vater sei größer als der Sohn und der Sohn sei dem Vater untergeordnet. Fragst du, ob das Bad fertig sei, so antwortet der Bademeister: Der Sohn Gottes ist aus nichts geschaffen.[114]

Luis Buñuel hat in seinem Film *Die Milchstraße* (1969) mit meisterhaftem Gespür das Absurde solch dogmatischer Inbrunst in unsere Tage übertragen und lässt in einer Szene des Films ein Ehepaar mitsamt Kellner beim Restaurantbesuch über die dogmatischen Feinheiten der Christologie debattieren, als wäre dies die selbstverständlichste Form der Alltagskommunikation. Dass dies heute so außerordentlich grotesk anmutet, ist Resultat eines komplexen Prozesses, in dem sich Europa seit der Aufklärung des Fluchs des Dogmas zu entledigen versucht hat. Die Debatten auf den Marktplätzen in Konstantinopel, Antiochia und Alexandria im 4. und 5. Jahrhundert sprachen eine andere Sprache. Hier ging es um das energische Ringen um letzte Gewissheiten, um Halt und um Lebenssinn.

Die lebensorientierende Kraft speist sich jedoch aus der negativen Energie der Ausschließlichkeit. Damit kompensieren Religionen ein entscheidendes Manko, das Fehlen natürlicher Evidenz.[115] Die letzten Gewissheiten und Überzeugungen einer Religion lassen sich ihrem Wesen nach nicht beweisen, da sie ihren Ausgang in einem der Welt selbst entzogenen, transzendenten Grund nehmen. Es ist nicht zu bestreiten, dass in Religionen ein ungeheures Potential schlummert, Hass in die Welt zu bringen. Um sich selbst die Richtigkeit und Wahrheit der eigenen Auffassung zu bestätigen, werden Andersdenkende der eigenen Religion oder Menschen anderer Religionen unterdrückt, verfolgt oder gar umgebracht. Diese brutale Art der Evidenzsicherung haftet den Religionen in unterschiedlicher Weise an, sie durchzieht auch die Geschichte des Christentums wie ein stets wiederkehrender Fluch.

In dem christologischen Streit der Alten Kirche kam die brutale Kraft dieses Wahrheitsanspruchs erstmals zum Ausbruch. Dennoch kann die Alternative nicht die Aufgabe des Dogmas sein. Das Christentum hatte zum Weg des Dogmas aus den eingangs genannten inneren Gründen keine andere Wahl. Moderne Dogmenmüdigkeit und Religionskritik übersehen das unaufgebbare Bemühen um Rationalität, das trotz allem hinter dem Dogma steht. Der große Marburger Theologe Rudolf Otto ließ in seinem Jahrhundertwerk über «das Heilige» keinen Zweifel daran, dass zur Erfahrung des Heiligen auch das Dogma gehört. Durch den dogmatischen Begriff wird der religiöse Schauer «wohltemperiert»,[116] er steht notwendigerweise in maßvoller Distanz zum religiösen Erleben selbst. Otto sah darin einen notwendigen Vorgang im Vollzug der Religion. Nur durch die Rationalisierung kann die Religion aus ihrem «unauflöslichen Dunkel des rein gefühlsmäßigen unbegrifflichen Erfahrens» herausgeführt und wenigstens «andeutbar» gemacht werden.[117] Es hieße also, das Kind mit dem Bade auszuschütten, wenn man die hinter dem Dogma stehende theologische Bemühung in Bausch und Bogen verurteilen würde. Die Geschichte des Dogmas ist Ausdruck einer dem religiösen Erleben selbst innewohnenden Kraft zur Rationalisierung.

Es ist nicht von der Hand zu weisen, dass das Christentum im christologischen Streit seine Unschuld und seine Einheit verlor. Es scheiterte daran, den ungeheuren Anspruch, mit dem sein Stifter in die Welt getreten war, denkerisch zu bewältigen. Und doch muss man den Kompromiss von Chalcedon nicht verwerfen. Trotz seiner theologischen Schwächen steckte die Formel einen Rahmen ab, innerhalb dessen man sich bis in unsere Tage theologisch bewegen konnte. Nicht das Dogma an sich, sondern der Imperialismus seines Wahrheitsanspruchs war fatal.[118] Dass in unserer Zeit zwischen den westlichen und den orthodoxen Kirchen mit der assyrischen und den miaphysitischen Kirchen in der Frage der Christologie ökumenische Konsense erzielt werden konnten,[119] macht das Vergangene nicht ungeschehen und löst keineswegs alle mentalitätsgeschichtlichen Probleme eines Jahrhunderte währenden getrennten Weges, aber es ist doch ein hoffnungsfrohes Zeichen einer notwendigen Selbstkorrektur dogmatischer Ansprüche.

4
Weltuntergang in Rom, Weltübergang in Konstantinopel

Eine Generation nachdem das Christentum zur Staatsreligion des römischen Imperiums geworden war, nahm der Gote Alarich im August 410 Rom ein und ließ es von seinen Truppen drei Tage lang plündern.[120] Nach der verheerenden Niederlage in Adrianopel im Jahre 378, in der Kaiser Valens und ein Großteil der militärischen Führung ihr Leben verloren hatten, war dies eine noch größere Schmach, die germanische Barbaren dem stolzen Rom zufügten. Die Zeitgenossen erkannten die welthistorische Bedeutung sofort und waren darin klüger als der Kaiser selbst. Über Honorius, der zur Zeit der Einnahme Roms in Ravenna weilte, wird kolportiert, er habe bei der Nachricht, mit Roma sei es zu Ende, zuerst an sein Huhn namens Roma gedacht. Erst als man den begeisterten Hühnerzüchter aufklärte, dass nicht sein Lieblingshuhn, sondern die Stadt am Ende sei, habe er erleichtert aufgeatmet.[121] Was immer daran wahr sein mag, allein der Umlauf des Gerüchts wirft ein bezeichnendes Licht darauf, wie die Römer die Gemütsverfassung ihrer letzten Kaiser im Westteil des Reiches einschätzten.

Die Absetzung von Romulus Augustulus als Westkaiser im Jahr 476 war ein weiterer konsequenter Schritt. Die germanischen Heerführer hatten ohnehin im gesamten 5. Jahrhundert die Macht inne; wohl aus diesem Grund verzichtete der zum König ausgerufene Odoaker ganz auf einen römischen Scheinkaiser. Heute wissen wir, dass Rom damit nicht einfach unterging, denn die Germanen verstanden sich selbst als Erneuerer einstmals römischer Ansprüche. Das galt für die Goten von Alarich bis Theoderich, und das galt im Mittelalter für die fränkischen und die ottonischen Kaiser. Roms «Untergang» war darum eher ein Übergang.

Damit wissen wir heute mehr als die Zeitgenossen des 5. Jahrhunderts. Ihnen brannte sich die Eroberung des Jahres 410 als ein Fanal der Vernichtung einstmals römischer Größe ein. Unvermeidlich sahen sich die Christen mit dem Vorwurf konfrontiert, die alten Götter hätten Rom für seine Hinwendung zum Christentum bestraft und so den Untergang herbeigeführt. Der Kirchenvater Augustinus (354–430) hielt gar eine massenhafte Rückkehr zum Heidentum nicht für ausgeschlossen. Unter den christlichen Antworten auf die Krise ragt seine eigene vielleicht auch aufgrund dieser Sorge heraus. Sein Buch *Über den Gottesstaat (De civitate Dei)* ist opulent und facettenreich. Wir erfahren eine Reihe von Details über die Ereignisse des Jahres 410, und Augustinus erklärte seinen Lesern, wie mit dem Verlust von Hab und Gut oder mit Vergewaltigung umzugehen sei.[122]

Theologisch ist das Buch von einzigartiger Originalität; es führt die christliche Geschichtstheologie als religiöse Deutung der historischen Ereignisse auf ganz neue Bahnen. Augustinus brach mit der von Konstantins Hoftheologen eingeführten Tradition, in der Vereinigung von römischem Imperium und Christentum die Erfüllung der Geschichte zu sehen. Setzte man den Lauf der Dinge tatsächlich so mit der göttlichen Heilsgeschichte gleich, käme man bei dem Fall Roms theologisch in höchste Erklärungsnöte. Argumentationslogisch ergriff Augustinus die Flucht nach vorn. Gottes Pläne mit der Welt erfüllten sich nicht in dem irdischen Staat, sondern in der *civitas Dei*, dem Gottesstaat.[123] Dies geschehe jedoch nicht in der weltlichen Geschichte, der Gottesstaat sei vielmehr etwas Übernatürliches, Überweltliches, Geistiges, Jenseitiges. Dieser Gedanke der Profanisierung der Geschichte ist theologisch genial, er fängt den die Welt überragenden Überschuss christlicher Zukunftshoffnung ein. Aufgrund dieser Relativierung ist er aber auch gefährlich, denn man kann die Profanisierung der Geschichte auch als Vertröstung auf das Jenseits lesen oder den Gottesstaat mit der Kirche identifizieren und daraus deren Überlegenheit über den Staat ableiten. Augustinus hatte keines von beidem im Sinn, aber das hielt seine Leser in folgenden Jahrhunderten nicht davon ab, ihn misszuverstehen. Wirkungsmächtig ist das Buch vermutlich vor allem durch seine Fehlinterpretationen geworden. Eines allerdings ist dem Kirchenvater selbst zuzuschreiben. Er legte einen dunklen Ton in sein Alterswerk. Er erging sich darin, «das Elend dieses Lebens»[124] in all seinem Ausmaß – angefangen von Krankheiten über das Altwerden, von persönlichen Schicksalsschlägen bis hin zu den Gräueln des Zusammenlebens der Menschen – zu schildern. Fromme Ewigkeitssehnsucht und pessimistisches Weltbild verbinden sich in manchen Passagen zu einer düsteren Stimmungslage. Trotz aller theologischer Denkanstrengung ahnt man doch, wie sehr den Römer Augustinus der Untergang Roms ins Mark getroffen hat. Mit Blick auf den Lauf der Welt und die Tragödien des Lebens hat Augustinus manchem Zeitgenossen und auch erstaunlich vielen späteren Lesern offensichtlich aus ihren düster gestimmten Herzen gesprochen.

Der Untergang Roms, genauer müssten wir, wie gesagt, von den gravierenden Umwälzungen des 5. Jahrhunderts sprechen, ist für das abendländische Bewusstsein ein Ereignis von außerordentlicher Faszinationskraft. Edward Gibbon (1737–1794) hat in seinem Monumentalwerk *History of the Decline and Fall of the Roman Empire*, das ab 1776 erschien, das Christentum als einen der Hauptfaktoren für den Untergang des Römischen Reiches ausgemacht. Damit nahm er den schon nach Alarichs Einfall von 410 erhobenen Vorwurf wieder auf, allerdings mit anderen Argumenten. Er sah im Wesentlichen drei Gründe:[125] Die Verlagerung der Glückseligkeit auf ein künftiges Leben habe den Menschen die Kraft geraubt, sich aktiv an der Weltgestaltung zu beteiligen; der soldatische Mut sei in die klösterliche Lebensform abgewandert, während schließlich durch das Almosenwesen die ökonomische Kraft des Reiches an «nutzlose Massen»[126] vergeudet worden sei. Gibbons Auffassung konnte sich jedoch nicht durchsetzen. Die von ihm richtig gesehenen Tendenzen der Weltflucht galten nicht für das ganze Christentum, sie waren vielmehr innerchristliche Gegenbewegungen gegen die allzu starke und vor allem auch allzu rasche Einbindung des Christentums in die römische Kultur im 4. Jahrhundert. Man überschätzt ihre Ausmaße, wenn man sie für den Untergang des Römischen Reiches verantwortlich machen wollte.

Auch wenn es gute Gründe gibt, Gibbons Thesen vom Untergang des Römischen Reiches nicht zu übernehmen, seine Beschreibungen hinterlassen eine Fährte, der es zu folgen lohnt. Sie spüren einen rasanten und tiefgreifenden Mentalitätswandel auf, der tatsächlich einen Epochenübergang ausmacht. Augenscheinlich lässt sich das am Zeitalter des von 527 bis 565 regierenden Kaisers Justinian ablesen. Das mag zunächst überraschen, gilt doch ausgerechnet Justinian als der Kaiser, der von Konstantinopel aus noch einmal den Glanz des Römischen Reiches aufleben lassen konnte. Der Nachwelt bleibt er unvergessen durch den Bau der Hagia Sophia, einer der eindrucksvollsten und bedeutendsten Kirchen, die das Christentum hervorgebracht hat. Sein Auftrag, im Reich geltendes Recht in einer umfassenden Sammlung, dem sogenannten *Codex Iustinianus*, zusammenzutragen, ist ein Meilenstein abendländischer Rechtsgeschichte.[127] Auch militärisch schien seine Herrschaft von Erfolgen gekrönt. Anfangs wenigstens konnte er im Osten den römischen Dauerfeind, das persische Großreich, in Schach halten, die vandalischen Königreiche in Nordafrika wurden von oströmischen Truppen zurückerobert, und nach langen und zähen Kämpfen besiegten seine legendären Heerführer schließlich auch die Ostgoten in Italien. In seinen ersten Amtsjahren trat er fulminant mit dem erhabenen Anspruch eines römischen Kaisers auf, ergänzt freilich um eine mittlerweile christianisierte Herrscherideologie. An Justinian kann man in vollendeter Form studieren, was offensichtlich schon Konstantin am Christentum attraktiv gefunden hatte.[128] Die eigene Herrschaft wird als göttliche Sendung verstanden, die politischen und militärischen Erfolge werden als Geschenke Gottes interpretiert. Diese sakrale Aufladung der Herrschaft erhob den Kaiser in luftige Höhen – was das Volk begehrte, drang nur von ferne als «Hundegekläff»[129] an sein Ohr. Als es nach 530 aus Gründen, auf die gleich einzugehen sein wird, zu Unruhen und Erhebungen kam, ließ Justinian auf dem Höhepunkt der Krise den Aufstand mit Bauernschläue, strategischem Geschick und einem entschlossenen Willen zur Selbstdurchsetzung blutig niederschlagen. Das Bild des starken, von Gott gesandten Herrschers ist aber nur die eine Seite.

Die antike Welt wurde im 6. Jahrhundert von einer Reihe von Krisen heimgesucht. Es begann mit religiösen Spannungen. Letztlich gelang es selbst Justinian bei all seiner Energie und trotz eines auffallenden theologischen Sendungsbewusstseins nicht, die Miaphysiten in die Reichskirche zurückzuholen. Die Christenheit blieb in der Frage der Christologie dauerhaft entzweit. Hinzu kamen militärische Unsicherheiten.[130] In einer Epoche, die so massiv vom Druck unterschiedlichster Migrationswellen geprägt war, stand Instabilität auf der Tagesordnung. Zu den Erfolgen auf der einen Seite kamen besorgniserregende Vorkommnisse auf der anderen Seite. Stetige Bulgareneinfälle setzten Konstantinopel unter Druck, 540 nahm der Perserkönig Chosrau I. Antiochia ein. Damit fiel eine oströmische Großstadt, ohne dass das eigene Militär etwas dagegen hätte unternehmen können. Schließlich zeigte auch noch die Natur ein feindliches Gesicht. Wiederholt erschütterten Erdbeben und Tsunamis die östliche Mittelmeerwelt, Sonnen- und Mondfinsternisse führten zu Massenhysterien, Hungersnöte gefährdeten die Lebensgrundlage.[131] Das schockierendste Ereignis dürfte der Ausbruch der Pest im Jahre 541 gewesen sein, sie raffte vermutlich ein Drittel der Bevölkerung Konstantinopels dahin.[132] Justinian selbst erkrankte 542 sehr ernst an der Pest. Er überlebte, aber offensichtlich hinterließ die Epidemie bei Reich und Kaiser gleichermaßen einen tiefen Sinneswandel.

Versteht man die eigene Herrschaft als von Gott gesandt und die erzielten Erfolge als Gottesgeschenke, dann stellt sich die Frage, wie die Katastrophen zu interpretieren sind. Man könnte die Drangsale als Beweis dafür betrachten, dass der christliche Gott den antiken Göttern unterlegen ist. Tatsächlich scheint es solche Tendenzen zur Repaganisierung im Volk gegeben zu haben. Dagegen wandte sich Justinian jedoch entschieden. Seine streng antiheidnischen Maßnahmen, zu denen 529 die Schließung der Akademie in Athen ebenso wie Zwangstaufen und Missionskampagnen gehörten, zeigen dies in aller Deutlichkeit. Justinian und mit ihm die Spitze der Kirche zogen die theologische Konsequenz, nicht nur das Gute, sondern auch das Übel auf Gott selbst zurückzuführen. Krieg, Pest und Erdbeben waren demzufolge von Gott gesandte Strafen für den Abfall und die Vergehen seines Volkes. Spätestens unter Justinian wurde dieser Grundzug alttestamentlichen Denkens Bestandteil des Christentums. Das machte die Ereignisse nicht weniger traurig, aber es verlieh ihnen einen religiösen Sinn.

Dies hatte eine Wandlung zur Folge, die man als frömmigkeitsgeschichtliche Kehre bezeichnen kann: Das Vertrauen auf innerweltliche Mächte schwand, die Menschen wandten sich mehr und mehr an außerweltliche Schutzmächte, etwa Heilige.[133] Mit der Annahme, Bilder von Heiligen und von Christus könnten deren übersinnliche Macht vergegenwärtigen, wurden die Grundlagen des byzantinischen Bilderkultes gelegt.[134] Marien- und Heiligenanrufungen sowie Prozessionen zelebrierten die Bitten um göttlichen Beistand. Altrömische Rituale wurden in offiziellen kaiserlichen Zeremonien durch christliche Symbole ersetzt. In seinen ersten Jahren zog Justinian nach großen Erfolgen in einem altrömischen Triumphzug durch die Stadt. Kurz vor seinem Tod wurde daraus eine christliche Prozession, die der Kaiser unterbrach, um in der Apostelkirche am Grab seiner Frau Theodora zu beten und Kerzen anzuzünden.[135] Spätestens zu jenem Zeitpunkt hätte keiner seiner Vorgänger auf dem Kaiserthron des Römischen Reiches in ihm noch einen Nachfolger erkennen können, mehr noch, «das Reich, das Justinian 565 hinterließ, wäre vermutlich sogar ihm selbst im Jahr 518 recht fremdartig vorgekommen».[136] Das Lebensgefühl war ein anderes, aus dem Römischen war das Byzantinische Reich geworden. Das Christentum hatte aus der Antike eine andere Welt gemacht.

Viertes Kapitel

Blühende Finsternis.
Die Christianisierung Europas

Die Bezeichnung «Mittelalter» ist die Idee einer späteren Epoche, um die eigene Zeit in helleres Licht zu rücken. Es gibt heute keine ernst zu nehmende Diskussion mehr darüber, dass dieser Begriff verfehlt ist. Historiker halten allein aus pragmatischen Gründen an ihm fest. Ist die Rede vom Mittelalter, bedeutet das lediglich, dass die Epoche zwischen ungefähr 500 und 1500 gemeint ist. Eine präzise zeitliche Abgrenzung ist nicht möglich. Man könnte geneigt sein, Justinian als letzten großen römischen Kaiser noch ganz der Antike zuzuschreiben, doch vollzogen sich bereits eine Generation vor ihm am Ende des 5. Jahrhunderts nördlich der Alpen politische Ereignisse, deren Folgen die ersten Jahrhunderte des Mittelalters maßgeblich beeinflussten.

Am üblen Leumund des Mittelalters als «dark ages» sind seine Anfänge schuld. Sie waren wirklich dunkel, und doch ist es für die Christentumsgeschichte eine zentrale Epoche. Aus den Wirren des Zeitenumbruchs stieg das Christentum als die prägende Kraft des Abendlandes empor.

1
Die Rückkehr der Wälder und die blonde Bestie

Die dunklen Anfänge hängen mit der Zeit der Völkerwanderung zusammen. Darunter ist ein Migrationsprozess globalen Ausmaßes zu verstehen, der die Fugen der alten Welt sprengte. Große Bevölkerungsgruppen aus dem Norden und Osten – Ostgoten, Westgoten, Vandalen, Burgunder, Langobarden, Franken und Angelsachsen, zusammengefasst unter dem Sammelbegriff Germanen – setzten sich in Bewegung.[1] Ein antiker Römer konnte beim besten Willen nicht verstehen, warum diese barbarischen Völker ihre angestammte Heimat verließen. Eine eindeutige Antwort auf eines der größten Rätsel der europäischen Geschichte gibt es auch heute nicht.

Aufbruch und Dezivilisierung

Friedrich Nietzsche ließ in seiner *Genealogie der Moral* eine «prachtvolle nach Beute und Sieg lüstern schweifende blonde Bestie»[2] von der Kette. Bei einem so tosenden Wort überrascht es nicht, wie sang- und klanglos Nietzsches Hinweis untergegangen ist, dass nicht nur die germanische, sondern alle Kulturen Barbarisches in ihren Wurzeln tragen. Nietzsche ist zum Stichwortgeber eines Verständnisses der Völkerwanderung geworden, bei dem immer auch eine vitalistische, wenn nicht gar animalische Selbstdurchsetzung roher Kraft mitschwingt. Im Italienischen, im Französischen und im Englischen hat die Völkerwanderung einen entschieden weniger romantischen Namen, der den Aspekt germanischer Aggression hervorhebt. Man spricht von der «Invasion der Barbaren». Schon in der vermeintlich harmlosen Benennung der historischen Ereignisse um und nach dem Zusammenbruch des römischen Reichs holt Europa seine eigene Geschichte des 20. Jahrhunderts ein.

Paulus Diaconus, der große langobardische Gelehrte am Hofe Karls des Großen, erzählte in der Geschichte seines Volkes grausame Begebenheiten, aus denen die Gewaltsamkeit der Völkerwanderungszeit im 6. Jahrhundert deutlich wird. Im heutigen Friaul besiegten die eindringenden Awaren die Langobarden und metzelten alle Männer nieder. Die langobardische Königsgattin Romilda hoffte, sich und ihre Stadt – das heutige Cividale – zu retten, indem sie sich dem awarischen König Cacan als Ehefrau anbot. Der ging darauf ein, Romilda ließ die Stadttore öffnen, der König der Awaren nahm sie für eine Nacht zur Frau.

Schließlich aber überließ er sie zwölf Avaren, die sie eine ganze Nacht im Wechsel einer nach dem anderen vergewaltigten. Danach ließ er sogar einen Pfahl mitten auf dem Feld einrammen, befahl, sie darauf aufzuspießen, und höhnte sie noch dazu mit den Worten: «Das ist ein Mann, wie ihn du verdienst!»[3]

Es bedarf kaum noch der Erwähnung, dass die langobardischen Bewohner der Stadt entweder umgebracht oder in Gefangenschaft verkauft wurden. Die Völkerwanderung war kein beschaulicher Wanderausflug. Sie brachte Not, Bedrängnis, Gewalt, Grausamkeit und Blutvergießen und formte am Ende die Bevölkerungszusammensetzung Europas neu.

Es ist bis heute ein Rätsel, was letztlich die Germanen in Bewegung setzte. Einige Gründe lassen sich allerdings nennen.[4] Erstens reagierten die Germanen auf den Druck einfallender asiatischer Reitervölker, deren prominentester Anführer der Hunne Attila war. Zweitens muss es handfeste überlebenswichtige Gründe für den Aufbruch gegeben haben. Zu denken ist an Ernteausfälle und Hungersnöte sowie Naturkatastrophen wie Überschwemmungen und Stürme. Allein mit einer Klimaveränderung kann man die Völkerwanderung schon aus Gründen der Chronologie nicht erklären, denn sie beginnt bereits vor der nachweislichen Verschlechterung, die nördlich der Alpen ab etwa 450 eintrat. Tatsache ist aber, dass diese ohnehin instabile Zeit von Kälte- und Feuchtigkeitsperioden begleitet wurde, die den Migrationsdruck auf die Stämme erhöhten.[5] Die vermeintliche Invasion dürfte also eher eine «Einwanderung verängstigter Ackerbauern»[6] gewesen sein. Schließlich ist ein dritter Grund ins Bewusstsein zu bringen. Spätestens seit dem letzten vorchristlichen Jahrhundert gab es durch die römische Expansion Kontakte zwischen Römern und Germanen, die sich im Laufe der Jahrhunderte intensivierten. Das führte zu legendären kriegerischen Auseinandersetzungen – aber nicht nur: In den Grenzgebieten des Reiches stellten die Römer schon aus Gründen der Truppenversorgung auch für die Germanen einen erheblichen Wirtschaftsfaktor dar.[7] Darüber hinaus finden sich auf beiden Seiten auch Anzeichen von Hochachtung. Tacitus' *Germania* ist davon das berühmteste, aber nicht das einzige römische Zeugnis. Noch interessanter ist die umgekehrte Perspektive: Auf die kulturell unterlegenen Germanen wirkte das hohe Niveau römischer Zivilisation wie ein Sog. Das dürfte ihrer Suche nach Lebensmöglichkeiten in bedrängter Zeit die Richtung vorgegeben haben. Der germanische Weg nach Süden bekam dadurch einen bemerkenswerten Impuls. Es ging nicht um Auslöschung der römischen Kultur, sondern um ihre Nachahmung. Für die Kulturgeschichte des Christentums ist dies der wichtigste Effekt der Völkerwanderung.

Zunächst aber sind die dunklen Seiten in den Blick zu nehmen. Geschichtsdarstellungen des Mittelalters beginnen oft, so wie dieses Kapitel hier auch, mit dem Wald. Tatsächlich kehrte an den Nordgrenzen des Reiches in Germanien – schon bei den Römern wegen seiner schaurigen Wälder gefürchtet – die Natur zurück. Die Wälder eroberten Verkehrswege, Ackerland und schließlich auch Siedlungsgebiete.[8] Das waren untrügliche Indizien für ein Zusammenbrechen der Zivilisation. Europa verwaldete nördlich der Alpen natürlich nicht vollständig, und die Bewohner Roms, Ravennas oder Mailands, auch Italiens insgesamt, Südfrankreichs oder des Rhonetals dürften von den zivilisatorischen Veränderungen ohnehin wenig mitbekommen haben. In den germanischen Grenzregionen in Britannien und Deutschland sah es allerdings anders aus. Einstmals blühende römische Städte wie Mainz oder Köln wurden in den Völkerwanderungswirren zerstört.[9] Aus einer Lebensbeschreibung des heiligen Severinus (410–482) – er lebte an der Reichsgrenze im Osten an der Donau – wissen wir, dass viele Römer in diesen Zeiten die Randposten aufgaben und nach Italien und Rom zurückkehrten.[10] Einer der Gründe für den Kollaps war zweifelsohne die von den Germanen nicht zu haltende Kulturhöhe römischer Zivilisation. Römische Ingenieure hatten beispielsweise bei der Anlage des Wegenetzes ein geradezu geniales topographisches Gespür, das sich in Europa erst wieder die Eisenbahnbauer des 19. Jahrhunderts zunutze machten.[11] Die germanischen Stämme schienen nicht ansatzweise in der Lage, nach dem Abzug der Römer dieses Zivilisationsniveau zu bewahren. Angesichts des Verlustes zivilisatorischer Leistungen waren die Menschen der häufig unberechenbaren Natur und Krankheiten ausgesetzt und von Wölfen und Bären bedroht. Der Hauch des Archaischen lag über dieser Welt, und es ist kein Zufall, dass nationale Gründungsmythen – obgleich allesamt erst später in Dichtungen gegossen – hier ihren Ursprung nehmen. Die Artussage und das Nibelungenlied spielen im Britannien und im Burgund der Völkerwanderungszeit.

Auch nüchterne Zahlen belegen die «Dekomposition der Alten Welt».[12] Die europäische Bevölkerung schrumpfte im Zeitraum zwischen 300 und 600 um ein Drittel. Die absoluten Zahlen lassen uns heute nur staunen: In dem Teil des germanischen Territoriums, der etwa dem heutigen Deutschland und Skandinavien entspricht, schwand die Bevölkerung von ca. 3 Millionen im Jahre 300 auf ca. 2 Millionen im Jahre 600.[13]

Gotische Träume in Ravenna und Toledo

Die germanisch-römische Fusion ist einer der welthistorisch seltenen Fälle, in dem Invasoren und Eroberer die Kultur, die sie vorfinden, nicht auslöschen, sondern nachahmen, denn die Germanen, die über die Alpen gelangten, trachteten danach, es den Römern gleichzutun. Das Motto der folgenden Epoche hieß also nicht, Rom zerstören, sondern Rom erneuern.[14]

Eine entscheidende Rolle kam dabei der Religion zu. Die Invasoren waren Christen – zwar Arianer, aber keine Heiden. Seit dem 4. Jahrhundert bekehrten sich sukzessive germanische Stämme zum Christentum. Gemessen an der kulturellen Bedeutung für Europa liegen die Ursprünge der Germanenmission in der Spätantike noch weitgehend im Dunkeln. Was man weiß, verbindet sich mit der Gestalt Wulfilas.[15] Er stammte von kappadokischen Christen ab, die im Zuge der Goteneinfälle als Beute in die untere Donauregion verschleppt worden waren. Es waren Gefangene, die zur «Keimzelle gotischer Christianisierung und Romanisierung»[16] wurden. Christliche Theologen des Reiches haben das aufmerksam verfolgt, der Kirchenvater Basilius sprach von Menschen, «die ihre Herren zu Brüdern machten».[17] Das ging nicht ohne Widerstände, denn die heidnischen Germanen fanden keineswegs sofort Gefallen an dieser ganz anderen Welt des Christentums. Mehrere Verfolgungswellen bedrohten in der zweiten Hälfte des 4. Jahrhunderts die Ausbreitung des Christentums, letztlich aber ohne Erfolg. Sicher hat dies auch mit der Gestalt Wulfilas zu tun. Von seiner Herkunft her mehrsprachig, war er der ideale Vermittler zwischen den Kulturen. Er übersetzte die Bibel zu großen Teilen ins Gotische, eine religiöse Vermittlungsleistung von überragender Bedeutung für die Christianisierung der Germanen. Seine Person steht auch für den germanischen Arianismus und liefert eine germanische Fußnote zu den dogmatischen Debatten des 4. Jahrhunderts.[18] Wulfila nahm als Bischof der Goten 360 an der Synode von Serdika teil – einer der vielen Zwischenetappen zwischen den Konzilen von Nizäa und Konstantinopel –, auf der sich eine Kompromissformel durchsetzte.[19] Diese machte er mit großem Erfolg zum Maßstab der Gotenmission. Bemerkenswert sind daran drei Dinge: Der berühmte Arianismus der Germanen ist erstens gar kein Arianismus, sondern entspricht der homöischen Lehre mit ihren ausgeprägten Vorbehalten gegen die metaphysischen Spekulationen des *ousia*-Begriffs. Zweitens verdankt sich dieser nicht reine, germanische Arianismus einem Zufall, nämlich der mehr oder weniger kontingenten Anwesenheit Wulfilas in Serdika. Erst diesem Umstand ist es dann drittens zuzuschreiben, dass die germanischen Reiche ihren Arianismus als Unterscheidungsmerkmal zu den Römern des Ostens und des Westens pflegen konnten. Was man als gotischen Arianismus bezeichnet, gibt also Aufschluss über das kulturelle Selbstbewusstsein der Germanen.

Die Ostgotenherrschaft in Italien ist ein gutes Beispiel für die gotische Balance zwischen römischer Imitation und germanischer Eigenständigkeit. Theoderich, um 451 geboren, war die schillerndste Gestalt unter ihren Königen, seine

Abb. 9   San Appolinare Nuovo in Ravenna wurde zu Beginn des 6. Jahrhunderts erbaut. Die Kirche lässt trotz späterer Umgestaltungen – daher auch der Namenszusatz «nuovo» – die Meisterschaft der Ostgoten in Architektur und Kunst erkennen. In der Grundstruktur ist die unter Theoderich erbaute Kirche an der römischen Basilika orientiert, die oberen Wandmosaiken zeigen in der Synthese gotischer und spätrömischer Kunst Szenen aus dem Leben Jesu.

Lebensgeschichte macht die vielfältigen Verflechtungen deutlich.[20] Als Knabe gelangte er nach Byzanz und wuchs dort bis zu seinem achtzehnten Lebensjahr am Kaiserhof auf. In späteren Jahren räumte Theoderich freimütig ein, wie sehr er von diesem Aufenthalt gelernt und profitiert hatte. Faktisch war Theoderich jedoch als eine Art Geisel in Konstantinopel gewesen, denn seine Anwesenheit sollte den Friedensvertrag zwischen dem Römischen Reich und den Goten sichern. Seine Königszeit war geprägt von einem spannungsreichen Verhältnis zu Konstantinopel und Rom. Auf Geheiß Konstantinopels ermordete er bei einem Gastmahl mit eigener Hand den überraschten Heerführer Odoaker, der den letzten weströmischen Kaiser abgesetzt hatte, und gelangte so zur Macht in Italien. Auch sonst ging er wenig zimperlich mit möglichen Konkurrenten seiner Alleinherrschaft um. Das kann allerdings kaum als Ausweis germanischen

Abb. 10

San Vitale in Ravenna, Blick vom Obergeschoss des Umgangs auf den Marmorfußboden des Presbyteriums (moderne Rekonstruktion) und den Altar aus dem 6. Jahrhundert. Mit der Kirche, die möglicherweise von Theoderich begonnen, aber sicher von den Oströmern kurz nach der Hagia Sophia erbaut wurde, wollten die byzantinischen Baumeister in der eroberten Hauptstadt der Ostgoten ihr ganzes Können in der zentralisierenden, achteckigen Emporenstruktur zeigen.

Barbarentums gelten, denn die Römer des Ostens und des Westens verfuhren darin ganz ähnlich. Eher schon unterschied ihn das kriegerische Naturell, aber auch hier gilt es, dem platten Klischee entgegenzutreten. Derselbe Theoderich, der mit Begeisterung in vorderster Reihe kämpfte, entwarf eine moderate Religionspolitik, die zwischen Katholiken und Arianern zu vermitteln suchte, und trieb das Kulturleben in seiner Residenzstadt Ravenna auf erstaunliche Höhen. Theoderich hatte ein immenses Kirchenbauprogramm mit glanzvollen Mosaiken ins Leben gerufen, das vermutlich die prachtvollste Entfaltung gotisch-arianischer Kunst darstellt. Einiges davon lässt sich heute noch in San Apollinare Nuovo erkennen (Abb. 9).[21] Es ist ein historisches Unrecht, die Schätze der alten Kirchen in Ravenna allein den Byzantinern zuzuschreiben, denn diese übernahmen nach dem Sieg über die Ostgoten in der zweiten Hälfte des 6. Jahrhunderts auch deren Kirchen – allerdings dann mit den üblichen kulturimperialistischen Eingriffen der Sieger: In Ravenna wurden aus den Kirchen alle Bildnisse Theoderichs entfernt. Der eigene, nicht minder eindrucksvolle Stempel Ostroms, prägte die Neubauten San Apollinare in Classe und San Vitale (Abb. 10).

Die besondere Tragik kultureller Identitätssuche verdeutlicht sich im Geschick des Boethius (480–524).[22] Der aus besten stadtrömischen Kreisen stammende Philosoph gilt als einer der gelehrtesten Männer des 6. Jahrhunderts. Er war ranghöchster Berater Theoderichs an dessen Hof. Doch die Angst vor einem römischen Umsturz gegen die Gotenherrschaft trübte dem alten Theoderich den Blick. Er ließ Boethius als vermeintlichen Verschwörer ins Gefängnis werfen und ihn dann ohne Anhörung hinrichten – aller Wahrscheinlichkeit nach ein fataler Irrtum, den Theoderich später bereute. Boethius schrieb in seiner Haft den *Trost der Philosophie*. Das vielleicht bedeutendste philosophische Buch in lateinischer Sprache, mit Sicherheit jedenfalls das wirkungsmächtigste des Mittelalters, wurde in einem ostgotischen Kerker geschrieben. Was kann man mehr über die verschlungenen Wege zwischen Germanen und Römern im 6. Jahrhundert sagen?

Theoderich starb 526, zwei Jahre nach Boethius' Ermordung. Seine Erben führten fast dreißig Jahre lang Krieg um ihr Königreich. Eine deutschnationale Sicht sah die aufrichtigen germanischen Krieger aufgerieben zwischen heimtückischen Weströmern und listigen Oströmern. Felix Dahns *Ein Kampf um Rom* brachte es allein in den knapp vierzig Jahren bis zum Tod des Autors 1912 auf 126 Auflagen. Tatsache ist, dass keine der Strategien der Ostgoten erfolgreich war. Der an kultureller Assimilation interessierte Kurs von Theoderichs Tochter Amalasuntha zerbrach an inneren Widerständen, die auf gotische Identität setzenden Könige Totila und Teja scheiterten an der militärischen Überlegenheit Konstantinopels. 552 ging das ostgotische Reich unter.[23]

Am Schicksal der Ostgoten kann man die Erschütterungen, aber auch die Dynamik der Völkerwanderungszeit ablesen. Die kulturellen Anstrengungen lassen sich am Reich der Westgoten noch deutlicher zeigen.[24] Sowohl das Rechtswesen als auch die Theologie gelangten zu einer beträchtlichen Blüte. Mit Isidor von Sevilla (560–636) wirkte im frühen 7. Jahrhundert einer der gelehrtesten Männer des Frühmittelalters bei den Westgoten.[25] Seine zum Zweck der Ausbildung von Klerikern verfasste Enzyklopädie des damals verfügbaren Wissens ist ein Meilenstein europäischer Bildung. In alledem zeigte sich die germanische Kultur als eine Kraft, in der Rom und das Christentum als geistige Macht lebendig wirkten. Die christliche Kirche ging daher aus der Völkerwanderungszeit gestärkt hervor.

2
Die Geburt neuer Imperien

Heute wissen wir, dass in den Ereignissen am Ende der Völkerwanderung zwei neue große Reiche des Mittelalters ihre Schatten vorauswarfen. Die Zeitgenossen konnten dies jedoch nicht erkennen. Dass weit nördlich der Alpen am Rhein und in der arabischen Wüste dem Römischen Reich in seiner Ausbreitung durchaus ebenbürtige Imperien entstehen würden, war aus der romzentrierten Perspektive der Spätantike und des Frühmittelalters vollkommen undenkbar.

Die Anfänge des fränkischen Großreichs

Die Franken entstammten einer Region nördlich der Rheinmündung, ab dem 4. Jahrhundert standen sie nachweislich mit den Römern als Verbündete in Kontakt, für die sie Militärdienste leisteten.[26] Nach dem römischen Zusammenbruch in Gallien konnten sie das entstehende Machtvakuum füllen. Protagonist dieses rasanten Aufstiegs war Chlodwig (466–511), der aus dem Geschlecht der Merowinger stammte.[27] Er eroberte die in den römischen Provinzen sich bildenden Kleinstaaten auf dem Gebiet des heutigen Frankreich und verschob damit die Grenzen seines Reiches nach Süden und Osten. Auch scheute er nicht die militärische Auseinandersetzung mit den Westgoten, die er im Jahr 507 schließlich besiegte.

Nach einer erfolgreichen Schlacht gegen die Alemannen ließ sich Chlodwig wahrscheinlich 498 oder 499 in Reims taufen.[28] Einmal mehr begegnet uns die Frage, was einen Krieger, der im Falle Chlodwigs sogar wegen seiner Brutalität und Listigkeit legendären Ruf erlangt hatte, bewog, zum Christentum überzutreten. Natürlich sah man auch hier aus späterer christlicher Binnenperspektive die Führung Gottes am Werk. Doch wie schon im Falle Konstantins bleiben uns die persönlichen Motive Chlodwigs verborgen. Zwei Quellen, das Glückwunschschreiben eines Metropoliten aus dem Rhonetal und Gregor von Tours' «Frankengeschichte», legen die Vermutung nahe, Chlodwig habe mit der Taufe politische und militärische Ziele verfolgt.[29] Durch seine christliche Gattin Chrodechild war Chlodwig mit dem Christentum vertraut. Gregor berichtet, er habe in bedrängter Lage bei der Schlacht gegen die Alemannen das Gelübde abgelegt, sich im Falle des Sieges taufen zu lassen. Er gewann die Schlacht. Die Parallelität zu Konstantins Bekehrung liegt auf der Hand. Man mag dies aus heutiger Sicht einigermaßen peinlich berührt betrachten, aber es führt doch kein Weg daran vorbei: Die beiden folgenreichsten Bekehrungen der Christentumsgeschichte haben damit zu tun, dass der christliche Gott als der stärkere Kriegsgott verehrt wurde.

Es dürften allerdings auch noch andere Motive ausschlaggebend gewesen sein.[30] Die Idee eines christlichen Königtums verlieh Chlodwigs Herrschaft eine Sakralität, die er mit militärischen Eroberungen allein niemals hätte erreichen können. Zudem fielen durch die Reichserweiterungen die ehemals römischen Territorien mit galloromischer und christlicher Bevölkerung an Chlodwig. Der Übertritt zum Christentum konnte darum die Einheit des Reiches zwischen Franken und Römern auf der Kulturhöhe römischer Zivilisation sicherstellen. Tatsächlich ging diese Rechnung langfristig auf. Man hat es als Ironie der Geschichte bezeichnet, dass ausgerechnet den Franken glückte, was die Römer selbst auf dem Höhepunkt ihres Imperiums nicht vermocht hatten: die dauerhafte Einbindung der Gebiete östlich des Rheins in ihr Herrschaftsgebiet.[31] Der Übertritt zum romtreuen Christentum dürfte schließlich noch den für Chlodwig nützlichen Nebeneffekt gehabt haben, dass er ihm eine Legitimation für den Feldzug gegen die arianischen Westgoten in die Hand gab.

Es wäre unhistorisch gedacht, sich bei alledem Chlodwig als einen modernen Zyniker der Macht vorzustellen, der nüchtern die Gründe für und wider abwägt und dann seine Entscheidung fällt. Es spricht vieles dafür, dass Chlodwig selbst nicht mit annähernder Klarheit seine Hinwendung zum Christentum hätte begründen können. Strategische Erwägungen mag es gegeben haben, aber sie sind Teil eines unentwirrbaren Gemenges aus Begeisterung für das universale Gottesbild, Motiven einer bodenständigen Votivreligiosität, die den Gott verehrt, der die eigenen Wünsche am zuverlässigsten erfüllt, und einer Faszination für das Christentum als einer Religion auf höchstem zivilisatorischem Niveau. Darum wurde Chlodwigs Taufe auch so folgenreich. Christianisierung bedeutete von nun an immer auch kulturelle Zivilisierung, und Barbaren waren nicht mehr die Nichtrömer, sondern die Nichtchristen. Das verlieh der Mission eine neue Dimension. Chlodwig ging selbstverständlich davon aus, dass sein persönlicher Schritt Folgen für seine Untertanen haben musste. Seine eigene Taufe wurde daher als Massentaufe gefeiert, bei der auch zahlreiche ranghohe Vertreter des fränkischen Reiches zum Christentum übertraten. Chlodwig begründete damit die «Christianisierung von oben».

Er starb 511 und wurde in Paris bestattet. Kurz zuvor hatte er noch eine Synode nach Orléans einberufen und auf Bischofseinsetzungen eingewirkt.[32] Mit diesen Entscheidungen seiner letzten Jahre gab er die kirchenpolitischen Dauerthemen des Mittelalters vor. Seine Eroberungen bildeten die Grundlage des fränkischen Großreichs, das durch die militärischen Erfolge seiner Nachkommen und später der Karolinger zu imperialer Größe anwuchs. Damit war aus römischer Perspektive am Ende der Welt, weit nördlich der Alpen, unter dem Merowinger Chlodwig eine «neue Art von christlichem Barbarenreich errichtet worden, das den Westen Europas für immer prägen sollte».[33]

Byzantiner, Assyrer und Muslime

Etwa einhundert Jahre nach dem Tod Chlodwigs und fünfzig Jahre nach dem Untergang der Ostgoten empfing am anderen Ende der Welt ein Kaufmann und Händler aus Mekka Offenbarungen von Gott.[34] Ganz unter dem Eindruck dieser Erlebnisse verstand Mohammed sich als Prophet Allahs. Ab etwa 613 verkündete er die empfangenen Offenbarungen öffentlich und fing an, erste Anhänger um sich zu scharen. Die herrschenden arabischen Clans in Mekka folgten dem Propheten nicht. Er wanderte im Jahr 622 nach Medina aus, wo er auf offenere Ohren traf und seine Gemeinde aufbauen konnte. Die islamische Zeitrechnung beginnt daher mit dieser Auswanderung, der Hidschra. Von Medina aus gelang es ihm nach und nach, die Stämme der arabischen Halbinsel unter der neuen Religion zu sammeln; 630 nahm er Mekka ein.

Die Botschaft des Islam ist strikt monotheistisch. Sie wird im Koran in Auseinandersetzung mit dem in Arabien verbreiteten Judentum und Christentum formuliert.[35] Diesen abrahamitischen Religionen erkennt der Islam eine Vorläuferrolle zu, Jesus wird beispielsweise im Koran als Prophet bezeichnet. Die letztgültige Offenbarung ereignete sich jedoch durch Mohammed, und dieser im Koran aufgezeichneten Offenbarung des Willens Allahs ist der Gläubige Verehrung und Gehorsam schuldig.

Nach dem Tod des Propheten 632 setzten seine Nachfolger, die Kalifen, die militärische Absicherung der geeinten arabischen Halbinsel fort.[36] Unter dem

Kalifen Umar wurden in rascher Abfolge 635 Damaskus, 638 Jerusalem und 642 Alexandria erobert. Byzanz verlor damit einstmals wichtige Provinzen wie Syrien, Palästina und Ägypten, allesamt Wiegestätten des Christentums, an den Islam. Konstantinopel selbst wurde zweimal belagert, konnte aber dem Druck standhalten. Das einstmalige persische Großreich der Sassaniden fiel unter der islamischen Eroberungswelle in sich zusammen. 711 drangen die arabischen Krieger nach Spanien vor und unterwarfen das westgotische Reich. 732 stoppte der Franke Karl Martell einen islamischen Beutetrupp vor Tours und setzte der arabischen Ausdehnung im Westen eine Schranke. Unter den Abbasiden, die 750 die Umayyaden von der Macht verdrängten und das Kalifat nach Bagdad verlegten, erreichten die Araber Taschkent und trafen im Osten auf die Vorposten des chinesischen Reiches. In gut einhundert Jahren gelangen den Arabern riesige Eroberungen.

Durch die jahrhundertelangen Kriege gegeneinander mürbe geworden, hatten die Großreiche Ostroms und Persiens den islamischen Kriegern militärisch nichts entgegenzusetzen. Hinzu kam, dass in Syrien und vor allem in Ägypten die miaphysitische Bevölkerungsmehrheit die Ankunft der Araber als Befreiung vom kaiserlichen Joch und der oktroyierten Zwei-Naturen-Lehre des Konzils von Chalcedon begrüßte. Auch Nordafrika, einst eine Wiege christlicher Theologie, hatte sich nach dem Zwischenspiel der vandalischen Germanenherrschaft vom Römischen Reich entfremdet. Der Elan der jungen islamischen Religion muss also noch über den bloß militärischen Erfolg hinaus Anziehungskraft besessen haben. Nach islamischem Selbstverständnis handelte es sich bei den Triumphen nicht um Eroberungen, sondern um «Öffnungen».[37] Diese Sicht hat etwas für sich, denn die eingenommenen Regionen öffneten sich den arabischen Kriegern tatsächlich aufgrund der zusammengebrochenen inneren Widerstandskraft meist ohne große Kämpfe. Oftmals konnte der Übergang in islamische Herrschaft wie im Falle von Damaskus durch ein Vertragswerk zwischen einem hohen Repräsentanten der Stadt, in diesem Fall dem Bischof, und dem arabischen Heerführer geregelt werden, der den Bewohnern die Sicherheit von Leben und Besitz bei Anerkennung der Herrschaft des Islam garantierte.[38]

Die islamischen Eroberer betrieben eine kluge Kultur- und Religionspolitik. Kulturell zeigten sie eine außerordentliche Bereitschaft, von den großen Kulturen Ostroms und Persiens zu lernen. Die unter den Umayyaden um 750 an der Stelle einer großen Basilika für Johannes den Täufer – die ihrerseits aus einem Jupitertempel hervorgegangen war – errichtete Moschee in Damaskus ist ein Prachtbau. Er steht in der Tradition des byzantinischen Baustils in Syrien und repräsentierte zugleich die Kraft des islamischen Großreichs.[39] Bereitwillig nahmen die Araber die Erkenntnisse der griechischen Wissenschaft auf und führten sie weiter. Auch aus Persien übernahmen sie kulturelle Elemente wie Verwaltungs- und Herrschaftsformen. Das alles führte die arabische Kultur im Mittelalter zu einer Blüte, wie sie der Westen Europas lange nicht kannte und von der er entscheidend profitierte.

Gegenüber dem Judentum und dem Christentum praktizierten die islamischen Eroberer aufgrund des gemeinsamen Monotheismus eine Politik der Duldung. Gegen eine Steuer, die *dschizya*, durften Christen und Juden weiterhin ihre Religion ausüben, wenngleich auch mit Einschränkungen in der öffentlichen Praxis. Neben der religiösen Anerkennung des Monotheismus gab es dafür auch einen handfesten ökonomischen Grund: Die *dschizya* wurde benötigt, um die arabischen Soldaten zu entlohnen. Schon deshalb hatten die islamischen Eroberer an Zwangskonversionen kein Interesse.[40] Der Umstand, dass heute in islamischen Ländern der Bevölkerungsanteil der Christen gering ist, ist nicht auf die erste Eroberungswelle zurückzuführen. Bis weit ins Mittelalter hinein waren Syrien und Ägypten mehrheitlich christlich geblieben. Die Islamisierung dieser einstmals christlichen Regionen, die von ihrer Arabisierung zu unterscheiden ist, war ein sehr viel langsamerer Vorgang. Er war einem wachsenden Assimilations- und erst später auch religiösen Verfolgungsdruck geschuldet. Fest steht, dass seit seinem Eintritt in die Weltgeschichte der Islam dauerhaft das Christentum beeinflusst hat – und umgekehrt.

Aus westlicher Perspektive wird oft die kulturelle Bedeutung des Ostens unterschätzt. Traditionsreiche christliche Städte wie Jerusalem, Damaskus und Alexandria gerieten unter islamische Herrschaft, als sich im Westen nur die hartgesottensten Missionare über den Rhein und die Donau trauten. Bis weit ins Mittelalter hinein blieb Konstantinopel an christlicher Repräsentationskraft das Maß aller Dinge. Es galt als ein «Feenmärchen» der unglaublichen Reichtümer, als ein «Wunderland der bodenlosen Schätze»,[41] was im armen und rohen Westen sowohl Neid als auch Bewunderung provozierte. Auch theologisch waren byzantinische Debatten lange prägend, der Bilderstreit der Ostkirche hatte für die europäische Kunst weitreichende Folgen (siehe oben Seite 109). Noch weiter östlich bewegten sich die assyrischen Christen an der Seidenstraße voran, um schließlich 635 dem Kaiser von China eine Verteidigung des Monotheismus vorzulegen.[42] Gut ein Jahrhundert später zog ihr oberster Repräsentant, der Katholikos, mit den neuen abbasidischen Herrschern des islamischen Reiches in die prachtvolle und eigens errichtete Hauptstadt Bagdad um, wo Christen am Hof des Kalifen hohe Beraterfunktionen in einer blühenden Kultur einnahmen. Zu dieser Zeit fällten christliche Missionare im Westen noch heilige Bäume und hatten mit allerhand anderen heidnischen Bräuchen zu tun. Philip Jenkins hat in seiner faszinierenden Darstellung dieser blühenden Christentümer des Ostens von einem «goldenen Zeitalter» gesprochen.[43] Aus heutiger Perspektive muss uns die Frage beschäftigen, warum diese Christentümer untergingen, warum sie dem Vergessen anheimfielen und warum der westliche Typus des Christentums aus seinen armseligen Anfängen zu einer weltbeherrschenden Dominanz aufsteigen konnte. Denn am Ende der Völkerwanderungszeit war diese Region politisch und kulturell alles andere als der Nabel der Welt. Verglichen mit Byzanz, den Kirchen Asiens und später auch dem Kalifat war Westeuropa in großen Teilen rückständig und düster. Und doch formierten sich in dem Umbruch in den fränkischen Territorien und in den Resten des weströmischen Reiches politische Konstellationen und religiöse Institutionen, die maßgeblich die Zukunft des Christentums und die Kultur Europas prägten.

3
Das Kloster als Wiege des Abendlands

Eine der folgenreichsten Institutionen, die im Übergang der Epochen entstand, war das Kloster. In der Einrichtung der Klöster flossen die vornehmsten Motive antiker Lebensphilosophie, asketischer Spiritualität und ernsthafter Christusnachfolge ein. Diese Synthese verlieh dem Kloster eine Kraft, die es über Jahrhunderte zu einem der wichtigsten Antriebszentren der abendländischen und christlichen Kulturgeschichte machte.

Von Ägypten in den Westen

Das Kloster wurde in der Wüste geboren. Mit dem Anwachsen der Großkirche mehrte sich stets auch die Kritik an den notwendigen Kompromissen einer massenhaft praktizierten Religion.[44] Das jesuanische Ideal des auf allen Besitz und weltliche Bande verzichtenden Wandercharismatikers brach immer wieder in asketischen Formen durch. Historisch fassbar ist dies seit dem 4. Jahrhundert in Syrien, Palästina und vor allem in Ägypten und – das ist wohl kein Zufall – gerade nach der konstantinischen Wende. Denn einerseits bot das Mönchtum eine neue ideale und außergewöhnliche Lebensform an, nachdem das Martyrium nicht mehr möglich war. Andererseits kanalisierten sich im Mönchtum auch alle Motive der Kritik gegen eine Kirche, die sich nun offensichtlich allzu eng an das «weltliche» Römische Kaiserreich band. Seinen Ursprüngen nach lässt sich das Mönchtum daher als eine Protest-, Freiheits- und Erneuerungsbewegung charakterisieren.[45]

«Geburtsort» des christlichen Mönchtums ist nicht nur Ägypten – auch Syrien und Palästina spielen eine wichtige Rolle –, die ägyptische Wüste ist jedoch der Ort, an dem der prominenteste Mönch seine Wirkung sogar noch vor der konstantinischen Wende entfaltete. Das griechische Wort *monachós*, lateinisch als *monachus* übernommen, bezeichnet den, der «allein», auch «einzigartig»[46] lebt. Beides tat der Wüstenvater Antonius (ca. 251–356), der um 285 seine mönchische Lebensform aufnahm.[47] Überregional populär machte ihn und seine neue Lebensweise zwei Generationen später der Kirchenvater Athanasius, der eine Heiligenvita über Antonius schrieb.[48] In dem unsteten Auf und Ab des Arianischen Streits, an dem Athanasius maßgeblich beteiligt war, fiel er vorübergehend in kaiserliche Ungnade und wurde in den Westen nach Trier und später nach Rom verbannt. Es ist mehr als naheliegend, dass auf diesen Wegen Ideen des ägyptischen Mönchtums in den Westen gelangten – ein erstaunlicher Kollateralnutzen des Arianischen Streits.

Antonius zog sich aus der Welt zurück, griechisch heißt dieser Rückzug *Anachorese*, und lebte als Eremit in der Wüste östlich des Nils. Seine Askese bestand aus Fasten und Schlafentzug, vor allem aber aus der Schriftmeditation. Die asketische Praxis war mühsam, denn, so Athanasius in seiner Lebensbeschreibung, «der Teufel aber, voll Haß und Neid gegen das Gute, konnte es nicht ertragen, einen so standhaften Vorsatz in einem so jungen Menschen zu sehen».[49] Die Taktik des Teufels war perfide, «indem er die Erinnerung an seinen Besitz in ihm wachrief, die Sorge für seine Schwester, den Verkehr mit seiner Verwandtschaft, Geldgier und Ehrgeiz, die mannigfache Lust des Gaumens und all die anderen Freuden des Lebens».[50] Die teuflischen Dämonen sind nichts anderes als ein «gewaltiger Sturm von Gedanken in seinem Innern»[51] – eine bemerkenswert kluge und reflektierte Feststellung über den Teufel. Antonius hielt alledem tapfer stand. Da musste der «arme Teufel» sich in seiner Not gar dazu herbeilassen, «ihm nachts als Weib zu erscheinen und alles mögliche nachzumachen, nur um den Antonius zu verführen». Doch auch dieser Trick versagte, denn Antonius «dachte an Christus».[52] Diese diabolischen Versuchungen kehrten wieder und waren existenzbedrohend, Antonius lag «sprachlos vor Qualen auf dem Boden»,[53] doch auch hier verließ ihn «Gottes Fürsorge»[54] nicht. Das harte und entsagungsreiche Leben verlieh Antonius besondere Kräfte. Enthaltsamkeit und asketische Abhärtung machten ihn vollkommen. Sein Beispiel beeindruckte viele, die ihm nacheiferten.

Eine andere, nicht minder anziehende Idee vom mönchischen Leben hatte

Pachomius.⁵⁵ Er begründete um 325 in Oberägypten das Kloster als gemeinschaftliche Lebensform und verfasste eine Klosterregel, die sich sowohl mit den praktischen Fragen des Zusammenlebens als auch mit den Motiven des Mönchtums beschäftigte. Die monastische Lebensweise war vor allem in ihren drei Ursprungsländern ein großer Erfolg, sie zog Tausende von Anhängern an. Mit Pachomius' Klostergründung löste das Zusammenleben der Mönche, das Zönobitentum, keineswegs das Eremitentum ab. Dies brachte sogar noch ganz besondere Erscheinungsformen hervor. In Syrien trat mit Symeon in der ersten Hälfte des 5. Jahrhunderts ein Mönch auf, der hoch oben auf einer Säule tagein tagaus der Natur ausgeliefert seine Askese praktizierte und damit zahlreiche Nachahmer fand, die Styliten oder Säulenheiligen. In der Volksfrömmigkeit erlangten sie großes Ansehen. Die weit gespannten Kommunikationsnetze des Christentums kann man daran erkennen, dass die Säulenheiligen auch Nachahmer bei den Franken in den Ardennen fanden, was dort allerdings von den Bischöfen unterbunden wurde.⁵⁶ Die Spannung zwischen der einsamen Flucht der Eremiten aus der Welt und dem mönchischen Zusammenleben der Zönobiten durchzieht die Geschichte des Mönchtums bis heute.

Das östliche Mönchtum hat mit beiden Strömungen den Westen des Reiches nachhaltig beeinflusst. Martin von Tours – der Heilige, der alljährlich von Katholiken und inzwischen auch von Protestanten in Laternenumzügen am 10. oder 11. November besungen wird – verkörperte eher den Geist der Eremiten. Die Heiligenlegenden, die sich bald um seine Person zu ranken begannen, fingen etwas von diesem Charakterzug ein.⁵⁷ Vor der Bischofswahl versteckte er sich, um dem Amt zu entgehen, wurde allerdings der Legende nach von schnatternden Gänsen verraten, was diesen wiederum später die Volksfrömmigkeit durch den Brauch der Martinsgans heimzahlte. Selbst als Bischof soll er eine Holzhütte außerhalb der Stadt bevorzugt haben. Seine erste Gründung in Ligugé um 360 war eine «Anachoretenkolonie»,⁵⁸ in der zweiten Klostergründung in Marmoutier bei Tours überwogen dann die zönobitischen Elemente. Martin von Tours ist ein Beispiel für einen monastischen Mittelweg zwischen Eremitentum und Zönobitentum.

Wichtige Klostergründungen kamen eine Generation nach Martin von Tours in Südfrankreich zustande.⁵⁹ Sie führten in vielem die ägyptischen Vorbilder fort und setzten doch auch deutlich andere Akzente. Die Verbindung des Klosters mit dem Ideal philosophischer Zurückgezogenheit und Bildung war das Erbe römischer Intellektualität. Daher kann man bei der Klosterkultur nicht einfach von einer «Einpflanzung des Orients in den Weg des Westens»⁶⁰ sprechen, wie dies Peter Sloterdijk in seinen Etüden zur Askese anmerkte. Honoratus gründete um 400 auf Lérins, einer Insel vor Cannes, ein Kloster, der Priester Johannes Cassianus (360–435) etwa 415 in Marseille. Beide hatten Ägypten besucht und sich beim Aufbau ihrer Gemeinschaft an diesen Erfahrungen orientiert. Hinzu kam aber noch eine andere, die erwähnte spezifisch «westliche» Note. Die beiden Klöster zogen eine andere Klientel an als die oberägyptischen. Deren Vorbild Antonius hatte aus seiner Unbildung kein Hehl gemacht, Bücher und Studium galten ihm als schädlich für den Heilsweg eines Mönches. Den südfranzösischen Klöstern wandten sich hingegen viele Mitglieder der gebildeten gallorömischen Oberschicht zu. Auch Klöster für Frauen wurden eingerichtet. In den aufkommenden Wirren der Völkerwanderung und dem sich abzeichnenden Zusammenbruch des Römischen Reiches fanden sie in den Klöstern im Süden Zuflucht und verbanden dies mit dem altrömischen Ideal des Rückzugs ins Landleben.[61] Cicero und an ihn angelehnt Augustinus hatten dieser philosophischen Lebensform des Rückzugs aus der Welt zum Zwecke des geistigen Austauschs in den Gesprächen in Tusculum oder in den Dialogen in Cassiciacum literarische Denkmäler gesetzt.

Gut einhundert Jahre später wurde die Idee des geistigen Austauschs bei einer Klostergründung durch den Römer Cassiodor (485–580) in Vivarium in Kalabrien wirksam.[62] Dieser stammte aus einer vornehmen Familie und diente nach der Hinrichtung des Boethius zunächst noch Theoderich und nach dessen Tod seiner Tochter Amalasuntha als höchster Beamter des Ostgotenreiches, lebte nach dem Eingreifen Justinians in Italien einige Zeit in Konstantinopel und zog sich 555 nach Vivarium zurück. Die Vorgeschichte ist unübersichtlich, doch offensichtlich hatte Cassiodor die Idee, nach philosophischem Vorbild eine christliche Akademie in Rom zu begründen. Da aus diesem Plan nichts wurde, zog er sich auf das Land zurück, das seiner Familie gehörte, richtete aus seinem Vermögen eine Bibliothek ein, begründete ein Kloster und lebte nach den Regeln der Mönche – obgleich er selbst aller Wahrscheinlichkeit nach nicht Mönch wurde. Den Rückzug ins Kloster beschrieb er selbst als Bekehrung. Cassiodor entwarf einen Studienplan, der auf eine profunde philologische und philosophische Grundlagenbildung der Mönche zielte[63] und damit die *artes liberales* des mittelalterlichen Studiensystems vorbereitete. Für Cassiodor gehörte dazu auch das Studium antiker Autoren, deren Schriften er in seiner Bibliothek sammelte. Nicht alle Klöster orientierten sich zunächst an diesem Ideal, aber spätestens in der karolingischen Renaissance wurde es zu einem festen Bestandteil des Klosterlebens.

Ein weiteres Motiv zeichnete sich bei den westlichen Klostergründungen ab. Cassian gründete nicht nur die ersten Klöster in Südfrankreich, er stellte auch Überlegungen an, was überhaupt der religiöse Sinn des klösterlichen Lebens sei.[64] In seinen «Gesprächen mit den Wüstenvätern», den *Collationes patrum*, listete er die Anstrengungen des mönchischen Lebens nüchtern auf: den «Hunger des Fastens, [...] die Müdigkeit des Nachtwachens, die beständige Lesung und Betrachtung der hl. Schriften, [...] die unaufhörliche Arbeit, die Blöße und [den] Mangel an Allem, [...] die schaurige, ödeste Wüsteneinsamkeit».[65] Ziel all dessen ist das «Himmelreich».[66] Das klingt recht schlicht und hat später vielen Missverständnissen Vorschub geleistet, die den klösterlichen Lebenswandel als eine besondere Spielart des Heilsegoismus brandmarken, der meine, sich durch extravagante religiöse Leistungen das Himmelreich verdienen zu können. Die Suche nach Erlösung war gewiss ein wichtiges Motiv für den Weg ins Kloster, aber die Dinge liegen etwas komplizierter, denn das Endziel «Himmelreich» lässt sich allein mit menschlicher Anstrengung nicht erreichen, und das Klosterleben kann nur die Voraussetzungen dafür schaffen: «Unser nächstes Ziel», so Cassian, «ist die Reinheit des Herzens, ohne welche es unmöglich ist, daß Einer zu diesem Endziel gelange», und dies bedeutet, «unsern Lauf ganz gerade wie nach einer bestimmten Linie» auszurichten.[67] Die klösterliche Anstrengung muss also einem Plan der schrittweisen Lebensvervollkommnung folgen. Dazu diente ein festgefügter Tagesablauf, den Cassian mit der folgenreichen Idee der Stundengebete liturgisch rahmte. Es war aber auch erforderlich, sich selbst zu erforschen und die eigenen Schwächen genau in den Blick zu nehmen, um sie überwinden zu können. Cassian entwickelte daher ein System der Seelenintrospektion.[68] Seine Schrift «Von den Einrichtungen der Klöster» beschäftigt sich zwar auch mit Fragen der Kleidung und der Gebetsabläufe, sieben der insgesamt zwölf Bücher erörtern jedoch die Hauptsünden der menschlichen Natur, die es zu erkennen und zu überwinden gilt. Wir finden bei Cassian schon zu Beginn des 5. Jahrhunderts einen Katalog von Lastern, der die spätere christliche Lehre von den sieben Todsünden vorwegnahm: «Die Gastrimargie, was Gaumenlust bedeutet, zweitens die Unkeuschheit, drittens die Philargyrie, worunter man die Habsucht, genauer die Liebe zum Gelde versteht; viertens der Zorn, fünftens die Traurigkeit; sechstens die Acedie, d. h. Beängstigung, innerer Ueberdruß, siebentens die Kenodoxie., d. i. die eitle oder nichtige Ruhmsucht, achtens der Stolz.»[69] Cassian nannte noch acht Sünden, Traurigkeit und Acedie wurden später jedoch zu einer zusammengefasst.[70] Sinn dieser Kataloge war es, das Bewusstsein für die Gefahren aus dem eigenen Inneren zu schärfen. Um dagegen anzukämpfen, bedurfte es der andauernden asketischen Übung und der besonderen Seelenführung. Die klösterliche Existenz war kein Zustand, sondern der Prozess einer stetig an sich arbeitenden Lebensführung. Schon die frühen Formen des Klosters im Westen haben damit ein Doppeltes für die abendländische Kulturgeschichte auf den Weg gebracht: die «europäische Subjektivitätskultur»[71] verbunden mit dem Ideal einer disziplinierten Lebensführung.

Benedikt von Nursia

Aus dem italischen Mönchtum ging schließlich mit Benedikt von Nursia die das westliche Christentum prägendste Gestalt hervor. Die ihm zugeschriebene Benediktsregel ist das wichtigste Fundament westlicher Klosterkultur. Über sein Leben weiß man so wenig, dass immer wieder diskutiert wird, ob er überhaupt gelebt hat.[72] Die einzige Quelle sind die Ende des 6. Jahrhunderts, etwa eine Generation nach Benedikts Tod, verfassten Dialoge Papst Gregors des Großen. Gregor hatte, ähnlich wie Athanasius bei Antonius, kein biographisches Interesse im modernen Sinn, sondern wollte das Leben eines exemplarischen Heiligen preisen. Diese Quellenproblematik hat zusammen mit der verzwickten Textgeschichte der Benediktsregel Anlass zu der Vermutung gegeben, es habe die historische Persönlichkeit Benedikt nie gegeben, sondern es handle sich um eine idealtypische Konstruktion.[73]

Aus den späteren Angaben geht hervor, dass Benedikt um etwa 480 in Nursia, dem heutigen Norcia in Umbrien, in eine vermögende Familie hineingeboren wurde.[74] An einem Studium in Rom fand er wenig Gefallen und zog sich in die Einsamkeit der Berge zurück. Östlich von Rom lebte er jahrelang in einer Grotte in Subiaco, wurde von einer klösterlichen Gemeinschaft in der Umgebung zum Abt gewählt, verließ diese aber wohl im Streit wieder. Nach einem erneuten Rückzug in die Einsamkeit gründete er mit seinen Anhängern um 530 das Kloster Monte Cassino. Kurz danach könnte die Regel entstanden sein. Zwischen 555 und 560 starb Benedikt.

Regelwerke begleiteten das Mönchtum von Anfang an: Pachomius verfasste eines, Cassians «Einrichtungen» erhoben einen ähnlichen Anspruch und auch die Kirchenväter Basilius und Augustinus entwarfen Programme des monastischen Lebens. Im Westen setzte sich Benedikts Regel als Maßstab für alle späteren Ordensregeln durch. Die Benediktiner gelten daher als ältester Orden der westlichen Kirchen. Allerdings dauerte es über zwei Jahrhunderte, bis die Regel ihre Geltung erlangte und man im eigentlichen Sinne von Benediktinern sprechen kann. Die Protektion eines vielfach geehrten Papstes, Gregors des Großen, und später die auf vereinheitlichende Ordnung zielende Religionspolitik der Karolinger waren wichtige Gründe für den Aufstieg der Benediktsregel.

Moderne Forschungen zur Textgeschichte[75] zeigen, dass Benedikt zentrale Elemente von seinen Vorgängern Pachomius, Cassian, Basilius und Augustinus übernommen hat. Zudem ist seine Regel über weite Passagen von der Magisterregel, dem Werk eines Unbekannten, literarisch abhängig. Die Kompilation war

Ausdruck einer tiefen Ehrfurcht vor den Leistungen seiner Vorgänger, er fügte deren Überlegungen zusammen und verlieh ihnen seine eigene Note. Benedikts Regel fasste alle wichtigen altkirchlichen Ansätze zusammen. Sie zog die Summe der klösterlichen Lebensformen in einer imposanten Mischung aus römischer Klarheit und Disziplin, asketischer Frömmigkeit, einem feinen Sinn für die feierliche Praxis des Gebets und schließlich aus einem nüchternen Pragmatismus. Wichtige Erscheinungsformen des abendländischen Mönchtums sind bei Benedikt grundgelegt und noch heute, eineinhalb Jahrtausende später, in Geltung: die einheitliche Kleidung, die festen Gebetszeiten, geregelte Mahlzeiten mit Lesung, die Verbindung von Bibelstudium und Arbeit sowie vor allem die mönchischen Ideale des Gehorsams und der Armut.

Benedikt sieht für die Mönche strenge Aufnahmeregeln vor. Der Umstand, dass «der Eintritt nicht leicht gewährt»[76] werden soll, begründet das Noviziat als Vorbereitungs- und Einübungszeit. Erst nach dem feierlichen Versprechen wird die endgültige Aufnahme vollzogen. Benedikts Regelungen lassen ein deutliches Bewusstsein dafür erkennen, dass das klösterliche Leben nicht für jeden geeignet ist. Die Aufnahmebestimmungen sind aber auch ein interessantes Indiz dafür, dass es an Eintrittswilligen nicht mangelte.

Im Zentrum des Tagesablaufs steht das Gebet, er wird gegliedert in die Laudes am Morgen, die Vesper am Abend und die Komplet vor der Nachtruhe.[77] Hinzu kommen Gebete zur ersten (Prim), dritten (Terz), sechsten (Sext) und neunten Stunde (Non) sowie das Nachtgebet der Vigilien. Auf diese Zeiten werden die Psalmen so aufgeteilt, dass im Rhythmus einer Woche alle 150 Psalmen gebetet werden. Ergänzt werden die gesungenen Psalmen durch Schriftlesungen und feste Lieder wie zum Beispiel das Magnificat. Auch wenn man in dieser Frühphase noch nicht im eigentlichen Sinne von Gregorianik sprechen kann, gibt es Indizien für eine zunehmende Professionalisierung durch Solisten und Chöre.[78] Für Sonn- und Feiertage gilt eine umfangreichere Liturgie. Den festgelegten Zeiten kommt ein durch Schriftworte zugewiesener symbolischer Wert zu. So gilt beispielsweise die dritte Stunde – gerechnet wird nach antiker Zählung von morgens sechs Uhr an – als Zeitpunkt der Kreuzigung, die neunte als Todeszeit Jesu.[79] Das Stundengebet der Mönche strukturiert den Tag somit nach der Ordnung der Heilsgeschichte. Die Gebetsabfolge ist als kontinuierlicher Lobpreis Gottes gedacht, sie bedeutet aber zugleich auch, die eigene Zeit in den tieferen Sinn göttlicher Zeitordnung zu stellen.

Der innere Geist des klösterlichen Lebens konzentriert sich bei Benedikt auf zwei Haltungen: den Gehorsam und den Verzicht auf Besitz. Für moderne Leser mag es erstaunlich sein, dass Benedikt die Keuschheit, also die Ehelosigkeit und die Sexualaskese, allenfalls am Rande erwähnt. Sie galt ihm offensichtlich als selbstverständlich, denn in seinem Tugendkatalog taucht sie nur unter anderen zu erstrebenden Idealen auf und scheint keiner besonderen Erörterung zu bedürfen[80] oder kann pragmatisch abgehandelt werden.[81] Die ausdrückliche Aufnahme der Keuschheit in die klösterlichen Gelübde ist viel späteren Datums. Das Thema spielte zwar im Frühmittelalter und, wie die Antonius-Vita zeigt, auch schon in der Spätantike eine Rolle, Benedikts Umgang damit ist jedoch weit entfernt von dem neurotischen Interesse der Neuzeit daran. Keuschheit galt als selbstverständliche Praxis eines asketischen Lebens.

Weit mehr Aufmerksamkeit widmet Benedikt dem Gehorsam. Er ist das Kernstück des «heiligen Dienstes».[82] Dabei geht es nicht um ein rein äußerliches Befolgen von Anordnungen, sondern um die Auslöschung des eigenen Willens als unerlässliche Voraussetzung für den Heilsweg. Nicht in äußerlichen Verzichtleistungen, sondern in der Aufgabe des eigenen Wollens und Begehrens gipfelt die Askese. Folgerichtig erscheint dann die Ablehnung allen Eigentums. Gar nichts darf der Mönch sein Eigentum nennen,[83] er soll ganz darauf vertrauen, dass ihm der Abt alles zuteilen wird, was er braucht. Der eigentliche Sinn der Besitzlosigkeit liegt damit im Gewinn an innerer Freiheit. Ohne kundige Seelenführung ist die klösterliche Askese nicht zu meistern. Benedikts Regel räumt dem Abt eine wichtige und mächtige Rolle ein, im Kloster vertritt er gar «die Stelle Christi (*vices Christi*)».[84] Zugleich betont Benedikt aber auch die außerordentliche Verantwortung des Abtes und entfaltet ein Grundkonzept wahrer geistlicher, allein an den Geboten Christi ausgerichteter Seelenführung.[85] Die innere Haltung des monastischen Lebens fasst schön das Kapitel über die Demut zusammen. Benedikt beschreibt darin die Askese als einen in Stufen aufsteigenden Prozess. Am Ende steht «die vollendete Gottesliebe, die alle Furcht vertreibt».[86]

Über die innere Einübung des monastischen Lebens hinaus trifft Benedikt eine Reihe von praktischen Anordnungen. Mönche auf Wanderschaft verabscheut er und nennt sie «eine ganz widerliche Art von Mönchen».[87] Er begründete die *stabilitas loci*,[88] die den Mönch zeitlebens an sein Kloster bindet. Zu den praktischen Anweisungen gehört auch die Aufforderung zu körperlicher Arbeit, auch wenn man das *Ora et labora* vergeblich in der Benediktregel suchen wird. «Müßiggang ist der Seele Feind»[89] und schon darum ist die Arbeit nützlich. Darüber hinaus führt er aus, wie mit Verfehlungen umgegangen werden solle oder wie bei Krankheit die Fastengebote zu wahren seien. Bei aller gebotenen Strenge der Askese lässt Benedikt darin auch eine Milde erkennen, die aufrichtiger Humanität geschuldet ist.

Die Geburt Europas aus dem Geist des Klosters

Die außergewöhnliche Bedeutung des Klosters für die europäische Kulturgeschichte beruht auf drei Faktoren. Erstens hat der benediktinische Geist eine innere Haltung hervorgebracht, die einen Wesenszug europäischer Mentalität ausmacht. Die benediktinische Askese bedeutet im Wesentlichen methodisierte Lebensführung, und in diesem Sinne ist Europa tatsächlich aus dem Geist der Askese geboren. Das mag aufs Erste befremden, denn gerade die asketische Seite des klösterlichen Lebens verträgt sich kaum mit den Idealen der heutigen Lebenswelt. Askese gilt als weltfremd und sinnenfeindlich, als das glatte Gegenteil dessen, was eine Welt begehrt, die aus gegenwärtiger Fülle zu leben hofft.

Einen luziden Blick auf die Bedeutung der Askese verdanken wir dem liberalen Kulturprotestanten Ernst Troeltsch, der zu Beginn des 20. Jahrhunderts wichtige Einsichten aus seinen Gesprächen mit Max Weber weiterführte. Die asketische Praxis der Mönche vereinte nach Troeltschs Auffassung vielfältige Einflüsse in sich, darunter auch das Erbe antiker Philosophie.[90] Platon und die Neuplatoniker lieferten das metaphysische Grundgerüst für eine Haltung, in der sich das Denken über die Sinnenwelt zur Erkenntnis des höchsten Guts erhob; die Stoiker entwarfen Konzepte einer «systematischen Schulung und Bearbeitung des Willens zur Herrschaft des sich selbst genügenden Geistes über Körper und Schicksal».[91] Damit war der Weg zu einer methodisierten Lebensführung anhaltender Selbstbeobachtung und Prüfung geebnet. Troeltschs Überlegungen sind von der jüngeren Philosophiegeschichtsforschung vielfach bestätigt worden. Vor allem Pierre Hadots Arbeiten zeigen, wie sehr antike Philosophie nicht nur auf Welterkenntnis, sondern auch auf eine entsprechende Lebenspraxis abzielt. Eingebettet in dieses philosophische Konzept der «Sorge um sich selbst» ist die Askese fester Bestandteil antiker Weisheitslehren.[92] Mit Askese – wörtlich Übung – ist die eigene Lebensführung auf den erkannten tieferen und der sinnlichen Wahrnehmung entzogenen Sinn hin auszurichten. Zu dieser Weisheit gehört im Dienste des höheren Gutes auch der Verzicht. Die Askese des Mönchtums hat aber natürlich auch genuin christliche Wurzeln, die sich bis auf Jesus zurückverfolgen lassen. Dazu zählt wesentlich der Gedanke, Leiden um eines höheren Zweckes willen auf sich zu nehmen oder gar sein Leben für andere zu geben.

Trotz des askesefeindlichen Klimas moderner Kultur ist selbst der alltäglichen Lebenserfahrung das Paradox nicht fremd, dass erst Verzicht Freiheit bedeutet. Man muss daher auch nicht lange suchen, um Fortwirkungen dieser asketischen Praxis zu finden. Sie reichen von den Empfehlungen der Lebenskunst in der frühen Neuzeit bis zu Schopenhauers Lobpreis des Verzichts auf die Durchsetzung des eigenen Willens.[93] Es überrascht schließlich nicht, dass in einer Kultur, die die Fülle ihrer Möglichkeiten bereits überschritten haben könnte, sogar die gemeinhin gering geschätzte Askese Aufmerksamkeit auf sich zieht.[94]

Die monastische Tradition kannte auch asketischen Ehrgeiz. Troeltsch weist auf «eine Aehnlichkeit mit der militärischen und sportlichen Disziplinierung des Körpers und des Willens»[95] hin. Daraus erwuchsen der klösterlichen Lebensform auch Probleme. Der Nähe der Askese zu einem Training sind viele Übertreibungen, Verzerrungen und Seelenqualen geschuldet. Nicht alle, die dieses Leben führen wollten, waren auch dafür geeignet, und nicht jeder Abt konnte die ihm übertragene Last der Verantwortung tragen. Die asketische Praxis konnte bisweilen Züge der Selbsterlösung annehmen. Missstände brachten immer wieder Reformbewegungen, vom Hochmittelalter an auch Wellen neuer Ordensgründungen hervor. Das Ideal einer besonderen, am Höchsten ausgerichteten Lebensform ging in der Realität der monastischen Lebensweise nicht unter. Über allen unbestreitbar praktischen Nutzen hinaus eröffnet es bis heute der Kultur eine Tiefendimension. Hegel hat das entsprechende Menetekel an die Wand gemalt. Wo man jene «Einsamen, die von ihrem Volke aufgeopfert und aus der Welt ausgeschieden wurden, zu dem Zwecke, dass die Kontemplation des Ewigen und ein ihr allein dienendes Leben vorhanden sei», aus einer Kultur vertreibt, erhofft man sich «die heitere Welt der Blumen [...], unter denen es bekanntlich keine schwarze gibt».[96]

Hegels Wort von der Aufopferung ist historisch durchaus zutreffend. Die Anfänge der monastischen Bewegung kannten den Brauch des *puer oblatus* und der *puella oblata*,[97] bei dem Knaben und Mädchen im Kindesalter dem Kloster übergeben, «geopfert» wurden. Die Benediktregel widmete sich ausdrücklich der Frage, wie dies konkret vonstatten zu gehen habe.[98] Diese Praxis mutet nicht erst heute irritierend an. Das sich wandelnde Verständnis persönlicher Selbstbestimmung setzte ihr bereits im Hochmittelalter ein Ende. Hinter der «Aufopferung» standen jedoch nicht nur versorgungstechnische Fragen, sondern ihr liegt ein besonderes Verständnis religiöser Solidarität und Arbeitsteilung zugrunde. Die klösterliche Lebensweise stellte eine herausgehobene religiöse Anstrengung dar, die sich von der Lebensführung des normalen Christen erheblich unterschied. Daraus entwickelte sich die Idee einer Zwei-Stufen-Ethik, die zwischen dem besonderen Heilsweg der Mönche und dem der gewöhnlichen Weltbewohner differenzierte. Die Askese der Mönche diente der Entsühnung der Welt und kam damit auch allen anderen zugute. Über Jahrhunderte entstand daraus eine ganz selbstverständliche Arbeitsteilung. Die «Bereitschaft zum Investieren in die Beter»[99] war ein fester Bestandteil dieser religiösen Solidargemeinschaft und förderte über Jahrhunderte die Akzeptanz und das Ansehen der Klöster.

Der außergewöhnliche Beitrag der Klöster zur europäischen Kultur lässt sich jedoch nicht vollständig aus der Bewegung Benedikts erklären. Hinzu kam, was Historiker als den irischen Sonderweg bezeichnen.[100] Auslöser war ein Zufall. Der im Norden Britanniens lebende Patrick wurde der Legende zufolge im frühen 5. Jahrhundert von Seeräubern nach Irland verschleppt und versklavt. Jahre später kehrte der inzwischen zum Christen gewordene Patrick jedoch ausgerechnet in das Land seiner Sklaverei zurück, um die Iren zu missionieren – mit offensichtlich durchschlagendem Erfolg. Die Folgen für das irische Selbstverständnis kann man noch heute bei den Paraden zum St. Patrick's Day in Dublin oder in amerikanischen Großstädten sehen.

Mit der Missionierung breitete sich auch die Lebensform des Klosters in Irland rasch aus. Bangor, östlich von Belfast im heutigen Nordirland gelegen, wurde zu einem der wichtigsten Klöster des Frühmittelalters. Das irische Mönchtum war außerordentlich streng. Die Tonsur, die Ohrenbeichte und die Bußstrafen, die den späteren Ablass vorbereiteten, stammen aus Irland.[101] Offensichtlich setzte sich die schon von Cäsar beobachtete strenge Religiosität der Kelten auch nach deren Übertritt zum Christentum fort.[102] Hinzu kam, dass die irischen Mönche in Abwandlung einer keltischen Strafform die *peregrinatio*, den freiwillig auf sich genommenen Auszug aus der Heimat, als eine Bußform der Askese praktizierten.[103] Es galt als besondere religiöse Tat, die Heimat zu verlassen, zu missionieren und Klöster in der Ferne einzurichten. Die Regel Benedikts stieß bei den Iren auf große Akzeptanz, allerdings vertrug sich die Idee der missionierenden Wanderschaft nicht mit der von Benedikt geforderten Sesshaftigkeit. Die Spannung löste man durch eine «Mischregel».

Der Einfluss der irischen Mönche auf die europäische Klosterkultur kann nicht hoch genug eingeschätzt werden. Sie bildeten die entscheidende Basis für die Christianisierung Europas. Columbanus der Ältere gründete beispielsweise in der zweiten Hälfte des 6. Jahrhunderts das traumhaft gelegene Kloster auf der Insel Iona an der Westküste Schottlands, Columbanus den Jüngeren zog es schließlich auf den Kontinent. Von seinen zahlreichen Klostergründungen Anfang des 7. Jahrhunderts erlangten vor allem Luxeuil in Burgund und Bobbio in Norditalien große Bedeutung. Irische und später aus Britannien stammende Gelehrte beeinflussten bis weit in die Karolingerzeit hinein das intellektuelle Klima Europas. Durch die Kombination einer Buch- und Schriftkultur mit einem spezifischen Arbeitsethos verliehen sie dem Klosterleben eine kulturell höchst folgenreiche Prägung.[104]

Denn die irische Buchverehrung verband sich drittens mit einer Antriebskraft vom – man muss es gemessen an den damaligen Verhältnissen so sagen – anderen Ende der Welt. Sie nahm die maßgeblich von Cassiodor vertretene römische

Intellektualität in sich auf, dessen Gemeinschaft den klösterlichen Rückzug aus der Welt mit dem Studium christlicher und antiker Autoren verband. Es entwickelte sich das klösterliche Skriptorium, und mit dem Abschreiben antiker Texte begann eine Bewegung, der Europa Unermessliches verdankt. Es ist nicht übertrieben, von einer «der großen Rettungsaktionen für das Weltkulturerbe»[105] zu sprechen. Von diesem Fundament aus hatten die Klöster maßgeblichen Anteil an der Christianisierung und der Bildung der Bevölkerung. Sie wurden zu Stätten der Gelehrsamkeit, stellten in der Binnenkolonialisierung einen beträchtlichen Wirtschaftsfaktor dar und prägten entscheidend die Entwicklung der Musik, der Kunst und der Architektur in Europa.

4
Licht aus dem Westen

Die eng mit dem Mönchtum verbundene Christianisierung Europas erhielt aus Rom wichtige ideelle Unterstützung durch Papst Gregor den Großen, und sie wurde nach Chlodwigs Taufe auch von der aufstrebenden fränkischen Großmacht befördert. Die konkrete Missionsarbeit übernahmen jedoch andere: zunächst irische, dann angelsächsische Mönche. Das Europa jenseits des Limes aus römischen Zeiten wurde im 7. und 8. Jahrhundert von Nordwesten her missioniert.[106]

Die Mission der Angelsachsen

Das Christentum hatte in Britannien zwar schon unter den Römern Einzug gehalten, aber nach deren Verlassen der Insel trafen die Völkerwanderungswirren die verbliebenen Christen besonders hart.[107] Von den Regionen am Unter- und Oberlauf der Elbe ergossen sich Ströme von Angeln und Sachsen über Britannien, die im Gegensatz zu den germanischen Invasoren im Süden keine Christen, sondern Heiden waren. Die Rechristianisierung Britanniens ging auf einen in Rom gefassten und von dort aus gesteuerten Plan zurück. Das ist auch als Indiz für die unter Gregor dem Großen gestiegene «internationale» Bedeutung des Papsttums zu sehen (siehe Seite 176–178). Der Legende nach war das Motiv für die Mission der Angelsachsen Gregors Sorge um das Seelenheil der angelsächsischen Gefangenen auf dem Sklavenmarkt in Rom.[108] Der von ihm entsandte Missionar Augustinus und dessen Schüler Paulinus konnten anfangs beträchtliche Erfolge erzielen: Nachdem sich seine Bekehrung zunächst mühsam gestaltet hatte, empfing der angelsächsische König von Kent, Ethelbert, zusammen mit seinen Untertanen die Taufe. Der große Chronist dieser Frühphase der englischen Kirchengeschichte, Beda Venerabilis, konnte zwar knapp einein-halb Jahrhunderte später in seinem 731 begonnenen Werk auf den endgültigen Erfolg der Christianisierung der Angelsachsen zurückblicken, doch der Weg dahin war von Rückschlägen begleitet.

Die Missionierung der Angelsachsen bildete die Basis für einen neuen Aufbruch in der Christianisierung Europas. Ein Bindeglied war dabei aufgrund der geografischen Lage Deutschland. Ebenso wie in England gab es auch hier schon unter den Römern in wichtigen Städten des Imperiums wie Trier, Mainz und Köln Bischofssitze. Die Zerstörungen der Völkerwanderungszeit trafen diese Bistümer allerdings hart, erst vom 6. Jahrhundert an fassten Bischöfe und mit ihnen Gemeinden dort wieder Fuß. Über die fränkische Expansion gelangte in einem zweiten Schritt das Christentum zu den Alemannen. Das Bistum Konstanz war eine solche Neugründung am Ende des 6. Jahrhunderts. Ebenfalls Folge der fränkischen Expansion war die Erschließung Mainfrankens mit dem Zentrum in Würzburg. In Bayern, das auch zum Teil schon unter den Römern christianisiert war, betrieben die Agilolfinger von Regensburg und Freising aus die Christianisierung der Bajuwaren; Salzburg war hingegen der Stützpunkt der Slawenmission. Die Missionierung Süddeutschlands war eine irofränkische Gemeinschaftsaktion. Noch heute sind die Spuren der Christianisierung tief in das kulturelle Gedächtnis dieser Regionen eingeschrieben. In Würzburg findet man solche von dem Iren Kilian, in Regensburg von dem Aquitanier Emmeran, in Freising von dem Irofranken Korbinian und in Salzburg von dem Franken Rupert, deren Wirksamkeit von der Mitte des 7. bis zum Beginn des 8. Jahrhunderts reichte.[109]

Eine neue Dimension eröffnete die Missionierung der «wüsten» Gebiete jenseits des alten Limes, also etwa jenseits der Rhein-Main-Donau-Linie. Diese Aufgabe fiel ab dem 8. Jahrhundert den Angelsachsen zu, die damit in der missionarischen Wirksamkeit die irischen Missionare in den Hintergrund drängten. Die Motive für dieses Großprojekt waren vielfältig. Seit ihrer eigenen Missionierung bestand eine besondere Loyalität der Angelsachsen zu Rom, es gab aber auch stammesgeschichtliche Bande zu den Friesen und Sachsen. Qualitativ neu an dieser letzten Stufe der Christianisierung Deutschlands ist die nun offensichtliche Verbindung von Politik und Kirche, von fränkischem Expansionsdrang und christlichem Missionswillen.

Vom Handwerk eines Missionars: Bonifatius

Die Stränge verknüpften sich im Wirken des Bonifatius, des «Apostels der Deutschen». An ihm kann man exemplarisch studieren, wie die römisch-fränkische Zusammenarbeit bei der Christianisierung vonstatten ging.[110] Bonifatius wurde als Wynfreth um 675 vermutlich in der Nähe von Exeter geboren. Dem damaligen Brauch folgend, übergaben ihn seine Eltern als *puer oblatus* im Knabenalter dem Kloster. Dort stieg er in verschiedene Funktionen auf und wurde 717 schließlich Abt. Im für damalige Verhältnisse durchaus fortgeschrittenen Alter von über vierzig Jahren folgte er seiner eigentlichen inneren Bestimmung, entschloss sich zur *peregrinatio* und widmete sich ganz dem Missionsauftrag. Bonifatius lieferte damit ein Beispiel für die enorme intrinsische Motivation dieser frühen Missionare. 719 ließ er sein Vorhaben in Rom päpstlich legitimieren und erhielt dabei den Namen Bonifatius. Er schloss sich zunächst der Friesenmission seines berühmten Landsmanns Willibrord an, doch scheint es zwischen den beiden Angelsachsen zu Spannungen gekommen zu sein. Unter eigener Regie kümmerte sich Bonifatius erst um die Missionierung in Hessen, dann in Thüringen. Ab etwa 730 traten organisatorische Aufgaben in den Vordergrund, dazu gehörte die Schaffung fester Kirchenstrukturen vor allem in Bayern. In diese Zeit fiel die Klostergründung in Fulda sowie die Einrichtung oder Reorganisation der Bistümer Büraburg, Erfurt, Würzburg, Eichstätt, Regensburg und Freising. Kirchenpolitisch ist diese Phase seines Wirkens aufschlussreich, denn sie zeigt das neue Bemühen, Bistümer auch mithilfe des eingerichteten Amtes eines Erzbischofs einheitlich und auf Rom hin ausgerichtet zu organisieren.[111] Man mag darin Vorboten dessen sehen, was die Preußen im 19. Jahrhundert Ultramontanismus nannten, man kann dies aber auch als beeindruckende Universalisierung der Kirche verstehen. Die päpstliche Anerkennung war Bonifatius dabei sicher, er wurde bei einer seiner Romreisen zum Missionsbischof geweiht und später zum Erzbischof ernannt. Nach anfänglicher Unterstützung entzogen die fränkischen Herrscher ihm jedoch mehr und mehr ihren Beistand. Das lag zum einen daran, dass Bonifatius in deren Machtkämpfen einen strategischen Fehler beging,[112] zum anderen aber auch am erstarkenden Selbstbewusstsein der Herrscher, die in Fragen der kirchlichen Organisation mehr Mitspracherecht beanspruchten und den Erzbischof von Roms Gnaden zu umgehen suchten. Bonifatius' letzte Jahre waren von den Anfängen eines Konflikts zwischen weltlicher und kirchlicher Macht geprägt, der das ganze Mittelalter in Atem hielt. Zu dem bedeutendsten politischen Ereignis der Zeit, der Königskrönung Pippins im Jahre 751, mit der die Ablösung der Merowinger durch die Karolinger besiegelt wurde, war Bonifatius nicht geladen – die Franken wünschten unter sich zu bleiben. Er erkannte die Zeichen und zog sich auf sein letztes Abenteuer zurück, mit dem seine Missionstätigkeit auch begonnen hatte: die Mission der Friesen. Wie von ihm erwünscht oder zumindest billigend in Kauf genommen, fand er dabei im hohen Alter von achtzig Jahren den Märtyrertod. Bei Dokkum wurde er 754 erschlagen, möglicherweise jedoch nicht als Märtyrer, sondern als Opfer eines Raubmords. Seinem Willen entsprechend wurde er in Fulda begraben, wo rasch seine Verehrung als Heiliger einsetzte. Ebenso bald verfasste der Bischof Willibald eine Lebensdarstellung – allerdings ganz im Stile der Heiligenvita. Historisch aufschlussreicher ist die ausführliche Korrespondenz mit Rom, die Bonifatius hinterlassen hat. Die Briefe bieten einen einzigartigen Einblick in den Missionsalltag der Christianisierung.

Bonifatius reiste, wir wissen dies durch die ausführlichen Schilderungen der Umstände seines Todes, mit Mitarbeitern und auch mit einer militärischen Begleitmannschaft. Deren Aufgabe war aber nicht, die Mission mit dem Schwert zu unterstützen, sondern die Reisenden vor Überfällen, aber auch vor wilden Tieren zu schützen. Denn nicht jedermann hatte die Gabe des späteren Freisinger Bischofs Korbinian, von dem die Legende berichtet, er habe einen Bären davon überzeugen können, anstelle des von ihm gerissenen Lasttieres die Habseligkeiten des Missionars zu tragen.

Die Religionen, die Bonifatius vorfand, dürften eine Mischung aus der Verehrung eines germanischen Götterolymps und Formen einer Naturreligion gewesen sein, in denen beispielsweise Bäume und Quellen verehrt wurden. Gegen diese Form von Religion schritt Bonifatius mit einer seiner berühmtesten Taten zu Felde: In Geismar fällte er die gewaltige Donar-Eiche. Das Ereignis ist interessant für das Verständnis des Verhältnisses von Schwert und Mission. Bonifatius trieb keine gewaltsame Mission, aber für eine Tat dieses spektakulären Ausmaßes wählte er offensichtlich vorsichtshalber die Nähe zu einer fränkischen Garnison. Doch es geschah nichts. Das Unvermögen des geschändeten Gottes, sich gegen Bonifatius zu wehren, habe, so sein Biograph Willibald, eine Massenbekehrung zur Folge gehabt.[113] Jenseits des Spektakulären ist Bonifatius' Tat aufschlussreich für einen folgenschweren Prozess. Das Christentum entdämonisierte zunehmend die Phänomene der Natur, aber nicht nur das, es entheiligte sie damit auch.

Hauptmittel seiner Mission war für Bonifatius nicht die Tat, sondern das Wort. Praktisch setzte das hohe Anforderungen an die Kenntnisse der Volkssprachen voraus, didaktisch ein außerordentliches Geschick zur Elementarisierung. Die Missionspredigten liefen nach einem bestimmten Schema ab.[114] Die nativen Götter wurden als Götzen kritisiert. Ihnen wurde die Macht des Christengottes gegenübergestellt, der seine Kraft durch die Auferstehung Jesu Christi beglaubigt hatte. Gerade der Religionsvergleich war nach Belieben und Ermessen des Missionars auszugestalten. Nachweislich spielte hier eine wichtige Rolle, welche zivilisatorische Überlegenheit, welche blühenden Landschaften und kulturellen Segnungen die Missionare für den Fall eines Übertritts zum Christentum in Aussicht stellen konnten.[115] Es folgte der Aufruf zur Umkehr und die Gerichtsandrohung. Der Religionswechsel selbst vollzog sich dann in einer Absage an die alten Götter, einem Bekenntnis zum Christengott und schließlich im Empfang der Taufe. Dieser kam nun die Bedeutung eines «Herrschaftswechsels»[116] zu.

Mit der Taufe allein war es allerdings nicht getan. Der bloße Übertritt konnte noch keine christliche Glaubenspraxis garantieren. Offensichtlich konnte sich Bonifatius auf der Amöneburg, einem fränkischen Stützpunkt in der Nähe des heutigen Marburg, selbst bei ranghohen Vertretern der fränkischen Verwaltung ein erschütterndes Bild davon machen, welches «Durcheinander von paganer und christlicher Religiosität»[117] möglich war. Ein Bekehrter musste in den Kategorien seiner eigenen Welt verstehen können, was die neue Religion bedeutete. Das erforderte symbolische Übersetzungsleistungen – das hermeneutische Grundhandwerkszeug aller Missionare. Dass das Christentum einen strikten Monotheismus lehrt, hatte sich schon in der angelsächsischen Mission als große Hürde erwiesen. Manchem Stammesführer hätte es nichts ausgemacht, auch Christus zu seinem Götterbankett einzuladen – auf einen Gott mehr oder weniger kam es nicht an –, alle anderen aber auszuladen, das war entschieden zu viel verlangt.[118] Aus diesen Gründen war über die Bekehrung hinaus eine beträchtliche missionarische Nachsorge erforderlich, und es wird klar, warum bei Bonifatius Mission und Kirchenorganisation so eng verflochten waren.

Die frühmittelalterlichen Christianisierungswellen werfen einmal mehr die Frage auf, warum Menschen Christen wurden. So aufschlussreich Bonifatius' Berichte sind, von den Bekehrten selbst gibt es keine Äußerungen zu ihren Motiven. Schon die Zeitgenossen Patricks konnten sich den Erfolg seiner Mission letztlich nicht erklären und mussten sich mit allerlei erfundenen Geschichten behelfen.[119] Im Kern sind die Missionserfolge an eine nachweisliche, aber schwer zu erfassende religiöse Überzeugungskraft des Christentums gebunden, die sicher auch mit der persönlichen Ausstrahlung der Missionare zu tun hatte. Besser zu greifen ist eine andere Dimension, die in der Missionierung der Germanen ihren Anfang nahm, im Frühmittelalter zur Blüte gelangte und von da an alle künftigen Missionsprojekte des Christentums entscheidend begleitete: Christentum bedeutete im Wesentlichen auch Zivilisierung und Eingliederung in einen umfassenden Kulturzusammenhang.

Bonifatius' Missionstätigkeit war die Basis für die fortschreitende Christianisierung Europas, zunächst der Friesen im Norden, der Sachsen im Osten, der Awaren im Südosten. Damit war eine Ausbreitungsdynamik in Gang gesetzt, die die folgenden Jahrhunderte prägte. Seit dem 9. Jahrhundert zeitigte die Mission in Skandinavien Erfolge, obgleich die Voraussetzungen dort um einiges schwieriger waren, als sie Bonifatius in Hessen oder Thüringen vorgefunden hatte.[120] Die Ottonen setzten die Ostbewegung fort und kolonisierten und missionierten die Territorien östlich der Sachsen – ein zähes Unternehmen, das mehrere Jahrhunderte in Anspruch nahm. Besonders in Mecklenburg, unter dem Volk der Prußen und bei den Litauern hielt sich bis ins 13. und 14. Jahrhundert hinein hartnäckiger Widerstand, der auch mit dem Streben nach politischer Unabhängigkeit zu tun hatte.[121] Im Südosten setzten schon unter Bonifatius und dann unter Karl dem Großen von Salzburg aus Missionsbemühungen bei den Awaren ein, um sich von da aus den Slawen zuzuwenden. Die Slawenmission ist insofern ein interessanter Sonderfall, als hier die imperialen Mächte des Westens mit den Byzantinern aus dem Osten in Konkurrenz traten. Byzanz machte am Ende des 10. Jahrhunderts mit dem Übertritt der Rus zum orthodoxen Glauben das Rennen. Aus westlicher Perspektive ist daran bemerkenswert, dass die byzantinische religiöse Prachtentfaltung in der Slawenmission eine nicht unerhebliche Rolle gespielt zu haben scheint.[122] Die ethnisch-religiöse Zusammensetzung Europas hat mit all ihren Besonderheiten wie der Spaltung der slawischen Völker in katholische und orthodoxe Christen ihre Ursprünge in den Missionsbewegungen des frühen Mittelalters. Der Prozess der Christianisierung dauerte indes Jahrhunderte bis ins hohe Mittelalter hinein, und die Grenzen zwischen Krieg und Mission waren dabei oftmals fließend.

5
Die karolingische Renaissance

Der Zusammenhang von Gewalt und Mission macht deutlich, dass es bei der Christianisierung um mehr ging als um die Verbreitung des christlichen Glaubens. Hinzu trat die Aura der Zivilisierung, aber auch der Expansionsdrang der Herrscher, der bei der kontinuierlichen Ausweitung des Frankenreichs unter den Karolingern am deutlichsten zu Tage trat. Die Karolinger formten ein Großreich, das die politischen und kulturellen Grundlagen Europas schuf. Allerdings waren sie auch berüchtigt wegen der Verbindung von militärischer Expansion und christlicher Mission.

Der rasante Expansionsdrang des Frankenreiches ging mit Aufsehen erregenden inneren Veränderungen einher.[123] Das Geschlecht der Karolinger, das als Hausmeier Verwaltung und Militär des Frankenreiches lenkte, entriss im 8. Jahrhundert den Merowingern den Königstitel. Einhard, der Biograph Karls des Großen, der selbst eine Frucht der karolingischen Renaissance war, beschrieb die Vorkommnisse lapidar als logische Folge: Der für die Merowinger «wertlose Königstitel»[124] musste auf die realen Machthaber übergehen. Der legitimatorische Aufwand eines solchen Herrschaftswechsels war dennoch beachtlich. Er erforderte die sakrale Abstützung durch den Papst, der dazu eigens die Königssalbung aufbot, mit der im Alten Testament der Übergang des Königtums von Saul auf David religiös legitimiert wird.[125] Die Möglichkeit der sakralen Herrschaftsabsicherung brachte dem Papsttum einen erheblichen Ansehensgewinn. Pippin, 751 «nach der neuesten Mode zum König gesalbt»,[126] revanchierte sich für die Königserhebung und wies dem Papst 754 das den Langobarden entrissene Territorium des Kirchenstaats zu. Die gegenseitige Abhängigkeit von König und Papst begründete das für die folgenden Jahrhunderte dauerhaft spannungsreiche Verhältnis von weltlicher und päpstlicher Macht.

Die zentrale Gestalt des karolingischen Aufstiegs ist Karl der Große. Die große Karls-Biographie von Johannes Fried trägt den Untertitel «Gewalt und Glaube».[127] Besser kann man Karls Lebenswerk kaum zusammenfassen. Er kam 742, knapp zehn Jahre vor der Königssalbung seines Vaters, auf die Welt. Nach – wie unter den Karolingern üblich – rüden Erbfolgestreitigkeiten stieg er 771 zum alleinigen König auf. Karl führte, wie sein Biograph Einhard chronologisch auflistet, der Reihe nach an allen Grenzen seines Reiches Kriege. Bei seinem Tod 814 hatte er sein Reich verdoppelt und das fränkische Territorium von den Pyrenäen bis zur Elbe und von der Nordsee bis nach Italien ausgeweitet. Die an Weihnachten 800 erfolgte Kaiserkrönung erschien als logische Konsequenz dieses Aufstiegs. Karl bewegte sich auf Augenhöhe mit dem Kaiser von Byzanz – zum Zeitpunkt seiner Krönung war dies eine Frau, die Kaiserin Irene – und dem Kalifen Harun al-Raschid in Bagdad, der ihm kostbare Geschenke aus dem reichen Schatz arabischer Kulturblüte überbringen ließ. Die Kaiserkrönung offenbarte vieles über Karls Herrschaftsanspruch.[128] Das fränkische Reich setzte sich offensichtlich in Nachfolge zum untergegangenen römischen Imperium, geschichtstheologisch wurde dies durch die Theorie der *translatio imperii* begründet. Karl verband mit dem Anspruch nicht nur die militärische Stärke, sondern auch die kulturelle Höhe Roms – und gerade das macht ihn zu einer so wichtigen Gestalt Europas. Nach seiner Krönung fügte er seinen Erlassen das programmatische Emblem *Renovatio Romani Imperii* hinzu.[129] Wegen des Anspruchs,

Rom zu erneuern, hat die von ihm begründete Epoche den Namen karolingische Renaissance erhalten.

Aus moderner Perspektive ist Karl eine schillernde Gestalt. Seine kulturellen Errungenschaften preist man, den Sachsenschlächter würde man gerne aus der Erinnerung tilgen. Zu seiner Persönlichkeit gehört aber beides. Von Einhard wissen wir, dass derselbe Karl, der im Umgang mit Bruder und Ehefrauen in der Durchsetzung seiner Interessen entschlossen auftreten konnte, seine Kinder abgöttisch liebte. Obgleich seine Töchter «sehr schöne Mädchen waren [...], erlaubte er seltsamerweise keiner von ihnen zu heiraten» und räumte selbst ein, «ohne ihre Gesellschaft nicht leben zu können».[130] Beim Tode dreier seiner Kinder – der ihn sonst stets preisende Biograph Einhard kann hier seine Indignation nicht verbergen – «ertrug er den Verlust mit weitaus weniger Fassung, als man bei der bewundernswerten Größe seines Geistes erwartet hätte».[131]

Christianisierung und Gewalt

Karls Programm der *Renovatio Romani Imperii*, der Erneuerung des Römischen Reiches war für die abendländische und für die christliche Kultur ein Meilenstein. Aber er vollstreckte seine Idee mit eiserner Faust. In dem langen und harten Krieg gegen die Sachsen ist Verden zu einem Symbol karolingischer Gewalt geworden. Ist die von Karl befohlene Exekution der sächsischen Aufständischen dort nur ein Schönheitsfehler seiner Herrschaft?[132]

Christentumskritikern gilt Verden als Inbegriff der christlichen Gewaltmission, Nationalisten haben es zu einem Verrat an den deutschen Sachsen stilisiert. Wieder andere haben das Ereignis ganz und gar zu entschärfen versucht: Aufgrund eines Schreibfehlers seien die in den Reichsannalen genannten 4500 aufständischen Sachsen nicht geköpft (*decollati*), sondern deportiert (*delocati*) worden. Seltsam muten schließlich die Versuche an, zu errechnen, wie man 4500 Menschen an einem Tag köpfen kann.[133]

Historisch zuverlässig weiß man, dass der Kampf mit den Sachsen der längste und härteste Krieg Karls war.[134] Er begann 772 mit der Zerstörung des sächsischen Baumheiligtums der Irminsul, wofür sich die Sachsen mit Attacken gegen Klöster rächten. Die Auseinandersetzung trug damit alle Züge eines Religionskrieges. Ab einer bestimmten Phase gab Karl in dem zähen Krieg die Devise «Taufe oder Tod» aus. Der religiöse Herrschaftswechsel der Taufe kam damit einer politischen Kapitulation gleich. Das wussten die Sachsen, und das mag ihren hartnäckigen Widerstand gegen das Christentum, der schon lange vor Karl bestand, noch forciert haben. Mit seiner gewaltsamen Christianisierung stieß Karl keineswegs auf einhellige Zustimmung. Sein Berater Alkuin setzte vergeblich auf eine friedliche Missionierung.[135] 776 kam es unter dem Druck militärischer Überlegenheit zum Friedensschluss und zu Massentaufen, doch als Karl 778 über die Pyrenäen nach Spanien zog, brach unter dem legendären Anführer Widukind erneut ein Aufstand aus, der die Franken in ernsthafte Bedrängnis brachte. In diesem Kontext ist Verden als eine unerbittliche Rache- und Strafaktion zu sehen. Vieles spricht dafür, dass die Zahl von 4500 Hinrichtungen zu hoch angesetzt ist. Dennoch steht Verden für die grausame Logik des Krieges und für eine tiefe Ambivalenz des Christentums und der europäischen Kultur. All das Großartige, was es hervorgebracht hat, ist oftmals mit Gewalt verbunden. Europa ist nicht aus dem Geist der Gewalt geboren,[136] aber Gewalt und Krieg spielen in seiner Geschichte eine eminent wichtige Rolle (siehe Seite 184–205).

Das Heilige im Buch

Dass Karl der Große und seine Zeit für die europäische Kulturgeschichte so bedeutsam wurden, war das Resultat seiner Kulturpolitik. Karl zog die klügsten Köpfe der Zeit aus allen Regionen seines Reiches sowie aus der Fremde in seiner Hofschule zusammen.[137] Dazu gehörten der Langobarde Paulus Diaconus, der die Geschichte seines Volkes schrieb, und der Westgote Theodulf, dem karolingischen Adel selbst entstammte der Mönch Adalhard. Die überragende Gestalt war der Angelsachse Alkuin (735–804). Es spricht für Karl, dass er die außergewöhnliche Gelehrsamkeit dieses Mannes erkannte, ihn nach 780 an den Hof holte und dort zum Leiter der Hofschule machte. Für gut eineinhalb Jahrzehnte war Alkuin der wichtigste Berater Karls, die kulturpolitischen Maßnahmen des Frankenkönigs tragen die Handschrift des Mannes aus York.

In zwei Schriften hat Karl die Grundlagen seines Programms erläutert.[138] Die *Epistola de litteris colendis* von 785 beschäftigte sich mit einer Verbesserung der lateinischen Schriftkultur, die *Admonitio generalis* von 789 legte als Kapitular im Range eines Gesetzestextes maßgebliche kirchliche Strukturveränderungen fest. Karl und seine Berater legten Wert darauf, den Gebrauch der lateinischen Sprache zu vereinheitlichen, von Wildwuchs zu befreien und eine korrekte Grammatik und Orthographie durchzusetzen. Schon von Bonifatius wurde berichtet, er sei in Bayern auf einen Pfarrer getroffen, der *in nomine patria et filia* taufte, also im Namen des Vaterlands und der Tochter.[139] Solche Kuriositäten dürfte es im 8. Jahrhundert häufig gegeben haben. Der karolingische Korrektur-

Abb. 11

Markuslöwe aus dem Echternacher Evangeliar, um 690. Die Ausgestaltung der Initialen von Textabschnitten war eines der frühen Anliegen der klösterlichen Buchkultur. Diese ornamentale Kunst steht auf dem Weg vom Text zum Bild und nutzt, wie hier den Löwen für den Evangelisten Markus, die christliche Symbolsprache zur Gestaltung.

Viertes Kapitel: Blühende Finsternis

eifer hatte vor allem tiefe religiöse Gründe. Dahinter stand die Sorge, dass der falsche Gebrauch der Worte die Heiligkeit der Texte verletzen und damit ihre Gültigkeit aufheben könnte. Es war die Aura der Heiligkeit, die die Schrift und das Buch zu einem besonders wertvollen religiösen Medium machte. Die Klöster sammelten Schriften und Bücher für ihre Bibliotheken, das Kopieren und Abschreiben von Texten wurde zu einer religiösen Tätigkeit.[140] Dies begründete endgültig den Durchbruch des klösterlichen Skriptoriums. Hinzu kamen die Vorformen wissenschaftlicher Textpflege, bei der man anfing, textkritisch Handschriften zu vergleichen. Alkuin hatte die Idee, nach diesem Verfahren einen authentischen Bibeltext zu erstellen. Ein wirkungsvoller Nebeneffekt war aus Gründen der Vereinheitlichung und verbesserten Lesbarkeit die Durchsetzung des Schrifttyps der karolingischen Minuskel, die Eingang in alle Schriften der westlichen Welt fand.[141]

Eine der schönsten und für das Mittelalter folgenreichsten Errungenschaften der karolingischen Schriftkultur war die Buchmalerei,[142] der ein fast «irrational-magisches Verhältnis zum Buch und seiner Symbolsprache»[143] zugrunde lag. Die Evangeliare stiegen als Sammlungen der Evangelientexte wegen ihres Inhaltes zu religiösen Gegenständen auf, die selbst Bestandteil der Verehrung waren und damit einen wichtigen Teil der Kirchenausstattung darstellten.[144] Die Folgen des zunächst unscheinbaren Medienwechsels in der Spätantike kamen nun vollends zum Tragen. Die Christen der Antike waren für die Abschriften der neutestamentlichen Schriften von der teuren Papyrusrolle auf den billigeren Pergamentkodex ausgewichen. Mit der konstantinischen Wende stiegen die «unscheinbaren Bücher einer Untergrundbewegung»[145] zum Maßstab der Textsicherung und Textüberlieferung auf. Die Klöster der Karolingerzeit nutzten mit künstlerischer Phantasie die veränderten Gestaltungsansprüche, die sich daraus ergaben, dass nicht mehr eine fortlaufende Rolle, sondern die Buchseite den Rahmen abgab.[146] Zudem widmeten sie dem Einband und den Titelseiten ihre besondere Aufmerksamkeit und versahen sie mit kostbaren Bildern und Verzierungen (Abb. 11). Die Künstler bevorzugten eine Symbolsprache, die allein im Verbund von Wort und Bild verstanden werden konnte.[147] Die spätantike Symbolik erlebte einen neuen Aufschwung, am prominentesten bei den Evangelisten. Matthäus wurde als Mensch, Markus als Löwe, Lukas als Stier und Johannes als Adler dargestellt.[148] Die Ornamentik als ausschmückende Ausgestaltung des Textes gewann an Bedeutung, davon zeugt die aufwändige Kunst der Initialen.[149] Die Anfertigung der kostbaren Bücher konnte je nach Ausstattungswünschen «ein großes oder kleines Vermögen»[150] verschlingen (Tafel 1). Karl erhoffte sich von den Anstrengungen in der Buchproduktion handfeste Vorteile für das eigene Seelenheil und auch das seiner Untertanen.[151] Diese «folgenreiche

Verknüpfung von Herrschaft und Buchwissen in der Karolingerzeit»[152] begründete die christliche Kultur des Buches, die das Mittelalter entscheidend prägte (Tafel 2).

Die Schönheit des Imperiums: Kulturpolitik als Auftrag Gottes

Die Schrift- und Buchkultur im Karolingerreich war Bestandteil einer groß angelegten Kulturpolitik, die in den beiden erwähnten Schriften, der *Epistola de litteris colendis* und der *Admonitio generalis*, ihren programmatischen Niederschlag fand. Die *Admonitio* listete Maßnahmen auf, durch die die Schriftkultur reichsweit verbreitet werden sollte.[153] Diese sahen eine systematisierte Ausbildung des Klerus vor. Bischöfe wurden angehalten, eigens dafür an Bischofssitzen und in Pfarreien Schulen einzurichten. Das war eine folgenreiche Entscheidung,[154] haben doch sowohl das spätere Schulsystem als auch eine Akademisierung der Ausbildung – zunächst des Klerus, später auch anderer kultureller Leistungsträger – hier ihre Wurzeln. Strukturell verfolgte Karl den Plan klarer Zuständigkeiten. Dazu gehörte mit der Metropolitanverfassung die strikte Ausrichtung auf den Bischof, dem die Pflicht auferlegt wurde, seine Gemeinden zu visitieren. Der «Pfarrzwang», die grundlegende Zuordnung zu bestimmten Pfarrsprengeln für den Empfang kirchlicher Handlungen, sowie die einheitlich zu regelnde Abgabe des «Zehnt» waren Maßnahmen, die bis heute das kirchliche Leben Europas prägen.

Ein Dorn im Auge war Karl die opake Vielfalt der gottesdienstlichen Feiern. In Absprache mit Papst Hadrian I. gab er ein einheitliches Sakramentar in Auftrag, das den Ablauf der Messfeier verbindlich regelte. Auch die Sakramentspraxis wurde in diese Liturgiereform einbezogen – mit bemerkenswerten Verschiebungen. Der Zentralisierung auf den Bischof und den Pfarrer entsprach es, dass die Gläubigen in der Sakramentsliturgie mehr und mehr zu Empfängern degradiert wurden.[155] Auf der anderen Seite zeigte die Liturgiereform jedoch ein Bewusstsein dafür, wie die in der Missionierung wichtigen Vorzüge des Christentums den einzelnen Glaubenden auch tatsächlich zugute kommen sollten. Das galt insbesondere für den Umgang mit dem Tod. Karl und seine Theologen schärften dem Klerus den altchristlichen Grundsatz ein, dass niemand «unvorbereitet und ohne geistliche Stärkung in den Tod gehen»[156] sollte. Das hatte eine Aufwertung der Krankensalbung und schließlich auch der Bestattungsliturgie selbst zur Folge. Diese individuelle Betreuung war eingebettet in einen kollektiven religiösen Umgang mit dem Tod. Die Friedhöfe wurden in die Nähe der Kirchen verlagert und zu einem sakralen Ort erhoben, an dem die Toten ihren festen Platz unter den Lebenden hatten.[157] An diesen Beispielen karolingischer

Abb. 12

Die Aachener Pfalzkapelle ist der Höhepunkt karolingischer Baukunst. Karl der Große wünschte den Zentralbau San Vitale in Ravenna (vgl. Abb. 10, S. 135) als Vorbild, um einerseits die Ebenbürtigkeit mit den Byzantinern zu demonstrieren und andererseits seine Verehrung für den germanischen Ostgoten Theoderich öffentlich zu machen.

Die karolingische Renaissance

Religionskultur bestätigt sich eine interessante Beobachtung, die für die gesamte Kulturgeschichte des Christentums gilt. Trotz der außergewöhnlichen Hochschätzung des Buches vergaß Karls Stab nie die Macht des Ritus. Zur missionarischen Nachsorge und zum Aufbau einer christlichen Lebenspraxis gehörte beides, der Zuwachs an schriftkundiger und wortorientierter Bildung und die zuverlässige, sichtbare und spürbare Versorgung mit den sinnstiftenden Riten.

Sichtbar waren vor allem die Kirchengebäude, denen das karolingische Programm ebenfalls Aufmerksamkeit schenkte. Für den Kirchenbau im Westen gilt die Zeit nach dem Römischen Reich als dunkle Epoche. Anders liegen die Dinge im Osten. Man darf davon ausgehen, dass die asiatischen Kirchen im Nahen Osten entlang der Seidenstraße bis nach Zentralasien hinein Kirchen bauten, und selbstverständlich wird auch der als Katholikos bezeichnete Patriarch der assyrischen Christen zunächst in Seleukia und später in Bagdad eindrucksvolle Kirchen errichtet haben. Diese Kirchenräume im muslimischen Kalifat und in Zentralasien sahen anders aus als die in Byzanz oder in Rom.[158] Das Maß aller Dinge blieb in den Jahrhunderten nach Justinian freilich Byzanz mit seiner Pracht und seinem Glanz.

Auch die Ost- und Westgoten haben Kirchen genutzt und gebaut, ebenso die Merowinger. Der westeuropäische Kirchenbau zwischen dem 5. und 9. Jahrhundert liegt jedoch im Dunkeln. Ähnlich wie die Buchkultur kam die karolingische Kulturblüte nicht einfach aus dem Nichts. Sie nahm vorausgehende Entwicklungen auf und führte sie fort. Anders wäre auch der Aufschwung der karolingischen Renaissance nicht zu erklären.[159] Da aus den früheren Epochen jedoch praktisch keine Zeugnisse erhalten sind, liefert erst der karolingische Kirchenbau Spuren nachrömischer Kirchenarchitektur.

Karl und seine Nachfolger haben eine Vielzahl von Königspfalzen mit den zugehörigen Kapellen, hunderte von Klöstern und mindestens 27 Kathedralkirchen gebaut.[160] Eine herausragende Stellung nimmt die Aachener Pfalzkapelle ein, die durch spätere Anbauten zum heutigen Aachener Dom wurde.[161] Für wenigstens zwei Jahrhunderte war sie der bedeutendste Kirchenbau nördlich der Alpen mit einer beachtlichen Gewölbehöhe. Sie ist als achteckiger Zentralbau angelegt und mit einem doppelstöckigen, mit Säulen verzierten Umgang versehen. Es ist nicht zu übersehen, dass Karl mit der Pfalzkapelle einen Wettbewerb mit Byzanz beabsichtigte,[162] denn ihr Vorbild war offensichtlich die Kirche San Vitale in Ravenna, die im Zeitalter Justinians erbaut wurde (Abb. 12).[163] Man kann die Aachener Pfalzkapelle als sinnbildlichen Ausdruck des erstarkten westlichen Selbstbewusstseins betrachten, zugleich aber war sie auch «ein steingewordenes Gebet».[164]

Viertes Kapitel: Blühende Finsternis

Die karolingische Renaissance nahm im Kirchenbau wesentliche Weichenstellungen für die spätere Entwicklung vor, an denen markante Veränderungen christlicher Religionskultur abzulesen sind. Die Heiligen- und Reliquienverehrung spielte in der Frömmigkeitspraxis inzwischen eine entscheidende Rolle. Die Krypta als Aufbewahrungsort der Märtyrergräber und der Reliquien trug diesem Umstand im Kirchenbau Rechnung. Die aus karolingischer Zeit erhaltenen Weiheliturgien deuten ebenfalls eine zunehmende religiöse Dinglichkeit an. Bei der Weihe praktizierte Exorzismen sollten Dämonen vertreiben und die Kirche damit zu einem «Haus der besonderen Gegenwart Gottes»[165] machen. Spätestens damit ist die frühchristliche Zurückhaltung gegenüber der räumlichen Repräsentierung des Heiligen aufgegeben und einem bisweilen geradezu magischen Verständnis göttlicher Präsenz im Kirchenraum gewichen. In der Kirchenarchitektur ist schließlich die Einführung des dreitürmigen Westwerks prägend geworden. Das Ensemble aus einem höheren Mittelturm und zwei gleich großen Ecktürmen über dem Eingangsportal verleiht den Kirchen etwas Wehrhaftes, und es ist nicht abwegig, dass sie tatsächlich auch als Wachtürme genutzt wurden. Die Ursprünge könnten in einer Art Herrscherkult liegen, doch mit letzter Klarheit lässt sich die Herkunft dieses prägnanten Elements, das für Jahrhunderte im europäischen Kirchenbau stilbildend wurde, nicht ausmachen.[166]

Hinzu kommt noch ein weiterer folgenreicher Aspekt. Karls Bildungs- und Kulturprogramm verstand sich als Vollendung abendländischer Christianisierung. Dazu gehörte auch die flächendeckende Grundversorgung mit Klerikern und mit Kirchen. In erster Linie wurden überall im Land einfache Holzkirchen errichtet,[167] die allein dazu dienten, Gottesdienste abhalten zu können. Den Unterschied zwischen diesen einfachen Kirchen und den Repräsentationsbauten des Kaisers wird man sich nicht groß genug vorstellen können. In diesem Zweiklassen-Programm setzte sich der urchristliche Kirchenbaupragmatismus in einer besonderen Brechung fort.

Der Gedanke der Erneuerung Roms schloss neben der organisatorischen, liturgischen und architektonischen Seite schließlich auch die Sorge um die Theologie mit ein.[168] Einmal mehr galt es, christologische Streitfragen zu klären. Besonders im Südwesten des Reiches drangen von Spanien her Theorien ein, die versuchten, den antiken Adoptianismus wiederzubeleben. Dieser erklärte die Göttlichkeit Christi nicht aus seinem Wesen heraus, sondern analog zu einer Adoption als Annahme des Menschen Jesus durch Gott. Karl berief 794 eine allgemeine Synode in Frankfurt ein mit dem Anspruch, damit etwas den antiken und byzantinischen Konzilien Gleichwertiges auf den Weg zu bringen.[169] Die Frankfurter Synode verwarf den Adoptianismus. Zu Karls Zeit setzte sich überdies das *filioque* durch, das den Hervorgang des Heiligen Geistes gemeinsam aus dem Vater «und dem Sohn» lehrte. Dabei spielte auch ein erstarkendes westliches Selbstbewusstsein eine Rolle, denn die Ostkirchen lehnten diese Auffassung strikt ab, da sie die Größe und Eigenmächtigkeit des Heiligen Geistes einschränkte. Bis in die Gegenwart hinein ist das *filioque* gerade auch von westlicher Seite oftmals unhinterfragt zum essentiellen Kennzeichen einer überlegenen Religiosität erhoben worden. Doch sieht man seit einigen Jahrzehnten im Geist der Ökumene, dass in diesem Falle Karls Theologen einen Fehler begangen haben.[170] Historisch gesehen ist die nachträgliche Einschiebung des *filioque* eine Fälschung, und theologisch steht sie für eine wenig sinnvolle Abwertung der Wirkweise des göttlichen Geistes in der Welt.

Im Kontext des erwachenden theologischen Selbstbewusstseins sind auch die *Libri Carolini* zu lesen.[171] Mit ihnen griffen Karls Theologen, vornehmlich Theodulf, in den Bilderstreit in Byzanz ein. Dass sich fränkische Barbaren in theologische Debatten einmischten, muss in Byzanz höchst sonderbar aufgenommen worden sein. Man kann die *Libri Carolini* als Vorboten eines westlichen Rationalismus lesen, denn sie bestreiten die ontologische Aufladung der Bilder als tatsächliche Repräsentation des Heiligen, räumen ihnen dafür aber einen didaktischen und damit praktischen Nutzen ein. Für die Entwicklung der Kunst im Westen war dies eine folgenreiche Einschätzung.

Anzeichen einer Rationalisierung durchzogen nicht nur Karls Religionspolitik, sie bestimmten alle Maßnahmen seiner Regierung. Sie zielte auf den Aufbau einer Verwaltungsinfrastruktur, die Herrschaftsausübung überhaupt erst möglich machte.[172] Es wurden Vogteien eingerichtet, und dabei nutzte Karl auch die Eigenheiten des Lehenswesens, indem den Vasallen in ihren Territorien eine Statthalterschaft kaiserlicher Autorität eingeräumt wurde. Gesandte des Kaisers, *missi*, überwachten die Einhaltung der Erlässe. Ansätze eines Rechtssystems wurden geschaffen, das auf eine Eindämmung unkontrollierbarer Fehden und auf eine einheitliche Ahndung von Verbrechen zielte. Unter Karls Nachfolgern scheiterten diese Maßnahmen. Das fränkische System der Reichsteilung ruinierte sein Reich und ließ die aufgebaute Ordnung in sich zusammenfallen. Ab der Mitte des 9. Jahrhunderts kehrte für gut einhundert Jahre die Dunkelheit zurück. Dennoch hatten Karls Ideen welthistorischen Erfolg: Das Ideal der «Verdichtung von Herrschaft»[173] durch Verwaltung und Recht prägte nachhaltig die Auffassung von guter Herrschaft, und darin lebt es bis heute in den Staaten der westlichen Welt fort.

Das karolingische Reich verkörperte eine «Aufbruchsgesellschaft»[174] der Binnenkolonisation. Der Ehrgeiz, es Rom gleichzutun, erstreckte sich auch auf die technische Seite der Kultur. Karl ließ Kanäle anlegen und gab Projekte in Auftrag, die Siedlungsland urbar machen sollten. An seinem Hof wurden nicht nur theologische Debatten geführt, Tüftler beschäftigten sich in unstillbarer Neugier mit Fragen der Zeitberechnung und des Kalenderwesens.[175] Peter Brown sah daher an Karls Hof die «ersten Technokraten Europas»[176] am Werk, allerdings mit einer bemerkenswerten Komponente: Die Eroberung der Wirklichkeit war für sie eine göttliche Mission, Kultur und Zivilisation erschienen ihnen als Aufträge Gottes.

Wie kam es, dass ein frühmittelalterlicher Herrscher aus einem kriegerischen Geschlecht gemessen an der Wirtschaftskraft seines Reiches in den Aufbau von Bildung und Kultur Summen investierte, die Bildungspolitiker des 21. Jahrhunderts zu Zwergen werden lässt?[177] Warum hatte der Kaiser, der nach den Römern über das größte Reich in Europa herrschte, «unter seinem Kopfkissen im Bett immer Tafeln und Blätter bereit, um in schlaflosen Stunden seine Hand im Schreiben zu üben»?[178]

Die Erneuerung Roms führte, so Peter Brown, konsequenterweise zur Übernahme des römischen Ideals, «demzufolge Macht auch zur Kultur verpflichtete».[179] Das ist in der Tat beste europäische Kulturpolitik, und wer heute beispielsweise einem Amerikaner den Sinn europäischer Staatssubventionen für Kultur erklären wollte, der müsste bei Karl dem Großen anfangen. Ähnlich lautet auch Johannes Frieds Argument, «dass der Sieg mit dem Schwert der Sicherung und Vertiefung durch den Geist bedurfte».[180] Will man den Geist dieses Bildungsaufbruchs atmen, hilft schließlich auch Einhards Karlsbiographie weiter.[181] Einhard (ca. 770–840) selbst war im wahrsten Sinne des Wortes ein Kind dieses Aufbruchs. Als Knabe dem Kloster Fulda übergeben, lebte er ab 794 am Hof Karls und stieg dort als Nachfolger seines Lehrers Alkuin zum Leiter der Hofschule auf. Karls Biographie schrieb er, um «die Erinnerung an einen so großen Mann»[182] zu bewahren. Im Vorwort fällt der Name Cicero. Einhard weiß, dass er «als barbarischer Franke» nicht so «geschmackvoll und elegant auf lateinisch»[183] schreiben kann, und doch ist damit der Maßstab benannt. Man bekommt eine Ahnung davon, was Renovatio bedeutet und welche Kraft Kulturideale haben. Die Schreiber eines Fürstenhofes, der nomadengleich durch die Lande nördlich der Alpen zieht, möchten schreiben wie einer der größten Autoren der Antike, möchten ihre Gedanken und die Ereignisse, über die sie berichten, mit aller Kraft des Wortes «geschmackvoll» und «elegant» wiedergeben. Die Begegnung mit der antiken Kultur hatte diese Menschen verändert, es ist, als ob sie den Klang einer wunderbaren Musik gehört hätten und daraus der tiefe Wunsch erwachsen wäre, diese Musik auch spielen zu können.

Die Verwandlungskraft lässt sich bei Einhard nachlesen. Er schilderte Karl als einen vollendeten Menschen, «der alle Herrscher seiner Zeit an Weisheit und

Seelengröße überragte»,[184] als König und Kaiser gerecht und zur Freundschaft fähig, fromm gegenüber seinem Gott, maßvoll und beherrscht in seinen Leidenschaften, lediglich der lässlichen Neigung für Bratenfleisch ergeben, gebildet, eloquent und gelehrt, nur eben schreiben konnte er – der damaligen Zeit entsprechend – nicht. Es ist sehr wahrscheinlich, dass Einhard sein Werk nach dem Tode Karls verfasste, um den Nachfolgern einen Spiegel vorzuhalten, wie der wahre Herrscher der Franken sein müsse. Man darf daher skeptisch sein, ob der historische Karl wirklich in allem Einhards Darstellung glich. Und doch liest man dieses Werk nicht ohne Rührung, ergriffen von dem Ideal tiefer religiöser Humanität, das aus fernen Zeiten herüberweht. Über alle historisch richtigen Einsichten in die pragmatischen Gründe für den Aufbruch der Karolingerzeit hinaus liefert Einhard daher auch das erhabenste Motiv: Karl unternahm all diese Kulturanstrengungen, um sein Reich zu «verschönern».[185] Kultur war für ihn nicht bloß Zierrat und Beiwerk der Herrschaft, sondern der innere Glanz eines christlichen Reiches. Es ist allein der Geist, der leuchtet.

Fünftes Kapitel

Der Aufstieg des Abendlandes

Die moderne Neigung, die tausend Jahre des Mittelalters zu einem Tag zu machen und die großen Kultursprünge allein der Neuzeit vorzubehalten, ist widersinnig. Zwischen dem sogenannten Früh- und dem Hochmittelalter liegen Welten, Karl der Große jedenfalls hätte die Welt des 11. und 12. Jahrhunderts nicht wiedererkannt. Die kulturellen Anstrengungen der Karolingerzeit waren von begrenzter Dauer. Fränkische Erbfolgestreitigkeiten schwächten das Reich. Sarazenen und vor allem Normannen zogen plündernd durch Europa und lösten die nach der Völkerwanderungszeit mühsam errungene Stabilität wieder auf. In trüben Farben malen Kenner das Christentum um das Jahr 1000.[1] Apokalyptische Ängste peinigten die Menschen, die Lebensbedingungen waren hart. An seiner ersten Jahrtausendwende gab das christliche Europa ganz anders als die prachtvollen Reiche byzantinischer Kaiser oder islamischer Herrscher ein düsteres Bild ab. In nur spärlich besiedelten, verlassenen Gegenden kämpften die wenigen Menschen mit einer bedrohlichen Natur und ewigem Hunger.

Es sind drei Faktoren, die Europa aus dieser Dunkelheit herausführten. Erstens setzten politisch ausgerechnet die von Karl dem Großen zwangsmissionierten und kolonialisierten Sachsen sein Erbe nach Kräften fort. Unter den Ottonen gelang die Stabilisierung politischer Herrschaft, die zur Voraussetzung kultureller Entwicklungen wurde. Ähnlich wie für Karl gehörten auch für die ottonischen Kaiser die Förderung des Wissens und die Sorge um die Überlieferung lateinischer Handschriften zum Auftrag des Herrschers. Die christliche Buchkultur erreichte in der ottonischen Zeit ihren Höhepunkt.[2] In alledem waren die

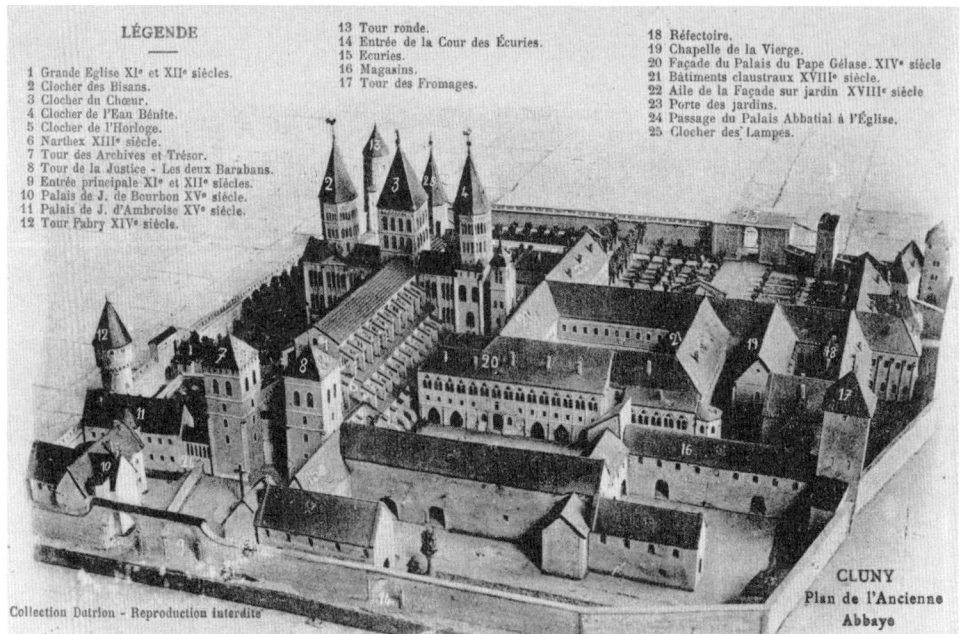

Abb. 13   Rekonstruktion des Klosters von Cluny. Cluny stand für den großen Aufbruch klösterlicher Kultur nach der Jahrtausendwende. Das umfasste sowohl die religiöse Erneuerung wie die wirtschaftliche Organisation. Die den mittelalterlichen Zeitgenossen immens erscheinende Anlage wurde in den Wirren der Französischen Revolution weitgehend zerstört.

Ottonen der Idee der Erneuerung des Römischen Reiches zutiefst verpflichtet.[3] Zweitens konsolidierten sich wirtschaftlich im 11. Jahrhundert die äußeren Verhältnisse, die Normannen wurden sesshaft und selbst zu Trägern christlicher Kultur, die Sarazeneneinfälle verloren an Kraft. Ökonomische und technische Fortschritte verbesserten die Versorgung und veränderten die Lebenswelt. Bahnbrechend war beispielsweise der Einsatz von Mühlen als «Universalmotor»[4] des Mittelalters. Handwerk und Handel blühten auf, die Städte wuchsen und gewannen an Bedeutung.

Ein nicht zu unterschätzender Faktor dieser wirtschaftlichen Entwicklung waren die Klöster. Die Innovationsleistung beschränkte sich keineswegs auf die vom Volksmund geschätzte und den Mönchen zugesprochene Bierproduktion.[5] Durch ihre straffe Organisation waren Klöster in der Lage, landwirtschaftliche Produktion im großen Stil zu betreiben. Das burgundische Kloster Cluny stieg nach der Jahrtausendwende für mindestens zwei Jahrhunderte zu einem Zentrum des Abendlandes auf.[6] Der cluniazensische Geist zog Mönche und Nonnen in Scharen an, so dass Klostergründungen notwendig wurden, die Cluny und

Den Weg der Abgeschiedenheit wählten die Zisterzienser. Sie bauten ihre Klöster in Talsenken und an Wasserläufen. Das Kloster Fontenay ist eines der ältesten Klöster nach der Gründung des Ordens. Abb. 14

seinen Verbund zu einer Kirche in der Kirche machten, die mit Prachtbauten und liturgischer Feierlichkeit die Zeitgenossen «über alle Maßen»[7] beeindruckte (Abb. 13). Der religiöse Aufstieg hatte stets auch kulturelle Folgen. Das Aufkommen von Tochtergründungen ermöglichte den Ausbau einer Infrastruktur. Die Zisterzienser spalteten sich später von den Benediktinern ab, um das Ordensleben wieder stärker an seine kontemplativen Wurzeln heranführen zu können.[8] Die Vorliebe der Zisterzienser, ihre Klöster nahe an Gewässern einzurichten, beflügelte wiederum den mittelalterlichen Wasserbau (Abb. 14). Das Mittelalter war also drittens entscheidend davon geprägt, dass die Religion tief in die Kultur hineinwirkte – und zwar in all ihrer Ambivalenz. Dies gilt es im Folgenden an sieben Bereichen zu zeigen, die exemplarisch das Mittelalter und das christliche Abendland repräsentieren.

1
Christliche Weltherrschaft: Das Papsttum

Das Christentum lebte im Mittelalter entscheidend aus dem politischen und religiösen Machtzentrum des Papsttums heraus und stieg zu einer imposanten Kulturgröße auf. Die Bedeutungsaufladung des Papsttums war keine willkürliche Setzung, sondern ist in einem langen historischen Prozess entstanden. In den turbulenten Umwälzungen nach dem Untergang des weströmischen Reiches galt der Papst als Bischof von Rom zumindest im Westen lange als einziger Garant von Kontinuität und Stabilität.

Die lange Liste der Titel, die dem Papst als Oberhaupt der katholischen Kirche zukommen, umfasst die Bezeichnungen «Bischof von Rom, Statthalter Jesu Christi, Nachfolger des Apostelfürsten, Summus Pontifex der gesamten Kirche, Patriarch des Abendlandes, Primas von Italien, Erzbischof und Metropolit der römischen Kirchenprovinz, Souverän des Staates der Vatikanstadt, Diener der Diener Gottes».[9] Man versteht schnell, warum Geschichtsschreiber des Papsttums von dieser Titulatur so begeistert sind, denn viele Epochen, bisweilen auch charismatische Einzelgestalten, haben darin ihre Spuren hinterlassen.

Von Petrus zum Primatsanspruch des römischen Bischofs

Ideell leitet sich das Papsttum aus Jesu Wort an Petrus ab: «Du bist Petrus, und auf diesen Felsen werde ich meine Kirche bauen» (Mt 16,18).[10] Ob Jesus selbst diese Worte gesagt hat, ist unter den Exegeten umstritten. Klar wird aus dem Vers, dass schon Matthäus und seine Kreise annahmen, Jesus habe Petrus in besonderer Weise als Apostel beauftragt. Nach der katholischen Papsttradition reißt von Jesu Einsetzung an die Kette der Nachfolger Petri nicht mehr ab. Die historischen Schwierigkeiten, tatsächlich eine ungebrochene Nachfolge zu belegen, sind beträchtlich, die offizielle Papstliste des Vatikans im *Annuario Pontificio* erkennt das durchaus auch an.[11] Ein schöner theologischer Gedanke ist die Idee von der apostolischen Sukzession dennoch. Über die Zeitläufte hinweg besteht eine geistige Verbindung zu Jesus, die die heilige Aura des Ursprungs wahrt. Die Lehre der apostolischen Sukzession sieht grundsätzlich das Bischofsamt aus diesen apostolischen Ursprüngen hervorgehen. Die Amtsinhaber werden in eine Tradition gestellt, die größer ist als sie selbst, und von einer Quelle abgeleitet, die in ihrer Heiligkeit übersteigt, was der einzelne Amtsträger je zu repräsentieren vermag. Das ist eine der unbestreitbaren Stärken des Gedankens der apostolischen Sukzession, an der alle Protestanten, die aufgrund günstiger historischer Umstände im Reformationszeitalter in der bischöflichen Sukzessionsfolge bleiben konnten, auch ausdrücklich festhalten. Das gilt für Anglikaner und skandinavische Lutheraner, nicht aber für Reformierte und deutsche Lutheraner.

Die Rückbindung an einen durch Jesus eingesetzten Apostel spielte bei Gemeindegründungen stets eine bedeutende Rolle, und die großen Patriarchate Konstantinopel, Alexandria, Antiochia und Jerusalem führen ihre Entstehung auf Apostel zurück. In diese Reihe gehört als Patriarchat des Westens auch Rom.[12] Für die Idee des Papsttums ist es jedoch konstitutiv, für Rom eine Sonderstellung zu beanspruchen. Die Durchsetzung dieser Alleinstellung zunächst gegen die anderen Patriarchate, vor allem gegen Konstantinopel, und dann gegen die weltliche Herrschaft des Kaisers prägte Gestalt und Geschichte des Papsttums. Bei der Begründung der Vorrangstellung kamen zwei Faktoren zusammen. Das zitierte Jesuswort weist Petrus unter den Aposteln eine Sonderstellung zu. Die Christen in Rom verehrten ihn als Begründer oder wenigstens als ersten Leiter ihrer Gemeinde, was die noch heute wirksame Petrusfrömmigkeit und den Grabeskult in Rom erklärt. Die Rückführung auf den Apostel Petrus verschmolz dann mehr und mehr mit der Sonderstellung, die die dortige Gemeinde de facto aufgrund der politischen Ausnahmestellung der Stadt Rom innehatte. Spätestens ab dem 3. Jahrhundert trat der römische Bischof in gesamtkirchlichen Fragen mit einem Primatsanspruch hervor. Für die Stellung des römischen Bischofs entstand allerdings durch die Verlagerung der Reichshauptstadt nach Konstantinopel eine heikle Situation. Die Konkurrenz zu Konstantinopel ist ein wesentlicher Faktor der Papstgeschichte. Die römischen Bischöfe reagierten im 4. Jahrhundert auf den Aufstieg Konstantinopels mit einem gesteigerten Selbstbewusstsein, das sie in ihren Schreiben an den Tag legten, allerdings nur mit eingeschränktem Erfolg. Zwar gelang es Papst Leo I. um die Mitte des 5. Jahrhunderts, sich in der Auseinandersetzung mit dem Metropoliten Hilarius von Arles vom Kaiser im Westen eine Vorrangstellung mit juristischen Befugnissen anerkennen zu lassen;[13] für den Osten galt das jedoch nicht. Der Kanon 28 des Konzils von Chalcedon machte Rom die 381 im Konzil von Konstantinopel eingeräumte Vorrangstellung streitig und betonte die Ebenbürtigkeit von Rom und Konstantinopel.[14] Schon deshalb leuchtet es kaum ein, die Einigungsformel des Konzils von Chalcedon maßgeblich Leos Initiative zuzuschreiben, obwohl dies im Westen immer wieder gerne geschieht. Dafür dürfte weder die Stellung des Papstes noch die Anerkennung lateinischer Theologie im Vergleich zu der viel ausgefeilteren griechischen weit genug gereicht haben. Richtig ist hingegen, dass an Leo I. im Westen sowohl die uneingeschränkte Durchsetzung und Geltung Chalcedons hing, als auch ein römisches Leitungsamt deutlich sichtbar wurde. Etwa um diese Zeit setzt sich auch der vom griechischen *pappas* abgeleitete lateinische Titel *Papa* durch.

Gut eine Generation nach Leo I. stellte Gelasius I. in den letzten Jahren des 5. Jahrhunderts eine der folgenreichsten Theorien der Papstgeschichte auf. Dem Kaiser in Konstantinopel schrieb er: «Zwei sind es nämlich, von denen diese Welt vornehmlich regiert wird, die geheiligte Autorität der Bischöfe und die königliche Gewalt.» Er fährt dann fort: «Unter diesen wiegt die Last der Priester umso schwerer, als sie bei dem göttlichen Gericht auch für die Könige der Menschen selbst Rechenschaft ablegen werden.»[15] Diese «Zwei-Schwerter-Theorie» mit einem Vorranganspruch des priesterlichen Amtes entsprang einem vergleichsweise nichtigen Anlass. Der Papst suchte sich einmal mehr gegen Über- und Eingriffe des byzantinischen Kaisers zu verteidigen.[16] Tatsächlich war ein römischer Bischof Ende des 5. Jahrhunderts Lichtjahre davon entfernt, weltliche Macht ausüben zu können. Einen der Nachfolger von Gelasius, Papst Johannes I., ließ der Ostgotenkönig Theoderich aus politischem Misstrauen beispielsweise in den Kerker werfen und dort zu Tode kommen,[17] und doch entstand aus dieser realen Ohnmacht die Idee weltlicher Herrschaftsansprüche von geradezu theokratischen Ausmaßen mit weitreichenden Folgen.

Gregor der Große als Musterpapst und Seelenführer

Eine maßgebliche Etappe im Aufstieg des Papsttums ist einer Einzelgestalt zuzuschreiben. Gregor I., mit dem Beinamen «der Große» geehrt, hatte von 590 bis 604 das Amt des Papstes inne – das ist wenig Zeit gemessen an der großen Wirkung. Dem Mittelalter galt Gregor als «Musterpapst»[18] schlechthin. Von vornehmer römischer Herkunft, stieg er in der unruhigen Zeit nach dem Fall der Ostgoten zum Stadtpräfekten Roms auf, entschloss sich dann aber zur Zurückgezogenheit eines mönchischen Lebens. Doch wurde dieser Wunsch durch die Zuweisung kirchlicher Aufgaben und spätestens durch die Wahl zum Papst durchkreuzt. In dreifacher Hinsicht ist Gregors Wirken wegweisend.

In dem freien Fall, in dem sich Italien in den Gotenkriegen und Langobardeneinfällen des 6. Jahrhunderts befand, trat der Papst erstens als einziger Garant von Stabilität auf. Er übernahm Funktionen, die traditionell dem Kaiser zukamen, den es in Rom aber seit gut hundert Jahren nicht mehr gab, und Konstantinopel war weit weg. Tatsächlich fielen so dem «Mönchspapst» auch militärische Aufgaben zu wie die Verteidigung Roms gegen die Langobarden. Zweitens weitete Gregor den Herrschaftsauftrag kirchlich aus. Seine ausgedehnte Korrespondenz belegt, wie sich Rom für die Regelung der Fragen des kirchlichen Lebens in der Gesamtkirche interessierte. Auf Gregors Initiative ging schließlich auch die Missionskampagne bei den Angelsachsen zurück, die das erfolgreiche Modell begründete, die Kirchentümer in den Ländern direkt Rom zu unterstellen. Von dem Führungsanspruch Roms sprachen Gregors Vorgänger schon seit dem 4. Jahrhundert, er setzte ihn um. Drittens schließlich prägte Gregor die Mentalität der christlichen Führungselite. Seine Schrift *Liber regulae pastoralis*, die Pastoralregel, ging der Frage nach, wie der wahre Seelenhirte beschaffen sein müsse. Gregor erwies sich darin als ein glühender Verehrer Benedikts von Nursia, dem er in seinen Dialogen ein biographisches Vermächtnis setzte und ihm so erst Bekanntheit und Autorität sicherte. Schon Benedikt hatte in seiner Regel angemerkt, dass die außergewöhnliche Machtstellung des Abtes eine besondere charakteristische Eignung erfordere. Gregor führte diese Überlegung im ganzen zweiten Teil seiner Schrift fort. Die Ausrichtung auf das letzte Ziel des Seelenheils der ihm Anvertrauten soll das Handeln des Hirten leiten. Nicht Machtstreben, sondern Demut ist die wahre Tugend des Seelenführers, der in allem seinen Untergebenen ein Vorbild zu sein hat. Den Worten müssen die Taten entsprechen. Was Gregor einforderte, ist Authentizität als Maßstab aller Seelenführung. Er selbst lebte sie vor, indem er sein familiäres Vermögen in der Armenfürsorge einsetzte. Dem Prunktitel des Patriarchen von Konstantinopel zum Trotz führte er in die päpstliche Bezeichnung den Titel *servus servorum Dei* – Diener der Diener Gottes – ein.

Gregor verknüpfte den Führungsanspruch Roms mit der moralischen Autorität des Papstamtes. Für den Aufstieg des Papsttums war das ein entscheidender Schritt, und man kann verstehen, warum man ihn rasch als «den Großen» verehrte. Sein Appell an die Verantwortung der Menschenführung hat, so resümiert Johannes Fried Gregors Vermächtnis, «selbst in einer säkularisierten Gesellschaft nichts an Gültigkeit verloren».[19] Und doch fällt das Urteil über Gregor aus moderner Perspektive ambivalent aus. In der protestantischen Papstgeschichtsschreibung kommt er auffallend schlecht weg: Theodor Mommsen nennt ihn einen «kleinen großen Mann», Johannes Haller gar «unwissend und abergläubisch, geistlos und geschmacklos».[20] Tatsächlich steht Gregor für vieles, was sich mit dem Klischee «mittelalterlich» in Verbindung bringen lässt. Die Feinheiten antiker Bildung und das Gespräch mit der philosophischen Tradition interessierten ihn nicht, sein theologisches Hauptwerk *Moralia in Iob* steht für eine allegorische Schriftauslegung. In seiner *Pastoralregel* mahnte er, dem Glück dieser Welt zu misstrauen: «Denn wenn man den Wohlstand, in dem man sich befindet, nicht aus Liebe zu einem besseren Leben in seinem Werte niedriger einschätzt, macht man sich aus dem Glück in diesem vergänglichen Leben eine

Gelegenheit zu ewigem Tode.»[21] Zur pessimistischen Diesseitsverachtung kommen dingliche Jenseitsvorstellungen: Vor allem im vierten Buch seiner Dialoge beschrieb Gregor, wie das Höllenfeuer den Körper der Verlorenen peinigen wird.[22] Man fragt sich, woher Gregor diese Dinge wusste, die dann in der christlichen Vorstellungswelt eine so nachhaltige Wirkung entfalteten, und man fragt sich vor allem, ob er das Höllenfeuer hier nicht im Dienste einer schwarzen Pädagogik zur Seelenbesserung instrumentalisierte. Das sind Vorbehalte, die einem Leser Gregors aus unseren Tagen in den Sinn kommen müssen.

Machtkampf zwischen Kaiser und Papst

Die Verschiebungen der politischen Verhältnisse im Westen zur Zeit der Karolinger waren die Voraussetzung für die zweite Etappe des Aufstiegs des Papsttums. Bis ins 8. Jahrhundert unterstand der römische Papst formell dem Kaiser in Konstantinopel. Die Formation einer westeuropäischen Großmacht bot neue Chancen. Tatsächlich spielten sich im 8. Jahrhundert Entwicklungen ein, die regelmäßig die Geschichte des Mittelalters prägen. Die römischen Päpste bedurften einer Schutzmacht. Dazu erwählten sie klugerweise die aufsteigenden Franken, deren Herrschaft sie zunächst mit der Übertragung des Königstitels und dann mit Karls Kaiserkrönung sakral untermauerten. Im Gegenzug erhielten die Päpste das Territorium des Kirchenstaats zugewiesen. Aus diesen Ereignissen in der Mitte des 8. Jahrhunderts ging «die wohl berühmteste Fälschung der Weltgeschichte»[23] hervor. Es ist außerordentlich schwer, Entstehungsort und -zeit des *Constitutum Constantini* zu bestimmen. Das Dokument gibt sich als Urkunde Kaiser Konstantins aus, die Schenkungen des Kaisers zugunsten Papst Silvesters auflistet. Entlarvt wurde die Fälschung erst durch Lorenzo Valla im 15. Jahrhundert. Der Text trägt in der Stärkung päpstlicher Macht durchaus Züge eines Reformprogramms.[24] Man darf annehmen, dass 754 König Pippin und Papst Stefan II. mit der Entwicklung der Dinge recht zufrieden gewesen sind – und doch hatten ihre Entscheidungen unselige Folgen. Die Begründung des Kirchenstaats stürzte das Papsttum in weltliche Angelegenheiten mit fatalen Folgen für seine geistliche Integrität. Dante, der der Fälschung noch aufsaß und Konstantin für den Schenker hielt, legt dem Jenseitsreisenden bei seinem Besuch in der Hölle die Verse in den Mund: «Weh, wie viel Unheil, Konstantin, erwuchs – nicht etwa aus der Taufe, aus der Schenkung des ersten Reichtums an den Heiligen Vater!»[25] Formell wuchs dem Papst neben seiner geistlichen Führungsrolle auch die Funktion eines unabhängigen weltlichen Oberhauptes zu. Der Sache nach waren Papst und Kaiser in ihren Herrschaftsansprüchen eng aneinandergekettet. Der unvermeidliche Konflikt beeinflusste dauerhaft die mittelalterliche Kultur.

Im 11. Jahrhundert spitzte sich die Auseinandersetzung zu. Papst Gregor VII. (1025–1085) protestierte bald nach seiner Wahl 1073 gegen die Investitur, also die Einsetzung von Bischöfen, mit der Kaiser Heinrich IV. (1050–1106) in italienische Kirchenkonflikte eingriff. Heinrich reagierte auf den päpstlichen Protest mit der Rücktrittsforderung an den Papst: «Steige herab, steige herab.»[26] Daraufhin exkommunizierte Gregor den Kaiser in einem bis dahin unerhörten Akt. Um seiner Absetzung zu entgehen, zog Heinrich im Winter 1077 als Büßer zur Burg Canossa. Nach entsprechenden Bußleistungen musste der Papst den Bann aufheben. «Canossa» ist vor allem in Deutschland zu einem geradezu mythischen Sinnbild päpstlicher Demütigung des Kaisers geworden. Bismarck erhob im 19. Jahrhundert den Satz «Nach Canossa gehen wir nicht» zum Motto seiner Katholikenpolitik.[27]

Es lässt sich unschwer erahnen, dass es in einem Streit solchen Ausmaßes um mehr ging als nur um die Frage, wer das Recht habe, Bischöfe einzusetzen. Die gängige Bezeichnung «Investiturstreit» verharmlost die Tragweite des Konflikts. In Gregors Handeln verdichtete sich der Anspruch einer kirchlichen Reformbewegung.[28] Der durch Cluny ausgelöste Aufbruch erfasste im 11. Jahrhundert auch das Papsttum, das zuvor über Generationen zum Zankapfel des römischen Stadtadels verkommen war. Man hat diese Neuausrichtung nach ihrer schillerndsten Gestalt, eben jenem Papst Gregor VII., als «Gregorianische Reform» bezeichnet, was irreführend ist, weil Gregor bei seiner Papstwahl schon wichtige Neuregelungen vorfand. Der Aufbruch des Papsttums im 11. Jahrhundert verdankte sich vielen Faktoren: der Frömmigkeitsbewegung von Cluny, einem gestiegenen Repräsentationsinteresse, vor allem aber veränderten Rationalitätsstandards, die sich am Vorabend maßgeblicher europäischer Universitätsgründungen in Europa abzeichneten.

Aus der Kirchenreform gingen bis heute folgenreiche Entscheidungen hervor. Das seit der Antike empfohlene, aber bis dahin praktisch nicht umsetzbare Gebot der Ehelosigkeit der Priester, der Zölibat, wurde durch Synodalbeschlüsse des 11. Jahrhunderts sanktioniert. Die gestiegenen Ansprüche des Papsttums verschärften auch die Entfremdung von der Ostkirche. Der päpstliche Legat Kardinal Humbert und der Patriarch von Konstantinopel, Michael Kerullarios, belegten sich 1054 gegenseitig mit dem Bannfluch.

Der Reformprozess war im Wesentlichen das Werk von Intellektuellen, von meist juristisch exzellent ausgebildeten Theologen im Umfeld der Päpste. Der erwähnte Kardinal Humbert von Silva Candida zählte zu diesem Kreis, ebenso Petrus Damiani. Gregor VII. war zuvor als Priester Hildebrand im Zentrum der päpstlichen Verwaltung an allen Reformprozessen maßgeblich beteiligt gewesen. Die Reformer gestalteten die Papstwahl neu, sie übertrugen die Wahlkompetenz von der römischen Synode auf das noch heute dafür zuständige Kardinalskollegium – eine beachtliche Entprovinzialisierung. Sie stärkten und professionalisierten die Macht der Kleriker in der Kirche und bekämpften den Kauf von kirchlichen Ämtern, die sogenannte Simonie, durch die Laien an kirchliche Pfründe gelangen konnten. Gedacht war dies alles als konsequente Umsetzung einer theologisch überzeugenden Kirchenstruktur. Das schloss eine Stärkung der Position des Papstes ein. Eine ausgefeilte Theorie des Papstamtes legte Gregor VII. schließlich selbst kurz nach seiner Papstwahl vor. Sein *Dictatus papae* ist eine aufsehenerregende Thesenzusammenstellung, die den Universalitätsanspruch päpstlicher Herrschaft begründete. Eine Vorstellung von der Wucht der Thesen vermittelt die Forderung, «dass alle Fürsten allein des Papstes Füße küssen».[29] Gregor bereitete damit den Weg zu einer «Papatologie»[30], einer Theologie des Papsttums, die gut zweihundert Jahre später ihren Höhepunkt erreichte.

Der elende Mensch und der Stellvertreter Christi

Eine ähnlich imposante mittelalterliche Papstgestalt wie Gregor VII. war Innozenz III. (1161–1216). Von vornehmer Herkunft, glänzend theologisch und juristisch an den Universitäten in Paris und Bologna ausgebildet, bestieg er mit nur siebenunddreißig Jahren 1198 den Stuhl Petri.[31] In seinem Pontifikat geschahen gewaltige Dinge: Der vierte Kreuzzug wurde ausgerufen, die Ketzerverfolgung intensiviert, Franziskus von Assisis Bewegung als Orden anerkannt, schließlich entwarf das vierte Laterankonzil weitreichende Regelungen für das kirchliche Leben. Man kann sich die Polarität christlicher Kultur kaum größer vorstellen. Derselbe Papst, der noch einmal geballte – allerdings vergebliche – Energie in die Eroberung des Heiligen Landes investierte, zeigte ein religiöses Gespür für die einmalige Besonderheit des Franziskus von Assisi. Als Kardinal schrieb er ein Buch *Vom Elend des menschlichen Daseins*, als Papst proklamierte er für sich den Titel des *vicarius Christi*, des Stellvertreters Christi auf Erden. Beides gehört zusammen, und das eine ist nicht ohne das andere zu verstehen.

Als junger Kardinal schrieb Graf Lotario di Segni wenige Jahre vor seinem Pontifikat diese bemerkenswerte Abhandlung, sein literarischer Biograph Reinhold Schneider attestiert ihm einen Ton «unsäglicher Schwermut».[32] Die Schrift wirft ein bemerkenswertes Licht auf das Lebensgefühl, aus dem das Amt des Papstes als strahlender Trost herausragte. Das Mittelalter – und auch die Neuzeit – sind reich an einer Tradition der *De contemptu mundi*-Literatur, also an

Schriften, die Gründe für die Verachtung der Welt zusammentragen. Der spätere Innozenz tat sich auf diesem Feld besonders hervor. Seine Weltverachtung gründete in der Misere des menschlichen Daseins. Akribisch trug er in seiner Schrift das Elend zusammen, das mit den Widerwärtigkeiten der Zeugung seinen Lauf nimmt und in den Schmerzen der Geburt unübersehbar hervortritt. «Der Mensch ist gemacht aus Staub, Kot und Asche – und, noch gemeiner, aus unflätigem Samen. Anlass zu seiner Empfängnis war der Reiz des Fleisches und das Glühen der Begierde.»[33] Und mit aller rhetorischen Wucht der lateinischen Sprache weiß er über den Sinn des menschlichen Daseins zu sagen: «Natus ad laborem, timorem, dolorem: quodque miserius est, ad mortem.» – «Geboren ist der Mensch zur Arbeit, zur Angst, zum Schmerz, und was noch elender ist, zum Tod.»[34] Er listet die Schwachheit des Menschen auf, seine Anfälligkeit, die Kürze des Lebens, die Ängste, die den Menschen quälen, die Ungerechtigkeit, die das Leben durchzieht. Das zweite Buch fasst die in seiner beschmutzten Natur begründeten moralischen Verwerflichkeiten des Menschen zusammen. Das dritte Buch führt vor Augen, was dieses Wesen zu erwarten hat: das göttliche Gericht und die unsäglichen Höllenstrafen für die Verlorenen.[35] Nach Gregor dem Großen war Innozenz der zweite bedeutende Papst des Mittelalters, der ein ausgesprochen detailliertes Interesse an der Hölle zeigte.

Aus der Feder eines späteren Papstes sind also diese Zeilen geflossen, die am dunklen Ruf des Mittelalters mitgeschrieben haben.[36] Der Mensch erscheint als ein erbärmliches Wesen, das in einem Jammertal lebt. Natürlich flossen Zeitumstände in das Werk ein, Europa drohte nach dem Tod Kaiser Friedrich Barbarossas 1190 und den Fehden zwischen Kaiser Heinrich VI. und dem englischen König Richard Löwenherz aus den Fugen zu geraten. Kulturhistorisch aufschlussreich ist Innozenz' Beschreibung des mittelalterlichen Lebensgefühls.[37] Die Verachtung des Körperlichen ist nicht einfach mit Leibfeindlichkeit gleichzusetzen, denn tatsächlich war der Mensch jener Zeit seiner eigenen Natur, ihrer Hinfälligkeit und Gebrechlichkeit in viel stärkerem Maße ausgesetzt, als sich das ein neuzeitlicher Mensch vorstellen kann. Trotz des realhistorischen und kulturellen Hintergrunds malte Innozenz nicht einfach nur ein Stimmungsbild seiner Zeit. Mit den Stichworten Realismus oder Pessimismus wird man dem Buch daher nicht gerecht. Man kann zu allen Zeiten aus der bloßen Weltbetrachtung genügend Gründe finden, trübsinnig zu werden. Doch Innozenz war kein Empiriker, und was er beschrieb, war kein Weltschmerz. Einmal mehr war es Nietzsche, der hier ein treffsicheres Gespür bewies. Bei Innozenz konstatiert er das «eisige Nein des Ekels am Leben».[38] In der Tat meint man den Mann der Kirche mit «zugehaltener Nase»[39] dastehen zu sehen. Der Ekel am Menschen sei Folge der «krankhaften Verzärtlichung und Vermoralisierung, vermöge deren das Gethier ‹Mensch› sich schliesslich aller seiner Instinkte schämen lernt».[40] Nietzsche hat an Innozenz' Gedankenführung etwas aufgedeckt, was bis heute nichts an Brisanz verloren hat. Scham ist dem Menschen nicht angeboren, sie wird ihm vielmehr durch Bildung vermittelt. Doch wozu sollte man den Menschen zur Verachtung seiner selbst anleiten? Nietzsche findet das absurd und träumt das Ideal einer urwüchsigen Entzivilisierung.[41] Der Papst des Mittelalters beschritt andere Wege.

Selbstverachtung war für Innozenz III. Religionsunterricht höherer Ordnung. Sie hält dem Menschen das Elend seiner Situation nach dem Sündenfall vor Augen. Innozenz hat die Verknüpfung von Sündenbewusstsein und Weltverachtung nicht erfunden – er erwies sich darin als ein verlässlicher Schüler Augustins –, aber er hat sie auf einen misanthropischen Höhepunkt getrieben. Seine entschlossene Weltverachtung war nicht weit entfernt vom Dualismus der Katharer, die er als häretische Ketzer bekämpfte. Das zeigt einmal mehr, wie attraktiv Dualismen sind, um sich in einer unfassbar erscheinenden Welt zurechtzufinden. Sein Ausweg war jedoch ein ganz anderer als der der Ketzer. Nicht die asketische Übung persönlicher Reinheit, sondern die Institution der Kirche brachte seiner Überzeugung nach den verlorenen Glanz in das Christentum zurück.

Im Vorwort seiner Elendsschrift kündigte Lothar ein Buch über die Würde des Menschen an,[42] das er jedoch nie geschrieben hat. War dem späteren Papst unter der Last seiner Amtsgeschäfte nichts mehr über die Würde des Menschen eingefallen? Erst Florentiner Autoren des 15. Jahrhunderts schrieben über die *dignitas homini,* was einen willkommenen Anlass bot, einmal mehr die Kluft zwischen Mittelalter und Renaissance hervorzuheben. Und doch hat Lothar dieses Thema behandelt, allerdings in einem anderen Gewande. Der Glanz des Menschen wird sichtbar, wo Gott in das Leben des Menschen eintritt. Die Würde des Menschen zeigt sich in der Messe, in den Mysterien der Liturgie.[43] Die Kirche ist der Erscheinungsort des göttlichen Glanzes in der Welt, der das dunkle Elend überwindet. Hier ist das Scharnier, an dem die Misere des Menschen und der Glanz des Papsttums zusammengeführt sind. Nach seiner Wahl predigte Innozenz, er sei als Papst «geringer als Gott, aber größer als der Mensch».[44] Folgerichtig fügte er der Titulatur den Rang des Stellvertreters Christi hinzu. Diese Aufwertung war nicht das Werk eines finsteren Potentaten, der damit sein blankes Eigeninteresse durchsetzen wollte, sondern das eines Theologen, der auf der Höhe seiner Zeit den Übeln der Welt ein monarchisches Kirchenmodell gegenüberstellte. Der Papst repräsentiert Christus als Haupt der Kirche, nicht aus eigener Kraft, sondern aufgrund göttlicher Einsetzung durch Jesu Verheißung an Petrus. In der Dunkelheit der gefallenen Welt leuchtet Gottes Wirken verlässlich in der Institution der Kirche. Deren höchster Repräsentant ist ein Widerschein dessen, wie der Vater mit dem Sohn die Welt regiert. In diesem Konzept vollendet sich die Theologie des Papsttums, die in der Antike ihren Anfang nahm. Die theokratischen Ansprüche des Papsttums haben religiöse Hintergründe, man kann sie nicht allein mit weltlichen oder gar persönlichen Motiven der Päpste erklären. Bereits in Gelasius' Zwei-Schwerter-Theorie scheinen diese religiösen Motive durch. Die geistliche Herrschaft dient der Durchsetzung göttlicher Gebote in der Welt, sie macht die düstere Welt besser.

Der von klugen Repräsentanten des Papsttums wie Innozenz III. beklagte menschliche Makel holte dieses am Ende selbst ein. Schon sein Nachfolger Innozenz IV. erhob sich in plumper theologischer Verkürzung vom Stellvertreter Christi zum Stellvertreter Gottes.[45] Bonifaz VIII. ließ 1302 in der Bulle *Unam sanctam* erklären, «dass es für jedes menschliche Geschöpf unbedingt heilsnotwendig sei, dem Römischen Bischof unterworfen zu sein».[46] Bonifaz, dem ein Historiker die Verbindung von «außerordentlichen Fähigkeiten mit Arroganz und Grausamkeit»[47] zugeschrieben hat, hatte damit den Bogen überspannt. Dante hasste Bonifaz und hat ihn noch zu dessen Lebzeiten in die Hölle seiner *Göttlichen Komödie* verbannt.[48] Eine Generation später entwarfen Denker wie Marsilius von Padua und Wilhelm von Ockham ausgefeilte theologische Kritiken des Papsttums. Aufrufe zur Kirchenreform bei Wyclif und Hus setzten beim Papsttum an und bereiteten so der Reformation den Boden. Der Machtmissbrauch durch päpstliche Potentaten hatte vieles von der religiösen Idee des Papsttums aufgezehrt.

Auf politischem Feld sank der Einfluss der Päpste ohnehin rasant. Bonifaz sah sich bereits einem persönlichen Angriff ausgesetzt, und schon sein Nachfolger konnte ohne den Schutz des französischen Königs sein Amt nicht versehen. Die Konsequenz aus dieser Abhängigkeit war die 1309 beginnende Übersiedlung der Päpste nach Avignon, wodurch Rom als Sitz des Papsttums verwaiste und einen Tiefpunkt seiner Stadtgeschichte erlebte. Die Spannung zwischen frankreichhörigen und rückkehrwilligen Päpsten trieb die Kirche des Westens schließlich 1378 in ein Schisma mit bisweilen drei Päpsten gleichzeitig. Erst das Konstanzer Konzil konnte mit einigen Mühen 1417 die Kirchenspaltung beenden, der Ansehens- und Autoritätsverlust für das Papstamt war jedoch immens.

Der Niedergang des Papsttums im Mittelalter steht in einem bizarren Gegensatz zum Anspruch seines Aufstiegs. Und doch ist darin eine nachvollziehbare Logik zu erkennen. Es lohnt sich, den Blick noch einmal auf Canossa zurückzulenken, denn am Höhepunkt liegt der Keim des Niedergangs. Den Kaiser vor aller Welt ins Büßergewand gezwungen zu haben, schien der Inbegriff päpstlicher Macht. Doch Canossa kannte keinen Sieger. Heinrich IV. hat sich später gerächt und Gregor VII. aus Rom vertrieben. Er starb im Exil in Salerno. Noch gravierender war eine andere Folge.[49] Die päpstliche Propaganda hatte im Kampf um die Macht den Kaiser massiv attackiert, ihn beispielsweise als Nonnenschänder desavouiert. Diese kirchlich instrumentalisierte Desakralisierung politischer Herrschaft setzte einen höchst folgenreichen Prozess in Gang. Politische Herrschaft bedurfte, so die langfristige Konsequenz, einer eigenen, vom Papst unabhängigen Legitimation. Zugespitzt könnte man sagen, dass in Canossa die Idee geboren wurde, Staat und Kirche zu trennen. Die sakrale Legitimation von Herrschaft war eines der wichtigsten Instrumente päpstlicher Macht im Frühmittelalter, ausgerechnet mit Canossa ging es langfristig verloren. Zum anderen blieb das Auftreten des Papstes als Weltenherrscher auch innerkirchlich nicht unwidersprochen. Die Erinnerung an die einfache Botschaft des Evangeliums gab Stimmen Auftrieb, die in dem päpstlichen Prunk einen tiefen Widerspruch zur Entstehung des Christentums sahen. Das Ideal der eigenen Anfänge holte das Christentum ein.

2
Kultur der Gewalt I: Die Kreuzzüge

Auf dem Höhepunkt ihrer Macht standen die Päpste an der Spitze einer Bewegung, die das von seinen Ursprüngen her friedliebende Christentum an das Schwert band. Die gewaltsame Seite europäischer Kultur und des Christentums wird nirgends so offensichtlich wie in den Kreuzzügen. Das macht einige grundsätzliche Überlegungen zum Zusammenhang von Religion und Gewalt erforderlich.

Natürliche, gerechte und heilige Kriege

Gewalt begegnet in einer Kulturgeschichte des Christentums allenthalben, nicht nur bei Karls Sachsenmission und bei den Kreuzzügen. Auch spätere Missionierungsschübe in Amerika und Afrika verliefen gewaltsam, ebenso die Hexenverfolgungen, und in der Spätantike und im Reformationszeitalter bekriegten sich Christen untereinander. Man mag darüber mit Bestürzung oder Bedauern urteilen, doch tut sich in alledem ein Rätsel auf, an dem nicht vorbeizukommen ist: Der Mensch ist ein gewaltsames Lebewesen.

Die gewaltsame Anlage des Menschen begegnet in der mittelalterlichen Alltagskultur häufig.[50] Man könnte geneigt sein, dies mit der zivilisatorisch niedrigeren Entwicklungsstufe zu erklären. Das ist richtig, tatsächlich haben die Menschen verschiedenster Kulturkreise im Laufe der Geschichte große Anstrengungen unternommen, Gewalt einzudämmen. Doch der Fortschritt ist nur ein bedingter, die Decke der Zivilisation ist dünn – unsere Gegenwart liefert bedrückende Beispiele für Gewaltausbrüche.

Krieg scheint aufgrund der gewaltsamen Anlage des Menschen eine notwendige Folge zu sein. Die auf Augustinus zurückgehende Theorie des «gerechten» Kriegs ist demgegenüber ein Fortschritt, denn sie erfordert die Angabe von Gründen. Drei Dinge sind unerlässlich für den gerechten Krieg: Er bedarf einer Autorisierung durch eine legitimierte Herrschaft, es muss einen gerechten, nachvollziehbaren Anlass geben, und er muss in rechter Absicht geführt werden.[51] Eine weitere Kategorie ist der heilige Krieg. Er nimmt Elemente des gerechten Krieges auf, sieht aber die Gewalt nicht als notwendig in Kauf zu nehmendes Übel, sondern als etwas prinzipiell Gutes an, weil sie religiösen Zwecken dient, ja weil die Gewaltausübung selbst eine religiöse Dimension hat.[52] Eine solche religiöse Gewaltaktivierung stellen die Kreuzzüge als heilige Kriege dar.

Die Idee, die heiligen Stätten des Christentums aus den Händen der islamischen Eroberer zu befreien, geisterte in verschiedenen Formen durch das Abendland. Konkrete Pläne zu einem solchen militärischen Feldzug hatte schon Gregor VII., aber die Wirren des Investiturstreits brachten das Vorhaben nicht weiter. Seine Umsetzung gelang Urban II. (1042–1099). An ihm kann man ersehen, wie tief die Kreuzzugsidee in der religiösen Kultur verwurzelt war. Bevor sich der französische Adelige in die Liste der selbstbewussten Päpste des 11. Jahrhunderts einreihte, war er Mönch und später Prior in Cluny.[53] Urban II. schuf ein Novum: Er verband den Wallfahrtsgedanken mit dem Krieg und erklärte den Kreuzzug zu einem heiligen Krieg. Autorität und Anlass, die Grundelemente des gerechten Kriegs, galten durch päpstliches Geheiß und durch die Absicht, das Heilige Land zu befreien, als gegeben. Wer das «Kreuz nehmen» wollte, musste jedoch zusätzlich ein zeremonielles Gelübde leisten.[54] Unter dieser Voraussetzung konnte der Kreuzfahrer im Kreuzzug «die Vergebung aller seiner Sünden erlangen»,[55] er konnte einen Ablass erwirken[56] und im Falle seines Todes zum Märtyrer aufsteigen.[57] So wurde aus dem gerechten ein heiliger Krieg.

Kleine Geschichte der Kreuzzüge

Vieles von dem, was die Kreuzzugsbewegung ausmacht, wird verständlich, wenn man exemplarisch den ersten Kreuzzug von 1096 bis 1099 betrachtet.[58] Mittelbarer Anlass waren innerislamische Auseinandersetzungen zwischen Bagdad und Kairo, die christliche Pilgerfahrten nach Jerusalem, die schon in vorislamischer Zeit seit Konstantin populär waren, unmöglich machten. Zugleich veranlasste der Druck der Seldschuken, die im 11. Jahrhundert Byzanz erhebliche Territorien in Anatolien entrissen, den byzantinischen Kaiser zu einem Hilferuf an den Westen. Daraufhin rief Papst Urban II. 1095 mit einer flammenden Rede auf einer Synode in Clermont zum Kreuzzug als bewaffneter Wallfahrt auf. Die begeisterte Aufnahme seines Aufrufs zeigt, dass er einen Nerv der Zeit getroffen hatte. «Gott will es» sollen Urbans Zuhörer euphorisch ausgerufen haben.[59] Das verlieh den Kreuzzügen von Anfang an eine nicht steuerbare Eigendynamik, die sich von der französischen Ritterschaft aus zu einer Massenbewegung, einem Volkskreuzzug, entwickelte.

Angestachelt durch fanatische Wanderprediger entlud sich schon vor dem Aufbruch die enorme Aggression der Massen in einer bis dahin beispiellosen Raserei gegen die heimischen Juden am Rhein und in größeren Städten, die auf der Route des Kreuzzugs lagen. Besonders fatal war die Vermengung vermeintlich religiöser Legitimation – die Juden wurden als Christusmörder diffamiert – mit hemmungsloser Habgier.[60] Der Zug durch Europa glich einer brandschatzenden Horde, die in Ungarn und auf dem Balkan marodierte und folglich von einheimischen Truppen energisch bekämpft wurde. In Konstantinopel hinterließ diese Art der Begegnung mit dem Westen einen katastrophalen Eindruck. Nach wiederholten Plünderungsversuchen in kleinasiatischen Städten wurden die Überreste des anfangs möglicherweise 50 000 bis 70 000 Menschen umfassenden Volkskreuzzugs von den Seldschuken ausgelöscht. Dem ursprünglichen Ziel der Hilfe für die christlichen Brüder in Byzanz sind die Kreuzzüge zu keiner Zeit gerecht geworden.

Einen ganz anderen Verlauf nahm der Zug der Ritter. Deren über der Rüstung getragenes Stoffkreuz gab dieser Bewegung im 17. Jahrhundert den Namen. Französische Ritter brachen in mehreren Gruppen unter den Brüdern Gottfried und Balduin von Bouillon auf, Raimund von Toulouse führte provenzalische Ritter, Boemund brach mit normannischen Kriegern von Süditalien aus auf. Das Verhältnis zu Byzanz gestaltete sich schwierig, da die Byzantiner nun den Kreuzfahrern misstrauten. Logistisch waren die Truppenbewegungen eine außerordentliche Herausforderung, da tausende Ritter mitsamt Begleitpersonal und

Pferden versorgt werden mussten. Tatsächlich gelang es den Kreuzfahrern, zunächst Nikaia und nach schwierigem Zug durch Anatolien Antiochia zu erobern; in Edessa wurde 1098 der erste Kreuzfahrerstaat unter Balduin errichtet. Im Juni 1099 tauchte das Kreuzfahrerheer schließlich vor Jerusalem auf; durch Fastenzüge religiös vorbereitet, gelang am 15. Juli unter Führung Gottfrieds die Eroberung der Stadt. Der fatimidische Gouverneur erhielt freies Geleit und gab Jerusalem auf. Die Klassiker der Kreuzzugsforschung haben von den sich anschließenden Ereignissen ein grauenhaftes Bild gemalt: «Der Rausch des Sieges, der religiöse Fanatismus der Kreuzfahrer und die aufgestaute Erinnerung an die durchstandene Mühsal von drei Jahren entlud sich in einem entsetzlichen Blutbad [...] Bis an die Knöchel watete man im Blut, und die Straßen waren mit Leichen bedeckt.»[61] In der jüngeren Forschung sieht man die These von der kompletten Auslöschung der Muslime in Jerusalem skeptischer, niemand zieht jedoch in Zweifel, dass die «Gewaltexzesse [...] das im Krieg übliche Maß» weit überschritten und sich «als traumatisches Ereignis tief in das kollektive Gedächtnis der islamischen Welt eingegraben»[62] haben.

Die Kreuzfahrertradition im Heiligen Land hielt bis zum Ende des 13. Jahrhunderts, also etwa zweihundert Jahre, an.[63] Der erste Kreuzzug war in Anbetracht der logistischen Herausforderungen eine militärische Meisterleistung. Zugute kamen den Europäern sicher auch die innerislamischen Streitigkeiten; de facto stürmten sie «durch ein Tor, das bereits aus den Angeln gehoben war».[64] Dennoch hinterließ ihr Erfolg tiefen Eindruck in Europa und im Orient. Die von den Kreuzfahrern gegründeten Staaten, darunter auch das Königreich Jerusalem, bestanden ein halbes Jahrhundert lang in Ruhe. Lateinische Christen herrschten in diesen Kreuzfahrerstaaten über orientalische Christen und Muslime. Doch der muslimische Widerstand mehrte sich, 1144 fiel Edessa.

Darauf reagierte der zweite Kreuzzug, der militärisch trotz der inzwischen prominenten Beteiligung des französischen und des deutschen Königs – Konrad III. erhielt nie die Kaiserwürde – auch aufgrund strategischer Fehlentscheidungen in einem Fiasko endete. Theologisch ist er der interessanteste der Kreuzzüge. Er wurde zwar vom Papst ausgerufen, aber religiös und theologisch durch eine der wichtigsten Gestalten des Mittelalters maßgeblich vorangetrieben. Bernhard von Clairvaux (1090–1153), der als frommer Zisterzienser die asketischen Ideale wiederbelebte und eine mystische Theologie der Christusliebe lehrte, begründete in seinen Predigten eine neue Welle der Kreuzzugsbegeisterung.[65] Theologisch unterstützte er maßgeblich die Gründung geistlicher Ritterorden. Dahinter stand sicher auch der Aspekt, durch einen disziplinierten Verbund barbarische Auswüchse wie die Judenpogrome und die Plünderungen des Volkskreuzzugs zu verhindern. Der Judenverfolgung jedenfalls trat Bernhard energisch entgegen. Die Zivilisierung des Kreuzzugs war aber nur ein Nebenmotiv. Die Templer und später die Johanniter und der Deutsche Orden verbanden die asketischen Ideale des Mönchtums mit den militärischen Tugenden des Rittertums zu dem Konzept eines frommen Kriegsdienstes für Christus.[66] Bernhards Kreuzzugspredigt und das Aufkommen der Ritterorden belegen hinlänglich, in welch hohem Maße das Mittelalter militärische Gewalt in die eigene fromme Praxis integrierte. Dem richtigen Ziel gewidmet, nämlich der Durchsetzung der Macht Christi auf Erden, galt in weiten Teilen mittelalterlicher Kultur Gewalt als etwas Positives.

Beim dritten Kreuzzug war letztlich alles versammelt, was in Europa Rang und Macht hatte. Voraus ging der Aufstieg einer der prägendsten Gestalten auf muslimischer Seite: Saladin (1138–1190) setzte sich ab 1170 von Ägypten aus als starker Sultan durch und wurde zu einer ernsten Bedrohung für die Kreuzfahrerstaaten. Ideell bediente er sich des Instruments des Dschihad gegen die Ungläubigen.[67] Er besiegte 1187 das Kreuzfahrerheer unter König Guido und nahm Jerusalem ein. Knapp einhundert Jahre nach dem christlichen Massaker führte der Muslim Saladin vor, wie man eine heilige Stadt erobert. Er erzwang militärisch die Kapitulation und untersagte dann mit eiserner Strenge seinen Soldaten Plünderungen und jedes Blutvergießen. Darauf mag es zurückgehen, dass Saladin im Westen als «edler Heide» gepriesen wurde.

Der deutsche Kaiser Friedrich Barbarossa brach zum Kreuzzug auf, um die Schmach des Verlustes von Jerusalem zu tilgen. Ihm gelang es mit straffer militärischer Organisation, ein großes Heer bis in den heutigen Süden der Türkei zu führen, aber nachdem er 1190 dort nahe der Stadt Seleucia in dem Fluss Saleph ertrunken war, fielen die führungslosen Truppen auseinander. In Anbetracht dieser Not ließen der französische und der englische König vorübergehend von ihren Streitigkeiten ab und organisierten jeweils eigene Kreuzzüge. 1191 gelang die Einnahme Akkons. Der englische König Richard Löwenherz lieferte sich noch ein weiteres Jahr lang verschiedene Auseinandersetzungen mit Saladin, die seinen Ruf als gewiefter Krieger begründeten. Jerusalem einzunehmen, gelang ihm aber nicht. 1192 schloss er mit Saladin einen Waffenstillstand, der den Kreuzfahrern die Küste sicherte und den Pilgern freien Zugang zur Stadt einräumte. Das war ein bescheidener Erfolg, und im weiteren Verlauf zeigte sich immer deutlicher, wie sehr die religiöse Idee des Kreuzzuges zur Durchsetzung von wirtschaftlichen und politischen Interessen verkommen war.

Dies trat vollends beim vierten Kreuzzug zutage. Venedig, das als beherrschende Flotten- und Handelsmacht maßgeblich an der Vorbereitung beteiligt gewesen war, konnte kurzerhand die Interessen der Kreuzfahrer auf Konstantinopel umlenken, um damit eine unliebsame Konkurrentin im Mittelmeer auszuschalten.[68] Die Folgen waren fatal. Drei Tage lang wurde die Stadt im Frühjahr 1204 von Kreuzfahrern aus dem Westen geplündert und gebrandschatzt, erst gut fünfzig Jahre später konnten die Byzantiner die Vorherrschaft eines eigens eingerichteten lateinischen Kaisertums wieder abschütteln. Mit der ursprünglichen Idee, den Glaubensbrüdern der Ostkirche durch den Kreuzzug zu Hilfe zu kommen, hatte all das nichts mehr zu tun. Die Plünderung Konstantinopels ist ein drastisches Beispiel dafür, wie sehr der Kreuzzugsgedanke in sein Gegenteil pervertiert war. Die Ereignisse rissen einen tiefen Graben zwischen westlichem und östlichem Christentum.

Dennoch hielten sich einzelne Initiativen, die nun auch zunehmend Ägypten ins Visier nahmen, noch fast ein Jahrhundert lang. Wie tief trotz aller militärischen Rückschläge und politischen Pervertierungen die Kreuzzugsidee in der Volksfrömmigkeit verankert blieb, zeigt das traurige Beispiel der Kinderkreuzzüge. Der größte von ihnen zog im Sommer 1212 von Köln aus unter der Führung eines Jungen namens Nikolaus über die Alpen nach Italien, um sich dort zur Überfahrt ins Heilige Land einzuschiffen.[69] Bis zu siebentausend Jugendliche und Heranwachsende aus niederen Schichten machten sich nach Jerusalem auf. Seltsamerweise traten Erwachsene diesem vollkommen aussichtslosen Unternehmen nicht entgegen, und wo einzelne Kleriker dies versuchten, wurden sie von der Bevölkerung davon abgehalten. Natürlich fanden sich in Genua keine Schiffe zur Überfahrt, und die Spuren des Kinderkreuzzugs verlieren sich, aber es ist davon auszugehen, dass viele von denen, die die Strapazen der Reise über die Alpen überlebten, in Mittelmeerhäfen auf Schiffen landeten und in die Sklaverei verkauft wurden. Die irrationale Seite der Kreuzzugsfrömmigkeit kann schauriger nicht verdeutlicht werden.

Ein politisches Ereignis war der Weg, den der außergewöhnliche Stauferkaiser Friedrich II. beschritt.[70] Mit dem Sultan al-Kamil einigte er sich auf dem Verhandlungsweg und konnte so Jerusalem mit Ausnahme des Felsendoms und der al-Aqsa-Moschee für eine Frist von zehn Jahren zurückgewinnen. Doch die «weltpolitische» Lage verschlechterte sich zunehmend zuungunsten der Kreuzfahrerstaaten. Aus den Mongoleneinfällen des 13. Jahrhunderts, die für die Geschichte des Islam eine Schlüsselrolle spielen, erwuchs von Ägypten aus die Mamlukendynastie zu einer starken islamischen Kraft. Unter Berufung auf den Dschihad zogen die Mamluken gegen die Kreuzfahrer zu Felde. Mit dem Fall Akkons im Mai 1291 endet die Epoche der Kreuzzüge, die Idee des Kreuzzugs lebte jedoch weiter.

Warum gab es die Kreuzzüge?

Die Kreuzzüge haben die Welt verändert – mit Folgen, die noch heute wirksam sind. Mit Blick auf die begangenen Gräuel und deren Spuren in der islamischen Erinnerungskultur waren die Kreuzzüge noch schlimmer als ihr Ruf.

Man könnte sie als eine betrübliche Entgleisung des Christentums abtun, doch damit macht man es sich zu einfach. Aus damaliger Perspektive waren sie tief in der christlichen Kultur verankert. Das macht die Frage umso dringlicher, warum es die Kreuzzüge überhaupt gab. Versuche, diese Frage zu beantworten, haben in den letzten Jahren stetig an Bedeutung gewonnen, weil ein möglicher innerer Zusammenhang zwischen Religion und Gewalt zu den großen Debatten unserer Zeit gehört.

Kreuzfahrer nahmen beträchtliche Opfer auf sich, sie ließen ihre Familien zurück, sie verkauften zum Teil ihr Hab und Gut, sie litten unter gewaltigen Strapazen und sie führten brutale Gefechte, in denen stets auch der eigene Tod drohte. Ein Phänomen dieser Größenordnung, das für wenigstens zwei Jahrhunderte die gesamte europäische Kultur in Atem hielt, ist nicht auf eine einzige Ursache zurückzuführen. Soziale und wirtschaftliche Faktoren wie die Suche nach den mythischen Schätzen und Reichtümern des Orients spielten eine Rolle. Daher hatten die Kreuzzüge in der Anfangsphase den Charakter von Migrationsbewegungen. In ihnen entlud sich auch gesellschaftlicher Druck, denn die ritterlichen Tugenden des Kampfes fanden durch die allmähliche Ausweitung der Idee des Gottesfriedens keine Betätigungsfelder mehr.[71] Die Durchsetzung der Primogenitur, die den Erstgeborenen zum territorialen Alleinerben machte, ließ zudem viele Adelssöhne ihr Glück in der Ferne suchen. Schließlich wäre es naiv, nicht auch Beweggründe wie Abenteuerlust, Habgier und Beutelust am Werk zu sehen.

Das alles sind plausible Gründe, doch ohne die tiefe Verflechtung mit der christlichen Religion kann man das Wesen der Kreuzzüge nicht verstehen. Kreuzzüge waren an eine Autorisierung durch den Papst gebunden, sie galten als Bußleistung, durch die man Ablass und Sündenvergebung erlangen konnte, und als ein Werk tätiger Liebe. Sie ermöglichten eine Wiederbelebung des Märtyrerideals und sie gingen aus der Verehrung heiliger Orte hervor. Die blutige Einnahme Jerusalems wurde zur Verwunderung der Muslime durch Bußübungen und Predigten vorbereitet. Die Eroberer fasteten, beteten, hörten das Evangelium und mordeten dann.

Jonathan Riley-Smith, einer der prominentesten Kreuzzugsforscher unserer Tage, hat ein bedenkenswertes Fazit gezogen. Er habe einsehen müssen, «dass wir nicht sehr tief in das Denken von Männern und Frauen, die in einer fernen Vergangenheit gelebt haben, einzudringen vermögen. Ich habe die Kreuzfahrer als das akzeptiert, was sie waren, und ich habe mich geweigert, ein Urteil über sie zu fällen.»[72] Das stimmt nachdenklich. Den Kreuzzügen kann man sich historisch nur nähern wie ein Beobachter, der eine fremde Kultur zu verstehen sucht. Die Kreuzfahrer erlebten «eine tiefgreifende religiöse Erfahrung»[73] und führten ihre Erfolge an den heiligen Stätten auf das Eingreifen Gottes selbst zurück. Die Kreuzzüge basierten auf dem Grundmotiv, dass sich Gewalt im Interesse der Religion als etwas Gutes erweist. Gewalt war ein Dienst für Gott, und darum partizipierte Gewalt auch an der Aura der Heiligkeit.

Die überwiegende Mehrheit der Christen teilt diese Auffassung heute nicht, im Gegenteil, sie findet sie aus religiösen Gründen irritierend und verwerflich. Das große Schuldbekenntnis und die Vergebungsbitte Papst Johannes Pauls II. zu den Milleniumsfeierlichkeiten im Jahr 2000 räumten ein, dass die Kirche mit den Versuchen der gewaltsamen Durchsetzung des Glaubens schwere Schuld auf sich geladen hat.[74] Der Sinneswandel trat im Laufe von Jahrhunderten und relativ spät ein. Die Kreuzzugsidee endete mit dem Fall von Akkon keineswegs. Schon vor dem Ende der Expeditionen ins Heilige Land gab es eine immense Ausweitung des Programms. Kreuzzüge im engen Sinn ihrer Definition, also mit päpstlicher Autorisierung und der Gewährung von Ablass, gab es in Spanien gegen die Mauren und in Nordeuropa unter Führung des Deutschen Ordens gegen Prußen, Slawen und Balten. Die Kreuzzugsidee konnte aber auch innerchristlich gegen Häretiker als Waffe eingesetzt werden, und tatsächlich wurden die Katharer mit einem eigens ausgerufenen Kreuzzug militärisch verfolgt. Die Kreuzzüge gab es bis ins 17. Jahrhundert, am Vorabend der Reformation gegen die Hussiten, gegen Türken im Osten und Muslime in Spanien, selbst der Vorstoß der spanischen Armada 1588 gegen das protestantische England wurde als Kreuzzug deklariert. Wenn man die Kreuzzüge so weit fasst,[75] dann ergibt sich eine Frage, die bislang kaum bearbeitet wurde: Was hat dem Kreuzzugsgedanken irgendwann in der Neuzeit ein Ende bereitet?

Letztlich ist dies nur mit einer grundlegend gewandelten Haltung zu erklären, die Gewalt aus der Religion verbannt. Schon die Schrecken des ersten Kreuzzugs haben – damals noch sehr leise – Zweifel aufkommen lassen, ob Kriegsdienst wirklich der wahre Gottesdienst sei.[76] Jahrhunderte später haben Humanisten an die Friedensbotschaft Jesu erinnert, die Aufklärung entfaltete Ansätze eines Völkerrechts. Durch all das ist die Welt nicht besser geworden, auch Christen haben weiterhin Kriege geführt, und sie tun es bis in unsere Tage hinein, aber man führt diese Kriege heute in einem entschieden anderen Bewusstsein. Es zählt zu den Paradoxien der Moderne, vielleicht des menschlichen Wesens überhaupt, dass sich trotz der Einsicht in das prinzipiell Üble des Krieges Ausmaß und Intensität der Gewalt exponentiell gesteigert haben. Es bedarf jetzt allerdings anderer Legitimationen wie beispielsweise des Schutzes der eigenen Sicherheit. Die Debatten drehen sich daher bestenfalls um gerechte, nicht aber um heilige Kriege. Kriege gelten nicht mehr als Gott wohlgefällige Taten. Das ist ein gravierender Mentalitätswandel, der uns heute vom Zeitalter der Kreuzzüge trennt und der es so schwer macht, ihre religiöse Dimension zu begreifen.

Die Folgen der Kreuzzüge waren immens, der unmittelbare Ertrag hingegen bescheiden. Nach anfänglichen Erfolgen brachen die Kreuzfahrerstaaten zusammen, und trotz verschiedentlicher Aufrufe waren die europäischen Christen weder willens noch in der Lage, einen neuen Aufbruch ins Heilige Land zu wagen. Die nachhaltigsten Wirkungen entfalteten die Kreuzzüge indirekt in religiösen und kulturellen Verschiebungen von globaler Bedeutung. Die Kreuzfahrer veränderten den Stil europäischer Frömmigkeit. In Bethlehem, Nazareth, Jerusalem, auf dem Ölberg und in Golgatha begegneten sie einer Aura des Heiligen. Die Orte nährten die Vorstellung, dass Jesus tatsächlich als Mensch über die Erde gewandelt war. Durch die Bekanntschaft mit dem Heiligen Land hielt Jesus als Mensch Einzug in die Frömmigkeitspraxis.[77]

Die Kreuzzüge veränderten auch das Weltbild der europäischen Christen. Ihre Welt wuchs.[78] Neue Waren wurden in Europa bekannt und neue Handelsrouten taten sich auf. Die Begegnung mit dem Islam provozierte nicht nur propagandistische Abscheu, sie weckte auch Neugier auf diese demütigen Gläubigen. Man bemühte sich um Koranübersetzungen, und man profitierte von den Wissensschätzen, die die arabische Kultur aus der Antike überlieferte. Der kulturelle Aufstieg Europas wäre ohne diesen Austausch mit der islamischen Kultur im Mittelalter nicht möglich gewesen. Die Kreuzzüge riefen einen mentalen Aufbruch hervor, eine Neugier auf die Weite der Welt und eine «neue Nachdenklichkeit über die Fremden».[79]

Obgleich bei solchen Urteilen stets Vorsicht angebracht ist, scheinen die Dinge in der islamischen Welt genau anders herum zu liegen. Nach seinem kometenhaften Aufstieg und seiner kulturellen Blüte geriet der Islam im Hochmittelalter unter immensen Druck. Europäische Christen vertrieben Muslime aus Sizilien und weiten Teilen Spaniens, sie stießen in der Levante weit in muslimisches Gebiet vor, und schließlich wurden die Muslime im Osten von den Mongolen überrannt. Innere Streitigkeiten politischer, aber auch religiöser Natur begünstigten diese Verfallserscheinungen und verlangten offensichtlich nach zentralistischer und straffer Festigung. Elemente, die dem islamischen Denken anfangs fremd waren, drangen in die Kultur ein. Das Ideal des *dschihad* verband sich mit «doktrinärer Intoleranz», einer «Unfreiheit des Denkens»[80] und einem «Hass auf die Kreuzfahrer».[81] Kulturell und religiös werfen die Kreuzzüge damit einen sehr langen Schatten in die Geschichte.

3
Kultur der Gewalt II: Ketzerverfolgung und Inquisition

Der Aufstieg des Papsttums zur zentralen Herrschaftsform des Christentums und das Verhältnis der mittelalterlichen Religionskultur zur Gewalt bildeten den Rahmen für ein drittes großes Betätigungsfeld des hochmittelalterlichen Christentums – die Auseinandersetzung mit Andersdenkenden innerhalb der eigenen Religion. Die Entwicklung der Kirche zu einer streng hierarchisch geführten Institution mit dem Anspruch auf Weltherrschaft erzeugte innerchristliche Gegenbewegungen, die – das eint alle Ketzerbewegungen – unter Berufung auf Jesus selbst und das Ursprüngliche ein anderes Ideal des Christentums leben wollten. Die Unmöglichkeit, den Überschuss des Christentums in nur einer religiösen und kulturellen Erscheinungsform Gestalt werden zu lassen, ist die Ursache aller Häresien.

Reinheit und Protest: Die Katharer

Nur das Deutsche, die Muttersprache der Reformation, hat für den Häretiker einen eigenen Begriff geboren, in dem die ganze Ambivalenz des religionsgeschichtlichen Phänomens mitschwingt. Im terminologischen Sinne gilt als Ketzer, wen die von Rom aus geführte Großkirche als solchen verurteilt[82] – und eben daraus resultiert die Doppeldeutigkeit des Wortes. Sie umfasst einerseits die Verachtung für Abweichung, Irrlehre und Ungehorsam, trägt jedoch andererseits auch Züge der Bewunderung für Widerstand, Idealismus und Eigenständigkeit. Beides also schwingt in dem deutschen Wort Ketzer mit.

Das Phänomen der Ketzer gibt es, seit es das Christentum gibt. Als Häretiker werden Gruppierungen bezeichnet, weil sie sich von der Gemeinde und der Kirche durch fremdartige Praktiken und abweichende Lehren sichtbar unterscheiden. Ketzerbewegungen entstehen nicht willkürlich, sondern sie reagieren auf Defizite der Kirche. Die Häretiker der Alten Kirche artikulierten ihre Unzufriedenheit mit dem Übergang vom Ideal einer heiligen Gemeinschaft zur Großkirche. Die Montanisten des 2. Jahrhunderts kritisierten beispielsweise das Ausströmen des prophetischen Geistes aus der Kirche, die Donatisten des 4. Jahrhunderts den allzu nachgiebigen Umgang mit den Glaubensbrüdern, die unter dem Druck der Verfolgung vom Christentum abfielen.

Zur größten Herausforderung der mittelalterlichen Kirche wurden die Katharer – eine Bewegung mit Ausmaßen, die den Begriff Katharer zum Synonym für das Wort Ketzer machten. Die Ursprünge der Katharer liegen im Dunkeln.[83] Vermutlich über den Balkan gelangten Formen eines radikalen Dualismus in den Westen. Zunächst am Rhein und dann vor allem im Süden Frankreichs verkörperten sie eine soziale Frömmigkeitsbewegung von einer Größe und Anziehungskraft, die die Kirche ernsthaft in Bedrängnis brachte. Die Katharer entstanden in einem komplexen Prozess aus Verärgerung, Protest und Enttäuschung über die eigene Kirche. Grund zur Enttäuschung gab es genug. Der herrschaftliche Anspruch der römischen Kirche färbte auf die Alltagspraxis ab, Prachtentfaltung wurde zu einem Mittel liturgischer Gestaltung. Das alles stand in krassem Gegensatz zur sozialen Wirklichkeit der breiten Massen, vor allem aber ließ es aus Sicht häretischer Strömungen die ursprüngliche Würde und die anfängliche Reinheit des Christentums schmerzlich vermissen. Die Katharer hielten den üppigen Erscheinungsformen des kirchlichen Lebens das Ideal biblischer Einfachheit und sittlichen Ernstes entgegen. Das zeigt schon der Name, den man ihnen gab, denn «Katharer» leitet sich von dem griechischen *katharoi*, die Reinen, ab.

Die Weltauffassung der Katharer war strikt dualistisch geprägt. Der wertlosen Materie stellten sie die reine Sphäre des Geistes gegenüber. Der Dualismus war nicht nur metaphysische Spekulation, sondern auch ein Schlüssel zur Deutung der sozialen Wirklichkeit. Die bedrängende Armut und das üble Los der Massen wurden als Beweis für die Hinfälligkeit der Materie interpretiert. Ziel der Katharer, die sich selbst als die guten Menschen bezeichneten, war es, zu den Reinen, Vollkommenen aufzusteigen. Dementsprechend teilten sich ihre Anhänger nach der Stufe ein, die sie auf dem Erlösungsweg erreicht hatten. Sie unterschieden zwischen Glaubenden (*credentes*) und Vollkommenen (*perfecti*). Zu Letzteren zu gehören erforderte konsequente Enthaltsamkeit bei Ernährung und Sexualität. In die Gemeinschaft der Katharer aufgenommen wurde man durch eine Geisttaufe für Erwachsene, das *consolamentum*, das die Überwindung des Körpers und die Ausrichtung auf den Geist symbolisierte. Erlösung war das Resultat individueller Vervollkommnung, eine priesterliche Vermittlung und vor allem das Erlangen der Gnade durch Sakramente lehnten sie ab. Das war ein Generalangriff auf die Kompetenz der Kirche zur Heilsvermittlung. Die theologiegeschichtlich außerordentlich erfolgreiche Transsubstantiationslehre des

IV. Laterankonzils (1215), die mit den Mitteln der aristotelischen Metaphysik die reale Präsenz des Leibes und Blutes Christi in den Abendmahlselementen Brot und Wein zu erweisen sucht, ist mitunter auch eine antikatharische Kampflehre.[84] Subtile Theologie war aber bereits die Folge, nicht das Mittel der Auseinandersetzung mit den Katharern. Die konsequente Solidarität der Katharer untereinander wirkte überzeugend, sie sicherte vielen Armen die lebensnotwendige Unterstützung. Das Armutsideal war im Christentum nie ganz verschwunden, der weltflüchtige Dualismus – die eigentliche Häresie der Katharer – zog zu allen Zeiten Anhänger in Bann, die konsequente Lebensführung hob sich wohltuend von der mancher kirchlichen Amtsträger ab, die Wasser predigten und Wein tranken. Der Zulauf zu den Katharern war enorm, spätestens ab Mitte des 12. Jahrhunderts stellte sich zumindest in Südfrankreich für die Kirche in aller Dringlichkeit die Frage: Was tun?

Verlorene Unschuld: Scheiterhaufen für die Ketzer

Es heißt, in der mittelalterlichen Auseinandersetzung mit den Ketzern habe das Christentum seine Unschuld verloren. Jesus Christus als der Stifter des Christentums predigte nicht nur den absoluten Gewaltverzicht, sondern auch die Liebe zu den Feinden. Nach dem Übergang zur Staatsreligion kam es im Umgang mit den Heiden und in der Missionierung der europäischen Völker immer wieder zur Anwendung von Gewalt. Auch im Gefolge der christologischen Streitigkeiten ereigneten sich unter rivalisierenden christlichen Gruppen fatale Gewaltausbrüche. Und doch ist die Todesstrafe für die Ketzer ein tiefer Bruch in der Geschichte des Christentums, denn sie war eine beabsichtigte, mit Vernunft geplante und mit Konsequenz praktizierte Auslöschung von Menschen im Namen der religiösen Wahrheit.

Gewalt gegen Andersgläubige ist keineswegs, wie oft behauptet, nur ein Kollateralschaden der zum Fanatismus neigenden Monotheismen (siehe oben Seite 122–124). Überzeugte Polytheisten wie die Römer gingen zumindest dann militant gegen Andersgläubige vor, wenn sich das eigene Reich in einer Krise befand und das auf Götterverehrung aufbauende Religionssystem in seiner öffentlichen Funktion gefährdet schien. Das rigide Vorgehen des römischen Staates gegen die Christen im 3. und zu Beginn des 4. Jahrhunderts belegt die brutale Verfolgung Andersgläubiger hinlänglich. Die Kombination von Krisenempfinden und gefährdeter Selbsterhaltung ist für alle Religionen, monotheistische wie polytheistische, bis heute eine explosive Mischung.

Ende des 4. Jahrhunderts kam es innerhalb des Christentums zur nachweislich ersten Ketzerhinrichtung. Auf Anzeige des Trierer Bischofs wurde der gnostisch angehauchte Asket Priscillan den kaiserlichen Behörden ausgeliefert, die ihn schließlich hinrichten ließen.[85] Die Lage ist unübersichtlich, da neben seinem radikalen und darum häretischen Asketismus auch noch andere Gründe eine Rolle spielten, die für die strafverfolgenden staatlichen Behörden vermutlich schwerer wogen, wie beispielsweise der Vorwurf der Zauberei oder der Magie. Die Hinrichtung führte zu einem Aufschrei unter der sich gerade als Staatsreligion etablierenden Christenheit. Berühmte Bischöfe wie Martin von Tours und Ambrosius von Mailand protestierten energisch dagegen, ebenso Papst Siricius.[86] Es war zu jener Zeit eine feste christliche Überzeugung, dass staatliche Gewalt, Strafverfolgung und Todesurteile in der Auseinandersetzung mit Andersgläubigen nichts verloren hatten.

Dunklere Töne schlug der alte Augustinus an.[87] In seinen jüngeren Jahren hatte er gelehrt, im Geiste Jesu auf alle Gewalt gegen Häretiker zu verzichten. Er berief sich auf Jesu Gleichniswort über das Unkraut im Weizen: «Lasst beides miteinander wachsen bis zur Ernte» (Mt 13,30). Darum müsse die Kirche die Häretiker in den eigenen Reihen als Heimsuchung ertragen. Unter dem Eindruck der donatistischen Bewegung, die in Augustinus' Heimat beachtliche Ausmaße annahm, sah er dann die katholische Großkirche entschieden im Recht und die Häretiker von der Wahrheit abgefallen. Er fing an, sich über Zwangsmittel Gedanken zu machen. Auch hier diente ein Jesuswort zur Legitimation. Das biblische Gleichnis vom großen Gastmahl endet nach den zunächst erfolglosen Einladungen des Gastgebers mit der Aufforderung: «Nötige sie hereinzukommen» (Lk 14,23). Das lateinische *compelle intrare*, oder in einer weiteren Verwendung *cogite intrare*, wurde zum Schlagwort für den Einsatz staatlicher und militärischer Gewalt gegen Häretiker. An Augustinus kann man drei Dinge erkennen: Erstens konnte man aus der Bibel beides, den Gewaltverzicht und die Gewaltanwendung gegenüber den Ketzern begründen. Zweitens wurde die Frage der Gewaltanwendung immer dann in besonderer Weise virulent, wenn die Häretikerbewegungen Dimensionen annahmen, die die Großkirche gefährdeten. Drittens bedeutete Gewaltanwendung noch nicht sofort Hinrichtung. Davor ist auch der alte Augustinus ausdrücklich zurückgewichen, vom *compelle intrare* zur Ketzerverbrennung des Mittelalters ist es ein weiter Weg, für den man ihn nicht verantwortlich machen kann.[88]

Die Frage der Gewalt gegen Häretiker spielte trotz dieser Episoden in der Alten Kirche für mehr als ein halbes Jahrtausend im Christentum keine Rolle. Bis weit in das Mittelalter hinein gab es gewaltfreie Verfahren gegen Ketzer. Eine Irrlehre zu verbreiten bedeutete keineswegs das sofortige Ende auf dem Scheiterhaufen.[89] Ketzer hatten die Möglichkeit, ihre Lehre zu erläutern. Erst wenn sich der Anhänger einer vermeintlichen Irrlehre uneinsichtig und nicht zum Widerruf bereit zeigte, folgten in einem zweiten Schritt Sanktionen. Meist handelte es sich um das Verbot, die Irrlehre weiter zu verbreiten, und eine Klosterhaft des Ketzers. Der prominenteste Fall einer solchen disziplinarischen, im Stile eines Prozesses geregelten Ketzerverfolgung war das Vorgehen gegen den in Paris lehrenden Abaelard in der ersten Hälfte des 11. Jahrhunderts.

Etwa um diese Zeit wird jedoch auch die erste christliche Ketzerverbrennung überliefert, die 1022 in Orléans von einer Bischofssynode im Beisein des Königs Robert beschlossen und an Priestern vollstreckt wurde, die die Jungfrauengeburt sowie Kreuz und Auferstehung leugneten und die Wirksamkeit der Sakramente in Zweifel zogen.[90] Auch andere, ähnlich gelagerte Fälle wurden aus dem frühen 11. Jahrhundert bekannt, doch deutete noch nichts darauf hin, dass sich die Todesstrafe durch Verbrennung zur regulären Methode der Ketzerbekämpfung auswachsen könnte.

Berichtet wurde seit jener Zeit auch von Lynchmorden an Häretikern.[91] Das lässt die Komplexität der Ketzerproblematik erahnen. Ein anderer Glaube und andere religiöse Praktiken waren im Mittelalter eines jener Unterscheidungsmerkmale, die soziale Gewalt gegen Minderheiten provozierten. Aggression gegen Häresie war ein soziales Ventil. Hinzu kommt auch eine religiöse Komponente: Ein vermeintlicher Irrglaube galt als Sakrileg, als ein schwerwiegender Verstoß gegen göttliche Wahrheit und göttliche Gebote, und konnte darum die Strafe Gottes für die ganze Gemeinschaft nach sich ziehen. Diese «archaische Angst vor überirdischer Strafe»[92] bildete einen irrationalen, schwer beherrschbaren Untergrund mittelalterlicher Ketzerverfolgung. Gemessen an den Zahlen ist das 11. Jahrhundert keine Epoche hysterischer Ketzerjagden, und doch bedeuteten die ersten Scheiterhaufen jener Zeit einen Dammbruch.

Diese ersten Ketzerverbrennungen traten nicht in den vermeintlich düsteren Zeiten des frühen Mittelalters auf, sondern gerade dann, als sich die Lebensumstände in Europa stabilisierten und neue Rationalitätsstandards nicht nur die Theologie, sondern den gesamten Bereich der Kultur durchdrangen. Universitätsgründungen, erste prachtvolle Kirchenbauten und die Errichtung von Scheiterhaufen – das alles liegt zeitlich nahe beieinander. Ketzerverfolgung ist eine Form religionskultureller Autoaggression, die bezeichnenderweise dann einsetzte, als sich der nach außen gerichtete Missionsdrang durch die Christianisierung weiter Teile Europas abschwächte.[93]

In Rechnung stellen muss man für diesen Epochenwandel aber auch den rasanten Erfolg der Katharer ab dem 12. Jahrhundert. Als sich abzeichnete, dass diese breite Massen anzogen, reagierte die Großkirche mit sich stetig überschlagenden Maßnahmen, an deren Ende die systematische Ketzerverfolgung stand.

Über die Gefahr, die von den Katharern für die Kirche ausging, war man sich einig, nicht aber darüber, wie man sich dagegen wehren könnte. Bernhard von Clairvaux, eine der wichtigsten Gestalten des 12. Jahrhunderts und selbst Verfechter einer auf Einfachheit und Schlichtheit zielenden Reform des Mönchtums, reiste 1145 in den Süden Frankreichs, um die Katharer durch seine Predigten für die Kirche zurückzugewinnen. Die Mission wurde für den erfolgsverwöhnten Abt zu einem beispiellosen Misserfolg. In Verfeil bei Toulouse verließen die Zuhörer bei seiner Predigt die Kirche und verschlossen Fenster und Türen.[94] Sinnfälliger ließ sich kaum deutlich machen, wie weit man in der Sache auseinanderlag.

Die offensichtliche Erfolglosigkeit ihrer Überzeugungsbemühungen vor Augen, billigte eine Generation später Bernhards mächtiger Orden der Zisterzienser militärische Maßnahmen. Eine neue Dimension war schließlich erreicht, als Papst Innozenz III. im Jahr 1208 zu einem Kreuzzug gegen die Katharer aufrief. Beeinflusst wurde die Verfolgung – wie die meisten religiösen Angelegenheiten – von subkutan wirksamen politischen Interessen. Denn im Dienste der Rechtgläubigkeit konnte das sich formierende französische Königtum im Norden um Paris auch auf die bis dahin unabhängigen Territorien im Süden ausgreifen, die mental und kulturell erheblich anders angelegt waren. Das Schicksal des um sein Land gebrachten Grafen Raimund VII. von Toulouse, dessen Vorfahren selbst noch begeisterte Kreuzzugsritter waren, zeigt eindrücklich, dass die französische Krone unter dem Deckmantel der Ketzerbekämpfung energisch die Annexion des bis dahin unabhängigen Languedoc betrieb.

Vor den durch Papst und König vereinten militärischen Kräften mussten die Katharer sich immer mehr in entlegene Regionen Südfrankreichs flüchten. Die Burg Montségur im Osten der Pyrenäen ist eine der legendären Festungen, wo sie zum Teil lange den Belagerungen standhielten. Letztlich fielen alle diese Burgen, und spätestens um etwa 1300 galt die Bewegung der Katharer nach einem über einhundert Jahre währenden Kampf als ausgelöscht. Der Katharerkrieg stand in seinen Abscheulichkeiten den Kreuzzügen ins Heilige Land um nichts nach. Zu berüchtigter Berühmtheit gelangte die Einnahme der südfranzösischen Stadt Béziers im Jahr 1209. Als die Bewohner, Katholiken und Katharer gleichermaßen, sich vor den Kreuzrittern in die Kathedrale flüchteten, soll der Zisterzienserabt Arnaud Amaury das Niederbrennen der Kirche mit den Worten befohlen haben: «Tötet sie alle, Gott wird die Seinen schon erkennen.»[95] Die Angaben zu den Opferzahlen schwanken zwischen 7000 und 20 000. Die Begebenheit ist nur eines von vielen grausamen Beispielen für die außer Kontrolle geratene, rohe Gewaltbereitschaft kirchlicher Würdenträger.

Ihre militärische Verfolgung und Auslöschung hat den Katharern in der Neuzeit Sympathien eingetragen. Es gab jedoch auch Ketzereien, von denen man sich wegen ihres engen Rigorismus und ihrer religiösen Unduldsamkeit nicht wünschen kann, dass sie zur Durchsetzung gelangt wären. Die Katharer haben mit ihrem weltabgewandten Dualismus wie fast alle gnostischen Bewegungen lebensfeindliche Züge, die mit den zentralen Botschaften des Christentums wenig gemein haben. Ihre Kritik an der Prunksucht der Kirche und ihre Solidarität untereinander waren hingegen eine attraktive Wiederbelebung urchristlicher Ideale. Es ist müßig, sich zu fragen, ob man im Interesse des Christentums den Katharern Erfolg hätte wünschen müssen oder nicht, denn sie wurden von der Kirche ausgerottet. Und doch haben sich die Katharer fest in die Erinnerung des Christentums eingebrannt.

Die Ideale der Katharer lebten auch nach ihrem Untergang fort. Die großen monastischen Bewegungen der Franziskaner und der Dominikaner sind ohne die Katharer nicht zu verstehen. Die Bewegung der Waldenser, die im letzten Drittel des 12. Jahrhunderts durch den Lyoner Kaufmann Petrus Waldus ins Leben gerufen wurde, konzentrierte sich auf das Armutsideal. Trotz massiver Verfolgung konnten sich Waldensergruppen über Jahrhunderte in abgelegenen Regionen – vor allem in Piemont und Südostfrankreich – halten, bis sie sich schließlich im 16. Jahrhundert mit reformatorischen Bewegungen zu einer evangelischen Kirche verbanden, die noch heute als Minderheitenkirche maßgeblich das Gesicht des italienischen Protestantismus prägt.[96] John Wyclif (1330–1384) entfaltete im 14. Jahrhundert von Oxford aus eine theologische Kirchenlehre, die sich auf die Bibel als normierende Instanz berief und die Machtansprüche des Papsttums kritisierte. In Böhmen predigte Jan Hus (1369–1415) um die Wende zum 15. Jahrhundert eine Erneuerung der Kirche im Geiste der Nachfolge Christi.[97] Auch hier war der Erfolg einer «Ketzerbewegung» nicht allein religiöser Natur, sondern verband sich mit nationalen Interessen der böhmischen Bevölkerung, die gegen deutsche und päpstliche Fremdherrschaft aufbegehrte. Trotz eines königlichen Schutzbriefs wurde Hus 1415 in Konstanz als Ketzer verbrannt, ein trauriges Indiz dafür, dass nicht nur Päpste, sondern ein ganzes Konzil in der Ketzerbekämpfung vor Justizmorden nicht zurückschreckte. Der Geist von Jan Hus lebte im tschechischen Christentum trotz Unterdrückung und Verfolgung weiter. 1918 stellten sich die vereinigten reformierten und lutherischen Protestanten nach der Staatsgründung der tschechoslowakischen Republik mit der Bezeichnung «Evangelische Kirche der böhmischen Brüder» augenfällig in diese Tradition. Ohne Wyclif und Hus wären die reformatorischen Ideen Luthers, Zwinglis und Calvins nicht denkbar gewesen. So haben die Ketzer das Gesicht der Kirche nachhaltig verändert.

Grausame Vernunft: Die Inquisition

In der mittelalterlichen Verfolgung der Ketzer war eine Energie am Werk, die man nicht allein mit dem Drängen nach institutioneller Selbsterhaltung der Kirche erklären kann. Schon das Massaker von Béziers macht deutlich, dass hier in einer Gemengelage aus Hass, Fanatismus und am Ende gar Sadismus dunklere Kräfte wirksam wurden. Berichtet wurde von nachträglichen Exhumierungen gestorbener Ketzer, um diese noch einmal als Ketzer zu verurteilen und ihre Leichname im Feuer verbrennen zu können. Als in Südfrankreich ein Bischof Kenntnis davon erhielt, dass eine Frau auf dem Sterbebett nach dem *consolamentum*, dem Sakrament der Katharer, verlangte, ließ er sogar die Sterbende verbrennen.[98] Das sind untrügliche Anzeichen eines uns heute fanatisch erscheinenden Wahrheitswillens, als dessen Ausgeburt die Inquisition gilt. Christentumsgegnern ist sie der Inbegriff all dessen, was für sie am Christentum hassenswert ist.

Hervorgegangen ist die Inquisition zunächst aus einem innerkirchlichen Untersuchungsverfahren gegen Priester sowie später aus der Ketzerbekämpfung. Unter Papst Innozenz III. setzte um 1200 eine zusehends rechtliche Regulierung der Ketzerverfolgung ein.[99] Ketzerei wurde als ein Majestätsverbrechen verfolgt. Die eigentliche juristische Neuerung war die Umstellung vom Akkusations- zum Inquisitionsprinzip, daher rührt auch der Name. Die strafverfolgenden Einrichtungen ermittelten im Falle der Ketzerverfolgung nicht mehr allein nach einer eingereichten Anklage (Akkusation), sondern die Inquisitoren wurden von selbst, «von Amts wegen», tätig, wenn Verdachtsmomente vorlagen. Die Inquisitionsbehörden stellen in dieser Hinsicht Vorläufer der modernen Staatsanwaltschaft dar.[100]

Sukzessive bildeten sich im Kampf gegen die Katharer Verfahrensanweisungen heraus. Dazu gehörte die Erhebung von Zeugenaussagen und Geständnissen nach einem Fragenkatalog. Solche Inquisitionsordnungen kursierten ab etwa 1240, einige Jahrzehnte später begannen erfolgreiche Inquisitoren wie der berüchtigte Dominikaner Bernard Gui Inquisitorenhandbücher herauszugeben, in denen sie ihre Erfahrungen über aussichtsreiche Verhörstrategien anderen Inquisitoren weitergaben.[101]

Rechtshistorisch gesehen war die Inquisition zunächst ein Fortschritt, denn sie beruhte auf methodisierten und damit rationalisierten Verfahren der Strafverfolgung.[102] Das Bemühen um Feststellung der Tatsachen war etwas anderes als die zuvor praktizierten, geradezu archaisch anmutenden Gottesurteile, bei denen ein der Ketzerei Verdächtiger der Feuer- oder Wasserprobe unterzogen wurde. Die Schattenseite der Inquisition lag jedoch darin, dass die kühle Rationalität der Verfahrenslogik im Interesse der Sache eine rasante Eigendynamik annahm. So ging man dazu über, im Verfahren die Namen der Zeugen zu verschweigen und auch Zeugenaussagen von Personengruppen wie übel Beleumundeten, Verbrechern oder Mittätern zuzulassen, deren Verwertung ansonsten in Rechtsverfahren nicht erlaubt war.[103] Darin zeigte sich die Tendenz, die Verfahrensrationalität bevorzugt gegen die Angeklagten selbst zu wenden. Berüchtigter und folgenschwerer Abschluss dieser Entwicklung war die Zulassung der peinlichen Befragung.

Diesen Einsatz der Folter im Inquisitionsverfahren legalisierte 1252 die Bulle *Ad extirpanda*.[104] Trotz des päpstlichen Erlasses war die Einführung der Folter keine Erfindung des Christentums. Sie fand im frühen 13. Jahrhundert bereits in weltlichen Gerichtsverfahren Anwendung. Dahinter steckte keineswegs, wie man einmal mehr leichtsinnigerweise vermuten könnte, die Finsternis des Mittelalters. Im Gegenteil, der Einführung der Folter gingen rechtsphilosophische Überlegungen voraus, die das Problematische an der Anwendung physischer Gewalt klar sahen, zugleich aber auch Wege suchten, um Willkür und Unberechenbarkeit in der Urteilsfindung zu minimieren. Das Geständnis galt als «Königin der Beweise».[105] In dieser Logik lag es nahe, Verhörmethoden zu entwickeln, die hohe Erfolgsaussichten auf ein Geständnis versprachen. Dieser Linie folgten die Inquisitoren und ließen ab der Mitte des 13. Jahrhunderts die Folter im Verhör zu.

Die verhängten Strafen richteten sich nach der Schwere des ermittelten Vergehens. Drei Gruppen von Strafen etablierten sich.[106] Die Todesstrafe erwartete die Häretiker, die sich beharrlich weigerten, ihren Irrglauben zu widerrufen, oder wiederholt rückfällig wurden. Vollstreckt wurde das Todesurteil im Regelfall durch den Feuertod auf dem Scheiterhaufen. In dieser Praxis schwingt die Vorstellung mit, das Feuer habe reinigende Kraft. Geständige und widerrufsbereite Ketzer konnten entweder zu Gefängnisstrafen oder zu öffentlich auszuübenden Bußleistungen verurteilt werden, zu denen das Tragen von gelben Kreuzen gehörte und die häufig soziale Stigmatisierungen und Nachstellungen zur Folge hatten. Von der Inquisition verfolgt zu werden, führte jedoch nicht automatisch zu Tod, Gefängnis oder öffentlicher Buße. Wo uns heute noch Zahlenmaterial zur Verfügung steht, spricht dieses eine sehr deutliche und überraschende Sprache. Der berüchtigte Bernard Gui fällte zwischen 1308 und 1323 insgesamt 930 Ketzerurteile. 42 Ketzer verurteilte er zum Tod, von den restlichen etwa ein Drittel zu Gefängnis, ein weiteres Drittel zu Bußleistungen und – immerhin – ein letztes Drittel sprach er frei.[107]

Fast ein halbes Jahrtausend lang lagen Europa und später auch die Neue Welt

Amerikas unter dem Schatten der Inquisition. In Rom fiel ihr Giordano Bruno zum Opfer, der 1600 – für Historiker ist das Mittelalter schon seit mindestens hundert Jahren zu Ende – auf dem Campo dei Fiori lebendig verbrannt wurde. Eine Generation später rückte sie Galileo Galilei zu Leibe und zwang ihn 1633 zum Widerruf des heliozentrischen Weltbilds, von dessen Wahrheit heute jedes Schulkind überzeugt ist. Auch wenn die Faktenlage im Prozess Galileis kompliziert ist und sich Versuche katholischer Intellektueller finden lassen – Kardinal Roberto Bellarmino, ein Mitglied des Jesuitenordens, wäre hier vor allem zu nennen –, Galileis Einsichten als Hypothesen zu behandeln und damit zu entschärfen, ist doch das Vorgehen der Inquisition gegen Galilei zum Sinnbild eines borniertern Dogmatismus geworden, der mit Gewalt und doch vergeblich den aufkommenden Geist der Neuzeit bekämpfte.[108]

Noch einmal anders gelagert waren die Dinge bei der Spanischen Inquisition, einer der traurigsten Erscheinungen der Inquisition überhaupt.[109] Sie fällt nicht nur zeitlich in die Neuzeit, sondern trägt auch der Sache nach Elemente neuzeitlicher Totalitarismen in sich. Ende des 15. Jahrhunderts etablierte sie sich im Gefolge der Reconquista, der militärischen Auflösung der letzten muslimischen Enklaven im Süden Spaniens, unter der ausdrücklichen Protektion des «katholischen» Königspaares Isabella von Kastilien-León und Ferdinand von Aragón, die sich davon eine innere Vereinheitlichung ihres neuen spanischen Reiches versprachen. Neben diesem politischen Motiv hatte die Spanische Inquisition auch eine soziale Dimension. Denn ihre Hauptzielgruppen waren ganz anders als im Mittelalter zum Christentum konvertierte Juden und Muslime – ein an sich absurdes Phänomen. Tatsächlich kam eine Vielzahl von Konversionen unter dem Druck von Verfolgung und Ausweisungsandrohung zustande, und so warf man den konvertierten Juden und Muslimen die Beibehaltung ihrer alten Religion vor. Man misstraute gewissermaßen den selbst herbeigeführten Zwangstaufen. Das zeigt, wie ausweglos die Lage für Juden und Mauren im Spanien des späten 15. und frühen 16. Jahrhunderts sein konnte. Hinter den Attacken auf die Konvertiten verbarg sich oftmals die Angst der katholischen Bevölkerung vor sozialem und ökonomischem Abstieg. Dabei verwiesen sie auch auf die Reinheit des Blutes, was der Spanischen Inquisition rassistische Züge verlieh.[110]

Die eigentliche Ketzerverfolgung gestaltete sich im 16. Jahrhundert als Protestantenverfolgung. Die Erfolge der Reformation in Nordeuropa erforderten energisches Handeln, um etwa 1560 waren alle Ansätze des Protestantismus in Spanien selbst erstickt. Die Inquisition machte aber auch vor Reisenden und Fremden nicht halt. Ihre totalitäre Seite zeigte sich schließlich auch im Vorgehen gegen die «eigenen» Leute. Die häufigsten Urteile wurden über Sitten- und Sexualdelikte gefällt, darunter vor allem Ehebruch, Homosexualität und deviante

Praktiken. Daran wird deutlich, wie sehr die Inquisition auf eine Totaldisziplinierung der Bevölkerung – Delumeau sprach von einer Fundamentalverchristlichung[111] – hinwirkte. Dazu gehörten auch Maßnahmen, die in der Moderne vielfältig Schule gemacht haben, etwa eine energische Bücherzensur, in der nicht nur Verfasser, sondern auch Drucker, Handelswege und Leser observiert wurden.[112] Legendären Ruf erlangte der öffentliche «Akt des Glaubens», das Autodafé. Dabei handelte es sich um Massenveranstaltungen – 200 000 Menschen sollen beispielsweise 1559 in Valladolid dabeigewesen sein[113] – mit Prozessionen, öffentlichen Abschwörungen des unrechtmäßigen Glaubens, Büßerzügen und schließlich Hinrichtungen. Propagandamaßnahmen dieser Größenordnung zielten auf die Demonstration von Macht durch Schrecken.

Die Inquisition hatte gesamteuropäische Ausmaße und war nicht auf Spanien und Rom beschränkt. Auch in Frankreich und in den Niederlanden ging sie entschieden gegen Anhänger der Reformation vor.[114] Der britische Historiker Robert I. Moore hat in einer vielzitierten Wendung als fatalsten Folgeschaden der Inquisition die Verwandlung Europas zu einer «persecuting society» diagnostiziert, in der «das Spitzelwesen [...], Geheimdienste, die Folterkammern und Gulags»[115] der europäischen Geschichte angelegt waren.

Die Inquisition hat viele Mythen über ihren Fanatismus, ihre Grausamkeit und die Zahl der vollstreckten Todesurteile hervorgebracht, die einer historischen Überprüfung nicht standhalten. Seit den Arbeiten des amerikanischen Autodidakten Henry Charles Lea, die selbst zu einem Mythos der Inquisitionsforschung wurden, mühen sich Historiker, der Komplexität der Inquisition gerecht zu werden. Tatsächlich rückt manches in ein anderes Licht.[116] Das geregelte Prozessverfahren brachte in der Behandlung der Delinquenten durchaus Fortschritte mit sich. Die in der Folter und Strafzumessung angewandte Grausamkeit wurde in der weltlichen Gerichtsbarkeit am Beginn der Neuzeit weit überboten.[117] Der Blickwinkel verschiebt sich dadurch. Nicht allein die Grausamkeit der Inquisition, sondern die einer ganzen Epoche der europäischen Kulturgeschichte gilt es zu klären.

Diese nötigen Differenzierungen können jedoch nicht über eine elementare Beobachtung hinwegtäuschen. Die zeitliche Ausdehnung über mehrere Jahrhunderte, die Energie ihrer Durchführung und die von Moore aufgewiesenen weitreichenden gesellschaftlichen Folgen machen es unmöglich, die Inquisition als einen bedauerlichen Betriebsunfall des Christentums abzutun. Man kann die Augen nicht davor verschließen, dass Ketzerverfolgung und Inquisition konstitutive Bestandteile einer Kulturgeschichte des Christentums sind. Mit genialem Gespür entlarvte Fjodor Dostojewski in seiner aus dem Roman *Die Brüder Karamasow* stammenden Erzählung «Der Großinquisitor» den tiefen Selbstwiderspruch, den die Inquisition für das Christentum bedeutet (siehe zu Dostojewski Seite 595–597). Seinen Romanhelden Iwan Karamasow lässt er erzählen, wie Jesus im Zeitalter der Spanischen Inquisition in Sevilla zurückkehrt, jedoch vom Großinquisitor in den Kerker geworfen wird. «Warum bist du gekommen, uns zu stören?», fragt der Inquisitor Christus zu nächtlicher Stunde und fährt fort: «Morgen noch werde ich dich richten und als den schlimmsten aller Ketzer auf dem Scheiterhaufen verbrennen lassen.»[118] Jesus habe den Menschen die Freiheit bringen wollen, doch sei der Mensch zu schwach und zu niedrig, sein Glück ruhe allein auf Gehorsam und Autorität, und darum habe die Kirche Jesu Taten verbessern müssen.[119] Jesus antwortet auf den langen Monolog des Großinquisitors mit keinem Wort, sondern küsst ihn. Dieser lässt ihn gehen, ruft ihm jedoch nach, er möge nie mehr wiederkommen. «Der Kuss brennt in seinem Herzen, doch der Greis bleibt seiner Idee treu.»[120] Dostojewski stellte mit starken Bildern die Barmherzigkeit des Stifters dem Eifer des Inquisitors gegenüber. Wie war ein solcher Selbstwiderspruch in der Entwicklung des Christentums möglich?

Die Inquisition war eine Folge der Häresie, Häresie eine Konsequenz der Unmöglichkeit, den Anspruch Christi in der Welt vollkommen zu realisieren. In welcher Erscheinungsform auch immer, das Christentum bleibt notwendigerweise immer hinter dem zurück, was den transzendenten Überschuss der Person ihres Stifters ausmacht. Es ist der Sinn aller Ketzereien, durch ihren Protest an diesen Überschuss zu erinnern, die Unruhe wachzuhalten und eine stete Erneuerung des Christentums einzufordern. Daher gab es im Christentum zu keiner Zeit eine Einheit seiner Anhänger, und es kann sie auch nicht geben. Ketzerverfolgung und Inquisition stehen in ihrer religiösen Motivation jedoch gerade für den Wunsch nach vollendeter Einheit und Rechtgläubigkeit innerhalb des Christentums. Religiöser Eifer kompensiert den natürlichen Evidenzmangel der Religion. Das ist eine Schwachstelle aller – nicht nur der monotheistischen – Religionen, und daher finden sich Formen gewaltsamer Auseinandersetzung mit anderen Glaubensformen auch in allen Religionen.

Ein Vorgehen im Stil der Inquisition ist allerdings ein Alleinstellungsmerkmal des westlichen Christentums. Zwar kannte auch das Christentum in der Anfangsphase der Ketzerverfolgung eruptive Züge wie Lynchmorde und Pogrome, in denen untergründige, vorrationale Religionsformen wie Aberglaube und Angst vor Gottesstrafe zum Ausbruch kamen. Doch mit hoher Geschwindigkeit verband das Christentum im Mittelalter Wahrheitseifer mit einem rationalen Willen zur Systematisierung in der Ketzerverfolgung und einer effizienten Verfahrenskühle, die juristische und propagandistische Maßnahmen umfasste. An der Einführung der Folter lässt sich die Doppelbödigkeit dieses aufkeimenden abendländischen Rationalismus, auf den Denker wie Michel Foucault hingewiesen haben, besonders deutlich zeigen. Hinzu kamen schließlich noch politische Motive, denn bald erwies sich die Inquisition über das religiöse Wahrheitsinteresse hinaus als ein außerordentlich wirkungsvolles Instrument zur Disziplinierung der Massen. Sie war die dunkle Schattenseite europäischer Rationalisierung im Dienste der Selbsterhaltung einer Religion. Kreuzzüge, Ketzerverfolgungen und Inquisition sind Phänomene der christlichen Kulturgeschichte – und zugleich die größten Selbstwidersprüche und Verirrungen, die das Christentum erst im Gefolge der Aufklärung überwinden konnte.

4
Ein heiliger Mensch: Franziskus von Assisi

Zur Komplexität des mittelalterlichen Christentums gehört es, dass mitten in der Epoche der Kreuzzüge und der gewaltsamen Ketzerverfolgungen der eindrucksvollste Heilige des Christentums auftrat: Franziskus von Assisi. An ihm lässt sich exemplarisch studieren, was das Wesen des christlichen Heiligen ausmacht.[121]

Die Vita eines Heiligen

Die Geschichte ist wieder und wieder erzählt worden:[122] Franziskus wurde 1181 oder 1182 in eine reiche Familie hineingeboren. Als ältesten Sohn bereitete ihn der Vater auf die Übernahme seines Tuchhandels vor. Er erhielt die dafür notwendige Ausbildung und erwarb Sprachkenntnisse, beteiligte sich am öffentlichen Leben seiner Stadt sowie den Vergnügungen seiner Altersgenossen und zog auf der Suche nach ritterlichem Ruhm in den Krieg. Franziskus war Mitte zwanzig, nach mittelalterlichen Maßstäben welt- und lebenserfahren genug und definitiv kein «traumverlorenes Jüngelchen»,[123] als sein Leben eine unerwartete Wendung nahm.

Bei der Begegnung mit einem Aussätzigen, einem der Ärmsten der Armen und Verachteten der mittelalterlichen Gesellschaft, ergriff Franziskus ein «Angstschauder»[124] der inneren Erkenntnis. Tiefes Mitleid und eine intensiv empfundene Solidarität mit dem Ausgestoßenen überkam ihn. Sein eigenes, nach üblichen Maßstäben so aussichtsreiches Leben erschien ihm als eine Art seelischer

Abb. 15   Die Legende vom Traum des Papstes, in dem Franziskus die Kirche rettet, beschäftigte auch die Kunst. Giotto schuf das berühmteste Bild dazu.

Aussatz. «Als ich in Sünden war»[125] nannte Franziskus im Rückblick sein vorheriges Leben. Er änderte sein Verhalten, gab großzügig Almosen und unternahm eine Pilgerreise nach Rom, schließlich schlug er einen Weg ein, den er als «Verlassen der Welt» bezeichnete.[126] Er zog sich in eine Grotte zurück. In der nahe bei Assisi gelegenen, baufälligen Kirche San Damiano hatte er eine Vision. Der Christus des Holzkruzifixes sprach zu ihm: «Franziskus, geh und baue mein Haus wieder auf.»[127] Franziskus verstand das zunächst wörtlich und machte sich an den Wiederaufbau der Kirche. Um an das nötige Geld zu kommen, verkaufte er Stoffe aus dem väterlichen Geschäft. Der Vater geriet darüber außer sich, er sperrte den Sohn ein und verklagte ihn schließlich vor dem Bischof. In dem Prozess gab er dem Vater alles Geld zurück und legte zudem öffentlich seine Kleider ab. Seine Nacktheit war eine starke Symbolhandlung, die die Abkehr von allen weltlichen Gütern deutlich machte. Der Bischof der Stadt umhüllte Franziskus mit seinem Gewand, die Menge verfolgte gebannt die Szene (siehe Tafel 3).[128] Der Vater kommt traditionellerweise in den Lebensbeschreibungen des Heiligen schlecht weg, und doch fällt es nicht schwer, die Empörung über das irrationale Verhalten des Sohnes nachzuvollziehen. Der Kirchenmann wiederum sieht hinter dem Bruch mit der Familie doch auch das Große, während bei der Menge der Spott umschlägt in eine Faszination über das Aufleuchten des Heiligen.

Nach dem spektakulären Ereignis suchte Franziskus zurückgezogen nach einer Lebensform, die es ihm erlaubte, entschlossen nach dem Evangelium zu leben. Ihm schlossen sich Gefährten an, Bernhard von Quintavalle und der Priester Petrus Catanii. Zwei Jahre nach den Ereignissen in Assisi zog er 1209 mit elf Gefährten nach Rom, um seine Bruderschaft anerkennen zu lassen. Erstaunlicherweise begegnete er Papst Innozenz III. persönlich. Legendarisch ausgeschmückt träumte der Papst, Franziskus würde das einstürzende Gebäude seiner Kirche stützen (Abb. 15). Franziskus erhielt von ihm die Anerkennung seiner Bruderschaft, doch damit setzte auch ein sehr mühsamer Prozess ein. Die Ideale des Heiligen standen dauerhaft in einem Spannungsverhältnis zur Kirche als Institution.

Franziskus ließ sich mit seinen Brüdern in der unterhalb von Assisi gelegenen Portiuncula-Kirche nieder, die ihm Benediktiner übergeben hatten. Die franziskanische Bewegung wuchs im zweiten Jahrzehnt des 13. Jahrhunderts mit erstaunlicher Geschwindigkeit. Das Ideal der Armut, die der Volksfrömmigkeit nahestehende Predigt und der Geist der Güte und des Friedens stillten tiefe religiöse Sehnsüchte. In diese Zeit fiel auch die Bekehrung der heiligen Klara. Von Franziskus' Predigt ergriffen, verließ sie ihr elterliches Haus in Assisi, um ein Leben in Armut zu führen. Später gründete sie den Orden der Klarissen.[129] Die franziskanischen Prediger, die missionierend umherzogen, wurden aufgrund ihrer Ideale leicht mit den häretischen Strömungen verwechselt. Insbesondere die deutschen Territorien scheinen für die Franziskaner in der Anfangsphase ein schwieriges Gebiet gewesen zu sein.[130] Franziskus selbst reiste in den Orient, in

Ägypten kam es 1219 zu einem Treffen mit Sultan Malik al-Kamil. Franziskus' friedliche Missionsbemühungen scheiterten, und doch zeigte sich der Sultan eigentümlich berührt von der Botschaft des heiligen Christen. In der Begegnung der beiden Männer flackert ein für das Zeitalter der Kreuzzüge ganz und gar untypisches Licht auf.[131]

Franziskus kehrte krank und geschwächt aus dem Orient zurück, Malaria und ein Augenleiden, vermutlich ein Trachom, machten ihm bis zu seinem Tod zu schaffen. Noch drängender war ein anderes Problem. Die Bruderschaft war in gut einem Jahrzehnt auf über 3000 Mitglieder angewachsen, Franziskus musste einsehen, dass sich die Leitung des Ordens und ein Leben im Geist seiner Ideale nicht vertrugen. In dieser vielleicht kritischsten Phase seines Lebens trat er im September 1220 von der Ordensleitung zurück.[132] Später zog er sich mit wenigen Gefährten in die Einsamkeit des Berges La Verna zurück. Dort empfing er – ein bis dahin singulärer Fall – die Wundmale Christi. Die Stigmatisierung ist ein religiöses Phänomen, das modernen Gemütern allergrößte Schwierigkeiten bereitet. Franziskus selbst zog es vor, über die Vorkommnisse zu schweigen. Vom Tode gezeichnet kehrte Franziskus nach Assisi zurück. Er starb in der Nacht vom 3. auf den 4. Oktober 1226 nahe der Portiuncula-Kirche.[133] Er bat darum, auf der nackten Erde sterben zu dürfen. Die Legende besagt, dass wunderbarer Lerchengesang den Sterbenden hinüberbegleitet habe – eine schöne Hommage an den Dichter des Sonnengesangs. Die Besonderheit dieses Menschen ahnten alle, die ihn kannten. Die Ordensoberen mussten den Brüdern untersagen, von Franziskus Gegenstände oder Teile seiner Kleidung zu nehmen, denn schon in seinen letzten Tagen war deren unermesslicher Wert als Reliquien absehbar. Die Bürger Assisis bewachten den Leichnam aus Angst, er könnte ihnen abhandenkommen. Eine nach weltlichen Maßstäben kluge Entscheidung, denn der größte Prediger der Armut in der Geschichte des Christentums hat durch seinen Ruhm seine Heimatstadt bis in unsere Tage reich gemacht (siehe Tafel 4). Die Nachwelt hat Franziskus als *alter Christus*, als zweiten Christus, verehrt, sein Leben mit Legenden ausgeschmückt und sogar seine Geburt in einen Stall verlegt – was für den Sohn eines reichen Kaufmanns sehr unwahrscheinlich war. Aber auch im kühleren Klima historischer Vernunft blüht die Bewunderung. Georges Duby merkt in seinem Klassiker über die mittelalterliche Kultur zu Franziskus an: «Dieser Mann war neben Christus der große Held der christlichen Geschichte, und man kann ohne Übertreibung sagen, dass alles, was heute noch an lebendigem Christentum besteht, direkt von ihm herkommt.»[134] Vergleichbare euphorische Urteile über das Christentum sind aus der Feder französischer Intellektueller eine Rarität.

Der franziskanische Geist

Das Außergewöhnliche an Franziskus wurzelte in seiner Bekehrung. Sie ist der Inbegriff einer religiösen Durchbruchserfahrung. In der Begegnung mit dem Aussätzigen verwandelte sich der Ekel in ein tiefes Mitgefühl. Franziskus lernte die Welt anders zu sehen, als sie sich den Augen zeigte. Er blickte tiefer. Das war kein singuläres Ereignis, sondern ein Prozess, der auch Züge eines Kampfes und einer Beunruhigung hatte. Spätere Visionen, vor allem das sprechende Kruzifix in San Damiano, sind Anzeichen dafür, wie Franziskus aus seiner inneren Unruhe heraus immer größere Klarheit erlangte. Der leidende Christus öffnete ihm den Blick auf eine Wirklichkeitsdimension, die seine Person überstieg. Er sah darin wider alles offensichtliche Elend die Welt getragen von einer unfassbaren göttlichen Güte, die im Leben und Sterben Christi sichtbar wurde. Das gab seinem Leben eine neue Richtung. Durch «die direkte Rückkehr zum Beispiel Jesu Christi wollte er den tiefsten Sinn des menschlichen Daseins wiedergewinnen».[135] Daraus erklären sich die besonderen Züge seiner Lebenshaltung.

Sein rigoroses Bekenntnis zur Armut entsprang weder einem moralischen noch einem asketischen Motiv, es gründete vielmehr in dieser radikalen Befreiungserfahrung. Franziskus wähnte sich zu einem Grund der Welt vorgedrungen, von dem aus deren materielle Güter bedeutungslos werden. Sein energischer Einsatz für die Armut, der den Orden nach seinem Tod entzweite, diente der Wahrung dieser absoluten Freiheit. Auch die anderen Ideale der monastischen Tradition transformierte er im Geiste einer tiefen Transzendenzerfahrung, die das menschliche Wollen und Verlangen radikal übersteigt. Sein Aufruf zur Demut, zum Gehorsam und zur Keuschheit diente einer solchen Befreiung vom eigenen Willen.[136]

Franziskus' einzigartiges Weltgefühl ist schwer auf den Begriff zu bringen. Etwas davon erahnen lässt sich im Sonnengesang, einem der berühmtesten Texte, die er selbst auf Italienisch verfasste. Es ist eine Lobpreisung des Schöpfers für seine Gaben: Schwester Sonne, Bruder Mond, Wind, Wasser und Feuer, Mutter Erde, schließlich auch für Bruder Tod.[137] Franziskus sah in der Welt eine unfassbare Güte und Schönheit wirken; doch er wusste auch um die Wirksamkeit des Bösen in der Welt. Aber durch das Böse, das Gebrochene, das Unvollkommene hindurch sah er die Welt in einem letzten Grund der Güte und des Lichts aufgehoben. Heroisch ist die Haltung, aus dieser Einsicht heraus sich unermüdlich für die Überwindung des Bösen durch die Liebe einzusetzen. Was Franziskus darüber zu sagen wusste, sprach er in poetischen, nicht in theologischen Texten aus. Der Welt, wie sie ist, zum Trotz, erfuhr sich Franziskus aufgehoben in einer höheren Harmonie und einem göttlichen Frieden. Darin lag der tiefe Grund seiner freundlichen Heiterkeit, die er sich im Leben und im Sterben bewahrte, und darin ist auch die Ursache der Friedensbotschaft zu sehen, die in Franziskus' Leben eine so wichtige Rolle spielte. Viele der Legenden, die sich bald um ihn rankten, erzählen davon. Am berühmtesten ist vermutlich die vom Wolf von Gubbio, den Franziskus zu einem friedlichen Tier machen und mit den Menschen versöhnen konnte. Diese und die vielen anderen Legenden schmücken das Leben eines besonderen Menschen aus, der in einer Welt des Kampfes und der Zerrissenheit eine die Welt übersteigende Güte erkannte, sie verkündete, sie lebte und sie auch im Sterben bewahrte.

Die Welt als Schauplatz göttlicher Güte

Schon seinen Zeitgenossen musste Franziskus' Lebenswandel bizarr erscheinen, zu erinnern ist nur an seine eigene Familie, und doch ahnten sie, dass in seiner Person etwas durchleuchtete, was größer war als der Mann selbst. Diese größere Kraft des Heiligen machte ihn so faszinierend. Die dauerhafte Sprengkraft des Franziskus zeigte sich in besonderer Weise in seinem Verhältnis zur Kirche. Eine wichtige Rolle spielte dabei Kardinal Hugolin von Ostia, der später als Gregor IX. zum Papst gewählt wurde. Zu Beginn der historischen Franziskusforschung im modernen Sinne wartete der französische Protestant Paul Sabatier in seinem zum Klassiker aufgestiegenen Werk Ende des 19. Jahrhunderts mit der wuchtigen These auf, die Kirche habe vor allem in der Gestalt von Hugolin die Radikalität der franziskanischen Lebensauffassung entschärft und so Franziskus seinem eigenen Orden entrissen, um ihn den Zwecken der Kirche dienstbar zu machen. Für diese Auffassung sprechen – und das mag auch erklären, warum sie bis heute begeisterte Anhänger findet – die vielen Konflikte, die die franziskanischen Ideale, insbesondere das Armutsideal, auslösten. Allerdings verbarg sich hinter diesem Streit mehr, es geht grundsätzlich um den Gegensatz zwischen dem Heiligen und der Kirche.[138] Historisch liegen die Dinge jedoch komplizierter, und man kann nicht einfach den guten Heiligen der bösen Kirche gegenüberstellen.

Franziskus' Frömmigkeit war von einer großen Treue gegenüber der Kirche und dem kirchlichen Leben geprägt. Noch in seinem Testament sprach er von seinem «großen Glauben zu den Priestern»,[139] er verehrte die Eucharistie und respektierte den institutionellen Charakter. In einer Zeit der aufbrechenden Häresien war diese Loyalität für die Kirche von unschätzbarem Wert. Das mag einer der Gründe sein, warum er vom Bischof von Assisi bis zum Papst stets Fürsprecher in der Hierarchie gefunden hat. Tatsächlich griff die Kurie in Gestalt von Hugolin von Ostia seit 1220 massiv in die Geschicke des Ordens ein. Allerdings bat Franziskus selbst darum, Hugolin als Kardinalprotektor einzusetzen. Das rasche Anwachsen des Ordens beschwor nämlich den Konflikt herauf, die Ideale des Franziskus in einer Massenbewegung lebbar zu machen, einen Konflikt, der ihn zwang, die Leitung seines eigenen Ordens aufzugeben. Hugolin, ein besonnener und frommer Kirchendiplomat, ging andere Wege als Franziskus. Das lässt sich an den beiden Ordensregeln anschaulich machen, der päpstlich nicht anerkannten *regula non bullata* und der autorisierten *regula bullata*. Tatsächlich ist letztere von einem stark juridischen Geist geprägt, doch kann man nicht behaupten, Hugolin habe damit den Geist des Franziskus aus der Ordensregel ausgetrieben. Erkennbar wird allerdings, wie sich der Kardinal einem institutionellen Pragmatismus fügte und so die ursprüngliche Glut der franziskanischen Bewegung abkühlte.[140] Die komplexe Lage der Dinge wurde vollends nach Franziskus' Tod offenbar. Schon nach zwei Jahren veranlasste Hugolin, inzwischen zum Papst Gregor IX. aufgestiegen, mit kirchenrechtlich sensationeller Geschwindigkeit die Heiligsprechung, während er weitere zwei Jahre später 1230 in der Bulle *Quo elongati* Franziskus' Testament eigenhändig außer Kraft setzte. Franziskus hatte darin noch einmal und wohl mit Bedacht die Gültigkeit des Armutsgebots für den Orden zu bekräftigen versucht.[141] Hugolin lenkte damit als Papst den Orden in institutionelle, bezähmbare Bahnen. Das war etwas anderes, als Franziskus gewollt hatte – das sehen die Kritiker Hugolins richtig. Nicht auszumachen ist allerdings, was passiert wäre, wenn er das nicht getan hätte. Die neu begründeten Orden der Dominikaner und Franziskaner waren im 13. Jahrhundert keineswegs so fest etabliert, wie es uns heute im Rückblick erscheinen muss. Gerade der franziskanische Geist musste für viele im Zeitalter chronischer Ketzerhysterie auch etwas unerhört Subversives haben, so dass Hugolins Maßnahmen nicht nur als Verschwörung gegen Franziskus, sondern ebenso gut auch als Versuche interpretiert werden können, zu retten, was zu retten war. Es zeigt sich, wie schwer die gewaltige Kraft des Heiligen in lebbare Formen zu bringen war. Der Streit, wie radikal Franziskus' Armutsideal umzusetzen sei, stellte den Orden und die Kirche selbst im 12. und 13. Jahrhundert vor eine Zerreißprobe. Größe und Tragik liegen in der Erscheinung des Heiligen nahe beieinander.

Die unbezähmbare Kraft des Heiligen hatte Wirkungen, die das Gesicht des Christentums langfristig veränderten. Franziskus war gebildet, aber kein Theologe. Er wählte daher als Ausdrucksmedium seiner Frömmigkeit nicht die Argumentationsform der Theologie, sondern die Poesie, vorzugsweise in seiner italienischen Muttersprache. Das bedeutete eine immense Aufwertung der literarischen Artikulation religiöser Erfahrung. Der poetische Lobpreis, wie ihn Franziskus beispielsweise im Sonnengesang komponierte, konnte sein Gefühl des Aufgehobenseins in der Natur eindrucksvoll wiedergeben. Sein Naturgefühl markiert einen religiösen und kulturellen Epochenwechsel. Statt einer übermächtigen und den Menschen bedrohenden Natur entdeckte er im Wirken der Natur die unfassbare göttliche Güte. Franziskus machte die Natur religiös interessant. Henry Thode hat im 19. Jahrhundert einen großen Bogen von Franziskus zum Aufstieg der italienischen Renaissancekunst unter Giotto geschlagen (siehe Seite 266). Giottos künstlerischer Realismus und das allgemein gestiegene Interesse an der Wiedergabe der Realität sind nicht zu verstehen ohne die gewaltigen Veränderungen in der Naturauffassung, die der franziskanische Geist in die Welt gebracht hat.

Die christliche Heiligenverehrung gründet in der Erfahrung, dass in einzelnen Menschen das Heilige in Erscheinung tritt. Die Heiligen sind nicht nur Vorbild eines besonderen Lebenswandels, sie öffnen auch ein Tor zu jener transzendenten Dimension, die ein verwandeltes Licht auf die Wirklichkeit wirft. In Franziskus brach das Heilige in ungeahnter Wucht und Kraft in die Welt herein. Das ahnten seine Zeitgenossen, und das spürten auch die späteren Generationen. Das konfessionelle Gezänk macht einen merkwürdigen Bogen um Franziskus, und auch in den vielen Büchern aus der Feder von Gelehrten und Wissenschaftlern streiten diese stets über ihre Interpretation, aber so gut wie nie über die Person des Franziskus selbst. Das ist eine besondere Art der Verbeugung wissenschaftlicher Vernunft vor dem größten Heiligen, den das Christentum je hatte.

5
Die Ordnung des Wissens: Die Universität

Die Bettelorden der Franziskaner und der Dominikaner zählen zu den erfolgreichsten Ordensgründungen der christlichen Kulturgeschichte.[142] Sie prägten die mittelalterliche Armen- und Krankenfürsorge. Aber nicht nur für den Körper und die Seele, auch für den Geist trugen sie Sorge. Der heilige Franziskus hätte es sich als Freund der Einfalt vermutlich nicht träumen lassen, dass schon eine Generation nach ihm seine Ordensbrüder im Wettstreit mit den Dominikanern zu den bedeutendsten Gelehrten der christlichen Welt aufsteigen würden. Das hat mit einer der größten Leistungen der mittelalterlichen Kultur zu tun:

der Entstehung der Universität als Ort des Wissenserwerbs und der Wissensweitergabe.

Von Beginn an war das Mittelalter hungrig,[143] aber das Objekt des Hungers wandelte sich. Suchten die Menschen der Jahrtausendwende nach Nahrung, jagten sie im Hochmittelalter nach Wissen und Bildung. Ende des 13. Jahrhunderts besuchte ein mongolischer Gesandter Paris. Rabban Sauma stammte aus Kambalyk, dem heutigen Peking, und stand in Diensten des Il-Khans Arghun, der wie seine Vorgänger seit der mongolischen Eroberung um die Mitte des 13. Jahrhunderts in Bagdad residierte, einer der prächtigsten und kulturell florierendsten Städte der damaligen Welt. Kurzum, der Mann hatte weite Wege zurückgelegt und viel von der Welt gesehen. In Paris zeigte man ihm die mit Kunstschätzen prall gefüllte, größte Reliquiensammlung Europas in der Sainte-Chapelle. Vermutlich sah er auch die gotische Kirche St. Denis und die Kathedrale Notre-Dame. Das alles nahm der Mann offensichtlich mit höflicher Gelassenheit zur Kenntnis. Was ihn jedoch sehr erstaunte, waren «30 000 Studenten», die unablässig mit Schreiben beschäftigt waren und «ihren Lebensunterhalt vom König»[144] empfingen. Einen vergleichbaren Hunger nach Wissen hatte der welterfahrene Mann noch nicht gesehen.

Glaube, der nach Einsicht sucht

Zur Zeit des fremden Besuchers stand die noch junge Pariser Universität bereits in Blüte. Es war der vorläufige Höhepunkt einer Entwicklung, die sich durch das ganze Mittelalter zog. Der Bildungshunger der germanischen Völker im Frühmittelalter setzte sich nach den Karolingern fort und hörte auch im düsteren 10. Jahrhundert niemals ganz auf. Das 11. Jahrhundert erreichte einen beachtlichen Fortschritt in der Konsolidierung der Lebensverhältnisse. In diesen Umbruch hinein fielen markante Veränderungen des Umgangs mit den Formen des Wissenserwerbs. Sie legten in der christlichen Theologie eine Saat, die mit Wucht aufging. Am Ende des Weges verstand sich die Theologie als eine Wissenschaft, die einen vornehmen und ehrwürdigen Platz an den neu gegründeten europäischen Universitäten einnahm.

Eine Schlüsselrolle spielte in dieser Entwicklung Anselm von Canterbury.[145] Mit ihm kann man sich einmal mehr an der alten Frage abarbeiten, ob die sozialen und kulturellen Rahmenbedingungen einer Zeit die Individuen bestimmen oder ob es umgekehrt der Esprit einzelner Persönlichkeiten ist, der Epochen formt. Die Rationalisierung der Theologie lag aufgrund der kulturellen Transformationen im 11. Jahrhundert in der Luft, nicht aber die Art, in der Anselm sie vollzog.

Anselm wurde 1033 in Aosta in der heute italienischen Provinz Piemont geboren. Er war Anfang zwanzig, als er sein Elternhaus verließ. Nach einer Zeit der Wanderschaft trat er in das Benediktinerkloster Bec in der Normandie ein. Dort stieg er zum Prior und Abt auf und wurde schließlich 1093 als Erzbischof von Canterbury in England inthronisiert. An Anselm kann man sehen, mit welcher Leichtigkeit sich die christlichen Funktionseliten im Mittelalter über den Kontinent bewegten. Er wurde damit zum Vorbild für andere. Albertus Magnus, Thomas von Aquin, Wilhelm von Ockham, Erasmus von Rotterdam und viele andere bewegten sich als Gelehrte in kirchlichen und universitären Diensten zwischen Städten und Ländern mit einer behänden Leichtigkeit, von der das moderne Europa heute nur träumen kann. Spätestens im Kloster Bec geriet Anselm mitten hinein in die Stimmung des theologischen Aufbruchs. Sein Abt Lanfranc befand sich im Streit mit dem Mönch Berengar von Tours, und schon der Gegenstand des Streits war bezeichnend.[146] Es ging um das Verständnis der Realpräsenz Christi im Abendmahl, die Berengar unter Anwendung logischer Kategorien nicht wörtlich vertreten konnte. Der Streit ging an Anselm nicht spurlos vorüber. Berengar wurde zwar nicht zum Lehrer Anselms,[147] aber bei seinem Abt Lanfranc bekam er deutlich die Grenzen einer Theologie vor Augen geführt, die der Dialektik feindlich gesonnen war. Es galt daher, einen Weg zu finden, die Vernunft theologisch produktiv zu nutzen.

Mit zwei Gedanken hat Anselm eine außergewöhnliche Wirkung erzielt, an ihnen lässt sich auch exemplarisch der neue Stil der Theologie erläutern. 1077 – im gleichen Jahr, in dem die westliche Christenheit gespannt auf den Machtkampf zwischen Kaiser und Papst blickte – begann Anselm in der fernen Normandie im Kloster Bec mit der Abfassung der Schrift *Proslogion*. *Fides quaerens intellectum* hätte das Werk eigentlich heißen sollen – der Titel enthüllt das Programm. Aus einem inneren Antrieb heraus sucht der Glaube nach vernünftiger Einsicht. Der Glaubende will die Inhalte verstehen, die er glaubt, und sucht daher nach denkerischer Durchdringung. Eine exemplarische Durchführung lieferte Anselm in der Beantwortung der Frage, ob Gott existiert.[148] Selbst ein Tor, der die Existenz Gottes bestreiten wollte, muss doch nach Maßgabe der Vernunft Gott als etwas denken, über das hinaus nichts Größeres gedacht werden kann (*aliquid quo nihil maius cogitari potest*).[149] Wäre dieses «das, worüber hinaus nichts Größeres gedacht werden kann» nur ein Gedanke im Verstand (*in intellectu*), läge ein innerer Widerspruch vor, denn es ließe sich dann ein noch größeres Wesen denken, dem auch tatsächliches Sein zukäme. Das, worüber hinaus nichts Größeres gedacht werden kann, muss also notwendigerweise auch existieren.[150] Anselms Idee entfaltete eine große Wirkung.[151] Sein später so genannter ontologischer Gottesbeweis stieß gleichermaßen auf Begeisterung und Kritik. Schon sein Zeitgenosse Gaunilo wandte ein, dass der von Anselm nahegelegte notwendige Übergang vom Denken des Höchsten zur Existenz nicht zwingend sei. Prominentester Kritiker war Jahrhunderte später Immanuel Kant, der mit seinen Einwänden gegen Anselms Argument weitreichende Konsequenzen für die Möglichkeit vernünftiger Gotteserkenntnis verknüpfte. Descartes und Hegel führen die lange Liste derer an, die Anselms begriffslogische Überlegungen zum Gottesbegriff produktiv fortsetzten. Bis in die Gegenwart hinein ist die Debatte über das ontologische Argument nicht verstummt.[152]

Aus dem Schaffen Anselms ragt ein weiteres Werk heraus. Gut zwanzig Jahre später war er Erzbischof in Canterbury. Mit dem König von England lag er im Dauerstreit über die Machtbefugnisse von Krone und Papst, im Orient steuerte der erste Kreuzzug seinem Höhepunkt entgegen. Einer von mehreren Aufenthalten im Exil zwang Anselm auf das europäische Festland, wo er auf einer Reise durch Italien sein Werk *Cur deus homo?* abschloss.[153] Die Frage, warum Gott Mensch wurde, ist ein Zentralthema christlicher Theologie. Anselm gab ihm eine neue Wendung. Ihn interessierte nicht so sehr, wie man sich die Inkarnation Gottes in einem Menschen vorstellen kann, sondern warum überhaupt Gott Mensch wurde. Anselm begriff die Sünde in der Welt als eine Verletzung der Ehre Gottes und seiner Ordnung. Die erforderliche Wiederherstellung wäre nur durch eine Genugtuung (*satsifactio*) zu erbringen, denn barmherziges Erbarmen wäre Gott zwar möglich, es könnte aber die verletzte Weltordnung nicht heilen.[154] Die Satisfaktionsleistung kann nur ein selbst sündloses Wesen erbringen und das ist allein Gott. Gott wird Mensch und leistet freiwillig bis in den Tod Gehorsam, um durch die Sühneleistung die Weltordnung wieder aufzurichten.[155]

Anselms Satisfaktionslehre folgte Grundsätzen eines klaren Rechtsgedankens. Eine begriffliche Fixierung hat jedoch Licht- und Schattenseiten. Die biblischen und frühchristlichen Antworten auf die Frage, warum Gott Mensch wurde und am Kreuz sterben musste, waren weniger eindeutig. Der Gedanke des Opfers und der Sühne kam vor, die mittelalterliche Frömmigkeit brachte mythische Vorstellungen von einem Loskauf der Menschheit aus der Macht des Teufels auf. Anselms Satisfaktionslehre reduzierte all diese Vorstellungen auf einen einzigen Gedanken: Der Sinn der Menschwerdung lag für ihn in der zu erbringenden Sühneleistung. Damit rationalisierte er die verschiedenen Deutungen des Todes Jesu, indem er sie auf einen klaren Rechtsgedanken zurückführte. Bestechend bleibt bei aller notwendigen Kritik, die man an seiner inhaltlichen Engführung des Kreuzesgeschehens üben muss, die Klarheit und Folgerichtigkeit seiner Auffassung. Darin mag der Grund dafür liegen, dass die in der Bibel an sich nicht verankerte Satisfaktionslehre für Jahrhunderte bis über die Reformation hinaus zum erfolgreichsten Modell wurde, mit dem das Christentum den Sinn der Menschwerdung und des Todes Jesu zu erklären versuchte.

Der ontologische Gottesbeweis und die Satisfaktionslehre sind die Gedanken, mit denen Anselm seine größte Wirkung erzielte. Weitere Werke von ihm behandeln die Willensfreiheit, die Inkarnation des göttlichen Wortes oder die Entstehung des Heiligen Geistes. In ihnen reagierte er auf Fragen, die im 11. Jahrhundert in der Luft lagen. Darin war Anselm ein Kind seiner Zeit. Doch sein Zutrauen in die Kraft des «reinen Gedankens»[156] war für seine Zeit ebenso radikal wie theologisch genial. Anselms Vermächtnis liegt in der Neubestimmung des Verhältnisses von Glauben und Vernunft. Die Vernunft ist nicht etwas, was sich der Glaube zu Hilfe holt, um seine Inhalte nach außen zu verteidigen, sie tritt vielmehr mit innerer Notwendigkeit im Glauben selbst in Erscheinung. Der Glaubende möchte verstehen und mit Gründen begreifen, was er glaubt. Die vernünftige Reflexion ist damit Teil des Glaubens, Theologie erfüllt keine der Kirche nützliche Funktion, sondern sie ist ein essentieller Bestandteil der Religion. Mit diesem engen Zusammenhang von frommer Andacht und denkender Durchdringung hat Anselm der westlichen Christenheit einen markanten Stempel aufgedrückt.

Aristoteles und das Morgenland

Das lateinische Christentum ist die Wiege des transatlantischen Kulturraums, den wir heute als «Westen» bezeichnen. Eine kulturelle Vormachtstellung war lange nicht zu erkennen. Über ein halbes Jahrtausend lang hinkten die Latein sprechenden südwesteuropäischen und germanisch-fränkischen Christen kulturell den großen und blühenden Reichen, mit denen sie Berührung hatten, weit hinterher – und sie wussten dies auch. Sowohl Byzanz als auch die islamische Welt waren für den Westen Gegenstand märchenhafter Vorstellungen, während umgekehrt Gesandte des oströmischen Kaisers oder der Kalifen selten Schmeichelhaftes über Gebräuche und Sitten der Menschen nördlich der Alpen zu berichten wussten. Die kulturelle Aufbruchsstimmung des Hochmittelalters setzte ein gestiegenes lateinisches Selbstbewusstsein in Gang, das schließlich in militärische Aktionen mündete. Die Kreuzzüge mit ihren Attacken auf die islamische, aber auch die byzantinische Welt sind sinnenfälliger Ausdruck dafür, dass im Westen kultureller Aufbruch und expansive Aggression nur allzu oft Hand in Hand gingen. Seit dem 11. Jahrhundert kam es zu dauerhaften Konfrontationen mit der islamischen Welt, nicht nur im Orient, sondern auch auf europäischem Boden in Sizilien und Spanien. Wo den Europäern militärische Rückeroberungen gelangen, stießen sie auf eine Kultur, die der ihren weit überlegen war. Glücklicherweise weckte das ihr Interesse.

Nach ihrem Siegeszug durch Nordafrika und Asien hatten sich die arabischen Eroberer im 7. und 8. Jahrhundert außerordentlich lernwillig gezeigt.[157] Andernfalls wäre ihnen die Herrschaft über ein Reich dieser Größenordnung kaum geglückt. Sie eigneten sich persisches und vor allem griechisches Wissen an. Durch arabische Übersetzungen, die wegen ihrer umfassenden Sprachkenntnisse häufig von orientalischen Christen angefertigt wurden, bewahrte sich viel antikes Wissen. Es wurden nicht nur theologisch und philosophisch bedeutsame Texte, sondern auch naturwissenschaftliche und medizinische Schriften übertragen. Die Übersetzungen von Hippokrates und Galen verhalfen der arabischen Medizin zu einer erstaunlichen Blüte, im 10. Jahrhundert wurde zudem der ganze Aristoteles, also auch dessen naturwissenschaftliches Werk, ins Arabische übersetzt. Seit dem 9. Jahrhundert trat in dieser islamischen Kulturblüte eine eigenständige Philosophie hervor, in der sich Denker wie al-Kindi und al-Farabi mit den platonischen, insbesondere neuplatonischen, und aristotelischen Schriften der Antike auseinandersetzten. Einen Höhepunkt erreichte diese Synthese im Werk des Ibn Sina (980–1037), der im Westen unter seinem latinisierten Namen Avicenna berühmt wurde.[158] Schon in jungen Jahren hatte der vor allem in Persien wirkende Avicenna einen phänomenalen Ruf als bester Arzt seiner Zeit, Noah Gordon hat ihn in unseren Tagen zum Vorbild seines erfolgreichen historischen Romans *Der Medicus* genommen. Darüber hinaus beschäftigte sich der Universalgelehrte mit theologischen und philosophischen Fragen. Die Tatsache, dass die Dinge der Welt entstehen und vergehen, interpretierte er im Anschluss an Aristoteles' Metaphysik als Hinweis auf ihre bloß mögliche Existenz. Aus der Existenz einer kontingenten Welt folgte für Avicenna die Annahme eines notwendig Seienden als Grund der Welt. Dieser Gottesbeweis übte wegen seiner metaphysischen Begründung eine große Faszination aus, theologisch gab er jedoch Rätsel auf, die islamische und christliche Theologen beschäftigten, denn mit der Kategorie des notwendigen Grundes unterwanderte Avicenna die Idee der göttlichen Welterschaffung und lehrte die Ewigkeit der Welt.

Der andere große Gelehrte des mittelalterlichen Islam, Ibn Ruschd, im Westen Averroes genannt, führte vor allem die Theorie des Intellekts weiter.[159] Averroes (1126–1198), knapp hundert Jahre nach Avicennas Tod geboren, wirkte am anderen Ende der islamischen Einflusssphäre in Cordoba und Marrakesch, auch er als Gelehrter von fast märchenhafter Universalität. Er betätigte sich äußerst erfolgreich als Arzt, Jurist und Philosoph. Averroes führte Avicennas aristotelische Kosmologie konsequent fort und lehrte die Ewigkeit der Welt. Geradezu sensationell war seine Theorie des Intellekts. In seiner Erkenntnis des ewig Geistigen ist der Mensch Teil des einen universalen Intellekts, der individuelle Teil der Seele ist hingegen an den Körper gebunden und vergeht auch mit diesem. Das war eine auf dem Boden der Erkenntnistheorie operierende Radikalabsage an alle individuellen Unsterblichkeitstheorien. Averroes' Thesen brachten islamische Gelehrte seiner Zeit so sehr gegen ihn auf, dass er kurz vor seinem Tod aus Cordoba verbannt wurde. In diesem Akt künden sich Vorboten des Endes der kulturellen Blüte der arabischen Kultur im Mittelalter an. Den Gegensatz zwischen religiösem Volksglauben und den Lehren des Korans sah Averroes selbst und versuchte, dies durch die folgenreiche Theorie zu entschärfen, in der er den Volksglauben als eine an die Phantasie gebundene Form der Darstellung der Wahrheit bezeichnete.[160] Auch die überwiegende Mehrzahl christlicher Theologen, allen voran Thomas von Aquin, arbeitete an einer umfassenden Widerlegung des Averroes, allerdings nicht ohne gehörigen Respekt, denn es war zu offensichtlich, dass er sich in seinen Kommentaren und seinen philosophischen Werken als einer der klügsten und konsequentesten Aristoteles-Kenner erwiesen hatte und daher alles andere als ein leichter Gegner war. Die Begegnung mit den arabischen Denkern – sowie mit jüdischen Philosophen wie Maimonides[161] – hat die europäische Geisteskultur nachhaltig und tiefgreifend verändert.

Die Ritter des Denkens

Philosophen des islamischen Kulturraums gaben im Mittelalter Europa Aristoteles zurück. Der besondere Impuls des Aristotelismus, wie ihn die Philosophen aus den islamischen Reichen lehrten, lag in der Konsequenz, mit der logische und argumentative Rationalitätsstandards in das Nachdenken über die Welt eingeführt wurden. Wenn beispielsweise Avicenna die Entstehung der Welt aufgrund seines Gottesbegriffs mit der Kategorie der Notwendigkeit dachte, dann wandte er sich gegen allzu anthropomorphe Vorstellungen von einem launigen Schöpfergott. Er wollte mit der Kraft der Vernunft «Willkür und Zufall vom Weltgrund fernhalten».[162] Die Faszination dieser Denkansätze sprang auf die westlichen Philosophen und Theologen über, die dabei allerdings rasch in Konflikt mit der dogmatischen Tradition geraten konnten. Die Auseinandersetzung mit dem Aristotelismus bewegte sich im Mittelalter dauerhaft im Spannungsfeld zwischen faszinierenden theologischen Aufbrüchen einerseits und lebensbedrohlicher Häresie andererseits.

Fünftes Kapitel: Der Aufstieg des Abendlandes

Dieses geistige Klima brachte einen neuen Persönlichkeitstyp hervor: die Intellektuellen des Mittelalters. Ein eindrucksvolles Beispiel für ihre Lebensform bietet in der ersten Hälfte des 12. Jahrhunderts der Theologe und Philosoph Abaelard (1079–1142).[163] Er ist eine der bekanntesten Gestalten des Mittelalters. Die Aufzeichnungen über sein Leben – bezeichnenderweise nennt er sie «Meine Leidensgeschichte» (*Historia calamitatum mearum*) – sind auch eine wichtige Dokumentation der epochalen Veränderungen in der Wissensvermittlung, aus denen im 12. Jahrhundert schließlich die Universität als Institution hervorging.[164]

Eine wichtige Voraussetzung dafür war eine der folgenreichsten Verschiebungen der mittelalterlichen Kultur: Die Städte blühten wirtschaftlich auf und wuchsen zu Kulturzentren.[165] Im Gefolge dieser Veränderung liefen die Kathedralschulen als Ausbildungsstätten den Klosterschulen auf dem Land den Rang ab. Den 1079 in der Nähe von Nantes geborenen Bretonen Abaelard zog es zu den berühmtesten Lehrern seiner Zeit nach Tours, Paris und Laon. Die häufigen Wechsel hatten auch damit zu tun, dass Abaelard seine Lehrer in den öffentlichen Disputationen zu überbieten versuchte. Er berichtet davon, wie er seinen Lehrern bald «unbequem»[166] wurde, weil er meinte, ihnen Irrtümer nachweisen und sie in Disputationen besiegen zu müssen. Auch bei seinen Kommilitonen «erregten», so Abaelard selbst, «meine Sicherheit und mein Können Verärgerung und Neid».[167] Interessant ist, wie der gelehrte Disput aufstrebenden jungen Männern Gelegenheit bot, auf diesem Felde ritterliche Wettkampftugenden zu üben. Sie fanden ein interessiertes Publikum und konnten es zu Ruhm, Anerkennung und durchaus auch stattlichen Einkünften bringen.[168]

Abaelards akademische Karriere verlief nicht geradlinig. Die Lehrtätigkeit vor allem in Paris war in ein recht komplexes Netzwerk kirchlicher und weltlicher Macht eingebunden, und der streitlustige Theologe und Philosoph hatte ebenso viele Befürworter wie Widersacher. Auf dem Zenit seiner Wirksamkeit lehrte Abaelard an der Domschule von Notre-Dame, einer für die wenig später erfolgende Universitätsgründung wichtigen Institution. Seine Laufbahn erlebte einen jähen Abbruch durch die Liebesbeziehung zu Heloise.[169] Die schöne junge Frau wurde dem erfolgreichen und populären Gelehrten als Privatschülerin anvertraut, das ungleiche Paar verliebte sich ineinander. Nach Abaelards Auskunft ließen die beiden «keine Stufe der Liebe»[170] aus. Die Dinge nahmen ihren Lauf. «Nur allzu oft zog es die Hand statt zu den Büchern zu ihrem Busen.»[171] Heloise wurde schwanger, der Skandal konnte nur mit Mühe durch eine Eheschließung abgewendet werden. Doch als Abaelard Heloise kurz darauf ins Kloster schickte – sie loswerden wollte, wie es ihr Onkel Fulbert vermutete –, wurde es diesem zu viel. Er heuerte Attentäter an, die Abaelard nachts in seinen Gemächern überfielen und ihn entmannten. Die traurige Begebenheit wirft ein Schlaglicht auf die gesellschaftlichen Umbrüche des 12. Jahrhunderts. Es ist weniger der Umgang mit freier Liebe und Ehe, der zu allen Zeiten Gemüter in Unruhe zu versetzen vermag. Aufschlussreich ist vielmehr der Umgang mit der Ehrverletzung. Mit Fulbert und Abaelard gerieten Vertreter der obersten Bildungsschicht des hochmittelalterlichen Frankreich aneinander, dennoch wusste Fulbert die ihm widerfahrene Ehrverletzung nicht anders als durch einen bestialischen Racheakt zu bestrafen.[172] Diese Selbstjustiz fanden allerdings die amtlichen Behörden zutiefst rechtswidrig. Sie verbannten Fulbert und bestraften die gedungenen Attentäter nun ihrerseits höchst grausam mit dem Ausstechen der Augen und der Kastration.

Der Skandal machte Abaelard berühmt, seine bedeutendere Wirkung entfaltete er jedoch als Gelehrter. Er zog sich ins Kloster zurück, kehrte von dort mit Erfolg auf die akademische Bühne zurück und prägte später namhafte Theologen und Philosophen. Was ihn auszeichnete, war die Frische seines Ansatzes. In seinem Werk *Sic et Non* (Ja und Nein) stellte er sich widersprechende Kirchenväterzitate gegenüber, um durch vernünftige Abwägung der Gründe die eigene Position zu ermitteln. Die Vernunft wurde als Instanz zur Beurteilung traditioneller Autorität herangezogen, ein Verfahren, das seine Gegner als Ungehorsam gegenüber kirchlicher Autorität verurteilten. Dennoch prägte Abaelard mit diesem vernunftgeleitet kritischen Ansatz nicht nur die scholastische Methode,[173] sondern auch ein Stück europäischer Geistesmentalität. Berühmt ist seine harsche Kritik an Anselms Satisfaktionstheorie, der er ein Erlösungskonzept entgegenstellte, demzufolge Gott aus liebender Zuwendung zu den Menschen selbst Mensch geworden ist, um von den Menschen aus freien Stücken geliebt zu werden.[174] Das war nicht weniger als eine Verschiebung des theologischen Koordinatensystems in der Lehre von Gott.[175] Mit alledem spaltete Abaelard seine christliche Umgebung.[176] Er fand prominente Fürsprecher wie den Abt von Cluny, Petrus Venerabilis, aber auch unerbittliche Gegner, deren berühmtester der etwas jüngere Bernhard von Clairvaux war. Zwei Welten trafen aufeinander: Bernhard stand für das zurückgezogene Ideal einer kontemplativen Theologie des klösterlichen Lebens, Abaelard für den urbanen, philosophisch versierten und aufbruchsbereiten Gelehrten der Universität. Bernhard konnte 1140 eine Verurteilung seines Gegners auf dem Konzil von Sens erwirken, zu einer möglichen Verteidigung Abaelards in Rom kam es nicht mehr. Abaelard starb 1142.

Seit der Aufklärung begegnet Abaelard in rationalistischen und kirchenkritischen Kreisen als eine Art Gegenheiliger. Ob man diesem keineswegs einfachen Mann und seinen Gegnern damit gerecht wird, sei dahingestellt. Selbst ein wohlwollender Interpret unserer Tage, Kurt Flasch, hält fest: «Er suchte den Streit, und er fand ihn»[177] – besser lässt sich Abaelards Wirken kaum auf den Punkt bringen. Epochal war seine geistige Haltung, die zwei Dinge folgenreich miteinander verband: den vorbehaltlos kritischen Gebrauch der Vernunft in allen Fragen des christlichen Glaubens und eine individuelle Persönlichkeit, die sich dieser Vernunft bediente.

Abaelards Biographie ist noch in anderer Hinsicht aufschlussreich. Sie gibt Veränderungen auf dem Gebiet des theologischen und philosophischen Lehrens und Lernens zu erkennen. Im Rückblick wissen wir, dass wir darin die wenig später aufkommende Institution der Universität vorgebildet finden.

Die Universität ist eine im christlichen Mittelalter geborene Bildungseinrichtung von welthistorischem Rang. Sie wurde nicht über Nacht erfunden. In einem sehr weiten Sinne bezeichnen Forscher bisweilen bereits die Akademien der Antike als Universitäten.[178] Die mittelalterlichen Universitäten gaben für sich selbst ältere Gründungsdaten an und führten sich auf die Initiative großer Persönlichkeiten zurück: Die Pariser Universität nannte sich eine Gründung Karls des Großen. Die Universität Oxford nahm gar einen mythischen Ursprung an und sah ihre Vorfahren in den aus ihrer Stadt vertriebenen Trojanern und den sie begleitenden Philosophen.[179] Tatsächlich sind die Universitäten jedoch mittelalterliche Gründungen, jedenfalls in dem Sinne, in dem wir heute von Universitäten reden.

Die Universität in Bologna ist mit ihrem Gründungsdatum 1088 die älteste in Europa – eine leider inzwischen zweifelhafte Ehre, denn knapp ein Jahrtausend später haben sich die Bildungs- und Wissenschaftsminister der Europäischen Union in unseren Tagen grausam gerächt und den Namen durch eine von ökonomischen Zwängen zerfressene Universitätsreform in Verruf gebracht. Bolognas mittelalterliche Universitätsgründung stand für höhere und bessere Ziele. Mit ihr gewann das gestiegene Interesse an vernunftgeleiteter Erkenntnis eine angemessene institutionelle Form. Die Auseinandersetzung zwischen Kaiser und Papst im 11. Jahrhundert löste einen großen Zustrom zu den traditionell in Bologna ansässigen Rechtsschulen aus.[180] Es war für die europäische Kulturgeschichte folgenreich, dass man sich in diesem klassisch abendländischen Machtkonflikt Klarheit durch juristische Methoden erhoffte. Die Rechtsgelehrsamkeit war Teil einer auf Vernunft basierenden Emanzipationsbewegung. Der Zulauf von Lehrenden und Studierenden brachte soziale Spannungen und organisatorische Probleme mit sich. Die Lösung lag darin, Magister und Scholaren nach ihrer Herkunft, also in *nationes* eingeteilt, in einer *universitas* zusammenzufassen, ihnen besondere Privilegien wie das Recht auf Selbstverwaltung und eine nicht unmittelbar den städtischen Behörden unterstehende Gerichtsbarkeit einzuräumen. Der förmliche Erlass galt in der Regel als Gründungsurkunde der Universität. Ähnliche Entwicklungen vollzogen sich auf dem Gebiet der medizinischen Schulen, daher wird meist auch Salerno zu den ältesten Universitäten Europas gerechnet.[181]

Nach demselben Modell wurde später das Studium der Philosophie und der Theologie organisiert. Exemplarisch sind die Entwicklungen in Paris. Hier war es die Kirche, die ein großes Interesse daran hatte, die erfolgreiche Bildungsinstitution der Universität zu übernehmen. Für die Privilegienvergabe waren Papst und König gleichermaßen zuständig. Der Zusammenschluss umfasste die philosophischen Schulen, die theologischen Dom- und Kathedralschulen sowie die juristischen und medizinischen Einrichtungen. Zum Gedanken der *universitas* kam damit ein weiterer Aspekt hinzu, der die Institution erst im eigentlichen Sinne vervollständigte, denn der Zusammenschluss erstreckte sich jetzt auch auf verschiedene Fächer. Der Name Universität benennt ihre Idee: Wissen als verlässliche Orientierung in der Welt entsteht in der universalen Gesamtheit von Menschen und Disziplinen. In Paris, Oxford und Montpellier war der institutionelle Prozess gegen Ende des 12. und im ersten Jahrzehnt des 13. Jahrhunderts abgeschlossen. Es folgten 1219 Salamanca, 1222 Padua, 1225 Cambridge sowie zahlreiche weitere Gründungen in Südeuropa.[182] In den deutschsprachigen Territorien des Kaisers und in Osteuropa wurden allerdings erst ab der Mitte des 14. Jahrhunderts Universitäten gegründet.

Die Universitäten zeichneten sich durch eine umfassende Organisation aus. Im Rahmen ihrer Selbstverwaltung wählten die Mitglieder ihr Leitungspersonal für begrenzte Amtszeiten – das waren erstaunlich demokratische Ansätze für die damalige Zeit.[183] Die Studien folgten einer klaren Ordnung, in der verschiedene Abschlussgrade aufeinander aufbauten. Die mittelalterliche Universität kannte vier Fakultäten. Studierende begannen mit dem Studium der sieben freien Künste, der *artes liberales*, die der Fakultät den Namen Artistenfakultät gaben. Darin lag eine Fortführung antiker Bildungstraditionen. Das Trivium umfasste Grammatik, Dialektik und Rhetorik. Dahinter verbarg sich in der mittelalterlichen Universität das Studium der Philosophie, das es vor allem auf dem Feld der als Logik praktizierten Dialektik zu einer erstaunlichen und wirkungsmächtigen Blüte brachte. Zum Quadrivium gehörten Arithmetik, Geometrie, Astronomie und Harmonielehre.

Studierende schlossen die Artistenfakultät mit dem Bakkalaureat ab.[184] Das berechtigte zur Kommentierung vorgeschriebener philosophischer Texte. Die meisten Studenten schlugen aber einen anderen Weg ein und setzten ihr Studium an den höheren Fakultäten für Medizin, Jura oder Theologie fort, wofür das Bakkalaureat der Artistenfakultät eine zwingende Voraussetzung war. Das Studium der höheren Fächer war selbst wiederum an eine klare Abfolge von Abschlüssen gebunden. Wer beispielsweise ein Bakkalaureat in der Theologie erworben hatte, musste zwei Jahre als *baccalaureus biblicus* biblische Schriften kommentieren, dann durfte er sich an die Kommentierung der dogmatischen Textsammlung von Petrus Lombardus heranwagen. War auch dieser Ausbildungsschritt abgeschlossen, konnte der *baccalaureus formatus* Disputationen bestreiten und einen offenen Kanon von Texten auslegen. Am Ende stand der angesehene Titel des Magisters der Theologie.

Die im europäischen Mittelalter gegründeten Universitäten haben die Organisation des Wissens in dreierlei Hinsicht nachhaltig verändert. Erstens profitierten sie von einem wachsenden Prestige von Wissen und Bildung, vor allem bei den städtischen Eliten, und haben ihrerseits zur wachsenden Bedeutung des Wissens beigetragen.

Zweitens lebte die Universität von dem Gedanken, dass Wissensaneignung institutioneller Formen bedarf. Daraus gingen die klar gegliederten Studienordnungen hervor, die über Jahrhunderte das akademische Leben prägten. Zum institutionellen Aspekt gehörte auch, dass die universitäre Ausbildung lang und kostspielig war. Schließlich erforderte sie ein hohes Maß an intellektueller Demut. Die bevorzugte literarische Gattung der Lehre war der Kommentar.[185] Wer es an der Universität zu etwas bringen wollte, musste sich in eine lange Tradition einreihen und bereit sein, von ihr zu lernen, bevor er seinen eigenen Ideen Aufmerksamkeit schenken durfte. Der institutionelle Charakter der mittelalterlichen Universität schloss auch ein erstaunliches Maß an interdisziplinärem Denken ein. Die häufig kolportierte Auffassung, das Mittelalter habe die Philosophie zur Magd der Theologie gemacht, verkennt die Komplexität des tatsächlichen Verhältnisses. Denn um überhaupt an einer der höheren Fakultäten zum Studium zugelassen zu werden, musste man zuvor eine solide philosophische Ausbildung durchlaufen haben, so dass die «Magd» zur heimlichen Herrin im Hause werden konnte.

Drittens hat die Universität das Christentum nachhaltig verändert. Es hat die Herausforderung der Universität bereitwillig angenommen und darin eine grandiose Chance gesehen. Bedenkt man die Rolle, die über Jahrhunderte die Klosterschulen für die theologische Ausbildung gespielt haben, dann ist die Selbstverständlichkeit frappierend, mit der sich die Theologie an der Universität als eine der höheren Disziplinen und über Jahrhunderte als die angesehenste etablierte. Es gab tatsächlich einmal eine Zeit, in der es den Himmel auf Erden bedeutete, Theologieprofessor zu sein. Von ihrer Idee her war die mittelalterliche Universität ohne Theologie nicht denkbar, denn zum Großen und Ganzen des Wissens zählten gerade auch die letzten Fragen über Ursprung und Sinn der Welt, das Wirken Gottes und die Rolle des Menschen. Auf der anderen Seite war eine Theologie ohne Universität nicht mehr denkbar. Die Universität bindet die christliche Religion an eine institutionell verankerte Art der Reflexion, in der der religiöse Zugang zur Wirklichkeit mit Gründen der Vernunft erläutert und mit anderen Wirklichkeitsbeschreibungen wie etwa denen der Philosophie dauerhaft ins Gespräch gebracht wird. Dieses Bemühen um eine anschlussfähige Rationalität der christlichen Religion ist eines der schönsten und wirkungsvollsten Vermächtnisse des Mittelalters für das Christentum.

Kathedralen des Denkens

Abhandlungen über die Universitätstheologie des Mittelalters füllen Bibliotheken – zu Recht.[186] Die Scholastik ist eine methodisch disziplinierte, intellektuelle und akademische Haltung. In deren Ausübung erwiesen sich die Scholastiker des Mittelalters als wunderbare theologische Architekten. Sie bauten aus dem Material der Jahrhunderte währenden Tradition christlicher Lehre Kathedralen der Theologie. Die Lehraussagen zu den Grundideen des Christentums wie Trinität, Schöpfung und Erlösung wurden in einer großangelegten Ordnung zusammengefügt. Darin trat der Anspruch zu Tage, christliche Lehraussagen in ein kohärentes Gedankensystem zu bringen. Das war ein gewaltiger Entwicklungssprung in der Theologie.

Dabei kommt dem Werk von Petrus Lombardus (1100–1160) besondere Bedeutung zu. Den aus der Lombardei stammenden jungen Mann zog es in der ersten Hälfte des 12. Jahrhunderts nach Studien in seiner Heimat auf Empfehlung seiner Lehrer und Bischöfe in das damalige Zentrum christlicher Theologie nach Paris.[187] Dort folgte er dem Unterricht großer Gelehrter wie Hugo von Sankt Viktor und Abaelard. Ab etwa 1140 wirkte er in der Schule von Notre Dame selbst als Magister und stieg zu einem der angesehensten Theologen seiner Zeit auf. 1160 wurde er schließlich Bischof von Paris. Aus seiner Lehrtätigkeit ging ein Werk hervor, das für Jahrhunderte zum Standardwerk theologischer Ausbildung wurde. In seinen *Sententiae in IV libris distinctae*[188] trug er zu den christlichen Lehrauffassungen Sentenzen aus der Tradition – das sind vornehmlich Zitate aus den Kirchenvätern –, aber auch Sätze zeitgenössischer Autoren zusammen. Was auf den ersten Blick wie eine bloße Sammlertätigkeit wirken könnte, erforderte in der Durchführung großes systematisches Geschick. Zwei Herausforderungen hatte Petrus Lombardus zu meistern. Zum einen musste er die Behandlung der einzelnen Lehraussagen ordnen.[189] Er leitete sie mit einer Frage ein, für die dann in mehreren Punkten Antworten aus der Tradition nach dem Muster «Augustinus sagt …» aufgelistet wurden. Im Anschluss daran wurden auch die entgegengesetzten Auffassungen in Zitaten aufgeführt, entweder mit dem Hinweis «Dem scheint zu widersprechen ...», bei heiklen Themen noch deutlicher mit dem Urteil «es irren die, die sagen ...».[190] Lombardus entwickelte so eine theologische Lehraussage aus der Erörterung der Argumente, die für und gegen sie sprechen. Darin führte er Abaelards Sic-et-Non-Dialektik fort und mit ihr die Überzeugung, dass eine theologische Aussage an der argumentativen Überwindung der Einwände gegen sie zu reifen hat. Zum anderen musste er die Lehraussagen zueinander in ein richtiges Verhältnis bringen. Auch hier konnte er auf Vorbilder und Quellen zurückgreifen, die den dogmatischen Stoff in einer an der Heilsgeschichte angelehnten Abfolge anordnen.[191] Die von ihm vorgeschlagene Systematik, zunächst die Gottes- und Trinitätslehre, dann die Schöpfungslehre, die Christologie und schließlich die Sakramentenlehre und die Eschatologie zu erörtern, lässt ein eigenständiges Gespür für den inneren Zusammenhang erkennen. Petrus Lombardus prägte so ein Schema christlicher Dogmatik, das noch in der Gegenwart in seinen Grundzügen Anwendung findet. Das Sentenzenbuch stieg rasch zum maßgeblichen theologischen Lehrbuch auf. Zu einer akademischen Karriere in der mittelalterlichen Theologie gehörte es bald, einen Kommentar dazu anfertigen zu können. Der Sentenzenkommentar war für Jahrhunderte die Standardgattung theologischer Gelehrsamkeit.

Trotz des außerordentlichen Erfolges ist das Urteil späterer Jahrhunderte über Petrus Lombardus ambivalent. Lange galt er protestantischen Theologen schlicht als zu katholisch.[192] Interessanter sind die Hinweise, die in dem Werk des Lombarden am Anfang der Scholastik bereits den Keim ihres Untergangs wittern. Dass die scholastische Methode in ihrer fast vierhundertjährigen Vorherrschaft in der Theologie an den europäischen Universitäten am Ende in Formalismus und Autoritätshörigkeit zum Stillstand kam, kann man jedoch kaum ihrem Begründer anlasten.

Die scholastische Theologie brachte eine Reihe von Lichtgestalten hervor, deren Studium noch heute fester Bestandteil einer akademischen theologischen Ausbildung ist und von einer nach wie vor blühenden Forschungsliteratur begleitet wird. Der bekannteste mittelalterliche Theologe ist Thomas von Aquin. Er gehört zu den wichtigsten Theologen, die das Christentum hervorgebracht hat.[193] Um 1225 kam er in der Nähe von Neapel zur Welt. Bei den Benediktinern erhielt er in Monte Cassino seine Schulausbildung und besuchte den damaligen Gepflogenheiten entsprechend bereits als Vierzehnjähriger die Universität in Neapel. Diese war vom Geist ihres schillernden Gründers, des Stauferkaisers Friedrich II., im Stile einer «modernen» Ausbildungsstätte geprägt, an der auch arabisch-islamische Wissenschaft und die Schriften des Aristoteles gelehrt wurden.[194] Sein Entschluss, dem Dominikanerorden beizutreten, versetzte seine Familie in helle Aufregung. Der Eintritt in einen der noch jungen Bettelorden musste seinen adeligen Verwandten als ein Bruch mit der Familientradition erscheinen, Thomas hingegen dürfte von der konsequent gelebten Nachfolge Christi und dem intellektuellen Niveau der Dominikaner begeistert gewesen sein. Letztlich blieb er im Streit mit seiner Familie Sieger. Mit sicherem Gespür erkannten die Ordensoberen seine intellektuellen Gaben und schickten ihn zum Studium der Theologie nach Paris. Von dort gelangte er nach Köln zu Albertus Magnus, einer ebenfalls großen Gestalt scholastischer Theologie, dessen Schüler und Mitarbeiter er wurde. In diese Zeit fielen ausgedehnte Studien zur aristotelischen, aber auch zur neuplatonischen Philosophie. Von Köln kehrte er nach Paris zurück, um dort mit dem obligatorischen Sentenzenkommentar die lange Phase der akademischen Qualifikation abzuschließen. 1256 berief ihn der Papst auf einen der theologischen Lehrstühle in Paris. Als getreuer «Soldat» seines Ordens folgte er den Einsatzwünschen seiner Oberen. Nach kurzer Zeit in Paris baute er für ein Jahrzehnt die Ordenshochschulen in Italien auf und lehrte in Orvieto, Viterbo und Rom. 1268 kehrte er abermals nach Paris zurück, der Ordensgeneral erhoffte sich von Thomas eine Beilegung des Streits mit den radikalen Aristotelikern um Siger von Brabant. 1272 ging es schließlich noch einmal zurück nach Neapel. Thomas' Leben ist ein weiteres Musterbeispiel europäischer Gelehrtenmobilität, freilich scheint diese auch ihren Tribut gefordert zu haben. Nach verschiedenen Erschöpfungsanfällen starb der kaum Fünfzigjährige 1274 auf dem Weg zum Konzil in Lyon.

Thomas' theologisches und philosophisches Werk ist monumental. Er war ein glänzender philosophischer Kommentator der Schriften des Aristoteles, nicht geringer ist der Rang seiner theologischen Kommentare zu biblischen Büchern und zu den Sentenzen des Petrus Lombardus. Theologiegeschichtlich ragen seine beiden Summen heraus. Die in der ersten Pariser Professorenzeit entstandene Summe gegen die Heiden (*Summa contra Gentiles*) markiert einen interessanten religionsgeschichtlichen Klimawechsel, denn sie stellt eine Apologie des Christentums nach außen dar, vor allem gegen den Islam und die islamische Philosophie, insbesondere gegen die Averroisten. Thomas zufolge war die Überlegenheit des Christentums auf dem Boden vernünftiger Argumente zu beweisen, die auch einem Heiden einsichtig sein müssten.[195] Die ab 1265 begonnene und trotz ihres beachtlichen Umfangs Fragment gebliebene *Summa Theologiae* ist ein theologisches Meisterwerk.[196] Als Lehrbuch konzipiert, stand sie in der Tradition von Petrus Lombardus' Sentenzenbuch und folgte diesem auch in der Anordnung des dogmatischen Materials. In der formalen und inhaltlichen Durchführung ging Thomas jedoch weit darüber hinaus. Formal wandte er souverän die traditionelle dialektische Sic-et-Non-Methode an. In den thematisch gebündelten Abhandlungen, der *quaestio*, kommt es vor allem auf die Entfaltung und Abwägung der theologischen Argumente an und nicht auf das Zusammentragen von Aussagen aus der Lehrtradition. Bereits der Beginn der *Summa* liefert ein mustergültiges Beispiel dafür. Die zweite *quaestio* widmet sich der Frage nach der Existenz Gottes.[197] Darin führt Thomas offen die Gründe auf, die gegen die Existenz Gottes sprechen. Haupteinwand sind für ihn die Übel in der Welt. Nachdem er die Argumente aufgelistet hat, erläutert er seine eigene Position, eingeleitet mit der Wendung «*respondeo*». Sie ist berühmt geworden, weil er darin unter Rückgriff auf die aristotelische und die platonische Metaphysik fünf Wege benennt, mit denen sich seiner Auffassung nach die Existenz Gottes beweisen lässt. In der Durchführung zeigt sich, wie Thomas seine Antwort aus der Auseinandersetzung mit den Gegenargumenten ableitet. Damit setzt er neue Standards theologischer Wahrheitsfindung.

Thomas behandelte in der *Summa* den gesamten Bestand christlicher Dogmen. Im Eingangsteil erörtert er, was überhaupt Sinn und Aufgabe der Theologie ist. Er weist darin die Theologie als eine Wissenschaft aus und steckt die Reichweite menschlicher Vernunft in der Frage der Gotteserkenntnis ab. Die Erkenntnis der Existenz Gottes ist dem Menschen aus Vernunftgründen möglich, das Wesen Gottes hingegen erschließt sich allein über die Offenbarung. Mit dieser Unterscheidung zwischen Vernunft und Offenbarung setzte Thomas neue Maßstäbe. Hieran schließt sich die Entfaltung der Dogmenbestände an. Der Gottes-, Trinitäts- und Schöpfungslehre folgt eine ausführliche Anthropologie, in der Thomas den Menschen in seiner natürlichen Ausstattung und der Hinordnung auf sein göttliches Ziel beschreibt. Geradezu genial ist die Weite seines anthropologischen Horizonts, die sich seiner philosophischen Bildung verdankt. Er beschreibt den Glauben im Verhältnis zu anderen menschlichen Fähigkeiten, erörtert, wie die göttliche Gnade die menschliche Natur vollendet, und entwickelt eine eigene Gefühls- und Affektenlehre sowie eine Theorie des Glücks. Der dritte Teil schließlich entfaltet ausgehend von der Christologie die Erlösungslehre.

Thomas von Aquin war zusammen mit seinem Lehrer Albertus Magnus der wichtigste Vertreter der dominikanischen Lehrtradition. Zu ihr gehörte ein Jahrhundert später auch der große Mystiker Meister Eckhart (1260–1328) – ein wichtiges Indiz dafür, dass man die Mystik nicht so ohne Weiteres zur Gegnerin der Scholastik erheben kann, wie das häufig geschieht. Thomas von Aquin war ebenso Mystiker wie Meister Eckhart Scholastiker. Die Mystik ist keine auf eine Epoche eingrenzbare Erscheinungsform des Christentums.[198] Sie zieht sich von Paulus über Augustinus und Dionysios Areopagita bis ins Mittelalter, wo sie insbesondere in der Frauenmystik eine faszinierende Gestalt annahm.[199] An Meister Eckhart lässt sich studieren, wie die Erfahrung der Gottesgegenwart in der Seele des Menschen nach begrifflicher Verarbeitung und Artikulation drängte.[200] Erfahrung und Denken lassen sich auf dem Feld der Religion nicht gegeneinander ausspielen – in dieser Spannung wirkt die Mystik bis heute weiter.

Den Dominikanern standen die Franziskaner gegenüber. Begründer ihrer großen wissenschaftlichen Tradition war nach Alexander von Hales vor allem dessen Schüler Bonaventura (1221–1274). Nur wenige Jahre älter als Thomas von Aquin, erhielt er seine Berufung auf ein Pariser Magisteramt etwa gleichzeitig. Doch auch Bonaventura stand ganz im Dienst seines Ordens und wurde 1257 Ordensgeneral der Franziskaner. Theologisch setzte er die Akzente anders als sein dominikanischer Kollege. Trotz exzellenter Aristoteles-Kenntnisse stellte er sein Denken in die augustinische und neuplatonische Denktradition. Exemplarisch lässt sich das an seinem *Itinerarium mentis in Deum* (*Pilgerbuch der Seele zu Gott*) zeigen, in dem er scholastische Gelehrsamkeit und mystische Spiritualität zu einer Lehre vom graduellen Aufstieg des Menschen zu Gott verbindet.

Eine Generation später lehrte mit Duns Scotus (1266–1308) eine der faszinierendsten Gestalten der scholastischen Theologie.[201] Wie der Name besagt, stammte er aus Schottland. Er begründete die große Tradition der aus England und Schottland stammenden Franziskaner. Obgleich er im Vergleich zu den Italienern Thomas und Bonaventura vom anderen Ende Europas kam, führte sein Weg ebenfalls nach Paris sowie an zahlreiche andere renommierte Universitäten und Ausbildungsstätten. Auch er kam nach Köln, wo er 1308 starb und unweit von Albertus Magnus in der Minoritenkirche begraben wurde. Duns Scotus war ein glänzender Metaphysiker und Logiker, der Schwierigkeitsgrad seines Denkens brachte ihm den Titel *doctor subtilis* ein. Anders als der dominikanische Intellektualismus lenkte er in seiner Gnadenlehre den Blick auf den Willen des Menschen und öffnete damit künftigen theologischen Auseinandersetzungen ein weiteres Feld. Noch vor Duns Scotus war mit dem englischen Franziskaner Roger Bacon eine singuläre Gestalt in Erscheinung getreten.[202] Er kritisierte die Theorielastigkeit des scholastischen Universitätsbetriebs und hatte großes Interesse an empirischen und technischen Fragen.

Mit Wilhelm von Ockham (1288–1349), auch er englischer Franziskaner, vollzog sich zwei Generationen später ein Umbruch.[203] Dass Ockham über die Armutsfrage in Streit mit seinem eigenen Orden geriet und kirchenpolitisch zum Papstkritiker wurde – was ihm übrigens ein fast zwanzigjähriges Exil in München am Hofe Ludwigs des Bayern bescherte –, war noch vergleichsweise harmlos im Verhältnis zu den Folgewirkungen seiner Philosophie. Ockham kritisierte aus dem aristotelischen Prinzipienbegriff heraus den Wissenschaftsanspruch der Theologie und trennte damit den Glauben vom Wissen ab. Er lehrte, die Gattungsbegriffe als bloße sprachliche Konstrukte ohne Entsprechung in der Wirklichkeit zu denken, und entwarf schließlich vor dem Hintergrund der Vorstellung der absoluten Allmacht Gottes den Gedanken der Kontingenz der Welt, der im eigentlichen Sinne erst menschliche Freiheit ermöglicht. Ockham war in der scholastischen Denktradition erzogen, und doch öffnete sich hier das Tor zu einer neuen Art des Denkens. Mit dem Stichwort «Nominalismus» wird man dem Facettenreichtum dieses Aufbruchs kaum gerecht, ging es Ockham doch um nicht weniger als um den Entwurf neuer «Rationalitätsstandards», einer veränderten «Wirklichkeitskonzeption» und einer Neuformulierung der «Individualitäts- und Freiheitserfahrung» des Menschen.[204] Die Auseinandersetzung zwischen dem alten und dem neuen Weg des scholastischen Denkens beschäftigte die europäischen Universitäten nach Ockhams Tod 1349 noch bis weit ins 15. Jahrhundert hinein, nördlich der Alpen sogar noch länger.

Die Diskussionen der Scholastiker gelten heute oft als weltfremd, aber sie betrafen grundsätzliche Fragen des Lebens und des Seelenheils. Am Universalienstreit – eine der wichtigsten Fragen mittelalterlicher Theologie – lässt sich das exemplarisch erläutern.[205] In dem Streit ging es nicht einfach darum, ob die platonische Auffassung von einer eigenständigen ontologischen Realität der Ideen gegenüber einer vermeintlich aristotelischen Auffassung Recht behält, die die Ideen bestenfalls als formgebendes Prinzip in den Erscheinungsdingen am Werke sieht oder diese in der radikaleren Fassung des Nominalismus ganz bestreitet. Vielmehr stand zur Debatte, ob die sichtbare Wirklichkeit die Erscheinungsform einer höheren Ordnung ist, an der unsere Vernunft mit Begriffen partizipieren kann, oder ob menschliche Begriffe bloße Abstraktionen sind, die allein Regeln sprachlicher Übereinkunft gehorchen und darüber hinaus keine Urteile über das zulassen, was Wirklichkeit ist. Hier ging es um das Ganze, um die Möglichkeiten, die Wirklichkeit zu erfassen, und das daraus resultierende Lebensgefühl. Das nachmetaphysische Abendland unserer Tage stellt im Gegensatz zur philosophischen Tradition des Mittelalters aus Ermüdung und Erschöpfung diese Fragen nicht mehr; beantwortet sind sie deshalb noch lange nicht.

Aus Thomas von Aquins letzten Jahren ist die berühmte *omne foenum*-Legende überliefert. Am Nikolaustag des Jahres 1273 soll er nach einem Zusammenbruch ausgerufen haben, sein ganzes Werk erscheine ihm wie Stroh im Verhältnis zur göttlichen Wahrheit.[206] Sein Ausruf «omne foenum» – «alles Stroh!» ist nicht frustrierte Resignation über die Nutzlosigkeit der Theologie, sondern die bewegende Einsicht in die unfassbare Größe ihres Gegenstandes – und darin hätten ihm auch alle seine scholastischen Gegner zugestimmt. Die scholastische Theologie hat sich dieser Herausforderung mit einem grandiosen wissenschaftlichen Mut gestellt und das Christentum zu einer denkenden Religion gemacht.

Abb. 16 Die Benediktinerabtei Saint-Bénoît-sur-Loire zeigt die Vorliebe für die möglicherweise am antiken Rom orientierten Rundbögen und die wehrhafte, gedrungene Massigkeit romanischer Sakralbauten.

6
Gottesdienst der Steine: Die Kathedralen

Nicht weniger bedeutend – und nicht weniger lichtdurchflutet – als die scholastischen Gedankengebäude waren die Kirchenbauten aus Stein. Die mittelalterlichen Kirchen im romanischen und gotischen Baustil wurden zum Inbegriff eines christlichen Gotteshauses. Der Historismus des 19. Jahrhunderts schrieb die beiden Baustile sogar als verbindlich fest, und auch wenn das 20. Jahrhundert mit gutem Grund von dieser Festlegung abwich, entfalten mittelalterliche Kirchen bis heute eine große Anziehungskraft (siehe Seite 586 f.). Die Attraktion ist eine doppelte, eine ästhetische und eine religiöse. Romanische und gotische Kirchen beeindrucken nicht allein als architektonische Kunstwerke, sie imponieren als baumeisterliche Realisierung religiöser Ideen.

Aus den Jahrhunderten nach den Römern sind nur wenige christliche Bauwerke erhalten. Deutlich sichtbare Spuren in der europäischen Kulturlandschaft hinterließ erst die Romanik. Sie stand im Zusammenhang mit der zweiten gro-

Abb. 17

Die Romanik war ein «internationaler» Stil, der sich in ganz Europa fand und in England als normannische Kunst bezeichnet wird. Das Portal der Kirche St. Trophime in Arles aus dem 11./12. Jahrhundert gibt die ästhetischen Harmonieideale und das theologische Konzept von Christus als souveränem Weltenrichter zu erkennen.

ßen Kulturblüte des Mittelalters nach der karolingischen Renaissance. Der Aufschwung des ottonischen Reiches wirkte fruchtbar zusammen mit dem benediktinischen Geist von Cluny. Um etwa 1000 setzte dieser Baustil ein, dessen Erkennungszeichen die Rundbögen sind (Abb. 16).[207] Man hat darin eine Anleh-

Abb. 18 Der Dom von Speyer, erbaut im 11. Jahrhundert, war eine Demonstration ottonischer Baukunst. Er predigte mit Steinen einen himmlischen Frieden und eine Ruhe, die es auf Erden nicht gab.

nung an römische Vorbilder gesehen, was im 19. Jahrhundert dazu führte, die Epoche «Romanik» zu nennen. Eine Reihe anderer Inspirationen wie die Gestaltung der Westfassade ging auf die karolingische Zeit zurück. Wiederum römisch orientiert ist die Vorliebe für das große Kirchenschiff der Basiliken. Diese verschiedenen Stilelemente verschmolzen in der romanischen Baukunst zu einer Einheit, deren Erscheinungsbild neben den Rundbögen von ihrer massigen Gedrungenheit und den glatten, einheitlichen Flächen geprägt ist (Abb. 17). Die wehrhaften Elemente, die im Frühmittelalter Eingang in den Kirchenbau gefunden hatten, wurden zahlreicher. Romanische Kirchen erscheinen oftmals beinahe wie Burganlagen. Sie verkörpern die wehrhafte Gottesburg, «deren Aufgabe es hienieden ist, den Mächten der Finsternis Trotz zu bieten».[208] Doch nicht nur das: Die tragende und majestätische Harmonie des Kirchenraums, die die Ruhe des Himmels auf Erden fühlbar machen soll, ist Ausdruck des tiefen

Abt Suger plante im 12. Jahrhundert die Kathedrale von Saint Denis nördlich von Paris (hier Innenansicht nach Osten). Dies war die Geburtsstunde der Gotik. Die Spitzbögen sind eine technische Errungenschaft, die es erlaubt, die Durchlässigkeit der Materie auf das Licht hin darzustellen.

Abb. 19

Bedürfnisses des ganzen Zeitalters nach Frieden (Abb. 18). Romanische Kirchen predigen mit Steinen eine Ruhe und einen Frieden, den die Welt im alltäglichen Leben nicht kannte.[209]

Es waren im romanischen Kirchenbau nicht mehr allein die Herrscher und ihre höfischen Eliten, die über die ästhetischen Ideale bestimmten. Zwar ist der Dom in Speyer ein Symbol kaiserlicher Bautätigkeit, doch die maßgeblichen Bauträger des romanischen Kirchenbaus waren Klöster als wirtschaftliche und kulturelle Zentren ihrer Region, wie sich an St. Benoît de Fleury zeigen lässt. In das Bauprogramm flossen religiöse Idealvorstellungen der Zeit ein. Man hat darin einen Übergang von der Elite- zur Volkskunst gesehen.[210] Das veränderte auch die liturgische Funktion der Kirchen. Nicht allein die Festzelebration, sondern auch das Singen der täglichen Stundengebete fand in der Kirche statt, die damit zum Zentrum der religiösen Praxis aufstieg.

Die romanische Kunst des Kirchenbaus wurde nach etwa zwei Jahrhunderten von einem anderen Prototyp mittel- und nordeuropäischer Kirchenbaukunst abgelöst: der gotischen Kathedrale. Hinter der Ablösung des romanischen Rundbogens durch gotische Spitzbögen und Kreuzrippen verbirgt sich weit mehr als eine ästhetische Laune: Es geht um einen Übergang universalen Ausmaßes. Zunächst war es eine bautechnische Revolution, denn der Einsatz der erforderlichen schweren Steinmassen stellte die mittelalterlichen Architekten vor große Herausforderungen. Das Einziehen von Streben und Kreuzrippen fing große Tragelasten auf, ebenso das Gegeneinanderstellen von Spitzbögen in der Höhen- und Dachgestaltung. Diese Maßnahmen verliehen der Gotik ihr typisches Gesicht. Kathedralen verjüngen sich durch die Spitzgewölbe nach oben so, als würde sich der Raum auflösen. Die veränderte Statik setzte bislang ungeahnte Möglichkeiten der Fenstergestaltung frei, die die Kirchenwand gewissermaßen durchsichtig machte. Diaphane Materie stellt die Transparenz der materiellen Welt auf den Himmel hin dar.

Ist die gotische Kathedrale damit zu Stein gewordene Theologie und Ausdruck konzeptioneller Programmkunst?[211] Dieser Verdacht wird genährt durch die Hintergründe, aus denen heraus die Idee der Kathedrale sich entwickelte. Sie wurde geboren am Hort hochmittelterlicher Theologie. Abt Suger (1081–1151), der mit dem Umbau der Abteikapelle St. Denis in Paris ab 1137 den Übergang zur Gotik einleitete (Abb. 19), zeichnete seine Beweggründe schriftlich auf. An der Interpretation dieser Quellen hat sich die Frage entzündet, ob es tatsächlich so etwas wie eine Theologie der Kathedrale gibt. Erwin Panofsky hatte in seinen berühmten Studien die These aufgestellt, Abt Suger habe unter Rückgriff auf die neuplatonische Theologie des Dionysios Areopagita ein theologisches Programm entwickelt, das in der Neugestaltung des Chorraumes der Abteikirche umgesetzt wurde und das theologische Grundgerüst des französischen Kathedralbaus lieferte.[212] Dazu gehört wesentlich eine die Bauvorhaben prägende Lichtmetaphysik, die den Einfluss des Dionysios Areopagita zu erkennen gibt. Das Licht symbolisiert den Abstieg, die göttliche Selbstentäußerung in die Welt hinein. Den Wegen des Lichts folgend steigt umgekehrt der menschliche Geist über die sinnlich-materiale Welt hinauf zur intelligiblen Sphäre des Kosmos und kehrt so zu seinem Ursprung zurück. Diese Grundgedanken galt es nun im Kirchenbau durch die besondere Anordnung der Portale und gewaltigen Fenster umzusetzen. Die Neugestaltung der Abteikirche war demnach die Umsetzung eines neuplatonischen Programms.

Panofsky hat mit seinen Thesen Schule gemacht. Bis hin zu Hans Sedlmayrs Darstellung *Die Entstehung der Kathedrale* sprach man von einer Theologie der Kathedrale, die im Kirchenbau eine allegorische Umsetzung der neuplatoni-

Die Kathedrale von Reims wurde im 13. Jahrhundert erbaut. Die Westfassaden mit ihren Türmen, Fensterrosen und der himmelwärts weisenden Dynamik gelten als das Hauptkennzeichen gotischer Kathedralen.

Abb. 20

Gottesdienst der Steine: Die Kathedralen

schen und vor allem der scholastischen Philosophie sah. Diese Auffassung ist neuerdings in Zweifel gezogen worden, da sie offensichtlich den Aspekt der bautechnischen Revolution zu sehr dem theologischen Programm unterordnet.[213] Von einer Theologie der Kathedrale zu sprechen macht dann keinen Sinn, wenn man sich darunter vorstellt, Suger habe gewissermaßen aus seiner Dionysios-Lektüre die Baupläne exzerpiert. Außerdem ist es grundsätzlich schwer, die einzelnen Motive eines künstlerischen Großprojekts vom Ausmaß einer Kathedrale im Nachhinein zu rekonstruieren. Trotzdem lässt sich nicht bestreiten, dass sich der Kathedralbau wichtigen philosophischen und theologischen Impulsen verdankt.[214] Spricht man von einer Theologie der Kathedrale, dann ist eher an eine implizite Theologie im Sinne vorausgesetzter religiöser Annahmen, Haltungen und Dispositionen zu denken, die unterschwellig im Zusammenspiel mit bautechnischen Fortschritten zur Geltung kommen. Die bautechnische Innovation der gotischen Baumeister war in fast allen Bereichen immens, sie reichte von der Mathematisierung der Baupläne bis hin zur perfektionierten und standardisierten Herstellung des Baumaterials.[215] Ohne diese technischen Leistungen gäbe es keinen Kathedralbau. Sie ermöglichten und beflügelten die religiöse Raumgestaltung, und in diesem Sinne ist es sinnvoll, von einer Theologie der Kathedrale zu sprechen.

«Die» Theologie der Kathedrale kann es ohnehin nicht gegeben haben. Dafür ist die gotische Architektur, die in Reims, Orvieto, Cambridge, Vilnius[216] oder Marburg jeweils anders aussieht, zu vielseitig (Abb. 20, 21). Auch haben sich die gotischen Baumeister keineswegs auf Kathedralen beschränkt. Die in der Romanik einsetzende Vielfalt kam in der Gotik zu voller Blüte. Kapellen und Bürgerkirchen in den Städten zeigen, dass der Kirchenbau nicht mehr allein in Händen der Regenten oder der Bischöfe lag (siehe Tafel 5). Dennoch gelten die romanischen und gotischen Kathedralen nördlich der Alpen als Inbegriff christlichen Kirchenbaus. Das ist nicht selbstverständlich, denn das monumentale Kirchenbauprogramm des Mittelalters war zu keiner Zeit ohne Widerspruch. Schon mittelalterliche Zeitgenossen kritisierten die Pracht und den Gigantismus als etwas, was mit dem Geist des Christentums unvereinbar sei,[217] die Bettelorden entwarfen ein asketisches Gegenprogramm,[218] moderne Kritiker schließlich sahen in den Kathedralen imposante Machtbauten im Dienst kirchlicher Propaganda und Sinnbilder der Unterdrückung.[219] Das alles ist wahr, tatsächlich brachten ehrgeizige Kathedralpläne Not über die Bevölkerung, tatsächlich standen dahinter oftmals recht irdische Motive menschlicher Ehr- und Ruhmsucht, und doch zeigt sich in den Kathedralen auch die ganze Größe des christlichen Kirchenbaus. Von Menschenhänden gemacht, strahlen sie eine Erhabenheit aus, die die Absichten ihrer Erbauer um ein Vielfaches übersteigt.

Abb. 21

Die Westminster Abbey in London. Auch die Gotik wurde ein internationaler Baustil und erfasste ganz Europa. Die berühmtesten europäischen Kirchen wie hier die im 13. Jahrhundert erbaute Krönungskirche des englischen Königshauses oder Notre Dame in Paris sind gotische Kirchen.

Gottesdienst der Steine: Die Kathedralen

7
Himmel und Hölle: Dantes Göttliche Komödie

Franziskus von Assisi verfasste keine theologischen Traktate, er dichtete. Das ist ein wichtiges Indiz dafür, dass das mittelalterliche Christentum um die Bedeutung von Dichtung und Literatur als Ausdrucksmedium seiner Religiosität wusste. Dichtung und Literatur zählen seit jeher zu den wichtigsten kulturellen Artikulationsmöglichkeiten des Menschen. In der Wirklichkeitsbewältigung kann die Dichtung eine bemerkenswerte Vielzahl von Funktionen erfüllen. Sie kann das geschichtliche Erleben des Einzelnen, aber auch von Gemeinschaften narrativ zur Darstellung bringen und durch ihre Erzählkraft Lobpreis und Erinnerung von Menschen und deren Taten ermöglichen. Sie ist in der Lage, das innere Erleben differenziert zu artikulieren und Stimmungen zu produzieren, sie bereitet in der absichtsvollen Gestaltung der Sprache durch die «Fülle des Wohllauts»[220] einen ästhetischen Genuss, schließlich setzt sie durch die Zeichen der Sprache die Imagination ihrer Leser und Hörer frei, sie eröffnet Vorstellungswelten, die Menschen von sich selbst und ihrem Leben wegziehen und ihnen doch auch gerade dadurch etwas über sich und die Welt zu sagen vermögen. Das Christentum hat sich von Anfang an literarischer Ausdrucksformen bedient, und auch das ganze Mittelalter hindurch gab es eine vielfältige Literatur, deren berühmteste die lyrischen Formen des Minnesangs sind. Die Bedeutung der mittelalterlichen Literatur für die europäische Kultur kann kaum überschätzt werden.[221] Wenn sie dennoch im heutigen Bewusstsein im Hintergrund steht, wenn man also beim Mittelalter eher an Kathedralen als an Dichtungen denkt, dann hat dies oftmals mit den Kontingenzen der Sprachentwicklung zu tun. Die deutsche Sprache entwickelte sich erst nach Luther ab dem 16. Jahrhundert zu ihrer heutigen Form. Mittelalterliche Werke sind der Mehrheit heutiger Leser nur durch Übersetzungen zugänglich. Für das Italienische hingegen liegen die Dinge anders. Das Dreigestirn Dante, Petrarca und Boccaccio prägte im frühen 14. Jahrhundert die italienische Hochsprache. Aus italienischer Sicht ist das Mittelalter nicht mit gotischen Kathedralen verknüpft – obgleich es diese auch in Italien gibt –, sondern vor allem mit dem bedeutendsten Epos der italienischen Literatur: Dantes *Göttlicher Komödie*.

«Nel mezzo del cammin di nostra vita»

In der uferlosen Literatur über Dante ist die Klage, wie wenig man über das Leben des Dichters weiß, ein fester und stets wiederkehrender Gemeinplatz.[222] Um 1265 kam er in Florenz zur Welt. Er dichtete und beteiligte sich im Alter von ungefähr dreißig Jahren auch aktiv an der Politik seiner Heimatstadt. In einem für das italienische Mittelalter typischen Konflikt zwischen Kaiser- und Papsttreuen ergriff Dante die Partei des Kaisers. Das trug ihm 1302 die Verbannung aus Florenz ein. Er sah seine Heimatstadt nie wieder, denn alle Hoffnungen auf eine Rückkehr zerschlugen sich. Denkbar ist, dass er die erste Zeit nach der Verbannung zu Studien genutzt haben könnte, vielleicht in Bologna, vielleicht in Paris, Gewissheit darüber gibt es nicht. Dante lebte in seinem Exil – die meiste Zeit in Verona – von der Unterstützung mächtiger Gönner. Vermutlich um 1304 begann er die Arbeit an seinem Hauptwerk. Seine früheren Schriften, die Liebesdichtung *Vita Nuova*, seine Traktate über die Volkssprache *De vulgari eloquentia* und sein philosophisch-theologischer Blick auf die Welt im *Convivio*, erscheinen wie Vorarbeiten, die auf das große Epos hinführen. Fast zwei Jahrzehnte arbeitete Dante daran, 1320 konnte er es vollenden. Ein Jahr später starb er und wurde in Ravenna begraben.

Die *Göttliche Komödie* erzählt eine Reise durch die jenseitige Welt.[223] Der Ich-Erzähler Dante verirrt sich in einen dunklen Wald. Wilde Tiere drängen ihn immer weiter hinein, bis er schließlich auf einen Mann stößt, den er als den Dichter Vergil erkennt und der ihm einen Ausweg weist. Er folgt Vergil und betritt durch ein Tor mit der Aufschrift «Tu, der du eintrittst, alle Hoffnung ab»[224] die Hölle. Die beiden durchschreiten zunächst die Vorhölle, den Limbus, in dem sie die schuldlos Ungetauften finden. Dazu gehören die berühmten Philosophen der Antike, allen voran Aristoteles, dann Sokrates, Platon und auch Demokrit und Seneca. Immer weiter schreiten sie hinab durch die Hölle für die Wollüstigen und die Schlemmer, für die Ketzer, die qualvolle Strafen erleiden (Inf. 9). Diebe und Mörder (Inf. 24), aber auch Odysseus (Inf. 26) werden in der Hölle grausam gefoltert, ebenso Mohammed (Inf. 28) und der Christusverräter Judas (Inf. 34). Ihre Strafen sind immerwährend, kaum sind sie vollstreckt, beginnen sie von Neuem. Dante ist ob ihrer Qualen erschüttert und auch von Mitleid erfüllt. Schließlich sieht er den dreigesichtigen Luzifer selbst (Inf. 34), dem blutiger Speichel aus seinen drei monströsen Mäulern rinnt, in denen er gleichzeitig drei Sünder zermalmt.

Aus der Hölle steigen Dante und sein Begleiter Vergil hinauf an den Fuß des Läuterungsberges. Sie befinden sich im Purgatorium, in dem die Verdammten entsprechend der Sünden, die sie begangen haben, durch schmerzvolle Läuterung hindurch ihrer Erlösung entgegensehen. Am Ende der Reise durch das Fegefeuer muss Vergil Abschied nehmen. Beatrice, Dantes früh verstorbene Angebetete, tritt in Erscheinung. Von ihrer Schönheit überwältigt, gesteht Dante seine Lebensschuld, die «trügerische Lust am Gegenwärtigen».[225] Er steigt in das Bad der Vergessenheit und fliegt mit Beatrice über die Erde hinaus durch den Feuerhimmel in das Paradies. In neun Umlaufbahnen kreisen die Seligen je nach ihrem Verdienst auf ihrem Himmelsplatz um die Erde, über dem Himmel ist das alles umfassende Empyreum, in dem Gott wohnt. Mittlerweile hat der heilige Bernhard Beatrice als Führer abgelöst. Zwischen dem letzten Himmel, in dem die Engel wohnen, und Gottes Thron sind in der Himmelsrose die großen Gestalten des Christentums um Maria versammelt, zu ihrer Linken Adam, zur Rechten Petrus, dann die Evangelisten, Marias Mutter und Moses, Benedikt, Franziskus und Augustinus. Auch Beatrice findet er dort. Am Ende gelangt Dante selbst zur Gottesschau. In der Tiefe des ewigen Lichts erblickt er «innerlich in einem Liebesbunde, was sich draußen im Universum auseinanderfaltet»,[226] und schaut, was unaussprechlich und in Worte nicht zu fassen ist, die «Liebesallgewalt, die still und einig im Kreis die Sonne führt und alle Sterne».[227]

Sinnuniversum und Vorstellungskraft

Dante hat seinem Epos schlicht den Titel *Commedia* zugedacht. Das schien ihm wegen des guten Endes angebracht. Zudem wollte er damit einräumen, dass sein Werk in Stil und Form hinter den großen Werken der Antike zurückbleiben müsse.[228] Die Nachwelt hat das Werk schon bald *Divina Commedia, Göttliche Komödie* betitelt. Eines der gegenwärtig interessantesten Bücher über Dantes *Commedia* trägt den Titel *Das große Meer des Sinns* und nennt das angewandte Interpretationsverfahren «hermenautisch».[229] Beides ist eine treffliche Wahl, denn man kann den Ozean des Epos in die verschiedensten Sinnrichtungen befahren.[230] Die *Göttliche Komödie* ist ein sprachliches Wunderwerk voller poetischer Schönheit, ein politisches und historisches Buch, in dem Dante in unzähligen Anspielungen die Zeitumstände und sein eigenes politisches Schicksal darstellt; sie ist dichterischer Ausdruck inneren Erlebens, ein großartiges Liebesgedicht, eine Eloge antiker Kultur und natürlich und vor allem ein Universum christlicher Vorstellungsgehalte.

Aus vielen Details ließe sich ein theologie- und religionsgeschichtliches Panoptikum des 14. Jahrhunderts entwerfen. Wenig überraschend ist der Vorrang, der Aristoteles vor Platon und Sokrates eingeräumt wird, bemerkenswert hingegen, welch immens wichtige Rolle die Antike überhaupt spielt. Das zeigt sich schon darin, dass Vergil neben Dante der wichtigste Protagonist der Handlung ist. Auch andere Gestalten aus der Mythologie wie Odysseus oder aus der Geschichte wie verschiedene römische Kaiser sind in den Erzählfaden fest eingebunden. Dante integrierte die Kultur der vorchristlichen Antike mit souveräner Selbstverständlichkeit in sein universales christliches Weltbild. Beachtlich ist dies auch mit Blick auf nichtchristliche Kulturen. Nur gut hundert Jahre nach den Kreuzzügen trifft der Leser Saladin im Limbus der unschuldig Nichtgetauften bei den edlen Heiden, während er zeitgenössische Päpste und Kardinäle in der Hölle vorfindet und sieht, wie sie kopfüber in flammenden Erdlöchern gefoltert werden. Das wirft ein aufschlussreiches Bild darauf, wie weit die innerchristliche Kritik am Papsttum schon vor Wyclif und Luther gehen konnte. Die Zentralstellung des Thomas von Aquin unter den Kirchenlehrern spiegelt die theologischen Kräfteverhältnisse zu Beginn des 14. Jahrhunderts wider. Ein schöner Zug einer Friedensvision zwischen den Bettelorden ist die Eloge, die Thomas als Dominikaner auf Franziskus hält (Par. 11), während der Franziskaner Bonaventura Dominicus besingt (Par. 12). Dass keiner von diesen, sondern Bernhard von Clairvaux Dante auf den letzten Schritten zur Gottesschau geleitet, könnte Aufschluss über mystische Tendenzen geben, die Dante in einem stark neuplatonisch gelesenen Bernhard verwirklicht sieht. Das sind nur spärliche Kostproben, die *Göttliche Komödie* birgt unerschöpfliche theologische Schätze.

Hegel nannte die *Göttliche Komödie* «das in sich gediegenste und reichhaltigste Werk [...], das eigentliche Kunstepos des christlichen katholischen Mittelalters».[231] Sie ist dies geworden als Dichtung und durch die Macht der literarischen Sprache. Dante bot in seiner Bearbeitung nicht einfach eine narrative Verflüssigung oder epische Vereinfachung klassischer Themenbestände scholastischer Theologie wie der Frage nach der Sündhaftigkeit des Menschen, der göttlichen Vorherbestimmung und der Wirksamkeit der göttlichen Gnade. Durch die Kraft seiner Sprache erschloss er ein Universum an Imaginationsräumen. Er eröffnete Vorstellungswelten, deren Reiz gerade darin liegt, dass er über die Präzision des Begriffs hinaus mit Anspielungen arbeitet und die Phantasie in Gang setzt. Dantes Jenseits ist ein durch die Sprache im Bewusstsein seiner Leser geschaffenes Jenseits.

Religionsgeschichtlich ragt Dantes epische Raumbeschreibung von Hölle und Himmel heraus. Er malte sie mit Worten und füllte so theologisch abstrakte Jenseitsbegriffe mit Leben. Die Verbindung der christlichen Hölle und der antiken Unterwelt war ein spätantikes Phänomen und Ausdruck einer Neigung, konkrete Vorstellungen über das jenseitige Geschick der Menschen auszubilden.[232] So lag es nahe, die christliche Hölle mit Bildern aus der griechischen und römischen Unterwelt anzureichern. Mit al-Maʿarris Darstellung von Mohammeds Jenseitsreise nahm Dante aber auch arabische Einflüsse auf.

In die Höllenvorstellungen sind auch handfeste dogmatische Debatten eingeflossen. Schon die Kirchenväter debattierten, ob die Ewigkeit der Sündenstrafen gerecht sei oder ob sie nicht vielmehr zeitlich begrenzt sein müssten – so argumentierte beispielsweise Origenes –, um dem Menschen nach einer Läuterungszeit die vollständige Erlösung zu ermöglichen. Die Doppelung von Hölle und Fegefeuer ist daher auf der Ebene der Vorstellungskraft der «Kompromiss»[233] aus zwei unterschiedlichen theologischen Auffassungen über die göttliche Gerechtigkeit. Das Bild des Himmels war angeregt durch Schilderungen des Alten und des Neuen Testaments von Himmelsreisen der Propheten, von Paradieserzählungen, Auferstehungsberichten und Ankündigungen des Neuen Jerusalem, die im Mittelalter durch mystische Visionen der himmlischen Welt ergänzt wurden.[234] Dante hat die Hölle, das Fegefeuer und den Himmel also nicht erfunden, aber er hat die religionsgeschichtlichen Linien mit Mitteln der dichterischen Phantasie zu einer konkreten topographischen Beschreibung der jenseitigen Welt geformt. Damit hat Dante auf die darstellende Kunst wie eine unerschöpflich sprudelnde Quelle gewirkt, vor allem aber hat er die innere Vorstellungswelt der Christenheit über ihr jenseitiges Geschick mit seinen mächtigen Sprachbildern über Jahrhunderte geprägt. Darin erweist er sich als der größte Jenseitsdichter der christlichen Kulturgeschichte.

Das große Thema der *Commedia* ist die göttliche Ordnung des Universums. Dante nutzte die Mittel, die ihm die Dichtung bot, um die Welt als Kosmos im besten Sinne des Wortes darzustellen. Er pries sie als eine Ordnung, die nach klaren und schönen Gesetzen gefügt ist. Das gilt für die Seinsstruktur der Welt ebenso wie für ihr moralisches Gefüge. Der Aufbau des Epos mit seinen genau hundert Gesängen bringt in seinem ausgeklügelten Plan schon auf einer Oberflächenebene den Ordnungsgedanken zum Ausdruck. In prachtvollen Naturschilderungen unterstrich Dante dies durch die Schönheit der Sprache. Doch bildet das Epos die Ordnung nicht einfach ab, sondern sie muss immer wieder neu durch die Erfahrung des dichterischen Ichs erschlossen werden. Das verleiht dem Werk eine religiöse Dynamik der Vorstellungskraft, wie sie nur die Dichtung, nicht aber die theologische Begriffsarbeit des Dogmas leisten kann. Sie lebt von der Vieldeutigkeit der Worte und dem Oszillieren zwischen verschiedenen Sinnwelten. Schon der Anfang ist vieldeutig: Dunkel ist nicht nur der Wald, dunkel ist auch, was Dante damit sagen will. Es ist nicht von der Hand zu weisen, dass er einen metaphorischen Ausdruck einer inneren Krise und Verzweiflung andeuten wollte, die von seinem persönlichen Schicksal der Verbannung ebenso wie von Zweifeln an der moralischen Ordnung der Welt herrühren könnten.²³⁵ Immer wieder bedrängt der Jenseitsreisende Dante seine Begleiter, allen voran Vergil, aber auch Beatrice und den heiligen Bernhard, mit Fragen. Das mag dazu dienen, die Leser mit hineinzunehmen in das geheimnisvolle Geschehen, es ist aber vor allem Ausdruck einer unablässigen existentiellen Suche nach der göttlichen Ordnung.²³⁶ Sie muss durch Nachdenken, Erklärungen und Deutungen dem eigenen Erleben immer wieder abgerungen werden. Nur so kommt der Ich-Erzähler dazu, die Schönheit der Welt als Gottes Schöpfung und die alles durchwaltende Gerechtigkeit zu preisen, nur so lernt er, wie in Hölle, Fegefeuer und Himmel jeder Mensch den Platz einnimmt, der ihm nach seiner selbst gewählten Lebensführung zusteht, und nur so erfährt er schließlich, wie die Welt in ihrem letzten Grund von der göttlichen Liebe durchdrungen und gelenkt wird. Diese göttliche Ordnung liegt in der Welt nicht vor Augen, der Mensch muss sie wie der Ich-Erzähler der *Göttlichen Komödie* mit der Kraft seiner Vorstellung aus seiner eigenen Erfahrung der Welt erschließen.

Sechstes Kapitel

Wiedergeburten: Das Christentum der Renaissance

Die Renaissance ist eine Erfindung des 19. Jahrhunderts. Der Begriff taucht erstmals 1857 bei Jules Michelet auf, zu Ehren brachte ihn Jacob Burckhardt 1860 in seinem Klassiker *Die Kultur der Renaissance in Italien*.[1] Burckhardt (1818–1897) wollte darin seinen Zeitgenossen die Renaissance als Wiege des modernen Individuums verständlich machen. Das sagt zunächst mehr über Burckhardts Zeit als über die Epoche, die er beschreibt. Die Menschen des 19. Jahrhunderts erlebten ihre Zeit als eine Zäsur. Das historische Denken, das im 19. Jahrhundert einen so rasanten Aufstieg nahm, suchte nach einer Rückvergewisserung des eigenen Aufbruchs. Burckhardt machte ihn in der Epoche aus, der er den Namen Renaissance gab.

1
Neue Lebensgefühle

Die Erfindung der Renaissance dem 19. Jahrhundert zuzuschreiben, ist jedoch nur die halbe Wahrheit. Das Gefühl eines Bruchs und eines Neubeginns zieht sich bereits durch die Werke der Renaissanceautoren selbst. Die Renaissance ist aus einer großen Verunsicherung geboren, denn das 14. Jahrhundert war ein Jahrhundert der Krise. Die etablierten Machtverhältnisse zwischen Kaiser und

Papst gerieten ins Wanken, die philosophischen Debatten des Nominalismus erschütterten die Zuversicht, mit den Mitteln der menschlichen Vernunft die Realität erfassen zu können, die Pestepidemie dezimierte Europas Bevölkerung um ein Drittel und führte die menschliche Hinfälligkeit vor Augen. All diese Erschütterungen warfen Fragen auf. Das Denken und die Lebensideale der Renaissance waren die Versuche, darauf zu antworten.

Petrarca und das nachdenkende Ich

In Worte gefasst findet sich die gewandelte Geisteshaltung erstmals bei dem italienischen Dichter Petrarca. Sein Werk gilt daher als Beginn der Epoche der Renaissance. Über Petrarcas Leben wissen wir viel mehr als über das Dantes – und zwar deswegen, weil Petrarca viel mehr darüber erzählte.[2] Petrarca wurde 1304 in Arezzo geboren. Als Siebenjähriger folgte er seinem Vater, der kurz zuvor ebenso wie Dante aus Florenz verbannt worden war, nach Avignon. Auf Wunsch des Vaters studierte Petrarca Rechtsgelehrsamkeit in Montpellier und Bologna. 1326 kehrte er nach Avignon zurück und lebte gut zehn Jahre lang im nächsten Umfeld der Kurie, die zu jener Zeit mit dem Papst dort residierte. Er entdeckte seine Liebe zu Büchern, reiste durch Europa und schrieb erste Gedichte. Von der lauten Umtriebigkeit Avignons abgestoßen, zog er sich nach Vaucluse in die Einsamkeit zurück. 1341 wurde er in Rom als Dichter gekrönt, zurück in Vaucluse verfasste er Schriften über die Vorzüge des einsamen und kontemplativen Lebens. Sein Buch *Secretum meum* (*Mein Geheimnis*) hob sich in jeder Hinsicht von der Art ab, wie Scholastiker ihr Denken organisierten. Petrarca war das bewusst: «Diese Art zu schreiben habe ich natürlich von meinem Cicero gelernt.»[3] Das antike Vorbild und der Blick auf das eigene Selbst sind zwei wichtige Motive, in denen Petrarca als Begründer einer neuen Epoche in Erscheinung tritt. 1353 kehrte er nach Italien zurück, ebenso wie Dante von Gönnern an den Höfen italienischer Städte gefördert. Größten Erfolg erlangte er mit seiner Schrift *Heilmittel gegen Glück und Unglück*. Sie empfiehlt in der Tradition des Stoizismus die Einübung innerer Ruhe gegen die bösen, aber auch gegen die guten Launen des Schicksals. Unter dem denkwürdigen Titel *Über seine und vieler anderer Unwissenheit* verteidigte er seine Philosophie gegen scholastische Kritiker. Im *Canzoniere* sind schließlich Petrarcas Gedichte gesammelt, in denen er das zentrale Motiv seiner Werke, das sich selbst in seiner Welterfahrung zum Thema werdende Ich, poetisch bearbeitete. Dazu gehören auch die Liebesgedichte an Laura, mit denen er Literaturgeschichte geschrieben hat. 1374 starb er in Arquà, heute zu seinen Ehren Arquà Petrarca benannt, einem abgelegenen Ort in den Euganeischen Hügeln südlich von Padua.

Was Petrarca aus seiner Zeit heraushebt und womit er tatsächlich den Beginn von etwas Neuem markiert, geht exemplarisch aus einer Begebenheit hervor, die für Aufsehen sorgte. Gegen Ende seiner Zeit in Südfrankreich machte sich Petrarca auf, ein lang gehegtes Vorhaben auszuführen, nämlich den höchsten Berg der Region, den 1912 Meter hohen Mont Ventoux, zu erklimmen. Davon erzählt er in einem berühmt gewordenen Brief. Trotz der Warnungen eines ortskundigen Hirten und trotz mühevollen Aufstiegs gelangte er zum Gipfel. «Zuerst stand ich durch den ungewohnten Hauch der Luft und die ganze freie Rundsicht bewegt, einem Betäubten gleich da.»[4] Der gewaltige Ausblick über die Wolken in Richtung Süden und auf die eisbedeckten Alpen nimmt Petrarca gefangen, Gedanken über die Welt und über sein Leben bestürmen ihn.

> Ich freute mich über meinen Fortschritt, beweinte meine Unvollkommenheit und beklagte die allgemeine Wandelbarkeit des menschlichen Tuns; und an welchen Ort und aus welchem Grund ich gekommen war, schien ich irgendwie vergessen zu haben. Ich ließ meine Sorgen fahren, für die ein anderer Ort passender sein mochte.[5]

Dann greift er zu einem Buch, das ihm der Adressat des Briefes einst geschenkt hatte und das er mit auf den Berg genommen hatte. «Zufällig»[6] liest er in den *Confessiones* des Kirchenvaters Augustin: «Und es gehen die Menschen hin, zu bewundern die Höhen der Berge und die gewaltigen Fluten des Meeres und das Fließen der breitesten Ströme und des Ozeans Umlauf und die Kreisbahnen der Gestirne – und verlassen sich selbst», und Petrarca fährt fort: «Ich war wie betäubt, ich gestehe es, [...] schloss das Buch, zornig auf mich selber, dass ich jetzt noch Irdisches bewunderte, ich, der ich schon längst selbst von den Philosophen der Heiden hätte lernen müssen, dass nichts bewunderswerter ist außer der Seele.»[7]

Bemerkenswerte Einzelheiten der Schilderung laden zu näherer Betrachtung ein. Menschen, die im 14. Jahrhundert in und von der Natur lebten wie Hirten und Bauern, erschien die Besteigung eines Berges als etwas ganz und gar Sinnloses und obendrein Gefährliches. «Planloses Bergsteigen war nämlich in seiner Umgebung etwas Unerhörtes»,[8] merkte dazu Jacob Burckhardt an. Der Intellektuelle Petrarca hingegen erklomm nicht nur den Berg, er nahm sogar ein Buch mit, um es von der Landschaft inspiriert lesen zu können. Jacob Burckhardt und andere sahen darin die Geburtsstunde der modernen Naturästhetik als einer subjektiven Erfahrung von Landschaft.[9] Petrarca besang nicht einfach die Schönheit der Natur – das taten schon viele vor ihm –, er schilderte das, was die Erfahrung der Natur in ihm auslöste. Dem erlebenden Betrachter prägt sich die Natur nicht wie ein Abdruck ein, sondern sein Ich ist an der Entstehung der Erfahrung beteiligt. Das ist in der Tat eine bahnbrechende Einsicht, man hat darum Petrarca als Begründer moderner Subjektivität gefeiert. Vielleicht reicht es aber auch, ihn etwas bescheidener als maßgeblichen Meilenstein in einem Prozess zu sehen, in dem Menschen erkennen, wie wichtig ihr eigenes Ich für das ist, was sich ihnen von der Welt erschließt. Petrarca gab dem großen abendländischen Begriff der Kontemplation eine neue Bedeutung. Was Menschen in der Welt und in ihrem Leben widerfährt, löst in ihnen Nachdenklichkeit aus. Auf diese «Durcharbeitung und dramatische Verdichtung einer Erfahrung des Bewusstseins»[10] richtet Petrarca sein besonderes Augenmerk.

Von hier aus erklären sich weitere Grundzüge des Renaissancedenkens. Petrarcas Liebe zu antiken Autoren, vornehmlich zu Cicero, war keine bloß ästhetische Marotte. Er mokierte sich zwar nicht selten über das barbarische Latein der Scholastiker, aber die Stilfragen sind nicht von den Inhalten zu trennen. An Cicero begeisterte ihn vor allem der Zugang zu lebenspraktischen Fragen, die er in seinen philosophischen Schriften erörterte. Und auch in theologischen Fragen kam man Petrarca zufolge mit Cicero weiter als mit Aristoteles, denn schon Cicero hatte jene Menschen verspottet, die «die Rätsel der Natur und die noch größeren Geheimnisse Gottes [...] in ihrer anmaßenden Überheblichkeit zu ergründen»[11] versuchen.

Die Abkehr von der Spekulation scholastischer Philosophie und Theologie ist in der Aufwertung des Ich begründet. In seiner alltäglichen Lebensführung wird das Ich nicht von abgehobenen Fragen über das Wesen der höchsten Dinge bedrängt, sondern es erhofft sich Klarheit über die Ziele des Lebens. Die Berufung auf antike Autoren, die Hochschätzung Ciceros und die Bevorzugung Platons beruhen auf diesem Interesse. Das war auch der Grund, warum Petrarca andere literarische Formen verwendete. Der dialogische Brief, vor allem aber die Dichtung sind geeigneter, das auszudrücken, was sich in der Kontemplation abspielt. Petrarca hat dies in der Canzone *I' vo pensando* (*Ich gehe sinnend*) lyrisch vorgeführt.[12]

Später geriet in Vergessenheit, dass Petrarcas Aufbruch des Ich religiös motiviert war. Er lebte jahrzehntelang im Umfeld der Kurie in Avignon und stand in regem Briefkontakt mit Kardinälen und Bischöfen, viele davon waren seine Freunde. Vermutlich hat er sogar die ersten Weihen zum Diakon empfangen. Aber schon seinen zeitgenössischen Kritikern musste er diese «christliche Sozialisierung» in Erinnerung rufen.[13] Seine Art, das Christentum neu zu intonieren, erzeugte offensichtlich Irritationen. In seinen Briefen nahm er vielfach christliche Themen auf, denen er allerdings eine unkonventionelle Wendung verlieh. So verwies er zum Trost über den Tod auf die christliche Auferstehungshoffnung, merkte jedoch an, dass schon die antiken Heiden an die Unsterblichkeit der Seele glaubten.[14] In seinem Verständnis der Erlösung konnte er klassische Positionen wie die Tilgung der Sündenschuld problemlos unterbringen, fügte dann aber hinzu, dass Gott Mensch wurde, um den Menschen ihre eigene Erhabenheit sinnlich vor Augen zu führen.[15] Diese theologisch fundierte menschliche Erhabenheit begründet den hohen Stellenwert des Ich.

In sein Buch *Heilmittel gegen Glück und Unglück* baute Petrarca eine denkwürdige Abhandlung über Traurigkeit und Elend ein (*De tristitia et miseria*). Schmerz (*dolor*) und Vernunft (*ratio*) debattieren miteinander über das Elend des menschlichen Lebens. Es liegt auf der Hand, dass Petrarca damit die berühmt gewordene Klage von Papst Innozenz III. über das Elend des menschlichen Lebens aufnimmt. Die offensichtliche Misere des Menschseins stellt die Gesprächspartnerin Vernunft in dem Gespräch nicht in Abrede, jedoch lohne es sich, auch einmal in die andere Richtung zu sehen: «Allerdings hat hierüber, soviel ich weiß, bisher noch niemand geschrieben.»[16] Und doch muss man es versuchen, denn was sich dort erschließt, ist wahrer Grund zur Freude: «Da ist jenes Bildgleichnis Gottes, des Schöpfers, im Innern der menschlichen Seele; da sind Talent, Gedächtnis, Voraussicht, beredter Ausdruck, so viele Erfindungen, so viele Künste.»[17] Die Gottebenbildlichkeit des Menschen begründet die erhabene Stellung des Ich in der Welt, sie ist die Bedingung der Möglichkeit seiner kreativen Weltverarbeitung. Dies ist die erste explizite Beschreibung einer besonderen Würde des Menschen als Programm des Humanismus. Sie verdankt sich der christlichen Idee der Gottebenbildlichkeit, und mit ihr hat Petrarca der Renaissance ihr wichtigstes theologisches Thema aufgegeben.[18]

Eine schwierige Frage bleibt: Woher kam dieser Aufbruch, der die Renaissance einleitete? Er trat im Schaffen Petrarcas ans Licht, aber Petrarca hat ihn nicht erfunden, er verlieh vielmehr einer tiefgreifenden Veränderung seiner Zeit eine Stimme. Durch den Verlust metaphysischer Ordnung und politischer Stabilität und durch die Einsicht in die eigene Hinfälligkeit wurde der Mensch in jener Epoche auf sich selbst zurückgeworfen. Petrarcas Berufung auf das eigene Ich ist darum weit weniger triumphalistisch, als es den Anschein hat. In einem zerfließenden Weltgefüge bleibt allein das Ich, worauf sich der Mensch verlassen kann. In den antiken Autoren wie Cicero und Seneca sah Petrarca Verbündete. Skepsis und stoischer Rückzug aus der Welt sind daher elementare Züge in seinem Denken. In der christlichen Vorstellung von der Erschaffung des Menschen fand Petrarca eine theologische Legitimation für die Aufwertung des eigenen Ich. Seneca meinte, das eigentliche und wahre Glück des Lebens sei es, zu einem «der eigenen Erlebnisse wohlwollenden Deuter»[19] zu werden. Petrarcas Entdeckung der Subjektivität war eine Fortführung dieses Gedankens unter Einfügung christlicher Ideen. Die in der Gottebenbildlichkeit fundierte Kontemplation des Ich entfaltet die Kraft zur Weltbewältigung. Denn der Mensch hat die kreative Möglichkeit, durch sein Nachdenken die Widerfahrnisse und Erlebnisse in der Welt in seinem Bewusstsein zu formen.

Damit ist die Tür zur Moderne aufgetan. Schon Petrarca und seine humanistischen Nachfolger haben das epochal Neue erkannt und sich gegen die Scholastik gewandt. Die Legende vom finsteren Mittelalter ist ein Kind der Renaissance, dem die Neuzeit leichtgläubig gefolgt ist. Die Wendung zum Ich war nicht einfach eine neue Stufe auf dem Weg der Kultur, sie war eine bemerkenswerte und eigenständige Lösung für ein Problem der Epoche, die aber durchaus auch ihre Schattenseiten hatte. In scholastischen Traktaten tritt der Denker ganz hinter das Denken zurück, das Ich erscheint aufgehoben in der höheren Ordnung einer die Welt durchflutenden Vernunft. Humanistische Autoren dagegen ziehen durch treffende Stimmungsbeschreibungen und Lebensbetrachtungen in ihren Bann und bringen im Gemüt ihrer Leser neue Saiten zum Klingen, was aber auch eine umtriebige, bisweilen nervös dauerhafte Selbstbeobachtung des Ich mit sich bringt.

Panoptikum der Renaissancekultur

Für Jacob Burckhardt war die Entdeckung des Individuums ein Kennzeichen der Renaissancekultur. Die kontinuierliche Besinnung des Menschen auf sich selbst seit dem 14. Jahrhundert war die Reaktion auf politische, soziale, kulturelle und religiöse Krisenphänomene der Epoche. Dementsprechend umfassend war der Stil- und Wertewandel, der sich in der Renaissance vollzog.[20] Die Aufwertung des Menschen war von einer gesteigerten Wahrnehmung seiner Gestaltungsmöglichkeiten begleitet. Das betraf beispielsweise die Lenkung des Gemeinwesens. Da die vermeintlich gottgefügten Ordnungsprinzipen Papst und Kaiser in Italien keine Stabilität mehr garantieren konnten, erprobten die aufkommenden italienischen Stadtstaaten eine Vielfalt von Regierungsformen, die wie beispielsweise im Falle von Venedig ausgeklügelte Systeme der Machtbalance hervorbrachten. In den unterschiedlichen Ansätzen brach sich die Einsicht Bahn, dass die Organisation des Gemeinwesens jeweils neu zu entwerfen war. Der Staat wurde, so Burckhardts These, zum Kunstwerk.[21] Ihre Vollendung fand diese Entwicklung im frühen 16. Jahrhundert bei Niccolò Machiavelli.

Die Politik war aber nur *ein* Anwendungsfall, auch Fragen der Lebensführung gewannen an Bedeutung. Ethische und moralphilosophische Diskussionen traten in den Vordergrund, und zum Ideal wurde schließlich die tatkräftige, universal angelegte Persönlichkeit. Der Renaissancemensch par excellence ist der *uomo universale*. Es ist interessant, zu sehen, mit welchem Enthusiasmus Jacob Burckhardt gemessen an dem sonst ruhigen Duktus seiner Darstellung den für ihn idealtypischen Renaissancemenschen Leon Battista Alberti (1404–1472) schildert.[22] «In allem, was Lob bringt, war Leon Battista von Kindheit an der Erste»,[23] Turnen, Reiten, Musik, alles meistert er als Kind und Heranwachsender mit Höchstleistungen, absolviert ein Studium der Rechte, und selbst der Schicksalsschlag schwerer Erkrankung wirft ihn nicht aus der Bahn. Er konzentriert sich stattdessen auf seine anderen Begabungen: zunächst die Mathematik und die Physik, dann die Kunst, in der er als Maler und Architekt reüssiert. Und selbstverständlich weiß er auch mit der Feder umzugehen und verfasst kunsttheoretische Schriften zur Malerei und zur Bildhauerei. Die Bücher des römischen Architekturtheoretikers Vitruv nimmt er zum Vorbild für ein einflussreiches Werk über Architektur. Scheinbar ebenso mühelos und erfolgreich verfasst er lateinische und italienische Prosadichtungen. Für Burckhardt steht fest, dass eine «höchst intensive Willenskraft diese ganze Persönlichkeit durchdrang».[24] Alberti lebte das Motto: «Die Menschen können von sich aus alles, sobald sie wollen.»[25] Burckhardt stellte diesen Zusammenhang nicht her, aber seine Eloge auf Alberti erscheint wie eine Darstellung gelebter Gottebenbildlichkeit. Das Ideal des *uomo universale* steigerte sich in die Begeisterung für das Universalgenie. Leonardo da Vinci ist in diesem Sinne der Inbegriff des Renaissancemenschen.

Zu diesem Programm gehörte jedoch nicht nur die Perfektionierung der im Menschen schlummernden Anlagen, sondern auch die Veredelung seiner Wesenszüge. Zur Blüte brachte dieses Ansinnen Baldassare Castiglione (1478–1529). In der ersten Hälfte des 16. Jahrhunderts schrieb er *Il cortegiano* (*Der Hofmann*), ein faszinierendes Buch über die ideale Hofgesellschaft.[26] Man täte dem Werk jedoch Unrecht, wenn man es allein auf eine Schule angemessenen Verhaltens reduzieren würde,[27] denn seine Empfehlungen enthalten das Bildungsprogramm zu einer Persönlichkeit, die sich nicht einfach nur sicher und geistreich am Hofe zu bewegen weiß, sondern als ein edler Mensch in Erscheinung tritt. Diesem Ideal nachzustreben ist Frauen und Männern gleichermaßen aufgegeben – ein für seine Zeit keineswegs selbstverständlicher Zug der Geschlechtergerechtigkeit. Zu dieser Selbstbildung gehören gewandte Umgangsformen, sichere Haltung, Anmut und jenes von Castiglione mit dem Kunstwort *sprezzatura* beschriebene *understatement*, das «die angewandte Mühe verbirgt und alles, was man tut und spricht, als ohne die geringste Kunst und gleichsam absichtslos hervorgebracht erscheinen lässt».[28] Castigliones Plädoyer dafür, zu sich selbst in Distanz zu treten, speiste sich aus religiösen Wurzeln. Er teilt die metaphysischen Grundannahmen der Florentiner Platoniker und rät daher seinem Hofmann, sich der Vergänglichkeit der sinnlichen Welt bewusst zu sein. Die *sprezzatura* ist gelebter christlicher Neuplatonismus. Als Ziel des menschlichen Lebens propagiert Castiglione daher das neuplatonische Erlösungsideal:

> Lasst uns alle Begierden ablegen, die uns seit unserm Abstieg zu dieser Erde anhaften, und auf der Leiter, deren unterste Stufe vom Schatten der sinnlichen Schönheit besetzt ist, zu jenem hehren Ort aufsteigen, wo die göttliche, liebenswerte und wahre Schönheit wohnt, die von den innersten Geheimnissen Gottes so umgeben wird, dass sie für profane Augen unsichtbar bleibt.[29]

Die in diesem umfassenden Sinne verstandene Bildung war Teil einer geistigen Strömung, die das Wesen der Renaissance ausmachte: des Humanismus. Der Humanismus förderte und entfaltete die von Petrarca begründete Zentralstellung des Menschen[30] und schuf daraus ein umfassendes Bildungsprogramm, das im 15. Jahrhundert schließlich auch in die italienischen Universitäten Einzug hielt. Die Vorherrschaft der sieben freien Künste, die seit der Spätantike die akademische Ausbildung dominierten und das im Hochmittelalter entstehende europäische Universitätssystem nachhaltig prägten, trat in den Hintergrund. Grammatik, Rhetorik, Poetik, Geschichte und Moralphilosophie lösten den Kanon der sieben freien Künste ab.[31] Die Neuausrichtung nannte sich *studia humanitatis* und verfolgte ein neues Bild vom Menschen, das der Sprache als dem menschlichen Ausdrucksmedium große Bedeutung zumaß.

An Lorenzo Valla (1407–1457), dem berühmtesten Humanisten des 15. Jahrhunderts, wird dies deutlich.[32] Valla war beides, Philologe und Philosoph. Er entlarvte durch die Analyse des Sprachgebrauchs das Dokument der Konstantinischen Schenkung als einen Text, der erst Jahrhunderte nach Konstantin geschrieben worden sein konnte, und entzog damit dem Herrschaftsanspruch des Papsttums eine wichtige Legitimation. Hohe Ansprüche stellte er auch an die Textpflege der Bibel, indem er für das Neue Testament eine Berücksichtigung des griechischen Originaltextes forderte. Valla gilt als Begründer der modernen Bibelkritik. Die philologische Herstellung des Originaltextes war für ihn ein Programm theologischer Wahrhaftigkeit. Dies galt auch für andere Quellen aus der Antike. Platon und Aristoteles sollten vorzugsweise im griechischen Original gelesen werden. Der Humanismus hat darum mit Gräzisten und später auch Hebraisten neue akademische Berufsgruppen hervorgebracht, die das lateinische Mittelalter nicht gekannt hatte. Vallas Hauptwerk *Elegantiae Linguae Latinae* enthält aufwendige philosophische Überlegungen zu den Möglichkeiten, mit Sprache Wirklichkeit zu repräsentieren.[33] Ohne die Grundlagen, die Valla bereitet hat, kann man weder die philologische Arbeit von Humanisten und Reformatoren noch die großen philosophischen und theologischen Fragen des 16. Jahrhunderts über die Willensfreiheit verstehen.

Es wäre also zu einseitig, den Humanismus allein auf das Interesse an Quellen aus der Antike und das Sammeln von Büchern zu reduzieren. Und doch kann man nicht übersehen, dass seit Petrarca das Interesse an Texten der griechischen und römischen Antike sprunghaft gestiegen war. Die vielen Bücherjäger und Büchersammler waren eine Folge und ein Teil des Kulturprogramms des Humanismus.

Heidnisches und Christliches

Die Liebe der Humanisten zu antiken Autoren ist ein Symptom für die Wiederentdeckung des Altertums, die der Renaissance ihren Namen gab. Das allein wäre allerdings nicht ungewöhnlich, denn die Antike war ja keineswegs aus der mittelalterlichen Kultur verschwunden. Aristoteles war *der* Philosoph des Mittelalters, und auch die platonische Tradition war ein fester Bestandteil mittelalterlicher Theologie und Philosophie. In Dantes *Göttlicher Komödie* ist Vergil die Hauptperson, das Werk ist überhaupt so reich an antiken Stoffen, dass spätere Kommentatoren Mühe hatten, all die Anspielungen zu entschlüsseln. Der Bezug zur Antike allein kann es also nicht sein, es muss eine besondere Begeisterung und Faszination hinzukommen. Aber auch die macht noch nicht die Renaissance des 15. Jahrhunderts aus. Die westliche Kultur hat sich immer wieder ihrer antiken Ursprünge erinnert. Kunsthistoriker sprechen daher von den Renaissancen im Plural.[34] Nicht also die Wiederentdeckung an sich, sondern die Besonderheit dieser Wiederentdeckung macht *die* Renaissance aus.

Erstens war die Antikenbegeisterung der Renaissance von einer immensen Breitenwirkung, sie betraf alle wesentlichen Kulturformen außer vielleicht die Musik.[35] Dichter, Philosophen und Theologen wollten schreiben wie Vergil und Cicero, Maler kehrten zurück zum Naturalismus der antiken Kultur, Bildhauer ahmten die heroischen Skulpturen ihrer römischen und griechischen Vorgänger nach, Baumeister – bis dahin innerhalb des Christentums unerhört – griffen auf die Architektur des Tempels für den Bau von Kirchen zurück.

Der kulturelle Stilwechsel mochte Züge einer Mode haben, aber dahinter drückte sich zweitens eine neue Weltbejahung aus. Es ist an sich ein Paradox, dass die Renaissance aus der Depression des 14. Jahrhunderts entstand. Denn die politische Destabilisierung und die Katastrophe der Pestepidemien wären gute Gründe gewesen, noch lauter über die Hinfälligkeit des menschlichen Daseins zu klagen. Die Renaissance war jedoch eine kulturelle Überwindungstat, und vermutlich hat dieser intellektuelle Heroismus Menschen wie Jacob Burckhardt und vor allem Friedrich Nietzsche so sehr in seinen Bann gezogen. Es entstand eine Stimmung, die trotz aller Hinfälligkeit dem Universum eine höhere Harmonie abrang, die Schönheit der Welt besang und den Menschen anhielt, sich dieser schönen Welt entsprechend mit Eleganz zu bewegen. Kraftquelle dieser optimistischen Weltzuwendung ist neben dem antiken Gedanken des geordneten Kosmos auch die christliche Schöpfungsverehrung. Franziskus von Assisi brachte sie mit dem Gedanken auf, dass Gott sich in der Schönheit der Natur zeige. Henry Thode hat Ende des 19. Jahrhunderts in seinem Buch *Franz von Assisi und die italienische Renaissance* den franziskanischen Geist als eine der Quellen ins Spiel gebracht und damit für die Renaissance nicht nur antike, sondern auch christliche Wurzeln ausgemacht (siehe Seite 266–269). Die Renaissancekultur lehrt, dass es gute christliche Gründe gibt, das Diesseits als eine Dimension göttlicher Präsenz zu bejahen.

Drittens unterscheidet sich *die* Renaissance von anderen Renaissancen durch ihre aufsehenerregenden Wiederentdeckungen. Die Skulpturengruppe Laokoon, die zeigt, wie der trojanische Priester und seine beiden Söhne vergeblich gegen den Angriff der von der Göttin gesandten Schlangen kämpfen, ist heute eines der meistbestaunten Werke antiker Bildhauerkunst in den Vatikanischen Museen. 1506 wurde diese Plastik in einem römischen Garten gefunden.[36] Michelangelo und andere Künstler der Renaissance haben den Fund mit Begeisterung als Inspirationsquelle genutzt. Der Zufall spielte dabei allerdings eine geringe Rolle, denn nur wer sucht, findet auch. Von Brunelleschi und Alberti wissen wir, dass für sie die Suche nach antiken Kunstwerken Bestandteil ihrer Ausbildung war. Auf ähnliche Weise sind die großen Textbestände antiker Kultur in der Renaissance wieder ans Licht gekommen. Als 1453 Konstantinopel von den Osmanen eingenommen wurde, gelangten auf der Flucht vor den Türken byzantinische Gelehrte nach Italien, und mit ihnen kostbare und dem Westen verloren gegangene Schriften Platons, Plotins und anderer Denker in der Tradition des Platonismus. Doch war auch hier nicht nur der Zufall politischer Ereignisse am Werk. Die unbekannten Schriften des Platonismus hätten im Westen keine so grandiose Bedeutung entfaltet, wenn nicht dort schon längst ein gebildetes Publikum begierig auf sie gewartet hätte. Das Gleiche gilt für die Rückkehr einer anderen großen Tradition antiker Philosophie. Stephen Greenblatt hat in einem preisgekrönten Buch die Wiederentdeckung des Epikureismus erzählt.[37] Im 15. Jahrhundert machte sich ein italienischer Gelehrter in entlegenen deutschen Klöstern auf die Suche nach dem großen Lehrgedicht des römischen Dichters Lukrez über die Natur der Dinge. Der Bücherjäger fand und veröffentlichte, was er suchte, und die Welt, so Greenblatts These, nahm von da an einen anderen Lauf. Durch das Auffinden von Lukrez kehrte der antike Epikureismus und mit ihm das Ideal eines Lebens ohne Furcht vor den Göttern zurück in das Bewusstsein der Menschen.

Die Antike kehrte also in der Renaissance in bis dahin ungeahnten Ausmaßen zurück. Damit wurden viertens auch heidnische Motive wie die antike Götterwelt, die Mysterien oder die Tempelarchitektur nach fast tausendjähriger Vergessenheit wieder hoffähig. Natürlich wussten die Kulturträger der Renaissance, dass die von ihnen verehrten Texte, Kunstformen und Denkrichtungen vorchristlich und darum heidnisch waren. Die größte Kulturleistung der Renaissance liegt in dem Versuch, aus den beiden großen Ursprüngen abendländischer Kultur eine Einheit von Antike und Christentum zu schmieden. Ein schönes Beispiel sind die Versuche, Epikur christlich zu lesen. Der Humanist Lorenzo Valla integrierte den Begriff der Lust in die christliche Ethik und geriet darüber mit Bracciolini, der Lukrez' Manuskript gefunden hatte, in Streit.[38] Valla argumentierte, dass der jenseitige Erfüllungszustand, an den die Christen glaubten, dem der erfüllten Lust entspreche. Mithilfe des Epikureismus verlieh Valla der christlichen Vorstellung Lebenskraft, dass die jenseitige Vollendung des Menschen auch als eine sinnliche Erfüllung zu erhoffen sei. Die Florentiner Platoniker haben mit ihrem Konzept der platonischen Liebe viel von Vallas Epikureismus gelernt.

In ihren Assimilationsbestrebungen war die Renaissance jedoch keineswegs blind für die Unversöhnlichkeiten zwischen heidnischem und christlichem Denken. Mit der Begeisterung für antike Autoren hielten wie im Falle des Lukrez Ideen Einzug, die auf der Grundlage eines konsequenten Materialismus Gott, Götter und überhaupt alles Jenseitige liquidierten und die Unsterblichkeit der Seele bestritten. Tatsächlich zeichnet sich in diesen Phänomenen die Morgendämmerung eines Denkens ab, das mit Beginn der Aufklärung die tragenden Fundamente des christlichen Glaubens attackierte. Anzeichen dafür gab es in der Renaissance, doch sie war kein heidnisches Zeitalter. Dazu haben sie vor allem spätere Epochen gemacht, und zwar aus ganz unterschiedlichen Interessen. Antichristlichen Bewegungen sollte sie zur Legitimation ihrer eigenen Weltanschauung dienen, Konfessionalisten protestantischer wie katholischer Couleur konnten mit der Weite und Offenheit des Renaissancechristentums nichts mehr anfangen, ihnen war alles heidnisch, was nicht in die enge Welt ihrer Orthodoxie passte. Wer ohne solche Vereinnahmungen und mit Sachverstand die Renaissance betrachtet, sieht in ihr «eine im Grunde christliche Epoche».[39] Ernst Cassirer wurde noch deutlicher: «Die Philosophie des Quattrocento ist und bleibt, gerade in ihren bedeutendsten und folgenreichsten Leistungen, wesentlich Theologie.»[40]

Christlicher Kulturplatonismus in Florenz

Die Renaissance blühte in vielen italienischen Städten, am prachtvollsten jedoch in Florenz. Es ist daher kein Zufall, dass in der Hauptstadt der Renaissance der bemerkenswerteste Versuch aufkam, aus Christentum und Antike eine groß angelegte Synthese zu schmieden. Diese eigenständigste, wohl auch schönste und kulturell wirkungsvollste Form des Renaissancechristentums stand unter einem besonderen Vorzeichen. Die Vereinigung von Christentum und Antike war gedacht als Wiederbelebung des antiken Platonismus in Gestalt eines christlichen Platonismus. Dieser hat eine lange Vorgeschichte. Die Theologen der Alten Kirche sahen schon seit dem 2. Jahrhundert besondere Affinitäten zwischen christlicher und platonischer Lehre. Auch das Mittelalter las und rezipierte Platon und platonisch gefärbte Theologie. Nach der Antike erreichte allerdings die Platonbegeisterung in der Renaissance ihren Höhepunkt. Der große Kulturaustausch, der im 15. Jahrhundert zwischen Italien und Byzanz einsetzte, begünstigte diese Entwicklung, er löste sie aber nicht aus. Schon vorher hatten Theologen und Philosophen in Platon etwas gesucht, was sie im Lieblingsphilosophen des Mittelalters, Aristoteles, nicht fanden.

In Florenz entstand daraus die mächtigste philosophische Strömung der Renaissance. Der wachsende osmanische Druck hatte den byzantinischen Kulturtransfer nach Westen schon lange vor 1453 begünstigt.[41] 1438 kam es auf dem Konzil, das in Florenz über eine Union zwischen westlicher und östlicher Kirche tagte, zu einer folgenreichen Begegnung. Der byzantinische Gelehrte und Platoniker Georgios Gemistos Plethon[42] traf Cosimo de' Medici (1389–1464). Das Oberhaupt der Medicifamilie vereinte in sich viele Züge eines idealtypischen Renaissancemenschen.[43] Er begründete eines der wichtigsten Bankhäuser Europas. Durch seinen Machtinstinkt wurde seine Familie zur beherrschenden Familie von Florenz, und noch nach dem Fall der Medici wurden seine Nachfahren Päpste oder heirateten in europäische Königshäuser ein. Die Bandbreite seiner Persönlichkeit war beachtlich, denn zu dem Machtinstinkt gesellte sich ein feiner Kunstsinn. Sein Enkel Lorenzo (1449–1492) setzte das bruchlos fort. Unter seiner Obhut gedieh nicht nur der Florentiner Platonismus, sondern er ließ auch angehende Künstler in seinem «Garten» ausbilden. Michelangelo ist der Berühmteste all derer, die den Medici viel zu verdanken haben. Die oligarchischen Ambitionen der Medici müssen modernen Lesern Unbehagen bereiten, aber ohne ihr Mäzenatentum, ihren Kunstsinn und ihre philosophischen Interessen wäre Europas Kultur und damit auch die christliche Kulturgeschichte ärmer.

Der Bankier Cosimo nahm mit Begeisterung auf, was ihm der griechische

Gelehrte über Platon und den Platonismus erzählte. Auf diesem Wege gelangten bislang unbekannte Schriften Platons in den Westen,[44] für deren Übersetzung Cosimo eine Akademie plante. Vorausschauend sorgte er für eine umfassende philosophische und philologische Ausbildung Marsilio Ficinos (1433–1499), des aufgeweckten Sohnes seines Leibarztes. Zu seinem dreißigsten Geburtstag schenkte Cosimo Ficino eine Villa in Careggi und stattete ihn mit den nötigen Mitteln aus, um Gelehrte aus den unterschiedlichsten Disziplinen zur Erforschung der platonischen Philosophie zu versammeln.[45] Cosimo wusste offensichtlich, wie man investierte, denn Ficino wurde zur wichtigsten Gestalt des Florentiner Platonismus.

Das Leben an der Florentiner Akademie muss man sich als einen losen Verbund von Philosophen, Künstlern und Dichtern vorstellen.[46] Was sie miteinander verband, war die Überzeugung, bei Platon und Plotin Antworten auf drängende Fragen der eigenen Zeit zu erhalten. Ficino führte den Kreis an.[47] Sein Lebenswerk ist facettenreich, und was Cosimo sich von ihm erhofft hatte, erfüllte er meisterhaft. Ficino übersetzte Platon ins Lateinische und prägte damit für etwa drei Jahrhunderte die maßgebliche Textbasis, in der Europa einen seiner größten Philosophen las. Er kommentierte auch wichtige Schriften Platons und Plotins und entwickelte schließlich ein eigenes philosophisches System. Sein Hauptwerk nannte er *Theologia Platonica*. Es vereint kosmologische und anthropologische Vorstellungen zu einer umfassenden philosophisch-theologischen Welterklärung. Ficino war auch theologisch sehr produktiv, er verfasste Schriften wie *De christiana religione,* eine Apologie des Christentums, eine Sammlung von Predigten und einen Kommentar zum Römerbrief – sein letztes Werk, über dem er starb.[48]

Auf die Frage nach dem Sinn menschlichen Wissens vor der Offenbarung in Christus gab Ficino die gründlichste geschichtstheologische Antwort. Er entwarf ein heilsgeschichtliches Konzept der *prisca theologia*, der altehrwürdigen Theologie. Sokrates, Platon, aber auch Zarathustra und esoterische Literatur des Corpus Hermeticum, die Cosimo besonders gefiel, sind für ihn Offenbarungsformen, die den Menschen auf das Heilsereignis vorbereiten. Daher dürfen sie auch zur Erklärung christlicher Wahrheiten herangezogen werden.

Ficino formte aus Elementen platonischer und neuplatonischer Philosophie ein kosmologisches Weltbild von großer Einheit. Die Welt geht aus dem unbegreifbaren göttlichen Einen hervor. Es gibt sie, weil Gott als höchste Vollkommenheit aus sich heraustritt.[49] Göttlicher Geist und die Materie der Welt sind über verschiedene Stufen miteinander zu einer Einheit verbunden. Eine Sonderstellung nimmt der Mensch ein, denn die menschliche Seele steht in der Mitte des Kosmos an der Grenzscheide zwischen idealer und stofflicher Welt, zwischen Geist und Materie. Die Mittelstellung des Menschen im Kosmos ist ein Beispiel dafür, wie Ficino in seiner platonisch-christlichen Synthese stillschweigend platonische Elemente zugunsten des Christentums korrigiert. Von seiner Bestimmung her gehört der Mensch der Sphäre des Geistes an. Die Einbindung seiner Seele in einen Körper ist – hier denkt Ficino noch ganz platonisch – eine an sich uneigentliche Existenzweise. Ausgestattet mit einem Körper lebt der Mensch fernab seiner wahren Heimat in einem Exil. Aber – und hier nun wendet sich das Blatt – das Leben im Körper ist nicht einfach nur, wie die Platoniker sagten, ein Leben im Gefängnis. Das Exil hat einen Sinn. Denn Aufgabe des Menschen ist es, durch seine leibseelische Existenzweise die geistigen Prinzipien in der Welt zur Durchsetzung zu bringen und die Materie danach zu gestalten. Für Platoniker war die Verbindung von Seele und Körper letztlich doch immer nur eine unlösbare Verlegenheit. Ficino macht daraus eine tatkräftige Theorie der Kultur. Denn Kultur ist die Verwirklichung der göttlichen Ideen in der Welt, und besonders begnadet gelingt dies dort, wo herausragend inspirierte Menschen, Dichter, Philosophen und Künstler, diese Ideen erkennen und umsetzen. Ficinos Kulturtheorie ist so zugleich auch die Geburt des modernen Geniebegriffs, der sich dem Gedanken göttlicher Eingebung verdankt.

In Ficinos Welt- und Menschenbild artikuliert sich das neue Selbsterleben des Menschen der Renaissance. Sein eigenwilliger Schüler Pico della Mirandola (1463–1494) hat daraus eine eindrucksvolle Rede über die Würde des Menschen gemacht und die Freiheit menschlicher Selbstgestaltung euphorisch gepriesen. Gott habe, so erzählt Pico, bei der Erschaffung der Welt schon alle Formen vergeben, zu dem Menschen spricht er daher:

> Weder haben wir dich himmlisch noch irdisch, weder sterblich noch unsterblich geschaffen, damit du wie dein eigener, in Ehre frei entscheidender, schöpferischer Bildhauer dich selbst zu der Gestalt ausformst, die du bevorzugst. Du kannst zum Niedrigeren, zum Tierischen entarten; du kannst aber auch zum Höheren, zum Göttlichen wiedergeboren werden, wenn deine Seele es beschließt.[50]

Nicht nur der Mensch, auch die Welt wird von den Denkern des Neuplatonismus in zuvor ungewohnt leuchtenden Farben gezeichnet. Ficinos Weltbild ist von den Begriffen Liebe und Schönheit bestimmt. Der gesamte Kosmos ist die symbolische, das heißt die abbildhafte Verwirklichung der göttlichen Liebe. Liebe durchwaltet als andauernde Anziehungskraft die Welt, sie geht von Gott aus in die Welt, um von dort zu Gott zurückzukehren. Diesen Gedanken erläuterte Ficino am Phänomen der Schönheit. Die in der Welt sichtbare Schönheit ist eine ihr eingelassene Spur des göttlichen Grundes. Neuplatonische Emanationslehre, christlicher Schöpfungsbegriff und Gnadenlehre fließen hier ineinander. In der Schöpfung der Welt betätigt sich Gott als kunstvoller Baumeister, der sich in der Erschaffung der Dinge nicht nur nach der Notwendigkeit und Nützlichkeit richtete, sondern auch deren Schönheit ausformte, um so das «kunstvollste Werk der Welt»[51] zu erschaffen. Die Schönheit der Welt ist auch ein Modus der Erleuchtung und Gnadeneingießung, ein Geschenk des gütigen Weltenschöpfers.[52] Schönheit wirkt als Gnade, weil sie die menschliche Seele ergreift und in ihr die Liebe als Verlangen nach dem vollkommenen Urbild der Schönheit freisetzt und damit den menschlichen Aufstieg zu Gott in Gang setzt. Das Verlangen nach dem göttlichen Grund entzündet sich in der sinnlichen Wahrnehmung des Schönen. Schönheit gleicht für Ficino einem Lockmittel, mit dem Gott den Menschen zu sich emporhebt.[53] Ficino wusste in seiner Erlösungslehre darum auch fröhliche und lebendige Töne anzuschlagen. Erlösung ist die Heimkehr der menschlichen Seele in die Sphäre ihrer göttlichen Herkunft, und die menschliche Sehnsucht nach Transzendenz ist der Weg dahin.

Der Florentiner Neuplatonismus entfaltete eine subtile und vielfältige Wirkungsgeschichte. Ficinos geschichtliche Einordnung antiker Philosophien wurde von der modernen Wissenschaft fast ausnahmslos widerlegt, und doch wirkte die Attraktivität seines Ansatzes einer *philosophia perennis,* derzufolge der Abfolge menschlicher Erkenntnislehren eine innere planvolle Entwicklung zugrunde liegt, bis weit ins 19. Jahrhundert.[54] Seine Lehre von der Schönheit der Welt wirkt im engeren Sinne ästhetisch fort im Konzept der »Schönen Künste« und findet in einem weiteren Sinne Nachfolge in den naturphilosophischen Modellen des Idealismus und der Romantik.[55] Kaum überschätzen kann man die Wirkungsgeschichte von Ficinos Philosophie der Liebe.[56] Diese entfaltet sich im Renaissanceplatonismus zu einer metaphysischen Großtheorie. Der Sache nach behandeln Ficinos Erben in ausdrücklichem Anschluss an ihn die Frage nach der Vollendung des Menschen, modern könnte man auch sagen, nach dem Sinn des menschlichen Lebens im Kosmos, und üben damit einen weit darüber hinausgehenden kulturellen Einfluss in Literatur, Kunst und höfischem Leben aus.

Die religiösen Wurzeln dieses Konzepts sind jedoch ebenso wie die Bedeutung Ficinos für das Christentum weitgehend in Vergessenheit geraten. Nach der konfessionellen Engführung des Christentums im Zeitalter der Reformation mochten und konnten sich weder Protestanten noch Katholiken in dieser Gestalt des Christentums wiedererkennen. Mit dem plakativen Hinweis, der Renaissanceplatonismus sehe die Welt und den Menschen in einem zu guten Licht, kann man sich seriöserweise seiner Bedeutung nicht entledigen. Ficino wusste sehr wohl um die Übel der Welt und das Elend des Menschen. Lakonisch merkte er dazu nur an: «Nicht alle, die sterben, weinen, alle aber weinen, die geboren werden.»[57] Seine Lehre von der Schönheit der Welt und der Liebe Gottes ist also nicht nur naive Blauäugigkeit, sie ist die begriffliche Artikulation einer Form des Welterlebens, in der allen Widerständen zum Trotz etwas von einer unfassbaren Güte in der Welt durchschimmert. Ficino konnte das durchaus auch theologisch fruchtbar machen. Gegen die erhabene Weite seines Gnadenbegriffs wirkt das juridisch-forensische Gnadengezänk zwischen Scholastik und Reformation beengend klein. Schon bevor Europa in blutigen Religionskriegen versank, dachte Ficino über die Möglichkeiten religiöser Toleranz nach. In alledem bereitete er eine Befreiung der Religion aus sprachlich-begrifflichen Konventionen und aus dogmatischen Fesseln vor. Jacob Burckhardt hat die Verbindung von kosmologisch-platonischer Gotteslehre und einer weltzugewandten religiösen Erhebung des Menschen als eine der zentralen Errungenschaften der Renaissance gepriesen. Sein Buch über *Die Kultur der Renaissance in Italien* beschloss er mit dem Satz: «Vielleicht reifte hier eine höchste Frucht jener Erkenntnis der Welt und des Menschen, um derentwillen allein schon die Renaissance von Italien die Führerin unseres Weltalters heißen muss.»[58] Tatsächlich zeichnet sich in Ficinos Theologie eine aufregend originelle und freie Artikulation jener Überschusserfahrung ab, von der das Christentum lebt. Das Christentum der Renaissance ist heute tot, und doch inspirierte es auf verschlungenen Pfaden den Aufbruch der Aufklärung und der Romantik zu einer neuen Gestalt des Christentums.

2
Die Macht der Bilder

Die größte Bedeutung der Renaissance für das Christentum liegt in der Macht, die sie den Bildern als religiöses Ausdrucksmittel verlieh. Die Kunst machte das neue Lebensgefühl sichtbar. Aber die Renaissance ist auch ein Meilenstein in der Epoche des christlichen Kirchenbaus.

Zu Weltruhm gelangte die frühe Renaissancearchitektur durch die Kuppel des Doms in Florenz (Abb. 22). Mit der Realisierung eines Kuppelbaus in diesen Ausmaßen hat Filippo Brunelleschi (1377–1446) eine grandiose Meisterleistung der Ingenieurskunst vollbracht.[59] Nach Studien an antiken Bauten in Rom orientierte er sein größtes Bauprojekt am Schönheitsideal der Renaissancekunst. Dies ist deutlich an den «fast puristischen Formen»[60] zu erkennen. Die Form der Kuppel galt den Renaissancearchitekten als Vollendung künstlerischer Baugestaltung und unterscheidet sich deutlich von der der gotischen Kathedralen.

Die Kathedrale Santa Maria del Fiore, der Dom von Florenz. Brunelleschis Kuppel ist eine Meisterleistung der Ingenieurskunst und verwirklicht das Ideal vollendeter Schönheit, das die Renaissancekünstler in Anlehnung an römische Vorbilder in der Kuppelform sahen.

Abb. 22

Leon Battista Alberti gab auf einem seiner vielen Tätigkeitsfelder einen bemerkenswerten Impuls: Er kehrte in der Architektur zur Form des Tempels zurück. Alberti tat sich vor allem als Theoretiker hervor, er begründete die Architektur als eine Wissenschaft, die in der Planungsphase nach den Gesetzen der Schönheit sucht.[61] Die Kirche San Andrea in Mantua, die erst nach seinem Tod fertiggestellt wurde, zeigt, wie die Leitmotive der Ausgewogenheit und der Vollendung zu Stein wurden (Abb. 23). Der Versuch, die Einheit des Gesamtgebäudes im Blick zu behalten, wurde für seine Nachfolger prägend. In vollendeter Form gelang dies hundert Jahre später Andrea Palladio (1508–1580). Er nahm Albertis Idee auf, sich im Kirchenbau am antiken Tempelmotiv zu orientieren. Seiner eigenen Zeit, der manieristisch geprägten Spätrenaissance des 16. Jahrhunderts, stellte er das Ideal vollendeter Harmonie und Regelhaftigkeit in all seiner ästhetischen Kraft entgegen.[62] Mit ihren unverwechselbaren und aufeinander verweisenden Tempelfronten bilden Palladios Kirchen San Giorgio Maggiore und Il Redentore städtebaulich eine geniale Lösung für Venedig (Abb. 24, 25). Sein erhabenes Menschenbild fand hier Eingang in die Architektur.[63] Mit der

Abb. 23

San Andrea in Mantua. Leon Battista Alberti, der sich ausführlich mit der römischen Architekturtheorie Vetruvs beschäftigte, setzte in der Kirchenfassade Ende des 15. Jahrhunderts die Vorstellung von Ausgewogenheit und Harmonie der Renaissancekünstler um.

Sechstes Kapitel: Wiedergeburten

Die um 1600 erbaute Abteikirche San Giorgio Maggiore in Venedig. Andrea Palladio setzte das Ideal der Frührenaissance vollendet um. Die Anlehnung an den antiken Tempelbau ist in seiner Fassadengestaltung nicht zu übersehen.

Abb. 24

Nachahmung dieser Architektur in den englischen Kolonien zog das Idealbild als Ausdruck einer freiheitlichen Kultur in die neue Welt des amerikanischen Kontinents.[64] In der Architektur der Renaissance fand die christliche Kultur eine Ausdrucksform, die in der Kunst ihren Höhepunkt erreichte.

Giotto und die sichtbare Präsenz der Heilsgeschichte

Mit dem Namen Giotto verbindet sich einer der größten Aufbrüche in der Kulturgeschichte des Christentums. Obgleich der Maler Giotto di Bondone (1266–1337) ein Zeitgenosse und Freund Dantes war, machte Giorgio Vasari aus ihm die Morgendämmerung nach dem Ende der Finsternis des Mittelalters. An Vasaris Emphase lässt sich ablesen, was Giotto für das Selbstverständnis der Renaissance bedeutete.[65] Von Giottos Besonderheit erzählte er in der Anekdote seiner Entdeckung. Der Florentiner Maler Cimabue traf zufällig den Schafhirten Giotto, wie der auf eine Steinplatte «ein Schaf nach dem Leben zeichnete,

Abb. 25 Die von Andrea Palladio entworfene Kirche Il Redentore in Venedig. Neben der vollendeten Gestaltung der Harmonie ausgewogener Proportionen hatte Palladio auch die Städteplanung im Blick. Die Fassaden von Il Redentore und San Giorgio Maggiore (vgl. Abb. 24, S. 263) stehen in Venedig in einer Blickachse.

Sechstes Kapitel: Wiedergeburten

was ihn niemand gelehrt, sondern was er nur von der Natur gelernt hatte».⁶⁶ Giottos «Naturalismus» brachte nach Jahrhunderten wieder Bewegung in das Medium Bild. Mit ihm trat auch der Künstler als individuelle Persönlichkeit hervor, der gegen angemessene Bezahlung Aufträge von verschiedenen Geldgebern annahm, zu Vermögen kam und mit anderen Malern um den künstlerischen Ruhm konkurrierte. Mit Giotto begann in sozialer und institutioneller Perspektive, was man heute Kunst nennt.

Das bahnbrechend Neue bei Giotto trat bereits in einem frühen Werk spektakulär in Erscheinung. Nachdem Giottos Lehrer Cimabue den Franziskanern für ihre Kirche Santa Croce eine vielbeachtete Kreuzesdarstellung geschaffen hatte, wünschten sich die Dominikaner für ihre Kirche Santa Maria Novella ein Gegenstück. Nicht Giotto suchte in diesem Fall die Konkurrenz mit seinem Lehrer, sondern die Dominikaner mit den Franziskanern. Giottos Kreuz wurde ein «Medienereignis» (Abb. 26).⁶⁷ Die Darstellung erschien gemessen an allem bisher Dagewesenen außergewöhnlich naturnah und realistisch, sie «versetzte die Andächtigen, die zu ihm aufblickten, nach Golgatha».⁶⁸ Giottos Malkunst offerierte «ein radikal neues visuell-spirituelles Angebot».⁶⁹

Die vollendete Ausführung seiner Ideen findet sich in der Arena-Kapelle in Padua. Der reiche Kaufmann Enrico Scrovegni beauftragte Giotto mit deren Ausmalung. Entstanden ist ein an der Heilsgeschichte orientierter Zyklus von Bildern aus dem Leben Marias und Jesu. Für Marcel Proust lag die Anziehungskraft der Bilder darin, dass das, was sie darstellten, nicht mehr symbolisch gemeint war, sondern «als wirklich erlebt» ins Auge sprang.⁷⁰ In der *Beweinung Christi* erkennt man, wie Giotto vor dem geheimnisvollen blauen Hintergrund eine gewaltige Bandbreite von Affekten in den Gesichtern trauernder Menschen, aber auch der im Himmel klagenden Engel zur Darstellung bringt. Giotto nutzt auch die Farbgebung in einer ganz neuen Weise (siehe Tafel 6). Sein Bildprogramm ist ganz auf «emotionalen Nachvollzug ausgelegt»,⁷¹ und das mit Erfolg. Der Gebrauch von Bildern zur Veranschaulichung der Heilsbotschaft war an sich nicht neu. Neu war, dass seiner Malkunst umfangreiche naturkundliche Studien zugrunde lagen. Seine malerische Innovation war auch eine technologische Revolution. Dazu gehörten Experimente im Anrühren der Farben, die zur Grundlage einer erneuerten Freskotechnik wurden. Das bedeutete aber vor allem, sich in die Gesetze der Optik zu vertiefen. Naturgetreues Malen heißt nicht einfach, die Natur abzubilden. Die Frage war vielmehr, was wie abgebildet werden sollte. Dahinter verbarg sich eine fundamentale erkenntnistheoretische Debatte der damaligen Zeit.⁷² Die menschliche Wahrnehmung, so die diskutierte These, kann nicht die Dinge an sich erkennen, sondern nur so, wie sie der menschliche Blick erfasst. Wirklichkeitserfassung ist also an den Standpunkt des Betrachters gebunden. Eine realitätsgetreue Abbildung bedeutet in diesem Sinne, die Standortgebundenheit des menschlichen Blicks beim Malen zu berücksichtigen. Giotto hat die Zentralperspektive nicht erfunden, aber er kann durch seine Kunst doch als ihr Wegbereiter gelten. Einsichten in die Funktionsweise des menschlichen Blicks waren die Grundlage seines «Naturalismus», der dann wiederum in der Malerei zuvor nicht bekannte Präsenzeffekte erzielen konnte.

Damit hängt ein zweiter Aspekt zusammen. Die neuen Möglichkeiten in der Malerei erzielten immense Wirkungen. In ihrem Appell an die Imaginationskraft erzeugten sie eine besondere Erlebnistiefe und bewirkten eine ganz eigene religiöse Erfahrung. Das Bild ist damit nicht mehr einfach nur ein Hilfsmittel des Wortes, es ist ein selbständiges Medium für religiöse Erfahrungen. Mochte Giotto selbst dies vielleicht gar nicht intendiert haben, so entfesselte seine Malkunst doch eine Macht der Bilder, die das Christentum und mit ihm die abendländische Kultur nachhaltig geprägt hat.

Wie kann man sich diese Veränderung erklären, welche Motive leiteten sie? Henry Thode machte in einer berühmt gewordenen Untersuchung den franziskanischen Geist als Motivationsgrund aus. Franziskus von Assisis Einsicht in die göttliche Güte der geschöpflichen Welt habe vor allem in der Malerei eine besondere Hinwendung zur Natur und damit auch den Maßstab einer naturgetreuen Repräsentierung freigesetzt.[73] Thodes These von einer christlichen Wurzel der Renaissance passte jedoch nicht in das Bild, das sich das 19. Jahrhundert von der Epoche machte. Sein Buch war zunächst – wie Thode selbst klagte – «lange unbeachtet, ja todtgeschwiegen».[74] Inzwischen ist seiner These vermutlich öfter widersprochen worden, als das Buch überhaupt gelesen wurde.

Manche seiner Zeitgenossen begnügten sich mit Spott. Heinrich Wölfflin meinte, es sei nicht wahrscheinlich, dass Giotto «die Herzensergießungen eines Franziskaner Klosterbruders in der Tasche getragen hätte».[75] Heute wird anhand von Textbelegen zu erweisen versucht, dass Giotto nicht nur kein Anhänger der Franziskaner, sondern ein entschlossener Kritiker ihres Armutsideals war.[76] Folgerichtig wird behauptet, dass die berühmten Franziskus-Bilder in der Oberkirche der Basilika San Francesco in Assisi nicht von Giotto selbst, sondern nur aus seiner Schule stammen (Abb. 27). Giottos Gedicht, in dem er das Armutsideal kritisiert, belegt keineswegs eindeutig eine Gegnerschaft zu Franziskus selbst, sondern könnte gerade auch eine Kritik an den franziskanischen Gepflogenheiten seiner Zeit gewesen sein, die sich vom Ideal des Vorbilds entfernt hatten. Sollten die Franziskus-Fresken tatsächlich nicht von Giotto, sondern von seinen Schülern gemalt worden sein, wäre erklärungsbedürftig, warum die Schule einer solchen Franziskus-Begeisterung verfallen konnte, wenn doch ihr Meister zu seinen scharfen Kritikern zählte.

Abb. 26

Für die Florentiner war in den letzten Jahren des 13. Jahrhunderts Giottos Kruzifix in Santa Maria Novella ein Ereignis. Es war für ihre Sehgewohnheiten so ungewohnt naturnah und realistisch, dass sie sich beim Anblick nach Golgatha versetzt fühlten.

Die Macht der Bilder

Abb. 27   Giotto di Bondone, Franziskus predigt den Vögeln, um 1295/1300. Mit ihren Bildern aus dem Leben des Heiligen trugen Giotto und seine Schule zur Verbreitung seiner Ideale bei. Ihre Aufwertung der Natur ist selbst vermutlich eine Folge des franziskanischen Geistes.

Sechstes Kapitel: Wiedergeburten

Religiöse Motive für Giottos Aufbruch zu bestreiten ist also keineswegs einleuchtend. Thodes Kritiker sehen jedoch richtig, dass eine so rasante kulturelle Transformation nicht allein als ein religiöser Mentalitätswechsel zu erklären ist, er geht mit gravierenden praktischen Veränderungen und technologischen Innovationen einher. Giottos Neuheit auf diese technische Seite zu beschränken, ist jedoch ebenso einseitig wie Thodes religiöse These.

Franziskanischer Geist ist nicht mit romantischen Herzensergießungen zu verwechseln, es handelt sich vielmehr um einen grundlegenden Mentalitätswandel, der eine Aufwertung des naturhaft Schönen und eine Bejahung des Diesseitigen aus religiösen Gründen einleitete. Es spricht Vieles dafür, dass die Künstler jener Zeit aus diesem Geist den Antrieb und die Inspiration zu den neuen Wegen in der Malerei empfangen haben. Der Name Giotto steht für den genialsten Protagonisten dieser Wende.

Botticelli und die Erlösung durch Schönheit

Die durch Giotto zum Aufblühen gebrachte neue Form des Malens fand für fast drei Jahrhunderte in Florenz ihr Zentrum. Italien, vor allem aber Florenz, war in dieser Epoche mit einer Dichte an begnadeten Künstlern gesegnet, die ihresgleichen sucht.

Der Goldschmied, Bildhauer und spätere Architekt Filippo Brunelleschi und der Maler Masaccio entwickelten Giottos Errungenschaften weiter und schufen das perspektivische Verfahren.[77] Im Schatten der Kuppel, die Brunelleschi als Architekt errichtete, wuchs auch ein Künstler auf, der in besonderer Weise die heidnische Seite der Renaissance zu repräsentieren schien. Sandro Botticelli (1445–1510) thematisierte in auffallend vielen Bildern Motive der antiken Mythologie.[78] Man schrieb dies seiner Nähe zu Lorenzo de' Medici zu und dem Kreis der Florentiner Akademie, mit dem er regen Umgang pflegte. Von keinem Maler wissen wir heute mehr über den engen Gedankenaustausch mit der Philosophie und der Lebensauffassung des Florentiner Platonismus.[79] Zum vermeintlich heidnischen Botticelli will es allerdings nicht recht passen, dass er ebenso prominente christliche Bilder schuf. Bisweilen hat das zu etwas gezwungenen biographischen Auflösungen geführt. Entsprechend seiner Ausbildung bei Fra Filippo Lippi habe er zunächst wie üblich und gefordert christliche Motive bearbeitet, unter dem Einfluss der Florentiner Akademie sich dann aber heidnischen Themen zugewandt. In den Neunzigerjahren sei er unter den Einfluss des Dominikanerpredigers Savonarola geraten und habe in dessen Geist sogar eigene Bilder verbrannt und sich wieder ganz einer verklärten christlichen Malerei zu-

Abb. 28 Sandro Botticelli, Die Beweinung Christi, um 1495. Botticelli führte im Geist der Florentiner Renaissance den von Giotto eingeschlagenen Weg weiter. Seine Darstellung der Beweinung Christi führt den Naturalismus und die Emotionalität in dem für Botticelli so typischen Stil aus.

gewandt.[80] Diese Einteilung scheitert zwar schon an der Chronologie der Bilder, der Einfluss Savonarolas auf Botticelli ist dennoch ein viel diskutiertes Thema. Daran hängt nicht wenig. Wäre Botticelli zum Anhänger Savonarolas geworden, hätte der Maler die religiöse Macht der Bilder wieder an das Wort des Predigers zurückgegeben. Die neuere Forschung liefert gute Gründe für die Annahme, dass er genau das nicht getan hat.[81]

Botticelli malte berühmte christliche Motive, Heiligendarstellungen und biblische Themen von melancholischer Schönheit. In seiner *Beweinung Christi* (Abb. 28) ist in der Gestaltungstechnik der Impuls zu erkennen, der von Giotto ausgeht, das Bild führt jedoch weit darüber hinaus. Botticellis Geheimnisse mögen der Grund sein, warum an seinen Bildern im 20. Jahrhundert eine der bedeutendsten Schulen der kunsthistorischen Betrachtung ihre Theorien entfaltete. Sie verdient an dieser Stelle einen Exkurs.[82]

Der 1866 geborene Aby Warburg gab der aufkommenden Renaissanceforschung des 19. Jahrhunderts neue Anregungen, indem er Bildanalysen mit Quellenstudien verband. Warburg las Philosophen, Dichter, Chroniken und studierte Briefwechsel, um so die Motive in Kunstwerken vor dem kulturellen Hintergrund ihrer Zeit besser verstehen zu können. Er verband also kulturgeschichtliche mit kunstgeschichtlichen Methoden und begründete damit die Ikonologie als kunsthistorisches Verfahren. Er zog bedeutende Gelehrte in seinen Bannkreis. Erwin Panofsky und Ernst Gombrich sind die klangvollsten Namen aus der Warburg-Schule, aber auch Philosophen wie Ernst Cassirer und Paul Oskar Kristeller standen dem Kreis nahe. Die Geschicke des Kreises und seiner Bibliothek sind allerdings tragisch mit den politischen Entwicklungen des 20. Jahrhunderts verflochten. Warburg starb 1929, seine Nachfolger und viele aus seinem Kreis waren wie er selbst Juden und mussten mitsamt der Bibliothek im Dezember 1933 nach London fliehen, wo sich die berühmte Warburg-Bibliothek bis heute befindet.

Botticellis *Geburt der Venus* (siehe Tafel 7) ist eines der faszinierendsten Bilder der Renaissance. In der Bildmitte gleitet Venus in einer Muschel über die Wogen, links blasen geflügelte Windgötter die Muschel ans Ufer. Dort wartet eine Frauengestalt mit einem ausgebreiteten Mantel, um die nackte Göttin zu verhüllen. Der junge Warburg hatte bereits in seinem Erstlingswerk mit seinem Ansatz Erstaunliches zum Verständnis des Bildes herausgefunden. Er konnte einen homerischen Hymnus in der Fassung des Dichters Poliziano als Ideengeber ausmachen, Edgar Wind arbeitete noch stärker die philosophischen Hintergründe des Bildes bei Marsilio Ficino und Pico della Mirandola heraus – am Ende schien es, das Bild sei gemalter Neuplatonismus.[83] Bei Warburg findet sich der aufschlussreiche Satz, in der Zusammenarbeit von Poliziano und Botticelli sei «der Dichter der Geber und der Maler der Empfänger»[84] gewesen. Das offenbart eine Tendenz, die künstlerische Produktion einseitig als Ausdrucksgestalt vorausgehender weltanschaulicher Sinnstiftung zu interpretieren. Darin liegt die Gefahr, Kunstwerke zum bloßen Mittel zum Zweck zu degradieren.[85] Die Unmittelbarkeit ihrer Wirkungskraft, ihre sinnlich evozierte Emotionalität, das Ergreifen der Betrachterinnen und Betrachter, ohne dass diese in Worte fassen könnten, was sie so berührt, all diese spezifischen Überschussleistungen des Kunstwerks treten in manchen ikonographischen Interpretationen zu stark in den Hintergrund oder gehen ganz verloren. Ermäßigt man das ikonographische Programm der Warburg-Schule um das zu stark konstruierte Abhängigkeitsverhältnis von Philosophie und Dichtung in Richtung eines vageren Einflusses, den die Künstler eigenständig und produktiv in ihren Bildern umsetzen, dann sind ihre Einsichten von hoher Aktualität.[86] Botticelli arbeitete in der Bildgestaltung mit Abstraktionsverfahren. Weder das Meer noch die Landschaft, noch die Gestalt der Venus selbst scheinen einfach eine Wiedergabe sinnlich wahrgenommener Natur. Den Zeitgenossen, die seit Giotto von den Künstlern höchste Meisterschaft erwarten durften, konnte diese absichtsvolle Verfremdung nicht entgehen. Kein geringerer als Leonardo da Vinci hat Botticelli dafür gescholten,[87] doch Botticelli hatte anderes im Sinn. Ob er nun die in Florenz als schönste Frau ihrer Zeit gepriesene Simonetta Vespucci vor Augen hatte oder nicht – der Streit darüber ist alt –, an einem Porträt war er nicht interessiert. Er malte eine Frauengestalt, die «schöner ist, als es die Wirklichkeit erlaubt».[88] In ihrer Schönheit schimmert eine Schönheit durch, die nicht von dieser Welt ist. Botticelli erhebt so «das Kunstschöne zur Manifestation des göttlich Schönen».[89] Wer die Venus betrachtet und von ihrer sinnlich wahrnehmbaren Schönheit emporgehoben wird zum intelligiblen, unsichtbar göttlichen Grund dieser Schönheit, der erfährt das «Äquivalent einer Gottesschau».[90] Hierin liegt die eigentliche Neuerung. Die Kunst dient nichts und niemandem mehr, sie ist selbst ein Medium der religiösen Erfahrung, und diese ist nicht mehr allein an die traditionellen Inhalte gebunden. Die göttliche Schönheit eröffnet sich auch durch die Schönheit der Menschen und der Welt. Das ist kein Heidentum, sondern die Befreiung des christlichen Offenbarungsverständnisses aus den Ketten der eigenen Formzwänge.

3
Religion im Auge des Betrachters: Raffael

Die neuplatonisch inspirierte Universalisierung der christlichen Botschaft im Medium der Kunst bewegt die Gemüter, denn all jenen, die das Christentum allein mit den überkommenen Inhalten und Formen identifizieren, muss die Transformation durch die Kunst als eine Auflösung des traditionell Christlichen erscheinen. Ausgerechnet Raffael (1483–1520), der geschmeidigste aller Renaissancekünstler, wurde zum besonderen Zankapfel im Streit über das Verhältnis von Christentum und Heidentum in der Renaissance.[91] Im 19. Jahrhundert erhoben ihn die Romantiker im Gefolge Wackenroders zum Genius einer Kunstreligion. Die Nazarener, wenigstens diejenigen protestantischer Herkunft, wurden unter seinen Bildern katholisch. Die katholische Vereinnahmung provozierte Gegenreaktionen. Raffael, der Frauenliebhaber, habe nur schöne Frauen malen wollen, Visionen für edle junge Männer, meinte Nietzsche, die christliche Einkleidung sei nur eine der Zeit geschuldete Staffage.[92] Im 20. Jahrhundert wurde er gar als langweilig abgetan. Der Moderne in ihrer «unruhigen Sensibilität» behagten mehr das Exzentrische bei Leonardo oder das gebrochen Dunkle in Michelangelos Persönlichkeit.[93] Dass ein Künstler ein liebenswürdiger, geistvoller Mensch gewesen sein könnte, dessen Gesellschaft die Menschen suchten, übersteigt die moderne Vorstellungskraft. So hatte Raffael ein glückliches Leben,[94] aber eine unglückliche Wirkungsgeschichte.

Dem Ruf des belanglosen Madonnenmalers widerspricht schon Raffaels Herkunft. Aufgewachsen und erzogen wurde er am Hofe in Urbino in Umbrien, an dem der Geist der Renaissance und des Humanismus wehte.[95] Baldassare Castiglione versetzte seinen *Cortegiano* an diesen Hof, Raffael trat in seinen römischen Jahren auch mit Castiglione in freundschaftlichen Kontakt und verewigte den Humanisten in einem Porträt. Nach seiner künstlerischen Ausbildung bei Perugino zog es Raffael mit einundzwanzig Jahren nach Florenz.[96] Obgleich er zuvor schon mit Kunstwerken hervorgetreten war, wurde er dort noch einmal zum Lernenden und sog die Einflüsse auf, die von Leonardo da Vinci und Michelangelo ausgingen. In Florenz kam er auch mit dem philosophischen Programm des Renaissanceplatonismus in Berührung. Im Trend der Zeit lag vom frühen 16. Jahrhundert an Rom, das unter Papst Julius II. Florenz als Kulturmetropole ablöste. So ging auch Raffael nach Rom und stieg dort rasch zu einer Art Hofmaler der Päpste auf. 1514 wurde er zum Nachfolger Bramantes als oberster Architekt für den Bau des Petersdoms berufen. Nur siebenunddreißig Jahre alt, starb Raffael 1520.

Seine Herkunft aus der Gedankenwelt des Florentiner Platonismus belegt eines seiner berühmtesten Bilder. Während einen Steinwurf entfernt Michelangelo die Deckenfresken der Sixtinischen Kapelle malte, schuf Raffael in den Wohn- und Arbeitsräumen von Julius II. die *Schule von Athen* (siehe Tafel 8).[97] Im Zentrum der beeindruckend klaren Bildkomposition stehen Platon und Aristoteles, ihr Gespräch wird umrahmt von den anderen großen Philosophen der klassischen Zeit. Die Vorsokratiker, Sokrates selbst, der Stoiker Zenon und Plotin sind ins Gespräch vertieft, links unten im Bild vermutlich auch Epikur und ein arabischer Philosoph, möglicherweise Averroes. Das entspricht der neuplatonischen Vision einer *philosophia perennis*, wie sie Marsilio Ficino und Pico della Mirandola lehrten. Platon und Aristoteles und mit ihnen auch die anderen Philosophen treten nicht als Kontrahenten auf, sondern als gemeinsam im Gespräch nach der Wahrheit Suchende. Es ist bestes humanistisches Erbe, wenn Raffael hier die Vermittlungsform von Wissen und die Suche nach Wahrheit nicht als Lehrunterweisung, sondern als Unterredung gleichberechtigter Gesprächspartner darstellte. Dieses Bildungsideal findet seinen Niederschlag in der Institution der Akademie, und Raffael hat dafür den sinnenfälligsten Ausdruck geschaffen.[98] Es spricht für Raffael, dass er in ein so großes Programm mit Leichtigkeit Allzumenschliches einfließen lassen konnte. Den meisten Philosophen verlieh er die Gesichtszüge von Kurienmitgliedern, denen das natürlich sehr gefiel, legte es doch den Eindruck nahe, «in der Kurie eine neuzeitliche Reinkarnation antiker Weisheit zu sehen».[99]

Die Macht seiner Bilder konnte auch Raffael nicht bändigen. Die Stanza della Segnatura sollte an den vier Wänden mit einem Programm ausgemalt werden, das unter den Leistungen des menschlichen Geistes über Philosophie, Jurisprudenz und Poesie die Theologie als höchste auswies.[100] Dazu diente das Gemälde *La disputa del Sacramento* an der gegenüberliegenden Seite (siehe Tafel 9).[101] In zwei Halbkreisen disputieren von Wolken erhöht Propheten, biblische Gestalten und Heilige im Himmel sowie berühmte Theologen und Kirchenmänner auf der Erde über das heilige Sakrament des Altars. Raffael hat diesen Lobpreis eucharistischer Frömmigkeit meisterhaft ausgeführt und auch hier mit reichen Anspielungen auf Papst Julius II. und dessen Onkel, Papst Sixtus IV., versehen, die den Zeitgenossen nicht entgangen sein konnten. Und doch ist dieses in seiner harmonischen Komposition formvollendete Werk in der Wirkungsgeschichte vom gegenüberliegenden Bild *Die Schule von Athen* überflügelt worden.

Das Feld, auf dem Raffael das Verhältnis von Kunst und Religion nachhaltig bestimmte, war ein anderes. Wie kaum ein Zweiter machte er sich ein beliebtes Motiv der Volksfrömmigkeit zu eigen, um mit den Mitteln sinnlicher Schönheit den Betrachter in göttliche Sphären zu versetzen. Die Legende über die Entstehung der *Madonna della Sedia* erzählt, wie er eine junge Frau auf dem Lande mit ihren beiden Kindern zum Vorbild eines Bildes von Maria mit Jesus und Johannes machte.[102] Raffael wollte aber nicht nur die sichtbare Schönheit malen. Seine Madonnenbilder zeigen Frauen von einer so friedlichen Schönheit und mütterlichen Liebe, dass sie durch das Bild die «Wirklichkeit überhöhen».[103] Raffael gelang ein Paradox, er brachte Leichtigkeit und Tiefe in die Marienfrömmigkeit hinein (siehe zur Marienverehrung Seite 511–515).

Von Raffaels vielen Madonnengemälden erfreut sich die *Sixtinische Madonna* besonderer Beliebtheit (siehe Tafel 10). August III., der sächsische Kurfürst und König von Polen, erwarb das Altarbild 1754 für seine Dresdner Kunstsammlung. Damit war es als eines der wenigen Madonnenbilder Raffaels nördlich der Alpen zu sehen, was die spezielle Wirkungsgeschichte unter den deutschen Romantikern begünstigt hat. Die wechselvolle Geschichte des Bildes reicht bis ins 20. Jahrhundert. 1945 wurde es, als Beutekunst beschlagnahmt, nach Moskau gebracht und erst 1955 an die DDR zurückgegeben. Die Geschichte des Bildes ist von der Romantik an in vielen Bildern thematisiert worden, in denen die *Sixtinische Madonna* als Bild im Bilde in Erscheinung tritt.[104] Die *Sixtinische Madonna* war ein klassisches Auftragswerk. Daraus erklären sich einige der

Motive. Vorgesehen war es als Altarbild für San Sisto in Piacenza, da die Stadt unter Julius II. an den Kirchenstaat gefallen war. Die Kirche beherbergte die Reliquien des heiligen Sixtus und der heiligen Barbara, die im Bild links und rechts von Maria dargestellt sind. In Sixtus konnten die Betrachter die Züge von Julius II. wiedererkennen, Raffaels Hommage an den Auftraggeber. Das Zentrum bildet Maria, die graziös und in bezaubernder Anmut mit dem Christuskind im Arm auf Wolken schwebt. Geheimnisvoll sind die weiteren Motive des Bildes. Hinter dem zurückgeschlagenen Vorhang ist die schwebende Maria vor dem Hintergrund der Wolken zu sehen, die sich zu Wolkenengeln ins Grenzenlose verflüchtigen.

Hans Belting hat dieses Bild als «Kronzeugen»[105] für die grundlegend veränderte Bildphilosophie der Renaissance aufgerufen. Mit der besonderen Bildkomposition schuf Raffael nämlich nicht einfach ein Kultbild oder gab eine eigene Vision wieder. Aus der künstlerischen Inspiration heraus appelliert er an die Vorstellungskraft der Bildbetrachter: «So wird der Vorhang von einem Bild weggezogen, das in Wahrheit die Idee von einem Bilde ist: Es wird transparent zu einer anderen Wirklichkeit. Die Sichtbarkeit ist Symbol einer unsichtbaren Schönheit.»[106] Die religiöse Erfahrung, die das Bild evozieren kann, kommt damit in die Nähe einer ästhetischen Erfahrung. Nicht die unmittelbare Anschauung und Verehrung des Bildes, sondern die im Betrachter ausgelösten Gefühle und Gedanken machen die religiöse Wirkung des Bildes aus. Mit der Schönheit entsteht auch die Religion im Auge des Betrachters.

Das lässt sich an einem Detail veranschaulichen. Die beiden Putten am unteren Bildrand sind die vermutlich berühmtesten Nebendarsteller eines Bildes in der Kunstgeschichte. Sie sind ein Glanzstück an Ambivalenz und Tiefsinn. Lausbubenhaft, fast gelangweilt, räkeln sie sich unter der Erscheinung der Gottesmutter. Raffael mag sich hier einen Scherz erlaubt haben, einen allerdings, der es in sich hat. Denn «süß» sind die Putten tatsächlich, wenn man «süß» im Sinne des italienischen «*dolce*» versteht. Ihr Ausdruck nimmt der Epiphanie des Göttlichen alle Schrecken und überführt sie in das lasziv Leichte und Annehmliche – ein schöner, aber auch unerhörter Gedanke.

Raffaels Suche nach religiösen Ausdrucksmöglichkeiten in der Kunst schien unermüdlich – zum Leidwesen mancher seiner Zeitgenossen. In seinem vermutlich letzten Gemälde zeigte er einmal mehr, was das Bild kann und das Buch nicht. Man hat darin Raffaels «Vermächtnis an die Menschheit»[107] gesehen. Von der Lieblichkeit seiner früheren Arbeiten ist nichts mehr geblieben. Sein Bild *Die Verklärung Christi* (siehe Tafel 11) verknüpft zwei Geschichten der Bibel, die Verklärung Jesu als Vorwegnahme seiner Auferstehung (Mt 17,1–13) und die Heilung des mondsüchtigen Knaben (Mt 17,14–20). In außerordentlicher Emotionalität und mit intensiven Lichteffekten schildert Raffael die unfassbare Verwandlung Christi. Der Einbruch göttlicher Transzendenz in die Welt dringt in all seiner Dramatik, aber auch in seiner ganzen Erhabenheit über das Auge ins Herz.

4
Die Religion Michelangelos

Mit Giotto ist eine der folgenreichsten Entwicklungen in der Kulturgeschichte des Christentums in Gang gesetzt worden. Sein Naturalismus hat die Macht der Bilder offenbart, religiöse Vorstellungen mit bislang ungeahnter Präsenz im Bewusstsein der Bildbetrachter zu erzeugen. Die großen Maler der Renaissance führten von Botticelli bis Raffael diese Entwicklung weiter. Die Bilder traten heraus aus ihrer bloß dienenden oder illustrierenden Funktion christlicher Themen, denn sie konnten darstellen, was sich mit Worten nicht sagen lässt. So wurden die Bilder zu einem eigenen Ort der religiösen Erfahrung. Ihren Höhepunkt fand diese Entwicklung im Werk Michelangelos.

Michelangelos Werke scheinen in ihrer Erhabenheit für die Ewigkeit gemacht und sind doch unter beträchtlichen Mühen und Kämpfen entstanden. Er ist ein Mythos, der schon zu Lebzeiten die Phantasie seiner Interpreten anregte.[108] Giorgio Vasari (1511–1574), sein florentinischer Landsmann, dem sich Michelangelo verbunden fühlte, gab 1550 eine erste Beschreibung seines Lebens heraus.[109] Der fünfundsiebzigjährige Michelangelo dankte artig und diktierte dennoch Ascanio Condivi seine eigene Lebensbeschreibung – aus Sorge, «die Deutungshoheit über sich selbst zu verlieren».[110] Die zahlreichen späteren Biographen haben aus diesen beiden wichtigen Quellen, aus seinen Briefen und vor allem auch aus seinen Dichtungen die unterschiedlichsten Michelangelo-Bilder geformt. Die Geschichte der Michelangelo-Biographien ist ein interessantes Kapitel der Kunst-, aber auch der Kultur- und Religionsgeschichtsschreibung, denn sie spiegelt die Interessenslagen wider, mit denen man an Michelangelo herantrat. Liest man die Biographien unserer Tage und vergleicht sie mit den Werken des 19. Jahrhunderts, dann wird deutlich, wie viele Illusionen über den Menschen und die Kultur das 20. Jahrhundert geraubt hat. Ähnlich wie man heute bei Giotto die technische, naturwissenschaftliche und auch ökonomische Seite seines Wirkens in den Vordergrund stellt und der Idee skeptisch misstraut, diese große Kunst könnte sich wenigstens auch einer großen religiösen Idee verdanken, wird auch Michelangelo entmythologisiert. Während Herman Grimm in seiner großen Biographie im 19. Jahrhundert in Michelangelo das Genie ehrte, richtet sich heute der Blick auf seine maßlose «Geldgier»[111] und seine unterdrückte Homosexualität als Motivationsgründe seiner Kunst. Dieser Perspektivwechsel sagt mehr über unsere Zeit als über Michelangelo selbst, und doch zeigt er auch, dass die erhabene Größe seiner Kunst nicht vom Himmel gefallen ist, sondern «in der Misere, den Konflikten und Leiden eines gewöhnlichen, schwierigen Lebens wurzelt».[112]

Michelangelo wurde 1475 in eine florentinische Patrizierfamilie hineingeboren, deren Stern seit Generationen im Sinken war.[113] Die Wiederherstellung einer respektablen gesellschaftlichen Stellung seiner Familie in Florenz blieb für ihn zeitlebens ein Antriebsgrund. Aus finanziellen Gründen musste Michelangelos Vater Ludovico seinen Sohn als Lehrling in die Werkstatt der Künstlerbrüder Ghirlandaio geben. Eine Handwerksausbildung schien dem Vater der traurigste Beleg für den unaufhaltsamen Abstieg der Familie.[114] Es kam anders.

Die Gebrüder Ghirlandaio waren hervorragende und anerkannte Künstler; Michelangelo dürfte gerade von der technischen Seite der Freskomalerei und Materialaufbereitung viel bei ihnen gelernt haben. Er verließ jedoch die Werkstatt vorzeitig nach einem Streit – Condivi zufolge wegen der ungehörigen Korrektur einer Vorlage seines Meisters[115] – und wurde in den «Garten» von Lorenzo de' Medici aufgenommen, der die außergewöhnliche Begabung des Knaben erkannte.[116] Die Ausbildung im Hause der Medici war in zweifacher Hinsicht folgenreich. Zum einen begründete sie die wechselvolle Geschichte, die Michelangelo mit dem Hause Medici verband. Die Medici wurden zu seinem Schicksal. Zum anderen kam er dort in Kontakt mit der Akademie des Florentiner Platonismus. Von Angelo Poliziano ist mit Sicherheit verbürgt, dass er den jungen Michelangelo unterrichtete, und sicher lernte er hier auch die anderen Mitglieder der Akademie wie Marsilio Ficino, Cristoforo Landino oder Pico della Mirandola kennen.[117] Dieser Umstand ist für die Werkinterpretation wichtig, denn die jugendliche Prägung ist ein sehr plausibler Grund dafür, Michelangelos Werk auch im Lichte eines christlichen Platonismus zu lesen. Michelangelo ist eine der schönsten Nebenwirkungen der Florentiner Akademie um Marsilio Ficino.

Anfang und Ende: Pietà

Michelangelo trat in den Neunzigerjahren als Bildhauer mit einer Reihe von Werken hervor, die Kunstkenner seiner Zeit aufhorchen ließen. Berühmt wurde er mit einer religiösen Skulptur.[118] Der französische Kardinal Jean de Bilhères-

Abb. 29   Michelangelo, Römische Pietà, 1498/99. Die Skulpturengruppe, die sich heute im Petersdom befindet, machte Michelangelo berühmt. Eine bis dahin unvorstellbare Meisterschaft in der Behandlung des Marmors verband sich mit einer tiefen religiösen Anmut, die im Schmerz zugleich den Trost durchschimmern ließ.

Lagraulas gab bei ihm eine Pietà in Auftrag, ein beliebtes Motiv, das den Schmerz und die Trauer nach der Kreuzabnahme Jesu versinnbildlichen soll. In diesem frühen Werk – es befindet sich heute im Petersdom in einer Seitenkapelle – traten die charakteristischen Züge von Michelangelos unerbittlicher Arbeitsweise erstmals deutlich zu Tage. In seinem Perfektionismus war bereits die Beschaffung des Marmors ein wichtiger Bestandteil des Kunstwerks. Viele Monate, aufs Ganze gesehen sogar Jahre, verbrachte er immer wieder in Carrara und Pietrasanta, um nach geeigneten Blöcken für seine Skulpturen Ausschau zu halten und penible Anweisungen für die Verladung und Verschiffung zu geben. Während der Gestaltung der Pietà versank der Künstler ganz in seinen Gegenstand. «Er schlief nicht, er aß nicht.»[119] Entstanden ist eine Skulpturengruppe, in der er eine junge, überirdisch schöne Maria den Leichnam ihres toten Sohnes im Schoß hält (Abb. 29). Vor allem zwei Aspekte sind es, die Betrachterinnen und Betrachter des Werkes in Bann ziehen. Da ist zum einen die technische Seite. Der junge Künstler wollte zeigen, was er konnte, und so wurde die Pietà zu einer wahren «Demonstration von Virtuosität».[120] Die Erschlaffung der Muskulatur des toten Christus war so vorher noch nie bei einer Skulptur zu sehen gewesen, und im Faltenwurf von Marias Umhang hat Michelangelo aus dem Marmor herausgeholt, was zuvor unmöglich schien. Die wunderbare Perfektion des Werkes ist die eine Seite, die andere ist die enorme religiöse Ausdruckskraft. Michelangelo schuf eine schöne Maria – Kritiker nahmen an ihrem vermeintlich jugendlichen Alter Anstoß –, die in ihrem Schmerz jedoch nicht zerbrach, sondern der Welt entrückt scheint, und er meißelte einen vollendeten Körper des toten Christus, dem die Spuren seiner Marter nicht anzusehen sind. Schon bei seinem ersten großen Werk versteht man, warum man später sagen konnte, Michelangelo habe «die Anwesenheit des Geistigen im Stofflichen»[121] gemalt. Durch die Schönheit des toten Christus und der trauernden Maria schimmert das Göttliche hindurch. Michelangelos erste Pietà strahlt eine eigentümliche Melancholie aus, die erahnen lässt, dass sich hinter dem Schmerz der Welt etwas viel Größeres verbirgt.

Dem Thema ist Michelangelo zeit seines Lebens nachgegangen, als alter Mann rückte er es wieder an die erste Stelle seines Schaffens. Die Pietà Bandini entstand ein halbes Jahrhundert nach seinem Jugendwerk, die Formensprache ist eine deutlich andere, dramatischere (Abb. 30).[122] Das Werk zeugt von Michelangelos tiefem Glauben, in Christus Erlösung zu finden. Die späte Pietà umgibt die Aura des Glaubens an den geheimnisvollen Sinn des Opfertodes Christi. Allerdings flog ihm diese Auffassung nicht mit Leichtigkeit zu, mit ihr einher gingen innere Kämpfe und Zustände der Verlassenheit. Mit über achtzig Jahren attackierte Michelangelo die Christusfigur dieser späten Pietà mit einem Hammer. Für diese Verzweiflungstat gab es viele Gründe: die Verlassenheit des Greises, der seine besten Freunde inzwischen hatte sterben sehen, aber auch die Bedrängnis durch den Inquisitionspapst Paul IV. Man erzählte sich, Michelangelo habe einmal in einer Schaffenskrise seinen Moses bedrängt: «Warum redest du nicht?»[123] Es ist nicht auszuschließen, dass der Akt künstlerischer Selbstzerstörung auch eine solche Frage an Christus war. Das Thema der Pietà jedenfalls ließ Michelangelo nicht los. Aufgrund der Inventarliste, die vom Haushalt des am 18. Februar 1564 verstorbenen Meisters erstellt wurde, kann es als wahrschein-

Abb. 30

Michelangelo, Pietà Bandini, Florenz, 1547–1555. Das Thema der göttlichen Barmherzigkeit, die in Maria sichtbar wird, beschäftigte Michelangelo zeit seines Lebens. Hinter diesem Alterswerk verbargen sich existentielle Kämpfe des Künstlers, aber auch ein tiefes Vertrauen auf die Kraft des Erlösungstodes Christi.

Sechstes Kapitel: Wiedergeburten

lich gelten, dass seine letzten Meißelschläge einer weiteren, der unvollendet geblichenen Pietà Rondanini gegolten haben.[124]

Ruhm und Ehre: Die Sixtinische Kapelle

Michelangelos Zeitgenossen blieben die technische Meisterleistung und die religiöse Strahlkraft seiner ersten Pietà nicht verborgen. Sie hat ihn berühmt gemacht. Nachdem sie vermutlich 1500 in einer Kirche aufgestellt worden war, erhielt er schon ein Jahr später von seiner Heimatstadt Florenz den Auftrag, eine Monumentalstatue anzufertigen, die den Ruhm der Republik Florenz verherrlichen sollte.[125] Dazu war ein Marmorblock schon seit Mitte des 15. Jahrhunderts auserkoren, doch scheiterten reihenweise die Bildhauer an der Realisierung. Michelangelo schuf in drei Jahren den David, ein in Stein der Ewigkeit anvertrautes Ideal der Schönheit, der Kraft und des Mutes. Der noch nicht Dreißigjährige stand am Zenit seines Ruhmes.

Es ist symptomatisch für die sich anbahnende Verschiebung des Kräfteverhältnisses, dass der Florentiner auf dem Gipfel des Erfolges einen Auftrag in Rom annahm. Im 16. Jahrhundert löste Rom Florenz als Hauptstadt der Renaissance ab. Das war auch das Verdienst von Papst Julius II. Eine der schillerndsten Gestalten auf dem Stuhle Petri zeigte als Kunstmäzen einen treffsicheren Instinkt, unbestritten hatte er eine außerordentliche «Gabe im Aufspüren künstlerischer Begabung».[126] Nicht nur Raffael, sondern auch Michelangelo holte er nach Rom.[127]

Julius II. beabsichtigte, das Deckengewölbe der Sixtinischen Kapelle ausmalen zu lassen, um damit die Familientradition fortzusetzen, die sein Onkel, Papst Sixtus IV., mit dem Bau der Kapelle eingeleitet hatte. Am Ende entstand ein Werk von rätselhafter Großartigkeit. Die Umstände der Beauftragung liegen im Dunkeln. Weder ist klar, warum Julius II. das Projekt seines Grabmals zugunsten der Kapelle zurückstellte, noch ist mit Sicherheit zu sagen, warum er Michelangelo beauftragte, der bislang als Maler überhaupt noch nicht in Erscheinung getreten war, und schließlich liegt im Verborgenen, warum Michelangelo den Auftrag angenommen hat. Dabei dürfte auch seine Geldgier eine Rolle gespielt haben.

Die Sixtinische Kapelle war noch keine dreißig Jahre alt.[128] Nachdem sie unter Sixtus IV. 1480 erbaut worden war, beteiligten sich an der Ausgestaltung der Seitenwände alle, die in der italienischen Kunst Rang und Namen hatten. Aus Florenz waren Botticelli und Michelangelos Lehrmeister Ghirlandaio mit den Seitenbildern zu Szenen aus dem Leben Jesu und Moses beauftragt. Die Idee der

Deckengestaltung war ein ehrgeiziges Programm, mit dem Julius II. das Werk seines Onkels fortführen wollte. Bramante und andere Experten warnten vor den perspektivischen Schwierigkeiten, die es bereiten musste, die stark gewölbte Decke mit einem groß angelegten Bildprogramm zu schmücken (siehe Tafel 12). Am Anfang seiner Arbeit an der Decke war Michelangelos Aufmerksamkeit daher stark von handwerklichen Problemen absorbiert. Für den Bildhauer drohte die aufwändige Freskotechnik anfangs zum Fiasko zu werden.[129] Fehlerhafte Mörtelmischungen und Farbzusammenstellungen verhinderten, dass die Bildabschnitte, die an einem Tag angefertigt werden konnten, beim Abschluss des Gesamtbildes auch einheitlich aussahen. Die letzten umfangreichen Restaurationsarbeiten förderten zu Tage, wie Michelangelo immer wieder Bildteile abschlagen lassen und von vorne beginnen musste. Zur drohenden Katastrophe kam die Konkurrenz der Giganten. Fast nebenan malte Raffael die Privatgemächer des Papstes mit aufsehenerregender Meisterschaft aus. Die Erhabenheit der Sixtinischen Kapelle lässt nicht erahnen, unter welchen Kämpfen und Mühen ihre Ausgestaltung vonstatten ging. Erst ab dem Sündenfall, also dem vierten der insgesamt neun Deckenbilder, scheinen Michelangelo und seine Mitarbeiter die Probleme in den Griff bekommen zu haben. Auch der Stil ändert sich, der Maßstab der Darstellung wird größer und damit das Dargestellte für den Betrachter deutlicher. Tatsächlich kann auch das ungeübte Auge den Qualitätssprung entdecken. Am Ende scheint Michelangelo die Bildkompositionen sogar ohne die üblichen Kartonvorlagen frei aufgetragen zu haben. Auch inhaltlich löst er sich mehr und mehr von der Tradition. Bei der Erschaffung Evas lässt sich beispielsweise erkennen, wie sich Michelangelo von Lorenzo Ghibertis *Erschaffung Adams* an der Porta del Paradiso des Baptisteriums in Florenz (Abb. 31) inspirieren ließ, vielleicht auch von Jacopo della Quercia. Während er die Vorlagen von der Erschaffung Adams in seiner Erschaffung Evas einarbeitete, sind die Bildsequenzen ab der Erschaffung Adams in der Sixtina ohne Analogien. Sie entspringen ganz der Kreativität Michelangelos. Zu meistern war außerdem das perspektivische Problem der Wölbung und der Deckenstruktur, auf das schon im Vorfeld Bramante hingewiesen hatte. Michelangelo löste es in den Eckbildern der Decke mit genialer Virtuosität. Vor allem bei der Darstellung des Propheten Jonas am Ende der Decke wird deutlich, dass durch Michelangelos perspektivische Verkürzungen die Wölbung der Decke nicht mehr zu erkennen ist.[130] Die Erzeugung dieser Illusion war harte Arbeit; Michelangelo ließ immer wieder Mitarbeiter Modell sitzen, um die Perspektivänderungen einzuüben. Außergewöhnlich ist auch die Maltechnik selbst: kurze, breite Pinselstriche erzeugen die besondere Raumtiefe der Figuren.[131]

Leider ist wenig darüber bekannt, wie das Bildprogramm der Decke zustande

Lorenzo Ghiberti, Die Erschaffung Adams, *Bronzerelief. Der Florentiner Michelangelo konnte das Werk Ghibertis an der Paradiestür des Baptisteriums San Giovanni oft bewundern. Er übernahm die Grundkonzeption des «Handschlags», machte daraus aber etwas ganz Eigenes.*

Abb. 31

kam. Seiner späteren Darstellung nach konnte Michelangelo dem Papst die ursprüngliche Idee ausreden, nur die zwölf Apostel zu malen. Er dürfte in Fragen des inhaltlichen Konzepts beachtliche Freiheiten gehabt haben.[132] Dass er die Planung jedoch ganz allein entworfen hat, ist nicht sehr wahrscheinlich. Das Hauptaugenmerk liegt auf der Darstellung der biblischen Erzählung von der Erschaffung der Welt bis hin zu Szenen aus dem Leben Noahs.[133] In neun Bildern sind die Scheidung von Licht und Finsternis, die Erschaffung von Sonne, Mond und Planeten, die Scheidung von Himmel und Wasser, die Erschaffung

Abb. 32   Michelangelo, Die Erschaffung Adams *auf dem Deckenfresko der Sixtinischen Kapelle. Die horizontale Anordnung, die Fingerhaltung und der Blickkontakt zwischen Adam und seinem Schöpfer verleihen dem Bild nicht nur eine künstlerische, sondern auch eine tiefe religiöse Dimension. Die Erschaffung Adams ist gemalte Gottebenbildlichkeit.*

Adams, die Erschaffung Evas, der Sündenfall und die Vertreibung aus dem Paradies, Noahs Opfer, die Sintflut und die Trunkenheit Noahs dargestellt. Gerahmt wird die große Bilderzählung von Ignudi, antiken Sibyllen und Propheten des Alten Testaments. Über die Entstehung des Bildprogramms und die daran beteiligten Personen wüssten wir auch deswegen heute gerne mehr, weil es das Verständnis des epochalen Werkes erleichtern würde. Die Interpretationsansätze reichen von Michelangelo, dem kirchentreuen Maler, der ganz das theologische Programm des Papstes umgesetzt habe,[134] bis hin zum Florentiner Neuplatoniker.

In der Abwägung der Argumente und Interpretationsvorschläge liefern die Arbeiten aus der Warburg-Schule noch immer sehr gute Erklärungsansätze.[135] Die Komposition der Decke lässt erhebliche Einflüsse erkennen, die Michelangelo seit seiner Ausbildung unter den Medici in Florenz aufgenommen hat. Unterstützt wird diese Interpretationslinie durch ein historisches Argument. Michelangelo wurde der Augustinergeneral Egidio da Viterbo (1472–1532) als

Michelangelo versteht die «Erschaffung der Gestirne» auf dem Deckenfresko der Sixtinischen Kapelle als Akt göttlicher Kraft. In der Bildgewalt treten auch seine kosmologischen Ideen zutage. Abb. 33

theologischer Berater zur Seite gestellt,[136] der ein begeisterter Anhänger Ficinos war. Es ist nicht unwahrscheinlich, dass der in Florenz erzogene Michelangelo und der von Florenz begeisterte Egidio da Viterbo in gemeinsamen Gesprächen über das Bildprogramm der Sixtinischen Decke nachgesonnen haben. Es liegt daher nahe, dass der Florentiner Renaissanceplatonismus einen wichtigen Hintergrund für Michelangelos Werk lieferte.[137] Michelangelos Gemälde waren keinesfalls «bloße Illustrationen des Systems Ficinos»,[138] aber er empfing aus dem Neuplatonismus wichtige Inspirationen für eine Kunst, die die neue Macht der Bilder zu einem Erlebnis machte.

Was der neuplatonische Hintergrund für das Verständnis des Werkes bedeutet, hat aus dem Umfeld der Warburg-Schule Charles de Tolnay um die Mitte des 20. Jahrhunderts am gründlichsten untersucht.[139] Unter Rückgriff auf die Philosophie des Florentiner Neuplatonismus veranschaulicht die Rahmung mit den Gestalten der Propheten und Sibyllen die Idee, dass sich im Christentum die alttestamentlichen und griechischen Weissagungen erfüllen. Die einzelnen Bilder

Abb. 34　Michelangelos «Scheidung des Lichts von der Finsternis» in der Sixtinischen Kapelle. In der Abfolge der Bilder verflüchtigt Michelangelo die Gottesgestalt immer mehr über die konkreten menschenähnlichen Züge hinaus. Der Weltenanfang ist ein unfassbares Ereignis göttlicher Tat.

der Decke stehen für die Stufen, die der Mensch im Aufstieg zu seinem göttlichen Ursprung durchschreitet. Die ersten Bildsequenzen, Noahs Trunkenheit, die Sintflut und der Sündenfall, veranschaulichen die platonische Auffassung vom Körper als Gefängnis der Seele, den hoffnungslosen Kampf der in dieser Körper- und Sinnenwelt gefangenen Menschen und die Sünde als ein aktives

Verlangen, das der menschlichen Natur innewohnt. Die Erschaffung Evas und Adams stellen jeweils den Schöpfungsprozess als eine Emanation göttlicher Ideen dar, mustergültig entfaltet in der Erschaffung Adams (Abb. 32). Gott-Vater vereint als unendliches Wesen alle Kräfte des Universums in sich, die ihn umgebenden Genien stellen die Ideen dar, die in Gottes Bewusstsein immer schon präexistieren. So repräsentiert die Frau, die auf Adam schaut, Eva, das Kind antizipiert den Sohn und damit die Christusgestalt. Schon vor der Erschaffung Adams und Evas ist das ganze Schicksal der Menschheit im göttlichen Sich-Selbst-Denken präsent. Die Positionierung Adams spricht für sich selbst, die horizontale Anordnung zeigt ihn als «zweiten Gott», die Lebensübertragung ist ein geistiger Funkenschlag durch die sich fast berührenden Fingerspitzen. Die Lehre von der Gottebenbildlichkeit des Menschen der Renaissanceplatoniker leistet für die ikonographische Entschlüsselung dieses bekanntesten Bildes aus dem Deckengewölbe wertvolle Dienste. In den Bildern «Erschaffung der Gestirne» und «Scheidung des Lichts von der Finsternis (Abb. 33, 34) fließen de Tolnay zufolge die Kosmologie und die Gotteslehre des Florentiner Platonismus zusammen. Die Schöpfung erscheint als weiser Verstandesakt Gottes. Je näher man in der Bildfolge an den Ursprung der Welt herankommt, desto mehr verliert die Gottesgestalt ihre anthropomorphe Form. Michelangelo zielt darauf, «die Gottesgestalt über das Menschliche hinauszusteigern»[140] und den Schöpfungsakt «als Begleiterscheinung des göttlichen Handelns» darzustellen, «das letzten Endes Selbstbewegung ist».[141] Das Hervorgehen aus der unfassbaren Unendlichkeit des Göttlichen markiert überhaupt erst den Anfang der Welt. Man vergisst heute leicht, dass der Eingang der Sixtina eigentlich dort war, wo man nach dem heutigen Besichtigungsrundkurs hinausgeschoben wird. Blickt man von dort an der Decke entlang zurück zur Altarseite, dann versinnbildlicht die Bildabfolge die Erlösung des Menschen und der Welt als Rückkehr zum unfassbaren göttlichen Grund.

Michelangelo selbst hat den Mythos Sixtina eifrig gefördert, indem er von den körperlichen Mühen und der Einsamkeit des Künstlers berichtete. Natürlich hatte er Mitarbeiter, und das Ganze war für ihn auch ein Unternehmen, in dem er vom Papst immer wieder Geld forderte und auch bekam. Am Ende reichte die Summe für ein großes Landgut vor den Toren von Florenz.[142] Das ist, gemessen an der Unsterblichkeit dieses Kunstwerks, ein sehr bescheidener Preis. Die Sixtinische Decke zählt zu den «schönsten und freiesten Kunstgedanken der goldenen Zeit»,[143] sie ist vor allem aber ein Meilenstein in der religiösen Ausdruckskraft christlicher Kunst. Es ist eine theologische Meisterleistung, wie Michelangelo hier Schöpfung und Erlösung ineinanderfügt. Die Faszination geht jedoch nicht von theologischen Begriffen aus, sondern von der neuplatonisch inspirierten Strahlkraft einer Kunst, die das Geheimnis des Weltdramas und der Erlösung in religiösen Bildern weit machtvoller erzählt, als es Worte und Begriffe vermögen.

Kraft und Gnade: Christus, der Auferstandene und der Weltenrichter

Die Sixtina hat Michelangelos Ruhm, Ehre und Geld vermehrt, doch das Glück hielt nicht lange. Für fast zwei Jahrzehnte drohte er in den Mühlen seiner Zeit aufgerieben zu werden.[144] Das Grabmal für den 1513 gestorbenen Papst Julius II. entwickelte sich zur Tragödie seines Lebens. Der ursprüngliche Standort im Petersdom ließ sich unter den Papstnachfolgern nicht mehr realisieren, das Vorhaben erlebte ständige Änderungen. Die Nachkommen bedrängten Michelangelo mit gutem Grund, denn aus dem Vermögen der Familie della Rovere war ein beträchtlicher Vorschuss bereits ausbezahlt worden. Zudem wurde Michelangelos Energie von anderen Projekten in Anspruch genommen. Dafür waren vor allem die Medici verantwortlich, die nicht nur in Florenz wieder an die Macht gelangten, sondern mit Leo X. und Klemens VII. in kürzester Zeit zwei Päpste stellten, die Michelangelo von seiner Jugend her kannte. Dennoch begab er sich in den Zwanzigerjahren auf politisch dünnes Eis. Er unterstützte republikanische Bestrebungen gegen die Medici, was ihm Verfolgung und Lebensgefahr einbrachte, doch am Ende kam es zur Versöhnung. In der Kunst erlebte er seine größte Niederlage, denn die Gestaltung der Fassade von San Lorenzo in Florenz ließ sich letztlich nicht realisieren. Berühmt ist aus dieser Zeit das Grabmal der Medici, ein erhabenes Kunstwerk, dem man seine bedrängten Entstehungsbedingungen kaum ansieht. Allein der traurige Gesichtsausdruck mancher Figuren mag etwas von Michelangelos damaliger Gemütslage widerspiegeln.[145]

Vielleicht das Glück der Liebe, vor allem aber ein neues großes Projekt veranlassten Michelangelo zum erneuten Umzug nach Rom. Nach fast zwanzig Jahren kehrte er 1534 zurück in die Sixtinische Kapelle, um dort das gigantische Altarfresko *Das Jüngste Gericht* zu malen (siehe Tafel 13).[146] Es zeigt in der Mitte Christus als Weltenrichter, an seiner Seite Maria und die Heiligen. Zu seiner Rechten, im Bild links, entreißen Engel die Auferstandenen den Dämonen und führen sie hinauf ins Paradies; zu seiner Linken, im Bild rechts, stoßen Engel die verzweifelten Sünder hinab in die Hölle, wo sie Teufel gierig zu sich hinabzerren. Die Vorstellung vom Jüngsten Gericht, in dem Christus als Weltenrichter am Ende der Tage die Menschen entsprechend ihren Taten mit dem Himmel belohnt oder in die Hölle verdammt, ist ein altes und mächtiges Motiv der Christentumsgeschichte. Michelangelo arbeitete klassische Motive ein wie den

Christus mit der erhobenen rechten Hand und die Engel mit den Posaunen, er nutzte die Bibel und seinen verehrten Dante als Quelle, er malte an den geöffneten Gräbern die Auferstehung des Fleisches, begeisterte sich für die unendlichen Darstellungsmöglichkeiten körperlicher und seelischer Ausdrucksformen. Er trieb auch seinen Schabernack, indem er den Zeremonienmeister des Papstes nach einem Streit über die Nacktheit der Figuren kurzerhand ganz rechts unten als Höllenwächter Minos verewigte.[147] Den Streit um die Nacktheit hat Michelangelo allerdings verloren, denn noch zu seinen Lebzeiten musste sein Schüler Daniele da Volterra im Klima der Inquisition und der Gegenreformation die Figuren des Jüngsten Gerichts mit «grotesk anmutenden Unterhosen»[148] bekleiden.

Aus den verschiedenen Motiven schuf Michelangelo eine neuartige Bildkomposition des Jüngsten Gerichts voller Dynamik, Bewegung und Dramatik. Christus' kraftvolle Geste ist ein triumphaler Akt der Gerechtigkeit und der Barmherzigkeit, der menschliche Verzweiflung vollenden, aber auch aus dem Elend erlösen kann. Sechs Jahre arbeitete Michelangelo an dem riesigen Bild in einzelnen Abschnitten Tag für Tag, und doch wirkt es wie aus einem Guss. Er schuf ein Meisterwerk der Freskotechnik, das von einer großen religiösen Emotionalität bewegt wird. «Bestürzt über so viel Großartigkeit»[149] waren die ersten Betrachter angesichts des Bildes.

Die emotionale Wirkung des *Jüngsten Gerichts* liegt in seiner Verbindung von Dramatik und Schönheit. Michelangelo zeigt den Weltprozess als Kampf und Aufwallung, aber noch in ihrer Verzweiflung sind die Menschen schön. Bis an die Pforten der Hölle reicht so der Funke des Göttlichen. Schönheit ist auch die bestimmende Kategorie seiner Christusdarstellung. Im Jüngsten Gericht ist es die Kraft des Weltenrichters, zwanzig Jahre früher die gnadenvolle Erscheinung des Auferstandenen, in der sich die göttliche Schönheit in der Welt zeigt. Der römische Edelmann Metello Vari de' Procari gab bei Michelangelo eine Marmorfigur in Auftrag, die den auferstandenen Christus darstellen sollte (Abb. 35).[150] Die Figur, die in der Kirche Santa Maria sopra Minerva steht, hat bei Puristen einen zweifelhaften Ruf, denn Michelangelo konnte sie in jener Zeit, als er zwischen den Päpsten und den della Rovere aufgerieben zu werden drohte, nicht selbst fertigstellen. Der beauftragte Schüler verunstaltete die Figur zunächst in der Endbearbeitung, so dass ein anderer Schüler alle Hände voll zu tun hatte, die Fehler auszumerzen. 1521 erhielten die Auftraggeber die Statue. Das Werk trägt trotz der komplizierten Endphase ganz und gar die Handschrift Michelangelos. Der auferstandene Christus hält seine Marterwerkzeuge und das Kreuz mit einer Leichtigkeit in Händen, die allen Schmerz überwunden hat. Christus ist in der formvollendeten Gestalt eines antiken Heros Sieger über den Tod. Aus seinem Blick spricht eine Ruhe und Güte, in der sich ein grenzenloses göttliches

Abb. 35   Michelangelo, Christusstatue in der Basilica Santa Maria sopra Minerva in Rom. Der auferstandene Christus ist in der formvollendeten Gestalt eines antiken Heros Sieger über den Tod. Aus seinem Blick sprechen Ruhe und Güte, in denen sich ein grenzenloses göttliches Wohlwollen abbildet, das die Welt trotz all ihrer Schmerzen umfasst.

Sechstes Kapitel: Wiedergeburten

Wohlwollen abbildet, das die Welt trotz all ihrer Schmerzen umfasst. Das ist eine faszinierende Interpretation der christlichen Botschaft von Kreuz und Auferstehung. Die Schönheit und die friedvolle Harmonie der Weltüberwindung machen den auferstandenen Christus zu einer der bemerkenswertesten Christusdarstellungen.

Das Thema der Erlösung beschäftigte Michelangelo im Alter zunehmend. Das mag auch damit zu tun haben, dass er in den Dreißigerjahren Freundschaft mit Vittoria Colonna schloss.[151] Mit der vornehmen Witwe pflegte der ansonsten so eigenbrötlerische Künstler einen herzlichen Umgang mit vielen Gesprächen über religiöse Themen. Vittoria Colonna führte Michelangelo in den Kreis reformorientierter italienischer Theologen ein, die ihm die Augen für die Schlichtheit des Evangeliums öffneten. Darin waren Einflüsse der Reformation nördlich der Alpen zu erkennen, aber Michelangelo ist darüber nicht zum Lutheraner geworden, wie man gelegentlich mutmaßte.[152] Den Inquisitoren war diese Form der Religiosität dennoch ein Dorn im Auge. Unter dem Inquisitor auf dem Stuhle Petri, Paul IV., mit dem das düstere Klima des Konfessionalismus in Rom Einzug hielt, hatte Michelangelo schwere Jahre durchzustehen.

Spuren von Michelangelos gewandeltem Frömmigkeitsstil finden sich im Grabmal für Papst Julius II. Vierzig Jahre nachdem er von Julius selbst den Auftrag dafür erhalten hatte, stellte er es 1545 in San Pietro in Vincoli fertig.[153] Von den ursprünglichen Plänen blieb allerdings wenig übrig. Berühmt ist es durch die Figur des Moses geworden (Abb. 36). Sie ist allein schon aus handwerklicher Sicht spektakulär, denn Michelangelo musste sie nach all den Jahrzehnten in das Gesamtprogramm neu einfügen. Dazu drehte er die Blickrichtung und meißelte – obwohl er mit ständiger «Marmorknappheit»[154] zu kämpfen hatte – die schon um 1517 angelegte Skulptur in wenigen Tagen neu aus. Warum er dies tat, ist nicht bekannt, jedenfalls wurde dieser Moses zum Sinnbild göttlicher Präsenz und Kraft, die einen Menschen durchströmt.[155] Das ikonographische Konzept des Grabmals gibt Rätsel auf. Nicht ganz klar ist, warum Michelangelo Moses eine Allegorie des kontemplativen zur einen und eine des aktiven Lebens zur anderen Seite stellte. Diejenigen Figuren, die Michelangelo im ursprünglichen Konzept vorgesehen und schon fertiggestellt hatte, wollte er nicht mehr verwenden. Herzergreifend ist die Figur des Julius: Fernab allen Prunks kauert er sinnend zu Füßen Marias. Es ist eine jener Ironien der Geschichte: Ausgerechnet am Grabmal Julius' II. führte Michelangelo den Anspruch durch, dass «die Kirche in eine rein geistige Dimension zurückfinden sollte».[156]

Die Werke der letzten Jahre haben vor allem wegen ihrer starken Färbung durch die neue Religiosität in der Kunstgeschichtsschreibung ein ambivalentes Echo gefunden. Die Bilder in der Paulinischen Kapelle galten manchen als eine

Abb. 36

Die Arbeit am Grabmonument für seinen Gönner Papst Julius II. in der Kirche San Pietro in Vincoli in Rom beschäftigte Michelangelo über Jahrzehnte. Am Ende machte er Moses zur Zentralfigur. Er ist das Sinnbild eines Menschen, den die göttliche Präsenz und Kraft durchströmt.

Art Rückfall in die Gotik, natürlich nicht vom Stil her, sondern wegen der vermeintlichen religiösen Instrumentalisierung.[157] Neuere Untersuchungen sehen hingegen in den Bildern *Die Bekehrung des Paulus* und *Die Kreuzigung Petri* eine Vollendung seiner Kunst, in der Michelangelo die Macht des Lichts entdeckt und religiös die unmittelbare Christusgegenwart als Zentrum der Religion thematisiert.[158] In ihrer Intensität markieren sie eine Grenzscheide. Die barocke Kunst hat den späten Stil Michelangelos weiterentwickelt, um mit Bildern zu predigen.

Der Arbeitsschwerpunkt seiner letzten beiden Lebensjahrzehnte war die Architektur. 1546 ernannte Papst Paul III. Michelangelo zum Obersten Baumeister des Petersdoms.[159] Mit seiner unbestechlichen Disziplin ordnete er die chaotischen und von Korruption zerfressenen Arbeitsverhältnisse an der Bauhütte und konnte so die Realisierung der katholischen Großbaustelle entscheidend vorantreiben. Mit seinem Entwurf für die Kuppel des Petersdoms im Stile der Hochrenaissance prägte er sich in die Physiognomie der ewigen Stadt ein, vollendet wurde das Bauwerk allerdings erst zwei Generationen nach seinem Tod im 17. Jahrhundert. Michelangelo empfand den Petersdom als eine persönliche Lebensaufgabe. Mit fast schon ätherischer Ruhe ließ er all die Attacken und Intrigen an sich abprallen, mit denen man ihn immer wieder aus dem Amt zu drängen versuchte. «Mit fast neunzig Jahren wich Michelangelo vor niemandem zurück».[160] Am 18. Februar 1564 starb er «mit dem Trost des Evangeliums, der Passionsgeschichte, die sein Lieblingsschüler ihm vorlas».[161] Für Biographen des 21. Jahrhunderts steht die «überzeitliche Erhabenheit und Wahrheit»[162] seines Werkes außer Frage, sie listen aber auch gerne auf, welches Millionenvermögen Michelangelo umgerechnet in Euro hinterließ. Als man die Renaissance im 19. Jahrhundert erfand und als Vorbild der eigenen Zeit entdeckte, klang das anders. Der große Erzähler der Lebensgeschichte Michelangelos, Herman Grimm, resümierte, «die Erde müsse innehalten einen Augenblick in ihrem Laufe, wenn eine solche Kraft ihr entrissen wird».[163]

Siebtes Kapitel

«Alles fließt»: Die Reformationen
des Christentums

*1
Reformation und Reformationen*

An einem Dezembertag des Jahres 1511 warteten zwei Mönche im Augustinerkonvent S. Agostino in Rom darauf, zum Generalprior ihres Ordens, Egidio da Viterbo, vorgelassen zu werden. Die Männer hatten einen langen Weg hinter sich. Ihre Reise hatte weit im Norden der Alpen begonnen; das freundliche und warme Licht des Südens an einem Wintertag überraschte sie. Der Trubel der vielen Pilgerstätten und die pulsierende Energie der Stadt zogen die Besucher in ihren Bann. Die Stadt glich einer einzigen Baustelle, es roch nach Aufbruch. Für tiefere Eindrücke blieb nicht viel Zeit, denn der Grund der Reise war ein heikler Auftrag. Die Mönche sollten vom Ordensgeneral Weisungen in Empfang nehmen, um Streitigkeiten über die Organisation des Ordenslebens zu lösen. Im Konvent S. Agostino wurde ihnen ein Künstler vorgestellt, der dort zu einem Gespräch bei Egidio da Viterbo weilte, seinem theologischen Berater für die Ausmalung des Deckengewölbes in der Sixtina. Der Mann berichtete von seiner Arbeit in der Sixtinischen Kapelle, die Mönche hörten neugierig zu, es entwickelte sich ein kurzes Gespräch, bis der Mann schließlich wieder seiner Wege zog.

Einer der Mönche war Martin Luther. Zwar wissen wir von einer Begegnung zwischen Luther und Michelangelo nichts, doch regt die bloße Möglichkeit, dass beide sich tatsächlich hätten begegnen können, die historische Phantasie an. Während Luthers Romreise arbeitete Michelangelo an seinem großen Auftrag. Luther wollte Egidio da Viterbo, seinen Ordensgeneral, aufsuchen, der zugleich auch mit Michelangelo in Kontakt stand. Was hätten sich Michelangelo und Luther zu erzählen gehabt, wenn sie sich getroffen hätten?

Luther ließ im Rückblick späterer Jahre, in denen die Kirchenspaltung zur Realität geworden war, die Verhältnisse in Rom in einem üblen Licht erscheinen und stilisierte die dort gemachten Erfahrungen zu einem wichtigen Impuls für seine reformatorische Entwicklung. Die Verunglimpfung der ewigen Stadt ist eine der vielen Dinge, die man ihm auf katholischer Seite bis heute übel nimmt.[1] Auf evangelischer Seite hat sie bis ins 19. Jahrhundert den Mythos begründet, eine Romreise reiche aus, um evangelisch zu werden.

Die kirchenhistorische Forschung hat sich in jüngerer Zeit um eine Versachlichung von Luthers Romreise und den Folgen für die protestantischen Rombilder bemüht.[2] Dennoch bleibt Luther und Rom ein Reizthema. Der Verdacht, dass Luthers Reise die Spaltung des westlichen Christentums eingeleitet haben könnte, ist einfach zu gewichtig.

Die deutsche Reformationsgeschichtsschreibung spricht selten von den Reformationen im Plural. Das protestantische Selbstverständnis gründet in Luther und den Entwicklungen in Wittenberg. Diese Sicht ist Teil der besonderen Wirkungsgeschichte Luthers in Deutschland. Schon ein Blick auf den historischen Verlauf erweist die Reformation jedoch als ein Phänomen von internationaler Größenordnung. Zwar stand zwischen 1517 und 1521 Luther im Zentrum des Geschehens. Mit enormer publizistischer Wucht entfaltete er in sehr kurzer Zeit die religiöse Kraft seiner reformatorischen Einsichten. Dies entfesselte jedoch auch Bestrebungen, die weiter gingen als Luther und eine radikale Form des Christentums favorisierten. Luther nötigte das in den Zwanzigerjahren zu schroffen Abgrenzungen nicht nur gegen Rom, sondern auch gegen den «linken» Flügel der Reformation. Zu diesen zwei unterschiedlichen Arten von Reformation kamen reformatorische Aufbrüche in den oberdeutschen Territorien und vor allem in der Schweiz hinzu, die von Zwingli bis Calvin die theologischen Akzente anders setzten und der praktischen Durchführung der Reformation ein anderes Gesicht gaben. In die Zwanzigerjahre fiel auch Luthers Abgrenzung von den humanistischen Idealen einer Kirchenerneuerung. Über der Abspaltung der reformatorisch gesinnten Kirchen von Rom übersieht man leicht, dass schon um 1530 die Protestanten untereinander keine Einheit mehr darstellten. Spätestens nach 1530 wurden die reformatorischen Bestrebungen international und damit zu einem gesamteuropäischen Phänomen. Die Ereignisse brachten neue Formen von Protestantismen hervor und veränderten Europa nachhaltig. «Die Reformation» ist die Summe vieler Reformationen. Sie ist mehr als nur die Spaltung zwischen evangelisch und katholisch, sie ist auch mehr als die bloßen Differenzen in der kirchlichen Lehre. Die nach der Antike größten Umwälzungen des Christentums brachten eine Vielzahl von Christentümern hervor. Der Wandel war so tiefgreifend, dass er in einem Atemzug mit der Französischen Revolution zu den großen Umbrüchen des westlichen Kulturkreises gerechnet werden muss.[3]

2
Martin Luther: Ein Mönch wird zum Revolutionär

Luther hätte in Rom auch auf Raffael treffen können, der zu jener Zeit an der Ausmalung der Stanza della Segnatura arbeitete. Immerhin gab es in diesem Fall Jahre später ein denkwürdiges indirektes Aufeinandertreffen. 1527 zogen marodierende Soldaten des Kaisers plündernd durch Rom, ein bemerkenswertes Indiz für den Zerfall des austarierten Gleichgewichts zwischen Kaiser und Papst. Ein aus Deutschland stammender Landsknecht ritzte in Raffaels Bild *Disputa* den Namen «Luther» ein, treffsicher wählte der Soldat ausgerechnet die Verherrlichung des Altarsakraments. Seine Attacke im Herzen der päpstlichen Gemächer zeigt, wie sehr in den nur eineinhalb Jahrzehnten seit Luthers Romreise die Welt aus den Fugen geraten war. In ihrer Geschwindigkeit und Intensität haftet den Ereignissen immer noch etwas Unerklärliches an. Reformbestrebungen und Reformbewegungen prägten zwar das kirchliche Klima seit dem Spätmittelalter, doch lag in der Christenheit zu Beginn des 16. Jahrhunderts nicht mehr im Argen als in früheren oder späteren Epochen. Die Reformation war nicht die geschichtlich notwendige Lösung einer konkreten Krise.[4] Es war das einmalige, fast zufällige Zusammentreffen mehrerer Gründe, das Luthers Reformation auslöste.

Was immer den Umbruch im Nachhinein irgendwie plausibel machen kann, Luthers persönlicher Aufbruch kam aus dem Nichts.[5] 1505 leistete er während eines der folgenreichsten Gewitter der Weltgeschichte der heiligen Anna das Gelübde, Mönch zu werden. Gegen den Wunsch des Vaters, der seinen Sohn für ein Studium der Rechtsgelehrsamkeit bestimmt hatte, machte er das Versprechen wahr und trat schon zwei Wochen später in das Kloster der Augustinereremiten in Erfurt ein. Seine monastischen Pflichten und sein Theologiestudium betrieb Luther gewissenhaft. Er dürfte seinen Oberen im positiven Sinne aufgefallen sein, sonst hätten sie ihn kaum mit der delikaten Mission in Rom beauftragt. Je nach Datierung übersiedelte er kurz vor oder nach seiner Romreise in Übereinstimmung mit seinen Ordensoberen endgültig nach Wittenberg an die neu gegründete Universität. Dort erwarb er den theologischen Doktorgrad und trat 1512 eine Professur in den biblischen Fächern an. Luther erwies sich als ein «moderner» Bibelausleger, der die Werke der Humanisten wie Lorenzo Valla und Faber Stapulensis konsultierte und in der Paulusexegese ab 1516 die gerade von Erasmus herausgegebene griechische Edition des Neuen Testament benutzte.

Mit einiger Wahrscheinlichkeit schlug Luther am Vorabend des Allerheiligenfestes, am 31. Oktober 1517, 95 Thesen an der Allerheiligenkirche in Wittenberg an.[6] Zudem schickte er sie an Albrecht von Brandenburg, den Erzbischof von Mainz und Magdeburg, in der Hoffnung, in eine grundsätzliche Disputation über das Ablasswesen einzutreten, die dessen Missstände hätte beseitigen sollen. Das Wort «Ablass» ist für Protestanten noch heute ein rotes Tuch. Die katholische Kirche wiederum gewährt nach wie vor Ablässe wie beispielsweise zum Jubeljahr der Jahrtausendwende. Das Ablasswesen war und ist religiös vermintes Gelände.

Nach dem Grundgedanken der seit dem Hochmittelalter sich etablierenden Ablasspraxis verstand sich die Kirche als von Gott eingesetzte Institution, die verbindlich am Heil Anteil gewähren kann.[7] Vor allem durch das Verdienst Christi, aber auch durch die Verdienste der Heiligen ist für die Kirche ein Schatz an Gnadengaben hinterlegt, aus dem die Kirche Sündenstrafen erlassen kann. Bei der Entstehung der Praxis flossen die urreligiöse Vorstellung eines Tauschhandels mit der Gottheit und die einer stark rechtlich geprägten, institutionellen Heilsvermittlung ineinander. Von der religiösen Grundidee her hat der römische Ablass – allein sein Erfolg bestätigt das – durchaus Stärken. Er liefert die Menschen ihrer Schuldhaftigkeit nicht bedingungslos aus, sondern erlaubt es, durch Bußleistungen etwas von der Schuld abzuarbeiten. Die rechtlichen Ablassregelungen stellen zudem eine Rationalisierung dar, indem sie dafür ein durch die Institution Kirche geregeltes Verfahren anbieten. Daher ist es nicht überraschend, dass noch in unseren Tagen ranghohe katholische Theologen wie beispielsweise Karl Rahner an einer modernen Theologie des Ablasses arbeiteten.[8]

Niemand bestreitet heute allerdings, dass die Ablasspraxis zu Luthers Zeit einer uferlosen Pervertierung verfallen war. Papst Leo X. brauchte Geld für seine Bauvorhaben in Rom; Albrecht von Brandenburg brauchte Geld, um entgegen dem Kirchenrecht Erzbischof von Mainz und zugleich von Magdeburg werden zu können; die Fugger wiederum hatten Geld, das sie ihm liehen, damit er in Rom die Summe für den erforderlichen Dispens zurückzahlen konnte. Außerdem sollten dem Papst die restlichen Einnahmen aus dem Ablasshandel für den Bau der Peterskirche zufließen. Ein grandioser Propagandist tat das Übrige. «Wenn das Geld im Kasten klingt, die Seele in den Himmel springt» ist nur eine der vielen volkstümlichen Zusammenfassungen der Ablasspredigten des Dominikaners Johannes Tetzel. Der Mann konnte noch deutlicher werden. Tetzel hatte behauptet, so berichtete zumindest Luther im Rückblick, mit dem Erwerb eines Ablasses könne selbst dem vergeben werden, der «die heilige Jungfraw Maria Mutter Gottes hette geschwecht oder geschwengert».[9]

Luthers Thesen waren im Ton zurückhaltend, sein Begleitschreiben an Erzbischof Albrecht fast devot. Der Sache nach hantierte Luther jedoch mit einem religiösen Sprengsatz. Die rabiate finanzielle Instrumentalisierung des Ablasshandels fertigte er sehr schnell ab, um sich dem Eigentlichen zuzuwenden. Dem Ablass an sich liegt, so Luthers Grundgedanke, eine durch und durch falsche Auffassung zugrunde, wie Gott dem Menschen sein Heil gewährt.[10] Die Buße ist, wie die erste der 95 Thesen besagt, nicht an einzelne Leistungen gebunden, sondern eine innerliche Haltung, die den ganzen Menschen betrifft: «Unser Herr und Meister Jesus Christus wollte mit seinem Wort ‹Tut Buße› usw., dass das ganze Leben der Gläubigen Buße sei.»[11] Wahre innerliche Reue macht bloß äußerliche Genugtuungsleistungen überflüssig, denn «[j]eder Christ, der seine Sünden aufrichtig bereut, hat den vollkommenen Nachlass von Strafe und Schuld, der ihm auch ohne Ablassbrief gebührt».[12] Allein aus der wahren Bußgesinnung folgen schließlich die wahrhaft aufrichtigen Taten: «Lehren soll man die Christen, dass der, der dem Armen etwas gibt oder dem Bedürftigen etwas leiht, besser tut, als wenn er Ablassbriefe kauft.»[13] Bereits in den 95 Thesen zeichnet sich Luthers Verinnerlichung der Religion ab, die auf persönliche Ergriffenheit durch die göttliche Gnade abzielt.

Damit war die Idee einer päpstlich autorisierten Heilsvermittlung radikal infrage gestellt. Strategisch geschickt stellte Luther die Ablasspraxis in den Thesen als ein großes Missverständnis dar. «[W]enn der Papst wüsste, wie die Ablassprediger das Geld eintreiben, würde er es vorziehen, dass die Peterskirche zu Asche verbrannt wird, als dass sie mit Haut, Fleisch und Knochen seiner Schafe erbaut wird.»[14] Der Papst wusste jedoch ziemlich genau, was er tat. Dreieinhalb Jahre nach den Thesen war Luther im Mai 1521 vom Papst exkommuniziert und vom Kaiser mit Reichsacht belegt, damit als Ketzer verurteilt und rechtlich für vogelfrei erklärt.[15]

In der Hoffnung, eine Überwindung der Missstände erwirken und damit eine Reform der Praxis einleiten zu können, schlug Luther anfangs einen moderaten Ton an. Gleichwohl verband sich das auch mit einem neuen Selbstbewusstsein, das er mit seiner Namensänderung von Luder zu Luther artikulierte.[16] Die Anklänge an das griechische *Eleutherios,* der Freie, waren für in der humanistischen Mode der Zeit geübte Ohren unüberhörbar. Erzbischof Albrecht und Johannes Tetzel reagierten erwartungsgemäß scharf auf die Thesen, in Rom hingegen sah man das Problem, das in so weiter Ferne auftauchte, als Streiterei zwischen Augustinern und Dominikanern. Dem Medici-Papst Leo X. «fiel es schwer, Interesse für diese Angelegenheit aufzubringen».[17] Dass sich die Ereignisse dennoch überstürzten, hatte im Wesentlichen drei Gründe.

Der wichtigste Faktor war die Unterstützung durch politische Machthaber, Fürsten und Städte, die sich der Reformation zuwandten und sie damit institutionell absicherten. Zweitens wurde die Reformation von einer medialen Revolution begünstigt.[18] Die Erfindung des Buchdrucks und seine flächendeckende Ausbreitung durch Druckwerkstätten ermöglichte eine ungeahnte Beschleunigung der Informationsverbreitung. Wenn ein guter Drucker 1300 Kopien eines Bogens am Tag herstellen konnte, kann man sich ausmalen, wie schnell er die oftmals kurzen Flugschriften in hoher Auflage unter das Volk bringen konnte. Flugschriften wurden zum entscheidenden Kampfmedium der Frühreformation, und Luther wusste sich diese technische Neuerung in seiner publizistischen Tätigkeit meisterhaft zu eigen zu machen. Drittens bedurfte es der Menschen, die die neue Botschaft auch aufnahmen. Auch darin zeigte Luther einen sicheren Sinn, er hat nicht nur, dem «Volk auf's Maul geschaut», er hat ihm auch ins Herz geblickt. Mit seinen Worten traf er in dieser frühen Phase der Reformation einen Nerv der Zeit. Er artikulierte den in den deutschen Territorien angewachsenen Zorn auf das ferne Rom wegen der hohen Abgabenlasten, er nahm die Stimmungen im Volk auf, die sich gegen eine überproportional stark vertretene Priesterkaste mit oftmals üblem und gierigem Lebenswandel richteten, und vor allem fand er Worte für ein lange angestautes religiöses Unbehagen. In verschiedenen berühmt gewordenen Disputationen klärte er in der Auseinandersetzung mit den romtreuen Theologen seine Position. 1520 lief Luther mit drei Traktaten öffentlichkeitswirksam zur Höchstform auf. Mit Elan fasste er darin seine wichtigsten Thesen zusammen. *An den christlichen Adel deutscher Nation von des christlichen Standes Besserung* ist eine an die weltlichen Machthaber adressierte Werbeschrift, in der Luther die Herrscher nach dem Versagen des Papstes und des geistlichen Standes zur Umsetzung christlicher Ideale aufruft. Verbunden ist dieser Aufruf mit einer radikalen Absage an die Bevorzugung eines geweihten Priesterstandes und der Proklamation eines allgemeinen Priestertums aller Gläubigen: «Dan was auß der tauff krochen ist, das mag sich rumen, das es schon priester, Bischoff und Bapst geweihet sey, ob wol nit einem yglichen zymt, solch ampt zu uben.»[19]

Die Schrift *Von der babylonischen Gefangenschaft der Kirche* trifft das Verständnis der Kirche als sakramentaler Heilsvermittlungsanstalt ins Mark: Nicht die Kirche, sondern Gott handelt in den Sakramenten mit Trost und Zuspruch für den Menschen. Weder Menschen noch die Kirche können Heil gewähren, das kann nur Gott. In der Taufe eliminiert Luther alles, was dem Sakrament auch nur von Ferne einen magischen Hauch geben könnte.[20]

Die Abhandlung *Von der Freiheit eines Christenmenschen* widmet sich schließlich schon im Titel dem großen Thema der Reformation, der Freiheit. Diese entsteht allein aus der unmittelbaren Gegenwart Christi im Bewusstsein des Glaubenden. Die «unvergleichliche Gnadenwirkung des Glaubens ist, dass sie die Seele mit Christus verbindet wie eine Braut mit dem Bräutigam».[21] Mit unübersehbaren Anleihen bei der Tradition mystischer Theologie wird diese innere Gewissheit göttlicher Gegenwart zum Fundament einer freien Zuwendung zum Nächsten und zur Welt. Der Mensch kann sich sein Heil nicht verdienen, weder durch fromme Leistungen noch durch gute Werke. Er muss es sich aber auch gar nicht verdienen, da es ihm immer schon geschenkt ist. Aus der Freiheit des Beschenkten heraus handelt der wahrhaft fromme Mensch: «Gute Werke machen keinen guten Menschen, sondern ein guter Mensch schafft gute Werke.»[22]

Luther hob mit diesen Schriften das Verständnis Roms vom Wesen der Kirche und angemessener Religionsausübung aus den Angeln. Das warf natürlich die Frage auf, aus welcher Autorität heraus er sich zu diesen revolutionären Äußerungen ermächtigt sah. Auch darauf hatte Luther eine Antwort. In einer theologisch gehaltenen Schrift, in der er der Verdammung seiner Lehren entgegentrat, erhob er die Bibel zum Prinzip aller christlichen Glaubensgehalte und Lehraussagen. Ihr allein ist «der erste Rang einzuräumen. Das heißt, dass sie durch sich selbst ganz gewiss ist, ganz leicht zugänglich, ganz verständlich, ihr eigener Ausleger, alles von allen prüfend, richtend und erleuchtend».[23] Mit dieser berühmten Wendung war das protestantische Schriftprinzip geboren. Der Verweis auf die Bibel schien vielen von «elektrisierender Plausibilität»,[24] er verströmte die Aura des Altehrwürdigen und den Hauch echter Ursprünglichkeit. Luther griff damit empfindlich in die Frage kirchlicher Lehrautorität ein, denn er ordnete alle kirchlichen Entscheidungsinstanzen einschließlich des Papstes der Autorität der Bibel unter.

Im magischen Jahr 1520 führte Luther einen revolutionären Frontalangriff auf das jahrhundertealte Selbstverständnis der Kirche. Er verstand die Kirche nicht mehr als eine dem Glaubenden vorgeordnete Institution, die über sein Heil verfügen kann, sondern als ein Ereignis im Bewusstsein der Glaubenden.[25] Die Kirche war für ihn die Gemeinschaft derer, die sich vom Wort Gottes getroffen wussten. Luther ging so weit, die wahre Kirche als unsichtbar zu bezeichnen, weil sie an dieses innere Erlebnis gebunden ist und nicht an Äußerlichkeiten wie Amtspersonen und Zeremonien. Die amtlichen Repräsentationsformen wertete er zugunsten eines Priestertums aller Gläubigen radikal ab, Amtsträger verloren die Funktion als Vermittlungsinstanz des Heils und damit auch ihre wichtigste Legitimation. Das Heil des Menschen hing nun ohne Vermittlungsinstanz von seiner eigenen Gottesbeziehung ab. Das war eine ungeheure Emanzipation des religiösen Individuums, die man zu Recht als «Geburt der religiösen Autonomie»[26] bezeichnet hat. Was im Rahmen der Ablassdiskussion vergleichsweise harmlos als Kritik kirchlicher Missstände angefangen hatte, wuchs sich in kurzer Zeit zu einer Revolution nicht nur der Theologie, sondern vor allem der religiösen Mentalität des Christentums aus. Scharfsichtige Köpfe in den Reihen der romtreuen Theologen verstanden sehr schnell, was das bedeutete. Cajetan merkte zu Luthers Ideen lapidar an: «Das heißt […] eine neue Kirche bauen.»[27] Im Dezember 1520 verbrannte Luther öffentlich die Bannandrohungsbulle des Papstes. Manchem seiner Zeitgenossen mag das als spektakulärster Akt dieser frühen Jahre der Reformation erschienen sein, und doch war es nur eine symbolische Handlung, hinter der sich eine Revolution der religiösen Haltung verbarg.

3
«Die ich rief, die Geister»: Radikale Reformation

Nach dem Wormser Reichstag ließ Kurfürst Friedrich der Weise Luther in einer vorgetäuschten Entführung einstweilen aus dem Verkehr ziehen. Zu seinem Schutz wurde er auf der Wartburg versteckt. Luther nutzte die Zeit und machte sich an die Übersetzung des Neuen Testaments. Dennoch könnte sich Luther auf der Wartburg ähnlich gefühlt haben wie Goethes Zauberlehrling. Denn was er predigte, kam einer Revolution gleich, die nun andere auch politisch und gesellschaftlich in die Tat umsetzen wollten.

Von Unruhestiftern und Schwärmern

Im Laufe des Jahres 1521 radikalisierte sich die Lage in Wittenberg.[28] Ab Herbst wurden Priester, die sich nicht der Reformation angeschlossen hatten, während der Messe angegriffen. Karlstadt, Luthers Professorenkollege an der Wittenberger Universität, kündigte für das Weihnachtsfest an, den Gottesdienst in Zivilkleidung zu halten und den Teilnehmerinnen und Teilnehmern nicht nur die

Hostie, sondern auch Wein zu reichen. Im Februar 1522 folgten schließlich bilderstürmerische Attacken auf religiöse Gemälde und Heiligendarstellungen in den Kirchen der Stadt. Wenigstens mit der Forderung, das Abendmahl in beiderlei Gestalt zu feiern, konnte sich Karlstadt auf Luther berufen. Aber auch in den anderen Punkten sah er seine Aktionen als eine legitime Umsetzung der Forderungen Luthers. Der sah das jedoch anders, kehrte im März 1522 von der Wartburg zurück und setzte sich mit Erfolg für die Rückkehr zur öffentlichen Ordnung ein. Luthers Motive waren vielfältig, entscheidend waren sicher auch strategische Überlegungen. Die Unterstützung seines Kurfürsten, der die Entwicklung in Wittenberg mit wachsender Unruhe verfolgte, konnte Luther zu diesem Zeitpunkt nicht aufs Spiel setzen. Auch wenn in Wittenberg wieder Ruhe einkehrte und Karlstadt die Stadt verlassen musste, radikalisierte sich die Reformation weiter. Die Protagonisten dieser Entwicklungen beriefen sich oft auf Luther und wollten seine Impulse konsequenter und entschlossener als dieser selbst umsetzen. Die radikale Reformation ist ein außerordentlich unübersichtliches Feld, denn häufig zeigte sie sich in Einzelaktionen. Überblicksweise kann man die radikalen Entwicklungen an vier Linien entlang verfolgen.

Die Reformation prägt erstens öffentliche «Aktions- und Inszenierungsformen»[29] aus, die ganz bewusst auch die Provokation suchten. Solche Herausforderungen waren die Zehntverweigerung oder der Aufruf, die Pfarrer von der Gemeinde wählen zu lassen. Öffentlich praktizierte Verstöße gegen die Fastengebote sollten sichtbar machen, dass das Fasten nicht mehr als eine religiöse Leistung zu verstehen war, mit der Gott wohlgefällig gestimmt werden konnte. Wichtiges Ausdrucksmittel der neu erfahrenen Freiheit waren auch Klosteraustritte sowie Priester- und Mönchsheiraten. Selbst Luther, der in den ersten Reformationsjahren noch selbstverständlich im Ordensgewand des Augustiners aufgetreten war, erklärte sich öffentlich von seinen mönchischen Gelübden entbunden und heiratete 1525 die ehemalige Zisterziensernonne Katharina von Bora. Noch einen Schritt weiter gingen öffentlich zur Schau gestellte Verballhornungen religiöser Riten oder die Verspottung von Würdenträgern mit Tierdarstellungen.[30] Diese karnevalesk anmutenden Inszenierungen konnten auch in offene Angriffe auf altgläubige Priester oder in die Zerstörung von religiösen Bildern und Reliquien umschlagen. Mit heutigen Augen kann man das Aufwühlende dieser Aktionen nur schwer erkennen. In einer stark religiös geprägten Gesellschaft wie der des 16. Jahrhunderts glichen solche Attacken Angriffen auf die göttliche Ordnung. Das musste beunruhigend wirken. Es war das theologische Dilemma Luthers, zwischen zwei Stühlen zu sitzen. Auf der einen Seite kämpfte er gegen die Missstände des alten Glaubens, auf der anderen Seite gegen Störungen der öffentlichen Ordnung, an denen er kein Interesse hatte.

In einer zurückgezogenen Weise radikalisierten Außenseiter wie Kaspar von Schwenckfeld (1490–1561) und Sebastian Franck (1499–1542) theologisch die Reformation. Man fasst sie unter dem Begriff Spiritualisten zusammen.[31] Von ihren Gegnern wurden sie auch als Schwärmer beschimpft, weil sie die unmittelbare Wirkkraft des Heiligen Geistes betonten. Gott kann den Menschen durch seinen Geist unmittelbar erfassen, ohne dabei zwingend an die Bibel, die Sakramente oder die Kirche gebunden zu sein. Diese originelle Fortschreibung der mittelalterlichen Mystik führte zu einem stark institutionenkritischen und individualistischen Verständnis des Christentums, in dem das unmittelbare Erleben der Person im Vordergrund stand, das aber auch kirchliche Formen nicht in Bausch und Bogen verurteilte. Obgleich es sich um einzelne Randfiguren handelte, entfalteten sie mit ihrer Mischung aus mystischen, rationalistischen und humanistischen Elementen in späteren Jahrhunderten eine große Wirkung. Ernst Troeltsch hat in seinen *Soziallehren* Schwenckfeld, Franck und ihren niederländischen und englischen Nachfolgern ein schönes Denkmal gesetzt.[32] Alle Ideen in der gegenwärtigen Theologie, schrieb er Anfang des 20. Jahrhunderts, die «mit dem modernen Geist inneren Zusammenhang haben und zugleich religiöse Wärme und Lebendigkeit suchen, bewegen sich […] in dieser Richtung».[33]

Von Täufern und Bauern

Die radikale Reformation setzte auch große soziale Bewegungen frei. Deutlich wird das an den Täufern am linken Rand der Reformation.[34] Sie markieren nach den Wittenberger Unruhen und den Schwärmern die dritte große Linie der radikalen Reformation. Seit den frühen Zwanzigerjahren artikulierten sich in der Täuferbewegung sowohl Frustration als auch Protest gegen die vermeintlich auf halbem Wege steckengebliebene Reformation. Die unterschiedlichen Strömungen einte eine gemeinsame Auffassung, die ihnen den Namen gab: Nicht mehr Kinder sollten getauft werden, sondern Erwachsene, die damit ihre Zugehörigkeit zu Jesus Christus öffentlich bekannten. Luther hatte den Glauben des Täuflings zu einem konstitutiven Element der Taufhandlung erklärt, um die römischen Sakramentengläubigkeit zu bekämpfen. «So auch die Taufe: Sie rechtfertigt keinen und nützt auch keinem, wohl aber der Glaube an das Wort der Verheißung, welchem die Taufe hinzugefügt ist.»[35] Da er trotzdem an der Kindertaufe festhalten wollte, hatte er sich in eine theologisch ausweglose Lage manövriert. Sein früher Versuch, den Glauben der Eltern und der Paten, die *fides aliena*, für das Taufkind in Anschlag zu bringen, ist ein Widerspruch zu seinem Glaubensbegriff selbst, denn er wertet ja gerade den Einzelnen darin so auf, dass er sich in seinem Glauben nicht vertreten lassen kann. Die spätere Absicht, über die Vorstellung eines im Kind vorhandenen Gottvertrauens, einer *fides infantium*, die Kindertaufe zu legitimieren, ist eine interessante, aber spekulative Mutmaßung. Beide Konstruktionen überzeugten jedenfalls die Täufer nicht, ihre Proklamation der Erwachsenentaufe war theologisch plausibel.

Das Problem, das durch Luthers Betonung des Glaubens aufgeworfen wurde, hat den Protestantismus lange beschäftigt. Die im frühen 17. Jahrhundert aufkommende Bewegung des Baptismus führte die Linie der Erwachsenen- beziehungsweise Gläubigentaufe fort. Die Baptisten sind heute eine der größten protestantischen Denominationen in Nordamerika. Die Kindertaufe symbolisiert, dass das göttliche Wohlwollen gegenüber dem Menschen an keine Voraussetzungen, auch nicht an den Glauben, gebunden ist. Damit aber doch noch der Glaube ins Spiel kommt, bedarf es einer Ergänzung. Die Einführung der Konfirmation durch Martin Bucer in der zweiten Phase der Reformation war ein folgerichtiger Schritt, denn in der Konfirmation bekräftigt der nun Glaubende bewusst seine Taufe. Damit waren die Aporien Luthers stillschweigend überwunden.[36] Bucer brachte beides, den sakramentalen Charakter der Kindertaufe und den lebenslangen Prozess der menschlichen Aneignung, schlüssig zusammen.

Diese spezielle theologische Problematik war in den 1520er Jahren jedoch ein nachgeordnetes Problem. Die Taufe von Erwachsenen war für die Täufer nur ein sinnenfälliges Zeichen ihrer viel weiter reichenden Vorstellungen. Sie erhofften sich ein wahres Christentum der Reinen, das die Nachfolge Christi radikal lebte – darunter wurde oftmals die wörtliche Befolgung biblischer Gebote verstanden.[37] Auf dieser Grundlage lehnten sie meist jede sakramentale Praxis und Vermittlung durch religiöse Amtspersonen ab. Die Kritik an allen Formen der Verweltlichung schloss für die meisten Täufer ein pazifistisches und sozialpolitisches Engagement insbesondere für die Armen mit ein. In den Täuferbewegungen brach eine Sehnsucht durch, die das Christentum seit seinen Anfängen kannte. Sie waren geprägt von dem Verlangen, das Christentum ohne Rücksicht auf kulturelle Traditionen und bestehende Machtverhältnisse «rein» zu verwirklichen.

Im frühen 16. Jahrhundert war die Täuferbewegung nicht unattraktiv, in Ausnahmefällen konnten sogar ganze Orte gewonnen werden.[38] Der soziale Zündstoff, der in der Realisierung der Ideale der Täufer lag, führte jedoch zu einem ebenso tragischen wie spektakulären Finale.[39] 1534 gelangten radikale Täufer in Münster an die Macht und versuchten, eine Theokratie nach alttestamentlichem Vorbild zu errichten. Nicht weniger rigoros war die Antwort des vertriebenen katholischen Bischofs, der im Verbund mit Truppen lutherischer Landesfürsten Münster zurückeroberte und die Führer der Täufer foltern und hinrichten ließ.

Die eisernen Käfige, die noch heute an der Münsteraner Lambertikirche hängen, bezeugen die schaurigen Ereignisse.

Zur radikalen Reformation ist schließlich viertens auch die größte politische Verwerfung zu rechnen, die die Reformation auslöste: Unter Berufung auf Luthers Pathos der Freiheit formierte sich der Widerstand gegen die feudale Unterdrückung durch Adel und Kirche.[40] Es waren nicht allein die Bauern, die sich erhoben, sondern in einem viel umfassenderen Sinne der «gemeine Mann»,[41] der gegen das perfide System der Leibeigenschaft aufbegehrte. Die Programmschrift der Erhebung, die «Zwölf Artikel Gemeiner Bauernschaft»,[42] erläuterte, dass jede Form der Leibeigenschaft mit der christlichen Freiheit unvereinbar sei. Die reformatorische Botschaft wurde konsequent dahingehend ausgeweitet, dass die Gottebenbildlichkeit des Menschen auch eine Sozialordnung erfordere, die diesem Anspruch gerecht werde. Nicht nur zu Luther, sondern auch zur Täuferbewegung gab es zahlreiche Querverbindungen. Thomas Müntzer (1488–1525) ist das bekannteste Beispiel. In seiner pastoralen Tätigkeit in Thüringen war Müntzer stark von der Täuferbewegung inspiriert. Durch seine apokalyptische Weltvision radikalisiert, schloss er sich dem Bauernaufstand an. Als Anführer des Bauernheeres in Thüringen wurde er nach der Niederlage in Frankenhausen hingerichtet.[43]

In ihrem wütenden Aufstand brandschatzten die Bauern Klöster und schleiften Burgen. Am Ende unterlagen sie dem nicht minder grausamen Gegenschlag der von den Fürsten aufgebotenen Heere. Trotz der brutalen militärischen Niederschlagung war der Aufstand keineswegs so erfolglos, wie lange Zeit behauptet wurde, um damit die Theorie von der Unmöglichkeit einer Revolution auf deutschem Boden und dem ewigen Untertanentum der Deutschen zu stützen. Die neuere Forschung konnte zeigen, dass auf Seiten der Grundbesitzer doch immerhin Anzeichen eines Bewusstseinswandels zu erkennen waren und nach dem Bauernkrieg stillschweigend erste Schritte zu einer rechtlichen Verbesserung für die Bauern eingeleitet wurden.[44] Luthers Kurfürsten Friedrich sollen auf dem Sterbebett Gewissensbisse wegen der schlechten Behandlung der Bauern geplagt haben.[45]

Für die Wittenberger Reformation waren die Wirren des Bauernkriegs fatal. Luther wusste, dass sich die Bauern auf ihn beriefen.[46] Ein anfänglicher Vermittlungsversuch blieb ohne Erfolg. Entsetzt über die Gewalt der Bauern griff er mit der Schrift *Wider die räuberischen und mörderischen Rotten der Bauern* publizistisch zugunsten des Adels in das Geschehen ein und forderte in hartem Ton zur Tötung der Aufständischen auf.[47] Damit klebte nach Einschätzung mancher Zeitgenossen das Blut der Bauern auch an Luthers Händen. Die Reformation war an einem Scheidepunkt angelangt. Luther ruderte in fast allen Belangen seines frühreformatorischen Aufbruchs zurück. Die entschlossene Abwehr aller Radikalisierungen trieb die Reformation politisch in die Arme der herrschenden Obrigkeit und führte theologisch und religiös zu einem moderaten Mischgebilde mit eigenen institutionellen Formen, einem nun reformatorisch gesonnenen Amtsklerus und auf das Wort hin ausgerichteten Frömmigkeitsformen.

4
Die humanistische Reformation

Anders als die radikale Reformation gehört die humanistische Reformation nicht zu den Folgen, sondern zu den Voraussetzungen der religiösen Umwälzungen des 16. Jahrhunderts. Der Humanismus bereitete als geistige Großmacht Europas entscheidend den Boden für die Reformationen. Die Möglichkeiten zum Studium der Quellen, die daraus sich ableitende Kritik althergebrachter Traditionen und vor allem die kritische Wendung gegen die Lebensferne scholastischer Theologie prägten alle Persönlichkeiten der Reformation nachhaltig. Das gilt auch für Luther.

Der Einfluss des Humanismus auf die Reformationen ist unstrittig,[48] und doch haben die Konfessionen jahrhundertelang über die Abgrenzung von der jeweils anderen Konfession den irenischen Geist des Humanismus aus den Augen verloren. Er wurde zu einer «dritten Kraft»,[49] für die sich keine der christlichen Kirchen zuständig fühlte.

Fürst der Gelehrsamkeit: Erasmus von Rotterdam

Erasmus von Rotterdam (1466–1536) war der uneheliche Sohn eines Priesters.[50] Bis etwa 1493 lebte er als Mönch in dem Augustinerkloster in Steyn, dort wurde er auch zum Priester geweiht. Später ließ er sich jedoch von seinen Mönchsgelübden entbinden. Nach seiner Klosterzeit begann Erasmus eine lebenslange Wanderschaft, die ihn überall dorthin führte, wo er Unterstützung und Lebensunterhalt für seine schriftstellerischen Projekte finden konnte. Dies verschaffte ihm eine Weltläufigkeit, über die die wenigsten Reformatoren verfügten. Längere Zeit verbrachte Erasmus in Oxford. Von John Colet, einem Verehrer Ficinos, erhielt er entscheidende Anregungen, die die Bezüge zum Geist der italienischen Renaissance in Erasmus' Werk erklären. Berühmt wurde er durch die von ihm herausgegebene Sammlung lateinischer Spruchweisheiten, *Adagia*, die eigentlich aus purer Geldnot entstand.[51] Dennoch verfolgt das Werk ein groß angelegtes pädagogisches Interesse. Mit «seinem unwiderstehlichen pädagogischen Bedürfnis und seiner echten Liebe zur Menschheit und ihrer allgemeinen Bildung»[52] öffnete Erasmus die «Schatzkammer der Antike»[53] einem größeren Publikum. Das tat er aber auch, weil er sich davon viele Leser erhoffte. Darin zeigt sich, wie die Verbindung von Humanismus und Buchdruck im 16. Jahrhundert eine neue Form des *homme de lettres* hervorbrachte, der ein großes Publikum vor Augen hatte.

Erasmus verstand sein humanistisches Programm als Aufbruch und Reform des Christentums. Das *Enchiridion militis christiani*, das *Handbüchlein des christlichen Streiters*, wirbt für ein rituell und zeremoniell entschlacktes Christentum, das den persönlichen Bezug zu Christus zum Herzstück des christlichen Glaubens erhebt.[54] Der Geist Christi erschließt sich durch die biblischen Schriften, zu deren Lektüre Erasmus anregte. Da der göttliche Geist «seine eigene Sprache und seine besonderen Bilder»[55] hat, ist bei der Auslegung der Bibel all jenen der Vorzug zu geben, «die den Buchstaben am weitesten hinter sich lassen».[56] Erasmus verstand die Nachfolge Christi als einen Prozess der Bildung zu einer Persönlichkeit, die in Christus ihr Vorbild findet. Im Interesse dieses Zieles sind – ganz im Sinne der Renaissance – die Schriften der antiken Philosophie hilfreich.[57] Dabei hat die «Vernunft die Rolle des Königs».[58] Sie lenkt den Menschen zur Selbsterkenntnis, zu einer Bezähmung der menschlichen Leidenschaften und zum Kampf gegen die «Blindheit des Nichtwissens».[59] Das christliche Leben ist geprägt von der verwandelnden Kraft des Geistes Christi. Eine Reihe von Religionspraktiken treten dahinter als bloß äußerliche Übungen zurück. Bei der Anrufung der Heiligen drohe die Gefahr, dass die Frömmigkeit zu einem Handel verkomme, da viele nach dem Besuch der Messe unverändert zu ihren alten Gewohnheiten zurückkehrten.[60] Dieses äußerliche, allein auf zeremonielle Vollzüge ausgerichtete Christentum war für Erasmus eine «feiste und fette Frömmigkeit»,[61] wenn sie ohne Impuls für die Lebensführung blieb.

Sein Ideal des christlichen Lebens führte Erasmus in anderen berühmten Schriften fort. Das *Lob der Torheit* ist eine Satire auf die Absurditäten des Theaters, das der Mensch auf der Bühne der Welt aufführt.[62] Gegenüber den Theologen sparte Erasmus am wenigsten mit Spott: «Die Leute sind hochnäsig und empfindlich und reiten am Ende mit ihren Schlusssätzen schwadronenweise Attacke, um mich zum Widerruf zu zwingen.»[63] Der Hohn der Torheit richtet sich gegen die bizarre dogmatische Wut des Fragens, sarkastisch schreibt Erasmus: «Hätte Gott auch in die Gestalt eines Weibes, eines Teufels, eines Esels, eines Kürbisses, eines Kiesels eingehen können? Und wie würde dann dieser Kürbis gepredigt und

Wunder gewirkt haben?»[64] Der Gegensatz zwischen Scholastik und Humanismus hat sich bei Erasmus zu einem Klischee verselbständigt, ihm fehlte bereits der Sinn für die beachtlichen Denkanstrengungen der scholastischen Theologie. Das eigentliche Ziel der Schrift ist bedenkenswert, denn die gepriesene Torheit ist in Wahrheit eine platonisch gefärbte Weisheit. Vom Geist Christi ergriffen, durchschaut der Mensch die Endlichkeit mit ihrem Treiben. Er schwingt sich empor zum «Ewigen, Unsichtbaren, Geistigen»,[65] davon ergriffen, tritt er in eine Distanz zur Welt, die zugleich die höchste Form von Freiheit bedeutet.

Das Lob der Torheit entpuppt sich als ein Lob weltüberlegener Weisheit und Freiheit. Der Weg dahin führt nur über die Bildung der Person. Der Aufruf zur Selbstgestaltung, wie ihn die Renaissance proklamierte, wird hier zur Einübung einer Lebenshaltung, die der Mensch durch das Studium der Antike und der christlichen Schriftsteller erlangen kann. Bildung ist die unaufhörliche Arbeit an sich selbst, die humane Selbstvervollkommnung der ganzen Person, die Erasmus schon im *Enchiridion* als christliches Lebensziel gepriesen hatte. Erasmus glaubte, durch die Erziehung gerechter Fürsten ließe sich eine bessere Welt errichten, denn die Herrschaft sei «vor allem dem zu übergeben, der die übrigen an königlichen Eigenschaften, nämlich an Klugheit, Gerechtigkeit, Mäßigkeit, Vorsorge und Eifer für das Allgemeinwohl übertrifft».[66] Er entwarf das Programm eines konsequenten Pazifismus als die angemessene Umsetzung christlicher Ideale. Anzeichen für ein Friedenszeitalter sah er sogar in seiner eigenen Zeit gekommen.[67] Im Rückblick mutet das grotesk an, denn seit dem 16. Jahrhundert fingen die Christen an, auch übereinander herzufallen. Dennoch, mit Erasmus begannen jene vom Geist des Christentums getragenen abendländischen Visionen und Utopien von einem friedlichen Zusammenleben der Menschen, die mit ihrem mutigen Glauben an das Humane nicht mehr aus den Köpfen der Menschheit wegzudenken sind.

Erasmus' christlicher Humanismus ist entgegen allem Anschein kein naiver Optimismus. Das wird in der Auseinandersetzung mit Luther deutlich. Aus der Ferne hatten sich der Reformator und der Gelehrte von Weltruf einige Jahre beobachtet. Obgleich vieles von dem, was Luther forderte, Erasmus schon fast zwei Jahrzehnte früher im *Enchiridion* vertreten hatte und obgleich Luther als Bibelausleger von Erasmus' Edition profitierte, wuchs Luthers Skepsis. Erasmus versuchte nach Kräften, sich aus dem Streit über die Reformation herauszuhalten, was Luther ihm als Zaudern und Zögern auslegte.

Der Kern des Streits, die Frage nach der Freiheit des menschlichen Willens,[68] hat mit der modernen Debatte unserer Tage nichts zu tun. Die menschliche Entscheidungsfreiheit bei den alltäglichen Verrichtungen setzten beide voraus. Ihre Frage war eine andere: Kann der Mensch sich aus eigener Kraft zu seinem

Heil aufmachen? Oder weniger theologisch formuliert: Ist das, was der Mensch als Erfüllung, als Vollendung, als Gelingen und als Glück in seinem Leben erlebt, Resultat dessen, was er gewollt und dann mit der Kraft seines Willens auch realisiert hat? Luther verneinte diese Frage rigoros, denn schon im Erleben der erfüllten Momente erfährt der Mensch, dass ihm all dieses Gelingen geschenkt ist. Ungesucht und unverfügbar fällt es ihm zu. In Luthers Terminologie heißt das, dass der Mensch aus eigener Kraft nichts vermag und Gott alles. Fragt man sich dann, warum einigen Menschen dieses Heil geschenkt und anderen verwehrt ist, muss man die Ursache dafür in Gott selbst suchen. Das tut Luther, indem er von Gottes unerforschlicher Majestät spricht. In seiner Unfassbarkeit ist Gott mit menschlichen Kategorien nicht zu beschreiben. Doch da diese Seite Gottes das menschliche Fassungsvermögen übersteigt, muss der Mensch nicht weiter in sie zu dringen versuchen: «So weit also Gott sich selbst verbirgt und von uns nicht gekannt werden will, geht er uns nichts an.»[69] Halten soll sich der Mensch allein an das, was Gott von sich offenbart hat, und fest darauf vertrauen. Es zeigt sich, wie die Frage nach der Willensfreiheit des Menschen rasch zur Frage nach dem Sinn des Großen und Ganzen wird. Luther macht Gott zum Geheimnis und überantwortet den Menschen ganz der göttlichen Gnade.

Offensichtlich schlug Luther darin einen Ton an, der eine besondere Saite der religiösen Erfahrung zum Klingen bringt, denn er fand auch dort Zuspruch, wo man es am wenigsten erwartet hätte. Von Ernst Troeltsch, einem Protagonisten des neuzeitlichen liberalen Protestantismus, hätte man eigentlich Unterstützung für die Position des Erasmus annehmen müssen, aber erstaunlicherweise verteidigte er Luthers Position. Sie drang seiner Auffassung nach tiefer in das Wesen religiöser Erfahrung ein und war glaubwürdiger als die allzu fragile Harmonie, die Erasmus zwischen menschlicher Autonomie und göttlicher Gnade herzustellen versuchte.[70] Ähnlich äußerte sich auch Rudolf Otto. Erasmus überschätze die rationale Seite des Göttlichen, während Luther die göttliche Majestät und seine Energie zu beschreiben versuche. Ganz gerecht werden Troeltsch und Otto mit dieser Kritik einem ihrer liberalen Ahnherrn wohl nicht. Wenn Erasmus die Meinung jener teilte, «die dem freien Willen einiges zuschreiben, aber der Gnade das meiste»,[71] dann war dies alles andere als humane Selbstüberschätzung oder Überheblichkeit, es war eine redliche Aufforderung, sich auf dem Weg des eigenen Lebens so zu mühen, *als ob* doch auch etwas vom Gelingen an den eigenen Kräften hinge. Das ist ein minimaler, fast schon verzweifelt nüchterner Appell, die Möglichkeiten humaner Lebensgestaltung angesichts der Allmacht göttlicher Gnade nicht aus dem Blick zu verlieren. Die Reformatoren haben Erasmus den Einspruch übel genommen, sein Streit mit Luther gilt bis heute als Grenzlinie zwischen Reformation und Humanismus.

Lehrer Deutschlands: Philipp Melanchthon

Die humanistische Reformation verkörpert in Deutschland niemand besser als Philipp Melanchthon (1497–1560). Es zählt zu den unerforschlichen Rätseln der Wittenberger Reformation, wie dieser feinsinnige Humanist zum engsten Mitarbeiter des «geborenen Raufboldes»[72] Luther werden konnte und wie diese beiden Männer mit großem gegenseitigem Respekt und bisweilen fast in Freundschaft ihre gemeinsame Sache vorantrieben.

Von seinem Großonkel, dem Humanisten Reuchlin, früh gefördert, trat Melanchthon ein Jahr nach Luthers Thesenanschlag mit nur einundzwanzig Jahren in Wittenberg eine Professur für Griechisch an.[73] Der junge Gräzist beeindruckte in seiner Antrittsvorlesung seine Zuhörer, darunter auch seinen Professorenkollegen Luther, mit seiner Begeisterung für das humanistische Bildungsprogramm. Wittenberg wurde für Melanchthon zu seinem Schicksal. Als junger und begabter Humanist kam er dorthin, als Reformator und *Praeceptor Germaniae* starb er dort über vierzig Jahre später.

Dem jungen Melanchthon imponierte Luthers Theologie sehr. Nur drei Jahre nach seiner ersten Begegnung mit ihm verfasste er ein Lehrbuch der Theologie, das es in sich hatte. Die *Loci theologici* waren eine neue, dem reformatorischen Denken geschuldete Literaturgattung.[74] Melanchthon setzt, dem Ansatz Luthers folgend, damit ein, wie der Mensch in seiner Zerrissenheit vor Gott lebt, wie er der Sünde verfallen und angewiesen ist auf die Gnade Gottes. Die *Loci* des Dreiundzwanzigjährigen sind ein Werk, wie man es in der Theologie selten findet. Es strotzt geradezu vor jugendlicher Unbekümmertheit. Der scharfsichtige Leser wird manche Ungereimtheit und manchen Widerspruch aufspüren können, doch macht dies der Schwung des Buches allemal wett. Mit dem Satz «Denn das heißt Christus erkennen: seine Wohltaten erkennen, nicht, was diese lehren: seine Naturen, die Art und Weisen der Menschwerdung betrachten»,[75] schob Melanchthon mit einem Wink eine tausendjährige Tradition beiseite, in der die Theologie nach dem Wesen Gottes, der Menschwerdung und den zwei Naturen in Christi gefragt hatte. An den *Loci* arbeitete er zeit seines Lebens weiter. Der reife Melanchthon konnte der Tradition und der Philosophie viel mehr abgewinnen.[76] So sind die *Loci* in ihrer letzten Gestalt ein anderes Buch, und doch auch wieder ein Meisterwerk, in dem Melanchthon Theologie und Philosophie, Offenbarung und Vernunft in gut humanistischer Tradition zum Einklang brachte.

Melanchthon hatte die Gabe einer Sprache, die klar wie Wasser war. Luther erkannte dies neidlos an. Für den Augsburger Reichstag 1530 trug Melanchthon die wichtigsten Lehren der Wittenberger Reformation und ihrer Anhänger im Reich zusammen[77] und begründete damit die Tradition der Bekenntnisschriften. Bekenntnisse waren Zusammenfassungen der Lehrbestände, an die sich die Protestanten hielten und die sie in der Auseinandersetzung mit der römischen Kirche vertraten. Die theologische und sprachliche Leistung des Augsburger Bekenntnisses ist kaum zu überschätzen. Melanchthon gelang die Quadratur des Kreises, indem er den evangelischen Standpunkt klar und deutlich formulierte, und doch so, dass damit nicht alle Türen für den Dialog zugeschlagen waren.

Melanchthons Stärke war sein Einsatz für eine allgemeine Bildung, in der humanistisches und reformatorisches Denken zusammenflossen. Wer die Bibel verstehen will, der muss sie lesen können. Melanchthon betrieb daher eine großangelegte Schulreform und eine Neugestaltung der Universitäten, in denen die Ideale humanistischer Bildung umgesetzt werden sollten.[78] Sein eigener Beitrag waren Lehrbücher in so unterschiedlichen Fächern wie Rhetorik, Dialektik, Physik und Ethik, die aufgrund ihrer didaktischen Meisterschaft über Jahrhunderte hinweg in Gebrauch waren. Vor der außergewöhnlichen Leistung dieser Lehrbücher verneigten sich auch seine katholischen Gegner. All das hat ihm den Beinamen *Praeceptor Germaniae* eingebracht. Der Lehrer Deutschlands bewegte mit seiner Bildungsreform viel. Deutschland, zu Anfang des Jahrhunderts in Bildungsfragen vollständig provinziell, schaffte durch seine Reformen und die dadurch entfachten Anstrengungen auch auf katholischer Seite den Anschluss an die in Europa führenden Nationen Italien und Frankreich. Dieser Bildungsaufbruch war eine bedeutende Kulturfolge der Reformation.

Die theologische Kühle Melanchthons hatte durchaus auch ihre Vorteile. Als einer der ganz wenigen Protagonisten verlor er die Gefahr der Kirchenspaltung nie aus den Augen, er kann darum als einer der ersten Ökumeniker der westlichen Kirchen gelten. Er drang auf Verständigung, sowohl mit den Schweizer Reformatoren im Interesse einer innerprotestantischen Einigung als auch mit katholischen Theologen im Dienste der Einheit der Kirche. Ein berühmtes und heute wieder diskutiertes Beispiel ist seine Beurteilung des Papstamtes. In ausdrücklichem Gegensatz zu Luthers Auffassung schlug Melanchthon eine Theologie des Papstamtes vor, die diesem zwar die göttliche Autorisierung und die Ausübung weltlicher Macht absprach, ihm aber als Bischof von Rom eine Sonderstellung für die Christenheit einzuräumen bereit war.[79] Rege beteiligte er sich an den Religionsgesprächen der Vierzigerjahre mit römischen Theologen. Auch dort gab es humanistisch orientierte Denker, aber schon damals trat deutlich zu Tage, dass eine Einigung über die Lehre der Rechtfertigung nicht ausreichen würde, um die Spaltung der Konfessionen zu verhindern.[80]

Nach Luthers Tod 1546 fiel Melanchthon die intellektuelle Führungsrolle unter den Protestanten im Reich zu. Daran hatte er jedoch wenig Freude. Der Kampf um die Reformation verlagerte sich mehr und mehr auf die politische und militärische Ebene, am Rande der Niederlage der protestantischen Sache schlug Melanchthon vor, zwischen unaufgebbaren protestantischen Prinzipien und weniger wichtigen Dingen – er nannte sie Adiaphora – zu unterscheiden. Wegen seiner Zugeständnisse in dieser Interimszeit sah er sich schärfsten Angriffen aus dem eigenen Lager ausgesetzt.[81] Einer seiner wichtigsten Gegenspieler wurde Matthias Flacius (1520–1575). Dessen Lebensgeschichte zeigt, dass die Reformation sich keineswegs nur an Schreibtischen und Kathedern abspielte, sondern bei allen Beteiligten auch existentielle Narben hinterließ.

Flacius stammte aus dem zu Venedig gehörenden Teil Istriens und kam in Venedig durch seine akademischen Lehrer mit dem Geist der lutherischen Reformation in Berührung.[82] Dort musste er erfahren, mit welcher Brutalität die römische Inquisition gegen die Reformation in Italien vorging. Über Basel floh er schließlich nach Wittenberg. Aus diesen Erfahrungen mag sich erklären, warum der als Hebraist und Theologe so begnadete Flacius in den innerreformatorischen Streitigkeiten eine rabiate Kompromisslosigkeit an den Tag legte. An Gelegenheiten, sich dem zu entziehen, mangelte es Melanchthon nicht. Sein Ruhm brachte ihm Berufungen auf Professuren in England, Dänemark und Frankreich ein. Er blieb jedoch in Wittenberg, um seine Bildungsreform weiterzutreiben und um unermüdlich für seine theologischen Positionen zu arbeiten. In seinen letzten Lebenstagen listete er auf einem Zettel Gründe auf, warum Menschen den Tod nicht fürchten müssen. Unter anderem schrieb er: «Du wirst von aller Mühsal befreit und entkommst der Wut der Theologen.»[83] Von der Unversöhnlichkeit, der Rechthaberei, der Kleinkariertheit und dem Fanatismus des anbrechenden konfessionellen Zeitalters wurde Philipp Melanchthon am 19. April 1560 erlöst.

Luthers Streit mit Erasmus und Melanchthons Ärger mit den zänkischen Theologen kann nicht über den großen Einfluss des Humanismus auf die sich bildenden protestantischen Kirchen sowie auf die katholische Kirche hinwegtäuschen. Der Humanismus wirkte als subkutane Kulturgröße des Christentums auf vielen Wegen fort und gelangte spätestens in der Aufklärung wieder mit Macht ans Licht.

5
Die Zweite Reformation: Zwingli und Calvin

Zwingli und die Reformation in Zürich

Kurz nach den Wittenberger Ereignissen im Winter 1521/22 vollzogen sich auch in Zürich dramatische Umwälzungen. Damit war die Reformation auch in das städtische Milieu vorgedrungen. Der Zusammenhang zwischen den Wittenberger und den Züricher Ereignissen ist verwickelt, denn die späteren innerprotestantischen Zerwürfnisse führten zu einem Streit über die wahre und eigentliche Urheberschaft des reformatorischen Aufbruchs. Für den lutherischen Konfessionalismus ist Luther der alleinige Heros der Reformation und Zwingli (1484–1531) dessen späterer, ungehorsamer Schüler. Luther selbst ebnete dieser Auffassung bereits den Weg.[84] Zwingli selbst hingegen versicherte stets, dass seine reformatorische Wende aus eigenem Antrieb vor Luthers Thesenanschlag stattgefunden hatte.[85] Die neuere Forschung neigt dazu, ihm Glauben zu schenken.[86] Luther war für Zwingli ein Vorbild im Glaubensmut, seinen reformatorischen Durchbruch verdankte er jedoch seiner humanistisch inspirierten Bibellektüre. An diesem vermeintlich kleinlichen Streit hängt nicht wenig. Die Reformation war nicht ein offenbarungsähnliches Ereignis, das in der Gestalt des Heros Luther auf die Welt herabstieg, sondern eine frömmigkeitsgeschichtliche Entwicklung mit verschiedenen Erscheinungsformen. In ihnen gelangten Verunsicherung und Unzufriedenheit mit der institutionellen und religiösen Gestalt des Christentums ans Licht, die nach einer Umgestaltung christlicher Lehre und Praxis verlangten. Das geschah nicht in einer, sondern in vielen Reformationen.

Huldrych Zwingli, 1484 geboren, war ein Jahr jünger als Luther.[87] Er studierte in Basel Theologie und lernte dort Erasmus kennen, der auf ihn großen Eindruck machte. Nach der Fortsetzung seiner Studien in Bern und Wien war er als Priester in Glarus, Einsiedeln und schließlich am Großmünster in Zürich tätig. Seine praktischen Erfahrungen mit den Missbräuchen bei den Wallfahrten, die er in Einsiedeln machen musste, sein im Geiste des Erasmus fortgesetztes theologisches Selbststudium und vermutlich auch die Nachrichten von Luthers Wirken im Reich überzeugten ihn von der Notwendigkeit einer grundlegenden Reformation der Kirche. Als Reformator trat er erstmals durch eine symbolische Handlung öffentlich in Erscheinung.[88] Der Zürcher Drucker Christoph Froschauer lud am ersten Fastensonntag 1522 Freunde zu einem Wurstessen. Mit dem Bruch des Fastengebots sollte die christliche Freiheit in einer öffentlichkeitswirksamen

Aktion demonstriert werden. Zwingli war bei dem Essen dabei, und obwohl er selbst auf den Verzehr der Wurst verzichtete, wurde er zum theologischen Wortführer eines Reformprogramms. Ähnlich wie Luther traf Zwingli einen Nerv der Zeit. In drei öffentlichen Disputationen gelang es ihm, den Rat der Stadt von der reformatorischen Sache zu überzeugen. Das ist einer der vielen bemerkenswerten Unterschiede zur Wittenberger Reformation. Nicht die schützende Hand eines Fürsten, sondern die Plausibilität der theologischen Argumente in der öffentlichen Diskussion führte zur Einführung der Reformation in Zürich.

Zwingli ging auch in der Umsetzung der Reformation andere Wege. Das betraf zunächst eine konsequentere Entsinnlichung der Religionspraxis. Zwingli und mehr noch die Geister, die er in Zürich weckte, schafften nicht nur das Wallfahrtswesen und die Heiligenverehrung ab, sie verbannten auch die Bilder aus der Kirche und ließen die Orgel verstummen.[89] Aber auch in der Theologie zeichneten sich Differenzen ab. Das zeigte sich schon in Zwinglis theologischem Hauptwerk, dem *Commentarius de vera et falsa religione*,[90] von 1525 und wurde 1530 auf dem Augsburger Reichstag vollends deutlich, als er ein eigenes Bekenntnis vorlegte.[91] Ein wichtiger theologischer Unterschied war das Verständnis des Gesetzes. Luther subsumierte die biblischen Gebote theologisch unter der Kategorie des Gesetzes und interpretierte sie als Spiegel, der dem Menschen die Unmöglichkeit vor Augen führt, aus eigener Kraft gottgefällig leben zu können. Der Sinn des Gesetzes sei es, den Menschen in die Arme des reinen Evangeliums zu treiben. Zwingli hingegen verstand die biblischen Gebote als konkrete Handlungsanweisungen und bereitete damit einem Gesetzesverständnis den Weg, das Calvin später regelrecht zu einer Bibliokratie ausbaute. Direkt aneinandergeraten sind Zwingli und Luther in der Frage des Abendmahlsverständnisses.[92] Einer der wichtigsten Unterstützer der Reformation aus dem Kreis der Landesfürsten, Philipp von Hessen, erkannte rasch, dass der Streit der Reformation politisch schaden würde. Er berief eigens 1529 in Marburg ein Religionsgespräch ein, auf dem sich Luther und Zwingli begegneten.[93] Doch der Landgraf scheiterte: In der entscheidenden Frage, wie die Präsenz Christi im Abendmahl zu verstehen sei, gab es keine Einigung. Luther hielt an der traditionellen Auffassung fest, in Brot und Wein sei Christus leibhaftig präsent. Zwingli wird bis auf den heutigen Tag häufig nachgesagt, er habe das Abendmahl als ein bloßes Erinnerungsmahl aufgefasst. Das ist jedoch eine Verkürzung, denn Zwingli verstand die Erinnerung als den plausiblen Modus, wie die reale Präsenz Christi im Bewusstsein der Glaubenden zu denken sei. Das weist theologisch weit in die Zukunft. Dennoch kann man Zwingli nicht einfach für eine moderne Form reformatorischer Theologie vereinnahmen.[94] Wie sehr er den Strukturen und Mechanismen des 16. Jahrhunderts verhaftet war, zeigen die Umstände seines

Todes.⁹⁵ Zürich propagierte eine Ausbreitung der Reformation auch in jenen Städten, die sich dagegen sträubten. Zwingli unterstützte die gewaltsame Durchsetzung der Reformation und bezahlte dafür mit seinem Leben. Im zweiten Kappeler Krieg starb er auf dem Schlachtfeld, und das nicht als Feldgeistlicher, wie man gemeinhin annahm, um das Anstößige der gewaltsamen Reformationsdurchsetzung abzumildern, sondern als Soldat.⁹⁶

Calvin und die Reformation in Genf

Johannes Calvin war eine Generation jünger als Luther und Zwingli, daher lassen sich an seinem Werdegang das bereits gewaltig veränderte religiöse Klima und die neue Unübersichtlichkeit auch in Ländern wie Frankreich, die nicht zum ursprünglichen Kerngebiet der Reformation zählten, deutlich ablesen.⁹⁷ Zunächst wuchs der 1509 geborene Jean Cauvin in Noyon nördlich von Paris behütet «im Schatten einer Kathedrale»⁹⁸ auf, studierte dann in Orléans und Bourges Jura. Nach dem Tod des Vaters ging er nach Paris, um im Kreis führender Humanisten die alten Sprachen zu studieren. Seine Begeisterung für den Humanismus trat in einem frühen Kommentar zu Seneca ans Licht. Etwa zu dieser Zeit, Anfang der Dreißigerjahre, kam Calvin in Paris mit Protestanten in Berührung. Im Rückblick urteilte er, schon der Humanismus habe in ihm eine Abkehr von der Papstkirche vorbereitet, der endgültige Bruch sei ihm dennoch schwergefallen.⁹⁹ Äußere Anlässe mochten die Wende begünstigt haben, seine Nähe zu protestantisch gesinnten Intellektuellen ließ auch ihn ins Visier kirchlicher Verfolgung geraten und nötigte ihn zur Flucht. Calvin war anders als Luther und Zwingli kein Mönch oder Priester, den kirchliche Missstände zu Reformatoren machten, sein Weg zur Reformation war der einer intellektuellen Faszination. 1536 trat er mit einem Buch hervor, das ihn berühmt machte: *Christianae religionis institutio*. Der *Unterricht in der christlichen Religion* ist eine knappe Zusammenfassung der reformatorischen Grundlehren. Die erste Auflage lässt noch einen starken Einfluss Luthers erkennen, dem Calvin besondere Verehrung entgegenbrachte. Die *Institutio* wurde für Calvin zu einer Begleiterin, an der er zeitlebens arbeitete. Die letzte Auflage von 1559 hat einen merklich anderen Charakter. Calvins juristische und humanistische Ausbildung kam dem Werk sehr zugute. Es besticht durch Klarheit und gedankliche Präzision, zusammen mit Melanchthons *Loci* ist es die überragende Gesamtdarstellung der reformatorischen Lehre aus der Gründungsphase.

Calvins Name ist unauflöslich mit der Stadt Genf verbunden.¹⁰⁰ Durch seine reformatorischen Predigten konnte Guillaume Farel 1535 den Rat der Stadt davon überzeugen, die Reformation einzuführen. Die Vertreibung des Bischofs war ein sichtbares Zeichen, die augenfälligsten altgläubigen Riten wurden untersagt und die Predigten im Geist der Reformation gehalten. Was aber darüber hinaus in der konkreten Gestaltung des kirchlichen Lebens die Reformation bedeuten sollte, war keineswegs klar. Die Reformatoren standen nicht nur in Genf, sondern überall, wo sich die Reformation durchsetzte, vor der Frage, wie eine solche Neugestaltung aussehen müsste. Calvin hatte von allen die klarsten Vorstellungen, als er 1536 auf der Durchreise in Genf Station machte.

Von Farel zum Bleiben überredet, entwarf er mit diesem eine reformatorische Ordnung für Genf. Die Gottesdienstteilnahme, der Besuch des Abendmahls, ein sittlicher Lebenswandel und das gemeinsame Bekenntnis sollten von der Obrigkeit kontrolliert werden. Calvin konnte sich damit zunächst nicht durchsetzen, die Räte der Stadt und die Versammlung der Bürger stimmten nicht zu. Als Farel und Calvin daraufhin der Gemeinde das Abendmahl verweigerten, wurden sie 1538 aus Genf ausgewiesen.

Es folgten drei Jahre in Straßburg, einem der wichtigsten Zentren der Reformation. Calvin nutzte die Zeit zu ergiebiger theologischer Arbeit. Er lernte viel von Martin Bucer, beschäftigte sich wieder mit Luther, entwarf eine Theologie des Abendmahls, die sogar Luther in höchsten Tönen lobte,[101] und überarbeitete seine *Institutio*. Diese Jahre prägten Calvins späteres Denken so entscheidend, dass man mit gutem Grund geurteilt hat, in Straßburg sei Calvin zu Calvin geworden.[102]

Nachdem sich die politischen Gewichte verschoben hatten, holten die Genfer Calvin 1541 zurück. Er machte sich unverzüglich an die Umsetzung seiner Kirchenordnung, mit der er das Ideal eines entschlossenen und weltgestaltenden Christentums verfolgte. Die Bestimmungen sahen eine Verpflichtung auf eine gemeinsam anerkannte Lehrgestalt des christlichen Glaubens vor, jeder Rückfall in katholische Religionspraktiken oder häretische Anschauungen sollten streng geahndet werden.[103] Kirchenbesuch und Abendmahlsteilnahme wurden kontrolliert. Weit voran wagte sich die «Kirchenzucht» auch in der Regelung individueller Sittlichkeit: Nicht nur allgemein inkriminierte Tatbestände wie Ehebruch, Prostitution und Homosexualität wurden verfolgt, sondern auch Tanzen und Singen, Prügeleien und Trinkgelage. Diese asketische Seite des Protestantismus gelangte später zu Weltgeltung, doch war Calvins Programm den Genfern nicht geheuer. Auch sein zweiter Versuch wurde nicht ohne Widerstände hingenommen. Zwei Fragen standen im Vordergrund: Wie weit soll die Religion in das Leben der Christen hineinreichen? Es ging letztlich nicht darum, ob Tanzen und Singen Vergehen sind oder nicht, sondern ob sich die Kirche überhaupt um diese Aktionsräume menschlicher Kultur zu kümmern hat. Keineswegs alle

Genfer waren gewillt, der Kirche hier ein Mitspracherecht oder gar eine Kontrollfunktion zuzubilligen. Noch energischer wurde die Frage nach der Zuständigkeit verfolgt. Die Trennung von weltlicher und geistlicher Gewalt war einer der ehernen Grundsätze der Reformation, Calvin zog daraus den Umkehrschluss und forderte die Unabhängigkeit der Kirche vom Staat in Fragen der «Kirchenzucht».[104] Dem haben sich die Genfer Räte lange entgegengestellt.

Die rigide Anwendung seiner Kirchenordnung konnte Calvin also nicht allein durchsetzen, er war an die Ausführung durch die weltlichen Räte gebunden und darum lange Jahre auch von den politischen Verhältnissen abhängig. Daher ist es richtig, dass man Calvin nicht als religiösen Diktator oder Tyrannen bezeichnen kann, denn dazu fehlte ihm schlicht die Macht.[105] Besser macht das die Sache allerdings nicht. Ähnlich wie Luther war Calvin zu keinen Kompromissen in religiösen Fragen bereit. Beide waren gerade deswegen so viel erfolgreicher als versöhnliche Naturen wie Erasmus oder Melanchthon. Tanzende Hochzeitsgäste erregten Calvins Zorn, Gasthäuser ließ er schließen und Schauspieler wegen angeblicher Unsittlichkeit diffamieren. Das alles stieß auf Widerstand, die Lebenserwartung seiner Gegner war jedoch erstaunlich kurz; nicht wenige wurden als Aufrührer hingerichtet. Nicht nur wegen Stefan Zweigs literarischer Verarbeitung ist die Hinrichtung des spanischen Arztes Miguel Servet legendär. Servet lehnte die Lehre von der Trinität als unbiblisch ab. Auf der Flucht vor der Inquisition gelangte er nach Genf, wo ihn Calvin umgehend verhaften ließ. In der Tat war nach geltendem Recht für die Häresie der Trinitätsleugnung die Todesstrafe zu verhängen. Die Genfer ließen sich dies durch Gutachten anderer Schweizer Räte bestätigen, die alle einmütig dem Todesurteil zustimmten.[106] So vollendete das reformierte Genf an Servet, was die katholische Inquisition begonnen hatte. Das 16. Jahrhundert war in der Bewertung von Strafgründen drakonisch und im Vollzug der Strafe bestialisch. Die Reformation hat daran nichts geändert.

Ideen sind oft angenehmer als die Personen, die sie in die Welt bringen. Für den Calvinismus gilt das allemal. In Westeuropa und unter gewandelten Bedingungen in Nordamerika begeisterte die Idee einer konsequenten und kulturell sichtbaren Gestalt reformatorischen Christentums, die nicht nur eine «Reformation der Lehre», sondern auch eine «Reformation des Lebens»[107] forderte. Mit dieser Attraktivität des Calvinismus hatte auch das sich etablierende Luthertum zu kämpfen.

1559 wendete sich in der Pfalz mit Friedrich III. ein weltlicher Herrscher im Rang eines Kurfürsten den Reformierten zu. Aus dieser Öffnung ging der Heidelberger Katechismus als eine der wichtigsten Bekenntnisschriften des Reformationszeitalters hervor, und die Universität Heidelberg erlebte einen rasanten Aufstieg als Ausbildungsstätte für reformierte Theologen. Das Ganze war ein heikles Unterfangen, da der Augsburger Religionsfriede auf dem Territorium des Reiches den Calvinismus gar nicht als offiziell zugelassene Religion vorsah. Den Kurfürsten mochten zu der riskanten Öffnung für den Calvinismus politische Gründe bewogen haben wie der Anschluss des deutschen Protestantismus an den westeuropäischen, es gab aber auch handfeste religiöse Motive. Der Calvinismus schien in Fragen wie der Gottesdienst- und Sakramentspraxis sowie der Durchdringung des christlichen Lebens die Reformation konsequenter weiterzuführen als die lutherische Theologie. Die Begeisterung für den Calvinismus in den deutschen Territorien wirkte darum wie eine «Zweite Reformation».[108] Auch kleinere Fürstentümer und Grafschaften folgten dem Pfälzer Modell.[109] Der heute seltsam anmutende konfessionelle Flickenteppich Deutschlands geht auf diese Entwicklungen zurück. Die Einführung calvinistischer Gedanken war wenigstens in Deutschland eine Laune von Herrschern, die sich von Calvins Kirchenstruktur auch eine Modernisierung ihrer Staatswesen erhofften. Man hat darum diese «Zweite Reformation» auch als ein Phänomen der Elitereligion gekennzeichnet, die dann unweigerlich an ihre praktischen Grenzen stoßen musste. Als Moritz, der Landgraf von Hessen-Kassel, in seinem Teil des Territoriums, das einst unter seinem Großvater Philipp zu den Stammlanden der lutherischen Reformation gehört hatte, 1605 calvinistische Reformen durchsetzte, stieß er auf energischen Widerstand in der Bevölkerung.[110] Wenig später konvertierte 1613 mit Johann Sigismund in Brandenburg ein weiterer Kurfürst zum Calvinismus. Aufgrund von ausbrechenden Tumulten in Berlin war eine flächendeckende Einführung des Calvinismus jedoch nicht möglich.[111] Der Herrscher konnte weder seine Ehefrau überzeugen, die lutherisch blieb, noch sein Volk. Allerdings war es diese eigentümliche Spaltung, die im 19. Jahrhundert von Preußen zu den Einheitsbestrebungen zwischen Lutheranern und Reformierten in Deutschland führte. Die konfessionellen Launen der Herrschenden lenken den Blick auf die enge Verbindung von Religion und Politik, die zu einem ausschlaggebenden Faktor der europäischen Reformationen wurde.

6
Die Fürstenreformation und Europa

Ein entscheidender Grund für den Erfolg der Reformationen war ein weltlicher Umstand. Mit Ausnahme der Schweiz waren es einzelne Herrschergestalten, die durch ihre Unterstützung die Entwicklung beeinflussten. Man kann sich diesen

Unterschied zu früheren Reformbewegungen an einem berühmten Beispiel deutlich machen. 1521 wurde Luther auf dem Reichstag vor Kaiser Karl V. zitiert, um seine Lehren zu widerrufen. Das Ereignis ist berühmt, weil dort die Sätze gefallen sein sollen, «die zum Bekanntesten wurden, das Luther nie gesagt hat: ‹Hier stehe ich, ich kann nicht anders›».[112] Luther überlebte diese Weigerung, Jan Hus hatte gut hundert Jahre vorher weniger Glück und bezahlte den gleichen Mut auf dem Konzil von Konstanz mit dem Leben. Karl V. erließ zwar das Wormser Edikt, das Luther nun auch reichsrechtlich zum Ketzer erklärte, aber immerhin hielt er sich an seine Zusage des freien Geleits – im Unterschied zu König Sigismund im Fall von Jan Hus.

Unterstützer der Reformation

Luthers rechtliche Situation war durch das Wormser Edikt prekär. Seine vorgetäuschte Entführung auf die Wartburg durch Kurfürst Friedrich den Weisen (1463–1525) war möglicherweise eine lebensrettende Maßnahme. Warum der Kurfürst dies tat, ist schwer zu sagen. Dem Mann mit einer der größten Reliquiensammlungen Europas mussten Luthers Anliegen religiös suspekt sein.[113] Tatsächlich ist er seinem Untertan nur ein einziges Mal auf dem Reichstag in Worms persönlich begegnet.[114] Eine tiefe Abneigung gegen die Habsburger – Friedrich war bei der Kaiserwahl 1519 immerhin ein möglicher Gegenkandidat Karls V. – und Zorn auf die finanzielle Auspressung durch Rom, vielleicht aber auch Stolz auf die neu gegründete Universität in Wittenberg, das alles sind mögliche Gründe. Mit aller Vorsicht kann man auch vermuten, dass sich bis zu seinem Tod 1525 allmählich eine «gewisse Affinität der Glaubenshaltung Friedrichs zu der Luthers»[115] einstellte. Durch seine Protektion konnten sich jedenfalls Luthers Gedanken im Reich ausbreiten, unter seinem Bruder und Nachfolger Johann wurde Kursachsen ab 1525 zu einem wichtigen Stammland der Reformation.[116]

Etwa ähnlich wichtig für den Erfolg der Reformation war der Stimmungsumschwung eines jungen Landesfürsten in Hessen. Landgraf Philipp (1504–1567) schien sich ab 1524 für die reformatorischen Ideen zu öffnen, 1526 ließ er eigens eine Synode in Homberg an der Efze einberufen, die eine zügige Durchsetzung reformatorischer Kirchenstrukturen in seinem Territorium beschloss.[117] Im Falle Philipps gibt es viel deutlichere Indizien für eine intellektuelle und religiöse Begeisterung für die Reformation als im Falle Friedrichs des Weisen.[118] Luthers Adelsschrift, die an die Verantwortung der Fürsten für das christliche Gemeinwohl appellierte, hatte den jungen Landgrafen tief beeindruckt und auch eine zufällige Begegnung mit Melanchthon verfehlte nicht ihre Wirkung.[119] Andere Landesfürsten schlossen sich in den Zwanzigerjahren an. Zusammen mit Städten wie Nürnberg, das schon früh mit den Ideen der Reformation sympathisierte, stärkte das die reichsrechtliche und am Ende auch militärische Lage der reformatorischen Bewegung. Schon seit dem Reichstag in Speyer 1529, der den Protestanten aufgrund ihrer «Protestation» den Namen gab, war klar, dass man die Umwälzungen im Reich nicht mehr einfach ungeschehen machen konnte. Das konnte zwanzig Jahre später nicht einmal mehr die militärische Niederlage der Protestanten.[120] Ihr Bündnis, der Schmalkaldische Bund, wurde 1547 von den kaiserlichen Truppen vernichtend geschlagen, und die protestantischen Herrscher wie der Landgraf Philipp und der sächsische Kurfürst Johann Friedrich wurden hart bestraft. Die von Karl V. veranlassten Religionsgesetze des Augsburger Reichstags von 1548 – sie wurden als Augsburger Interim berühmt, weil sie zunächst nur bis zur endgültigen Bestätigung durch das schon tagende Konzil gelten sollten – enthalten viel mehr Kompromisse, als es die zum Ziel erhobene vollständige Rekatholisierung der deutschen Territorien vermuten ließ. Noch schwieriger gestaltete sich durch die verschiedensten Formen des Widerstands ihre tatsächliche Umsetzung. Gerade die Versuche, das Interim gewaltsam durchzusetzen, wurden der Rekatholisierungsabsicht des Kaisers letztlich zum Verhängnis. Die Protestanten formierten sich zu einem neuen Bündnis, das schließlich den Kaiser sogar in persönliche Bedrängnis brachte. Bei alledem spielten politische Intrigen eine wichtige Rolle, mustergültig vorgeführt von Moritz von Sachsen, der sich als Parteigänger des Kaisers im Schmalkaldischen Krieg die Kurwürde seiner ernestinischen Nachbarn verschaffen konnte, um dann aber spätestens ab 1552 gegen den Kaiser zu intrigieren. Der Augsburger Religionsfriede von 1555 konnte im Grunde nur noch die Spaltung der Konfessionen rechtlich legitimieren. Die Formel *Cuius regio, eius religio* – wer die Herrschaft ausübt, bestimmt die Konfession – ist eine spätere, aber treffende Interpretation der Beschlüsse. Der Grundsatz schrieb rechtlich fest, was für die gesamten bald vierzig Jahre der reformatorischen Wirren galt. Die Entscheidung der Herrschenden bestimmte über Erfolg oder Misserfolg der Reformation. Allerdings war deren Motivlage im Einzelnen recht kompliziert. Man täte den Fürsten sicher unrecht, wenn man ihnen allesamt bloße Gier nach kirchlichen Pfründen unterstellte. Die Einverleibung kirchlichen Besitzes in die Staatskasse war zwar ein lockendes Motiv, aber auch politische Gründe spielten eine Rolle. Von Antipathien gegen die Fremdbestimmung durch Kaiser und Papst über die Hoffnung, das eigene Staatswesen durch einen grundlegenden Wandel voranzubringen, bis hin zu eigenen religiösen Absichten konnten die Gründe reichen, und auch die Untertanen waren keineswegs ohne Einfluss. Eine verbreitete Neigung zu reformatorischen Ideen ließ bisweilen auch dem Herrscher keine andere Wahl, als deren Umsetzung zu proklamieren.

Reformation als europäisches Ereignis

Was im Kleinen gilt, gilt auch im Großen. Das 16. Jahrhundert unterschied sich in der starken religiösen Prägung des Lebens nicht vom Mittelalter, die Kunde von den Ereignissen in Deutschland und der Schweiz verbreitete sich daher in ganz Europa rasch und machte die Frage nach der Reform der Kirche zum vordringlichen Thema. Die weltlichen Machthaber spielten überall eine entscheidende Rolle, und auch außerhalb Deutschlands und der Schweiz war ihre Motivlage stets komplex. Einführung und Abwehr der Reformation bestimmten Europas Geschicke bis zum Ende des 17. Jahrhunderts unmittelbar und in den Folgen noch weit darüber hinaus.

Während im Reich und insbesondere in der Schweiz aufgrund der unterschiedlichen Haltung der einzelnen Herrscher oder Kantone ein konfessionell gemischter Flickenteppich entstand, versuchten die Habsburger unter Kaiser Karl V. und seinen Nachfolgern, die größtmögliche Einheit des katholischen Glaubens wiederherzustellen, und wurden zu den großen Akteuren der sogenannten Gegenreformation. In Spanien, einem wichtigen Teil von Karls Großreich, ging die Inquisition energisch gegen alle Sympathisanten der Reformation vor. In Italien konnten zunächst Reformbestrebungen Fuß fassen, die keine Hinwendung zu den Reformationen nördlich der Alpen bedeutet hätten, die aber an einer Öffnung der Kirche für manche Idee Luthers und auch für den Humanismus Interesse zeigten.[121] Ab den Vierzigerjahren ging allerdings die Inquisition energisch gegen sie vor, so dass Italien nach Spanien und den anderen Habsburger Territorien nördlich der Alpen zum dritten Hort der Gegenreformation wurde.

In Frankreich zeigte König Franz I. (1494–1547) anfangs Sympathie für die Reformation, aber bald unterdrückte er deren Ausbreitung.[122] Der Calvinismus konnte sich dennoch als eine religiöse Gruppe etablieren, der vor allem adelige und bürgerliche Eliten angehörten. Frankreich versank in der zweiten Hälfte des 16. Jahrhunderts in einem Bürgerkrieg, der 1572 in der pogromartigen Ermordung tausender Hugenotten, der sogenannten Bartholomäusnacht, seinen traurigen Höhepunkt fand. Ein Religionsfriede schien durch den Übertritt des hugenottischen Thronanwärters Heinrich IV. zum Katholizismus möglich zu sein, doch das von ihm 1598 erlassene Toleranzedikt konnte nur einen brüchigen Frieden herstellen, die sich anbahnende absolutistische Herrschaftsidee duldete keine religiöse Pluralität der Untertanen. Spätestens mit dem Regierungsantritt des Sonnenkönigs, Ludwigs XIV., setzten Unterdrückungsmaßnahmen ein. Die Aufhebung des Toleranzedikts 1685 war dann nur noch ein letzter Schritt, der die vermutlich eine Million Hugenotten zur Flucht und Emigration, zur Konversion oder zu einem religiösen Leben im Untergrund zwang. Die Geschichte der französischen Protestanten im 16. und 17. Jahrhundert veranschaulicht, wie brüchig und instabil religiöse Toleranz und konfessioneller Frieden nach der Reformation waren.

Einen vermeintlich banalen Anfang nahm die Reformation in England.[123] Heinrich VIII. (1491–1547) hatte nicht die Absicht, lutherische Ideen nach England zu importieren. Deren Anhänger ließ er als Ketzer verfolgen und hinrichten. Ihm kam allein die Entlassung aus der römischen Jurisdiktion gelegen, die ihm die gewünschte Eheauflösung im Interesse der Sicherung der Thronfolge ermöglichte. Diese rein politisch verstandene Reformation, die ansonsten in Liturgie und Dogma alles beim Alten belassen wollte, löste jedoch eine dramatische Entwicklung aus. Thomas Cranmer, der unter Heinrich zum Erzbischof von Canterbury aufgestiegen war, setzte nach Heinrichs Tod in seinem berühmten *Common Prayer Book* und den Religionsartikeln reformierte Einflüsse in der Lehre vom Abendmahl und der Rechtfertigung um,[124] während er die alte Liturgie und episkopale Kirchenstruktur weitgehend unangetastet ließ. Diese Grundform des Anglikanismus wurde jedoch durch Heinrichs katholische Tochter Maria (1516–1558), die 1553 auf den Thron gelangte, brutal bekämpft, was ihr den Namen *Bloody Mary* eintrug. Cranmer selbst fiel dieser rabiaten Rekatholisierung zum Opfer und wurde 1556 hingerichtet. Sein Nachfolger als Erzbischof von Canterbury, Reginald Pole, gehörte in Italien zu jenen Reformkatholiken, die den alten Michelangelo besonders inspirierten. Er geriet ins Fadenkreuz der Inquisition und wäre dennoch 1549 um ein Haar zum Papst gewählt worden. In seinen letzten Jahren wiederum trat er in seinem Heimatland in den Dienst der Gegenreformation. Eine Beteiligung Poles an Marias Protestantenverfolgung ist nicht gesichert, immerhin aber hat der Humanist dem Wüten wohl stillschweigend zugesehen.

Nach fünf Jahren wendete sich das Blatt allerdings wieder. Marias Halbschwester Elisabeth (1533–1603) gelangte nach deren Tod 1558 auf den Thron. In ihrer legendär langen Regierungszeit hob sie die Rekatholisierung auf und festigte, unterstützt durch Theologen wie Richard Hooker, den anglikanischen Mittelweg. England stieg dadurch zu einer führenden protestantischen Macht auf. Die spanischen Invasionspläne trugen daher auch Züge eines Ketzerkreuzzugs. 1588 wurde die spanische Armada vernichtend geschlagen; innere Ruhe kehrte in England dennoch lange nicht ein. Die anglikanische Mittellage provozierte Widerstände aus zwei Richtungen: Den Katholiken ging der Anglikanismus viel zu weit, den Puritanern nicht weit genug. Gegen den Katholizismus ging Elisabeth I. erst relativ spät energisch durch das Verbot vor, zum Katholizismus zu konvertieren. Trotz der sich ausbildenden antikatholischen Mentalität in England etablierte sich im Anglikanismus eine starke Ausrichtung an episkopalen Kirchenstrukturen. William Laud war einer der führenden Vertreter, der ab 1633 als Erzbischof von Canterbury Richard Hookers Theologie eines «Anglokatholizismus» fortsetzte und den Anglikanismus damit nachhaltig prägte. Schon unter Elisabeth hatte sich gegen diese Tendenz der Widerstand der Puritaner formiert. Der «Puritanismus» umfasst unterschiedlichste reformierte Strömungen und erhielt seinen Namen aufgrund des Ideals der sittlich reinen Lebensführung. Gemeinsam ist den verschiedenen Ausprägungen puritanischer Frömmigkeit die Fortsetzung des calvinistischen Ansatzes, ein christliches Leben in der konsequenten und sichtbaren Befolgung biblischer Gebote zu führen. Die Spannungen mit dem volkskirchlich orientierten Anglikanismus führten seit dem 17. Jahrhundert zur Auswanderung vieler Puritaner in die Überseekolonien (siehe Seite 353–359). Im Mutterland mischten sich in die zunächst konfessionelle Auseinandersetzung zwischen proroyalistischen Anglikanern und republikanischen Puritanern politische Motive, mit dem Ergebnis, dass England im Bürgerkrieg versank. Spektakulärstes Ereignis war 1649 die unter Oliver Cromwell, dem militärischen und politischen Führer der Puritaner, veranlasste Hinrichtung Karls I. Erst gegen Ende des Jahrhunderts konnten mit der *Glorious Revolution* 1689 stabile Verhältnisse geschaffen werden, die sowohl politisch mit der Ebnung des Weges zu einer konstitutionellen Monarchie mitten im Zeitalter des Absolutismus als auch religiös mit dem Erlass einer Toleranzakte weit in die Zukunft wiesen. Zu diesem Zeitpunkt hatte die englische Reformation durch religiös motivierte Emigrationsbewegungen schon längst eine globale Dimension angenommen, die vor allem die Religionsgeschichte Nordamerikas entscheidend prägen sollte.

Gemessen an den dramatischen Entwicklungen in Frankreich und England verlief die Einführung der Reformation in Skandinavien ruhiger.[125] König Christian III. setzte in Dänemark die lutherische Reformation staatsstreichartig durch und begründete eine evangelische Staatskirche, während Gustav I. in Schweden durch einen Reichstagsbeschluss die Entscheidung zugunsten der Einführung der Reformation herbeiführen konnte. Ähnlich wie in den deutschen Reichsterritorien basierten diese Entscheidungen der Herrscher auf einer Mischung aus religiösen und politischen Motiven.

Eine letzte markante Linie der reformatorischen Bestrebung ist die Verknüpfung von Reformation und politischer Unabhängigkeit. War es in Skandinavien die Indienstnahme reformatorischer Gedanken durch die Herrschenden, so war es in diesen Fällen der gezielte Einsatz reformatorischen Denkens gegen die Machthaber. Solche Bewegungen spielten in Polen, Litauen und Ungarn eine wichtige Rolle. Sie wurden dann allerdings durch die Gegenreformation wieder stark zurückgedrängt. Unumkehrbar waren hingegen die Entwicklungen in Schottland. Dort dauerte die Durchsetzung des Calvinismus in der Gestalt des Presbyterianismus, die Calvins Schüler John Knox (1514–1572) mit Adeligen gegen den König initiierte, letztlich durch die Verstrickung mit den englischen Entwicklungen bis zum Ende des 17. Jahrhunderts. In den niederländischen Provinzen begünstigte die Hinwendung zum Calvinismus die Unabhängigkeitsbewegung gegen die Habsburger Herrschaft. Im Westfälischen Frieden erkannten die Habsburger schließlich die zuvor schon besiegelte Unabhängigkeit der nördlichen niederländischen Provinzen an, der Süden blieb dagegen unter ihrer Herrschaft und katholisch. Die Reformationen des 16. Jahrhunderts waren ein europäisches und – wenn man die Folgen in Nordamerika mit in den Blick nimmt – auch ein globales Ereignis mit einer politischen Eigendynamik, die die politische Landkarte Europas veränderte und die Einheit des westlichen Christentums auflöste.

7
Die katholische Reformation

Der Verlust der Einheit im Reformationszeitalter hat den römischen Katholizismus nachhaltig verändert. An drei Aspekten lässt sich das zeigen. Erstens drang der Humanismus auch weit in die römische Geisteswelt vor. Erasmus' öffentliches Festhalten an der alten Religion und seine Absage an die Reformation beflügelte diese Kreise sogar. Der humanistische Einfluss machte sich in verschiedenen Bewegungen und Impulsen geltend, die man meist unter dem Stichwort Reformkatholizismus zusammenfasst. Ihren Vertretern ging es um eine Intensivierung der gelebten Frömmigkeit und um eine Reform der Kirchenstrukturen. Ihre Öffnung für theologische Anliegen der Reformatoren beispielsweise in der Gnadentheologie bedeutete jedoch keineswegs den Übertritt ins reformatorische Lager. Im Gegenteil, die entschiedene Abwehr des reformatorischen Umbruchs ist ein Hauptmerkmal des Reformkatholizismus des 16. Jahrhunderts. Luthers humanistisch geprägter Ordensgeneral Egidio da Viterbo, mit dem er auf seiner Romreise wahrscheinlich zusammengetroffen war, zeigte sich in einem von ihm verfassten Gutachten 1521 bitter enttäuscht von der Renitenz seines

Ordensuntergebenen.¹²⁶ Prägend für den Reformkatholizismus war der Venezianer Gasparo Contarini (1483–1542), eine beeindruckende Gestalt von tiefer innerer, auf Christus bezogener Frömmigkeit, stupender philosophischer und theologischer Gelehrsamkeit und diplomatischer Begabung. Contarini kritisierte mit scharfen Worten die Zustände in der Kurie und den Diözesen und verlangte in seinen Schriften zur Kirchenreform von den Bischöfen eine vorbildliche pastorale Leitung.¹²⁷ In seinem Umfeld blühte auch der Kreis der *Spirituali* auf, der den alten Michelangelo so beeindruckte. Contarini selbst unterhielt Kontakt zu Vittoria Colonna. Allerdings zog der Kreis die Aufmerksamkeit der Inquisition auf sich. Die manchmal delikate Mittelstellung des Reformkatholizismus zeigt das Regensburger Religionsgespräch. Da Karl V. die Möglichkeit eines konfessionellen Konsenses in Betracht zog und auf ein Konzil drängte, wurden zu dessen Vorbereitung Religionsgespräche anberaumt. In Regensburg traf Contarini 1541 auf Melanchthon. Immerhin konnte man sich in Fragen der Rechtfertigungslehre annähern, aber die Falken auf Wittenberger und auf römischer Seite lehnten einen solchen Konsens entschieden ab.¹²⁸

An dem Konzil in Trient konnte Contarini nicht mehr teilnehmen. Zwischen 1545 und 1563 tagte es in drei Sitzungsperioden, allein zwischen der zweiten und der dritten Sitzung lag fast ein Jahrzehnt. Die eigentliche Absicht eines Einheitskonzils war von vornherein unterbunden, da protestantische Vertreter auf Geheiß ihrer Landesherren nicht vorsprechen durften und die, die anreisten, auf dem Konzil nicht gehört wurden. Trotz all dieser Widrigkeiten sind die Konzilsbeschlüsse passagenweise ein epochales Meisterwerk. Hier wurde die dogmatische Grundlage für die katholische Reform geschaffen.

Das geschah zunächst in einer Abwehr der vermeintlich protestantischen Irrlehren. Der reformatorischen Berufung allein auf die Bibel stellten die Konzilstheologen die Bedeutung der kirchlichen Tradition entgegen. Nicht allein die biblischen Schriften, sondern auch die kirchliche Überlieferung sei mit «dem gleichen Gefühl der Dankbarkeit und der gleichen Ehrfurcht»¹²⁹ zu verehren. Die kirchliche Auslegung bewahre vor der Gefahr, «die heilige Schrift nach den eigenen Ansichten zu verdrehen».¹³⁰ Ebenso wehrten die Konzilsväter das pessimistische Menschenbild der Reformatoren ab, um auf dieser Grundlage das theologische Herzstück der Reformation aus den Angeln zu heben. Im Dekret über die Rechtfertigung gelang eine meisterhafte Modernisierung scholastischer Gnadenlehren. Auch für die Konzilstheologen stand außer Frage, dass die Gnade allein von Gott und der Heilstat Christi herrührt. Entschieden anders als die Reformatoren versuchten sie jedoch, die Rechtfertigung als einen realen Verwandlungsprozess des Menschen zu begreifen.¹³¹ Die Rechtfertigung allein in den Glaubensakt zu verlegen, erschien ihnen als ein kruder Subjektivismus, als «ein eitles und von jeder Frömmigkeit entferntes Vertrauen».[132] Ob die Konzilstheologen in ihrer Abwehr des *sola scriptura* und der Rechtfertigung allein aus Glauben tatsächlich die reformatorische Lehre oder nur ein Zerrbild von ihr trafen, ist Gegenstand ausgiebiger historischer und ökumenischer Forschungen. Kaum bestreiten kann man hingegen, dass die Konzilstheologen die Gefahren deutlich erkannten, die in den reformatorischen Lehren lagen, ebenso wie zuvor schon die Reformatoren auf Missstände der mittelalterlichen Gnadenlehre mit guten Gründen hingewiesen hatten. Die ökumenische Theologie der letzten Jahrzehnte hat beachtliche Annäherungen erzielt, besonders öffentlichkeitswirksam in der Gemeinsamen Erklärung zur Rechtfertigung aus dem Jahre 1999. Theologisch sinnvoll sind solche Annäherungen dann, wenn sie als Überwindung der konfessionsbedingten Einseitigkeiten begriffen werden.

In dem kontroverstheologischen Scharfsinn der Konzilstexte zeigt sich, dass auch die katholische Kirche über geistvolle und kluge Theologen verfügte, doch die eigentliche Leistung des Konzils ist eine andere. Die Konzilstexte gossen eine jahrhundertealte Religionspraxis in eine neue begriffliche Form und lieferten damit das rationale Gehäuse einer religiösen Mentalität. Die Konzilsväter erneuerten die Hochschätzung der Sakramente mit einer deutlichen Konzentration auf die Eucharistie und das Messopfer, sie hoben die göttliche Vollmacht der Kirche hervor und schlossen daran praktische Handreichungen an. So lehnten sie etwa die Volkssprache als liturgische Sprache ab, um den altehrwürdigen und geheimnisvollen Charakter des Gottesdienstes zu bewahren, sie empfahlen die Verehrung der Heiligen und der Reliquien und regelten schließlich die Bedeutung und Funktion der Bilder im religiösen Leben der Kirche. Das war eine programmatische Erklärung gegen fast alles, was dem Protestantismus wichtig war. Und das Konzil bekräftigte nicht zuletzt unter Berufung auf die göttliche Autorität die zentrale Funktion der Kirche als der alleinigen Garantin der Heilsvermittlung. In den Sakramenten, die die Kirche spendete, allen voran in der Eucharistie konnte man wirklich und tatsächlich am göttlichen Heil Anteil gewinnen, die Heiligen- und Reliquienverehrung und der Einsatz der Bilder eröffneten Möglichkeiten, mit der Sphäre des Göttlichen in Kontakt zu treten, sie sinnlich zu ergreifen und ihrer habhaft zu werden. Die archaischen Elemente des Religiösen, die sich in Ritus und Kult aussprechen, sind darin in einer christlichen Gestalt aufgehoben.

Zur katholischen Reformation gehörte neben den kirchlichen Strukturreformen und den dogmatischen Klarstellungen vor allem auch die Bekräftigung des populären Frömmigkeitsstils. Erfolg oder Misserfolg der Reformation hingen nicht nur von den Launen der Herrscher ab, sondern auch von den religiösen Mentalitäten. Viele Landstriche blieben katholisch, weil die Menschen den alten

Glauben und vor allem die dazugehörige religiöse Praxis nicht aufgeben wollten. Sichtbar wurde dieser kirchliche Aufbruch in einer Neubelebung des Ordenslebens.[133] Die Kapuziner verstanden sich als Franziskaner, die die Fürsorge für die Armen und die einfache Predigt wieder stärker an den Geist des Franziskus binden wollten, die Theatiner wiederum legten Wert auf eine verbesserte Ausbildung des Klerus und eine Förderung der Messopferfrömmigkeit.

Die herausragende Schöpfung der katholischen Reformation sind die Jesuiten. Als ihr Begründer gilt der baskische Edelmann Ignatius von Loyola (1491–1556).[134] Wie bei vielen Ordensgründern war eine tiefe biographische Krise der Ausgangspunkt seiner Lebenswende. Bei Ignatius war es eine schwere Verwundung, die er sich als Soldat zugezogen hatte. Auf dem Krankenlager beschäftigte er sich mit religiösen Fragen, mystische Erleuchtung ließ ihn sein weltliches Leben zugunsten der Nachfolge Christi aufgeben. Während seines Studiums der Philosophie und Theologie in Paris konnte er Gleichgesinnte um sich scharen. 1540 genehmigte der Papst die Regel dieser Gemeinschaft, die eine besondere Gehorsamsverpflichtung gegenüber dem Papst enthält. Der jesuitische Geist ist eine eigenartige Mischung aus soldatischer Disziplin und mystischer Frömmigkeit. Ignatius' *Exercitia Spiritualia* sind eine beeindruckende Einübung in Selbsterkundung und Kontemplation, die dazu anregen, die göttliche Wirksamkeit in der Welt aufzuspüren. Die innerlich gewonnene Kraft befähigt zu einer besonderen, nach außen gerichteten Aktivität. Daher sieht die Ordensregel zwar die Verpflichtung auf die mönchischen Gelübde und das Zusammenleben in einem Konvent vor, aber keine Ordenstracht, kein gemeinsames Chorgebet, und auch die *stabilitas loci* ist nicht verpflichtend. Dem Protestantismus, der bis zur Jahrhundertmitte die theologischen Debatten allein zu beherrschen schien, war ein Gegner auf gleicher Augenhöhe erwachsen. Rasch zog der Orden außerordentlich begabte und begnadete Männer an, die ihre Geistesgaben ganz in den Dienst der Kirche und des Ordens stellten. Diese «Eliteorganisation hochgebildeter, agiler Kleriker»[135] beherrschte bald nicht nur das katholische Bildungs- und Hochschulwesen, sondern stieg mit der Verbindung von Geist und Sinnlichkeit auch zu einem prägenden kulturellen Faktor auf. Der katholische Barock ist im Wesentlichen der sichtbar gewordene Geist der Jesuiten.

8
Ein depressiver Kaiser und gelehrte Pfarrer: Die Kulturfolgen der Reformation

Fast vierzig Jahre lang war Kaiser Karl V. (1500–1558), in dessen weltumspannenden Reich niemals die Sonne unterging, in die Geschicke der europäischen Reformationen involviert. Am Ende resignierte er und beschloss, nach dem Augsburger Reichstag 1555 von allen seinen Ämtern abzudanken – reichsrechtlich ein völliges Novum.[136] Die Abdankung wurde 1556 wirksam, Karl zog sich in die entlegene Estremadura in Spanien zurück, um dort seine Tage in Ruhe und Frieden zu verbringen. Es wurde seit jeher darüber spekuliert, was den mächtigsten Mann der Welt zu einem so außergewöhnlichen Schritt bewogen haben könnte. Er selbst gab in seinem Lebensrückblick Erschöpfung als ausschlaggebenden Grund an, eine Erschöpfung des Körpers, aber vielleicht auch der Seele.[137] Denn der Kaiser musste erkennen, dass er die Einheit seines Reiches nicht erhalten konnte. Nach seinem Tod geriet sein Beichtvater Bartolomé de Carranza, Erzbischof von Toledo, in den Verdacht der Häresie. Am Sterbebett Karls soll er gesagt haben: «Eure Majestät setze ihr ganzes Vertrauen auf das Leiden Christi, unseres Erlösers, alles Übrige ist lächerlich.»[138] Der Satz reichte aus, um die Anwesenden hellhörig zu machen. Sie informierten die Inquisitionsbehörden, ein langer Prozess und viele Jahre Haft waren die Folge für den letzten Beichtvater Karls V. Es ist grotesk, dass man ausgerechnet am Sterbebett des Mannes, der die Reformation in seinem Reich energisch bekämpft hatte, die Lehren Luthers fürchtete. Aber es wirft auch ein bezeichnendes Licht auf das, was das Reformationszeitalter hervorgebracht hatte: einen religiös vergifteten Geist auf allen Seiten. Der deutsche Protestantismus rüstet sich für 2017 mit Posaunen und Trompeten, nur eine kurze Erinnerung an den depressiven Kaiser und die Vorkommnisse an seinem Sterbebett würden ausreichen, um sich zu vergegenwärtigen, dass das Reformationszeitalter für das Christentum nicht nur Triumph, sondern auch ein großes Unglück mit fatalen Folgen war. Die dramatische Überdoktrinalisierung des Christentums, in der alle Konfessionen schon bei geringster Abweichung in der Lehre einen Gegner zu erkennen meinten und ihn entsprechend behandelten, zählt zu den traurigsten Folgen der Reformationen. Sie brachte zwar scharfsinnige theologische Werke hervor, die Reduktion auf den Lehrgehalt war jedoch aufs Ganze gesehen ein kulturgeschichtlich grandioser Rückschritt, von dessen Folgen erst die Aufklärung das Christentum wieder befreite.

Abb. 37   Die lutherische Reformation war nicht bilderfeindlich. Lucas Cranach der Ältere zählte zu ihren Anhängern und nutzte das Medium des Bildes, um Luther als Prediger der Christusbotschaft darzustellen.

Das Reformationszeitalter hat das Christentum und damit auch die gesamte westliche Kultur nachhaltig verändert. Max Weber schätzte um 1900 die Bedeutung des Protestantismus für die moderne Welt außerordentlich hoch ein, sein Kollege und Freund Ernst Troeltsch war in seinem Urteil schon zurückhaltender, heute schließlich sieht man klarer, dass die Entwicklungslinien von der Reformation in die moderne Welt um einiges verschlungener verlaufen, als Weber annahm. Man kann den Protestantismus im Guten wie im Schlechten nicht so ganz umstandslos für alle Strömungen der Moderne wie den Kapitalismus oder die Demokratie verantwortlich machen, wie es im Anschluss an Max Weber und diesen trivialisierend gerne behauptet wird.[139]

Nachhaltig war die Revolution der Religionskultur. Die Reformationen bildeten nicht nur unterschiedliche Lehren, sondern vor allem auch verschiedene Mentalitäten aus. Den evangelischen Reformationen von Luther bis Calvin war gemeinsam, dass sie den institutionellen Charakter der Heilsvermittlung aufweichten. Die Angriffe auf die religiöse Praxis der Heiligenverehrung und der Möglichkeiten, sich kultisch der göttlichen Gnade zu versichern, bedeuteten einen ersten großen Säkularisierungsschub in der Geschichte des Christentums. Der Katholizismus hat sich dem nicht kampflos ergeben, sondern mit dem Geist von Trient die alte Religionspraxis auf ein gereinigtes Fundament zu stellen vermocht, das für Jahrhunderte eine große Anziehungskraft ausübte. Die Reformatoren bestärkten die Autonomie des Einzelnen und betonten die Unmittelbarkeit des Gottesverhältnisses im Bewusstsein der Glaubenden. Damit wurde eine entschieden andere religiöse Mentalität erzeugt, die bis heute fortwirkt.

Die Aufwertung des Individuums zog eine größere Verantwortung für die

Abb. 38

Die tiefe Verbindung Albrecht Dürers mit der Welt des Humanismus dokumentiert das Bild Melancholia I. *Es allegorisiert die Bedrohung des Menschen durch die Krankheit der Melancholie.*

Ernsthaftigkeit der christlichen Lebensführung nach sich. Luthers Lehre vom allgemeinen Priestertum zielte nicht auf eine höhere Beteiligungsform von Laien am kirchlichen Leben, sondern erhöhte umgekehrt die Verantwortung des Einzelnen für eine christliche Lebensgestaltung im Alltag. Noch weiter ging der Calvinismus in seinem Anspruch christlicher Weltgestaltung, Calvins Kir-

Abb. 39   Dürers letztes großes Werk aus dem Jahr 1526 macht seine Hinwendung zur Reformation deutlich. Die vier Apostel Johannes (der Evangelist) und Petrus (links) sowie Paulus und Markus (rechts) tragen nicht mehr die Züge der spätmittelalterlichen Heiligen, sondern sind «bürgerliche» Männer der Tat und der Schriftgelehrsamkeit.

Siebtes Kapitel: «Alles fließt»: Die Reformationen

chenzuchtideen waren geprägt von dem Ideal einer «Reformation des Lebens».¹⁴⁰ Die Reformation löste damit traditionelle Formen der christlichen Religionskultur auf und trieb die Religion weit in die Alltagskultur der Menschen hinein.¹⁴¹ Die Versittlichung der Lebensführung ist eine ihrer markantesten Folgen.

Große Fortschritte brachte das Reformationszeitalter auf dem Feld der Bildung hervor. Der religiöse Konkurrenzkampf bescherte der Kunst und der Musik größere Aufmerksamkeit. Luthers Liebe zur Musik ist allseits bekannt.¹⁴² Sie entfaltete in den lutherischen Territorien eine immense Kulturwirkung. Die jesuitische Frömmigkeit wiederum nutzte Kunst intensiv als Mittel der religiösen Kommunikation. Auch Luther verwendete Kunstwerke zur Illustrierung seiner Schriften und pflegte freundschaftliche Kontakte mit Lucas Cranach dem Älteren (1472–1553).¹⁴³ In diesem instrumentellen Rahmen waren das Bild und die Kunst also durchaus geduldet.¹⁴⁴ Die Doktrinalisierung des Christentums hatte bei all ihren Nachteilen auch den Vorteil einer rasanten Verbesserung der theologischen Bildung. Das betraf nicht nur die Pfarrer, sondern auch die Laien. Ein Meilenstein der christlichen Kulturgeschichte war Luthers Bibelübersetzung. Er begann das Projekt auf der Wartburg mitten in den Wirren der Wittenberger Reformation und konnte es mit seinen Mitarbeitern ein Jahr vor seinem Tod 1545 abschließen. Übersetzungen von biblischen Büchern in die jeweiligen Landessprachen gab es schon vor der Reformation, Luthers Sprachgewalt als Übersetzer fand jedoch auch bei seinen katholischen Gegnern so viel Anerkennung, dass seine Bibelübersetzung als populärer neuhochdeutscher Text prägend für die deutsche Sprachgeschichte wurde. Luthers Sprachkraft war theologisch motiviert. Jeder Christ sollte die Möglichkeit haben, aus der Bibel Gottes Wort zu hören und zu verstehen. Das stärkte die religiöse Selbständigkeit der Einzelnen, es förderte zugleich auch eine religiöse Buch- und Auslegungskultur, die zu einem Kennzeichen des Protestantismus wurde.¹⁴⁵

Wegweisend waren auch Luthers Katechismen. Sie fanden im reformierten und auch im katholischen Lager rasch Nachahmung. Melanchthons Schul- und Universitätsreformen kamen unter abgewandelten Vorzeichen auch in katholischen Territorien zur Anwendung. Die gestiegenen Ansprüche an die Pfarrausbildung machten aus dem Priester einen Gelehrten, der in der Schriftauslegung, der Dichtung, der Geschichte und natürlich in der Theologie bewandert sein musste. Der protestantische Geistliche stieg zu einem Träger und Vermittler der Kultur auf – mit weitreichenden Folgen für die Durchdringung von Kultur und Religion.

Achtes Kapitel

Die Wucht des Barock

Johan Huizingas Studie *Holländische Kultur im 17. Jahrhundert* ist ein Klassiker der Kulturgeschichtsschreibung, ein Buch von ruhiger und klarer Schönheit. Daher überraschen die Misstöne, die zu vernehmen sind, wenn Huizinga von den Versuchen spricht, die Epoche auf einen Begriff zu bringen. Ausdrücke wie «Barock» «zaubern uns den Wahn vor, als besäßen wir einen schlüssigen Begriff für den Zusammenhang und die Einheit einer ganzen Zeit, einen Begriff, in dem alle Erscheinungen aufgehoben wären».[1] Die vielfältigen Kultur- und Lebensbewegungen dieser Epoche auf einen Nenner zu bringen, ist für Huizinga ein «billiges Kunstmittel», ein «Mangel an genauer Einsicht», ja ein intellektuelles Armutszeugnis, «ein *testimonium pauperitatis* des Geistes».[2] Der Grund für Huizingas überraschend spitze Attacke liegt auf der Hand. In den ungefähr zweihundert Jahren von der Mitte des 16. Jahrhunderts bis ins 18. Jahrhundert beginnen die Reformationen des Christentums auch in der Kultur Gestalt zu gewinnen, und das nicht nur in Europa, sondern auch in den überseeischen Territorien. Dies ist kein Prozess der Vereinheitlichung, sondern eher eine Aufspaltung christlicher Kultur, die in Verwerfungen und gewaltsamen Umbrüchen zum Ausdruck kommt. Kulturgeschichtliche Vorgänge von solcher Komplexität sind nicht auf einen Begriff zu bringen. Es fällt schwer, zwischen Religionskriegen, europäisch-christlicher Welteroberung, Hexenverfolgung und den Kunstformen des Barock verbindende Elemente zu finden. Die Epoche hat daher auch mehrere Namen bekommen. Spricht man von «Barock», dann sind die kulturellen Erscheinungsformen gemeint. Die spezifisch religiös-theologischen Abgrenzungsentwicklungen nimmt der Begriff «Konfessionelles Zeitalter» ins Visier, ganz auf eine inhaltliche Festlegung verzichtet die Bezeichnung «Frühe Neuzeit». Der Begriff «Barock» kann also bestenfalls einen Teilaspekt der kulturellen und religiösen Entwicklung des Zeitalters beschreiben, und auch das nicht einmal umfassend. Die Spannung zwischen dem Wunsch und der Unmöglichkeit, einheitliche Antriebsgründe auszumachen, bestimmt die kulturgeschichtlichen Beschreibungsversuche der Epoche zwischen Reformation und Aufklärung.

1
Gott und die Welt: Europas Aufbruch

Im Zeitalter des Barock setzt Europas Aufbruch zur Eroberung neuer Welten ein. Die Folgen sind bis heute sichtbar, und die Entwicklungen in Nordamerika zeigen, wie die europäischen Reformationen Prozesse in Gang gesetzt haben, die das Christentum in die Moderne hinüberführen. Die Anfänge europäischer Expansion liegen nach gängiger Einteilung im späten Mittelalter, also vor der frühen Neuzeit. Daher gilt es, den Blick noch einmal vor die Reformationen zurückzulenken. Das Jahr 1492 ist ein markanter Wendepunkt der Weltgeschichte. Die Entdeckung Amerikas durch Kolumbus symbolisiert den Beginn europäischer Welteroberung. Neben deren unbestreitbaren Errungenschaften mit all ihren zivilisatorischen Fortschritten sind im Laufe der Zeit aber auch ihre Schattenseiten wie die Auslöschung indigener Kulturen, Sklaverei, Vertreibung und schließlich blanker Imperialismus erkannt worden. Zudem gerät mehr und mehr in den Blick, wie das Aufeinandertreffen der Kulturen auch auf Europa zurückgewirkt hat. Der seit der Aufklärung gehegte Traum von einer unberührten Zivilisation ist nur eines von vielen Anzeichen einer verlorenen Unschuld.[3]

Die Weltentdeckung des 15. Jahrhunderts wäre ohne technische Fortschritte in der Seefahrt nicht möglich gewesen. Auch wenn schon im 11. Jahrhundert Wikinger in Nordamerika an Land gegangen waren oder es vielleicht sogar normannische Niederlassungen gegeben hat, so waren diese sehr klein und nicht dauerhaft zu erhalten.[4] Warum wagten im 15. Jahrhundert nur Europäer diesen Schritt über die Meere? Die arabischen Seefahrer verfügten lange vor ihnen über glänzende Navigationskenntnisse, bei denen sie sich an den Gestirnen orientierten. Die islamische Kultur expandierte zwar zu jener Zeit unter den Osmanen schnell, jedoch nur auf Landwegen. Ein besonderes Phänomen ist die Schifffahrt der Chinesen.[5] Sie gelangte unter der Ming-Dynastie im frühen 15. Jahrhundert zu erstaunlicher Blüte. Legendär sind die Expeditionen des Admirals Zheng He, der bis 1434 mit gewaltigen Flottenverbänden nach Sumatra, Indien und schließlich sogar Ostafrika gelangte. Die Schiffe waren der europäischen Schiffbautechnik in allen Belangen überlegen. Das galt für die Größe der Schiffe, für ihre Hochseetauglichkeit und ihre Kapazitäten bei der Versorgung mit Proviant. Alle Voraussetzungen für den Aufstieg zur maritimen Weltmacht waren gegeben. Warum brachen die Chinesen um 1433 offenbar abrupt den Ausbau ihrer Seemacht ab? Diese und andere Fragen sind für die Kulturgeschichte des Christentums von großer Brisanz.

Christliche Seefahrt

Mit fremden und nichtchristlichen Kulturen kam das europäische Christentum schon lange vor Kolumbus in Kontakt. Die Kreuzzüge eröffneten trotz der überwiegend kriegerischen Auseinandersetzung die Sicht auf eine andere, überlegene Kultur und ermöglichten Handelsbeziehungen, die neuartige Stoffe und vor allem Gewürze nach Europa brachten. Die Stabilität des mongolischen Weltreichs erlaubte ab dem 13. Jahrhundert weite Vorstöße bis nach China. In Asien fielen die europäischen Reisenden, meist Missionare und Kaufleute, wegen ihrer unstillbaren Neugier und ihres Wissensdursts auf. Johannes Fried sieht in dieser «nicht mehr nachlassenden Bereitschaft zum Lernen»[6] einen Grundzug mittelalterlicher Kultur, der den Aufbruch Europas in die Welt begünstigte. Der berühmteste dieser Fernreisenden des Mittelalters war Marco Polo (ca. 1254–1324).[7] Ende des 13. Jahrhunderts gelangte der Kaufmann aus Venedig bis nach China, seine Geschichten von der Größe des Reiches und seinen Reichtümern entfachten phantastische Vorstellungen. Zu den virulentesten Mythen des Mittelalters zählte die Gestalt des Priesterkönigs Johannes.[8] Als die Reisenden zu ihrem Erstaunen in Asien auf Christen trafen, die sogenannten »Nestorianer«, beflügelte das die Vorstellung von dem sagenhaften Großreich des Priesterkönigs, das man in China, später aber auch inmitten Afrikas oder Indiens vermutete und von dem man sich Hilfe im Kampf gegen den Islam erhoffte. Diese Gemengelage aus ökonomischem und religiösem Fernweh, aus Träumen von Reichtum und himmlischen Paradiesen war ein wesentlicher Antrieb des europäischen Expansionswillens.

Umzusetzen war dieser nur durch technologische Fortschritte.[9] Die nautischen Leistungen des 15. Jahrhunderts setzten eine Reihe von Erfindungen voraus wie die korrekte Zeitmessung durch Sanduhren, die Richtungsbestimmung durch den Kompass und die kartographisch zuverlässige Aufzeichnung der Seerouten. Welthistorische Ereignisse spielten eine große Rolle, denn der wachsende osmanische Druck, der 1453 letztlich zum Zusammenbruch des Byzantinischen Reiches führte, rückte nach den damaligen geografischen Vorstellungen die Iberische Halbinsel als westliche Alternative für die Erkundung von Seewegen nach Asien in den Vordergrund. Der portugiesische Prinz Heinrich, von seinen Zeitgenossen «der Seefahrer» genannt, obwohl er selbst nie auf Entdeckungsreise war, trieb im 15. Jahrhundert die Entwicklung der Seefahrt von der Algarveküste aus voran und förderte eine methodisierte Ausbildung der Kapitäne in einer eigens eingerichteten Schule. Bei alledem brauchte es Mut, denn nicht nur die Schiffe bewegten sich auf hoher See an der Grenze ihrer technischen Möglichkeiten, sondern auch die Seefahrer selbst bewegten sich stets an den Grenzen ihres Weltbildes und damit buchstäblich am Rande des Abgrunds. Ein eindrucksvolles Beispiel ist die Umsegelung des Kap Bojador.[10] Südlich der Kanaren, in der heutigen Westsahara gelegen, markierte diese westliche Spitze Nordafrikas lange einen neuralgischen Punkt. Zu den nautisch ohnehin schon beachtlichen Problemen wie Strömung und Nebel kam die Vorstellung, an das Ende der Welt gelangt zu sein. Die Seefahrer wussten nicht, ob sie dahinter ein Abgrund, eine Welt voller monströser Wesen oder einfach das Nichts erwartete. Sage und schreibe fünfzehn Versuche ließ Heinrich der Seefahrer in vierzehn Jahren unternehmen, aber die Schiffe sanken oder kehrten aus Angst unterwegs um. 1434 gelang dem Portugiesen Gil Eanes bei seinem zweiten Versuch die Umsegelung des Kaps – übrigens etwa genau zu der Zeit, zu der die Chinesen ihren Aufstieg zur Seemacht abrupt beendeten.

Von da an stießen die portugiesischen Seefahrer weiter an der westafrikanischen Küste vor und errichteten Stützpunkte. Bartolomeu Diaz gelang Ende 1488 die erfolgreiche Umfahrung des Kaps der Guten Hoffnung; zehn Jahre später erreichte Vasco da Gama – vermutlich mit der Hilfe eines arabischen Lotsen – die Westküste Indiens.[11] Nach dem gelungenen Durchbruch in den Indischen Ozean erwiesen sich die europäische Schiffsbautechnik und vor allem die Waffentechnik als konkurrenzlos.

Um sich gegen die Begehrlichkeiten anderer europäischer Königshäuser abzusichern, erwirkten die Portugiesen beim Papst eine rechtliche Grundlage ihrer Unternehmungen.[12] In der Bulle «Romanus Pontifex» sprach der Papst 1455 ihnen alle Rechte für die afrikanischen Territorien zu, Ende des 15. Jahrhunderts auch für die östlichen Territorien in Indien und Asien. Spanien fiel alles zu, was westlich der Kanaren lag. Im Vertrag von Tordesillas konnten die Portugiesen 1494 eine Verschiebung dieser Aufteilungslinie erreichen, daher wurde auch das 1500 entdeckte Brasilien portugiesische Kolonie. Dieses rechtliche Regelwerk der Päpste ist in mehrfacher Hinsicht aufschlussreich. Erstens sind die päpstlichen Bullen Ausdruck des europäischen Rationalisierungsprozesses, den das Mittelalter so entschieden vorangetrieben hat. Denn rechtliche Garantien stellen einen enormen Fortschritt für unternehmerisches Handeln dar, zumal in der Schifffahrt auf den Weltmeeren. Zweitens zeigte sich das erstaunliche europäische Selbstbewusstsein darin, dass das Oberhaupt der Christenheit zum Schiedsrichter über die Aufteilung der Welt aufgerufen wurde. Man ging wie selbstverständlich davon aus, dass das Recht auf die Weltherrschaft dem Christentum und seinem Oberhaupt auf Erden zugesprochen werden muss. Drittens bleibt unklar, wie die Ausübung dieser Weltherrschaft auszusehen hatte. Die päpstlichen Dokumente sprechen von der Ausbreitung des Christentums und der Mission der Heiden, allerdings in einem allgemein gehaltenen, fast blumigen Ton. Die Mission war zwar offiziell ein wichtiges Ziel, aber de facto standen für die iberischen Förderer der Seefahrt andere Interessen im Vordergrund. Kolumbus hatte bezeichnenderweise 1492 keine Geistlichen an Bord.[13] Die Mission kam erst in einem zweiten Schritt zum Tragen. Spätestens nachdem sich die Unternehmungen in Afrika als rentabel erwiesen hatten, bildeten handfeste ökonomische Interessen den stabilen Unterbau der europäischen Weltentdeckung. Viertens schließlich folgten aus der päpstlichen Regelung besondere Eigenarten des europäischen Konkurrenzkampfs. Im 16. Jahrhundert geriet in Europa die ultimative Autorität des Papstes ins Wanken. Für Katholiken war es zuvor bei Androhung der Exkommunikation untersagt, gegen die päpstlich garantierten Rechtsansprüche der Spanier und Portugiesen zu verstoßen. Doch schon Franz I., König von Frankreich und Katholik, sah sich ab 1520 daran nicht mehr gebunden. Das rief die protestantischen Seefahrernationen England und die Niederlande auf den Plan, für die die päpstlichen Regelungen schon aus Prinzip keine Gültigkeit hatten. Dieser konfessionell bedingte innereuropäische Konkurrenzkampf beschleunigte die europäische Welteroberung enorm. Die päpstliche Regelung hatte allerdings einen pikanten Nebeneffekt: Lateinamerika war bald verteilt, strategisch aussichtsreiche Stützpunkte in Afrika und Asien waren besetzt. Daher beschränkten sich Frankreich und England in der Anfangsphase ihrer Seefahrt auf die Freibeuterei – ein Euphemismus für staatlich geförderte Piraterie. Der globale Welthandel begann also im 16. Jahrhundert mit starken Elementen der Freibeuterei. Daran hat sich – würden Pessimisten sagen – bis heute nichts geändert.

Kolumbus' Entdeckung von 1492 und seine weiteren Reisen setzten immense Energien frei, in der Seefahrt ging es nun rasant voran. Die Aufbruchsstimmung wurde auch durch den Geist der italienischen Renaissance beflügelt. Ein weiterer Italiener, Amerigo Vespucci, erkundete bald nach 1500 die südamerikanische Küste[14] – dem Florentiner verdanken die beiden amerikanischen Kontinente ihren Namen. Der Spanier Balboa durchquerte Gerüchten von Indianern folgend Panama und entdeckte 1513 den Pazifik.[15] Beider Werk vollendete schließlich der Portugiese Ferdinand Magellan.[16] Im Herbst 1519 stach er in spanischem Auftrag in See. Die Auffindung einer Südwestpassage in Patagonien war eine Meisterleistung. Für die Durchquerung der äußerst unwirtlichen Meerenge, die nach ihm benannt ist, brauchte er einen Monat. Entlang der Küste Chiles gelangte Magellan nach Norden, überquerte den Pazifik und erreichte die Philippinen. Dort kam er im Streit mit Eingeborenen ums Leben. Unter dem Kommando Juan Sebastián Delcanos beendete schließlich nach drei Jahren 1522 eines von ursprünglich drei Schiffen mit achtzehn der anfangs zweihundertsiebzig Matrosen die erste Weltumsegelung.

Kehren wir noch einmal zur Ausgangsfrage zurück. Warum war es allein die christliche Seefahrt Europas, die den Aufbruch in die Welt wagte und schaffte? Offensichtlich hat nicht allein der christliche Wille zur Weltmission die Europäer auf die Meere hinausgetrieben. Einen wesentlichen Anteil hat der Rationalitätsschub des späten Mittelalters, denn er erzeugte eine Mentalität der Neugier, ein «Klima des bohrenden Fragens»,[17] das den Asiaten schon an den mittelalterlichen Weltreisenden aufgefallen war. Akademien sicherten eine zuverlässige Seefahrerausbildung, rechtliche Regelungen machten die unternehmerischen Risiken kalkulierbar. Die europäische Seefahrt etablierte sich, weil sie ökonomisch erfolgreich war. Die Aussicht auf Gewinn ist und bleibt eine der wichtigsten Antriebsquellen menschlicher Handlungen. Die Segler auf den Weltmeeren waren meist fromme Christen. Die Vorstellung, an einer höheren Sendung beteiligt zu sein, gab ihrer Neugier – und manchmal auch ihrer bloßen Gier – eine höhere Weihe. Aus dem Bordbuch des Kolumbus erfahren wir, dass die religiöse Motivation in Gefahr und Krise entscheidend zum Tragen kam, dass sie aber auch dem ganzen Vorhaben einen erhabeneren Sinn verlieh.[18] Die Art und Weise, wie diese verschiedenen Motive zum Erfolg der christlichen Seefahrt beigetragen haben, zeigt die Verflochtenheit der christlichen Religion mit der europäischen Kultur.

Kolonialismus und Mission

Über das erste Auftreten des christlichen Europa in der Welt sollte man sich keine Illusionen machen. Es waren Händler und Soldaten, «Kaufmannskrieger»,[19] die entlang der gesicherten Seerouten in Afrika und Asien Häfen und Befestigungsanlagen errichteten und ihre ökonomischen Interessen mit Waffengewalt durchsetzten. Dieser Stützpunktkolonialismus hatte zwei Gesichter. In

Afrika wollten die Europäer, in Asien konnten sie den nächsten Schritt zum Beherrschungs- oder Siedlungskolonialismus nicht wagen. Die Motive für die Zurückhaltung in Afrika sind nicht ganz klar. Möglicherweise setzte die rasche Ausbreitung von Tropenkrankheiten den vereinzelten Vorstößen eine Grenze. Denkbar ist aber auch, dass der wirtschaftliche Erfolg des afrikanischen Stützpunktkolonialismus keine weiteren Ambitionen aufkommen ließ. Er setzte auch den Missionsanstrengungen Grenzen. Da sich der Kontakt meist auf den Umgang mit Händlern beschränkte, blieben die Erfolge sehr gering. Eine Ausnahme stellte 1491 die Bekehrung des Königs des Kongo dar, die aber letztlich keine nachhaltige Wirkung zeigte. Selbst der im 17. Jahrhundert beginnende niederländische Siedlungskolonialismus in Südafrika setzte zunächst keine besonderen Missionsimpulse frei. Während Nordafrika in den ersten Jahrhunderten Hort einer blühenden Christenheit war, blieb der subsaharische Teil des Kontinents für das europäische Christentum auch im Zeitalter des Kolonialismus lange unerforscht.

Ein anderes Phänomen stellt der asiatische Stützpunktkolonialismus dar. In Indien errichteten die Portugiesen zwar Häfen und Handelszentren, aber zu Lande war das militärische Vorgehen gegen die mächtigen Territorialreiche unmöglich. Nachdem die indischen Landmächte bald erkannt hatten, dass von Portugal keine Invasionsgefahr ausging, war der Stützpunktkolonialismus ein Modus vivendi, der portugiesischen und indischen Interessen diente.[20] Die Missionare trafen in Indien zu ihrer großen Überraschung auf Thomaschristen, die sich selbst auf die Missionstätigkeit des Apostels Thomas zurückführten.[21] Überwiegend begegneten die christlichen Missionare in Indien jedoch Kulturen, die sich ihrem Selbstverständnis nach den Europäern überlegen fühlten und am Christentum wenig Interesse zeigten. Größere Erfolge hatte die Mission im 16. Jahrhundert nur in Goa, wo es zum allmählichen Ausbau einer kleinen portugiesischen Kolonie mit indischen Untertanen kam. Francisco de Xavier (1506–1552), Gefährte des Ignatius von Loyola und damit Jesuit der ersten Stunde, begann 1542 in Goa sein Großprojekt.[22] Als er dort ankam, behagte ihm nicht, was die neuen Christen indischer Herkunft unter Christentum verstanden. Daher bat er, die Inquisition in Goa einzusetzen, um die »richtige« christliche Lehre durchzusetzen. Die Doktrinalisierung der Religion war einer der traurigeren Folgeschäden von Reformation und katholischer Reform, den die Europäer durch die Mission in die Welt hinaustrugen. Hinzu kam die klassisch christliche Unduldsamkeit gegenüber fremden Religionen, die in Goa zu Tempelzerstörungen führte.

Inquisition und Tempelzerstörung waren nicht geeignet, in Indien Sympathien für das Christentum aufkommen zu lassen. Außerhalb des portugiesischen Territoriums hatte die Indienmission wenig Erfolg. Schon eine Generation nach Francisco de Xavier änderten die Jesuiten ihre Strategie und verlangten beispielsweise nicht mehr die Übernahme des europäischen Kleidungs- und Lebensstils. Im Geiste dieser vorsichtigen Annäherung gelangte Roberto de Nobili (1577–1656) 1605 nach Goa.[23] Es spricht für die Faszination des Jesuitenordens im späten 16. Jahrhundert, dass ein junger Mann mit aussichtsreichen Gaben und von vornehmer italienischer Herkunft die Pläne für sein Leben am besten als Jesuit zu erreichen dachte. In Indien ging er bald nach seiner Ankunft eigene Wege. Er lernte Sanskrit und Tamil und ließ sich von einem Brahmanen unterrichten. De Nobili erörterte mit seinen hinduistischen Gesprächspartnern die Frage, wie Gottes Wesen, wie die Erschaffung, Erhaltung und das Ziel der Welt zu denken seien und ob es eine unsterbliche Seele gebe.[24] Schließlich fing er an, sein Aussehen, seine Kleidung und seine Lebensgewohnheiten dem Lebensstil indischer Asketen anzupassen. Er konnte einige Brahmanen taufen, größeren Erfolg hatte er jedoch bei den Parias, den Kastenlosen, die sich vom Christentum eine Aufhebung ihrer sozialen Deklassierung erhofften, was aber wiederum die Hindus verächtlich auf das Christentum blicken ließ. De Nobili und einige Ordensbrüder, die es ihm gleichtaten, befanden sich mit ihrem Projekt zwischen allen Stühlen. Die asketische Lebensweise als Sannyasin irritierte die katholischen Autoritäten in Indien, daher musste sich die Ordensleitung und am Ende gar der Papst in Rom damit befassen. Erstaunlicherweise konnte de Nobili ihre Unterstützung für seine Strategie der Anpassung gewinnen,[25] Anfang des 18. Jahrhunderts wurde allerdings die jesuitische Akkommodationsmethode verboten.[26] Auf der anderen Seite erzeugte die Mission aber auch Spannungen unter der indischen Bevölkerung. So musste sich de Nobili gegen Anschuldigungen aus dem Kreise der Brahmanen wehren,[27] und auch Verfolgungen der Missionare kamen vor.[28] Durch seine große Sprachbegabung konnte er einen guten Einblick in den Hinduismus gewinnen. Er bemühte sich um ein tieferes Verständnis der Gebräuche, Riten und Lehren, die – wie vor allem das Kastenwesen und die Witwenverbrennung – aus westlicher Perspektive fremd erscheinen mussten.

Die Mission in fremden Kulturen stand dauerhaft vor der Aufgabe, die christliche Botschaft in fremde Sprachen, Begriffe und Bilder zu übertragen. Damit war das Problem des Synkretismus aufgeworfen, des Zusammenbringens verschiedener kultureller und religiöser Überzeugungen. Francisco de Xavier versuchte die Spannung zugunsten eines «reinen» Christentums zu lösen. Wegweisender für die Moderne war de Nobilis Ansatz, der trotz der Widerstände einen offenen und auf gegenseitiges Verstehen ausgerichteten Umgang mit den fremden Kulturen und Religionen etablieren wollte.

Der Synkretismus spielte auch bei Francisco de Xaviers größtem Missionserfolg in Japan eine wichtige Rolle. 1549 gelangte er mit anderen Jesuiten dorthin und hatte nach zögerlichem Anfang große Erfolge, die sich nach seinem Tod fortsetzten und zu einer stattlichen Zahl von Bekehrungen führten.[29] Diese episodischen Christianisierungserfolge in Japan gehören zu den wenigen, die ohne den Hintergrund einer Kolonialmacht möglich waren. Die Gründe liegen vermutlich in der japanischen Religionskultur selbst. Diese vereinte traditionell mehrere fremde Einflüsse wie den Buddhismus und den Konfuzianismus, so dass eine größere Aufgeschlossenheit für neue Religionen bestand. Die synkretistische Grundanlage Japans war aber wiederum der Grund für einen radikalen Umschwung. Unter dem Regenten Hideyoshi wurden knapp vierzig Jahre nach Francisco de Xaviers Ankunft 1587 die Jesuiten des Landes verwiesen, der Shogun Ieyasu erließ 1614 ein endgültiges Verbot des Christentums. Zum einen stand dahinter die Absicht, sich gegen die europäischen Fremdeinflüsse abzuschotten, zum anderen stieß offensichtlich der Ausschließlichkeitsanspruch der christlichen Religion, der die Auflösung der anderen Religionen forderte, auf Widerstand. Es kam zu einer harten Verfolgung der von den Jesuiten missionierten katholischen Christen Japans. Bei der Belagerung der Küstenfestung Hara griffen die protestantischen Niederländer auf Seiten der Verfolger von ihren Schiffen in das Geschehen ein und beschossen ihre eigenen katholischen Mitchristen.[30] Diese innerchristliche Aggression dürfte die Japaner vollends von der Unverträglichkeit des Christentums überzeugt haben. Nach einer sehr kurzen Blüte spielte das Christentum in Japan keine Rolle mehr.

Wieder anders verlief die Entwicklung in China. Dort gab es zwar bis in die Mongolenzeit hinein durch die ausgedehnte Mission der Assyrischen Kirche des Ostens – lange bezeichnete man sie als Nestorianer – christliche Gemeinden, deren Spur verlor sich aber unter der Ming-Dynastie ab dem 14. Jahrhundert. Das chinesische Reich betrieb eine konsequente Abschottungsstrategie gegen die europäischen Einflüsse und beschränkte den Umgang mit den Portugiesen und später mit den Holländern rigide auf Handelskontakte. Einen Sonderfall stellte der italienische Jesuit Matteo Ricci (1552–1610) dar, der eine Generation nach Francisco de Xavier und eine vor Roberto de Nobili einer der ersten wirkungsvollen Vertreter der jesuitischen Methode der kulturellen Anpassung war.[31] Ricci gelangte über Lissabon und Goa 1582 nach Macau. Dort begann er Chinesisch zu lernen. Ein Jahr später durfte er als einer der ersten Europäer in China einreisen. Ricci verschaffte sich als glänzender Astronom und Mathematiker am Hof des Kaisers Respekt und erregte durch seine Anpassung an chinesische Lebensgewohnheiten Aufmerksamkeit. Bemerkenswert ist seine Beschäftigung mit dem Konfuzianismus.[32] Durch sein Studium der Texte und seine Übersetzungen erschloss er für Europa die neue Welt chinesischer Kultur. Ricci sah in der Anleitung zum tugendhaften Leben eine weitgehende Übereinstimmung zwischen der christlichen und der konfuzianischen Ethik. Die denkerische Herausforderung, dass sich auch in anderen Religionen Wahrheitsmomente fänden, löste er durch die schon in der Renaissance bewährte Vorstellung, es gebe eine «natürliche Theologie», die auch Heiden erkennen könnten. Er reihte Konfuzius unter die Philosophen ein, die Gott als Instrument einer allgemeinen Offenbarung einsetzte. Aber auch Riccis Lehre stieß auf Widerstände. Nach seinem Tod mehrten sich Stimmen chinesischer Denker, die scharfsichtig erkannten, dass man nicht umstandslos den konfuzianischen Begriff für das Allerhöchste mit dem christlichen Verständnis von Gott als Person mit Wille und Vernunft in Einklang bringen kann.[33] In Nanking kam es 1617, sieben Jahre nach Riccis Tod, zu einem gezielten Einschreiten der Behörden gegen die christliche Mission. Doch auch aus Rom gab es Kritik an Riccis Bereitschaft, sich auf chinesische Lebensgewohnheit und Denkungsart einzulassen. Die von ihm gepflegte wohlwollende Haltung gegenüber chinesischen Riten wie etwa der Ahnenverehrung ging den Missionsbehörden in Rom zu weit. 1704 untersagten sie die jesuitische Akkommodationspraxis.[34] Das zarte Pflänzchen interreligiöser Begegnung zwischen West und Ost war damit erstickt. Das Christentum konnte in China nicht Fuß fassen. Sieht man von der Ausnahme der Philippinen ab, wo die Spanier in der zweiten Hälfte des 16. Jahrhunderts eine Beherrschungskolonie nach mexikanischem Vorbild begründeten und die Christianisierung durchsetzten, war die christliche Mission in den asiatischen Hochkulturen wenig erfolgreich.

Die Eroberung Lateinamerikas

Einen anderen Verlauf nahm die Ausbreitung des Christentums in der Neuen Welt. Im Falle Lateinamerikas kann man von einem klassischen Beherrschungskolonialismus sprechen, während in Nordamerika der Siedlungskolonialismus vorherrschte, also die Landeroberung durch allmähliche Besiedlung aus dem Mutterland.

Kolumbus' Entdeckung wurde zunächst begeistert gefeiert, doch schon auf seiner zweiten Reise machte sich Enttäuschung breit. Es zeichnete sich ab, dass man weder in das Reich eines Großkhans noch in das eines Kaisers vorgestoßen war. In den ersten Jahren wurde keine größere Menge Gold gefunden, und auch andere Handelsgüter waren rar, mit denen die Amerikafahrten an die ökonomischen Erfolge der Asienunternehmungen hätten anknüpfen können.

Nach der Entdeckung Mexikos machte sich Cortés 1519 ohne die Genehmigung seines Gouverneurs und der spanischen Krone mit etwa fünfhundert bewaffneten Soldaten in das Land auf.[35] Er verschaffte sich bei den Indianern, auf die sie trafen, genaue Kenntnisse über die Situation im Land und erfuhr von den Azteken und ihrer prächtigen Hauptstadt Tenochtitlán, aber auch von den Spannungen zwischen ihnen und den unterworfenen tributpflichtigen Stämmen. Mit strategischem Geschick und listiger Bündnispolitik, die ihm die Unterstützung indianischer Krieger sicherte, rückte er auf die Hauptstadt vor. In der Stadt Cholula ließ er unter den Bewohnerinnen und Bewohnern ein furchtbares Massaker anrichten, dem vermutlich dreitausend Menschen zum Opfer fielen.[36] Nach neun Monaten erreichten die Spanier Tenochtitlán. In vollkommener Einmütigkeit beschreiben die Berichte, wie der Anblick der prachtvollen aztekischen Großstadt die Konquistadoren aus der Fassung brachte. «Wir waren baß erstaunt über dieses Zauberreich, das fast so unwirklich schien wie die Paläste in dem Ritterbuch des Amadis. […] Einige unserer Männer meinten, das seien alles nur Traumgesichte.»[37]

Aber auch etwas anderes bewegte die Konquistadoren. Die Azteken praktizierten blutige Menschenopfer, meist durch Aufschneiden der Brust und Entnahme des Herzens, die bei Herrschaftsinthronisationen auch mit kannibalistischen Riten verbunden waren.[38] Die Konquistadoren ahnten schnell, was ihnen im Falle einer Gefangennahme blühen würde – tatsächlich kam es nach Ausbruch der kriegerischen Auseinandersetzung auch zu Opferungen von spanischen Kriegsgefangenen. Europäer des 16. Jahrhunderts waren mit bestialischen Grausamkeiten in der Strafjustiz bestens vertraut. Es war also nicht die Grausamkeit des Opfers, sondern das vermeintliche Unrecht der fehlenden Legitimation und die darum offensichtliche Sinnlosigkeit des Opfers, die die Entrüstung hervorrief. Cortés forderte laut dem Chronisten Diaz die Einstellung der Menschenopfer.[39] Als dies nicht befolgt wurde, sah er sich zu einem rigorosen Vorgehen gegen die aztekische Religion und zur Zerstörung der Tempel ermächtigt.[40]

Im August 1521 eroberten die Konquistadoren nach tapferem Widerstand der Azteken die zerstörte Stadt. Cuauhtémoc, den letzten Herrscher der Azteken, der bis heute in Mexiko verehrt wird, folterten die Spanier, um zu erfahren, wo das Gold versteckt war, später ließen sie ihn hinrichten. In den folgenden Feldzügen unterwarfen sie die mexikanischen Stämme. Tenochtitlán bauten die Konquistadoren nach spanischen Vorstellungen wieder auf und machten es gut zehn Jahre nach der Einnahme als Ciudad de Mexico, Mexiko-Stadt, zum Sitz des Vizekönigreichs Neuspanien.

Die Ereignisse, die zur Unterwerfung einer ganzen Kultur führten, wiederholten sich zehn Jahre später im Westen Südamerikas.[41] 1531 machte sich Francisco Pizarro in das heutige Peru auf. Im November 1532 traf er in Cajamarca mit dem Inka Atahualpa zusammen. Pizarro und seine Männer nahmen den Inkaherrscher gefangen und erpressten Unmengen an Gold; schließlich richteten sie ihn hin. Von einem heidnischen Herrscher bereits beim ersten Kontakt mit dem Christentum die sofortige Unterwerfung zu verlangen, das erschien wohl selbst der spanischen Öffentlichkeit des 16. Jahrhunderts grotesk. Pizarros Umgang mit den Inkas wurde sehr viel schlechter aufgenommen als Cortés' vermeintliche Heldentaten in Mexiko. Selbst Kaiser Karl V. zeigte sich «missvergnügt über den Tod Atahualpas. [...] Denn er war ein Monarch.»[42] Nach dem Tod ihres Herrschers und begünstigt durch die Wirren des internen Bürgerkriegs zerfiel das Inkareich rasch.

Die Ereignisse in Mexiko und Peru sind die bekanntesten, aber natürlich nicht die einzigen Fälle des sukzessiven Vormarsches der Spanier von Mexico bis Chile und Argentinien. Nur eine Generation von Konquistadoren brachte bis zur Mitte des 16. Jahrhunderts weite Teile Lateinamerikas unter ihre Kontrolle. Eine Invasion in dieser Geschwindigkeit und in diesen Ausmaßen ist ein «weltgeschichtlich einzigartiges Ereignis».[43] Die im ritterlich-soldatischen Geist der Reconquista aufgewachsenen Konquistadoren hatten technologische Vorteile auf ihrer Seite. Den Azteken flößten die Pferde als besondere Wesen, die im Kampf zu nutzen waren, große Furcht ein. Verstärkt wurde die Angst vor den Eroberern vor allem aber durch eine Serie von Zeichen, die großes Unheil ankündigten. Gefangen in den Vorstellungen ihrer eigenen Weltanschauung machte sich eine Stimmung der Lähmung breit.[44] Es ist jedenfalls anders kaum zu erklären, warum Moctezuma so lange nicht gegen die Spanier eingriff, bis es schließlich zu spät war. Im Falle von Atahualpa dürfte es eine komplette Fehleinschätzung der Invasoren gewesen sein, die sich fatal auswirkte. Vor allem aber war entscheidend, dass die Spanier auf Hochkulturen in der Krise, wenn nicht gar im Niedergang trafen. Es ist der einmalige Zusammenfall dieser vielen unterschiedlichen Faktoren, der die spanische Invasion zu einem Ereignis machte, zu dem es in der Geschichte des Kolonialismus keine Parallelen gibt.[45]

Die Umformung der indianischen Territorien in eine spanische Kolonie bereitete der Christianisierung den Weg. In der Nachhut der Konquistadoren gelangten meist Ordensgeistliche in die Neue Welt. Die schon von Cortés angewandte Praxis der Zerstörung aztekischer Tempel und Religionsgegenstände stellte eine Voraussetzung ihrer Missionstätigkeit dar, gefolgt von Predigt, Taufe und schließlich dem Aufbau kirchlicher Strukturen. Nach zögerlichen Anfängen in den Zwanzigerjahren verfügte Mexiko um 1560 über eine stattliche Zahl von Geistlichen, vor allem Franziskanern und Dominikanern.[46] Man hat diese anfangs übliche Missionsmethode treffend als «tabula rasa»[47] bezeichnet. Obgleich sich viele Missionare redlich um das Erlernen der indianischen Sprachen bemühten, suchten sie keine inhaltlichen Anknüpfungspunkte an die indianische Kultur. Hinter dieser Missionsstrategie verbarg sich ein eigentümliches Desinteresse an den kulturellen Voraussetzungen der zu Missionierenden.

Die Macht des Gewissens und edle Christen

Johannes Fried urteilt am Ende seiner Geschichte des Mittelalters über die Herausforderung der Kulturbegegnung in der Neuen Welt: «Jetzt war alles aufgerufen, was die Europäer in den vergangenen Jahrhunderten gelernt hatten.»[48] Hätten allein die Konquistadoren die Geschichte Lateinamerikas geschrieben, müsste man den Satz als zynisch empfinden. Denn dann hätten die Europäer in den Jahrhunderten zuvor nicht viel gelernt. In der hoch gebildeten theologischen und juristischen Führungselite am Hofe Karls V. sah man rasch ein, dass sich mit der Mentalität der Konquistadoren Länder erobern, nicht aber regieren ließen. Schon nach der ersten Eroberung, der Einnahme der Kanaren Ende des 15. Jahrhunderts, galt es eine rechtliche Regelung für Ureinwohner zu finden.[49] Doch waren die Kanaren nur ein schwacher Vorgeschmack auf die administrativen Aufgaben, die in Lateinamerika warteten. Eine Herausforderung von bis dahin unbekannten Ausmaßen wurde zur «Stunde der Bürokraten»[50] – und zwar in einem durchweg positiven Sinne. Bei der Erarbeitung der gesetzlichen Grundlagen, nach denen die Neue Welt regiert werden sollte, spielte die Kirche eine bedeutende Rolle. Sehr schnell nach den ersten Eroberungen war zwischen den politisch-ökomischen Interessen der Konquistadoren und den religiösen Absichten der Missionare ein Konflikt aufgebrochen.

Die berühmteste Gestalt dieses Konfliktes ist Bartolomé de Las Casas (1485–1566). Sein Werdegang erlaubt einen besonders guten Einblick in die Entwicklungen.[51] 1484 in Sevilla, dem Zentrum der spanischen Kolonialunternehmungen, geboren, wuchs er als Knabe mit all den Eindrücken auf, die aus der Neuen in die Alte Welt kamen. Seit 1502 hielt er sich selbst auf dem karibischen Landgut seines Vaters auf und fügte sich bedenkenlos in das frühe Kolonialsystem der Encomienda ein.[52] Den Konquistadoren wurde Land mitsamt den dort lebenden Indios «anvertraut», de facto entwickelte sich daraus ein System des Großgrundbesitzes, das die Indios in der Plantagenwirtschaft als Arbeitskräfte versklavte. Sein Entschluss, Priester zu werden, schien an seiner Haltung zunächst nichts geändert zu haben. Doch als Feldkaplan der Konquistadoren bei der Eroberung Kubas erlebte er die Gräueltaten und Massaker an den Ureinwohnern mit:

> Aber plötzlich fuhr der Teufel in die Christen, so, dass sie in meinem Beisein, ohne die mindeste Veranlassung oder Ursache, mehr als dreitausend Menschen, Männer, Weiber und Kinder, darnieder hieben [...] Hier nahm ich so unbeschreibliche Grausamkeiten wahr, dass andere Sterbliche dergleichen wohl schwerlich gesehen haben, oder sie für möglich halten möchten.⁵³

Der einsetzende Sinneswandel ist ein eindrucksvolles Beispiel für die Bedeutung des Gefühls für den Aufbau moralischer Einsicht. Rational waren Las Casas all die Argumente längst bekannt, die gegen das Kolonialsystem der Konquistadoren sprachen. Dominikaner – er selbst trat dem Orden später bei – hatten ihm zuvor die Absolution verweigert, weil er auf seiner Encomienda die Indios als Sklaven hielt.⁵⁴ Erst aufgrund des unmittelbaren Erlebens entstand in ihm Mitgefühl. In einem zweiten Schritt eignete er sich dann die rationalen Argumente an und agierte am Hof des Königs zugunsten einer Änderung der Versklavungspraxis, plädierte für eine friedliche Evangelisierung – und fand bei dem jungen Karl, dem späteren Kaiser, und seinen Beratern durchaus Zustimmung. In diesem Zusammenhang kam allerdings auch die verhängnisvolle Idee auf, die Arbeitskraft der Indios durch Sklaven aus Afrika zu ersetzen.⁵⁵ Las Casas hat später diesen Schritt bereut und den Sklavenhandel wie kaum ein anderer Europäer zu der Zeit mit aller Schärfe kritisiert. Den trostlosen Gang der Geschichte konnte er jedoch längst nicht mehr aufhalten, zu viel Geld ließ sich für Krone und Kaufleute mit dem Menschenhandel verdienen. Gut dreihundert Jahre mussten die afrikanischen Sklaven auf ihre Befreiung warten (siehe Seite 549–554).

Dass der Umgang mit den Indios zum Gegenstand juristischer Überlegungen wurde, ergab sich aus den Fortschritten des rechtlichen Denkens, die ein Schutzverhältnis zwischen Herrscher und den neuen Untertanen proklamierten. Die Auseinandersetzungen, die Las Casas mit seinem Gegenspieler Sepúlveda führte, sind Meilensteine in der Debatte um das Recht kriegerischer Intervention in fremde Kulturen.⁵⁶ Sepúlveda berief sich auf die Tradition des gerechten Krieges und meinte, dass die dafür erforderlichen Gründe gegeben seien. Natürlich konnte er im Falle der Indios nicht auf das klassische Bedrohungsargument hinweisen, sondern argumentierte theologisch. Aufgrund ihres sündhaften Wesens käme den Indios von Haus aus eine inferiore Natur zu, zudem müssten unschuldige Opfer vor ihren gräulichen Religionspraktiken errettet werden, und schließlich würde die Unterwerfung eine schnellere Ausbreitung des Christentums sicherstellen. Der in der Tradition seines Ordens an Thomas von Aquin geschulte Las Casas versuchte vor allem vom Naturrecht her die Unterlegenheit der Indios zu widerlegen und das Argument zu entkräften, dass das Gebot einer schnelleren Ausbreitung des Christentums notwendigerweise auch die Anwendung von Gewalt legitimiere. Mit diesen Überlegungen zur Gleichheit der Menschen und dem strikten Gebot der friedlichen Religionsverbreitung wies Las Casas weit in die Zukunft.

Der spanische Hof erließ seit 1512 gesetzliche Bestimmungen zum Schutz der Indios, am weitesten gingen die *Leyes nuevas* von 1542.[57] Sie hoben die erbliche Fortführung des kolonialen Großgrundbesitzes auf, um eine stärkere Kontrolle der Krone über die Landverwaltung sicherzustellen, und verboten die Sklaverei. Die Konquistadoren liefen gegen diese Regelung jedoch Sturm. Karl V. musste vor allem in der Frage der Encomiendas Zugeständnisse machen, und auch deren Durchsetzung war auf der anderen Seite des Atlantiks praktisch nicht zu kontrollieren. Daraus resultierte eine paradoxe Situation. Auf der einen Seite entwickelten die theologischen und juristischen Eliten ein erstaunlich hohes Niveau naturrechtlicher Überlegungen in der spanischen Kolonialgesetzgebung, auf der anderen Seite fehlten jedoch die Möglichkeiten, vielleicht auch der entschlossene Wille, die Schutzbestimmungen umzusetzen. In Europa kam schon im 16. Jahrhundert die *leyenda negra*, die schwarze Legende, auf. Sie bezichtigte die Spanier aufgrund der Vorkommnisse in den amerikanischen Territorien, ein besonders grausames Volk zu sein. Der Vorwurf ließ sich von Spaniens europäischen Gegnern im 16. und 17. Jahrhundert propagandistisch gut nutzen. Der Sache nach ist es freilich zu einfach, die für die Indios so dramatische Entwicklung mit nationalen Schuldzuweisungen aufzulösen. Denn es war ja auch das Spanien des 16. Jahrhunderts, das eine der fortschrittlichsten Gesetzgebungen zum Schutz der amerikanischen Ureinwohner hervorbrachte. Dennoch ist die Kolonialisierung der von Spanien eroberten Territorien in Lateinamerika ein Indiz für die düstere Seite der conditio humana. Die Konquistadoren praktizierten kompromisslos das archaische Recht des Stärkeren,[58] diese Anlage ließ sich nicht mit Argumenten der Vernunft bekämpfen. Auch die Vernunft bedarf exekutiver Gewalt zur Durchsetzung ihrer Ziele. Zu dieser Einsicht, die die Grundlage des modernen Rechtsstaates bildet, war es noch ein langer Weg.

Las Casas war kein Einzelfall. Er stand in einer Traditionslinie von Ordensgeistlichen, die früh auf die Missstände aufmerksam machten und sich für den Schutz der Indios einsetzten.[59] Las Casas selbst verdankte viel dem Wirken seines Ordensbruders Antonio de Montesino, der schon 1511 den Umgang der Konquistadoren mit den Indios als Todsünde gebrandmarkt hatte.[60] Die kirchliche Bewegung zum Schutz der Indios brachte auch Märtyrer hervor. Antonio de Valdivieso kämpfte als Bischof in Mittelamerika energisch gegen die ausbeuterischen Interessen der Konquistadoren, ein Soldat erdolchte ihn 1550[61] – und begründete damit eine finstere Tradition der Gewalt gegen den Kampf um das Recht in Lateinamerika.

Einen anderen Weg ging der Franziskanerbruder Bernardino de Sahagún

(1500–1590).⁶² Er kam knapp zehn Jahre nach der Eroberung 1529 nach Mexiko und sah an den Ruinen der Tempel, wie aus den Steinen der alten eine neue Kultur aufgebaut wurde.⁶³ Rasch erkannte er, dass ohne Kenntnis der Sprache der Azteken eine Christianisierung nicht sinnvoll war. Daher lernte er Nahuatl und fing an, in Gesprächen Geschichte und Kultur der Azteken zu erkunden. Sahagún versuchte anders als Roberto de Nobili oder Matteo Ricci nicht, wie ein Azteke zu leben, sondern bemühte sich, die Azteken und ihre Kultur mit ihren und nicht den Augen des Europäers zu sehen. Mit diesem Ansatz ist Sahagún bisweilen zum Vater der Ethnologie erhoben worden. Seine *Historia General* ist eine der wertvollsten Quellen für das Wissen über die Azteken. Es mag des Guten zu viel sein, einen Menschen des 16. Jahrhunderts zum Begründer einer modernen Wissenschaft zu erheben, ein leuchtendes Beispiel ist er jedoch in jedem Fall. Beeindruckend sind seine Versuche, mit den Azteken in ein Gespräch über ihre Religion einzutreten.⁶⁴ In Sahagún verbinden sich europäische Neugier und Humanität zu einer Haltung, die in der Gewissheit des eigenen religiösen Glaubens die Überzeugungen einer fremden Kultur verstehen zu lernen versucht.

Ein ebenso berühmtes wie umstrittenes Projekt der Jesuiten suchte einen anderen Weg im Umgang mit Amerikas Ureinwohnern.⁶⁵ Nachdem sie sich in der zweiten Hälfte des 16. Jahrhunderts auch in die Mission in Amerika eingeschaltet hatten, erkannten die Jesuiten rasch, dass der bisherige Umgang mit den Indios nur geringe Christianisierungsmöglichkeiten bot. Daher begannen sie ab Anfang des 17. Jahrhunderts, die Indios in eigene Missionsdörfer umzusiedeln. In diesen «Reduktionen», die hauptsächlich im heutigen Grenzdreieck zwischen Paraguay, Argentinien und Brasilien lagen, waren sie dem Zugriff der Kolonisatoren entzogen und unterstanden den Jesuiten. Diese leiteten die Indios zu handwerklicher und landwirtschaftlicher Betätigung an, berücksichtigten aber die Grenzen physischer Belastbarkeit, um ihnen auch die Möglichkeiten eines kulturellen Lebens zu eröffnen, in dem die Musik eine besondere Rolle spielte. Erstaunlich ist, dass so zeitweise etwa 60 Jesuitenpater ohne die üblichen Gewaltmittel über 120 000 Indios herrschen konnten. Dieser «Jesuiten-Staat» – ein eigentlich unpassender Name – war vermutlich eine der humansten Formen des Kolonialismus in Lateinamerika. Eine höchst seltsame Allianz von Gutsbesitzern, Klerikern, aber auch Aufklärern erwirkte bei den Kolonialmächten Spanien und Portugal schließlich die gewaltsame Vertreibung der Jesuiten aus Südamerika und beendete damit 1768 das bemerkenswerte Experiment.⁶⁶

Das erste Auftreten des europäischen Christentums in der Welt hat einen zwiespältigen Eindruck hinterlassen. Obgleich der Mut, die Entdeckerneugier und das Sendungsbewusstsein des Missionsauftrags durchaus Bewunderung abverlangen konnte, hatten die ersten asiatischen Abenteuer Züge eines «terroristischen Brigantentums».⁶⁷ Es ist einer der Aspekte, der den christlichen Europäern von Seiten der asiatischen Hochkulturen die Verachtung als kulturlose Barbaren eintrug. Ähnlich fassungslos staunten die Ureinwohner Amerikas über die tierische Gier ihrer Eroberer nach Gold. Wenn man im 16. Jahrhundert etwas finden wollte, was einer heute noch bleibenden Weltbedeutung Europas würdig ist, dann sind es der Geist und die Haltung von Männern wie Roberto de Nobili, Matteo Ricci, Bartolomé de Las Casas oder Bernardino de Sahagún. In ihnen zeigte sich eine tiefe christliche Humanität, mit der sie sich trotz aller Widerstände in den asiatischen und amerikanischen Kulturen hohen Respekt erwarben. In Lateinamerika hat dieser Geist auch dazu beigetragen, dass die Unterworfenen trotz der Gräuel der Fremdherrschaft und der Mission schließlich im Christentum auch ihre eigene Religion sehen konnten. Aus dem christlich motivierten Protest von Las Casas und anderen gegen einen christlich beglaubigten Kolonialismus bezog die lateinamerikanische Befreiungstheologie des 20. Jahrhunderts ihre wichtigsten Impulse.⁶⁸

Konquistadoren, Waldläufer und die Träume der Puritaner

Eine weitere Form des Kolonialismus, der Siedlungskolonialismus, leitete im späten 16. Jahrhundert die Ausbreitung des Christentums nach Nordamerika ein. Dies ist einer der bemerkenswertesten Vorgänge der christlichen Kulturgeschichte mit bis heute noch wirksamen Folgen.⁶⁹ Kurz nach Kolumbus machte sich ein anderer Genuese, Giovanni Cabotto, auf den Weg über den Atlantik.⁷⁰ Er stand in englischen Diensten – was ihm die Namensverwandlung zu John Cabot eintrug – und segelte 1497 von Bristol über den Nordatlantik. Die Reise erregte zwar in England Aufsehen, weniger jedoch das, was er über Neufundland, Labrador und vielleicht auch Maine berichtete. Die Territorien erschienen unwirtlich und abweisend. Es dauerte trotz verschiedener weiterer Erkundungsreisen noch einmal achtzig Jahre, bis sich in England die Idee einer Kolonialisierung durchsetzte. Das erste Projekt in Roanoke Island vor der Küste North Carolinas scheiterte jedoch.⁷¹ Auch die Spanier im Süden zeigten wenig Interesse, sich über Florida hinaus nach Norden zu bewegen. Die Kolonialisierung der nordamerikanischen Ostküste nahm einen außerordentlich spröden Verlauf. Offensichtlich hielt die Region nicht, was die ersten Entdeckungen in der Karibik versprachen. Neben der Unwirtlichkeit spielte allerdings auch eine entscheidende Rolle, dass sowohl in England als auch in Frankreich die Energien durch die Verwicklungen der Reformation gebunden waren.

Günstiger entwickelten sich die Dinge zu Lande. Von Mexiko her stießen die

Spanier weit nach Nordamerika vor, sie brachten Florida und Teile der Golfküste in ihren Besitz. Obgleich noch unter Cortés Baja California entdeckt wurde, stießen die spanischen Seeleute zunächst an der Pazifikküste nicht weiter nach Norden vor. Die Gebiete der heutigen Städte Los Angeles, San Francisco und all der anderen klangvollen Namen Kaliforniens wurden erst zweieinhalb Jahrhunderte später von den Spaniern entdeckt und besiedelt. Die Spanier gelangten auf der Suche nach mythischen Goldschätzen bis in die heutigen Bundesstaaten Arizona, wo sie um 1540 den Grand Canyon entdeckten, New Mexico und Texas.[72] Santa Fe, die heutige Hauptstadt New Mexicos, war schon ab 1610 Sitz eines spanischen Gouverneurs mit entsprechenden Missionsniederlassungen vor allem von Franziskanern.[73] In der Provinz ereignete sich Ende des 17. Jahrhunderts ein bemerkenswerter «Kampf der Kulturen».[74] Im August 1680 starteten mehrere Stämme der Pueblo-Indianer unter der Führung eines Priesters namens Po'Pay einen sorgfältig vorbereiteten und logistisch abgestimmten Angriff auf Santa Fe. Es gelang ihnen, die Spanier zu vertreiben, einundzwanzig der dreiunddreißig Franziskaner wurden getötet, die anderen mussten das Land verlassen.[75] Die gezielte Attacke auf die Missionspatres lässt aufhorchen. Seltsamerweise betrieben ausgerechnet die Franziskaner eine sehr rigide Missionsstrategie und erwiesen sich als strikte Gegner der jesuitischen Strategie der Anpassung. Der Aufstand der Pueblo-Indianer trug Züge eines Kulturkampfes gegen den Verlust religiöser Identität. Erst zwölf Jahre später, 1693, gelang den Spaniern die Rückeroberung. Dass heute in New Mexico die kulturelle Erinnerung an den Aufstand eine stetig wachsende Rolle spielt und Po'Pay als «leader of the first American revolution»[76] bezeichnet werden kann, dürfte Teil der Aufarbeitungsgeschichte sein, in der die Vereinigten Staaten sich dem Schicksal der Ureinwohner ihres Territoriums zu stellen haben.

Einen anderen Umgang mit den Indianern pflegten die Missionare, die im Gefolge des französischen Vorstoßes ab 1535 von Norden her über den Sankt-Lorenz-Strom bis weit ins Landesinnere vordrangen.[77] Frankreichs frühe koloniale Anstrengungen in Nordamerika bergen einige interessante Aspekte. Maßgeblich daran beteiligt waren der Entdecker Samuel de Champlain und die Waldläufer, die als Einzelgänger nicht nur Pelzhandel betrieben, sondern auch als Wanderer zwischen den Kulturen auftraten. Es bildete sich ein anderer Umgang mit den Indianern aus, der zwar von «Kalkül», aber eben auch von «Respekt» bestimmt war.[78] Es sind die Franzosen, die Vorgänger jener Waldläufer des 18. Jahrhunderts, denen James Fenimore Cooper in seinem Buch *Lederstrumpf* ein schönes Andenken gesetzt hat. In den Territorien der heutigen kanadischen Provinzen Ontario und Quebec bis hin zu den Gebieten der Großen Seen im Norden der Vereinigten Staaten missionierten französische Jesuiten in der ers-

Der Evangelist Lukas aus dem Lorscher Evangeliar, um 810. Die Buchmalerei brachte immer aufwändigere Bildprogramme hervor, die Ornamentik, Symbolsprache, aber auch die Darstellung des Evangelisten miteinander verbanden. Das Lorscher Evangeliar ist ein Meisterwerk der Hofschule Karls des Großen.

Tafel 1

Tafel 2

In der Epoche der Ottonen galt es als Zeichen herrschaftlicher Macht, Evangeliare als Prachtexemplare anfertigen zu lassen. Das Evangeliar Ottos III. entfaltet ein farbenfrohes Bildprogramm, das zugleich auch dem Stifter huldigt.

Die Gestalt des heiligen Franziskus hatte auch in der Kunst eine immense Wirkung. Giottos Werk ist reich an Bildern zur Lebensgeschichte des Franz von Assisi. Das Bild zeigt die Auseinandersetzung mit dem Vater, in die der Bischof schützend eingreift.

Tafel 3

Tafel 4

Das Verlangen, Gestalt und Leben des Franziskus von Assisi im Bild sichtbar zu machen, setzte früh ein. Schon Giottos Lehrer Cimabue malte den großen Heiligen. In seinem Werk sind bereits die Ansätze zu einer naturalistischen Darstellung erkennbar, die mit Giotto dann einen der größten Aufbrüche der christlichen Kunst einleiteten.

Nicht nur Kathedralen, auch Kapellen und später Bürgerhäuser wurden gotisch gebaut, so die Sainte Chapelle, die sich Ludwig XII. Mitte des 13. Jahrhunderts als Hofkapelle errichten ließ. Die Innenansicht der Oberkapelle mit den Glasfenstern aus dem 13. Jahrhundert veranschaulicht die Durchlässigkeit der Materie auf das Licht hin.

Tafel 5

Giotto di Bondone, Die Beweinung Christi, *um 1303/05.* Schon mit der Gestaltung des Hintergrunds schuf Giotto etwas Neues. Er verlagerte das Geschehen aus dem abstrakten Raum hinaus in die Natur vor einen geheimnisvoll blauen Himmel und berührte die Betrachter durch die emotionale Aufladung der weinenden Engel, der trauernden Familie und der Anhänger Jesu.

Tafel 6

Tafel 7   Sandro Botticelli, Die Geburt der Venus, *um 1482.* Das Interesse an heidnischen Themen war in der Renaissance keine Abkehr vom Christentum. Es gibt gute Gründe anzunehmen, dass sich Botticelli mit dem Bild, das schon durch seine außergewöhnliche Motivwahl nachhaltige Wirkung erzeugte, dem Ideal des christlichen Kulturplatonismus verpflichtet wusste. Die irdische Schönheit trägt den Betrachter empor zu ihrem göttlichen Grund.

Raffael, Die Schule von Athen, *um 1508–1511.* Es wirft ein interessantes Licht auf das kirchliche Selbstverständnis, dass sich Papst Julius II. ein Gemälde für seine Schlaf- und Arbeitsgemächer wünschte, das die philosophische Tradition der Antike ehrte. Raffael stellte im Geist seiner Florentiner Lehrer in der Mitte des Bildes Platon und Aristoteles vereint im Gespräch dar und lieh nebenbei den großen Philosophen die Gesichter der Kurienkardinäle – vermutlich zu deren Freude.

Tafel 8

Tafel 9

Raffael, La disputa del Sacramento (Triumph der Religion), *um 1508/11.* Gegenüber der Schule von Athen konzipierte Raffael den Lobpreis eucharistischer Frömmigkeit, dargestellt als Lehrgespräch zwischen den Propheten und den großen Lehrern der Kirche.

Tafel 10   Raffael, Sixtinische Madonna, *um 1513. Mit graziöser Anmut blickt Maria die Betrachter an, die Engelfiguren nehmen ihrer geheimnisvollen Schönheit das Unnahbare. Raffael verlieh der Kunst eine neue Macht, sie war nicht mehr bloßes Illustrationsmittel, sie konnte eigene religiöse Erfahrungen stimulieren.*

Raffaels Verklärung Christi, *sein letztes Werk, verbindet den unfassbaren Einbruch göttlicher Transzendenz mit ergreifender Erhabenheit.*

Tafel 11

Tafel 12

Trotz zahlreicher Interpretationsvorschläge bleibt rätselhaft, was Michelangelo mit den berühmten Deckengemälden in der Sixtina sagen wollte. Es spricht einiges dafür, dass er die biblische Erzählung von der Welterschaffung und der Geschichte der ersten Menschen mit Elementen eines neuplatonischen Erlösungsverständnisses verband.

Gut zwanzig Jahre nach der Ausmalung der Decke schuf Michelangelo in der Sixtinischen Kapelle das Jüngste Gericht voller Dynamik, Bewegung und Dramatik. Christus' kraftvolle Geste ist ein triumphaler Akt der Gerechtigkeit und der Barmherzigkeit, der menschliche Verzweiflung vollenden, aber auch aus dem Elend erlösen kann.

Tafel 13

Tafel 14   Caravaggio, Die Bekehrung des Paulus, *1601. Die besondere Dynamik verlieh Caravaggio seinen Bildern durch Lichteffekte. Man sieht nicht, wie Christus hier Paulus erscheint, und ahnt doch sofort an der Reaktion des Geblendeten die Kraft seiner Präsenz.*

Peter Paul Rubens, Der Bethlehemitische Kindermord, *um 1635/40. Rubens' Zeitgenossen wussten aus eigener Anschauung, was es mit den Gräueln und dem Morden eines Krieges auf sich hat. Mit den Engeln im Himmel, die Blumen streuen, malte Rubens Trost in die Sinnlosigkeit des Mordens hinein. Ob Rubens' Zeitgenossen den tieferen Sinn akzeptierten oder nicht, der Maler leistete mit seiner Kunst Widerstand gegen die Widerwärtigkeit der Welt.*

Tafel 15

Tafel 16

Rembrandt, Opferung Isaaks, *1635. Rembrandts protestantischer Hintergrund zeigt sich an der Bevorzugung biblischer Motive. Der unbedingte Gehorsam Abrahams war für den niederländischen Calvinismus ein ebenso wichtiges wie vertrautes Motiv.*

Tafel 17   *Caspar David Friedrich, Zwei Männer bei der Betrachtung des Mondes, 1819/20. Die melancholische Stimmung der Mondnacht war eines der beliebtesten Motive der Romantiker, Caspar David Friedrich hat das Thema in vielen Bildern bearbeitet, die das Geheimnisvolle einzufangen versuchen.*

Tafel 18

Caspar David Friedrich, Der Mönch am Meer, um 1808/10. «Sinn und Geschmack für das Unendliche» – Friedrich interpretierte das Motto Schleiermachers auf seine Art. Unfassbar ist die Unendlichkeit, sie übersteigt den Menschen, und doch ist er in ihr geheimnisvoll aufgehoben.

John Constable, Der Heuwagen, *1821. Das Thema der Landschaft beschäftigte die englischen Maler am Übergang zur Moderne. Anders als bei den Romantikern interessierten Constable mehr die Wahrnehmungsmöglichkeiten des Auges als das innere Erleben.*

Tafel 19

Tafel 20

William Turner, Rain, steam, and speed – The Great Western Railway, *1844. Das Zusammenspiel der Elemente Luft und Licht im Auge des Betrachters beschäftigte Turner. Sein Bild zeigt Konturen, die sich auflösen, und eine heranrasende Dampflock, die im Begriff ist, einen Hasen zu überfahren – ein Sinnbild für die Verwandlung der Welt im 19. Jahrhundert.*

Tafel 21

Claude Monet, Die Kathedrale von Rouen. Das Portal und der Turm Saint-Romain am Morgen, *1894. Die Bedeutung der «Impression» führte Monet an der Kathedrale von Rouen vor. In mehreren Bildern fing er die unterschiedlichen Lichtkonstellationen ein, die nie einander gleichen. Der Eindruck verdankt sich der Flüchtigkeit eines Moments, in dem sich die Kirche ihren Betrachtern im blauen Licht des Morgens zeigt.*

Tafel 22

Vincent van Gogh, Kiefern mit untergehender Sonne und weiblicher Figur, *1889. Van Gogh begann ein Studium der Theologie, doch den Trost, den er suchte, fand er nicht dort, sondern in den Momenten, in denen sich die Wahrnehmung des Lichts mit der Reinheit der Natur verband.*

Tafel 23

Wassily Kandinsky, Allerheiligen I, 1911. Kandinsky leitete die Debatte ein, ob nicht das Unfassbare der Wirklichkeit nur im abstrakten Kunstwerk dargestellt werden könne. Seine Verarbeitung einer Vielzahl biblischer Motive belegt das Interesse der Kunst, religiöse Anliegen durch Abstraktion zu transformieren.

Tafel 24 Edward Hopper, Cape Cod Sunset, *1934. Der neue Realismus im 20. Jahrhundert ist auch eine Gegenbewegung gegen die abstrakte Malerei, keine Rückkehr zu einem einfachen Realismus. In Hoppers Landschaftsbildern schimmert durch, dass in der Natur etwas gegenwärtig ist, was sich dem Menschen entzieht.*

Tafel 25

Egon Schiele, Kalvarienberg, *1912. Den großen «Lügen» des 19. Jahrhunderts wollte der Neuaufbruch in der bildenden Kunst in Wien um 1900 widerstehen. Schiele entlarvte das Liebliche in den Naturdarstellungen, um sich dem wahren Kern der Natur stellen zu können.*

ten Hälfte des 17. Jahrhunderts im Stile der Akkommodation unter den Indianern.[79] Erwähnung verdient Jean de Brébeuf (1593–1649), der 1634 die Mission der Huronen zu seiner Lebensaufgabe machte.[80] Er erlernte ihre Sprache und begleitete sie mehrere Jahre in ihrer nomadischen Lebensweise. Das trug ihm den Respekt der Indianer ein. Wollte man den Erfolg seiner Mission jedoch an der Zahl der Bekehrten messen, so wären seine Mühen eher vergeblich gewesen. Die Berichte, die er seinen Ordensoberen lieferte, dokumentieren unüberbrückbare kulturelle Differenzen, bieten zugleich jedoch einen tiefen Einblick in die Lebensgewohnheiten nordamerikanischer Indianer. Sie zeigen, wie schwer es war, die abstrakten theologischen Begriffe des Christentums in die Welt der amerikanischen Ureinwohner zu übersetzen.[81] Aber auch eine andere, weniger romantische Seite des Indianerlebens tritt an der Lebensgeschichte Brébeufs zu Tage. Hineingezogen in die kriegerischen Auseinandersetzungen zwischen Huronen und Irokesen geriet er in Gefangenschaft und starb einen grausamen Märtyrertod am Marterpfahl der Irokesen. Von der französischen Kolonie Neufrankreich aus unternahmen schließlich in der zweiten Hälfte des 17. Jahrhunderts der Jesuitenmissionar Jacques Marquette und der Pelzhändler Louis Jolliet ihre ausgedehnten Entdeckungsreisen entlang des Mississippi und am Lake Michigan und erkundeten erstmals jene Wasserwege, die für den späteren Aufstieg dieser Regionen so wichtig wurden.

Von Anfang an waren also mehrere europäische Länder mit unterschiedlichen Missionsstilen an der Christianisierung Nordamerikas beteiligt, zuerst die Spanier von Süden her und dann die Franzosen von Norden. Die Engländer machten sich spät, aber dann mit gravierenden Veränderungen in die Neue Welt auf. Nach einem vergeblichen Versuch unter Walter Raleigh konnte 1607 die erste Kolonie gegründet werden. Die Stadt nannte man nach dem regierenden König «Jamestown», die Kolonie nach dem Beinamen seiner großen Vorgängerin, der jungfräulichen Königin Elisabeth, «Virginia».[82] Als Kolonialunternehmer mit Billigung der Krone verfolgten die Engländer zunächst dasselbe Ziel, dem zuvor schon die Spanier in Mittel- und Südamerika nachgejagt waren. Aber in Virginia ließen sich weder Gold noch andere Edelmetalle finden, die Winter waren hart und für die Siedler schwer zu überstehen. Die anrührende Geschichte um die Indianerprinzessin Pocahontas, die sich in jenen ersten Jahren der Kolonie abspielte, täuscht über die massiven Konflikte hinweg, die sehr bald zwischen Indianern und Siedlern ausbrachen.

Als englische Kolonie war Virginia religiös selbstverständlich an die Church of England gebunden und damit anglikanisches Territorium. Dreizehn Jahre später holten die innenpolitischen Wirren des Reformationszeitalters die Kolonialunternehmungen ein. Das zweite Ereignis, das nach Kolumbus' Entdeckung für einen Eintrag in aller Welt Schulbücher würdig befunden wurde, war der Aufbruch der Puritaner vom englischen Hafen Plymouth, die dann schließlich mit der Mayflower im September 1620 am Cape Cod an Land gingen.[83] Sie hofften, ein Plymouth in der Neuen Welt zu begründen.[84] Vor dem wachsenden Druck in England waren die Puritaner zunächst nach Holland ausgewichen, sahen dort aber das Risiko, dass ihre kulturelle Identität als Engländer durch die Übernahme der fremden Sprache und Sitten nicht gewahrt werden könnte. Nach zähen Verhandlungen, bei denen es auch um die Finanzierung des Unternehmens ging, kehrten Teile der puritanischen Gemeinde aus Leiden nach England zurück, um sich von dort mit Billigung der Krone und finanzieller Unterstützung durch die Virginia Company in die Neue Welt aufzumachen. Der Aufbruch der Puritaner ist also keine romantische Freiheitstat, sondern gleicht eher dem Modus einer bewilligten Ausreise. Der König und seine Berater beabsichtigten, zwei Fliegen mit einer Klappe zu schlagen: Die Auswanderung der Puritaner sollte einerseits den innenpolitischen Druck in England mindern, andererseits sollten so Freiwillige für den Aufbau der Kolonien rekrutiert werden.

Die Puritaner kamen nicht wie beabsichtigt im Norden der Kolonie Virginia an, sondern einige hundert Kilometer weiter nördlich im heutigen Massachusetts. Dieses nautische Missgeschick begünstigte den Aufbau einer neuen Kolonie im Geiste des Puritanismus. Auch hier waren die Anfänge äußerst schwierig. Eine der vielen Gründungslegenden über Thanksgiving geht darauf zurück. Das heute in den USA populärste Familienfest hat einen seiner Ursprünge im Erntedankfest, das die Pilgerfamilien nach mühsam überstandenem ersten Jahr 1621 feierten.[85] Die Bedeutung von Thanksgiving ist an dem obligatorischen Dank an Gott zu erkennen, den jeder amerikanische Präsident öffentlich zu entrichten hat. Die weihevollen Worte klingen heute etwa so: «As we stand at the close of one year and look to the promise of the next, we lift up our hearts in gratitude to God for our many blessings, for one another, and for our Nation.»[86]

Die Spanier nannten Mexiko Neuspanien, die Franzosen Kanada und ihre Territorien entlang des Mississippi Neufrankreich, die Engländer die Ostküste Neuengland. Doch bei den Puritanern hatte dies einen entscheidend anderen Zungenschlag, bei Neuengland dachten sie wirklich an ein neues England, das im Geiste des Puritanismus, von allen altgläubigen Fesseln befreit, die Gesetze Gottes in Reinheit befolgte. In der Gewissheit ihrer göttlichen Erwählung bauten die Puritaner ihr Gemeinwesen auf, das keine klerikale Hierarchie mehr kannte, alles eliminierte, was an katholische Riten erinnern könnte, und entsprechend den kongregationalistischen Idealen die Versammlung der Gemeinde zur Entscheidungsträgerin erhob. Das puritanische Sendungsbewusstsein brachte enorme Anstrengungen vor allem im Bildungssystem hervor, um die

Verbreitung von Lesen und Schreiben sicherzustellen, aber auch um den Geistlichen eine eigene Universitätsausbildung zu ermöglichen. Harvard wurde nur sechzehn Jahre nach Ankunft der Mayflower 1636 gegründet. Dieser puritanischen Tradition folgte man später in Yale, und auch die anderen christlichen Denominationen ahmten die Puritaner nach, wie beispielsweise die Presbyterianer mit der Gründung von Princeton. All die Universitäten mit klangvollen Namen an der Ostküste, die den Esprit der Elite verströmen, sind Gründungen frommer protestantischer Einwanderer, die Sorge für eine ordentliche Ausbildung ihrer Geistlichen trugen.

Aus englischer Sicht war die Auslagerung der religiösen Probleme eine sinnvolle Lösung. Daher gewährte man 1634 auch den Katholiken, die neben den Puritanern am meisten von der Etablierung einer anglikanischen Staatskirche in England betroffen waren, mit Maryland in gehörigem Sicherheitsabstand zu den Puritanern eine eigene Kolonie.[87] Die an kontinentaleuropäische Entwicklungen zu der Zeit erinnernde Idee, die Religionskonflikte durch die Einrichtung geschlossener Konfessionsterritorien zu lösen, hatte in Amerika jedoch keinen Bestand.

Die Errichtung puritanischer Gemeinwesen stieß dort schnell an ihre Grenzen, wo die Meinungen darüber auseinandergingen, was als religiöse Reinheit zu verstehen sei. Das Schicksal von Roger Williams (1603–1683), der 1631 als puritanischer Geistlicher nach Boston kam, gibt Einblick in die unduldsame Seite des puritanischen Calvinismus.[88] Vermutlich reagierten die Puritaner auf Williams vor allem deswegen so allergisch, weil er die heiklen Punkte der puritanischen Sendung schonungslos thematisierte. Er warf ihnen vor, dass ihr Verhältnis zum Mutterland politisch blauäugig sei, und sah damit die Herausforderung der Unabhängigkeit voraus; er beklagte die rechtlich fragwürdige Praxis der Landnahme, ohne sich zuvor mit den Indianern um eine Verständigung bemüht zu haben, und nahm damit sehr früh in den Blick, was letztlich zur größten Katastrophe der nordamerikanischen Geschichte wurde; und er tadelte die Puritaner, die selbst als Verfolgte England verlassen hatten, wegen ihrer eigenen religiösen Intoleranz. Den Puritanern wurden diese Attacken bald zu viel, sie wiesen Williams 1635 aus ihrer Kolonie.

Williams gründete daraufhin die Kolonie Rhode Island, nachdem er zuvor das Land von den Indianern gekauft hatte, und kümmerte sich um den Aufbau einer Zivilverwaltung, die nichts mit Religion zu tun haben sollte. Ihre Aufgabe war es allein, die soziale Ordnung zu garantieren, auf dem Feld der Religion proklamierte Williams die Freiheit der Konfession. Aufgrund seiner Erfahrungen in Massachusetts schloss er, dass die eigene Religionsfreiheit nur dann gewahrt sein könnte, wenn sie auch anderen zugestanden würde. Williams war nicht der einzige, der mit den Puritanern aneinandergeriet. Ein anderer prominenter Fall war Anne Hutchinson (1591–1643).[89] In der Tradition reformatorischer Schwärmer bestand die gläubige Puritanerin darauf, Religion und Moral nicht zu verwechseln. Den Behörden erschien das als blanker Antinomismus, der die Gültigkeit und die Bedeutung der göttlichen Gesetze in Zweifel zog. Auch Hutchinson musste die Massachusetts Bay Colony verlassen und fand vorübergehend Zuflucht in Rhode Island. Die dort proklamierte Religionsfreiheit schien sich bis nach Europa herumgesprochen zu haben. Schon in den Dreißigerjahren gelangten die ersten Baptisten dorthin, später auch Quäker und andere freireligiöse Gruppierungen. Cotton Mather (1663–1728), einer der führenden puritanischen Intellektuellen des späten 17. Jahrhunderts, der bereits in Amerika geboren und in Harvard ausgebildet worden war, konnte zu den Entwicklungen in Rhode Island nur sarkastisch anmerken, dass man dort alle möglichen Häresien der Welt vertreten fände, nur keine römischen Katholiken und echten Christen.[90]

Doch das von den Puritanern argwöhnisch beäugte Experiment machte Schule. Eine der eindrucksvollsten Gestalten unter den Siedlerpersönlichkeiten war William Penn (1644–1718).[91] Er entstammte einer vermögenden englischen Familie und erhielt in Oxford und London eine vorzügliche Ausbildung. Er begeisterte sich für die Ideen der Quäker. Diese bemerkenswerte religiöse Strömung der englischen Reformation geht auf George Fox zurück, der die spiritualistischen Strömungen der kontinentalen Reformation fortführte.[92] Getragen von der Überzeugung, dass sich Gott allein im inneren Lichte der Erleuchtung zeige, lehnten die Quäker Dogmen und Riten ab. Auch hielten sie alle Formen eines religiösen Amtes für überflüssig und lehrten die prinzipielle Gleichheit aller Menschen. König Karl II. schuldete Penns Vater, einem Admiral, eine größere Summe für geleistete Militärhilfe, der König beglich seine Schulden, indem er dem Sohn ein Territorium in der Neuen Welt zuwies. Ab 1680 baute Penn seine Quäkerkolonie auf, die noch heute seinen Namen trägt. Penn versuchte in Pennsylvania all die Fehler zu vermeiden, die die Kolonisten der ersten Generation begangen hatten. Er erläuterte möglichen Siedlern die Mühen, die sie auf sich nehmen müssten, und garantierte Erfolg allein durch eigener Hände Arbeit. Nach der Schenkung schickte er Kundschafter den Fluss Delaware hinauf, um von den Indianern die ausdrückliche Zustimmung zur Besiedlung zu erhalten. Penn begründete diesen ungewöhnlichen Schritt mit dem Unrecht, das den Indianern durch englische Siedler widerfahren sei, und versuchte alle künftigen Probleme mit ihnen durch Verträge und Abkommen gleichberechtigter Partner zu lösen. Seine Vorstellungen von einem friedvollen Zusammenleben der Menschen unterschiedlichster Abstammung, die ihn zeit seines Lebens auch theoretisch beschäftigten, setzte er so in die Tat um. Penn proklamierte in seiner Kolonie die volle Religionsfreiheit und zog damit nicht nur Quäker, sondern auch andere europäische religiöse Minderheiten an, darunter auch sehr viele Deutsche. Penns «heiliges Experiment» scheiterte, als die kriegerischen Auseinandersetzungen zwischen Frankreich und England seine Kolonie erreichten. Die Quäker zogen sich in ihrem Friedenswillen aus der Regierung ihrer eigenen Kolonie zurück, Penn starb als verlassener und vergessener Mann in England. Ernst Troeltsch fand zu Recht sehr anerkennende Worte für die Quäker. Sie scheiterten nicht an sich selbst, sondern an den «harten politisch-sozialen Notwendigkeiten».[93] Ihre Ideale sind Zeugnis einer edlen, wahrhaft christlichen Gesinnung, die im Prozess der Kolonialisierung einzigartig ist.

Da es in Nordamerika anders als in Lateinamerika, Afrika und Asien keine durch päpstliche Autorität geregelte Aufteilung der Territorien gab, siedelten im Norden nicht nur die großen Kolonialmächte England und Frankreich. Bald nach den Pilgervätern hatten sich holländische Siedler aufgemacht, auch Schweden begannen sich an der Ostküste niederzulassen. Dieses «Niemandsland» zwischen den nördlichen puritanischen Provinzen und dem südlichen Virginia brachten die Engländer nach und nach unter ihre Kontrolle. Prominentester Fall ist die Übergabe von New Amsterdam an die Engländer.[94] Die Holländer kapitulierten 1664 unter Peter Stuyvesant vor der englischen militärischen Übermacht unter der Voraussetzung, dass ihnen weiterhin freie Religionsausübung zugesichert wurde. Die Engländer sagten dies zu, versuchten allerdings später doch, in New York, wie die Siedlung auf Manhattan Island nun hieß, eine Vorherrschaft der anglikanischen Kirche zu etablieren. Allerdings war die religiöse und ethnische Diversifizierung schon so weit fortgeschritten, dass sich das nicht mehr umsetzen ließ. Das führte schließlich zur Aufweichung der ursprünglich geschlossenen Territorien, auch im anglikanischen Virginia und im katholischen Maryland konnten sich nun europäische Religionsflüchtlinge anderer Konfessionen ansiedeln. Bei den späteren Kolonialgründungen an der Ostküste in South Carolina, North Carolina und Georgia war daher schon keine klare Zuweisung zu Konfessionsgruppen mehr bestimmend. Die dort aufkommende Plantagenwirtschaft wies allerdings in anderer Hinsicht in die Zukunft. Sie sicherte zum einen den Wohlstand der Ostküste, der schließlich zu unvermeidlichen Konflikten mit dem Mutterland führen musste, und sie machte zum anderen Nordamerika rasch zum größten Umschlagplatz für afrikanische Sklaven. Schon um 1750 waren in South Carolina etwa zwei Drittel der ungefähr 64 000 Einwohner Sklaven.[95] Die Lösung der Sklavenfrage führte die Vereinigten Staaten ein gutes Jahrhundert später in den Bürgerkrieg, die gesellschaftlichen Verhältnisse prägte das Problem lange darüber hinaus (siehe Seite 549–554).

In der Kolonialisierungsphase Nordamerikas wurden viele der Weichen gestellt, die die Geschicke der späteren USA nachhaltig bestimmten. Die Sklavenfrage und der Umgang mit den einheimischen Indianern zählen zweifellos zu den düstersten Seiten. Dennoch setzten die neuenglischen Kolonien einen Geist frei, der direkt hinüberführte in das, was als amerikanischer Traum Weltberühmtheit erlangte und noch heute eine außergewöhnliche Anziehungskraft ausübt. Alle Debatten um die Kulturwirkung des Protestantismus münden hier ein. Der amerikanische Traum war getragen von dem Sendungsbewusstsein der Puritaner, die in der Neuen Welt ein neues Gemeinwesen nach göttlichen Gesetzen schaffen wollten. Ihre hierarchiefreie, kongregationalistische Ausrichtung bereitete der modernen Demokratie den Weg. Der amerikanische Traum lebte jedoch auch von den Gegnern der Puritaner. Bahnbrechend war deren Idee, dass die eigene freie Religionsausübung auch die Religionsfreiheit des anderen einschließt. Die Religionsfreiheit basierte schließlich auf der prinzipiellen Anerkennung der gleichen Rechte der Menschen. Ohne Rücksicht auf die Herkunft sollten Menschen frei ihre Religion ausüben und nach Maßgabe ihrer Kräfte und Möglichkeiten ihre Lebensziele verfolgen können. Dem Staat kam dabei nur noch eine unterstützende Rolle zu. Auf den Säulen der Religionsfreiheit und dem allen Menschen zugestandenen Streben nach Glück, der *pursuit of happiness*, baute die amerikanische Unabhängigkeitserklärung auf.[96] Darin ist auch Gedankengut der europäischen Aufklärer und des britischen Deismus eingeflossen, doch schließt das nicht aus, dass wichtige Wurzeln in den Entwicklungen des nordamerikanischen Protestantismus liegen. Das Sendungsbewusstsein, dass Gott mit Amerika etwas Besonderes in der Welt vorhabe, ist das Erbe des Puritanismus. Mit der Idee der Religions- und Gewissensfreiheit setzten sich all jene reformatorischen Strömungen durch, die der enge Geist des Konfessionalismus aus Europa hinaustrieb. Ernst Troeltsch war einer der wenigen, der im Heimatland der Reformation erkannte, dass nicht hier, sondern jenseits des Atlantiks der entscheidende Aufbruch des Protestantismus in die Moderne stattfand. Der Geist des amerikanischen Traums lebt auch von den religiösen Errungenschaften des spiritualistischen Flügels der Reformation: «Hier haben diese Stiefkinder der Reformation überhaupt endlich ihre weltgeschichtliche Stunde erlebt.»[97] Ende des 18. Jahrhunderts floh der ehemalige Bischof und nachmalige Außenminister Talleyrand vor den Wirren der Französischen Revolution für einige Jahre in die jungen Vereinigten Staaten von Amerika. Der Mann, der es verstanden hatte, unbeschadet dem Ancien Régime, lange auch der Französischen Revolution, später Napoleon und schließlich auch den Bourbonen seine Dienste anzubieten, war sich im Bewusstsein der Überlegenheit der alten über die neue Welt offensichtlich sehr sicher. Nach Hause meldete er: «Die Amerikaner haben sechsunddreißig Religionen, aber nur eine Soße auf dem Tisch.«[98] Mit Religionen meinte Talleyrand christliche Konfessionen, schon diese Einordnung ist bezeichnend. Auch wenn sich an der einen Soße möglicherweise bis heute nicht viel geändert hat, die zukunftsweisende Kraft des Zusammenlebens von sechsunddreißig Konfessionen hat der Alteuropäer gründlich unterschätzt.

2
Entfesselte Christentümer

Die weltverändernden Folgen der Reformation in Amerika gehen auf die Versuche zurück, dem Krieg und der Verfolgung in Europa zu entkommen. Die Alte Welt versank im 17. Jahrhundert in Religionskriegen, die in Frankreich und England gar als Bürgerkriege geführt wurden. In Deutschland erreichten die konfessionellen Kämpfe im Dreißigjährigen Krieg ihren fatalen Höhepunkt.

Der Dreißigjährige Krieg

Der Dreißigjährige Krieg war kein reiner Religionskrieg, denn es ging auch um die Durchsetzung politischer Interessen.[99] Diese wurden allerdings religiös eingekleidet. Die unselige Allianz von Politik und Religion führte 1618 zum zweiten Prager Fenstersturz, bei dem Vertreter der protestantischen Stände den königlichen Statthalter aus dem Hause Habsburg sowie den Kanzlersekretär aus dem Fenster stürzten, um sich gegen die Rekatholisierung zu wehren. Aber natürlich ging es auch in einem viel grundsätzlicheren Sinne um eine Einschränkung der habsburgischen Macht. Das antihabsburgische Motiv war schließlich auch einer der Gründe, warum sich nach den Erfolgen, die die legendären Feldherrn Tilly und Wallenstein für den Kaiser und die katholische Liga errangen, der Krieg nach 1630 zu einem Kampf der europäischen Großmächte auf deutschem Boden ausweitete. Mit dem Einmarsch schwedischer Truppen wollte Gustav Adolf längst nicht nur den am Boden liegenden deutschen Protestantismus retten, wie er selbst und die spätere Legendenbildung es behaupteten, sondern er verfolgte mit seinem Angriff auch handfeste machtpolitische Interessen.[100] Sicher waren die religiösen Motive nicht einfach zynisch vorgeschoben, denn Gustav Adolf war ein überzeugter Protestant, der seine Truppen mit Gebet und Predigt disziplinierte. Aber Angehörige derselben Truppen verübten an der Landbevölkerung grausame Plünderungen und Brandschatzungen. Die katholischen Truppen standen dem in nichts nach, auch sie wüteten unter der Bevölkerung. Eines der traurigsten Beispiele dafür ist die Verwüstung Magdeburgs durch Tillys Truppen im Jahr 1631.[101] Der Dreißigjährige Krieg galt in Deutschland lange als «Der Große Krieg». Diesen zweifelhaften Ehrentitel verlor er erst im 20. Jahrhundert an zwei noch größere Kriege.[102] In einer Zeit, die chronisch vom Mangel beherrscht war und von Klimakatastrophen hart getroffen wurde, verlangte die Versorgung der Soldaten mehr, als die Landbevölkerung leisten konnte. Marodierende Söldner, Plünderungen, Brandschatzungen, Vergewaltigungen und bestialische Grausamkeiten, um Geld und Nahrung zu erpressen, waren die eine, Seuchen, Hungersnöte und Flüchtlingsströme die andere Seite der Katastrophe.[103]

Die Chronik des Abtes des Klosters Andechs, Maurus Friesenegger (1590–1655), enthält eindrucksvolle Beispiele für die immensen Nöte. Im bayerischen Voralpenland hatten die Menschen zur Zeit des Dreißigjährigen Krieges kaum ein Jahr ohne Plage. Kälte, Schnee und verheerende Stürme bis in den Juni bescherten 1627 fatale Ernteausfälle, die folgende Hungersnot löste eine Pestepidemie aus.[104] Ab 1632 rückte das Kriegsgeschehen näher und brachte die schutzlose Landbevölkerung in eine ausweglose Lage. München kam als Residenzstadt glimpflich davon, weil der Kurfürst die Schweden gegen Zahlung einer hohen Summe von Plünderungen abhalten konnte.[105] Doch das hatte seinen Preis. Den Soldaten wurde als Beute stillschweigend das umliegende Land überlassen. Das Kloster Andechs und die Ortschaft Erling wurden allein im Mai 1632 mehrmals von schwedischen Plünderungstruppen heimgesucht. Aber auch an einheimischen Dieben mangelte es nicht. Am Ende herrschte «im ganzen Kloster eine abscheuliche Verwüstung»,[106] praktisch nichts war mehr unversehrt, kein «Brocken Brot, kein Körnl Getraid»[107] war aufzufinden. Die Gasthäuser und viele Wohnhäuser von Erling lagen in Schutt und Asche. Noch schlimmer war freilich, dass «die Presser mit den Leuten sehr arg, und grausam verfuhren».[108] Aus dem Jahr 1633 berichtete Friesenegger, wie im Sommer zum Schutz an Brücken und Wegen bayerische Dragoner postiert wurden. Die jedoch «machten es selbst, wo nicht ärger, wenigst nicht besser als die anderen. Sie tyrannisierten, und beraubten die ganze umliegende Gegend bis zum Abscheu.»[109] Im Herbst zogen spanische Truppen des Kaisers durch, auch sie waren auf Beute aus, so dass «die Einwohner wieder Haus, und Dorf verließen, und in die Wälder flohen».[110] Fortdauernd schlechtes Wetter mit meist kalten, schnee- und regenreichen Frühjahren, wiederkehrenden Viehseuchen, Wildschwein- und schließlich Wolfsplagen vergrößerten die Not zusätzlich.[111] Die andauernde Bedrohung durch die Natur, vor allem aber durch Menschen, war das Normale, der

Ausnahmezustand klingt in der Chronik so: «Übrigens lebten wir den Rest dieses Jahres in Frieden hin.»[112]

Was Maurus Friesenegger für Andechs beschrieb, ereignete sich an unzähligen Orten. Der Dreißigjährige Krieg löste die öffentliche Ordnung auf und zersetzte die Zivilisation. In einigen Gebieten, etwa in Brandenburg, kam durch Hunger, Seuchen und Mord vermutlich die Hälfte der Bevölkerung um, selbst in weniger betroffenen Regionen ein Viertel.[113] Über hundert Jahre später sprach Friedrich der Große von den noch immer sichtbaren Schäden des Krieges.[114] Die Ereignisse des Dreißigjährigen Krieges trafen nicht alle europäischen Kulturräume in gleichem Maße, aber in Ländern wie den Niederlanden oder Frankreich lag der konfessionelle Bürgerkrieg nicht lange zurück, und in England tobte er auch nach dem Westfälischen Frieden weiter. Das Kulturtrauma des Großen Krieges ist im Blick zu behalten, wenn man über den Barock als den Kulturstil des 17. Jahrhunderts spricht, ja man kann den Barock ohne diesen Hintergrund nicht verstehen.

Wie lässt sich Religion zähmen?

Die Religionskriege des konfessionellen Zeitalters markierten einen Wendepunkt in der Kulturgeschichte des Christentums. Sie zeigten, dass sich der Wahrheitsanspruch einer Religion nicht mit militärischer Gewalt durchsetzen ließ. Das war keine pazifistische Einsicht, sondern schlicht dem Umstand geschuldet, dass keine Seite stark genug war, militärisch den Sieg davonzutragen. An eine theologische Lösung war aber auch nicht zu denken, da sich die religiösen Vertreter auf beiden Seiten mehrheitlich energischer denn je gegen den konfessionellen Gegner richteten. Es schlug die Stunde der Juristen. Der Westfälische Friede war ein komplexes Vertragswerk, das auf völkerrechtlichen, konfessionsrechtlichen und im Falle des Deutschen Reiches auch auf verfassungsrechtlichen Regelungen basierte.[115] In dieser Entwicklung bahnte sich eine folgenreiche Wachablösung an. Der päpstliche Protest gegen den Friedensschluss – mit Ketzern verhandelt man nicht – blieb in Osnabrück und Münster ungehört. Das aufkeimende Völkerrecht fing an, das kanonische Recht abzulösen, die Konfliktlösung traute man nun eher Juristen als Theologen zu.

Vorbereitet wurden solche Überlegungen im Wirkungskreis des Humanismus. Der Niederländer Hugo Grotius (1583–1645) entfaltete eine auf dem Naturrecht basierende Idee des Völkerrechts.[116] Das war kein Vorzeichen der Säkularisierung, sondern ein Protest des christlichen Humanismus gegen die gewaltsame Entladung konfessionellen Eifers. Ziel dieses Humanismus war es, das

Christentum um des Christentums willen zu entmachten. Denn es galt, die zerstörerischen Auswüchse, die zur fanatischen Seite der Religion gehörten, durch die Kraft der Vernunft zu bändigen. So lag ausgerechnet in dem Drama der Konfessionskriege auch ein großes Vermächtnis für die Zukunft.

In der Katastrophe keimte schließlich auch das moderne Denken über den Sinn des Staates auf. Thomas Hobbes, einer der originellsten Denker des 17. Jahrhunderts, war von den Erfahrungen des englischen Bürgerkriegs geprägt und zog daraus Konsequenzen, die ihn über seine Zeit erhoben. Denkt man sich den Menschen in seinem Naturzustand, so argumentierte Hobbes in seinem Hauptwerk *Leviathan*, zeigt er sich als ein Wesen, das allein auf seine eigene Existenzsicherung, seine Bedürfnisbefriedigung und seinen Nutzen aus ist. Konkurrenz, Misstrauen und Ruhmsucht bestimmen das Verhältnis der Menschen zueinander,[117] es herrscht «Krieg eines jeden gegen jeden».[118] In einer berühmten, der antiken Dichtung entlehnten Wendung sprach Hobbes vom Menschen, der dem Menschen ein Wolf sei – *homo homini lupus*.[119] Gezähmt werden kann der Mensch in seinem egoistischen Naturzustand nur «durch die Furcht vor einer Macht»,[120] die sozial schädliches Handeln bestraft. Im Interesse der eigenen Selbsterhaltung schließen sich die Menschen zu einem Staat zusammen, dessen Souverän allein die Menschen in Schach halten kann. Die weitreichenden Schlüsse dieses Konzepts haben schon Hobbes' Zeitgenossen aufgewühlt. Sein pessimistisches Menschenbild bestach durch seine Realitätsnähe. Die Vertragstheorie entzog dem Staat seine göttliche Autorisierung und machte ihn zu einem pragmatischen Konstrukt im Dienste menschlicher Selbsterhaltung. Mit der Idee des absoluten Staates, der seine Bürger bezähmt, machte Hobbes Schule. Der Jurist Samuel Pufendorf übertrug Hobbes' Einsichten direkt auf die deutschen Erfahrungen des Dreißigjährigen Krieges und sah im Aufstieg der monarchischen Souveränität in Preußen das probate Mittel gegen den Zivilisationsverfall.[121] Von Leibniz über Rousseau bis hin zu Kant und Hegel reicht die prominente Liste derer, die über Hobbes diskutierten.[122]

Der bei weitem längste Teil des *Leviathan* widmet sich dem christlichen Staat.[123] Hobbes plädiert hier für ein Staatskirchentum, in dem die Kirche dem Staat unterworfen ist. Das bedeutete eine entschiedene Absage an das protestantische Unmittelbarkeitspathos der eigenen religiösen Offenbarung, aber auch an jeglichen Herrschaftsanspruch des Papstes über die Staaten. Die aus der Katastrophe der Religionskriege abgeleitete Zähmung der Religion war zunächst allerdings nur ein Thema der intellektuellen Eliten außerhalb von Theologie und Kirchen – und das sollte noch lange so bleiben.

Theologie und Frömmigkeit im 17. Jahrhundert

Die protestantische und die katholische Theologie des Barockzeitalters stehen im Ruf, die Fortsetzung des Krieges mit anderen Mitteln betrieben zu haben. Das Hauptgeschäft katholischer Theologen war die Verteidigung der in Trient fixierten Dogmentradition, protestantische Theologen errichteten dogmatische Bollwerke um ihre Bekenntnisse aus dem 16. und frühen 17. Jahrhundert. Kontroverstheologie ist die euphemistische Bezeichnung für diesen Stil der Theologie, der im späten 16. Jahrhundert einsetzte. In ihm bewahrheitet sich ein großes Wort des Philosophen Spinoza. *Omnis determinatio est negatio*, positive Bestimmung funktioniert über die Negation. Für das konfessionelle Zeitalter bedeutet das: Die eigene religiöse Identität ergibt sich aus der scharfen Abgrenzung von anderen Konfessionen. Der Jesuit Roberto Bellarmino (1542–1621) oder der Lutheraner Martin Chemnitz (1522–1586) waren ausgesprochene Meister dieser Technik. Die begriffliche Anstrengung führte zur Wiedereinführung aristotelisierender Methoden,[124] in der katholischen Theologie sprach man daher auch von einer zweiten oder spanischen Scholastik. Die protestantische Spielart dieser Theologie wurde wegen ihres Insistierens auf dem alleinigen Wahrheitsanspruch und der Rechtgläubigkeit als «altprotestantische Orthodoxie» bezeichnet.

Eine Kostprobe dieser Denkungsart liefert die Lehre von der heiligen Schrift.[125] Um die Autorität der Bibel zu begründen, griffen die Theologen auf die Theorie der Verbalinspiration zurück. Beim Verfassen der Texte empfingen die biblischen Autoren durch den Heiligen Geist den Impuls zum Schreiben, der ihnen nicht nur die Sachverhalte (*suggestio rerum*), sondern auch die einzelnen Wörter (*suggestio verborum*) eingab. In dieser steilsten Fassung der Lehre von der Verbalinspiration geht jedes biblische Wort auf das Diktat des Heiligen Geistes zurück, Gott selbst wird so zum eigentlichen Autor der Schrift, der sich menschlicher Autoren als Schreiber bedient. Die Lehre von der Verbalinspiration hielt jedoch am Ende einer vernünftigen Prüfung nicht stand, spätestens mit der historischen Bibelkritik musste die Annahme theologisch aufgegeben werden, Gott habe jedes Wort der Bibel diktiert.

Die altprotestantische Theologie war dennoch besser, als diese Kostprobe vermuten lässt. Vertreter wie Johann Gerhard (1582–1637), Abraham Calov (1612–1686) und David Hollaz (1648–1713) waren gelehrte und zugleich fromme Männer, die auch existentielle Tapferkeit an den Tag legten. Calov beispielsweise verlor in der kriegsbedingt desolaten Lage fünf Ehefrauen und alle seine Kinder.[126] An den Lehrbüchern Johann Gerhards, Abraham Calovs bis hin zu David Hollaz lässt sich noch heute Schärfe und Klarheit theologischer Gedanken üben. Johann Friedrich König (1619–1664) schrieb das erfolgreichste Lehrbuch der altprotestantischen Orthodoxie. Nach seinem Erscheinen 1664 diente es mindestens drei Generationen von evangelischen Pfarrern als Lehrbuch der Dogmatik. In seiner Vorrede klagt er darüber, dass sich die angehenden Pfarrer in ihrer Ausbildung zu rasch allein auf die Bewältigung praktischer Aufgaben stürzten und darüber versäumten, sich damit auseinanderzusetzen, was eigentlich die christlichen Lehrgehalte bedeuteten. Daraus resultierten «so viele Streitereien Halbgebildeter, sogar unter denen, die Doktoren gegrüßt werden wollen. Darum gibt es so viele Sittiche und Dohlen auf unseren Kanzeln, die sich oft selbst nicht verstehen.»[127] Es gibt Klagen, die sind zeitlos gültig.

Die altprotestantische Theologie war die dominante, aber nicht die einzige Form der Theologie. Johann Arndts *Vier Bücher vom wahren Christentum* (1605–1610) bewegten sich formal auf dem Boden der Rechtgläubigkeit, befriedigten aber mit ihrer Fortsetzung spiritualistischer Ideen des 16. Jahrhunderts und mit ihrer Anlehnung an die Mystik ein starkes Bedürfnis nach religiöser Innerlichkeit.[128] Arndts Umorientierung von der reinen Lehre auf das fromme Leben war eine wichtige Vorbereitung des Pietismus, sie ist aber auch ein Indiz für einen am Trost orientierten Frömmigkeitsstil. Mit dem Kirchenlied beförderte der Protestantismus eine neue religiöse Kulturform, die durch die Verbindung von Dichtung und Musik dieser Frömmigkeitsrichtung zu weiter Verbreitung verhalf.[129]

Der Protestantismus bildete eine Kultur für die Ohren aus. Neben der Musik spielte die Verkündigung «des Wortes» eine besondere Rolle und rückte die Predigt in das Zentrum evangelischer Kultformen. Der Katholizismus prägte dagegen in bewusster Frontstellung zu der sich allmählich entwickelnden protestantischen Volksfrömmigkeit eine Kultur für die Augen aus. Die Vergegenwärtigung des Heiligen sollte sinnlich zur Darstellung gebracht werden.[130] Dahinter standen theoretische, vorrangig von Jesuiten angestellte Überlegungen, wie sich das Heilige am besten vermitteln ließ. Daraus resultierte eine Hochschätzung der liturgischen Formen der Messe, die das Latein zur allein zulässigen Kultsprache deklarierten. Mit dem Tabernakel im Hochaltar, in dem die eucharistischen Elemente aufbewahrt wurden, wurde die Vorstellung von einer göttlichen Wohnstatt im Kirchenraum beflügelt. Heiligenverehrung und Wallfahrten wurden nun zu Erkennungszeichen des Katholischen aufgewertet und mehr als früher gefördert und gepflegt. Während die Protestanten die Kanzel ins Zentrum rückten, bildete bei den Katholiken der Hochaltar den Fluchtpunkt der Verehrung. Dem entsprach schließlich auch eine abgrenzende Profilierung des religiösen Personals. Protestantische Pfarrer pflegten durch Auslegung und Predigt die Erinnerung an den heiligen Text, katholische Priester vergegenwärtigten das Heilige durch den Ritus. Die Protestanten setzten, so Jan Assmann, «an die Stelle der Liturgie [...] die Hermeneutik».[131] Damit trat dem Sozialtyp des Priesters der des «Auslegers, Schriftgelehrten und Predigers»[132] entgegen. Der Gegensatz von protestantischem Prediger und katholischem Priester ist in der Differenz zweier unterschiedlicher Kulturformen religiöser Kommunikation begründet, die das konfessionelle Zeitalter hervorgebracht hat. Was heute zum selbstverständlichen Erkennungszeichen konfessioneller Identität gehört, wurde im 17. Jahrhundert «kontroverstheologisch» hart erkämpft. Die Klage war auf beiden Seiten groß, wie schwer sich die Neuerungen gegen eine archaische Volksfrömmigkeit durchsetzen ließen.

3
Von Teufeln und Hexen

Mit der dunklen Seite der Volksfrömmigkeit haben auch die Hexenverfolgungen zu tun. Sie fanden nicht im vermeintlich finsteren Mittelalter statt, sondern entstanden im Spätmittelalter und erreichten ihren Höhepunkt im Zeitalter des Barock. Neben dem Dreißigjährigen Krieg zeigt sich nirgendwo sonst die gewaltsame Zerrissenheit des Zeitalters so deutlich wie an den Hexenverfolgungen.[133]

Der Hexenglaube speist sich aus zwei Quellen. Sein Ursprungsort ist die Magie. Ihr liegt die Annahme zugrunde, dass in der Welt alles mit allem zusammenhängt und in diesen Zusammenhang durch besondere Praktiken eingegriffen werden kann.[134] Dass es die Möglichkeit einer magischen Beeinflussung der Wirklichkeit gibt, stand schon in der hellenistischen Kultur und im antiken Judentum außer Frage, aber das Christentum hatte ein großes Interesse daran, den Glauben an diese Möglichkeiten gering zu halten, um darin keine Gegenkraft zur Autorität Gottes aufkommen zu lassen. Das Verhältnis des Christentums zum magischen Denken gestaltete sich daher als ein dauerhaftes Ringen, in dem es darum ging, vorhandene magische Denkformen nicht vollständig zu eliminieren, sondern der christlichen Religionspraxis unterzuordnen. Die volksreligiöse Mentalität der frühen Neuzeit ist stark von diesem Kompromiss durchdrungen. Sie duldete – widerwillig – den Aberglauben, um magische Denkmuster auf anderen Feldern wie beispielsweise der Sakramentspraxis und der Heiligen- und

Reliquienkulte zur Absicherung ihrer Frömmigkeitsformen nutzen zu können.[135] Um dieses fragile Gleichgewicht nicht zu gefährden, konnte das Christentum zunächst kein Interesse am Hexenglauben haben.[136] Verfolgungen und Hexenprozesse blieben daher sehr selten. Die Reformatoren entlarvten den auf der Ebene der Volksfrömmigkeit angesiedelten Kompromiss zwischen Religion und Magie scharfsichtig und bekämpften alle Formen der Magie, die sie beispielsweise auch im katholischen Sakramentsverständnis witterten, energisch.[137] Das hinderte Luther und seine Nachfolger allerdings nicht daran, einem handfesten Glauben an den Teufel anzuhängen. Das führt zu der zweiten Quelle christlicher Hexenvorstellungen.

Neben der Magie floss darin nämlich vor allem die religiöse Personalisierung des Bösen ein. Dass das Böse all das ist, was sich gegen das Leben richtet, ist eine verbreitete Vorstellung. Das gilt – um Leibniz' berühmte Unterscheidung aufzunehmen – jedenfalls für die physischen und moralischen Übel. Physisch sind all jene Übel, die sich aus der Natur ergeben, wie Krankheiten und Naturkatastrophen, moralisch jene, die auf eine absichtliche Handlung eines Menschen zurückgehen. Schon die physischen Übel wurden in vielen Religionen personifiziert, etwa wenn Krankheit als die Einwohnung von Dämonen verstanden wird. Das frühe Christentum teilte diese Auffassung ganz selbstverständlich, im Neuen Testament findet sich eine Reihe von Dämonenerzählungen. Insbesondere das Phänomen der Besessenheit, dem auffällige und unerklärliche Verhaltensmuster von Menschen zugrunde liegen, wurde mit der Einwohnung von Dämonen erklärt und exorzistisch durch Austreibung der Dämonen behandelt.[138] Der Glaube an die Existenz von Dämonen wirft jedoch die Frage auf, woher diese kommen und woher sie ihre Kraft beziehen.

Eine prominente religiöse Antwort ist der Glaube an den Teufel. Der Teufel ist eine alte Gestalt des Christentums, die Ereignisse des 16. und 17. Jahrhunderts verschafften ihm jedoch eine besondere Konjunktur. Die Figur des Teufels half, das Böse zu verstehen.[139] Das Neue Testament nennt – allerdings noch recht vage – Satan als den Gegenspieler Gottes. Aber alle weiteren Vorstellungen vom Teufel sind dem Christentum ganz unabhängig von der Bibel erst allmählich zugewachsen. Die Erzählung vom Teufel als gefallenem Engel diente zunächst der Abwehr eines gnostischen Dualismus, bei dem sich eine gute und eine böse Macht gleichberechtigt gegenüberstehen. Philosophisch und theologisch hat der Glaube an einen gefallenen Engel jedoch nie überzeugt, denn die Annahme seiner Existenz kann letztlich nicht erklären, warum es das Böse in der Welt gibt. Auf der Ebene der religiösen Vorstellungswelt ist der Teufel jedoch außerordentlich attraktiv und lebendig mit seinem Pferdefuß, seinem Schweif und seinen Hörnern. Die Personalisierung des Bösen in der Gestalt des Teufels hat in der religiösen Vorstellung die Funktion einer Rationalisierung. Sie macht das Böse anschaulich und fassbar. Das Böse entspringt nicht einem sinnlosen Nichts, sondern dem bösen Willen des Teufels. Dagegen kann man kämpfen und sich nach Kräften wehren. Aus beidem zusammen, einem magischen Weltbild und der Vorstellung von einem personifizierten Bösen, entstand der christliche Glaube an Hexerei.

Auf der Grundlage des magischen Weltbildes durchzog der Glauben an Hexerei das gesamte Mittelalter. Das musste nicht nur im Sinne einer »Schwarzen Magie« Schlechtes bedeuten, denn es gab auch Formen einer »Weißen Magie«, der Wahrsagerei und Heilkunst. Über Jahrhunderte wurden daher Hexen und Zauberer unter der Bevölkerung geduldet.[140] Die Stimmung kippte im 15. Jahrhundert. Ab 1430 traten Hexenverfolgungen in größerem Stil auf, die Hochphase lag zwischen 1560 und 1630, erst Ende des 18. Jahrhunderts hörten die Strafprozesse in Europa auf.[141] Die größten Wellen der Hexenverfolgungen traten allesamt erst nach der Reformation ein, Protestanten beteiligten sich daran ebenso wie Katholiken. Spanien, das Land der Inquisition und der Gegenreformation, kannte keine Hexenverfolgung, weil die spanische Inquisition diese aus theologischen Gründen ablehnte. In den reformierten Niederlanden endeten die Hexenverfolgungen bereits um 1600, dort aufgrund einer humanistischen Grundprägung und nicht aus theologischen Gründen. Theologische Gründe *für* die Hexenverfolgung fand man in reformierten Territorien jedoch reichlich. Das Waadtland im reformierten Kanton Bern erlebte eine der schlimmsten Verfolgungswellen,[142] während in Deutschland die katholischen Fürstbistümer bis weit ins 18. Jahrhundert Schwerpunkte der Hexenverfolgung waren. An geographischen Grundstrukturen lässt sich bestenfalls eine Konzentration auf den Alpenraum und die deutschen Territorien erkennen. Dort sind vermutlich die Hälfte der über 50 000 als Hexen und Hexer Verfolgten zu Tode gekommen.[143]

Ein Grundzug der Hexenverfolgung ist die Struktur des Pogroms. Die Bevölkerung ging meist auf dem Land gegen Menschen vor, die sie für das »Böse« verantwortlich machten, das ihnen widerfuhr. Dazu gehörten Krankheiten, Epidemien, durch ungünstige Wetterlagen hervorgerufene Missernten oder mysteriöse Häufungen von Unglücksfällen.[144] Von den vermeintlichen Hexern und Hexen nahm man an, dass sie im Bunde mit dem Teufel standen und dadurch die Gabe zum »Schadenzauber« hatten. Die staatlichen Behörden hatten zwar zunächst nur ein geringes Interesse an Hexenverfolgungen, aber dass es so etwas wie den Schadenzauber gab und dass dies ein zu ahndender Straftatbestand war, stand für die *Peinliche Gerichtsordnung* Kaiser Karls V. außer Zweifel: «Item so jemandt den leuten durch zauberey schaden oder nachtheyl zufügt, soll man straffen vom zum todt, vnnd man soll solche straff mit dem fewer thun.»¹⁴⁵ Die Strafprozesse, die dies auch unter Anwendung der «peinlichen Befragung» zu ermitteln hatten, belasteten in der Mehrzahl Frauen, aber auch Männer und sogar Kinder konnten als Hexen und Hexer verfolgt werden. Es ist bemerkenswert, dass ein früher Kritiker der Hexenprozesse vor allem die Rechtmäßigkeit von Geständnissen in Frage stellte, die unter der Folter abgepresst wurden.¹⁴⁶

Für die Hexenverfolgungen in der frühen Neuzeit gab es eine Vielzahl von Antrieben. Zunächst war die fatale Kriminalisierung der Hexerei an eine Theologisierung gebunden. Die Verbindung von Magie und Teufelsglaube wird bei Denkern wie Thomas von Aquin im Interesse einer metaphysischen Vereinheitlichung des Weltbildes vorbereitet. Diese «Diabolisierung der Magie»¹⁴⁷ ist eine gedankliche Voraussetzung der Hexenverfolgungen. Eine Schlüsselrolle nimmt dabei der berühmt-berüchtigte «Hexenhammer» ein. 1486 gab der Inquisitor Heinrich Kramer (1430–1505) den *Malleus Maleficarum* in Druck, dreißig Auflagen erlebte das Buch in den nächsten zweihundert Jahren.¹⁴⁸ Der «Hexenhammer» entfaltete seine Wirkung als eine diabolisch gute theologische Systematisierung des Hexenglaubens. Der erste Teil entfaltet eine Dämonologie und Satanologie, die erstens das tatsächliche Vorkommen von Zauberei bestätigt und dies zweitens auf die Wirkung des Teufels und seiner Dämonen zurückführt.¹⁴⁹ Das alles geschieht unter ausdrücklichem Verweis auf die theologische Tradition. Der zweite Teil bietet eine Phänomenologie der Hexerei. Kramer listet all die Geschehnisse auf, die seiner Auffassung nach durch Hexerei verursacht wurden. Versagende Männlichkeit¹⁵⁰ ebenso wie Probleme bei Geburten¹⁵¹ sind Hexen anzulasten, natürlich auch Viehsterben¹⁵² und ungünstige Wetterlagen.¹⁵³ Der Hexenhammer gleicht in diesen Passagen einem Ratgeber, der hilft, missliche Lebenssituationen durch Hexerei zu erklären, und es damit ermöglicht, Hexen aufzuspüren. Der dritte Teil schließlich erläutert, dass die Kirche wirksame Mittel hat, das Böse zu bekämpfen.¹⁵⁴ Theologische Sanktionierung und kirchliche Instrumentalisierung gehen in dieser Phänomenologie des Bösen Hand in Hand.

Allerdings zeigt schon der Hexenhammer, dass neben den religiösen Motiven auch sozialpsychologische und kulturelle Gründe eine Rolle spielten. Zweifellos waren die Hexenverfolgungen frauenfeindlich. Die historische Genderforschung konnte zeigen, dass den Frauen vor allem ihre Rollenzuweisung in den häuslichen Bereich zum Verhängnis wurde. Denn da Kindstod, Krankheiten und Viehsterben sich vorrangig in diesem Bereich ereigneten, fiel der Verdacht zunächst auf Frauen. Daneben spielten allgemeine sozialpsychologische Faktoren eine Rolle. Jean Delumeaus Hinweis auf eine kollektive Angst im Spätmittelalter¹⁵⁵ führt in die richtige Richtung. Die Angst hatte konkrete Gründe. Seit dem 15. Jahrhundert änderte sich das Klima. Die «Kleine Eiszeit» mit längeren und kälteren Wintern und verregneten Sommern gefährdete eine «Gesellschaft mit fragiler Subsistenz».[156] Markante Wetterphänomene, fatale Spätfröste, Überschwemmungen und 1628 gar eine Periode, die man als Jahr ohne Sommer bezeichnete, häuften sich. Die Ausschläge der Hexenverfolgungen lassen sich sehr häufig mit den besonderen Klimaphänomenen in Verbindung bringen. Ein letzter wichtiger Grund war schließlich die religiöse Stimmungslage des konfessionellen Zeitalters.[157] Der Kampf der Konfessionen begünstigte ein fanatisches Streben danach, mit aller Gewalt religiöse Abweichung zu bekämpfen, ja zu vernichten. Es ist bemerkenswert, dass mit dem Jesuiten Friedrich Spee schon ein zeitgenössischer Kritiker der Hexenverfolgungen den religiösen Fanatismus als eine der Ursachen benennt.[158]

Welche Rolle spielte die Kirche in den Hexenverfolgungen? Man kann die Auffassung teilen, sie habe sich erst nachträglich an die Spitze der Pogrome gestellt, um ihre Macht zu sichern.[159] Oder aber man neigt der dann kritischeren Auffassung zu, die Kirche habe durch ihre Hexenpropaganda den latenten Hexenglauben in der Bevölkerung ins Aggressive gewendet und damit die Vernichtungsexzesse überhaupt erst ausgelöst.[160] Kramers Hexenhammer weist leider deutlich in diese Richtung. Dieser Befund ist beunruhigend. Die Hexenverfolgungen stehen für eine der düstersten Seiten der christlichen Religion.

Was sich dabei abspielte, hat jüngst Rainer Beck an einem der letzten großen Hexenprozesse in Deutschland luzide untersucht. Zwischen 1715 und 1723 gerieten an dem Bischofssitz Freising Kinder ins Visier der Inquisition. Die gründliche Rekonstruktion der Verhörprotokolle erfüllt den konfessionellen Mikrokosmos einer katholischen Residenzstadt mit Leben – was unter anderem ein schöner Weg ist, wenigstens einigen der zahllosen Opfer der Hexenverfolgungen ein Andenken zu verschaffen. Das Verhängnis nahm seinen Lauf mit dem Gerücht, Bettelbuben – es ging um Jungen aus dem unteren sozialen Milieu im Alter zwischen zwölf und vierzehn Jahren – würden auf den Wiesen vor der Stadt Mäuse herbeizaubern.[161] Von der prinzipiellen Möglichkeit solcher Zaubereien waren alle Beteiligten, Ermittlungsrichter, Zeugen und vermeintliche Täter, selbstverständlich überzeugt. Daraus webte sich im Fortgang der Verhöre Stück für Stück ein Netz der Imagination des Bösen. Denn das «Mäuselmachen» war nur ein vergleichsweise harmloses Symptom für eine viel abgründigere Kontamination mit dem Bösen. Sukzessive arbeitete sich der Ermittlungsrichter durch Suggestion, durch Androhung der Folter und durch tatsächliche Gewaltanwendung zu Geständnissen vor – immer in dem Bewusstsein, im Kampf gegen das Böse auf der Seite des Guten zu stehen. Daher mussten die Ruten, mit denen die Angeklagten geschlagen wurden, in Weihwasser getaucht werden, daher sollte bei der Befragung unter Folter eine geweihte Kerze brennen.[162] Die Geständnisse gleichen «Epiphanien des Bösen».[163] Die Geständigen bekennen Teufelsbegegnung, Teufelsbünde, ja sogar sexuell konnotierte Formen der Teufelsbuhlschaft.[164] Wie kam es – und das ist für fast alle Hexenverfolgungen dieser Epoche die entscheidende Frage –, dass die Verfolgten am Ende selbst ihr Verbrechen bekannten? Friedrich Spee, dieser große edle Geist in einer unedlen Zeit, machte umsichtig und klug das Verhörverfahren, also Suggestion und Folter, dafür verantwortlich.[165]

Die Freisinger Verhörprotokolle zeigen, wie komplex sich die Vorstellung von der Welt des Bösen aufbaute. Beide Seiten, nicht nur die Richter, sondern in Reaktion auf und im Wechselspiel mit ihnen auch die Angeklagten, begriffen ihre Konstruktionen des Bösen nicht mehr als Imagination, sondern als Realität. Der Teufel und alles, was er an den Buben tat und wirkte, war das Resultat eines dramatischen Kommunikationsgeschehens.[166] Das stellte eine enorme Kraftanstrengung dar. Es bedurfte einer Inquisitionsbehörde, die verzweifelt fanatisch das Böse ins Visier nahm und so die Inhaftierten in eine ausweglose Situation trieb.

Die Hexenprozesse lebten, wie das Freisinger Beispiel zeigt, von dem Motto «Wirklichkeit ist das, was wirkt». Die Realität der Imagination war wirkungsvoll, aber brüchig. Im Lauf des Verfahrens hatte «sich in den Prozeduren der Wahrheitsfindung frühzeitig ein vernehmliches Rauschen eingenistet, das sich als Zeichen der Unzulänglichkeit, wenn nicht Dysfunktionalität des untersuchungsrichterlichen Vorgehens hätte interpretieren lassen».[167] Nach sechzehn Hinrichtungen – zwei Frauen und vierzehn Männer, die meisten davon fast noch Kinder – kollabierte der Freisinger Hexenprozess. Die Bestrafungen sollten in Abschiebungen der Delinquenten umgewandelt werden. Kein hehrer Aufklärer oder sonstige Lichterscheinungen machten dem Drama ein Ende, sondern, so muss man wohl sagen, die Erschöpfung aller Beteiligten durch ihre eigenen Imaginationen des Bösen.

An Widerspruch gegen die Hexenverfolgungen hat es von Anfang nicht gemangelt.[168] Mit Friedrich Spee stand ein Vertreter der Kirche gegen die Pogrome auf, und Frühaufklärer wie der Jurist Thomasius riefen eine beachtliche Kampagne gegen die Hexenverfolgungen ins Leben. Dass sich die Verfolgungen dennoch so lange und so hartnäckig bei Protestanten und Katholiken hielten, zeugt von der schier unglaublichen Macht der religiösen Imagination des Bösen. Mehr als zweihundert Jahre dauerte der Kampf gegen diese irrationale Seite. Das zeigt, wie notwendig und lebenswichtig gerade im Interesse der Religion selbst die Aufklärung über Religion ist.

4
Rausch der Sinne: Die Barockkultur des Auges

Zu den Hexenverfolgungen scheint nichts weniger als die Üppigkeit barocker Kultur zu passen. Ratlos meint man hinnehmen zu müssen, dass sie sich gleichzeitig, in katholischen Regionen wie Bayern sogar an gleichen Orten, ereignet haben. Und doch dämmert bei näherer Betrachtung die Ahnung auf, dass es einen verborgenen Zusammenhang zwischen dem Dämonischen der Hexenverfolgung und der Fülle des Barock geben könnte, denn der Barock ist nicht so harmlos, wie er erscheinen mag. Die üppige Schönheit und unruhige Dynamik seiner Ausdrucksformen sind das Resultat einer enormen Kraftanstrengung. Barock ist eine kulturelle Energieleistung, die durch und durch religiös motiviert ist. Barocke Fülle ist nach der Überzeugung ihrer Schöpfer ein Mittel im Kampf gegen Vergänglichkeit, Endlichkeit und die Lüge eines falschen Glaubens. Es gab auch protestantische Erscheinungsformen des Barock, überwiegend war es jedoch die katholische Reform, die den Barock prägte.

Der Begriff «Kulturkatholizismus» wäre für die Kultur des Barock eine treffende Beschreibung. Es gibt in der Kulturgeschichte des westlichen Christentums keine Epoche, in der das Kulturleben so umfassend, so tiefgreifend und so breitenwirksam von der Einheit religiös motivierter Ausdrucksformen bestimmt war. In diesem Sinne ist der Barock eine noch viel größere Einheitskultur als die des Mittelalters. Das Christentum war bis weit in das Hochmittelalter hinein damit beschäftigt, überhaupt so etwas wie ein Grundgerüst elementarer christlicher Kultur in Lehre, Ritus und Volksfrömmigkeit aufzubauen. Die große Ausnahme war der Kirchenbau. Erst ab dem Hoch- und Spätmittelalter mit Dante und dann vor allem in der Renaissance begann über die Architektur hinaus die christliche Kulturexpansion. Neue Ausdrucksformen wie Malerei, Musik, Dichtung und Theater wurden religiös in Dienst genommen. Die stärkste Indienstnahme der Kultur fand im Zeitalter des Barock statt. Sie markiert einen Höhepunkt, vielleicht sogar eine Übertreibung, denn langfristig gesehen bedeutet der Barock eine Wende. Danach begann ein allmählicher, aber stetig fortschreitender Prozess der Emanzipation der Kulturformen von der Religion.

Die barocke Fülle erschien Kritikern oft als «bizarr und schwülstig, überladen und pompös».[169] Der Liebhaber der Renaissance Jacob Burckhardt hat sich nur mühsam eine Anerkennung des Barock abringen können. Berühmt ist sein Diktum, der Barock spreche «dieselbe Sprache wie die Renaissance, aber einen verwilderten Dialekt davon».[170] Sein später selbst in der Kunstgeschichte prominent gewordener Schüler Heinrich Wölfflin meinte, die «fröhliche Leichtigkeit der Renaissance»[171] sei dem Schweren und der Masse gewichen. Barocke Kunst befindet sich für ihn im dauerhaften «Zustand der Erregung»[172], sie ist ein unausgesetzter Appell,[173] sie «will» etwas von ihren Betrachtern. Die Kunst des Barock basiert, so Wölfflin, auf der sichtbaren «Sehnsucht der Seele, im Unendlichen sich auszuschwelgen».[174]

Die Möglichkeiten der Kunst, religiöse Botschaften mit der Kraft der Sinne zu vermitteln, hatten die Väter des Trienter Konzils ausdrücklich gegen die protestantischen Bilderstürmer als rechtmäßig anerkannt, ja geradezu gefördert. Das Dekret über die heiligen Bilder führt aus:

> Dann aber wird aus allen heiligen Bildern ein großer Nutzen gezogen, [...] weil den Gläubigen durch die Heiligen Gottes Wunder und heilsame Beispiele vor Augen geführt werden, so dass sie Gott für diese Dank sagen, ihr Leben und ihre Sitten auf die Nachahmung der Heiligen ausrichten und dazu angespornt werden, Gott anzubeten und zu lieben und die Frömmigkeit zu pflegen.[175]

Vor allem die Jesuiten haben dieses Programm ausgebaut, mit den Mitteln der Kunst die Herrlichkeit Gottes sinnlich kundzutun.[176] Roberto Bellarmino beispielsweise hob den didaktischen Nutzen der Kunst hervor und erhob den Künstler in den Rang des Predigers.[177] Die Kunsttheorie des Barock war daher durchzogen von Analogien zur Rhetorik, um von ihr Aufschluss zu erhalten, mit welchen Mitteln welche Wirkungen bei Bildbetrachtern erzielt werden können.[178] Die Künstler arbeiteten in dieser Synthese von Kunst und Religion keineswegs am Gängelband von Kirche und Theologie, im Gegenteil, die vermutlich wichtigsten Vertreter des Barock, Bernini und Rubens, genossen hohes Ansehen und künstlerische Freiheiten – und beträchtlichen Reichtum. Die Barockkunst ist nicht einfach nur gemalte oder gebaute Vermittlung religiöser Inhalte, inspiriert vom Geist der katholischen Reform wuchs aus ihr eine eigene Form religiöser Anschauung hervor.

Symbol der Kirche: Die Peterskirche

Was «Kulturkatholizismus» bedeutet, lässt sich besonders gut an Rom demonstrieren. Der Barock wirkte bis in die Planung des Stadtbildes hinein. Sinnenfälligster Ausdruck ist der Petersdom, der für Katholiken das wichtigste Gotteshaus der Christenheit ist, während ihn nicht wenige Protestanten als traurigen Höhepunkt kirchlicher Prunksucht betrachten.

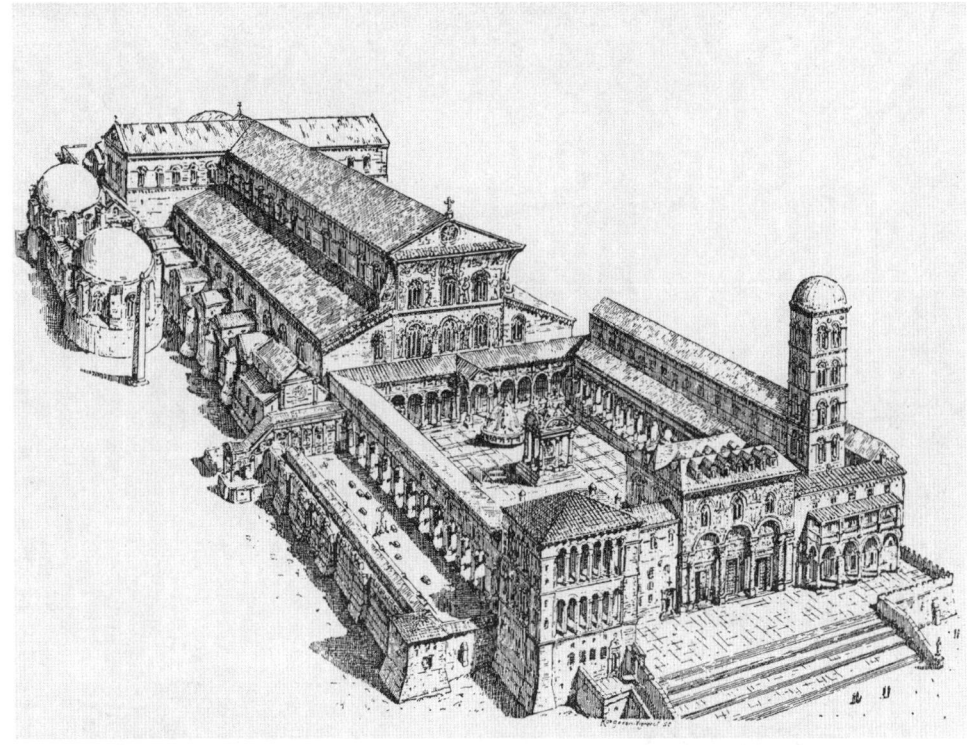

Rekonstruktion von Alt-St. Peter aus dem späten 19. Jahrhundert. Das «Prinzip der produktiven Zerstörung» sieht Horst Bredekamp beim Neubau der Peterskirche am Werk. Ab dem frühen 16. Jahrhundert beteiligten sich die prominentesten Baumeister daran, nach über hundert Jahren blieb von dem frühchristlichen Bau aus der Zeit Konstantins nichts mehr übrig.

Abb. 40

An der Kirchentrennung des 16. Jahrhunderts ist der Petersdom jedenfalls nicht ganz unschuldig. Aufs Ganze gesehen ist sie die barocke «Vollstreckung eines architektonischen Testaments der Renaissance».[179] Ein Jahrhundert lang beschäftigte der Dom die größten Architekten der Zeit. Die Vermutung, ein Kunstwerk solchen Ausmaßes könne nur in der gemeinschaftlich verbundenen Anstrengung eben dieser besten Geister entstanden sein, ist leider falsch. Geradezu misanthropische Anflüge muss die Einsicht bereiten, dass St. Peter in Rom das Produkt eines harten Konkurrenzkampfes und Geflechts von Intrigen war, in dem die Architekten keineswegs davor zurückschreckten, das Modell ihres Vorgängers einzureißen. Horst Bredekamp spricht in seiner Rekonstruktion der Baugeschichte vom «Prinzip der produktiven Zerstörung».[180]

Am Anfang stand ein Paukenschlag. Bramantes Pläne für einen Neubau kamen einem «Amoklauf gegen Alt-St. Peter»[181] gleich (Abb. 40). Das war aller-

Abb. 41   Il Gesù in Rom, die Mutterkirche der Gesellschaft Jesu. Der Architekt Vignola schuf in der zweiten Hälfte des 16. Jahrhunderts im Geist des römischen Barock die Jesuitenkirche, die zum Vorbild vieler Kirchen für den jungen Orden wurde. Sie orientierte sich auch an den liturgischen Vorgaben des Trienter Konzils, das dem Langhaus gegenüber dem Zentralbau der Renaissance den Vorzug gab.

dings selbst Papst Julius II. zu viel, er lehnte dieses Vorhaben mit Respekt vor der ehrwürdigen Basilika der alten Christenheit rigide ab. Doch am Ende kam es dann genau so. Nicht in einem spektakulären Abriss, sondern in einem sukzessiven «Rückbau» zerstörte die Begeisterung für einen Prachtbau der Christenheit die alte Kirche. Trotz der produktiven Zerstörung hat jeder der Architekten von Bramante über Raffael, Sangallo, Michelangelo, Vignola bis hin zu Bernini seine Handschrift hinterlassen. So ist die Kuppel das Werk des Florentiners Michelangelo, der hierbei sicher auch die Kuppel des Domes seiner Heimatstadt Florenz im Sinn hatte. Die Überführung des Renaissance-Projektes in eine Barockkirche trieben nach Michelangelos Tod die Baumeister Giacomo della Porta und Jacopo Barozzi da Vignola voran. Vignola vereinte in sich ein stilsicheres Gespür für die im Trienter Konzil proklamierten liturgischen Erfordernisse eines Gotteshauses mit dem jesuitischen Bildprogramm. Als sein Meisterwerk gilt die Jesui-

Abb. 42

Mit dem Baldachin im Petersdom schuf Gian Lorenzo Bernini 1624 einen Blickfang, der alle Aufmerksamkeit der Betrachter auf den Altar über dem Petrusgrab zog.

tenkirche in Rom, *Il Gesù* (Abb. 41). Ein wesentliches Kennzeichen des Umschwungs war die Preisgabe des in der Renaissance favorisierten Zentralbaus zugunsten eines Langhauses. Carlo Maderno vollendete dieses Werk mit der Vorhalle und Fassade 1612 in der typischen Massigkeit des Barock. Den letzten Schliff im Geiste des Barock nahm Gian Lorenzo Bernini (1598–1680) vor, einer

Abb. 43   Mit der Gesamtkonzeption des Petersplatzes vollendete Bernini das Großprojekt der Peterskirche. Die auf die Kirchenfassade zulaufenden Kolonnaden sind ein Meisterwerk architektonischer Harmonie und Schönheit.

der großen Stars der Epoche. Als junger Mann gelang ihm mit dem Baldachin über dem Altar der Peterskirche (Abb. 42) der künstlerische Durchbruch.[182] Der Blickfang des Innenraums bestätigt alle Vorbehalte gegen den Barock mustergültig. Hier wurde nicht gekleckert, sondern geklotzt. Die religiöse Funktion, alle Aufmerksamkeit auf den Altar über dem Petrusgrab zu lenken, erfüllt das Werk jedoch perfekt. Der Petersdom begleitete den vielgefragten Künstler von da an durch sein Leben. Nach dem missglückten Anbau der Glockentürme gelang ihm mit der Konzeption des Petersplatzes ein einzigartiges Meisterwerk.[183] Die kreisförmigen Kolonnaden erzeugen eine imposante Perspektive. Bernini konnte auf diese Weise elegant die perspektivischen Proportionsprobleme der Fassade lösen, die die Barockisierung aufgeworfen hatte. Vor allem aber schmieden die Kolonnaden den Vorplatz und die Kirche zu einer erhabenen Einheit zusammen (Abb. 43). Der Gesamtkomplex «macht, dass Menschen sich wundern. Er lässt sie staunen. Er lehrt sie Ehrfurcht. Mit seiner überbordenden Sinnen-

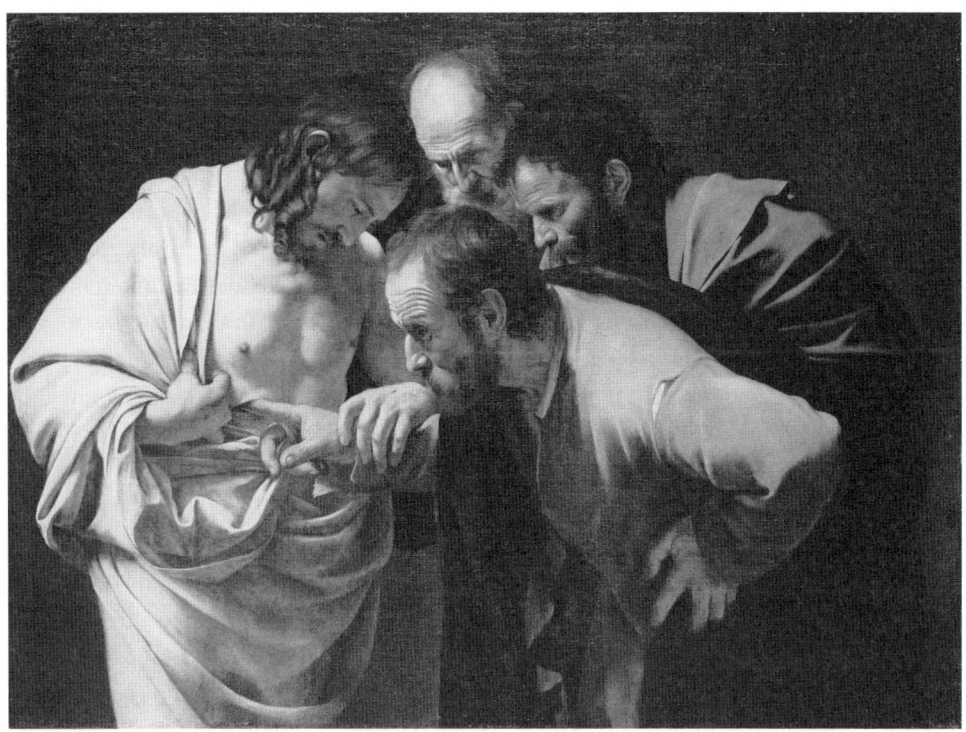

Caravaggio, Der ungläubig Thomas, um 1595/1600. Eine «mit Händen zu greifende Stofflichkeit» spricht die Kunsthistorikerin Sybille Ebert-Schifferer Caravaggio zu. Der Finger des ungläubigen Thomas in dem Wundmal Jesu macht unüberbietbar anschaulich, was sie meint. Caravaggios Realismus zieht die Betrachter fest in den Bann der Bilderzählung.

Abb. 44

pracht befriedigt er ihre Sehnsucht nach einer sichtbaren Überwelt und einer greifbaren absoluten Autorität.»[184]

Weltwiderstand durch Bilder: Barockkunst

Die verschlungenen Übergänge von der Renaissance zum Barock bestimmten auch die Malerei. Hier kündigte sich der neue Stil in den Werken des Malers Caravaggio (1571–1610) an. Seine Lebensgeschichte ist ein weiteres, im Verhältnis zu Bernini allerdings noch extremeres Beispiel dafür, wie der rasante Bedeutungsgewinn der Kunst in der Renaissance auch die Stellung der Künstlerpersönlichkeit radikal veränderte. War am Anfang Giotto einer der ersten, die sich aus der Namenlosigkeit der Handwerkergilde emporhoben, so war das Publikum um 1600 offensichtlich umstandslos bereit, Künstlern Extravaganz zuzugestehen.[185] Caravaggios aufbrausende Streit- und Rauflust haben dem Mythos vom kriminellen Künstler Vorschub geleistet und damit der Rezeption seiner Werke erhebliche Hindernisse in den Weg gelegt.[186] Caravaggios Werke zeichnet eine faszinierende Gabe der kunstvollen Naturnachahmung aus.[187] Er arbeitete mit bis dahin unbekannten Effekten von Licht und Schatten und erzielte dadurch «eine mit Händen zu greifende Stofflichkeit» (siehe die *Bekehrung des Paulus*, Tafel 14).[188] Zudem verwandte er große Sorgfalt auf die Darstellung von Affekten.[189] Daraus resultiert eine unglaubliche Präsenz des Erzählten im Bild, die den Betrachter ganz in das Geschehen hineinzieht. In dem Bild *Der ungläubige Thomas* (Abb. 44) rückt Caravaggio «die Szene aufdringlich an den Betrachter heran»,[190] dem Finger des Thomas folgend blickt er in Jesu Seitenwunde hinein und teilt das stirnrunzelnde Staunen der Jünger. Der Betrachter nimmt teil an dem Mysterium der Auferstehung.

Caravaggios nur wenig jüngerer Zeitgenosse Peter Paul Rubens (1577–1640) gilt bis heute als der Inbegriff barocker Üppigkeit. Kein anderer Künstler zieht daher den Zorn aller Barockhasser so auf sich wie der Flame. Egon Friedell gibt ein schönes Beispiel dafür, wie an sich bedachtsame Menschen offensichtlich schon beim bloßen Gedanken an ein Bild von Rubens die Fassung zu verlieren drohen. Er widmet Rubens in seiner Kulturgeschichte nur knapp zwei Seiten – und die sind eine einzige Tirade. «Seine Weiber sind niemals Jungfrauen, ja nicht einmal Mütter, sondern fette rosige Fleischstücke mit exemplarischen Becken, Busen und Hintern, nur dazu da, um nach wildem Brunstkampf, der den Genuss nur erhöht, aufs Bett geschmissen zu werden.»[191] «Massive Geilheit», «immer jubelnde, immer sinnenfreudige Animalität» attestierte er dem Künstler, der letztlich nichts gewesen sei «als ein königlicher Tiermaler und Verherrlicher einer dampfenden Übergesundheit.»[192] Das Fazit liegt auf der Hand. «Rubens ist zweifellos einer der irreligiösesten Maler, die jemals den Pinsel geführt haben.»[193]

Friedell steht am Ende einer Rezeptionsgeschichte, die Rubens vitalistisch interpretierte und ihre «Lust an Berauschtheit und sinnlichem Überschwang»[194] hatte. Nietzsches Barockbegeisterung und Friedells Abscheu vor dem proklamierten Vitalismus sagen viel über das späte 19. und frühe 20. Jahrhundert aus, aber eigentlich nichts über den Kunststil des Barock. Es half auch nichts, dass Jacob Burckhardt an diesem Punkt seinem Freund Nietzsche widersprach und für eine ruhigere Interpretation des flämischen Meisters plädierte. Sogar Anzeichen der Bewunderung kann Burckhardt nicht verbergen: «Es ist ein höchst angenehmes Gefühl, sich Persönlichkeit und Lebenslauf des Rubens zu vergegenwärtigen; man trifft an so vielen Stellen auf Glück und Güte wie kaum bei einem andern von den großen Meistern.»[195] Und ganz anders als Friedells Be-

Abb. 45

Peter Paul Rubens, Die Kreuzaufrichtung, um 1609/10. *Die Kunst des Barock spricht eine kräftige Affektsprache, Rubens war ein vollendeter Meister dieser Sprache. Ein Nebeneffekt der gewaltigen Kreuzaufrichtung in der Antwerpener Liebfrauenkirche war es, dass die Seeleute und Fischer sofort die minutiös ausgearbeiteten Zeichen körperlicher Anstrengung verstehen konnten.*

schimpfung klingt Burckhardts Hinweis auf das «außerordentliche Glück für den Catholicismus des ganzen Nordens, einen so großen, glücklichen, freiwilligen Dolmetscher zu finden, der sich für alles Dasein der religiösen Gestaltenwelt so von selber begeistern konnte».[196]

Die christlichen Inhalte von Rubens Bildern sind seit der Aufklärung mehr und mehr in den Hintergrund gerückt worden. Lange betrachtete man sie in der Kunstgeschichtsschreibung allein unter ästhetischen Gesichtspunkten wie etwa der Farbgebung und der Bildkomposition. Es ist bezeichnend, dass sich ein Meister des Faches in unseren Tagen mit fast entschuldigenden Worten dafür rechtfertigt, den katholischen Hintergrund in seine Interpretation einfließen zu lassen. Herausgekommen ist ein geradezu melancholisch schönes Buch über Rubens. Willibald Sauerländer zeigt, dass die religiöse Welt, in der Rubens lebte, für uns versunken ist, und wie sehr diese Welt dennoch zum Verstehen seiner Kunst nötig ist.

Rubens' Familie geriet im 16. Jahrhundert in die Wirren der Konfessionsstreitigkeiten. Als Calvinist bezichtigt, musste sein Vater Antwerpen verlassen. So kam es, dass der «katholische» Rubens im reformierten Siegen geboren wurde[197] – zweifellos ein hartes Schicksal. Rubens spätere Lehrjahre in Rom geben Aufschluss über die Verflochtenheit der Barockkünstler mit ihren Renaissancevätern. Rubens studierte die Antike mit den Augen Raffaels und Michelangelos und entwickelte daran einen Stil, der den Nerv der Zeit traf, weil er das Lebensgefühl der Menschen aufgriff.[198] Die Affektsprache des Barock ist nicht nur gestalterische Rhetorik, sie ist auch eine Form religiöser Gegenwartsverarbeitung. Ein Nebeneffekt der gewaltigen Kreuzaufrichtung in der Antwerpner Liebfrauenkirche (Abb. 45) war es beispielsweise, dass die Seeleute und Fischer sofort die minutiös ausgearbeiteten Zeichen körperlicher Anstrengung verstehen konnten.[199]

Der *Bethlehemitische Kindermord*, der in der Alten Pinakothek in München zu sehen ist, verdeutlicht die religiösen Züge in Rubens' Barockmalerei besonders gut (siehe Tafel 15). Die «affektive Furie»[200] des späten Werks bildet etwas ab von den Gräueln der Zeit, dem Morden eines Krieges, in dem Schergen selbst Kinder töten. Die Klage schreit zum Himmel, und doch erscheinen dem Kind, das am linken Bildrand von einem Scheusal abgestochen wird, Engel im Himmel, die Blumen streuen. Rubens malte Trost in die Sinnlosigkeit des Mordens hinein und vermittelte einen Glauben an die Erlösungskraft des Opfers. Ob Rubens' Zeitgenossen den tieferen Sinn akzeptierten, den der Maler mit seinem Pinsel in die Sinnlosigkeit des Mordens hineinmalte? Anders als die Calvinisten wollte Rubens die Macht der Bilder religiös einsetzen, um einen starken Glauben an den göttlichen Glanz wieder aufleben zu lassen, der allem Sinnlosen in der Welt widerstehen kann.

Der protestantische Barock und Rembrandt

Die religiöse Strahlkraft des Barock führte auch Protestanten in Versuchung. Christopher Wrens St Paul's Cathedral prägt noch heute die Londoner Innenstadt (Abb. 46). Die Dresdner Frauenkirche ist das überzeugendste Beispiel für den barocken Kirchenbau der Lutheraner.[201] Anders als eine katholische Barockkirche ist dieser Bau auf Predigt und Kirchenmusik ausgerichtet – die Domänen des protestantischen Barock schlechthin. Darum musste die Kirche sich in ihrer Form zurücknehmen.

Am sinnfälligsten wird der Unterschied zwischen katholischem und protestantischem Barock in der Malerei. Der bedeutendste protestantische Maler des Barockzeitalters ist Rembrandt (1606–1669). Wie die Kunst Rubens' geht auch

Für den Barock konnten sich auch Protestanten begeistern. Christopher Wren entwarf in der zweiten Hälfte des 17. Jahrhunderts nach einem Brand die neue Londoner St Paul's Cathedral als anglikanisches Gegenprojekt zum katholischen Kirchenbauprogramm.

Abb. 46

Rausch der Sinne: Die Barockkultur des Auges

Abb. 47

Rembrandt, Die Kreuzaufrichtung, um 1633. Rembrandt hat offensichtlich das Werk Rubens' eingehend studiert, in seiner Durchführung ging er dann aber eigene Wege. Der gekreuzigte Christus trägt nicht mehr die Züge des antiken Heros, sondern die eines geschundenen Menschen.

seine nicht in konfessionellen Botschaften auf, aber das religiöse Milieu, dem sie entstammen, hilft doch, ihre Werke zu verstehen. Umgekehrt erfährt der heutige Betrachter aus ihren Gemälden auch einiges über die religiösen Mentalitäten jener Zeit. Friedell, der für Rubens so wenig übrig hatte, nannte Rembrandt einen «Riesen», der in «einsamer Superiorität» den «zur Erde gesenkten Blicken» seiner Zeitgenossen entzogen war.[202]

Der 1606 in der jungen Republik der Niederlande geborene Rembrandt entstammte einer calvinistischen Familie aus Leiden. Die Grenze zwischen den nördlichen, mehrheitlich protestantischen und unabhängig gewordenen Provinzen der Niederlande und dem spanisch und damit auch katholisch gebliebenen Süden war kulturell kein eiserner Vorhang. Rembrandt nahm wichtige künstlerische Einflüsse aus der Blüte des flämischen Katholizismus auf, er ging «bei katholischen Malern in die Schule».[203] Der eine Generation ältere Rubens machte einen tiefen Eindruck auf den jungen Protestanten, doch letztlich ging Rembrandt einen entschieden eigenen Weg. Wie anders sieht der *Christus* in Rembrandts Kreuzaufrichtung und Kreuzabnahme aus, obgleich er ganz offensichtlich Bezug auf Rubens' berühmte Bearbeitungen des Themas nimmt.[204] Rembrandt malt eine geschundene, ganz und gar menschliche Leidensgestalt, in der keine Spur eines antiken göttlichen Heros zu finden ist (Abb. 47). Die Auseinandersetzung mit Rubens setzt der Passionszyklus fort, der heute in der Alten Pinakothek in München zu bewundern ist. Das kleine Format gibt Aufschluss über einen markanten Unterschied zwischen der katholischen und protestantischen Kunstproduktion. Nach den wüsten Bilderstürmen des 16. Jahrhunderts hielten die Calvinisten an ihrer bilderfeindlichen Linie wenigstens in der Ausgestaltung der Kirchen fest. Anders als Rubens, der zahlreiche Aufträge für Altarbilder in Antwerpen und anderswo erhielt, gab es in Rembrandts niederländischer Heimat keine Aufträge für Kirchenbilder. Private Andachtsbilder waren jedoch erlaubt.[205] Private Auftraggeber und ein familiäres Ambiente bildeten daher den ganz anderen Hintergrund von Rembrandts Bildern zu religiösen Themen.

Ein weiterer Unterschied ist schließlich Rembrandts künstlerischer »Biblizismus». Von seinem calvinistischen Hintergrund her kamen für ihn weder Motive der antiken Mythologie noch Heiligen- und Märtyrerbilder infrage. Wegen dieser Motivverknappung wählte er bevorzugt biblische Stoffe.[206] Dass Rembrandt zu einem *der* Bibelmaler der Christentumsgeschichte wurde, ist eine Folge seiner konfessionellen Herkunft. Calvinistisch ist auch die Intensität, mit der Rembrandt in der Opferung Isaaks Abrahams unbedingten Gehorsam darstellte und die «jeder holländische Calvinist sofort verstand» (siehe Tafel 16).[207] Protestantisch ist schließlich das sich durchziehende Thema der Gnade.

Rembrandt verstand sich selbst nicht als calvinistischer Hofmaler, er profitierte von dem liberalen und weltoffenen Klima Amsterdams.[208] Hier wurde er zu einem Künstler, der die Kunst als ein von dogmatischer Bevormundung befreites Mittel zur Verarbeitung religiöser Erfahrungen einsetzte. In seiner späten, «stark verinnerlichten und vergeistigten Religiosität»[209] thematisierte er den Einbruch göttlicher Transzendenz in die Lebenswelt der Menschen. Seine Bearbeitung biblischer Motive konzentriert sich nun auf Darstellungen, die zeigen, was es heißt, dass Christus den Menschen als Offenbarung begegnet. Mit dem Licht und dem Glanz der Christuserscheinung korrespondiert auf der anderen Seite, wie sich Gnade unscheinbar, ruhig und still im Alltagsleben ereignet. Einen vollendeten Eindruck davon vermittelt *Die Rückkehr des verlorenen Sohnes*, eines von Rembrandts letzten Werken (Abb. 48).[210]

Das Wort Barock ist sicher zu klein, um die kulturelle Weite der frühen Neuzeit auf den Begriff zu bringen. Trotzdem hilft es, die Mentalitäten dieser Epoche in ihren Grundzügen zu verstehen. Nach Erwin Panofsky verlagert sich im Übergang von der Renaissance zum Barock das «Prinzip der Wirklichkeit auf das subjektive menschliche Bewusstsein».[211] Der Barock war eine gewaltige Anstrengung menschlicher Vorstellungskraft gegen die Wirklichkeit. Die Idee der kulturellen Energieleistung spannt einen Bogen von der europäischen Expansion bis hin zu pittoresken barocken Kirchen im bayerischen Voralpenland. In der Brutalität der Religionskriege, im Bildersturm und in den Hexenverfolgungen brach auf vielfältige Weise eine düstere und dämonische Seite in die Lebenswirklichkeit der Menschen ein. Vorboten einer neuen Welt dämmerten in Rationalismus und Aufklärung am Horizont. Der Barock war das letzte Hochamt christlicher Einheitskultur in Europa. Mit Wonne, vor allem aber mit Trotz wurde zelebriert, was Wölfflin unübertroffen klar als «Aufgehen im Unendlichen, Sich-Auflösen im Gefühl eines Uebergewaltigen und Unbegreiflichen, Verzicht auf das Fassbare»[212] bezeichnet hat. Die Barockkunst will etwas von ihren Betrachtern. Es ist der Wille der Künstler, der in ihrer Kunst aufleuchtet. Was Panofsky als die subjektive Seite des Barock bemängelt hat, kann man positiv auch als Tatkraft dieser Kunst begreifen. Barock ist religiöser Widerstand gegen die Welt, und die Künstler sind die Widerstandskämpfer. Das Zeitalter zwischen Reformation und Aufklärung ist ein kultureller Umschlagpunkt. Mit der Kraft der Schönheit setzen sich die Barockkünstler gegen das Dunkle und das Vergehende ihrer Zeit zur Wehr. In alledem ist der Barock weit besser als sein Ruf. Die «historischen Wiederbelebungsversuche einer frommen, andächtigen, religiösen Malerei im 19. Jahrhundert»[213] brachten den Mut und die Kraft der Barockkünstler nicht mehr auf und flohen ins Sentimentale. Manches Fratzenhafte der modernen Kunst ist nichts als eine Kapitulation vor der Welt, manches Kunstrauschen der Gegenwart kann sich nicht einmal mehr dazu aufraffen und verfällt der bodenlosen Banalität. Die Künstler des Barock gingen einen anderen Weg. Sie kämpften mit ihren Bildern mutig für etwas, was es in dieser Welt nicht gab, für das es sich aber doch ihrer Überzeugung nach unbedingt zu leben lohnte.

Rembrandt, Die Rückkehr des verlorenen Sohnes, um 1668. Stille Gnade ist die Stimmung in einem der letzten Bilder Rembrandts, das mit dem Motiv des verlorenen Sohnes ein großes biblisches Thema verarbeitet.

Abb. 48

Rausch der Sinne: Die Barockkultur des Auges

5
Harmonie des Universums: Die Barockkultur des Ohres

Kunst und Musik des Barock in einem Atemzug zu nennen ist problematisch. Die Musik des Barock erreichte ihren Höhepunkt um die Mitte des 18. Jahrhunderts, also zu einer Zeit, als Malerei und Architektur des Barock schon verblüht waren. Und doch haben die Kunst und die Musik des Barock wenigstens dieses eine gemeinsam: Auch die Musik ist Widerstand gegen die Welt und ein Ausgreifen ins Unendliche. Die Musik des Barock erfreut sich heute großer Beliebtheit. Aufführungen der Werke von Monteverdi, Schütz, Vivaldi und Telemann haben in Kirchen und Konzertsälen einen festen Platz, Händel thront im Elysium abendländischer Musikgeschichte, und über Bach wird meist in den allerhöchsten Tönen gesprochen. Nicht wenigen Protestanten gilt er als die Vollendung religiöser Musik. Aber was ist es, das die Barockmusik zum Klingen bringt?

Wege zur Vollkommenheit

Musik spielte im Christentum von Anfang an eine wichtige Rolle. In ihr setzte sich die jüdische Tradition fort, Psalmen zu singen. Im Neuen Testament finden wir in Kolosser 3,16 und Epheser 5,19 Hinweise darauf, dass im Gottesdienst gesungen wurde. Dem Kirchenvater Augustinus verdanken wir eine eindrucksvolle Beschreibung der Wirkung von Musik im antiken Gottesdienst:

> Wie hab' ich geweint bei den Hymnen und Gesängen, wie ward ich innerlich bewegt, wenn deine Kirche von den Stimmen der Gläubigen lieblich widerhallte! Jene Klänge flossen in meine Ohren, Wahrheit träufelte in mein Herz, fromme Empfindungen (affectus pietatis) wallten auf, die Tränen liefen, und wie wohl war mir bei ihnen zumute.[214]

Augustinus war die affektive Kraft der Musik allerdings auch unheimlich. Er sah darin eine Art sinnlicher Betörung, die ihn zu sehr überwältigte.[215] Augustinus' ambivalente Haltung zur Musik tat ihrem Siegeszug in der gottesdienstlichen Feier keinen Abbruch. Im Barock erreichte die christliche Musik einen Höhepunkt, der sich vier Faktoren verdankt.

Ähnlich wie beim Übergang von der Kunst der Renaissance zu der des Barock spielte erstens auch in der Musik die Entdeckung der Affekte eine entscheidende

Rolle.[216] Mehrere Stimmen in ruhiger und erhabener Harmonie zusammenzuführen, war die Kunst der großen Renaissancekomponisten wie Palestrina. Seine Madrigale sind Meisterwerke polyphoner Reinheit. Gefördert durch das Konzil von Trient galt seine Musik als Vorbild aller katholischen Kirchenmusik.[217] Die Debatte über die Affekte und ihre Macht über den Menschen hielt jedoch auch Einzug in die Musik. Die Komponisten und Musiktheoretiker des Frühbarock zielten darauf, die Art und Weise, wie Musik Gefühle erzeugen kann, methodisch zu rationalisieren.[218] Sie beschäftigten sich intensiv damit, welche Tonarten und Tonfolgen mit bestimmten Gefühlen und Affekten in Verbindung gebracht werden konnten. Diese Zusammenhänge ließen sich dann in der Komposition und der Vertonung von Texten einsetzen. Das bedeutete eine Wende auch der Musik hin zur Rhetorik. Die Musik diente dazu, die Aussage von Texten zu verstärken, ja die Musik konnte nach dieser Überzeugung besser zum Ausdruck bringen, was die Texte sagen wollten, als die Texte selbst. Die rhetorische Wende der Musik setzte neue Maßstäbe in den musikalischen Ausdrucksmöglichkeiten und förderte einen Wettstreit um Virtuosität. Man weiß um die Mühe, die Opernkomponisten wie Händel hatten, um ihre Starkastraten oder Primadonnen mit immer anspruchsvolleren Koloraturen zu versorgen.

Man täte der Barockmusik Unrecht, wenn man das Interesse an den Affekten der Musik mit Effekthascherei gleichsetzte. Dahinter verbargen sich vielmehr tiefgehende Fragen nach der Metaphysik der Musik. Zweitens ist daher der musiktheoretische Hintergrund eine entscheidende Größe der Barockmusik. Exemplarisch lässt sich das an Athanasius Kircher (1602–1680) studieren. Der aus der Rhön stammende Jesuit galt als einer der bedeutendsten Gelehrten seiner Zeit. Es ist bezeichnend, dass seine universale Metaphysik in eine Theorie der Musik einmündete.[219] Kircher beerbte die große Traditionslinie des Renaissanceplatonismus und interpretierte unter Verweis auf namhafte Gewährsmänner wie Nikolaus von Kues und Marsilio Ficino die Welt als materielle Erscheinungsform der Gedanken Gottes. Zu den wahrnehmbaren Spuren Gottes in der Welt zählt neben Naturphänomenen wie dem Licht auch die Harmonie der Töne. «Denn Musik ist» – so heißt es im Vorwort zu seiner großen musiktheoretischen Schrift *Musurgia universalis* – «wie Platon bezeugt, nichts anderes als die Abfolge und Ordnung aller Dinge erkennen.»[220] Gott wird darin zum Grund aller Harmonie erhoben. Das bedeutete eine grandiose metaphysische Aufwertung dessen, was Komponisten in der Musik zur Darstellung bringen können. Im Zeitalter der Konfessionskriege war die göttliche Herkunft der Musik ein bemerkenswert unstrittiges Thema zwischen Katholiken und Protestanten. Der protestantische Übersetzer der Werke Kirchers konnte daher unverblümt «seine Lieb zu den phrasibus deß Jesuiten»[221] eingestehen.

Drittens löste die Begeisterung für den Klangsinn einen beträchtlichen technischen Entwicklungssprung im Instrumentenbau aus. Der Familie Stradivari gelang es in Cremona, Geigen zu bauen, die offensichtlich «bis heute weder erreicht noch schon so weit wissenschaftlich erschlossen sind, dass Geigen auf gleichem Niveau nachgebaut werden können».[222] Auch die Orgelbauer erzielten in den Niederlanden und Norddeutschland faszinierende Fortschritte. Die Orgeln insbesondere des 18. Jahrhunderts gehörten technisch zu den gewaltigsten Maschinen, die Menschen bauen konnten, und produzierten eine zuvor unvorstellbare Klangfülle.[223]

Mit dem Orgelbau ist schließlich viertens das Feld berührt, in dem der Protestantismus auf den Plan tritt. Man zieht häufig eine Linie direkt von Luther zu Bach. Diese Linie gibt es, aber sie verläuft verschlungen und kompliziert. Tatsächlich reicht von Martin Luther bis zu Karl Barth ein Traditionsstrang großer protestantischer Denker, die in ihrer Theologie alles auf das Wort setzten und doch auch im religiösen Sinn begeisterte Liebhaber der Musik waren. Vielleicht wussten sie mehr, als sie schrieben, und sahen ein, dass es das Wort allein nicht sein kann in einer Religion. Luther riss Wort und Musik nicht auseinander, sondern schätzte die Musik wegen ihrer didaktischen Vermittlungskraft. Werden die Worte der Bibel gesungen, so kann das den Prozess des Verstehens und der persönlichen Aneignung des Schriftworts emotional unterstützen und affektiv erweitern.[224]

Das evangelische Kirchenlied und die Kirchenmusik

Dieser letzte Aspekt verdient genauere Beachtung. Denn die lutherische Hochschätzung der Musik leitete eine Entwicklung ein, die auch unabhängig von der Barockmusik zu einer eigenständigen Größe der christlichen Kultur aufstieg. Gesungen wurde in der Kirche, seit es die Kirche gibt. Das Mittelalter kannte bereits volkssprachliche Kirchenlieder. Die Reformation erfand also nichts prinzipiell Neues, sondern verknüpfte die verschiedenen Funktionen. Das Zusammenwirken von Dichtung und Musik machte das Kirchenlied zu einem religiös «starken Emotionsträger»,[225] das man nicht allein auf das Gemeindelied oder das religiöse Volkslied reduzieren kann.[226] Der Aufstieg des Kirchenlieds lag gerade darin begründet, dass es so viele religiöse Funktionen ausüben konnte. Im Gottesdienst übernahm es Aufgaben in der Ausgestaltung der Liturgie und erhöhte zugleich die Beteiligungsmöglichkeiten der Gemeinde. Durch die poetische Fassung der Glaubensinhalte diente das Kirchenlied der Verkündigung, allerdings durch den Gesang mit besonderer emotionaler Dichte und gemeinschaftsstärkendem Pathos. Das Kirchenlied war jedoch nicht auf den Gebrauch im Gottesdienst festgelegt, sondern spielte auch für Haus- und Familienandachten eine wichtige Rolle.

Der berühmteste protestantische Lieddichter ist Paul Gerhardt (1607–1676). Er wurde 1607 in Gräfenheinichen in der Nähe von Wittenberg geboren und wuchs hinein in das streng orthodoxe Luthertum des konfessionellen Zeitalters.[227] Mit dem Luthertum identifizierte er sich so sehr, dass er darüber mit seinem Brandenburger Kurfürsten in Streit geriet, der die 1613 eingeleitete Wende des Hauses Hohenzollern zum Calvinismus konsequent weiterführte. 1667 verlor Gerhardt seine Stelle als Berliner Prediger.[228] Was später als unverbrüchliche Standfestigkeit Gerhardts gerühmt wurde, hatte jedoch auch Züge von konfessioneller Renitenz. Umso erstaunlicher ist es, dass der dogmatisch so unnachgiebige Gerhardt in seiner Lyrik ganz andere Töne traf. *Befiehl du deine Wege* ist noch heute im deutschsprachigen Protestantismus eines der bekanntesten Kirchenlieder.

> Befiehl du deine Wege und was dein Herze kränkt
> der allertreusten Pflege des, der den Himmel lenkt.
> Der Wolken, Luft und Winden gibt Wege, Lauf und Bahn,
> der wird auch Wege finden, da dein Fuß gehen kann.[229]

In den Wirren, Verwüstungen und Verlusten des Zeitalters des Dreißigjährigen Krieges artikulierte Gerhardt eine Sehnsucht nach dem Vertrauen in die göttliche Führung der menschlichen Geschicke und traf damit den Nerv der Zeit. Die Einfachheit der Sprache und die Klarheit der Melodie, die Komponisten wie Johann Crüger und später Johann Sebastian Bach den Versen Gerhardts unterlegten, machten seine Lieder zu einem tiefen Ausdruck protestantischer Frömmigkeit. Das Trostpotential seiner Dichtung lag in einer Art christlichem Stoizismus, der hinter dem Toben der Welt und ihrer unerbittlichen Vergänglichkeit eine göttliche Führung wähnte, der zu vertrauen das Wesen christlicher Zuversicht ausmachte. Diese Grundhaltung zog sich durch alle großen Themen des christlichen Glaubens.[230] Morgen- und Abendlieder loten die religiöse Grundierung des Alltagslebens aus, berühmte Naturlieder wie *Geh aus, mein Herz, und suche Freud* feiern die Gewissheit des göttlichen Grundes in der Natur. Mit *O Haupt voll Blut und Wunden* bearbeitete Gerhardt ein mittelalterliches Passionsmotiv und prägte es im Stil evangelischer Passionsfrömmigkeit. In *Ich steh an deiner Krippen hier* besang er das Wunder der Weihnacht und lieferte ein faszinierendes Beispiel dafür, wie die Dichtung die Grenzen seiner Dogmatik aufsprengte. Die menschliche Reaktion auf das Unfassbare der Menschwerdung Gottes fasste er in Verse, die deutliche Anklänge an die Tradition der Mystik beinhalten – eine

Frömmigkeitstradition, die der Dogmatiker Gerhardt bekämpfte, offensichtlich nicht aber der Dichter:

> O dass mein Sinn ein Abgrund wär
> Und meine Seel ein weites Meer,
> Dass ich dich möchte fassen.[231]

Das sagt viel über die Bedeutung des Kirchenlieds und seines Erfolgs. Es bot Möglichkeiten, Gestimmtheiten und Überzeugungen auszudrücken, die in der kühlen Begriffssprache der Dogmatik keinen Platz fanden. Paul Gerhardt brachte es darin zu besonderer Meisterschaft. Viele andere sind ihm darin gefolgt und haben Komponisten dazu inspiriert, den Liedern die Töne zu geben, die die religiöse Botschaft der Texte verstärken konnten. Bis weit ins 19. Jahrhundert hinein gab es daher eine rege Produktion von Kirchenliedern, an der sich ausnahmslos alle Frömmigkeitsrichtungen beteiligten.

Neben dem Kirchenlied gewann die Orgel in der protestantischen Kirchenmusik eine besondere Bedeutung. Heute scheint es selbstverständlich, dass sie im Gottesdienst den Gemeindegesang begleitet. Der Weg dahin war allerdings verschlungen. Seit der byzantinische Kaiser Michael am Anfang des 9. Jahrhunderts Karl dem Großen eine Orgel schenkte, durchlief sie ein wechselvolles Schicksal in den abendländischen Kirchen. An kritischen Gegenstimmen fehlte es von Anfang an nicht. Zunächst wurde sie als heidnisches Musikinstrument beargwöhnt. Später führte eine seltsame Allianz, die von Thomas von Aquin über Schweizer Reformatoren bis zu Erweckungspredigern des 19. Jahrhunderts reicht, immer wieder kritisch ins Feld, die Klänge der Orgel hielten von der eigentlichen Andacht ab. Es zeigt sich hier einmal mehr die Grundambivalenz im Verhältnis von Musik und Religion. Denn gerade die durch sie erreichbare Klangfülle war es auch, die die Orgel für die musikalische Ausgestaltung der Gottesdienste interessant machte. Sie hielt Einzug in die Kathedralen des Mittelalters und übernahm feste Funktionen entweder beim intonierenden Vorspiel für die Liturgen oder aber im Wechsel mit dem Chorgesang. Zu einer Institution der Gemeindebegleitung wurde sie nicht durch die Reformation, sondern erst durch die Blüte der Kirchenmusik im 17. Jahrhundert. Mit der Orgel erhielt der Gesang der Gemeinde die «Dienerin [...], die ihm durch die Begleitung einen festen Halt und Stützpunkt»[232] bot. Daraus wiederum entstand das Choralvorspiel als eigenständiger Beitrag der Orgelmusik. Die Komposition und Aufführung der Choralvorspiele ermöglichte den Komponisten einerseits, ihre musikalischen Fertigkeiten auszureizen, andererseits waren sie durch die Einbettung in den Gottesdienst vom Verdacht des bloß ästhetischen Musikgenusses befreit. Die Praxis des protestantischen Choralvorspiels befriedete Befürworter und

Gegner der Orgel.²³³ Das Ansinnen der lutherischen Reformation, eine stärkere Beteiligung der Gemeinde über die Musik zu erreichen, führte also nicht nur zu einem religiösen Geltungsgewinn für das Kirchenlied, sondern auf verschlungenen Wegen auch zu einer neuen Bedeutung für die Orgelmusik, die Meister wie Samuel Scheidt, Johann Pachelbel und Dietrich Buxtehude mit ihren Werken zu außergewöhnlicher Höhe erhoben.

Kleine Geschichte der Barockmusik

Die Blüte protestantischer Kirchenmusik begünstigte das Außergewöhnliche der Barockmusik des 18. Jahrhunderts. Ihre beiden prominentesten Vertreter, Georg Friedrich Händel und Johann Sebastian Bach, entstammen dem protestantischen Milieu, und doch wäre es provinziell, das deutsche Luthertum zur alleinigen Quelle des barocken Musikwunders zu erheben.

Claudio Monteverdi (1567–1643) ist der Komponist, bei dem der Übergang zur Barockmusik am deutlichsten hörbar ist. Treffend ist er als der «letzte Madrigalist» und gleichzeitig «erste Opernkomponist» bezeichnet worden.²³⁴ Mit seinem Programm, die Musik müsse sprechen, ordnete er die Musik zwar formal dem Wort unter, aber dieser «tonpoetische Dienst»²³⁵ setzte bemerkenswerte Innovationen frei. Monteverdi arbeitete an volleren Klangfarben des Orchesters und suchte nach intensiveren musikalischen Ausdrucksmöglichkeiten für die Vokalvorlagen. Aus diesem Zusammenweben von Wort und Musik entstand die Oper als musikalische Inszenierung von Texten. Monteverdi, der ab 1613 als Domkapellmeister an San Marco wirkte, machte mit seinem neuen Stil Venedig zu einem der wichtigsten Musikzentren Europas. 1637 entstand dort das erste Opernhaus.

Es war eine Investition der besonderen Art, als der hessische Landgraf Moritz 1609 in seine Universitätsstadt Marburg reiste, um den früheren Kasseler Kapellknaben Heinrich Schütz (1585–1672) von seinem Jurastudium abzubringen. Er schickte ihn mit einem Stipendium nach Venedig, damit er bei dem Komponisten Giovanni Gabrieli in die Lehre gehen konnte.²³⁶ Auf einer späteren Venedigreise traf Schütz Claudio Monteverdi. Von den Italienern lernte Schütz die Kunst des Madrigalsatzes und neue Stilmittel in der Vertonung von Texten. Dazu gehörten der Einsatz mehrerer Chöre, die gezielte Verwendung von Instrumenten zum Ausdruck von Stimmungen sowie die narrativen Momente der Rezitative als Sologesänge.²³⁷ Schütz bereitete mit diesen Stilmitteln den Übergang von der textnahen Motette zur konzertanten Kantate vor. Es ist eine Ironie der Geschichte, dass ausgerechnet Schütz, der so viel von der italienischen Musik gelernt hatte und damit das deutsche Musikleben bereicherte, am Ende seiner Laufbahn am Hof in Dresden von italienischen Musikern ins Abseits gedrängt wurde.[238] Seine Passionen und Psalmvertonungen sind Meilensteine der protestantischen Kirchenmusik und zugleich hörbarer Ausdruck einer Wende zur Innerlichkeit in der Zeit des Dreißigjährigen Kriegs.

Georg Friedrich Händel bildet zusammen mit Johann Sebastian Bach den Höhepunkt der Barockmusik. Dass beide 1685 nicht allzu weit voneinander entfernt geboren wurden – Händel in Halle und Bach in Eisenach –, mag die Bedeutung der deutschen protestantischen Kirchenmusik unterstreichen, und doch muss man beide in einem europäischen Rahmen sehen. Händel wurde die Welt seiner Heimat bald zu eng, er ging nach Italien und feierte seine größten Erfolge in London als Anglikaner und englischer Staatsbürger.[239] Um der Krise der Barockoper alten Stils im Londoner Kulturklima des 18. Jahrhunderts zu begegnen, verlegte sich Händel auf die Komposition von Oratorien. Er wandte sich vorrangig alttestamentlichen Stoffen zu und hatte damit außergewöhnlichen Erfolg. Die Identifikation mit dem auserwählten Volk traf «einen Nerv englischen Selbstverständnisses».[240] Damit war das Oratorium als Kulturmedium der christlichen Botschaft akzeptiert. Händels geistliches Hauptwerk, das 1742 uraufgeführte Oratorium *Der Messias,* schöpfte diese Möglichkeiten voll aus.[241] Es ist nicht nur ein Hauptwerk abendländischer Musik, es ist zudem auch der gewaltige Versuch, mit den Mitteln der Musik die Wahrheit von der Offenbarung Gottes in der Person Jesus Christus gegen die aufkommende Kritik englischer Deisten am Christentum zu verteidigen. Anders als die theologische Debatte mit den Aufklärungskritikern, die oft in Aporien endete, bot die Musik einen Ausweg aus dem Streit: Wer den Lehren des Christentums mit seinem Verstand nicht folgen wollte, konnte den «Messias» immerhin noch ästhetisch genießen.[242]

Ohne die italienischen Ideen zur Oper und die englischen Impulse in der Chor- und Huldigungsmusik wäre Händel nicht Händel geworden. England und Italien verliehen seiner Musik die wunderbare Verbindung von «Tumult und Grazie».[243] Auch Bach, der immer im heutigen Thüringen und Sachsen lebte und niemals weiter reiste als in den Radius von Lübeck, Kassel, Karlsbad und Görlitz,[244] wäre ohne den Blick über die Grenzen nicht denkbar. Er verehrte Vivaldi und studierte italienische und französische Orchestermusik. Der französische Einfluss auf seine Musik war so wichtig, dass der große französische Organist Charles Marie Widor wenige Jahre vor dem Ersten Weltkrieg im Vorwort zu Albert Schweitzers Buch über Bach schreiben konnte, Bach vereine Franzosen und Deutsche.[245] Die Barockmusik ist eines der schönsten gesamteuropäischen Projekte, die es je gegeben hat. Das ist im Bewusstsein zu halten, wenn im

Folgenden an Bach exemplarisch die Bedeutung dieser Musik für die Kulturgeschichte des Christentums deutlich gemacht werden soll.

Soli Deo Gloria: Johann Sebastian Bach

Johann Sebastian Bach wurde als Sprössling einer begnadeten Musikerfamilie geboren.[246] Albert Schweitzer merkte zu der außergewöhnlichen Begabung der Familie lapidar an: «Man empfindet es als selbstverständlich, dass einmal ein Bach kommt, in dem alle jene Bache leben und sich überleben.»[247] Hinzu kam eine exzellente Schul- und vor allem Musikerausbildung,[248] so dass der Siebzehnjährige 1702 bestens vorbereitet seine Berufslaufbahn zunächst als Hofmusiker in Weimar beginnen und wenig später als Organist in Arnstadt und Mühlhausen fortsetzen konnte. Bachs Ruf als Organist war schon zu seinen Lebzeiten legendär. Im Herbst 1717 sollte er am sächsischen Hof in einem der in der Barockzeit so beliebten Musikwettkämpfe gegen den französischen Starorganisten Louis Marchand antreten. Der, so heißt es, habe Bach am Vorabend spielen gehört und sei daraufhin Hals über Kopf aus Dresden geflohen.[249] Bach galt als Orgelvirtuose und ebenso als exzellenter Fachmann des Orgelbaus, der zeit seines Lebens auch als Orgelgutachter wirkte. Beides, die Fertigkeit als Virtuose und die profunden Kenntnisse des Orgelbaus, wirkte hinein in seine Orgelkompositionen. Zudem verarbeitete Bach lernbegierig die Einflüsse der großen deutschen Orgeltradition. Mit den Werken des Komponisten Johann Pachelbel war er über seinen älteren Bruder, der dessen Schüler war, bestens vertraut. Um Dietrich Buxtehude zu hören und kennenzulernen, machte er sich als Zwanzigjähriger zu Fuß nach Lübeck auf und blieb einige Wochen dort – Bachs vermutlich weiteste Reise.[250] Die Ideen Buxtehudes führte er eigenständig weiter, schon in der Arnstädter Zeit entstand seine berühmte Toccata und Fuge d-Moll (BWV 565). Der junge Bach gab darin seine Meisterschaft zu erkennen, die Klangmöglichkeiten der Orgel weit auszureizen.

In den eineinhalb Jahrzehnten, die Bach nach seinen Organistenämtern zunächst am Hof in Weimar und dann in Köthen wirkte, war er nicht ausschließlich – in Köthen offiziell sogar gar nicht – mit der Kirchenmusik betraut, sondern arbeitete vorrangig als Konzertmeister. Die meisten seiner Orchesterwerke stammen aus dieser Zeit. Bach selbst hat nach dem, was wir aus Briefen wissen, in seinen späteren Jahren manches Mal mit dem Wechsel nach Leipzig auf das Amt des Thomaskantors gehadert.[251] Ein immenses Arbeitspensum vor allem in der Komposition und Aufführung von sonntäglichen Kantaten unter schwierigen Arbeitsbedingungen und ein Jahrzehnt voller schwerer Schicksalsschläge haben dazu beigetragen. Trotzdem ist Bachs Wechsel nach Leipzig ein Glücksfall. Im Frühsommer 1723 trat er die Stelle als Kantor an der Thomasschule an, eine der renommiertesten Kirchenmusikerstellen seiner Zeit. Die Bedeutung der Schule hatte bereits vorreformatorische Ursprünge, die Leipziger Bürgerschaft setzte nach der Reformation diese Tradition bruchlos fort. Neben dem vorzüglichen akademischen Ruf der Schule war sie berühmt für ihre Chorschüler. Der Kantor gehörte zum Lehrerkollegium und musste einen großen Teil seiner Arbeitszeit mit dem Musikunterricht verbringen.[252] Hinzu kamen Privat- und Einzelunterricht sowie Inspektorendienste. Für die Sonn- und Festtage erwartete man vom Thomaskantor Kantatenaufführungen, eine Aufgabe, die Bach in seinen ersten Amtsjahren so ernst nahm, dass er nahezu wöchentlich eine Kantate komponierte. Für die Proben blieb meist nur wenig Zeit. Sein Schüler Johann Gesner hat davon berichtet, wie Bach als Konzertmeister bei seinen Chören und Musikern «alle zusammenhält und überall abhilft».[253] Bach konnte bei den Aufführungen seine hohen Ansprüche nicht verwirklichen,[254] aber in Anbetracht des zu bewältigenden Pensums muss das Niveau der Musiker und Sänger atemberaubend hoch gewesen sein.

In seinen Kantaten und Passionen vollendete Bach die protestantische Tradition der Musik als Textauslegung. Luthers Hochschätzung der Vertonung von Bibeltexten war eine entscheidende Weichenstellung, die die musikalische Ausgestaltung der Evangelien im Gottesdienst immer wichtiger werden ließ. Schon der liturgische Ort der Kantaten nach der Lesung des Evangeliums und vor der Predigt ist markant. Albert Schweitzer hat von der «musikalischen Predigt» als «Nebensonne»[255] der klassischen Sonntagspredigt gesprochen. Der Aufgang dieser Nebensonne gleicht einem Triumphzug der Musik in der Religion. Von den streng am Text orientierten Vertonungen der Evangelien im Reformationszeitalter über die Motette hin zur Kantate und dann noch einmal in der Geschichte der Kantate selbst bis hin zu Bach wuchs der Musik eine immer wichtigere Rolle bei der Darstellung von Texten zu.

Die Kantate galt im 18. Jahrhundert als das Maß aller Dinge in der Kirchenmusik und war ein fester Bestandteil des protestantischen Gottesdienstes. Im Verhältnis zu der älteren Motette war ihr Textbestand angewachsen.[256] Eine Kantate setzt in der Regel mit einem Bibelwort ein, das von einem Chor gesungen wird. Eine erste Anordnung von Rezitativen und Arien erläutert dieses Wort, eine zweite führt die praktischen Konsequenzen für die Lebensführung aus. Diese Anordnung folgt dem Idealbild einer lutherischen Predigt, die sich aus *explicatio* und *applicatio*, Entfaltung und Anwendung, zusammensetzt.[257] Dem Libretto-Dichter und dem Komponisten kamen theologische Aufgaben als Interpreten des Bibeltextes zu. Der Siegeszug der Kantate im evangelischen Gottesdienst markiert eine bemerkenswerte Verlagerung von der «emphatischen Unterstreichung des Bibeltextes auf dessen Interpretation.»[258] Der Anspruch, durch Musik die christliche Botschaft auszulegen und zu verkündigen, prägte Bachs Kantatenschaffen. Über die Wirkung des Klanges dienten Kantaten im Gottesdienst «dem Streben nach göttlicher Erkenntnis, der Suche nach Gott».[259]

Der Popularität der Gattung entsprechend komponierte Bach schon vor der Leipziger Zeit Kantaten und legte dabei vor allem in Weimar zunächst eine größere Experimentierfreudigkeit in der Orchestrierung und der Anordnung der Stücke an den Tag. In der Großstadt Leipzig war die kirchenmusikalische Gestaltung der Gottesdienste aufwändiger, dementsprechend sind die Leipziger Kantaten auch festlich getragener und strukturierter. Ihre fünf Zyklen bieten einen vortrefflichen Einblick in Bachs musikalische Ausgestaltung klassisch christlicher Themen entlang des Kirchenjahres. Bach entfaltete darin einen großen Reichtum an musikalischen Ausdrucksmöglichkeiten und arbeitete mit Librettisten zusammen, die in ihren Textvorlagen nach dem *explicatio-applicatio-*Modell Bibelinterpretationen entwarfen. Er übersetzte diese Texte meist «wörtlich» in musikalische Bilder, unterlegte also die Worte wie etwa «Zittern und Wanken» mit Musik, die den Inhalt der Worte verstärken und musikalisch ausdrücken sollten.[260] Aber die Musik war nicht einfach nur Dienerin des Wortes. An der Eingangsarie «Ich habe genug» der gleichnamigen Kantate (BWV 82) kann man nachempfinden, wie die Vertonung einen Überschuss an Wirkung produziert, den die Worte allein nicht ausdrücken können. Bachs Kantatenmusik lebt davon, dass die Vertonung eine Sinnrichtung einschlägt, die mit dem Text über diesen hinausgeht. Das macht ihre religiöse Faszination aus.

Den religiösen Höhepunkt in Bachs Vokalmusik stellen die Passionen dar. Auch diese musikalische Gattung fand Bach bereits vor, nachdem man seinen Vorgänger Johann Kuhnau in dessen vorletztem Amtsjahr 1721 mit der Komposition einer Passionsmusik beauftragt hatte, weil sonst die Leipziger in Scharen zur Neuen Kirche gegangen wären, um der dort bereits eingeführten Passionsmusik am Karfreitag beizuwohnen.[261] Seit dem späten 16. Jahrhundert setzten sich Vertonungen der Leidensgeschichte Jesu, wie sie in den Evangelien beschrieben werden, für die liturgische Gestaltung des Karfreitags durch. Diese populäre Hochschätzung der Passion ist bemerkenswert, da sie die christliche Erlösungshoffnung ganz an das stellvertretende Leiden Christi bindet. Das ist theologisch in dieser Konzentration keineswegs zwingend. Offensichtlich traf die Vorstellung, die Erlösung müsse durch Leiden und Sterben hindurch geschehen, das Lebensgefühl der Menschen in den europäischen Wirren der frühen Neuzeit besonders gut. Bachs Frömmigkeit ist selbst ein mustergültiges Beispiel dieser Leidensreligion, ihr eilt der Ruf voraus, sie sei «immer dann am schönsten, wenn es um das Sterben und die ewige Ruhe geht».[262] Albert Schweitzer meinte gar, Bachs ganzes Denken sei «von einem wunderbaren, heiteren Todessehnen verklärt»[263], und verwies auf die Arien «Schlummert ein, ihr matten Augen» aus der Kantate «Ich habe genug» (BWV 82) oder «Ach schlage doch bald, selge Stunde» aus der Kantate «Christus, der ist mein Leben» (BWV 95). An solchen Einschätzungen ist allein problematisch, dass sie die andere Seite an Bach, das Erhebende, das Triumphale und die Freude in seiner musikalischen Interpretation der christlichen Botschaft, ausblenden. Dass die Passionsfrömmigkeit für die Person und den Musiker Bach eine besondere Rolle spielte, steht jedoch außer Frage.

Bach setzte die von seinem Vorgänger begonnene Tradition fort und komponierte für seinen ersten Karfreitag in Leipzig, den 7. April 1724, die Johannespassion. Sie steht etwas zu Unrecht im Schatten ihrer großen Schwester, der Matthäuspassion, denn sie enthält wunderbare Bearbeitungen der klassischen Passionschoräle und bietet wie in der Arie «Es ist vollbracht» tiefe religiöse Deutungen von Passion und Kreuzigung. Drei Jahre später, am Karfreitag 1727, führte Bach in der Thomaskirche die Matthäuspassion auf, die umfangreichste und berühmteste uns heute erhaltene Passion Bachs,[264] in der er die Hörerinnen und Hörer auf der Grundlage des Matthäusevangeliums durch die Passion Jesu geleitet. Als besonders fruchtbar erwies sich wie schon bei einer Reihe von Kantaten die Zusammenarbeit mit dem Librettisten Picander. Der chronisch unterschätzte Dichter hatte ein sicheres Gespür für knappe poetische Texte[265] und die besonderen Momente der Passion. Bach wiederum schöpfte das ganze Potenzial der Musik aus, um die Texte auszulegen. Bereits der Eingangschor ist eine bewegende Interpretation der Bedeutung der Passion Jesu für die Menschheit.

Das Weihnachtsoratorium zeigt, dass Bachs Musik nicht nur bei dem Thema Tod und Leiden zu ihren Höhen gelangte. Für die Advents- und Weihnachtszeit 1734/35 komponierte er das Oratorium, das aus sechs Kantaten besteht, die an den einzelnen Sonntagen des liturgischen Weihnachtskreises aufgeführt wurden. Um das Huldvolle des Weihnachtsfestes darzustellen, zog Bach auch weltliche Festmusik heran, ein im Barock gebräuchliches Verfahren, das man Parodieren nannte. Bach unterlegte darin aber nicht einfach den religiösen Texten bereits vorhandene Musik, sondern arbeitete die Musik um. Für den Kenner sind diese Parodien glückliche Fügungen, denn in ihnen kann man Bach über die Schulter schauen und sehen, wie er etwa die Tonart der Vorlage wechselt oder Veränderungen in der Harmonik vornimmt, um gezielter den religiösen Textgehalt mit Musik auslegen zu können.[266] Die Musik zelebriert in den Chören das Triumphale der Menschwerdung Gottes auf Erden, die Arien reflektieren kontemplativ die individuelle Vorbereitung der Einzelnen auf die Menschwerdung Gottes in ihren Herzen.

Wie sehr Bachs Musik in die christliche Liturgie eingebunden war, zeigt die große *h-Moll-Messe*, die er am Ende seines Lebens komponierte.[267] Sie hat keine biblischen Vorlagen, sondern orientiert sich an den liturgischen Stücken des Gottesdienstes vom Kyrie über das Gloria bis hin zum Sanctus und Benedictus. In der *h-Moll-Messe* wird deutlich, wie Bach in seinem Spätwerk Musiktheorie und Kompositionstechnik immer enger verschränkte. Das aus der Begegnung mit Friedrich dem Großen hervorgegangene *Musikalische Opfer*[268] und die *Kunst der Fuge* liegen auf dieser «gelehrten» Linie, in der *h-Moll-Messe* schließlich führte Bach vor, «was er unter zeitloser Gültigkeit des dogmatischen, liturgischen und musikalischen Sinngehalts der altehrwürdigen Gattung der Messe verstand».[269]

Während Bach an der Messe arbeitete, verschlechterte sich sein Gesundheitszustand, ab dem Frühjahr 1749 sogar sehr ernsthaft. Das verleitete die Ratsmitglieder dazu, bereits Kantoratsproben zur Neubesetzung der Stelle durchzuführen.[270] Bach erholte sich zwar noch einmal, aber ein Jahr später, im Juli 1750, starb er. Die Geschmacklosigkeit der Leipziger wäre keiner Erwähnung wert, wenn sie nicht symptomatisch wäre. Bach hatte bei seinen Zeitgenossen nicht den Ruf, den er heute genießt. Bezeichnend ist ein Schlagabtausch in den Jahren nach 1730. Der Musikkritiker Johann Adolph Scheibe kritisierte die fehlende «Annehmlichkeit» an Bachs Musik und meinte, dass er «Schönheit durch allzugrosse Kunst verdunkelte».[271] Der Auffassung wurde öffentlich widersprochen und für Bach Partei ergriffen. Scheibe musste sich entschuldigen.

Bach geriet nach seinem Tod nicht in Vergessenheit, wie oft behauptet wird, aber was wirklich in Vergessenheit geriet, war seine Kirchenmusik. Das hat mit den Umwälzungen zu tun, die das Christentum ab 1750 erlebte.[272] 1829 führte Felix Mendelssohn Bartholdy in Berlin die Matthäuspassion wieder auf, aber das war nun etwas anderes.[273] Sie war keine ausschließliche Passionsmusik des Karfreitags mehr. Aus ihrem kirchlichen Kontext herausgenommen entfaltete sie ihre Bedeutung in einem weiteren Rahmen, die religiöse Funktion wurde nicht einfach abgelöst, sondern in das weite Feld der ästhetischen Erfahrung aufgehoben. Es scheint, als habe Bachs Musik in dem verschlungenen Rezeptionsprozess von 1750 bis 1830 die Fesseln gesprengt, die sie allein in den Dienst der Liturgie stellten. Für Bach selbst wäre das undenkbar gewesen, aber an der Wirkungsgeschichte seiner Musik lässt sich die kulturgeschichtliche Transformation des Christentums mustergültig ablesen.

Der Bedeutungszuwachs der Musik Bachs seit dem frühen 19. Jahrhundert ist bis heute ungebrochen. Bachs Werke faszinieren in Kirchen und Konzertsälen in aller Welt durch ihre ergreifenden Tiefen und die bewegten Klangfarben. Es ist nicht der ekstatische Ausruf eines glühenden Bachliebhabers, sondern die Frage eines der angesehensten Musikwissenschaftler der letzten Jahrzehnte: «Wie lässt es sich erklären, dass Bach möglich war?»[274] In drei Richtungen kann man eine Antwort versuchen. Bach stammte erstens aus einer außergewöhnlichen Musikerdynastie, die ihm die Tradition protestantischer Kirchenmusik und der europäischen Barockmusik vermittelte. In seiner Beherrschung der Kompositionstechnik, seiner theoretischen Durchdringung der Figur des Kontrapunkts und seiner Perfektionierung der Aufführungstechnik vollenden sich musikalische Prozesse, die in der Renaissance ihren Anfang nahmen.

Zweitens verdichtete sich in Bach ein metaphysisches und religiöses Verständnis der Musik. Ob Bach Athanasius Kircher gelesen hat, wissen wir nicht, in seiner Vorstellung einer kosmischen Musik kam der Lutheraner dem Jesuiten jedenfalls sehr nahe. Der Anspruch musikalischer Vollkommenheit leitet sich aus dem Ideal ab, mit der Musik die göttliche Harmonie des Universums zu Gehör zu bringen. Bis in die kontrapunktische Kompositionstheorie hinein beschäftigte Bach die Herausforderung, die «verstecktesten Geheimnisse der Harmonie»[275] zu lüften. In einem Bibelkommentar des Theologen Abraham Calov, einem Protagonisten der lutherischen Orthodoxie, las er von der besonderen Bedeutung der Musik im Gottesdienst schon zu Zeiten Davids. Bach notierte an den Rand: «Ein herrlicher Beweis, daß [...] die Musica von Gottes Geist [...] angeordnet worden.»[276] Die Musik diente dazu, die göttliche Ordnung hörbar und damit erfahrbar zu machen. Seine Partituren unterzeichnete Bach mit »Soli Deo Gloria».[277] Spätestens seit Albert Schweitzer wird darum die Frage nach Bachs Religion und seiner zeitgeschichtlichen Einordnung diskutiert. Bach stand zwar der lutherischen Orthodoxie nahe, seine Passionsfrömmigkeit lässt nichts von der Aufklärungskritik an der Heilsbedeutung von Jesu Kreuzestod erkennen, und für den erstarkten Pietismus hatte er wenig Sympathie, schon allein wegen dessen skeptischer Haltung zur Kirchenmusik.[278] Und doch liegen die Dinge komplizierter. Bachs Kompositionstheorie, die den Anspruch musikalischer Wissenschaft erhebt, rückt ihn in die Nähe des Rationalismus der Frühaufklärung. Seine Ausdrucksgestaltung der Texte wiederum überbietet den offiziellen Lehrgehalt des Luthertums. Albert Schweitzer nannte Bach darum einen Mystiker.[279]

Die Frage nach Bachs Religion führt schließlich drittens zu seiner Persönlichkeit – und damit zu einem Rätsel. Man weiß über Bach heute nicht wenig und doch eigentlich nichts. Arbeitete er in seinen Kompositionen mit einer besonderen Art der Zahlenmystik? Tatsächlich unterstreichen 30 Basstöne die 30 Silberlinge des Judas. Stehen elf aufsteigende Sechzehntelnoten in der Gethsemanevertonung der Matthäuspassion für die elf Apostel, die mit Jesus auf den Ölberg gehen?[280] Rätsel gibt auch die Tatsache auf, dass er in seinem Kantatenzyklus innerhalb einer Woche die Kreuzstab-Kantate (BWV 56) als Inbegriff der Passionsfrömmigkeit und die von metaphysischer Heiterkeit getragene Kantate *Ich geh und suche mit Verlangen* (BWV 49) komponieren konnte.[281] Legt der erste Teil der *Chromatischen Fantasie und Fuge d-Moll* (BWV 903) Bachs Schmerz nach dem Tode seiner ersten Frau Maria Barbara offen, oder ist es ein Meisterstück in der Darstellung von Affekten?[282] Man weiß es nicht. Bachs musikalische Kreativität lässt sein Werk einsam herausragen, sie ist aber nicht psychologisch aus seiner Persönlichkeit heraus zu erklären. Der aufkommenden Mode seiner Zeit, Musik zum Ausdruck der eigenen Empfindungen zu nutzen, widersetzte er sich – auch das ist ein Grund für die Schwierigkeiten der Rezeption seiner Musik im 18. Jahrhundert. Künstlerische Ich-Bezogenheit war ihm fremd.[283] In Bachs Musik geht die eigene Welterfahrung und das Erleben auf in der ewig währenden göttlichen Weltordnung, die das Ich zwar erfahren kann, die es aber auch gäbe, wenn dieses Ich nicht wäre. Bach ist darin der vielleicht letzte Mensch vor dem Aufbruch neuzeitlicher Subjektivität in Aufklärung und Romantik. Seine Musik will einen musikalischen Gottesbeweis führen.[284] Bachs Erfolg in der Moderne ist darum so rätselhaft wie seine Persönlichkeit. Die Faszination seiner Musik liegt in dem Ausgriff auf jene göttliche Ordnung, die man schwer denken, kaum glauben, aber offensichtlich doch hören kann. Darum ist seine Musik das größte Geschenk, das Luthers Erben der Welt machten.

Neuntes Kapitel

Das Licht der Aufklärung und das Christentum

Das 18. Jahrhundert war eine Epoche der Gleichzeitigkeit des Ungleichzeitigen. Im Herbst 1723 waren in der bayerischen Kleinstadt Freising die letzten Hexereiprozesse erst seit einigen Monaten beendet. So konnte man ungestört das große Domjubiläum planen, das die ungebrochene Macht und Kraft des Katholizismus demonstrieren sollte. In Leipzig bereitete sich Bach auf das erste Weihnachtsfest an seiner neuen Wirkungsstätte vor, mit dem er die protestantische Kirchenmusik in bis dahin unerreichte Höhen führte. Nicht weit davon entfernt ereignete sich eine Tragödie, die erahnen ließ, dass etwas heraufzog, was die scheinbar stabile Welt der Christentümer in Freising und Leipzig in Frage stellen würde.

Am 8. November 1723 machte sich ein berühmter Professor der Philosophie auf den Weg in seine Vorlesung, als ihm ein Eilbote der Universitätsverwaltung ein Schreiben aushändigte. Der Mann las es, wurde kreidebleich – Zeugen behaupteten, er habe sich erbrochen – und lief nach Hause. Das Schreiben war eine Anordnung des Königs. Christian Wolff (1679–1754), der berühmteste deutsche Philosoph nach Leibniz, hatte 48 Stunden Zeit, sein Land zu verlassen, andernfalls werde er gehängt. Mit seiner schwangeren Frau und den nötigsten Habseligkeiten floh er durch den kalten November.[1] Bei alledem ging es nicht um Politik, sondern um einen Streit zwischen Theologen und Philosophen. Die Schlacht hatten die Theologen in diesem Fall gewonnen, den Krieg verloren sie am Ende jedoch.

Mit der Ausweisung Wolffs endete 1723 ein lange schwelender Streit zwischen den beiden großen Aufbruchsströmungen der Zeit. Die preußische Universität Halle beherbergte als reformorientierte Neugründung des späten 17. Jahrhunderts sowohl Pietisten als auch Aufklärer. Beiden war die Frontstellung gegen Orthodoxie und Barock gemeinsam, beide galten als «modern», beide brachen jedoch in unterschiedlichen Richtungen in die Moderne auf. Christian Wolff hatte 1721 in seiner Prorektoratsrede die These vertreten, dass die Chinesen auch ohne Kenntnis der christlichen Offenbarung in der Lage seien, ein moralisch gutes Leben zu führen.[2] Dazu reiche die allen Menschen gemeinsame Vernunft aus. Drei Dinge sind daran bemerkenswert. Das Interesse an den Chinesen entsprach erstens einer Mode der Zeit. Die Missionsberichte der Jesuiten bestimmten die öffentliche Diskussion, Leibniz trat mit den Jesuiten in einen Briefwechsel ein. Faszinierend daran war die Begegnung mit einer blühenden Kultur, die keine christliche Offenbarung kannte. Besonders angetan hatte es den Aufklärern der Geist des Konfuzianismus. Wolff sah sich zweitens durch das, was man in Europa über die chinesische Kultur erfahren konnte, in einer rationalistischen Grundüberzeugung bestärkt. Alle Menschen sind von Natur aus mit Vernunft begabt. Daher können auch alle Menschen gleichermaßen zu moralischen Prinzipien gelangen. Daraus machte er eine tragende Säule seiner praktischen Philosophie. Drittens zog Wolff Rückschlüsse für die Geltung der christlichen Offenbarung. Sie konnte seiner Auffassung nach die sittlichen Prinzipien, die dem Mensch von Natur aus gegeben waren, verstärken und zu einer moralisch guten Lebensführung motivieren, aber sie konnte nichts Neues oder gar der Vernunft Widersprechendes bringen.[3] Wolff hatte damit einen Ausgleich zwischen Vernunft und Glauben im Sinn. Damit bewegte er sich auf der Linie der frühaufklärerischen positiven Haltung zum Christentum, wie sie vor allem Leibniz vertrat. Den hellhörigen Pietisten war dies aber bereits zu viel an Vernunft. Dass sie gegen Ende des Streites den preußischen König mit Eingaben und Denunziationen zu seinem harten Urteil bewegen konnten, gereicht weder dem König noch dem Pietismus zur Ehre. Die Hallenser Pietisten mochten mit der Ausweisung Wolffs ihr Ziel erreicht haben, langfristig resultierte daraus jedoch ein irreparabler Imageschaden, der den Neuprotestantismus spaltete. Verloren war die Auseinandersetzung am Ende ohnehin. Wolff konnte nach seiner Vertreibung eine Professur in Marburg antreten, wo er von den Studenten begeistert empfangen wurde. Friedrich der Große holte nach seinem Regierungsantritt in einer seiner ersten Amtshandlungen Wolff 1740 nach Halle zurück – für Wolff ein persönlicher Triumph, für die Aufklärung ein Sieg über den Pietismus. Voltaire jubelte «Socrates est sur le trône», Sokrates sitzt auf dem Thron.[4]

1
Fromme Modernisierer: Die Pietisten

Die borniere Seite des Pietismus lässt bereits den im späten 19. Jahrhundert entstehenden protestantischen Fundamentalismus vorausahnen. Am Anfang der Bewegung war diese Entwicklung jedoch nicht abzusehen.[5] Der frühe Pietismus war eine Aufbruchs- und Reformbewegung, die einem vermeintlich müde und schlaff gewordenen Christentum neues Leben einflößen sollte. Einmal mehr galt die Devise, die Reformation wirklich zu vollenden. Die Puritaner Englands und Nordamerikas und ihre Erbauungsliteratur, aber auch Johann Arndts Kehre in die Innerlichkeit dienten als Inspirationsquellen.

Philipp Jakob Spener[6] (1635–1705) war der erste berühmte Vertreter des deutschen Pietismus. Nach seinem Studium in Straßburg wirkte er ab 1666 als Prediger in Frankfurt am Main, wo er für eine fromme Lebensweise warb und sich an der Gründung von wohltätigen Einrichtungen beteiligte. Noch einmal knapp zehn Jahre später legte er sein Reformprogramm schriftlich nieder. *Pia Desideria oder herzliches Verlangen nach gottgefälliger Besserung der wahren evangelischen Kirche* nannte Spener vielsagend die Schrift. Im ersten Teil diagnostizierte er, woran das Christentum krankte, im zweiten Teil stellte er die Vollendung der Christenheit im Reich Gottes in Aussicht, und im dritten Teil schließlich erklärte er, wie man zu diesem Ziel gelangen kann.

Zu den Grundübeln des Christentums seiner Zeit rechnete Spener das Auseinanderreißen von Lehre und Leben. Sehr wenig hatte Spener für dogmatische Debatten übrig, die ihm als Sophisterei über unnütze und vorwitzige Fragen erschienen.[7] Folgenreich wurden seine Forderungen an den einzelnen Christen,[8] mit denen er das protestantische Schriftprinzip überhaupt erst breitenwirksam machte. Spener rief dazu auf, jeder einzelne Christ solle sich durch eifriges Bibellesen und gemeinsames Bibelstudium um das Wort Gottes bemühen, und verband damit den Gedanken des allgemeinen Priestertums aller Gläubigen. Nicht nur Amtsträger, sondern jeder Christ habe das Recht und die Pflicht, die Bibel zu studieren. Die Früchte eines an der Bibel orientierten Lebens erweisen sich im Gebet und in einem vorbildlichen Leben. All das konnte Spener zufolge nur durch eine Reform des Theologiestudiums vorangebracht werden. Nicht die Mehrung des Wissens, sondern das Wachsen der Frömmigkeit müsse bereits im Studium durch ein gemeinsam eingeübtes geistliches Leben gefördert werden, damit die Prediger ihre Gemeinden nicht nur belehren, sondern wahrhaft erbauen können.

Spener ließ seinen Worten Taten folgen. Er richtete in Frankfurt 1670 einen ersten Hauskreis zur persönlichen Erbauung ein, das Collegium Pietatis, mit dem er eine christliche Sozialform begründen wollte, die der Lauheit des Massenchristentums entgegenwirkte und ein wahrhaftes Christentum vorlebte. Spener war Realist genug, um zu wissen, dass dies nicht für alle Christen praktikabel war. Mit der Formel *ecclesiola in ecclesia,* die kleine Kirche in der großen Kirche, gab er die Losung aus, mit der er die pietistischen Zirkel und die Volkskirche zusammenbringen wollte. Der Zulauf war gewaltig, doch Spener unterschätzte die Sprengkraft seiner Ideale. Unter seinen Anhängern tat sich eine radikale Gruppe hervor, die die Großkirche als eine Ansammlung von Ungläubigen bezeichnete. Sie blieben den lutherischen Gottesdiensten fern, was einer Separation gleichkam.[9] Wieder einmal kam es zu einer unauflösbaren Spannung zwischen einem «wahren Christentum» und dem Christentum der Massen. Speners Frankfurter Reformprogramm endete schließlich in einem schweren Zerwürfnis. Er verließ 1686 die Stadt, um angesehene kirchliche Ämter in Dresden und später in Berlin zu übernehmen. Pietistische Zirkel richtete er dort jedoch nicht mehr ein.

August Hermann Francke (1663–1727),[10] die zweite große Gestalt des deutschen Pietismus, fand in Spener einen väterlichen Freund und Mentor. Francke gab der pietistischen Bewegung zwei neue und prägende Impulse. Als der Lübecker Patriziersohn am Ende seiner theologischen Ausbildung in eine schwere Glaubenskrise geraten war,[11] bat er in seiner Verzweiflung Gott im Gebet um Erlösung – und wurde erhört. Die Gewissheit über die Wahrheit des christlichen Glaubens überkam ihn als plötzliche Eingebung. Franckes Beschreibung seiner Bekehrung ist theologisch, religionspsychologisch und religionsphilosophisch bemerkenswert. Der Zweifel gehörte nach klassisch christlicher Überzeugung zum Glauben dazu, er war dessen Kehrseite. Diese Lehre von der Anfechtung, die insbesondere die lutherische Tradition pflegte, löste Francke in zwei biographische Abschnitte auf – ein Leben vor und ein Leben nach der Bekehrung. Den Zustand nach der Bekehrung erlebt der Fromme als unverrückbare Überzeugung tief in seinem Innern, als eine subjektive Gewissheit, die von außen nicht erschüttert werden kann. Im Gefolge von Francke wurde eine auf Tag und Stunde datierbare Bekehrung zum Erkennungszeichen der «wahren Christen».

Die unantastbare innere Gewissheit hat Stärken und Schwächen. Zu den Schwächen gehört die argumentative Unzugänglichkeit, die man auch als religiöse Borniertheit bezeichnen kann. Die eigene Überzeugung gilt als unantastbar, mit all den unschönen Seiten, die Francke in der Auseinandersetzung mit Christian Wolff an den Tag legte. Offenbar hatte er nichts daraus gelernt, dass er in seiner frühen Hallenser Zeit selbst mit bornierten Vertretern der alten Orthodoxie zu kämpfen hatte.

Zu den Stärken der Glaubensgewissheit gehört die gewaltige Motivationskraft des Bekehrungserlebnisses. Die innere, von Gott geschenkte Überzeugung verlangt ein gottgefälliges Leben. Dabei spielt die Bibel eine wichtige Rolle, sie gilt als das göttliche Wort, nach dem das alltägliche Leben geführt werden soll. Der Pietismus hat daher viel für die Bibelverbreitung getan. Das soziale Engagement ist neben der Betonung des Bekehrungserlebnisses der andere Aspekt, der mit August Hermann Francke neu in den Pietismus kam. Francke gründete in Halle ein Waisenhaus und verband damit eine moralische Erziehung zu Wahrheitsliebe, Gehorsam und Fleiß gegen die Neigung zu Lüge, Eigenwillen und Müßiggang.[12] Noch bevor in Preußen 1717 die Schulpflicht eingeführt wurde, erkannte Francke die Bedeutung der schulischen Bildung. Auch im Hinblick auf die Bildung wurde erst durch den Pietismus ein Ideal der Reformation umgesetzt. So wie Spener das Schriftprinzip und das allgemeine Priestertum im Gemeindeleben verwirklichte, so setzte Francke das Bildungsideal der Reformatoren in die Tat um. Franckes Schule wurde ein Erfolg. Die Halleschen Bürger sahen ihre Kinder gerne in diesem Geist erzogen. Gehorsam und Fleiß – das musste auch dem preußischen Staat gefallen. Daher protegierte Friedrich Wilhelm I. den Pietismus in der Hoffnung, die Tüchtigkeit seiner Untertanen zu befördern.[13]

Nikolaus Ludwig Graf von Zinzendorf (1700–1760) ist die dritte große Gestalt des Pietismus. Er gründete die Herrnhuter Brüdergemeine auf der Grundlage eines christlichen Freundschaftsideals.[14] Weltweit berühmt sind die Herrnhuter noch heute durch ihre «Losungen». Seit 1731 wird jedem Tag ein alttestamentliches Wort zugelost und diesem ein neutestamentlicher Lehrtext hinzugefügt. Alle Tage des Jahres unter ein biblisches Motiv zu stellen, das Anregung und Weisung geben soll, ist eine spezifische Form protestantischer Bibelfrömmigkeit. Die in der Herrnhuter Gemeinschaft gepflegte Frömmigkeit war ganz auf Christus hin ausgerichtet. Die Frommen pflegten ein inniges persönliches Verhältnis zu Christus, das sich in poetisch-enthusiastischen Sprachformen ergoss – Kritiker sprachen von religiösem Kitsch. Die «leichte», gemeinschaftsbildende Seite des Pietismus wirft jedenfalls ein interessantes Licht auf die vielfältigen Potenziale dieser protestantischen Frömmigkeitsbewegung.

Neben Spener, Francke und Zinzendorf gab es jedoch auch radikalere Ausprägungen des Pietismus. Dazu zählen die Versuche, den urchristlichen Glauben an die Naherwartung des Reiches Gottes zu erneuern. Der Theologe Gottfried Arnold (1666–1714) verfasste Ende des 17. Jahrhunderts eine *Unparteyische Kirchen- und Ketzer-Historie*, die die Geschichte der Kirche als fortschreitenden

Verfall deutete.[15] Zu dieser Sicht wurde Arnold durch das spiritualistische Ideal unmittelbarer Christusfrömmigkeit inspiriert. Diese spiritualistische Linie zog sein Schüler Johann Konrad Dippel noch weiter aus und ging an das Tafelsilber des Luthertums,[16] indem er die protestantische Verehrung der Bibel eine Bibliolatrie nannte, da sie das allein entscheidende innere Wort dem äußeren unterordne. Hart ging er auch mit der Satisfaktionslehre ins Gericht, also der Lehre, der zufolge Gott das Opfer seines Sohnes als Wiedergutmachung für die Schuld der Menschen verlange. Er hielt diese Auffassung für unchristlich und lehnte sie als eine erst später dem Christentum zugewachsene Lehre energisch ab. Dippel, der dem Pietismus zugeordnet wird, kommt hier nahe an Positionen der Aufklärung heran. Schließlich erprobten radikalpietistische Kreise unter Berufung auf die Urgemeinde das Zusammenleben in Kommunen.

Die Hallenser Pietisten waren unnachgiebig, Zinzendorfs Frömmigkeit war sentimental und die Radikalpietisten waren weltfremd – und doch war der Pietismus ein entscheidender Faktor für den Aufbruch des Protestantismus in die Moderne. Mit gutem Grund hat man ihn als «religiöse Kulturidee»[17] bezeichnet. Spener und Francke gelang es, reformatorische Ideale kulturell fruchtbar zu machen. Das christliche Vollkommenheitsideal muss sich in einem werktätigen Glauben zeigen, der in die Welt hineinwirkt. Das Reich Gottes war keine ferne Hoffnung, sondern etwas, was schon jetzt durch das Tun guter Werke in die Welt hineinstrahlen sollte. Damit überführten sie die Hoffnung auf das Reich Gottes in einen praktischen Diesseitsoptimismus, ohne damit den Glauben an eine jenseitige Vollendung aufzugeben. Spener und Francke gelang es, religiöse Antriebskräfte produktiv zu nutzen, um soziales Engagement und das Ideal einer moralisch guten Lebensführung voranzutreiben. Erst in der pietistischen Bibelverbreitung und in der Aufwertung des Laien und damit auch des religiösen Individuums kamen ureigene Anliegen der Reformation zu ihrem Ziel. Es ist das Vermächtnis des Pietismus, dem sich keine protestantische Strömung der Moderne entziehen konnte, das Herz der Religion im inneren Erleben zu finden. Weder kultische Verrichtungen noch die Anerkennung von Dogmen machen das Christentum aus, sondern die innere Überzeugung der Menschen. Alle wahre Religion muss nach Ansicht der Pietisten durch das Nadelöhr des Subjekts. Was zählt, ist die innere Überzeugung. Darin trafen sich die Pietisten mit den Anliegen der Aufklärer weit mehr, als es die späteren Auseinandersetzungen vermuten lassen. Erst die Betonung der Überzeugung hat den Protestantismus modern gemacht – aber auch anstrengend, denn die Entlastung, die das Christentum gerade durch festgelegte Riten und Dogmen bieten kann, gilt nicht mehr. Darin liegen Glanz und Elend des Pietismus. Das Insistieren auf der inneren Überzeugung und dem Erleben kann eine überwältigende Befreiung sein, kann aber auch zu vernunftresistentem religiösem Eifer führen, wie er im Kampf der Hallenser Pietisten gegen die Aufklärung so unrühmlich zu Tage trat.

2
Die Kraft der Vernunft

Mit der Aufklärung wird Boden betreten, den die Moderne als Heimat empfindet. Die im 18. Jahrhundert aufkommenden Denkfiguren, Einstellungen und Haltungen sind uns vertraut und gehören zum Selbstverständnis westlicher Kultur. Die Aufklärung veränderte nicht nur die philosophische Welterkenntnis, sondern auch das ganze Wertgefüge, die Haltung der Menschen zu ihrem eigenen Leben, zu ihren Mitmenschen und zur Welt. Dieser tiefgreifende Mentalitätswandel betraf natürlich auch und vor allem das Christentum. Die Epoche der Aufklärung ist nach der Etablierung des Christentums in der Antike die größte Zäsur in der Kulturgeschichte des Christentums, größer noch als die Reformation, weil sie nicht nur bestimmte Erscheinungsformen des Christentums für korrekturbedürftig hielt, sondern das Christentum als Ganzes umgestaltete.

Bücher, Blitzableiter und Kapitalisten

Die Aufklärung veränderte die soziale Grundlage des Wissens radikal. Es blieb nicht länger Eliten vorbehalten, sondern sollte allgemein zugänglich werden.[18] Schon in der frühen Neuzeit brachte der Buchdruck Ansätze zur Entwicklung einer Öffentlichkeit hervor. Die europäischen Reformationen haben mit ihren Flugschriften davon profitiert. Die Öffentlichkeit des 18. Jahrhunderts war jedoch von anderer Qualität.[19] Mit den gebildeten Kreisen wuchs das Bedürfnis nach Gedankenaustausch und Kommunikation in gelehrten Zirkeln und durch eine Flut von neuen Zeitschriften und Büchern. Zugleich machten viele Aufklärer die Alphabetisierung und den Ausbau des Schulsystems zu ihrem Hauptanliegen, so dass es zwischen 1700 und 1800 einen rasanten Alphabetisierungsschub gab.[20] Zumindest in den deutschen Städten – auf dem Land sah es noch anders aus – konnten um 1800 etwa drei Viertel der Bevölkerung lesen und schreiben. In weiter entwickelten Nationen wie England und Frankreich dürfte

die Zahl noch höher gewesen sein. Damit waren die Voraussetzungen für die
«Leserevolution»[21] des 18. Jahrhunderts geschaffen.

Das betraf nicht nur die Buchproduktion. In England kamen zu Beginn des
18. Jahrhunderts Tageszeitungen und Zeitschriften auf und verbreiteten sich
wenig später auch in anderen westeuropäischen Ländern.[22] Neue Erkenntnisse
und Entdeckungen konnten dadurch viel wirkungsvoller öffentlich verbreitet
und diskutiert werden. Das galt auch für die Debatten über die christliche Religion. Die Aufklärung machte neue kritische Positionen öffentlich und sorgte
für deren rasche Verbreitung.

Das 18. Jahrhundert war ein Zeitalter des Optimismus. Die Menschen kannten bis weit in die frühe Neuzeit hinein zwar blühende Phasen, auf die jedoch
stets Hungersnöte, Kriege und Epidemien folgten – meist die Pest. Von ewiger
Ordnung schien es zu sein, dass magere Jahre die fetten ablösten.[23] Die Medizin
des 18. Jahrhunderts war zwar noch weit von dem entfernt, was wir als moderne
Medizin bezeichnen, doch es gelang allein durch die Anhebung hygienischer
Standards, die Lebenserwartung zu erhöhen und die Kindersterblichkeit zu senken. Das Bevölkerungswachstum führte in einer erstaunlichen Wechselwirkung
zu produktiveren landwirtschaftlichen Methoden, weil nun größere Gewinne zu
erzielen waren. Die Entfesselung des freien Erwerbsstrebens beschrieb Adam
Smith in seinem Klassiker *Der Wohlstand der Nationen* am Ende des Jahrhunderts
als eine notwendige Entwicklung.[24] Im freien und friedlichen Handel sah er den
Wohlstand der Völker begründet. Smith dokumentierte mit diesem Buch das
Aufkommen einer neuen Erwerbsmentalität. Nicht die Muße des Adels galt als
Lebensziel, sondern der Wohlstand durch «Gewerbefleiß». Im 18. Jahrhundert
setzten sich kapitalistische Wirtschaftsordnungen durch, das Bürgertum begann
seinen Aufstieg zur bestimmenden Kraft, während der Adel in einem langen
Prozess, der teilweise bis ins 20. Jahrhundert dauerte, in die politische und wirtschaftliche Bedeutungslosigkeit absank.

War die Durchsetzung des Kapitalismus nun eine Folge des Calvinismus, wie
Max Weber meinte?[25] Nach Calvins Überzeugung bestimmt Gott in seinem Ratschluss vor allen Zeiten über das Schicksal der Menschen. Die Menschen können die göttliche Prädestination nicht beeinflussen, aber an ihrem Wohlstand
können sie erkennen, ob Gott sie zum Guten vorherbestimmt hat. Dieser sogenannte *syollgismus practicus*, der Rückschluss vom Wohlergehen auf die göttliche
Erwählung, habe, so der eine Teil von Webers These, zu wirtschaftlichem Erfolg
angespornt. Die «innerweltliche Askese» – so genannt im Gegensatz zur Askese
der Mönche – der Calvinisten habe Fleiß, Arbeitseifer und Disziplin zu den entscheidenden Tugenden ausgebildet, die als innere Haltungen wiederum den
Aufstieg des Kapitalismus ermöglichten. Für Webers These spricht, dass im

Einflussgebiet der Calvinisten tatsächlich Handel und Wirtschaft am schnellsten aufblühten. England und die Niederlande erlebten ab dem 17. Jahrhundert einen enormen wirtschaftlichen Aufschwung. Bei näherer Betrachtung waren es jedoch nicht die Calvinisten, sondern die Handelsinteressen der Menschen, die den Umschwung einleiteten. Das scheint besonders deutlich in den Niederlanden der Fall zu sein. Um die Attraktivität als freier Handelsplatz zu erhöhen, war man beispielsweise in Amsterdam bereit, die religiösen Restriktionen des Calvinismus zugunsten eines liberalen Religionsklimas zurückzuschneiden. Auch das italienische Banken- und Investitionssystem der Renaissance, das mit dem Calvinismus nichts zu tun hat, war eine entscheidende Weichenstellung in Richtung Kapitalismus. Was an Webers These bleibt, sind zwei Aspekte: Durch die religiöse Aufwertung des Erwerbsstrebens und die Propagierung einer methodischen Lebensführung hat der Calvinismus die Durchsetzung des Kapitalismus zumindest stark gefördert. Das Jahrtausende bewährte, ausbalancierte Gefüge von *negotium* und *otium*, von Tätigkeit und Muße, wurde aus den Angeln gehoben und die untätige Muße als Laster verdammt. Auf dem Feld der Würdigung der Muße kam es zu einem großen Traditionsabbruch. Die Freizeitgesellschaft unserer Tage ist ein manchmal recht hilflos wirkender Versuch, sich zurückzuholen, was einst Aufklärer im Verbund mit Calvinisten den Menschen genommen haben.

Die beschleunigten Fortschritte machten sich im Aufklärungszeitalter schließlich auch in der Technik bemerkbar. Symptomatisch ist die Erfindung des Blitzableiters.[26] Als Benjamin Franklin, der Prototyp der amerikanischen Aufklärung schlechthin, Wege erfand, die elektrische Ladung des Blitzes durch Metallführungen abzuleiten, galt dies als Anfang des Sieges über die Naturkräfte. Die Macht von Blitz und Donner schien gebannt und eine archaische Furcht des Menschen vertrieben. Die Idee des Fortschritts war im 18. Jahrhundert nicht nur ein theoretisches Programm, sondern Resultat der Lebenserfahrung. Er war mit Händen zu greifen.

Um so mehr fielen Kriege und andere Katastrophen ins Auge. Vom Siebenjährigen Krieg um die Jahrhundertmitte waren alle europäischen Großmächte betroffen, und das Erdbeben von Lissabon war Natur- und Kulturkatastrophe in einem. Am Allerheiligentag 1755 erschütterte das Beben die reiche portugiesische Stadt, ein Tsunami und Großbrände könnten an die 100 000 Menschenleben gekostet haben und zerstörten die Stadt fast vollständig.[27] Die europäische Öffentlichkeit war in hohem Maße aufgeschreckt. Voltaire nahm das Beben zum Anlass, den Optimismus der Frühaufklärung, aber auch den christlichen Vorsehungsglauben in seiner Satire *Candide oder der Optimismus* zu attackieren. Theologen schlugen im Deutungskampf um die Naturkatastrophe zurück und sahen das Erdbeben als Strafe für die aufkommende Kritik am Christentum. Der Streit belebte die alte Theodizee-Debatte um die Frage, wie das Böse in die Welt kommt. Ganz unabhängig von diesem Deutungsstreit ergriff der portugiesische Premierminister Pombal mit stupender Tatkraft schnell die richtigen Maßnahmen, leitete die Aufräumarbeiten ein und stabilisierte die öffentliche Ordnung. Der umstrittene Politiker steht für die Haltung, mit der Kraft der Vernunft selbst einer wütenden Natur ins Auge zu sehen, um die großen Geißeln der Menschheit wie Krankheiten, Hunger, Kriege und Gewalt in den Griff zu bekommen. Das Wort Fortschrittsoptimismus ist uns heute schal geworden, man misstraut ihm in beiden Teilen des Wortes. Im 18. Jahrhundert war er eine mutige Haltung.

Vom Nutzen und Nachteil des Christentums: Rousseau und Kant

Die Aufklärung ist zunächst und zuerst ein Aufbruch des Denkens. Was damit gemeint ist, beantwortete einer der berühmtesten Vertreter der Aufklärung so:

> Aufklärung ist der Ausgang des Menschen aus seiner selbst verschuldeten Unmündigkeit. [...] Sapere aude! Habe Mut, dich deines eigenen Verstandes zu bedienen! ist also der Wahlspruch der Aufklärung.[28]

Deutschlands größter Philosoph, Immanuel Kant (1724–1804), erhob kurz und bündig den Aufbruch aus der Unmündigkeit zum Motto und traf damit den Punkt, auf den alle Bewegungen der Aufklärung hinausliefen: die Überführung von Unmündigkeit, Unwissenheit und Abhängigkeit im Denken und Handeln der Menschen in selbstverantwortete Freiheit. Der Gebrauch der Vernunft ist nicht das Alleinstellungsmerkmal der Aufklärung. Rationalitätsschübe gab es bereits in der klassischen griechischen Philosophie, in der mittelalterlichen Theologie und in der Renaissance. Man könnte daher auch von einer griechischen und scholastischen Aufklärung sprechen. Die Epoche der Aufklärung im 17. und 18. Jahrhundert unterscheidet sich davon jedoch. In ihr dringt die Rationalisierung als erklärter Aufbruch aus der Unmündigkeit unaufhaltsam in Lebens- und Kulturbereiche vor, die weit über die Debatten der Gelehrten hinausgehen. Die Reichweite ist das Besondere *der* Aufklärung. Warum ereignete sich diese umfassende Rationalisierung gerade im 17. und 18. Jahrhundert? Man muss kein Hegelianischer Geschichtsphilosoph sein, um zu sagen: weil die Zeit reif war. Renaissance und Humanismus haben der Aufklärung den Boden bereitet. Sie lenkten den Blick auf die Anlagen des Menschen und seine Möglichkeiten zur Welt- und Lebensgestaltung. Der Humanismus appellierte an die Vernunft, die Naturphilosophie der Renaissance bereitete der experimentellen Naturwissenschaft den Weg. Auch die Reformationen Europas öffneten eine Tür für die Aufklärung, indem sie Kritik an der Autorität der Kirche und ihren Traditionen populär machten. Der vermutlich wichtigste Grund für die Aufklärung liegt jedoch in den negativen Folgen der Reformationen. Die Religionskriege zwischen den Konfessionen hatten so viel Chaos, Tod und Verfolgung über Europa gebracht, dass eine Überwindung der Konflikte überlebenswichtig wurde. Der blutig ausgetragene Streit zwischen sich gegenseitig ausschließenden christlichen Wahrheitsansprüchen höhlte die Autorität des Christentums aus. Es ist kein Zufall, dass die Aufklärung dort ihre größte Wirksamkeit entfaltete, wo die Religionskriege am schlimmsten wüteten, in England, Frankreich und Deutschland. Der Appell an die Vernunft ermöglichte einen Standpunkt jenseits der konfessionellen Positionen. Das erklärt, warum die Auseinandersetzung mit dem Christentum von Beginn an essentieller Bestandteil der Aufklärung war. Das bedeutete nicht automatisch nur negative Kritik. Die scharf christentumskritische Seite gehört zwar auch zur Aufklärung, war aber keineswegs ihr Hauptanliegen. Viele Denker der Aufklärung haben erstaunliche Vorschläge unterbreitet, wie eine Erneuerung des Christentums aussehen könnte.

Die Philosophen René Descartes und Baruch Spinoza standen am Übergang von der Morgendämmerung zum Sonnenaufgang der Aufklärung. Als Rationalismus bezeichnet man ihre philosophischen Entwürfe, weil sie der Vernunft die Kraft vollständiger Welterkenntnis zutrauten. Für Descartes (1596–1650) ist die Gewissheit seiner selbst – ausgedrückt in dem berühmten Satz *Cogito ergo sum* – der Ausgangspunkt einer rationalen Welterschließung – bis zu einem Beweis der Existenz Gottes.[29] Diese Aufwertung des Subjektes stellte die Weichen hin zum philosophischen Denken der Moderne.

Eine aufregend sonderbare Gestalt war Baruch de Spinoza (1632–1677).[30] Der Sohn portugiesischer Juden, die vor der iberischen Inquisition nach Amsterdam geflohen waren, entfremdete sich der Religion seiner Vorfahren und wurde wegen seiner Ansichten von der Synagoge ausgeschlossen. Seine Kritik an den anthropomorphen und dinglichen religiösen Vorstellungen in Judentum und Christentum ist dennoch dem weiten Feld neuzeitlicher Religionskritik schwer zuzuordnen, mit der Leugnung der Existenz Gottes hat sie gar nichts zu tun. Spinozas Hauptwerk *Die Ethik* handelt eigentlich nur von Gott und dem Menschen. Für Spinoza war Gott der letzte Grund aller Wirklichkeit, die Substanz, aus der alles hervorgeht. Die menschlichen Vorstellungen von der Wirklichkeit sind unterschiedliche Modi, die Welt zu begreifen. An dem Punkt stellte er sich energisch gegen Descartes' Subjektivismus. Das Ich bedarf selbst eines Grundes, aus dem heraus es denken kann. Spinoza verwarf jedoch religiöse Vorstellungen, die Gott wie einen Menschen denken, der die Welt schafft, um damit irgendein Ziel zu erreichen oder Zwecke zu verfolgen. Darin sah er Trugbilder, die die absolute Vollkommenheit Gottes verkleinerten.[31] Menschen nähmen zu ihnen nur deswegen Zuflucht, weil sich in diesem freiwilligen «Asyl der Unwissenheit»[32] die unfassbare Weite Gottes erträglich aushalten ließ. Aus Spinozas Einspruch geht hervor, dass Aufklärung auch etwas mit intellektueller Tapferkeit zu tun hat. Orthodoxen Juden und Christen musste das als Generalattacke auf ihre Religion erscheinen – und doch wurde Spinoza in Deutschland zum einflussreichsten religionsphilosophischen Denker des 18. Jahrhunderts, der Philosophen vom Range Hegels, Fichtes und Schellings, Dichter wie Lessing und Goethe, aber auch Theologen wie Schleiermacher in seinen Bann zog.[33]

Die Idee, Gott als ein Wesen zu denken, das weit über die Vorstellungen erhaben ist, die sich Menschen mit ihren Religionen von ihm machen, war immer auch ein Erbstück der christlichen Tradition. Spinoza brachte mit Gründen der Vernunft eine faszinierende, erhabene göttliche Ewigkeit in die Dinge der Welt hinein und lebte nach den hiervon abgeleiteten Grundsätzen. Eine ehrenhafte Berufung des pfälzischen Kurfürsten auf eine Professur für Philosophie an der Universität in Heidelberg schlug er aus.[34] Sie hätte ihn zwar schlagartig seiner armseligen Lebensverhältnisse enthoben, aber offensichtlich hätte sie auch die Ruhe des Philosophierens gestört. Spinoza blieb in Den Haag und zog es vor, seinen Lebensunterhalt als Linsenschleifer zu verdienen, um unbehelligt von Geld, Ruhm und öffentlichen Debatten an seinem philosophischen System zu arbeiten. Aufrichtiger kann man die Freiheit des Denkens kaum leben.

Descartes und Spinoza gehören zu den großen Männern der rationalistischen Frühaufklärung, Jean-Jacques Rousseau und Immanuel Kant prägten das 18. Jahrhundert. Sie repräsentieren zwei unterschiedliche Denkweisen der Aufklärung und weisen zugleich weit über die Aufklärung hinaus. Rousseau (1712–1778) kommt dabei die Rolle des *enfant terrible* zu.[35] Er hatte eine außerordentliche Gabe, mit eigentlich allen Menschen, die ihm begegneten, früher oder später in unversöhnlichen Streit zu geraten. Dass der Verfasser einer der wichtigsten pädagogischen Schriften des 18. Jahrhunderts seine fünf Kinder samt und sonders in Waisenhäuser abgab, macht ihn noch heute vielen suspekt. Rousseau zog manche allzu selbstverständliche Grundüberzeugung der Aufklärung in Zweifel. Schon aus der ersten Schrift, mit der er sich einem breiteren Publikum bekannt machte, klang ein den Aufklärern unheimlicher Ton der Zivilisationskritik durch. Die von der Akademie in Dijon ausgerufene Preisfrage, «ob die Wiederherstellung der Wissenschaften und Künste zur Läuterung der Sitten beigetragen hat»,[36] beantwortete Rousseau überraschend abschlägig. Die unschönen Züge des Menschen wie Aberglaube, Eitelkeit und Bequemlichkeit waren seiner Überzeugung nach die eigentlichen Motive für die Entstehung und Entwicklung der Wissenschaften. Diesen Gedanken führte er später in seiner *Abhandlung über den Ursprung und die Grundlagen der Ungleichheit unter den Menschen* weiter. Er nahm darin einen idealen Naturzustand der an sich guten Menschheit an. Nachdem die Menschheit jedoch fatalerweise damit anfing, aus der Ungleichheit ihrer Begabungen und natürlichen Anlagen unterschiedliche Wertschätzungen abzuleiten, entstanden den Stärkeren, Klügeren und Geschickteren Vorteile.[37] Diese «asymmetrischen Anerkennungsverhältnisse»[38] begründeten die Ungleichheit unter den Menschen als eine soziale Konstruktion und banden die Mehrzahl der Menschen in eine versklavende Bedürfnisproduktion ein, die es ihnen verwehrte, ein freies und ihren natürlichen Anlagen entsprechendes Leben zu führen. Rousseaus schärferer Blick der Vernunft vermochte durchaus auch die Schattenseiten der Zivilisation wie etwa die soziale Ungleichheit zu enttarnen. Seine Verehrung der »edlen Wilden« ist eine bemerkenswerte Kehre in der Selbsteinschätzung westlicher Kultur.[39] Rousseau machte deutlich, dass die Vorzüge der Zivilisation einen hohen Preis haben. Die Konsequenz daraus konnte natürlich nicht «Zurück zur Natur» heißen. Dieses Motto wurde Rousseau angehängt, obwohl es sich nirgendwo in seinen Schriften findet. Für ihn war in allen unbestreitbaren Errungenschaften der Zivilisation auch die leise Spur einer Melancholie der verlorenen Unschuld eingelassen. Aber er nahm die Situation des Menschen auch nicht als ein gegebenes und unabänderliches Schicksal hin, sondern entwarf ein Programm zur Überwindung der bestehenden Strukturen. «Der Mensch ist frei geboren, und überall liegt er in Ketten»,[40] lautete der programmatische Anfang seines berühmten Buches *Vom Gesellschaftsvertrag*. Er führt darin die seit dem 16. Jahrhundert angestellten Überlegungen weiter, die den Staat auf eine vertragsrechtliche Grundlage stellten.

Am Ende des Buches macht Rousseau in der Frage nach der Religion die Türen weit in die Moderne auf. Ein Gemeinwesen bedarf nach seiner Auffassung einer Religion zur Stabilisierung seiner Ideale, aber das Christentum kam für diese «bürgerliche Religion»[41] nicht infrage. In harscher Kritik bemängelte er, Christen verfolgten von der Welt abgewandte und damit für den Staat schädliche Ideale: «Dieses kurze Leben ist in ihren Augen zu wenig wert.»[42] Die bürgerliche Religion hingegen lehre «die Existenz der allmächtigen, allwissenden, wohltätigen, vorhersehenden und sorgenden Gottheit, das zukünftige Leben, das Glück der Gerechten und die Bestrafung der Bösen sowie die Heiligkeit des Gesellschaftsvertrags und der Gesetze».[43] Zu dieser bürgerlichen Religion gehört auch das strikte Gebot der Toleranz gegenüber anderen religiösen Auffassungen, sofern diese nicht gegen die Pflichten des Bürgers verstoßen. «Wer aber zu sagen wagt ‹Es gibt kein Heil außerhalb der Kirche›, muss aus dem Staat ausgestoßen werden.»[44] Das waren im Jahre 1762 scharfe Töne. Darin mag auch einer der Gründe liegen, warum die Zensur sofort gegen das Buch vorging. Wegweisend wurde es trotzdem. Die Inhalte von Rousseaus Zivilreligion waren nicht neu, sie entsprachen dem Credo, das die Theisten seit bald hundert Jahren predigten. Neu war vielmehr die Idee einer Zivilreligion an sich. Rousseau eröffnete damit als einer der ersten ein neues Kapitel der Religionsdebatte, das Vor- und Nachteile der Religion über ihre Funktion für die Gemeinschaft definierte. Ihm ging es nicht mehr um die »alten« ontologischen Fragen, ob die Lehren einer Religion auch wirklich wahr seien, auch die Frage des religiösen Individualismus stellte er an dieser Stelle nicht. Ihn interessierte, was eine Religion dem Gemeinschaftsleben brachte. Die Selbstverständlichkeit, mit der diese funktionale Seite in modernen Religionstheorien heute behandelt wird, spricht für das Bahnbrechende in Rousseaus Denken.

Bemerkenswert ist die positive Funktion, die er der Religion zugestand. Offensichtlich konnte sie die für das Gemeinschaftsleben nötigen Ideale innerlich vertiefen und emotional besser absichern, als dies die kühl vernünftige Einsicht in die Notwendigkeit dieser Ideale zu leisten imstande war. Weitreichende Folgen hatte auch Rousseaus Forderung, die Toleranz gegenüber den Religionen innerhalb der Schranken der grundlegenden Interessen des Staates auszuüben. Rousseau hat damit die moderne verfassungsrechtliche Domestizierung der Religion auf den Weg gebracht, wie sie heute in fast allen Staaten des westlichen Kulturkreises in Geltung ist. Dass eine Religion nicht gegen die Grundordnung eines Gemeinwesens verstoßen darf, ist eine der größten Errungenschaften der Aufklärung.

Im gleichen Jahr wie der *Gesellschaftsvertrag* erschien auch Rousseaus großer Erziehungsroman *Emile*. Darin baut er ein langes religionsphilosophisches Lehrstück ein, das *Glaubensbekenntnis des savoyischen Vikars*, in dem er sich ausführlich zu Fragen der Religion und zu seinem Verhältnis zum Christentum äußert.[45] Im Geiste der Aufklärung führt er das im *Gesellschaftsvertrag* skizzierte Religionsprogramm des Theismus fort, das unter dem Motto der «natürlichen Religion» die Übereinstimmung religiöser Lehren mit der Vernunft forderte: «Der Diener der Wahrheit tyrannisiert meine Vernunft nicht, er klärt sie auf.»[46] Doch zeigt Rousseau ein Gespür dafür, wie die Vernunft im Welterleben auch an ihre Grenzen stößt. Die universale Ordnung der Welt weist auf einen mächtigen und weisen Willen hin, der die Welt durchwaltet: «Ich erkenne oder, vielmehr, fühle ihn.»[47] Rousseau macht eine Dimension des inneren Erlebens aus, die nicht einfach in dem vernünftigen Begreifen der unbegreiflichen Welt aufgeht. «Wie soll man mit all diesen Widersprüchen fertig werden? Immer bescheiden und vorsichtig sein, mein Kind; stillschweigend hochachten, was man weder zu verwerfen noch zu verstehen imstand ist, und sich demütigen vor dem großen Wesen, das allein die Wahrheit kennt.»[48] Dieser Gottesdienst des Herzens verwirklicht die Einfachheit des Evangeliums mit Ehrfurcht und verschmäht Dogmatismen aller Art, nicht nur die theologischen, sondern auch die philosophischen. «Wage es, dich vor den Philosophen zu Gott zu bekennen; wage es, den Intoleranten die Menschlichkeit zu predigen.»[49]

Die Einsicht, dass sich im Gefühl des Menschen eine unmittelbare Perspektive auf die Welt ausspricht, hat Rousseau nicht mehr losgelassen. In seinem letzten Werk, den *Träumereien eines einsamen Spaziergängers*, entfaltet er den Weg einer Philosophie als Nachdenklichkeit.[50] Im Rückzug von den Attacken einer ihm feindlich gesinnten Welt – ein typisches Motiv bei Rousseau – schreibt er über seine Erfahrungen am Bieler See.

> Wenn der Abend nahte und mich zwang, die Höhen der Insel zu verlassen, saß ich gern an irgendeinem lauschigen Plätzchen im Sand des Seeufers. Das Rauschen der Wellen und die Bewegung des Wassers waren Vorgänge, die meine Sinne bannten; sie verdrängten aus mir jede andere Bewegung und versenkten meine Seele in eine wonnige Träumerei. […] An die Stelle der inneren Regungen, die meine Träumerei vertrieben hatte, trat, was ich hier wahrnahm: das Kommen und Gehen der Fluten, ihr Rauschen, das nie abbrach, freilich bald stärker, bald schwächer wurde: nur ein Wasserspiel genügte, um mir wieder Freude am Dasein zu geben, und ich musste dabei nicht einmal denken.[51]

Rousseau beschreibt eine Erfahrung, in der eine das gewöhnliche Leben übersteigende Dimension in das Gefühl hereinbricht. Das *sentiment d'existence*, das bloße Gefühl, da zu sein, erfüllt den Betrachter mit Glück und Dankbarkeit. Rousseau erschließt mit diesen Beobachtungen eine kontemplative Seite des menschlichen Welterlebens, die mit Nachdenklichkeit darauf achtet, was sich dem Bewusstsein nicht allein durch vernünftige Erkenntnis, sondern auch durch Gefühl und Stimmung von der Welt offenbart.

Schon mit seinem Blick auf die Schattenseiten der Zivilisation hatte Rousseau alle Erscheinungsformen einer platten Vernunfthörigkeit unterwandert und damit als Aufklärer den Aufklärern einen Spiegel vorgehalten. Nichts anderes tat er auch auf dem Feld der Religion. Er bekämpfte die Kirche und verteidigte eine freie Form des Christentums. Erwartungsgemäß zog er damit die Kritik aller Seiten auf sich. Die einen beschuldigten ihn, das Dogma zu verraten, die anderen, die Vernunft. Rousseau hingegen nahm an, dass es im Herzen der Menschen einen Ort gibt, in dem sich die geheimnisvolle Ordnung der Welt ausspricht, lange bevor das Dogma der Kirche und die Vernunft der Aufklärung mit ihren Deutungen in das Bewusstsein der Menschen eingreifen. Religion ist ein eigener Modus des Weltumgangs, in dem sich eine Dimension auftut im Menschen, die er als unfassbar und ewig erlebt. Die Tür dorthin machte Rousseau weit auf und veränderte die christliche Theologie und damit auch das Christentum selbst.

Immanuel Kant, Deutschlands größter Philosoph, duldete in seinem Arbeitszimmer nur ein Bild – ein Porträt von Rousseau.[52] Mehr braucht man über Rousseaus Wirkung nicht zu sagen, denn es war eine Auszeichnung der besonderen Art, in das Allerheiligste dieses Gelehrten Eingang gefunden zu haben, der als Inbegriff professoraler Kauzigkeit gilt. Die Legenden sind lang, die von dem penibel eingehaltenen, immer gleichen Tagesablauf des Professors berichten. Nach den Zeiten seiner Spaziergänge sollen die Königsberger ihre Uhren gestellt haben. Mit eiserner Disziplin gelang es Kant, einem offensichtlich schwachen Körper achtzig Lebensjahre abzutrotzen. Der ehe- und kinderlose Philosoph hat seine Heimatstadt nie verlassen, doch in seinem Kopf war die Welt präsent. Er las Tageszeitungen in mehreren Sprachen und glänzte mit universalem Wissen, sein mittäglicher Salon war ein legendärer Ort weit gefächerter geistvoller und witziger Kommunikation.[53]

Vergleichsweise spät in seinem Leben trat Kant ab 1781 mit seinen drei großen Kritiken hervor, der *Kritik der reinen Vernunft*, der *Kritik der praktischen Vernunft* und der *Kritik der Urteilskraft*. Der unbestreitbare Schwierigkeitsgrad dieser Texte hat mit den Problemkonstellationen zu tun, die zu lösen er sich vornahm. Das Ausgangsproblem eröffnet die *Kritik der reinen Vernunft*:

> Die menschliche Vernunft hat das besondere Schicksal in einer Gattung ihrer Erkenntnisse: dass sie durch Fragen belästigt wird, die sie nicht abweisen kann, denn sie sind ihr durch die Natur der Vernunft selbst aufgegeben, die sie aber auch nicht beantworten kann, denn sie übersteigen alles Vermögen der menschlichen Vernunft.[54]

Die Vernunft ist so beschaffen, dass sie wissen will, ob die Welt einen Anfang und ein Ende hat, ob es einen Gott als letzten Grund der Wirklichkeit gibt oder ob die Seele des Menschen unsterblich ist. Doch gerät sie in ein unauflösbares Dilemma. Sie wird von diesen Fragen »belästigt«, sie kann auf sie aber aus der Erfahrungswelt keine Antworten geben. Kant gab sich darin als Aufklärer, dass er zur Lösung des Problems die Aufklärung auf die Möglichkeiten der Vernunft selbst richtete. Die Kritik der reinen Vernunft ist eine Selbstkritik der Vernunft. Kant zeigte, wie das Bewusstsein am Aufbau von Erkenntnis aktiv beteiligt ist. Erkenntnis ist nicht einfach ein Abbild der Wirklichkeit im menschlichen Bewusstsein, sondern eine nach bestimmten Prinzipien und unter Anwendung geregelter Kategorien verlaufende Konstruktion unserer Vernunft, in der sinnliche Wahrnehmungsgegenstände mit Begriffen verbunden werden. Die Konstruktionsleistung der Erkenntnis ist an die Anschauungsformen von Raum und Zeit gebunden. Was über Raum und Zeit hinausgeht, kann nicht im Sinne einer vernünftigen Erkenntnis erfasst werden. Entgegen seiner bescheidenen Art hielt Kant seine Lösung für eine «Revolution»⁵⁵ – und behielt damit Recht. Er wies die alte Metaphysik in ihre Schranken und damit auch die Theologie, die sich seit Jahrhunderten eng an die metaphysische Tradition angelehnt hatte.

Kants *Kritik der praktischen Vernunft*⁵⁶ wurde wegen des Kategorischen Imperativs berühmt. Kant fragt, was der letzte, alle Menschen gleichermaßen verpflichtende Grund ihres Handelns sein kann. Würde man sich am eigenen Streben nach Glück oder an den Interessen der Gemeinschaft orientieren, wäre das Handeln nicht vom Einzelnen selbst, sondern von außen und damit fremdbestimmt. Entgegen dieser Fremdbestimmung, wie sie uns gesellschaftliche Konventionen oder die verschiedenen kulturell vermittelten Vorstellungen vom Glück vorgeben, gibt es einen letzten Maßstab, an dem sich menschliches Handeln ausrichten und für das es dann auch zur Verantwortung gezogen werden kann. Kurz und knapp heißt das: «Handle so, dass die Maxime deines Willens jederzeit zugleich als Prinzip einer allgemeinen Gesetzgebung gelten könnte.»⁵⁷ Während Kant in der *Kritik der reinen Vernunft* mit Blick auf die Möglichkeiten vernünftiger Erkenntnis die Tore vor der Sphäre der Wirklichkeit verschließt, die über Raum und Zeit hinausgeht, wird in der *Kritik der praktischen Vernunft* die Sittlichkeit des Menschen zum Einfallstor jener Dimension, die den Menschen unbedingt und mit verpflichtendem Charakter anspricht. Die Ideen der Vernunft kehren hier als die Idee von Gott, der Freiheit und der Unsterblichkeit zurück. Kant behandelt sie als Postulate der praktischen Vernunft. Man kann darin einen Widerspruch sehen. Heinrich Heine brachte das in seiner Schrift *Zur Geschichte der Religion und Philosophie in Deutschland* literarisch unüberbietbar auf den Punkt. Zur *Kritik der reinen Vernunft* merkte er an:

> Immanuel Kant hat bis hier den unerbittlichen Philosophen traciert, er hat den Himmel gestürmt, er hat die ganze Besatzung über die Klinge springen lassen, der Oberherr der Welt schwimmt unbewiesen in seinem Blute [...] – und der alte Lampe [Kants legendärer Diener] steht dabei mit seinem Regenschirm unterm Arm als betrübter Zuschauer, und Angstschweiß und Tränen rinnen ihm vom Gesichte.

Dem hilft, so Heine, die Kritik der praktischen Vernunft ab:

> Da erbarmt sich Immanuel Kant und zeigt, dass er nicht bloß ein großer Philosoph, sondern auch ein guter Mensch ist, und er überlegt, und halb gutmütig und halb ironisch spricht er: «der alte Lampe muss einen Gott haben, sonst kann der arme Mann nicht glücklich sein – der Mensch soll aber auf der Welt glücklich sein – das sagt die praktische Vernunft – meinetwegen – so mag auch die praktische Vernunft die Existenz Gottes verbürgen». In Folge dieses Arguments unterscheidet Kant zwischen der

theoretischen und der praktischen Vernunft, und mit dieser, wie mit einem Zauberstäbchen, belebt er wieder den Leichnam des Deismus, den die theoretische Vernunft getötet.[58]

Trotz oder wahrscheinlich wegen der stark ironischen Färbung gelang Heine eine treffende Interpretation der Postulatenlehre, die die lebenspraktische Notwendigkeit der Vernunftideale Gott, Freiheit und Unsterblichkeit unterstreicht.

Fragen zur Religion kamen in allen drei Kritiken vor, dennoch wollte sich der alte Kant die religionsphilosophischen Konsequenzen aus seinem kritischen Programm genauer vornehmen. In *Die Religion innerhalb der Grenzen der bloßen Vernunft* zeigte sich der Sohn einer frommen Mutter auf dem Feld der klassischen Themen christlicher Theologie außerordentlich bewandert.[59] Was er sich unter der Synthese von Christentum und Vernunft vorstellte, ist zweifelsohne «ein Höhepunkt der europäischen Aufklärung für ein säkulares Zeitalter».[60]

In seiner Sichtung der christlichen Lehren folgte er keineswegs nur den «Dogmen» des aufgeklärten Theismus. So sorgte es für Aufregung, dass er dem christlichen Gedanken der Erbsünde etwas abgewinnen konnte. Er konstatierte im Menschen eine Anlage, sich wider besseres Wissen in seinen Handlungen dauerhaft gegen das Gute und für die Durchsetzung eigener Interessen zu entscheiden.[61] Die Lehre von der Erbsünde war für ihn daher kein irrationales Erbe aus fernen Zeiten. Sie thematisierte Kant zufolge eine radikal böse Seite im Menschen, vor der auch ein vernünftiger Blick auf den Menschen die Augen nicht verschließen konnte.

Kant konnte den realen Erscheinungsformen des Christentums erstaunlich viel abgewinnen, lehnte aber alles ab, was die Annahme übernatürlicher Kräfte und Wirkungen zur Voraussetzung hatte. Er rechtfertigte die Notwendigkeit einer Kirche als der Idee eines ethischen Gemeinwesens, das Gebet begrüßte er als Form der inneren Zurüstung und den Gottesdienst als gemeinschaftliche Einübung in die sittlichen Pflichten. Auch der Taufe und dem Abendmahl konnte er Sinn zusprechen, sofern sie die öffentliche Aufnahme in die Kirche und die Feier der Gemeinschaft symbolisierten, nicht aber, wenn ihre Praxis an übernatürliche Gnadeneingießungen gebunden war.[62] Die Vorstellung, Gott könne Menschen Gnade einflößen und ihren natürlichen Zustand bessern, lehnte er als widervernünftig entschieden ab. Er kappte damit nicht nur den Sakramenten einen wichtigen religiösen Lebensnerv, sondern stieß auch in das Herz der lutherischen Rechtfertigungslehre vor.[63] Die Annahme der Satisfaktionslehre, der Mensch könne von der Schuld durch die Verdienste eines anderen, durch Jesu Tod am Kreuz, erlöst werden, hielt er für genauso unmoralisch wie den Gedanken, Gott erlöse den Menschen rein aus Gnade, ohne das Zutun des Menschen.

Die schon im Titel der Schrift genannte Grenze einer vernünftigen Religion tritt hier deutlich zutage. In der Frage, wie man philosophisch das Besondere an der Person Jesus Christus erklären kann, eröffnete Kant die Tradition der spekulativen Christusdeutungen, die für wenigstens zwei Generationen unter deutschen Philosophen Erstaunliches hervorbrachte. Christus verkörperte das Urbild des Gott wohlgefälligen Menschen. Als «personifizierte Idee des guten Prinzips»[64] beflügelte er die Menschen, sich zu diesem Ideal zu erheben. Die Frage nach der objektiven Realität, also die Frage, ob und wie Jesus Christus tatsächlich gelebt hatte, ließ Kant jedoch eigentümlich in der Schwebe. Er sagte nicht ausdrücklich, Jesus Christus sei «nur» ein Ideal. Was immer wir jedoch vom Wirken Jesu Christi als historischer Persönlichkeit wissen können, es würde dem Vernunftideal des vollendet guten Menschen nichts hinzufügen.

Kants Christologie offenbart die Ambivalenz seiner Haltung zum Christentum. Sein Programm eines modernen Christentums war von einer klaren Prämisse getragen: «Eine Religion, die der Vernunft unbedenklich den Krieg ankündigt, wird es auf die Dauer gegen sie nicht aushalten.»[65] Man kann den Satz als Angebot, aber auch als eine Drohung lesen. Moral war für Kant Ausdruck der freien Einsicht der Vernunft in das Gute und das daraus resultierende Handeln. An der Religion lehnte er alles ab, was diese Freiheit verwässerte. Dazu gehörten für ihn ebenso höhere Gnadeneinflüsse, die er schlicht als magisch abtat, wie religiöse Gebote, die er als Fremdbestimmung verwarf. Der größte Vorzug der Religion lag für ihn darin, dass sie der moralischen Lebensführung besondere innere Antriebskräfte verschaffen und in der Gestalt der Kirche eine gemeinschaftliche Einübung begünstigen konnte. Die Vernunft braucht die Religion nicht, um einzusehen, was richtig und falsch ist, aber die Religion hilft der Vernunft, das moralische Gesetz mit der Aura einer Heiligkeit zu versehen, die dem Menschen die Befolgung erleichtert.[66]

Damit näherte sich Kant Rousseaus Sicht auf die Religion von ihrer nützlichen Funktion für das Gemeinwesen her. Doch während Rousseau eine Gefühlsdimension der Religion erschloss, ethisierte Kant sie. Es fehlte nicht an Einsprüchen. Der junge Schleiermacher wies darauf hin, dass bei der engen Verbindung von Religion und Moral für die Religion auch etwas verloren ging (siehe Seite 477 f.). Dennoch hatte Kants Vorschlag, wie eine Religion den Herausforderungen der Moderne standhalten könnte, etwas von einer imposanten Redlichkeit. Das verfehlte seine Wirkung nicht. Am Ende des 19. Jahrhunderts konnte man Kant mühelos als *den* Philosophen des Protestantismus bezeichnen.[67]

Bibelkritiker und Pelzmützen: Christliche Aufklärer

Rousseau und Kant sind leuchtende Beispiele für das Interesse der Aufklärungsdenker an der christlichen Religion. Das Christentum hat dieses Interesse mit eigenen Denkansätzen erwidert, die die philosophischen Vorschläge aufnahmen und weiterführten. Die Aufklärung selbst begann für die christliche Theologie mit einem außerordentlich fairen Angebot vonseiten der Philosophie. Der Universalgelehrte der deutschen Aufklärung, Gottfried Wilhelm Leibniz, schickte seiner berühmten Schrift über die Theodizee eine lange Vorrede über die Übereinstimmung des Glaubens mit der Vernunft voraus. Für die Einheit von Glaube und Vernunft sei lediglich wichtig, dass ein Glaubensartikel keine Schlussfolgerungen enthalten dürfe, die auf ein widersinniges Urteil hinausliefen.[68] Das Licht der Vernunft sei selbst als Gabe Gottes zu begreifen, die der Theologie nützliche Dienste erweisen könne.[69] Das versöhnliche Angebot mag einer der Gründe dafür gewesen sein, warum es in Deutschland zu einer intensiven theologischen Beschäftigung mit der Aufklärung im 18. Jahrhundert kam.

Eine andere Entwicklung nahmen die Dinge in England. Die Aufgabe einer vernünftigen Durchdringung des Christentums und das Gebot religiöser Toleranz waren unter dem Eindruck des Bürgerkriegs des 17. Jahrhunderts besonders dringlich. Die unter dem Namen «Deismus» zusammengefassten religionsphilosophischen Anliegen der englischen Aufklärungen fanden in John Tolands *Christianity not mysterious (Christentum ohne Geheimnis)* aus dem Jahre 1696 ein eindrucksvolles Manifest.[70] Toland (1670–1722) wollte beweisen, dass das Evangelium nichts Wider- oder Übervernünftiges enthalten kann. Damit bestritt er nicht die Möglichkeit einer göttlichen Offenbarung, aber die Offenbarung könne den Menschen nichts mitteilen, worauf sie nicht auch mit ihrer Vernunft kommen könnten. Daher lehnte er auch alle konfessionellen Unterscheidungen ab.[71] Auf dieser Grundlage schied er alles Geheimnisvolle und Widervernünftige aus dem Christentum aus. Über die theologischen Ausbildungsstätten unkte er: «Was für lächerliche und widerstreitende Auslegungen muss man geduldig lernen und beobachten, ehe man anfangen kann, einen Professor dieser Fakultät zu verstehen?»[72] Die Transsubstantiationslehre, nach der die Elemente Brot und Wein im Sakrament der Eucharistie in Leib und Blut Christi verwandelt werden, hielt er für einen besonders widersinnigen Auswuchs christlicher Dogmatik. Er beschimpfte sie als «östlichen Kot, der nahezu restlos in die westlichen Kloaken aufgenommen ist».[73]

Die Ideen von der Einfachheit des Evangeliums und von der Vernunft als Kriterium hatten große Strahlkraft. Aber der Deismus konnte sich weder theoretisch noch praktisch durchsetzen. Versuche, in London deistische Gottesdienste zu etablieren, scheiterten und wurden von Zeitgenossen als langweilige Lehrstunden verspottet.[74] Das liturgische Missgeschick der Deisten ist ein Menetekel für alle Versuche, religiösen Kulten die Aura der Heiligkeit zu nehmen. Gegen seine eigenen Intentionen wurde der Deismus schließlich auf dem Felde der Religionskritik am wirkmächtigsten (siehe Seite 426–428).

Das Denken der Aufklärung erfasste das ganze Christentum.[75] Die Auflösung des Jesuitenordens 1773 war ein spektakuläres Ereignis, das als Sieg der Aufklärung in der katholischen Kirche gefeiert wurde, obgleich hinter den Kulissen vor allem in Südamerika wirtschaftliche Interessen eine Rolle spielten.[76] Unter Kaiser Joseph II. kam es in Österreich zu einem der massivsten Versuche, einen staatlich gelenkten Katholizismus mit Aufklärungselementen zu stabilisieren (siehe Seite 433–435), ebenso formierte sich eine katholische Aufklärungstheologie. Der Werdegang eines ihres prominentesten Vertreter, Johann Michael Sailers (1751–1832), verdeutlicht allerdings das schwierige Verhältnis zwischen Katholizismus und Aufklärung. 1773 endete für Sailer mit der Auflösung des Ordens sein Noviziat bei den Jesuiten, er erhielt eine Professur, von der er aber wegen seiner Nähe zur Aufklärung zunächst entlassen, später schließlich wieder in sie eingesetzt wurde. Obgleich er am Ende zum Bischof von Regensburg aufstieg, wurde postum ein Inquisitionsverfahren gegen ihn angestrengt.[77] Mit einiger Zeitverzögerung drangen schon allein aufgrund der ständigen Kulturvermittlung zwischen West und Ost Aufklärungsgedanken schließlich auch in die Sphäre der Orthodoxie in Russland vor. Die Aufklärung brachte auch bemerkenswerte Vorläufer der ökumenischen Bewegung hervor, von Forderungen nach mehr Toleranz bis hin zu Plänen zur Überwindung der Kirchenspaltung.[78]

In besonderer Weise traf die Wirkung der Aufklärung den Protestantismus. Nicht wenige würden dies sogar zu seiner Wesensbestimmung erheben und darauf verweisen, dass es die Besonderheit des Protestantismus sei, den Typus einer aufgeklärten Religion zu verkörpern. Allerdings sind die heftigsten Gegenbewegungen gegen die Aufklärung wie die Erweckungsbewegungen, Restaurationstheologien und Fundamentalismen aller Art ebenfalls protestantischen Ursprungs (siehe Seite 504–509). Der Protestantismus ist in der Moderne der Ort des Christentums, an dem am heftigsten für und wider die Aufklärung gekämpft wurde – und wird.

Viele Protestanten erhofften von der Aufklärung die Fortführung der Reformation. Dieser Anspruch einte die protestantischen Aufklärer mit Puritanern und Pietisten, obwohl sie anders als diese die Freiheit als die wesentliche und zu vollendende Errungenschaft der Reformation betrachteten. Für die Hauptströmung der Aufklärungstheologie entstand das Kunstwort *Neologie*, das wörtlich «neue Lehre» bedeutet. Ein einflussreicher Vertreter war Johann Jakob Salomo Semler (1725–1791), der in Halle lehrte.

Die Universität Halle war von ihrer Gründung Ende des 17. Jahrhunderts bis weit ins 19. Jahrhundert hinein ein Experimentierfeld preußischer Religionspolitik. Was den Königen und ihren Ministern als aussichtsreiche Theologie erschien, wurde entschlossen und ohne Rücksicht auf Widerstände gefördert. Als der Pfarrerssohn Semler (1725–1791) in den Vierzigerjahren des 18. Jahrhunderts zum Studium nach Halle kam, war für die einst von Friedrich Wilhelm I. protegierten Pietisten die Schlacht verloren, Christian Wolff war unter Friedrich dem Großen zurückgekehrt.[79] Damit war der Grundstein für eine Universität im Geiste der Aufklärung gelegt. Semler, der selbst bei frühen Anhängern der Neologie studiert hatte, trat ab den späten Fünfzigerjahren mit Vorschlägen zu einer Reform des Theologiestudiums hervor, das auf eine stärkere wissenschaftliche Einbindung der Theologie in den Verbund der akademischen Disziplinen drängte und damit das Korsett einer biblisch-dogmatischen Ausbildung aufsprengte. Ob Pietisten oder Aufklärer, die Aufbrüche des Christentums setzten bei der Ausbildung der künftigen Pfarrer an.

Semlers *Abhandlung von freier Untersuchung des Kanons* gilt als Ursprungsdokument der historisch-kritischen Bibelwissenschaft.[80] Er reagierte darin auf eine der fundamentalsten Herausforderungen protestantischer Frömmigkeit. Aufklärungsdenker hatten Widersprüche in den Berichten der Bibel gefunden, deren bisweilen wundersame Erzählungen als unwahrscheinlich und falsch in Zweifel gezogen und damit die Autorität der Bibel als Gottes Wort untergraben. Semler ließ sich gar nicht erst auf die Diskussion der einzelnen Bibelstellen ein, sondern räumte ein, dass die Bibel nicht das Wort Gottes sei. Für Semler hatte nicht der heilige Geist die biblischen Texte diktiert, sondern die Botschaft Jesu drückte sich in den Worten von Menschen aus, die nach den Möglichkeiten ihres Fassungsvermögens und ihrer Zeit die göttliche Offenbarung darzustellen versuchten. Semler unterschied zwischen einem Wesenskern des Christentums und zeitbedingten, geschichtlich zufälligen Zutaten. Kriterium der Unterscheidung war die vernünftige und mit historischen Methoden ausweisbare kritische Untersuchung der Texte. Damit war ihm ein außerordentliches Kunststück geglückt. Er stürzte das protestantische Schriftprinzip, nach dem Glaube und Lehre ihr alleiniges Fundament in der Bibel haben müssen, in die Krise und lieferte zugleich auch die Lösung. Die protestantische Theologie schwenkte erstaunlich rasch auf Semlers Weg ein und erzielte im 19. Jahrhundert grandiose Erfolge in der Erforschung der biblischen Schriften.

1777, zwei Jahre nach Abschluss seines Buches über den Kanon, erschien

Semlers *Versuch einer freieren theologischen Lehrart*.[81] Er unterschied darin zwischen Theologie und Religion. Theologie definierte er als die Summe der Kenntnisse, die ein Berufsvertreter – Semler selbst sprach bezeichnenderweise vom Lehrer – der christlichen Religion haben muss, um die allgemeine Ausübung des Christentums garantieren zu können. Religion hingegen ist die innere, aus der eigenen Lebenserfahrung hervorgehende Gewissheit der einzelnen Gläubigen. Sie ist weiter, auch vager als der offizielle Lehrbestand einer Religionsgemeinschaft, aber letztlich entscheidend dafür, wie eine Religion gelebt wird. Daran knüpfte Semler die weitere Unterscheidung in öffentliche und private Religion an. Die Theologie dient der öffentlichen Religion, indem sie durch Dogmen und Bekenntnisse eine äußere, allen gemeinsame Kirchensprache bereitstellt. Davon zu unterscheiden ist die Privatreligion als individuelle Aneignung der Glaubensinhalte, die nicht gemeinschaftsbildend sein kann und es auch nicht sein muss. Semler baute um das unberührbare, oftmals auch schwer kommunizierbare innere religiöse Denken und Fühlen einen Schutzwall. Die offizielle Lehre der Kirchen sollte den inneren Glauben nach außen schützen, aber nicht in ihn hineinregieren. Das war eine tiefe Einsicht in das wahre Wesen von Religionen, die die Aufgabe der Theologie ganz neu definierte.

In seinem letzten Lebensjahrzehnt fing Semler an, sich mit Alchemie zu beschäftigen und Interesse am Geheimbund der Rosenkreuzer zu zeigen. Darin trat die andere Seite der Vernunft hervor, die ein Interesse am Okkulten und am Geheimnisvollen bekundet. Dass der moderne Okkultismus eine absichtsvolle Bewegung gegen das kühle Weltbild des Rationalismus darstellt, ist bekannt,[82] dass die Trennlinie aber durch Aufklärungsvertreter selbst hindurchlief, ist erstaunlich. Diese Interessen des alten Semler mögen dazu beigetragen haben, dass seine Rezeption nicht seiner Bedeutung entspricht. Seine Weichenstellungen gleichen einer theologischen Mondlandung, sie haben einer Religion den Weg bereitet, die der Moderne in die Augen schaut – und dem Blick auch standhält.

Die christliche Aufklärung erstreckte sich längst nicht nur auf die Theologie, sondern erfasste das gesamte kirchliche Leben.[83] Die größten Veränderungen betrafen den Gottesdienst.[84] Das Liedgut wurde in Reformen der Gesangbücher sprachlich, aber auch inhaltlich entrümpelt. Allzu bizarre dogmatischen Auswüchse wurden eliminiert und die Lebenspraxis in den Vordergrund gestellt. Die Messgewänder, die die Reformatoren noch unangetastet gelassen hatten, verschwanden als liturgische Kleidung ebenso wie lateinische Reste in den Agenden. Das 18. Jahrhundert zog auf dem Feld der Liturgie größere Umwälzungen nach sich als die Reformation. Ein Schwerpunkt lag – darin waren die Aufklärer gute Protestanten – auf der Predigt. Im Gegensatz zur Unterweisung im Dogma der orthodoxen Prediger und dem Drängen auf Erbauung und Bekehrung des Pietismus rückten die Predigten der Aufklärung das religiöse Nachdenken über die Lebenspraxis des Einzelnen in den Vordergrund. Spätere, der Aufklärung weniger freundlich gesinnte Strömungen belächelten das vermeintlich religiös Banale. Anscheinend gab es wirklich Predigten, die sich mit dem Tragen von Pelzmützen im Winter und der Stallfütterung von Weidetieren beschäftigten.[85] Darüber lustig machen kann sich freilich nur der, der nicht im 21. Jahrhundert die Erfahrung machen musste, dass sich über noch weit banalere Themen einer Wohlfühlreligion predigen lässt. Die Aufklärungspredigt zielte darauf, die Hörer als selbständige religiöse Subjekte in ihrer Lebenserfahrung anzusprechen. Das traf offenbar einen Nerv der Zeit, denn die Aufklärung brachte starke Predigerpersönlichkeiten mit einer großen Hörerschar hervor.

Der tiefgreifende Wandel des kirchlichen Lebens betraf schließlich auch das Berufsbild des evangelischen Pfarrers. Das klerikale Amtsverständnis wich dem Ideal des gelehrten Begleiters und Förderers der Religion seiner Gemeindeglieder. Damit ging der Wandel des protestantischen Pfarrhauses einher, das sich zu einem bedeutenden Kulturträger entwickelte. Für wenigstens zwei Jahrhunderte brachte das evangelische Pfarrhaus große Persönlichkeiten des kulturellen Lebens hervor.

Eine herausragende Gestalt des aufgeklärten Christentums war Johann Joachim Spalding (1714–1804).[86] Er steht exemplarisch für das gewandelte kirchliche Leben in der Aufklärung. Bis ins hohe Alter stand Spalding im kirchlichen Dienst, zunächst als Pfarrer in Pommern, später in leitenden Ämtern in Berlin. Rufe an Universitäten schlug er aus, da er vor allem daran interessiert war, die Aufklärung in die Kirche hineinzutragen. Sein Aufstieg in der kirchlichen Hierarchie zeigt, dass dies im 18. Jahrhundert durchaus auch möglich war. Berühmt machte den damals knapp über Dreißigjährigen eine kleine Abhandlung. *Die Bestimmung des Menschen* erreichte schon zu Lebzeiten des Autors elf Auflagen.[87] Ähnlich wie der späte Rousseau gewährte Spalding hier Einblick in sein Nachdenken über den Sinn des Lebens. Fernab der philosophischen und theologischen Fachdiskussionen nahm er die allgemeine Lebenserfahrung als Ausgangspunkt. Ausgewogen und ruhig bedachte Spalding, wie er in der Betrachtung der Welt auf einen letzten Grund hinaufgeführt wurde, der ihm «erhabene Bewunderung» abverlangte.[88] Die Religion ist es, die im Menschen das Bewusstsein auf einen diese Welt übersteigenden letzten Grund wach hält und auf eine künftige Vollendung aller Dinge hoffen lässt. Die Ahnung des Göttlichen in der Welt und die Hoffnung auf Unsterblichkeit machen das wahre Glück des Menschen aus.[89] Spalding entwarf das Modell einer weltfrommen Andacht ohne die dogmatischen Spitzfindigkeiten der christlichen Tradition. Den Geist Christi sah er vor allem in der Rechenschaft des Herzens gewahrt und nicht in den dogmatischen Bestimmungen über seine Natur und sein Wesen. Spalding nutzte sein Amt, um sich praktischen Gestaltungsaufgaben eines aufgeklärten Christentums zu widmen.[90] Er entwarf darin das antiklerikale Ideal des Pfarrers als eines Lehrers, Ratgebers und Freundes, der die Menschen auf ihrer religiösen Suche anregte, unterrichtete und begleitete.

Spalding lebte sein Ideal eines aufgeklärten Christentums mit Konsequenz. Er protestierte gegen die Verschärfung der staatlichen Zensur in Religionsfragen nach dem Tode Friedrichs II. und trat von allen leitenden Ämtern zurück. Trotz seines hohen Ansehens wurde Spalding von verschiedenen Seiten kritisiert. Die alten Orthodoxen, lautstark durch ihren Rottweiler, den Hamburger Hauptpastor Johann Melchior Goeze, vertreten, der schon gegen Lessing zu Felde gezogen war, bemängelten, Spalding unterschlage die Bedeutung der göttlichen Offenbarung.[91] Es ist das alte und immer wiederkehrende Problem: Der Verzicht auf den binnenkirchlichen Jargon wird als fehlende Christlichkeit attackiert. Aber auch aus einer ganz unvermuteten Ecke kam Kritik. Herder, selbst Theologe in kirchenleitender Funktion, missfielen die Kühle von Spaldings Sprache und sein Mangel an innerer Ergriffenheit.[92] Die Auseinandersetzung zwischen Romantik und Aufklärung zog in Herders Schrift *Anti-Spalding* bereits herauf. Spalding hat eine imposante Fassung eines ruhigen, aufgeklärten Christentums theoretisch entworfen und praktisch gelebt. Aufgrund seiner intellektuellen Offenheit gelang es ihm, als Vertreter der Kirche, in viele Kultursphären produktiv hineinzuwirken. Das 20. Jahrhundert hat Spalding über lange Zeit so gut wie vergessen. An aufgeklärtem Christentum bestand kein Bedarf. Umso erfreulicher ist das neuerliche Interesse an ihm. Eine Fassung der in der Aufklärung so häufig erörterten Theodizeefrage könnte auch lauten, warum Gott dem Christentum nicht mehr Spaldinge geschenkt hat.

Religionskritik und Atheismus

Im 18. Jahrhundert ging der Gottesdienstbesuch merklich zurück.[93] Für zeitgenössische und spätere christliche Aufklärungsgegner war dies ein untrügliches Indiz dafür, dass die Aufklärung notwendigerweise zur Entchristlichung führen musste. Das ist jedoch eine zu einfache Schlussfolgerung. Die Kirchen selbst lockerten die Kirchenzucht, also die offizielle Überwachung des Gottesdienstbesuchs, und die Besuchszahlen der Gottesdienste lassen keine Rückschlüsse auf die Religiosität zu. Tatsächlich ist die Kirchenflucht ein Indiz für die Transformation des Christentums in der Moderne, das nach neuen Wegen suchte.[94] Von der Hand zu weisen ist allerdings nicht, dass am Ende des 18. Jahrhunderts das Christentum als öffentliche Religion anders dastand als zu Beginn. Nach über einem Jahrhundert öffentlicher Debatten über das Christentum galten dessen Lehren und Überzeugungen nicht mehr als selbstverständlich. Das Zeitalter der Aufklärung war auch das Zeitalter der Religionskritik.

Die Ursprünge der Religionskritik sind vielfältig. Die Reformationen attackierten mit ihrer Kritik bestehender Zustände und Glaubenspraktiken die Autorität der Kirche. Strömungen wie der Sozinianismus und der Deismus betrieben eine eifrige innerchristliche Dogmenkritik. Religionskritisch zeigten sich schließlich vor allem die französischen Aufklärer. Die französischen Denker wie Montesquieu, Voltaire, Rousseau und Diderot haben auf dem Felde der politischen Theoriebildung der Aufklärung Großes geleistet. Religionsphilosophisch waren ihre Auffassungen oft plakativ. Berühmt ist Voltaires Schlachtruf «Écrasez l'infâme» – «Zerstört die Niederträchtige». Mit der gegen den Katholizismus gerichteten Parole schloss er die meisten seiner späten Briefe. Im Umfeld der französischen Aufklärung gab es allerdings auch profunde Auseinandersetzungen mit dem Christentum. Die Marquise du Châtelet, Voltaires Freundin und vermutlich auch zeitweilige Geliebte, unterzog mit ihrem naturwissenschaftlich geschulten Geist die biblischen Schriften einer kritischen Prüfung und entlarvte naturwissenschaftliche, historische, moralische und schließlich auch religiöse Ungereimtheiten.[95]

Die religionskritischen Einwürfe lösten heftige öffentliche Debatten aus. Im Mittelpunkt stand auch hier die erodierende Autorität der Bibel. Einen Vorgeschmack auf die späteren Ereignisse lieferte der Streit um die nach ihrem Erscheinungsort benannte Wertheimer Bibel.[96] 1735 veröffentlichte Johann Lorenz Schmidt (1702–1749) eine Übersetzung der fünf Bücher Mose, die im Geist des Rationalismus die Wunder der Bibel mit der Vernunft zu harmonisieren versuchte und die alttestamentlichen Prophezeiungen historisch konsequent nicht mehr auf Christus bezog. Schmidts Ansinnen verdeutlicht, wie fließend die Grenzen zwischen Rationalismus und Pietismus noch sein konnten. Denn es war das »fromme» Interesse, die Bibel gegen die Kritik der Aufklärung zu verteidigen, die ihn zu seiner rationalistischen Übersetzung veranlasste. Die Wertheimer Bibel löste einen Skandal aus, ihr Verfasser wurde steckbrieflich gesucht und zeitweise in Haft genommen.

Dieses Schicksal wird Hermann Samuel Reimarus (1694–1768), der Schmidt möglicherweise persönlich aus dessen Altonaer Exil kannte, vor Augen gestanden haben.[97] Er wirkte ab 1728 als Professor für orientalische Sprachen am Akademischen Gymnasium in Hamburg, später als dessen Rektor, und arbeitete seit den Dreißigerjahren heimlich an dem Werk *Apologie oder Schutzschrift für die ver-*

nünftigen Verehrer Gottes, von dem bei seinem Tode nur sehr wenige Vertraute etwas wussten. Religionskritik war im 18. Jahrhundert noch über weite Strecken ein klandestines Geschäft.[98]

Lessing kannte Reimarus und seine Familie aus seiner Hamburger Zeit, über Reimarus' Kinder geriet er nach dessen Tod an das Manuskript. Lessing beabsichtigte, Auszüge aus dem umfangreichen Werk der Öffentlichkeit zugänglich zu machen, natürlich ohne den Namen des Verfassers preiszugeben. Das 1774 veröffentlichte erste Fragment *Von Duldung der Deisten* erregte noch kaum Aufsehen, erst nach der Veröffentlichung weiterer Fragmente brach der Sturm los und sorgte für eine der heftigsten Debatten über das Christentum in der deutschsprachigen Öffentlichkeit des 18. Jahrhunderts. Es dauerte zweihundert Jahre, bis 1972 eine vollständige Ausgabe der *Apologie* erscheinen konnte.[99]

Reimarus' Hauptanliegen war es, im Geist des Deismus die vernünftige «natürliche Religion» gegen die Zumutungen der biblischen Religion zu schützen. Sein Werk ist daher ein epochaler Schritt in der Bibelkritik.[100] In dem Fragment *Die Unmöglichkeit einer Offenbarung, die alle Menschen auf eine gegründete Art glauben können* versuchte Reimarus nachzuweisen, dass die Idee einer göttlichen Offenbarung dem Gottesbegriff selbst widerspricht.[101] Die exklusive Offenbarung an ein Volk erschien ihm als ein Widerspruch gegen die Idee der göttlichen Gerechtigkeit, da sie willentlich Menschen vom Empfang der Offenbarung ausgeschlossen hätte. In dem Fragment *Durchgang der Israeliten durchs Rote Meer* demonstrierte er das Widervernünftige der biblischen Wundererzählungen. Das gelang ihm mit hohem Unterhaltungswert, Albert Schweitzer rechnete das Fragment zum «Geistreichsten, Witzigsten und Scharfsinnigsten, was je geschrieben worden ist».[102] Der ehemalige Dramaturg Lessing hatte bei der Reihenfolge, in der er die Fragmente veröffentlichte, offensichtlich auch einen dramaturgischen Ablauf vor Augen. Das dicke Ende kam zum Schluss. Im letzten von Lessing herausgegebenen Fragment *Von dem Zwecke Jesu und seiner Jünger* legte Reimarus in einer akribischen Interpretation neutestamentlicher Stellen dar, wie Jesus als vollendeter Lehrer einer vernünftigen Religion aufgetreten sei. Die Berichte von der Auferstehung hielten seiner Kritik nicht stand. Vielmehr legte er dar, wie die Jünger aus tiefer Enttäuschung und aus Angst nach dem Tode Jesu, «den Leichnam bald [...] bei Seite geschaffet haben»,[103] seine Auferstehung verkündeten und ihn mit allen Attributen des Messiasglaubens versehen hätten. Am Anfang des Christentums stand ein frommer Betrug.

Selbst in einem Jahrhundert aufkommender Religionskritik war das ein unerhörter Verdacht. Lessing handelte sich mit der Herausgabe der Fragmente reichlich Ärger ein, zeitweise wurde er sogar mit einem Schreibverbot belegt. Er erhoffte sich von der Veröffentlichung einen Fortschritt der theologischen Debatte, in der ihm die Haltung der Orthodoxen ebenso unannehmbar erschien wie der scheinbare Ausgleich von Vernunft und Christentum unter den Vertretern der Aufklärungstheologie.[104] An Reimarus' Einwänden musste sich das Christentum im Interesse seiner eigenen Wahrhaftigkeit bewähren. Das war mutig, und mit dem Pathos des 19. Jahrhunderts nannte Wilhelm Dilthey daher die Veröffentlichung «die schönste und männlichste Handlung in diesem großen Leben».[105] Letztlich erwies Lessing auch der christlichen Theologie einen Dienst, denn eine auf Wahrhaftigkeit bedachte Religion musste sich dieser Kritik stellen. Mit dem Paukenschlag im 18. Jahrhundert war der Schlaf der Vernunft in der Beschäftigung mit der Bibel beendet.

Reimarus spielte auch für die europäische Religionskritik eine bedeutende Rolle. Er lieferte wichtige Argumente gegen das Christentum. Die logische Unmöglichkeit des Offenbarungsgedankens, die Widersprüchlichkeit des Wunderglaubens, die Verfälschung der Lehre Jesu durch Paulus und der «fromme» Betrug der Jünger sind zu Standardargumenten geworden, die von Reimarus an bis heute gegen das Christentum vorgetragen werden. Dennoch besteht zwischen dem, was man heute gemeinhin unter Religionskritik versteht, und Reimarus ein markanter Unterschied. Reimarus ging – gemessen an den Standards des 18. Jahrhunderts selbstverständlich – davon aus, dass es ein höheres Wesen gibt, das durch seine Vorsehung in der Natur wirkt. Die Ordnung der Welt und die im Gewissen sich zeigende Moralität des Menschen machten es erforderlich, die Existenz Gottes zu denken. Reimarus war einer von vielen Aufklärern, die das Christentum kritisierten und doch an der Religion in einer vernünftigen Fassung festhielten. Anders dachten die Vertreter des Atheismus. Der Deist Reimarus lehnte daher ab, was er vom Atheismus des 18. Jahrhunderts wissen konnte. Es erschien ihm schlicht unsinnig.[106]

Einer der ersten namentlich bekannten Vertreter des Atheismus der Aufklärung war Matthias Knutzen (1646–1674).[107] 1674 verbreitete er Flugschriften in Jena, die um sein atheistisches Grundbekenntnis kreisten: «Ueber dieß leugnen wir das Daseyn eines Gottes, wir verachten die Obrigkeit, und verwerfen alle Kirchen und Priester».[108] Die Verbindung mit der Obrigkeits- und Priesterkritik flankieren Knutzens Ideal einer radikalen menschlichen Autonomie. Die Herkunft von Knutzens Atheismus ist schwer zu bestimmen, seine Wirkung nicht zu unterschätzen. Bis in die Französische Revolution hinein gab es Nachdrucke seiner Flugschriften.[109] Knutzens populäre Nachwirkung in Frankreich ist nicht erstaunlich. In der zweiten Hälfte des 18. Jahrhunderts bildete sich dort die radikalste Form der Aufklärung. In den legendären Salons des in der heutigen Pfalz geborenen Barons Paul Henri Thiry d'Holbach und in den Werken Julien Offray de La Mettries wurde ein atheistischer Materialismus propagiert, der in der

Überwindung der Religion das Ende menschlicher Abhängigkeit und den Aufbruch zu neuer Freiheit erblickte.[110]

Nicht nur die christlichen Theologen, sondern auch die meisten christentumskritischen Philosophen lehnten den Atheismus als eine Sondermeinung, die in der Nähe des Pathologischen anzusiedeln war, ab. Die meisten Aufklärungsphilosophen kritisierten die kosmologische oder die moralphilosophische Fassung des Atheismus aus rationalen Gründen. Auf dem Stande damaliger Naturforschung entsprach die Annahme eines göttlichen Weltenlenkers einem Grundkonsens. Ebenso galt es für die Begründung der Moral als überzeugender, einen göttlichen Gesetzgeber anzunehmen. Die Entstehung des Atheismus im 18. Jahrhundert war also keine zwingende Konsequenz der Aufklärung. Die Atheisten des 18. Jahrhunderts antizipierten vielmehr eine Haltung, die heute nahezu zu einem Grundkonsens geworden ist, dass nämlich das Wissen des Menschen über die Welt und über sich selbst gegen die Annahme spricht, dass Gott existiere. Für den Siegeszug des Atheismus im 19. und 20. Jahrhundert muss es daher Gründe jenseits der aufklärerischen Ideen des 18. Jahrhunderts geben (siehe Seite 537–545).

Christentum zwischen Absolutismus und Staatsaufklärung

Die Religionskritik des 18. Jahrhunderts war das Symptom eines grundlegenden Wandels in der Haltung zum Christentum. Die Veränderungen beschränkten sich nicht nur auf philosophische Debatten in gelehrten Zirkeln, sondern hatten auch praktische Auswirkungen. Am deutlichsten wurde dies im Verhältnis von Staat und Religion. In den protestantischen Territorien waren die Landeskirchen schon seit der Reformation von ihrem Landesfürsten abhängig, aber auch der Papst und die katholische Kirche bedurften in den Auseinandersetzungen des konfessionellen Zeitalters der Unterstützung durch katholische Herrscher. In der Aufklärung gingen Regenten jedoch weiter, indem sie die kirchlichen Belange den Interessen des Staates unterstellten. Es waren im Wesentlichen drei Gründe, die diesen Schritt veranlassten. Die Religionskriege hinterließen erstens das Verlangen nach theoretischer und praktischer Domestizierung der Religion. Die Herrscher des Aufklärungszeitalters waren zweitens Regenten absolutistischer Staaten, die an einer konsequenten Machtausweitung auch auf das Territorium der Kirche interessiert waren, und sie waren drittens mit dem religionskritischen Denken der Aufklärung vertraut, das ihnen neue Handlungsspielräume in der Religionspolitik eröffnete. Je nach Territorium konnten diese Motive unterschiedlich gewichtet sein. Friedrich der Große verkörperte in

Preußen exemplarisch den protestantischen Staatsaufklärer, Joseph II. in Österreich den katholischen.

Friedrich II. (1712–1786) steht in der Tradition preußischer Regenten, die durch Tatkraft und Entschlossenheit ihr Land groß gemacht haben. Allerdings haben er, manche seiner Vorgänger und viele seiner Nachfahren ihr Reich immer auch an die Grenzen des Scheiterns geführt. Für Friedrich II. gilt das in besonderer Weise. Sein militärischer Überfall auf Schlesien im Jahr 1740 hielt Preußen fast für die Hälfte seiner Regierungszeit in Atem, er hätte Friedrich II. persönlich auslöschen und sein Reich in ein bedeutungsloses Markgrafentum zurückverwandeln können. Es kam anders. Durch militärische Überlegenheit, Durchhaltewillen, ein Kriegsglück, das an Wunder grenzte, sowie eine kluge Regierungsdisziplin stieg Preußen unter Friedrich zu einer europäischen Großmacht auf.[111]

«Die Religionen Müsen alle Tolleriret werden und Mus der fiscal nuhr das auge darauf haben, das keine der andern abruch Tuhe, den hier mus ein jeder nach Seiner Fasson Selich werden!»[112] Friedrichs Verfügung vom 22. Juni 1740, die er bald nach seinem Regierungsantritt erließ, ist zu einem geflügelten Wort geworden. Der preußische König beantwortete damit eine Anfrage seines Geistlichen Departments. Für Einwanderer und vor allem Soldatenkinder hatten seine Vorgänger katholische Schulen gegründet. Die dort wirkenden Priester sorgten aber durch ihren Missions- und Bekehrungseifer für Unruhe. Friedrichs Anweisung untersagte das Abwerben von Protestanten, er befahl aber auch nicht – was ihm die Anfrage des Ministeriums nahegelegt hatte – die Schließung der katholischen Schulen. Das war an sich zwar eine unspektakuläre Fortsetzung preußischer Toleranzpolitik, mit der schon Friedrichs Vorfahren Hugenotten und Katholiken ins Land geholt hatten, aber das geflügelte Wort, jeder soll «nach seiner Fasson» glücklich werden, brachte einen neuen Ton in die Toleranzpolitik. Friedrich setzte damit den Staat als Schiedsrichter ein, der die Rahmenbedingungen einer Koexistenz der Religionen sicherstellen sollte, ansonsten aber den Einzelnen seiner eigenen religiösen Praxis überließ. Friedrich war seit drei Wochen König, als er die Marginalie verfasste. Sie symbolisiert einen Wendepunkt in der Religionspolitik.

Dass Friedrich seinem Vater, Friedrich Wilhelm I., am 31. Mai 1740 auf dem Thron nachfolgte, war nach den Fluchtplänen des jungen Friedrich im Jahre 1730 und der Hinrichtung seines Mitverschwörers und Freundes Hans Hermann von Katte keineswegs selbstverständlich.[113] Zu den vielen Motiven des staatstragenden Vater-Sohn-Konfliktes gehörten auch unterschiedliche Auffassungen über das Christentum. Der mit dem Pietismus sympathisierende Vater geriet mit einem Sohn aneinander, der die Aufklärung favorisierte. Als Friedrich nach seinem gescheiterten Fluchtversuch wieder am Hof aufgenommen worden war, führte er fast zehn Jahre lang das Leben eines Philosophen und Schöngeistes auf Schloss Rheinsberg. In diese Zeit fällt der Beginn seiner Brieffreundschaft mit Voltaire.

Friedrichs Sympathie für die französischen Aufklärer um Voltaire prägte entscheidend sein Verhältnis zum Christentum. Er war antikirchlich, aber ganz im Geist der Aufklärungsphilosophie kein Atheist. Gegen einen der prominentesten Vertreter des Atheismus seiner Zeit wandte er sich höchstpersönlich mit einer eigenen Schrift. D'Holbach bestritt in seinem Werk *Système de la nature* die Existenz einer Gottheit, die die Welt lenkte. Friedrich hielt dem entgegen, dass zwar die Definitionen, wie sie die christlichen Theologen von der Gottheit entwarfen, widersprüchlich seien. Das könne aber nicht dazu führen, die Annahme einer intelligenten Natur zu leugnen, die das Universum erhalte: «Die ganze Welt beweist diese Intelligenz; man muss nur die Augen öffnen, um sich davon zu überzeugen».[114] Friedrich II. bezeugt eine weit verbreitete Haltung der Aufklärung, die das überkommene Christentum ebenso wie den aufkommenden Atheismus kritisierte.

Die Kirche diente in Friedrichs politischen Schriften als abschreckendes Beispiel für eine schlechte Herrschaft. Er bemängelte, wie die Nachfolger der Apostel sich so «große Güter» und «raffinierten Luxus» erwerben konnten, um in «weltlicher Eitelkeit und Prunksucht»[115] zu schwelgen. Die Geschichte des Papsttums erschien ihm als ein Widerspruch in sich, weil die Stellvertretung Christi nicht als weltliche Herrschaft gemeint sein könne, zudem seien die geistlichen Fürsten ganz und gar ungeschickt zur Lenkung eines Gemeinwesens: «Indessen wimmelt es gewiss in keinem Land so sehr von Bettlern wie in den Ländern, die den Priestern gehörten und wo man ein erschütterndes Bild allen menschlichen Elends erblicken kann».[116] Diese Art der Priester- und Papstkritik war unter Aufklärern zumal protestantischer Herkunft ein gängiger Topos. Unüblich daran ist, dass sie von einem Thronfolger stammte, der nach den diplomatischen Gepflogenheiten den Papst künftig als seinesgleichen unter den europäischen Herrschern zu behandeln hatte.

Auch die Lehren des Christentums konnten Friedrich nicht überzeugen. Berühmt ist sein spätes Diktum aus seinem politischen Testament von 1768. Das Christentum erschien ihm wie ein «alter metaphysischer Roman, voll von Wundern, Widersprüchlichkeiten und Absurdität, geboren aus der glühenden Einbildungskraft der Orientalen […] Enthusiasten haben ihn vorgetragen, Ehrgeizige haben vorgegeben, davon überzeugt zu sein, Dumme haben ihn geglaubt».[117] Ein besonderer Dorn im Auge war dem König, dass die «Verkäufer dieses heiligen Unsinns»[118] sich über Jahrhunderte in die Lenkung der Staaten einmischten.

Dem musste ein Ende bereitet werden, der Staat sollte die «Pfarrer in den Schranken»[119] halten. Sofern die Religionen die Belange des Gemeinwesens nicht gefährden und sie sich nicht untereinander bekämpfen, ist den Untertanen eine freie Religionsausübung zu gestatten. Aufgabe der Regierung ist es daher, diese ausdrücklich zu schützen: «Die Regierung soll sie nicht nur tolerieren, sondern sie auch schützen vor allen Verfolgungen und Ungerechtigkeiten, die man ihnen antun will, weil es einen Staat nichts angeht, welche metaphysische Meinung im Hirn der Menschen regiert.»[120]

Es wirkt geradezu modern, wenn Friedrich seinen Untertanen ein privates Rückzugsgebiet zugesteht, in das der Staat nicht hineinzuregieren habe. Mit der Deklaration der Religion als Privatangelegenheit des Einzelnen leitete Friedrich eine Wende in der Christentumsgeschichte ein. Mit dieser pragmatischen Haltung dämmte Friedrich II. den kulturellen Wirkungskreis der Religion erheblich ein und bewahrte zugleich, worin seiner Auffassung nach das Christentum für seinen Staat von Nutzen sein konnte, nämlich in der moralischen Erziehung.[121] Die Würde königlicher Macht hing nicht mehr von der Gnade Gottes ab. Maßgeblich für den Wert von Herrschaft war allein, inwieweit sie sich den Prinzipien der Rationalität verpflichtete. Friedrich II. ging darin entschieden andere Wege als die absolutistischen Herrscher in dem von ihm sonst so verehrten Frankreich. Das Gottesgnadentum war zu Grabe getragen und die Staatsräson geboren.

Das Ideal eines rational begründeten Staatswesens brachte eine Reihe von gravierenden Veränderungen mit sich.[122] Friedrich schaffte nach seinem Regierungsantritt die Folter ab und milderte die drakonischen und grausamen Strafen. Die Behandlung der Untertanen und deren Umgang miteinander waren nach allgemeingültigen, naturrechtlichen Prinzipien zu regeln. Daher setzte er den Juristenstand als staatstragende Elite ein, die in dieser Funktion die Geistlichkeit ablöste, obgleich er den Juristen zeit seines Lebens misstraute. Der Aufbau einer effizienten, sich auf das ganze Land erstreckenden Verwaltung gehörte ebenso dazu wie eine vorausschauende Haushaltspolitik, in der eine prunkvolle Hofhaltung nichts verloren hatte. Friedrich betrieb auch aufgeklärte Kulturpolitik, und damit ist weit mehr gemeint als seine schöngeistigen Interessen für Philosophie und Musik. Halle gestaltete er von einer pietistischen in eine aufgeklärte Universität um, zudem begünstigte er den Kreis der Berliner Aufklärung. Semler, Spalding und andere Theologen der Aufklärung wirkten in diesem religionspolitischen Klima. Preußens große Denker des 19. Jahrhunderts wie Friedrich Schleiermacher oder die Brüder Humboldt wuchsen in diesem Geist auf. Es wird leicht übersehen, dass Friedrich Preußen nicht nur militärisch, sondern auch kulturell zu einer europäischen Großmacht machte. Er schuf damit langfristig die Rahmenbedingungen für ein verwandeltes Christentum.

Seine Beerdigung wünschte sich der alte König ohne die Beteiligung der Kirche. Keine Geistlichen und keine Hinweise auf den christlichen Offenbarungsglauben durften sein Sterben begleiten.[123] Nicht in der Gesellschaft seiner illustren Vorgänger, sondern in der seiner toten Hunde wollte er in einer Gruft unter der Terrasse von Sanssouci in schlichter Zeremonie beigesetzt werden. Sein Neffe und Nachfolger Friedrich Wilhelm II. versagte ihm diesen Wunsch.[124] Zu unerhört, zu unwürdig und vor allem zu unchristlich erschien ihm dies. Daher wurde Friedrich der Große an der Seite seines Vaters in der Potsdamer Garnisonkirche beigesetzt. Am Ende des Zweiten Weltkriegs wurde der Sarg in einen Luftwaffenbunker evakuiert und gelangte über Umwege schließlich in die Burg Hohenzollern. Erst zweihundert Jahre nach dem Tod des Königs und ein halbes Jahrhundert nach dem Ende Preußens erfüllte das wiedervereinigte Deutschland 1991 den letzten Willen des preußischen Königs und setzte ihn unter der Terrasse von Schloss Sanssouci bei.

Die Haltung des «Alten Fritz» zum Christentum erschreckte im 18. Jahrhundert viele Gemüter. Sein Neffe und Nachfolger Friedrich Wilhelm II. unternahm große Anstrengungen, um das Rad der Zeit noch einmal zurückzudrehen. Auf lange Sicht war es jedoch Friedrich der Große und nicht Friedrich Wilhelm II., der eine neue Ära im Verhältnis von Staat und Religion einläutete.

Was am kirchlichen Leben jenseits der Interessen des Staates lag, war für Friedrich II. »heiliger Unsinn«, der ihn nichts angehen musste. Dass eine aufgeklärte Religionspolitik an diesem Punkt noch weiter gehen konnte, zeigte der österreichische Kaiser Joseph II. (1741–1790). Milos Forman hat ihn in seinem Film *Amadeus* als einen herrlich unbegabt und hölzern aufspielenden Klavierschüler Salieris karikiert, dem erst Mozart die Ohren öffnete. Die Szene ist genial und tut doch allen drei historisch Unrecht. Joseph II. förderte beide, Salieri und Mozart, was für die Geschichte der Musik ein Glücksfall war.

Nach dem Tod seines Vaters machte seine Mutter Maria Theresia ihren Sohn Joseph 1765 zum Mitregenten und Kaiser. Zum Leidwesen seiner Mutter hegte der junge Regent jedoch Sympathien für die Aufklärung und – was viel schlimmer war – für den Regierungsstil des habsburgischen Erzfeindes schlechthin, Friedrichs des Großen. Nur sechs Jahre nach dem Ende des Siebenjährigen Krieges verlief ein legendäres Treffen zwischen Friedrich II. und Joseph II. an der Neiße friedlich – so friedlich, dass der Österreicher einschlief, als der Preuße ihm in langen Monologen seine Sicht der Welt erklärte.[125] Weniger amüsant waren die wirtschaftlichen Folgen der langen Kriege um Schlesien und schließlich der Verlust selbst, der noch unter der Regierungszeit Maria Theresias vorsichtige Reformmaßnahmen erforderlich machte. Nach ihrem Tod 1780 beschleunigte Joseph II. nunmehr als alleiniger Regent das Tempo der Reformen und dehnte sie bis auf den Alltag seiner Untertanen aus. Er reformierte das Bildungs- und das Justizwesen auf der Grundlage einer neuen Zivil- und Strafgesetzgebung, schaffte Folter und Todesstrafe ab, hob die Leibeigenschaft auf und führte in dem habsburgischen Vielvölkerstaat eine einheitliche Verwaltung ein. Allerdings zeigten sich hier die ersten Schattenseiten einer Aufklärung von oben, denn die Einführung einer einheitlichen deutschen Amtssprache schürte regionale Unzufriedenheiten.[126]

Die Idee, die hinter alledem stand, war ein von der Aufklärung inspiriertes, rationales Ideal der Herrschaft. Nicht das Gottesgnadentum, sondern der Dienst am Staat legitimierte den Herrscher.[127] Wie bei Friedrich II. bedeutete das keineswegs eine Aufweichung der Monarchie – im Gegenteil: Nur ein Monarch konnte die Aufklärung in einem Staatswesen wirksam werden lassen. «Alles für das Volk, nichts durch das Volk», lautete Josephs Motto.[128]

Dass die Aufklärung von oben erzwungen werden sollte und ihre rationalistische Kühle sind die Schattenseiten von Josephs Reformwerk. Offenbar wurde dies in der Religionspolitik, an der das Reformwerk schließlich scheitern sollte. Am einfachsten konnte der Erzherzog von Österreich, der zugleich König von Böhmen, Ungarn und Kroatien war, noch der konfessionellen Vielfalt in seinen Territorien begegnen. 1781 erließ er ein Toleranzedikt, das Lutheranern, Reformierten und orthodoxen Christen die vollen Bürgerrechte einräumte. Wenig später folgte das Judenpatent, das den Juden zumindest rechtliche Erleichterungen verschaffte.[129] Seine besondere Note erhielt Josephs Reformwerk jedoch durch die Beschäftigung mit seiner eigenen Religion, dem Katholizismus. Seine Maßnahmen auf diesem Feld erhielten später seinen Namen. Noch heute weckt der Josephinismus gemischte Gefühle.

Joseph versuchte, die katholische Kirche seines Reiches in eine aufgeklärte Religion zu verwandeln. Noch vor seinem Regierungsantritt ließ er als Mittzwanziger eine geistliche Hofkommission in Wien einrichten, die für kirchliche Belange zuständig war. Die größten Reformvorhaben trieb er nach dem Tode seiner Mutter voran.[130] Er überantwortete das Eherecht staatlichen Behörden und glich die Diözesen den staatlichen Verwaltungsbezirken an mit dem Ziel, eine habsburgische Staatskirche zu schaffen. Noch weiter gingen seine Ideen zur Reformierung der Liturgie. Der Gottesdienst sollte protestantisch schlicht sein, und aus dem Brauchtum des Volkes wollte er abschaffen, was er für abergläubisch hielt. Der massivste institutionelle Eingriff war die Auflösung der Klöster kontemplativer Orden und die Verstaatlichung ihres Vermögens. Mit alledem beabsichtige Joseph II. eine «vernünftige» und den Interessen des Staates korrespondierende Neuordnung des katholischen Lebens.

Josephs Reformen erzeugten Unruhe. Das lag nicht allein an seiner Religionspolitik, auch die Agrar- und Steuerpolitik gefährdeten sein Vorhaben, vor allem aber auch die Art ihrer Durchsetzung mit der gesamten Macht des Staatsapparats. Als ganzes scheiterte sein Reformwerk, weil er «zu rasch und zu autoritär vorgegangen war».[131] Kulturgeschichtlich bemerkenswert ist das Scheitern seiner Religionspolitik. Die katholischen Eliten sahen darin eine Protestantisierung des Katholizismus. Die breite Masse der ländlichen Bevölkerung empfand die Reformen als einen massiven Eingriff in ihre religiöse und kulturelle Identität. Es war gerade das vermeintlich Irrationale, das Mysteriöse in der Liturgie, die Anrufung der Heiligen und das Festliche des Volksbrauchtums, das sie mit ihrer Religion identifizierten. Joseph musste die meisten seiner Erlasse zurücknehmen. Es ist bemerkenswert, dass zwei der führenden Mächte Europas am Ende des vorletzten Jahrzehnts am Rande einer Revolte standen, Frankreich, weil es sich als reformunfähig erwies, Österreich, weil es zu viele Reformen erlebt hatte.

Der Josephinismus war ein ambitioniertes Projekt, das sicher auch an mentalen Rückständigkeiten gescheitert ist – aber nicht nur daran. Er zeigt auch, was das Programm einer nur aufgeklärten Religion bedeutet: Die Rechnung ist ohne den Wirt gemacht. Eine Religion, die sich nur vernünftig gibt, ist ein intellektuelles Wunschbild, das an den alltäglichen Bedürfnissen nach einer religiösen Lebensführung vorbeigeht – und damit am Wesen der Religion selbst.

3
Die Erfindung des Romans aus dem Geist der Puritaner

Literatur wurde im Zeitalter der Aufklärung zu einem beherrschenden Kulturfaktor. Dem ging die «Leserevolution»[132] der Aufklärung voraus. Alphabetisierungskampagnen sowie Verbesserungen in der Drucktechnik machten den neu entstehenden Buchmarkt zu einem wichtigen Wirtschaftsfaktor. David Hume zählte zu den ersten Autoren, die mit dem Handwerk des Schreibens ein Vermögen machen konnten.[133] Seine History of England wurde ein solcher Erfolg, dass seine philosophischen Schriften in der öffentlichen Aufmerksamkeit dahinter zurückfielen und Hume in Großbritannien lange als Historiker bekannter war denn als Philosoph.[134] England eilte in diesen Entwicklungen den anderen europäischen Ländern voraus, und England war auch der Ort, an dem die literarische Gattung des Romans einen bahnbrechend neuen Impuls erhielt. Die

Genialität William Shakespeares und vor ihm schon die Werke Christopher Marlowes hatten die englische Literatur auf eine spektakuläre Kulturhöhe geführt.

Pilgrim's Progress

Von diesen Vorbildern ließen sich die englischen Puritaner inspirieren. Sie nahmen die reformatorische Verehrung des Wortes ernst und nutzten die Möglichkeiten des neuen Buchmarkts. Es waren die Puritaner, die die Bedeutung des Buches in der Kulturgeschichte des Christentums auf die Spitze trieben: «Puritanism was an intrinsically bookish movement», bilanziert ein führender Puritanismus-Forscher.[135] Lewis Bayly verfasste 1612 mit seiner *Practice of Piety* eines der erfolgreichsten Erbauungsbücher in der Geschichte des Christentums, John Milton schuf mit *Paradise Lost* und *Paradise Regained* die wirkungsvollsten epischen Bearbeitungen des Stoffes der biblischen Heilsgeschichte. Ein Jahrzehnt nach Milton war es ebenfalls ein Puritaner, der die Gattung des Romans zur Verbreitung religiöser Wahrheiten in Dienst nahm. Das war etwas Neues und auch Überraschendes.

Der baptistische Prediger John Bunyan (1628–1688) veröffentlichte 1678 den Roman *The Pilgrim's Progress*.[136] Das Buch wurde noch zu seinen Lebzeiten ein großer Erfolg, auch seine postume Wirkungsgeschichte war enorm. *Pilgrim's Process* ist beides zugleich, ein Wendepunkt in der Geschichte der modernen Literatur und eines der wirkungsvollsten christlichen Erbauungsbücher der Neuzeit. Bunyan wuchs im englischen Revolutionszeitalter auf. Nach einer schweren Glaubenskrise wandte er sich dem Puritanismus zu und schloss sich einer Baptistengemeinde an. Bunyan wirkte als Prediger und veröffentlichte theologische Traktate, in denen er sowohl den episkopalen Anglikanismus als auch das freikirchliche Quäkertum auf der Grundlage calvinistischer Theologie attackierte. Auch in die Debatten seiner eigenen baptistischen Glaubensgenossen griff er literarisch ein, indem er dafür plädierte, die Erwachsenentaufe nicht zum ausschließlichen Aufnahmekriterium zu machen. Bunyan zeigte sich in diesen Schriften als ein überzeugter Anhänger des Puritanismus, viele Jahre saß er dafür in Haft. *The Pilgrim's Progress* ist zu größten Teilen in einer Gefängniszelle geschrieben. Seine religiöse Überzeugung ist für die Wahl der Gattung des Romans erheblich, offensichtlich erhoffte sich Bunyan eine größere Verbreitung puritanischer Ideen. Dieses Zutrauen in die Macht des Wortes war bestes reformatorisches Erbe, die Entscheidung für die Gattung des Romans hingegen war ein unerhörtes und kühnes Experiment. Denn anders als das Epos, das der literarischen Darstellung überzeitlicher Begebenheiten dient, lebt der Roman von der fiktiven Erzählung individueller Lebensgeschichten. Er versucht nicht weniger, als mit der Kraft von Worten zwischen biblischen Wahrheiten und den Lebenserfahrungen der Leser zu vermitteln.[137] Dem strengen Calvinismus der Puritaner musste jedoch alles Fiktive verdächtig erscheinen, weil es im Ruf stand, bloß erfunden und darum nicht wahr zu sein.

The Pilgrim's Progress beginnt mit einem Traum des Protagonisten, der wie alle Gestalten des Buches einen allegorischen Namen trägt. Christ träumt von der Begegnung mit dem Mann Evangelist, der ihm kundtut, dass er sich um seines Heiles willen aufmachen muss aus dieser Welt in die himmlische Stadt.[138] Er verlässt seine Familie und macht sich auf die Pilgerreise. Der zweite Teil des Werkes erzählt, wie seine Frau und Kinder ihm nachreisen und ähnliche Abenteuer zu bestehen haben. Auf dem Weg begegnet Christ Gefährten, als seine treuesten erweisen sich Hope (Hoffnung) und Faithful (Glaubensvoll), andere wie Obstinate (Stur), Worldly Wiseman (Weltklug), Formalist (Formalist), Hypocrisy (Heuchler) oder Talkative (Schwätzer) sind weniger hilfreich oder behindern gar die Pilgerreise durch die Charakterzüge, die ihre Namen versinnbildlichen. Christ und seine Begleiter müssen furchterregende Landschaften durchqueren, Kämpfe mit Ungeheuern wie Apollyon[139] und dem Riesen Verzweiflung[140] bestehen sowie den Nachstellungen böser und lasterhafter Menschen in der Stadt Vanity Fair (Markt der Eitelkeiten)[141] entkommen. Dass sich heute ein Lifestyle-Magazin nach dieser Stadt benennt, gehört ebenfalls in die Wirkungsgeschichte des Buches. Nicht alles glückt den Gefährten, Hope wird in Vanity Fair hingerichtet, allerdings nach seinem grausamen Tod sofort in den Himmel entrückt. Christ übersteht die Gefahren seiner Pilgerreise durch die Festigkeit seines Glaubens, seine Bibeltreue und die Kraft des Gebets. Am Ende gelangt Christ an das Ziel seiner Pilgerschaft und erreicht die Himmlische Stadt.[142]

Da Bunyan die Pilgerreise als einen Traum darstellte, konnte er den Verdacht abwenden, eine Phantasiegeschichte als Tatsachenerzählung auszugeben. Das milderte die kritische Haltung der Puritaner gegenüber der Fiktion und ermöglichte ihm den Einsatz üppiger literarischer Mittel. Bunyan verband die allegorische Darstellung menschlicher Laster und christlicher Tugenden mit dem Spannungsbogen des Abenteuerromans. Darüber hinaus baute er Elemente der – wie man heute sagen würde – Fantasy-Literatur ein. Der Roman *The Pilgrim's Progress* erscheint in vielem wie eine Art *Herr der Ringe* für Puritaner im 17. Jahrhundert. Die großen religiösen Interpretationsschwierigkeiten, die der fiktive Charakter dieser Art der Fantasy-Literatur aufwerfen könnte, umgeht der Roman geschickt durch die allegorische Gesamtausrichtung. Bunyan setzte die Imaginationskraft seiner Leser frei und produzierte einen spannungsgeladenen, die Phantasie auf- und anregenden Film im Kopfkino seiner Rezipienten. Diese besondere Leistungskraft der Literatur entfaltete einen enormen religiösen Nutzen. Bunyan vermittelte seinen Leserinnen und Lesern Heilsgewissheit mit der Macht der Vorstellungskraft.

Spätestens seit Herbert Schöfflers Arbeiten zur Literaturgeschichte Englands in den Zwanzigerjahren des 20. Jahrhunderts war das Augenmerk auf diese religiöse Leistungskraft des modernen Romans gelenkt. Er nahm Anregungen Max Webers und Ernst Troeltschs auf und präzisierte die kulturgeschichtliche Bedeutung des angelsächsischen Protestantismus auf dem Feld der Literatur. Schriftsteller begannen im 17. Jahrhundert damit, die besonderen Möglichkeiten ihres Mediums für die Religion zu nutzen. Mit den Mitteln der Fiktion brachten sie die «innere Wahrheit»[143] ihrer Überzeugung stärker zum Ausdruck, als dies mit den bislang üblichen Darstellungsmethoden wie dem Epos oder dem Erbauungstraktat möglich gewesen wäre.

An diese Einsicht knüpfte einer der bedeutendsten Literaturwissenschaftler des 20. Jahrhunderts an und entwickelte daraus eine der interessantesten Literaturtheorien der Gegenwart. Wolfgang Iser erklärte den Erfolg des Romans in der Neuzeit damit, «dass die Sinnkonstitution des Textes zu einer unverkennbaren Aktivität des Lesers wird».[144] Bunyan ist Isers erster Gewährsmann, der den entscheidenden Wendepunkt in der Geschichte der Literatur vom Epos hin zum Roman einleitete. Im Detail sah Iser diese Wende durch die besondere Konstellation des Calvinismus vorbereitet. Nach dessen unverbrüchlicher Überzeugung schloss die göttliche Gnadenwahl jede menschliche Mitwirkung an der eigenen Erlösung aus. Anders als der mittelalterliche Ritter kann sich der «Puritan Hero» nicht durch Taten Verdienste erwerben, sondern der Welt allein durch sein inneres Vertrauen in die göttliche Gnadenwahl trotzen, seine Taten können dann nur Folge dieser Heilsgewissheit sein. Im Roman ergeben sich dadurch zwei Spannungspole. Der Leser hat Anteil an der Allwissenheit des Autors und weiß um die göttliche Gnadenwahl des Pilgers, er steht aber auch im Bann des individuellen Schicksals, der Gefahren und Proben, die der Pilger zu bestehen hat. So wird der Leser innerlich hineingenommen in die stetige Vergewisserung des Heils. Mit den Mitteln des Romans ist die Heilsbotschaft kein abstraktes, überweltliches Diktum, sondern geht in die konkreten Lebenssituationen eines menschlichen Individuums ein. In dieser Aufwertung des Individuellen liegt die neue Leistungskraft des Romans. Dass ausgerechnet der Puritanismus diese Möglichkeiten des Romans entdeckte, ist kein Zufall. Iser sah darin eine sublime Selbstkorrektur, eine «Humanisierung des theologischen Rigorismus»,[145] die die Grundüberzeugungen des calvinistischen Puritanismus lebenswerter machte. Bunyans Roman brachte Gott und die Welt tief hinein in die Gemüter seiner Leser, und darum legte die Welt sich dem Roman zu Füßen.

Robinson Crusoe

Was sich aus den neuen Mitteln des Romans machen ließ, zeigte eine Generation nach Bunyan der Schriftsteller Daniel Defoe (1660–1731), der wie Bunyan in Bunhill Fields begraben ist, dem berühmten Londoner Dissenter-Friedhof. *Robinson Crusoe* ist eines der berühmtesten Bücher der Weltliteratur, jedes Kind kennt Robinson, seinen Diener Freitag und die Kannibalen. Auch Defoe entstammte der englischen Strömung der Nonkonformisten, auch er teilte die Ideale des Puritanismus, und auch er nutzte zu deren Verbreitung die Form des Romans.

Defoes Welterfolg lässt sich zunächst einfach erklären. Sein Roman *Robinson Crusoe* findet bis heute so viele Leserinnen und Leser, weil er ein wunderbares Buch ist. Defoe nahm eine wahre historische Begebenheit zum Anlass, um eine Literaturgattung zu schaffen, die in unzähligen Robinsonaden Nachahmung gefunden hat.[146] Damit verschaffte er auch der einsamen Insel einen festen Platz in den europäischen Sehnsuchtslandschaften. *Robinson Crusoe* entführt seine Leser in ferne Welten, seine Geschichte ist spannend, sie ist anrührend, und sie ist voller edler Botschaften. Man erfährt aus dem Buch viel über die Kultur- und Wirtschaftsgeschichte des frühen 18. Jahrhunderts in all ihren globalen Verflechtungen, vor allem aber über die grandios zuversichtliche Haltung zur Welt, die aus der Verbindung von Puritanismus und Aufklärung hervorging.[147] Das Buch veranschaulicht die Möglichkeiten, aber auch die Grenzen der Hochseeschifffahrt im 18. Jahrhundert, es versinnbildlicht die zeitgenössischen Vorstellungen und Phantasien von fremden Ländern, von Bewohnern, die als Wilde wahrgenommen wurden, und von exotischen Tieren. Man erfährt auch etwas von der abgrundtiefen Abscheu, mit der Engländer jener Zeit auf alles Katholische herabsahen, die mit Argumenten der aufklärerischen Religionskritik gestützt wurde. Der Katholizismus erscheint als dunkle Religion, in der die «Pfaffen mit Heimtücke regieren, indem sie ihre Religion mit einem Mysterium umhüllten».[148] Ähnlich ist die Sicht auf den englischen Erzfeind Spanien, der unter Aufbietung der Schwarzen Legende für sein «gnadenloses Verhalten»[149] verurteilt und als fortwährender Hort der Inquisition kritisiert wird, in dem die «Häscher der Priester»[150] ihr Unwesen treiben.

Defoes Buch spiegelt zentrale Debatten und Vorstellungen der Frühaufklärung wider. Er entwirft darin das Ideal des *homo faber*. Durch den Einsatz seiner Vernunft kann der Mensch Großes erreichen. Robinsons Taten auf der Insel wiederholen im Zeitraffer die Kulturgeschichte der Menschheit. Vom erfolgreichen Ackerbau über die Viehzucht, die Erziehung des «wilden» Freitag bis hin zur Ausarbeitung einer Militärstrategie und den Aufbau eines kleinen Gemeinwesens treibt er die Entwicklung auf der Insel voran und zeigt, was dem Menschen an Weltgestaltung möglich ist, wenn er mit Vernunft und Tatkraft zu Werke geht. In den Anfangskapiteln, vor allem aber beim glücklichen Ausgang am Schluss des Buches kommt auch eine besondere Variante des *homo oeconomicus* in den Blick. Robinson gelangt zu Reichtum, weil er überall auf ehrenwerte ehemalige Geschäftspartner und bis zur Aufopferung zuverlässige Treuhänder trifft. Noch nach siebenundzwanzig Jahren auf der einsamen Insel kann er in England von den Gewinnen seiner brasilianischen Plantage profitieren. Defoes eigene Biographie spricht eine ganz andere Sprache. Als Kaufmann erlebte er – vielleicht auch aufgrund eigenen Ungeschicks, vor allem aber wegen widriger Umstände – mindestens zweimal einen Bankrott. Sein Roman hingegen liefert die Vision eines freien Handels unter fairen Ehrenmännern. Dies ist der vielleicht märchenhafteste Teil des Romans, und doch schuf Defoe damit die Vision einer Verbindung von sittlicher Redlichkeit und wirtschaftlichem Erfolg, die wesentlich die puritanisch-aufgeklärte Aufbruchsstimmung in England und Amerika am Anfang der Moderne prägt.

Das bekannteste Thema des Buches ist die Begegnung mit den «Wilden». Nach Jahren auf der Insel entdeckt Robinson eine Fußspur am Strand, schließlich findet er heraus, dass Eingeborene in unregelmäßigen Abständen die Insel aufsuchen, um Kriegsgefangene zu schlachten und zu verspeisen. Robinson denkt nicht nur über die praktischen Möglichkeiten nach, wie er einen Angriff auf sie in die Wege leiten könnte, sondern überlegt auch, mit welcher Legitimation er eine solche Intervention durchführen sollte. Im Nachdenken darüber gelingt es ihm mehr und mehr, seine urwüchsigen «Rachegefühle»[151] abzukühlen. Sie weichen der Frage: «Was hatten sie mir denn angetan, und welches Recht hatte ich, mich in ihre blutigen Fehden einzumischen? [...] Welches Urteil hätte Gott wohl in diesem besonderen Fall gefällt? Diese Menschen betrachteten sich gewiss nicht als Verbrecher und handelten nach bestem Wissen und Gewissen. Sie kannten nicht unser Bewusstsein für sündhaftes Verhalten.»[152] Das schlichte Gewand der Fragestellung kann nicht darüber hinwegtäuschen, dass Defoe damit die Legitimationsfrage der Intervention in der transkulturellen Kulturbegegnung vorweggenommen und eine Antwort versucht hat. Dem Konflikt mit den Kannibalen steht das Bild des edlen Wilden gegenüber, das Defoe mit der Gestalt des Freitag entwirft. Dieser, benannt nach dem Tag seiner Rettung, kommt als Gefangener der Kannibalen auf die Insel, Robinson befreit ihn und findet in ihm fortan einen treuen und gutherzigen Gefährten «ohne jeden Fehl und Tadel»,[153] der allerdings – und darin liegt aus heutiger Sicht das Problematische in Defoes Beschreibung dieser interkulturellen Begegnung – als Wilder den Engländer als Herrn anredet und ihn verehrt wie ein Kind seinen Vater.[154] Die Unterweisung im Christentum und gute Erziehung formen den guten Menschen.

Die Erziehung Freitags besteht aus zweierlei: aus dem Erlernen der englischen Sprache und der Einführung in das Christentum. Die religiöse Dimension ist eines der wichtigsten Motive des Buches.[155] Zu den Gütern, die Robinson von dem Wrack des Schiffes retten kann, mit dem er vor der Insel kenterte, gehört neben Werkzeugen und Nahrungsmitteln eine Bibel. Er fängt an, täglich morgens und abends darin zu lesen, und die Lektüre zeigt ihre Wirkung: «Schon bald nachdem ich mich ernstlich dieser Aufgabe verschrieben hatte, empfand ich tiefste und aufrichtigste Trauer über meinen früheren ruchlosen Lebenswandel.»[156] Ihn ergreifen die biblischen Worte, die er über die Vergebung der Sünden liest. Die Bibellektüre ändert seine Lebensrichtung in der scheinbar ausweglosen Lage auf der Insel. «Meine Gedanken waren durch beständiges Lesen in der Bibel und das Gebet zu Gott auf höhere Dinge ausgerichtet. Ich empfand auf eine Weise Trost, wie es mir vorher nicht möglich gewesen war.»[157] Immer wieder bewährt sich die Bibel in schwierigen Lagen als Quelle des Trostes, die regelmäßige Bibellektüre wird zum Ritus seines Inselchristentums,[158] die Ausrichtung auf die Gebote Gottes zum Ethos.[159] Im Prozess der Bekehrung fängt Robinson an, seine Lage neu zu beurteilen.[160] Sein früheres Leben erscheint ihm als Verfehlung, der Schiffbruch als Strafe und die einsame Insel letztlich als eine Gnade: «Hier war ich dem Übel der Welt entzogen und kannte weder Fleischeslust noch Hoffart und ließ mich auch von keinem anderen Reiz verführen. Ich verlangte nichts, denn ich hatte alles, was sich ein Mensch wünschen kann.»[161]

Mit Sorgfalt widmet sich der bekehrte Robinson der Missionierung Freitags. Der ehemalige Seemann und der einstige Kannibale führen theologische Debatten, in denen Robinson die logischen Einwände Freitags als Herausforderung erlebt: «Aber wenn Gott sein viel stark und mehr Macht als Teufel, warum dann nicht töten Teufel? Er dann nicht mehr Böses tun.»[162] Das klingt anders als in der hehren philosophischen Tradition, der Sache nach trägt Freitag hier jedoch das zentrale Argument aller Theodizee-Debatten vor. Die dogmatische Unterweisung ist jedoch nicht Robinsons Hauptanliegen, für Lehrstreitigkeiten hat er nichts übrig. «Aller Streit, der auf dieser Welt bis in unsere Zeit an der Religion entbrannte, war für uns gegenstandslos, wie er es meiner Meinung nach auch für die übrige Menschheit hätte sein sollen.»[163] Da es die Religion eben nicht nur mit Dogmen und Lehren zu tun hat, folgt für ihn daraus das Gebot der religiösen Toleranz. Zu seiner Religionspolitik als Inselgouverneur merkt er daher lakonisch an: «Mein Freitag war Protestant, sein Vater ein Heide und Menschenfresser, und der Spanier glaubte an den Papst. Aber ich gewährte allen Religionsfreiheit.»[164] Robinson identifiziert das Christentum nicht einfach mit dessen Lehren, seine Religion zeigt sich vielmehr in der inneren Haltung eines weltzugewandten, zuversichtlichen Gottvertrauens. Angeregt durch die Lektüre der Bibel sieht er seine eigene Lebensgeschichte wundersam von der Hand Gottes gelenkt. So wie sein eigenes Leben folgen auch die Abläufe der Welt der göttlichen Führung. Gottes Plan gibt der Geschichte und dem Leben des Einzelnen Sinn, aus dieser Gewissheit empfängt der Mensch die Zuversicht zur Lebens- und Weltgestaltung.[165]

Robinson Crusoe hat in der Weltliteratur einen festen Platz. Den hat er auch in der Kulturgeschichte des Christentums verdient. Es gibt wenige Beschreibungen, die ergreifender und schöner darstellen, wie ein Leser die Worte der Bibel aufnimmt, als wären sie für ihn und in sein Leben hinein aufgeschrieben. Mit Robinson Crusoe als Bibelleser schuf Defoe der protestantischen Bibelfrömmigkeit ein literarisches Denkmal.

Die zupackende optimistische Haltung Robinsons verkörpert die produktive Wechselwirkung zwischen Puritanismus und Aufklärung, die es analog auf dem europäischen Festland im Verhältnis von Pietismus und Aufklärung auch gab. Diese puritanische Frömmigkeit war von individuellem Erwählungsglauben und sittlicher Entschlossenheit bestimmt, die im täglichen Handeln auf die Leistungskraft menschlicher Vernunft vertraute. Sie war darin noch ganz frei von den späteren dogmatischen Abschottungen und antimodernen Engführungen der Erben des Puritanismus und Pietismus. Robinson Crusoe ist ein Sinnbild für eine christlich-fromme und doch auch aufgeklärte Haltung im 18. Jahrhundert, die sich selbst als Aufbruch in eine glorreiche Zukunft verstand und erlebte. Das Buch erinnert daran, was mit der Moderne einmal gemeint war und worin der Beitrag des Christentums zu diesem Projekt hätte bestehen können. Damit ist das vermeintliche Kinderbuch auch ein fortwährendes Gegenmittel gegen die Zynismen und Depressionen der Moderne.

Das Christentum griff mit Bunyan und Defoe seit dem späten 17. Jahrhundert auf die Gattung des Romans aus und verhalf ihm damit zu seinem rasanten Aufstieg. So wie es von Anfang an stets neue Kulturformen wie die Architektur, die Musik und die Kunst in den Dienst genommen und nachhaltig geprägt hat, hat es im 17. Jahrhundert den Roman als ein neues Medium entdeckt. Dieser Medienwechsel ist eines der deutlichsten Sinnbilder für die Verwandlung des Christentums in der Moderne. Sie ist begründet in der enormen Aufwertung des

Individuums. Der Roman eröffnete bislang nicht bekannte subjektive Beteiligungsmöglichkeiten, denn die Leserinnen und Leser konnten und mussten die angebotene Erzählung mit ihrer Vorstellungskraft in ihre eigene Lebenswirklichkeit übertragen, um den Roman zu verstehen. Die Form der Erzählung rückte zudem durch die konkretere Darstellung von Raum und Zeit die Botschaft näher an das Leben heran, als dies metaphysische oder dogmatische Begriffsabhandlungen konnten. Der Roman veranschaulichte, wie die menschliche Weltwahrnehmung grundsätzlich «in Geschichten verstrickt»[166] ist, und darin lag seine Wirksamkeit als neues religiöses Medium.

Zehntes Kapitel

Die Metamorphose des Christentums in der Sattelzeit

Die Umbruchzeit zwischen 1770 und 1830, die der Historiker Reinhart Koselleck als «Sattelzeit» bezeichnet hat, war auch für das Christentum eine Zeit des Übergangs.[1] Es hatte 1830 eine andere politische und gesellschaftliche Gestalt als 1770, mit Folgen bis in die Gegenwart. Die Französische Revolution und die napoleonische Ära beschleunigten die von der Aufklärung in Gang gesetzte Suche nach einer neuen Gestalt des Christentums. In Deutschland erörterten die Philosophen des Idealismus die Möglichkeiten, die Gehalte des Christentums in einem kohärenten System zu denken, und die Romantiker exerzierten vor, wie sich die Welt und ihr Geheimnis im Gefühl erschließt und wie dies besser und tiefer in Literatur, Kunst und Musik artikuliert werden konnte als in der Religion. Musik, Kunst und Literatur emanzipierten sich von einer bloßen kirchlichen Indienstnahme, ohne dadurch an religiösen Bezügen zu verlieren – im Gegenteil.

1
Gott in Frankreich: Der große Umbruch

Die Redewendung «Wie Gott in Frankreich leben» mag historisch frühere Ursprünge haben, auf die Lebensbedingungen des höheren Klerus im vorrevolutionären Frankreich passt sie jedoch mühelos. Es war ein angenehmes Leben in

Reichtum, das die Angehörigen des ersten Standes führen konnten. Die französischen Bischofssitze waren in der Hand weniger Adelsgeschlechter, die deren Besetzung untereinander in dynastischem Interesse regelten. Der überwiegende Teil der Bevölkerung hatte hingegen für einen üppigen Lebensstil aufzukommen, von dem er dauerhaft ausgeschlossen war. Die Wurzeln dieses Systems reichen weit zurück bis ins Mittelalter. Nirgendwo war das Christentum so fest im Staatsgefüge verankert wie im vorrevolutionären Frankreich, seine Repräsentanten verkörperten die Elite des Staates.[2]

Das Christentum und die Französische Revolution

Die Französische Revolution war vor allem in Frankreich ein gravierender Einschnitt für das Christentum, denn nirgendwo wurde das einstmals so enge Verhältnis zwischen Staat und Kirche stärker verändert als hier. Die an politischen Ereignissen dichte Revolutionsdekade lässt sich in vier Phasen unterteilen.[3] Die Krise des Ancien Régime entlud sich mit dem Sturm auf die Bastille am 14. Juli 1789 in einer ersten revolutionären Phase, in der es bis 1792 um bürgerliche Freiheitsrechte und die Etablierung einer konstitutionellen Monarchie ging. Nach deren Scheitern wurde 1792 die erste französische Republik errichtet, während der sich die Revolutionsregierung immer weiter radikalisierte und im Kampf gegen gegenrevolutionäre Kräfte zu einer Diktatur wurde, die sich mit der Guillotine und dem Großen Terror in die Erinnerung eingebrannt hat. Die Direktoriums-Regierung strebte in einem dritten Abschnitt nach einer Stabilisierung der Verhältnisse, bis dann im November 1799 Napoleon die Macht ergriff und Europa bis 1815 in Atem hielt. Alle vier Stadien brachten für das Christentum markante Veränderungen mit sich. Die darauf folgende Restauration des Wiener Kongresses war nicht einfach die Rückkehr in die alte Ordnung. Denn die Welt war 1815 eine andere, und mit ihr auch die Rolle des Christentums in der Welt.[4]

Der Zusammenbruch des Ancien Régime am Ende des 18. Jahrhunderts hatte viele Ursachen; die Wirtschaftskrise, die erstarrte Gesellschaftsstruktur und der Ausschluss des überwiegenden Teils der Bevölkerung von allen politischen Gestaltungsmöglichkeiten waren die gravierendsten.[5] Der Klerus hatte als Erster Stand umfangreiche politische, fiskalische und juristische Privilegien.[6] Aus dem großen Grundbesitz standen ihm Zehntabgaben in Naturalien zu, die er selbst weiterverkaufen konnte, und in den Städten warf der umfangreiche Immobilienbesitz hohe Mieterträge ab. Doch in den Genuss dieses Reichtums kam nur der höhere Klerus. Dem niederen Klerus in den Pfarreien wurde aus den gesamten Erträgen ein kärgliches Gehalt ausbezahlt, das in krassem Widerspruch zur bischöflichen Prachtentfaltung stand. Zur wirtschaftlichen Spaltung des Klerus kamen mentale Verwerfungen hinzu. Das Ordensleben befand sich in einer schweren Krise, der weltabgewandte Lebensstil verlor im Zeitalter der Aufklärung massiv an Plausibilität. Das betraf nicht nur Frankreich; schon Kaiser Joseph II. hatte zuvor in den habsburgischen Territorien Klöster aufgehoben und enteignet. Die in Frankreich besonders aggressive Christentumskritik der Aufklärungsphilosophie höhlte die Autorität der Kirche aus und brachte den Klerus zunehmend in eine defensive Lage.[7]

Die Benachteiligung des niederen Klerus führte im Juni 1789 dazu, dass sich bei der Versammlung der Generalstände reihenweise Vertreter des Klerus, des Ersten Standes, dem Dritten Stand anschlossen, sich mit diesem zusammen zur Nationalversammlung erklärten und im berühmten Ballhausschwur schworen, sich nicht zu trennen, bis eine Verfassung geschaffen wäre. Edmund Burke, der große zeitgenössische Kritiker der Revolution, spottete in einem Anflug von britischem Snobismus hintergründig, die Nationalversammlung bestehe einerseits aus «Provinzialadvokaten […] und dem ganzen Heer der Prozessstifter und […] Rädelsführer in den winzigen Plackereien der Dorfkriege»[8] und andererseits aus «Landpfarrern […], die, in hoffnungsloser Armut begraben, alles Eigentum, es mochte nun der Kirche oder den Laien gehören, nicht anders als mit Augen des Neides ansehen konnten».[9] Richtig daran ist, dass die Ziele von 1789 bis weit in die Kirche hinein auf positive Resonanz stießen.

Nach den dramatischen Ereignissen im Juli 1789 mit dem Höhepunkt der Erstürmung der Bastille machte sich die Nationalversammlung ab August an grundlegende Reformen, deren rechtliche Basis die Erklärung der Menschen- und Bürgerrechte vom 26. August 1789 bilden sollte. Inspiriert von der Amerikanischen Unabhängigkeitserklärung entstand damit die erste Erklärung dieser Art auf europäischem Boden.[10] Sie nahm die staatstheoretisch aufgeklärten Ideen der Volkssouveränität und der Gewaltenteilung auf und wurde darin zum Vorbild moderner Verfassungen. In der Frage der Religionsfreiheit entschied man sich für einen Kompromiss. Artikel 10 gestand sie jedem Bürger zu, «solange deren Äußerung nicht die durch das Gesetz begründete öffentliche Ordnung stört».[11] Anders als die Amerikanische Unabhängigkeitserklärung sprach der Artikel damit keine vollständige Trennung von Staat und Kirche aus. Unter Rückgriff auf die Gedanken Rousseaus zur Zivilreligion stimmte der Klerus allerdings bereitwillig dem Gedanken zu, «Recht und Stellung der Kirche nach ihren Funktionen in der Gesellschaft zu bemessen».[12] Die Risiken der vom Klerus unter neuen Vorzeichen gewünschten Fortsetzung der Bindung der Kirche an den Staat traten dann auch sofort bei der Lösung der schwierigsten Aufgabe zutage, vor der die Nationalversammlung stand: der Behebung der Finanzkrise des Staates, die ein entscheidender Auslöser der Revolution gewesen war.¹³ Am 4. August beschloss die Nationalversammlung unter euphorischer Zustimmung des Adels und des höheren Klerus die Abschaffung des Feudalsystems und damit auch das Ende der Zehntabgabe an die Kirche. Aber das war erst der Beginn der Einschnitte in Einkünfte und Vermögen der Kirche. Talleyrand, der als ehemaliger Generalbevollmächtigter des Episkopats beste Einblicke hatte, rechnete vor, dass die Einkünfte der Kirche – den Zehnten noch mitgerechnet – in etwa dem Einkommen entsprachen, das der Staat aus Steuern bezog.¹⁴ Am 2. November 1789 beschloss die Nationalversammlung, dass die Kirchengüter dem Staat zur Verfügung gestellt werden.¹⁵ Schon im Dezember begann der Verkauf des Kirchenbesitzes. Als Gegenleistung hatte der Staat für die Besoldung der Priester und die Finanzierung des Kultus aufzukommen. Die Spaltung des Klerus vertiefte sich nun, denn für den niederen Klerus verbesserte sich die Lage merklich. Die Nationalversammlung verdoppelte das Mindestgehalt der Priester nahezu.¹⁶ Als verfassungsgebendes Organ fühlte sich die Nationalversammlung selbstverständlich zuständig für die Regelung der kirchlichen Fragen, ein Recht des Staates, das zuvor schon Friedrich II. und Joseph II. für sich in Anspruch genommen hatten. Am Ende des 18. Jahrhunderts lagen in der Verstaatlichung der Kirchengüter ein absolutistischer Monarch und eine demokratische Nationalversammlung nicht weit auseinander. In Frankreich kostete dies die Kirche ihre Unabhängigkeit.

Im Februar 1790 wurde die Auflösung der Klöster beschlossen. Die zeitgenössischen Beobachter dürften kaum vor Fassungslosigkeit die Hände über dem Kopf zusammengeschlagen haben. Seit dem Reformationszeitalter war der Zugriff auf das Vermögen der Klöster stets eine Verlockung für Fürsten und Könige gewesen. Das war er nun auch für Parlamente. Die Maßnahmen gegen die Klöster im späten 18. Jahrhundert belegen einen rasanten Ansehensverlust der monastischen Lebensform im Zeitalter der Aufklärung. Es bedurfte keiner Radikalaufklärer, die Bischöfe selbst stöhnten unter den Missständen und prangerten eine «schwelgerische und liederliche Lebensweise»¹⁷ unter den Mönchen und Nonnen an. Zwar lehnte der Klerus die Aufhebung der Klöster in der Verfassungsgebenden Versammlung mehrheitlich ab, aber energisch fiel der Widerstand nicht aus.¹⁸

Im Juli 1790 erarbeitete die Verfassungsgebende Versammlung schließlich die Zivilverfassung des Klerus. Nachdem der Kirche ihre wirtschaftliche Unabhängigkeit entzogen worden war, war diese staatliche Neuregelung des kirchlichen Lebens notwendig und folgerichtig.¹⁹ Die Bistümer wurden nach den neu geschaffenen Departements eingerichtet, Bischöfe und Pfarrer sollten von den Wahlversammlungen des Departments und des Distrikts gewählt werden, die Domkapitel wurden durch Episkopalräte ersetzt, und die Bezahlung der Geistlichen wurde durch den Staat geregelt. Von einer strikt antikirchlichen Haltung konnte bei dieser Zivilverfassung des Klerus keine Rede sein. Die Bestimmungen über den Bischof dokumentieren einen hohen Respekt vor dem Amt, und die Konzentration auf das Amt des Seelsorgers, Oberhirten und Lehrers sprach im Vergleich zu den früheren Zuständen im Episkopat von einem neuen Geist, den das Christentum selbst nur begrüßen konnte.[20] Tatsächlich hat sich das katholische Bischofsamt im 19. Jahrhundert dann auch weg vom Kirchenfürsten hin zu dem in der Zivilverfassung bereits angelegten Ideal des geistlichen Oberhauptes bewegt. Die Zivilverfassung setzte die Oberhoheit des Papstes über die französische Kirche nicht außer Kraft, beschränkte aber seine Zugriffsrechte, indem sie ihm beispielsweise die Gerichtsbarkeit über französische Geistliche entzog. Die Mehrheit der französischen Bischöfe warb beim Papst um Zustimmung zu dieser Zivilverfassung. Doch der Papst schwieg lange. Schließlich beschloss die Verfassungsgebende Versammlung im November, von den Geistlichen einen Treueid auf die Verfassung und damit auch auf die Zivilverfassung des Klerus zu verlangen. Erst im März 1791 verweigerte Papst Pius VI. (1717–1791) öffentlich der Zivilverfassung die Zustimmung – und dies gründlich.[21] Das Breve *Quod Aliquantum* lehnte zunächst die in der Menschen- und Bürgerrechtserklärung vertretenen Prinzipien sowie die Idee der Volkssouveränität ab.[22] Damit brüskierte der Papst auch alle jene Vertreter des französischen Episkopats und Klerus, die in der Nationalversammlung mitarbeiteten. Unter Berufung auf das Kirchenrecht beharrte der Papst auf dem Recht der Bischofseinsetzung und der Festlegung der Bistümer.[23] Auf die päpstliche Ablehnung der Zivilverfassung antwortete Frankreich mit dem Abbruch der diplomatischen Beziehungen zum Kirchenstaat.[24] Damit war die französische Kirche in ein Schisma gestürzt, mit weitreichenden Folgen für das Verhältnis von Christentum und Revolution.

Der spätere Vorwurf, Pius VI. hätte mit einer anderen Haltung das Schisma abwenden können, ist historisch naiv. Der Papst konnte genauso wenig wie König Ludwig XVI. – die andere tragische Figur in der ersten Revolutionsphase – anders handeln. Er war wie der König der Garant und Hüter eines Jahrhunderte währenden Systems. Es zu erhalten, war der Sinn seines Amtes. Die Angst vor materiellen Einbußen mag auch eine Rolle gespielt haben, da der französische Ausgriff auf Avignon die territorialen Ansprüche des Kirchenstaates betraf. Ganz überwiegend war die ablehnende Haltung des Papstes gegenüber den Revolutionsidealen jedoch ein Akt institutioneller Selbsterhaltung.

Trotz der Ablehnung des Papstes fanden die Ideale der ersten Revolutionsepoche auch im Klerus viele Anhänger. Eine wichtige Rolle spielten in der Anfangsphase der Revolution die von Burke als Dorfpfarrer verspotteten Abbés.

Claude Fauchet etwa bemühte sich um eine Theologie der Revolution. Er predigte, Christus selbst habe die Revolution befohlen und die Menschenrechte offenbart.[25] Dass die Revolution ihn 1793 als Girondisten hinrichtete, zeigt, wie überstürzt sich die Dinge in der zweiten Phase entwickelten.[26] Fauchet steht jedenfalls für die vielen Kleriker, die im Namen des Christentums die Revolution begrüßten.

Wenn man also schwerlich von einem schlichten Standesegoismus des Klerus sprechen kann, warum scheiterte dann der Versuch, dem Christentum in der revolutionären Neuordnung Frankreichs einen Platz zuzuweisen? Jules Michelet verlieh dieser Frage im 19. Jahrhundert in seiner Geschichte der Französischen Revolution eine existentielle Dimension für das Selbstverständnis Frankreichs. Ein moderner Staat, der sich auf die Grundsätze der Aufklärung beruft, vertrug sich seiner Ansicht nach nicht mit der christlichen Religion,[27] da beide, Staat und Kirche, konkurrierende und sich ausschließende Heilslehren verträten, die mit unterschiedlichen Mitteln um die Erlösung des Menschen ringen.[28] Daraus wurde die bis heute virulente Idee der *deux Frances*, der «zwei Frankreiche», nach der ein revolutionär-laizistisches und ein konservativ-katholisches Frankreich um die Vorherrschaft streiten.[29] Auch wenn es in den letzten zweihundert Jahren in Frankreich viele Formen der Zusammenarbeit von Staat und Kirche gegeben hat, hat Michelet etwas Richtiges gesehen. Zwischen 1789 und 1791 gab es institutionell keine Möglichkeit, Christentum und modernen Staat zusammenzubringen. Der von der Nationalversammlung vorgeschlagene Lösungsversuch einer in den Staat integrierten Kirche musste scheitern – seitens der Kirche aus institutionellen und religiösen Gründen, seitens des Staates, weil er letztlich keine Kirche braucht, um seine Bürger zur Tugend und zur Einheit der Nation anzuhalten. Dies sind evidente Prinzipien, auf die die Vernunft von selbst kommt. Die Kirche hingegen lebt wesenhaft von dem Ausgriff auf das Ungreifbare und der Darstellung des Undarstellbaren. Das Scheitern der Kirche in den ersten Revolutionsjahren zeigt, dass sich die Existenzberechtigung der Religion nicht über ihren Nutzen für die Gesellschaft sichern lässt.

Der Blitzeinschlag: Entchristianisierung

Nachdem es nicht gelungen war, die Kirche institutionell an die Ideale der Revolution zu binden, eskalierte das Verhältnis der Revolution zum Christentum. 1792 wurde zum Schicksalsjahr.[30] Eine Koalition europäischer Mächte bedrohte Frankreich von außen, Aufstände in den Provinzen destabilisierten das Land von innen. In dieser Lage galten die papsttreuen Eidverweigerer als Konterrevolutionäre. Einige waren das auch, aber nicht alle. Im Frühjahr 1792 wurde die Inhaftierung und Deportation der eidverweigernden Priester angeordnet, allein das königliche Veto hielt die Umsetzung auf. Im September 1792 kam es zu Massakern in den Gefängnissen, den berüchtigten Septembermorden.[31] Die Revolution zeigte ihre hässliche Fratze. Der Mob richtete in Paris die vermeintlichen Konterrevolutionäre. Besonders betroffen waren Priester, Mönche und Nonnen. Zwischen dem 2. und 4. September wurden über 200 Priester ermordet, allein im Konvent der Karmeliter wurden 115 der 150 Priester umgebracht. Nonnen wurden vergewaltigt und getötet. Die Revolutionsführung ging dagegen nicht vor. Spätestens jetzt sahen die Priester und Ordensleute, dass sie fliehen mussten. Zu Tausenden verließen sie Frankreich in die angrenzenden Staaten und nach England, wo sich im Dezember 1792 rund 7000 Priester einfanden. Die Religionsflüchtlinge waren in ihren Exilländern keineswegs herzlich willkommen, die Regierungen fürchteten groteskerweise, sie könnten die eigene Bevölkerung mit jakobinischen Gedanken infiltrieren. In Frankreich hingegen reichte die institutionelle Zugehörigkeit zum Christentum aus, um in den Verdacht zu geraten, ein Konterrevolutionär zu sein. Mit der Eröffnung des Konvents am 21. September 1792 wurde das Königtum abgeschafft, vier Monate später wurde Ludwig XVI. hingerichtet. Der Plan einer konstitutionellen Monarchie mit einer in den Staat eingebundenen Kirche war damit endgültig gescheitert.

Die Ereignisse des Herbstes 1792 waren eine Zäsur. Nach über eineinhalb Jahrtausenden gab es in Europa wieder eine Christenverfolgung. Das Beispiel der Französischen Revolution sollte in fast allen folgenden Revolutionen auf christlichem Gebiet Schule machen. Nicht die Antike, sondern die Neuzeit ist in Zahlen gemessen die Epoche der größten Christenverfolgungen. Die gewaltige Eruption antichristlicher Energie in der Französischen Revolution kam überraschend. Die Pogrome waren keineswegs eine logische Folge der vorausgehenden Entwicklungen, da Kritik am Christentum im Frankreich des 18. Jahrhunderts vor allem in der gesellschaftlichen Elite und in intellektuellen Zirkeln verbreitet war. Und doch musste sich Hass auf das Christentum in seiner institutionellen Erscheinungsform aufgestaut haben, der bisher noch nicht befriedigend erklärt werden konnte. Den Ereignissen haftet durchaus etwas Rätselhaftes an, in ihrer Unberechenbarkeit gleichen sie einem kulturgeschichtlichen Blitzeinschlag.[32]

Der Verfolgung und Massenflucht der Priester und Ordensleute folgte die Einstellung des christlichen Kultbetriebes. Die Entwicklung gelangte im Herbst 1793 an ihren Höhepunkt.[33] Nach Entzug der finanziellen Mittel wurde die Feier der Gottesdienste eingestellt, im November zwang man den Bischof von Paris zur Abdankung. Zwei Wochen später wurden alle Pariser Kirchen der Vernunft geweiht und damit als christliche Kirchen geschlossen. Die Jakobiner machten in weniger als einem Jahr die Hauptstadt Frankreichs, die für Jahrhunderte eines der wichtigsten Zentren des Christentums gewesen war, zu einer offiziell christentumsfreien Stadt.

Anfang Oktober 1793 beschloss der Konvent die Einführung eines neuen Kalenders.[34] Die Zeitenwende wurde auf den ersten Tag der Republik nach Abschaffung der Monarchie, also auf den 22. September 1792, festgelegt. Das Jahr wurde in 12 Monate zu 30 Tage unterteilt, fünf oder im Falle eines Schaltjahres sechs zusätzliche republikanische Feiertage kamen am Jahresende hinzu. Die Wocheneinteilung wurde abgeschafft und durch Dekaden ersetzt; der zehnte Tag einer Dekade wurde als Feiertag begangen. Die Monate erhielten aus dem Kreislauf der Natur entlehnte Namen, bekannt sind noch heute vor allem die Monatsnamen Brumaire (Nebelmonat) und Thermidor (Hitzemonat). Der Neuansatz der Zeitenwende mit der Revolution und die Abschaffung des Sonntags und damit auch aller christlichen Feiertage brachte unmissverständlich zum Ausdruck, dass mit der Revolution eine nachristliche Ära beginnen sollte. An die Stelle der christlichen Strukturierung der Woche und des Jahres mit seinen Zeiten und Festen setzten die Jakobiner eine neue Ordnung der Zeit, die sich bis in die Anfänge der Revolution zurückverfolgen lässt. Gefeiert wurden nun unsterbliche Ideen und Ideale großer Menschen. Verstorbene Helden der Revolution wurden feierlich in die zum Pantheon umgewidmete Kirche Sainte-Geneviève überführt.[35] Die Beisetzung Mirabeaus war eine erste wirksame Inszenierung einer «politischen Himmelfahrt».[36] Einen Höhepunkt bildete die feierliche Überführung Voltaires im Juli 1791 in einem bombastischen Triumphzug mit allen militärischen Ehrenbekundungen, die die Revolution als legitime Erbin der Aufklärung aufbieten konnte.[37] Die Überführung nahm Anleihen beim christlichen Ritus, versah die einzelnen Handlungen aber mit einem neuen Sinn. Es ist kein Zufall, dass dieses Ereignis wenige Monate nach der endgültigen Zerrüttung der Beziehungen zwischen Frankreich und dem Papst stattfand. Vom Christentum war keine Legitimation der Revolution mehr zu erhoffen.

Der Prozess der Transformation christlicher Riten beschleunigte sich von nun an.[38] Das republikanische Rom, also die Epoche der vorchristlichen Antike, diente dabei als legitimationsspendendes Symbolreservoir. Der Cäsarenmörder Brutus stieg im wahrsten Sinne des Wortes zu einem neuen Heiligen auf, gefallene Jakobiner wurden zeremoniös als Märtyrer verehrt. Die Umwidmung der Kirchen zu Tempeln der Vernunft knüpfte hingegen an die Aufklärung an,[39] das zweite große Legitimationsreservoir der Revolution. Sie unterband so nicht einfach nur den christlichen Ritus, sondern ersetzte ihn durch revolutionäre

Riten.⁴⁰ Schließlich kam es auch zu Vorgängen, die auf Französisch als *débaptisation* bezeichnet wurden. Straßen, Plätze, aber auch Menschen wurden «umgetauft», christliche durch antike oder an die Revolution erinnernde Namen ersetzt.⁴¹

In den antichristlichen Kampagnen des Jahres 1793 schimmerte erstmals in der Gestalt einer sozialen Bewegung ein atheistischer Geist durch, der keineswegs allen Revolutionären behagte. Es gibt wenige Gelegenheiten, Friedrich den Großen und Robespierre (1758–1794) in einem Atemzug zu nennen, ihre religiösen Auffassungen hingegen bieten eine solche. Auch Robespierre begeisterte sich für den an der Vernunft ausgerichteten Deismus der Aufklärung. Das schloss eine antiklerikale Haltung ebenso mit ein wie eine entschiedene Frontstellung gegen den Atheismus.⁴² Robespierre hielt ihn für eine Dekadenzerscheinung des Adels. Ausgerechnet Robespierre, dessen Name unauflöslich mit der blutigsten Phase der Revolution verbunden ist, dem großen Terror vom Herbst 1793 bis zu seinem Tod im Juli 1794, vertrat in der Religionsfrage eine eher moderate Position. Scharfsichtig sah er, dass die Bekämpfung des Christentums gegen die religiöse Freiheit als eines der hehrsten Revolutionsideale verstieß, zudem erkannte er pragmatisch klug, dass Berichte über die Entchristianisierung das Ansehen Frankreichs im Ausland schwer beschädigten. Antichristliche Agitatoren verdächtigte er daher als unmoralische Agenten des Auslands, die der Revolution schaden wollten. Die führenden Protagonisten der Entchristianisierung fielen daher unter dem Verdacht der Konterrevolution der Guillotine zum Opfer.⁴³

Auf dem Höhepunkt seiner Religionspolitik führte Robespierre feierlich den Kult des Höchsten Wesens ein.⁴⁴ Er wollte damit die Verehrung der Vernunft in einen breitenwirksamen Kult überführen, von dem er sich einen öffentlichen Appell an die tugendhafte Gesinnung und Moral der Revolution erhoffte. Robespierre selbst entwarf die liturgischen Texte und ließ einprägsame Choräle komponieren. Mit der Inszenierung der Einsetzungsfeier beauftragte er Jacques-Louis David, den unangefochtenen Star unter den Künstlern jener Zeit. Zu der Feier gehörte auch die Verbrennung einer symbolischen Darstellung des Atheismus. Am 8. Juni 1794, dem früheren Pfingstfest, führte Robespierre in hellblauem Gewand und mit Blumen geschmückt die Prozession an. Selbst auf Robespierres Anhänger und die Mitglieder des Wohlfahrtsausschusses wirkte dieses Fest des Höchsten Wesens bizarr, es fand nach der Hinrichtung Robespierres wenige Wochen später keine Nachahmung mehr. Den verbliebenen Anhängern des Christentums bot der neue Kult ohnehin nichts, woran sie sich erwärmen konnten. Eine ältere Frau aus der Provinz, wo im Anschluss an die Pariser Feierlichkeiten ähnliche Zeremonien eingeführt werden sollten, brachte die Vorbehalte auf den Punkt. Auf die Frage eines Soldaten, warum sie nicht an den Feierlichkeiten teilnehme, antwortete sie knapp: «Es ist nicht euer Gott, den ich verehre. Er ist zu jung.»[45] Die Aura der Heiligkeit hat auch mit der Altehrwürdigkeit einer Tradition zu tun, sie entsteht und lässt sich nicht erzeugen. Nach den missglückten Versuchen der englischen Deisten in London im 17. Jahrhundert war Robespierres Fest des Höchsten Wesens in Paris der zweite und letzte Versuch, in groß angelegtem Stil den Kult einer Vernunftreligion zu stiften. Die Evangelisierung durch die Vernunftreligion war gescheitert.[46]

Der Zenit der Entchristianisierung wurde zwar bereits unter Robespierre überschritten, aber eine Rückkehr zum Christentum bedeutete das in Frankreich noch lange nicht. Die Jahre der Regierung des Direktoriums, die auf Robespierre folgten, dienten vor allem der Eindämmung der inneren Gewalt und den mühsamen Versuchen der Stabilisierung einer Gesellschaft, die nach dem großen Terror zwischen ausgelassenen Festen und Hungersnöten hin- und herschwankte. Zeitgenossen merkten dazu lakonisch an: «Wenn man um Mitternacht oder um 1 Uhr aus dem Tanzsaal kam, erblickte man als erstes die schon vollzählig angetretenen Schlangen vor den Bäckerläden.»[47] Im Verhältnis zum Christentum schwang das Pendel zwischen Antiklerikalismus und Antijakobinismus hin und her. Anhänger der *jeunesse dorée*, meist junge Männer der großen Städte, stritten gewaltsam für die Rückkehr zum bürgerlichen Leben und verfolgten die Jakobiner und ihre Anhänger.[48] An diesem Weißen Terror beteiligten sich auf dem Lande Gruppierungen, die sich Jesusbanden nannten.[49] Ab 1795 kehrten viele der emigrierten Priester zurück, das führte zu Konflikten mit den Priestern, die im Land geblieben waren und das kirchliche Leben in Gang hielten, auch wenn die Kirchen offiziell geschlossen blieben.

Die Spannungen zwischen der Republik und der Kirche verschärften sich ab 1798 durch die politischen Interventionen des Papstes gegen die französischen Truppen in Italien. Die Revolutionstruppen marschierten im Februar 1798 unter General Berthier kurzerhand in Rom ein, riefen die Römische Republik aus, stellten Papst Pius VI. unter Arrest und wiesen ihn schließlich in ein französisches Zwangsexil aus.[50] Der Wunsch des inzwischen todkranken Papstes, in seiner Heimat sterben zu dürfen, fand kein Gehör bei den Soldaten der Revolution. «Sterben können Sie überall», soll die Antwort eines französischen Offiziers gewesen sein.[51] Pius VI. starb im August 1799 in Valence, abgeschieden und in einer schäbigen Zitadelle,[52] während die Kardinäle aus Rom geflohen waren und der Revolutionskalender in Geltung war. Der Tod des Papstes war für die europäische Öffentlichkeit ein aufsehenerregendes, aufschreckendes Ereignis; es schien, als wäre das Papsttum an sein Ende gekommen.

Die Revolution hinterließ in Frankreich eine zerrüttete Religionslandschaft.

Es gab keine Infrastruktur religiöser Institutionen mehr, der Klerus war in Auflösung begriffen und die Menschen zutiefst verunsichert. Unter den vielen ungelösten Problemen des nachrevolutionären Frankreich war die Religionsfrage eines der dringlichsten.[53]

Im Dienst des Staates. Napoleons Neuordnung

«Am Anfang war Napoleon.»[54] Die große Darstellung der deutschen Geschichte des 19. Jahrhunderts von Thomas Nipperdey beginnt mit diesem Satz. Zu Recht. In den ersten eineinhalb Jahrzehnten des 19. Jahrhunderts bestimmte Napoleon mit weitreichenden Folgen nicht nur Deutschlands Geschicke, sondern die ganz Europas. Napoleon war trotz aller Restaurationsversuche im 19. Jahrhundert der Anfang vom Ende des Gottesgnadentums der europäischen Monarchen. Die durch Napoleons Person repräsentierte Aufstiegsdynamik, die Tatkraft und Wille an die Stelle von Geburt stellte, bereitete dieser Entwicklung den Weg und steht für die moderne Auffassung, dass unabhängig von ihrer Herkunft alle Menschen gleichermaßen die Schmiede ihres eigenen Glücks sind.

Napoleon Bonaparte war in den Kriegen unter dem Direktorium zum populärsten General der Revolutionsarmeen aufgestiegen. Am 18. Brumaire des siebten Jahres im Revolutionskalender, dem 9. November 1799, setzte er das Direktorium ab.[55] Die Revolution retten und bewahren war die Devise, mit der er antrat.[56] Er erkannte das Verlangen nach Stabilität und Frieden. Vieles hing dabei auch an der Religionsfrage. Denn es waren die unauflöslichen Spannungen zwischen den Anhängern des Christentums und ihren Gegnern, die dauerhaft die Stabilität untergruben. Napoleon sah das und setzte nur wenige Wochen nach seiner Machtübernahme entschieden neue religionspolitische Akzente.[57] In den Dezemberedikten lockerte er die Religionsgesetzgebung, so dass die Gemeinden ihre Kirchen wieder für Sonntagsgottesdienste nutzen konnten. Ebenfalls im Dezember 1799 veranlasste er ein Begräbnis für Papst Pius VI. mit allen päpstlichen Ehren. Auf der anderen Seite tastete er jedoch das Verbot religiöser Praktiken außerhalb der Kirchen wie Glockenläuten oder Prozessionen nicht an, ebenso waren am Festakt der republikanischen Dekade, dem *décadi*, weiterhin alle religiösen Handlungen untersagt.

Napoleons Religionspolitik am Anfang seines Konsulats war ein Gang auf Messers Schneide. Von der «linken» Seite misstraute man ihm seit seinem Staatsstreich, die Wiederzulassung des Christentums erschien wie ein Verrat an der Revolution. Die vor allem auf dem Land katholisch gebliebenen Franzosen wiederum waren immer noch zutiefst entsetzt über die Attacken der Revolution auf das Christentum, viele wünschten sich das Königtum zurück. Zwischen Jakobinern und Royalisten hindurch arbeitete Napoleon auf eine Lösung hin, die im Interesse der innen- und außenpolitischen Stabilität die Religionsausübung wieder zulassen und gleichzeitig den Interessen des nachrevolutionären Frankreich dienen sollte. Viele Probleme kamen zusammen. An der Religionsfrage hing auch die des Umgangs mit den Emigranten, die bereits nach Robespierres Sturz allmählich zurückkehrten und reintegriert werden mussten. Die Revolutionsgegner erkannten die Kirche der Zivilverfassung nicht an. Damit zweifelten sie auch Eheschließungen und die Rechtmäßigkeit der daraus hervorgegangenen Kinder an, was bis hinein in Erbrechtsfragen eklatante Folgen hatte und für große Unruhe sorgte.[58] An der Religionsfrage hing schließlich auch die Beziehung Frankreichs zum Kirchenstaat, die für den außenpolitischen Frieden eine unerlässliche Voraussetzung war.

In zähen Verhandlungen schlossen Frankreich und der Heilige Stuhl 1801 ein Konkordat, das Napoleon als Erster Konsul und Papst Pius VII. ratifizierten.[59] Der Papst erkannte darin die neue Ordnung in Frankreich an, dazu gehörte auch der endgültige Verzicht auf den 1789 enteigneten Kirchenbesitz. Napoleon garantierte im Gegenzug bei Anerkennung der Religionsfreiheit den Katholizismus als die Mehrheitsreligion Frankreichs. Die Bischöfe wurden unter Aufgabe des Wahlprinzips, das die Zivilverfassung der Revolution eingeführt hatte, wie schon vor der Revolution vom französischen Staatsoberhaupt ernannt und unter der geistlichen Autorität des Papstes installiert, im Anschluss an die Messe hatten sie für das Wohl des Staates zu beten.

Mit der Anerkennung der neuen politischen Ordnung Frankreichs löste der Papst das jahrhundertealte Band zwischen katholischer Kirche und Königshaus und verknüpfte den Fortbestand des Katholizismus nicht mehr zwangsläufig mit der politischen Ordnung der alten Welt.[60] Zunächst erschien es, als habe Napoleon in der Einigung mit dem Papst den Teil der Kirche, der in der Revolution der neuen Verfassung die Treue geschworen hatte, ganz fallen gelassen. Offensichtlich unterschätzte er ihre Zahl und traute ihrem religiösen Rückhalt in der Bevölkerung zu wenig zu. Die Enttäuschung und der Widerstand aus diesen Reihen waren daher groß. Ihr Wortführer, Bischof Grégoire, lehnte das Konkordat mit Rom als Preisgabe der religionspolitischen Errungenschaften der Revolution schlichtweg ab.[61] Ihm schwebte ein erneuertes Christentum im Geist der Revolution vor, für das in Napoleons instrumenteller Religionspolitik jedoch kein Platz war.[62]

Nach fast einem Jahrzehnt religionsfeindlicher Regierungen staunte die französische Öffentlichkeit nicht schlecht, als 1802 das Staatsoberhaupt wieder eine Messe in Notre-Dame besuchte.[63] Im gleichen Jahr hob Napoleon die Dekadeneinteilung des Revolutionskalenders auf, die sich auf dem Land ohnehin nie durchgesetzt hatte. In seinem 14. Jahr verschwand der Revolutionskalender zum 31. Dezember 1805 schließlich ganz.[64] Was die Beziehungen zwischen Frankreich und Rom anbelangte, schien das Konkordat allerdings bald das Papier nicht wert, auf dem es gedruckt war. Napoleon machte keine Anstalten, den Kirchenstaat wieder zuzulassen. Auf dem Höhepunkt seiner Macht in Europa wurde er vom Papst als «Räuber des Kirchenstaates»[65] exkommuniziert, Pius VII. wurde daraufhin bis zum Ende der napoleonischen Ära in Gefangenschaft gesetzt. Und dennoch: Das Konkordat von 1801 war ein Meilenstein in der Regelung der Beziehung zwischen modernem Staat und institutionellem Christentum. In Frankreich galt es bis zur endgültigen Trennung von Kirche und Staat das ganze 19. Jahrhundert, in den meisten anderen europäischen Staaten sind bis heute verfassungsrechtliche Bestimmungen in Kraft, die mit Blick auf die langen geschichtlichen Verbindungen ein ähnlich komplexes Verhältnis zwischen Staat und Kirche zu Grunde legen, wie es schon das Konkordat von 1801 tut. Spätere Modelle räumten der Kirche allerdings meist wieder ein höheres Maß an Eigenständigkeit ein.

Zu den Lehren der Revolutionswirren gehörte die Erkenntnis, dass der Staat um des inneren Friedens, aber auch um des religiösen Bedürfnisses eines großen Anteils seiner Bevölkerung willen eine institutionelle Regelung der Religionspraxis braucht. Die Aussöhnung mit dem Christentum wurde am Anfang des 19. Jahrhunderts zu einem «Akt der Staatsräson».[66] Die Religion wiederum bedurfte des staatlichen Schutzes, um in Gestalt einer Institution ihre religiöse Eigenständigkeit wahren zu können. Dafür musste sie die politischen Grundvoraussetzungen des politischen Gemeinwesens anerkennen, sie stand nicht mehr über dem Staat. Das Konkordat von 1801 bedeutete nicht die Scheidung von Kirche und Staat, es war aber auch keine Liebesheirat. Es begründete vielmehr eine Wohngemeinschaft der Vernunft im gleichen Haus, die den in Europa über Jahrhunderte gewachsenen gegenseitigen Abhängigkeiten und Verpflichtungen zwischen Staat und Kirche Rechnung trug. Darin wurde dieses Modell bis in die Gegenwart hinein wegweisend.

Wie das Verhältnis von Kirche und Staat künftig auszusehen hatte, machte Napoleon in einer Handlung von überragender Symbolkraft deutlich. Mit großem Pomp ließ er im Dezember 1804 seine Kaiserkrönung als sakralen Akt in Szene setzen.[67] Es war nicht der herbeizitierte Papst, sondern Napoleon selbst, der sich in Notre-Dame die Krone aufsetzte und dann seine Gemahlin krönte. Die Macht des Staates trug ihre Legitimation in sich selbst und empfing sie nicht mehr aus den Händen der Kirche.

2
Säkularisation: Eine alte Welt stirbt

Napoleons Hegemonieansprüche veränderten die europäische, insbesondere die deutsche Landkarte grundlegend. Nach seinen militärischen Siegen schrieb 1801 der Friede von Lunéville die dauerhafte Inbesitznahme der linksrheinischen Gebiete durch Frankreich fest. Der Friedensvertrag sah ausdrücklich eine Entschädigungsregelung für die deutschen Fürsten vor, die dadurch Territorien verloren hatten. Diese legte der Reichsdeputationshauptschluss von 1803 vor.[68] Darin wurde festgelegt, dass kirchliche Territorien säkularisiert, «verweltlicht», und kleinere reichsunmittelbare Territorien «mediatisiert», das heißt größeren Territorien zugeschlagen wurden. Der ursprünglich rein juristische Begriff der Säkularisation stieg leicht abgewandelt als «Säkularisierung» zum Epochenbegriff auf, der den Anspruch erhebt, eine grundsätzliche Entwicklung der modernen Welt seit dem 19. Jahrhundert zu beschreiben.[69] Der Reichsdeputationshauptschluss traf vor allem die katholische Kirche schwer. Er regelte die Auflösung der Territorien, die unter der Herrschaft eines Fürstbischofs standen, und ermöglichte die Auflösung und Konfiszierung der Klöster sowie anderer kirchlicher Einrichtungen, um die Fürsten für die linksrheinischen Verluste schadlos zu halten.

Die Säkularisation hat eine lange Vorgeschichte,[70] denn in den protestantischen Territorien vor allem in Deutschland und England war bereits im Reformationszeitalter kirchlicher Besitz «verweltlicht» worden. In seltsamer Einmütigkeit hatten im 18. Jahrhundert der österreichische Kaiser und französische Revolutionäre Kirchenbesitz enteignet und Klöster aufgelöst. Die Säkularisation von 1803 belegte den gravierenden Autoritätsverlust christlicher Institutionen und Lebensweisen im Gebiet des Alten Reiches. Die Fürstbischöfe des Reiches waren ein theologisch-kirchenrechtlicher Spezialfall. Dass Bischöfe als Fürsten weltliche Territorien beherrschten, war eine Besonderheit der deutschen Verfassungsgeschichte, die seit dem Konzil von Trient in offenem Widerspruch zu den theologischen Bestimmungen des Bischofsamtes standen.[71] Sie waren Rom seit mehr als zweihundert Jahren ein Dorn im Auge und nur aus strategischen Gründen geduldet. Die weit verbreitete Praxis, die Söhne von Herrscherhäusern mit den geistlichen Territorien zu versorgen, auch wenn diese wenig Interesse am bischöflichen Lebenswandel zeigten, tat ihr Übriges, um das Ansehen eines Fürstbistums zu untergraben. Dem Trierer Erzbischof, der sich nie zum Priester weihen ließ und sein Domkapitel durch wechselnde Liebschaften verärgerte, wurde eine originelle, aber kirchenrechtlich problematische Antwort auf die Kritik an seinem Lebenswandel nachgesagt: «Das ist doch der Vorteil des Zölibates, dass man die Damen nicht heiraten muss.»[72] Am Anfang des 19. Jahrhunderts waren die Gestalt des Fürstbischofs und die Form geistlicher Herrschaft nicht mehr zeitgemäß. Die Säkularisation wurde daher von vielen als eine überfällige Maßnahme begrüßt. Sie verlief in den einzelnen Regionen sehr unterschiedlich,[73] aber am Ende waren alle geistlichen Bistümer und Stifte sowie eine Vielzahl von Klöstern aufgelöst. Die Gebiete und Vermögen wurden den deutschen Mittelstaaten als Entschädigungsleistungen zugesprochen. Dies alles traf nicht nur die Kirche. Die meisten Reichsstädte wurden mediatisiert, das heißt, sie verloren ihre Reichsunmittelbarkeit und wurden angrenzenden Territorien einverleibt. Das gleiche Schicksal widerfuhr kleineren Grafschaften und Fürstentümern.[74] Man hat darum den Reichsdeputationshauptschluss auch als eine politische Flurbereinigung bezeichnet, die das Reich zu einem «riesigen Grundstücksmarkt»[75] machte. Die Fürsten der deutschen Mittelstaaten stellten offiziell und vor allem auch inoffiziell beträchtliche Summen bereit, um über die Entschädigungen hinaus ihre Territorien zu erweitern. Einem findigen Geist musste es als ein Geschenk des Himmels erscheinen, in diesen Tagen französischer Außenminister gewesen zu sein. Talleyrand verdiente als Makler der Säkularisation ein Vermögen.

Es gab auch edle Versuche, die Säkularisation zu einem Neuaufbruch zu nutzen. Karl Theodor von Dalberg (1744–1817),[76] dem Erzbischof von Mainz und Erzkanzler des Reiches, gelang das diplomatische Kunststück, das bereits seit einigen Jahren unter französischer Besatzung stehende Großherzogtum Frankfurt als geistliches Territorium zu begründen. Dazu gehörten nicht nur diplomatisches Geschick, sondern auch der Mut, Aufklärung und Katholizismus miteinander in Einklang zu bringen, und die politische Vision eines deutschen Reiches jenseits preußischer und österreichischer Interessen. Von Dalbergs Staat ging jedoch in den Wirren der Befreiungskriege gegen Napoleon unter.

Die überwiegende Mehrheit der Fürstbischöfe, die über Nacht alles verloren hatten, fand in ihre neue Rolle als Geistliche nicht hinein und verfiel einer Art Depression. Sie waren die «Dunkelmänner» dieses Übergangs, sie zogen sich zurück, und ihre Bischofssitze verwaisten.[77] Fast die Hälfte der deutschen Katholiken war nun unter protestantische Herrscher geraten, die Neubesetzung der Bischofsstühle setzte komplizierte Rechts- und Personaldebatten voraus. Es dauerte schließlich fast drei Jahrzehnte, bis für den Katholizismus in Deutschland wieder eine kirchliche Infrastruktur hergestellt war.[78] Nimmt man hinzu, dass die Fürsten, gerade auch die katholischen, der Verlockung kaum widerstehen konnten, die Klöster aufzuheben und die katholischen Universitäten zu schließen, dann kann man die Säkularisation jedenfalls mit Blick auf die materiellen

Verluste als «die größte Katastrophe» bezeichnen, «die den deutschen Katholizismus je getroffen hat».[79]

Die Säkularisation riss schließlich auch das Heilige Römische Reich Deutscher Nation ins Grab. Der Reichsdeputationshauptschluss war ein massiver Verstoß gegen geltendes Reichsrecht, doch die Reichsorgane strengten keine Gegenwehr an. Kaiser Franz I. legte 1806 den Titel Kaiser des Heiligen Römischen Reiches ab und nannte sich fortan Kaiser von Österreich. Bis heute ist unklar, ob dies auf Druck Napoleons geschah oder aufgrund seiner Einsicht in die politische Bedeutungslosigkeit des Titels, nachdem zuvor die Fürsten der Rheinbundstaaten das Reich verlassen hatten. Am Ergebnis änderte es nichts, 1806 ging das Heilige Römische Reich nach fast tausend Jahren zugrunde.[80] Anzeichen dafür gab es schon lange. Bereits 1764 blieben die Kurfürsten dem Krönungsmahl fern und wurden gleichwohl in Abwesenheit feierlich an ihren leeren Plätzen bedient.[81] Das Reich lebte von einer Idee, die ihre Wurzeln in undenklicher Vorzeit im Mittelalter hatte. Tatsächlich ist es erstaunlich, dass diese Reichsidee die Reformation und den Dreißigjährigen Krieg überdauern konnte. Obgleich es politisch längst nahezu bedeutungslos war, hatte das Reich immer noch die Aura des Archaischen und Heiligen verströmt. Mit dem Ende des Römischen Reiches ging das Symbol einer alten Welt sang- und klanglos unter.

An der Geschichte der Benediktinerabtei Cluny lassen sich im Zeitraffer die Umbrüche des Revolutionszeitalters rekapitulieren.[82] Die Abteikirche war eine der bedeutendsten Kirchen des christlichen Abendlandes, sie verkörperte seit dem Mittelalter den Glanz des christlichen Ordenslebens (siehe Seite 172 f.). Dieses Klosterleben geriet schon am Ende des Ancien Régime in eine tiefe spirituelle Krise. Mit dem Aufhebungsbeschluss für die Klöster endete im Februar 1790 das monastische Leben. Die Mönche schickten ihre Novizen nach Hause und versuchten, selbst in den angrenzenden Pfarreien unterzukommen. Nur sehr wenige kehrten in ein bürgerliches Leben zurück. Was mit der prachtvollen Kirche geschehen sollte, wusste niemand so recht. Der Gemeinderat von Cluny konnte auch von der großen Pariser Nationalversammlung keine Auskunft bekommen. Während ab 1792 in Paris massive Übergriffe auf das Christentum stattfanden, konnte man in der burgundischen Provinz noch ungestört Sonntagsgottesdienste feiern. Erst mit den durchziehenden Revolutionstruppen kam es zu vandalistischen Angriffen auf Kirche und Kloster. Glocken, Gitter und Verzierungen aller Art wurden eingeschmolzen, um daraus Kanonen zu gießen. Danach verfiel die beschädigte Kirche allmählich. Zur Zeit des Direktoriums wurde sie an Händler verkauft, die mit Steinen und Holz Geschäfte machten. Es gab immer wieder Pläne, die Kirche zu erhalten. Napoleon selbst stoppte zwar den schleichenden Abriss per Erlass, aber am Ende fehlten Energie und Geld, um die Schäden zu beheben. An der großen Kirchenruine, die in Cluny im ersten Jahrzehnt des 19. Jahrhunderts stand, hätten die deutschen Romantiker sicher Gefallen gefunden und darin ein wunderbar trauriges Sinnbild ihrer Zeit erblickt. Die Franzosen waren pragmatischer. 1810 sprengten sie die Überreste der Abteikirche in die Luft und verkauften den Bauschutt. Letztlich war es also der Handel mit Baustoffen, der eine der größten und bedeutendsten christlichen Kirchen zum Verschwinden brachte.

Ab Herbst 1814 tagten die europäischen Herrscher und ihre Diplomaten auf dem Wiener Kongress. Die europäische Ordnung sollte wiederhergestellt werden. Frankreich bekam wieder einen bourbonischen König, und der Kirchenstaat wurde wieder eingesetzt. Mit mancher Neuerung Napoleons konnte man sich jedoch gut arrangieren. Die von Napoleon zu Königen oder Großherzogen gemachten deutschen Fürsten fanden Gefallen an dem neuen Rang und dachten nicht im Traum daran, die Säkularisation rückgängig zu machen. Nach Napoleons «Hundert Tagen» – seiner Rückkehr aus dem Exil bis zum endgültigen Sieg über ihn – schlossen der russische Zar, der österreichische Kaiser und der preußische König 1815 eine Heilige Allianz, um die Beziehungen der Länder «auf die erhabenen Wahrheiten zu begründen, die die unvergängliche Religion des göttlichen Erlösers lehrt».[83] Doch das Rad der Geschichte konnte keine noch so Heilige Allianz zurückdrehen. Die Beschlüsse des Wiener Kongresses hatten nicht lange Bestand.

Für das Christentum war 1815 nichts mehr so, wie es vor 1789 gewesen war. Massive Plausibilitätsverluste christlicher Lehren und Lebensformen traten unübersehbar zutage. Das Revolutionszeitalter hatte zuvor unvorstellbare antiklerikale Energien freigesetzt und den Atheismus von einer theoretischen Option einiger weniger Intellektueller zu einer sozialen Bewegung gemacht. Es gibt seither keine Gestalt des Christentums, die sich nicht mit Religionskritik und Atheismus auseinanderzusetzen hätte. Für das Christentum entstand daraus eine merkwürdige Pattsituation, denn auf der anderen Seite hatte sich die in der Bevölkerung verwurzelte religiöse Praxis und Volksfrömmigkeit allen aufklärerischen Idealen und allen revolutionären Attacken zum Trotz als unauslöschbar erwiesen. Im Revolutionszeitalter hatte nicht nur das Christentum großen Schaden genommen, sondern auch der christentumskritische Optimismus, das Christentum könne in eine vernünftige Form von Religiosität überführt oder gar aufgehoben werden. Dieses Patt bestimmte die kulturgeschichtliche Stellung des Christentums im 19. Jahrhundert.

Das Ringen um die Rolle der Kirche im Staat wurde zu einer bleibenden Aufgabe. Der Staat drängte auf Domestizierung der Religion und die Kirche auf Eigenständigkeit. Als weltliche Herrschaftsform hatte die Kirche ihre Bedeutung verloren. Die territoriale Wiederherstellung des Kirchenstaates gelang zwar, aber nur für relativ kurze Zeit. Zwei Generationen später gab es den Kirchenstaat als politische Größe nicht mehr. Der lange Prozess einer zunehmenden Spiritualisierung des Katholizismus war eine Folge des Revolutionszeitalters. Materiell von schweren Verlusten getroffen, als Institution erschüttert und ideell einer schweren Glaubwürdigkeitskrise ausgesetzt, standen aus dem nachrevolutionären Katholizismus scharfsichtige und kluge Denker auf. Sie bezogen ein neues religiöses Selbstbewusstsein aus der im mühsamen Prozess der revolutionären Entwicklungen gewonnenen Einsicht, dass sich das Christentum nicht auslöschen ließ. Chateaubriands Lobpreis der «Schönheiten der christlichen Religion»[84] ist ein eindrucksvolles Zeugnis dieses neuen Geistes.

Denker wie Chateaubriand mochten als Traditionalisten das Klima der Restauration prägen, aber Restauration war auch für sie nicht einfach der Versuch, in die Vergangenheit zurückzukehren. Ein Mann wie Joseph de Maistre (1753–1821) entfaltete seine Ideen von Tradition, Autorität und Offenbarung gerade aus den Erfahrungen der Revolution heraus.[85] In ihrem Wüten sah er das Fanal einer Welt ohne letzte religiöse Autorität. Darin berührte sich das Denken katholischer Restaurationsdenker mit dem aufkommenden Konservativismus, als dessen Begründer der anglikanische Brite Edmund Burke gilt. Aufgrund der Erfahrungen der Revolution hielt er die Religion und eine intakte Geistlichkeit für unerlässliche Grundpfeiler der öffentlichen Ordnung.[86] De Maistres Bekenntnis zur Tradition eines katholischen Christentums war nicht die Übernahme mentaler Gewohnheiten aus der Zeit vor der Revolution, sondern schuf etwas Neues. Die Inhalte, die er verteidigte, mochten an die Welt vor der Aufklärung erinnern, die Art, wie er seine Schlüsse zog, war jedoch modern. Als Institution und in der Gestalt der Amtskirche wirkte der Katholizismus jedoch tief traumatisiert. Bis ins 20. Jahrhundert hinein galt der Geist der Moderne als ein Feind des Christentums.

Um 1815 waren aber auch ganz neue Lichter am Horizont zu erkennen. Der Widerstand gegen die neue Ordnung, die Napoleon nach Europa bringen wollte, trug auch religiöse Züge. Der russische Zar Alexander I. verstand sich mit zunehmender Dauer der Auseinandersetzung mit Frankreich selbst immer mehr als ein Werkzeug der göttlichen Vorsehung zur Abwehr des revolutionären Umsturzes. Protestantische Bibelfrömmigkeit, orthodoxe Mystik, ja auch Sympathien für die Quäker vermengten sich zu einem religiösen Sendungsbewusstsein.[87] In Russland konnte er auf die Unterstützung der orthodoxen Kirche zählen.[88] Auch ein legendärer Widerstandskämpfer wie Andreas Hofer nahm religiöse Motive für seinen Kampf gegen die oktroyierte Ordnung in Anspruch. Aber gerade Andreas Hofer ist selbst ein gutes Beispiel dafür, wie die religiöse

Motivation durch eine andere Kraft überlagert wurde. Der Widerstand gegen Napoleon speiste sich aus der Quelle des Nationalismus. Für die deutschen Territorien waren die Befreiungskriege gegen Napoleon die Geburtsstunde der Idee einer deutschen Nation. Die Identifikation mit der Idee einer gemeinsamen Herkunft, eines gemeinsamen Bodens und einer gemeinsamen Kultur setzte enorme Kräfte und Motivationen frei. Der Nationalismus wurde zum großen Sinnproduzenten des 19. Jahrhunderts. Nicht mehr in Revolution und Aufklärung, sondern in der Idee der Nation entstand dem Christentum im 19. Jahrhundert eine ebenbürtige Konkurrentin im Kampf um Sinnstiftung.

3
Das Christentum der Dichter und Denker

Deutschlands Ruf, das Land der Dichter und Denker zu sein, geht auf eine Frau zurück. Die Französin Madame de Staël, Tochter Jacques Neckers, des letzten Finanzministers des Ancien Régime, widersetzte sich den Alleinherrschaftsansprüchen Napoleons. In ihrem Exil bereiste sie Deutschland zweimal für längere Zeit und schrieb darüber ein Buch, das den Unterschied zwischen Zivilisation und Kultur erläutert.[89] Auf dem zivilisatorischen Niveau war der Grande Nation nichts entgegenzusetzen; Madame de Staëls Reiseberichte zeugen von der verschlafenen Rückständigkeit der deutschen Territorien und einem abweisenden Erscheinungsbild der Natur, das die hochwohlgeborene Französin mitunter auch depressiv machen konnte. Begeistert war sie hingegen von den kulturellen Zirkeln, die sie mit Beharrlichkeit aufsuchte, um in Kontakt mit Goethe, den Humboldts, den Schlegels und anderen Größen zu kommen. Das Buch, das sie über ihre Eindrücke schrieb, *De l'Allemagne*, «Über Deutschland», schildert das deutsche Geistesleben in der napoleonischen Ära. Mit stupendem Fleiß arbeitete sich Madame de Staël in die Werke deutscher Dichter und Philosophen ein und hielt in ihren geistreichen Beobachtungen der führenden Aufklärungsnation einen Spiegel vor, der die Franzosen lehren sollte, wie sie in ihrem Denken in der kühlen Verstandeslogik der Aufklärung stecken geblieben waren, während die Deutschen ihr Denken über die Aporien und Plattheiten der Aufklärung hinausgeführt hatten. Napoleons Behörden verstanden die Botschaft und verboten das Buch. Madame de Staël sprach von Deutschland als dem «Vaterland des Denkens»[90] und wurde so zur Begründerin des geflügelten Wortes von Deutschland als dem Land der Dichter und Denker. Dieses Bild zog weite Kreise. Knapp zwanzig Jahre später schrieb der schottische Essayist und Historiker Thomas Carlyle einen Essay über *The State of German Literature*. Zu den Vorbehalten über die rohen und barbarischen Deutschen merkte er lapidar an: «Madame de Staël's book has done away with this: all Europe is now aware that the Germans are something; something independent and apart from others; nay something deep, imposing and, if not admirable, wonderful.»[91] Es war das begeisterte Interesse ausländischer Intellektueller, das den Deutschen ihre Kulturrevolution vor Augen führte, die sie zwischen 1770 und 1830 mit weltweiter Wirkung vollzogen – mit im Übrigen nicht nur angenehmen Folgen. Spätestens von da an spukte die Vorstellung eines Sonderweges in manchen deutschen Köpfen herum. Was aber war es, das am Beginn des 19. Jahrhunderts den Blick des Auslands so gebannt auf die bislang marginale deutsche Kultur lenkte und dabei immer auch mit Faszination die neue Behandlung des Christentums betrachtete?

Abgesehen von der Musik hinkten die deutschen Territorien bis ins 18. Jahrhundert den europäischen Kulturentwicklungen weit hinterher. Der Anschluss gelang zunächst in der Literatur. Zwar war man in Deutschland weniger innovativ als in England darin, die Literatur als Medium für das Christentum zu nutzen, aber das Christentum bildete dennoch einen wichtigen Rahmen für die Produktion von Literatur. Die meisten deutschen Literaten des 18. Jahrhunderts entstammten protestantischen Pfarrhäusern und waren damit in einer Buchkultur aufgewachsen, in der neben der Bibel auch die Klassiker der Antike gelesen wurden. Heinz Schlaffer bezeichnet in seiner *Kurzen Geschichte der deutschen Literatur* die Pfarrersöhne als die Musensöhne der deutschen Literatur.[92]

Friedrich Gottlieb Klopstock, der zwar kein Pfarrersohn, aber immerhin studierter Theologe war, verfasste mit dem *Messias* das große deutsche christliche Epos des 18. Jahrhunderts, das allerdings auf viele Zeitgenossen antiquiert wirkte. Obwohl Klopstock die folgenden Generationen maßgeblich inspirierte, war die Idee eines christlichen Epos, wie es Milton hundert Jahre zuvor mit *Paradise Lost* verfasst hatte, schon bei Erscheinen unzeitgemäß. Sein Zeitgenosse Lessing merkte zu dem Werk an: «Wer wird nicht einen Klopstock loben? Doch wird ihn jeder lesen? –Nein.»[93] Lessing selbst ging andere Wege. Er verarbeitete das neu aufkommende Lebensgefühl des 18. Jahrhunderts in seinen dramatischen Werken und legte sich davon in literaturtheoretischen und ästhetischen Schriften Rechenschaft ab.[94] Er stellte die große Frage nach Geltung und Bedeutung der Vergangenheit für die Gegenwart, mit der das Christentum in der Moderne konfrontiert wurde. Mit Problemstellungen, nicht mit Lösungen bereitete Lessing den Boden für die große Transformation des Christentums im deutschen Idealismus und in der Romantik.

Gottes Plan begreifen: Der deutsche Idealismus

Der deutsche Idealismus ist für die Kulturgeschichte des Christentums ein einsamer Gipfel, den man heute meist nur aus dem Tal bewundern kann. Nie wieder wurde eine ähnliche philosophische Durchdringung und Begründung des Christentums durchgeführt oder dies überhaupt nur versucht.[95] Fichte, Schelling und Hegel eint, dass sie von der Theologie herkamen und sich in jungen Jahren für Kant und die Französische Revolution begeisterten. Das erklärt ihr gemeinsames Interesse am Christentum und ihren Enthusiasmus für die Konzepte der Freiheit und der Autonomie, die sie allerdings – Madame de Staël erfasste dies mit sicherem Gespür – in einer Grundsätzlichkeit zu denken versuchten, die den politischen Gebrauch der Begriffe weit hinter sich ließ.

«Idealistisch» ist, so lautet die treffende Bestimmung von Manfred Frank, «ein Denken, das die Strukturen der Wirklichkeit auf Leistungen des Geistes zurückführt oder – umgekehrt aus der angenommenen Evidenz eines Subjekts ableitet».[96] Drei Grundmotive bestimmten dieses Denken.[97] Die Idealisten teilten erstens Kants bahnbrechende Einsicht, dass die Vernunft im Erkenntnisprozess nicht einfach Wirklichkeit im Bewusstsein abbildet. Was wir als Wirklichkeit bezeichnen, ist vielmehr etwas, woran sich die Vernunft konstruktiv beteiligt. Die idealistischen Philosophen gaben sich aber nicht mit der Einsicht in die Konstruktionsleistungen im Aufbau der Wirklichkeit zufrieden, sondern fragten nach dem Woher dieser Kraft des menschlichen Denkens. Einig waren sie sich in der Annahme eines absoluten Grundes des menschlichen Bewusstseins. Wie dieses Absolute allerdings zu denken sei, darin gingen ihre Entwürfe auseinander.

Zweitens führte die Einsicht in einen absoluten Grund zu der Idee, alles menschliche Wissen auf diesen Grund zu beziehen. Daraus folgte notwendigerweise die Suche nach einem System, das alle menschlichen Wissensformen miteinander verbindet und mit einer letzten Begründung ihrer Erkenntnisse auszustatten vermag. Neben der Einsicht in die Kraft des menschlichen Geistes und dem Systemgedanken war schließlich drittens das Interesse an einer Transformation des Christentums ein Grundmotiv des deutschen Idealismus. Es ist an sich schon ein kulturgeschichtlich bemerkenswerter Umstand, dass die drei philosophischen Denkriesen zu Beginn des 19. Jahrhunderts die Aufklärungskritik am Christentum als schal und platt brandmarken. Das lag nicht allein daran, dass sie alle drei Theologie studiert hatten. Ehemalige Theologiestudenten konnten zu den schärfsten Kritikern des Christentums werden. Fichte, Schelling und Hegel fanden im Christentum Grundüberzeugungen ausgesprochen wie etwa die Idee von der Präsenz Gottes in der Welt als Geist, die ihre eigene idealistische Weltsicht beflügelten. Das wiederum spornte sie an, das Christentum und seine Grundlehren auf ein Fundament des idealistischen Denkens aufzubauen. Vittorio Hösle hat dies treffend als «eine weltgeschichtlich neue Form philosophischer Religiosität»[98] bezeichnet. Diese Umgestaltung brachte das Christentum an eine epochale Weggabelung. Der Weg der Idealisten führt zu einem symbolischen Verständnis des Christentums. Die christlichen Ausdrucksformen sind demnach jeweils zeit- und kulturbedingte Artikulationen von Grundwahrheiten, die es mit der Gabe des Denkens zu ergründen gilt. Die Gegner gehen den anderen Weg eines Christentums, das dessen Ausdrucksformen wörtlich versteht und die Zugehörigkeit zum Christentum an die Akzeptanz dieser Überzeugungen bindet.

Um den Ältesten des idealistischen Dreigestirns, Johann Gottlieb Fichte (1762–1814), ranken sich Legenden bereits aus seinen frühen Tagen, die ihn als hochbegabtes Kind bezeugen.[99] Fichte trat zunächst mit einer glühenden Kant-Begeisterung öffentlich in Erscheinung. Seinen *Versuch einer Kritik aller Offenbarung* veröffentlichte er 1792 anonym, und man hielt die Schrift zunächst für die mit Spannung erwartete Religionsschrift Kants. Fichte versuchte hier im Gefolge von Kants Moraltheologie einen Ausgleich von Vernunft und Offenbarung zu denken. Seine eigene Signatur wurde zwei Jahre später in seiner *Wissenschaftslehre* sichtbar. Es handelt sich dabei um eine von ihm geprägte Wortschöpfung, die den Anspruch an die Philosophie nach einer Letztbegründung des menschlichen Wissens deutlich machen soll. Das Thema beschäftigte Fichte zeit seines Lebens und führte zu mehreren Bearbeitungsformen der *Wissenschaftslehre*. Als Grundgedanke zog sich durch, was Dieter Henrich als Fichtes «ursprüngliche Einsicht» bezeichnet hat.[100] In all seinen Objektbezügen nach außen ist das menschliche Bewusstsein unhintergehbar an die subjektiven Denkvorgänge gebunden, der Mensch kann in seiner Wirklichkeitserschließung gar nicht aus sich selbst heraustreten. Seine als Transzendentalphilosophie bezeichnete Analyse dieser Prozesse des Selbstbewusstseins brachte eine Ich-Philosophie hervor, die ebenso genial wie schwer verständlich ist. Unter dem «Ich» verstand Fichte nicht das empirische Ich der Einzelpersonen, sondern den allgemeinen subjektiven Bedingungsgrund des Denkens. In diesem Sinne konnte er sagen, dass das Ich die Welt setzt und alles, was nicht dieses Ich ist, das Nicht-Ich, nur insofern Realität hat, als es das Ich zu affizieren vermag und in ihm vorkommt. Für Furore sorgte Fichtes Ausweitung dieser Gedanken auf die Religion. Konsequent zu Ende gedacht ist Gott keine real existierende Größe außerhalb des Bewusstseins, sondern eine denknotwendige Konstruktion des Ich. Fichte griff damit in den seit Mitte der Neunzigerjahre schwelenden Atheismusstreit ein.

Dieser war ausgelöst durch eine Grundaporie im Denken Kants. Kant konstatierte, dass ein tugendhafter Lebenswandel nicht notwendigerweise auch die Erfüllung eines Lebens als Glückseligkeit garantieren könne. Um diesen Ausgleich herzustellen, müsse man Gott als Garant der Einheit von Glück und Moral und die Unsterblichkeit des Menschen annehmen. Kritiker entlarvten die Brüchigkeit von Kants Postulatenlehre und zogen daraus die Konsequenz, dass für einen moralischen Lebenswandel die Annahme eines Gottes nicht notwendig sei. Verteidiger Kants hingegen argumentierten, die Annahme eines Gottes erleichtere moralisches Handeln, wenn man so handele, «als ob» es einen Gott gäbe. Für Fichte war die moralische Weltordnung dagegen kein Postulat, sondern eine Denknotwendigkeit der Vernunft, und als Gott kann darum nichts anderes bezeichnet werden als diese moralische Weltordnung selbst. Den Kritikern, die darin die Verabschiedung des christlichen Gottesbegriffs witterten, hielt er entgegen: «Sie sind die wahren Atheisten [...] Was sie Gott nennen ist mir ein Götze [...] Ihren Gott läugne ich und warne vor ihm, als vor einer Ausgeburt des menschlichen Verderbens, und werde dadurch keineswegs zum Gottesläugner, sondern zum Vertheidiger der Religion.»[101]

Der Name «Atheismusstreit» fügt sich nicht glücklich zur Bezeichnung der Debatte, jedenfalls dann nicht, wenn man darunter die Frage nach der Existenz Gottes versteht. Die hatte Fichte gerade nicht in Zweifel gezogen. Mit starken Argumenten führte er vielmehr vor, dass ein nach den menschlichen Vorstellungen gestricktes Gottesbild notwendig zu einer Verkleinerung und sich selbst widersprechenden Verendlichung des Gottesgedankens führen müsse. Daher gibt Fichte auch die Vorstellung eines persönlichen Gottes auf. Fichte liefert ein eindrucksvolles Beispiel für die idealistische Umgestaltung des Christentums. Sie transformiert die anthropomorphen Gottesbilder in ein absolutes Prinzip, dies aber mit bedenkenswert vernünftigen Gründen. Die Reaktion fiel dennoch harsch aus, am Ende verlor Fichte seine Professur in Jena.[102]

In seiner Schrift *Die Bestimmung des Menschen* und in der *Anleitung zum seligen Leben* erläuterte Fichte seine Philosophie einem breiteren Publikum. Er warb hier mit theologischen Bezügen für eine Erneuerung des Christentums. Dieser Umgestaltung fielen Grundlehren wie die Schöpfung und die Sünde zum Opfer. An der Besonderheit eines vorrangig am Johannesevangelium entlang gedachten Jesus hielt Fichte allerdings fest. Erst durch Jesus erfahre man, wie alles Sein seinen Grund in Gott habe. Schließlich machte Fichte auch deutlich, dass der Idealismus keine bloße Theorie, sondern eine Lebenshaltung war. *Die Bestimmung des Menschen* beschließt er mit den Sätzen:

> In aller Fülle des Lebens, der Ordnung und des Gedeihens, welche ich in ihr [der Welt] schaue, ist sie doch nur der Vorhang, durch die eine unendlich vollkommenere mir verdeckt wird, und der Keim, aus dem diese sich entwickeln soll. Mein Glaube tritt hinter diesen Vorhang, und erwärmt, und belebt diesen Keim. Er sieht nichts Bestimmtes, aber er erwartet mehr, als er hienieden fassen kann, und je in der Zeit wird fassen können.[103]

Fichte fand mit seinem imposanten Programm einer Gründung der Welt aus dem Ich begeisterte Anhänger. Zu ihnen zählte auch der junge Friedrich Wilhelm Joseph Schelling (1775–1854). Er zog 1790 mit den Lorbeeren des Hochbegabten als Fünfzehnjähriger in das Tübinger Stift ein, wo er mit den älteren Studenten Hölderlin und Hegel das Zimmer teilte.[104] Dem juvenilen Philosophentriumvirat wird das *Älteste Systemprogramm des Deutschen Idealismus* zugeschrieben. Doch die philosophische Freundschaft zerbrach am Ende. Schelling wandte sich zunehmend von Fichtes Entwurf ab, der in seinen Augen die materiale Fülle der Welt und der Natur zugunsten des Ich einseitig ausblendete. Seine *Ideen zu einer Philosophie der Natur* von 1797 markieren die endgültige Abkehr von Fichte. Schelling beabsichtigte mit seiner Naturphilosophie zwar keineswegs, den transzendentalphilosophischen Ansatz aufzugeben, doch verlegte er das Absolute in einen Ort jenseits des Gegensatzes von Ich und Natur. Sein Spätwerk ist von einem Interesse an der Mythologie und der Offenbarung bestimmt, mit dem Schelling zugleich dem Christentum und insbesondere der Christologie philosophische Weihen zukommen ließ. Aber schon früher hatte sich Schelling für Themen interessiert, die bei Fichte und Hegel unterbelichtet blieben. In der Schrift *Über das Wesen der menschlichen Freiheit* fragt er nach dem Bösen und konstatiert eine «allem endlichen Leben anklebende Traurigkeit [...]. Daher der Schleier der Schwermut, der über die ganze Natur ausgebreitet ist, die tiefe unzerstörbare Melancholie alles Lebens.»[105] Die Ursache dafür erklärt Schelling mit der Unterscheidung zwischen Gott selbst und dem Grund seiner Existenz. Schelling mag selbst gemutmaßt haben, dass ihm damit keine idealistische Lösung der Theodizeeproblematik geglückt ist. Zwar hebt er den alten Dualismus auf, der die Existenz des Bösen mit dem Widerstreit unterschiedlicher Mächte in der Welt erklärt, aber am Ende verlagert er den Dualismus in den Gottesbegriff hinein und löste diesen damit in letzter Konsequenz auf.[106] Das Dilemma der Freiheitsschrift macht die Größe und Grenze Schellings deutlich. Er trieb die idealistischen Fragestellungen am weitesten voran, aber er gelangte damit auch in Aporien, aus denen kein Weg in ein philosophisches System führte. Schelling ist darum das große, uneingelöste Versprechen des deutschen Idealismus.

Als Vollender des Idealismus gilt Georg Wilhelm Friedrich Hegel (1770–1831).[107] Er ging lange bei Fichte und Schelling in die Lehre, ja er kann als Schüler des jüngeren Schelling gelten und vollbrachte am Ende, was jenem nicht vergönnt war. Er entwarf das große System des deutschen Idealismus. Hegel begreift die Wirklichkeit als Selbstbewegung des göttlichen Geistes. Er nahm darin die platonische Vorstellung auf, dass die Wirklichkeit die Entäußerungs- oder Emanationsform eines absoluten Grundes ist, ebenso Spinozas Idee, dass die Welt die Substanz Gottes ist, ergänzte diese Vorstellungen aber um die entscheidende Denkfigur, dass der absolute Weltgrund das Subjekt aller Wirklichkeit ist. Die Wirklichkeit ist der aus sich heraustretende und über die Andersheit vermittelte, zu sich selbst zurückkehrende Geist.

Spekulative Systeme dieser Größenordnung finden heute wenig Gegenliebe. Man hält sie in der Attitüde postmoderner Denkfaulheit bestenfalls für Transzendentalbelletristik oder in vulgärskeptischen Anflügen für ungedeckte Schecks. Mit Vorwürfen dieser Art macht man es sich sehr einfach. Hegel füllte in zwei imposanten Werken das Konto seiner Argumentation beträchtlich auf. In der *Phänomenologie des Geistes* entfaltet er, wie sich seine Konzeption des absoluten Geistes aus der Analyse des menschlichen Bewusstseins ergibt, die *Wissenschaft der Logik* unterstützt wenige Jahre später die Grundlagen des Systems durch Untersuchungen zur Logik des Seins, des Wesens und des Begriffs. Für Hegel sind die Vorstellungen des menschlichen Bewusstseins von der Wirklichkeit weder subjektive Konstruktionen noch objektive Abbilder, sondern gehen aus der Selbstbewegung des Geistes hervor. Das ist ein großartiger Anspruch einer umfassenden Wirklichkeitsdeutung. In ihm werden die dichotomische Abspaltung der Natur überwunden und die Hervorbringungen der menschlichen Kultur auf einen absoluten Grund hin bezogen. Der Religion kommt dabei eine Sonderstellung zu.

Schon als Theologiestudent in Tübingen hatte Hegel Interesse an einer Interpretation des Christentums, die sowohl den Anfragen der Aufklärungskritik gewachsen war als auch deren ideellen Gehalt bewahren konnte. Dem Anliegen widmen sich die von Hegel selbst nicht veröffentlichten, spät aufgefundenen Jugendschriften. Die *Phänomenologie des Geistes* ordnet die Religion zwischen der Kunst und der Philosophie den Erscheinungsformen des absoluten Geistes zu.[108] Die menschliche Gottesverehrung ist ein Modus, in dem der göttliche Geist zu sich selbst kommt. Diesen Gedanken hat Hegel in seinen Vorlesungen zur Religionsphilosophie vertieft. Er unterscheidet darin nach dem Grad, in dem sich der göttliche Geist im menschlichen Bewusstsein seiner selbst bewusst wird, verschiedene Formen der Religion. Aufsteigend vom unmittelbaren Gefühl vollendet sich das göttliche Selbstbewusstsein über die Stufen der Anschauung und der Vorstellung schließlich im denkenden Begriff.[109] Damit ist der Übergang von der Religion zur Philosophie markiert, in deren begrifflicher Fassung der göttliche Geist zu sich selbst kommt.

Man kann Hegels Geistphilosophie auch als eine anspruchsvolle Kulturtheorie lesen, eine Metaphysik der Kultur. Seine Rechts- und Staatslehre begreifen ebenso wie seine Geschichtsphilosophie oder seine Theorie der Kunst menschliche Kulturformen als Manifestationen des Weltgeistes und stellen sie damit in einen größeren Sinnzusammenhang. Für sein Verständnis von Religion sind dabei vier Aspekte von Bedeutung. Erstens steht die Religion für ihn mit den anderen Kulturformen, vor allem mit der Kunst, in einer Wechselwirkung, und die Ausdrucksformen der Religion sind wie die der Kultur daraufhin zu befragen, wie sich in ihnen der absolute Geist manifestiert. Das Verstehen von Religion und Kultur kann nicht voneinander abgelöst werden.

Zweitens überführte Hegel die Einsicht in die Stufenformen des religiösen Bewusstseins in ein Modell der Religionsgeschichte. Mit der Ausweitung seiner Geistphilosophie zu einer Philosophie der Geschichte bot Hegel einen faszinierenden Schlüssel, den Ablauf der Weltgeschichte auf einen inneren Sinn hin zu befragen. Diesen sah Hegel auch in der Abfolge der Religionen. Angefangen von der jüdischen über die griechische und römische Religion bis hin schließlich zum Christentum konstatierte er Stufen einer wachsenden Gottesverehrung und Gotteserkenntnis. Die bis heute aktuelle Frage, ob in der religiösen Vielfalt ein innerer Beweggrund aufzuspüren ist und was ein solches Entwicklungsmodell für die Bewertung der einzelnen Religionen bedeuten könnte, verleiht Hegels geistphilosophischer Religionstheorie eine bleibende Attraktivität. Drittens ist die Vielfalt der religiösen Formen für Hegel nicht nur im Geschichtsprozess, sondern auch im individuellen religiösen Selbstbewusstsein selbst zu beobachten. Zur religiösen Praxis gehören mythische Anschauungen, bildhafte Vorstellungen und begriffliche Verarbeitungen am Ende gar in ein und derselben Person. Die Vielfalt religiöser Ausdrucksformen ist eine Notwendigkeit des religiösen Bewusstseins selbst. Viertens hat Hegels Einschätzung des Christentums als absoluter und darum höchstmöglicher Form von Religion offensichtlich sein Interesse motiviert, die Zentrallehren des Christentums philosophisch zu begründen. Bereits die *Wissenschaft der Logik* liefert in dem häufig als Ontotheologie bezeichneten Verfahren eine denkerisch imposante Entfaltung des christlichen Gottesbegriffs. Die Fortführung in der Religionsphilosophie gelangt zu einer denkerischen Rechtfertigung der Trinitätslehre,[110] die dem Gedanken der Menschwerdung Gottes bis hin zum Kreuzestod Jesu und den wichtigsten Lehrelementen der Christologie philosophisch viel abgewinnen kann.[111] Schon in der früheren Schrift *Glauben und Wissen* sprach Hegel vom spekulativen Karfreitag und meinte damit eine Interpretation, die den Kreuzestod Jesu im Sinne «eines notwendigen Durchgangsmoments»[112] der göttlichen Selbstentäußerung interpretiert. Zum Herzstück der Hegelschen «Theologie» avancierte die Gegenwart des göttlichen Geistes im Gemeingeist des Christentums.[113]

Man mag bei so viel denkerischer Anstrengung um das Christentum erstaunt sein, wenn Vittorio Hösle, einer der originellsten Hegel-Interpreten unserer Zeit, die Frage aufwirft: «Ist Hegel noch Christ zu nennen?»[114] Die Antwort hängt davon ab, welcher Richtung der Hegel-Rezeption man folgen will. Ist der Fortgang des religiösen Bewusstseins von der Vorstellung in den Begriff, von den religiösen Bildern in die philosophische Reflexion deskriptiv oder normativ zu verstehen? Im letzteren Fall wäre die Religion eine zwar notwendige, aber letztlich zu überwindende Entwicklungsstufe des menschlichen Geistes. So optierten mehrheitlich die Linkshegelianer und hielten den Zeitpunkt des Endes der Religion für gekommen (siehe Seite 538–542). Die sogenannten Rechtshegelianer wie der Berliner Theologe Philipp Konrad Marheinecke (1770–1846) verstanden dagegen Hegels Religionsphilosophie als denkerische Apologie der dogmatischen Lehrgehalte und des Vorrangs der christlichen Religion.

Die Philosophen des deutschen Idealismus präsentierten auf sehr unterschiedliche Weise, wie das Christentum über die Aufklärungskritik hinaus als eine Religion zu konzipieren sei, die den Ansprüchen der Vernunft genügt. Es ging um nicht weniger als um die intellektuell vertretbare Gestalt des Christentums in der Moderne. Fichte insistierte auf dem Begriff der Freiheit. Die wahre Religion kann nur die sein, die das Ich aus sich heraussetzt, und nicht die, die auf fremden Befehl hin anerkannt werden soll. Schelling erweiterte den Ansatz naturphilosophisch. Hegel schließlich ordnete die Religion in sein geistphilosophisches System der Welterklärung ein und wies dem Christentum darin den ehrenvollen Platz zu, an dem der göttliche Geist zum Bewusstsein seiner selbst gelangt.

In der Frage nach der Christlichkeit Hegels und der idealistischen Philosophie artikuliert sich eine tiefe Irritation, die schon die Zeitgenossen befiel. Die neuzeitliche Transformation des Christentums ist kein bloßer Kleidertausch, es geht auch nicht um eine bloße Apologie. Nimmt man das idealistische Ansinnen ernst, dann bedeutet dieser Übergang in die Moderne eine tiefe Metamorphose des Christentums. Die früh aufkommenden Widerstände belegen, dass der Abschied von den alten Bildern und Vorstellungen des Christentums sehr schwer fiel, und aus heutiger Sicht wird man mit Blick auf das praktizierte Christentum gar sagen müssen, dass er sich am Ende nicht durchgesetzt hat. Wenn man aber bereit ist, die Moderne nicht als Gefahr, sondern als Herausforderung zur Transformation des Christentums zu begreifen, wird man auf die philosophischen Einsichten des deutschen Idealismus nicht verzichten können.

«Dem Gemeinen einen hohen Sinn geben»: Romantik als geistige Tat

Zwischen idealistischen Philosophen und romantischen Kreisen waren in der Frühphase der Romantik die Übergänge fließend. Auch die Romantik war eine kulturelle Bewegung, die auf die Herausforderungen der Moderne reagierte, sie tat dies aber mit einer größeren Verlustempfindlichkeit für die Veränderungen als der Idealismus. Die romantische Umgestaltung des Christentums war fast immer von einer leisen Sehnsucht nach etwas Verlorenem durchweht. Die meisten der Protagonisten entstammten dem protestantischen Bildungsadel. Viele schlossen sich der katholischen Restauration an, viele starben früh – und doch ist die Romantik eines der wirkungsvollsten gescheiterten Projekte der Neuzeit.[115]

In den Neunzigerjahren des 18. Jahrhunderts formierte sich der Kreis der Frühromantik in Jena im regen Austausch mit den dort lehrenden Philosophen. Friedrich Schlegel (1772–1829) und Novalis (1772–1801) ließen sich von Fichte und Schelling inspirieren.[116] Die landläufige, von bestimmten Erscheinungsformen der Romantik auch selbst ausgelöste Vorstellung von dem Begriff »romantisch« tendiert mit seinen Bildern von Kerzenschein, verliebten Blicken und Mondnächten dazu, die Romantik zu unterschätzen. Denn wie der deutsche Idealismus ist die Romantik eine geistige Tat. Novalis, ein Mann der ersten Stunde der Frühromantik, formulierte das Programm in unüberbietbarer Klarheit:

> Die Welt muss romantisiert werden. [...] Indem ich dem Gemeinen einen hohen Sinn, dem Gewöhnlichen ein geheimnisvolles Ansehen, dem Bekannten die Würde des Unbekannten, dem Endlichen einen unendlichen Schein gebe, so romantisiere ich es.[117]

In diesen Sätzen hallt die Begegnung mit Fichte wider und die daraus hervorgegangene Begeisterung für die Kraft des menschlichen Bewusstseins, die eigene Weltsicht zu formen. Einen markanten Unterschied zwischen den Denkern des Idealismus und den Romantikern gab es allerdings. Idealismus ist nach Manfred Frank «ein Denken [...] das die Strukturen der Wirklichkeit auf Leistungen des Geistes zurückführt oder – umgekehrt aus der angenommenen Evidenz eines Subjekts ableitet».[118] Frühromantisch ist im Gegensatz dazu «die Überzeugung, wonach das Subjekt selbst und das Bewusstsein, durch das es sich kennt, auf einer Voraussetzung beruhen, über die sie nicht verfügen».[119] Die Romantisierung der Welt ist eine Aufladung mit Bedeutsamkeit, und diese Bedeutsamkeitsaufladung verdankt sich dem Gefühl, in einem größeren Ganzen aufgehoben zu sein.[120] Die Romantik lebt von Weltentwürfen, die das Abgründige, Unfassbare und Geheimnisvolle stets mitfühlen und mitbedenken.

Wie der Idealismus ging die Romantik aus den kulturellen Umwälzungen des 18. Jahrhunderts hervor, und wie der Idealismus versuchte die Romantik das, was sie als Herausforderung des großen Aufbruchs im 18. Jahrhundert wahrnahm, zu überwinden. Die Romantik war nicht einfach eine Gegenbewegung zur Aufklärung, sie richtete sich genauer gegen einen Vernunftgebrauch, der vermeintlich allein das Vordergründige der Dinge sieht und darum entweder kühl oder seicht erscheint. Die Empfindsamkeit des Sturm und Drang mit dem Blick auf das eigene Gefühl war für die Romantiker eine wichtige Voraussetzung, aber sie führten diese Linie nicht einfach fort, sondern fragten nach der Herkunft des Gefühls und griffen in ihrer Antwort aus in das Unendliche. Als der Aufklärer Rousseau am Ufer des Bieler Sees saß, sich an dem Spiel der Sinneserscheinungen erfreute und von dort eine unfassbare Freude am Dasein erlebte, war ein wichtiger Schritt hin zur Romantik gemacht (siehe Seite 415 f.).

Neben Novalis prägte vor allem Friedrich Schlegel die Motive der Frühromantik.[121] Die Romantisierung der Welt bestimmte er als Poetisierung und bereitete damit einen entscheidenden Wechsel vor. Nicht die Begriffsanstrengung der philosophischen Abhandlung, sondern die Literatur vermag den romantischen Weltentwurf zu artikulieren.[122] Als Welthaltung empfahl er die romantische Ironie, jene Haltung, die aufgrund der Einsicht in die Unfassbarkeit des Weltgrundes auf Distanz zu den Ansprüchen geht, sicheres Wissen zu vermitteln. Sie entspringt «dem unauflöslichen Widerstreit des Unbedingten und des Bedingten».[123] Ironie ist eine Form der Andacht und des Respektes vor dem Unbegreiflichen. Schlegel gab der Frühromantik den Anstrich einer provokativen Jugendbewegung, die Widerstand gegen den Verlust der Tiefendimension der Wirklichkeit leistete. Rüdiger Safranskis These, dass in dieser Form das Romantische auch nach dem Ende der Romantik als Einspruch gegen die Schalheit des Lebens stetig wiederkehrte, hat einiges für sich.[124]

Protest und Widerstand erstreckten sich auch auf die christliche Religion. Der Ausgriff auf die Dimension des Unbegreiflichen und Unendlichen verlieh der Romantik ohnehin starke religiöse Impulse. Der Zustand des Christentums am Ende des 18. Jahrhunderts behagte den Romantikern nicht. Das aufgeklärte Christentum war ihnen zu kühl, das orthodox-fromme zu dogmatisch. Wie müsste das Christentum aussehen, damit es den Erfordernissen und Sehnsüchten der Zeit gerecht wird? Die Debatten wurden aufgeregt geführt. Dorothea Veit, die Frau an Friedrich Schlegels Seite, war die einzige, die kühlen Kopf behielt. In einem legendär gewordenen Brief schrieb sie an Schleiermacher in Berlin: «Das Christentum ist hier à l'ordre du jour, die Herren sind etwas toll.»[125] Die Frage der Romantiker nach der wahren Gestalt des Christentums sei im Folgenden an drei Vertretern erläutert, die exemplarisch für drei unterschiedliche Impulse der Romantik für das Christentum stehen.

Wiederverzauberung der Welt: Novalis

Dorothea Veit spielte in ihrem Brief auf die Diskussionen an, die Novalis im Kreis der Jenaer Romantiker entfachte. Novalis, eigentlich Friedrich von Hardenberg, verkörperte die eine Seite der Romantik: den jungen, sensiblen Mann, der dauerhaft in der Spannung zwischen Brotberuf und künstlerischer Berufung lebt, unter einer überspannten und unglücklichen Liebe leidet und früh stirbt.[126] Novalis war es aber auch, der den romantischen Aufbruch programmatisch auf den Punkt brachte und die entscheidenden literarischen Akzente setzte. Sein Blick auf das Christentum ist in doppelter Hinsicht aufschlussreich. An ihm lässt sich die romantische Verlustempfindlichkeit studieren, bei ihm finden sich aber auch – vielleicht gerade deswegen – faszinierende Ausblicke, wie eine Transformation des Christentums aussehen könnte.

Im Herbst 1799 verfasste Novalis *Christenheit oder Europa*. Er selbst nannte es nach dem Geschmack der Romantiker ein Fragment, es war aber doch eher eine Programmschrift zur Lage des Christentums. «Es waren schöne glänzende Zeiten, wo Europa ein christliches Land war»,[127] heißt es mit Blick auf das Mittelalter programmatisch im ersten Satz. Novalis meinte damit die einstmalige Überzeugungs- und Durchdringungskraft der Botschaft der Kirche für das Leben:

> Kindliches Zutrauen knüpfte die Menschen an ihre Verkündigungen. – Wie heiter konnte jedermann sein irdisches Tagewerk vollbringen, da ihm durch diese heilige Menschen eine sichere Zukunft bereitet, und jeder Fehltritt durch sie vergeben, jede mißfarbige Stelle des Lebens durch sie ausgelöscht, und geklärt wurde.[128]

Novalis las die Geschichte des Christentums als eine Verfalls-, mindestens als eine Verlustgeschichte. In helle Aufregung versetzte er seine Jenaer Kollegen mit der These, dass der Verfall mit der Reformation begonnen habe. Luther habe den Buchstaben der Bibel zum Zentrum der Religion gemacht. Damit habe er aber den Geist des Christentums verkannt und der Philologie ausgeliefert.[129] Die Konsequenz sei eine «Vertrocknung des heiligen Sinns».[130] «Mit der Reformation wars um die Christenheit getan.»[131] Novalis schrieb den Traktat Ende der Neunzigerjahre, die Christenverfolgungen der Französischen Revolution standen der europäischen Öffentlichkeit noch frisch vor Augen, der Papst war kurz zuvor im französischen Zwangsexil gestorben. Reformation und Revolution waren für ihn die beiden großen negativen Zäsuren in der Geschichte des Christentums. Vor dem Hintergrund der Erfahrungen mit der dunklen Seite der Revolution räumte er mit dem Bild einer stetig auch in der Religion voranschreitenden Menschheit auf. Da man die Religion aus den Köpfen der Menschen verbannte, machte man

> die unendliche schöpferische Musik des Weltalls zum einförmigen Klappern einer ungeheuren Mühle, die vom Strom des Zufalls getrieben und auf ihm schwimmend, eine Mühle an sich, ohne Baumeister und Müller und eigentlich ein echtes Perpetuum mobile, eine sich selbst mahlende Mühle sei.[132]

Diese Spielart einer aufgeklärten Weltsicht war darauf aus, alles von

> Poesie zu säubern, – jede Spur des Heiligen zu vertilgen, das Andenken an alle erhebende Vorfälle und Menschen durch Sarkasmen zu verleiden, und die Welt alles bunten Schmucks zu entkleiden.[133]

Obwohl Novalis das Mittelalter und den Katholizismus verherrlichte, ist seine Schrift frei von klerikalen und restaurativen Zügen. Das Ressentiment des kirchlichen Machtverlustes war ihm fern, ebenso wenig propagierte er eine Rückkehr zu einem mittelalterlichen Christentum.[134] Aber um die Wirklichkeit mit Bedeutung aufzuladen, bedarf es der Religion. «Wo keine Götter sind, walten Gespenster»,[135] lautet sein berühmtes Diktum. Allein die Religion vermag die «Heiligkeit der Natur, die Unendlichkeit der Kunst, die Notwendigkeit des Wissens, die Achtung des Weltlichen, und die Allgegenwart des wahrhaft Geschichtlichen»[136] zu fördern. Es ist der Christusglaube, der die einseitige Rationalisierung als Entzauberung und Entleerung der Welt aufhebt und wahre Humanität schafft. Novalis nannte die Verzauberung der Welt das «Geschäft der Religionserweckung»,[137] von dem er sich den Ausblick auf die Unendlichkeit der Welt versprach.

Etwa gleichzeitig mit der Abfassung des Traktats arbeitete Novalis im Herbst 1799 an den *Hymnen an die Nacht*.[138] Die sowohl in Versen als auch in Prosa verfassten Gedichte begründeten Novalis' Dichterruhm. Der Anlass für die Hymnen mag der Tod seiner jungen Braut, Sophie von Kühn, gewesen sein, die zwei Jahre später verfassten Hymnen sind aber mehr als die Verarbeitung individueller Trauer. Sie befassen sich mit «einer Sphäre des Nächtlichen, die sich dem Ich bisher hinter der Schönheit des Lichts und den Anstrengungen des Begreifens, Erkennens und Wissens verborgen hat».[139] Durch die Erfahrung der «heiligen, unaussprechlichen, geheimnisvollen Nacht»[140] bricht ein Licht hervor, das der Tag nicht kennt. Die dritte Hymne spricht von einer Transzendenzerfahrung am Grabe der Verlobten: «Da kam aus blauen Fernen – von den Höhen meiner alten Seligkeit ein Dämmerungsschauer – und mit einemmale riß das Band der Geburt – des Lichtes Fessel. Hin floh die irdische Herrlichkeit und meine Trauer mit ihr [...] Jahrtausende zogen abwärts in die Ferne, wie Ungewitter.»[141] Die fünfte Hymne, die mit Abstand die längste ist, besingt ähnlich die Überwindung des Todes durch Christus als eine Durchbruchserfahrung, die Ausblick auf eine höhere Bestimmung der Menschheit gewährt. Durch den Tod hindurch zieht der Mensch ein in das Reich göttlicher Liebe:

> Der Jüngling bist du, der seit langer Zeit
> Auf unsern Gräbern steht in tiefen Sinnen;
> Ein tröstlich Zeichen in der Dunkelheit –
> Der höhern Menschheit freudiges Beginnen.
> Was uns gesenkt in tiefe Traurigkeit
> Zieht uns mit süßer Sehnsucht nun von hinnen.
> Im Tode ward das ewge Leben kund,
> Du bist der Tod und machst uns erst gesund.[142]

Schemenhaft ist in den Hymnen zu erkennen, was man eine poetische Transformation des Christentums nennen könnte. Novalis verzichtete vollständig auf eine dogmatische oder an anderen Ausdrucksformen der Tradition orientierte Darstellung. Er wagte sich an die Christuserfahrung als Zentrum der christlichen Religion heran, indem er die Leistungskraft der Poesie nutzte. Andeutend, eröffnend, changierend und geheimnisvoll fasste er die Erfahrung der Transzendenz in Worte, die nicht mehr sagen sollten, als sie konnten. Die vage Melancholie der Poesie wird zum Ausdrucksmedium der Religion. Novalis bietet eine bemerkenswerte Perspektive auf ein Christentum in der Moderne, das einer dogmatischen Überbestimmung der eigenen Erfahrung misstraut. Muss eine Religion wirklich mehr sagen können, als Menschen in ihrem Innern erleben können? Für das Lebensgefühl, das im 19. Jahrhundert heraufzog, hatte Novalis ein prophetisches Gespür. Er ahnte, was es bedeuten muss, die Welt nur noch als unablässig klappernde Mühle ohne Baumeister und Müller zu sehen. Aus den Sarkasmen der Leere konnte für Novalis nur der religiöse Ausblick auf einen tieferen, der Welt in Spuren eingelassenen Sinn herausführen.

Sinn und Geschmack für das Universum: Schleiermacher

Dorothea Veit adressierte den Brief, in dem sie von den aufgeregten Gesprächen über das Christentum aus Jena berichtete, an einen jungen Berliner Theologen und Geistlichen. Friedrich Schleiermacher (1768–1834) stand dem Kreis der Frühromantiker nahe. Während Novalis die Religion zur Verbündeten der Romantik und des Programms einer Romantisierung der Welt erhob, durchdachte Schleiermacher am gründlichsten, was daraus für das Christentum folgte.

Schleiermacher ist eine der vielen Persönlichkeiten, die im Preußen Friedrichs des Großen heranwuchsen und aus dem Kulturaufbruch jener Tage später Großes zu formen wussten.[143] 1768 als Sohn eines preußischen Feldgeistlichen geboren, durchlief er einen spannungsreichen religiös-intellektuellen Reifungsprozess. Schleiermacher kannte den Pietismus und die Aufklärung aus eigener Anschauung, beiden Strömungen verdankte er viel, ohne selbst zum Pietisten oder Aufklärer zu werden. In seiner Zeit als Prediger in der Berliner Charité begegnete er der Frühromantik und schloss Freundschaft mit Friedrich Schlegel, der den Theologen Schleiermacher zur Abfassung einer Schrift über die Religion antrieb. Schlegel stachelte Schleiermacher mit der Bemerkung an, er habe mit seinen neunundzwanzig Jahren noch nichts Rechtes geleistet.[144] Diese und ähnliche Methoden der akademischen Nachwuchsförderung sind heute untersagt, vielleicht zu Unrecht, wenn man sich den Erfolg vor Augen führt: Schleiermacher schrieb innerhalb eines halben Jahres ein Jahrhundertbuch. Im Frühsommer 1799 erschien die Schrift *Über die Religion. Reden an die Gebildeten unter ihren Verächtern.* Sie ist der kühnste und originellste Versuch, die Religion im Geiste der Romantik zu durchdenken und auf diesem Wege zu verteidigen.[145] Religion ist, so Schleiermachers zentrale These, eine eigenständige Form, in der sich die Welt im Bewusstsein des Menschen repräsentiert. Im Gegensatz zu den Anstrengungen, die Wirklichkeit im Denken zu begreifen oder im Handeln zu gestalten, ist Religion eine von diesen beiden Formen unabhängige Art des Umgangs mit der Wirklichkeit, nämlich Anschauung und Gefühl des Universums.[146] Das klang entschieden anders als die bekannten Religionsdefinitionen. Alle drei Begriffe – Anschauung, Gefühl und Universum – brachten ganz neue Aspekte zur Sprache. Die Anschauung des Universums ist für Schleiermacher eine Selbstvergegenwärtigung der Unendlichkeit im Endlichen, eine Erfahrung von Transzendenz in der Welt, die sich einer Selbsterschließung des Universums verdankt. Um den Unendlichkeitsbezug der Religion ranken sich die berühmtesten Sätze der Schrift. «Mitten in der Endlichkeit eins werden mit dem Unendlichen und ewig sein in einem Augenblick, das ist die Unsterblichkeit der Religion.»[147] Das Aufleuchten der Ewigkeit durchbricht die Oberfläche der Wirklichkeit und legt ihren tieferen Sinn frei, indem sie die endliche Wirklichkeit als eine Darstellungsform der Unendlichkeit zeigt. Diesen Vorgang der Selbsterschließung des Unendlichen beschreibt Schleiermacher in theologischer Terminologie als Offenbarung.[148] Die als Gefühl und Anschauung definierte Religion beschreibt die

Reaktion im menschlichen Bewusstsein. Es handelt sich um eine vernehmende, rezeptive Haltung, um ein «Innewerden des Unendlichen im Endlichen»,[149] das Schleiermacher «Sinn und Geschmack fürs Unendliche»[150] nennt.

Schleiermacher nahm seine *Reden* auch zum Anlass, um die praktische Seite seines Religionsverständnisses zu erörtern. Der Mensch soll zur Religion gebildet werden, indem seine natürliche Anlage zur Religion geweckt und gefördert wird. Nicht die «Wut des Verstehens»[151] oder die Unterweisung in Dogmen und Moralvorschriften, sondern die Erweckung der Sehnsucht nach dem Unendlichen erschien ihm als das probate Mittel dazu. Für Schleiermacher drängt Religion notwendigerweise zur Mitteilung: «Ist die Religion einmal, so muss sie notwendig auch gesellig sein.»[152] Aber sein Ideal der Gemeinschaftsform war ein anderes als das vertraute Bild der Kirche. Er lehnte die Unterscheidung zwischen Priestern und Laien, die institutionelle Verfasstheit der Kirche und ihre Abhängigkeit vom Staat ab. Maßgeblich sollten allein religiöse «Virtuosen» sein, die eine besondere Begabung in der Darstellung, Mitteilung und Anregung von Religion haben.[153]

Schleiermacher strebte eine neue Gestalt des Christentums an, die den Ansprüchen seiner Kritiker gerecht werden konnte. Daher übersetzte er zentrale Auffassungen des Christentums in die Sprache der Romantik. Er sprach vom Universum und nicht von Gott, ja der Gottesbegriff war für ihn «eine Richtung der Phantasie»,[154] mit der Menschen auf die Offenbarung des Universums antworten konnten. Die Hoffnung auf Unsterblichkeit, die sich allein auf eine ins Jenseits hinein gedachte Verlängerung bezog, nannte er «ganz irreligiös»,[155] die Bibel war für ihn «nur ein Mausoleum, der Religion ein Denkmal, dass ein großer Geist da war, der nicht mehr da ist. […] Nicht der hat Religion, der an eine heilige Schrift glaubt, sondern der, welcher keiner bedarf und wohl selbst eine machen könnte.»[156] Die Transformation des Christentums war offensichtlich nur um den Preis zu haben, liebgewordene Traditionsbestände aufzugeben. Entweder war man dazu bereit, oder man leistete entschiedene Gegenwehr, weil man darin eine inhaltliche Entleerung der Religion sah.

Diese Ausgangslage bestimmte die Situation des europäischen Christentums bis weit ins 19. Jahrhundert hinein. Bemerkenswert waren daran die vollkommen unübersichtlichen Grenzverläufe, denn nicht nur die Konservativen und Frommen, sondern auch viele der Gebildeten unter den Verächtern versagten dem Transformationsprogramm ihren Beifall.[157] Manche, wie etwa Friedrich Schiller, wollten das Christentum in alter Gestalt, um weiterhin dagegen sein zu können – ein bis heute prominenter Zug moderner Religionskritik. Andere, wie Goethe, misstrauten der vermeintlich nur neuen Einkleidung alter Gehalte. Als praktisches Programm sind Schleiermachers *Reden* gescheitert, für die Frage nach der Gestalt eines modernen Christentums sind sie jedoch nach wie vor maßgeblich.[158] Schleiermacher hatte einen klaren Blick für die Selbständigkeit der Religion, er bekräftigte die Bedeutung des religiösen Erlebens des einzelnen Glaubenden und leitete damit eine entscheidende Wende ein. Nicht die Akzeptanz dogmatischer Lehren oder moralischer Vorschriften, sondern die eigene religiöse Erfahrung ist für ihn das Herzstück des Christentums.

Das Schicksal so vieler Romantiker blieb Schleiermacher trotz der gespaltenen Reaktionen auf sein schwungvolles Frühwerk erspart. Weder starb er früh noch wurde er reaktionär. Er kühlte die *Reden* in den nachfolgenden Auflagen durch Modifikationen ab und stieg nach Gründung der Berliner Universität zu einer der großen Gestalten des Protestantismus auf. In seinem umfangreichen Werk zeigte er ein ungebrochenes Interesse an den kulturellen, historischen und philosophischen Verflechtungen der Religion und des kirchlichen Lebens. Sein Alterswerk war nicht einfach die Auflösung seines romantischen Jugendprogramms. Es war vielmehr der Versuch eines Ausgleichs, der die Sprache der Tradition mit den Gehalten der religiösen Erfahrung zu verbinden versuchte. Das Ungestüme und Enthusiastische der Frühromantik ist darin nicht mehr zu finden, und doch sind deren Anliegen nicht gänzlich aufgegeben. Schleiermacher zeigte in seinen Berliner Jahren, wie der Kulturprotestantismus die Anliegen der romantischen Transformation des Christentums in einer für das kirchliche Leben versöhnlichen Gestalt durchführen konnte.

Religion als Kunst und Musik: Wackenroder

Wilhelm Heinrich Wackenroder (1773–1798) zählt zum Kreis der Frühromantiker, die an der Kluft zwischen der Sehnsucht nach tieferem Sinn und der Banalität der Wirklichkeit zerbrachen. Er starb wenige Monate vor seinem fünfundzwanzigsten Geburtstag 1798, also noch bevor Novalis und Schleiermacher mit ihren romantischen Hauptwerken hervortraten. Mit seinem programmatischen Anspruch blieb er hinter beiden zurück, wichtig wurde er jedoch, weil bei ihm die Grundzüge einer ästhetischen Transformation des Christentums am deutlichsten zu erkennen sind.[159]

Am einfachsten herauszulesen ist dies aus einem schmalen Büchlein aus dem Jahr 1797, das er zusammen mit seinem Freund Ludwig Tieck verfasste. Tieck war einer der erfolgreichsten Schriftsteller der Romantik, seine Beteiligung an dem gemeinsamen Buch war jedoch gering. Der Titel des Buches *Herzensergießungen eines kunstliebenden Klosterbruders* hat einer sentimentalen Interpretation Vorschub geleistet, die das Buch selbst zwar in manchen Passagen zu befördern scheint, die aber dennoch Wackenroders religionstheoretisches Anliegen unterschätzt, da der Klosterbruder als fiktiver Autor nicht einfach nur über fromme Andachtsbilder nachsinnt. Bereits das erste Kapitel *Raffaels Erscheinung* erklärt die Anmut von Raffaels Madonnenbildern mit einer Erscheinung, die dem Künstler widerfuhr.[160] Wackenroder und Tieck erheben damit auf den ersten Seiten die Kunst zu einem religiösen Leitmedium.

Programmatisch entfaltet dies das Kapitel *Von zwei wunderbaren Sprachen und deren geheimnisvoller Kraft*.[161] Bei aller Hochschätzung der Sprache stößt der Mensch mit seinen Worten an die unüberwindbaren Grenzen einer Dimension der Wirklichkeit, von der er ahnt, wie sie in die fassbare Welt hineinwirkt, von der er aber auch weiß, dass er sie mit Worten nicht zu fassen bekommt. Es sind zwei andere «wunderbare Sprachen»,[162] denen es vorbehalten ist, diese Dimension zu erfassen: «Die eine dieser wundervollen Sprachen redet nur Gott; die andere reden nur wenige Auserwählte unter den Menschen, die er zu seinen Lieblingen gesalbt hat: Ich meine: die Natur und die Kunst.»[163] Der fiktive Autor beschreibt, wie die Betrachtung der Phänomene der Natur vom «Säuseln in den Wipfeln des Waldes» über das «Rollen des Donners» bis hin zu einem «schönen Tal» und einem «glatten Fluss» ihm «geheimnisvolle Dinge» erzählten und in «meinem Gemüte mehr wunderbare Regungen zuwege gebracht, […] meinen Geist von der Allmacht und der Allgüte Gottes inniger erfüllt und meine ganze Seele weit mehr gereinigt und erhoben [haben], als es je die Sprache der Worte vermag».[164] Wackenroder stand dabei nicht nur eine Naturtheologie im Stile der aufgeklärten Physikotheologie vor Augen, die sich allein an der Wohlgeordnetheit und der Harmonie der Welt erfreut, sondern er sprach auch von den «dunkeln Gefühlen»,[165] die das Erleben der Natur hervorruft und das Gemüt in eine unfassbare Sphäre hinüberzieht, die in der Natur sichtbar wird und diese doch weit übersteigt.

Den tieferen Sinn der Welt, der das Dunkle und Geheimnisvolle mit einschließt, vermag auch die Kunst zu erfassen. Sie ist die Sprache, in der der Geist des Menschen «nach innerer Vollendung strebend»[166] die Welt veredelt. Die Kunst «richtet unsern Blick in unser Inneres und zeigt uns das Unsichtbare, ich meine alles, was edel, groß und göttlich ist, in menschlicher Gestalt».[167] Natur und Kunst waren für Wackenroder die beiden wichtigsten Erfahrungsfelder, auf denen die Romantik Ausblicke auf den tiefen Grund der Wirklichkeit erhoffte. Im Gefolge Schellings und der frühromantischen Rezeption des Idealismus schätzte er die Sprache der Kunst höher als die der Natur, weil sie durch die Schöpferkraft des menschlichen Bewusstseins einen Ausblick auf die Transzendenz zu bieten vermag und dadurch das Unfassbare kultiviert und veredelt. Wackenroder nahm dabei erhebliche Anleihen an der neuplatonischen Theorie der Kunst als Sichtbarmachung eines idealen Grundes[168] und legte damit einen Grundstein zu dem, was man als romantische Ästhetisierung der Religion bezeichnet hat.

Dieses romantische Programm dehnte Wackenroder folgenreich auch auf die Musik aus. *Das merkwürdige musikalische Leben des Tonkünstlers Joseph Berglinger* erzählt im letzten Teil der *Herzensergießungen* von dem Titelhelden, der als junger Mensch von der Welt der Musik zutiefst ergriffen wird, gegen den Willen des Vaters aus der Enge seiner Herkunft aufbricht, um Musiker zu werden, und am Ende an seiner Berufung scheitert. Die Spannung zwischen dem Aufruf zu vernünftiger Lebenstüchtigkeit, die vom Vater repräsentiert wird, und der inneren Berufung, mit der Kunst das Leben durch einen höheren Sinn zu adeln, war Wackenroders Lebensthema.

Was dem Knaben Joseph beim ersten Hören der Musik in der bischöflichen Residenzstadt widerfährt, ist nicht weniger als ein Erlösungsgeschehen.

> Die Gegenwart versank vor ihm; sein Inneres war von allen irdischen Kleinigkeiten, welche der wahre Staub auf dem Glanz der Seele sind, gereinigt; die Musik durchdrang seine Nerven mit leisen Schauern und ließ, so wie sie wechselte, mannigfache Bilder vor ihm aufsteigen. […] Tausend schlafende Empfindungen in seinem Busen wurden losgerissen und bewegten sich wunderbar durcheinander. Ja bei manchen Stellen der Musik endlich schien ein besonderer Lichtstrahl in seine Seele zu fallen; es war ihm, als wenn er dabei auf einmal weit klüger würde und mit helleren Augen und einer gewissen erhabenen und ruhigen Wehmut auf die ganze wimmelnde Welt herabsähe. Soviel ist gewiss, dass er sich, wenn die Musik geendigt war und er aus der Kirche herausging, reiner und edler geworden vorkam.[169]

Wackenroder ging deutlich über die Debatten hinaus, die man im 18. Jahrhundert über den Zusammenhang von Musik und Empfindsamkeit führte. Musik ist für ihn nicht allein ein Ausdrucksmedium eigener Empfindsamkeit, sondern eröffnet Erlebnisdimensionen, die das Subjekt von sich wegführten. Bis in die körperlichen Reaktionen hinein schilderte Wackenroder das Ergriffenwerden von den Klängen, das Aufsteigen der Bilder und Stimmungen im Bewusstsein bis hin zur erhebenden Verwandlung des Selbsterlebens. Er dokumentierte eindrucksvoll die religiöse Kraft der Musik und fügte eine weitere Besonderheit hinzu: «Eine wunderbare Gabe der Musik – welche Kunst wohl überhaupt um so mächtiger auf uns wirkt und alle Kräfte unseres Wesens um so allgemeiner in Aufruhr setzt, je dunkler und geheimnisvoller ihre Sprache ist.»[170] Die Musik vermag etwas auszudrücken, was sich mit Worten nicht ansatzweise erfassen lässt. Musik als «Poetik der Unendlichkeit»[171] ist wegen ihrer geheimnisvollen Dunkelheit das angemessenste Ausdrucksmedium der Erfahrung von Transzendenz. Wackenroder war damit nicht nur ein Vorläufer, sondern auch ein Wegbereiter der Diskussion über die absolute Musik, die im 19. Jahrhundert das Verhältnis von Musik und Religion neu konfigurierte (siehe Seite 575 f.).

Die Hochschätzung der Kunst führte Wackenroder in dem Kapitel zur Musik weiter. Durch die menschliche Kompositionskraft ist die Musik ein besonderer Modus der Darstellung von Transzendenz. Doch er zeigte mit den Mitteln der literarischen Fiktion auch die Grenzen menschlicher Schöpferkraft auf. Joseph Berglingers Karriere als Komponist gleicht einer großen Desillusionierung. Die niederen Interessen der Auftraggeber beengen seinen Kunstsinn, Wackenroder nennt es die «Subordination der Kunst unter den Willen des Hofes».[172] Er ist dem dauerhaften «Neid»[173] möglicher Konkurrenten ausgesetzt, und er muss sich mit «empfindungslosen und leeren Köpfen»[174] als vermeintlichen Nutznießern der Kunst abfinden. Am Ende sieht er sein Schaffen «tief entwürdigt dadurch, dass sie auf keinen einzigen, soviel er wusste, einen lebhaften Eindruck machte».[175] Berglinger erliegt dem «Kampf zwischen seinem ätherischen Enthusiasmus und dem niedrigen Elend dieser Erde».[176] Nach der Aufführung seines letzten Werkes, einer Passionsmusik, befällt ihn ein Fieber, und er stirbt wenig später. Wackenroder demonstrierte an Berglingers Schicksal, welche Risiken der hehre romantische Anspruch an die Kunst in sich barg. Das Motiv, Höheres mit der Kunst zur Darstellung zu bringen, lief dauerhaft Gefahr, an den eigenen Gaben und an einer profanen Welt zu zerschellen. Der Ort, an dem der Konflikt ausgetragen werden musste, war die Persönlichkeit des Künstlers. Wackenroder zeigte sich damit hellsichtig für die andere Seite des Geniekultes und für den sozialen, oftmals als Zwang und Behinderung erlebten Rahmen der Kunst.

Die Wirkung der *Herzensergießungen* ist erstaunlich. Tiecks Herausgeberschaft und bald auch dessen berühmter Name erklären manches, keineswegs alles. Mit wenig Aufwand konnte man Wackenroders altdeutsche Romantik zu einer Fachwerk-, Wald- und Wiesenromantik weiterführen, die alle Klischees der Romantikkritiker erfüllte. Man hat Wackenroder aber auch als Vertreter einer katholischen Restaurationstheologie gelesen. Ob das berechtigt ist, hängt davon ab, wie man die Erzählung über Raffaels Erscheinung einschätzen will. Ist die Erscheinung symbolisch oder als wirklich geschehen zu betrachten? Versteht man sie wörtlich, dann gleicht der Künstler einem Offenbarungsempfänger in der Art eines Propheten oder Evangelisten. Kunst ist dann nicht eine Transformationsgestalt der Religion, sondern ein Medium der Offenbarungsweitergabe. Die Künstlergruppe der Nazarener hat dieses Kunstverständnis bevorzugt und damit die Kunst in den Dienst eines restaurativen Christentums gestellt.[177]

Obwohl sich Anhänger eines restaurativen und sentimentalen Verständnisses des Christentums auf Wackenroder berufen haben, ist sein Programm in kulturgeschichtlicher Perspektive jedoch ein radikaler Modernisierungsvorschlag. Religion erfüllt bei Wackenroder keine Funktionen und dient keinen Zwecken, sie ist ein spezifischer Modus der Weltwahrnehmung. Dogmatik und Ethik spielen in Wackenroders Christentum keine Rolle mehr, weder die Lehren noch die moralischen Vorschriften der Tradition erreichen das Herz der Religion. Das, was die Religion über die Tiefe der Wirklichkeit zu sagen hat, ist in der Natur zu erfahren, noch mehr und besser ist dies jedoch in der Kunst und Musik darzustellen. Diesen Wandel hat man als eine Ästhetisierung der Religion bezeichnet.[178] Das ist eine markante Zäsur in der Kulturgeschichte des Christentums, denn Kunst und Musik treten nun nicht mehr unterstützend zur christlichen Überlieferungsgeschichte hinzu, sondern steigen zu den eigentlichen Darstellungsmedien auf, die die traditionellen Ausdrucksformen verdrängen oder in nachgeordnete Positionen rücken lassen. Damit verändern sich aber auch die Inhalte.

4
Romantische Transformationen

Die Romantik hat die Transformation des Christentums nicht nur programmatisch angeregt, sondern sie hat sie auch durch Künstler im Geist der Romantik durchgeführt. An einem Beispiel aus der Dichtung und einem aus der Kunst lässt sich zeigen, was dies für die christliche Religion bedeutete.

Mondnacht: Die poetische Verwandlung des Christentums

Mit den Mitteln der Dichtung die Wirklichkeit mit Bedeutung aufladen – diese Poetisierung war ein essentieller Bestandteil des romantischen Programms. Die Romantiker traten daher allesamt auch als Literaten in Erscheinung. Das galt für Friedrich Schlegel ebenso wie für Novalis. Dessen *Hymnen an die Nacht* zeigen, wie die Dichtung eingesetzt wird, um religiöse Gehalte und Gestimmtheiten in Worte zu fassen. Das an sich war noch keine Errungenschaft der Romantik, sondern seit Jahrhunderten gute christliche Praxis. Die Romantik beflügelte jedoch den Aufstieg der Literatur zu einem Leitmedium der christlichen Kultur, wie er sich vor allem durch den Roman im 18. Jahrhundert vollzog. Der Erfolg des Romans lag darin begründet, dass er christliche Vorstellungen individuell konkretisieren und damit näher an die Erfahrungswirklichkeit der Menschen heranbringen konnte. Die romantische Dichtung ging darüber hinaus, indem sie die christlichen Gehalte selbst poetisch transformierte und damit die Dichtung zu einer neuen Sprache der Religion erhob.

Ein schönes Beispiel dafür ist Joseph von Eichendorffs Gedicht *Mondnacht*. Eichendorff (1788–1857) ist der ausgehenden Romantik zuzurechnen.[179] Mit seiner Posthorn- und Waldromantik schrammte er oft nur knapp am Biedermeier vorbei.[180] Er wuchs in den letzten Jahren des 18. Jahrhunderts in Oberschlesien auf den Gütern des katholischen Landadels in einer Welt auf, «so schön, dass man nie aus ihr vertrieben werden dürfte».[181] Die Familie verlor jedoch ihre Besitztümer, die Napoleonische Ära veränderte die politischen Verhältnisse grundlegend, und mit der aufkommenden Industrialisierung wurde eine neue, andere Welt geboren. Eichendorffs Naturidyllen verkörpern das vielleicht höchste Maß romantischer Verlustempfindlichkeit, sie besingen eine untergegangene Welt. Eichendorffs Antwort auf den Verlust nötigt in doppelter Hinsicht Bewunderung ab. Den existentiell hohen Flug und tiefen Fall der Frühromantiker vermied er und entschied sich für ein Leben in bürgerlicher Tüchtigkeit, das ihn als Regierungsrat auf verschiedene Stationen in Preußen führte. Auch in seiner Kunst ergab er sich nicht dem gefühlten Untergang. Seiner Dichtung liegt «eine Art von Kompensationstheorie zugrunde»:[182] Was einmal war, ist verloren, was die Dichtung aber bewahren kann, ist die «Art des Erlebens, die mit diesen Orten verbunden ist».[183] Mit dieser Aufwertung des subjektiven Weltzugangs stand Eichendorff in bester romantischer Tradition, und doch wandelte er sie ab. Er sah die Grenzen des Programms der Romantisierung der Welt. Der Einzelne konnte die beschleunigte Entzauberung der Welt nicht aufhalten, er konnte aber in besonderen Momenten ahnen, dass sich hinter den Dingen mehr verbarg, als es den Anschein hatte. Daher war Eichendorff nach Rüdiger Safranski «kein Dichter der Heimat, sondern des Heimwehs, nicht des erfüllten Augenblicks, sondern der Sehnsucht, nicht des Ankommens, sondern der Abfahrt».[184]

Das Gedicht *Mondnacht* macht die religiöse Dimension einer Dichtung der Sehnsucht deutlich. Die Wahl des Mondes als Sujet war kein Zufall, schon seit geraumer Zeit war in der deutschen Dichtung eine «Mondphase» angebrochen. Das reicht von dem frommen Abendlied *Der Mond ist aufgegangen* von Matthias Claudius[185] bis hin zu Goethes Gedicht *An den Mond*. Eichendorff beerbte diese Tradition der Monddichtung, die das gestiegene ästhetische Interesse an der Natur im 18. Jahrhundert deutlich macht, und führte sie romantisch weiter.

Mondnacht

Es war, als hätt' der Himmel
Die Erde still geküsst,
Dass sie im Blütenschimmer
Von ihm nun träumen müsst'.

Die Luft ging durch die Felder,
Die Ähren wogten sacht,
Es rauschten leis' die Wälder,
So sternklar war die Nacht.

Und meine Seele spannte
Weit ihre Flügel aus,
Flog durch die stillen Lande,
Als flöge sie nach Haus.[186]

Hintergründige Anspielungen, die mythische und erotische Motive aufnehmen, gehen eine enge Verbindung mit starken Naturbildern ein. Im Blütenschimmer geht die Luft durch Felder, sachtes Wiegen der Ähren, leises Rauschen der Wälder, sternenklarer Himmel. Mit wenigen Pinselstrichen erzeugt Eichendorff ein bewegtes Stimmungsuniversum der Ruhe und Harmonie und lenkt das Augenmerk von der Natur auf das Erleben der Natur. In diesem Erleben wird die Vorstellungskraft angeregt. «Es war, als hätt'», in anderen Gedichten heißt es «Mir war, als ob» – als eine Poesie des «Als ob» hat man daher Eichendorffs Dichtung bezeichnet.[187] In der Phantasie des Betrachters offenbart die Mondnacht einen geheimen Zauber der Welt, der die Seele erhebt, entgrenzt und nach Hause zurückkehren lässt. Das Erleben der Mondnacht ruft eine existentielle Gestimmtheit hervor, die einer religiösen Erfüllung gleicht, doch Eichendorff beschreibt das Gefühl gestillter Sehnsucht und kosmischer Geborgenheit ganz ohne religiöse Begriffe. Der schlesische Katholik Eichendorff konnte von Religion zwar auch anders reden und Marien- und Kirchenlieder dichten, aber in den meisten Gedichten wählte er wie in der Mondnacht einen anderen Weg. Die Sprache der Dichtung tritt hier an die Stelle der Sprache der Religion, um die Bewusstseinszustände, die Gefühle und die Stimmungen zu artikulieren, die der Religion zugrunde liegen. Mondnacht beschreibt eine tiefe religiöse Erfahrung ganz ohne die Sprache der christlichen Tradition, und es ist bis heute eine Frage des Standpunktes, ob man darin eine Befreiung oder einen Verlust sieht.

Abb. 49   Friedrich Georg Kersting, Caspar David Friedrich in seinem Atelier, *1811. Nicht die Abbildung der Natur, sondern das eigene Erleben ist die Quelle der Kunst. Friedrichs Freund und Malerkollege Kersting hat diesen Grundzug romantischer Malerei durch das Atelierbild dargestellt. Das Fenster nach draußen dient Friedrich nur als Lichtquelle, das Bild entsteht in seinem Innern.*

Zehntes Kapitel: Die Metamorphose des Christentums

Das Geheimnis der Welt im Bild: Caspar David Friedrich

Die Mondbegeisterung der Romantik erfasste auch die Kunst. Caspar David Friedrich (1774–1840) machte den Mond zu einem häufigen Motiv.[188] Viele seiner Gemälde zeigen Menschen, die den Mond betrachten, die gebannt vom Strand auf die Mondaufgänge über der Ostsee blicken oder aus der Einsamkeit eines Waldes heraus den Gang des Mondes am Himmel verfolgen, etwa das Gemälde *Zwei Männer bei der Betrachtung des Mondes* (Tafel 17). Seine Mondbilder fangen die Stille, die Harmonie und die Ahnung einer anderen Welt im Mondlicht ein, zugleich durchzieht sie ein eigentümlicher melancholischer Hauch. Mit Friedrichs Mondbildern beginnt die Romantik in der Kunst, in ihnen deutet sich an, wie eine künstlerische Transformation des Christentums aussehen kann.

Der Künstler Georg Friedrich Kersting hat in mehreren Bearbeitungen seinen Freund und Lehrer Caspar David Friedrich im Atelier gemalt. Die Gemälde zeigen die karge und nur mit den nötigsten Utensilien ausgestattete Werkstatt, das Fenster dient nicht der Aussicht, sondern als Lichtquelle, während der Künstler vom Fenster abgewandt vor seiner Staffelei steht.[189] Friedrich erschloss seine Landschaften auf vielen Wanderungen. Rügen, das Erzgebirge und das Umland seines Wohnortes Dresden waren häufige Ziele seiner Aufenthalte in der Natur. Er studierte sie sorgfältig und hielt seine Eindrücke in Skizzenbüchern fest. Das Gemälde, das dann im Atelier entstand, war jedoch kein Abbild der Natur, sondern brachte das eigene Erleben der Natur zum Ausdruck. Treffender als in Kerstings Atelier-Gemälden kann man Caspar David Friedrichs Idee der Romantisierung kaum darstellen (Abb. 49).

Die religiöse Dimension seiner Bilder wird durch Caspar David Friedrichs Motivwahl deutlich. In seinen Gemälden tauchen häufig Kirchenruinen, Mönche und vor allem Kreuze auf. Manches, wie die Begeisterung für das Kreuz, lässt sich mit der Sozialisation Friedrichs im konventionellen Luthertum seiner Zeit erklären.[190] Die geheimnisvolle und naturfromme Aufladung jedoch könnte von Friedrichs Begegnung mit der theologischen Romantik in Gestalt Friedrich Schleiermachers geprägt worden sein. Der Kunsthistoriker Werner Busch kommt zu dem Ergebnis, «dass Schleiermacher für Friedrichs gedankliche Prägung den bedeutendsten Einfluss überhaupt darstellt.»[191]

Caspar David Friedrich stellte das Gemälde *Der Mönch am Meer* 1810 auf der Berliner Akademieausstellung erstmals der Öffentlichkeit vor (Tafel 18). Die bekam einen Mönch zu sehen, der an einem einsamen Strand hinaus in die unermessliche Weite des Meeres und des Himmels blickt.[192] Keine Interpretation versäumt es, auf Heinrich von Kleists legendär gewordenes Diktum hinzuweisen. In seiner «Einförmigkeit und Uferlosigkeit» müsse es einem Betrachter des Bildes so erscheinen, «als ob einem die Augenlider weggeschnitten wären».[193] Man hat dies meist darauf bezogen, dass der Abstraktionsgrad des Bildes für Betrachter im frühen 19. Jahrhundert sehr ungewöhnlich war. Die Liste verwirrter prominenter Dichter und Künstler, die das Bild sahen, ist lang. Goethe war nur einer von vielen.[194]

Das irritierte Seherlebnis ist allerdings nur die eine Seite, die permanente Wiederholung des Kleist-Zitats hat leider die Breite der damaligen Debatte «geradezu vernutzt».[195] Aber noch mehr als die abstrakte Form beschäftigte die Zeitgenossen, was Friedrich mit dem Bild sagen wollte. Kleists Text stellte eine verunglückte Überarbeitung einer wesentlich ausführlicheren Besprechung des Bildes durch Clemens Brentano dar, dem eine der bis heute schönsten Beschreibungen des Bildes zu verdanken ist:

> Herrlich ist es, in einer unendlichen Einsamkeit am Meeresufer, unter trübem Himmel, auf eine unbegrenzte Wasserwüste, hinauszuschauen. Dazu gehört gleichwohl, dass man dahin gegangen sei, dass man zurück muss, dass man hinüber möchte, dass man es nicht kann, dass man alles zum Leben vermisst, und die Stimme des Lebens dennoch im Rauschen der Flut, im Wehen der Luft, im Ziehen der Wolken, dem einsamen Geschrei der Vögel, vernimmt.[196]

Der Mönch am Strand, der auf das unendliche und tosende Meer hinausblickt, die dunklen Wolken am Himmel, die kreisenden Möwen – das alles wären perfekte Ingredienzen für die Ewigkeitssehnsucht eines romantischen Bildes, jedoch, so bemerkte Brentano, das Bild erfüllt diese Sehnsucht nicht, er fand allein einen «Abbruch, den mir das Bild tat».[197] Kleist führte Brentanos Irritation weiter, das Bild handelte seiner Auffassung nach keineswegs von Sehnsucht. «Nichts kann trauriger und unbehaglicher sein, als diese Stellung in der Welt.»[198] Wie die «Apokalypse»[199] liege das Bild da, seine Betrachter blickten in das Nichts. Erst von daher ist Kleists Eindruck von den abgeschnittenen Augenlidern zu verstehen.[200] Brentano und Kleist waren Caspar David Friedrich wohlgesonnen, Kleist ihm sogar freundschaftlich verbunden, die gemalte unfassbare Unendlichkeit des *Mönchs am Meer* ließ beide jedoch erschaudern. Friedrich selbst hatte mit dem Bild offenbar anderes im Sinn. Über den *Mönch am Meer* schrieb er:

> Und sännest du auch vom Morgen bis zum Abend, vom Abend bis zur sinkenden Mitternacht, dennoch würdest du nicht ersinnen, nicht ergründen, das unerforschliche Jenseits. [...] Tief zwar sind deine Fußstapfen am öden sandigen Strande, doch ein leiser Wind weht darüber hin, und deine Spur wird nicht mehr gesehen: Törichter Mensch voll eitlem Dünkel![201]

Caspar David Friedrich, Abtei im Eichwald, 1809/10. Die institutionelle Gestalt des Christentums liegt in Ruinen, seine Anhänger wandern einsam durch den Nebel, und doch zeichnet sich in dem fahlen Winterlicht ein Hoffnungsschimmer ab. Friedrichs Bild veranschaulicht, wie sich viele Romantiker die Transformation des Christentums vorstellten.

Abb. 50

Das klingt weniger freundlich und heiter als bei Schleiermacher, der Religion als «Sinn und Geschmack fürs Unendliche» beschrieb. Und doch lenkt Caspar David Friedrich den Blick auf das Ungeheure, Gewaltige und Unfassbare, das zur Religion hinzugehört. Sein *Mönch am Meer* zeigt, wie die Unfassbarkeit und Unendlichkeit der Welt dem Menschen Demut abnötigt und ihn zugleich schützend umfängt. Im 20. Jahrhundert hat Rudolf Otto in seinem Buch *Das Heilige* beschrieben, dass nicht nur das Erbauende zur Religion gehört, sondern auch «schweigendes, tiefstes Erleben».[202] Otto hat damit eine Form der modernen Religiosität beschrieben, wie sie auch in Caspar David Friedrichs *Mönch am Meer* zum Ausdruck kommt.

Es ist viel darüber gerätselt worden, ob der Mönch auf einem flach in die Brandung mündenden Strand oder auf einer Klippe steht. Schon Friedrichs erste Interpreten sahen den Mönch auf einer Klippe vor einem Abgrund. Während für Caspar David Friedrich das «geräuschlose Verschwinden»[203] in einem Sinnzusammenhang, der alles übersteigt, was der Mensch ergründen kann, ein religiöses Gefühl der Aufgehobenheit war, jagte schon seinen Freunden die Unend-

Abb. 51

Caspar David Friedrich, Das Kreuz im Gebirge, 1808. *Die Kraft des »Tetschener Altars« übersteigt die Möglichkeit seiner Interpreten. Nicht einmal Friedrichs eigene Deutung kann die Wirkung des Bildes abschließend erklären, das nach seiner Ausstellung einen regen Streit über die religiöse Funktion der Kunst auslöste.*

lichkeit Angst ein und machte sie angesichts der Vergeblichkeit und Sinnlosigkeit des menschlichen Strebens traurig. Unendlichkeit bedeutete für sie Verlorenheit. Die von Friedrich angelegte Sinnoffenheit schlug bei den Betrachtern um in Sinnlosigkeit.[204] Man kann nicht tiefer in die Ambivalenz der religiösen Erfahrung in der Moderne hineingeführt werden, als es Caspar David Friedrichs *Mönch am Meer* tut.

Friedrich stellte das Bild zusammen mit dem Gemälde *Abtei im Eichwald* aus (Abb. 50). Ein Zug von Mönchen geleitet in verlassener, fast gespenstischer Friedhofslandschaft im fahlen Winterlicht einen Sarg durch die Ruine einer gotischen Kirche hindurch. Auf diesem wie auf vielen anderen Gemälden Friedrichs scheint die Gestalt des institutionellen Christentums im Untergang. Die Kirchen sind Ruinen, die Friedhöfe aufgelassen, die Mönche als Repräsentanten einsame Wanderer in karger Umgebung. Das, was das Christentum einmal war, ist versunken – und doch bricht durch die Lichtgebung ein Hoffnungsschimmer in dem Bild hervor. Beides spricht dem Kunsthistoriker Werner Hofmann zufolge aus dem Bild, der «im Zerfall erstarrte […] Glauben» und die «Ankündigung der wissenden, vom historischen Ballast befreiten Zuversicht des Glaubens».[205] Friedrich legte eine Fährte, die die *Abtei im Eichwald* zu einem Sinnbild der Transformationsgestalt des Christentums machen würde,[206] doch auch hier folgten ihm die Betrachter nicht. Schopenhauers Mutter Johanna, die kulturbeflissene Salondame Weimars, fand das Bild schauerlich und hoffnungsleer.[207] Sie dürfte mit diesem Urteil kaum alleine geblieben sein.

Ähnlich erging es Friedrich schon mit dem *Kreuz im Gebirge*, seinem ersten bedeutenden Ölgemälde, das nach seinem späteren Verwendungsort auch *Tetschener Altar* genannt wurde (Abb. 51). Für einen privaten Auftraggeber malte Friedrich ein Kreuz mit Christusfigur auf einem einsamen Felsgipfel, der aus einem Tannenwald hervorragt. Auf das Kreuz fallen die Strahlen der Sonne, die hinter dem Berg steht. Eingefasst ist das Bild in einen Rahmen mit Engelsfiguren, Ähren, Reben und schließlich einem Dreieckssymbol der Trinität. Der Zusammenhang von einsamer Natur, Kreuz und Gotteserfahrung war ein romantisches Motiv, auf das Friedrich zurückgreifen konnte. Ludwig Tieck hatte in *Franz Sternbalds Wanderungen* ähnliche Kreuzesepiphanien in der Natur beschrieben.[208] Die Bearbeitung des literarischen Motivs in der Kunst stieß jedoch auf Widerspruch.

Die aufgeregte öffentliche Debatte, die darum entstand,[209] ist ein Lehrstück über die Wirkung von Kunst und über den Zusammenhang von Religion und Romantik. Den Streit entfachte Friedrich Wilhelm Basilius Ramdohr 1809 in einem Zeitungsartikel. Der Jurist und Diplomat betätigte sich als freischaffender Kunstkritiker, durfte allerdings in der intellektuellen Öffentlichkeit nur wenige zu seinen Freunden zählen.[210] Das verwundert nicht, wenn man liest, wie Ramdohr Friedrichs Bild nach eingehender und detaillierter Beschreibung zunächst mit schneidendem und oberlehrerhaftem Ton tadelt, weil es die Gesetze der klassischen Wohlgestalt verletze.[211] Ramdohr erboste, dass Friedrich sein subjektives

Erleben in die Darstellung der Natur eintrug, denn damit würde die Kunst die Natur verfälschen, die Natur spreche nicht so zu den Menschen, wie Friedrich sie sprechen ließ. Bei den Betrachtern könne diese Art der Naturdarstellung keine ästhetischen, sondern nur «wahrhaft pathologische Rührungen»[212] erzeugen. «Mystizismus», «narkotischen Dunst»,[213] sogar «Scharlatanerie»[214] nannte er diese Vermengung von Kunst und Religion und schalt ihre Vertreter «neuplatonische Sophisten, gnostische und orphische Schamanen».[215] Mit dieser Art der Landschaftsmalerei sei der Religion ein schlechter Dienst erwiesen.

Caspar David Friedrich sprangen in der öffentlichen Diskussion viele zur Seite. Man verteidigte auf der künstlerischen Ebene den Durchbruch alter Formgesetze als einzige Möglichkeit für das notwendig Neue in der Kunst, man sprach der Kunst das Recht zu, Ideen und Empfindungen in der Darstellung von Landschaften auszudrücken, und man pries ihre daraus hervorgehenden Impulse für ein eigenes Nachsinnen und Erleben, das bis hin zur Religion reichen konnte. Formal gesprochen verteidigte man also die fließenden Übergänge zwischen einer ästhetischen und religiösen Erfahrung, die Caspar David Friedrich mit seinem Altarbild schuf. Der meldete sich auch selbst mit einer Deutung des Bildes zu Wort:

> Jesus Christus, an das Holz geheftet, ist hier der sinkenden Sonne zugekehrt, als das Bild des ewigen allbelebenden Vaters. Es starb mit Jesu Lehre eine alte Welt, die Zeit, wo Gott der Vater unmittelbar wandelte auf Erden. Diese Sonne sank, und die Erde vermochte nicht mehr zu fassen das scheidende Licht. Da leuchtet vom reinsten edelsten Metall der Heiland am Kreuz im Golde des Abendrots und widerstrahlt so im gemilderten Glanz auf Erden. Auf einem Felsen steht aufgerichtet das Kreuz unerschütterlich fest wie unser Glaube an Jesum Christum. Immergrün, durch alle Zeiten währen, stehen die Tannen um das Kreuz, wie die Hoffnung der Menschen auf ihn, den Gekreuzigten.[216]

Der Text ist ein schönes Zeugnis für Friedrichs melancholische Frömmigkeit, aber nicht einmal der Künstler selbst konnte den faszinierenden Bedeutungsüberschuss seines Bildes einfangen. Die Anschauung des Bildes übersteigt in dem, was es in den Betrachtern auslöst, bei weitem das, was Worte darüber sagen könnten. Es ist das Erleben dieser Unbestimmtheit der Deutungen, die die Faszination des Bildes ausmacht.

Ramdohrs Einspruch wirkte in dem Streit wie eine Stimme aus der Vergangenheit, doch seine Kritik traf auch einen wunden Punkt der romantischen Landschaftsmalerei. Sie konnte mit ihrer religiösen Bedeutsamkeitsauflösung der Natur nicht über den subjektiven Eindruck des Künstlers hinausgehen. Man konnte, musste die Natur aber nicht so sehen, wie sie Caspar David Friedrich darstellte.

Ernst Ferdinand Oehme, Prozession im Nebel, 1828. *Der Einfluss Caspar David Friedrichs auf die romantischen Maler war groß. Unübersehbar sind die Anleihen, die Oehme hier nimmt – allerdings mit einer markanten Verschiebung. Das Geheimnisvolle neigt sich hinüber in das Düstere der Naturerfahrung.*

Abb. 52

Friedrichs Kunst hatte mit der Debatte um den Tetschener Altar und die beiden Bilder der Berliner Akademieausstellung den Zenit ihrer öffentlichen Wirksamkeit erreicht. Die vielen noch kommenden Gemälde, die einen Hauch des Geheimnisses in die Welt legten, wurden vom Publikum mehr und mehr übergangen. Am Rande der Vergessenheit starb Caspar David Friedrich im Jahr 1840. Als Künstler war Friedrich zu früh gekommen, der Anspruch, Natur nicht einfach abzubilden, sondern die innere Anschauung des Menschen darzustellen, hielt erst zwei Generationen später seinen triumphalen Einzug in die Kunst. Als Vermittler einer religiösen Weltsicht war er vorerst zu spät gekommen. Zwischen dem Verlangen nach einer Restauration des alten Christentums und dem Aufbruch in eine technische Welteroberung war vorerst kein Platz für eine neue religiöse Kultur. Wer hingegen in unseren Tagen eine Caspar-David-Friedrich-Ausstellung besuchen möchte, muss viel Geduld für die Warteschlange mitbringen. Die Wiederentdeckung und die Bedeutung seiner Kunst heute sind ein eindrucksvolles Beispiel nicht nur für die wundersamen Wege der Geschichte der Kunst, sondern auch für die verschlungenen Pfade der Religion und des Christentums in der Moderne.

5
Goethes Weltfrömmigkeit

Kaum eine andere Gestalt verkörpert den Übergang vom 18. zum 19. Jahrhundert so gut wie Johann Wolfgang von Goethe. An Goethe kann man das neue Selbstbewusstsein der einstmals vom Christentum protegierten Kulturformen studieren, aber auch das Aufkommen einer «Weltfrömmigkeit», die sich religiös, aber nicht unbedingt kirchlich-christlich gibt.

Goethe kam mit allen kulturellen Strömungen seiner Zeit, vom späten Glanz des Rokoko über den Pietismus, die Aufklärung, den Sturm und Drang, den Idealismus, die Romantik und die Restaurationsepoche, in Berührung und sog sie unterschiedlich in sich auf.[217] Goethe wuchs im Zeitalter Friedrichs des Großen auf und schilderte in *Dichtung und Wahrheit* die pompöse Zeremonie der Inthronisation Josephs II. zum Kaiser des Heiligen Römischen Reiches in Frankfurt,[218] er lebte und wirkte an einem spätabsolutistischen Hof in Weimar, er beobachtete den Vormarsch der französischen Revolutionstruppen am Rhein, parlierte mit Napoleon und sah am Ende seines Lebens die Restaurationsanstrengungen der europäischen Herrscherhäuser scheitern. Aus der betulichen Welt der Kutschfahrten reichte sein Leben hinüber bis in das beschleunigte Lebensgefühl der entfesselten Industrialisierung am Vorabend des Eisenbahnzeitalters.

Auch die religiösen Umbrüche des Zeitalters bildeten sich in Goethes Schaffen ab. Er vertrat eine tiefe religiöse Haltung, die jedoch auf Distanz zum traditionellen Christentum ging. Erstaunlicherweise versuchten nahezu alle protestantischen Strömungen in Deutschland bis hin zur Anthroposophie, aus Goethe ihre eigene Position herauszulesen.[219] Jenseits des Atlantiks berief sich der Philosoph und Unitarier Ralph Waldo Emerson auf ihn, um ein neues religiöses Verständnis der Natur auszubilden, das sich nicht in den engen Bahnen traditioneller Kirchlichkeit bewegen musste.[220]

Der Briefroman *Die Leiden des jungen Werther* machte Goethe 1774 über Nacht zu einer europäischen Berühmtheit, das Buch blieb zeit seines Lebens sein erfolgreichstes Werk.[221] Neben der tragischen Liebesgeschichte erzählt Goethe im *Werther* aber auch noch etwas anderes. Er schildert, wie der Protagonist aufgrund der unerfüllten Liebe allmählich in einen vollkommenen Lebensüberdruss hinübergleitet. Am Anfang ruft Werther dunkel ahnend aus: «Ich kehre in mich selbst zurück, und finde eine Welt.»[222] Doch die innere Welt zerfließt: «Es ist ein Unglück, Wilhelm, meine tätigen Kräfte sind zu einer unruhigen Lässigkeit verstimmt, ich kann nicht müßig sein und kann doch auch nichts tun. Ich habe keine Vorstellungskraft, kein Gefühl an der Natur, und die Bücher ekeln mich an. Wenn wir uns selbst fehlen, fehlt uns doch alles.»[223] Goethe erhob im Rückblick den Lebensekel, der in der Welt keinen Sinn und am Leben keinen Gefallen mehr findet, zum großen Thema des Buches. Bahnbrechend neu daran war, dass Werther in sein Inneres blickte und die Veränderungen in Briefen dokumentierte. Goethe nahm dabei Anleihen bei dem pietistischen Verfahren der Seelenschau.[224] Mit der Welt des Pietismus war Goethe aus seinen Frankfurter Kindertagen bestens vertraut. In den *Bekenntnissen einer schönen Seele* aus *Wilhelm Meisters Lehrjahre* hat er dem Pietismus ein literarisches Vermächtnis geschaffen. Doch im *Werther* transformierte er die pietistische Seelenschau. Es ging nicht mehr um das Auskundschaften eigener Sünden, sondern in einem viel grundsätzlicheren Sinne um die Erkundung des inneren Lebens und um dessen literarische Verarbeitung. Für die Literatur eröffnete dies ungeahnte Möglichkeiten, die weit über die religiöse Funktion hinausgingen. Kirche und Theologie nahmen diesen Emanzipationsprozess aufmerksam wahr. Es dürfte daher nicht nur die Kritik an der vermeintlichen Verteidigung des Selbstmords gewesen sein, die die theologische Fakultät der Universität Leipzig gegen den Verkauf des Buches vorgehen ließ.[225]

Eine theoretische Begründung der Emanzipation der Literatur als einer eigenständigen Möglichkeit, Welt zu erschließen und Leben zu verarbeiten, dämmerte Goethe erst nach seiner Italienreise.[226] Dazu trug auch seine Freundschaft mit Friedrich Schiller bei. Dessen Manifest *Über die ästhetische Erziehung des Menschen* zufolge dient wahre Kunst keinen fremden Interessen, weder der Moralerziehung noch der Religion. Nur in der Schönheit des freien Spiels der Kunst findet der Mensch zu sich selbst.[227] Die legendäre und von ihrer kulturellen Wirksamkeit her einzigartige Freundschaft zu Schiller beflügelte in Goethe die Einsicht der enormen Möglichkeiten der Literatur. Sie konnte nicht nur Wohlgefallen erzeugen oder Nützliches im Dienst der Moral oder Religion leisten, sondern auch die großen Fragen des Lebens in einer Weise thematisieren, die zur Bildung einer freien Persönlichkeit und wahrer Humanität anregten. Goethes große Werke seit der Freundschaft mit Schiller sind deutlich von diesem Bewusstsein geprägt. Seine literarische Genialität liegt jedoch darin, dass man in seinen Werken sowohl die Umsetzung dieses hehren Programms als auch nur den Erzählfaden an der Oberfläche finden und sich je nach Geschmack am einen, am anderen oder an beidem erfreuen kann. Das Faust-Thema, das Goethe sein ganzes Leben lang beschäftigte, ist eine unterhaltsame und obendrein poetisch meisterhafte Verarbeitung des mittelalterlichen Stoffes über die Verführbarkeit des Menschen. Es lässt sich aber ebenso als eine große Diagnose und Prognose des Lebensgefühls des frühen 19. Jahrhunderts lesen, das die dauerhafte Spannung zwischen der Erfüllung aller menschlichen Träume allein im Diesseits und der nicht auslöschbaren Ahnung eines jenseitigen Sinns beschreibt. Mephistos Verführung ist in diesem tieferen Sinne die Anstiftung zum «Transzendenzverrat»,[228] und das Ringen zwischen Faust und Mephisto liefert Einblick in das «Betriebsgeheimnis der Moderne».[229] In dem programmatischen Zusammenhang von Erlebnis und Dichtung markieren die Werke Goethes, wie Wilhelm Dilthey meinte, einen Höhepunkt. «Leben und dessen Auslegung ist ihre Grundlage, die Persönlichkeit ist ihr Mittelpunkt.»[230] Am *Faust* lässt sich zeigen, wie Goethe das traditionelle Verhältnis von Religion und Literatur umkehrte. Nicht die Literatur dient der Religion, sondern die Religion liefert Anschauungsmaterial für die großen Fragen des Lebens. Wenn am Ende des 19. Jahrhunderts konservative Protestanten wie Martin Kähler (1835–1912) Goethe zu ihrem Leib- und Magendichter erkoren, dann taten sie das nicht, weil sie in ihm einen Gewährsmann ihrer eigenen Christlichkeit fanden, sondern sie lasen ihn, weil sie von seiner Dichtung Antworten auf Fragen des Lebens erwarteten. Es waren ausgerechnet die frommen und konservativen Goethe-Verehrer, die damit vonseiten der Religion stillschweigend die Autonomie der Literatur anerkannten.

Die kulturprotestantischen Goethe-Verehrer suchten dagegen bei Goethe ein neues, mit dem Geist der Moderne verträgliches Christentum.[231] Der Streit, der darüber entbrannte, liefert das zweite wichtige Lehrstück, das Goethe für eine Kulturgeschichte des Christentums bietet. Der Kulturprotestant Adolf von Harnack fand bei Goethe das Idealbild einer modernen und kulturell wirksamen Christlichkeit,[232] Wilhelm Lütgert sah hingegen das maßgeblich Protestantische aufgegeben,[233] Karl Aner schließlich urteilte, Goethe habe «sich nie als Christ gefühlt».[234] Die Voten führen mitten hinein in den Streit um Goethes Christentum. Schon zu Goethes Lebzeiten brach dieser Streit aus. Goethe selbst bezeichnete sich zwar nicht als Christ, er reagierte aber «schneidend satirisch»[235] auf all jene, die ihm das Christentum absprachen. Offensichtlich erzürnte ihn, mit welcher Schlichtheit man meinte, die Frage nach seiner Christlichkeit beantworten zu können.

Goethes Religion war nicht auf einen Nenner zu bringen – auch für ihn selbst nicht. Durch seine familiäre Herkunft vereinte er in sich die beiden großen protestantischen Strömungen des Pietismus und des Rationalismus. Seine Skepsis gegenüber den Dogmen und Machtansprüchen der Kirche und sein Verständnis der Religion als Tat und Gesinnung waren bestes Erbe der Aufklärung. Bis hinein in Anflüge der Religionskritik konnte Goethe in dem Gedicht *Prometheus* die negative Seite der Aufklärungskritik weiterführen. Am Religionsverständnis der Aufklärung missfiel ihm allerdings die Kühle des deistischen Weltbildes, er fand an den Geschichten des Alten Testaments ein zu großes ästhetisches Wohlgefallen, um sich mit dem weltenthobenen Uhrmacher-Gott abfinden zu können.[236] Zu den Merkwürdigkeiten der Religion Goethes zählt auch, dass er seine Sympathien für die Erscheinungsform des Katholizismus in *Dichtung und Wahrheit* in die Leipziger Studienjahre datierte, an einen Ort also, an dem Katholiken nicht leicht zu finden waren, und in eine Zeit, in der er nachweislich auch aufgrund einer schweren Erkrankung dem Pietismus am nächsten stand. Die Datierung an sich macht kaum Sinn, aber sie zeigt, dass Goethe die Neuformation des Katholizismus, wie sie etwa von Chateaubriand vorgetragen wurde, zur Kenntnis nahm und sie kritisch gegen den seiner Auffassung nach kraftlosen Protestantismus stellte, der in seiner gottesdienstlichen Feier an «zu wenig Fülle» leide.[237] Goethe konnte mühelos Dogmen und Machtansprüche kritisieren und gleichzeitig die katholische Liturgie als kunstvollste Repräsentierung des Heiligen in der Welt schätzen. Das brachte ihn in die Nähe der romantischen Kunstreligion, aber dort wollte er nicht zum Stehen kommen. Goethe zählte nach anfänglicher Sympathie für den Kreis der Jenaer Romantiker bald zu deren schärfsten Kritikern, denn das Programm der Romantisierung erschien ihm zu aufgeladen und künstlich.[238] Profil gewann seine Religiosität in der Auseinandersetzung mit dem Zürcher Geistlichen und Theologen Lavater.[239] Die Kehre von einer anfänglichen Freundschaft zur später kühlen Distanz versinnbildlicht Goethes Haltung zum kirchlichen Christentum. Von Lavater entfremdeten ihn der christliche Bekehrungseifer und der Hang zum Übernatürlichen. Goethe hielt das für Aberglauben. Berühmte Worte ranken sich darum, dass Goethe die christliche Verehrung des Kreuzes abgestoßen habe.[240] Es war die dogmatische Überhöhung der Christologie, die Goethe nicht teilte. Der Person Jesu brachte er jedoch größte Hochachtung entgegen und drängte dabei in der ihm eigenen Art auch die Beunruhigungen der aufkommenden Bibelkritik ab. Wenige Tage vor seinem Tod zeichnete Eckermann Goethes Ausspruch auf:

Dennoch halte ich die Evangelien alle vier durchaus für echt, denn es ist in ihnen der Abglanz einer Hoheit wirksam, die von der Person Christi ausging und die so göttlicher Art, wie nur je auf Erden das Göttliche erschienen ist. Fragt man mich: ob es in meiner Natur sei, ihm anbetende Ehrfurcht zu erweisen? so sage ich: Durchaus! – Ich beuge mich vor ihm, als der göttlichen Offenbarung des höchsten Prinzips der Sittlichkeit.[241]

Der Begriff der Ehrfurcht ist ein berühmter und wichtiger Schlüssel zu Goethes Religion. Im Gegensatz zur bloßen Furcht verstand er darunter einen «höheren Sinn»,[242] der dem Menschen gegeben ist. Die Ehrfurcht ist eine Andacht gegenüber dem, «was über uns ist»,[243] «was uns gleich ist»,[244] und dem, «was unter uns ist».[245] Alle drei Ehrfurchten zusammen machen die wahre innere Haltung der Religion aus.[246] Goethe beließ es in dem Gespräch mit Eckermann allerdings nicht bei seinem Bekenntnis zur Ehrfurcht vor der Person Jesu, sondern fuhr fort:

> «Fragt man mich, ob es in meiner Natur sei, die Sonne zu verehren? so sage ich abermals: Durchaus! Denn sie ist gleichfalls Offenbarung des Höchsten, und zwar die mächtigste, die uns Erdenkindern wahrzunehmen vergönnt ist. Ich anbete in ihr das Licht und die erzeugende Kraft Gottes, wodurch allein wir leben, weben und sind, und alle Pflanzen und Tiere mit uns.[247]

Naturfrömmigkeit war die tragende Säule der Religiosität Goethes, die Werke der Natur waren ihm «ein erstausgesprochenes Wort Gottes».[248] Goethe zeigte sich früh vom Denken Spinozas beeindruckt und fand darin eine «religiöse Restwärme»,[249] die ihm behagte und ihn vor den intellektuellen Zumutungen eines dogmatischen Christentums bewahrte. Zwar beriet er sich mit allen philosophischen Größen der Spinoza-Renaissance des 18. Jahrhunderts und verdankte Jacobi, Herder und Schelling wichtige Anregungen, aber letztlich zog er den Spinoza-Lektürekreis mit Charlotte vom Stein vor und formte daraus eine Naturanschauung, die oft als dilettantisch beargwöhnt wurde.[250] Goethe begriff in Anlehnung an den klassischen Begriff der Entelechie die Natur als eine Erscheinungsform des Göttlichen, die in all ihrer unendlichen Erhabenheit von einem höheren, dem Menschen nicht einsehbaren Sinn umfasst wird. Er verstand diese Auffassung nicht als eine bloß intuitive Erkenntnis, sondern als eine aus der sorgfältigen Naturbeobachtung abgeleitete, wissenschaftlich vertretbare Lehre. Darin sah er den großen Unterschied zur romantischen Aufladung der Natur. Die Grundlegung dafür sollte in der Auseinandersetzung mit dem Lichtbegriff Newtons die *Farbenlehre* liefern.[251] Das Buch kam jedoch zu spät, und es zählt zu Goethes großen Kränkungen, dass die Farbenlehre in der Naturkunde keinen Boden mehr unter die Füße bekam. Die Naturwissenschaft wollte im frühen 19. Jahrhundert nichts mehr von der Suche nach einem Sinn in der Natur wissen. Goethes Naturverständnis entfaltete zwar im 19. Jahrhundert eine große Wirkung, aber entgegen seiner eigenen festen Absicht stets in Konkurrenz zum naturwissenschaftlichen Verständnis der Natur. Der unüberwindbare Graben zur Naturwissenschaft wurde schließlich auch an Goethes Überlegungen zum Dämonischen sichtbar, mit denen er die aus der Welterfahrung unabweisbare Dimension des Ungeheuren und Unfassbaren auszuloten versuchte.[252]

In alledem zeigte sich Goethe als ein Mensch mit einer tiefen religiösen Gesinnung, dem jedoch die Gestalt eines traditionell kirchlichen Christentums für die Weite seiner Religion zu eng wurde. Als «Weltfrömmigkeit»[253] hat Wolfgang Frühwald diese Haltung treffend charakterisiert, weil sie im weltzugewandten Tun und in der Verwirklichung der Anlagen eines Menschen den Sinn des Lebens erblickte und sich darin aber immer auch von einer höheren Ordnung aufgehoben wusste.[254] Was ihm vorschwebte, nannte Goethe selbst eine «zarte Religion, gegründet auf der Allgegenwart Gottes in seinen Werken der Sinnenwelt».[255] Sie erfreut sich an den Dingen der Sinnenwelt ebenso, wie sie ihnen mit tiefer Ehrfurcht begegnet, ohne sie dabei in das Korsett moralischer Nutzanwendungen oder dogmatischer Lehren zu pressen.

Das provozierte die Frage nach der Christlichkeit Goethes. Dahinter verbirgt sich mehr als das Interesse an seiner persönlichen Religion. Es geht einmal mehr darum, was die große Metamorphose des Christentums zwischen 1770 und 1830 für das Christentum selbst bedeutet. Goethe trug alles in sich, was die Spannungen ausmacht, denen sich die Religion in der Moderne ausgesetzt sieht. Anflüge erweckter Frömmigkeit stehen neben der Religionskritik, eine auf die Tat ausgerichtete Religion neben der Naturkontemplation, die Dogmenkritik neben der ästhetischen Begeisterung an Liturgie und Kunst, schließlich vereint er die Hoffnung auf Unsterblichkeit mit dem Interesse an empirischer Naturbeobachtung. Die Frage, ob diese Weite noch christlich ist, hat etwas Sinnloses an sich. Denn sie berücksichtigt zum einen nicht die ganz unterschiedlichen Kontexte, in denen Goethe auf die Religion zu sprechen kam, und nimmt zum anderen an, es gebe eine Demarkationslinie, nach deren Überschreiten ein religiöser Mensch definitiv aufhört, ein Christ zu sein. Goethe wollte diese Frage jedenfalls für sich nicht beantworten – warum sollten es andere tun? Er brachte in seiner Person all die Gegensätze der Religion zur Ruhe und lebte damit vor, was er eine «zarte Religion» nannte. In ihr ist die Ehrfurcht vor dem, was sie verehrt, größer als das Beharren auf den eigenen Lehren, Traditionen und Gewohnheiten. Der Legende nach sollen Goethes letzte Worte gewesen sein: «Mehr Licht». Ob er es wirklich sagte, wird für immer ein Geheimnis bleiben, eine treffendere Beschreibung seiner religiösen Haltung lässt sich jedoch nicht finden.

Elftes Kapitel

Das vervielfältigte Christentum im 19. und 20. Jahrhundert

Der alte Goethe hatte das untrügliche Gefühl, dass eine neue Welt heraufzog. Er selbst erlebte nur ihre Vorboten, seine Ahnung jedoch wurde wahr. Gemessen an der Geschwindigkeit der menschlichen Zivilisationsgeschichte kamen die Umgestaltungen des industriellen Zeitalters über Nacht. Sie veränderten im 19. Jahrhundert das Leben der Menschen weltweit grundlegend. Es veränderten sich die politischen und wirtschaftlichen Rahmenbedingungen, die kulturellen und mentalen Haltungen, es veränderte sich das Zusammenleben der Menschen und ihr Verhältnis zur Natur und schließlich auch ihre Einstellung zur Religion.

Die ideellen Voraussetzungen für die «Verwandlung der Welt»[1] im 19. Jahrhundert reichen weit zurück. Der technischen Eroberung der Welt ging ein verändertes Verständnis der Natur voraus, das spätestens in der Spätrenaissance seine Wurzeln hat. Die Mentalitäten änderten sich im Zeitalter der Aufklärung grundlegend und führten zu dem politischen Wendepunkt der Französischen Revolution. Der britische Historiker Eric Hobsbawm hat von einem langen 19. Jahrhundert gesprochen, und tatsächlich ist es eines der längsten in der Geschichte der Menschheit. Es ist eine Epoche, die tief im 18. Jahrhundert begann und weit bis ins 20. Jahrhundert reicht. Städte änderten ihr Gesicht, Verkehrswege wurden ausgebaut oder ganz neu angelegt, die Natur bis in den letzten Winkel domestiziert. Auch für die Kulturgeschichte des Christentums hat im 19. Jahrhundert vieles neu begonnen, was bis heute fortwirkt. Daher gilt es im Folgenden Entwicklungslinien mit offenen Enden bis ins 20. Jahrhundert hinein zu beschreiben.

1
Säkularisierung als Vervielfältigung religiöser Haltungen

Lange galt die Vorstellung von der Säkularisierung als eines fortschreitenden Geltungsverlusts der Religion als Generalschlüssel, um zu verstehen, was mit dem Christentum in der Moderne geschah. Doch an die Säkularisierungsthese im Sinne einer fortschreitenden Verweltlichung und Entchristlichung glaubt heute niemand mehr. Die These arbeitet mit zu vielen Unbekannten. Unklar ist erstens, was genau das Christentum im 19. Jahrhundert verloren haben soll: Kirchenbesitz wie in der Säkularisation, die Geltung ihrer Dogmen und Moralvorstellungen, Gottesdienstbesucher und Gemeindeglieder, den Einfluss auf Politik und Öffentlichkeit oder alles zusammen? Zweitens bleibt offen, was unter Verlust zu verstehen ist. Ist damit das Verschwinden christlicher Lehren gemeint oder aber ihre Transformation in eine andere Gestalt? Drittens ist der Begriff der Säkularisierung an sich strittig. Der Philosoph Hans Blumenberg kritisierte, dass damit der Moderne unterstellt wird, sie habe dem Christentum *zu Unrecht* etwas weggenommen. Damit stand für ihn die Legitimität der Neuzeit auf dem Spiel.[2] Viertens schließlich trifft die Säkularisierungsthese bestenfalls auf das begrenzte Gebiet Europas zu, und dort nicht einmal für alle Regionen. Sie kann nicht erklären, warum es seit 1800 nicht nur zu einer stetig fortschreitenden «Entzauberung» der Welt kommt, sondern auch zu einer kraftvollen religiösen »Wiederverzauberung».[3]

Die gegenwärtige Forschung zeichnet daher ein komplexeres Bild von der religiösen Verwandlung der Welt in der Moderne.[4] Unbestreitbar ist, dass ab dem 19. Jahrhundert die christliche Weltinterpretation und Lebensweise nicht mehr selbstverständlich sind. Mit der Aufklärung und der Französischen Revolution setzte sich nach eineinhalb Jahrtausenden erstmals seit der Antike die Auffassung breitenwirksam durch, dass sich das Leben ohne den christlichen Gott und darum auch ohne die Lehren und Gebote des Christentums meistern lässt. Der Philosoph Charles Taylor spricht vom «immanenten Rahmen» einer Weltorientierung, die ohne Transzendenzbezug auskommt und dennoch plausibel erscheint.[5] Der religiöse Weltzugang wird dadurch aber nicht einfach abgelöst, sondern bleibt weiter bestehen und gerät mit seiner Bestreitung in Konflikt. Es entsteht ein «gegenläufiger Druck»,[6] der zu einer allgemeinen «Destabilisierung» und «Fragilisierung»[7] religiöser, aber auch areligiöser Weltanschauungen führt. Dies bürdet dem Einzelnen ganz neue Lasten auf. Eine religiöse Haltung oder eine theologische Position muss in der Moderne – anders als in den Jahrhunderten zuvor – den Einzelnen überzeugen. Nach der Destabilisierung der Kirche und ihrer Lehren durch die Aufklärung konnte die «verlorene Eindeutigkeit»[8] des Christentums nur in der Überzeugung der Einzelnen wiederhergestellt werden. Alle Haltungen von der Sehnsucht nach dem vormodernen Christentum bis zur radikalen Ablehnung des Christentums appellieren an diese Überzeugungsgewissheit. Die Zahl unterschiedlicher religiöser Haltungen vervielfältigt sich seitdem. Auch dort, wo sich erweckte Protestanten oder marienfromme Katholiken wünschen, dass alles beim Alten bleibt, ist nichts mehr, wie es vorher war, denn man muss nun mit Überzeugung wollen, dass alles beim Alten bleibt.

Der folgende Überblick über die christliche Kultur in der Moderne beginnt mit einem Panoptikum der religiösen Optionen des 19. Jahrhunderts.[9] In einem zweiten Durchgang soll gezeigt werden, wie die religiöse Transformation in der Moderne das Lebensgefühl der Menschen verändert hat: im Zusammenleben der Menschen, im Verhältnis der Menschen zur Natur und in ihrem Verhältnis zur Kultur. Dabei zeigt sich, dass Entchristianisierung oder Entkirchlichung zu einfache Begriffe sind, um die komplexen Prozesse zu begreifen, die bis in die Gegenwart hineinreichen.

Die Verwandlung der religiösen Welt hat sich in drei Emanzipationsschritten vollzogen. In einem ersten Schritt während der großen Metamorphose in der Sattelzeit emanzipierten sich Christen im Geiste der Romantik, des Idealismus und auch der Weltfrömmigkeit Goethes von der Kirche und ihrem Dogma. Viele Vordenker machten Ernst mit dem Anspruch, dass die religiösen Gehalte des Christentums in politischen Idealen, in Musik, Kunst und Literatur besser und näher an der Lebenserfahrung der Menschen zum Ausdruck gebracht werden können als in den traditionellen Formen des Christentums. Die Protagonisten stehen für Entdogmatisierung und Entkirchlichung, keinem jedoch wäre es in den Sinn gekommen, dies als Entchristlichung zu begreifen.

Diesen zweiten Schritt sind erst Denker wie Schopenhauer oder Musiker wie Wagner gegangen. Sie wollten eine eigene Religiosität begründen, die sich vom Christentum emanzipiert, aber zugleich den Bezug zu einer transzendenten Dimension der Wirklichkeit erhält.

Der dritte und letzte Schritt ist das, was die Säkularisierungsthese üblicherweise als Verweltlichung bezeichnet. Die Religionskritik emanzipierte sich vollends von der Religion, schloss sich selbst im Diesseits ein – Paul Tillich sprach treffend von «in sich ruhender Endlichkeit»[10] – und stellte, sei es aus Protest, sei es aus Gleichgültigkeit, keine letzten Fragen mehr.

2
Konterrevolution: Erweckung, Konfessionalismus, Fundamentalismus

Die Umstellung auf die Überzeugungsgewissheit und die damit einhergehende Aufwertung des Individuums lassen sich mustergültig an den Erweckungsbewegungen der Neuzeit ablesen. Bewegungen, die mit dem Anspruch auftraten, das Christentum aus einem Zustand aufzuwecken, den man als Schlaf in der Welt, als Anpassung oder Verweltlichung empfand, gab es in der Geschichte des Christentums schon immer. Unter Erweckungsbewegungen im eigentlichen Sinne fasst man die Denkrichtungen und christlichen Gruppierungen zusammen, die sich gegen die Herausforderung der Aufklärung in Position brachten.[11] Das zumindest war ihr erklärtes Programm, es täuscht aber leicht darüber hinweg, wie sehr Aufklärung und Erweckung ideengeschichtlich miteinander verwoben waren.[12] Schon der Umstand, dass alle Erweckungsströmungen konsequent auf die Überzeugungsgewissheit des einzelnen Glaubenden bauten, wäre ohne die Aufwertung des Individuums durch die Aufklärung nicht denkbar gewesen. Trotz ihrer bisweilen naiv und gewollt urchristlich einfältig sich gebenden Ideale und ihres Kampfes gegen die Aufklärung sind die Erweckungsbewegungen ein dezidiert modernes Phänomen. Seit der Aufklärung tauchten sie in der gesamten Christenheit auf; die regional unterschiedlichen Ausprägungen sind allerdings schwer auf einen Nenner zu bringen, und die wechselseitigen Zusammenhänge undurchsichtig.

Für die nordamerikanische Religionskultur ist das Great Awakening der späten Kolonialzeit bis heute prägend. Jonathan Edwards (1703–1758) war ihr Protagonist.[13] Obgleich er selbst sich zeit seines Lebens dem strengen Calvinismus zugehörig fühlte, war für ihn nicht die Zustimmung zu Lehren oder die Befolgung moralischer Anweisungen das zentral Christliche, sondern die innere religiöse Erfahrung der Bekehrung und der göttlichen Gnade. Edwards beschäftigte, wie man das Gefühl und Erleben der Bekehrung von anderen intensiven Gefühlen unterscheiden konnte. Daher verfasste er das Buch *Treatise Concerning Religious Affections*, das als eine Pioniertat auf dem Feld der Religionspsychologie gilt. Edwards betrieb also weit mehr als bloße Bekehrungspredigt, sein Denken prägte weit bis ins 19. Jahrhundert hinein das Klima der theologischen Ausbildungsstätten in Yale und Princeton.

Der Engländer John Wesley (1703–1791) kam mit einem Predigtband von Jonathan Edwards in Berührung, der ihn tief beeindruckte. Wesley formte daraus die Idee einer christlichen Haltung, die das Ideal persönlicher Heiligkeit, eine entsprechend disziplinierte Lebensführung und praktische Taten der Nächstenliebe miteinander verband.[14] Damit hatte Wesley als Prediger großen Erfolg. Vor allem der auf ihn zurückgehende Methodismus bot in der aufkommenden Industrialisierung eine attraktive religiöse Option für die armen Bevölkerungsschichten, der die anglikanische Staatskirche lange nichts entgegenzusetzen hatte.[15] Trotz der gegenseitigen Beeinflussung stehen Edwards und Wesley auch für die Disparatheit der Erweckungsbewegung. Edwards setzte in der Bekehrung ganz auf die Alleinwirksamkeit der göttlichen Gnade, Wesley wiederum appellierte in einem Maße an das Tun und die Verantwortung der Menschen, das strengen Calvinisten ein Dorn im Auge sein musste und ihn in die Nähe der Häresie brachte, weil er die Kräfte und Möglichkeiten des Menschen zu überschätzen drohte.

Auch in Deutschland zeigte die Erweckungsbewegung kein einheitliches Gesicht. Sie konnte als eine auf Innerlichkeit ausgerichtete Fortsetzung des Pietismus erscheinen, aber die «Stillen im Lande» konnten auch laut werden. Johann Heinrich Jung-Stilling (1740–1817) verurteilte Aufklärung und Revolution als Abfall vom göttlichen Heilswillen und verfasste zahlreiche Erbauungsbücher, die eine breite Leserschaft fanden.[16] Im Norden predigte Claus Harms (1778–1855) gegen die Lauheit der Kirche und wünschte zum Reformationsjubiläum 1817 einen neuen Luther zurück, der die Christen aus ihrem Schlaf rütteln sollte. Harms war ein mustergültiges Beispiel für die Verflechtung der Erweckungsbewegung mit religiösen Strömungen der Moderne. Er sagte von sich, die Lektüre der Reden Schleiermachers sei für ihn der entscheidende Aufbruch gewesen, aber auch die spätere Abkehr verschwieg er nicht: «Der mich zeugte, hatte kein Brot für mich.»[17] Erweckungsschriftsteller und -prediger erreichten ein breites Publikum. Das spricht für ihr Geschick, in der Öffentlichkeit aufzutreten, es zeigt aber vor allem, dass sie einen Nerv der Zeit trafen. Sie erinnerten unermüdlich daran, dass der Mensch auf die göttliche Erlösung angewiesen sei, und entfalteten mit dieser Botschaft eine suggestive Kraft.

In der Sicht der Aufklärung und des Idealismus musste die Erweckung wie ein absichtlich gewählter Rückschritt erscheinen. Von der Aufklärungsphilosophie über Kant bis zum Idealismus ging es um Programme der Freiheit und der Autonomie. Die Protagonisten der Erweckungsbewegung kannten diese Debatten und machten doch die menschliche Abhängigkeit von Gott und das Angewiesensein auf die Erlösungskraft durch die göttliche Gnade zu ihrem zentralen Thema. Sie bildeten eine Erweckungstheologie aus, deren Herzstück die Lehre von der Sünde war.[18] Die Erweckungsbewegung bot eine Entlastung, sich den Appellen an die Leistungskraft der eigenen Subjektivität zu entziehen. Das hohe

Maß an innerer Gewissheit und die klaren moralischen Ansagen boten Stabilität in einer Welt, die durch die Aufklärung verunsichert worden war. Daraus leitete sich ein hohes soziales und in die Welt hineinwirkendes missionarisches Engagement ab. Im Gefolge der Erweckungsbewegungen entstanden weltweit Bibel- und Missionsgesellschaften, die energisch an der Verbreitung des Christentums arbeiteten.[19]

Aus Sicht der Aufklärung war auch das Wiedererstarken des Konfessionalismus überraschend,[20] weil eines der erklärten Aufklärungsziele die Überwindung der mitunter kriegerischen Konfessionsstreitigkeiten war. Die Rekonfessionalisierung war im 19. Jahrhundert attraktiv, weil sie starke Bindungsenergien mobilisieren konnte. Die eindeutige, klar abgrenzbare Zugehörigkeit zu einer Religionsgruppe wirkte identitätsbestärkend. Der Konfessionalismus war ein religiöses Pendant zu dem im 19. Jahrhundert aufkommenden Nationalismus.

Anders entwickelten sich die Dinge in Nordamerika. Zwei Generationen nach der Blüte der Erweckungsbewegungen wurde dort Ende der Neunzigerjahre ein New Yorker Theologieprofessor vor ein Kirchengericht geladen.[21] Charles A. Briggs wurde vorgeworfen, an der Irrtumslosigkeit der Bibel zu zweifeln. Seine Verteidigung, die von ihm herausgefundenen Irrtümer beträfen ja nicht die Glaubenswahrheiten, wurde nicht akzeptiert. Briggs konnte zwar seine Professur behalten, verlor aber sein presbyterianisches Pfarramt. Der Zeitpunkt ist aus europäischer Sicht erstaunlich. Denn hier hatte gegen Ende des 19. Jahrhunderts die historische Bibelkritik in der akademischen Theologie so fest Fuß gefasst, dass Fragen von ganz anderer religiöser Tragweite als die nach der absoluten Irrtumslosigkeit der Bibel auf der Tagesordnung standen.[22]

An der New Yorker Episode zeigt sich ein bis heute bestehender Grundkonflikt des Christentums in den USA. Ein bibelgläubiger Rigorismus steht einem eher liberal und akademisch orientierten Christentum gegenüber. Der Fall war einer von mehreren und markierte einen Höhepunkt in den sich seit den 1870er Jahren häufenden Konflikten. Zu Beginn des 20. Jahrhunderts war auch ein Name für die neue Strömung innerhalb des amerikanischen Protestantismus gefunden: Fundamentalismus.[23] Die Bezeichnung geht darauf zurück, dass ab 1910 die führenden Vertreter in unterschiedlichen Varianten «fundamentals» öffentlich proklamierten, die ihrer Auffassung nach unaufgebbar für ein wahres Christentum waren.[24] Dazu zählten die absolute Irrtumslosigkeit der Schrift, die Jungfrauengeburt, das stellvertretende Sühnopfer Christi, die leibliche Auferstehung, die Wiederkunft Christi sowie der Glaube, dass die biblischen Wundererzählungen von tatsächlichen Begebenheiten berichten.

Was zunächst als ein innerkirchlicher Richtungsstreit begann, wurde seit den Zwanzigerjahren des 20. Jahrhunderts zu einer weltanschaulichen Auseinandersetzung zwischen Religion und Wissenschaft. In einem «Affenprozess» genannten Rechtsstreit wurde 1925 der junge Biologielehrer John Thomas Scopes in Dayton, Tennessee, angeklagt, ein staatliches Gesetz verletzt zu haben, das es verbiete, an öffentlichen Schulen und Universitäten die Evolutionslehre zu unterrichten.[25] Der Prozess wurde zu einem Medienereignis – und zu einem Kuriosum. Denn vor einem staatlichen Gericht wurden religiöse Fragen erörtert wie etwa die, ob Gott tatsächlich die Welt in sechs Tagen mit jeweils 24 Stunden habe schaffen können. Der Vertreter der Anklage, der frühere US-Außenminister und mehrfache Präsidentschaftskandidat William Jennings Bryan, stilisierte den Fall zu einer Überlebensfrage für das Christentum.[26] Das Gericht sprach Scopes zwar schuldig, aber auf den juristischen Sieg der Fundamentalisten folgte eine schwere publizistische Niederlage. Er erschien als eine ewig gestrige, zutiefst rückständige Bewegung und verlor viele Sympathien, vor allem in den akademischen Eliten der USA. Die Geschichte des christlichen Fundamentalismus war damit jedoch keineswegs zu Ende. Heute gehört der Fundamentalismus zu den einflussreichsten Bewegungen nicht nur in den USA, sondern innerhalb des weltweiten Christentums. In einem weit gefassten Sinne sind dazu auch die charismatischen Bewegungen und die Pfingstkirchen zu rechnen, die in besonderer Weise auf die innere Überzeugungserfahrung als Wirkung des Heiligen Geistes setzen.[27]

Der Begriff Fundamentalismus ist gegenwärtig fast ausnahmslos von den Debatten um den islamischen Fundamentalismus bestimmt. Dagegen fällt es nicht leicht, daran zu erinnern, dass der religiöse Fundamentalismus zunächst innerhalb des Christentums entstand – die skizzierten Ereignisse in den USA gelten als dessen Geburtsstunde – und erst später im 20. Jahrhundert in ausnahmslos allen großen Religionen Einzug hielt.[28] Der Fundamentalismus ist also eine Erscheinungsform aller Religionen in der Moderne. Wegen seiner Dogmen, die historisch nicht hinterfragt werden dürfen, der Rigorosität seiner Ethik und des Fanatismus seiner Anhänger wird der religiöse Fundamentalismus oft als «mittelalterlich» gebrandmarkt. Das ist ebenso ungerecht gegenüber dem Mittelalter wie historisch falsch, denn der Fundamentalismus ist ein Phänomen der Moderne.

Auch wenn sich der Fundamentalismus gegen die Weltanschauung und das Lebensgefühl der Moderne richtet,[29] waren seine Kommunikationsmethoden von Anfang an hochmodern. Man setzte in den USA erfolgreich auf Massenveranstaltungen und Medienkampagnen. Noch heute ist der christliche Fundamentalismus weltweit den traditionellen Kirchen im Umgang mit den neuen Medien himmelweit überlegen. Die Reduktion auf bloßen Antimodernismus täuscht zudem darüber hinweg, dass der Fundamentalismus auf seine Anhänger offensichtlich ein hohes Maß nicht nur an religiöser, sondern auch an sozialer und kultureller Anziehungskraft ausübt. Es ist kein Zufall, dass die Bewegung am Ende des 19. Jahrhunderts zu einem Zeitpunkt Gestalt gewinnt, als die hehren Ideale der Moderne wie Fortschritt und Selbstbestimmung an Attraktivität verlieren. Die rasante Entwicklung der Industrialisierung höhlte sowohl in Europa als auch in den USA das ungebrochene Zutrauen in die Gegenwart aus. Die Verelendung der Massen, die Wirtschaftskrisen und eine fortschreitende Sinnentleerung durch den materialistischen Rückbau metaphysischer und religiöser Weltgebäude traten ins Bewusstsein. Der Fundamentalismus reagierte darauf durch eine brachiale Setzung von Eindeutigkeit in der Diagnose und in den Therapievorschlägen für die Krise. Er ist darum nicht einfach nur antimodernistisch, sondern genauer ein Krisenphänomen der Moderne.[30]

Der Fundamentalismus bietet klare Orientierung, indem er aus dem System argumentativer Rationalität aussteigt. Das Beharren auf der vollkommenen Irrtumsfreiheit der Bibel und ihrer wörtlichen Eingebung gehört zum Grundbestand aller Erscheinungsformen des christlichen Fundamentalismus. Es ist mit Blick auf die gängigen und kulturell eingespielten Verfahren, wie sich Überzeugungen ausbilden und vertreten lassen, praktisch nicht möglich, den Sprung in das Deutungsset des Fundamentalismus intellektuell nachzuvollziehen. Darum sind Debatten mit Fundamentalisten zu allen Zeiten mühsam.

Der Fundamentalismus perfektioniert die Möglichkeiten religiöser Kontingenzbewältigung, indem er «Zugang zu übermenschlichen Mächten»[31] verspricht, deren Kräfte helfen, das Leben zu meistern. Der Religionssoziologe Martin Riesebrodt spricht daher von «interventionistischen Praktiken».[32] Es gibt diesem Modell zufolge eine letzte unverrückbare Wahrheit, die in die Bibel als dem von Gott selbst diktierten Buch Eingang gefunden hat. Nimmt man deren Texte wörtlich, finden sich dort alle Antworten auf die großen Ereignisse des Lebens wie Geburt und Tod, Krisen, Gefährdungen und Katastrophen. Daher spielt die Irrtumslosigkeit der Bibel die entscheidende Rolle, und es ist nur folgerichtig, wenn sie in fundamentalistischen Deklarationen wie etwa den *Chicago-Erklärungen* bis weit hinein ins 20. Jahrhundert immer wieder unverbrüchlich festgeschrieben wird.[33]

Der Eintritt in dieses System argumentfreier und dennoch effizienter Letztbegründung gleicht einem Sprung oder einem rabiaten Willensentschluss.[34] Die Beteiligten selbst sprechen von einer Offenbarungserfahrung und einer Bekehrung. Der Ausstieg aus den Argumentationsstandards diskursiver Vernunft erfolgt unabhängig vom Bildungsgrad. Man kann ein hochspezialisierter Ingenieur und zugleich Fundamentalist sein und damit offenbar mühelos in zwei voneinander unabhängigen Welten leben.

Was formal und nur auf die religiöse Funktionsweise angewandt als Stärke des Fundamentalismus erscheinen könnte, macht auch sein größtes Problem aus: Um den Kern letzter religiöser Gewissheit legt sich ein geschlossenes Weltbild mit sehr klaren ethischen Anweisungen. Dieses Weltbild drängt nach Durchsetzung. So erklärt sich der missionarische Eifer des Fundamentalismus, etwa in seinem Kampf gegen die Evolutionslehre. Der «Affenprozess» war ein markanter Wendepunkt: Während man das Beharren auf dogmatischen «fundamentals» noch bis in die 1920er Jahre als einen innerkirchlichen Streit verstehen konnte, wurde mit dem Kampf gegen Darwin die Grenze zur Gesellschaft und Politik überschritten. Der Fundamentalismus zielte auf die Durchsetzung seiner Weltanschauung und praktizierte damit eine Form der Gesellschaftsgestaltung. Während die Erweckungsbewegungen als historische Wurzeln des Fundamentalismus noch Abwehrbewegungen gegen eine kulturelle Aushöhlung oder Überfremdung christlicher Lebensformen waren, drehte der Fundamentalismus des 20. Jahrhunderts den Spieß um und betrieb und betreibt bis heute von seinem eigenen Verständnis des Christentums her aktive Kulturgestaltung.[35] Man muss nicht den islamischen Fundamentalismus bemühen, es reicht ein Blick auf die Spannungen der Gesellschaft und Politik in den Vereinigten Staaten, um ein eindrucksvolles Beispiel für das Konfliktpotential zu bekommen, das westlichen Kulturen aus dem Anspruch ausschließlich religiös fundierter Kulturgestaltung erwächst.

3
Katholische Abwehrkämpfe

In der Stadt, aus der Karl Marx stammte, ereignete sich in dem Jahr, in dem Friedrich Nietzsche geboren wurde, ein bemerkenswertes religiöses Schauspiel, das den beiden großen Religionskritikern des 19. Jahrhunderts sicher nicht behagt hätte. 1844 lud der Bischof von Trier zur Wallfahrt ein, um den Heiligen Rock auszustellen.[36] Der Heilige Rock ist, so heißt es, ein Gewand, das Jesus getragen hat und das seit konstantinischer Zeit in Trier aufbewahrt wird. Die Wallfahrt zum Heiligen Rock Jesu zog den Spott aufgeklärter Intellektueller auf sich, sie ließ in Protestanten antikatholische Aggressionen aufflammen und erregte auch in den eigenen Kreisen erbitterten Widerstand. Der Priester Johannes Ronge attackierte den Trierer Bischof scharf.[37] Kaum ein Aufklärer und auch kein Protestant hätte deutlichere Worte gegen die Wallfahrt finden können. Sie sei eine bewusste Täuschung armer und ungebildeter Menschen, die für die

Reise nach Trier obendrein noch ungerechtfertigte Mühen und Entbehrungen auf sich nähmen.[38] Wenn der Bischof Opfergeld verlange, mache er zudem ein Geschäft aus dem Aberglauben der einfachen Massen.[39] Darum sei die Wallfahrt religiös nicht zu verantworten: «Denn wissen Sie nicht – als Bischof müssen Sie es wissen –, dass der Stifter der christlichen Religion seinen Jüngern und Nachfolgern nicht seinen Rock, sondern seinen Geist hinterließ?»[40] Ronges Kritik ist ein Kompendium all der Argumente, die sich in Jahrhunderten gegen die Reliquienverehrung angesammelt hatten. Dafür wurde er exkommuniziert.

Die Wallfahrt zum Heiligen Rock war ein grandioser Erfolg. Über eine Million Menschen reisten nach Trier. Von mindestens achtzehn Heilungswundern wurde berichtet, Ärzte wurden zur medizinischen Überprüfung der Heilungen herangezogen, die Reaktionen reichten von ekstatischer Begeisterung bis zu Spottgedichten. Das alles geschah durch die regen Debatten in den Zeitungen und Zeitschriften vor den Augen der Öffentlichkeit. Es war sicher kein Zufall, dass die ungebrochene Stärke der katholischen Volksfrömmigkeit gerade in Trier demonstriert werden sollte.[41] Das katholische Fürstbistum Trier, eines der wichtigsten katholischen Territorien des alten Reiches, wurde 1797 der Französischen Republik einverleibt. Dies brachte das Ende der geistlichen Herrschaft. Die Franzosen führten die Religionsfreiheit ein, und mindestens bis zu Napoleons Konkordat war die Kirchenpolitik der Besatzer stark antiklerikal. Mit dem Ende der Herrschaft Napoleons wurde es aus Sicht der Katholiken nicht besser, denn die französischen Besatzer wurden durch preußische abgelöst. Manchem erschienen die Protestanten als das noch schlimmere Übel.[42] Die Wallfahrt zum Heiligen Rock stand mitten in dem Konflikt zwischen den katholischen Rheinprovinzen und dem protestantischen Preußen. Sie trug somit auch Züge einer politischen Demonstration.

Der Streit um die Wallfahrt zum Heiligen Rock ist symptomatisch für die Rolle des Katholizismus in der modernen Welt. Heftige intellektuelle Kritik stand einer tiefen Verankerung in der Volksfrömmigkeit gegenüber, naturwissenschaftliche Skepsis traf auf eine enorme religiöse Kraft des Kultes, in diesem Fall der Reliquienverehrung, die in der Inszenierung einer Massenveranstaltung zugleich auch zu einer öffentlichen Zelebration der religiösen Macht des Katholizismus wurde. Was aus Sicht der Aufklärung bereits beim Aufkommen der Frömmigkeitsideale der Erweckungsbewegungen unbegreiflich erscheinen musste, führte bei der katholischen Volksfrömmigkeit im 19. Jahrhundert zu Fassungslosigkeit. Aber die Aufklärung ist in diesem Urteil zu einseitig, denn Reliquienverehrung, Heilungswunder und Marienerscheinungen im 19. Jahrhundert sind – wie der protestantische Fundamentalismus – Krisensymptome der Moderne.

Volksfrömmigkeit und Maria

Am deutlichsten greifbar wird das auf dem Feld der Marienfrömmigkeit. Die Verehrung Marias als Mutter Jesu war seit der Antike im Christentum fest verankert.[43] Obwohl das Neue Testament nicht viel zu ihr sagt, wuchs die apokryphe Evangelienliteratur zu Maria rasch an.[44] Darin zeigt sich die Sehnsucht der Frömmigkeit, mehr von der Mutter Jesu zu erfahren. Das Protoevangelium des Jakobus aus dem 2. Jahrhundert erzählt unter Aufnahme des Motivs des spät erfüllten Kinderwunschs ihre eigene Geburt als ein Wunder, da ihre Eltern Anna und Joachim bereits hochbetagt waren und als unfruchtbar galten. Berichtet wird von der Reinheit ihrer Lebensführung, und es malt das Wunder ihrer jungfräulichen Schwangerschaft viel breiter aus, als dies die kanonischen Evangelien tun. Noch einmal zweihundert Jahre später wurde Maria auf dem Konzil von Ephesus – nicht ohne Widerspruch – zur Gottesgebärerin erklärt. Das zeigt, dass es bereits eine breite Marienverehrung gab, die nach einer theologischen Deutung verlangte. Seit dem Aufkommen der religionsgeschichtlichen Methode im 19. Jahrhundert nahm man an, das Christentum habe sich damit nach dem Vorbild der Artemis von Ephesus oder ägyptischen Isis ebenfalls eine populäre Muttergottheit geschaffen, um bekehrungswillige Griechen, Ägypter oder Römer zu überzeugen.[45] Bis hin zur stillenden Gottesmutter, einem der Hauptmotive christlicher Marienverehrung, konnte man so Einflüsse aus den nicht-christlichen antiken Religionen aufspüren.

Trotz dieser Prägungen machte das Christentum aus Maria etwas ganz anderes als eine antike Muttergottheit. Maria lebte als tatsächlicher Mensch unter Menschen. Die Attribute des Weiblichen wuchsen ihr nicht als Abstrakta zu, sondern als realer Frau und Mutter. Sie stellte so den christlichen Inkarnationsgedanken in einer abgemilderten, sinnlich greifbaren, menschlichen Gestalt dar. Sie war keine Göttin, aber das Göttliche gelangte durch sie in die Welt. Man verehrte an Maria, dass durch sie hindurch das Göttliche spürbar und nahbar wurde. Darum verkörpert Maria bis heute in der ihr zugewandten Frömmigkeit Trost, Beistand und Hoffnung, sie ist es, die man ansprechen und in der Not anrufen kann.

Maria wurde zur Schmerzensmutter,[46] die im Tod ihres Sohnes das Elend der Welt beweint, aber auch in ihrem Schmerz scheint etwas durch von einem höheren göttlichen Trost. Die große Tradition der Pietà-Bilder oder Skulpturen nahm dieses Motiv auf, die Pietà des jungen Michelangelo brachte das Wesen der Schmerzensmutter künstlerisch zur Vollendung (siehe Seite 277–279). Maria ist auch ein Sinnbild der Reinheit und der Schönheit. Nietzsche spottete über die Madonnenmaler und insbesondere über Raffael, er habe nur schöne Frauen malen wollen (siehe Seite 272–276). Er hat richtig gesehen, dass es um Schönheit ging. Madonnenmaler wetteiferten darin, Maria als Inbegriff weiblicher Schönheit darzustellen. Das schloss auch eine erotische Aufladung mit ein, allerdings unter vollständiger Ausblendung der sexuellen Dimensionen. Marias Schönheit ist eine Schönheit der Entlastung, weil sie kein Begehren erweckt, sondern durchsichtig ist auf einen höheren Glanz, der in ihr zum Ausdruck kommt. Es ist die Schönheit der Reinheit.

Die Spannung zwischen erotischer Aufladung und Asexualität prägt auch das Motiv der *Maria lactans*, der Milch gebenden Maria (Abb. 53).[47] Es ist erstaunlich, dass in einer Religion, die dauerhaft im Verdacht der Leibfeindlichkeit steht, eine weibliche Figur mit sehr häufig entblößten Brüsten im Zentrum der Verehrung steht. Mit dem gestillten Knaben konnte die Vorstellung abgewehrt werden, Jesus sei nur zum Schein Mensch geworden. So machte die *Maria lactans* die Inkarnation sinnlich fassbar. Die Heilige Familie, die Mutter, der Vater und das Kind, sie war eine Familie wie andere Familien auch. Der grandiose religiöse Erfolg der Vorstellung von der Heiligen Familie liegt in der immensen Aufwertung menschlicher Lebensverhältnisse.[48] Aber Marias Muttermilch verselbständigte sich darüber hinaus zu einem Heilsträger eigener Ordnung. Sie wurde zur Abwehr gegen Pest und Teufel eingesetzt, und im Fegefeuer sollen die Milch Marias und das Blut Christi gemeinsam für die Rettung der geschundenen Seelen wirken.[49] Von da ist es kein weiter Weg mehr, Maria als Patronin, Schutzgöttin und sogar militärische Siegesgöttin in Gefahr und Not anzurufen und zu verehren.[50]

Die Intensität vor allem der barocken Marienfrömmigkeit musste Protestanten und später auch Aufklärern Kummer bereiten. Der klassisch protestantische Einwand, das Christentum kenne nur eine einzige Vermittlungsinstanz zwischen Gott und Mensch, die Person Jesus Christus, ist dogmatisch richtig. In ihrer offiziellen Lehre hat auch die katholische Kirche nie eine andere Auffassung vertreten. Das Zweite Vatikanische Konzil hat die exklusive Heilsmittlerschaft Christi ausdrücklich bestätigt und Maria als ein untrügliches Trostzeichen verstanden.[51] In der gelebten Religiosität hingegen spielte Maria eine viel einflussreichere Rolle. Maria steht für den lebendigen Austausch zwischen dieser und jener Welt. Das, was an Lebenswirklichkeit nur mit größten Mühen oder gar nicht zu bewältigen ist, bedarf des Beistandes einer höheren Macht. An sie muss man sich mit Bitten, Wünschen, auch mit Flehen wenden können, ihr bringt man Klagen und Dank entgegen. Maria verkörpert diese Instanz in einer vollendeten Weise, denn die Bitten werden nicht an ein unsichtbares Wesen, sondern an eine Frau und Mutter gerichtet. Die Versuche der Aufklärung, die Marienfrömmigkeit aus der Volksreligion zu verbannen, führten paradoxerweise zu ihrer größten

Blüte. Das marianische Zeitalter begann im 19. Jahrhundert – mitten in der Moderne. Das, was daran übernatürlich und irrational erscheint, ist ein elementarer Bestandteil des Christentums in der Moderne.

Bezeichnend hierfür sind die gehäuften Marienerscheinungen im 19. Jahrhundert und ihre volksreligiöse Aufnahme.[52] Von der Jahrhundertmitte an traten mehr und mehr Erscheinungen Marias und Visionen in das öffentliche Bewusstsein. Die Marienerscheinungen 1858 in Lourdes und 1917 im portugiesischen Fatima sind die bedeutendsten und begründeten große Marienwallfahrtstraditionen.

In dem französischen Pyrenäenort Lourdes erschien der bitterarmen Müllerstochter Bernadette Soubirous zwischen Februar und Juli 1858 eine weiße Dame, am Fest Mariä Verkündigung offenbarte sie sich dem Mädchen als die Gottesmutter Maria.[53] Dem Quellwasser, das aus der Grotte entsprang, in der die Erscheinungen stattfanden, wurden heilende Kräfte an Seele und Körper zugesprochen. Marienerscheinung und Wunderheilung ereigneten sich nicht in einer fernen Zeit und in einem fernen Land, sondern in Frankreich, das unter Napoleon III. zu einer hochindustrialisierten globalen Weltmacht aufstieg. Die Erscheinungswunder waren zunächst mit Zweifeln innerhalb der Kirche selbst, dann aber vor allem mit der heftigen Skepsis einer säkularen Mentalität und einem äußerst kritischen naturwissenschaftlichen Geist konfrontiert. Gegen diese Kräfte behaupteten sie sich erstaunlich erfolgreich. Schon ein Jahrzehnt nach den Erscheinungen pilgerten Tausende von Wallfahrern nach Lourdes, 1872 zelebrierte die katholische Kirche eine Massenveranstaltung in Ausmaßen, die dem laizistischen Frankreich die Kraft und die Macht des katholischen Frankreich vor Augen führen sollte. Diese kulturpolitische Dimension gehörte in Zeiten eines weltanschaulich heftig bedrängten Katholizismus unabweisbar zu den Marienerscheinungen hinzu. Die Echtheit der Erscheinungen verbürgte die Kraft, mit der sie das Mädchen Bernadette verwandelte. Ihre tiefe Ergriffenheit, ihre Umkehr zu einem radikal christlichen Lebenswandel und die Reinheit ihres Charakters galten als Beweis dafür, dass ihr tatsächlich die Gottesmutter erschienen sein musste.

Es mag als eine seltsame Verbindung erscheinen, aber die große Tradition liberaler Religionspsychologie, die wenige Jahrzehnte später mit William James und Rudolf Otto einsetzte, argumentierte ähnlich: Nicht über ihre unerfindlichen Gründe, sondern über die im menschlichen Bewusstsein wahrnehmbaren Wirkungen konnte die Kraft der Religion erschlossen werden. Seit Marx und Feuerbach hatte diese Argumentation freilich stets mit dem Verdacht zu rechnen, es handle sich um rein menschliche und obendrein pathologische Projektionen. Zu entscheiden ist diese Frage bis heute nicht.

Einen salomonischen Vorschlag unterbreitete Franz Werfel in seinem Roman

Abb. 53

Rogier van der Weyden, Maria mit Kind. Schon die große Tradition der flämischen Malerei des 15. Jahrhunderts widmete sich dem Motiv der stillenden Maria. Das Roger van der Weyden zugeschriebene Bild setzt den Gedanken der Menschwerdung Jesu sinnlich um und weckt dabei zugleich Assoziationen an das Ideal der Heiligen Familie.

Elftes Kapitel: Das vervielfältigte Christentum

Das Lied von Bernadette, einem der schönsten Werke über Lourdes. Das Buch ging aus einem Gelübde hervor, das Werfel auf der Flucht vor den Nationalsozialisten in Lourdes für den Fall seiner Rettung ablegte. Der Jude Werfel rechtfertigte ein Buch über katholische Marienerscheinungen damit, dass er sich geschworen habe, «immer und überall durch meine Schriften zu verherrlichen das göttliche Geheimnis und die menschliche Heiligkeit – des Zeitalters ungeachtet, das sich mit Spott, Ingrimm und Gleichgültigkeit abkehrt von diesen letzten Werten unseres Lebens».[54]

Das Geheimnis der Marienerscheinungen ist nicht von ihren kulturellen Kontexten abzulösen. Das zeigt ein Beispiel aus dem Saarland unter preußischer Regierung. 1876 berichteten drei Kinder im saarländischen Marpingen von einer Marienerscheinung.[55] Marpingen lag im Bistum Trier und gehörte zur Rheinprovinz, in der der Kulturkampf zwischen katholischer Kirche und preußischem Staat Mitte der 1870er Jahre auf dem Höhepunkt angelangt war. Die Erscheinungen zogen rasch Tausende von Pilgern an, mehrere Motive verbanden sich bei dieser Massenwallfahrt. Sie reichten von aufrichtiger religiöser Ergriffenheit bis zur Neugier, von der Sehnsucht nach religiöser Identität in den bedrohenden Wirren der staatlichen Attacken gegen den Katholizismus bis zum Wunsch nach Erlösung aus unerträglichen Lebensbedingungen.[56] Darin lassen sich die vielfältigen Aspekte ablesen, die bei der Marienfrömmigkeit in der Moderne in den Blick zu nehmen sind. Das vergiftete Klima zwischen den kirchlichen und den preußischen Behörden erschwerte die fällige Untersuchung der Erscheinungen. Tausende Pilger standen schließlich Absperrungen des preußischen Militärs gegenüber, die Presse sprach von einem deutschen Lourdes, aber auch von religiösem Wahnsinn.[57] Widerrufe der Zeugen und die fehlende Möglichkeit, einen Untersuchungsausschuss einzusetzen, führten dazu, dass die Marienerscheinungen auch vonseiten der Kirche nicht anerkannt wurden. Die preußische Führung war durch die Ereignisse in Lourdes gewarnt und hatte kein Interesse an einem Marienwallfahrtsort im eigenen Staat, an dem Katholiken ihren Glauben massenhaft der Öffentlichkeit hätten demonstrieren können. Was trotz aller preußischen Gegenmaßnahmen letztlich den entscheidenden Ausschlag gab, war die fehlende Glaubwürdigkeit der Zeugen. Die katholische Kirche zeigte sich in der Frage der Marienerscheinungen keineswegs leichtgläubig und konnte die Zweifel an der Authentizität der Ereignisse selbst nicht überwinden.

Entschlossener agierte allerdings das päpstliche Lehramt in der dogmatischen Festlegung der Marienfrömmigkeit. Die Rede vom marianischen Jahrhundert verdankt sich dem Umstand, dass die beiden großen marianischen Dogmen 1854 und 1950 verkündigt wurden. Beide Dogmen versuchen die Besonderheit Marias zu denken.[58] Das 1854 verkündete Dogma von der Unbefleckten Empfängnis Mariens besagt, dass Maria in dem Moment, als sie von ihrer Mutter Anna empfangen wurde, «im Hinblick auf die Verdienste Christi Jesu, des Erlösers des Menschengeschlechtes, von jeglichem Makel der Urschuld unversehrt bewahrt wurde».[59] Das Dogma spricht Maria einen geheiligten Lebensursprung zu, der sie frei von aller Sünde macht, und begründet damit die Verehrung Marias als Sinnbild menschlicher Reinheit.[60]

Das 1950 verkündete Dogma von der Himmelfahrt Mariens zeigt, dass Theologen zu allen Zeiten und besonders in Rom alle Hände voll zu tun haben. Hatten sich die vatikanischen Theologen gerade noch damit beschäftigt, die Theorie des Urknalls als Erweis einer göttlichen Schöpfung der Welt gutzuheißen,[61] mussten sie sich wenig später um Marias Auffahrt in den Himmel kümmern. In der korrekten Bezeichnung geht es um die leibliche Aufnahme Mariens in den Himmel. Diese Vorstellung durchzog bereits das gesamte Mittelalter, und kaum ein Künstler von Rang in Renaissance und Barock hat die Bearbeitung des Themas ausgelassen (Abb. 55). Das Dogma besagt, dass Maria nach Vollendung ihres irdischen Lebens «von der Verwesung des Grabes unversehrt bewahrt wurde und dass sie, wie schon ihr Sohn, nach dem völligen Sieg über den Tod mit Leib und Seele zur erhabenen Herrlichkeit des Himmels emporgehoben wurde».[62] Der besondere Gnadenerweis liegt darin, dass sich in ihr bereits die menschliche Auferstehungshoffnung vollendet hat. Damit ist Maria nach dem Verständnis des Dogmas den Weg aller erlösten Menschen vorausgegangen. Mit diesem Dogma eilte das Lehramt der Volksfrömmigkeit in besonderer Weise hinterher und sanktionierte, was diese auch ohne Dogma seit Jahrhunderten verehrte.

Kulturkämpfe: Die katholische Kirche und der Staat

Die beiden großen Mariendogmen von 1854 und 1950 sind Kinder der Moderne, sie hatten nicht nur eine religiöse und theologische Funktion, sondern auch eine kulturelle. Die Großveranstaltungen zur Feier der Dogmatisierung der Unbefleckten Empfängnis von 1854 belegen das hinreichend. Dogmatisierungen sind Deklarationen und öffentliche Proklamationen. Wer ein Dogma verkündet, hat auch die Macht dazu. Die Mariendogmen nehmen ehrenwerte religiöse und bedenkenswerte theologische Motive auf, sind aber auch Machtdemonstrationen des Papsttums. In ihnen verteidigte die katholische Kirche ihre weltanschaulich bedrohte Autorität.

Die Autoritätserosionen trafen das Christentum im 19. Jahrhundert überall, den Katholizismus trafen sie besonders. An dem radikal sich verändernden Verhältnis der Kirche zum Staat kann man dies deutlich ablesen. Nach dem Wüten

Der italienische Maler Francesco Podesti brachte das theologische Programm des Dogmas der Unbefleckten Empfängnis im Vatikan in der Sala dell Immacolata in den Jahren 1856 bis 1865 in ein monumentales Bild. Die päpstliche Proklamation des Dogmas im Dezember 1854 ist – ähnlich wie bei Raffaels Disputà – himmlisch abgesegnet. Im Himmel steht Maria auf einer Ebene mit Gott-Vater und Christus (Altarbild nach dem Fresko von Podesti).

Abb. 54

der Französischen Revolution brachte die Restauration nur eine kurze Verschnaufpause, denn in praktisch allen europäischen Ländern geriet die katholische Kirche in unterschiedlich schwere Konflikte mit den Ansprüchen staatlicher Selbstbestimmung. Eine besonders delikate Konstellation boten die preußischen Verhältnisse. Der protestantische Staat hatte im Wiener Kongress die traditionell katholischen Regionen am Rhein zugeschlagen bekommen. Unter dem Reichskanzler Bismarck kam es in der zweiten Jahrhunderthälfte zur schwersten Eskalation des Konflikts zwischen einer preußisch-deutschen protestantischen Gesinnung und einem «ultramontanen», national als unzuverlässig eingeschätzten Katholizismus.[63] Die Motive waren vielfältig, weltanschauliche Gegensätze spielten eine Rolle, die sich mit dem Auftreten des Katholizismus nach dem Ersten Vatikanischen Konzil verschärften, es ging aber auch um politisches Kalkül im Kampf gegen die katholische Zentrumspartei. Der Kanzelparagraph untersagte jede politische Betätigung im kirchlichen Kontext, der

Abb. 55

Tizian, Mariä Himmelfahrt (L'Assunta), *1516/18*. Die Vorstellung von der leiblichen Aufnahme Marias in den Himmel nach ihrem Tod ist ein altes und populäres Motiv der Marienfrömmigkeit. Der Venezianer Tizian schuf im 16. Jahrhundert mit seiner besonderen Farbgebung und der harmonischen Dynamik eines der schönsten Bilder.

Elftes Kapitel: Das vervielfältigte Christentum

Kirche wurde die Schulaufsicht entzogen, der Staat nahm Einfluss auf innere Angelegenheiten der Kirche wie die Pfarrstellenbesetzung und die Ausbildung der Amtsträger. Trafen die meisten dieser ersten Regelungen noch die katholische und die protestantischen Kirchen gemeinsam, ergriff Bismarck in der Hochphase der Auseinandersetzung entschieden antikatholische Maßnahmen. Das Brotkorbgesetz untersagte staatliche Geldzuwendungen an die katholische Kirche, das Klostergesetz hob die nicht karitativen Orden in Preußen auf. Der konservative Reichskanzler hätte sich mit seinem Vorgehen gegen die katholische Kirche zweifellos die größten Sympathien der französischen Revolutionäre erworben. Das zeigt, dass sich über die einzelnen politischen Strömungen hinweg im 19. Jahrhundert ein grundsätzlicher Machtkonflikt zwischen Staat und Kirche aufgebaut hatte. Was man in Preußen «Kulturkampf» nannte, ereignete sich in den meisten europäischen Ländern. Auch in katholischen Staaten versuchten Regierungen, die Befugnisse der katholischen Kirche vor allem in der Schulaufsicht zu begrenzen und damit den kulturbeherrschenden Einfluss der Kirche einzuschränken.[64] Der Begriff «Kulturkampf» macht deutlich, wie sich die Staaten sowohl unter konservativer als auch unter liberaler Führung zunehmend säkular legitimierten und begannen, den Einfluss der Kirche auf die Kultur zu beschränken oder gar zurückzudrängen.

Der eigentliche Schauplatz des Kampfes zwischen katholischer Kirche und Staat war die Stadt Rom. Die napoleonische Besetzung und Aufhebung des Kirchenstaates war ein Vorbote dessen, was man kaum für möglich gehalten hatte: die Auflösung der weltlichen Herrschaft des Papstes. Nach der Wiedereinsetzung durch den Wiener Kongress galt der päpstlich regierte Kirchenstaat – selbst nach den Maßstäben des Restaurationsklimas – als einer der politisch rückständigsten Staaten Europas. Dies veränderte die kulturelle Bedeutung Roms. Um 1800 verehrten Anhänger eines klassischen Kulturideals wie Goethe Rom wegen seiner antiken Kulturschätze, kurz darauf kamen die Spätromantiker wie die Nazarener und priesen Rom als Hort des Christentums. Doch das Idealbild hielt der Begegnung mit der römischen Wirklichkeit nicht stand. Der später maßgeblich als liberaler Theologe des Protestantismus in Erscheinung tretende Richard Rothe kam in den 1820er Jahren als preußischer Gesandtschaftsprediger nach Rom – und war über die Zustände erschüttert.[65] Während sein Verhältnis zum katholischen Ritual zwischen intellektueller Abstoßung und ästhetischer Attraktion schwankte, konnte er den politischen Verhältnissen überhaupt nichts abgewinnen. Denn zu den Restaurationsdrangsalen kam in Rom noch die Ideenpolizei der Inquisition hinzu, die energisch gegen Andersdenkende vorging. Es wäre eine Übertreibung, Rothes Romerfahrung zum Beginn des liberalen Protestantismus zu machen, ein abschreckendes Beispiel der Modernitätsverweigerung scheint er dort aber auf jeden Fall erlebt zu haben. Das allmähliche Abbröckeln der kulturellen und religiösen Faszination lässt sich auch bei anderen Romreisenden des 19. Jahrhunderts beobachten. Rom wurde offensichtlich zum Zitat seiner selbst.[66] Den Geist seiner Kultur erlebten nicht wenige als eine vergangene Größe ohne lebensprägende Kraft für die Gegenwart.

Die politischen Bedingungen in Rom führten zu antiklerikalen Bewegungen. In den Unruhen der Revolutionsjahre 1848/49 musste der Papst sogar Rom verlassen. Die Durchsetzung seiner Macht war letztlich nur durch die militärische Hilfe europäischer Schutzstaaten möglich. In der zweiten Jahrhunderthälfte verschoben sich die politischen Machtkonstellationen Europas, der Kirchenstaat konnte dem Sog der italienischen Nationalstaatsbildung nichts mehr entgegensetzen. In der Dynamik der italienischen Einigung spielte Rom eine wichtige Rolle.[67] Nachdem Preußen 1866 Österreich besiegt und 1870 zum Krieg gegen Frankreich gerüstet hatte, waren dem Papsttum die Verbündeten auf dem Parkett internationaler Politik abhandengekommen.[68] Italienische Truppen rückten unter der Führung Piemonts und König Vittorio Emanueles 1870 ein zweites und entscheidendes Mal in Rom und Latium ein und brachten die 1861 begonnene italienische Nationalstaatsbildung zum Abschluss.[69] Rom wurde 1871 Hauptstadt Italiens, der Kirchenstaat hörte auf zu existieren, der Papst war politisch entmachtet. Das Königreich Italien regelte mit Garantiegesetzen sein Verhältnis zum Papsttum, es sicherte ihm Souveränität und Immunität der apostolischen Besitzungen zu, verpflichtete sich zu Unterhaltszahlungen und verzichtete auf staatliche Mitsprache bei Bischofsernennungen.[70] Pius IX., eine der schillerndsten Gestalten in der Geschichte des Papsttums, ging jedoch auf keine der Regelungen ein, er belegte die Invasoren des Kirchenstaats mit der Exkommunikation, erkannte Italien als Staat nicht an und verbot Katholiken jede politische Mitwirkung in dem neuen Staat. Es dauerte noch mehr als ein halbes Jahrhundert, bis die Spannungen zwischen Italien und dem Papst – unter der faschistischen Regierung Mussolinis[71] – durch die Lateranverträge von 1929 beigelegt wurden. Die Lateranverträge sind bis heute Grundlage des Verhältnisses zwischen Italien und dem Vatikanstaat.

Seit der Französischen Revolution hat die katholische Kirche immer mehr weltlichen Einfluss, der ihr über die Jahrtausende zugewachsen war, abgeben müssen. Die Päpste, die allermeisten Bischöfe und Priester und viele Gläubige zeigten sich traumatisiert und lehnten Demokratie, liberales und säkulares Denken entschieden ab – von einigen aus heutiger Sicht fortschrittlichen liberalen Katholiken abgesehen. Erst durch das Zweite Vatikanische Konzil in den 1960er Jahren entspannte sich das Verhältnis zwischen katholischer Kirche und Moderne. Am Ende hat die katholische Kirche in den Kämpfen mehr gewonnen als verloren. Sie hat zwar politische und kulturelle Einflussmöglichkeiten abtreten müssen, als kollektive religiöse Kraft hat sie aber – zum Beispiel in Preußen – eine beeindruckende Widerstandskraft bewiesen, vor der auch der Staat zurückweichen musste. Die «Entfeudalisierung»[72] der Kirche hat ihre religiöse Ausstrahlungskraft gestärkt. Ähnlich sieht auch die Bilanz für das Papsttum aus. Nach eineinhalb Jahrtausenden fiel ihm der Abschied von der weltlichen Herrschaft nicht leicht, aber aus heutiger Perspektive ist es offensichtlich, dass in dem Verlust weltlicher Macht einer der größten Gewinne in der Geschichte des Papsttums liegt. Trotz mancher Kritik an ihren dogmatischen und moraltheologischen Positionen gelang es den Päpsten des 20. Jahrhunderts zunehmend, ihrem Amt als religiöser Instanz weltweiten Respekt zu verschaffen.

Am 7. April 2005, dem Vorabend der Trauerfeier für den verstorbenen Papst Johannes Paul II., ging ein sinnfälliges Bild durch die Weltpresse.[73] Drei Präsidenten der mächtigsten Nation der Erde, George W. Bush jun. als amtierender, Bill Clinton und George Bush sen. als ehemalige Präsidenten, allesamt Protestanten, knieten vor dem aufgebahrten Leichnam des Papstes (Abb. 56). Die Zahl der Staatsoberhäupter, die dem Papst am darauffolgenden Tag die letzte Ehre erwiesen, war überwältigend. Vier Millionen Pilger kamen nach Rom, die weltweite Fernsehübertragung dürfte eines der größten Medienereignisse sein, die das 21. Jahrhundert bisher erlebt hat. «Vor Dir beugt die Erde sich»[74] – der Traum, mit dem das Papsttum des Mittelalters seinen Anspruch auf Weltherrschaft begründete, ging in einer ganz anderen Weise in Erfüllung, und zwar als das Papsttum längst keine weltliche Herrschaft mehr ausübte. Jenseits der besonderen Persönlichkeit Johannes Pauls II. und jenseits der modernen Möglichkeiten und Notwendigkeiten zur Veranstaltung medialer Großereignisse steht die Beerdigung Johannes Pauls II. für die Befreiung des Papsttums zu dem, was es sein sollte: ein religiöses Amt. Der damit einhergehende und bis in unsere Tage hinein unübersehbare Ansehensgewinn für das Amt des Papstes widerspricht entschieden dem Mythos von der Moderne als einer Verlust- und Verfallsgeschichte des Christentums.

Unfehlbarkeit und Antimodernismus

Den Ansehensgewinn durch Verzicht hätte im 19. Jahrhundert wohl niemand für möglich gehalten, schon gar niemand im theologischen Umfeld der Päpste. Der weltweite Respekt vor dem Papsttum steht heute in einer eigentümlichen Spannung zum theologischen Selbstverständnis des Amtes, das im 19. Jahrhundert in der Lehre von der lehramtlichen Unfehlbarkeit seinen dogmatischen

Höhepunkt erreichte. Wie die marianischen Dogmen ist auch das 1870 verkündete Dogma von der Unfehlbarkeit des Papstes ein Kind der Moderne. Es ging aus den langen Auseinandersetzungen mit dem Geist der Moderne hervor, stellt eine theologische Kampflehre gegen den Weltanschauungspluralismus und den Autoritätsverlust der Kirche dar und war ganz unmittelbar eine Reaktion auf den Verlust des Kirchenstaates.

Der antimoderne Zug, der die katholische Theologie für fast ein Jahrhundert bestimmte, war zu Beginn des 19. Jahrhunderts nicht zwangsläufig vorherzusehen.[75] Die Öffnung für das Gedankengut der Aufklärung war kein Vorrecht des Protestantismus. Aber auch die Philosophie des deutschen Idealismus fiel in der katholischen Theologie auf fruchtbaren Boden. Ein Paradebeispiel dafür ist die ältere Tübinger Schule, die sich um Johann Adam Möhler gruppierte.[76] Von Rom aus wurde die Pluralität der unterschiedlichen Positionen jedoch immer weiter eingeschränkt. In der anfangs offen geführten theologischen Diskussion setzte sich ein «lehramtszentriertes, ja lehramtsmonopolistisches Traditionsverständnis»[77] durch. Den Abschluss der Entwicklung bildete das Dogma von der Unfehlbarkeit des Papstes. Es bietet die Lösung des Autoritätsproblems, das sich im 19. Jahrhundert in aller Dringlichkeit stellte. Die Lehre von der Unfehlbarkeit des Papstes ist der theologische Versuch, das Problem letztgültiger Autorität «im Zusammenhang mit der neuzeitlichen Denkform der Selbstvergewisserung»[78] zu lösen. Das Dogma wurde 1870 auf dem Ersten Vatikanischen Konzil verabschiedet.[79] Es betreibt keine Apotheose der Person des Papstes, sondern verfolgt eine Grundidee des Katholizismus: Gott bindet seine Offenbarung in Christus verlässlich und sichtbar an die Institution der Kirche und damit auch an ihre Ämter bis hinauf zum Papst als höchster apostolischer Autorität. Nicht menschliche, sondern göttliche Kraft ist es daher, die die Unfehlbarkeit verbürgt, sie ist eine Bestätigung der in der Kirche selbst fortgesetzten Wirksamkeit der göttlichen Offenbarung. Das ist ein tiefer theologischer Gedanke – und doch sind die Gegenargumente Legion. Protestanten sehen darin eine fundamentale Überschätzung des Wesens der Kirche, innerkatholisch wurde schon im Umfeld des Konzils kritisiert, die Unfehlbarkeit allein auf das Amt des Papstes zu konzentrieren und sie nicht auf das Kollegium der Bischöfe oder ein Konzil auszuweiten. Das Dogma von der päpstlichen Unfehlbarkeit ist bis heute ein Hindernis im Gespräch zwischen Katholiken und allen anderen christlichen Konfessionen. Aus der Perspektive moderner Relativierungen aller Wahrheitsansprüche mutet es bizarr an. Wer es verstehen will, muss sich das lange und konservative Pontifikat Pius' IX. vor Augen führen sowie die unmittelbare Bedrohung des Kirchenstaates durch die italienische Einigung.[80] Die Unfehlbarkeitslehre war auch eine politische Er-

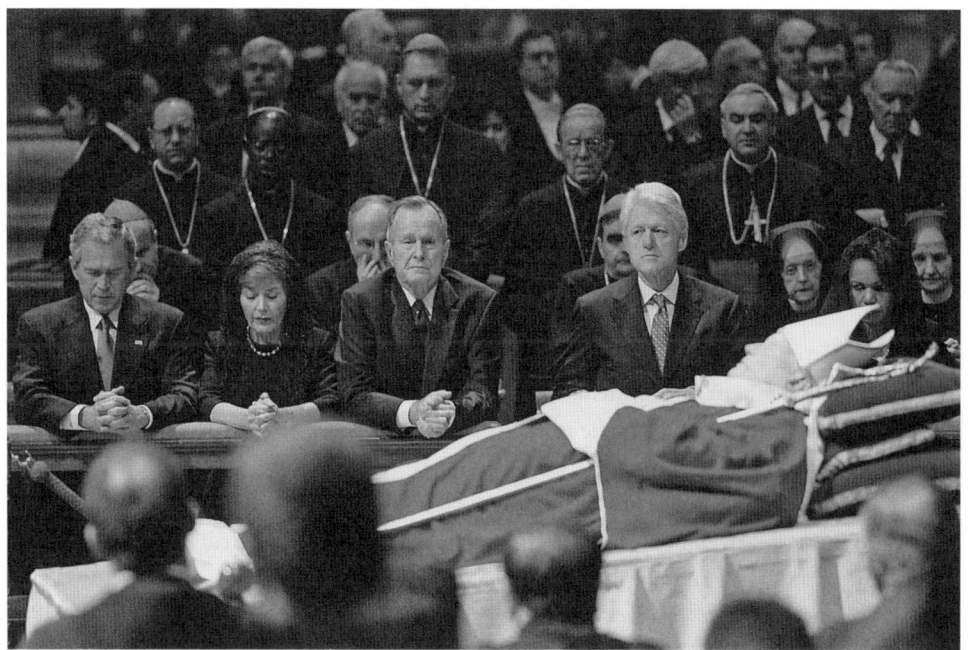

Der amtierende US-Präsident George W. Bush (links) kniet mit seiner Frau Laura und seinen beiden Vorgängern George Bush (Mitte) und Bill Clinton (rechts) vor dem aufgebahrten Leichnam Johannes Pauls II. – ein Sinnbild für das Ansehen und die Autorität, die das Papsttum im 20. Jahrhundert gewonnen hat, nachdem es alle weltlichen Herrschaftsansprüche aufgeben musste.

Abb. 56

klärung zur Souveränität des Papstes, nachdem Italien den Kirchenstaat eingenommen hatte.

Das Unfehlbarkeitsdogma setzte sich im 19. Jahrhundert in den theologischen Debatten durch und ging mit der zunehmenden Ausrichtung des theologischen Denkens auf das römische Lehramt einher. Ein denkerisches Gehorsamsgebot anstatt der Freiheit der Wissenschaft war die Kehrseite des päpstlichen Autoritätszuwachses. Wenig später richtete sich Pius IX. in einem umfassenden Sinn gegen das, was er für die Grundirrtümer der Moderne hielt. Diese hielt er 1864 in einem berühmt-berüchtigten Syllabus Errorum fest, in dem alle die modernen Ideen und Strömungen aufgeführt werden, die Pius IX. als mit dem Katholizismus unvereinbar verurteilte. Man erfährt aus diesem Dokument, was man in Rom für modern hielt und was daran schlecht zu sein schien:[81] den Pantheismus, alle Formen eines Zutrauens in die menschliche Vernunft, die ohne die göttliche Offenbarung zu letzten Gewissheiten über die Welt und den Menschen gelangen wollen, sowie einen auf religiöse Toleranz drängenden Liberalismus. Unter diesen drei Grundübeln subsumiert der Syllabus eine Reihe anderer Irrtümer. Den Schwerpunkt bilden die Verteidigung kirchlicher Selbständigkeit und die Bewahrung des kirchlichen Lebens vor Übergriffen durch die bürgerliche Gesellschaft. Abschließende Bemerkungen zu Fragen der katholischen Sexualethik intonieren ein Thema, das von da an rasch zu einem der populärsten Zankäpfel zwischen Katholizismus und Moderne aufstieg.

Es ist bemerkenswert, dass die sexualethische Regelungswut der katholischen Kirche ein Kind der Moderne ist. Vorrangig dient sie der rigorosen Ablehnung einer Sexualität, die nicht auf Fortpflanzung zielt. Theologisch steht der Ansatz keineswegs auf so festen Füßen wie die Hartnäckigkeit der Verlautbarungen vermuten lässt, deren Zahl seit dem 19. Jahrhundert sprunghaft anstieg. Sie geben vielmehr die Tendenz zu erkennen, vonseiten der Religion einen umfassenden Einfluss auch auf die intimen Bereiche der menschlichen Lebensgestaltung auszuüben.

Der Syllabus Errorum verstand sich als eine Art kirchlicher Selbstverteidigung gegen die moderne Weltanschauung. Die Befürworter moderner Prinzipien der Wissenschaft wurden als Modernisten beargwöhnt. Ihr berühmtester Vertreter, der Franzose Alfred Loisy (1857–1940),[82] schrieb 1902 in seinem Hauptwerk L'Évangile et l'Église, Das Evangelium und die Kirche: «Jesus hatte das Reich angekündigt, und dafür ist die Kirche gekommen.»[83] Wenige Sätze in der neueren Theologiegeschichte wurden häufiger und gründlicher missverstanden. Loisy wollte damit keinen Gegensatz zwischen dem Reich Gottes und der Kirche postulieren und schon gar einem Sarkasmus das Wort reden, der mit dem hehren Reich Gottes als Hoffnung und der Kirche als Realität seinen Spott trieb. Ihn interessierte vielmehr, wie man das Christentum in der Gesamtheit seiner geschichtlichen Entwicklungen begreifen und dabei die jeweiligen Stufen als notwendige Realisierungen der Botschaft verstehen könnte, die mit Jesus in die Welt kam – ein schöner Gedanke, dem eine Kulturgeschichte des Christentums noch heute viel verdankt. Man kann es nur als tragisch bezeichnen, dass die katholische Kirche zu Beginn des 20. Jahrhunderts Loisys Anliegen überging und ihn mit vielen anderen als Modernisten verurteilte. Immerhin, Loisy wurde die Ehre zuteil, dass das Lehramt sämtliche verfügbaren dogmatischen Panzerdivisionen gegen ihn in Marsch setzte. Der Syllabus Lamentabili urteilte 1907 die Grundlehren des Modernismus als Häresien ab, die Enzyklika Pascendi dominici gregis lieferte kurz darauf detaillierte Erläuterungen nach. 1910 wurde schließlich der Antimodernisteneid erlassen, der alle Amtsträger auf die Verwerfung der Lehren des Modernismus verpflichtete.[84] Aus dem intellektuellen Gehorsam des 19. Jahrhunderts war nun zu Beginn des 20. Jahrhunderts theologische Unterwerfung geworden.

Der katholische Antimodernismus war eine fulminante theologische Absto-

Das Apsisgemälde in der Pariser Kirche Sacre Cœur zeigt Jesus mit einem roten Herz. Der katholische Antimodernismus war nicht nur eine Sache des theologischen Verstandes, er war auch eine Angelegenheit des Herzens. Die Herz-Jesu-Frömmigkeit, die eine Sonderform der Verehrung des eucharistischen Leibes Jesu darstellt, erlebte im späten 19. Jahrhundert eine Blüte.

Katholische Abwehrkämpfe

ßungsreaktion gegen den Geist der Moderne. Er galt bis 1967. Ernst Troeltsch, mit Harnack zusammen ein großer Vertreter des liberalen Kulturprotestantismus, nannte den Erscheinungstag der Enzyklika *Pascendi dominici gregis* «einen Schicksalstag des Katholizismus und damit wohl auch des europäischen geistigen Lebens».[85] Als Prophezeiung fügte er hinzu: «Wenn dem Katholizismus die eigentliche Verjüngungs- und Verfeinerungskraft, die Berührung mit der wissenschaftlichen Bildung, abgeschnitten ist, dann ist von ihm nicht viel zu hoffen.»[86] Troeltsch sah etwas voraus, was jedoch nicht eintrat. Die katholische Kirche hat im 20. Jahrhundert mit dem Zweiten Vatikanischen Konzil eine deutliche Korrektur ihrer antimodernistischen Haltung vollzogen. Die daraus resultierenden inneren Spannungen beschäftigen den Katholizismus bis heute. Sie machen jedoch deutlich, dass es zu schlicht wäre, die mit Abstand größte christliche Konfession der Gegenwart allein auf den Antimodernismus zu reduzieren.

4
Kulturprotestantismus

Die protestantische Linie von der Erweckungsbewegung zum Fundamentalismus steht ebenso wie weite Teile des Katholizismus für unterschiedliche, aber in ihrer Zielrichtung ähnliche Abwehrreaktionen des Christentums gegen den Geist der Moderne. Das «modernisierungsunwillige Christentum»[87] war die eine Seite der Entwicklung im 19. Jahrhundert, es gab aber auch eine entgegengesetzte Tendenz. Troeltschs Einspruch gegen den katholischen Antimodernismus kam aus einer Richtung, die unter dem Namen Kulturprotestantismus berühmt wurde. Dies ist ein weiter Begriff, der für die vielfältigen Versuche steht, das Christentum mit der modernen Kultur in Einklang zu bringen. Der Kulturprotestantismus war vor allem in Deutschland stark, weil hier die Impulse der Sattelzeit der deutschen Kultur zwischen 1770 und 1830 besonders stark fortwirkten. Dies war jedoch nicht der einzige Versuch, das Christentum in die Moderne zu führen. Auch aus dem angloamerikanischen Protestantismus kamen imposante Beiträge. Anders als der deutsche Kulturprotestantismus orientierten sie sich mehr an dem Verhältnis von Religion und Natur (siehe Seite 570–572).

Religion und Wissenschaft:
«Religiöses Interesse und wissenschaftlicher Geist»

Ein Meilenstein auf dem Weg von der Aufklärung zum Kulturprotestantismus war Friedrich Schleiermacher. Mit seiner frühen Theologie transformierte er das Christentum im Geist der Romantik (siehe Seite 476–479). In seinem späteren Werk bemühte er sich darum, das Christentum und die moderne Kultur miteinander in Einklang zu bringen. Sein Hauptaugenmerk galt dabei der Wissenschaft, in der er die maßgebliche Erscheinungsform der Moderne sah.[88] Daher war es sein Ziel, die Theologie in der großen Universitätsreform Humboldts als eine wissenschaftliche Disziplin im Konzert der universitären Fächer zu etablieren. Die Modernität von Schleiermachers Ansatz lag darin, dass er die historische Reflexion des Christentums auf sich selbst fest in der akademischen Theologie verankerte. Um das religiöse Leben der Kirche zu gestalten, muss man wissen, was das Christentum ist. Das aber erschließt sich nur aus seinem Werden und seiner Geschichte. Das akademische Studium der Theologie bildet eine Persönlichkeit aus, die «religiöses Interesse und wissenschaftlichen Geist»[89] in sich vereint. Die Idee, an der Universität nicht nur Wissensaneignung zu praktizieren, sondern durch das Zusammenfließen von Forschung und Lehre Persönlichkeiten zu bilden, verlieh der deutschen Universität für gut ein Jahrhundert «Weltgeltung»[90] – die Theologie war darin fest integriert.

In den Generationen nach Schleiermacher feierte die Theologie bahnbrechende Erfolge auf dem Gebiet der historischen Bibelforschung. Die religiösen Auswirkungen des wissenschaftlichen Erfolgs waren jedoch sehr ambivalent. Nichts veranschaulicht dies besser als die Geschichte des «wirkungsgeschichtlich bedeutendsten theologischen Werks des 19. Jahrhunderts»[91] und die seines Autors: Der junge Tübinger Repetent David Friedrich Strauß (1808–1874) veröffentlichte 1835 *Das Leben Jesu*.[92] Der Glaube daran, dass Gott tatsächlich so handelt, mit Menschen spricht und in die Geschicke der Welt eingreift, wie es die Bibel berichtet, war für Strauß verloren gegangen. Er suchte daher nach Möglichkeiten, das Unwahrscheinliche an den biblischen Berichten zu erklären. Die Texte gaben nicht einfach etwas Geschehenes wieder, sondern brachten eine Idee und ein Geschehen «durch die sinnliche, phantasiereiche Denk- und Sprechweise des Alterthums»[93] zum Ausdruck. Sein Versuch, zu erklären, warum man die biblischen Erzählungen in der Moderne nicht wörtlich nehmen solle und wie man dennoch an ihrem religiösen Sinn festhalten könne, entfachte einen Sturm der Entrüstung. Das Werk des jungen Gelehrten «machte ihn über Nacht zum berühmten Mann ... und vernichtete seine Zukunft».[94] Strauß' Vorgehen erweckte offensichtlich den Eindruck, als handle es sich bei der Einführung der historischen Kritik in die Theologie um «den geschichtlich bis dahin unerhörten Fall von Gelehrten [...], die einerseits offiziell als Vertreter einer religiösen Tradition anerkannt waren, andererseits aber einen kognitiven Apparat von großer kritischer Schärfe gegen die heiligen Schriften eben dieser Tradition einsetzten».[95] Ziel dieses historisch beispiellosen Vorgangs war es, ein intellektuell redliches Christentum zu vertreten – und das konnte auch vor Kritik an der eigenen Überlieferung nicht zurückschrecken.

Als Meister in der Anwendung historischer Kritik erwiesen sich die Gelehrten der Religionsgeschichtlichen Schule.[96] Sie verbanden mit ihren Einsichten keineswegs die Zersetzung populärer Frömmigkeit, sondern legten ein breit gefächertes Volksbildungsprogramm auf, das die Einsichten der exegetischen Wissenschaft an die Glaubenden vermitteln sollte, denn die historische Kritik ist mehr als ein Methodenset, sie ist eine Haltung der Moderne gegenüber autoritativen Texten.[97] Autorität bedarf der Legitimation durch Gründe. Dahinter steht das kulturprotestantische Ideal einer auf Freiheit und intellektueller Redlichkeit basierenden Religion.

Gottvertrauen und Fortschritt

Im Gegensatz zum Kulturkatholizismus des Barock, der alle Kulturformen von der Kunst über die Architektur bis hin zur Musik umfassend in den Dienst des Christentums stellte, beschritt der Kulturprotestantismus den umgekehrten Weg: Nicht die Kultur war Teil der Religion, sondern die Religion wurde als Teil der Kultur begriffen, um so die Aussöhnung zwischen Christentum und Moderne zu befördern. Es ist daher kein Zufall, dass seit Schleiermacher die Ethik eine besondere Rolle als theologische Disziplin spielte. Dabei ging es nicht um Fragen einer christlichen Moral. Die Kulturprotestanten verstanden unter Ethik vielmehr eine umfassende Theorie der Kultur und gingen der Frage nach, wie in der Moderne die Ideale des Christentums verwirklicht werden können. Richard Rothe (1799–1867) erregte in seiner *Theologischen Ethik* Aufsehen mit der These, die Kirche müsse in den christlichen Staat überführt werden. Damit strebte er keine kirchenfeindliche Verweltlichung des Christentums an, sondern nahm die Notwendigkeit einer Transformation des Christentums ernst. Unter den Bedingungen der Moderne war der Staat und nicht die Kirche der geeignete Ort, die sittlichen Ideale des Christentums zu realisieren.[98] Rothe ging davon aus, dass mit der Person Jesus Christus ein Überschuss an göttlicher Wirklichkeit in die Welt gekommen war, der weder in den Lehren des Christentums noch in der

Institution der Kirche vollständig eingefangen werden konnte, sondern aufgrund seiner inneren Kraft stets über die religiösen Formen hinausdrängte. Der Übergang der Kirche in den Staat war für ihn daher nicht die Auflösung des Christentums, sondern die Aufsprengung der kirchlichen Grenzen.[99] Die christlichen Ideale setzten sich fort in der Kultur, in der Familie und im bürgerlichen Leben. Rothe mochte die genuin religiöse Funktion der Kirche und die Kraft des Ritus unterschätzt haben, aber seine Idee von der Transformation der Kirche in den Staat zeigt, dass man im 19. Jahrhundert die unübersehbare Entkirchlichung nicht nur als Verfall des Christentums, sondern auch als Chance begreifen konnte.

Ein im Vergleich zu Rothe weniger gewagtes und darum am Ende erfolgreicheres Modell des Kulturprotestantismus entwarf Albrecht Ritschl (1822–1889) mit seiner Idee einer bürgerlichen Religion. Ritschl lehrte zeitweise zusammen mit Rothe in Bonn, bevor er ab 1864 von Göttingen aus zur einflussreichsten Gestalt der protestantischen Theologie in der zweiten Jahrhunderthälfte aufstieg.[100] Er stellte das Reich Gottes als ein sittlich-religiöses Ideal vor Augen, das zugleich auch der Motor menschlicher Kulturtätigkeit war. In seiner Person verband Ritschl historische Gelehrsamkeit und kulturellen Fortschrittsoptimismus mit einer Interpretation der christlichen Inhalte, die diese behutsam modernisierte und dennoch auch für kirchennahe Christen hohe Wiedererkennungseffekte bereithielt. Diese Mischung machte Ritschls Erfolg aus. Er war der Vater einer bürgerlichen, tatkräftigen und kulturgestaltenden Erscheinungsform des Christentums, das mit der Moderne seinen Frieden gemacht hatte und die Versöhnung von technischem Fortschritts- und religiösem Christusglauben erlaubte.

Welchen Einfluss der Kulturprotestantismus entfalten konnte, lässt sich an Adolf von Harnack (1851–1930) erkennen. Als Kirchenhistoriker überzeugte er durch die faszinierende Breite seiner Quellenkenntnis und eine elegante Darstellungskraft. Harnack verstand es, wissenschaftlichen Eros mit einer tiefen Frömmigkeit zu verbinden. Sein Hauptwerk *Das Wesen des Christentums* – ein großer Publikumserfolg – pries die ursprüngliche Einfalt der christlichen Botschaft. Harnack zufolge basierte die Wirksamkeit Jesu auf drei Säulen. Jesus verkündete als Ziel und Fluchtpunkt aller Geschichte das Kommen der Gottesherrschaft, er inspirierte zur inneren Haltung der Gotteskindschaft, die auf der Erfahrung des unendlichen Wertes der Menschenseele vor Gott ruhte, und er brachte die Freiheit, in diesem neuen Geist der Gerechtigkeit und der Liebe zu handeln.[101] Harnack verband sein Ideal einer einfachen Jesusfrömmigkeit ohne Probleme mit der Begeisterung für den wissenschaftlichen Fortschritt. Auf dem Höhepunkt seiner Karriere war er neben seiner Professur für Alte Kirchengeschichte an der Berliner Universität zeitweilig deren Rektor, er war Präsident der Preußischen Akademie der Wissenschaften, Generaldirektor der Königlich-Preußischen Bibliothek sowie Präsident der führenden Forschungseinrichtung des Deutschen Reiches, der Kaiser-Wilhelm-Gesellschaft, die später in die Max-Planck-Gesellschaft überging. Harnack vereinte in seiner Person also vier Tätigkeiten, die heute zu den vier Spitzenämtern des akademischen Lebens in Deutschland zählen würden. Vor dem Zenit seiner Karriere lehrte Harnack in Marburg, von dort sollte er einen Ruf nach Berlin erhalten. Allerdings wollte die konservative Kirchenleitung in Berlin die Berufung des als liberal geltenden Harnack unbedingt verhindern. Am Ende griff Kaiser Wilhelm II., unterstützt von Reichskanzler Bismarck, persönlich ein und ließ Harnack nach Berlin berufen. Kaiser und Kanzler standen außerhalb des Verdachts, liberal gesinnt zu sein, aber die zupackende Art der Kulturprotestanten gefiel ihnen. Seinen Erlass kommentierte der Kaiser mit dem Satz «Ich mag keine Mucker.»[102] Das spricht für das Ansehen Harnacks, aber auch für die Bedeutung des Kulturprotestantismus. Es sind seither keine Fälle mehr überliefert, in denen die Staatsspitze in die Berufung eines Theologieprofessors eingegriffen hätte.

Der Kulturprotestantismus war jedoch mehr als nur ein akademisches Phänomen. Er wirkte über den Protestantenverein hinein in das kirchliche Leben, und die von Marburg aus unter der Leitung von Martin Rade herausgegebene Zeitschrift *Die christliche Welt* erörterte Fragen des Zusammenhangs von Christentum und moderner Kultur vor einer breiten Öffentlichkeit. Der Kollaps des 19. Jahrhunderts im Ersten Weltkrieg hat auch den Kulturprotestantismus mit in den Abgrund gerissen. Der Versuch, in der Kultur, auch in der vermeintlich profanen, eine religiöse Dimension zu finden, galt nun als zu bürgerlich und oberflächlich – zu Unrecht. Der Kulturprotestantismus war ein ebenso redlicher wie tapferer Versuch, das Christentum und die moderne Kultur miteinander zu versöhnen. Er hinterlässt ein reiches Erbe an praktischen Versuchen und theologischen Gedanken, das noch lange nicht aufgebraucht ist.

5

Bürgerliche Religion ohne Gott

Thomas Mann hat mit der Gestalt des Thomas Buddenbrook einen Blick auf die Kehrseite der Fortschrittsträume des 19. Jahrhunderts geworfen. Vom Herkommen den hehren Geschäftsgrundsätzen seines Vaters, des Konsuls Buddenbrook, verpflichtet, kann das Familien- und Firmenoberhaupt in dem rasant sich beschleunigenden und aggressiven Wirtschaftsleben der zweiten Hälfte des

19. Jahrhunderts nicht seinen Platz finden, ebenso wenig sein privates Glück. Der an seinem Leben müde gewordene Mann findet im Angesicht des Todes an dem, was seine Familie groß machte, dem «strengen und unerbittlichen Verantwortungsgefühl des echten und leidenschaftlichen Protestanten»,¹⁰³ keinen Halt mehr. Tiefen Trost findet er hingegen in einem philosophischen Buch, das «halb gesucht, halb zufällig in seine Hände geraten war».¹⁰⁴ Nach Stunden der Lektüre überkommt es ihn, «als wenn die Finsternis vor seinen Augen zerrisse, wie wenn die samtne Wand der Nacht sich klaffend teilte und eine unermessliche tiefe, ewige Fernsicht von Licht enthüllte».¹⁰⁵ «Mit gefalteten Händen [...] lag er und durfte schauen ... Was war der Tod? [...] Der Tod war ein Glück [...] Er war die Rückkunft von einem unsäglich peinlichen Irrgang, die Korrektur eines schweren Fehlers, die Befreiung von den widrigsten Banden und Schranken – einen beklagenswerten Unglücksfall machte er wieder gut.»¹⁰⁶ Es trägt die religiösen Züge einer Erleuchtung und eines Gebets, wie Thomas Mann die Schopenhauer-Lektüre seines Protagonisten schildert.

Erlösung durch Weltverneinung: Arthur Schopenhauer

Thomas Buddenbrook las Arthur Schopenhauers (1788–1860) Hauptwerk *Die Welt als Wille und Vorstellung*.¹⁰⁷ Diese Bibel des Pessimismus ist für Autorinnen und Autoren zu allen Zeiten Anlass zu Optimismus, denn das Buch bietet ein Lehrstück für den langen Atem der Wirkungsgeschichte. Bei seiner Erstveröffentlichung nahm so gut wie niemand Notiz von Schopenhauers Werk. Aber was 1818 niemand lesen wollte, traf seit den 1850er Jahren einen Nerv der Zeit. Das Buch wurde zu einem großen Erfolg, der lange unbeachtete Schopenhauer starb 1860 auf dem Höhepunkt seines Ruhmes. Der Titel des Buches ist das metaphysische Programm. Im Anschluss an Kant definierte Schopenhauer die Welt als das Produkt der menschlichen Vorstellungen. Diese haben ihren Ursprung in dem Willen zum Leben, der aller Wirklichkeit zugrunde liegt. Der Wille ist Schopenhauers Antwort auf Kants Frage nach dem Ding an sich, dem Wesen und dem Grund der Welt. Schopenhauer verfolgte ein metaphysisch außerordentlich anspruchsvolles Programm, er proklamierte nicht weniger als die Lösung der Frage, was die Wirklichkeit sei, und konstatierte, dass sich Idealisten und Materialisten mit der Frage vergeblich abgemüht hätten. Es überrascht nicht, dass Schopenhauer damit 1818 zunächst auf taube Ohren stieß, denn seine Lösung arbeitet – gemessen an dem Diskussionsstand des deutschen Idealismus – mit schwer begründbaren Hypothesen. Der Wille als Weltgrund erscheint in der erkenntnistheoretischen Debatte der Zeit wie ein aus dem Hut gezaubertes Kaninchen.¹⁰⁸

Die Stärke Schopenhauers lag jedoch nicht in seinem Beitrag zur Metaphysik, obwohl er selbst dort vermutlich seine größte Leistung sah. Erstaunlich war der an sprachlicher Schönheit und Stilsicherheit kaum zu überbietende Ausdruck eines «Lebensgefühls».[109] Daraus zog er ästhetische und ethische Konsequenzen, die die eigentliche Stärke seiner Weltanschauung ausmachen. In einer sehr eigenwilligen Adaption der platonischen Ideenlehre führte Schopenhauer die Kontemplation als einen besonderen Erkenntnisakt ein, den er mit allen Zügen einer Erlösungslehre versah. Die Kontemplation ist eine Art Ideenerkenntnis, in der sich die menschliche Erkenntnis von ihrer Bindung an den Willen losreißt.[110] Sie fragt nicht mehr, warum und wozu etwas gut ist. In der Kontemplation wird der Mensch über sich hinausgeführt und sieht sich aufgehoben in dem Großen und Ganzen der ewigen Bewegung des Willens zum Leben. Die Kontemplation ist das «Entrinnen vor den Zwängen der Nützlichkeit».[111] Für die kulturellen Transformationen des 19. Jahrhunderts ist es bezeichnend, dass Schopenhauer die bei weitem größte Kraft zur Kontemplation der Musik zuschrieb. Aufgrund des «innigen Verhältniß, welches die Musik zum wahren Wesen aller Dinge hat»,[112] erlöst sie von dem Werden und Vergehen der Dinge. Ist die Welt als äußere Gestalt eines sich stets fortsetzenden Willens erkannt, ist auch ihre radikale Nichtigkeit erfasst. Vom ewigen Kreislauf der Geschichte bis hin zur niemals endenden Befriedigung menschlicher Bedürfnisse setzt sich der Wille unaufhörlich als Kampf und dauernder Antrieb fort. Der Wille ist ein Streben ohne Ende.

> Der Wunsch ist, seiner Natur nach, Schmerz: die Erreichung gebiert schnell Sättigung: das Ziel war nur scheinbar: der Besitz nimmt den Reiz weg: unter einer neuen Gestalt stellt sich der Wunsch, das Bedürfniß wieder ein: wo nicht, so folgt, Oede, Leere, Langeweile, gegen welche der Kampf so quälend ist, wie gegen die Noth.[113]

Schopenhauers Stärke liegt darin, all die Nichtigkeiten und Vergeblichkeiten des Daseins in der Welt der Natur aufzuspüren und glänzend zu beschreiben. Wer das unaufhörliche Wirken des Willens in der Welt betrachtet, kommt um die Einsicht nicht herum, «wie wesentlich alles Leben Leiden ist».[114] Das gilt auch für die Geschicke der Menschen. Deren stetes Mühen zeigt, dass «jede Lebensgeschichte eine Leidensgeschichte»[115] ist. Am Ende steht der Tod, er ist nichts als eine «große Enttäuschung»:[116] «Wir sind im Grunde etwas, das nicht sein sollte.»[117]

Ein Geheimnis von Schopenhauers außergewöhnlicher Wirkung ist das faszinierende Trostpotential seiner Lehre von der Vanitas. Thomas Buddenbrook liefert ein Beispiel für die existentielle Befreiung, die die Einsicht in die Vergeblichkeit des Daseins zu liefern vermag. Sie entlarvt die Sinnlosigkeit des selbstbezogenen Mühens und nimmt die Angst vor dem Tod. Daraus empfängt der Mensch die Kraft zur einzig sinnvollen ethischen Haltung. In einer Welt voller

Leiden ist allein das Mitleid die angemessene Weise, sich mit anderen Lebewesen und Menschen verbunden zu zeigen.[118] Erlösung findet der Mensch in der Verneinung des Willens, einer besonderen Form der Askese. In den erfüllten Momenten der Kontemplation oder im Hören vollkommener Musik leuchtet die Kraft auf, die es dem Menschen ermöglicht, den ihn bedrängenden Willen zur Ruhe zu bringen. «Wahre Gelassenheit und gänzliche Willenlosigkeit»[119] ist der Zustand irdischer Erlösung. Das ist Schopenhauer zufolge auch die Lehre Jesu gewesen,[120] vor allem jedoch ist es das indische Denken, das diesen Gedanken für ihn vollendet erfasst, denn die wahre Erlösung ist das vollständige Erlöschen aller Individualität im Nirwana.[121]

Schopenhauers Philosophie bot eine Weltanschauung mit Erlösungsoptionen, schon allein darum steht sie in der Nähe zur Religion. Seine Haltung zum Christentum war keineswegs so negativ, wie immer wieder behauptet wurde. Was er zum Christentum sagt, steht so weit am Ende des umfangreichen Buches, dass es möglicherweise nur wenige Leser bis dahin geschafft haben. Schopenhauer misstraute zwar allem, was er als vordergründige Vertröstung angesichts des Leidens in der Welt empfand, er sah aber, dass das Christentum ernst zu nehmende Ideen zu dem liefern konnte, was er als Verneinung des Willens empfahl. Eine besondere Wertschätzung erfahren dabei die Persönlichkeit Jesu und sein Kreuzestod als ein Symbol für die Willensverneinung.[122]

Bemerkenswert ist Schopenhauers Hochschätzung der indischen Religion.[123] Durch die Gebrüder Schlegel war zwar schon seit Anfang des 19. Jahrhunderts ein Interesse an Indien erwacht, das man als die Geburtsstunde der modernen Indologie betrachten kann, Schopenhauer ging jedoch einen Schritt weiter, indem er die Überlegenheit Indiens in religiösen Fragen lehrte. Indologisch gesehen blieb er hinter dem Niveau der Schlegels zurück, aber indem er Indien zu einer Kultur der Sehnsucht erhob, die bieten konnte, was Europa nicht mehr zu haben schien, war sein Indienbild sehr wirkungsvoll.

Warum wurde diese Philosophie Schopenhauers erst so spät entdeckt? Mit den Enttäuschungen des Bürgertums nach der gescheiterten Revolution von 1848 allein kann man den Sinneswandel nicht erklären. Noch mindestens zwei weitere Faktoren kommen hinzu. Erstens zeugte die Schopenhauer-Begeisterung von dem «Katzenjammer nach dem allmählichen Verglimmen des Christentums»,[124] ergänzend muss man wohl hinzufügen, auch nach dem Verglimmen der großen philosophischen Systeme. Als eine sinnvolle Welterklärung nicht mehr selbstverständlich war, bot Schopenhauer in der allgemeinen Verunsicherung ein originelles Denkgebäude an, das mit dem Verweis auf das Leiden und die Vergeblichkeiten des Daseins leicht Anschluss an die Lebenserfahrung fand. Vieles von dem, was er schrieb, war einfach unabweisbar richtig beobachtet. Trotz der begründungslogischen Ungereimtheiten offerierte er darüber hinaus ein Weltbild, in dem man nicht vollständig von der Denkfigur der Transzendenz Abschied nehmen musste. Einen wichtigen Beitrag zu dieser Sinnstiftung leistete die Kultur, allen voran die Musik als besonderes Vermittlungsmedium der kontemplativen Erfahrung. Abgesehen von allen kontingenten Einzelinteressen ist der Mensch nach Schopenhauer in ein viel größeres Ganzes eingeordnet, in dem er erlischt und zugleich auch aufgeht. Dies zu begreifen bedeutete «das Glück des Sich-Selber-Loswerdens».[125]

Schopenhauer wurde gelesen, und er wirkte auf Intellektuelle und Künstler. Unter diesen gab es offenbar ein besonderes Gespür für die sich anbahnenden metaphysischen Ortlosigkeiten. Richard Wagner und Friedrich Nietzsche gehörten zu Schopenhauers Anhängern. Das betriebsame Bürgertum, das überall um sich herum die Fortschritte einer sich unter der menschlichen Tatkraft verwandelnden Welt sah, hielt jedoch auch Ausschau nach einer anderen, optimistischeren Weltdeutung. David Friedrich Strauß, der große verlorene Sohn des Protestantismus im 19. Jahrhundert, brachte zum Ausdruck, was all jene umtrieb, denen das Christentum fremd geworden war und die doch mit Zuversicht in die Welt blicken wollten.

Fortschritt durch Tat und Kultur: David Friedrich Strauß

David Friedrich Strauß, der Autor des Aufsehen erregenden Buches *Das Leben Jesu* (siehe oben Seite 527 f.) musste nach dem großen Buch bald Abschied nehmen von allen akademischen Hoffnungen.[126] Sein frühes Hauptwerk war als eine Apologie des Christentums gedacht, die der Wahrhaftigkeit des Denkens verpflichtet ist. Die harschen Reaktionen darauf radikalisierten seine Auffassung. Erfolge als Schriftsteller hatte er mit einer popularisierten Fassung des *Leben Jesu*. Schließlich schrieb er ein Buch, das die Aufgabe des Christentums zugunsten einer neuen Religion proklamierte. *Der alte und der neue Glaube*, Strauß' letztes Buch, erschien 1872 und erlebte bereits in den ersten fünf Jahren neun Auflagen. Die Einleitung nimmt Bezug auf den als epochal empfundenen zeitgeschichtlichen Hintergrund, die Gründung des Deutschen Reiches, die davon erhoffte Stärkung des Protestantismus sowie die Veränderungen innerhalb des Katholizismus durch das Erste Vatikanische Konzil. Ausgangspunkt ist die Beobachtung vieler Menschen, «die von dem alten Glauben, der alten Kirche, sei es evangelische oder katholische, sich nicht mehr befriedigt finden».[127] Warum dies so ist und was daraus für das religiöse Leben folgt, sind die beiden Fragen, denen Strauß in seinem Buch nachgeht. Das Grundproblem des Christentums lag für ihn darin, dass dessen Lehren «zum guten Teil als unvereinbar mit dem jetzigen Stande unserer Welt- und Lebensansichten»[128] galten. Die Antwort auf die Leitfrage seines ersten Teiles «Sind wir noch Christen?»[129] überrascht daher nicht: «Wir sind keine Christen mehr.»[130] Was das Christentum über Schöpfung, Teufel, Erbsünde, Sühnetod oder Auferstehung lehre, könne man heute nicht mehr glauben. Die Frage «Haben wir noch Religion?» bejahte Strauß allerdings nachdrücklich. Er sah in der «Anlage zur Religion […] einen Vorzug der menschlichen Natur, ja geradezu […] ihren vornehmsten Adelstitel».[131] Die »neue« Religion musste freilich ohne den Gott des Christentums und die Hoffnung auf ein Weiterleben nach dem Tod auskommen. Strauß lehrte, dass der Mensch in einen Kosmos eingebunden ist, der von einer höheren Vernunft und deren Gesetzen geordnet wird. Dass er sich damit in strikten Gegensatz zu Schopenhauers Pessimismus begab, sah Strauß klar; dessen Auffassungen waren im Lichte von Strauß' neuem Glauben jedoch nur «Absurditäten» und «Blasphemien».[132] Sein eigentlicher Gesprächspartner war Charles Darwin – der Mann, an dem kein religiöser Denker in der zweiten Hälfte des 19. Jahrhunderts vorbeikam. Strauß zeigte sich von dessen Lehren beeindruckt, und doch versuchte er, dem Gedanken der Evolution gegen Darwins Intention den Glauben an einen Weltzweck abzuringen:

> Allein schließlich muss doch einmal eine Zeit kommen, wo die Erde nicht mehr bewohnt sein, ja wo sie als Planet gar nicht mehr bestehen wird […]. Entweder hat nun hiermit die Erde ihren Zweck verfehlt, es ist bei ihrem so langen Bestande nichts herausgekommen; oder jener Zweck lag nicht in etwas, was fortdauern sollte, sondern er ist in jedem Augenblick ihrer Entwicklungsgeschichte erreicht worden.[133]

Strauß steuerte seine Gedanken auf den Abgrund einer sinnlosen Welt zu, um dann doch im letzten Moment das Steuer herumzureißen. Der Zweck der Welt kann nach dem Lauf der Natur nicht in einer jenseitigen Erfüllung gegründet sein, sondern liegt in der immanenten Entfaltung all der in ihr angelegten Möglichkeiten. Strauß transformierte damit den christlichen Jenseitsglauben zu einer entschlossenen Diesseitsbejahung.

Im letzten Teil seines Werkes mit dem Titel «Wie ordnen wir unser Leben?»[134] überführt Strauß seine Religion der kosmischen Diesseitsbejahung in eine Ethik und Politik der tatkräftigen Weltgestaltung. Sozial- und politikgeschichtlich sind einige Passagen des Werkes sehr aufschlussreich. Sie bekunden das Selbstbewusstsein des aufstrebenden Bürgertums – «ich bin ein Bürgerlicher, und bin stolz darauf es zu sein»[135] –, aber auch die Ressentiments gegenüber der Arbeiterschaft, dem «ungesundesten Fleck der jetzigen Gesellschaft»,[136] und die Ängste vor dem sozialistischen Umsturz, als dessen Vorboten er die «Gräuel der Pariser Commune»[137] sah. Interessant sind Strauß' Vorschläge zur praktischen Gestaltung seiner neuen Religion. Im Gegensatz zum Atheismus zeigte er kein Interesse an einer gewaltsamen Auslöschung der Kirche, vielmehr erschien es ihm im Geiste seines Entwicklungsoptimismus eine natürliche Angelegenheit, dass die Kirche bald von selbst untergehen werde. Ersetzt wird die kirchlich gelebte Religion sukzessive durch die Kulturtätigkeit des Menschen, insbesondere durch Dichtung und Musik. Denn die Kunst hat

> in allen ihren Zweigen den Beruf, die im Gewirre der Erscheinungen sich erhaltende, aus dem Widerstreit der Kräfte sich wiederherstellende Harmonie des Universums, die uns im unendlichen Ganzen unübersehbar ist, im beschränkten Rahmen uns anschauen oder doch ahnen zu lassen.[138]

Goethe, Schiller, Mozart und Beethoven sollen kompensieren, was durch die Aufgabe des christlichen Glaubens verloren geht. Der Glaube an eine göttliche Weltregierung ist dahin, die Welt ist eine «Maschine».[139] Wer aber Goethe liest und Mozart hört, erfährt auch etwas anderes: «Es bewegen sich in ihr [scil.: der Welt] nicht blos unbarmherzige Räder, es ergießt sich auch linderndes Oel».[140]

Strauß' Programmschrift dürfte vielen aus der Seele gesprochen haben – schon der Erfolg des Buches spricht dafür. Sie präsentierte eine nachchristliche Weltanschauung, die die Kultur als Trägerin neuer religiöser Sinnstiftung einsetzte. Diese bürgerliche Religion war frei von den intellektuellen Zumutungen des Christentums, denen man gegen den aufstrebenden Geist der naturwissenschaftlich-technisch gedachten Welt keine Chancen mehr einräumte, und bot doch durch den Genuss von Literatur und Musik die Ahnung einer tiefen Ordnung und Harmonie des Daseins, an der mitzuwirken und die zu gestalten zu den vornehmsten Aufgaben des Menschen zählte.

Strauß erntete Kritik aus allen Lagern des Christentums. Das überrascht nicht, denn seine Schrift behauptete die schleichende Auflösung des Christentums. Überraschender war eine Attacke aus einer ganz anderen Ecke. Der junge Friedrich Nietzsche schärfte sich an Strauß die Krallen für seine spätere Kulturkritik. Für die literarische Gattung des Verrisses ist seine erste *Unzeitgemäße Betrachtung* über Strauß bis heute ein kaum zu überbietendes Vorbild. Er beschimpfte Strauß als «Bildungsphilister»[141] und brandmarkte seine Kulturtheorie als «Filzsocken-Begeisterung».[142] Nietzsche, der in seinen späteren Schriften als einer der schärfsten Kritiker des Christentums auftrat, agierte hier als Warner vor einer bürgerlichen Religion ohne den Gott des Christentums, zu der sich Strauß bekannte. Er sah darin erstens einen faulen Kompromiss, der letztlich mehr christliches Erbe mitschleppte, als Strauß einzuräumen bereit war. «Wer einmal an der Hegelei und Schleiermacherei erkrankte, wird nie wieder ganz curirt.»[143] Zweitens sah Nietzsche voraus, dass ein Abschied vom Christentum kulturell keineswegs so geräuschlos zu bewerkstelligen sein würde, wie Strauß hoffte. Drittens zerschellte für Nietzsche dieser bürgerliche Optimismus an den großen Brüchen und Abgründen des Lebens selbst. Das wahre Kulturschaffen ging seiner Auffassung nach aus dieser existentiellen Bedrohung hervor und konnte darum nicht umgekehrt als «linderndes Öl»[144] gegen den Sinnverlust eingesetzt werden. Nietzsche tat Strauß in manchem Unrecht, seinem heutigen Ruf als Kritiker der Moderne machte er allerdings bereits in dieser frühen Schrift alle Ehre. Er sah treffsicher den modernen Missbrauch der Kultur als Narkotikum gegen das Unfassbare des Lebens voraus und entlarvte die damit verbundenen Seichtigkeiten. Seine eigene Empfehlung war klar. Der Verzicht auf das Christentum war für Nietzsche nicht mit einem weltanschaulichen Kompromiss zu meistern, der ohne Gott auskommen wollte und doch auf religiösen Trost zurückgriff.

6
Kampf gegen den Gott des Christentums

In der Aufkündigung des Kompromisses einer Religion ohne Gott, wie ihn Schopenhauer oder Strauß vertreten haben, stand Nietzsche in der Tradition der Religionskritik des 19. Jahrhunderts. Ihre Wurzeln lagen in den radikalen Traditionen des philosophischen Atheismus in der Aufklärung sowie in der christentumsfeindlichen Politik der Hochphase der Französischen Revolution (siehe Seite 450–455).

Atheismus und Traurigkeit: Jean Pauls «Rede des toten Christus»

Viele Denker tasteten sich vorsichtig an den Atheismus heran, sie behandelten ihn wie ein Gedankenexperiment. Bemerkenswert ist Jean Pauls (1763–1825) *Rede des toten Christen vom Weltgebäude herab, daß kein Gott sei*, weil Jean Paul hier den Atheismus literarisch durchspielt, um ihn zu verwerfen. Dem schlafenden Protagonisten des Romans *Siebenkäs* erscheint der tote Christus im Traum und spricht:

> Ich ging durch die Welten, ich stieg in die Sonnen und flog mit den Milchstraßen durch die Wüsten des Himmels; aber es ist kein Gott. Ich stieg herab, soweit das Sein seine Schatten wirft, und schauete in den Abgrund und rief: «Vater, wo bist du?» Aber ich hörte nur den ewigen Sturm, den niemand regiert. […] Da kamen, schrecklich für das

Herz, die gestorbenen Kinder, die im Gottesacker erwacht waren [...] und sagten: «Jesus! haben wir keinen Vater?» – Und er antwortete mit strömenden Tränen: «Wir sind alle Waisen, ich und ihr, wir sind ohne Vater.»[145]

Die Welt ohne Gott entpuppt sich zum Glück des Protagonisten als ein Albtraum, er erwacht, und seine «Seele weinte vor Freude, daß sie wieder Gott anbeten konnte»:[146] «Und zwischen dem Himmel und der Erde streckte eine frohe vergängliche Welt ihre kurzen Flügel aus und lebte, wie ich, vor dem unendlichen Vater.»[147] Jean Paul führte diese grandiose Vision einer gottlosen Welt ein, um sich ihrer unerträglichen Trostlosigkeit zu versichern:

Das ganze geistige Universum wird durch die Hand des Atheismus zersprengt und zerschlagen in zahlenlose quecksilberne Punkte von Ichs, welche blinken, rinnen, irren, zusammen und auseinander fliehen, ohne Einheit und Bestand. Niemand ist im All so sehr allein als ein Gottesleugner.[148]

Auch der Atheismus im Werk Georg Büchners (1813–1837) ist noch von anderer Natur als die spätere Religionskritik. Seine Erzählung *Lenz* ringt um die Transformation des Gottesbegriffs, sie ist von der Frage bestimmt, was kommen soll, wenn der traditionelle Kirchenglaube seine Kraft verloren hat. Es spricht, wie Hermann Kurzke gezeigt hat, vieles dafür, Büchner entgegen der landläufigen Meinung, die ihn zum Vorläufer des Frühsozialismus macht, als eine wichtige Gestalt zu lesen, die sich an der Transformation des Christentums abarbeitete.[149]

Religion als Projektion und Selbsttäuschung: Feuerbach und Marx

Die Religionskritik des 19. Jahrhunderts ging entschieden andere Wege als Jean Paul und Georg Büchner, diese vermeintlichen Vorboten des modernen Atheismus. Neu war an ihr der Versuch, Religion nicht einfach wie im 18. Jahrhundert als «Priesterbetrug» zu erklären, sondern als Symptom gesellschaftlicher oder psychischer Fehlentwicklungen zu verstehen, um sie an ihren Ursachen bekämpfen zu können. Die Tradition der modernen Religionskritik beginnt mit Ludwig Feuerbach, ihm folgten Karl Marx und Friedrich Nietzsche, den Schlusspunkt setzte im 20. Jahrhundert Sigmund Freud.[150] Die Kritik an der Religion hat nach Freud nicht aufgehört, im Gegenteil, aber diese vier großen Protagonisten liefern bis heute das Arsenal der entscheidenden Argumente. Es sind Variationen über ein Thema: Religion ist eine Projektion und Illusion, die den Menschen täuscht, in die Irre führt und darum überwunden werden muss.

Ludwig Feuerbach (1804–1872) gehört wie Strauß zu den «gefallenen» protestantischen Theologen des 19. Jahrhunderts.[151] In Heidelberg begann er als junger Mann mit dem Studium der Theologie, wechselte dann aber nach Berlin, um bei Hegel Philosophie zu studieren. Seine Religionsphilosophie stand wie bei allen Linkshegelianern oder Junghegelianern unter dem Anspruch, den entscheidenden Schritt zu wagen, der bei Hegel zwar vorbereitet, von ihm selbst jedoch – nach Auffassung der Linkshegelianer – nicht vollzogen war: den Schritt von einer Philosophie des Geistes zu einer Philosophie des konkreten, leiblichen Menschen und der Gesellschaft. Feuerbachs Hauptschrift *Das Wesen des Christentums* erschien 1841. Ähnlich wie bei David Friedrich Strauß erledigte das Buch mit einem Schlage seine weiteren akademischen Hoffnungen. Um die Mitte des 19. Jahrhunderts konnte ein an der Universität lehrender Philosoph nicht öffentlich als Kritiker und Gegner des Christentums auftreten.

Feuerbach sprach mit Hochschätzung von der Religion, er sah in ihr das Merkmal, das den Menschen von allen anderen Lebewesen unterscheidet.[152] Ihrem Wesen nach ist Religion das «Bewusstsein des Unendlichen»,[153] aber nicht eines Unendlichen außerhalb des Menschen, sondern der Unendlichkeit des menschlichen Bewusstseins selbst: «Das Bewusstsein des Unendlichen ist nichts andres als das Bewusstsein von der Unendlichkeit des Bewusstseins.»[154] Religion ist darum eine Form der Selbsterkenntnis des Menschen, in der er seine Erkenntnisse über sich selbst nach außen in ein höchstes Wesen verlagert. Daraus leitete Feuerbach seine berühmte These ab, dass «das Geheimnis der Theologie die Anthropologie ist».[155] «Das Bewusstsein Gottes ist das Selbstbewusstsein des Menschen»,[156] schließlich heißt es: «Gott ist der Spiegel des Menschen.»[157]

In Feuerbachs Religionskritik halten sich Stärke und Schwäche die Waage. Seine Grundannahme, der Gottesbegriff sei eine ausgelagerte Selbsterkenntnis des Menschen, ist eine Hypothese, aber kein notwendiger Schluss. Es leuchtet keineswegs zwingend ein, das Bewusstsein der Unendlichkeit als ein Bewusstsein der Unendlichkeit des eigenen Bewusstseins zu definieren. Die philosophische Tradition, wenigstens die idealistischer Provenienz, hat seit Platon ein Arsenal an Gegenargumenten zusammengestellt, das das Bewusstsein der Unendlichkeit aus dem Unendlichen selbst ableitet. Feuerbach hält sich mit diesen Argumenten nicht auf. Ebenso wenig ist es zwingend nachzuvollziehen, warum der Mensch das, was er an sich erkennt, in die Vorstellung eines göttlichen Wesens auslagern sollte. Feuerbachs Gedankenführung steht religionsphilosophisch auf schwachem Fuß.

Stark allerdings ist die Durchführung seiner Hypothese. Er begnügte sich nicht mit der später als Projektionsthese bekannt gewordenen Wesensbestimmung der Religion, sondern buchstabierte sie an den Grundlehren des Christentums durch und zeigte, wie bei vielen Aussagen über Gott und Wunder, vor allem aber über die Person Christi, Idealvorstellungen des Menschen von sich selbst zum Paten der religiösen Anschauung wurden. Ziel dieser Religionskritik war die umfassende Emanzipation des Menschen. «Der Mensch bejaht an Gott, was er an sich selbst verneint.»[158] Anstatt diese Ideale in himmlischen Wesen zu verehren und sich selbst abzusprechen, gilt es, auf ihre Verwirklichung im Zusammenleben der Menschen hinzuarbeiten. Diese emanzipatorische Stoßrichtung wurde jedoch oft übersehen. Wirkung entfaltete Feuerbach vor allem durch die These, alle Religion sei eine Projektion. Sie bot eine Möglichkeit, die übernatürlichen und dem modernen Weltbild widersprechenden Inhalte der Religion in ihrer Entstehung zu erklären. Spätere Religionskritiker gingen im Einzelnen andere Wege als Feuerbach, aber im Grunde variierten sie nur auf unterschiedliche Weise die Projektionsthese.

Der folgenreichste Religionskritiker des 19. Jahrhunderts war Karl Marx (1818–1883).[159] Auch er gehörte zu den Berliner Junghegelianern und wurde stark von Feuerbach beeinflusst.[160] Aus seiner Kritik an Feuerbach wird jedoch deutlich, dass er die Frage, wie die religiösen Projektionen zustande kommen, entschieden anders beantwortete. Marx vollzog in der Bestimmung dessen, was den Menschen ausmacht, einen radikalen Bruch. Er definierte das Wesen des Menschen nicht – wie eine lange abendländische Tradition vor ihm – über besondere Bewusstseins-, Vernunft- oder Geistesvermögen, sondern über die Art, wie die Menschen durch Produktion ihre Lebensführung und ihren Lebensunterhalt sicherstellen. Es ist die Weise des Umgangs mit den materiellen Grundlagen des Daseins, die das Besondere des Menschen ausmacht. In einer bekannten Wendung beleuchtete er die Folgen dieser Neubestimmung:

> Die Moral, Religion, Metaphysik und sonstige Ideologie und die ihnen entsprechenden Bewusstseinsformen behalten hiermit nicht länger den Schein der Selbständigkeit. Sie haben keine Geschichte, sie haben keine Entwicklung, sondern die ihre materielle Produktion und ihren materiellen Verkehr entwickelnden Menschen ändern mit dieser ihrer Wirklichkeit auch ihr Denken und die Produkte ihres Denkens. Nicht das Bewusstsein bestimmt das Leben, sondern das Leben bestimmt das Bewusstsein.[161]

Marx sah darin die konsequente Umsetzung einer materialistischen Weltanschauung, bei der Feuerbach seiner Auffassung nach auf halbem Wege stecken geblieben war. Was immer das menschliche Bewusstsein hervorbringt, es ist Ausdruck und Verarbeitung der materiellen Verhältnisse, in denen der Mensch lebt. Das war die Basis, von der aus Marx zu seiner Kritik der Religion ansetzte. Die gesellschaftlichen Bedingungen in der Geschichte der Menschheit produzieren mit der Religion ein «verkehrtes Weltbewusstsein», weil sie eine ver-

kehrte Welt sind».¹⁶² In der Religion spiegelt sich das Bedrückende, Ungerechte und Zerstörerische der menschlichen Lebensverhältnisse wider:

> Das *religiöse* Elend ist in einem der *Ausdruck* des wirklichen Elends und in einem die *Protestation* gegen das wirkliche Elend. Die Religion ist der Seufzer der bedrängten Kreatur, das Gemüt einer herzlosen Welt, wie sie der Geist geistloser Zustände ist. Sie ist das *Opium* des Volks.¹⁶³

In der berühmten Wendung wird deutlich, wo Marx über Feuerbach hinausging. Er gibt die überzeugenderen Gründe an, warum es zu den Projektionen einer höheren und besseren Welt in der Religion kommt. Sie sind auf der Grundlage seiner Prämisse, dass das Leben das Denken bestimmt und nicht umgekehrt, Versuche, die missliche und elende materielle Situation der Mehrheit der Menschen zu überwinden.

Es gehört zu den Stärken des Marxismus, die materiellen Lebensverhältnisse und die Mechanismen der Unterdrückung schonungslos analysiert zu haben. Die Zeitdiagnose, die Marx und Engels im *Kommunistischen Manifest* von 1848 vornahmen, hat nichts von ihrer Brisanz verloren. Von mancher Beobachtung könnte man meinen, sie sei in unsere Zeit hinein geschrieben. Der Hunger des Kapitals nach Profit bringt die Industrialisierung, aber auch die Ausbeutung der menschlichen Arbeit hervor. Die neue Welt, in der die Bourgeoisie das Proletariat unterdrückt, «hat die heiligen Schauer der frommen Schwärmerei, der ritterlichen Begeisterung, der spießbürgerlichen Wehmut in dem eiskalten Wasser egoistischer Berechnung ertränkt»¹⁶⁴ und «die persönliche Würde in den Tauschwert aufgelöst».¹⁶⁵ Mit dem Begriff der Entfremdung hatte Marx eine schlüssige Beschreibung industrieller Arbeitsverhältnisse vorgelegt, die den Arbeiter im Produktionsprozess zu einer Produktivkraft herabwürdigen, die keine persönliche Entfaltung zulässt.¹⁶⁶ Monströse Fabriken, Slums und die Verelendung breiter Bevölkerungsschichten waren die Kehrseite des industriellen Fortschritts. Die Vertröstung der Religion hält die Menschen davon ab, sich um die Verbesserung ihrer Lebensverhältnisse zu kümmern. Darum stand es für Marx außer Frage, dass die Religion überwunden werden muss:

> Die Kritik der Religion ist also im *Keim* die *Kritik des Jammertales,* dessen *Heiligenschein* die Religion ist. […] Es ist also die *Aufgabe der Geschichte,* nachdem das *Jenseits der Wahrheit* verschwunden ist, die *Wahrheit des Diesseits* zu etablieren.¹⁶⁷

Für Marx war der Kommunismus als Überwindung der Unterdrückung und Ausbeutung nicht eine mögliche Option, sondern ein Ziel, das sich mit innerer Notwendigkeit im Ablauf der Geschichte ereignen musste. Aufgabe der politischen Agitation war es, auf die Realisierung dieses Zieles hinzuwirken. Das machte Marx zum folgenreichsten Religionskritiker der Neuzeit. Seine Kritik des Christentums war in ein politisches Programm der Weltveränderung eingebunden. Es reichte nicht, die Religion theoretisch zu kritisieren, es mussten reale Verhältnisse geschaffen werden, die den falschen Trost der Religion überflüssig machten. Sein Verdacht, das Christentum narkotisiere die Menschen, übersah das Aufwühlende der Religion und unterschlug vollständig den christlichen Antrieb, sich in der Welt nicht bequem einzurichten. Die Vision einer klassenlosen Gesellschaft wurde zu einem kräftigen Bewegungsimpuls mit hohen Sinnstiftungspotentialen. Marx hatte an der Utopie selbst mitgeschrieben, wenn er die erhoffte Überwindung der Arbeitsteilung in paradiesischen Tönen beschrieb. Unter den Bedingungen des Kapitalismus ist der Mensch «Jäger, Fischer oder Hirt oder kritischer Kritiker und muss es bleiben».[168] In der kommunistischen Gesellschaft ist es hingegen möglich, «heute dies, morgen jenes zu tun, morgens zu jagen, nachmittags zu fischen, abends Viehzucht zu treiben, nach dem Essen zu kritisieren, wie ich gerade Lust habe, ohne je Jäger, Fischer, Hirt oder Kritiker zu werden».[169] Die Trostlosigkeit der realen Lebensverhältnisse, die das industrielle Zeitalter für eine Vielzahl von Menschen im 19. Jahrhundert heraufbeschwor, die politische Tatkraft zu deren Überwindung und die Präsentierung einer gesellschaftlichen Vision machten den Marxismus zu einer der stärksten geschichtlichen Antriebskräfte des 20. Jahrhunderts und zum größten Gegner des Christentums.

Hass, Spott und Analyse: Nietzsche und Freud

Friedrich Nietzsches (1844–1900) Kritik des Christentums ist komplex. Kluge Beobachtungen treffen sich bei ihm mit blankem Hass.[170] Die Geschichte vom tollen Menschen, der ausruft «Gott ist todt! Godt bleibt todt! Und wir haben ihn getödtet!»,[171] ist eine meisterhafte Beschreibung einer Seite des Lebensgefühls des modernen Atheismus, seine späte Schrift *Antichrist* ist eine Beschimpfung des Christentums, in der dennoch eine seltsam gebrochene Sympathie für die Person Christi durchschimmert. «Der ‹frohe Botschafter› starb wie er lebte, wie er lehrte – nicht um ‹die Menschen zu erlösen›, sondern um zu zeigen, wie man zu leben hat.»[172] Sein Hass richtet sich nicht auf Jesus, sondern auf das von Paulus eingerichtete Christentum. Die Christologie der Urgemeinde sei nichts anderes als «Rache»[173] für den Tod Jesu, Paulus ein «Genie im Hass»[174] und die Christen überhaupt «Missgeburten von Muckern und Lügnern».[175] Die Lüge der Religion entsteht, weil die Menschen die Härte der Wirklichkeit nicht ertragen können. Das Leiden an der Welt liefert den Grund dafür, «sich wegzulügen aus der Wirklichkeit».[176] Aus dem Ressentiment der Schwachen gegenüber den Starken sei die lebensfeindliche Moral des Christentums entstanden,[177] Begriffe wie Demut und Schuld dienten den Schwachen dazu, die Starken zu unterdrücken. Es waren erwartungsgemäß nicht die Beschimpfungen, die Nietzsches Kritik am Christentum so einflussreich werden ließen – dazu waren sie dann doch zu polemisch –, sondern eine hinter dem Gepolter sich verbergende, aufmerksame Beobachtung. Religion ist ein vorzügliches Mittel, um die Sehnsüchte und Wünsche von Menschen zu instrumentalisieren, um Macht über andere Menschen auszuüben – und sei es unter dem Deckmantel der Demut.

Ein knappes halbes Jahrhundert nach Nietzsche spitzte Sigmund Freud (1856–1939) mit den Mitteln der Psychoanalyse die Kritik zu, indem er die Religion wie eine seelische Krankheit analysierte.[178] Freud lotete in mehreren Schriften die psychologischen Mechanismen der Religion aus und veröffentlichte die Summe seiner Einsichten in *Die Zukunft einer Illusion*. Die Argumentation gewährt einen interessanten Einblick, wie sich in der Behandlung der Religion die Gewichte in den knapp hundert Jahren seit Feuerbach verschoben hatten. Die Widersinnigkeit religiöser Aussagen stand für Freud bereits so außer Frage, dass ihm ein Nachweis ihrer Unglaubwürdigkeit keiner Mühe wert war. Was ihn interessierte, waren zwei andere Fragen: Warum übt die Religion «trotz ihres unbestreitbaren Mangels an Begründung den allerstärksten Einfluss auf die Menschheit» aus, und «worin besteht die innere Kraft dieser Lehren, welchem Umstand verdanken sie ihre von der vernünftigen Anerkennung unabhängige Wirksamkeit?»[179] Seine Antwort ließ an Klarheit nichts zu wünschen übrig. Was Religionen, insbesondere das Christentum und das Judentum, lehren, «sind nicht Niederschläge der Erfahrung oder Endresultate des Denkens, es sind Illusionen, Erfüllungen der ältesten, stärksten, dringendsten Wünsche der Menschheit; das Geheimnis ihrer Stärke ist die Stärke dieser Wünsche».[180] Aus Feuerbachs Projektionstheorie wird bei Freud eine Illusionstheorie.

Freud war der Meinung, dass die Welt dem Menschen feindlich gegenübertritt. Berühmt ist sein Wort: «Die Absicht, dass der Mensch ‹glücklich› sei, ist im Plan der ‹Schöpfung› nicht enthalten.»[181] Religion erfüllt die Sehnsüchte und Wünsche, die das Leben und die Natur dem Menschen versagen. So erklärt sich die erstaunlich hartnäckige Fortdauer der Religion. Ihrem Wesen nach ist sie aber eine Illusion. Die Vorstellung eines Vatergottes hält Freud gar für regressiven «Infantilismus».[182] Aufgabe der Kultur ist «die Erziehung zur Realität».[183] Der Mensch ist in dieser Welt allein auf sich gestellt und muss die Kräfte der Wissenschaft und der Vernunft einsetzen, um die Bedrohungen des Lebens zu meistern, so gut es eben geht. Die Religion ist nicht nur eine Illusion, auch ihr vielfach gepriesener Nutzen, mit ihr das Leben besser meistern zu können, ist für Freud ein Trugschluss.

Freuds Religionskritik steht für eine weltanschauliche Tapferkeit, die der Unbill des Daseins ohne falschen Trost ins Auge zu schauen wagt und eine Haltung humaner Redlichkeit propagiert. Was die Schwächen seiner Argumentation anbelangt, so hatte der Schweizer Pfarrer Oskar Pfister, der sich Freuds Psychoanalyse anschloss und mit ihm in Austausch stand, das Nötige gesagt.[184] Freuds Argumentation basiert auf einer Verfeinerung Feuerbachs, sie lässt entscheidende Aspekte der Religion außer Acht. Die Grunderfahrung, auf der das Christentum aufbaut, ist für den Schweizer Pfarrer keine Wunscherfüllung, sondern ein tiefes Ergriffensein von einer Dimension des Lebens, die das eigene Wünschen überbietet. Der Popularität von Freuds Pathologisierung der Religion konnte Pfister mit diesem Hinweis jedoch wenig entgegensetzen.

Die atheistische Religionskritik der Neuzeit ist ein fester Bestandteil der Kulturgeschichte des Christentums. In ihr verbirgt sich ein Verlangen nach Wahrhaftigkeit, dem sich jede Religion unter den Bedingungen der Moderne stellen muss. Die Gefahr, Menschen mit den Mitteln der Religion zu vertrösten oder zu beherrschen, ist allgegenwärtig. Mit dem Verdacht, die Inhalte der Religion könnten eine bloße Projektion oder Illusion sein, muss sich das Christentum argumentativ auseinandersetzen, wenn es Halt und Grund für seine Überzeugungen finden will. Es gab daher von Anfang an Stimmen innerhalb des Christentums, die die Religionskritik nicht in Bausch und Bogen verteufelten, sondern einräumten, dass das Christentum von der Religionskritik lernen kann. Selbst Marx' Religionskritik hatte für das Christentum inspirierende Kräfte. Sie lehrte, dass die Religion nicht die tatsächlichen Lebensverhältnisse übergehen darf, vor allem aber erinnerte sie das Christentum an die eigene ursprünglich kritische Haltung zu Besitz und Reichtum, an seine Ideale der Gleichheit, Gerechtigkeit und Solidarität unter den Menschen in Gestalt tätiger Nächstenliebe. Sowohl in der Diakonie als auch in der später starken Strömung des religiösen Sozialismus setzten sich diese Impulse des Marxismus im Christentum fort. Im real existierenden Marxismus des 20. Jahrhunderts nahm die atheistische Religionskritik jedoch eine andere Gestalt an, aus der weltanschaulichen Konkurrenz wurde eine Ideologie, aus der Ideologie eine existentielle Bedrohung. Die atheistische Religionskritik ging in das politische Programm der Überwindung und Auslöschung des Christentums im Dienste der sozialistischen Gesellschaft über. Dies führte zur größten Verfolgung in der Geschichte des Christentums.

7
Das Glück auf Erden

1873 sandte Karl Marx an Charles Darwin ein Exemplar seines Hauptwerks. Darwin antworte auf *Das Kapital* in erlesenem englischen Understatement, schrieb dann aber:

> Though our studies have been so different, I believe that we both earnestly desire the extension of knowledge & that this in the long run is sure to add to the happiness of mankind.[185]

Die briefliche Begegnung zwischen Marx und Darwin ist denkwürdig, denn niemand hat das Denken der Menschen und damit die Welt des 19. Jahrhunderts mehr verändert als diese beiden Männer, die sich dem Projekt der Moderne verschrieben, durch eine Verbesserung des Wissens das Glück der Menschheit zu mehren. Die mannigfaltigen Aufbrüche des 19. Jahrhunderts waren von diesem Ideal angespornt. Das Christentum war auf seine eigene Weise an diesem Projekt der Moderne beteiligt.

Landnahme, Imperialismus und Mission

Das 19. Jahrhundert war das Zeitalter der großen Landerschließungen.[186] Um 1800 hatten die Kartographen viele weiße Flecken zu verzeichnen, um 1900 blieben nur noch sehr wenige davon übrig. Die beiden größten Eroberungen neuer Territorien fanden in Amerika und Russland statt. Die Geschichte des amerikanischen «Go West» ist zu einem Mythos der Moderne geworden.[187] Im Zuge der Erschließung der Territorien zunächst bis zum Mittleren Westen, dann bis zu den Rocky Mountains und schließlich bis an die Pazifikküste wurde die *frontier*, die Grenze zwischen Zivilisation und Wildnis, immer weiter nach Westen verschoben.[188] Immer mehr Siedler strömten aus Europa nach Nordamerika. In weniger als einem halben Jahrhundert vervielfachte sich die amerikanische Bevölkerung von 17 auf 62 Millionen, davon waren allein 15 Millionen europäische Migranten, deren größten Anteil wiederum die Deutschen mit vier Millionen stellten.[189] Die Westkolonisation war Resultat des immensen Migrationsdrucks auf den Osten der USA. Der technische Fortschritt wirkte sich vor allem auf den Eisenbahnbau aus. 1869 war die direkte Verbindung von der West- an die Ostküste hergestellt, ein Meisterwerk der Technik, das die Zeitgenossen euphorisch feierten. Einen deutschen Theologen inspirierte dieser Fortschritt, darüber nachzudenken, welche «Bedeutung die Atlantik-Pazifik-Eisenbahn fuer das Reich Gottes»[190] habe. Das war jedoch nur die eine Seite, es gab auch eine andere. Unter den Arbeitern hatte der Bau zahlreiche Opfer gefordert.[191] Die fatalsten Folgen aber hatte die amerikanische Landerschließung für die indigene Bevölkerung. Die amerikanischen Ureinwohner wurden nicht mehr nur in entlegenere Territorien zurückgedrängt, sondern dezimiert, ihres Landes beraubt und in Reservate gezwängt. Die Zeit der großen Indianerkriege war die zweite Hälfte des 19. Jahrhunderts. 1890 wurde mit der Schlacht am Wounded Knee der Widerstand endgültig gebrochen und eine ganze Kultur faktisch ausgelöscht.

Eine von den territorialen Ausmaßen noch größer angelegte Landeroberung vollzog im 19. Jahrhundert das zaristische Russland. Die unermesslichen Weiten östlich des Urals waren zwar seit dem 17. Jahrhundert Teil des Zarenreichs, zu einer großangelegten wirtschaftlichen Erschließung und Besiedlung kam es allerdings erst in der zweiten Hälfte des 19. Jahrhunderts. Wirtschaftliche Erwägungen gaben den Ausschlag. Sibirien versprach nicht nur traditionell im Pelzhandel, sondern auch in der Getreideproduktion und vor allem in der Rohstoffgewinnung Erträge. Sibirien gilt klimatisch als legendär unwirtlich, und unter Stalin erwarb es sich im 20. Jahrhundert den Ruf eines riesigen menschenverachtenden Straflagers. Das mögen Gründe sein, warum das riesige Landerschließungsprojekt in Nordasien im Vergleich zu Nordamerika so ganz ohne Mythenbildung und fast unbemerkt vonstatten gehen konnte. Die Zahlen sprechen eine andere Sprache. Von 1815 bis 1911 verachtfachte sich die russische Bevölkerung, der Bau der Transsibirischen Eisenbahn ab 1891 war eine gigantische technische Leistung, die der Eisenbahndurchquerung Nordamerikas um nichts nachstand.[192] Russland und die USA legten mit ihren immensen Projekten der Binnenkolonisation einen Grundstein für ihre Rolle als Supermächte im 20. Jahrhundert.

Die Landeroberung Nordamerikas war im 19. Jahrhundert zwar nicht mehr von den religiösen Impulsen geleitet, die im 17. Jahrhundert die Besiedelung der Ostküste eingeleitet hatten, aber religiöse Ideale konnten dem Migrationsdruck eine höhere Weihe verleihen, die Landeroberung wurde nach dem Vorbild des Volkes Israel zur Landnahme, der Kampf gegen die Indianer zur Missionstätigkeit.[193]

Über die religiösen Zustände in Sibirien gab der Schriftsteller Nikolai Leskow 1875 in der Erzählung *Am Ende der Welt* Auskunft. Die indigenen, nichtrussischen Ureinwohner Sibiriens hingen dem Buddhismus oder schamanischen Religionen an, die christliche Mission konnte bestenfalls synkretistische Mischformen erzeugen.[194] Wie die katholische und protestantische Mission arbeitete auch die russisch-orthodoxe Kirche mit der Unterscheidung zwischen Christen und Wilden.[195] Die Missionierung war nicht die ausschlaggebende Motivation des Zivilisierungsprojekts – dies waren wirtschaftliche Interessen –, aber sie verlieh auch hier dem Vorhaben eine höhere Legitimation.

Bedeutsamer wurde die religiöse Begründung für andere Ziele der russischen Politik. Der Vormarsch auf den Kaukasus entsprang einem Eroberungsdrang, der alle Züge des Imperialismus trug und die Unterwerfung von Völkern und Territorien zum Ziel hatte. Ähnliches galt für das anschließende Vorrücken nach Zentralasien,[196] das auch Russlands Einfluss auf Persien und Indien sichern sollte.[197] Da es dabei um die Unterwerfung mehrheitlich islamischer Stämme und Völker ging, war der Vormarsch religiös aufgeladen als Kampf des Christentums gegen den Islam. Die Spannungen, die Russland vor allem in Tschetschenien noch heute beschäftigen, rühren aus jener Epoche.

Das 19. Jahrhundert war beseelt von der Überzeugung, die europäische Kultur sei den außereuropäischen Kulturen überlegen. Man war sich sicher, «dass die Welt ein besserer Platz würde, wenn möglichst viele Nichteuropäer die Errungenschaften der überlegenen Zivilisation übernähmen».[198]

Mit dem Militär kam auch die Mission. Das 19. Jahrhundert war die Epoche mit den global größten Missionsanstrengungen des Christentums, die nun – ein weiteres Novum – vorrangig in den Händen protestantisch organisierter Missionsgesellschaften lagen. Aber imperialistische Eroberungen bedeuteten nicht zwangsläufig Missionserfolge. Die Briten bauten Indien im 19. Jahrhundert zu einer tragenden Säule ihres Imperiums aus, den Anteil der Christen an der indischen Bevölkerung konnten aber auch die britischen Missionare nie über zwei Prozent bringen. Ähnlich erfolglos war die christliche Mission in China, das zwar keinem Imperium einverleibt wurde, aber unter erheblichen westlichen Druck geriet.

Im letzten Drittel des 19. Jahrhunderts richteten sich die imperialen Absichten der Europäer auf Afrika.[199] Auch hier folgten den Soldaten die Missionare.[200] Die verschiedenen Interessenlagen verkörpern die beiden großen Afrika-Forscher.[201] Der schottische Missionar David Livingstone erkundete das Innere Afrikas und war daran interessiert, das Christentum zu verbreiten und den islamischen Sklavenhandel einzudämmen. Der Journalist Henry Morton Stanley war ursprünglich unterwegs, um den verschollenen Livingstone aufzuspüren. Das gelang ihm auch, seine Interessen in Afrika waren aber ganz andere. Er unterstützte später maßgeblich den belgischen König Leopold beim Ausbau seines perfiden Ausbeutungssystems im Kongo. Es waren also beide Gesichter, die

Europa in Afrika zeigte, in Livingstone das «christlich-protestantische Verantwortungsgefühl»,[202] in Stanley den «Conquistador» in «seiner letzten Blüte».[203]

Obwohl die Missionare den Soldaten meist auf dem Fuß folgten, hatten sie nicht dieselben Interessen. Die private Organisation der Missionsgesellschaften und ihre Finanzierung aus europäischen und amerikanischen Spendengeldern machte sie von staatlichen Interessen unabhängig. Naturgemäß stellten die Missionare die Verkündigung des Evangeliums ins Zentrum ihres Tuns und zielten auf Bekehrungen zum Christentum. Dem heute meist schlechten Image der Mission zum Trotz kam dabei auch echter religiöser Idealismus zum Tragen, der von seinen eigenen, meist evangelikalen Voraussetzungen die Bekehrung der Nichtchristen mit ihrem Seelenheil in Verbindung brachte. Missionare konnten zu enormen Anstrengungen bereit sein. Schätzungen zufolge starben zwischen 1879 und 1900 ein Drittel der baptistischen Missionare in Afrika, meist an Tropenkrankheiten.[204] Manche Missionare waren auch »romantisch» gesinnt. Sie sahen das Christentum in ihrer europäischen Heimat in fortschreitender Auflösung und hofften, in den neu erschlossenen Gebieten eine ideale christliche Welt gegen den Verfall in der Heimat stellen zu können.[205] Schließlich war auch die Eindämmung des Islams und des arabischen Sklavenhandels ein Motiv der christlichen Mission.

Trotz der zahlreichen religiösen Antriebsgründe lässt sich die Mission nicht von einem allgemeinen Zivilisationsprogramm trennen. Der klassische protestantische Missionar des 19. Jahrhunderts hatte «vieles im Angebot: Bibel und Fibel, Seife und Monogamie».[206] Die Verheißung von geregelter Ernährung und Bildung trat neben die Verkündigung des Evangeliums; oftmals dienten die Sicherung oder die Verbesserung der Lebensbedingungen als bevorzugte Missionsmethoden.[207] Tatsächlich schloss die Missionierung auch medizinische Versorgung und Alphabetisierungsprogramme ein. Auf der anderen Seite beeinträchtigte das missionarische Zivilisationsprogramm aber auch die als vormodern gebrandmarkten Stammesstrukturen. Zwangsehen sollten unterschiedliche Stämme zusammenführen, nahmen den Betroffenen aber damit ihre soziale Bindung. Die marxistische Geschichtsschreibung des 20. Jahrhunderts hatte für die negativen Seiten der Mission ein scharfes Auge und sah in ihr das bevorzugte Indoktrinationsmittel des Imperialismus, um die einheimischen Gesellschaften zu schwächen und den westlichen Interessen gefügig zu machen.[208] Doch ist dieses Bild zu einseitig. Auf die Frage, ob die christlichen Missionare die Kollaborateure des Imperialismus waren, ist nicht einfach mit Ja oder Nein zu antworten.[209]

Global gesehen dürfte das Christentum im frühen 20. Jahrhundert durch die langen Missionsanstrengungen des 19. Jahrhunderts vermutlich zu seiner größten Ausdehnung gekommen sein. Die territoriale Verbreitung ist an sich keine religiöse Kategorie, aber die Beobachtung stimmt erstens immerhin vorsichtig gegenüber der großen Erzählung vom Verfall des Christentums in der Moderne. Die Entwicklungen machen zweitens deutlich, wie eng im 19. Jahrhundert für die europäischen Nationen Christentum und Zivilisation noch zusammengehörten, so eng, dass es für die Missionstätigkeit selbst und ihre Akzeptanz bei der einheimischen Bevölkerung auch massive Nachteile mit sich bringen konnte. Denn das Eis, auf dem sich die vermeintlichen europäischen Zivilisatoren bewegten, war oftmals sehr dünn. Joseph Conrad präsentierte in seiner Erzählung *Herz der Finsternis* ein erdrückendes Bild von den Schattenseiten des europäischen Engagements in Afrika, bei dem einstmals hehre Absichten in Hass und Sadismus pervertierten.

Drittens zeigt sich für den Imperialismus, was sich schon bei den großen Binnenkolonisationen in den USA und in Russland herausgestellt hatte. Das Christentum hat weder die Eroberung des amerikanischen Westens noch die Erschließung Sibiriens noch den europäischen Imperialismus hervorgebracht. Aber die drei Beispiele machen deutlich, dass das Christentum eine nützliche Funktion für machtpolitische Interessen erfüllen konnte, indem es die Anstrengungen mit einem höheren Sinn versah. Nach der gewaltsamen Vorgeschichte ist es fast ein Wunder, dass im 20. Jahrhundert ein faszinierendes außereuropäisches Christentum von großer innerer Kraft entstanden ist, das positiv auf das europäisch-nordamerikanische Christentum zurückwirkt.[210]

Little Lady and Big War: Die Antisklavereibewegung

Ein wichtiger Grund, mit dem die christliche Mission und die europäischen Staaten ihr Auftreten in Afrika legitimierten, war die Bekämpfung des islamischen Sklavenhandels. Von Norden her fielen arabische Sklavenhändler organisiert in Zentralafrika ein und unterhielten mit Deportationen den Menschenhandel vorrangig ins Osmanische Reich.[211] Die islamische Versklavung war unbestreitbar eine Geißel Afrikas, dennoch war der europäisch-christliche Protest dagegen ein erstaunliches Phänomen. Redliche Abscheu vor der Sklaverei, antiislamische Propaganda, aber auch moralische Scheinheiligkeit waren unentwirrbar miteinander verwoben. Im Kongo war in den gut zwanzig Jahren unter der Herrschaft des belgischen Königs Leopold II. Ende des 19. Jahrhunderts die Sklaverei verboten, und doch galt die Epoche aufgrund der Zwangsarbeit, die an die Stelle der Sklaverei trat, als eine der grausamsten in der Geschichte des europäischen Imperialismus.[212] In den Jahrhunderten zuvor hatte der Sklavenhandel die christlichen Seefahrernationen nicht gestört. Im 18. Jahrhundert intensivierten sie ihn sogar mit hohen Erträgen, und doch hat der europäische Aufschrei gegen die Sklaverei in Afrika im 19. Jahrhundert auch eine aufrichtige Seite. Er ist Ausdruck eines tiefen Gesinnungswandels.

Die Sklaverei war das große globale Thema des 19. Jahrhunderts, sie dominierte die öffentlichen Debatten in Westeuropa und Amerika und führte schließlich in den USA zu einem Bürgerkrieg, in dem mehr Amerikaner starben als in allen folgenden Kriegen der USA, die beiden Weltkriege des 20. Jahrhunderts eingerechnet.[213]

Heute wird leicht vergessen, dass die Sklaverei lange eine unhinterfragte Selbstverständlichkeit war. Platon und Aristoteles befürworteten sie, da es nun einmal Menschen mit geringeren Vernunftgaben gebe, die der Führung durch andere bedürften.[214] Das Verhältnis des Urchristentums zur Sklaverei war ein spezielles.[215] Paulus verstand in einem metaphorischen Sinn alle Menschen als Sklaven, die nicht von Christus befreit sind. Der Geist Christi macht hingegen alle Menschen zu Brüdern und Schwestern und hebt damit alle sozialen Unterschiede auf: «Hier ist nicht Jude noch Grieche, hier ist nicht Sklave noch Freier, hier ist nicht Mann noch Frau; denn ihr seid allesamt einer in Christus Jesus» (Gal 3,28). An Philemon schrieb er, er solle seinen Sklaven Onesimus «nicht mehr als einen Sklaven, sondern als einen, der mehr ist als ein Sklave: ein geliebter Bruder» (Phlm 16) behandeln. Paulus sagte aber nichts davon, dass der Rechtszustand der Sklaven aufgehoben werden sollte. Man hat dies meist damit erklärt, dass Paulus aufgrund der Erwartung der nahen Wiederkehr Christi die Veränderung bestehender Sozialverhältnisse für überflüssig hielt. Hinterlassen hat das Urchristentum damit eine ambivalente Haltung. Von seinem geschwisterlichen Geist her und seinem Glauben daran, dass die durch Christus gebrachte Erlösung allen Menschen gilt, ließ sich die Sklaverei nicht weiter begründen, für eine politische Umsetzung der Aufhebung der Sklaverei hat sich das frühe Christentum jedoch nicht eingesetzt. Die Argumente gegen die Sklaverei führten einige Kirchenväter weiter, aber vor allem im lateinischen Westen war das inzwischen etablierte Christentum offensichtlich nicht an einer Änderung der Sozialordnung interessiert.[216] Augustinus lieferte schließlich eine theologische Begründung für die Sklaverei im Geiste seiner rigorosen Paulusauslegung. Sklaverei entspricht dem natürlichen Schuldzustand des Menschen, sie ist daher in der göttlichen Ordnung fest verankert. Die frühen Eroberungen in Lateinamerika warfen die Frage auf, ob man die indianischen Ureinwohner versklaven dürfe.[217] Das wurde letztlich mit Hinweisen auf das Naturrecht von spanischen Theologen abgelehnt, seltsamerweise wurde der Gedanke aber nicht auf den Handel mit afrikanischen Sklaven ausgedehnt. Dass dahinter die Absicht stand, den Arbeitskräftemangel in der Neuen Welt aufzufangen, wird von der Forschung inzwischen bestritten. Es hätte Alternativen gegeben. Dem immensen Aufschwung des transatlantischen Sklavenhandels vor allem im 18. Jahrhundert haftet etwas Rätselhaftes an. Rätselhaft ist trotz vereinzelter Einsprüche die stillschweigende Duldung durch die Kirchen aller Konfessionen, noch rätselhafter ist das weitgehende Desinteresse der Aufklärungsphilosophie, die das Thema lange gar nicht und dann eher am Rande behandelte, am rätselhaftesten ist der plötzliche und radikale Gesinnungswandel Ende des 18. Jahrhunderts.

Von 1780 an dauerte der Kampf gegen die Sklaverei rund hundert Jahre. Eine wichtige Rolle spielten zunächst die oben erwähnten Minderheitenvoten von christlichen Gruppierungen.[218] Vor allem die Quäker protestierten von Anfang an im Geiste christlicher Brüderlichkeit gegen die Einführung der Sklaverei in den englischen Kolonien. Sklaven zu halten war in ihren Augen Sünde. Solche Einsprüche waren wichtig, weil sie die Sklaverei als Problem ins öffentliche Bewusstsein brachten und dort hielten. Die folgenden Ereignisse sind als «Kettenreaktionen»[219] beschrieben worden: Ab 1780 startete in Großbritannien eine Kampagne gegen die Sklaverei. Sie wurde nicht etwa von Aufklärungsphilosophen oder liberalen Politikern, sondern von Anhängern der englischen Erweckungsbewegung ins Leben gerufen, die das christliche Ideal der Brüderlichkeit aller Menschen erneuern wollten.[220] Der öffentliche Erfolg war überwältigend, nach mehreren Eingaben im Parlament erreichten die Gegner der Sklaverei 1807 das gesetzliche Verbot des Sklavenhandels im britischen Imperium. Bis in die 1830er Jahre folgten Gesetze, die die Herrschaftsrechte über Sklaven einschränkten, 1833 wurde die Sklaverei schließlich im ganzen Empire verboten. Die Royal Navy nutzte ihre Möglichkeiten als weltweit mächtigster Flottenverband und unterband den Sklavenhandel durch Patrouillen und Blockaden vor der afrikanischen Westküste. Das betraf nicht nur britische Schiffe, sondern auch die aller anderen Nationen. Großbritannien betrieb damit in der Rolle eines «Weltpolizisten»[221] eine kostspielige Interventionspolitik zur Unterbindung des Sklavenhandels. Hinzu kamen immense Entschädigungszahlungen, mit denen das Empire Sklavenhalter abfand.[222] Dem radikalen Wandel der britischen Politik kommt eine Schlüsselrolle zu. Er bedeutete innerhalb weniger Jahre den totalen Bruch mit einer wirtschaftlichen Praxis, die Großbritannien als wichtigstem Sklavenhändlerstaat Wohlstand und Macht bescherte. Ausgerechnet zu dem Zeitpunkt, als der Sklavenhandel die größten Erträge abwarf, führte eine öffentliche Kampagne dessen Ende herbei. Historiker nannten diese politische Exekution eines erfolgreichen, aber unmoralischen Wirtschaftssystems durch moralische Ideale einen Ökonozid.[223] Erstaunlich war, dass die moralische Empörung über die Sklaverei in England breitenwirksam zur öffentlichen Mehrheitsmeinung aufstieg. Denn in England herrschte die klassische Dichotomie der Sklavenwirtschaft vor, die persönliche Betroffenheit aus eigenem Erleben nicht aufkommen ließ.[224] Die Sklaverei bekam man kaum zu Gesicht, denn die Sklaven wurden nicht nach England verkauft und wegen der rechtlichen Lage im Mutterland auch nur sehr selten dorthin mitgenommen. Bei Betreten englischen Bodens hätten sie freigelassen werden müssen. Die desaströsen humanitären Folgen der Sklaverei spielten sich also in weit entfernten Territorien ab.

Das Ende der Sklaverei war keine geradlinige Entwicklung. Frankreich schaffte sie in der Revolution 1794 ab, Napoleon ließ sie jedoch in den französischen Überseebesitzungen wieder zu und provozierte damit den Sklavenaufstand, der zur Unabhängigkeit Haitis führte.[225] Am komplexesten war die Geschichte der Sklaverei in den USA. Bereits die Verfassung von 1787 war in der Frage der Sklaverei «von Sklavenhaltern mit schlechtem Gewissen geschrieben»[226] und führte zu der Merkwürdigkeit eines sklavenfreien Nordens und der Sklavenhaltergesellschaft des Südens.[227] Die in Großbritannien aufflammende Antisklavereibewegung ergriff die nördlichen Staaten, so dass sich die USA 1808 dem Verbot des Sklavenhandels anschlossen – mit letztlich fatalen Folgen. Der Sklavenmarkt der Südstaaten wurde so zu einem Binnenmarkt, Familien wurden gewaltsam auseinandergerissen. Das berühmteste Buch gegen die Sklaverei, Harriet Beecher Stowes Roman *Onkel Toms Hütte* aus dem Jahre 1852, prangerte aufwühlend die sich abspielenden Familientragödien an.[228] Während die Südstaaten das Sklavensystem als eine gottgewollte Ordnung priesen, lehnten es die Nordstaaten unter Berufung auf die Brüderlichkeit aller Menschen ab. Beide Positionen ließen sich aus der Tradition des Christentums rechtfertigen. Neu war allerdings die Begründung der Ungleichheit mit der Zugehörigkeit zu einer bestimmten Rasse.

«So this is the little lady who made the big war.»[229] Mit dem legendären Satz soll Abraham Lincoln seine Begegnung mit Harriet Beecher Stowe kommentiert haben. Die Wahl Abraham Lincolns im Jahre 1861 zog als Konsequenz die Sezession der Südstaaten und den Angriff ihrer Truppen auf Militärstützpunkte der Nordstaaten nach sich.[230] Lincoln dehnte während des Bürgerkriegs die Maßnahmen gegen die Sklaverei aus, der 13. Verfassungszusatz erklärte mit Wirkung vom 1. Januar 1863 alle Sklaven für frei. 1865 gewannen die Nordstaaten einen blutigen Bürgerkrieg, in dem die Infrastruktur des Südens weitgehend zerstört wurde. Die moralische Ordnungsfrage, um die es ging, hatte eine globale Dimension. Als bei Vertretern des politischen Establishments in Großbritannien der Wunsch aufkam, die Schmach der Niederlage im Unabhängigkeitskrieg auszumerzen und aufseiten der Südstaaten in den Krieg einzugreifen, zeigte sich rasch, dass an eine Umsetzung dieser Pläne nicht zu denken war. Die öffentliche Meinung in Großbritannien duldete eine Unterstützung des Sklavensystems nicht mehr.[231] Der Ausgang des Amerikanischen Bürgerkriegs leitete das weltweite Ende der Sklaverei ein. Auf einem anderen Blatt steht, dass damit noch lange nicht die rassistischen Grundlagen beseitigt waren, an deren Überwindung die amerikanische Gesellschaft bis heute arbeitet.

Wie kam es, dass sich in der Frage der Sklaverei ausgehend von dem Aufruf einer protestantischen Minderheitengruppe zur christlichen Humanität ein radikaler Meinungsumschwung einstellte, der eine jahrhundertelang selbstverständlich akzeptierte Sozialform innerhalb zweier Generationen hinwegfegte? Natürlich hat man in der Geschichtsforschung Versuche unternommen, das Ende der Sklaverei ökonomisch oder politisch zu erklären. Keiner davon fiel überzeugend aus.[232] Es mag sein, dass die Umstellung von Sklaven- auf Lohnarbeit eine größere Effizienz versprach – Adam Smith lehrte das beispielsweise –, aufs Ganze gesehen war die Abschaffung der Sklaverei aber ökonomisch betrachtet sinnlos – ein Ökonozid. Es mag auch sein, dass England mit der Kampagne seinen Anspruch geltend machen wollte, neben oder gar vor dem revolutionären Frankreich als Führungsmacht der Zivilisation aufzutreten, doch kann auch das die Wucht der Ereignisse nicht erklären. Es waren ideelle Motive, die das Ende der Sklaverei einläuteten.

«Die Sklaverei war in jenem Moment dem Untergang geweiht, als mit jedem Löffelgriff in die Zuckerdose das Seufzen der fernen und unsichtbaren Sklaven zu ertönen schien.»[233] Mit dieser Beschreibung hat der Historiker Jürgen Osterhammel das Problem unüberbietbar klar auf den Punkt gebracht. Gute und vernünftige Argumente gegen die Sklaverei gab es, seit es die Sklaverei gibt. Die Rationalität der Argumente hat der Sklaverei jedoch nichts anhaben können, am Ende war es eine veränderte affektive Haltung, die sie zu Fall brachte. Die Vorstellung, was Sklaverei für die bedeuten musste, die unter ihr lebten, fand Eingang in die eigenen Erlebnishorizonte – und sei es beim Süßen des Nachmittagstees oder bei der Lektüre eines Romans wie *Onkel Toms Hütte*. Der Soziologe Hans Joas hat diesen Prozess der Sensibilisierung als «Sakralisierung der Person»[234] beschrieben. Sakralisierung meint eine Intensivierung persönlicher Haltungen durch Einbeziehung der affektiven Seite. Dies geschah im Fall der Antisklavereibewegung durch das Zusammenspiel einer religiösen Dimension mit dem Appell an die eigene Selbsterfahrung und der Aufmerksamkeit einer globalen Öffentlichkeit.

Die Geschichte vom Ende der Sklaverei wirft in dreifacher Hinsicht ein interessantes Licht auf die Bedeutung des Christentums in der modernen Kultur. Das Christentum hat die Sklaverei nicht abgeschafft. Noch während des Amerikanischen Bürgerkriegs gab es glühende christliche Befürworter der Sklaverei.

Aber es ist bemerkenswert, dass nicht die Philosophen der Aufklärung, sondern protestantische, mehrheitlich sogar evangelikale Prediger zur Initialzündung für die Abschaffung der Sklaverei wurden. Ihr Einspruch, Sklaverei sei Sünde, ging erstens von einer religiös begründeten moralischen Weltordnung aus. Auch in den kulturellen Kreisen, in denen man die christliche Weltordnung nicht mehr selbstverständlich akzeptierte, sprach der Appell aber zweitens die Herzen an, in die die besten Argumente nicht vordringen konnten. Denn er erfüllte die Sehnsucht nach einer solchen höheren Weltordnung, die mit der aufkommenden Kritik am Christentum keineswegs einfach erloschen war. Das galt auch für diejenigen, die sich im 19. Jahrhundert nicht zum christlichen Verständnis der Sünde bekannten und daraus moralische Schlüsse zogen – und das waren sehr viele, den rationalistischen Skeptiker Abraham Lincoln eingeschlossen. Der christliche Appell berührte affektiv eine letzte, transzendente Dimension der Wirklichkeit. Die Reaktionen zeigen, dass es immerhin erwägenswert war, so zu handeln, als ob es diesen letzten göttlichen Grund der Wirklichkeit vielleicht doch gäbe. Durch die bloße Erinnerung an einen möglichen Wirklichkeitsüberschuss konnte der christliche Aufruf gegen die Sklaverei eine enorme affektive Kraft entfalten. Die Antisklavereibewegung ist ein früher Beleg für das, was heute als Böckenförde-Diktum gerne zitiert wird: «Der freiheitliche, säkularisierte Staat lebt von Voraussetzungen, die er selbst nicht garantieren kann.»[235] Zur modernen Transformation des Christentums gehört es, die Erinnerung an diese Voraussetzungen als Ausblick auf einen letzten Motivationsgrund menschlichen Handelns wachzuhalten. Darin liegt eine größere religiöse Kraft als in dem krampfhaften Festhalten an überkommenen Moral- und Lehrvorstellungen.

Das zeigt drittens, dass das Christentum in der Moderne nicht nur verloren hat. Die Abschaffung der Sklaverei ist ein Beispiel dafür, wie sich ein urchristliches Ideal erst in der Moderne durchsetzt. Denn erst unter den Bedingungen der Moderne fand es die Plausibilität und die sittliche Kraft, die es zur Wirklichkeit werden ließ. In diesem Punkt hat das Christentum nach einem langen Weg in der Moderne zu sich selbst gefunden.

Soziale Fragen

Nicht nur an der Haltung zur Sklaverei, sondern auch an der Behandlung der sozialen Frage im 19. Jahrhundert lässt sich ein tiefgreifender Wandel des Christentums in der Moderne ablesen. Hinter dem kargen Begriff der sozialen Frage verbergen sich dramatische Entwicklungen. Bevölkerungswachstum und Industrialisierung veränderten die Lebensbedingungen nachhaltig. Unmenschliche

Arbeitsbedingungen, die Verarmung und Verelendung unzähliger Menschen, Kinderarbeit, Massenarbeitslosigkeit und eine massenhafte Auswanderung sind nur wenige Stichwörter zur sozialen Frage.

Ab der Jahrhundertmitte erkannten die christlichen Kirchen diese neue Herausforderung. Die Armenfürsorge war eines ihrer traditionell wichtigen Betätigungsfelder, daher hätten sie auf die neuen Aufgaben vorbereitet sein müssen. Aber die Umwälzungen des 19. Jahrhunderts bedeuteten eine neue Größenordnung, es ging darum, die frühneuzeitliche Armenfürsorge in ein sozialpolitisches Programm für die verarmten Massen zu überführen. Diesen Übergang leiteten oftmals charismatische Gestalten ein.[236] Auf evangelischer Seite entwickelte Johann Hinrich Wichern (1808–1881) das Programm der inneren Mission. Er führte darin seine praktischen Erfahrungen aus der Waisen- und Armenfürsorge weiter. Wicherns zentrale Idee war es, durch diakonisches Handeln das Christentum in der Gesellschaft fester zu verankern. Der Mainzer Bischof Wilhelm Emmanuel von Ketteler konzentrierte sich vor allem auf die verarmte Arbeiterschaft. Aus beiden Impulsen formierte sich eine konfessionell zwar unterschiedlich konfigurierte, aber der Sache nach auf das gleiche Ziel der Armutsbekämpfung und Fürsorge ausgerichtete christliche Sozialbewegung.[237]

Durch die sozialistischen Bewegungen des 19. Jahrhundert erwuchs dem Gedanken der christlichen Diakonie jedoch eine starke Konkurrenz. Zudem griffen auch Regierungen aktiv in die Sozialpolitik ein, um weitere Stimmenzuwächse bei den sozialdemokratischen oder sozialistischen Parteien zu verhindern. Bismarcks Sozialgesetzgebung ist das Musterbeispiel einer solchen proaktiven, gegen die Sozialdemokratie gerichteten Sozialpolitik. Damit drängte sie das Christentum aus einer seiner ureigensten Domänen, der praktizierten Nächstenliebe, ab. Der Anspruch, helfendes Handeln allein christlich begründen zu können, fiel in sich zusammen. Man konnte Sozialpolitik auch im Dienste der eigenen Machterhaltung betreiben, oder man konnte die Fürsorge aus dem Gedanken der Solidarität der Menschen untereinander erklären. Ein Rückgriff auf ein göttlich sanktioniertes Gebot der Nächstenliebe schien nicht mehr zwingend nötig zu sein, um Hilfsprogramme für Benachteiligte und am Rande der Gesellschaft lebende Menschen einzuführen. Die Idee des Helfens wurde – um den Begriff in seiner geläufigen Verwendung zu gebrauchen – säkularisiert.[238]

Merkwürdigerweise hat das jedoch nicht zu einem Ansehensverlust der karitativen Aktivitäten der Kirchen geführt, denn ausgerechnet auf dem Feld, auf dem das Christentum in der Moderne die stärkste Konkurrenz in theoretischer und in praktischer Hinsicht bekommen hat, erfreuen sich die christlichen Kirchen heute der größten gesellschaftlichen Akzeptanz. Selbst Kirchenferne, die Moral und Dogma in Bausch und Bogen ablehnen, schätzen das soziale Engagement der Kirchen in einer Weise, die die Kirchen bisweilen in die Versuchung führt, sich ausschließlich mit dem sozialen Handeln zu identifizieren.

Für die veränderte Lage des Christentums in der Moderne ist dies aufschlussreich. Es muss sich auf seinem ureigenen Feld der tätigen Nächstenliebe der Konkurrenz anderer Weltanschauungen und politischer Interessen stellen. Allerdings kommt dabei auch die Konkurrenz des Christentums nicht ohne Rückgriff auf eine höhere Dimension des eigenen Handelns und Tuns aus, um Kräfte zu mobilisieren. Darin liegt das Besondere der christlichen Diakonie und darin ist bis heute die Attraktivität der Idee einer praktizierten Nächstenliebe begründet, die sich als Sendung im Dienste einer höheren Wirklichkeit versteht. Das mag ein Grund dafür sein, dass Diakonie und Caritas bis heute so viel Vertrauen entgegengebracht wird.

8
Gott und die Natur

Der Siegeszug der Naturwissenschaften seit dem 19. Jahrhundert zählt zu den größten Revolutionen in der Geschichte der Menschheit. Er veränderte das Leben, Denken und Fühlen der Menschen und damit auch ihre Haltung zur Religion grundlegend – in einem sehr umfassenden doppelten Sinn: Die Welt wurde entzaubert und zugleich wiederverzaubert. Der technische Fortschritt nahm der Natur ihr Geheimnis und machte sie zu einem Gegenstand menschlicher Eroberung und Beherrschung, er ermöglichte aber zugleich ein Verhältnis zur Natur, das sie zu einem besonderen Ort der religiösen Erfahrung machte.

Der rasante technische Fortschritt der Moderne geht auf die neuzeitlichen Naturwissenschaften zurück. Seine Ursprünge liegen also am Beginn der Neuzeit, in der Lebenswelt der Menschen ist er jedoch erst im 19. Jahrhundert angekommen. Von Friedrich Schleiermacher, dem Kirchenvater des modernen Protestantismus, erzählt man, dass er Ende des 18. Jahrhunderts die Salons der romantischen Kreise mit einer Laterne verließ und über Wiesen und Pfade durch das nächtliche Berlin nach Hause wanderte. Gut hundert Jahre später hätte er mit der U-Bahn durch eine Stadt mit mehr als zwei Millionen Einwohnern den Heimweg antreten müssen. Hätte Schleiermacher in den unerschlossenen Territorien der neuen Welt gelebt, dann wären die Veränderungen für ihn noch rasanter gewesen. Am Lake Michigan beispielsweise hätte er kaum mit geistreichen Dichtern, klugen Philosophen und gebildeten Frauen debattieren können, sondern wäre bestenfalls in einem kleinen Fort auf Soldaten und Pelzhändler getroffen. Weniger als hundert Jahre später formten dort die Wolkenkratzer der Millionenstadt Chicago eine Silhouette, die alles übertraf, was man aus Europa kannte. Die Beschleunigung der Lebensverhältnisse im 19. Jahrhundert war schnell in Europa, in Amerika war sie noch schneller. Die Revolution der Stadtbilder europäischer und amerikanischer Metropolen ist ein sinnfälliger Ausdruck der Verwandlung der Welt im 19. Jahrhundert.

Weltbilder ohne Gott

Den zunehmende Einsatz von Technik seit dem 19. Jahrhundert hat Jürgen Osterhammel als «Invasionen der Biosphäre»[239] bezeichnet. In Deutschland erfolgte durch die Begradigung von Flüssen, die Trockenlegung von Mooren, die Errichtung von Dämmen und Talsperren oder die Ausrottung von Raubtieren eine groß angelegte Binnenkolonialisierung.[240] Die natürlichen Lebensräume verloren den Charakter der Wildnis. An der Veränderung der Landschaft im 19. Jahrhundert ließe sich vermutlich am besten aufzeigen, was Max Weber mit der Entzauberung als Grundsignatur der Moderne meinte.

Nachhaltig veränderte sich schließlich auch die Auffassung des Menschen von sich selbst und das Verhältnis zu seiner eigenen Natur. Zur zentralen Figur des Eroberers wurde der Ingenieur, er glich Prometheus, der den Göttern das Feuer stahl. Die Faszination an der menschlichen Schöpferkraft und seiner Macht zur Weltbeherrschung war groß, sie verlieh den Zivilisationsfortschritten göttliche Tribute. Der Fortschrittsoptimismus des 19. Jahrhunderts war im Wesentlichen in der Begeisterung darüber begründet, was der Mensch mit seinen schöpferischen Kräften in der Naturbeherrschung erreichen konnte.

Der grandiose technische Fortschritt des 19. Jahrhunderts war die Folge bahnbrechender wissenschaftlicher Umwälzungen, aus denen eine neue Sicht auf die Welt hervorging. Dieses neue Weltbild ist unauflöslich mit den Namen Nikolaus Kopernikus (1473–1543), Galileo Galilei (1565–1642) und Isaac Newton (1642–1727) verbunden. Die Einsicht, dass sich die Erde um die Sonne und nicht das Planetensystem um die Erde dreht, ist die eine Seite der kopernikanischen Revolution, die andere sind die mentalen Folgen. Durch systematische Beobachtung bestätigte Galilei die Entdeckungen des Kopernikus. Die Ergebnisse führten ihn zu Schlüssen, die im Widerspruch zur kirchlichen Lehre standen. Inquisitionsprozess und lebenslanger Hausarrest waren die Folgen. Galilei selbst empfand sich nicht als Ketzer oder Ungläubiger, die Unvereinbarkeit zwischen dem Weltbild der Kirche und seinen Forschungsergebnissen ertrug er offensichtlich gefasst: «Der Heilige Geist will uns zeigen, wie man in den Himmel kommt, nicht wie der Himmel funktioniert.»[241] Die Naturwissenschaft war in ihren modernen Anfängen also keineswegs als Religionskritik konzipiert.

Das gilt auch für Isaac Newton, der bis zu den großen Umwälzungen in der Physik des 20. Jahrhunderts als Vater des modernen Weltbildes galt.[242] Newton führte Galileis Methoden fort und gelangte zu einer faszinierenden mathematischen Beschreibung der Gesetzmäßigkeiten, auf denen das Universum basiert. Das Gravitationsgesetz ist eines der berühmtesten Beispiele dafür. Die Einsicht, dass das Universum von mathematisch beschreibbaren Gesetzen geordnet war, hatte für Newton eine hohe religiöse Attraktivität. Die Naturgesetzlichkeit erschien ihm als Beleg für einen göttlichen Weltenschöpfer, der bei der Einrichtung des Universums einen intelligenten Plan verfolgte. Auch Newtons Physik wollte sich harmonisch in das christliche Weltbild einfügen, sie veränderte aber dennoch das christliche Gottesverständnis empfindlich. Die Weltschöpfung wurde zu einem göttlichen Akt in einem unerdenklichen Anfang der Welt, Gott zu einem «Baumeister im Ruhestand».[243] Die Welt bewegt sich allein nach den Gesetzen der ihr eingelassenen Ordnung. Das in jener Zeit aufkommende Bild von Gott als Uhrmacher ist bestimmend für Newtons mechanistisches Weltbild; es prägte nachhaltig das Aufklärungszeitalter und insbesondere den Deismus.[244] Der Uhrmachergott strahlte zunächst durchaus religiöse Wärme aus. Die Physikotheologie der Aufklärer begeisterte sich am Gedanken der Ordnung des Universums. Langfristig provozierte er jedoch eine merkliche Abkühlung des Gottesverhältnisses. Newtons Weltbild nahm der Welt die Aura des Übernatürlichen und machte die Vorstellung, Gott könne durch sein Handeln in die Welt eingreifen, unnötig und überflüssig.

Von Thomas Edison erzählte man, dass er zum Leidwesen seiner frommen Frau abschätzig über die Religion dachte und sie als Hindernis für das Vorankommen der Menschheit betrachtete. Zwingend ist dieser Zusammenhang von technischem Fortschritt und einer Kritik am Christentum jedoch nicht. Die Natureroberung und das Christentum traten im 19. Jahrhundert einander als Welthaltungen keineswegs unversöhnlich gegenüber.

Was letztlich aber doch den tiefen Konflikt zwischen Christentum und moderner Wissenschaft heraufbeschwor, war die offensichtliche Unvereinbarkeit ihrer Weltinterpretationen. Von Galilei über Newton bildete sich eine Weltauffassung aus, die zunächst zwar nicht die Grundüberzeugungen des Christentums bekämpfen wollte, letztlich aber ein entschieden anderes Verständnis der Welt einleitete. Das Problem lässt sich nicht wie zur Zeit Galileis auf Widersprüche zu einzelnen Aussagen der Bibel oder der kirchlichen Lehre reduzieren. Hier hätte die Theologie ab dem 19. Jahrhundert mit der aufkommenden wissenschaftlichen Bibelauslegung Werkzeuge in der Hand gehabt, den Schaden zu reparieren. Der Konflikt ging tiefer, er war in einer fundamentalen Differenz der Weltsicht und des daraus hervorgehenden Lebensgefühls begründet.

Charles Darwins Suche nach dem Plan der Natur

Die vermeintliche Unvereinbarkeit von Religion und Wissenschaft ist unauflöslich mit dem Namen Charles Darwin (1809–1882) verbunden.[245] Der ehemalige Theologiestudent bereiste in den Dreißigerjahren auf dem englischen Schiff *Beagle* fünf Jahre lang die Welt. Mit Begeisterung sammelte er Fossilien und stellte naturkundliche Beobachtungen an. Das ließ erste Zweifel an der Idee einer göttlichen Weltschöpfung und Welterhaltung aufkommen, wie er sie zuvor in seinem Theologiestudium kennengelernt hatte. Jedoch erst zwanzig Jahre später veröffentlichte er 1859 sein berühmtes Buch *On the Origin of Species by Means of Natural Selection, or the Preservation of Favoured Races in the Struggle for Life*. *Die Entstehung der Arten*, so der deutsche Titel, ist eines der wichtigsten Bücher des 19. Jahrhunderts.

Bereits der Titel enthält das Programm. Alles Leben auf der Erde entwickelt sich durch die natürliche Selektion, die den Fortbestand und die Weiterentwicklung der Arten sicherstellt, die in dem fortwährenden Überlebenskampf die besten Anpassungsleistungen an ihre Umwelt und die Lebensbedingungen hervorbringen. Die dahinterstehende Grundidee ist mit dem Glauben an eine planvolle Weltordnung nicht in Einklang zu bringen. Zwölf Jahre später weitete Darwin seine Evolutionstheorie auf die Entwicklungsgeschichte des Menschen aus. *The Descent of Man, and Selection in Relation to Sex*, auf Deutsch *Die Abstammung des Menschen*, entfaltete 1871 die Idee tierischer Vorfahren des Menschen und wurde bald in heftigen Kontroversen als «Affenfrage» diskutiert. Darwins These von der Abstammung des Menschen vom Affen erschien als ein Frontalangriff auf das christliche Menschenbild. Die beiden Bücher waren nicht die einzigen, die Darwin schrieb, sie waren zu seinen Lebzeiten nicht einmal die am meisten gelesenen. Ihn interessierten stets auch botanische und geologische Fragen. In legendärer Zurückgezogenheit lebte der vermögende Darwin mit seiner großen Familie südlich von London in der herrlichen Landschaft Kents als Privatgelehrter. Es ist erstaunlich, dass dieser gütige und großzügige Naturforscher, der als junger Mann englischer Landpfarrer werden wollte, bis heute eine der größten Herausforderungen für das Christentum darstellt.

Aufschluss darüber gibt Darwins intellektuelle Entwicklung. Sie ist eine Geschichte der aufkommenden Christentumskritik des 19. Jahrhunderts in nuce.

Darwin gab über diesen Werdegang in seiner Autobiographie *Mein Leben* Auskunft.[246] Er erzählt, wie er zunächst wenig Gefallen an einem Medizinstudium fand und darum dem väterlichen Rat folgte, in Cambridge ein Theologiestudium aufzunehmen und später eine Landpfarrstelle zu übernehmen. Er hegte zu dem Zeitpunkt keinen Zweifel, «dass jedes Wort in der Bibel in strengem Sinn und buchstäblich wahr sei».[247] Darwin absolvierte sein Theologiestudium fleißig, aber ohne übertriebene klerikale Ambitionen. Sein Herz schlug für die Jagd, vor allem aber für die Naturkunde. Nach eigener Auskunft verwandte er am meisten Energie auf das Sammeln von Käfern.[248] Das offene Studiensystem ermöglichte dem Theologiestudenten die Begegnung mit Naturforschern, so dass er in Cambridge neben seinem Theologiestudium auch eine solide naturkundliche Grundausbildung erhielt.

Bemerkenswert daran ist, dass die Verbindung von Theologie und Naturkunde in Cambridge keineswegs abwegig war. Im Gegenteil, die Natur galt als der Ort, an dem sich die Wirksamkeit eines göttlichen Schöpfers nachweisen ließ. Die maßgeblichen Lehrbücher, die Darwin studierte, standen in dieser Tradition christlicher Naturtheologie. Wie eine Generation von anglikanischen Theologen vor und viele nach ihm las Darwin William Paleys (1743–1805) *Natural Theology or Evidence of the Existence and Attributes of the Deity, collected from the Appearances of Nature*. Auch hier war der Untertitel Programm. Das 1802 erschienene Buch machte das Bild von Gott als Uhrmacher populär. Würde man zufällig auf eine Uhr stoßen und sorgfältig ihr Gehäuse, ihr Zifferblatt und das Räderwerk untersuchen, so würde man unweigerlich zu der Annahme gelangen:

> The watch must have had a maker; [...] there must have existed, at some time and at some place or other, an artificer or artificers who formed it for the purpose which we find it actually to answer; who comprehended its construction, and designed its use.[249]

Paley führte weiter aus, dass analog hierzu die Struktur des Lebens auf einen kunstfertigen Schöpfer hinweist. Die Lebensformen der Tiere und Pflanzen belegten dies bis hinein in ihren anatomischen Aufbau, ebenso die Anlage der Instinkte, aber auch die astronomische Einrichtung der Himmelskörper. Das Fazit konnte für Paley daher nur lauten: «It is an immense conclusion, that there is a God, a perceiving, intelligent, designing Being.»[250]

Darwin las Paley mit Begeisterung.[251] Was er in Cambridge in den theologischen Lehrbüchern gelernt hatte, schien sich auf seiner Weltreise mit der *Beagle* zu bewahrheiten. Die Betrachtung der Natur versetzte ihn in ein Gefühl höchster Erhabenheit. Berühmt ist die Stelle, in der Darwin davon erzählt, wie er sich erstmals allein in den brasilianischen Urwald aufmacht. Begeistert von der Eleganz, Andersartigkeit, Schönheit und Üppigkeit der Natur und der eigenwilligen

Mischung von Lärm und Stille beschrieb er das Erlebnis in religiösen Tönen und sprach von Gefühlen des Staunens, der Bewunderung und der Andacht inmitten des brasilianischen Urwaldes.[252] In der Tradition englischer Naturtheologie war für Darwin die Natur ein bevorzugter Ort der Gottesbegegnung. Doch allmählich keimten Zweifel auf. «Wie schwierig es auch sein mag, die Entstehung dieser Empfindung zu erklären, als Beweis für die Existenz Gottes lässt sie sich kaum anführen, genauso wenig wie die mächtigen, wenn auch unbestimmten vergleichbaren Empfindungen beim Anhören von Musik.»[253] Mehr Sicherheit erhoffte er sich von einem zweiten Weg, dem der Vernunft:

> Ein anderer Grund für den Glauben an die Existenz Gottes, der mit der Vernunft, nicht mit Gefühlen zusammenhängt, scheint mir mehr ins Gewicht zu fallen. Dieser Grund ergibt sich aus der extremen Schwierigkeit oder eigentlich Unmöglichkeit, sich vorzustellen, dieses gewaltige, wunderbare Universum einschließlich des Menschen mitsamt seiner Fähigkeit, weit zurück in die Vergangenheit und weit voraus in die Zukunft zu blicken, sei nur das Ergebnis blinden Zufalls oder blinder Notwendigkeit. Wenn ich darüber nachdenke, sehe ich mich gezwungen, auf eine Erste Ursache zu zählen, die einen denkenden Geist hat, gewissermaßen dem menschlichen Verstand analog; und ich sollte mich wohl einen Theisten nennen.[254]

Das Erbe Paleys konnte Darwin also nicht so leicht abstreifen. Diesen theistischen Geist atmet auch noch *Die Entstehung der Arten*.[255] Aber schließlich verwarf Darwin auch diesen Weg, lapidar merkte er dazu an: «Nichts ist bemerkenswerter als das Zunehmen der Skepsis oder des Rationalismus in meiner zweiten Lebenshälfte.»[256] Der sonst so zurückhaltende Darwin deutet nur an einer Stelle seiner Autobiografie ein religiöses Ringen an. Nach seiner Rückkehr mit der *Beagle* fing er an, sich für einige Zeit intensiv mit Fragen der Religionskritik auseinanderzusetzen. Ihn beschäftigten die historische Unglaubwürdigkeit der Bibel und die moralische Verwerflichkeit eines rachsüchtigen, eifersüchtigen Gottes.[257] Das Ende seines Glaubens an den Gott des Christentums leitete schließlich die Auffindung des Prinzips der natürlichen Auslese ein:

> Erst viel später in meinem Leben dachte ich gründlicher über die Existenz eines persönlichen Gottes nach, trotzdem will ich schon hier die vagen Forderungen schildern, zu denen ich mich gedrängt fühle. Das alte Argument vom Bauplan in der Natur, das Argument Paleys, das mir früher so schlüssig vorgekommen war, hat inzwischen, seit das Gesetz der natürlichen Selektion entdeckt ist, seine Kraft verloren. Wir können nicht mehr argumentieren, dass zum Beispiel ein wundervoller Gegenstand wie eine zweischalige Muschel ebenso von einem intelligenten Wesen gemacht sein muss wie eine Türangel von Menschen. In der Variabilität organischer Wesen und in dem Vorgang natürlicher Selektion scheint uns nicht mehr Planung zu stecken als in der Richtung, aus der der Wind bläst.[258]

Die Geschichte des Lebens ließ für Darwin, anders als es Paley annahm, keine absichtsvolle Gestaltung erkennen. Die natürliche Auslese ist eine fortgesetzte Anpassungsleistung an sich wandelnde Umweltbedingungen, ihr passt sich die Entwicklung des Lebens mit Notwendigkeit an. Diese Entwicklung folgt jedoch keinem Plan und keinem Ziel. Die Aufgabe aller Teleologie fasste Darwin in ein starkes Bild: die Zufälligkeit des Windes. Notwendig ist das Gesetz, nach dem sich alles Leben entwickelt, zufällig die Richtung, in welche die Entwicklung verläuft. Die Einsicht in die Gesetze der Evolution ruinierte Darwins Zutrauen in die eigene religiöse Gestimmtheit. Am Ende stand für ihn fest, dass es für Menschen ebenso schwer ist, «diesen Glauben an Gott abzuschütteln, wie für einen Affen, seine instinktive Angst vor Schlangen».[259] Darwins Bericht über seine religiöse Entwicklung gleicht einer negativen Bekehrung, die ihn immer mehr wegführte von seinen ursprünglich christlichen Überzeugungen hin zu einer Auffassung, in der die Idee eines göttlichen Schöpfungsplans nicht mehr unterzubringen ist.

Das Gewitter brach bald nach dem Erscheinen von *Die Entstehung der Arten* los.[260] Bereits 1860 kam es in Oxford zur Konfrontation. Diese führte nicht Darwin selbst, sondern sein Vertrauter Thomas Henry Huxley. In einer hitzigen Debatte wandte sich der Bischof von Oxford, Samuel Wilberforce, an Huxley mit der Frage, ob er großväter- oder großmütterlicherseits von den Affen abstamme. Huxley antwortete, die Abstammung von einem Affen sei besser als die Verwandtschaft mit jemandem, der seine herausragende Stellung dazu nutze, öffentlich so ungebildet und ahnungslos aufzutreten. Erstaunlich waren jedoch die wohlwollenden kirchlichen Stimmen zugunsten Darwins. Frederick Temple, der spätere Erzbischof von Canterbury, gestand der Wissenschaft die volle Freiheit zu, die Gesetze des Universums zu entdecken, in dem Vertrauen darauf, dass das Buch der Natur letztlich mit dem Buch Gottes übereinstimme.[261] Es gab also auch eine positive Aufnahme Darwins innerhalb der Theologie, man kann sogar von einem christlichen Darwinismus vor allem in Großbritannien und Amerika sprechen. Dieser stützte sich auf die theistischen Züge Darwins, die selbst noch in *Die Entstehung der Arten* zu finden waren. Darwins christliche Anhänger sahen in der Evolution ein besonderes Werkzeug des göttlichen Plans, allein die Blindheit der Selektion bestritten sie. Mehrheitlich wurde Darwin in christlichen Kreisen allerdings sehr negativ aufgenommen. Seine Gegner sahen in der Abstammungslehre einen radikalen Angriff auf die Sonderstellung des Menschen. Den Gedanken der Evolution verurteilten sie, weil er ihrer Auffassung nach im Widerspruch zur Vorstellung einer göttlichen Weltschöpfung stand.

Das religiöse Problem des Darwinismus geht jedoch nicht in der «Affenfrage», der Frage nach Schöpfung oder Evolution des Menschen, auf. Der evangelische Theologe Rudolf Otto (1869–1937) legte zu Beginn des 20. Jahrhunderts eine der originellsten und geistreichsten theologischen Auseinandersetzungen mit dem Darwinismus vor.[262] Die «Affenfrage» war für ihn nicht das eigentliche Problem, sondern die Frage, ob die Evolution einer Richtung und einem Ziel folgt. Ottos Antwort war im Blick auf Darwins Evolutionstheorie eindeutig: «Und erst dadurch ist sie ausgesprochen antitheologisch, dass sie antiteleologisch ist.»[263] Darwin erkannte in der Geschichte der Evolution keinen Plan und kein Ziel, er hob alle Zielgerichtetheit der natürlichen Entwicklung auf. Die Lehre von der natürlichen Zuchtwahl erhebt die bloße Nützlichkeit zum Prinzip des Lebens. Sorgfältig registrierte Otto, dass auch innerhalb der Biologie Argumente gegen Darwin aufkamen. Von besonderem Interesse waren für ihn dabei die Einwände aus der Ecke des Neu-Lamarckismus. Denn, so Otto,

> statt der ganz passiven, innerlich stupiden «Anpassung» durch das Sieb der Auslese findet sich hier eine wirkliche Selbstanpassung des Lebendigen an die Existenzbedingungen in eigener beständiger rastloser Leistung und Mühe, eine Selbststeigerung zu immer größerer Höhe und Vollendung.[264]

Otto wollte die Deutungshoheit des Darwinismus brechen, um der eigenen Erfahrung der Natur wieder mehr Raum zu geben. Die Weltdeutung Darwins und vor allem die seiner Anhänger hinterlässt im Betrachter der Natur ein Unbehagen, weil sie gemessen an der eigenen Naturerfahrung zu wenig erklärt. Das Geheimnis des Lebens vom Selbstaufbau der Organismen und der ihnen innewohnenden Tendenz der Selbststeigerung kommt in dieser Weltdeutung nicht vor. Die Erfahrung der Natur sagt offensichtlich etwas, was in der naturwissenschaftlichen Beobachtung und Beschreibung von Kausalzusammenhängen nicht aufgeht. Subjektive Naturerfahrung und objektive Naturbeschreibung fallen auseinander. Darwin selbst hatte dieses Problem so gelöst, dass er seiner intuitiven Naturerfahrung misstraute und der kausalen Erklärung der Evolution des Lebens durch die natürliche Auslese den Vorzug gab. Rudolf Ottos Auseinandersetzung mit Darwin war ein bemerkenswerter Versuch, die Evolutionstheorie mit einer über Gefühl und Intuition definierten Religion zu versöhnen.

Zu den traurigsten Folgen des Darwinismus gehört der Sozialdarwinismus, der auf einem naturalistischen Fehlschluss beruht.[265] Man folgerte aus Darwins Beschreibung eines Ist-Zustandes ein Sollen. Von der Durchsetzung des Rechts des Stärkeren im Sinne des »survival of the fittest« schloss man auf ein Recht des Stärkeren. Bis hin zu den aufkommenden Rassentheorien reicht die Bandbreite dieses «gefährlichen Missverständnisses»,[266] das mit Darwin selbst nichts zu tun hat. Trotzdem hat der Sozialdarwinismus eine positive Rezeption der Evolutionstheorie in der Theologie lange behindert.

Der Konflikt zwischen Christentum und Darwinismus ist noch lange nicht beendet. In den USA zieht der protestantische Fundamentalismus weiter energisch gegen Darwin zu Felde. Auf der anderen Seite gibt es Naturwissenschaftler wie Richard Dawkins, die glauben, mit naturwissenschaftlichen Argumenten den religiösen Glauben widerlegen zu können.

Aber schon aus den Einwänden Ottos zu Beginn des 20. Jahrhunderts ist zu erkennen, dass die eigentliche Herausforderung für das Christentum in dem Lebensgefühl liegt, das der Darwinismus vermittelt. Die moderne Biologie hat Darwins Theorien in vielfacher Hinsicht naturwissenschaftlich weiterentwickelt. Die Einsichten der modernen Genforschung, die Darwin selbst noch nicht kannte, liefern eine erstaunliche Absicherung seiner Thesen zur Selektion. Die Verbindung der Genforschung des 20. mit dem Darwinismus des 19. Jahrhunderts ist heute zu einer Weltanschauung aufgestiegen. Der französische Biologe und Nobelpreisträger Jacques Monod zog in den Sechzigerjahren des 20. Jahrhunderts in seiner programmatischen Schrift *Zufall und Notwendigkeit* als Fazit aus der Einsicht in die Evolution:

> Der alte Bund ist zerbrochen; der Mensch weiß endlich, dass er in der teilnahmslosen Unermesslichkeit des Universums allein ist, aus der er nur zufällig hervortrat. Nicht nur sein Los, auch seine Pflicht steht nirgendwo geschrieben.[267]

Die Absage an ein höheres und letztes Ziel des Weltenlaufs nimmt der Welt allen religiösen Glanz und stößt den Menschen in eine Welteinsamkeit mit kosmischen Ausmaßen. Monod verstand seine Thesen nicht pessimistisch, sondern als Aufruf an den Menschen, sich zu sich selbst zu befreien. Und doch sind sie ein Sinnbild für die Auflösung metaphysischer und religiöser Geborgenheit in einer höheren Ordnung.

Der Neodarwinismus ist auf diesem Weg weitergegangen. Die Errungenschaften von Geist und Kultur sind für ihn evolutionäre Anpassungsleistungen. Bis hinein in die gegenwärtige Hirnforschung setzt sich eine konsequent materialistische Auffassung des Menschen und seines Bewusstseins durch. Mit den neuen Methoden lassen sich Grundlagen des menschlichen Verhaltens, seines Bewusstseins, der Kultur und der Religion erklären.[268] Religiöses Unbehagen lösen sie jedoch aus, weil sie die Phänomene *nur* materialistisch erklären. Die Schönheit der Natur ist *nur* Folge fortgesetzter Selektionsprozesse, das Bewusstsein der Menschen *nur* ein grandioser Anpassungsvorteil, die Liebe *nur* eine im Dienste der Arterhaltung stehende Kraft, Religion und Kultur sind *nur* aus dem Selektionsprozess heraus zu erklären, den der Mensch in der Anpassung an seine Umwelt durchläuft. Aber alle diese Beobachtungen können etwas nicht einfangen, was essentiell auch zur menschlichen Erfahrung der Natur und seiner selbst gehört: Sie können nicht erklären, was der Mensch an Schönheit, Tiefe und Erhabenheit erfährt. Diese Erfahrungen leben in der Art, wie sie Menschen treffen, davon, dass sich in ihnen – und sei es auch nur in der Vagheit des Gefühls – etwas ausspricht, das den Menschen und seine Möglichkeiten übersteigt und über den Naturzusammenhang erhebt. Das Christentum hält in seinen Schöpfungserzählungen und deren begrifflichen Verarbeitungen eine Interpretation dieser Erfahrungen bereit, die aber der naturwissenschaftlichen Beschreibung widerspricht, der naturwissenschaftliche Materialismus wiederum scheitert daran, den erfahrbaren Überschuss des Lebens zu erklären. Wenige Menschen haben dieses Dilemma besser beschrieben als Darwin selbst.

Weitere Versuche einer Versöhnung folgten im 20. Jahrhundert. Der französische Zoologe und Jesuit Pierre Teilhard de Chardin (1881–1955) versuchte das Erbe des Idealismus und des Materialismus zusammenzubringen und formte daraus eine große Kosmologie, der zufolge das Leben in seiner Vielfalt auf einen vollkommenen Endzustand hinstrebt.[269] Andere Theologen sind ihm mit Versuchen gefolgt, die die hohen spekulativen Anteile abzumildern, aber dennoch das religiös Faszinierende an der naturwissenschaftlichen Einsicht in die Evolution zu bewahren versuchen.[270] Man mag einräumen, dass keiner dieser Versuche bislang alle Fragen der naturwissenschaftlichen Forschung einerseits und eines religiösen Weltbildes andererseits überzeugend in Einklang gebracht hat. Das spricht aber nicht gegen diese Versuche, sondern allein für die Größe der Frage, in der es um nicht weniger als den Sinn des Daseins geht.

Die Physiker und die letzten großen Fragen

Dass in der Beantwortung der großen Fragen nach der Entstehung und dem Aufbau der Welt die modernen Naturwissenschaften und die Religion unversöhnlich miteinander konkurrieren, ist eine seit dem 19. Jahrhundert weit verbreitete Auffassung. Lange war man geneigt, die ganz großen spekulativen «letzten» Fragen der Religion und die empirisch untersuchbaren Fragen der Naturwissenschaft zu überlassen, bis die Physik des 20. Jahrhunderts Newtons mechanistisches Weltbild aus den Angeln hob und die großen Fragen nach Anfang, Aufbau und Ende der Welt wieder zu ihrem Thema machte. Es waren die Naturwissenschaften, die mit der Physik von sich aus wieder das Feld der Religion betraten.[271]

Eingeleitet wurde die Revolution durch Albert Einstein (1879–1955), der 1905 in der speziellen und ein Jahrzehnt später in der allgemeinen Relativitätstheorie die Vorstellung von Raum und Zeit als fixen Ordnungskonstanten auflöste.[272] Die Anwendung der allgemeinen Relativitätstheorie in der Astrophysik veränderte die Auffassung vom Universum radikal. Einstein dachte theoretisch voraus, dass das Universum sich ausbreiten, dass bei der Ausdehnung eine konstante Kraft zugrunde liegen und dass es im Universum Schwarze Löcher geben müsse. Edwin Hubble konnte Ende der Zwanzigerjahre Einsteins Theorie von der Ausdehnung des Universums empirisch bestätigen. Daraus entwickelte sich in der Physik die bis heute vorherrschende Big-Bang-Theorie, die die Entstehung des Universums in einem «Urknall» annimmt. Die Theorie hat nicht nur für hochspezialisierte Astrophysiker, sondern auch für den gesunden Menschenverstand ihre Härten. Wenn auf der Grundlage von Einsteins Relativitätstheorie Raum und Zeit erst mit dem Urknall entstanden sind, dann ist die Frage nicht abzuweisen, was vor dem Urknall war. Die Astrophysik kommt in faszinierender Weise bis auf Millionstel Bruchteile von Sekunden an die Geburt des Universums heran, sie kann aber seriös nichts zu dem Zustand davor sagen. Wie also kommt es zur Entstehung von Materie aus dem Nichts? Es ist bezeichnend, dass neben den fachwissenschaftlichen Bedenken ein scharfer Kritiker wie der Engländer Fred Hoyle die Urknalltheorie wegen ihrer möglichen religiösen Assoziationen ablehnte.[273]

Die Fragen, die aus der Annahme eines Urknalls folgen, halten die Physik auch heute in Atem. Das Verhältnis von Gravitationskraft und Expansionsgeschwindigkeit legt die Annahme einer unbekannten Größe nahe, die als dunkle Energie bezeichnet wird. An deren Erforschung hängen zu wesentlichen Teilen die Vorhersagen für das Ende des Universums. Die Aussagen darüber sind bislang weit hypothetischer als die über den Anfang des Universums: Wird alles in einem Big Crunch, einer Implosion, einem Big Rip, einer riesigen Explosion, oder einem Big Whimper, einer Art Kältetod, untergehen? Die moderne Physik behandelt die Frage nach dem Anfang und Ende der Welt in einer Weise, die in den Bereich der Religion hinüberreicht.

Eine andere große Revolution der Physik betraf den Mikrokosmos. Zusammen mit dem Gen hat die Naturwissenschaften im 20. Jahrhundert nichts so sehr beschäftigt wie das Atom. Die Suche nach dem, was die Welt im Innersten zusammenhält, führte zu faszinierenden Einsichten. Das Standardmodell, in dem in einem Atom Elektronen um einen aus Protonen und Neutronen bestehenden Atomkern kreisen, ist gemessen an dem, was die heutige Physik über Elementarteilchen weiß, von rührender Naivität. Leptonen, Quarks und Superstrings reichern das Bild vom Wesen der Materie an.[274] Was Physiker selbst ironisch als Teilchenzoo beschreiben, ändert das menschliche Verständnis der Wirklichkeit grundlegend. Die Grenzen des menschlichen Erkenntnisvermögens führte anschaulich die Quantenphysik der Zwanzigerjahre vor Augen. Berühmt wurde Heisenbergs Unbestimmtheits- und Unschärferelation.[275] Es können nicht Ort und Geschwindigkeit eines Teilchens gleichzeitig exakt bestimmt werden, denn das Teilchen kann auch die Eigenschaft einer Welle annehmen. Das bedeutete den Abschied von der Vorstellung, die Teilchen würden sich auf festen Bahnen bewegen, und bereitete die Auffassung vor, Atome als energetische Zustandsüberlagerungen zu begreifen. Die Materie hat an sich nichts Dinghaftes, sie ist eine hochkomplexe Agglomeration von dynamischen Energiezuständen, die die menschlichen Sinnesorgane in einer extrem selektiven Konstruktion vereinfacht wahrnehmen.

Dem Theologen Adolf von Harnack, der als Präsident der Kaiser-Wilhelm-Gesellschaft wissen musste, wovon er sprach, wird der Satz zugeschrieben, die Physiker seien die Philosophen des 20. Jahrhunderts.[276] Harnack hatte erkannt, dass die großen Themen der alten Metaphysik von der Philosophie in die Physik ausgewandert waren. Denn nichts anderes als die klassischen Themen der Metaphysik bearbeitete die Physik in neuem Gewande, wenn sie nach Anfang und Ende der Welt oder nach dem fragte, was die Welt im Innersten zusammenhält. Woher kommen die Naturgesetze und Konstanten, ohne die es das Universum nicht hätte geben können, und warum hat das Universum Leben mit Bewusstseinsformen hervorgebracht, in denen sich das Universum selbst beobachten und am Ende vielleicht auch erkennen kann? Die Frage nach der Emergenz des menschlichen Geistes, die Evolutionstheoretiker wie Teilhard de Chardin beschäftigte, kehrt als die Frage nach dem anthropischen Prinzip auch in der Physik wieder.[277] Die moderne Physik hat die Aufgabe bereitwillig angenommen. Seit Werner Heisenberg (1901–1976) haben die philosophische Dimension der physikalischen Theorien sowie das Gespräch mit der Religion an Bedeutung gewonnen.[278] Zahlreich sind zudem die Abhandlungen, die dem Rätsel des Universums nachgehen und nach einem Plan suchen, der allem zugrunde liegt. Die religiösen Implikationen der Titel sprechen für sich, es scheint geradezu, als würden Physiker heute das Wort »Gott« leichter in den Mund nehmen als Theologen.[279] Schon Einsteins berühmtes Bonmot «Der Alte würfelt nicht» führt die religiösen Implikationen vor Augen. Einstein bezweifelte damit die Möglichkeiten der Quantenmechanik, Einblicke in das «Geheimnis des Alten»[280] zu gewähren, nicht aber der Physik überhaupt. Das berühmteste und erfolgreichste Buch auf diesem Felde in unseren Tagen, Stephen Hawkings *Eine kurze Geschichte der Zeit,* spricht am Ende unmissverständlich aus, worum es geht. Wenn es gelänge, Relativitätstheorie und Quantentheorie zu der gesuchten Supertheorie zu verbinden, wäre eine Antwort gefunden, «warum es uns und das Universum gibt [..., und] dann würden wir Gottes Plan kennen».[281]

Wonach Hawking und andere Naturwissenschaftler gegenwärtig suchen, macht hinreichend deutlich, dass das Verhältnis zwischen Religion und Naturwissenschaft in der Moderne komplex ist. Die Behauptung, die Feindschaft zwischen Religion und Naturwissenschaft sei das Grundkennzeichen der modernen Kultur, vereinfacht den Diskussionsstand erheblich. Die moderne Biologie bietet faszinierende Einblicke in die Geschichte der rhapsodischen Vielfalt des Lebens, die moderne Physik öffnet den Horizont für die Fragen nach Anfang und Ende und dem, was die Welt im Innersten zusammenhält. Das Interesse an der Frage, woher die Menschheit, das Leben und das Universum kommen und wohin sie gehen, eint Naturwissenschaft und Religion. Beide sind Anstrengungen des menschlichen Geistes, um sich in dieser Welt zurechtzufinden. Was beide unterscheidet, ist die Art ihres Vorgehens. Die im 19. Jahrhundert aufgekommene Unterscheidung, die Naturwissenschaften würden die Welt zu erklären, die Geisteswissenschaften und damit auch die Religion sie zu verstehen versuchen, trifft nicht mehr zu. Kein seriöser Naturwissenschaftler würde heute bestreiten, dass auch er mit Hypothesen einen Deutungsvorschlag zur Interpretation der Wirklichkeit unterbreitet, einen Vorschlag allerdings, der empirisch abgesichert und mit Argumenten gut begründet werden kann und darum so lange in Geltung ist, bis eine bessere Hypothese ihn ablöst.[282]

Die christliche Religion geht anders vor. Sie stützt sich auf die innere Evidenz der Welt- und Naturdeutungen, die sie aus ihrer Tradition übernommen hat. Es gibt Situationen, Momente, Begebenheiten, in denen sich die Ahnung auftut, dass die Welt und mit ihr die Geschichte der Menschheit in ihr einem höheren Plan folgen. Das Christentum bringt dies mit den großen Bildern der Schöpfung und Vorhersehung zum Ausdruck. Die Glaubwürdigkeit dieser Bilder lässt sich nicht beweisen, das Christentum kann jedoch mit Gründen für die Plausibilität seiner Weltsicht eintreten. Zu den großen Kulturleistungen des Christentums im Laufe seiner Geschichte zählt es, dass es die Plausibilität seiner Weltdeutung von der Antike an immer in der Auseinandersetzung mit den jeweils vorherrschenden Weltbildern zu erläutern versuchte. Dass ihm dabei gegenwärtig vonseiten der Naturwissenschaften auch borniere Selbstabschließungen vor allen religiösen Fragen begegnen, ist nicht von der Hand zu weisen, aber umgekehrt hat auch das Christentum die Herausforderungen der modernen Wissenschaftskultur kaum ausreichend aufgenommen. Die vorherrschende Strategie ist doch eher die, sich gegen die Wissenschaftskritik zu immunisieren und auf die Eigenständigkeit des religiösen Weltzugangs zu pochen. Damit werden aber auch Chancen verspielt. Stephen Hawking klagt in seinem Buch darüber, dass die Philosophie für die Physik kein Gesprächspartner mehr sei, weil sie die großen Fragen aufgegeben und sich auf die bloß logische Analyse von Aussagen zurückgezogen habe: «Was für ein Niedergang für die große philosophische Tradition von Aristoteles bis Kant!»[283] Der christlichen Theologie droht ein ähnliches Schicksal, wenn sie sich den Herausforderungen der Naturwissenschaften nicht stellt. Noch heute zu lesende Darstellungen der göttlichen Weltschöpfung vonseiten der christlichen Theologie, in denen ein ganz und gar anthropomorph gedachter Gott mit den Vorstellungsgehalten der Vormoderne die Welt erschafft, sind nicht mit dem zu vereinbaren, was die moderne Wissenschaft von der Komplexität des Lebens und der Unfassbarkeit des Universums lehrt. Für Rudolf Bultmann reichten schon die basalen technischen Errungenschaften aus, um das Programm der Entmythologisierung zu entwerfen:

> Man kann nicht elektrisches Licht und Radioapparat benutzen, in Krankheitsfällen moderne medizinische und klinische Mittel in Anspruch nehmen und gleichzeitig an die Geister- und Wunderwelt des Neuen Testaments glauben.[284]

Um wieviel mehr müssten die faszinierenden Einsichten der Naturwissenschaften die Theologie dazu anspornen, aus dem Schatten ihrer dogmatischen Tradition herauszutreten, die sie an ein versunkenes Weltbild bindet. Es gibt durchaus auch hoffnungsvoll stimmende Beispiele.[285] Wie das Christentum die Herausforderung der Naturwissenschaft annimmt, davon hängt entscheidend sein Platz in der modernen Kultur ab.

Gott in der Natur begegnen

Darwin hat eindrucksvoll beschrieben, wie sein Ausflug in den brasilianischen Urwald in ihm eine Stimmung der Erhabenheit, des Staunens und der Faszination auslöste. Er ist damit ein früher Gewährsmann dafür, wie neben die technische Eroberung und die wissenschaftliche Entzauberung der Natur – als andere Seite der gleichen Medaille – eine ästhetische Aufwertung des unmittelbaren Naturerlebens trat. Die Kultur des 19. Jahrhunderts ist reich an Landschaftsbildern in der Kunst oder an Naturschilderungen in der Literatur, die diese Stimmung einzufangen versuchen.

Was geschieht in diesen besonderen Naturerfahrungen, deren Nähe zur religiösen Erfahrung Georg Simmel in seiner Theorie der Landschaft als «Enthobenheit» und «Durchgangspunkt für die Allkräfte des Daseins»[286] beschrieben hat? Dem Philosophen Joachim Ritter zufolge bildete der menschliche Geist in der Moderne «ein Organ für die Theorie der ‹ganzen› Natur als des ‹Göttlichen› aus […], mit dem diese als Landschaft nicht im Begriff, sondern im ästhetischen Gefühl, nicht in der Wissenschaft, sondern in Dichtung und Kunst, nicht im transcensus des Begriffs, sondern in ihm als dem genießenden Hinausgehen in die Natur vergegenwärtigt wird.»[287] In der ästhetischen Erfahrung der Natur wird eine transzendente Dimension der Wirklichkeit sichtbar, die die naturwissenschaftliche Perspektive nicht mehr kennt und ausblendet.[288] Was sich in der Stimmung und im Gefühl einstellt und in Literatur und Kunst artikuliert, hat seine Besonderheit darin, «sonst nicht mehr Gesagtes und Gesehenes zum Scheinen zu bringen».[289] Ritter zufolge kompensiert die Naturästhetik unter den Bedingungen der Moderne einen Verlust. Was die großen Kosmologien seit der Antike zusammenhalten konnten, zerfällt in der Moderne in Naturästhetik einerseits und Naturwissenschaft andererseits. Die Naturästhetik erhält die auf Transzendenz ausgerichtete Sicht der Wirklichkeit, die durch die Reduktionen der naturwissenschaftlichen Wirklichkeitsbeschreibung abhandengekommen ist.

Ritter sah darin keinen Anlass zu Kulturpessimismus. Das Besondere des modernen Naturerlebens setzte eine Freiheit und auch eine Art Herrschaft über die Natur voraus, die in ihr nicht dauerhaft das Bedrohliche sah, dem der Mensch die Möglichkeit zum eigenen Leben dauerhaft in einem anstrengenden Überlebenskampf abringen musste. Der ästhetische Naturgenuss war – Ritter führte darin eine wichtige Einsicht Friedrich Schillers fort – an einen spielerischen Umgang mit der Natur gebunden.

Ritters Kompensationstheorie bietet eine plausible Beschreibung moderner Naturerfahrung. Es ist ausgerechnet die naturwissenschaftliche und technische Eroberung der Welt, die parallel eine Entwicklung freisetzt, die die Natur zu einem bevorzugten Ort der Gottesbegegnung macht. Das spricht für die multiplen Wirklichkeitszugänge, die die Moderne seit der Romantik auszeichnen.

In dem Jahr, in dem Charles Darwin mit der *Beagle* nach England zurückkehrte und allmählich in Zweifel über die göttliche Weltschöpfung geriet, verfasste ein junger Amerikaner eines der schönsten Manifeste moderner Naturfrömmigkeit. Der Essay *Nature* machte Ralph Waldo Emerson (1803–1882) 1836 auf einen Schlag berühmt. Emerson klagte, dass Tradition und Geschichte die Unmittelbarkeit eigener religiöser Erfahrungen aufheben. Seine Zeit habe es sich angewöhnt, das Große nur mit den Augen anderer zu sehen. Warum aber sollten, fragt Emerson, nicht auch wir «eine Religion der Offenbarung statt der Geschichte» haben, ein «ursprüngliches Verhältnis zum Universum»[290] statt ein bloß von der Tradition vermitteltes? Der ideale Ort dieser unmittelbaren religiösen Erfahrung war für Emerson die Natur. Schreitet der Mensch durch die Wälder, erfährt er «Würde und Heiligkeit».[291] In ihrer Schönheit, aber auch in ihrer Melancholie spiegelt sich eine tiefere Dimension: «Ich bin nichts, ich sehe alles; die Ströme des universellen Wesens durchwogen mich; ich bin ein Teil oder Splitter Gottes.»[292] Die Erfahrung der Natur ist eine Offenbarung, der der Mensch in frommer Verehrung begegnet.

Das Antlitz der Natur ist ein Ausdruck der Andacht. Wie die Gestalt Jesu steht sie da mit geneigtem Haupt und den Händen über der Brust gefaltet. Der glücklichste Mensch ist derjenige, der von der Natur die Verehrung lernt.²⁹³

Emersons berühmter Traktat ist ein aufschlussreiches Dokument eines modern transformierten Christentums. In der Tradition seiner Väter war Emerson nach dem Theologiestudium in Harvard Pfarrer einer unitarischen Gemeinde in Boston geworden, er gab dieses Amt aber 1832 auf. Anlass waren Differenzen im Verständnis des Abendmahls.²⁹⁴ Emerson erschien die Vorstellung, in Brot und Wein den Leib und das Blut Christi zu konsumieren, zu dinglich. In bloßem Essen und Trinken konnte er keinen religiösen Sinn von solcher Tragweite erkennen. Seine Idee, nach einer anderen Form zu suchen, wie die Gottesbegegnung symbolisch gefeiert werden könnte, scheiterte am Widerstand seiner Gemeinde. Emerson legte sein Amt nieder, schied aber dennoch nicht in Unfrieden von seiner Kirche. Die Redlichkeit seiner Argumente hinterließ offensichtlich einen tiefen Eindruck. Hinter dem Bostoner Abendmahlsstreit verbarg sich ein grundlegender Vorbehalt Emersons. In den überlieferten Formen des Christentums konnte er nicht das finden, was ihn religiös ansprach. Seine Naturfrömmigkeit ist daher auch eine Reaktion auf die Distanz zu einem traditionellen Christentum. Die Linie führte Emerson in dem Vortrag *The American Scholar* fort, der die Selbständigkeit des eigenen Denkens gegenüber der Übermacht der Tradition einforderte. Die *Divinity School Adress*, die er in Harvard hielt, formulierte die Kritik an der traditionellen Gestalt des Christentums aus. Emersons Thesen riefen im amerikanischen Ostküstenprotestantismus Widerstand hervor, prägten aber die eigenständige und für die amerikanische Kultur folgenreiche intellektuelle und religiöse Bewegung des Transzendentalismus.²⁹⁵ Die Bewegung nahm die Impulse des Idealismus, der Romantik und Goethes für eine verwandelte Gestalt des Christentums möglicherweise ernster, als dies in Europa geschah.

Emerson wählte eine neue Form, um seine Gedanken auszudrücken. Es war nicht mehr die Gestalt eines theologischen Traktats, sondern der zwischen argumentativer Abhandlung und Literatur angesiedelte Essay. Schon an dem frühen Aufsatz *Nature* wird deutlich, wie poetische Schilderungen und argumentative Passagen ineinandergreifen. Die Wendung ins Literarische hat ihren Grund in der besonderen Religiosität Emersons. Diese kreiste um ein inneres Erleben einer transzendenten Dimension der Wirklichkeit, das sich aber aufgrund des individuellen Charakters nicht in überkommenen Formen ausdrücken ließ. Die Literarisierung war eine Folge der Individualisierung. Schließlich spielte für Emerson die Natur als möglicher Ort der Gottesbegegnung eine wichtige Rolle. Das war gutes romantisches Erbe, aber in der Intensität auch eine amerikanische Besonderheit. Von seiner Entdeckung an bis weit hinein ins 19. Jahrhundert wurde das Land in vielen Schilderungen und Reiseberichten wegen seiner Pracht und Schönheit besungen.

Emerson bereitete den Boden für Henry David Thoreaus Buch *Walden,* das ein Leben in der Zurückgezogenheit der Wälder als Inbegriff unabhängiger Individualität feierte. Ebenso beeinflusste er die Werke von Walt Whitman, Herman Melville und Emily Dickinson, die den Spuren der Transzendenz in der Natur, auch in ihrer gebrochenen Form, nachgingen und sie literarisch verarbeiteten (siehe Seite 591–595). Ralph Waldo Emerson ist eine der wichtigsten Gestalten der amerikanischen – und der christlichen – Kulturgeschichte, denn er steht für die Transformation des traditionellen Christentums in eine Frömmigkeit, die Transzendenz nicht allein in der kirchlichen Praxis, sondern in der Weltbegegnung erfährt und individuell artikuliert.

9
Die religiöse Verwandlung der Kultur

Die vielgestaltige Verwandlung des Christentums in der Moderne lässt sich daran ablesen, wie sich die klassischen Kulturformen der Musik, der Kunst und der Literatur zum Christentum verhalten. In der großen Metamorphose zwischen 1770 und 1830 traten sie aus dem Schatten eines traditionellen Christentums heraus und emanzipierten sich von ihrer Rolle als bloße Medien religiöser Botschaften. In großen Teilen des Christentums konnten Kunst und Musik zwar nach wie vor ganz selbstverständlich in den Dienst des kirchlichen Lebens gestellt werden, aber vor allem die Künstler, die sich davon frei machten, haben über ihre Zeit hinaus gewirkt. Es lassen sich alle drei Emanzipationsstufen beobachten, die das Phänomen der Säkularisierung ausmachen. Sie reichen von der Entdogmatisierung über die Entchristianisierung bis hin zur Selbstimmunisierung gegen alles Religiöse.

Mozarts Geheimnis und die Erlösung durch Musik

Wilhelm Heinrich Wackenroder hat in seinen *Herzensergießungen eines kunstliebenden Klosterbruders* mit religiösen Farben die ergreifende Wirkung der Musik auf das menschliche Gemüt beschrieben (siehe Seite 481–483). Sie führt den

Protagonisten Joseph Berglinger über diese Welt hinaus. Wackenroder stand am Anfang einer langen Tradition im 19. Jahrhundert, die die Musik als das vorzüglichste Ausdrucksmedium der Religion betrachtete. Die Debatte um die absolute Musik stellte die Frage, ob die Musik nicht überhaupt das einzige Medium sei, das das Absolute zur Darstellung bringen kann. Richard Wagner ging noch darüber hinaus und erhob das musikalische Gesamtkunstwerk zur Grundlage seiner Ersatzreligion. Im einen wie im anderen Fall spielte die Musik für die Suche nach einer Gestalt der Religion, die der Moderne angemessen ist, eine wichtige Rolle. Musik stand für eine andere, höhere Welt, die in ihr zum Ausdruck kam. Darum ist im Grunde die Musik des gesamten 19. Jahrhunderts romantisch.[296]

Am Anfang war Mozart. Er war zwar in allem ein Kind des 18. Jahrhunderts – sein kurzes Leben endete 1791 in Wien –, doch gab er dem 19. Jahrhundert den entscheidenden Impuls. Es war nicht vorrangig der Stil seiner Musik, den man nachahmte – der änderte sich schon mit Beethoven und Schubert. Es war das Bewusstsein von der Kraft der Musik, das Mozart der Musikwelt hinterließ. Wackenroder verglich die Musik mit einem Lichtstrahl, der die Seele erfasst. Mozarts Musik ist reich an Lichtstrahlen, die die Seele tief berühren. Sie lösen Gefühle einer kosmischen Geborgenheit und Dankbarkeit aus, die mit Worten nicht zu erfassen sind. Mozart hat das viele Ehrentitel eingetragen, überirdisch, nicht von dieser Welt, göttlich nannte man ihn und seine Musik.[297] Man mag sich heute in der Bewertung mit gutem Grund größere Zurückhaltung auferlegen, Mozarts Musik dringt jedoch auch da, wo sie nicht Kirchenmusik ist, in religiöse Dimensionen vor, sie führt in «Spuren der Transzendenz».[298]

Es gibt keine stichhaltigen Versuche, diese Besonderheit aus seiner Biographie zu erklären.[299] Er war zwar tatsächlich unter der rigiden Anleitung des Vaters Leopold das in Europa bestaunte Wunderkind, wie es der Mozart-Mythos erzählt, und er feierte zu Lebzeiten als Pianist und Komponist große Erfolge mit seinen Opern, Konzerten und Symphonien. Darin deutet sich etwas von dem Starkult an, den das Musikleben des 19. Jahrhunderts ausgiebig zelebrierte. Sozialgeschichtlich ist an seiner Berufsbiographie besonders, dass er die Festanstellung in kirchlichen Diensten beim Fürstbischof von Salzburg wegen fortgesetzter Meinungsverschiedenheiten aufgab, um als freier Künstler zu wirken.[300] Die Übergänge, die an Mozarts Weg als Musiker sichtbar werden, bereiteten den Typ des Musikers und Komponisten vor, den das 19. Jahrhundert verehrte, sie erklären aber nicht das Besondere seiner Musik.

Mozart lebte in der Zeit der großen gedanklichen Umbrüche des 18. Jahrhunderts. Lässt sich eine Weltanschauung ausmachen, die er programmatisch in seiner Musik umzusetzen trachtete? Mozart scheint den Einflüssen seiner Epoche mit Offenheit begegnet zu sein, aber keine der vielen Weltanschauungen – vom antiklerikalen Aufklärer bis zum Freimaurer – trifft seine Person ganz.[301] Zu seinem Schicksal gehört es, dass es so viele Mozarte gibt, wie es Mozart-Interpreten gibt. Wolfgang Hildesheimer meinte über seine Kirchenmusik, Mozart sei dabei «so ganz bei der Sache selbst nicht gewesen»,[302] Hans Küng hingegen hörte darin aufgeklärten Katholizismus.[303] Mozart erweist sich jedoch in seiner Kirchenmusik als ein eigenständiger und auch origineller Interpret der liturgischen Vorgaben, aber es war nicht sein aufgeklärter Katholizismus, der dem Klang seiner Musik in den Ohren vieler Hörer die Aura des Göttlichen verlieh.

Der lange erfolgversprechendste Versuch, dem Geheimnis Mozarts auf die Spur zu kommen, war der Mythos um sein Lebensende. Verarmt, erfolglos, von Auftraggebern und vielleicht sogar von der eigenen Frau im Stich gelassen, habe sich der schwer kranke Mozart in seinen letzten Monaten zu einer schöpferischen Höhe aufgeschwungen, die alle irdischen Begrenzungen hinter sich ließ und ihr darum diesen besonderen Glanz verlieh. Aber dieser Mythos vom einsamen Genie lässt sich nicht mehr aufrechterhalten.[304] Der Mythos entstammte der Idealisierung künstlerischer Genialität im 19. Jahrhundert. Mozart hatte Schaffenskrisen durchlebt. Die schwindende Bedeutung beispielsweise der italienischen *opera buffa* erforderte einen neuen Stil in der Opernkomposition. 1790 schien ihm wenig geglückt zu sein. Auch die legendären Geldsorgen gab es. Von seiner Reise zur Kaiserkrönung nach Frankfurt berichtete er nach Hause, dass man ihn um Aufführungen gebeten habe, «welche von Seiten der Ehre herrlich, aber in Betreff des Geldes mager ausgefallen»[305] seien. Wahr ist, dass Mozart bei seinen Zeitgenossen keineswegs den unerreichten Platz einnahm, den ihm die Nachwelt später zudachte. Er war ein Künstler unter anderen. Das hieß aber nicht Bedeutungslosigkeit und Vereinsamung. Die 1791 uraufgeführte *Zauberflöte* bescherte ihm einen großen Erfolg, noch wenige Wochen vor seinem Tod freute er sich in Briefen an seine Frau über die «herrliche Aufnahme meiner teutschen Oper».[306] Wahr ist aber auch, dass sich in Mozarts letzten Stücken die einzigartigen Passagen häufen, die mit einer unfassbaren Leichtigkeit die ebenfalls hörbare Traurigkeit des Daseins hinter sich lassen. Berühmt ist dafür das Adagio aus dem Klarinettenkonzert (KV 622). Die ersten Takte aus dem Introitus zu Anfang des *Requiem* (KV 626), vielleicht eine der tatsächlich letzten Kompositionen Mozarts, lassen einen immer wieder mit fassungslosem Erstaunen fragen: Wo muss ein Mensch sein, um diese Klänge zu komponieren?

Karl Barths Ausführungen zu Mozart – das Beste, was der große Theologe des 20. Jahrhunderts geschrieben hat – kommen dem Geheimnis vielleicht am nächsten. In ihrer Freiheit und Souveränität sei diese Musik von einer Art, «für die ‹schön› gar kein Wort ist».[307] Barth fährt fort:

> Mozart hatte hinsichtlich des Theodizeeproblems den Frieden Gottes, der höher ist als alle lobende, tadelnde, kritische oder spekulative Vernunft. Es lag kampflos hinter ihm. Warum sich darüber ärgern? Er hatte eben das gehört und lässt den, der Ohren hat zu hören, bis auf diesen Tag eben das hören, was wir am Ende der Tage einmal sehen werden: die Schickung im Zusammenhang. [...] Et lux perpetua lucet [...] Mozart sah dieses Licht so wenig wie wir Alle, aber er hörte die ganze von diesem Licht umgebene Geschöpfwelt. [...] Und indem er die Geschöpfwelt ganz ohne Ressentiment und unparteiisch hörte, brachte er eigentlich nicht seine, sondern ihre eigene Musik hervor, ihr doppeltes, aber doch übereinstimmendes Gotteslob. [...] Er war selbst nur Ohr für jenes Klingen und sein Vermittler für andere Ohren.[308]

Die Frage, was Mozart mit seiner Musik sagen wollte, führt in die Irre. Mozart wollte vollendet schöne Musik komponieren. Programme und Weltanschauungen zu vertonen war ihm fremd, und das macht seine Musik so anziehend und ergreifend. Darum sind die Versuche einer biographischen oder psychologischen Erklärung des Besonderen seiner Musik vergeblich. Sie bringt einen tiefen Frieden und eine ruhige, tragende Dankbarkeit zum Klingen, die all die Missklänge, das Fragmentarische, das Zerbrochene und das Uneingelöste des Lebens zu einer Harmonie fügt. Nach Mozart berauschten sich Musiker an den Erlösungspotenzialen der Musik. Das ist einer der Gründe für den Aufstieg der Musik zur größten Kulturmacht des 19. Jahrhunderts. Von alledem wusste Mozart nichts. Erlösungsmusik zu komponieren lag nicht in seinen Absichten, und doch wurde seine Musik als ein Ausblick auf Erlösung gehört. Darin liegt das Geheimnis Mozarts. Der Streit um Mozarts Christlichkeit oder um die christlichen Gehalte, die seine Musik vertont, ist zu klein für sein Werk. Seine Musik erinnert unaufhörlich daran, dass der Überschuss dessen, was das Christentum verehrt, alle Formen sprachlicher und begrifflicher Begrenzung durchbricht.

Die «Spuren der Transzendenz» ziehen sich durch die Musik des 19. Jahrhunderts, sie finden sich in berührender Feinheit in Schuberts Werken. Bei Beethoven (1770–1827), so heißt es, gelangte die Musik als Darstellung des Absoluten an ihren Zenit.[309] Nach der Übersiedlung nach Wien, wo er Mozart zu treffen hoffte und ihn doch nicht mehr fand, war Beethovens Schaffen bald von einer «Sehnsucht nach Höherem»[310] bestimmt. Mozarts und Schuberts frühes Ende waren ein Unglück, Beethoven hingegen prägte das Bild vom tragischen Künstler aus Notwendigkeit. Weltabgewandtheit und Einsamkeit galten als Voraussetzungen für die «Erfüllung der künstlerischen Mission».[311] Neben aufwändigen kompositionstechnischen Fragen arbeitete Beethoven auch theoretisch an religiösen und philosophischen Themen.[312] Seine Symphonien und vor allem sein Spätwerk beflügelten schon bei zeitgenössischen Hörerinnen und Hörern die Idee, Musik stelle das Absolute dar. E. T. A. Hoffmann pries in seinen musiktheoretischen Schriften Beethovens Musik als vollendeten Ausdruck moderner

Religion, sie spreche von den «Wundern des fernen Reiches».³¹³ Beethovens Musik vermittelte die Ahnung eines höheren Sinns, der mit Worten nicht auszudrücken war. Es ist das Unaussprechliche an der Musik, durch das sich Transzendenz erschließt. Die absolute Musik konnte daher nur Instrumentalmusik sein.³¹⁴

Begreift man die Instrumentalmusik als vollendeten Ausdruck des Absoluten, dann geht damit eine inhaltliche Verschiebung einher, die man als «Sakralisierung von Profanem»³¹⁵ interpretiert hat. In der Bezeichnung verbirgt sich durchaus auch ein Hauch von Skepsis. Die Musik versetzte nach Auffassung der Anhänger der musikalischen Kunstreligion in eine kontemplative Andacht, in der sich all das Unaussprechliche, Unfassbare und Unendliche, was der Mensch an der Welt erfährt, in Gefühlen abbilde.³¹⁶ Musik galt daher als eine Form der Wirklichkeitserschließung, die verborgene Dimensionen über die durch sie erzeugten Stimmungen eröffnet. Schopenhauer sah die Deutungskraft der Musik in den Assoziationen, die sie hervorrief. Er – daran sei hier noch einmal erinnert – sprach von dem «innigen Verhältniß, welches die Musik zum wahren Wesen aller Dinge hat».³¹⁷ Wagner schließlich attestierte der Musik ein göttliches Wesen.³¹⁸

Auf dem einst von Wackenroder eingeschlagenen Weg rückten die «Metaphysiker» die Musik in ihrer unaussprechlichen und unauslotbaren Vagheit in die Nähe einer Offenbarungserfahrung.³¹⁹ Aber was hat die Offenbarung der Musik mit der Offenbarung des Christentums zu tun? Die Frage beschäftigt die Religionsphilosophie bis heute.³²⁰ Sowohl in der religiösen wie in der ästhetischen Erfahrung stellt sich im Bewusstsein die Erfahrung eines Sinns ein, beide Erfahrungsarten durchbrechen den alltäglich vertrauten und gewohnten Umgang mit der Wirklichkeit, beide stellen sich ungesucht ein und können nicht vom Menschen selbst herbeigeführt werden, beide haben schließlich ein transzendierendes Moment. Im Falle der Musik hört man und wird zugleich in eine höhere Dimension des Sinns entrückt.

Der entscheidende Unterschied ist die Vagheit der ästhetischen Erfahrung, sie kommt ganz ohne begriffliche Zumutungen aus, mit denen die religiöse Erfahrung im Christentum auf einen bestimmten Sinn festgelegt wird. Man kann sich beim Hören der Musik Mozarts oder Beethovens wunderbar aufgehoben fühlen, ohne die Feinheiten der christlichen Trinitäts- oder Schöpfungslehre akzeptieren zu müssen. Darin mag der Grund für den besonderen Charme und auch für den großen Erfolg der ästhetischen Erfahrung in der Moderne liegen.³²¹ Kritiker haben jedoch darin einen entscheidenden Mangel gesehen und die Erhebung der Kunst oder der Musik als eine Ermäßigung und Absenkung des eigentlich Religiösen getadelt. Andererseits ist die Vagheit auch ein Teil der religiösen Erfahrung. Das, was die Werke der Musik und der Kunst in Menschen ansprechen und auslösen, gehört darum zu den religiösen Erfahrungen des Christentums essentiell dazu. Die Klänge Mozarts behindern nicht, sondern befördern die Erfahrung einer wider alle Fakten in der Welt eingelassenen Güte.

Darin liegt ein Unterschied zwischen Mozart und Beethoven. Bei Mozart stellt sich die religiöse Dimension mit der Leichtigkeit eines Spiels ein. Das macht ihren Reiz aus. Beethoven hingegen arbeitete konsequent an der musikalischen Umsetzung einer Idee des Absoluten. Das gab seiner Musik eine Größe, die aber auch ihre Grenze hatte. Insbesondere das Spätwerk wie beispielsweise die c-Moll-Sonate (op. 111) gleicht einem eindringlichen Appell an die Hörerinnen und Hörer, der ästhetische Ausblick auf Transzendenz wird in den ethischen Aufruf überführt.[322] Beethoven wollte im Gegensatz zu Mozart etwas von seinen Hörern. Seine Musik bedeutete aber auch einen Endpunkt. Thomas Mann ließ Wendell Kretzschmar im *Doktor Faustus* Bedenkenswertes sagen. In der c-Moll-Sonate sei die Kunstform der Sonate «zu Ende, ans Ende geführt, sie habe ihr Schicksal erfüllt, ihr Ziel erreicht, über das hinaus es nicht gehe, sie hebe und löse sich auf, sie nehme Abschied».[323]

Der Aufstieg der Musik veränderte schließlich auch ihre institutionelle Einbettung. Das lässt sich an Beethovens großem kirchenmusikalischen Werk, der *Missa solemnis*, erkennen.[324] Beethoven erhielt den Auftrag, sie für die Bischofsweihe des Erzherzogs Rudolph zu komponieren. Das wäre noch der traditionelle Hintergrund gewesen, doch Beethoven hatte mit der Messe Großes vor. Er war davon fasziniert, den Gedanken göttlicher Zeitlosigkeit musikalisch umzusetzen.[325] Der immense Anspruch an das Werk war jedoch mit dem ursprünglichen Zeitplan nicht zu vereinbaren, Beethoven verlor den Auftrag. Daraufhin bot er die Messe mehreren Musikverlagen an, die bereitwillig zusagten und Vorschüsse bezahlten. Am Ende entstand um Beethovens bedeutendste Messe ein recht unwürdiges «Geschacher».[326] Bezeichnend ist an dem Vorgang die Ablösung des Werkes aus dem kirchenmusikalischen Rahmen: Die Messe wurde zum Konzert. Beethoven leitete damit den Übergang zur Inszenierungspraxis der Musikreligion ein.

Die Musik zog keineswegs theatralisch aus den Kirchen aus, auch die Kirchenmusik hatte an dem kulturellen Bedeutungsgewinn der Musik Anteil. Die reiche Aufführungspraxis von Oratorien wie Haydns *Schöpfung* oder den Werken Mendelssohns und die Wiederentdeckung Bachs und Händels belegen das. Die Musik hielt jedoch zusätzlich einen triumphalen Einzug in die Konzertsäle und Opernhäuser. Deren Bau wurde zu einem neuen Aufgabengebiet der Architektur, die Oper als Verbindung von Theater und Musik entwickelte sich zum Leitmedium der Musik. Der überragende Aufstieg der Musik begünstigte auch die Musiker, an deren Verehrung sich alle Züge des modernen Starkults ablesen lassen. Hector Berlioz und Giuseppe Verdi waren gefeierte Opernkomponisten, Franz Liszt begeisterte seine Anhänger auf Konzertreisen durch Europa.

Der Höhepunkt des Aufstiegs der Musik zur führenden Kunstform wurde mit Richard Wagner (1813–1883) erreicht.[327] Mit seiner Idee, das Musikdrama als vollendetes Gesamtkunstwerk zu konzipieren, erhob er den höchsten künstlerischen Anspruch und machte die Musik zugleich zu einer Ersatzreligion. Musik musste für Wagner ein Programm verfolgen. Sie sollte den Menschen aus seinem Gefangensein in seinen natürlichen Bedürfnissen und einer korrumpierten Welt emporführen in die Sphäre der Erhabenheit. Wagner griff in der konkreten Umsetzung auf den Mythos als narrativen Rahmen zurück, theoretisch nahm er Anleihen bei der Musikphilosophie Schopenhauers und stand bis zu ihrem Zerwürfnis in regem Gedankenaustausch mit Nietzsche. Mit seiner Programmmusik feierte Wagner große Erfolge, er traf offensichtlich mit ihrem Pathos die Sehnsüchte einer ganzen Generation. Zugleich trieb er jedoch den Anspruch an die Musik auf eine nicht mehr zu überbietende Höhe. Musik musste dauerhaft von ihren Hörern etwas wollen und an ihnen etwas vollbringen. Das provozierte am Ende notwendig Gegenreaktionen.

Die Musik des 19. Jahrhunderts war aber auch reich an vorsichtigeren Versuchen, mit der Macht des Klanges eine transzendente Dimension zu erschließen. Brahms und Bruckner waren von dem Gedanken ebenso fasziniert wie Gustav Mahler (1860–1911). Man kann ihre Musik als eine kulturelle Gegenkampagne gegen den naturwissenschaftlichen Siegeszug des Materialismus interpretieren.[328] Mahler wurde wegen seiner Musik als Gottsucher und Mystiker bezeichnet, dessen Musik vom Leid der Welt befreien wollte.[329]

Um die Wende zum 20. Jahrhundert setzte mit der »Neuen Musik« Arnold Schönbergs (1874–1951) und seiner Nachfolger eine epochale Wende in der Geschichte der Musik ein.[330] Um das zu verstehen, muss man sich noch einmal die drei Stufen der Emanzipation der Kunst von der Religion vor Augen führen. Die romantische Transformation des Christentums räumte der Musik die wichtigste Funktion in der Darstellung des Absoluten ein. In dieser ersten Emanzipationsstufe, die von Beethoven bis Mahler reicht, erprobte die Musik die ihr eigenen Möglichkeiten, religiöse Gehalte unabhängig von den Formzwängen der christlichen Lehre darzustellen. Einen Schritt weiter ging Wagner mit seinem Programm, die Musik selbst zum Erlösungswerk zu erheben. Die Wende zur Zwölftonmusik ist schließlich – je nach Standpunkt – die Folge einer metaphysischen Erschöpfung oder einer ästhetischen Übersättigung. Erschöpft war die Musik von dem großen Anspruch, Religion zu treiben, übersättigt war sie von der «herrischen Subjektivität»,[331] die nach Themen und Tonfolgen suchte, um ihre Welterfahrung musikalisch ausdrücken zu können. Die atonale Musik ist die dritte

Emanzipationsstufe der Musik, die Emanzipation nun nicht mehr von den christlichen Vorgaben, sondern auch von dem Anspruch, diese durch andere Inhalte zu ersetzen. Sie ist die reine Besinnung der Musik auf sich selbst, auf Klangmöglichkeiten und Tonfolgen. Autonomie der Musik bedeutet in diesem Fall Entlastung von dem Anspruch, mit Musik etwas anderes als Musik ausdrücken zu wollen.

Vom Unendlichen zum Banalen: Kunst

Anders als bei der Musik verlief die Emanzipation der bildenden Kunst von der Religion. Den ersten Emanzipationsschub erlebte die Kunst in der Transformationsphase der Romantik. Caspar David Friedrich malte keine religiösen Botschaften, sondern er malte Religion. Er versuchte mit den Mitteln des Bildes, die Wirkung der Unfassbarkeit der Wirklichkeit auf das menschliche Gemüt auszudrücken. Friedrich starb 1840, krank, einsam und vergessen, die religiöse Dimension seiner Kunst weckte zunächst kein Interesse (siehe Seite 487–494).

Den Übergang in die Moderne machen die großen englischen Maler des 19. Jahrhunderts sichtbar. John Constable (1776–1837) fing in seinen Landschaftsbildern ganz ähnlich wie Caspar David Friedrich die Stimmung und das Gefühl des Betrachters ein.[332] Aber in seinen Bildern von der eigenwilligen Landschaft seiner Heimat Suffolk hielt er sich näher an die Realität, die das Auge sah (Tafel 19). Der Zusammenhang der eigenen Gestimmtheit mit den Möglichkeiten des eigenen Sehens präludierte die großen Themen der Kunst des 19. Jahrhunderts. Constables Kollege und Konkurrent William Turner (1775–1851) ging einen Schritt weiter.[333] Seine außergewöhnliche Begeisterung für das Zusammenspiel von Licht und Luft versteht man besser, wenn man das Arrangement von Sonne und Dunst in Margate an der Themsemündung erlebt hat. Turner verbrachte dort seine Schulzeit. Auch bei ihm gab das romantische Grundmotiv den Ausschlag, mit der Kunst subjektives Erleben darzustellen. Die Konzentration auf den Vorgang der Wahrnehmung führte bei ihm zu einer «Relativierung der Objektwelt».[334] Turner fing die Phantasie und die Imagination ein, die die Betrachtung im Beobachter auslösen konnte. Damit beeindruckte er die späteren Impressionisten und bereitete die abstrakte Malerei vor.

Constable und Turner waren in religiöser Perspektive viel bescheidener als Friedrich, aber auch ihre Bilder lassen einen tieferen Sinn durchscheinen. Turners *Regen, Dampf und Geschwindigkeit* aus dem Jahr 1844 ist eine Ikone des neu aufbrechenden Lebensgefühls (Tafel 20). Aus dem im Bild sich auflösenden Nichts der Unendlichkeit schießt durch den konturlos miteinander verbundenen Dampf und Regen die Eisenbahn auf den Betrachter zu, imposant, aber auch bedrohlich[335] – das Wunder der Technik schlechthin für die Menschen des 19. Jahrhunderts, das gleichermaßen faszinierte und erschreckte. Aufschlussreich ist ein Detail. Vor der Lokomotive flieht auf den Gleisen ein Hase, der Betrachter ahnt die Vergeblichkeit der Flucht. Die Eisenbahn wird ihn im nächsten Moment erfassen.[336]

Constable und Turner bereiteten vor, was die Kunst ab der Mitte des 19. Jahrhunderts vornehmlich beschäftigte. In immer schneller folgenden Stilepochen war die Kunst der Moderne bestrebt, die subjektive Art der Wirklichkeitsbegegnung darzustellen.[337] Die Motive dafür waren vielfältig. Neue Techniken wie die Fotografie bedeuteten für die darstellende Kunst eine Herausforderung. Selbst die Rückkehr zum Realismus, wie sie in den Siebzigerjahren Courbet betrieb, ist eine Reaktion darauf, verbunden mit dem Anspruch, mit einem gemalten Bild die Wahrheit der erlebten Welt besser treffen zu können als mit dem technischen Abbild des Fotos.[338] Der Realismus war ein interessanter Sonderfall, aber im Ganzen bewegte sich die Kunst in eine Richtung, in der es nicht mehr um die Frage der Abbildung ging. Das Hauptanliegen der Impressionisten war es, den sinnlichen Eindruck im Menschen wiederzugeben (siehe die Bilder von Claude Monet: Abb. 58 und Tafel 21). An ihren Bildern sieht man, dass dies etwas anderes ist als das getreue Abbild der Natur.

Van Gogh (1853–1890) führte den Weg weiter. Er verlegte sich in seinen Bildern nicht mehr auf den Sinneseindruck, sondern auf die vorherrschende Stimmung, die aus dem Zusammenspiel der Sinneseindrücke entsteht.[339] Diese galt es in Farbe zu gießen. Darin kann er als Vorläufer des Expressionismus des 20. Jahrhunderts betrachtet werden. Van Gogh ist aber auch noch in einer anderen Hinsicht bemerkenswert. Der einstige Theologiestudent suchte in seiner Kunst nach einer Religion, die ihm sein verloren gegangenes Christentum hätte ersetzen können. Das war keine romantische Aufladung der Wirklichkeit im Geiste des Künstlers mehr, sondern eine Religion, die Trost an der sinnlichen Wahrnehmung des Lichts und an der Reinheit der Natur empfand und das in Bildern ausdrücken wollte (siehe Tafel 22).[340]

Bei den Impressionisten und bei van Gogh zeichnete sich ab, dass die Kunst Fragen nach dem Wesen der Wirklichkeitswahrnehmung stellen musste. Das führte zu den großen Experimenten der Form. Cézanne und nach ihm der Kubismus bearbeiteten die Frage nach der «innocence of the eye».[341] Erklärtes Ziel war es, die Sinneseindrücke in der «unschuldigsten» und reinsten Form so wiederzugeben, wie sie sich zeigen, fernab aller Interpretationen. Als Endpunkt dieser Entwicklung, als höchste Autonomie in der Form, kann man den Übergang zur abstrakten Malerei bezeichnen, die ganz auf die Darstellung des

Claude Monet, Der Seerosenteich, 1897/1899. Sein Malerkollege Eduard Manet nannte Claude Monet den «Raffael des Wassers». Monet propagierte die Freiluftmalerei, um in seinen Bildern die «Impression» darstellen zu können, die das Zusammenspiel der Naturphänomene erzeugt. Die heute weltbekannte Kunstrichtung des 19. Jahrhunderts stieß bei den Zeitgenossen zunächst auf heftige Kritik.

Abb. 58

Gegenstands verzichtet. Das war kein Selbstzweck, sondern konnte wie bei Wassily Kandinsky (1866–1944) auch von dem Anliegen motiviert sein, in der Abstraktion das Geheimnis der Dinge anschaulich werden zu lassen (siehe Tafel 23).[342]

Der Weg zu dieser Autonomie war nicht linear. Vielmehr lösten sich verschiedene Avantgarden, Überbietungen und Gegenentwürfe in einer spannungsvollen Dynamik gegenseitig ab. Darin kann man den inneren Motor sehen, der den Übergang von der klassischen Moderne zur Kunst der Gegenwart antreibt. Der abstrakten Malerei offensichtlich müde, kehrten amerikanische Realisten wie Hopper zur naturalistischen Darstellung zurück,[343] während umgekehrt die berühmte New York School um Maler wie Jackson Pollock oder Mark Rothko diesen vermeintlich naiven Realismus durch einen abstrakten Expressionismus zu überwinden suchte (siehe das Bild von Edward Hopper, Tafel 24).[344] Man kann sich des Eindrucks nicht erwehren, dass die immer kürzere Abfolge von Stilformen einer gehetzten Jagd nach dem Neuen gleichkommt. Die Nachkriegskunst durchbricht noch einmal eine entscheidende Mauer, indem sie nach den Zwängen der Form nun auch die des Zweckes auflöst und damit ein Höchstmaß an Ausdrucksautonomie erreicht. Kunst wird überführt in Prozesse, in Happenings und Aktionen.[345]

Der Künstler Gerhard Richter vereint die verschiedenen Ablösungs- und Überbietungstendenzen in seinem eigenen Werk. In seiner Kunst ist eine weitere Form der Autonomie zur Vollendung gebracht: die Autonomie von der Kunstkritik. Künstler werden nicht von Kritikern, Kunstkennern oder Museumskuratoren zu Stars erhoben, sondern von der unsichtbaren Hand des Marktes.[346] Was Kunst ist, entzieht sich der diskursiven Erörterung, Kunst ist ein Emergenzphänomen, sie taucht einfach auf.

Es scheint, als habe das Christentum mit der zunehmenden Autonomie der Kunst sein vorzüglichstes künstlerisches Medium verloren, das sich zunächst von der traditionellen Gestalt des Christentums und dann von der Religion überhaupt verabschiedet hat. Der Kunsthistoriker Hans Sedlmayr hat in seinem Buch *Verlust der Mitte* die Entwicklung der Kunst in der Moderne scharf kritisiert. Er interpretierte die moderne Kunst als die Verherrlichung des autonomen Menschen, der den religiösen Bezug der Kunst aufgegeben habe. Die Kunst habe damit ihre Mitte verloren.[347] Den sichtbaren Anfangspunkt dieser Entwicklung sah Sedlmayr in der Romantik. Die Bilder Friedrichs und Turners kündigten die barocke Geborgenheit des Menschen auf und brachten eine unerfüllte Sehnsucht, Unruhe, Heimatlosigkeit und Einsamkeit zum Ausdruck.[348] Die dadurch eingeleitete Entwicklung in der modernen Kunst spreche mit «großer symbolischer Kraft [...] von Erschütterungen im Innern der geistigen Welt».[349] Was die Kunst bis ins 20. Jahrhundert hinein hervorgebracht habe, belege ein tiefes Abgrunderleben, eine Angst vor der Irrationalität des Traumhaften, ein Nicht-ertragen-können der menschlichen Unvollkommenheit.[350] Am Ende schließlich behauptete Sedlmayr, dass die «Abschaffung Gottes» unweigerlich zur Abschaffung der Kunst führe.[351]

Sedlmayrs Urteile kann man schwer teilen. Er idealisierte den Barock und verschwieg, wie mühsam dessen Idee der Weltgeborgenheit der Wirklichkeit abgerungen war, er übersah von der Romantik an über van Gogh, Kandinsky und viele andere, dass gerade das irritierte Welterleben auch eine religiöse Dimension hat. In vielen ihrer Schattierungen gilt für die moderne Kunst bis in die Gegenwart hinein, dass auch sie wie die Musik eine eigenständige Form bietet, sich den großen Fragen menschlichen Welterlebens zu widmen. Darin ist sie für das Christentum eine vorzügliche Gesprächspartnerin. Dass ihre Ausdrucksformen seit der Mitte des 19. Jahrhunderts auch das Dunkle und Abgründige – vielleicht sogar hauptsächlich – thematisieren, ist nicht ein Problem der Kunst, sondern der Moderne. Und doch sah Sedlmayr etwas Richtiges voraus: Wo die Kunst der Gegenwart aufhört, sich für die tiefen Dimensionen des Welterlebens zu interessieren, mag sie zwar ihre Autonomie in Vollendung erreicht haben, sie wird aber banal.

Stillose Moderne? Die Schwierigkeit, Kirchen zu bauen

Unter Sedlmayrs Verdikt fiel auch die Architektur des 19. Jahrhunderts, allerdings war sein Urteil hier etwas milder. Das chaotische Auseinanderdriften in so viele Stile sei vor allem der Vielfalt der Aufgaben geschuldet.[352] Das trifft zweifellos den Punkt. Das 19. Jahrhundert ist von einem immensen Aufschwung in der Gestaltung des öffentlichen Raumes gekennzeichnet. Der Bau von Kirchen wurde zwar aus Gründen der Bevölkerungsentwicklung energisch vorangetrieben, er war aber nicht mehr die einzige Aufgabe für architektonische Großprojekte. Bahnhöfe, Rathäuser, Justizgebäude, Museen, Theater, später auch Parlamente wie der Reichstag in Berlin und Fabrikhallen entstanden und prägten die europäischen Großstädte. Etwas zeitversetzt und ohne die Kriegszerstörungen gilt das auch für nordamerikanische Großstädte und eine Reihe von weltweiten Metropolen, die sich im europäischen oder nordamerikanischen Einflussbereich befanden. Die Gestaltungsaufgaben lösten einen Wettbewerb zwischen Architekten und Ingenieuren aus, die an einer Demonstration neuester technischer Möglichkeiten interessiert waren. Von der verglasten Gusseisen-Architektur – etwa dem Crystal Palace auf der Londoner Weltausstellung 1851 – über das Eisenfachwerk – etwa beim 1889 errichteten Eiffelturm – bis hin zum Stahlskelettbau, der die Stabilität von Wolkenkratzern ermöglichte, reichen die Innovationen.

Die Vielfalt der Aufgaben allein konnte aber nicht die Vielfalt der Stile erklären, die sich anders als in früheren Kulturepochen im 19. Jahrhundert so plötzlich und gewaltig entwickelte. Ein Sinnbild dafür war der preußische Architekt Karl Friedrich Schinkel (1781–1841), der Elemente des Klassizismus mit denen der Romantik vereinte. Aus beiden Richtungen nahm der Künstler und Architekt wichtige Anregungen auf und ließ sie in seine Bauten einfließen.[353] Dazu

Abb. 59

Die Friedrichwerdersche Kirche wurde 1824 bis 1830 nach Plänen von Karl Friedrich Schinkel erbaut. Die Planung der Kirche wurde für Kritiker der Moderne wie Hans Sedlmayr zum Inbegriff moderner Stillosigkeit. Mehrere Baustile wurden vorgeschlagen, bevor die Neogotik den Zuschlag erhielt. Die für den Historismus kennzeichnende Orientierung an den Baustilen der Vergangenheit kündigt sich hier bereits an.

Elftes Kapitel: Das vervielfältigte Christentum

zählte auch die Friedrichwerdersche Kirche in Berlin. Der Hofarchitekt Schinkel wurde zunächst nur als Gutachter herangezogen. An den eingereichten Plänen fand er jedoch kein Gefallen. Es bereitete ihm keine Mühe, seine eigenen Vorschläge zunächst als einen an der Renaissance orientierten, antikisierenden römischen Tempel und wenig später als eine neugotische Backsteinkirche zu präsentieren, die dann am Ende auch realisiert wurde (Abb. 59).[354] Sedlmayr sah in Schinkels gestalterischer Wandlungsfähigkeit eine erschütternde Wurzellosigkeit,[355] andere entdeckten darin eine Vorwegnahme des Historismus des 19. Jahrhunderts. Mit beidem dürfte man Schinkel Unrecht tun. Die praktizierte «Allverfügbarkeit der Stile»[356] verdankt sich zum einem dem Zuwachs an architektonischen Großaufgaben, zum anderen war sie auch Ausdruck eines neuen Selbstbewusstseins ästhetischer Gestaltungsfreiheit.

Dennoch lässt sich an Schinkel ein bemerkenswerter Übergang beobachten. Der Moderne kam im 19. Jahrhundert ein einheitlicher Stil abhanden. Das Phänomen hat bereits die Kunsthistoriker des 19. Jahrhunderts auf den Plan gerufen. Heinrich Wölfflin wendete in seinem Buch über das Verhältnis von Renaissance und Barock die Frage auch vor dem Eindruck seiner eigenen Zeit ins Grundsätzliche. Wie kommt es überhaupt zu einem Stilwechsel? Geläufige Antworten führen technische Innovationen ins Feld oder verweisen auf Abstumpfungseffekte. Nach einer bestimmten Dauer schwindet offensichtlich das ästhetische Interesse, das Auge sieht sich satt, und ein neuer Stil muss her. Wölfflin überzeugte das nicht. Stil ist der «Ausdruck seiner Zeit, er ändert sich, wenn die Empfindungen der Menschen sich ändern»,[357] ein Stil macht damit das «Lebensgefühl»[358] einer Epoche deutlich. Das kommt nahe an das heran, was Paul Tillich später in seiner Kulturtheologie mit dem existentiellen Anliegen von Kunst- und Bauwerken meinte.[359]

Die Stilpluralität einzelner Künstler und die immer raschere, fast atemlose Abfolge von Stilrichtungen im 19. Jahrhundert ist Ausdruck eines irritierten Welterlebens. In ihr kommt eine «schwindende Stabilität der Wirklichkeit»,[360] wie Hans Ulrich Gumbrecht es genannt hat, ans Licht. Der Historismus erfasste in der zweiten Hälfte des 19. Jahrhunderts praktisch das gesamte kulturelle Leben. Historistische Architekten orientierten sich an diversen Baustilen der Vergangenheit. Sie bauten neoromanische Ritterburgen am Rhein, gotische Rathäuser für das Bürgertum, neobarocke Repräsentationsgebäude für die Regierenden oder Postämter und Synagogen im maurischen Stil. Die Rückkehr zu diesen Baustilen war keine Einfallslosigkeit, sondern brachte zum Ausdruck, wo in der Geschichte man seine eigene Herkunft verortete und welchem Ideal der Humanität man sich verschrieben hatte. Nationale Selbstbilder spielten dabei eine wichtige Rolle. Der Historismus ist darin eine Gegenbewegung gegen den küh-

Abb. 60 «Historistisch» musste nicht immer nur Gotik oder Romanik bedeuten. Die Kirche Sacre Cœur auf dem Pariser Montmartre wurde Ende des 19. Jahrhunderts nach byzantinisch-romanischen Vorbildern gebaut und richtete sich unter Berufung auf das «Alte» und «Ursprüngliche» gegen die Neogotik.

len Stil von Gebäuden, die vor allem die Fortschritte der Ingenieurskunst vor Augen führen sollten.

Der Historismus bestimmte im 19. Jahrhundert auch den christlichen Kirchenbau. Es war mehr als ein politisches Symbol der Aussöhnung zwischen Preußen und den katholischen Rheinländern, wenn der unvollendete Kölner Dom seinen gotischen Anfängen getreu im Laufe des 19. Jahrhunderts fertiggebaut wurde (Abb. 61). Der gotische und der romanische Stil verkörperten das Ideal von Kirchenbauten. Im Eisenacher Regulativ von 1861 schrieben Protestanten dies in einem eigens ausformulierten Kirchenbauprogramm ausdrücklich fest. Im Geist des Historismus empfahlen sie den romanischen oder gotischen Stil als allein der Würde eines Gotteshauses angemessene Architekturform.[361] Sicher wirkte darin auch eine romantische Verklärung des Mittelalters fort, die kurioser-

Der Dom zu Cöln im Frühjahre 1854. Stahlstich von Carl Mayer nach einer Zeichnung des Dombaumeisters Ernst Zwirner. Dem Historismus ist es zu verdanken, dass nach Jahrhunderten mittelalterliche Großprojekte abgeschlossen werden konnten. Das prominenteste Beispiel ist der Kölner Dom.

Abb. 61

weise auch Protestanten erfasste. Die Empfehlung mittelalterlicher Baustile ist ein nachvollziehbarer Versuch, sich in die Tradition christlicher Kulturprägung einzuordnen. Andererseits wirkt es aber doch auch so, als würde man es sich selbst nicht mehr zutrauen, eigene Formen für die Gestaltung eines Gotteshauses zu finden, ja als wäre das Christentum eine pathetische Anrufung einer großen Vergangenheit, der kein eigenes Erleben und Fühlen mehr entspricht. Doch letztlich ging diese Rechnung nicht auf, denn der Appell an den Glanz der Vergangenheit hatte etwas Künstliches an sich. Es handelte sich um eine «Beschwörung, die nicht mehr geglaubt wird, eine Symbolik, die nicht mehr spricht, eine Form, die nicht mehr bündig ist».[362]

Nach dem Historismus musste der Kirchenbau unter den Bedingungen der Moderne gewissermaßen noch einmal von vorne anfangen. Die neuen Wege

Abb. 62 Die Kapelle Notre-Dame-du-Haut in Ronchamp, Frankreich, wurde 1955 nach Plänen des Architekten Le Corbusier gebaut. Die Abkehr vom Historismus war für den Kirchenbau auch eine Entlastung. Neue Formen und Gestaltungsmöglichkeiten kamen zum Einsatz. Le Corbusiers berühmte Wallfahrtskirche ist inspiriert vom Bild des Schiffes, das die Gemeinschaft der Christen durch die Zeiten bringt.

sind vielfältig. Bemerkenswert ist im 20. Jahrhundert der Trend, mit funktionalen Gemeindezentren den urchristlichen Pragmatismus wiederzubeleben. Zweifelsohne entlastet dies von dem Druck, das seinem Wesen nach unverfügbare Erleben göttlicher Transzendenz ästhetisch darzustellen. Doch blieb es auch dabei nicht. Die Unmöglichkeit, das Unverfügbare darzustellen und das Transzendente göttlicher Wirklichkeit in feste Formen zu gießen, ist die geheime Antriebskraft des Kirchenbaus. Ihm wuchsen nach dem Abstreifen des Historismus neue Möglichkeiten zu. Der Kirchenbau musste nicht mehr der Prachtenfaltung christlicher Herrscher dienen, er musste sich nicht an volkspädagogischen Programmen beteiligen, ja er musste nicht einmal ästhetische Moden mitmachen, da er seit dem 20. Jahrhundert am äußersten Rand des Architekturbetriebs anzusiedeln ist. Von Le Corbusiers Notre-Dame-du-Haut in Ronchamps über Oscar Niemeyers Kathedrale von Brasilia bis hinein in die Gegenwart liefert der Kirchenbau faszinierende Beispiele dafür, wie unter den Bedingungen der Moderne die Vorstellung von göttlicher Transzendenz in von Menschen erbauten Räumen Form gewinnen kann (Abb. 62 und 63).[363]

Elftes Kapitel: Das vervielfältigte Christentum

Oscar Niemeyer baute 1970 die Kathedrale von Brasilia. Auch futuristisch anmutende Träume von einer freieren Form von Gottesdienst und Kirche inspirierten viele Architekten zur Gestaltung von Kirchenräumen.

Abb. 63

Die Suche nach Gott in der Literatur des 19. Jahrhunderts

Die Musik begeisterte im 19. Jahrhundert die Öffentlichkeit am meisten, Kunst und Architektur erregten die Gemüter am stärksten, aber die Literatur des 19. und frühen 20. Jahrhunderts vollzog die Transformation des Religiösen am tiefsten. Nimmt man in der kulturgeschichtlich üblichen Zeitrechnung noch die ersten Jahrzehnte des 20. Jahrhunderts hinzu, in denen die allesamt im 19. Jahrhundert geborenen Autorinnen und Autoren die Literatur zu einer besonderen Blüte führten, dann erreichten alle europäischen Nationalliteraturen in dieser Epoche einen, vielleicht sogar *den* Höhepunkt in ihrer Geschichte. In der Gattung des Romans schufen französische und englische Schriftsteller – in England auch mit einem bemerkenswert starken Anteil an Autorinnen, wie Mary Shelley, Jane Austen und den Brontë-Schwestern, – Klassiker der Weltliteratur. Etwas zeitversetzt gilt das ab 1900 für die deutsche Literatur. Das 19. Jahrhundert war auch die große Zeit der russischen Literatur. In der Neuen Welt liefen die Entwicklungslinien etwas anders, sie brachte ihre Weltliteratur vor allem im

20. Jahrhundert hervor. James Fenimore Coopers *Lederstrumpf* und Herman Melvilles *Moby-Dick* sind nur zwei Beispiele für die faszinierende nordamerikanische Literatur des 19. Jahrhunderts.

Für einen modernisierten und individualisierten Umgang mit religiösen Themen war der Roman gut geeignet. Die narrative Entfaltung von Lebensgeschichten war ein vorzügliches Mittel, um über das Leben und seinen Sinn nachzudenken. Adalbert Stifters Romane etwa wollen aller wissenschaftlichen Entzauberung und aller Erfahrung des sinnlosen Leidens und Schmerzes zum Trotz der Natur ein göttliches Geheimnis ablauschen.[364]

Was sich mehrheitlich als Lebensgefühl und Erlebnisverarbeitung in den großen Werken des 19. Jahrhunderts ausdrückt, bewegt sich zwischen der ersten und der zweiten Stufe der Emanzipation der Kunst vom Christentum. Die christlichen Denkfiguren, Themen und Gestalten traten in ihrer traditionellen Form in den Hintergrund, nicht aber die damit verbundenen Fragen. Der Roman spürte mit seiner narrativen Kraft dem inneren Sinn von Lebensgeschichten nach, er erörterte die Folgen des menschlichen Tuns für sein Glück oder Unglück und warf damit die Frage nach der Macht des Schicksals auf, er behandelte die Rolle des Einzelnen in der Gesellschaft. In alledem war die Literatur des 19. Jahrhunderts nicht christlich im traditionellen Sinn und dennoch in einem hohen Maß religiös.

Das gilt auch für die Literatur, die sich ganz offensichtlich vom Christentum abkehrte. Das vielleicht berühmteste Beispiel liefert Gottfried Kellers (1819–1890) *Der grüne Heinrich*.[365] Keller begeisterte sich für Ludwig Feuerbach, dessen Vorlesungen er in Heidelberg besuchte. In dem Entwicklungsroman schildert er, wie dem Protagonisten Heinrich schrittweise der Glaube an die Existenz Gottes abhandenkommt. Ganz im Geiste Feuerbachs wird ihm Gott zu einer Projektion des menschlichen Bewusstseins. Doch die Fragen der Religion sind damit keineswegs erledigt. Keller setzt der voranschreitenden Abwendung Heinrichs vom Christentum positiv entgegen, dass das Leben gerade aus der Endlichkeit und Vergänglichkeit seine geheimnisvolle und poetische Schönheit empfangen kann.[366] Das war eine antiromantische Romantisierung, die der Religion der Unendlichkeit eine Religion der Endlichkeit gegenüberstellte – und darin etwas sah, was auch zum Christentum gehörte und doch meist leichtfertig übersehen wurde: die Schönheit und Melancholie der Endlichkeit.

Diese Melancholie der Endlichkeit ist in vielen Werken vor allem der deutschen Literatur des 19. Jahrhunderts spürbar. In ihr artikulierte sich ein bemerkenswerter Wandel des Lebensgefühls, der einem zu entgehen droht, wenn man nur auf die philosophisch-weltanschaulichen Theoriepaläste der Epoche blickt. Liest man die Protagonisten der Idee einer bürgerlichen Religion ohne Gott oder gar die großen Religionskritiker, könnte der Eindruck entstehen, als habe sich der Abschied vom Christentum als eine schlichte und problemlose Auflösung einer als überholt und falsch deklarierten Weltsicht ereignet. Das gab es sicher auch, die Literatur des 19. Jahrhunderts ist reich an Beispielen für Fortschrittsoptimismus und postreligiöse Tatkraft. Doch gab es auch die andere Seite, aus der die Wehmut und gelegentlich auch Sentimentalität der Literatur des 19. Jahrhunderts besonders deutlich spricht.[367] Sie macht das Verlustempfinden anschaulich, das der Abschied von der großen metaphysischen und religiösen Rahmenerzählung des Abendlands auslöste. Das Verlorene und das Versäumte, das – um es mit einem Romantitel Fontanes zu sagen – Unwiederbringliche beschäftigte die Literatur, während der gesellschaftlich propagierte Historismus mit seiner euphorischen Denkmal- und Erinnerungskultur Züge eines verzweifelten Versuchs der Kompensation annahm.[368]

Andere Wege beschritt die Literatur in den beiden großen aufstrebenden christlichen Nationalkulturen des 19. Jahrhunderts, in den Vereinigten Staaten und in Russland. Die hier entstandenen Romane zeigen, dass der Plausibilitätsverlust des kirchlichen Christentums schon im 19. Jahrhundert ein globales Phänomen war, auf das unterschiedliche Antworten gegeben wurden. Thomas Carlyle (1795–1881) war zwar Schotte und kein Amerikaner, aber der große Mann des britischen Kulturlebens im 19. Jahrhundert machte mit einer Bemerkung über die religiöse Leistungskraft der Literatur tiefen Eindruck auf Emerson und dessen amerikanische Freunde. Carlyle zählte wie Madame de Staël zum Kreis der Europäer, die sich in der ersten Hälfte des 19. Jahrhunderts für die deutsche Philosophie und Literatur begeisterten.[369] Dabei gelangte er – inspiriert durch Fichte – zu der Einsicht, dass nicht die Theologen, sondern die Literaten die besten Interpreten der Wirksamkeit einer göttlichen Idee in der Welt seien. Sie bildeten eine eigene Priesterschaft, die mit den Mitteln der Literatur das Besondere und Individuelle der religiösen Erfahrung präziser zu erfassen und zu vermitteln vermag:

> Literary Men are the appointed interpreters of this Divine Idea; a perpetual priesthood, we might say, standing forth, generation after generation, as the dispensers and living types of God's everlasting wisdom, to show it in their writings and actions, in such particular form as their own particular times require it in.[370]

Carlyles Apotheose ist ein gutes Beispiel für das gestiegene Selbstbewusstsein der Literaten, das Thema der Religion kompetenter bearbeiten zu können, als dies die Berufsvertreter des Christentums mit ihren hergebrachten Mitteln konnten. Es bedeutet zugleich auch eine Emanzipation von den dogmatischen Vorgaben. Ralph Waldo Emerson, der Anfang der Dreißigerjahre auf seiner

Europareise Carlyle besuchte, kann in diesem Punkt als einer seiner folgsamsten Schüler gelten. Sein wenig später, 1836, erschienener Essay *Nature* war ein Versuch, Carlyles Anregungen umzusetzen. Emerson prägte damit die amerikanische Literatur, Henry David Thoreau und Walt Whitman verdanken ihm wichtige Einflüsse.[371]

Was es dabei mit der religiösen Dimension auf sich hat, zeigt das Werk von Emily Dickinson (1830–1886).[372] Aufgewachsen in dem intellektuellen und religiösen Klima der Ostküste, wurde sie im Geist des Puritanismus erzogen, suchte aber mehr und mehr unter dem Einfluss der Ideenwelt Emersons nach einer Transformation der traditionellen Glaubensvorstellungen. Die in ihrem Lebenswandel und in ihren Gedichten schwer zugängliche Poetin verfasste in dem Gedicht *This World is not Conclusion* ein faszinierendes Porträt der christlichen Religion in den Umwälzungen des 19. Jahrhunderts:

> This World is not Conclusion.
> A Species stands beyond –
> Invisible, as Music –
> But positive, as Sound –
> It beckons, and it baffles –
> Philosophy, don't know –
> And through a Riddle, at the last –
> Sagacity, must go –
> To guess it, puzzles scholars –
> To gain it, Men have born
> Contempt of Generations
> And Crucifixion, shown –
> Faith slips – and laughs, and rallies –
> Blushes, if any see –
> Plucks at a twig of Evidence –
> And asks a Vane, the way –
> Much Gesture, from the Pulpit –
> Strong Hallelujahs roll –
> Narcotics cannot still the Tooth
> That nibbles at the soul –

> Die Welt ist nicht der Schluss.
> Weil drüben Etwas wohnt
> Unsichtbar, wie Musik –
> So wirklich, wie ein Ton –
> Das winkt und nasführt uns –
> Philosophie, weiß nichts –
> Und durch ein Rätsel muss hindurch
> Am Ende – auch der Witz –
> Es raten, macht Gelehrte wirr –
> Es zu ergreifen, trug

So mancher der Geschlechter Hohn
Das Mal der Kreuzigung –
Der Glaube rutscht – lacht, sammelt sich –
Wird rot, wenns einer sah –
Zupft an dem Zweig der Evidenz –
Geht nach der Wetterfahn –
Gefuchtel, von der Kanzel –
Macht Hallelujas stark –
Kein Opium bringt den Zahn zur Ruh
Der an der Seele nagt – [373]

Mit dem naturwissenschaftlichen *species*-Begriff und den *narcotics* der Religionskritik nimmt Dickinson Schlüsselwörter der Religionsdebatten des 19. Jahrhunderts auf, die auf Darwin und Marx anspielen.[374] Mit harschem Sarkasmus schildert sie die kirchlichen Ausdrucksformen der Religion als unreifes Getue und Gestikulieren. Das kirchliche Christentum kommt in der Möglichkeit, den letzten Grund des Daseins zu erfassen, am schlechtesten weg. Aber auch Philosophie und Wissenschaft können ihrer Auffassung nach das Rätsel des Daseins nicht erfassen, schließlich geht auch die Religionskritik in die Irre. Denn für das, was an der Seele «nagt», ist kein Opium zu finden. Dickinson besingt in der Manier des Ostküstenplatonismus einen unsichtbaren und unfassbaren Weltengrund, der das Leben zu einem undurchdringlichen Geheimnis macht. Das Gedicht veranschaulicht den neuzeitlichen Umbruch zu einer Religion, die sich von den klassischen Ausdrucksgestalten und Lehren des traditionellen Christentums ablöst. Ihre kontemplative Verehrung einer *species beyond*, eines Etwas, das drüben wohnt, findet an der christlichen Religionspraxis keinen Anhalt mehr und entlarvt zugleich doch die propagierte Auflösung der Religion als vordergründig und oberflächlich. Es sind die Schemen einer Religion des Unendlichen, einer Auflösung aller Gegenständlichkeit der religiösen Vorstellung und ein Ende aller rituellen Praxis, die bei Dickinson an die Stelle des kirchlichen Christentums treten. Das ist das Ende der historisch gewachsenen traditionellen Erscheinungsform des Christentums, es ist aber nicht das Ende des Christentums überhaupt und schon gar nicht das der Religion. Darin wirkt die Amerikanerin zuversichtlicher und hoffnungsfroher als ihre verlustempfindlichen europäischen Dichterkolleginnen und -kollegen. Auch darin zeigt sich der Geist Emersons, der in der Auflösung des klassisch Christlichen eine Transformation zu einer modernen Erscheinungsform des Religiösen und nicht einen Verlust sah.

Die amerikanische Literaturwissenschaft hat zur Beschreibung der Haltung Dickinsons eine Wendung gebraucht, die in dem größten amerikanischen Roman des 19. Jahrhunderts vorkommt. Herman Melville (1819–1891) nannte seinen Protagonisten Ismael in *Moby-Dick* «neither believer nor infidel»,[375] nicht glaubend und auch nicht ungläubig. Das ist treffend gewählt und leitet über zu Melville selbst.[376] Die Bedeutung der Religion in seinem Werk ist schwerer zu fassen als bei Dickinson, religiöse Themen sind präsent und verflüchtigen sich zugleich. Melvilles Roman *Moby-Dick* ist ein Klassiker der Weltliteratur. Es ist für die kulturellen Umbrüche des 19. Jahrhunderts bezeichnend, dass die Bedeutung vieler Kunstwerke erst von späteren Generationen entdeckt wurde. So wie der Kunstbetrachter des 19. Jahrhunderts die Werke van Goghs gemessen an dem, was er zuvor als Kunst zu sehen bekam, verstörend fand, so war der Leser von den Erzählstrategien Melvilles irritiert. Nach anfänglichen Erfolgen mit Geschichten aus der Südsee kam sein berühmtestes Werk beim Publikum nicht mehr an, zu ungewohnt, zu facettenreich wob Melville die Perspektiven ineinander. Verarmt und vergessen starb er 1891 in New York. Eine Generation später feierte man ihn als den größten amerikanischen Romanautor. Melvilles Schicksal und das vieler anderer Künstler im 19. Jahrhundert spricht für einen prophetischen Geist der Kunst. Sie ahnte Umbrüche und Wandlungen voraus, die der alltagsroutinierten Perspektive entzogen blieben.

Ähnlich wie Emily Dickinson war auch Melville von seinen Kindertagen an aufgrund der strengen calvinistischen Erziehung tief vertraut mit den religiösen Geschichten der Bibel und den Lehren seiner Kirche, und ebenso entfernte er sich von einem buchstäblichen Glauben an das, was das traditionelle Christentum verkündigte.[377] Biblische Motive durchziehen Melvilles Romane, schon die Namen wichtiger Protagonisten in *Moby-Dick*, Ahab, Bildad oder Ismael, zeigen das.[378] Aber anders als bei Dickinson würde man seine Literatur überinterpretieren, wenn man in ihr den Versuch sehen wollte, religiöse Themen literarisch zu übersetzen. Zwar gibt es auch bei Melville Passagen, die im Geiste Emersons von Spuren der göttlichen Transzendenz in der Welt zeugen. Sie gewähren den Protagonisten seiner Romane Trost, aber es sind doch stets bedrohte und flüchtige Erfahrungen des Göttlichen in der Welt.[379]

Moby-Dick verarbeitet eine Vielfalt von Inspirationsquellen.[380] Der Roman ist autobiographisch geprägt, da Melville als junger Mann selbst einige Jahre auf einem Walfänger unterwegs war. Später war er bei einem Besuch in London – so schließt sich der Kreis – tief beeindruckt von den Seegemälden William Turners. Sie ließen die Idee aufkommen, die Unermesslichkeit und Erhabenheit der Ozeane literarisch zu bearbeiten.[381] An der Lektüre von Mary Shelleys *Frankenstein* faszinierte ihn das Rache-Thema, die Verwicklungen des menschlichen Daseins fand er unüberbietbar bei Shakespeare und Milton dargestellt. Biblische Motive dienen Melville ebenso wie Figuren der antiken Mythologie dazu, die großen Lebensfragen mit einer Erzählperspektive, die das subjektive Erleben des Icherzählers aufnimmt, in epischem Format zu behandeln. Beides zusammen, die moderne Erzählperspektive und der faszinierende Reichtum an Motiven, macht *Moby-Dick* zu einem großen Roman. Melville steht in religiöser Hinsicht an einem Übergang. Christliche Motive inspirieren den Dichter, aber es ist nicht auszumachen, ob ihn die religiöse Dimension oder die Faszination der biblischen Stoffe mehr beschäftigt.[382] Beide Interessen sind bei Melville nicht voneinander zu trennen.

Einen Schritt weiter geht die Literatur des 20. Jahrhunderts, wenn sie biblische Stoffe als Quelle nimmt, die allein das Interesse an literarischer Verarbeitung wecken, wie dies beispielsweise Thomas Mann in seinem großen Josephsroman tat. An der biblischen Josephserzählung faszinierten ihn «Mythus und Psychologie», sie wird zum «uralten Kultur- und Phantasiegut»[383] aus einer versunkenen Welt.

Eigene Wege ging die literarische Auseinandersetzung mit dem Verhältnis von Christentum und Moderne in der russischen Literatur. Aus Sicht des Westens war das orthodoxe Christentum eine andere Welt, fremd und faszinierend zugleich und dem Anschein nach der Zeit enthoben. Die modernen Herausforderungen an das Christentum stellten sich jedoch auch in Russland. Die kulturellen Eliten waren mit den Entwicklungen in Deutschland oder Frankreich traditionell eng verbunden, bei der Landbevölkerung schürte die Verflechtung von orthodoxer Kirche und Großgrundbesitz Unzufriedenheit und sogar Hass.[384] Die Selbstverständlichkeit christlicher Traditionen und Institutionen erodierte auch im orthodoxen Christentum. Die Reaktionsformen reichten in Russland wie im Katholizismus und Protestantismus von der Absage an das Christentum in intellektuellen Kreisen bis hin zu einer modernitätsfeindlichen Refundamentalisierung kirchlicher Kreise.

Ein russischer Sonderweg zeigt sich in den Romanen von Fjodor Dostojewski und Leo Tolstoi. Beide kannten durch eigene Reisen und Lektüre die religiösen und philosophischen Entwicklungen im Westen, beide bekämpften sowohl den Zerfall des Christentums als auch den bloßen Rückzug auf alte Traditionen, beide bestritten jedoch – das ist Teil des russischen Sonderwegs – die Möglichkeit einer Aussöhnung von Christentum und Moderne. Dazu gehörte auch die Absage an die bloß begriffliche Beschäftigung mit dem Problem. Sie wählten mit Bedacht den Roman mit all seinen narrativen Möglichkeiten zum Medium ihrer Auseinandersetzung und rangen darin um eine neue Gestalt des Christentums. Daraus hervorgegangen sind Werke der Weltliteratur von eindrucksvoller religiöser Tiefe.

Dostojewski (1821–1881) zeigte in seinen Romanen ein besonderes Gespür für die Zerrissenheit und die Spannungen der Moderne.[385] Mit psychologischem Feinsinn lotete er aus, was es bedeutete, in einer Welt ohne Gott zu leben. Der

Atheismus ist als geistige Strömung der Zeit in seinen Werken allgegenwärtig. Der Roman *Schuld und Sühne*, in neuerer Übersetzung *Verbrechen und Strafe* betitelt, schildert die innere Wesensverwandlung des jungen Mannes Raskolnikow. Der Gedankenwelt des Nihilismus erlegen, die keine letzten Gültigkeiten mehr anerkennt, begeht er einen Raubmord, weil er sich nach dem Recht des Stärkeren mehr zum Besitz des Geldes berechtigt sieht als sein schwaches Opfer. In der Begegnung mit der Prostituierten Sonja reift in Raskolnikow jedoch die Erkenntnis der Schuld. Sie liest ihm die Geschichte von der Auferweckung des Lazarus aus dem Johannesevangelium vor. Dies ist eine Schlüsselstelle im Prozess der Verwandlung des Mörders. Raskolnikow nimmt seine Verurteilung und die Verbannung an und überwindet an der Seite Sonjas durch tiefe Reue die Leere in seiner Seele, die ihn zum Mörder werden ließ. Dostojewski führte in dem Roman die Kraft der Erlösung vor, die durch Impulse von anderen Menschen, hier in der Gestalt der liebenden Sonja, von außen und durch wahre Reue im Innern zu einer Geschichte von Wiedergeburt und Auferstehung wird. In *Der Idiot* zeichnete Dostojewski das Porträt eines vollkommen schönen Menschen, der sich jedoch aufgrund seiner Reinheit der Lächerlichkeit preisgibt. Fürst Myschkin, der *Idiot*, ist in seiner Reinheit und Vollkommenheit eine moderne Christusfigur, die zwangsläufig an der Welt scheitern und zugrunde gehen muss. In Dostojewskis letztem Roman *Die Brüder Karamasow* verknüpfte er die verschiedenen Themen im Aufeinandertreffen des Brüderpaares Iwan und Aljoscha Karamasow. Die Passagen über den Rationalisten und Atheisten Iwan sind bis heute eine der literarisch stärksten Beschreibungen des atheistischen Lebensgefühls. Ihnen stellt er die Schilderung der reinen Seele Aljoschas gegenüber, eines Zöglings des Mönches Staretz Sossima. In den großen Lehrgesprächen zwischen dem Brüderpaar, zu denen auch die Erzählung vom Großinquisitor gehört (siehe Seite 203 f.), überzeugt Iwan durch die besseren Argumente, Aljoscha hingegen durch die Reinheit und Einfachheit einer christlichen Haltung des grundlegenden Wohlwollens und der praktizierten Liebe trotz einer ihn umgebenden feindlichen Welt.

Dostojewskis Leistung besteht darin, psychologisch genial und schonungslos die seelischen Folgen der weltanschaulichen und religiösen Verwerfungen der Moderne zu beschreiben. An deren Überwindung im Geiste einer Aussöhnung von Christentum und Moderne glaubte er nicht. Das ist der bezeichnende Unterschied zu den Versuchen des katholischen Modernismus oder des Kulturprotestantismus. Man mag in dieser antiwestlichen Haltung das Erbe der Orthodoxie in Dostojewskis Werk sehen. Seine Haltung zur orthodoxen Kirche Russlands ist tatsächlich positiver als die Tolstois,[386] das Mönchtum beispielsweise schätzte er außerordentlich. Aber die Zukunft des Christentums sah auch

Dostojewski nicht in seiner institutionellen Gestalt. Das Christentum war für ihn eine innere Haltung, die um ihren Gegensatz zur Welt weiß und doch in sich die in Christus personifizierte Kraft verspürt, diese Welt zu überwinden. Dostojewskis große Protagonisten einer christlichen Lebenshaltung, Sonja und später auch ihr Geliebter Raskolnikow, Fürst Myschkin oder Aljoscha, sind allesamt keine Helden,[387] die unversehrt und engelgleich über die Erde schreiten. Die Kraft des Geistes des Christentums zeigt sich vielmehr in ihrem Scheitern und in ihren Verwicklungen in die Welt.

Während Dostojewski in seinen großen Romanen die eine Frage nach der Gestalt eines Christentums in der Moderne unter verschiedenen Perspektiven beleuchtete, war Tolstois (1828–1910) Vision eines neuen Christentums das Resultat eines biographischen und werkgeschichtlichen Bruches, der sich über mehrere Jahrzehnte vollzog.[388] Tolstois große Romane *Krieg und Frieden* und *Anna Karenina* liegen noch vor dieser Wende. Im Stil der großen Gesellschaftsromane behandeln sie auch Fragen des religiösen Lebens und geben daher interessanten Aufschluss über religiöse Einstellungen und Debatten in Russland. Die beiden epochalen Werke verschafften Tolstoi bereits zu Lebzeiten den Ruhm, den er sich als junger Mann ersehnt hatte, und doch bewahrten sie ihn nicht vor einer tiefen religiösen Lebenskrise.

Tolstoi war in einem vermutlich noch stärkeren Maße als Dostojewski mit den philosophischen und religiösen Veränderungen in Mitteleuropa vertraut. Er begeisterte sich früh für Rousseau, lernte auf Deutschlandreisen die Welt des Protestantismus kennen, las Kant und David Friedrich Strauß und beschäftigte sich mit den neuesten Einsichten der Bibelkritik.[389] Unter diesem Eindruck verlor er nach und nach seinen Glauben an die Lehren und Traditionen seines orthodoxen Christentums. Zugleich fand er aber auch in den theologischen Modernisierungsversuchen keinen Trost, ja sie stießen ihn ab, weil er in ihnen nur kühle Theorien spürte und ein authentisches christliches Leben vermisste. Seine Skepsis gegenüber dem traditionellen Christentum dokumentierte Tolstoi in einer Reihe von Schriften. Sie sind von *Meine Beichte* über die *Kritik der dogmatischen Theologie* bis hin zu seinen umfangreichen Schriften zu den Evangelien theoretische Begleitbücher seines religiösen Wandels und dokumentieren, dass Tolstoi den klassischen Dogmen und den aufwändigen liturgischen Feierlichkeiten keinen religiösen Sinn mehr abgewinnen konnte. Er sah darin nur noch leere begriffliche und rituelle Hüllen.[390] An deren Stelle setzte er konsequent und radikal den Geist der Liebe, wie ihn Christus praktizierte. Allein in diesem Geist kann der Mensch Erlösung und Auferstehung finden.[391] Tolstoi radikalisierte auf der Grundlage dieser Einsicht zunehmend seine ethischen Auffassungen und propagierte das Ideal absoluter Askese.

In seinem großen Alterswerk, dem Roman *Auferstehung*, goss Tolstoi seine in theoretischen Schriften ausführlich vorbereitete Vision eines neuen Christentums in eine literarische Form.[392] Er erzählt von dem Protagonisten Nechliudow, der in einem Gerichtsprozess Katjuscha wiedererkennt, die er einst verführt und damit ihr Leben ruiniert hat. Aus tiefer Reue und aufrichtiger Liebe folgt er der Verurteilten in das sibirische Straflager, ohne sie am Ende für sich gewinnen zu können. Halt und letzten Sinn findet Nechliudow am Ende allein in der konsequenten Befolgung der Regeln, die Jesus in der Bergpredigt aufstellte: «Die Menschen brauchen nur diese Gebote erfüllen, und das Reich Gottes wird auf Erden sein, und die Menschen werden das allerhöchste Heil gewinnen, das ihnen erreichbar ist.»[393]

Der Roman *Auferstehung* steht den berühmteren Hauptwerken Tolstois in seinem Facettenreichtum nicht nach. Er gibt interessante Einblicke in die politische Situation Russlands um die Jahrhundertwende, als die Vorboten der großen Revolution bereits zu erkennen waren. Tolstoi sparte in dem Roman nicht mit harscher Kritik an der Realität des orthodoxen Christentums in Russland. Der orthodoxen Kirche war er seit seinem Sinneswandel in den Achtzigerjahren schon lange ein Dorn im Auge, 1901 exkommunizierte ihn schließlich der Heilige Synod. Tolstoi wurde knapp ein Jahrzehnt später, 1910, ohne den Beistand der Kirche zu Grabe getragen. Tolstois späte Vision des Christentums basierte auf einer radikalen Ethik, die auf «Mitleid, Vergebung und Nichtwiderstreben»[394] aufbaute.

Die harsche Reaktion der orthodoxen Kirche Russlands überrascht angesichts von Tolstois vorausgegangener Kritik ebenso wenig wie die Einwände westlicher Denker, die den alten Tolstoi als illusionär, anarchistisch und kulturfeindlich abtaten. Erstaunlicher war das positive Echo: Von Adolf von Harnack über Max Weber bis hin zu Mahatma Gandhi wurde anerkannt, dass Tolstoi in seiner ethischen Radikalität etwas Richtiges und für die Welt Wertvolles am Geist des Christentums erkannt und bewahrt hatte.[395] Die Debatte um Tolstoi ist ein Symptom für einen Wendepunkt in der Kulturgeschichte des Christentums. Nach zwei Jahrhunderten angestrengter theoretischer Auseinandersetzung mit dem Geist der Moderne zeichnete sich ein intellektueller Erschöpfungszustand ab, der dem ruhelosen Hin und Her der Argumente ein Christentum der Tat entgegenstellte.

10
Die Misere des kurzen 20. Jahrhunderts

Auf das lange 19. Jahrhundert folgte ein kurzes 20., auf große Aufbrüche und Hoffnungen Jahrzehnte einer unfassbaren Misere. Desillusionierungen, humanitäre Katastrophen, zusammenbrechende Zivilisationen und die Epoche eines Wiederaufbaus im Zeichen eines «Kalten Kriegs». Das 20. Jahrhundert begann mit der «Urkatastrophe» des Ersten Weltkriegs 1914, es endete 1989. Der Zusammenbruch des Ostblocks war das sichtbarste Zeichen, der vorherige Zerfall der Diktaturen in Lateinamerika und das Ende des Apartheidregimes in Südafrika waren weitere Indizien dafür, dass ein neues Zeitalter anbrach.

Das 20. Jahrhundert ragt in vielem herein in unsere Gegenwart. Unter Historikern ist es ein geflügeltes Wort, Zeitgeschichte als «Geschichte, die noch qualmt» zu bezeichnen. Für eine kulturgeschichtliche Darstellung verdunkelt der Qualm die Sicht auf manche Dinge, und daher ist eine Kulturgeschichte des Christentums im 20. Jahrhundert ein schwieriges Unterfangen. Es fehlt der Abstand der historischen Wirkung. Die vorliegende Darstellung beschränkt sich darauf, die wichtigsten Transformationen des Christentums von ihrer Herkunft im 19. Jahrhundert bis in die Gegenwart hinein nachzuzeichnen. Die heutigen Perspektiven auf den Zusammenhang von Religion und Gesellschaft, auf das Verhältnis des Menschen zur Natur und auf die Ausdrucksmöglichkeiten der Kulturformen nehmen allesamt im 19. Jahrhundert ihren Ausgangspunkt. Die geschilderten Beispiele zur Entstehung des Fundamentalismus, zur Debatte zwischen Naturwissenschaften und Religion oder zum Wandel der Formen in Musik, Kunst, Architektur und Literatur reichen bis ins 20. Jahrhunderte hinein. Sie ließen sich zweifellos um viele Beispiele und Beobachtungen ergänzen, die speziell die Epoche des 20. Jahrhunderts klarer ans Licht brächten, strukturell Neues zur Rolle des Christentums in der Moderne wäre daran jedoch nicht abzulesen. Was hingegen die globalen Wandlungen der christlichen Religion heute bedeuten und wie sich die rasanten technologischen Veränderungen durch das weltweite Netz und die neuen Kommunikationsmedien auf die gelebte Religionspraxis des Christentums auswirken, ist aus kulturgeschichtlicher Perspektive noch nicht zu ermessen. Dies wäre lohnender Gegenstand einer eigenständigen religiösen Gegenwartsanalyse.

Ein kulturgeschichtlich diagnostizierbarer neuer Aspekt trat im 20. Jahrhundert durch die Sinnkrisen und Kulturkatastrophen in der ersten und die Versuche ihrer Überwindung in der zweiten Hälfte auf, deren Grundlinien zum Abschluss skizziert werden sollen.

Der gefühlte Untergang des Abendlands und die Hoffnung auf das Neue

Das 19. Jahrhundert war eine Epoche der Aufbruchsstimmung und des Fortschrittsoptimismus, doch mehrten sich in der zweiten Jahrhunderthälfte die pessimistischen Stimmen. Friedrich Nietzsche war einer der größten Warner vor der Leichtgläubigkeit, man könne sich gemütlich und bequem von den religiösen und metaphysischen Traditionen der christlichen Kultur verabschieden. Nietzsche sollte Recht behalten. Am Kulturleben zweier europäischer Metropolen lässt sich das Krisengefühl exemplarisch verdeutlichen.

Die politischen Entwicklungen im Habsburgerreich mündeten in den Ausbruch des Ersten Weltkriegs. Österreich war unter seinem Ministerpräsidenten Metternich nach dem Wiener Kongress als große europäische Ordnungsmacht der Restauration angetreten. Alle Hoffnungen richteten sich auf den jungen Kaiser Franz Joseph I. (1830–1916), der 1848 den Thron bestieg, nachdem er zuvor systematisch und gezielt auf die Regierungsübernahme vorbereitet worden war. Gegen den aufkommenden Nationalismus, den Metternich prophetisch als Übel der Moderne vorhergesehen hatte, hatte das alte System letztlich kein probates Mittel in der Hand. Die ersten Regierungsjahrzehnte waren glücklos. Österreich verlor im Prozess der italienischen Nationalstaatsbildung seine Territorien auf italienischem Boden, politisches Missgeschick drängte es hinter Preußen als deutscher Führungsmacht zurück, und mit der militärischen Niederlage 1866 war es von der deutschen Nationalstaatsbildung ganz ausgeschlossen. Die slawischen Territorien waren nur mit Mühe in die österreichisch-ungarische Doppelmonarchie zu integrieren, zumal im Osten mit Russland ein selbsternannter mächtiger Protektor der slawischen Sache vor der Tür stand.

Diese politische Konstellation bildet den Rahmen für das, was Karl Kraus sarkastisch als «Experimentierstation des Weltuntergangs» bezeichnet[396] und Joseph Roth mit einnehmender Melancholie in seinem Roman *Radetzkymarsch* geschildert hat. Die Stimmung war geprägt von der Ahnung, dass die eigene politische und kulturelle Größe keinen Bestand mehr haben würde.

Die Sinnkrise des Wiener Kulturlebens war mehrdimensional. Auf der Ebene des politischen Herrschaftsideals war Kaiser Franz Joseph angetreten, das Ideal des Gottesgnadentums zu erneuern,[397] doch das Habsburgerhaus taumelte von einer Krise in die nächste. Der Sohn und Thronfolger Erzherzog Rudolf beging Selbstmord, der Bruder Maximilian ließ sich auf das Experiment ein, in Mexiko Kaiser zu werden, und wurde dafür erschossen, der zweite Bruder Ludwig Viktor war in Skandale um seine Homosexualität verstrickt, die ihm beim Volksmund den Namen Lutzi-Wutzi eintrugen. Die morbide Realität des Hauses

Habsburg nahm vorweg, was ab 1917 den Niedergang des Adels als politischer Macht in ganz Europa einleitete. Franz Joseph I. stellte dem Untergang allerdings persönliche Charaktereigenschaften entgegen, die ihm Popularität eintrugen. Der fromme Katholik machte die Freundlichkeit gegenüber seinen Untertanen zum Wesenszug und gab sich bescheiden als oberster Beamter seines Reiches. Der alte Kaiser Franz Joseph I. wurde zu einem Phänomen. Er war die verkörperte Projektion einer mythisch-religiösen Begründung von Herrschaft, an die niemand mehr glaubte, die aller Realität widersprach und die doch funktionierte. Die alte Idee des Gottesgnadentums hatte politisch kaum noch Plausibilität, und doch hüllte sie die Herrschaftsausübung in eine besondere Aura. Es ist bemerkenswert, dass die Stabilität der an Franz Joseph gebundenen Kaiseridee von der Erosion der anderen großen Ideen des 19. Jahrhunderts nicht erfasst wurde. Die Aufbrüche der Wiener Sezession und der Architektur entlarvten die Ideale des Historismus als hohl, Sigmund Freud und Arthur Schnitzler attestierten der Sexualität eine Macht über den Menschen, die das Ideal autarker Sittlichkeit als naiv und verlogen erscheinen ließ. Wittgenstein und der Wiener Kreis brachen mit den ihrer Auffassung nach sinnlosen Bedeutungsaufladungen der metaphysischen Tradition, Karl Kraus misstraute den leeren Hülsen der Sprache.[398] Auf praktisch allen Gebieten ereigneten sich in der Metropole des späten Habsburgerreichs tiefe Abbrüche, in denen sich kulturelle Erschütterungserfahrungen artikulierten. Aber ebenso verband sich damit durchgängig auch ein Aufbruch. Klimt und Schiele stellten in der Malerei, Loos und der alte Otto Wagner in der Architektur, Freud in der Psychoanalyse und Wittgenstein in der Philosophie neue Entwürfe vor, die den alten «Lügen» Wahrhaftigkeit im Blick auf den Menschen, seine innere und äußere Welt und sein Denken entgegensetzten, wie etwa Egon Schieles *Kalvarienberg* (Tafel 25). Die Wiener Moderne ist gekennzeichnet von dem Untergang einer alten und den schemenhaften Umrissen einer neuen Welt.

Was sich in Wien aufgrund der besonderen politischen Rahmenbedingungen in einzigartiger Verdichtung abspielte, erfasste das gesamteuropäische Kulturleben zu Beginn des 20. Jahrhunderts. Die Niederlage im Ersten Weltkrieg fegte im Deutschen Reich 1918 die alte politische Ordnung hinweg, die Rede von einer Krise war allgegenwärtig. Berlin symbolisierte den Umbruch. Die Zwanzigerjahre waren geprägt von intellektuellen Versuchen, die eigene Zeit zu verstehen. Die Kulturanalysen der Umbruchszeit entstanden aus einem nervös irritierten Welterleben heraus, sie dienten inzwischen vorrangig als Krisenhermeneutik. Den Auftakt machte das berühmteste Krisenbuch jener Zeit, Oswald Spenglers (1880–1936) *Der Untergang des Abendlandes*. Das Buch präsentierte dem Krisenbewusstsein seiner Zeit eine frappierend schlüssige Antwort. Die Irritationen der eigenen Zeit waren für Spengler die Symptome des Untergangs.[399] Am Ende dieser Tradition stand 1930 Karl Jaspers' Buch über *Die geistige Situation der Zeit*. Auch diese ganz anders angelegte Schrift war reich an Beobachtungen von Verfall und Identitätsverlusten. Im Unterschied zu Spengler legte Jaspers (1883–1969) jedoch am Ende eine «erweckende Prognose»[400] vor, um neue Wege aufzuzeigen.

Auch die Theologie beteiligte sich intensiv an der Krisenhermeneutik. Die interessantesten Einwürfe zu einem religiösen Verständnis der Kultur stammten aus der Feder Paul Tillichs (1886–1965). Auch Albert Schweitzer (1875–1965) beteiligte sich mit seiner *Kulturphilosophie* an der Debatte; die ersten beiden Bände, *Verfall und Wiederaufbau der Kultur* und *Kultur und Ethik* erschienen 1923. Tillich interpretierte unmittelbar nach dem Krieg den Zusammenbruch pathetisch als Chance für einen kulturellen Neuanfang. Etwas abgeklärter und abgekühlter verfasste er 1926 eine Studie über *Die religiöse Lage der Gegenwart*. In drei Themenblöcken – Wissenschaft und Kunst, Politik und Ethos sowie Religion – analysierte Tillich die Kultur seiner Zeit: Relativitätstheorie, Psychoanalyse, Expressionismus, Thomas Mann und Rilke, Kapitalismus und Sozialismus, völkische Bewegungen, Jugendbewegung, Bildungsideale bis hin zur Anthroposophie, alles gerät dabei in Tillichs Blickfeld. Er sah in Übereinstimmung mit seinen zeitdiagnostischen Kollegen die Gegenwart bestimmt von der Erschütterung der bürgerlichen Kultur des 19. Jahrhunderts. Den Weltkrieg verstand er nicht als Ursache, sondern als Symptom einer Auflösung und Erschütterung, die sich schon lange vorher abgezeichnet hatte und in der – wie es in einer seiner berühmtesten Wendungen heißt – die «in sich selbst ruhende Diesseitigkeit der bürgerlichen Kultur und Religion»[401] aufgebrochen wurde. Nietzsche, Strindberg und van Gogh galten ihm als die wichtigsten Propheten der Erschütterung: «An allen Punkten erheben sich Fragen und Fragwürdigkeiten, die in eine Jenseitigkeit des Zeitlichen weisen und die Sicherheit der vom Ewigen her gelösten Gegenwart bedrohen.»[402] Der Prozess erfasst alle Kultursegmente. Die Relativitätstheorie ist die Durchbrechung des herkömmlichen physikalischen Weltbildes auf eine «innere Unendlichkeit des Seienden»[403] hin, die Psychoanalyse erschüttert die materialistischen Grundlagen des Seelenverständnisses, während die Wendung der Philosophie zur kritischen Methode Ausdruck einer Selbstberuhigung bürgerlicher Kultur ist.

Tillich hatte ein sicheres Gespür dafür, dass in den Kulturphänomenen seiner Zeit eine Sehnsucht nach Ewigkeit und Transzendenz durchschimmerte. In die Krise war nicht die Religion an sich, sondern das traditionelle Christentum mit seinen Lehren und seiner Moral geraten. Wie Tillich sahen viele darin die Chance ihrer Zeit, jetzt das große Versprechen der neuzeitlichen Transformation des Christentums einzulösen. Im gefühlten Untergang des Abendlandes ruhte die Hoffnung auf ein Christentum, das sich in seiner Suche nach dem Ewigen mit dem Geist der Moderne versöhnte.

Christenverfolgung und der Pfahl im Fleische des Christentums

Die Aufbruchshoffnungen des frühen 20. Jahrhunderts wurden jäh enttäuscht. Die großen politischen Umbrüche des Kommunismus und des Faschismus lebten von einem Programm der Verheißungen. Beide waren politische Antworten auf das Krisenempfinden der Moderne, beide haben die größten Katastrophen der menschlichen Zivilisation heraufbeschworen. Man übersieht es leicht und es kränkt auch die Bewohner dieses Zeitalters, aber es kann dennoch kein Zweifel daran bestehen: Das 20. Jahrhundert ist ein Tiefpunkt in der Geschichte der Menschheit.

Der Kommunismus, vor allem in seiner stalinistischen Gestalt, und der Faschismus, der in seiner deutschen Variante sein grausamstes Gesicht zeigte, sind sehr unterschiedliche politische Bewegungen, die jeweils etwas anderes als Ideal anstrebten und auch in ihren Methoden, ihr Ziel zu erreichen, keineswegs übereinstimmten. Die Debatte, die den Kommunismus und den Faschismus als Totalitarismen in einen Topf wirft, muss daher hier nicht noch einmal aufgerollt werden. Aus Sicht einer Kulturgeschichte des Christentums interessieren die fatalen Folgen, die beide Systeme nach sich gezogen haben.

Die historischen Rahmendaten sind in der kulturellen Erinnerung fest eingebrannt. Die Oktoberrevolution brachte in Russland 1917 eine marxistisch-leninistische Regierung an die Macht, die dann ab den Zwanzigerjahren die Union der Sozialistischen Sowjetrepubliken zusammenfügte. Stalin betrieb binnen weniger Jahrzehnte den kompletten Umbau einer Agrarnation in einen sozialistischen Industriestaat. Nach der politisch instabilen Zeit der Weimarer Republik kamen im Januar 1933 die Nationalsozialisten in Deutschland an die Macht und etablierten eine faschistische Diktatur. Hitler trieb die Gleichschaltung der Gesellschaft voran und leitete mit den Nürnberger Rassengesetzen eine antisemitische Politik ein, die später unverhohlen unter der Bezeichnung »Endlösung« die Auslöschung der europäischen Juden anstrebte. Zu Beginn des Zweiten Weltkriegs standen sich nach dem Einmarsch der deutschen Wehrmacht in der Sowjetunion die beiden Kräfte in einem unerbittlich geführten Krieg gegenüber.

Im Verlauf dieses Kriegs betrieben die nationalsozialistische und die stalinistische Diktatur eine Politik der Massenvernichtung in unvorstellbarem Ausmaß. Die Nationalsozialisten organisierten aus rassistischen Gründen die Auslöschung

Abb. 64

Pablo Picassos Guernica *aus dem Jahr 1937 ist einer der künstlerisch eindrucksvollsten Versuche, die Schrecken des Krieges im 20. Jahrhundert mit der Kraft des Bildes zu dokumentieren.*

der europäischen Juden und später auch der Sinti und Roma, verfolgten politische Gegner und andere Randgruppen und ermordeten geistig und körperlich behinderte Menschen als «lebensunwertes Leben». Vor allem die Umsetzung des Massenmords an den Juden wurde technisch und administrativ perfektioniert. Am Anfang standen pogromartige Massenhinrichtungen wie die Ermordung von über 30 000 Juden in Babi Jar vor den Toren Kiews.[404] Später ging der nationalsozialistische Staat zu Massendeportationen in riesige Vernichtungslager über. Der Massenmord wurde in kalter Rationalität verwaltet und industriell durchgeführt von Menschen, die ihren Zeitgenossen und späteren Prozessbeobachtern wie Hannah Arendt die «Banalität des Bösen» vor Augen führten.[405]

Auch die Politik Stalins forderte Millionen von Todesopfern. Die zwangs-

weise Kollektivierung der landwirtschaftlichen Produktion und die brachialen Anstrengungen im Aufbau einer Industrieproduktion forderten immense Opfer in den sowjetischen Republiken.[406] In der Absicht, den vermeintlichen Widerstand gegen den kommunistischen Umbau zu brechen, ließ Stalin sowohl ethnische Minderheiten, an deren Loyalität er zweifelte, als auch gesellschaftliche Gruppen, die er für verdächtig hielt, in Arbeitslager verschleppen und hinrichten. Zu den Betroffenen zählten beispielsweise die polnische Minderheit, innerparteiliche Gegner, aber auch Bauern und Priester.[407] In der Phase des Großen Terrors in den Dreißigerjahren wurden in Schauprozessen auch präventiv politische Gegner ausgeschaltet. Als die Volkszählung 1937 ergab, dass sich die Bevölkerungszahl seit den Zwanzigerjahren um etwa sechs Millionen verringert hatte, ließ Stalin die Volkszähler hinrichten und ihre Ergebnisse verschwinden.[408]

Noch mehr Opfer als der Terror gegen die eigene Bevölkerung forderte auf allen Seiten der Krieg. Von Coventry über Dresden bis Hiroshima reicht die Liste von Luftangriffen, die gezielt Zivilisten treffen sollten. In Osteuropa wurden die Bewohner des heutigen Polen, Weißrusslands und der Ukraine zwischen Wehrmacht und Roter Armee aufgerieben. Der sowjetische Vormarsch nach Westen, der von der militärischen Propaganda gezielt auch als Rachefeldzug gegen die Verbrechen der Wehrmacht dargestellt wurde, setzte die Drangsalierung der deutschen Zivilbevölkerung durch Vergewaltigungen und Erschießungen bewusst als Kampfmittel ein, um in der Frage der territorialen Ansprüche Fakten zu schaffen.

Die massive Vertreibungspolitik in und unmittelbar nach dem Krieg kennzeichnet den fließenden Übergang zur Auflösung aller zivilisatorischen Ordnung, die der Krieg mit sich brachte. Damit ist nicht die Unfassbarkeit des politisch gewollten und industriell bewerkstelligten Völkermords gemeint, sondern das Ende der Humanität in den Erfahrungen des Alltags. Die neuere Forschung hat die dramatischen Ereignisse rekonstruiert, die sich in Großstädten wie Berlin oder Breslau bei Kriegsende abspielten.[409] Der Zusammenbruch jeder öffentlichen Ordnung war gefolgt von willkürlicher Gewalt durch Soldaten und einem Recht des Stärkeren im alltäglichen Zusammenleben, begleitet von Kriminalität, Hunger und Krankheit. Schon zuvor hatten die Schrecken des politischen Terrors fatale Wirkungen. Stalins Industrialisierungspolitik führte in der Ukraine zu einer Hungerkatastrophe, die nicht nur viele Menschen tötete, sondern auch den Kannibalismus zu einem sozialen Problem erster Ordnung machte.[410] In den Dreißiger- und Vierzigerjahren fiel Europa rasend schnell heraus aus aller Zivilisation.

Ob Sigmund Freud, als er *Das Unbehagen in der Kultur* schrieb, von den Vorkommnissen in der Sowjetunion wusste, ist nicht bekannt. Freud führte in seinem letzten Werk aus, wie dünn die Decke ist, auf der sich die menschliche Zivilisation bewegt. Er erwies sich als Prophet einer düsteren Zeit. Allerorten konnten und mussten die Menschen Entzivilisierungen und Dehumanisierungen erfahren, und auch dann, wenn man die staatlich organisierten Massenvernichtungen für nicht möglich, für unfassbar und irreal halten wollte, gab es ausreichend Möglichkeiten, die dunklen und trostlosen Seiten der menschlichen Natur kennen zu lernen. Nicht allein die großen Katastrophen des Holocaust, der Konzentrationslager und der Gulags, sondern bereits die alltäglichen Erfahrungen der Entzivilisierung haben das Bild vom Menschen grundlegend verändert. Die Menschen wurden über sich selbst, über ihre Kultur und Zivilisation vollkommen desillusioniert. Das Christentum konnte hieraus nicht unverändert hervorgehen.

Die Folgen eines so umfassenden Einschnitts in der Geschichte der Menschheit waren für das Christentum immens. Ein Aspekt ist die eher institutionelle Seite, die sich aus dem komplexen Verhältnis des Christentums zu den totalitären Diktaturen des 20. Jahrhunderts ergab.[411] Die Entzivilisierung ereignete sich in durchweg christlichen Ländern. Von ihrer kulturellen Tradition her waren sie katholisch, protestantisch und orthodox geprägt. Warum konnte die christliche Prägung die Katastrophe nicht verhindern? Die Antwort kann nicht einfach darin liegen, dass das Christentum selbst von Nationalsozialismus und Sozialismus unterdrückt wurde. Auch eine Nähe der Kirchen zu den politischen Autoritäten reicht als Erklärung nicht, weil sich der Sachverhalt bei näherer Betrachtung differenzierter darstellt. In Spanien, Italien und Deutschland arrangierte sich die katholische Kirche mit den faschistischen Regierungen. Die offizielle Haltung des Vatikans zum nationalsozialistischen Deutschland fügte sich in die internationale Duldungspolitik gegenüber dem Deutschen Reich in den Dreißigerjahren ein. Aber es gab auch Widerstand. Die Bischöfe von Berlin und Münster, Konrad Graf von Preysing und Clemens August Graf von Galen, etwa halfen den vom NS-Regime Verfolgten und protestierten gegen die Euthanasiepolitik.[412]

Der deutsche Protestantismus war gespalten. Die Deutschen Christen begrüßten den Nationalsozialismus als einen germanischen Aufbruch und wollten das Christentum von seinem jüdischen Erbe «reinigen». Die 1934 als Protest hiergegen gegründete Bekennende Kirche wehrte sich gegen die ideologische Gleichschaltung der Kirche durch den Staat,[413] aber die Frage, ob sie eine Widerstandsbewegung war, ist nicht leicht zu beantworten. Erfolgreichen Widerstand leistete die Bekennende Kirche, wenn es um den Erhalt kirchlicher Lehre und Institutionen ging, sie schritt aber nicht grundsätzlich gegen die inhumane Politik der Nationalsozialisten ein.[414] Der totale Herrschaftsanspruch des Nationalsozialismus kollidierte in vielen Bereichen mit den Ansprüchen der Kirchen. Das zeigt sich etwa in der Frage, ob christliche Jugendorganisationen oder Schulen weiter zugelassen werden sollten. Wer hatte die Macht, Kinder und Jugendliche zu erziehen? Letztlich setzte sich der Staat durch die Eingliederung aller christlichen Organisationen in das staatliche Einheitssystem durch. Viele die hiergegen protestierten, landeten in Konzentrationslagern. Trotzdem gab es im Dritten Reich keine systematische Christenverfolgung. Von Ideologen eines neuen germanischen Heidentums abgesehen herrschte die Meinung vor, dass man ohne weiteres zugleich Christ und Nationalsozialist sein könne.

Anders verhielt es sich in den kommunistischen Staaten. Der staatliche Sozialismus des 20. Jahrhunderts erhob die marxistische Religionskritik des 19. Jahrhunderts zu einer politischen Maxime und machte den Atheismus zu einem gesellschaftlichen Ideal (siehe Seite 538–542). Das Christentum wurde als Gegner der neuen Gesellschaft bekämpft. In der Sowjetunion kam hinzu, dass die orthodoxe Kirche traditionell eine enge Bindung an das zaristische Herrschaftssystem unterhalten hatte. Die Oktoberrevolution traf die orthodoxe Kirche Russlands mit voller Wucht.[415] Diese schlug sich in den Bürgerkriegswirren entschlossen auf die Seite der Revolutionsgegner und geriet dadurch umso mehr ins Visier der Bolschewiki, deren Maßnahmen zur Bekämpfung des Christentums umfassend waren. Sie trennten kompromisslos Kirche und Staat, setzten den Patriarchen in Moskau ab, konfiszierten zahlreiche Kirchengebäude und betrieben eine aggressive antichristliche Propaganda. Die kirchlichen Strukturen waren in wenigen Jahren zerschlagen, in den Bürgerkriegswirren wurden tausende orthodoxe Christen, Priester und Bischöfe ermordet.[416] Auch die zweite große Revolution der Neuzeit bekämpfte ähnlich wie zuvor schon die Französische Revolution in ihrer Endphase entschlossen das Christentum. Dieser Kampf verschärfte sich unter Stalin.[417] Der Staat verbannte das christliche Leben durch Abschaffung der religiösen Feiertage, Einschränkung der Gottesdienstmöglichkeiten und das Verbot religiöser Symbole weitgehend aus der öffentlichen Kultur. Religiöses Leben wurde in den Untergrund und die Unsichtbarkeit abgedrängt. In den Zeiten des Großen Terrors in den späten Dreißigerjahren erfasste die Welle der Gewalt auch die Kirche. Vermutlich wurden über 100 000 Christen zwischen 1937 und 1939 ermordet.[418] Schon allein darum ist das 20. Jahrhundert das Zeitalter der größten Verfolgungen in der Geschichte der Christenheit – und sie beschränkten sich keineswegs auf die Sowjetunion, sondern ereigneten sich nach dem Zweiten Weltkrieg in der gesamten Einflusssphäre der Sowjetunion in Osteuropa sowie weltweit unter kommunistischen oder sozialistischen Regierungen, die den Atheismus zum Ziel erklärten.

Auch ein rigider Antiklerikalismus konnte zur Ursache von Christenverfolgungen werden, wie in Mexiko in den Zwanzigerjahren. Das Phänomen einer bürgerkriegsähnlichen Katholikenverfolgung in einem an sich katholischen Land thematisierte Graham Greene in seinem Roman *The Power and the Glory*, in dem er bewegend die Nöte eines verfolgten Priesters und die Ideale des ihn verfolgenden Soldaten gegenüberstellt.

Die Christenverfolgungen und die atheistische Religionspolitik prägen bis heute das globale Christentum. Die Verfolgungen haben das antike Martyrium zu neuer Bedeutung gebracht.[419] Die vielen Menschen, die unter den Diktaturen ihr Leben für ihren christlichen Glauben ließen, haben zu einer bemerkenswerten Fokussierung der Religion auf Vorbilder geführt.

Die atheistische Religionspolitik hatte in den einzelnen Ländern unterschiedliche Folgen. Die Verankerung des Katholizismus in der polnischen Bevölkerung wurde kaum beeinträchtigt, und nach dem Zusammenbruch der Sowjetunion kam es in Russland zu einem erstaunlich schnellen Aufschwung des kirchlichen Lebens. In weiten Teilen Ostdeutschlands oder Tschechiens dagegen blieben entchristianisierte Landschaften zurück, in denen manchmal nur noch Kirchtürme an eine Religion erinnern, die es nicht mehr gibt.

Auf die Völkermorde, den Holocaust und die Gulags des 20. Jahrhunderts kann es keine sinnstiftende christliche Antwort geben. Nicht der Trost, sondern das, was man seit alters Klage nennt, ist die angemessene religiöse Antwort. Wie das Kreuz selbst hält sie allein den unendlichen Abstand dieser Welt von der, auf die das Christentum hofft, unerbittlich im Bewusstsein.

Der Totalitarismus hat das Verhältnis des Christentums zur Kultur nachhaltig verdunkelt. Ein Beispiel dafür sind die sechs Thesen, die die Synode der Bekennenden Kirche 1934 in Barmen verabschiedete, um ihre Opposition zum Nationalsozialismus und insbesondere zur nationalsozialistischen Kirchenpolitik öffentlich zu machen.[420] Die Barmer Erklärung forderte rigoros die weltanschauliche und politische Unabhängigkeit kirchlicher Verkündigung und lehnte die Übernahme des Führerprinzips in der Kirche ab. Es war der Kampf um die religiöse und strukturelle Eigenständigkeit der Kirche, der hier ausgefochten wurde. Die erste These hält fest: «Jesus Christus, wie er uns in der Heiligen Schrift bezeugt wird, ist das eine Wort Gottes, das wir zu hören, dem wir im Leben und im Sterben zu vertrauen und zu gehorchen haben.»[421] Es mag selbstverständlich erscheinen, dass sich Christen zur zentralen Autorität Jesu Christi bekennen. Doch der Gesamtklang der Erklärung und seine Verwerfungsaussagen stehen für ein theologisches Programm, das auf die absolute Ausschließlichkeit des Christentums einerseits und auf Gehorsam als Modus der Anerkennung andererseits setzt. Kritiker haben die Frage aufgeworfen, ob hier nicht ein politisches Führerprinzip gegen ein religiöses ausgetauscht wird. Gemessen an den theologischen Anstrengungen des 19. Jahrhunderts, den Protestantismus für den Geist der Moderne zu öffnen, ist das autoritäre Pathos der Barmer Erklärung ein Rückschritt – aber vielleicht ein notwendiger. Man glaubte, dem Nationalsozialismus nicht anders entgegentreten zu können. Für diese Haltung hat der Protestantismus einen hohen Preis bezahlen müssen, denn die Erklärung atmet den Geist einer autoritären religiösen Selbstbehauptung, die jede Vermittlung von Religion und moderner Kultur im Keim ersticken muss.[422] Darin ist sie ein dauernder Pfahl im Fleisch des deutschen Protestantismus, und darin, dass sie zugleich ein notwendiges und mutiges Dokument war, zeigt sich die große Tragik des 20. Jahrhunderts für die Kulturgeschichte des Christentums.

Radikalisierung und Entkolonialisierung:
Signaturen des Nachkriegschristentums

In die Tragik hineingezogen wurde die gesamte Kultur des 20. Jahrhunderts. Analog der Kulturphobie des Christentums als Reaktion auf den Totalitarismus brannten sich die Bilder von Völkermord, Kriegsgräueln und sukzessiver Dehumanisierung des Alltags tief in das Bewusstsein der Menschheit ein, sie haben nach dem Sieg über den Faschismus für lange Zeit Denken und Lebenseinstellungen vergiftet. Das gilt vor allem für die großen philosophischen Denkströmungen des 20. Jahrhunderts. Von der Kritischen Theorie der Frankfurter Schule bis hin zu den postmodernen Entwürfen vor allem französischer Philosophen wurden die großen abendländischen Rahmenerzählungen dekonstruiert und der Glaube an das Ideal der Humanität als hohl entlarvt. Darunter sind – man denke nur an das Werk Michel Foucaults – faszinierende Beobachtungen und kluge historische Analysen, hinter die zurückzugehen nicht möglich ist. Es finden sich aber auch Aspekte einer zerschossenen Weltsicht, die kaum Überwindungs- oder Zukunftsmöglichkeiten nach der Katastrophe sieht. Würde man mit ihnen allen Glauben an die Humanität und an ein die Welt überragendes Lebensziel, für das es sich zu leben, zu arbeiten und zu kämpfen lohnt, aufgeben, so hätten die Totalitarismen einen späten letzten Sieg errungen. Die Geschichte des 20. Jahrhunderts hat darum auch einen anderen Lauf genommen, als von den Dunkelmännern der Weltanschauung prognostiziert. In Europa gelangte die Geschichte der Menschheit im 20. Jahrhundert an einen zivilisatorischen und kulturellen Tiefpunkt ungeahnten Ausmaßes, Europa hat aber ebenso seit der Mitte des zwanzigsten Jahrhunderts immense und erfolgreiche Anstrengungen unternommen, um Frieden und Humanität im Zusammenleben der Menschen zu verwirklichen.

Auch in der Kulturgeschichte des Christentums war das 20. Jahrhundert ein «Jahrhundert der Extreme», wie es Eric Hobsbawm genannt hat. In den kommunistischen Ländern wurde die Verfolgung des Christentums mit der Moderne identifiziert. Die hier wiedererstarkten Christentümer distanzieren sich daher rigide von der Kultur der Moderne. Das Phänomen ist bis heute weltweit zu beobachten. Das Christentum wächst entweder als Traditionalismus in Osteuropa oder als Fundamentalismus in anderen Erdteilen. Das ist eine Radikalisierung und auch Vereinseitigung der im 19. Jahrhundert bestehenden Optionen für einen Umgang des Christentums mit der Moderne. Die Radikalisierung gilt auch für die andere Seite, für das, was Charles Taylor die säkulare Option nannte. Denn nicht nur der kommunistische Atheismus, sondern auch Mentalitätsverschiebungen im Westen haben einen gewaltigen Säkularisierungsschub eingeleitet. In der hier vorgeschlagenen Abstufung geht es in den Entwicklungen, die in den Sechzigerjahren einsetzten, nicht mehr allein um eine Entchristianisierung, sondern um eine Aufkündigung aller Transzendenzbezüge. Die angedeuteten Entwicklungen vor allem in der Kunst dokumentieren das hinreichend. Die öffentlichen Diskussionen über die Religion überspitzen und vereinfachen die sich hieraus ergebende Lage, indem sie den Eindruck erwecken, als gäbe es in der Religion vor allem Fundamentalisten, denen auf der anderen Seite Atheisten gegenüberstehen.

Ein anderer Aspekt betrifft den kulturellen Zusammenbruch Europas um die Jahrhundertmitte. Durch ihn verschoben sich langfristig die globalen Einflusssphären. Europa verlor im Laufe des 20. Jahrhunderts seine Vormachtstellung. Die Befreiungsbewegungen zur Entkolonialisierung waren das sichtbarste Zeichen. Neben den wirtschaftlichen und militärischen Aspekten waren es vor allem politische und kulturelle, die die europäische Vorherrschaft brachen. Die beiden großen Weltkriege in der ersten Jahrhunderthälfte bedeuteten einen großen Ansehensverlust für die europäische Kultur, die Entzivilisierungen des Kommunismus und des Faschismus raubten ihr vollends jeden Vormachtanspruch.

Was sich in den weltpolitischen Zusammenhängen abspielte, betraf auch die Entwicklungen innerhalb des globalen Christentums. Die politische Unabhängigkeit war die Voraussetzung für den rasanten Bedeutungszuwachs des außereuropäischen Christentums in der zweiten Hälfte des 20. Jahrhunderts. Die Begegnung mit außereuropäischen Religionen und Kulturen hat Europa seit dem Mittelalter beschäftigt, durchaus auch mit Bewunderung. Das 18. Jahrhundert begeisterte sich für den Islam, das 19. Jahrhundert erlebte eine Euphorie für Indien, in der Denker wie Schopenhauer in der indischen Weisheit gar einen zukunftsweisenden Ausweg aus dem seiner Auffassung nach verhängnisvoll christlich geprägten Europa sahen. Zu Beginn des 20. Jahrhunderts erkannten Theologen wie Rudolf Otto – zu jener Zeit noch in prophetischer Vorausschau – die Bedeutung des Gesprächs zwischen den Religionen. Seine Beschäftigung mit indischer Religiosität sowie sein persönlicher Austausch mit indischen Denkern wie Rabindranath Tagore halfen, nicht nur die fremde Religion, sondern dadurch auch das eigene Christentum besser zu verstehen.[423] Es gab also auch intellektuell gegenläufige Tendenzen zum Imperialismus des 19. Jahrhunderts und seinem abschätzigen Blick auf alles, was nicht aus Europa oder Nordamerika kam.

Was für die außereuropäischen Religionen galt, betraf aber nicht selbstverständlich das außereuropäische Christentum. Es galt als der religiöse Export Europas schlechthin. Der koloniale und später imperiale Rahmen band die christliche Mission stark an Europa und ließ in der Theologie, den kirchlichen

Strukturen und der Ritualpraxis kaum Eigenständigkeit aufkommen. Erst die zweite Hälfte des 20. Jahrhunderts leitete hier eine Wende ein, deren Auslöser der Zusammenbruch Europas war. Die freigesetzten Kräfte gleichen einer Schubumkehr.

Die Zukunft des Christentums liegt nach Überzeugung vieler in der südlichen Hemisphäre und wird außereuropäisch bestimmt sein.[424] Die Wahl des Erzbischofs von Buenos Aires zum Papst scheint diese Trendwende zu bestätigen. Die Zeit war reif, so die allgemeine Stimmung, für einen außereuropäischen Papst. Rasanten Wachstumszahlen des Christentums in Asien, Afrika und Lateinamerika stehen sinkende Mitgliederzahlen der christlichen Kirchen in Europa gegenüber.

Auf der ideellen Ebene liegen die Dinge etwas komplizierter. Die katholische Kirche, ja die Biographie von Papst Franziskus selbst, liefert dafür eindrucksvolle Beispiele. Der Katholizismus ist die christliche Konfession, die mit Abstand am umfassendsten globalisiert ist. Durch päpstliche Universitäten und Ordensausbildungsstätten vorrangig in Rom, aber auch in anderen europäischen Zentren, ist die theologische Ausbildung immer noch eine europäische Domäne. Die wachsende Zahl nichteuropäischer Studierender belegt jedoch die veränderten Kräfteverhältnisse und macht deutlich, dass die europäische Ausbildung kein Selbstzweck mehr ist. An eine akademische Qualifizierung im Stile europäischer Theologenausbildung ist heute die Erwartung gebunden, dass sie ein geistiges und intellektuelles Instrumentarium bereitstellt, um das Christentum in den Kulturen der außereuropäischen Herkunftsländer angemessen vertreten zu können.

Dass die Entwicklungen außerhalb Europas zunehmend die Kultur des Christentums prägen, mögen zwei Beispiele verdeutlichen. Bald nach der Unabhängigkeit schlossen sich die meisten protestantischen Denominationen im Süden Indiens zur *Church of Southindia* zusammen.[425] Anglikaner, Methodisten, Presbyterianer und Reformierte ließen im Geist der ökumenischen Bewegung den Ballast europäischer Konfessionsstreitigkeiten hinter sich und versuchten, das Beste am Erbe der jeweiligen Denomination zu vereinen. Das blieb in Europa nicht unbeobachtet und beeinflusste die Konzeption liturgischer Agenden hin zu einer größeren Offenheit gegenüber anderen Traditionen. Ein zweites Beispiel ist die südamerikanische Theologie der Befreiung, die sich auch in Afrika und Asien verbreitete und schließlich auch das theologische Denken in Europa prägte. Lateinamerikanische Befreiungstheologen lasen konsequent die christliche Freiheitsbotschaft als Impuls zur gesellschaftlichen Veränderung. Das Christentum musste ihrer Auffassung nach von seiner Überzeugung her gegen Unterdrückung und Ausbeutung eintreten. Die klare politische Festlegung auf Befreiungsprogramme war gemessen an der politischen Zurückhaltung, die sich das europäische Christentum nach den Erfahrungen der christentumsfeindlichen Totalitarismen auferlegte, ungewöhnlich. Leonardo Boff, Ernesto Cardenal und viele andere lieferten wichtige Impulse für eine Demokratisierung kirchlicher Gemeindearbeit, die in »Basisgemeinden« auch den Nichttheologen Beteiligungsmöglichkeiten einräumt. Darin übten sie auch auf das europäische Gemeindeleben großen Einfluss aus.

Das Christentum des 21. Jahrhundert, das mit dem Zusammenbruch des Kommunismus 1989 beginnt, wird von anderen Dynamiken bestimmt. Das welthistorische Ereignis des 11. September 2001 weitete die Frage nach der Funktion der Religion in der Moderne zum – so der berühmte Buchtitel von Samuel Huntington – *Kampf der Kulturen* aus. Die sich anschließenden Debatten haben zu Tage gefördert, was europäische Intellektuelle bis hinein in die Achtzigerjahre für unmöglich gehalten hätten: Die Frage, wie die Welt im 21. Jahrhundert aussehen wird, ist im Wesentlichen davon bestimmt, welchen Platz die Religionen und damit auch das Christentum in dieser Welt einnehmen werden.

Ausblick

Nothing is ever lost

Eine Kulturgeschichte des Christentums erzählt unsere Herkunft, sie ist darum noch keine Prophezeiung unserer Zukunft. Sie kann helfen, zu verstehen, wer und wie wir geworden sind, sie kann vielleicht sagen, wer wir gerne sein würden, sie kann aber nicht sagen, ob wir werden, was wir werden wollen. Liest man Vorhersagen über die Zukunft des Christentums etwa aus der Zeit um 1900, so muss man rasch einsehen, dass nichts davon eingetreten ist. Liest man Vorhersagen von heute, so sind es die Wünsche und Befürchtungen ihrer Verfasserinnen und Verfasser.

Die aktuellen Debatten um das Christentum der Gegenwart und der Zukunft sind unübersichtlich und meist auch überhitzt. Von einem Vormarsch des Fundamentalismus bis zur völligen Entchristianisierung werden alle Szenarien an die Wand gemalt. Tatsächlich lassen sich Tendenzen in beide Richtungen beobachten, weltweit wachsen fundamentalistische Bewegungen rasant, während Europa offensichtlich einem einschneidenden Bedeutungsverlust des Christentums entgegensieht. Ein kulturgeschichtlicher Blick auf das Christentum bietet die Chance, zwischen diesen beiden unerfreulichen Aussichten wenigstens in der Beurteilung der Lage der Gegenwart höhere Differenzierungsmöglichkeiten auszuloten.

Erstens ist seit der großen Metamorphose nach der Aufklärung die Vervielfältigung des Christentums ein Grundzug seiner Geschichte. Fundamentalismus und Säkularismus sind zwei von vielen möglichen Optionen. Schon die Position der größten und globalsten christlichen Konfession, des Katholizismus, ist nicht auf einen einheitlichen Nenner zu bringen. Nach einer bemerkenswerten Öffnung für die Aufklärung folgte eine strikt antimoderne Ausrichtung, die dann wiederum im Zweiten Vatikanischen Konzil durch das große Projekt des *aggiornamento* aufgebrochen wurde. Alle drei Haltungen ringen heute im Katholizismus miteinander. Die üblicherweise als sehr traditionell geltenden orthodoxen Kirchen haben in den USA eine Kulturassimilation vollzogen, über die Religionssoziologen nur staunen können, während der nordamerikanische und vor allem der europäische Protestantismus immer noch mehrheitlich von liberalen und kulturoffenen Haltungen bestimmt ist.

Neben dieser innerchristlichen Vielfalt gibt es eine zunehmende Pluralität im Umgang mit Religion allgemein. Wenn die jüngsten Debatten über die Wiederkehr der Götter und die Rückkehr der Religionen etwas gelehrt haben, dann doch dies: Neben den streng säkularen und atheistischen Weltdeutungen gibt es wie schon im 19. Jahrhundert eine Reihe von Versuchen, die großen Themen der Religion in eine verwandelte, neue Gestalt des Christentums und christlicher Weltorientierung zu überführen.

Zweitens bietet die kulturgeschichtliche Perspektive Möglichkeiten, die Transformationen des Christentums in der Moderne besser zu begreifen. Ein Blick in die Geschichte des Christentums räumt mit dem Mythos auf, die Epoche seit 1800 sei die Geschichte eines unaufhaltsamen Verfalls. Der Erfolg der Antisklavereibewegung im 19. Jahrhundert und die Bedeutung des Papsttums im 20. sind nur zwei Beispiele, die zeigen, dass das Christentum in der Moderne wahr machen konnte, woran es zuvor Jahrhunderte vergeblich gearbeitet hatte.

Drittens ist das Christentum seit seinen Anfängen stets mehr als seine konkreten Erscheinungsformen. Es gilt genauer hinzusehen, was die Transformationen der Moderne bedeuten. Der Aufstieg der Kulturmedien hängt zusammen mit der Aufwertung der individuellen religiösen Erfahrung. Eine Kulturgeschichte des Christentums ist die notwendige Folge der Einsicht in die Bedeutung der religiösen Erfahrung. In der Moderne haben Künstler die Kraft der Bilder, der Musik und der Literatur genutzt, um näher an das heranzukommen, was sie für das Herz des christlichen Welterlebens halten. Ein Bild von Caspar David Friedrich, ein Klavierkonzert von Mozart, eine Hymne von Novalis oder ein Roman von Dostojewski bewegen sich nicht auf der Ebene traditioneller christlicher Ausdrucksformen wie das Dogma oder die Liturgie, und doch bringen sie christliche Gestimmtheiten und Haltungen zum Ausdruck. Es ist ein großes Manko der gegenwärtigen Debatte um die Bedeutung des Christentums, Entdogmatisierung und Entinstitutionalisierung mit Entchristianisierung zu verwechseln. Die kulturgeschichtliche Perspektive hilft einzusehen, dass solche Verwechslungen das Christentum mit einer bestimmten historisch kontingenten Erscheinungsform identifizieren, um diese dann zum absoluten Maßstab zu erheben. Alle Traditionalismen und Konfessionalismen begehen diesen Kategorienfehler und verabsolutieren den Zufall ihrer je eigenen Herkunft. Es ist kleinmütig, allein schon leere Kirchen für den Untergang des Christentums zu halten. Das hieße, das Christentum kleiner zu machen, als es ist. Das Christentum ist mehr als sein Dogma, und es ist auch mehr als die Institutionen, die es hervorgebracht hat. Auch dort, wo nach dem hier vorgestellten Modell auf einer zweiten Stufe der Emanzipation von der christlichen Tradition deren Gehalte nicht mehr übersetzt werden, warten ungeahnte Möglichkeiten, das christliche Welterleben zu bereichern.

Seine Offenheit und Anpassungsfähigkeit hat das Christentum in der Antike groß gemacht, und es wäre eine fatale Verengung seiner Perspektive, wenn man auf die vielen Gespräche verzichten würde, die sich im Anschluss an Schopenhauer, Melville, Mahler, Einstein und sogar Darwin führen lassen. Allein dort, wo sich Kulturformen mit absolutem Anspruch in der Endlichkeit dieser Welt einschließen und allen großen und letzten Fragen abschwören, dringt man aus christlicher Perspektive in seichte Gewässer und öde Landschaften vor.

Viertens schließlich ist die Kulturgeschichte des Christentums als eine fortwährende Anreicherung in dem Versuch zu begreifen, den Überschuss des christlichen Welterlebens kulturell zu artikulieren und als Verzauberung der Welt weiterzugeben. Robert Bellah, einer der führenden Religionssoziologen unserer Zeit, stellte sein letztes großes Buch *Religion in Human Evolution* unter das Motto: «Nothing is ever lost» – nichts geht je verloren. Die Kulturgeschichte des Christentums ist kein Fortschrittsmodell, in dem die späteren Formen die früheren ablösen. Noch heute prägen die frühen Formen wie sein gottesdienstliches Leben, die Ausrichtung auf ein heiliges Buch und seine gemeinschaftliche Organisation die sichtbare Gestalt des Christentums. Es ist die Summe der Kulturformen und ihrer Wechselwirkungen, die das christliche Welt- und Sinnverstehen bestimmt. Ein gregorianischer Choral kann ebenso wie eine Kantate von Bach etwas von der Harmonie des Universums zum Klingen bringen, eine gotische Kathedrale göttliche Erhabenheit vermitteln, eine Skulptur von Michelangelo die Pracht der Welt als göttliche Schöpfung feiern, ein Gemälde Caspar David Friedrichs das unfassbare Geheimnis des Daseins versinnbildlichen und ein Roman von Leo Tolstoi die sittliche Kraft des Christentums erfahrbar machen. Nothing is ever lost.

Das Christentum ist die Fülle seiner Erscheinungsformen – und es ist noch viel mehr als das.

Anhang

Dank

Entstanden ist dieses Buch aus dem Zusammentreffen von Neugier, leichtsinniger Bereitschaft und einer sich bietenden Gelegenheit. Ein zweites Mal schreibt man in einer akademischen Vita kein solches Buch, daher möchte ich an dieser Stelle Dank sagen. Obgleich manche Kollegin und mancher Kollege keinen Zweifel daran aufkommen ließ, dass eine Kulturgeschichte des Christentums ein waghalsiges Projekt ist, haben sie mich dennoch in überwältigender Weise mit ihrem Wissen, ihrer Kritik und vielen fruchtbaren Gesprächen unterstützt. Von wissenschaftlicher Größe bis zur Fachmenschenfreundschaft bin ich in den letzten Jahren auf viele akademische Haltungen getroffen, die man an Universitäten im 21. Jahrhundert nicht mehr zu finden hofft. Ich bin sehr dankbar dafür, eines Besseren belehrt worden zu sein.

Mein herzlicher Dank gilt Ulrich Nolte. Er und die Mitarbeiterinnen und Mitarbeiter des Verlags C.H.Beck haben das Werden des Buches sehr produktiv begleitet und mit Geduld und Sachverstand außergewöhnlich gefördert.

Peter Schüz, Andreas Bechstein und Angelika Fey haben sich als Leserin und Leser zur Verfügung gestellt. Daraus sind lichtvolle Gespräche geworden. Für all ihre Anregungen sei ihnen herzlich gedankt. Christian Brandt, Antje Armstroff, Johanna Stein, Hannah-Sophia Rogg, Konrad Draude und Mario Berkefeld haben bei der Literaturbeschaffung und den Korrekturarbeiten Großartiges geleistet. Die größten Mühen haben dabei Megan Arndt und Gregor Bloch auf sich genommen. Für die Hilfe danke ich sehr. Heike Mevius hat bis zum Herbst 2013 die administrativen Fäden beruhigend klug zusammengehalten.

Ein besonderer Dank gilt Mareike Schmied.

Anmerkungen

Einleitung: Die Verzauberung der Welt

1 Harnack, Wesen, 54.
2 Spengler, Untergang, 231.
3 Nietzsche, Vom Nutzen und Nachteil der Historie für das Leben 3, 265.
4 Hegel, Philosophie des Rechts, 26.
5 Vgl. Burckhardt, Renaissance.
6 Huizinga, Herbst des Mittelalters, XXIII.
7 Vgl. Burke, Was ist Kulturgeschichte?, 15–19.
8 Daniel, Kompendium Kulturgeschichte, 19.

Erstes Kapitel: Das Geheimnis des Anfangs

1 Vgl. Schweitzer, Geschichte der Leben-Jesu-Forschung; vgl. zum Folgenden auch: Theißen/Merz, Jesus, 22–30; Schröter, Jesus, 23–35.
2 Bultmann, Theologie des Neuen Testaments, 45.
3 Vgl. Theißen/Merz, Jesus, 26 f.
4 Die folgende Darstellung des Lebens und Wirkens Jesu verdankt sich zu großen Teilen dem gegenwärtig wohl besten Lehrbuch zum Thema: Theißen/Merz, Jesus; glänzend führt auch ein: Schröter, Jesus; beide Werke geben gründliche Forschungsberichte und Literaturübersichten; zum historischen Hintergrund erhellend: Dahlheim, Welt, 17–82.
5 Theißen/Merz, Jesus, 147; vgl. zum religions- und kulturgeschichtlichen Hintergrund: Theißen/Merz, Jesus, 125–146; vgl. Kollmann, Zeitgeschichte; klassisch: Köster, Einführung.
6 Vgl. Theißen/Merz, Jesus, 147–156.
7 Vgl. zum sozialgeschichtlichen Hintergrund: Theißen, Jesusbewegung, 33–98.

8 Vgl. zum Folgenden: Schnelle, Theologie, 66–71.

9 Vgl. Feldmeier, Gottvater, 302–323 (mit Forschungsüberblick).

10 Vgl. zum Folgenden: Theißen/Merz, Jesus, 221–255 (mit Literaturübersicht 221), und Schröter, Jesus, 188–212.

11 Vgl. Theißen/Merz, Jesus, 286–310.

12 Vgl. Schröter, Jesus, 204–208.

13 Theißen, Religion, 166.

14 Vgl. Schröter, Jesus, 202 f.

15 Vgl. zum Folgenden: Theißen/Merz, Jesus, 256–285 (mit Literaturübersicht 256 und einer Einführung in die Geschichte der Wunderforschung 260–264).

16 Vgl. Theißen/Merz, Jesus, 280.

17 Vgl. Theißen/Merz, Jesus, 311–358.

18 Vgl. grundlegend: Betz, The Sermon of the Mount.

19 Vgl. Theißen/Merz, Jesus, 352.

20 Vgl. Theißen/Merz, Jesus, 353 f.

21 Nietzsche, Antichrist 33, 206 (gesperrt im Original).

22 Vgl. Theißen/Merz, Jesus, 447–493 (mit Literaturübersicht 447 und Forschungsüberblick zur Entstehung der Christologie 449–455); Schnelle, Theologie, 128–145.

23 Vgl. Luz/Michaels, Jesus oder Buddha, 53.

24 Vgl. Theißen/Merz, Jesus, 388–414 (mit Literaturübersicht 388).

25 Vgl. Kähler, Der sogenannte historische Jesus, 60.

26 Vgl. zu Schweitzers Verständnis der Eschatologie Jesu: Luz/Michaels, Jesus oder Buddha, 128.

27 Bultmann, Verhältnis, 453.

28 Vgl. Theißen/Merz, Jesus, 415–446 (mit Literaturübersicht 415); Schröter, Jesus, 298–321; interessant für die Theologie ist die Sicht des Historikers: Dahlheim, Welt, 83–91. Dahlheim arbeitet bei aller historischer Unfassbarkeit der Ereignisse die Auferstehung als den Beginn des Christentums heraus.

29 Vgl. Theißen/Merz, Jesus, 417–422.

30 Vgl. Oberdorfer, Was sucht ihr den Lebendigen bei den Toten?, 225–240.

31 Vgl. Pannenberg, Systematische Theologie II, 402–405 (in Auseinandersetzung mit Ernst Troeltsch).

32 Vgl. Oberdorfer, Was sucht ihr den Lebendigen bei den Toten?, 235–240.

33 Vgl. (allerdings vorrangig am Beispiel des Paulus durchgeführt) Schnelle, Paulus, 476–483.

34 Vgl. Theißen, Religion, 374 f.

Zweites Kapitel: Eine neue Religion entsteht

1 Die Wendung ist angelehnt an: Brown, Autorität und Heiligkeit; sie wird aber im Folgenden stärker als bei Brown auf die Erfahrung des Heiligen und dessen kulturelle Artikulation bezogen.

2 Knapper Überblick: Winkelmann, Geschichte; eine in Einzelbeobachtungen überholte, aber immer noch klassische Darstellung: Harnack, Mission; zum Forschungsstand heute: Schnelle, 100 Jahre; Vouga, Geschichte; Koch, Geschichte; einen vorzüglichen religions- und kulturgeschichtlichen Überblick von der Jerusalemer Urgemeinde bis in das Zeitalter Konstantins bietet: Dahlheim, Welt, 83–433.

3 Vgl. Vouga, Geschichte, 29–46, und Koch, Geschichte, 157–192.

4 Vgl. Harnack, Mission, 23–27.

5 Vgl. Koch, Geschichte, 419–426 mit Überblick über die Forschungslage und die schwierige Quellensituation.

6 Vgl. Koch, Geschichte, 393–413.

7 Vgl. Koch, Geschichte, 413–416.

8 Zur Einteilung: Winkelmann, Geschichte, 8.

9 Vgl. zum Folgenden: Koch, Geschichte, 157–241; Schenke, Urgemeinde.

10 Actus Vercellenses 35 (Petrusakten), 286.

11 Vgl. zur Apostelgeschichte: Schnelle, Einleitung, 303–320 mit Hinweisen zu Literatur und Forschungsstand; knappe Einführung: Theißen, Neues Testament, 74–82; zum historischen Hintergrund der Jerusalemer Urgemeinde und ihrem Selbstverständnis vgl. Schenke, Urgemeinde, 81–115.

12 So der Titel der bahnbrechenden theologischen Arbeit zu Lukas von Hans Conzelmann, Die Mitte der Zeit.

13 Theißen, Religion, 399.

14 Harnack, Mission, 91.

15 Vgl. Schnelle, Einleitung, 283–286, 304.

16 Köster, Einführung, 520.

17 Vgl. Hegel, Vorlesungen über die Philosophie der Religion II, 307.

18 Zur historischen Wahrscheinlichkeit der «Solidargemeinschaft in der Urgemeinde» vgl. Schenke, Urgemeinde, 93 f. (Zitat 93).

19 Koch, Geschichte, 164, Anm. 22.

20 Zur Einführung: Schnelle, Paulus; Sanders, Paulus; zum aktuellen Forschungsstand über Leben, Werk und Wirkungsgeschichte: Horn (Hg.), Paulus Handbuch.

21 Vgl. Nietzsche, Antichrist 42, 215–217.

22 Vgl. zum Folgenden: Schnelle, Paulus, 29–39; Sanders, Paulus, 14–28.

23 Vgl. zum historischen Hintergrund der hellenistischen Gemeinde in Antiochia: Koch, Geschichte, 193–200; zur Bedeutung für die Biographie des Paulus: Schnelle, Paulus, 107–113.

24 Vgl. Schnelle, Paulus, 152 f.

25 Vgl. Theißen, Religion, 294–300.

26 Schweitzer, Mystik, 220.

27 Vgl. Schnelle, Paulus, 137.

28 Schweitzer, Mystik, 215.

29 Vgl. den Überblick: Winkelmann, 34–53; Theißen, Religion, 286–314.

30 Vgl. Theißen/Merz, Jesus, 143 f.

31 Zitiert nach Harnack, Mission, 67.

32 Vgl. Winkelmann, Geschichte, 38 f.

33 Vgl. Koch, Geschichte, 377–390.

34 Vgl. Harnack, Mission, 70; Koch, Geschichte, 390.

35 Harnack, Mission, 76.

36 Vgl. Theißen, Religion, 283–338 (mit Literaturangaben und Forschungsüberblick).

37 Vgl. zur knappen Einführung: Frey, Marcion, 11–27 (Literaturübersicht 25–27); klassisch die positive Würdigung aus liberaler Perspektive: Harnack, Marcion; zur Abgrenzung von der Gnosis: Markschies, Gnosis, 86–89; zum aktuellen Forschungsüberblick: May/Greschat (Hg.), Marcion.

38 Vgl. Theißen, Religion, 358; Markschies, Theologie, 245 ff.

39 Vgl. zur Einführung: Markschies, Gnosis; Theißen, Religion, 314–325 (mit weiterführender Literatur und Forschungsüberblick 26–35); nicht allein unter dem Aspekt der Häresie, sondern als Ausdruck urchristlicher Pluralität interpretiert die Gnosis: King, What Is Gnosticism? (zur Forschungsgeschichte 55–109).

40 Vgl. Markschies, Gnosis, 9; zum Folgenden: Markschies, Gnosis, 25 f.

41 Bultmann, Jesus Christus und die Mythologie, 145.

42 Vgl. Markschies, Gnosis, 74–78.

43 Vgl. Markschies, Gnosis, 80–83.

44 Vgl. Markschies, Gnosis, 89–95.

45 Markschies, Gnosis, 90.

46 Markschies, Gnosis, 101.

Anhang: Anmerkungen zum zweiten Kapitel

47 Vgl. Sloterdijk/Macho (Hg.), Weltrevolution der Seele.

48 Vgl. Markschies, Gnosis, 52–61.

49 Jonas, Wissenschaft als persönliches Erlebnis, 17; vgl. Markschies, Gnosis, 27.

50 Vgl. Halfwassen, Plotin, 23 (insbesondere zu Enneade II 9).

51 Theißen, Religion, 325.

52 Vgl. Theißen, Religion, 325 f.

53 Vgl. zu den Begriffen: James, Vielfalt, 111 und 263.

54 Vgl. zum Folgenden: Theißen, Religion, 335–339 (mit Literaturübersicht 335, Anm. 54); Hahn/Klein, Die frühchristliche Prophetie, 181–199.

55 Vgl. Markschies, Theologie, 135.

56 Bauer, Rechtgläubigkeit, 242; vgl. zu Bauer und der durch ihn vor allem in der englischsprachigen Welt ausgelösten Diskussion: Markschies, Theologie, 339–369.

57 Vgl. Markschies, Theologie, 37.

58 Aristoteles, Politik 1253a 2 f.

59 Schleiermacher, Religion, 177.

60 Vgl. Roloff, Kirche (mit älterer Literaturübersicht 9 f.); zu den jeweiligen Positionen der einzelnen biblischen Schriften und mit aktueller Forschungsliteratur: Schnelle, Theologie (die jeweiligen Kapitel: «Ekklesiologie»).

61 Schnelle, Theologie, 303; vgl. auch: Roloff, Kirche, 96–100.

62 Vgl. Roloff, Kirche, 100–110.

63 Schnelle, Theologie, 306.

64 Vgl. Roloff, Kirche, 209–302.

65 Vgl. Harnack, Mission, 93.

66 Vgl. Didache 11–13.

67 Vgl. Luz/Michaels, Jesus oder Buddha, 194 f.

68 Vgl. zum Folgenden: Gnilka, Die frühen Christen, 274–284.

69 Vgl. Schnelle, Theologie, 532.

70 Vgl. Schnelle, Theologie, 559.

71 Vgl. Theißen, Erleben und Verhalten, 393.

72 Vietta, Kulturgeschichte, 165–176.

73 Vgl. Vietta, Kulturgeschichte, 165.

74 Ebd. (Hervorhebung im Original).

75 Vgl. dazu grundlegend: Schröder, Athen und Jerusalem, 88–110.

76 Vgl. zum institutionellen Hintergrund: Markschies, Theologie, 43–109 (mit Literaturüberblick zur aktuellen Forschungslage). Eine immer noch lesenswerte, klassische Einführung in die frühe Theologie, die natürlich in allen Dogmengeschichten ausführlich behandelt wird, bietet: Henry Chadwick, Die Kirche in der antiken Welt, Berlin/New York 1972, 80–92, 104–130.

77 Vgl. Assmann, Das kulturelle Gedächtnis, 282–286.

78 Vgl. zur kulturellen Funktion des Kommentars: Assmann, Das kulturelle Gedächtnis, 102.

79 Vgl. Theißen, Religion, 367.

80 Vgl. zum Folgenden: Schmid/Schröter, Bibel; von Lips, Kanon; Markschies, Theologie, 215–335; vgl. auch: Theißen, Religion, 339–384; klassisch: von Campenhausen, Entstehung; knapper Überblick: Theißen, Neues Testament, 114–124; zur Kulturtheorie des Kanons (am Beispiel Israels): Assmann, Stufen, 81–100.

81 Vgl. Assmann, Das kulturelle Gedächtnis, 48–56.

82 Assmann, Stufen, 88.

83 Assmann, Das kulturelle Gedächtnis, 75 f.

84 Assmann, Das kulturelle Gedächtnis, 77.

85 Assmann, Was ist das ‹kulturelle Gedächtnis›, 15.

86 Vgl. Assmann, Unsichtbare Religion, 53; ders., Kulturelle Texte, 127.

87 Vgl. Klauck, Briefliteratur.

Anhang: Anmerkungen zum zweiten Kapitel

88 Vgl. Schnelle, Einleitung, 390.
89 Assmann, Erinnern, 121; zur historischen und theologischen Bedeutung des Phänomens der Pseudepigraphie vgl. Schnelle, Einleitung, 321–326.
90 Vgl. Schnelle, Einleitung, 173–185.
91 Vgl. Theißen, Neues Testament, 64.
92 Vgl. Käsemann, Das Problem des historischen Jesus, 195–199.
93 Vgl. Vielhauer, Geschichte, 268–280.
94 Vgl. Schnelle, Einleitung, 218–238.
95 Assmann, Das kulturelle Gedächtnis, 41.
96 Theißen, Neues Testament, 98.
97 Vgl. Theißen, Neues Testament, 95.
98 Vgl. von Lips, Kanon, 21.
99 Vgl. von Lips, Kanon, 24 f.
100 Vgl. von Lips, Kanon, 22 f.; Theißen, Religion, 358.
101 Vgl. Glaue, Die Vorlesung heiliger Schriften im Gottesdienste, 34.
102 Justin, Apologie I, 82 (c. 67,3–5); vgl. dazu von Lips, Kanon, 26.
103 Vgl. Harnack, Privater Gebrauch, 40 ff.
104 Vgl. Markschies, Theologie, 245 ff.
105 Vgl. Markschies, Theologie, 228–337.
106 Vgl. zu dieser von Harnack bis Aland vertretenen Auffassung: von Lips, Kanon, 66 f.
107 Vgl. Schnelle, Einleitung, 396.
108 Vgl. Schnelle, Einleitung, 399.
109 Vgl. Schnelle, Einleitung, 401.
110 Vgl. Vielhauer, Geschichte, 520.
111 Vgl. von Lips, Kanon, 66.
112 Assmann, Das kulturelle Gedächtnis, 123.
113 Vgl. Assmann, Das kulturelle Gedächtnis, 122.
114 Vgl. Schnelle, Einleitung, 397.
115 Irenäus, Adversus Haereses. Gegen die Heiden, 3,1,1 (Klammern im Original der Übersetzung); vgl. auch Schnelle, Einleitung, 395 f.
116 Die in Amerika häufiger vertretene apostolische Urheberschaft insbesondere des Markus- und des Johannesevangeliums vertrat in der deutschsprachigen Theologie zuletzt prominent Martin Hengel. Zur Diskussion um Markus als Petrusschüler und die apostolische Nähe des Johannesevangeliums vgl. Schnelle, Einleitung, 240 ff. (zu Markus) und 505 ff. (zu Johannes).
117 Die neueste Übersetzung der apokryphen Evangelien: Antike christliche Apokryphen in deutscher Übersetzung; klassisch: Neutestamentliche Apokryphen in deutscher Übersetzung; zur Einführung: Klauck, Die apokryphe Bibel; Schröter, Die apokryphen Evangelien.
118 Vgl. zu einer ausgesprochen positiven Beurteilung: Theißen, Religion, 383 f.; vgl. auch: Martin, Werdet Vorübergehende, 9–15.
119 Vgl. Harnack, Marcion, 217 ff.
120 Theißen, Religion, 356.
121 Vgl. Assmann, Text und Ritus, 153.
122 Vgl. Origenes, Prinzipien (Peri archon) IV, 1–4.
123 Athanasius, Leben des Heiligen Antonius, 15 (c. II). Die Stelle bezieht sich auf Mt 19,21; zur Bedeutung der Bibel für die Bekehrung des Antonius vgl. Gemeinhardt, Antonius, 39 f.
124 Vgl. Augustinus, Confessiones VIII 12 (S. 214–216).
125 Augustinus, Confessiones VIII 12 (S. 214).
126 Augustinus, Confessiones VIII 12, S. 215 (Bibelstelle: Röm 13,13).
127 Ebd.
128 Vgl. Harnack, Mission, 289.
129 Vgl. Assmann, Das kulturelle Gedächtnis, 57.

130 Assmann, Das kulturelle Gedächtnis, 56.
131 Vgl. zum Folgenden: Markschies, Theologie, 136–211.
132 Vgl. Markschies, Theologie, 148.
133 Vgl. Markschies, Theologie, 138.
134 Vgl. Markschies, Theologie, 146.
135 Riesebrodt, Cultus und Heilsversprechen, 136.
136 Vgl. Bieritz, Liturgik, 7.
137 Vgl. Meßmer, Einführung in die Liturgiewissenschaft, 159–168.
138 Harnack, Mission, 249.
139 Theißen, Religion, 178–194 spricht von einer prophetischen Dimension und dem Schwellencharakter der urchristlichen Sakramente.
140 Vgl. Schröter, Abendmahl, 158–164.
141 Ignatius, An die Epheser 20,2; vgl. Winkelmann, Geschichte, 112 f.
142 Vgl. Schröter, Abendmahl, 164.
143 Vgl. Meßmer, Einführung, 70–96; Gnilka, Die frühen Christen, 85–91.
144 Harnack, Mission, 247.
145 Ebd.
146 Harnack, Mission, 450, Anm. 2.
147 Vgl. Harnack, Mission, 247.
148 Vgl. Bieritz, Liturgik, 70–84.
149 Dahlheim, Welt, 91.
150 Vgl. Schnelle, Theologie, 607.
151 Vgl. grundlegend Brown, Keuschheit, 47–80.
152 Vgl. Harnack, Mission, 233 Anm. 1.
153 Vgl. Harnack, Mission, 406 f.
154 Vgl. Markschies, Zwischen den Welten, 157.
155 Vgl. Hadot, Wege zur Weisheit, 221.
156 Ambrosius, Über die Jungfrauen 1,6,25 (S. 143).
157 Vgl. ebd.
158 Vgl. Ambrosius, Über die Jungfrauen 1,6,28–29 (S. 147–151).
159 Ambrosius, Über die Jungfrauen 1,6,30 (S. 151).
160 Ambrosius, Über die Jungfrauen 1,6,22 (S. 135).
161 Vgl. Ambrosius, Über die Jungfrauen 1,4,14–19 (S. 123–133); vgl. Brown, Keuschheit, 349–372.
162 Vgl. Brown, Keuschheit, 415–417.
163 Vgl. zum Folgenden: Harnack, Mission, 184 ff.; Markschies, Zwischen den Welten, 134 ff.; Winkelmann, Geschichte, 99 f.
164 Vgl. Markschies, Zwischen den Welten, 136.
165 Vgl. Harnack, Mission, 187 und 190.
166 Vgl. Harnack, Mission, 182 und 185.
167 Vgl. Theißen/Merz, Jesus, 86–90.
168 Vgl. Harnack, Mission, 306–310.
169 Vgl. Harnack, Mission, 300; Winkelmann, Geschichte, 79 f.; vgl. zum kulturellen Hintergrund der Lebensformen, gegen die sich das frühe Christentum richtete: Dahlheim, Welt, 255–282.
170 Vgl. zum Folgenden: Traditio Apostolica, 247–251 (c. 16).
171 Traditio Apostolica, 249 (c. 16).
172 Vgl. Chadwick, Kirche, 21–23.
173 Vgl. Chadwick, Kirche, 130–141; vgl. Demandt, Spätantike, 19 f. und 30 f. (zu Diocletian).
174 Vgl. Mac Culloch, A History of Christianity, 176.
175 Ignatius, Polykarpmartyrium, 2,1.
176 Tertullian, Apologeticum, 182 (c. 50).
177 Vgl. Chadwick, Kirche, 138–140.
178 Von Padberg, Christianisierung, 19.
179 Vgl. zur Übersicht mit bedenkenswertem Resümee: Markschies, Warum? (Dieser Studie ist hier die Kapitelüberschrift entnommen.)

180 Vgl. Harnack, Mission, 29.

181 Vgl. zur Grundlegung dieses Modells bei Origenes: Markschies, Warum?, 27 f.

182 Hegel, Vorlesungen über die Philosophie der Geschichte, 386.

183 Markschies, Warum?, 17 in Übernahme einer Formulierung von Carl Andresen.

184 Vgl. Markschies, Warum?, 17 f.

185 Vgl. zu den vor allem von Dodds vorgebrachten Argumenten und den historischen Beobachtungen, die dagegen sprechen: Markschies, Warum?, 43 f.

186 Vgl. Harnack, Mission, 23–27; Winkelmann, Geschichte, 27–29.

187 Vgl. zum Folgenden: Harnack, Mission, 28–39.

188 Vgl. zum Folgenden: Markschies, Warum?, 44–56.

189 Vgl. zum Folgenden: Veyne, Welt, 28–30.

190 Veyne, Welt, 27.

191 Harnack, Wesen, 87.

192 Veyne, Welt, 38.

193 Zitiert nach: Harnack, Mission, 519.

194 Veyne, Welt, 28.

195 Ebd.

196 Vgl. Veyne, Welt, 32.

197 Vgl. Veyne, Welt, 44–47.

198 Harnack, Mission, 528.

Drittes Kapitel: Die Macht der Sieger

1 Vgl. MacMullen, Christianity and Paganism, 72; Veyne, Welt, 76.

2 Die folgende Darstellung orientiert sich vorrangig an: Brandt, Konstantin; Wallraff, Sonnenkönig. Beide bieten die entsprechenden Hinweise auf Forschungsgeschichte und -literatur, Wallraff mit kritischer Sicht auf die Forschungslegenden und das daraus resultierende Konstantinbild.

3 Vgl. Wallraff, Sonnenkönig, 56–59; Brandt, Konstantin, 42–59 mit Hinweisen zur komplizierten Quellenlage, den Visionsberichten des Laktanz und des Euseb und zur Entstehung der Legende.

4 Vgl. Brandt, Konstantin, 42.

5 Vgl. zur Problemgeschichte des Begriffs: Mühlenberg (Hg.), Die Konstantinische Wende. Darin thematisieren die Beiträge von Girardet und Winkelmann die Frage nach einer «Wende» in Konstantins Religionsverständnis und deren Folgen für das antike Christentum.

6 Vgl. grundlegend: Burckhardt, Die Zeit Constantins des Großen; vgl. zur positiven Würdigung Burckhardts: Wallraff, Sonnenkönig, 25; vgl. zum «modernen» Konstantinbild: Nowak, Kaiser.

7 Vgl. Brandt, Konstantin, 28; zum Folgenden: Brandt, Konstantin, 28–41; Clauss, Konstantin, 18 ff.

8 Vgl. Veyne, Welt, 54.

9 Vgl. zur Kritik an dieser von Jochen Bleicken vorgebrachten These: Brandt, Konstantin, 68.

10 Vgl. Brandt, Konstantin, 19–23.

11 Brandt, Konstantin, 16 f.

12 Vgl. Wallraff, Sonnenkönig, 70 f.

13 Das heben in der jüngeren Literatur mit Nachdruck hervor: Veyne, Welt, 68–71; Brandt, Konstantin, 74–79.

14 Veyne, Welt, 52.

15 Brandt, Konstantin, 60.

16 Wallraff, Sol, 96 ff., dazu kritisch: Brandt, Konstantin, 83 f.

17 Mit Brandt, Konstantin, 93 gegen Girardet.

18 Brandt, Konstantin, 89.
19 Vgl. ebd.
20 Vgl. Clauss, 50 f., und Brandt, Konstantin, 118–123.
21 Vgl. Brandt, Konstantin, 119.
22 Vgl. zum Folgenden: Brandt, Konstantin, 80–89; in der Gesamtbewertung zurückhaltender: Wallraff, Sonnenkönig, 113–115.
23 Vgl. Brandt, Konstantin, 81 f.
24 Vgl. Wallraff, Sonnenkönig, 115–121.
25 Brandt, Konstantin, 76.
26 Vgl. Brandt, Konstantin, 112–118 (mit ausführlichem Quellenbeleg aus Euseb und Literaturübersicht).
27 Vgl. zum Folgenden: Brandt, Konstantin, 156–167.
28 Vgl. Wallraff, Sonnenkönig, 20 f.
29 Vgl. Giebel, Julian Apostata; Rosen, Julian; Demandt, Spätantike, 69–84.
30 Vgl. Giebel, Julian, 39 ff.
31 Giebel, Julian, 46.
32 Vgl. Demandt, Spätantike, 108–110; Veyne, Welt, 104–109.
33 Vgl. Demandt, Spätantike, 83 f.
34 Vgl. Demandt, Spätantike, 101 f.
35 Winkelmann, Geschichte, 116.
36 Vgl. zu den Anfängen des christlichen Kirchenbaus: Claussen, Gottes Häuser, 17–61; Erne (Hg.), Kirchenbau, 23–63; speziell zu Konstantins Kirchenbauprogramm: Brandt, Konstantin, 85–89; Wallraff, Sonnenkönig, 121–133, der allerdings den programmatischen Anteil bei Konstantin geringer veranschlagt; Deckers, Kunst, 57–82.
37 Vgl. Claussen, Gottes Häuser, 23.
38 Vgl. Origenes, Gegen Celsus VIII 19–20 (S. 320–323).
39 Vgl. Harnack, Mission, 182.
40 Vgl. Wallraff, Christus verus sol, 71 ff.
41 Vgl. Markschies, Theologie, 14, unter Berufung auf Arbeiten von Jan Assmann.
42 Tillich, Aspekte, 102.
43 Deckers, Kunst, 60.
44 Vgl. Deckers, Kunst, 60.
45 Deckers, Kunst, 71.
46 Vgl. Brown, Entstehung, 53.
47 Vgl. dazu auch: Claussen, Gottes Häuser, 63–90; Erne (Hg.), Kirchenbau, 65–84.
48 Vgl. Meier, Justinian, 52.
49 Zur zeitgenössischen Beschreibung: Prokop, Bauten I 1 (S. 21–31; Zitate 23 und 25).
50 Zum Zeitkolorit: Meier, Das andere Zeitalter.
51 Vgl. zum historischen Hintergrund: Pinggéra, Die Armenisch-Apostolische Kirche, 51–53.
52 Vgl. Deckers, Kunst, 63–69, 77–82.
53 Vgl. Deckers, Kunst, 15–25; Belting, Bild und Kult, 164–166; Büchsel, Christusporträt, 8–53.
54 Deckers, Kunst, 15.
55 Vgl. Deckers, Kunst, 24 f.
56 Vgl. Deckers, Kunst, 38 f.
57 Vgl. Belting, Bild und Kult, 64–70.
58 Vgl. Veyne, Kunst der Spätantike, 133–142; kritisch zur «Spiritualisierungsthese»: Deckers, Kunst, 44–46.
59 Vgl. Deckers, Kunst, 31–39.
60 Vgl. den knappen Überblick: Deckers, Kunst, 46–49; Büchsel, Christusporträt, 17–53.
61 Büchsel, Christusporträt, 9.
62 Vgl. Büchsel, Christusporträt, 8 f.
63 Deckers, Kunst, 32; zur Ohnmacht der Theologie: Belting, Bild und Kult, 11–19. Büchsels Kritik an Belting liegt darin richtig, dass der religiöse Aufstieg des Christusporträts auch in der ästhetischen und nicht allein in der kultischen Leistungskraft begründet lag

(vgl. Büchsel, Christusporträt, 9 f.). Dass dann aber wiederum die ästhetische Leistungskraft die kultische Funktion und die Debatten des Bilderstreites heraufbeschworen hat, steht außer Frage.

64 Vgl. ausführlich zur Chronologie: Brown, Entstehung, 273–295; zum Bildverständnis: Belting, Bild und Kult, 166–175; Deckers, Kunst, 42–44.

65 Vgl. Veyne, Welt, 88.

66 Demandt, Spätantike, 438.

67 Vgl. dazu grundlegend: Harnack, Militia Christi.

68 Vgl. Demandt, Spätantike, 439.

69 Vgl. zum Folgenden: Demandt, Spätantike, 451 f.

70 Vgl. Demandt, Spätantike, 452.

71 Vgl. zum Folgenden: Demandt, Spätantike, 274–285.

72 Vgl. Demandt, Spätantike, 278.

73 Vgl. Demandt, Spätantike, 279.

74 Vgl. Demandt, Spätantike, 280 f.

75 Veyne, Welt, 50.

76 Vgl. MacMullen, Christianizing the Roman Empire, 53.

77 MacMullen, Christianizing the Roman Empire, 86 geht davon aus, dass die Zahl der Christen im 4. Jahrhundert von etwa fünf auf dreißig Millionen anstieg.

78 Vgl. Rosen, Julian, 392.

79 Vgl. Veyne, Welt, 15 f.; MacMullen, Christianizing the Roman Empire, 10 ff.; einen Überblick über die Erscheinungsformen des spätantiken Heidentums bietet: Demandt, Spätantike, 406–425.

80 Vgl. Cameron, The Last Pagans, 353 ff.

81 Zitiert nach: Demandt, Spätantike, 406.

82 Vgl. zum Folgenden: Cameron, The Last Pagans, 37 ff.; Demandt, Spätantike, 419 f.

83 Veyne, Welt, 20 f.

84 Vgl. Demandt, Spätantike, 408.

85 Laktanz, Todesarten 35,5 (S. 185).

86 Laktanz, Todesarten 50,7 (S. 223).

87 Vgl. Giebel, Julian, 37.

88 Vgl. vor allem zum Aspekt der Heidenverfolgung: MacMullen, Christianity and Paganism, 1 ff.

89 Vgl. Meier, Justinian, 39.

90 Vgl. Demandt, Spätantike, 406.

91 Demandt, Spätantike, 422.

92 Vgl. zu dem Assimilationsprozess, der sich bis weit ins Mittelalter hinein fortsetzte: MacMullen, Christianity and Paganism, 103 ff.

93 Vgl. zur ambivalenten Haltung der Christen zur antiken Bildung: Demandt, Spätantike, 402–405.

94 Vgl. Schröder, Athen und Jerusalem, 22–80 (mit Hinweisen zur Editions- und Wirkungsgeschichte).

95 Vgl. Harnack, Mission, 522 f.

96 Vgl. Origenes, Prinzipien (Peri archon) I 1,4–5.

97 Vgl. zur Debatte: Pannenberg, Aufnahme, 296–346.

98 Vgl. zur Begriffsgeschichte: Pannenberg, Systematische Theologie I, 18–22.

99 Einen vorzüglichen ausführlichen Überblick bietet: Ritter, Dogma, 99–221; knapper: Hauschild, Lehrbuch I, 1–55 und Drecoll, Entwicklungen, 81–162 (jeweils mit Verweisen auf die Literatur).

100 Zum philosophischen Hintergrund: Ricken, Homoousios, 74–99.

101 Vgl. Ritter, Dogma, 178–185.

102 Zur überwiegend negativen Rezeption: Böhm, Christologie des Arius, 4–32.

103 DH 125.

104 Vgl. Ritter, Dogma, 198–214.

105 Vgl. zum Folgenden: Ritter, Dogma, 222–282; Hauschild, Lehrbuch I, 161–217.

Anhang: Anmerkungen zum dritten Kapitel

106 Jenkins, Jesus Wars.
107 Vgl. Jenkins, Jesus Wars, 8.
108 DH 302.
109 Jenkins, Jesus Wars.
110 Vgl. Demandt, Spätantike, 469.
111 Spengler, Untergang, 871 f.
112 In einer anderen gewaltsamen innerchristlichen Auseinandersetzung, deren Protagonisten die aus den Donatisten hervorgegangenen Circumcellionen in Nordafrika waren, spielte beispielsweise sicher eine Rolle, dass autochthone Berber mit den latinisierten ‹katholischen› Großgrundbesitzern in Konflikt gerieten; vgl. dazu Demandt, Spätantike, 467.
113 Vgl. zum Folgenden: Assmann, Unterscheidung, 12–18.
114 Zitiert nach Demandt, Spätantike, 475 mit Verweis auf Gregor von Nyssa, PG 46, 557B.
115 Vgl. Assmann, Unterscheidung, 151.
116 Otto, Das Heilige, 106 f.
117 Otto, Das Heilige, 76.
118 Vgl. Veyne, Welt, 29.
119 Vgl. Winkler, Die altorientalischen Kirchen, 94 f.
120 Vgl. Demandt, Spätantike, 118 f.
121 Vgl. Demandt, Spätantike, 119 f.
122 Augustinus, Vom Gottesstaat I 10 (S. 18 ff.) und I 18 (S. 32 ff.).
123 Vgl. zum Folgenden: Flasch, Augustin, 391–395.
124 Augustinus, Vom Gottesstaat XIX 4 (S. 528 f.).
125 Vgl. zum Folgenden den von Karl Christ besorgten Textauszug Gibbons, der die entscheidende Argumentation trefflich zusammenfasst: Gibbon, Allgemeine Betrachtungen, 35–38.
126 Gibbon, Betrachtungen, 36.
127 Vgl. Meier, Justinian, 40 f.; vgl. zum Folgenden neben den Arbeiten Meiers auch: Demandt, Spätantike, 164–180.
128 Vgl. zum Folgenden: Meier, Justinian, 8–13.
129 Meier, Justinian, 10.
130 Vgl. zu den folgenden «Kontingenzeinbrüchen» ausführlich: Meier, Das andere Zeitalter, 342 ff.; knapper: Ders., Justinian, 77–84.
131 Vgl. Meier, Justinian, 101.
132 Vgl. Meier, Justinian, 80–84.
133 Vgl. Meier, Das andere Zeitalter, 425 ff.
134 Vgl. zum Folgenden: Meier, Justinian, 106–110.
135 Vgl. Meier, Justinian, 113.
136 Meier, Justinian, 119.

Viertes Kapitel: Blühende Finsternis. Die Christianisierung Europas

1 Vgl. dazu umfassend: Meier, Völkerwanderung; Wolfram, Germanen, 87–118.
2 Nietzsche, Zur Genealogie der Moral 11, 275.
3 Paulus Diaconus, Geschichte der Langobarden IV 37 (S. 245); vgl. zur Gewalt im Frühmittelalter (mit darüber hinaus bemerkenswerten Ausführungen zum Lebensgefühl): Fumagalli, Himmel, 65–77 (zu Romilda 72 f.).
4 Vgl. Rosen, Völkerwanderung, 22–27; Angenendt, Frühmittelalter, 112–118.
5 Vgl. Behringer, Kulturgeschichte des Klimas, 90–97.
6 Brown, Entstehung, 24.
7 Vgl. Brown, Entstehung, 25 f.
8 Vgl. Küster, Geschichte der Landschaft, 167–170.

Anhang: Anmerkungen zum vierten Kapitel

9 Vgl. Angenendt, Frühmittelalter, 118–124.
10 Vgl. Brown, Entstehung, 95 f.
11 Vgl. Küster, Geschichte der Landschaft, 162.
12 Ebd.
13 Vgl. Angenendt, Frühmittelalter, 147.
14 Vgl. Fried, Mittelalter, 19.
15 Vgl. zum Folgenden: Wolfram, Germanen, 83–87; Angenendt, Frühmittelalter, 127 f.
16 Wolfram, Germanen, 83.
17 Zitiert nach: Wolfram, Germanen, 83.
18 Vgl. zum germanischen Subordinatianismus: Leppin, Geschichte, 37–41.
19 Vgl. Wolfram, Germanen, 84 f.
20 Vgl. umfassend: Wiemer, Theoderich; vgl. ferner Wolfram, Goten, 73–90.
21 Vgl. zu Theoderichs Kirchenbau: Wolfram, Goten, 81 f.
22 Vgl. zur Person: Fried, Mittelalter, 11–17; zur Philosophie: Flasch, Denken, 43–74.
23 Vgl. Wolfram, Goten, 90–100.
24 Vgl. Wolfram, Goten, 104–118.
25 Vgl. Flasch, Denken, 81 f.; Fried, Mittelalter, 23 f.
26 Vgl. Wolfram, Germanen, 106–115.
27 Vgl. grundlegend: Becher, Chlodwig; Ewig, Merowinger, 18–31; Geary, Die Merowinger, 89–121.
28 Vgl. zur Taufe und zur «Religionspolitik»: Becher, Chlodwig, 174–203; Ewig, Merowinger, 22 f.; Geary, Merowinger, 89 f.
29 Vgl. zur Quellenlage und zur dritten Traditionslinie, die davon ausgeht, dass Chlodwig ein Verehrer des heiligen Martin von Tours war: Becher, Chlodwig, 189 f.
30 Vgl. Becher, Chlodwig, 200 f.
31 Vgl. Wolfram, Germanen, 10.
32 Vgl. Angenendt, Frühmittelalter, 176 f.
33 Geary, Merowinger, 121.
34 Vgl. zum Folgenden die Einführung: Bobzin, Mohammed (mit Hinweisen zur Geschichte der Mohammedforschung: 116–119 und weiterführender Literatur: 120–124).
35 Vgl. Halm, Islam, 8–13.
36 Vgl. knapp: Halm, Islam, 24–32; ausführlicher zu den frühen Eroberungen: Noth, Früher Islam, 58–73.
37 Halm, Islam, 26.
38 Vgl. Halm, Islam, 26 f.
39 Vgl. Korn, Geschichte der islamischen Kunst, 18 f.
40 Vgl. Halm, Islam, 28 f.
41 Hauser, Sozialgeschichte der Kunst, 135.
42 Brown, Entstehung, 209.
43 Jenkins, Das Goldene Zeitalter.
44 Vgl. zur Entstehung des Mönchtums: Chadwick, Kirche, 202–213; Demandt, Spätantike, 457–462.
45 Vgl. Hauschild, Lehrbuch I, 273; vgl. zum Folgenden jeweils mit Hinweisen auf die Literatur: Angenendt, Frühmittelalter, 59 f., 97–112, 205–212; Melville, Klöster, 13–30; Schwaiger/Heim, Orden und Klöster, 9–29; Leppin, Geschichte, 74–80; Hauschild; Lehrbuch I, 272–310.
46 Schwaiger/Heim, Orden und Klöster, 10.
47 Vgl. Gemeinhardt, Antonius (zum Weg in die Wüste: 45–57).
48 Vgl. Gemeinhardt, Antonius, 128–132.
49 Athanasius, Leben des Heiligen Antonius V (S. 18).
50 Ebd.
51 Ebd.
52 Alle Zitate: Athanasius, Leben des Heiligen Antonius V (S. 19).
53 Athanasius, Leben des Heiligen Antonius VIII (S. 23).

Anhang: Anmerkungen zum vierten Kapitel

54 Ebd.
55 Vgl. zu Pachomius und zum schwer ermittelbaren Verhältnis zu Antonius und seinen Mönchen: Gemeinhardt, Antonius, 139 f.
56 Vgl. Demandt, Spätantike, 461.
57 Vgl. Angenendt, Frühmittelalter, 98 f.; Melville, Klöster, 24 (jeweils mit Literaturhinweisen).
58 Hauschild, Lehrbuch I, 298.
59 Vgl. Angenendt, Frühmittelalter, 99–103.
60 Sloterdijk, Du musst dein Leben ändern, 399.
61 Vgl. Angenendt, Frühmittelalter, 99.
62 Vgl. Angenendt, Frühmittelalter, 142 f.; Flasch, Denken, 148 f.; Brown, Entstehung, 162 f.
63 Vgl. Cassiodor, Einführung, 290–299 (das Vorwort nimmt die Einteilung vor, der Durchführung ist das ganze zweite Buch der *Institutiones* gewidmet); vgl. Angenendt, Frühmittelalter, 142 f.; zu den kulturellen Folgewirkungen: Prinz, Kelten, Römer und Germanen, 384 ff.
64 Vgl. Angenendt, Frühmittelalter, 101–103; Melville, Klöster, 26 f.
65 Cassianus, Vierundzwanzig Unterredungen I 2 (S. 289 f.).
66 Cassianus, Unterredungen I 3 (S. 290).
67 Cassianus, Unterredungen I 4 (S. 291).
68 Angenendt, Frühmittelalter, 101.
69 Cassianus, Über die Einrichtung von Klöstern V 1 (S. 96 f.).
70 Vgl. zu den sieben Todsünden die originelle und kulturgeschichtlich aufschlussreiche Interpretation: Schulze, Sünde.
71 Sloterdijk, Du musst dein Leben ändern, 400.
72 Vgl. zum Folgenden: Überblicke: Angenendt, Frühmittelalter, 104–111; Faust, Nachwort, 177–203 (jeweils mit Literatur); zu Benedikt und seiner Regel als «Textspur» des Frühmittelalters: Melville, Klöster, 31–52 (Zitat 31).
73 Vgl. die knappe Übersicht zur Debatte: Faust, Nachwort, 177 f.; auf die problematische Quellenlage verweist zu Recht: Melville, Klöster, 31–35.
74 Vgl. Angenendt, Frühmittelalter, 104 ff.; Faust, Nachwort, 178 f.
75 Vgl. Faust, Nachwort, 180–183; Melville, Klöster, 37 f.
76 Die Benediktsregel 58,1 (im Folgenden zitiert: BR mit Stellenangabe).
77 Die Kapitel 8 bis 18 treffen die entsprechenden Regelungen; vgl. Bieritz, Liturgik, 612–614, und Angenendt, Frühmittelalter, 107–109.
78 Vgl. Heinemann, Geschichte der Musik, 38.
79 Vgl. Bieritz, Liturgik, 607 f.
80 Vgl. BR 4,11 und 4,59.
81 «Die jüngeren Brüder haben ihre Betten nicht nebeneinander, sondern zwischen denen der älteren» (BR 22,7).
82 BR 5,4.
83 Vgl. BR 33,1–3.
84 BR 2,2.
85 Vgl. BR 2,4 ff.
86 Vgl. BR 7,67.
87 BR 1,6.
88 Vgl. BR 1,11 und 58,15.
89 BR 48,1.
90 Vgl. Troeltsch, Judentum und christliche Antike, 98–101.
91 Troeltsch, Judentum und christliche Antike, 99.
92 Vgl. Hadot, Wege zur Weisheit, 221.
93 Vgl. Schopenhauer, Welt I, 490–494.
94 Vgl. Sloterdijk, Du musst dein Leben ändern, 396–410.
95 Troeltsch, Judentum und christliche Antike, 96.
96 Hegel, Wissenschaft der Logik I, 14.

97 Vgl. Angenendt, Frühmittelalter, 110.
98 Vgl. BR 59.
99 Fried, Mittelalter, 120.
100 Vgl. von Padberg, Christianisierung, 67–72.
101 Vgl. R. McNally zitiert nach: Angenendt, Frühmittelalter, 205, und: von Padberg, Christianisierung, 69 f.
102 Vgl. Demandt, Kelten, 99.
103 Vgl. Angenendt, Frühmittelalter, 212 f.; Brown, Entstehung, 239 f.
104 Eine Vermittlungsrolle spielt dabei auch, was Peter Brown das «magische» Verständnis des Kopierens bei den irischen Mönchen nannte; vgl. Brown, Entstehung, 238.
105 Fried, Mittelalter, 19; Skeptiker haben eingewandt, dass das Mönchtum von seiner Grundanlage her keinen derartigen Kulturtransfer beabsichtigte, wie er in den vielen Skriptorien durch das Abschreiben antiker Texte geleistet wurde. Benedikt erwähnt diese Aufgabe in der Tat mit keinem Wort. Zu den «bildungsfeindlichen» Anfängen bei Benedikt und der weiteren Entwicklung vgl. Flasch, Denken, 141 f. Dagegen ist jedoch einzuwenden, dass das westliche Mönchtum in den oben genannten Aspekten weit über Benedikt hinausging.
106 Vgl. zum Überblick (mit Literatur): Leppin, Geschichte, 57–65.
107 Vgl. zum Folgenden: Brown, Entstehung, 242–251; von Padberg, Christianisierung, 74–84.
108 Vgl. Fuhrmann, Päpste, 96.
109 Vgl. von Padberg, Christianisierung, 71, und Hauschild, Lehrbuch I, 366; zur Bedeutung der Mission als Grundlegung europäischer Einheit vgl. Prinz, Kelten, Römer und Germanen, 259 ff.
110 Vgl. zum Folgenden: von Padberg, Bonifatius; Angenendt, Frühmittelalter, 270–283.
111 Vgl. Angenendt, Frühmittelalter, 270 f.
112 Vgl. von Padberg, Bonifatius, 61.
113 Vgl. von Padberg, Bonifatius, 40 f.
114 Vgl. von Padberg, Bonifatius, 46 f.
115 Vgl. von Padberg, Bonifatius, 45.
116 von Padberg, Bonifatius, 46.
117 von Padberg, Bonifatius, 37.
118 Vgl. Brown, Entstehung, 247.
119 Vgl. Brown, Entstehung, 104.
120 Vgl. von Padberg, Christianisierung, 115–142; Brown, Entstehung, 345–364.
121 Vgl. von Padberg, Christianisierung, 168–185.
122 Vgl. Brown, Entstehung, 364–369; von Padberg, Christianisierung, 144–156.
123 Vgl. zum Aufstieg der Karolinger: Riché, Karolinger, 74–112; zur Übertragung der Königswürde und der Kirchenpolitik Pippins: Angenendt, Frühmittelalter, 283–291.
124 Einhard, Vita 1 (S. 9) (im Folgenden zitiert mit Kapitelangabe und Seitenzahl in Klammern).
125 Vgl. Angenendt, Frühmittelalter, 283 f.
126 Brown, Entstehung, 297.
127 Fried, Karl; vgl. zum Folgenden auch: Hägermann, Karl; knappere Einführungen: Becher, Karl; Braunfels, Karl; eine exzellente Übersicht mit kirchen- und religionsgeschichtlichem Schwerpunkt: Angenendt, Frühmittelalter, 292–360; Leppin, Geschichte, 107–132.
128 Vgl. zur Schilderung der Krönungsereignisse, ihrer Motive und ihrer Folgen: Fried, Karl, 484–495; Becher, Karl, 13 ff.
129 Vgl. Braunfels, Karl, 67.
130 Ebd.
131 Ebd.; Einhard weicht in diesem Punkt markant von seinem Vorbild der römischen Kaiserbiographie ab, vgl. Hägermann, Karl, 554 f.
132 Vgl. zum Folgenden: Angenendt, Toleranz, 384–387.

Anhang: Anmerkungen zum vierten Kapitel

133 Vgl. Hägermann, Karl, 215.
134 Vgl. Fried, Karl, 153–164; Angenendt, Frühmittelalter, 296–299.
135 Vgl. Angenendt, Frühmittelalter, 298; Brown, Entstehung, 318.
136 Vgl. Bartlett, Die Geburt Europas aus dem Geist der Gewalt. Eroberung, Kolonisierung und kultureller Wandel von 950 bis 1350; der englische Originaltitel klingt weniger militant: Europe. Conquest, Colonization and Cultural Change; vgl. Angenendt, Toleranz, 392.
137 Vgl. zum Folgenden: Fried, Karl, 284–289; Leppin, Geschichte, 139–147; Angenendt, Frühmittelalter, 16.
138 Zum Programm vgl. Fried, Karl, 319–330; Angenendt, Frühmittelalter, 310–313 und 317 f.; Hägermann, Karl, 287–302.
139 Vgl. Angenendt, Frühmittelalter, 321.
140 Vgl. Fried, Karl, 290–301.
141 Vgl. Angenendt, Frühmittelalter, 310 f.
142 Vgl. zum Folgenden: Pächt, Buchmalerei; Pracht auf Pergament. Ausstellungskatalog; Reudenbach, Kunst, 29–45.
143 Pächt, Buchmalerei, 10.
144 Vgl. Pächt, Buchmalerei, 11 f.
145 Pächt, Buchmalerei, 14.
146 Vgl. Pächt, Buchmalerei, 26.
147 Vgl. Pächt, Buchmalerei, 26 f.
148 Vgl. zum Hintergrund der Evangelistensymbole: H. und M. Schmidt, Die vergessene Bildersprache, 171.
149 Vgl. Pächt, Buchmalerei, 45–95.
150 Fried, Karl, 291.
151 Vgl. Schneidmüller, Imperium, 34.
152 Schneidmüller, Imperium, 26.
153 Vgl. neben der oben genannten Literatur generell zur Kirchenreform: Fried, Karl, 342–373.
154 Vgl. zum Schulsystem: Konrad, Geschichte der Schule, 28–34.
155 Vgl. Angenendt, Frühmittelalter, 330.
156 Angenendt, Frühmittelalter, 337.
157 Vgl. Angenendt, Frühmittelalter, 338.
158 Vgl. zum assyrischen Christentum: Pinggéra, Die Apostolische Kirche des Ostens, 21–40; Jenkins, Das Goldene Zeitalter.
159 Vgl. Panofsky, Renaissancen, 57–66.
160 Vgl. Riché, Karolinger, 395 f.
161 Vgl. Fried, Karl, 417–429.
162 Vgl. Riché, Karolinger, 398.
163 Vgl. Panofsky, Renaissancen, 60 f.
164 Fried, Karl, 417.
165 Angenendt, Frühmittelalter, 343.
166 Vgl. Angenendt, Frühmittelalter, 315; Claussen, Gottes Häuser, 104.
167 Vgl. Claussen, Gottes Häuser, 99.
168 Vgl. zum Folgenden: Angenendt, Frühmittelalter, 348–352; Hägermann, Karl, 316 ff. und 334 ff.
169 Vgl. Fried, Karl, 455–462.
170 Vgl. grundlegend: Oberdorfer, Filioque.
171 Vgl. Fried, Karl, 450–454; Angenendt, Frühmittelalter, 348 f.
172 Vgl. Fried, Karl, 230–244.
173 Fried, Mittelalter, 86.
174 Fried, Mittelalter, 62.
175 Vgl. Fried, Mittelalter, 71 f.
176 Brown, Entstehung, 336.
177 Vgl. Fried, Mittelalter, 69.
178 Einhard, Vita 25 (S. 49).
179 Brown, Entstehung, 333.
180 Fried, Mittelalter, 66 f.
181 Vgl. zu Einhard, seinem Karlsbild und seinen Absichten mit der Lebensbeschreibung: Fried, Karl, 598–602; Brown, Entstehung, 322 f.

182 Einhard, Vita, Vorwort (S. 7).

183 Ebd.

184 Einhard, Vita 8 (S. 23); zur folgenden Schilderung vgl. Einhard, Vita 22–27 (S. 45–53).

185 Einhard, Vita 18 (S. 37).

Fünftes Kapitel: Der Aufstieg des Abendlandes

1 Vgl. Duby, Kathedralen, 11–17.

2 Vgl. Duby, Kathedralen, 42 f.

3 Vgl. Duby, Kathedralen, 37–43; vgl. auch zur ottonischen Kulturpolitik: Fried, Mittelalter, 113–130.

4 Popplow, Technik, 78.

5 Vgl. zum Folgenden: Popplow, Technik, 19–22.

6 Vgl. Melville, Klöster, 56–76; Duby, Kathedralen, 111–135; Leppin, Geschichte, 175–179.

7 Vgl. Melville, Klöster, 69.

8 Vgl. Melville, Klöster, 123–141; vgl. auch: Meffert, Zisterzienser.

9 Fuhrmann, Päpste, 34 f.

10 So die Zürcher Bibelübersetzung, auch die Einheitsübersetzung wählt für das griechische *ekklesia* «Kirche», die Lutherübersetzung hingegen «Gemeinde». Philologisch ist beides möglich, und die unterschiedlichen Varianten verdeutlichen die konfessionelle Haltung zu Mt 16,18.

11 Vgl. Fuhrmann, Päpste, 301–310.

12 Vgl. zum Folgenden: Fuhrmann, Päpste, 25–34 und 81–91; Schwaiger, Art. Papsttum I, 648 ff.

13 Vgl. Fuhrmann, Päpste, 85–91.

14 «Aus demselben Beweggrund haben die 150 gottgeliebten Bischöfe die gleichen Vorrechte dem heiligen Stuhl des Neuen Rom zugesprochen» (Wohlmuth (Hg.), Concilium Oecumenicorum Decreta I., 100). Bedauerlicherweise druckt die wichtige Textsammlung katholischer Lehrdokumente von Denziger und später Hünermann zwar einen Synodalbrief an Leo I. ab, den man im Sinne einer Anerkennung der römischen Vorrangstellung interpretieren könnte (vgl. DH 306), nicht aber den kirchenrechtlich relevanten Kanon 28 – eine bedauerliche Unterlassung dieser so verdienstvollen Sammlung, die offensichtlich deutlich macht, wie gerne man die das Papsttum betreffenden Regelungen Chalcedons in der katholischen Tradition vergessen möchte.

15 DH 347.

16 Vgl. Angenendt, Frühmittelalter, 141.

17 Vgl. ebd.

18 Fuhrmann, Päpste, 91; vgl. zum Folgenden: Fuhrmann, Päpste, 89–98; Fried, Mittelalter, 35–46; Angenendt, Frühmittelalter, 239–243.

19 Fried, Mittelalter, 37.

20 Beide Zitate nach: Fuhrmann, Päpste, 93.

21 Gregor I., Buch der Pastoralregel III 26 (S. 217).

22 Vgl. Gregor I., Vier Bücher Dialoge IV, 29 (S. 223–226).

23 Fried, Mittelalter, 95.

24 Vgl. Fried, Mittelalter, 95, und Angenendt, Frühmittelalter, 285 f., an denen sich zugleich auch exemplarisch die beträchtliche Bandbreite in den Auffassungen zu Entstehungszeit und -ort aufweisen lässt.

25 Dante, Göttliche Komödie, Inf. 19, 115.

26 Zitiert nach Fried, Mittelalter, 168.

27 Vgl. Münkler, Die Deutschen und ihre Mythen, 204.

28 Vgl. Fried, Mittelalter, 172 f.; zur Gesamtentwicklung der Kirchenreform

im 11. Jahrhundert vgl. Fried, Mittelalter, 156–163.

29 Quellen zum Investiturstreit I, 149 (Dictatus Papae, These 9).

30 Hauschild, Lehrbuch I, 452.

31 Vgl. Fuhrmann, Päpste, 127–139.

32 Schneider, Innozenz, 27.

33 Lothar de Segni (Papst Innozenz III.), Elend I 3 (S. 42). Der lateinische Text richtet sich nach der Ausgabe Lotario dei Segni (Pope Innocent III), De miseria condicionis humanae. Edited by Robert E. Lewis.

34 Lotario dei Segni, De miseria, I 1 (S. 95; eigene Übersetzung).

35 Vgl. Lothar de Segni, Elend, III 7 ff. (S. 96ff).

36 Vgl. allerdings differenziert zum «Pessimismus» des Mittelalters: Schäufele, «Pessimismus».

37 Vgl. Geyer, Einleitung, 25.

38 Nietzsche, Genealogie 7, 302.

39 Nietzsche, Genealogie 7, 303.

40 Nietzsche, Genealogie 7, 302.

41 Vgl. Menninghaus, Ekel, 235 ff.

42 Vgl. Lotario dei Segni, De miseria, Prologus, 93.

43 Vgl. Wili, Innozenz III, 128.

44 Fuhrmann, Päpste, 128.

45 Vgl. Küng, Christentum, 455.

46 DH 875.

47 Kelly zitiert nach Fuhrmann, Päpste, 142.

48 Vgl. Dante, Göttliche Komödie, Inf. 19, 113.

49 Vgl. zum Folgenden: Fried, Mittelalter, 173 ff.

50 Vgl Fumagalli, Himmel, 65–89.

51 Vgl. Angenendt, Toleranz, 416; Riley-Smith, Kriege, 14 f.

52 Vgl. Riley-Smith, Kriege, 16 f.

53 Vgl. Fuhrmann, Päpste, 124.

54 Vgl. Riley-Smith, Kriege, 50 ff.

55 Riley-Smith, Kriege, 95.

56 Vgl. Riley-Smith, Kriege, 100 ff.

57 Vgl. Riley-Smith, Kriege, 107 ff.

58 Vgl. zum Folgenden: Mayer, Geschichte, 40 ff.; Thorau, Kreuzzüge, 41–73.

59 Zitiert nach Fried, Mittelalter, 179 (mit Quellenangabe 564 Anm. 16).

60 Vgl. Mayer, Geschichte, 43.

61 Mayer, Geschichte, 57.

62 Thorau, Kreuzzüge, 73; vgl. zur arabischen Perspektive auf die Kreuzzüge: Maalouf, Der heilige Krieg der Barbaren.

63 Vgl. zum Folgenden: Mayer, Geschichte, 59 ff., und Thorau, Kreuzzüge, 73–111.

64 Riley-Smith, Kriege, 29.

65 Vgl. Angenendt, Toleranz, 424; Thorau, Kreuzzüge, 88 f.; zur Person: Meffert, Zisterzienser, 63–100.

66 Vgl. Sarnowsky, Templer, 10–40; knapper Überblick: Melville, Klöster, 151–154.

67 Vgl. Möhring, Saladin, 72–77.

68 Vgl. Karsten, Geschichte Venedigs, 47–55.

69 Vgl. Mayer, Geschichte, 189 f.

70 Vgl. Rader, Friedrich II., 371–405; knapper Überblick: Thorau, Kreuzzüge, 102–104.

71 Vgl. Duby, Kathedralen, 96–98.

72 Riley-Smith, Kriege, 176; vgl. dazu Angenendt, Toleranz, 434.

73 Jonathan Riley-Smith, Art. Kreuzzüge, 2.

74 Vgl. Papst Johannes Paul II., Allgemeines Gebet/Schuldbekenntnis und Vergebungsbitte, 18 f. (insbesondere die zweite und fünfte Vergebungsbitte).

75 Vgl. Riley-Smith, Kriege, 152 ff.

76 Vgl. Angenendt, Toleranz, 431.

Anhang: Anmerkungen zum fünften Kapitel

77 Vgl. Duby, Kathedralen, 183 f.
78 Vgl. zum Folgenden: Fried, Mittelalter, 223.
79 Fried, Mittelalter, 224.
80 Thorau, Kreuzzüge, 112.
81 Thorau, Kreuzzüge, 111.
82 Vgl. Auffarth, Ketzer, 8.
83 Vgl. zum Folgenden knapp: Auffarth, Ketzer, 43–46,56–65,84–90; umfassend: Borst, Katharer.
84 Vgl. Auffarth, Ketzer, 60 unter Bezug auf DH 802.
85 Vgl. Demandt, Spätantike, 464.
86 Vgl. Angenendt, Toleranz, 250.
87 Vgl. zum Folgenden: Angenendt, Toleranz, 236–239.
88 Vgl. Angenendt, Toleranz, 238.
89 Vgl. Angenendt, Toleranz, 241–244.
90 Vgl. Schwerhoff, Inquisition, 16 unter Berufung auf die Arbeiten von Heinrich Fichtenau.
91 Vgl. Angenendt, Toleranz, 253.
92 Angenendt, Toleranz, 251.
93 Vgl. zu diesem Begründungsversuch für das Aufkommen der Ketzerverbrennungen im 11. Jahrhundert: Schwerhoff, Inquisition, 15 f.
94 Vgl. Auffarth, Ketzer, 45.
95 Zitiert nach: Angenendt, Toleranz, 268; vgl. dort auch die Diskussion um die Echtheit des Ausspruchs; zum Ganzen vgl. auch: Fried, Mittelalter, 277.
96 Vgl. Auffahrt, Ketzer, 90–96.
97 Vgl. zu Wyclif und Hus den knappen Überblick: MacCulloch, Reformation, 64–72.
98 Vgl. Fried, Mittelalter, 277.
99 Vgl. zum Folgenden: Schwerhoff, Inquisition, 21–25.
100 Vgl. Fried, Mittelalter, 277 f.
101 Vgl. Schwerhoff, Inquisition, 48–51.
102 Vgl. Angenendt, Toleranz, 263 unter Berufung auf die Arbeiten des Rechtshistorikers Winfried Trusen.
103 Vgl. Schwerhoff, Inquisition, 50.
104 «[…] omnes haereticos quos captos habuerit, cogere, citra membri diminutionem et mortis periculum […] errores suos exprese fateri, et accusare alios haereticos quos sciunt»: Kurt-Victor Selge (Hg.), Texte zur Inquisition, 77.
105 Schwerhoff, Inquisition, 52.
106 Vgl. zum Folgenden: Schwerhoff, Inquisition, 54.
107 Vgl. zu dieser Statistik: Angenendt, Toleranz, 272 (mit weiterem statistischem Material) und Schwerhoff, Inquisition, 54 f.
108 Vgl. zu Bruno und Galilei: Schwerhoff, Inquisition, 101 f. und Angenendt, Toleranz, 285–287.
109 Vgl. zum Folgenden die glänzende Übersicht in: Schwerhoff, Inquisition, 59–95; vgl. auch Angenendt, Toleranz, 276–283.
110 Vgl. Schwerhoff, Inquisition, 62.
111 Zitiert nach Schwerhoff, Inquisition, 95.
112 Vgl. Schwerhoff, Inquisition, 73 f.
113 Vgl. Schwerhoff, Inquisition, 91.
114 Vgl. Angenendt, Toleranz, 288.
115 Fried, Mittelalter, 277; zu Moore vgl. auch: Angenendt, Toleranz, 253.
116 Vgl. dazu: Angenendt, Toleranz, 287–294.
117 Vgl. dazu grundsätzlich: Dülmen, Theater.
118 Zitate aus: Dostojewski, Brüder Karamasow, 337.
119 Vgl. Dostojewski, Brüder Karamasow, 351.
120 Dostojewski, Brüder Karamasow, 354.
121 Vgl. zur Heiligenverehrung grundlegend: Angenendt, Heilige; kompakter Überblick: Gemeinhardt, Die Heiligen.

Anhang: Anmerkungen zum fünften Kapitel

122 Eine Übersicht über die Quellen der Franziskusbiographie bietet: Feld, Bewegung, 30–45; umfassend und sehr hilfreich ist die italienische Quellensammlung, die alle frühen Schriften der Franziskaner inklusive der Texte des Franziskus von Assisi zusammenträgt: Fonti Francescane; zur deutschen Übersetzung von Franziskus' Schriften: Die Schriften des heiligen Franziskus von Assisi; vgl. zur Biographie: Manselli, Franziskus; Feld, Franziskus (dort jeweils mit Literaturhinweisen und Forschungsüberblick).

123 Manselli, Franziskus, 42.

124 Manselli, Franziskus, 43.

125 Franziskus von Assisi, Test 1 (=Schriften des heiligen Franziskus, 217).

126 Franziskus von Assisi, Test 4 (=Schriften des heiligen Franziskus, 217).

127 Zu den unterschiedlichen Versionen in der Drei-Gefährten-Legende (3 Soc 13) und bei Thomas von Celano (III Cel 2) vgl. Feld, Bewegung, 115–120.

128 Vgl. Manselli, Franziskus, 65–68.

129 Vgl. Manselli, Franziskus, 155–171; Freyer, Klara.

130 Vgl. Manselli, Franziskus, 211.

131 Vgl. Feld, Franziskus, 86–90; Manselli, Franziskus, 224–230 (zur Begegnung mit dem Sultan 229 f.).

132 Vgl. Manselli, Franziskus, 238–240.

133 Vgl. zum Folgenden: Manselli, Franziskus, 372 f.; Feld, Franziskus, 93–98.

134 Duby, Kathedralen, 245.

135 Manselli, Franziskus, 29.

136 Vgl. Feld, Franziskus, 44–46 und 49–53.

137 Eine der vielen deutschen Übersetzungen ist leicht zugänglich abgedruckt in: Feld, Franziskus, 56 f.; das italienische Original *Cantico di frate sole* mit kritischem Apparat findet sich in: Fonte Francescane, 179–181; vgl. zur Interpretation: Manselli, Franziskus, 322–329 und Feld, Franziskus, 56–60.

138 Die Hugolin- und damit kirchenkritische Auffassung vertritt heute im Anschluss an Sabatier am prominentesten: Feld, Bewegung, 336–345; eine harsche Kritik mit dem Hinweis, Feld übergehe damit die neueren Forschungsarbeiten, trägt von franziskanischer Seite vor: Freyer, Rezension: Helmut Feld, Franziskus von Assisi und seine Bewegung, 330–338 (die Rezension bezieht sich auf die erste Auflage von Felds Buch aus dem Jahr 1994); eine ausgewogenere Interpretation liefert: Manselli, Franziskus, 195–197.

139 Franziskus von Assisi, Test 6 (=Schriften des heiligen Franziskus, 217).

140 Vgl. zu dieser Interpretation: Manselli, Franziskus, 264–280; die These vom «Verrat» des franziskanischen Geistes in der bullierten Regel entfaltet knapp und bündig: Feld, Franziskus, 90–93.

141 Vgl. Franziskus von Assisi, Test 24 (=Schriften des heiligen Franziskus, 219).

142 Vgl. Melville, Klöster, 181–214; Leppin, Geschichte, 316–325.

143 Vgl. Duby, Kathedralen, 157.

144 Die Mönche des Kublai Khan, 84; vgl. Fried, Mittelalter, 546; vgl. zu Rabban Sauma auch: Kollmar-Paulenz, Mongolen, 52.

145 Vgl. einführend zur Person: Schönberger, Anselm, 11–21; zur Philosophie und Theologie: Flasch, Denken, 187–193; zum Überblick: Ernst, Anselm.

146 Vgl. zum Folgenden: Flasch, Denken, 188–190.

147 Das vertritt allerdings: Flasch, Denken, 189 und 191.

148 Vgl. dazu Schönberger, Anselm, 69–85 (dort auch Verweise auf die umfangreiche Forschungsliteratur).

149 Anselm, Proslogion II, 84.

150 Vgl. ebd.

151 Vgl. zum Folgenden: Rohls, Theologie und Metaphysik.

152 Vgl. neben der bei Rohls dokumentierten Wirkungsgeschichte: Hermanni,

Metaphysik, 43–66; Röd, Der Gott der reinen Vernunft (dort jeweils mit Überblicken über die umfangreichen Debatten).

153 Vgl. Anselm, Cur deus homo; vgl. zur Literatur über die Schrift: Schönberger, Anselm, 171.

154 Vgl. Anselm, Cur deus homo I 12 (S. 40–45).

155 Vgl. Anselm, Cur deus homo, II 6 (S. 96–99).

156 Jaspers, Die großen Philosophen, 725.

157 Vgl. dazu: Rudolph, Islamische Philosophie, 11–15.

158 Vgl. zum Folgenden: Rudolph, Islamische Philosophie, 42–56; Flasch, Denken, 276–281.

159 Vgl. zum Folgenden: Rudolph, Islamische Philosophie, 70–77; Flasch, Denken, 282–290.

160 Vgl. Flasch, Denken, 288.

161 Vgl. zum jüdischen Einfluss: Flasch, Denken, 290–298.

162 Flasch, Denken, 279.

163 Schöne Übersichten liefern: Kolmer, Abaelard; Clanchy, Abaelard; mit einem stärkeren Schwerpunkt auf dem Werk: Niggli (Hg.), Abaelard.

164 Abaelard, Der Briefwechsel mit Heloise. (Die *Historia calamitatum mearum* ist darin der erste Brief, im Folgenden zitiert als: HC mit Nummernangabe und Seitenzahl in Klammer). Ob Abaelard selbst deren Verfasser ist, ist umstritten; vgl. dazu: Flasch, Denken, 213 f.; mehrheitlich neigt die Forschung heute jedoch dazu, Abaelard als Verfasser anzunehmen; vgl. Kolmer, Abaelard, 14 ff.

165 Vgl. Fried, Mittelalter, 250–252.

166 HC 3 (S. 6), vgl. dazu: Kolmer, Abaelard, 20 ff.

167 Ebd.

168 Vgl. Fried, Mittelalter, 228.

169 Vgl. zum Folgenden: Kolmer, Abaelard, 29 ff.

170 HC 14 (S. 16).

171 Ebd.

172 Für die Strafe an sich bringt Abaelard im Rückblick Verständnis auf, nicht aber für die konkrete Maßnahme, vgl. dazu: HC 25 (S. 24), vgl. auch: Clanchy, Abaelard, 258 f.

173 Vgl. zur Methode und ihrer Wirkung auf die scholastische Theologie: Grabmann, Geschichte II, 199 ff.

174 Vgl. Flasch, Denken, 224.

175 Vgl. zum Überblick über Abaelards theologische Neuansätze: Kolmer, Abaelard, 51 ff.

176 Vgl. Kolmer, Abaelard, 77 ff.

177 Flasch, Denken, 211.

178 Vgl. Demandt, Spätantike, 391–395.

179 Vgl. Rüegg (Hg.), Geschichte der Universität I, 26; vgl. zur allgemeinen Übersicht: Fisch, Universität.

180 Vgl. Weber, Geschichte, 16 f.

181 Vgl. Weber, Geschichte, 52.

182 Vgl. zur Übersicht: Verger, Grundlagen, 70 f.

183 Vgl. Flasch, Denken, 256.

184 Vgl. zum Folgenden: Flasch, Denken, 259.

185 Vgl. Schönberger, Was ist Scholastik?, 83 ff.

186 Immer noch der Klassiker aus den Jahren 1909 bis 1911: Grabmann, Geschichte I und II; eine schöne und knappe Übersicht über die Grundzüge der Scholastik, insbesondere auch mit Blick auf ihre literarischen Formen und ihr Verhältnis zur Autorität, liefert: Schönberger, Was ist Scholastik?, 52–115.

187 Vgl. allgemein zu Lombardus: Grabmann, Geschichte I, 359–406.

188 Petrus Lombardus, Sententiae in IV libris distinctae.

189 Vgl. zum Folgenden: Grabmann, Geschichte II, 379 ff.

190 Vgl. zum Beispiel das Argument in der Christologie: Die Auffassung, die

Anhang: Anmerkungen zum fünften Kapitel

Menschheit Christi sei nicht im substantiellen Sinne zu begreifen, wird als Irrtum aufgeführt (Petrus Lombardus, III dist. II, cap. 1, 28).

191 Vgl. Balzer, Sentenzen, 12 ff.

192 Vgl. Grabmann, Geschichte II, 360 Anm. 1. Eine rühmliche Ausnahme ist Harnack, der die Leistung des Lombarden zu würdigen wusste, ohne die späteren Verengungen der Scholastik aus den Augen zu verlieren (vgl. ebd.).

193 Vgl. Heinzmann, Thomas; Leppin, Thomas; Forschner, Thomas (jeweils mit Forschungs- und Literaturüberblick).

194 Vgl. Leppin, Thomas, 7 ff.

195 Vgl. Forschner, Thomas, 23.

196 Vgl. Leppin, Thomas, 101 ff.

197 Vgl. zum Folgenden: Thomas von Aquin, Summa Theologiae I 2, 3 (S. 43–49).

198 Vgl. die Standardardwerke: Ruh, Geschichte der Mystik I–IV; McGinn, Mystik im Abendland I–IV; Haas, Mystik.

199 Vgl. die jeweiligen langen Abschnitte in: Ruh, Mystik II, 22–373, und McGinn, Mystik III.

200 Vgl. Ruh, Mystik III, 216–323; McGinn, Mystik IV, 167–340.

201 Vgl. zur franziskanischen Theologie die knappe Übersicht: Leppin, Geschichte, 367–371; zu Duns Scotus: Flasch, Denken, 426–441.

202 Vgl. Flasch, Denken, 348–355.

203 Vgl. Leppin, Wilhelm von Ockham; Flasch, Denken, 441–459.

204 Alle Zitate aus: Flasch, Denken, 445.

205 Vgl. zu den Hintergründen Flasch, Denken, 454–456 (am Beispiel von Ockham).

206 Vgl. Forschner, Thomas, 22.

207 Vgl. zum Folgenden: Claussen, Gottes Häuser, 91–120; Erne (Hg.), Kirchenbau, 85–96, 105–125.

208 Gombrich, Geschichte der Kunst, 173.

209 Vgl. Claussen, Gottes Häuser, 118 f.

210 Dafür optiert: Hauser, Sozialgeschichte, 193.

211 Vgl. zur Debatte: Duby, Kathedralen; Sedlmayr, Die Entstehung der Kathedrale; Markschies, Kathedrale; vgl. zum Kirchenbau: Claussen, Gottes Häuser, 121–147; Erne (Hg.), Kirchenbau, 125–149; Niehr, Kunst, 21–25.

212 Panofsky hat diesen Zusammenhang in mehreren Büchern und Schriften entfaltet. Eine kompakte und leicht zugängliche Zusammenfassung seiner Thesen bietet: Panofsky, Suger, 125–166. Einen ebenso knappen wie glänzenden Überblick über die Diskussion zur Theologie der Kathedrale liefert: Markschies, Kathedrale (zu Panofsky siehe 13–23).

213 Vgl. zu den Gegenargumenten: Markschies, Kathedrale, 21 ff., und Büchsel, Die Geburt der Gotik.

214 Vgl. Markschies, Kathedrale, 60 ff.

215 Vgl. Hauser, Sozialgeschichte, 264 f.

216 Vgl. Niehr, Kunst des Mittelalters, 9–13.

217 Einer der prominentesten Kritiker war Bernhard von Clairveaux; vgl. Duby, Kathedralen, 212.

218 Vgl. Niehr, Kunst, 30–32.

219 Vgl. Hauser, Sozialgeschichte, 191.

220 Mann, Zauberberg, 673.

221 Vgl. Curtius, Europäische Literatur; Auerbach, Mimesis, 95–221.

222 Vgl. Stierle, Meer; Wittschier, Commedia; klassisch: Curtius, Europäische Literatur, 353–383; knappe Einführung in: Leonhard, Dante; zur Einordnung Dantes in die Frührenaissance: Roeck, Morgen, 354–358.

223 Vgl. Dante, Die Göttliche Komödie, Inf. 1, 25 (=im Folgenden zitiert mit Buchangabe Inf. [Hölle], Purg. [Fegefeuer], Par. [Paradies] und Nummer des Gesangs, Verszahl nach dem Komma).

224 «Lasciate ogne speranza, voi ch'intrate», Inf. 3, 35.

Anhang: Anmerkungen zum fünften Kapitel

225 «Le presenti cose col falso lor piacer volser miei passi, tosto che 'l vostro viso si nascose», Purg. 31, 34 f.

226 «Nel suo profondo vidi che s'interna, legato con amore in un volume, ciò che per l'universo si squaderna», Par. 33, 85.

227 «L'amor che move il sole e l'altre stelle», Par. 33, 145.

228 Vgl. zu einem Widmungsschreiben Dantes, aus dem diese Einschätzung hervorgeht: Vossler, Einleitung, 17.

229 Vgl. Titel und Untertitel: Stierle, Das große Meer des Sinns. Hermenautische Erkundungen in Dantes «Commedia».

230 Vgl. zur Polyvalenz: Wittschier, Commedia, 107–123.

231 Hegel, Vorlesungen über die Ästhetik III, 406.

232 Vgl. zum Folgenden: Lang, Himmel und Hölle, 43–46.

233 Lang, Himmel und Hölle, 58.

234 Vgl. Krauss, Paradies, 128–145.

235 Vgl. dazu Stierle, Meer, 102 ff.

236 Vgl. zur Bedeutung des Fragens bei Dante: Stierle, Meer, 105 f. und 120 ff.; Wittschier, Commedia, 34.

Sechstes Kapitel: Wiedergeburten: Das Christentum der Renaissance

1 Vgl. Burckhardt, Renaissance; vgl. aus heutiger Perspektive umfassend: Roeck, Morgen.

2 Vgl. grundlegend: Stierle, Petrarca; knapper Überblick in: Keßler, Philosophie, 19–26 (mit kommentierter Literaturübersicht: 191–193).

3 Petrarca, Secretum, 19.

4 Petrarca, Besteigung, 17.

5 Petrarca, Besteigung, 22 f.

6 Petrarca, Besteigung, 23.

7 Petrarca, Besteigung, 25. Petrarca zitiert Augustinus, Confessiones 10,8,15.

8 Burckhardt, Renaissance, 216.

9 Vgl. Burckhardt, Renaissance, 213–216. An diese Deutung knüpft an: Ritter, Landschaft, 407–419. Bemerkenswert und darum viel diskutiert ist Petrarcas Stimmungsumschwung am Gipfel, der durch die Lektüre eines Augustin-Textes hervorgerufen wird. Im Nu erweist sich die erhebende und prachtvolle Naturwahrnehmung als transzendenzunwillig. Vor allem aufgrund dieser Beobachtung, die natürlich zuvor schon Burckhardt und Ritter nicht entgangen war, plädieren für eine grundlegende Revision von Ritters Thesen: Groh/Groh, Petrarca, 17–82. Einen guten Überblick über die gesamte Diskussion liefert: Steinemann, Nachwort, 39–49 (bes. Anm. 15–17).

10 Stierle, Petrarca, 340.

11 Petrarca, De sui ipsius, 55; zur Kritik des scholastischen Aristotelismus siehe auch 57 ff.

12 Petrarca, Canzoniere, 684–695 (Canzone 684).

13 Vgl. Petrarca, De sui ipsius, 41 f.

14 Vgl. z. B. Petrarca, Familiaria, 2,1;17 (S. 61); 4,12,23 (S. 216).

15 Vgl. Petrarca, Familiaria, 16,4 (S. 164).

16 Petrarca, Heilmittel gegen Glück und Unglück, 191.

17 Ebd.

18 Zu der Stelle merkt Trinkaus an: «The first explicit humanist treatment of the theme of the ««dignity of man», however, was made by Petrarch.» Trinkaus, Image I, 179.

19 «[…] casuum suorum benignus interpres». Seneca, De vita beata XV 4 (S. 37).

20 Vgl. Burke, Renaissance, 37.

21 Vgl. Burckhardt, Renaissance, 1–96.

22 Vgl. Burckhardt, Renaissance, 104–106; zu Burckhardts Alberti-Verehrung vgl. die schöne Gesamtdarstellung: Grafton, Leon Battista Alberti, 29 ff.

23 Burckhardt, Renaissance, 104.

24 Burckhardt, Renaissance, 106.

25 Ebd.

26 Vgl. Castiglione, Il cortegiano; zitiert wird im Folgenden nach der deutschen Übersetzung: Castiglione, Der Hofmann.

27 Das geschieht leider sehr häufig, so auch im Untertitel von Peter Burkes glänzender Untersuchung zur europäischen Wirkungsgeschichte von Castigliones Buch; vgl. dazu: Burke, Die Geschicke des «Hofmann».

28 Castiglione, Der Hofmann, 35 (c. 26); vgl. dazu auch: Burke, Die Geschicke des «Hofmann», 43 f.

29 Castiglione, Der Hofmann, 134 (c. 69).

30 Vgl. Buck, Humanismus, 123–287.

31 Vgl. Keßler, Philosophie, 17 f.

32 Vgl. zu Valla: Keßler, Philosophie, 72–83 (mit Übersicht über die Editionen und Forschungsliteratur 223, Anm. 220).

33 Vgl. Keßler, Philosophie, 81 f.

34 So der Buchtitel: Erwin Panofsky, Die Renaissancen der europäischen Kunst.

35 Panofsky, Renaissancen, 173.

36 Vgl. Forcellino, Michelangelo, 104 f.

37 Vgl. Greenblatt, Wende.

38 Vgl. Keßler, Philosophie, 80–82; Greenblatt, Wende, 230–233.

39 Kristeller, Heidentum und Christentum, 71.

40 Cassirer, Individuum und Kosmos, 4.

41 Vgl. Kristeller, Platonismus in der Renaissance, 58.

42 Vgl. Keßler, Philosophie, 96–101 (mit kommentierter Literaturübersicht: 229).

43 Vgl. Cleugh, Die Medici (zu Cosimo: 52–120; zu Lorenzo: 121–239).

44 Beschränkte sich der mittelalterliche Kanon im Wesentlichen auf den Timaios, den *Liber de causis*, und Boethius' *Consolatio*, so regte der Kulturaustausch eine umfangreiche Übersetzungstätigkeit an. Allein von den Schriften Platons entstanden in der ersten Hälfte des 14. Jahrhunderts Übersetzungen zur Politeia, den Nomoi, dem Gorgias und Teilen des Phaidros; vgl. Kristeller, Platonismus in der Renaissance, 58.

45 Vgl. Keßler, Philosophie, 101 f.

46 So die einheitliche Forschungsmeinung heute, vgl. Field, The Origins of the Platonic Academy of Florence. Zur älteren Sicht, die die Akademie in Florenz als eine Lebensgemeinschaft verstand, vgl. della Torre, Storia dell'Accademia Platonica di Firenze.

47 Zu Ficino ist der noch immer maßgebliche Klassiker: Kristeller, Die Philosophie Marsilio Ficinos; Sammelband zur aktuellen Forschung: Allen/Rees, Marsilio Ficino; eine glänzende Übersicht auf dem Stand gegenwärtiger Forschung mit umfassenden Literaturangaben: Keßler, Philosophie, 101–114; zur Theologie Ficinos: Dress, Die Mystik des Marsilio Ficino, Berlin/Leipzig 1929, und Lauster, Die Erlösungslehre Marsilio Ficinos; zu Cristoforo Landino und Angelo Poliziano, den anderen prominenten Vertretern des Kreises, vgl. Keßler, Philosophie, 51–56.

48 Vgl. Lauster, Die Erlösungslehre Marsilio Ficinos, 7–32.

49 «Proprium boni est quod se diffundit.» Ficino, Theologia Platonica XII 3 (S. 162).

50 Pico della Mirandola, Über die Würde des Menschen, 7.

51 «[...] artificiosissimum mundi opificium»: Ficino, Theologia Platonica XIV 2 (S. 255).

52 «Ut pulchrum [scil.: deus est], illuminat gratiamque infundit.» Ficino, De Amore II 2 (S. 147); vgl. Beierwaltes, Theorie, 33.

53 Vgl. Kristeller, Die Philosophie Marsilio Ficinos, 250 (zur Theorie der Schönheit insgesamt: 247–250).

54 Vgl. grundlegend: Schmidt-Biggemann, Philosophia perennis.

55 Vgl. zur Wirkungsgeschichte Kessler, Philosophie, 185.

56 Zur Geschichte der Philosophie der Liebe im 16. Jahrhundert: Vasoli, Francesco Patrizi, 181 ff.

57 «[…] non omnes morientes lugent, lugent autem nascentes omnes»: Ficino, Theologia Platonica, XVI 8 (S. 142 f.).

58 Burckhardt, Renaissance, 406.

59 Vgl. Markschies, Brunelleschi, 45–60.

60 Tönnesmann, Renaissance, 29.

61 Vgl. Tönnesmann, Renaissance, 19.

62 Vgl. Tönnesmann, Renaissance, 99 f.

63 Vgl. Fest, Aufgehobene Vergangenheit, 206 f.; vgl. zum biographischen Hintergrund: Beltramini, Palladio.

64 Vgl. Erben, Barock, 98 ff.

65 Vgl. Blum, Vasari, 30 f.

66 Vasari, Lebensgeschichten, 23; vgl. zu Giotto den Überblick: Schwarz, Giotto; knapp: Gombrich, Geschichte, 201–205; zur Bedeutung des Perspektivischen: Belting, Florenz und Bagdad, 150–161.

67 Schwarz, Giotto, 58.

68 Ebd.

69 Ebd.

70 Zitiert nach: Schwarz, Giotto, 49.

71 Schwarz, Giotto, 45.

72 Vgl. zum Folgenden: Belting, Florenz und Bagdad, 150–161.

73 Vgl. Thode, Franz von Assisi, 114–168, 251–290.

74 Thode, Franz von Assisi, VII.

75 Zitiert nach: Träger, Renaissance, 33 (zur Debatte über Thode: 31–33).

76 Vgl. zum Folgenden: Schwarz, Giotto, 86–92.

77 Vgl. Belting, Florenz und Bagdad, 180–202; vgl. auch: Schwarz, Giotto, 123.

78 Vgl. einführend zu Leben und Werk: Lightbown, Botticelli; Rehm, Botticelli; Dombrowski, Botticelli; Zöllner, Botticelli.

79 Vgl. Rehm, Botticelli, 125–129; siehe vor allem unten zur Interpretation der Warburg-Schule.

80 Vgl. zur Geschichte dieser auf Vasari zurückgehenden Konstruktion: Dombrowski, Botticelli, 131.

81 Die neuere Forschung votiert für eine Anhängerschaft Savonarolas, wenngleich auch sehr viel vorsichtiger als die ältere Literatur: Lightbown, Botticelli, 238–253; einen «ästhetischen» Widerstand Botticellis gegen den selbsternannten Propheten Gottes konstatieren hingegen: Rehm, Botticelli, 218–223, und Dombrowski, Botticelli, 131–134.

82 Vgl. zum Folgenden: Gombrich, Aby Warburg.

83 Vgl. Wind, Heidnische Mysterien, 151–164.

84 Warburg, «Geburt der Venus», 46.

85 Vgl. zur Debatte: Büttner/Gottdang, Ikonographie, 21 f.

86 Vgl. allerdings exemplarisch zur Kritik der neuplatonischen Lesart: Bredekamp, Botticelli, der anhand des Bildes Primavera die neuplatonische Auslegung bestreitet und stattdessen die epikureische Naturphilosophie als Interpretationsrahmen ins Spiel bringt (64–68).

87 Vgl. Warburg, «Geburt der Venus», 106.

88 Dombrowski, Botticelli, 7; zurückhaltender: Zöllner, Botticelli, 92.

89 Dombrowski, Botticelli, 75.

90 Ebd.

Anhang: Anmerkungen zum sechsten Kapitel

91 Vgl. zu Leben und Werk: Pfisterer, Raffael; Forcellino, Raffael; Meyer zur Capellen, Raffael; Oberhuber, Raffael; vgl. zur «katholischen» Rezeption: Traeger, Renaissance, 35–50.

92 Vgl. Traeger, Renaissance, 17.

93 Vgl. Forcellino, Raffael, 12.

94 «Una vita felice» ist der Untertitel im italienischen Original von Forcellinos Raffael-Biographie.

95 Vgl. zur Herkunft: Forcellino, Raffael, 24 ff. und Meyer zur Capellen, Raffael, 7 ff.

96 Vgl. zu den Impulsen, die Raffael aus seiner Florentiner Zeit aufnahm: Forcellino, Raffael, 85–126.

97 Vgl. zum Hintergrund: Forcellino, Raffael, 156–163; vgl. zur kunsthistorischen Analyse aufgrund der jüngsten Restauration: Nesselrath, Raphael's School of Athens, 9–25.

98 Mit ausdrücklichem Verweis auf Raffaels Bild: Stierle, Ein Geschenk Griechenlands, 61 f.

99 Forcellino, Raffael, 159.

100 Vgl. zum Programm der Stanza della Segnatura: Meyer zur Capellen, Raffael, 46–51.

101 Vgl. Forcellino, Raffael, 148–155; zur ausführlichen theologischen Interpretation der *Disputa*: Pfeiffer, Raffaels Disputa (zum Einfluss von Egidio da Viterbos Platonismus auf Raffael 171–208; zu Raffaels «Platonismus» 209–226).

102 Vgl. Forcellino, Raffael, 245 f.

103 Vgl. Forcellino, Raffael, 246.

104 Vgl. zum Bild: Henning, Raffaels Sixtinische Madonna, 52–59; Forcellino, Raffael, 250 f.; Meyer zur Capellen, Raffael, 63–66.

105 Belting, Bild und Kult, 534.

106 Belting, Bild und Kult, 535.

107 Oberhuber, Raffael, 223; vgl. zum Bild und seiner Aufnahme: Forcellino, Raffael, 297 ff.; eine ausführliche Interpretation als «Osterbotschaft» Raffaels: Oberhuber, Raphaels «Transfiguration», 9–35.

108 Vgl. im Folgenden zu Leben und Werk: Forcellino, Michelangelo; Reinhardt, Der Göttliche; Grimm, Michelangelo; auch wenn die hier folgende Darstellung andere Wege geht, finden sich zum religiösen Hintergrund interessante Beobachtungen bei: Beyer, Die Religion Michelangelos.

109 Vgl. Vasari, Das Leben des Michelangelo.

110 Reinhardt, Der Göttliche, 16; vgl. Condivi, Das Leben des Michelangelo Buonarroti.

111 Forcellino, Michelangelo, 114.

112 Forcellino, Michelangelo, 16.

113 Vgl. Forcellino, Michelangelo; Reinhardt, Der Göttliche.

114 Vgl. Forcellino, Michelangelo, 27.

115 Vgl. Forcellino, Michelangelo, 29 f.

116 Vgl. zum Folgenden: Forcellino, Michelangelo, 30–48; Reinhardt, Der Göttliche, 35–42.

117 Vgl. King, Michelangelo, 77 f.; kritisch jedoch schon: Beyer, Die Religion Michelangelos, 135 f.

118 Vgl. zum Folgenden: Forcellino, Michelangelo, 66–74; Reinhardt, Der Göttliche, 51–55.

119 Forcellino, Michelangelo, 67.

120 Forcellino, Michelangelo, 72.

121 Panofsky, Bewegung, 257; zum Aufscheinen der Ewigkeit in den Äußerungen der Seele vgl. auch: Beyer, Die Religion Michelangelos, 82 f.

122 Vgl. zum Folgenden: Forcellino, Michelangelo, 341 ff. (zur Deutung der Zerstörung besonders 346 f.).

123 Vgl. Forcellino, Michelangelo, 346.

124 Vgl. Forcellino, Michelangelo, 350.

125 Vgl. zum Folgenden: Forcellino, Michelangelo, 75–83.

126 Tönnesmann, Renaissance, 68.

127 Vgl. zu Julius II. und seinem Bedarf an ‹Propagandakunst›: Reinhardt, Der Göttliche, 67–72.
128 Vgl. Pfisterer, Sixtinische Kapelle (zur Vorgeschichte: 11–44; zum Plan der Deckenausmalung: 42–57).
129 Vgl. zum Folgenden: Forcellino, Michelangelo, 120 ff.
130 Vgl. Zöllner, Kapelle, 70 f.
131 Vgl. Forcellino, Michelangelo, 126 ff.
132 Vgl. Zöllner, Kapelle, 69; Reinhardt, Der Göttliche, 95 f.
133 Vgl. zum Bildprogramm: Zöllner, Kapelle, 80–150; knapp: Pfisterer, Kapelle, 71–80.
134 Vgl. Pfeiffer, Kapelle, 179 ff.; eine neuere Untersuchung kommt allein auf 17 Interpretationsansätze; vgl. Hornemann von Laer, Vom Geschöpf zum Schöpfer, 20 ff.
135 In der angloamerikanischen Kunstgeschichtsforschung setzen sich daher auch die ikonographischen Interpretationsansätze der Warburg-Schule in gemäßigter Form fort; vgl. zum Beispiel: Wallace, Michelangelo, 102–105 (dort Anm. 50 mit einer Übersicht über die neuere englischsprachige Literatur zur Sixtinischen Kapelle).
136 Vgl. Reinhardt, Der Göttliche, 96; ähnlich auch: Forcellino, Michelangelo, 116 f.; zur Diskussion dieser mittlerweile kunsthistorischen «Mehrheitsmeinung»: King, Michelangelo, 75. Der Hinweis auf Egidio da Viterbo schließt im Übrigen eine neuplatonische Beeinflussung keineswegs aus, da Egidio ja selbst dem Florentiner Platonismus Sympathien entgegenbrachte. Ein grundsätzliches Problem der Interpretation liegt darin, dass sich heute aus den Quellen nicht mehr mit Sicherheit erschließen lässt, welche Freiheiten Papst Julius II. Michelangelo in der Konzeption der Deckengestaltung gewährte oder ob ihm Berater, wie beispielsweise Egidio da Viterbo, von der Kurie zur Seite gestellt wurden; vgl. dazu: Luchinat, Michelangelo pittore, 145–149.
137 Vgl. Panofsky, Bewegung, 251–329; stärker hebt den augustinischen Hintergrund einerseits und Pico della Mirandolas Einfluss andererseits Winds Aufsatzsammlung zu Michelangelo hervor, die 2000 neu herausgegeben wurde: Wind, The Religious Symbolism of Michelangelo; und schließlich monumental: de Tolnay, Michelangelo I–V.
138 Panofsky, Bewegung, 259.
139 Vgl. zum Folgenden: de Tolnay, Michelangelo II, 20–45.
140 Panofsky, Sixtinische Decke, 8.
141 Panofsky, Sixtinische Decke, 9.
142 Vgl. Forcellino, Michelangelo, 130.
143 Burckhardt, Die Kunst der Malerei in Italien, 46.
144 Vgl. zum Folgenden: Forcellino, Michelangelo, 155–224.
145 Vgl. dazu: Forcellino, Michelangelo, 218 ff.
146 Vgl. zum Folgenden: de Tolnay, Michelangelo V, 19–50; Forcellino, Michelangelo, 235–242; Reinhardt, Der Göttliche, 236–259; zur Bildbeschreibung: Zöllner, Kapelle, 238–315.
147 Vgl. Zöllner, Kapelle, 314.
148 Forcellino, Michelangelo, 347.
149 Forcellino, Michelangelo, 241; vgl. zur Wirkung auch: Vasari, Das Leben Michelangelos, 124.
150 Vgl. Forcellino, Michelangelo, 150–154; Reinhardt, Der Göttliche, 160–163; zur Beschreibung der Statue: Zöllner, Der Bildhauer, 218–222.
151 Vgl. zum Folgenden, auch mit Hinweisen zum Briefwechsel zwischen Michelangelo und Vittoria Colonna: Forcellino, Michelangelo, 242–258; Reinhardt, Der Göttliche, 267–276.
152 Eine kluge Abwägung möglicher reformatorischer Beeinflussung mit dem klaren Ergebnis, dass Michelangelo offen für den Reformkatholizismus seiner Zeit war, deswegen aber noch lange nicht als Lutheraner bezeichnet

Anhang: Anmerkungen zum sechsten Kapitel

werden kann: Beyer, Die Religion Michelangelos, 151–157.

153 Vgl. Forcellino, Michelangelo, 256–269; Reinhardt, Der Göttliche, 284–290.

154 Forcellino, Michelangelo, 266.

155 Vgl. Forcellino, Michelangelo, 269.

156 Forcellino, Michelangelo, 258.

157 Vgl. Panofsky, Bewegung, 290.

158 Eine ausgesprochen positive Würdigung der Paulinischen Kapelle: Forcellino, Michelangelo, 271 ff.

159 Vgl. Forcellino, Michelangelo, 325–330; Reinhardt, Der Göttliche, 311–323.

160 Forcellino, Michelangelo, 349.

161 Forcellino, Michelangelo, 350.

162 Reinhardt, Der Göttliche, 362.

163 Grimm, Michelangelo, 831 f.

Siebtes Kapitel: «Alles fließt»: Die Reformationen des Christentums

1 Vgl. http://www.faz.net/aktuell/feuilleton/forschung-und-lehre/kirchengeschichte-der-vatikan-ist-noch-immer-schwer-beleidigt-1596886.html (Zugriff 18.06.13).

2 Der bemerkenswerteste und mit faszinierendem historischem Spürsinn vorgenommene Neuansatz stammt von: Schneider, Luthers Reise nach Rom; den kulturellen und religiösen Hintergrund Roms im frühen 16. Jahrhundert beleuchten eindrücklich: Krüger/Wallraff, Luthers Rom; vgl. zu den protestantischen Rombildern: Wallraff/Matheus/Lauster (Hg.), Rombilder.

3 Vgl. im Folgenden zur Geschichte der Reformation in Deutschland: Kaufmann, Reformation (mit den entsprechenden Forschungs- und Literaturüberblicken); für die europäische Dimension: Kaufmann, Erlöste und Verdammte; MacCulloch, Reformation.

4 Vgl. zum religiösen Klima am Vorabend der Reformation: Kaufmann, Reformation, 62–92; MacCulloch, Reformation, 27–86.

5 Vgl. zur Biographie den luziden Überblick: Kaufmann, Luther; historisch glänzende Darstellungen: Schilling, Luther; Roper, Luther; einen bemerkenswerten Versuch, Luther aus der Gloriole protestantischer Heiligenverehrung zu befreien, präsentiert: Leppin, Luther (die Rezeptionsgeschichte dieser Biographie zeigt allerdings, dass viele Lutheraner keinen Spaß verstehen, wenn es um ihren Luther geht).

6 Vgl. Kaufmann, Reformation, 182–197; zu Luthers Vorbereitung auf den Thesenanschlag: Schilling, Luther, 157–167.

7 Vgl. Kaufmann, Reformation, 198–215.

8 Vgl. Rahner, Kleiner theologischer Traktat über den Ablass.

9 Luther, Wider Hans Worst, WA 51, 539,14–15; vgl. dazu: Kaufmann, Reformation, 203.

10 Vgl. zum Folgenden: Kaufmann, Reformation, 192–197.

11 Kirchen- und Theologiegeschichte III, 18 (These 1).

12 Kirchen- und Theologiegeschichte III, 19 (These 36).

13 Kirchen- und Theologiegeschichte III, 20 (These 43).

14 Kirchen- und Theologiegeschichte III, 20 (These 50).

15 Vgl. zu den Entwicklungen: Kaufmann, Reformation, 226–300; Schilling, Luther, 183–236.

16 Vgl. dazu: Kaufmann, Reformation, 186; Leppin, Luther, 124–126.

17 MacCulloch, Reformation, 178.

18 Vgl. MacCulloch, Reformation, 109–116; Kaufmann, Reformation, 100–102.

19 Luther, Adel, WA 6, 408.

20 Vgl. Luther, Gefangenschaft, 269 f. (=WA 6, 533).
21 Luther, Freiheit, 135 (=WA 6, 54).
22 Luther, Freiheit, 153 (=WA 6, 61).
23 «[…] ipsa per sese certissima, facillima, apertissima, sui ipsius interpres, omium omnia probans, iudicans et illuminans» (Luther, Assertio, 81 (=WA 7,97)).
24 Kaufmann, Luther, 44.
25 Vgl. zu dieser Besonderheit in Luthers Lehre von der Kirche: U. Barth, Sichtbare und unsichtbare Kirche, 187–203.
26 U. Barth, Autonomie, 53.
27 Zitiert nach: U. Barth, Autonomie, 85.
28 Vgl. Schilling, Luther, 277–280.
29 Kaufmann, Reformation, 320. Die folgende Darstellung orientiert sich an Kaufmanns Darstellung der verschiedenen Phänomene; vgl. Kaufmann, Reformation, 320–364.
30 Vgl. Kaufmann, Reformation, 349 f.
31 Vgl. zu Schwenckfeld knapp: Schilling, Luther, 291 f.
32 Vgl. Troeltsch, Soziallehren, 881–888 (zu Schwenckfeld und Franck).
33 Troeltsch, Soziallehren, 933 f.
34 Vgl. zum Folgenden: Kaufmann, Reformation, 542–560; als soziales und kulturelles Phänomen werden die Täufer ausführlich beschrieben bei: van Dülmen, Kultur und Alltag III, 100–106 (mit Literaturübersicht 287, Anm. 12); zur Geschichte der Täufer: Kaufmann, Täufer.
35 Luther, Gefangenschaft, 269 (=WA 6, 554).
36 Vgl. Hammann, Martin Bucer, 242–247.
37 Vgl. van Dülmen, Kultur und Alltag III, 104 f.
38 Vgl. van Dülmen, Kultur und Alltag III, 102 f.
39 Vgl. zum Folgenden: Kaufmann, Reformation, 635–642; MacCulloch, Reformation, 281–285.
40 Vgl. zum Folgenden: Blickle, Bauernkrieg; Kaufmann, Reformation, 487–502.
41 Blickle, Bauernkrieg, 42.
42 Vgl. Blickle, Bauernkrieg, 22 f.; Kaufmann, Reformation, 487–492.
43 Vgl. Blickle, Bauernkrieg, 32 f.
44 Vgl. Blickle, Bauernkrieg, 107.
45 Vgl. MacCulloch, Reformation, 223.
46 Vgl. Schilling, Luther, 294–317.
47 Vgl. Kaufmann, Reformation, 498 f.
48 Für den enormen Einfluss des Humanismus auf die drei großen Gestalten der Reformation vgl.: Leppin, Luther, 24–28; Locher, Reformation, 51–54, 68–77; Burger, Calvin und die Humanisten, 137–143; vgl. zum kulturgeschichtlichen Einfluss: Spitz (Hg.), Humanismus und Reformation.
49 So der Titel des Klassikers, der vom 16. Jahrhundert die Linien bis in die Aufklärung zieht: Heer, Die dritte Kraft.
50 Vgl. zum Folgenden: Huizinga, Erasmus; Augustijn, Erasmus; Kohls, Die Theologie des Erasmus.
51 Vgl. Huizinga, Erasmus, 46–49.
52 Huizinga, Erasmus, 52.
53 Ebd.
54 Vgl. Augustijn, Erasmus, 42–53.
55 Erasmus, Enchiridion, 89.
56 Ebd.
57 Vgl. Erasmus, Enchiridion, 85.
58 Erasmus, Enchiridion, 113.
59 Erasmus, Enchiridion, 149.
60 Vgl. Erasmus, Enchiridion, 199.
61 Erasmus, Enchiridion, 201.
62 Vgl. Augustijn, Erasmus, 54–66.
63 Erasmus, Lob der Torheit, 131.
64 Erasmus, Lob der Torheit, 133.
65 Erasmus, Lob der Torheit, 207.

Anhang: Anmerkungen zum siebten Kapitel

66 Erasmus, Erziehung, 113.

67 Erasmus, Klage, 449.

68 Vgl. aus der jeweiligen Perspektive die knappen Überblicke: Augustijn, Erasmus, 108–130; Kaufmann, Reformation, 567–569.

69 Luther, Vom unfreien Willensvermögen, 405 (=WA 18, 685).

70 Troeltsch, Luther, der Protestantismus und die moderne Welt, 247–251.

71 Erasmus, Über den freien Willen, 189.

72 Stefan Zweig, Triumph und Tragik, 108.

73 Vgl. zum Folgenden: Scheible, Melanchthon.

74 Melanchthon, Loci (1521). Vgl. zum Überblick: Scheible, Melanchthon, 146–149.

75 «[…] hoc est Christum cognoscere beneficia eius cognoscere, non, quod isti docent, eius naturas, modos incarnationis contueri», Melanchthon, Loci (1521), 23.

76 Ein schönes Beispiel ist die Wiedereinführung des platonischen Gottesbegriffs: vgl. Melanchthon, Loci (1559), 199.

77 Vgl. Scheible, Melanchthon, 106–116.

78 Vgl. Scheible, Melanchthon, 34–56.

79 Melanchthon, De potestate et primatu papae tractatus (1537).

80 Vgl. MacCulloch, Reformation, 312 f.

81 Vgl. Scheible, Melanchthon, 192–205.

82 Vgl. Olson, Flacius.

83 Zitiert nach: Scheible, Melanchthon, 263.

84 Vgl. Locher, Reformation, 87 mit den Quellenangaben.

85 Vgl. Locher, Reformation, 87 mit den Quellenangaben; vgl. auch: MacCulloch, Reformation, 195.

86 Bahnbrechend war die Arbeit: Rich, Anfänge; vgl. zum Forschungsstand: Locher, Reformation, 87–90; Gäbler, Zwingli, 46–49.

87 Vgl. zur Biographie: Locher, Reformation; Gäbler, Zwingli.

88 Vgl. Gäbler, Zwingli, 51 ff.

89 Vgl. Locher, Reformation, 136–149.

90 Vgl. Gäbler, Zwingli, 80–83, und Locher, Reformation, 163–167.

91 Vgl. zu dem Bekenntnis *Fidei Ratio*: Gäbler, Zwingli, 127–132; Kaufmann, Reformation, 595–597.

92 Vgl. aus den unterschiedlichen Perspektiven: Locher, Reformation, 283–343, und Kaufmann, Reformation, 527–542.

93 Vgl. die klassische Dokumentation: May, Das Marburger Religionsgespräch 1529; zur gegenwärtigen Rezeption: Schäufele, Die Marburger Artikel.

94 Zur Wirkungsgeschichte und zu liberalen Lesarten vgl.: Gäbler, Zwingli, 142–144.

95 Vgl. zum Folgenden: Gäbler, Zwingli, 132–136.

96 Gäbler, Zwingli, 134.

97 Vgl. zu Leben und Werk: Strohm, Calvin; verständliche Einführung in seine Theologie: Plasger, Calvins Theologie; vgl. auch Selderhuis, Calvin-Handbuch; kritisch: Reinhardt, Tyrannei der Tugend.

98 Jean Cadier, zitiert nach Strohm, Calvin, 17.

99 Strohm, Calvin, 29–31.

100 Vgl. zum Folgenden: Strohm, Calvin, 41–46.

101 Vgl. Strohm, Calvin, 57.

102 So die Äußerung von Jacques Courvoisier, zitiert nach: Strohm, 48.

103 Vgl. zum Folgenden: van't Spijker, Calvin, 164 f.; vgl. auch: Strohm, Calvin, 62.

104 Vgl. Strohm, Calvin, 63 f.

105 Vgl. Strohm, Calvin, 55.

106 Vgl. Strohm, Calvin, 82.

107 Strohm, Calvin, 118.

108 Vgl. zum Folgenden: MacCulloch, Reformation, 467–473; zur Kritik des Begriffs: Hauschild, Lehrbuch II, 164 f.

109 Vgl. Hauschild, Lehrbuch II, 163–166.

110 Vgl. MacCulloch, Reformation, 472.

111 Vgl. Clark, Preußen, 144–153.

112 MacCulloch, Reformation, 187.

113 Vgl. Kaufmann, Reformation, 77.

114 Vgl. Ludolphy, Friedrich, 384.

115 Ludolphy, Friedrich, 383 (mit einer ausführlichen Beschreibung des Verhältnisses zwischen dem Kurfürsten und Luther 383–486).

116 Vgl. Kaufmann, Reformation, 506–512.

117 Vgl. Kaufmann, Reformation, 516–518.

118 Vgl. zum Folgenden: Schneider-Ludorff, Reformator, 35–39.

119 Vgl. Scheible, Melanchthon, 76.

120 Vgl. zum Folgenden: Kaufmann, Reformation, 676–709.

121 Vgl. MacCulloch, Reformation, 529–550.

122 Vgl. MacCulloch, Reformation, 408–417, 447–451, 609–635.

123 Vgl. MacCulloch, Reformation, 375–383, 504–520, 655–709.

124 Vgl. MacCulloch, Reformation, 347 f.

125 Vgl. Hauschild, Lehrbuch II, 241–247.

126 Vgl. Schneider, Luthers Reise nach Rom, 138 f.

127 Vgl. Ganzer, Art. Contarini, 203.

128 Vgl. Ganzer, Art. Contarini, 204.

129 DH 1501.

130 DH 1507.

131 Vgl. DH 1529.

132 DH 1533.

133 Vgl. Hauschild, Lehrbuch II, 488 f.

134 Vgl. Hartmann, Jesuiten, 9–19.

135 Kaufmann, Reformation, 675.

136 Kohler, Karl V., 351.

137 Vgl. Kohler, Karl V., 353 f.

138 Zitiert nach: Kohler, Karl V., 366.

139 Vgl. Rohls, Zwischen Bildersturm und Kapitalismus.

140 Vgl. Strohm, Calvin, 118.

141 Vgl. MacCulloch, Reformation, 765–775.

142 Vgl. Schilling, Luther, 536–543.

143 Vgl. Andersson, Religiöse Bilder, 43–79 (dort auch mit Verweisen auf die ausführliche Debatte des späten 18. und frühen 19. Jahrhunderts zu Luthers Verhältnis zur Kunst).

144 Andersson, Religiöse Bilder, 51 f.

145 Eine knappe und luzide Einführung in die Theologie der Bibelübersetzung Luthers: Blanke, Bibelübersetzung, 258–265; zur Bedeutung für die Sprachgeschichte: Besch / Reichmann / Sonderegger (Hg.), Sprachgeschichte, 139 ff.

Achtes Kapitel: Die Wucht des Barock

1 Huizinga, Holländische Kultur, 13.

2 Alle Zitate Huizinga, Holländische Kultur, 13.

3 Vgl. die schöne und umfassende Abhandlung über die vielfältigen Aspekte der Kulturbegegnung mit stupender Quellenkenntnis: Bitterli, Die ‹Wilden›.

4 Vgl. Bohn, Seefahrt, 37 f.

5 Vgl. zum Folgenden: Kohler, Columbus, 98–105; Bohn, Seefahrt, 21 f.

6 Fried, Mittelalter, 547; dort finden sich auch die Berichte über die in Asien aufsehenerregende Neugier der europäischen Reisenden (vgl. 546).

Anhang: Anmerkungen zum achten Kapitel

7 Vgl. Kohler, Columbus, 88 ff.; Fried, Mittelalter, 400 f.

8 Vgl. Fried, Mittelalter, 402.

9 Vgl. zum Folgenden: Kohler, Columbus, 107–110; Bohn, Seefahrt, 61–71.

10 Vgl. zum Folgenden: Bohn, Seefahrt, 43 f.

11 Vgl. zur Afrika- und Asienseefahrt: Kohler, Columbus, 127–148; Bohn, Seefahrt, 44 f.

12 Vgl. Bohn, Seefahrt, 46 f.; Kohler, Columbus, 150–153.

13 Vgl. Bitterli, Entdeckung, 54.

14 Vgl. Bitterli, Entdeckung, 108–117.

15 Vgl. Bitterli, Entdeckung, 96–99.

16 Vgl. zum Folgenden: Bitterli, 129–142.

17 Winkler, Geschichte des Westens I, 93.

18 Vgl. Bitterli, Entdeckung, 87.

19 Osterhammel, Kolonialismus, 34; vgl. umfassend dazu: Reinhard, Unterwerfung.

20 Vgl. Kulke/Rothermund, Geschichte Indiens, 274 f.

21 Vgl. zum Folgenden: Pinggéra, Apostolische Kirche des Ostens, 34 f.

22 Vgl. grundlegend zu Francisco de Xaviers Missionstätigkeit und seinem Wirken im Jesuitenorden den Sammelband: Meier (Hg.), Sendung – Eroberung – Begegnung.

23 Vgl. zum Folgenden grundlegend: Bachmann, Nobili; eine vorzügliche Sammlung wichtiger Texte de Nobilis in englischer Übersetzung liefert: Preaching Wisdom to the Wise; einen knappen und dennoch sehr informativen Überblick gibt darin die Einführung (3–30). Der britische Schriftsteller Vincent Cronin hat de Nobili in einer literarischen Biographie verewigt: Cronin, A Pearl to India.

24 Vgl. Bachmann, Nobili, 62 f.

25 Vgl. Bachmann, Nobili, 208 ff.

26 Vgl. Hartmann, Jesuiten, 59.

27 Vgl. Bachmann, Nobili, 96 ff.

28 Vgl. Bachmann, Nobili, 241 ff.

29 Vgl. zum Folgenden: Coulmas, Die Kultur Japans, 139–141.

30 Vgl. Bitterli, Die Wilden, 66.

31 Knapper Überblick: Haub/Oberholzer, Ricci; eine glänzende und religionsphilosophisch profunde Auseinandersetzung zur Chinamission ist: Li, Die christliche China-Mission; eine schöne literarische Biographie: Cronin, Der Jesuit als Mandarin.

32 Vgl. Li, China-Mission, 89–113; Haub/Oberholzer, Ricci, 99–101.

33 Li, China-Mission, 202.

34 Hartmann, Jesuiten, 59.

35 Vgl. zum Folgenden: Bitterli, Entdeckung, 211–227; unter stärkerer Einbindung der aztekischen Perspektive: Riese, Azteken, 251–296.

36 Vgl. zu den unterschiedlichen Interpretationen: Bitterli, Entdeckung, 219 f.

37 Díaz del Castillo, Wahrhafte Geschichte, 199; ähnlich, wenngleich im Ton zurückhaltender: Cortés, Eroberung, 56 f.

38 Vgl. Riese, Azteken, 308; vgl. dazu auch: Madariaga, Cortes, 314–318.

39 Vgl. Díaz del Castillo, Wahrhafte Geschichte, 256 f.

40 Vgl. Bitterli, Entdeckung, 226.

41 Vgl. zum Folgenden: Bitterli, Entdeckung, 239–259.

42 Zitiert nach: Bitterli, Entdeckung, 250.

43 Bitterli, Entdeckung, 211.

44 Vgl. Riese, Azteken, 258 ff.

45 Vgl. Osterhammel, Kolonialismus, 13.

46 Vgl. Dussel, Geschichte, 83.

47 Dussel, Geschichte, 85.

48 Fried, Mittelalter, 393.

49 Vgl. MacCulloch, Reformation, 105.

50 Osterhammel, Kolonialismus, 29.

51 Vgl. zum Folgenden: Gillner, Bartolomé de Las Casas, 23–63; Delgado, Stein des Anstoßes; literarische Bearbeitung des Themas: Schneider, Las Casas vor Karl V.

52 Vgl. Gillner, Bartolomé de Las Casas, 25 f.

53 Las Casas, Bericht, 27.

54 Vgl. Delgado, Stein des Anstoßes, 18.

55 Vgl. dazu: Gillner, Bartolomé de las Casas, 37–39; Delgado, Stein des Anstoßes, 44–46.

56 Vgl. zum Folgenden: Gillner, Bartolomé de las Casas, 176 ff.

57 Vgl. Kohler, Karl V., 229–232.

58 Vgl. dazu Bitterli, Die ‹Wilden›, 135 im Anschluss an den Kolonialhistoriker William Prescott.

59 Vgl. zu einem «der schönsten, aber völlig vergessenen Abschnitte der lateinamerikanischen Geschichte»: Dussel, Geschichte, 85–88 (Zitat 85).

60 Vgl. Dussel, Geschichte, 81.

61 Vgl. Dussel, Geschichte, 88–91.

62 Vgl. León-Portilla, Bernardino de Sahagún; als Quelle sehr hilfreich sind die in deutscher Übersetzung abgedruckten Auszüge aus Sahagúns Hauptwerk über die Geschichte Mexikos: Sahagún, Aus der Welt der Azteken.

63 Vgl. Braun, Vorwort, 9 (dort auch zu Sahagún 9–10).

64 Vgl. zu den Gesprächen über Gott, die Sünde und die Entstehung der Welt: Wißmann, Sind doch die Götter auch gestorben.

65 Vgl. zum Folgenden: Hartmann, Jesuiten, 49–55.

66 Zu den Motiven: Hartmann, Jesuiten, 55.

67 Osterhammel, Kolonialismus, 48.

68 Vgl. Gutierrez, Gott oder das Gold; Dussel, Geschichte, 217.

69 Über die Entdeckungsreisen zu See und zu Lande informiert glänzend: Bitterli, Entdeckung; eine glasklare Einführung in die amerikanische Religionsgeschichte, die auch die vorkoloniale und spanische Zeit mit in den Blick nimmt und in den Literaturausblicken über die wichtigsten Forschungsdebatten knapp informiert: Gaustad/Schmidt, Religious History.

70 Vgl. Bitterli, Entdeckung, 150–156.

71 Vgl. Bitterli, Entdeckung, 167–170.

72 Vgl. Bitterli, Entdeckung, 332–352.

73 Vgl. Gaustad/Schmidt, Religious History, 18–23.

74 Vgl. Sando, The Pueblo Revolt, 5–53; knapp: Arens/Braun, Die Indianer Nordamerikas, 96–98.

75 Vgl. Sando, The Pueblo Revolt, 32.

76 Vgl. den Untertitel des genannten Sammelbandes; vgl. zur Rezeptionsgeschichte darin vor allem: Sando/Agoyo, Po'Pay, 119–190.

77 Vgl. zum Folgenden: Bitterli, Entdeckung, 353–381.

78 Vgl. Bitterli, Entdeckung, 358.

79 Vgl. Gaustad/Schmidt, Religious History, 23–29.

80 Mit bisweilen hagiographischen Zügen, aber der umfangreichsten Verarbeitung der Quellen: Donnelly, Jean de Brébeuf; sehr erhellend unter dem Aspekt der zu überwindenden Kulturdifferenzen: Bitterli, Die ‹Wilden›, 113–123; knappe Überblicke: Gaustad/Schmidt, Religious History, 24 f.; Hartmann, Jesuiten, 46.

81 Vgl. Bitterli, Die ‹Wilden›, 114 f.

82 Vgl. mit einem weiteren Ausblick auf die Entwicklung in Virginia: Gaustad/Schmidt, Religious History, 32–48.

83 Vgl. zum Folgenden: Gaustad/Schmidt, Religious History, 49–65.

84 Vgl. Gaustad/Schmidt, Religious History, 51.

85 Vgl. Gaustad/Schmidt, Religious History, 52.

86 Barack Obama im Jahre 2010, vgl. http://www.nysun.com/editorials/god-and-thanksgiving/87153/

Anhang: Anmerkungen zum achten Kapitel

87 Vgl. Gaustad/Schmidt, Religious History, 95–102.

88 Vgl. zum Folgenden: Gaustad/Schmidt, Religious History, 65–72.

89 Vgl. Gaustad/Schmidt, Religious History, 68.

90 «Antinomians, Anabaptists, Antisabbatarians, Arminians, Socinians, Quakers, Ranters – everything in the world but Roman Catholics and real Christians», zitiert nach: Gaustad/Schmidt, Religious History, 70.

91 Vgl. Gaustad/Schmidt, Religious History, 84–86 (mit Literaturhinweisen zu Penn 117 f.).

92 Vgl. MacCulloch, Reformation, 684 f. Es ist das Verdienst von Ernst Troeltsch, als einer der wenigen ranghohen Vertreter des deutschsprachigen Protestantismus die Bedeutung der Quäker fair gewürdigt zu haben; vgl. zum Folgenden daher auch: Troeltsch, Soziallehren, 911–916.

93 Troeltsch, Soziallehren, 911.

94 Vgl. Gaustad/Schmidt, Religious History, 79–82.

95 Vgl. Gaustad/Schmidt, Religious History, 103.

96 Vgl. die ideengeschichtliche Übersicht: Winkler, Geschichte des Westens I, 259–310, allerdings mit einer sehr viel stärkeren Gewichtung der Einflüsse der Aufklärung (vgl. 283 f.; zur umfangreichen Literaturübersicht über die Debatte vgl. 1232, Anm. 207).

97 Troeltsch, Die Bedeutung des Protestantismus, 62.

98 Zitiert nach: Cronin, Napoleon, 275.

99 Vgl. zum Folgenden: Arndt, Krieg (mit knapper Literaturübersicht, 240–242; zur Problematik des Dreißigjährigen Krieges als Konfessionskrieg vgl. den Überblick: Schorn-Schütte, Konfessionskriege, 133–149.

100 Vgl. zum Mythos vom Beschützer des Protestantismus: Schorn-Schütte, Konfessionskriege, 148 f.; vgl. auch Hauschild, Lehrbuch II, 178, der von einem religiös legitimierten «Angriffskrieg» Gustav Adolfs spricht.

101 Vgl. Arndt, Krieg, 201–208.

102 Vgl. Arndt, Krieg, 192.

103 Vgl. Arndt, Krieg, 192–208; vgl. auch Clarke, Preußen, 52–60, mit trostlosen Beispielen für die mordenden Übergriffe der Plünderer auf die Landbevölkerung.

104 Vgl. Friesenegger, Tagebuch, 11.

105 Vgl. zum Folgenden: Friesenegger, Tagebuch, 16 ff.

106 Friesenegger, Tagebuch, 18.

107 Friesenegger, Tagebuch, 19.

108 Friesenegger, Tagebuch, 25.

109 Friesenegger, Tagebuch, 31.

110 Friesenegger, Tagebuch, 31.

111 Vgl. Friesenegger, Tagebuch, 74 f.

112 Friesenegger, Tagebuch, 73.

113 Vgl. Clark, Preußen, 58, und Arndt, Krieg, 196.

114 Vgl. Clark, Preußen, 40.

115 Vgl. zum Folgenden: Schorn-Schütte, Konfessionskriege, 143–145.

116 Vgl. Mühlegger, Hugo Grotius.

117 Vgl. Hobbes, Leviathan, 95; vgl. dazu auch Höffe, Hobbes, 123–140; vgl. in dieser prägnanten Einführung zu Hobbes' Lebensweg: 27–60.

118 Hobbes, Leviathan, 98.

119 Vgl. dazu Höffe, Hobbes, 125–131.

120 Hobbes, Leviathan, 131.

121 Vgl. Clark, Preußen, 59.

122 Vgl. Höffe, Hobbes, 214–218.

123 Vgl. zum Folgenden die brillante Zusammenfassung: Höffe, Hobbes, 174–191.

124 Vgl. Sparn, Wiederkehr.

125 Vgl. zum Folgenden: Reventlow, Bibelauslegung IV, 21–31; Schmid, Dogmatik, 40–73; detailliert mit dem Versuch

einer positiven Würdigung aus heutiger Sicht: Steiger, Philologia Sacra.

126 Vgl. Jung, Das Ganze der Heiligen Schrift, 6.

127 König, Theologia positiva acroamatica, 9; vgl. zu Königs Leben und Werk: Stegemann, König.

128 Vgl. Schneider, Der fremde Arndt.

129 Vgl. van Dülmen, Kultur und Alltag III, 63–65.

130 Vgl. van Dülmen, Kultur und Alltag III, 70–78.

131 Assmann, Das kulturelle Gedächtnis, 18.

132 Assmann, Text und Ritus, 153.

133 Vgl. zur Übersicht: Behringer, Hexen; siehe dort auch die Übersicht über die Forschungsliteratur und Quellensammlungen (105–109); vgl. Angenendt, Toleranz, 295–319; vgl. zur religions- und kulturgeschichtlichen Einführung: van Dülmen, Kultur und Alltag III, 78–96; vgl. zum besonderen Aspekt der Verfolgung von Frauen: Roper, Hexenwahn; ein Meilenstein der Kulturgeschichtsschreibung zum Thema: Beck, Mäuselmacher.

134 Vgl. van Dülmen, Kultur und Alltag III, 79; vgl. zum magischen Denken auch: Doering-Manteuffel, Okkultismus, 14–17, 85–93.

135 Vgl. van Dülmen, Kultur und Alltag III, 79 f.

136 Vgl. Behringer, Hexen, 21–25.

137 van Dülmen, Kultur und Alltag III, 80 f.

138 Vgl. knapp Behringer, Hexen, 62 f.; zur Besessenheit als Kulturphänomen der Zeit vgl. Beck, Mäuselmacher, 439–455.

139 Vgl. zum Folgenden die umfassende kulturhistorische Studie aus dem 19. Jahrhundert: Roskoff, Geschichte des Teufels (zu den Hexenprozessen, Band 2, 206–364); von den neueren Darstellungen sei verwiesen auf den Gesamtüberblick: Stanford, Teufel; die biblischen und religionsgeschichtlichen Ursprünge der Teufelsvorstellung in der Antike beleuchtet: Pagels, Satans Ursprung.

140 Vgl. Behringer, Hexen, 26 f.

141 Vgl. Behringer, Hexen, 35.

142 Vgl. Behringer, Hexen, 50.

143 Vgl. Behringer, Hexen, 65 f.

144 Wie aus der Konstellation von gehäuften Krankheitsfällen, Kindstoden und Viehsterben der Vorwurf der Hexerei entstehen konnte, schildert an einem eindrucksvollen Beispiel: Roper, Hexenwahn, 13–16.

145 Peinliche Gerichtsordnung (Carolina), Art. 109.

146 Vgl. von Spee, Cautio Criminalis, 123 ff.; vgl. zu Spee: Ritter, Einleitung, VII–XXXIII; eine kleinere Monographie führt in Leben und Werk ein: Rupp, Friedrich von Spee; Einblick in den Stand der Forschung auch zu detaillierten Einzelfragen bieten die Sammelbände: Franz (Hg.), Friedrich Spee zum 400. Geburtstag; Friedrich Spee. Priester, Mahner und Poet.

147 Behringer, Hexen, 25.

148 Vgl. die vorzügliche kommentierte Neubearbeitung: Kramer (Institutoris), Hexenhammer; über Kramers Lebenswege und die Hintergründe informiert glänzend die ausführliche Einleitung: Jerouschek / Behringer, Einleitung, 9–97.

149 Vgl. Kramer, Hexenhammer, 139 ff.

150 Vgl. Kramer, Hexenhammer, 265 ff.

151 Vgl. Kramer, Hexenhammer, 286 ff.

152 Vgl. Kramer, Hexenhammer, 483 f.

153 Vgl. Kramer, Hexenhammer, 489 ff.

154 Vgl. Kramer, Hexenhammer, 528 ff.

155 Vgl. Behringer, Hexen, 37.

156 Behringer, Hexen, 47; vgl. zum Folgenden: Behringer, Hexen, 47–55.

157 Vgl. zum Folgenden: Behringer, Hexen, 56.

158 Vgl. Behringer, Hexen, 56; von Spee, Cautio Criminalis, 50.
159 Vgl. Behringer, Hexen, 99 f.
160 Vgl. van Dülmen, Kultur und Alltag III, 93 f.
161 Vgl. Beck, Mäuselmacher, 50–56.
162 Vgl. Beck, Mäuselmacher, 203.
163 Vgl. Beck, Mäuselmacher, 140.
164 Vgl. Beck, Mäuselmacher, 701–707.
165 Vgl. von Spee, Cautio Criminalis, 290–294.
166 Vgl. Beck, Mäuselmacher, 464–474, 650–663.
167 Beck, Mäuselmacher, 864.
168 Vgl. zum Folgenden: Behringer, Hexen, 75–78.
169 Burbaum, Barock, 9.
170 Burckhardt, Cicerone, 348.
171 Wölfflin, Renaissance und Barock, 65. Der Universitätsbibliothek Heidelberg sei an dieser Stelle für die digitalisierte Bereitstellung des Textes im Netz gedankt (http://digi.ub.uni-heidelberg.de/diglit/woelfflin1888).
172 Wölfflin, Renaissance und Barock, 66.
173 Vgl. Erben, Barock, 30.
174 Wölfflin, Barock, 73.
175 DH 1824.
176 Vgl. Hartmann, Jesuiten, 65 f.
177 Vgl. Erben, Barock, 37.
178 Vgl. Erben, Barock, 29–37.
179 Erben, Barock, 17.
180 Bredekamp, Sankt Peter; vgl. zum Folgenden auch Claussen, Gottes Häuser, 149–176.
181 Bredekamp, Sankt Peter, 30.
182 Vgl. zum Folgenden: Karsten, Bernini, 68–72.
183 Vgl. Karsten, Bernini, 157–162.
184 Claussen, Gottes Häuser, 173.
185 Vgl. Ebert-Schifferer, Caravaggio, 243; vgl. in dieser umfassenden Monographie zur Rezeptionsgeschichte Caravaggios 15–29 und die Übersicht über die Forschungsliteratur 299–314.
186 Vgl. Ebert-Schifferer, Caravaggio, 23–27.
187 Vgl. Ebert-Schifferer, Caravaggio, 261.
188 Erben, Barock, 97; vgl. zur Lichttechnik: Ebert-Schifferer, Caravaggio, 244–259.
189 Vgl. Ebert-Schifferer, Caravaggio, 264 f.
190 Vgl. zur Bildbeschreibung: Ebert-Schifferer, Caravaggio, 167 f.
191 Friedell, Kulturgeschichte der Neuzeit, 446.
192 Alle Zitate Friedell, Kulturgeschichte der Neuzeit, 446–447.
193 Friedell, Kulturgeschichte der Neuzeit, 447.
194 Vgl. Sauerländer, Der katholische Rubens, 12; zur ‹neovitalistischen› Rezeption vgl. 10 ff.; vgl. zu Rubens neben dem unten genannten Werk Burckhardts und der knappen Einführung Büttners auch: von Simson, Rubens.
195 Burckhardt, Rubens, 9.
196 Burckhardt, Rubens, 29.
197 Vgl. Büttner, Rubens, 8 f.
198 Vgl. Büttner, Rubens, 16–32.
199 Vgl. Rohls, Rembrandt, 209; vgl. zum Bild allgemein: von Simson, Rubens, 118–123, und Büttner, Rubens, 43 f.
200 Sauerländer, Der katholische Rubens, 240 (vgl. zur folgenden Bildinterpretation: 238–270).
201 Vgl. Claussen, Gottes Häuser, 176–207.
202 Friedell, Kulturgeschichte der Neuzeit, 445.; vgl. zu Rembrandt ‹klassisch›: Schwartz, Rembrandt-Buch; zum konfessionellen Hintergrund mit weiterführender Literatur: Rohls, Rembrandt, 198–224.
203 Rohls, Rembrandt, 199.
204 Vgl. Schwartz, Rembrandt-Buch, 153; Rohls, Rembrandt, 210 f.

205 Vgl. Rohls, Rembrandt, 211; Schwartz, Rembrandt-Buch, 43–45.
206 Vgl. Rohls, Rembrandt, 219.
207 Rohls, Rembrandt, 213.
208 Vgl. Rohls, Rembrandt, 214 ff.
209 Rohls, Rembrandt, 223.
210 Vgl. Rohls, Rembrandt, 222.
211 Alle Zitate: Panofsky, Bewegung, 290.
212 Wölfflin, Renaissance und Barock, 72.
213 Sauerländer, Der katholische Rubens, 276.
214 Augustinus, Confessiones IX 6 (S. 228).
215 Augustinus, Confessiones X 33 (S. 283 f.).
216 Vgl. Eggebrecht, Musik, 349–360; Heinemann, Geschichte, 128–144.
217 Vgl. Eggebrecht, Musik, 296 f.; Heinemann, Geschichte, 104–107.
218 Vgl. Heinemann, Geschichte, 128–135.
219 Vgl. zu Kirchers philosophischem System: Leinkauf, Mundus combinatus; zur Musiktheorie: Scharlau, Kircher.
220 «Cum denique Musicam nihil aliud esse quam Platone teste […] rerum omnium seriem et ordinem scire.» Kircher, Musurgia universalis, XIX; vgl. Leinkauf, Mundus combinatus, 342–349; Scharlau, Kircher, 109–116.
221 Zitiert nach Scharlau, Kircher, 100.
222 Heinemann, Geschichte, 121.
223 Vgl. Wolff, Bach, 157.
224 Vgl. Block, Verstehen, 143 ff.
225 Jenny, Art. Kirchenlied, 605; vgl. auch: Kurzke, Kirchenlied und Kultur.
226 Vgl. Jenny, Art. Kirchenlied, 603.
227 Vgl. zu Leben und Werk das Standardwerk: Bunners, Gerhardt; die aus dem Jubiläumsjahr 2009 hervorgegangenen Sammelbände vertiefen eine Reihe von Einzelaspekten in der Theologie Gerhardts und seiner Bedeutung für die protestantische Kirchenmusik; vgl. Wendebourg (Hg.), Gerhardt; Beutel/Böttler (Hg.), «Unverzagt und ohne Grauen».
228 Vgl. Bunners, Gerhardt, 72–86.
229 Evangelisches Gesangbuch, Lied 361.1.
230 Vgl. zur systematischen Werkübersicht: Bunners, Gerhardt, 121–204.
231 Evangelisches Gesangbuch, Lied 37,4; zur Aufnahme der Mystik: Bunners, Gerhardt, 138.
232 Rietschel, Aufgabe, 47 (zur Entfaltung der These vgl. 47 ff.).
233 Vgl. Rietschel, Aufgabe, 71, und Schweitzer, Bach, 32–43.
234 Konold, Monteverdi, 93 und 99; vgl. auch Heinemann, Geschichte, 108–114.
235 Konold, Monteverdi, 91.
236 Vgl. Heinemann, Schütz, 18.
237 Vgl. Heinemann, Schütz, 19 f.; vgl. auch Schweitzer, Bach, 57 f.
238 Vgl. Heinemann, Schütz, 106 f.
239 Vgl. zu Händel den knappen Überblick: Schröder, Händel (mit Hinweisen auf die Standardliteratur); eine originelle und geistreiche Annäherung, die eine grundsätzliche Neubewertung der Barockmusik und Händels versucht: Ott, Tumult und Grazie.
240 Bockmaier, Händels Oratorien, 26.
241 Vgl. dazu die Übersicht: Bockmaier, Oratorien, 112–115.
242 Vgl. Bockmaier, Oratorien, 114.
243 So Otts treffender Titel seiner Händel-Biographie (s. o.).
244 Vgl. Schröder, Bach, 84.
245 Vgl. Widor, Vorrede, VIII f. und XI.
246 Vgl. umfassend mit reichhaltiger Übersicht über die Forschungsliteratur und Forschungsgeschichte zu Bach seit der Romantik: Wolff, Bach; prägnante Einführung: Schröder, Bach; sicher in vielem überholt, aber dennoch eine Quelle unaufhörlicher Inspirationen in der Beschäftigung mit Bach ist Albert Schweitzers großes Buch: Schweitzer, Bach.

247 Schweitzer, Bach, 2.
248 Vgl. Schröder, Bach, 16–23.
249 Vgl. Schröder, Bach, 53.
250 Schröder, Bach, 28–31.
251 Vgl. zu dem berühmten Brief an Georg Erdmann aus dem Jahr 1730: Schröder, Bach, 67.
252 Vgl. Wolff, Bach, 269–274.
253 Zitiert nach Schröder, Bach, 108.
254 Vgl. Schröder, Bach, 108 f.
255 Schweitzer, Bach, 47.
256 Vgl. zum Aufbau: Wolff, Bach, 278.
257 Vgl. ebd.
258 ebd.
259 Wolff, Bach, 361; vgl. zu Bachs Kantaten die inzwischen klassische Beschreibung und Einführung: Dürr, Kantaten.
260 Zum Begriff ‹wörtlich› und ausführlich zum Beispiel «Zittern und Wanken» vgl. Wolff, Bach, 296 ff; zum Verhältnis von Wort und Ton bei Bach vgl. grundsätzlich Schweitzer, Bach, 398–425; zur musikalischen Sprache der Kantaten Schweitzer, Bach, 441–479.
261 Vgl. Wolff, Bach, 313.
262 Schröder, Bach, 97.
263 Schweitzer, Bach, 147.
264 Vgl. zur Einführung: Scholz, Bachs Passionen, 23–70; zur Wirkungsgeschichte: Schmidt, Matthäus-Passion.
265 Vgl. zur Person: Flossmann, Picander.
266 Vgl. Wolff, Bach, 413–415.
267 Vgl. Wolff, Bach, 478–482.
268 Vgl. dazu die glänzende Darstellung des Aufeinandertreffens mit geistreichen Ausblicken zur Musiktheorie und Musikgeschichte des 18. Jahrhunderts: Gaines, Das musikalische Opfer, 252–300.
269 Wolff, Bach, 481.
270 Vgl. Schröder, Bach, 116.
271 Zitiert nach Schröder, Bach, 105; vgl. dort auch zum Ablauf des Streits.
272 Vgl. Schweitzer, Bach, 203 f.
273 Mendelssohn Bartholdys Vorhaben war keine zufällige Neuentdeckung. Die Liebe zu Bach in seiner Familie ist ein Beispiel für die verborgene Kontinuität von Bachs Bedeutung; vgl. Schröder, Bach, 118 f.
274 Eggebrecht, Musik, 437 (ähnlich zuvor 418).
275 Zitiert nach Wolff, Bach, 361.
276 Zitiert nach Wolff, Bach, 365.
277 Vgl. Wolff, Bach, 365.
278 Ganz anders, Bach in die Nähe des Pietismus rückend, urteilt: Geck, Bach, 88 u. ö.; dazu kritisch mit Überlegungen zum geistesgeschichtlichen Hintergrund: Wallmann, Neues Licht, 191–257; vorsichtiger: Wolff, Bach, 127.
279 Vgl. Schweitzer, Bach, 147.
280 Vgl. mit weiteren Beispielen Scholz, Passionen, 37 f.
281 Vgl. Schröder, Bach, 100.
282 Vgl. Schröder, Bach, 61.
283 Vgl. Schröder, Bach, 121.
284 Vgl. Wolff, Bach, 365 f.

Neuntes Kapitel: Das Licht der Aufklärung und das Christentum

1 Vgl. zum Folgenden: Beutel, Causa Wolffiana, 125–169; Albrecht, Einleitung, L–LIII (dort jeweils auch mit weiterführender Literatur); vgl. zur knappen Einführung: Beutel, Aufklärung, 104–109; vgl. zur religionsphilosophischen und theologiegeschichtlichen Bedeutung U. Barth, Theologia naturalis, 145–160.

2 Vgl. zur Rede: Albrecht, Einleitung, XXXVIII–XLVI.

3 Vgl. Wolff, Rede, 23 f.

4 Vgl. Albrecht, Einleitung, LIII.

5 Der Pietismus ist seit geraumer Zeit zu einem hoch spezialisierten Forschungsgebiet aufgestiegen. Das belegt hinreichend seine Bedeutung. Ein Überblick über die verschiedenen Forschungsansätze findet sich bei: Wallmann, Pietismus, 9–20, vgl. zu den umfangreichen Gesamtdarstellungen der Pietismusforschung: Wallmann, Pietismus, 10.

6 Vgl. zum Folgenden: Wallmann, Pietismus, 66–102 (mit Literaturübersicht 66 f.).

7 Vgl. Spener, Pia Desideria, 44.

8 Vgl. zum Folgenden: Spener, Pia Desideria, 108–124.

9 Vgl. Wallmann, Pietismus, 97–99.

10 Vgl. zum Folgenden: Wallmann, Pietismus, 103–135 (mit Literaturübersicht 103 ff.).

11 Vgl. zum Folgenden die historisch und systematisch aufschlussreichen Ausführungen über Franckes Bekehrung: Wallmann, Pietismus, 108–110.

12 Vgl. Wallmann, Pietismus, 119 f.

13 Vgl. Clark, Preußen, 163–166.

14 Vgl. Wallmann, Pietismus, 181–204 (mit Literaturübersicht 181 f.); Zimmerling, Mystik, 132–149.

15 Vgl. Wallmann, Pietismus, 151–160.

16 Vgl. Wallmann, Pietismus, 164–169.

17 Vgl. zum Folgenden: U. Barth, Pietismus als religiöse Kulturidee, 149–166.

18 Vgl. im Folgenden zur Breite des Kulturphänomens ‹Aufklärung›: Stollberg-Rilinger, Europa; auf die Aufklärung in Deutschland begrenzt: Reed, Mehr Licht; Schmidt, Wandel; internationaler, aber stärker ideen- und philosophiegeschichtlich orientiert: Geier, Aufklärung.

19 Vgl. zum Folgenden: Stollberg-Rilinger, Aufklärung, 114–145.

20 Vgl. van Dülmen, Kultur und Alltag III, 152–167.

21 Stollberg-Rilinger, Aufklärung, 138.

22 Vgl. Stollberg-Rilinger, Aufklärung, 139–145.

23 Vgl. Stollberg-Rilinger, Aufklärung, 45 f.

24 Vgl. Stollberg-Rilinger, Aufklärung, 66 f.

25 Vgl. Weber, Ethik; dazu kritisch: Rohls, Bildersturm und Kapitalismus, 28–32; detailliert zur Verhältnisbestimmung: Bloch, Calvinismus.

26 Vgl. Stollberg-Rilinger, Aufklärung, 192.

27 Vgl. zum Folgenden: Neiman, Das Böse, 353–367.

28 Kant, Was ist Aufklärung?, A 481.

29 Vgl. zur Einführung grundlegend: Perler, Descartes.

30 Vgl. zum Folgenden: Bartuschat, Spinoza, und Röd, Spinoza.

31 Vgl. Spinoza, Ethik, 99 (I Anh.).

32 «ignorantiae asylum»: Spinoza, Ethik, 101 (I Anh.); vgl. dazu auch Bartuschat, Spinoza, 16.

33 Vgl. Röd, Spinoza, 342–354; Bartuschat, Spinoza, 177–182.

34 Vgl. Bartuschat, Spinoza, 28 f.

35 Vgl. zur Einführung in Leben und Werk: Sturma, Rousseau; Starobinski, Rousseau; interessante philosophische Fortführungen: Cassirer, Über Rousseau; Spaemann, Rousseau.

36 Sturma, Rousseau, 23 f.

37 Vgl. Rousseau, Ungleichheit, 87 f.; vgl. zur Schrift: Sturma, Rousseau, 62–67.

38 Sturma, Rousseau, 63.

39 Bitterli, Die ‹Wilden›, 280–289.

40 Rousseau, Gesellschaftsvertrag, 5.

41 Rousseau, Gesellschaftsvertrag, 140; vgl. dazu den knappen Überblick: Sturma, Rousseau, 157–160.

42 Rousseau, Gesellschaftsvertrag, 149.

43 Rousseau, Gesellschaftsvertrag, 151.

44 Rousseau, Gesellschaftsvertrag, 152 f.

Anhang: Anmerkungen zum neunten Kapitel

45 Vgl. dazu die eingehende Interpretation: Meier, Glück, 293–438.
46 Rousseau, Emile, 612.
47 Rousseau, Emile, 566.
48 Rousseau, Emile, 628.
49 Rousseau, Emile, 639.
50 Vgl. Meier, Glück.
51 Rousseau, Träumereien, 90; vgl. Meier, Glück, 157–181.
52 Vgl. Gulyga, Kant, 58 (zu Rousseaus Wirkung auf Kant 58 f.).
53 Zur Biographie: Gulyga, Kant; allgemeine Einführung: Höffe, Kant; zur Kritik der reinen Vernunft: Höffe, Kants Kritik der reinen Vernunft.
54 Kant, Kritik der reinen Vernunft, A VII.
55 Kant, Kritik der reinen Vernunft, B XXII.
56 Vgl. zum Überblick: Höffe, Kant, 173–208 (mit weiterführender Literatur 313–316).
57 Kant, Kritik der praktischen Vernunft, A 54.
58 Heine, Religion und Philosophie in Deutschland, 104.
59 Vgl. zu Kants später Religionsphilosophie den Überblick: Höffe, Kant, 252–258 (mit Hinweisen zur weiterführenden Literatur 318 f.).
60 Geier, Aufklärung, 265 f.
61 Vgl. Kant, B 20–48.
62 Vgl. Kant, Religion, B 296–311.
63 Vgl. Kant, Religion, B 101 ff.
64 Kant, Religion, B 73.
65 Kant, Religion, BA XVIII f.
66 Vgl. Kant, Religion, A IX ff.
67 Vgl. zu Kants Bedeutung für die Theologie: Graf/Tanner, Philosophie des Protestantismus, 86–112 (Literatur 108–112); Rohls, Philosophie und Theologie, 403–412; kritisch: Pannenberg, Theologie und Philosophie, 174–216.
68 Vgl. Leibniz, Theodizee I, 22.
69 Vgl. Leibniz, Theodizee II, 29.
70 Vgl. zum Folgenden die deutsche Übersetzung: Toland, Christentum; zur Einführung in das Werk: Zscharnack, Einleitung, 1–53; vgl. zum Deismus: Schröder (Hg.), Gestalten.
71 Vgl. Toland, Christentum, 65.
72 Toland, Christentum, 63.
73 Toland, Christentum, 78.
74 Vgl. Beutel, Aufklärung, 85, Anm. 85.
75 Vgl. zum wechselvollen Verhältnis den Überblick: Aston, Christianity, 93–133 (besonders zum Antiklerikalismus: 122–128).
76 Vgl. zur katholischen Aufklärung: Wolf, Verdammtes Licht; Beutel, Aufklärung, 170–181 (mit Literaturübersicht 170); zur Auflösung des Jesuitenordens: Hartmann, Jesuiten, 87–91.
77 Vgl. Schwaiger, Sailer; Wolf, Sailer.
78 Vgl. Beutel, Aufklärung, 250–253 (mit Literatur 250); vgl. auch: Schäufele, Pfaff und die Kirchenunionsbestrebungen.
79 Vgl. Beutel, Aufklärung, 129–132; vgl. zu Semler: Hornig, Semler; Schulz, Semlers Wesensbestimmung; Schröter, Aufklärung durch Historisierung.
80 Vgl. Semler, Abhandlung von freier Untersuchung des Kanons.
81 Vgl. Rendtorff, Kirche, 27–61; zu Semler und seiner folgenreichen Rezeption bei Rendtorff: Laube, Theologie, 241–254.
82 Vgl. Doering-Manteuffel, Okkultismus, 17 f.
83 Vgl. Beutel, Aufklärung, 223–239; vgl. auch die Beiträge in: Beutel/Leppin (Hg.), Religion und Aufklärung.
84 Vgl. Beutel, Aufklärung, 225–230.
85 Vgl. zur Aufklärungspredigt: Rössler, Grundriss, 329–331 (331 mit Hinweisen auf die unsachgemäße Kritik der Aufklärungspredigt durch die Erweckungsbewegung und die dialektische Theologie).

86 Vgl. die knappe Übersicht mit Literaturübersicht Beutel, Aufklärung, 121–123; ausführlicher zu einzelnen Fragen die Beiträge in Beutel, Reflektierte Religion, 186–298 (dort auch mit Übersicht über die jeweilige Literatur).

87 Vgl. Spalding, Bestimmung, IX; vgl. auch Sommer, Sinnstiftung, 163–200.

88 Spalding, Bestimmung, 15.

89 Vgl. Spalding, Bestimmung, 20–23.

90 Vgl. Beutel, Gebessert, 210–236.

91 Vgl. Beutel, Spalding und Goeze, 186–209.

92 Vgl. Beutel, Herder und Spalding, 237–265.

93 Vgl. Beutel, Aufklärung, 238 f.; vgl. Hölscher, Frömmigkeit, 103–109.

94 Vgl. Hölscher, Frömmigkeit, 109.

95 Das Werk liegt nun erfreulicherweise in einer kritischen Edition vor: Le Tonnelier de Bretuel, marquise du Châtelet-Lomond, Examens de la Bible; zur umstrittenen Verfasserschaft von Madame du Châtelet vgl. Schwarzbach im Vorwort, 65; zum religiösen und philosophischen Hintergrund und dem Verfahren der Bibelkritik, 105–133.

96 Vgl. Goldenbaum, Wertheimer Bibel, 175–508. Für wertvolle Hinweise danke ich Angelika Fey.

97 Vgl. die biographische Skizze: Klein, Reimarus, 3–6; zum Überblick über die Forschungsgeschichte zu Reimarus vgl. dort, 6–17.

98 Vgl. Mulsow, Prekäres Wissen, 44–58.

99 Vgl. Reimarus, Apologie.

100 Vgl. Schweitzer, Geschichte der Leben-Jesu-Forschung, 56–68; eine präzise Inhaltswiedergabe liefert: Klein, Reimarus, 67–107.

101 Vgl. Reimarus, Unmöglichkeit einer Offenbarung, die alle Menschen auf eine gegründete Art glauben können, 344–347.

102 Schweitzer, Geschichte der Leben-Jesu-Forschung, 57.

103 Reimarus, Von dem Zwecke Jesu und seiner Jünger, 591.

104 Vgl. zu Lessings Gründen: Klein, Reimarus, 170–173.

105 Dilthey, Erlebnis, 81; vgl. die immer noch lesenswerte und pointierte Zusammenfassung des Streites: Dilthey, Erlebnis, 80–85.

106 Vgl. Klein, Reimarus, 225–234; Schröder, Atheismus, 82–84.

107 Vgl. zum Folgenden: Schröder, Einleitung, 7–32.

108 Knutzen, Schriften, 42.

109 Vgl. Schröder, Atheismus, 421.

110 Vgl. Schröder, Atheismus, 391; vgl. auch Blom, Böse Philosophen.

111 Vgl. Münkler, Die Deutschen und ihre Mythen, 239; vgl. zur Biographie im Folgenden: Schieder, Friedrich; Kunisch, Friedrich.

112 Zitiert nach: Lehmann, Preussen, 4.

113 Kunisch, Friedrich, 30–36.

114 Friedrich der Große, Kritische Überprüfung, 385; vgl. zu Friedrichs Holbach-Kritik auch Spranger, Philosoph von Sanssouci, 58–61; Schieder, Friedrich, 375.

115 Friedrich der Große, Antimachiavel, 119.

116 Friedrich der Große, Antimachiavel, 121.

117 Friedrich der Große, Politisches Testament, 601.

118 Friedrich der Große, Politisches Testament, 601.

119 Friedrich der Große, Politisches Testament, 603.

120 Ebd.

121 Spranger, Philosoph von Sanssouci, 46 f.

122 Vgl. zum Folgenden: Kunisch, Friedrich, 56–59.

123 Vgl. Kunisch, Friedrich, 108.

124 Vgl. Kunisch, Friedrich, 109.

125 Vgl. Kunisch, Friedrich, 102.
126 Vgl. Reinalter, Joseph II., 26.
127 Vgl. Reinalter, Joseph II., 22–23.
128 Reinalter, Joseph II., 23 f.
129 Vgl. Reinalter, Joseph II., 26.
130 Vgl. zum Folgenden Reinalter, Joseph II., 30 f.
131 Reinalter, Joseph II., 28.
132 Stollberg-Rilinger, Aufklärung, 138.
133 Vgl. Streminger, Hume, 429.
134 Vgl. Streminger, Hume, 438.
135 Keeble, Puritanism and Literature, 309.
136 Bunyan, The Pilgrim's Progress (im Folgenden: PP); zu Bunyan allgemein vgl. die Übersicht mit ausführlichen Hinweisen auch zur Forschungsliteratur: Dunan-Page (Hg.), The Cambridge Companion to Bunyan; Bertsch, Storytelling, 7–47; zu Pilgrim's Progress: Iser, Leser, 13–56; Bertsch, Storytelling, 23–47; Stadler, Die theuren Dinge, 15–33.
137 Vgl. Bertsch, Storytelling, 44.
138 Vgl. PP 12 f.
139 Vgl. PP 61–64.
140 Vgl. PP 116–121.
141 Vgl. PP 91–101.
142 Vgl. PP 160–164.
143 Vgl. Schöffler, Protestantismus und Literatur, 155.
144 Iser, Leser, 7.
145 Iser, Leser, 56.
146 Vgl. Bertsch, Storytelling, 79–88.
147 Vgl. zur englischen Aufklärung als Hintergrund: Bertsch, Storytelling, 89.
148 Defoe, Robinson Crusoe; zitiert wird im Folgenden die deutsche Übersetzung: Defoe, Das Leben und die seltsamen Abenteuer des Robinson Crusoe (=RC), 238; zu Defoe allgemein: Richetti (Hg.), The Cambridge Companion to Daniel Defoe; darin die Forschungsübersicht über Robinson Crusoe: Seidel, Robinson Crusoe, 182–200; speziell zur religiösen Bedeutung von Robinson Crusoe: Starr, Spiritual Autobiography; Bertsch, Storytelling, 89–112.
149 RC, 191.
150 RC, 267.
151 RC, 189.
152 RC, 190; ähnlich noch einmal 254.
153 RC, 229
154 Vgl. ebd.
155 Vgl. dazu bahnbrechend: Starr, Spiritual Autobiography, 74–125.
156 RC, 112.
157 RC, 114.
158 Vgl. RC, 131.
159 Vgl. RC, 146.
160 Vgl. zur literarischen Darstellung der Bekehrung als Prozess der Erweckung (awakening) Bertsch, Storytelling, 98.
161 RC, 146 f.
162 RC, 239.
163 RC, 242.
164 RC, 264.
165 RC, 282.
166 Vgl. den Titel des seinerzeit bahnbrechendes Buches: Schapp, In Geschichten verstrickt.

Zehntes Kapitel: Die Metamorphose des Christentums in der Sattelzeit

1 Eine bemerkenswerte Studie zu dem Zeitraum bietet: Schlögl, Alter Glaube. Sie setzt einen anderen, stärker religionsgeschichtlich und soziologisch ausgerichteten Impuls als die hier folgende Darstellung und bietet darum wichtige Ergänzungen.

2 Vgl. zur Stellung des Klerus in Frankreich am Vorabend der Revolution: Aston, End; einen erhellenden Einblick gewährt auch die Biographie einer der schillerndsten Gestalten des Revolutionszeitalters: Willms, Talleyrand, 22–43.

3 Auf dem Stand heutiger Forschung liefert einen knappen und präzischen Überblick: Thamer, Revolution; im Range von Klassikern der Gegenwart bieten ausführliche Informationen: Soboul, Revolution; Furet/Richet, Revolution.

4 Das Verhältnis von Christentum und Revolution ist glänzend untersucht in Aston, Religion; im gesamteuropäischen Kontext und auch mit Blick auf die Restauration: Aston, Christianity; präzise Schilderung bis zum Streit um die Zivilverfassung (1791): Erdmann, Volkssouveränität; den ideenpolitischen Hintergrund beleuchtet: Maier, Revolution.

5 Vgl. zur Krise des Ancien Régime: Soboul, Revolution, 3–73; Furet, Revolution, 11–46; knapper Thamer, Revolution, 12–28.

6 Vgl. ausführlich Aston, End, 5–29; Aston, Religion, 3–33; knapp Soboul, Revolution, 15–19.

7 Vgl. zum spannungsreichen Verhältnis von Kirche und Aufklärung in Frankreich, das nicht einfach nur auf bloßer gegenseitiger Ablehnung, sondern auch auf Neugestaltungsprogrammen basierte: Aston, Religion, 81–99.

8 Burke, Betrachtungen, 100.

9 Burke, Betrachtungen, 107.

10 Vgl. Soboul, Revolution, 149–152.

11 Vgl. detailliert: Erdmann, Volkssouveränität, 89–93.

12 Erdmann, Volkssouveränität, 106.

13 Vgl. zum Folgenden glänzend: Erdmann, Volkssouveränität, 110–179.

14 Vgl. Erdmann, Volkssouveränität, 65.

15 «Tous les biens ecclésiastiques sont à la disposition de la nation» (zitiert nach Erdmann, Volkssouveränität, 158 Anm. 121).

16 Vgl. Soboul, Revolution, 171.

17 Zitiert nach Soboul, Revolution, 17.

18 Vgl. zu den Einzelheiten: Erdmann, Volkssouveränität, 190–197.

19 Vgl. zur Zivilverfassung: Erdmann, Volkssouveränität, 180–259 (französischer Text der Zivilverfassung 302–312).

20 Vgl. Erdmann, Volkssouveränität, 203.

21 Vgl. dazu mit einem präzisen Überblick über die Forschungsmeinungen zu Pius VI. Verhalten Erdmann, Volkssouveränität, 260–296.

22 Vgl. Erdmann, Volkssouveränität, 291 f.

23 Vgl. Erdmann, Volkssouveränität, 294.

24 Vgl. Erdmann, Volkssouveränität, 296.

25 Vgl. Erdmann, Volkssouveränität, 187.

26 Vgl. die biographische Skizze Erdmann, Volkssouveränität, 19 Anm. 28; kritisch zu Fauchet und ähnlich Gesinnten: Maier, Revolution, 109–117, der von religiösem Spiritualismus spricht.

27 Vgl. den glänzenden Überblick über die geschichtsphilosophischen Rekonstruktionsversuche der Französischen Revolution: Erdmann, Volkssouveränität, 14–33.

28 Erdmann, Volkssouveränität, 15–18.

29 Vgl. Erdmann, Volkssouveränität, 32 f.

30 Vgl. zur Entchristianisierung: Aston, Religion, 259–276, und mit Blick auch auf die europäischen Auswirkungen Aston, Christianity, 200–210; Nigel Aston, der als einer der gegenwärtig besten Kenner der Epoche gelten kann, setzt die grundlegenden Forschungen zur Entchristianisierung fort von: Vovelle, Religion et Révolution, und Vovelle, La Révolution contre l'église; vgl. zu den Kulturfolgen auch Bertaud, Alltagsleben, 66–97.

31 Vgl. zum Folgenden: Aston, Christianity, 200 f.; Bertaud, Alltagsleben, 74–77.

32 Die Ereignisse der revolutionären Entchristianisierung sind gut erforscht (s. u.), ihre Erklärung ist darum keineswegs einfach. Eine übliche Herleitung aus dem aufgestauten Antiklerikalismus des 18. Jahrhunderts, der massiven Aufklärungskritik und dem damit einhergehenden Plausibilitätsverlust erklärt manches, nicht aber das gesamte Ausmaß; beträchtliche regionale Unterschiede sind zu konstatieren, das Ausmaß der Verbreitung militanter Begeisterung an der Entchristianisierung in der Bevölkerung ist hingegen nur mit Vorsicht einzuschätzen; vgl. zu den inzwischen bescheidener gewordenen Erklärungsversuchen in der Forschung im Verhältnis zu früheren Einschätzungen wie beispielsweise bei Vovelles: Aston, Religion, 259–261.

33 Vgl. Soboul, Revolution, 312–314.

34 Vgl. Bertaud, Alltagsleben, 77–79; knapp Soboul, Revolution, 311 f.

35 Vgl. Reichardt, Blut, 242.

36 Reinhardt, Blut, 242.

37 Vgl. zu den Details: Reinhardt, Blut, 242–246.

38 Vgl. zum Folgenden: Soboul, Revolution, 312–314.

39 Vgl. Bertaud, Alltagsleben, 89 f.

40 Vgl. Bertaud, Alltagsleben, 89 f.

41 Vgl. Aston, Religion, 266.

42 Vgl. zu Robespierres Deismus: Bertaud, Alltagsleben, 94 f.

43 Vgl. Soboul, Revolution, 315, 328, 341.

44 Vgl. zum Folgenden Aston, Religion, 271–273; Bertaud, Alltagsleben, 94–97; knapp Thamer, Revolution, 85.

45 Zitiert nach Aston, Religion, 272 (»It's not your God I adore. He is too young. It's the old one«, Nachweis des Zitats Aston, Religion, 393, Anm. 52); zu den Widerständen gegen die Entchristianisierung vgl. auch Bertaud, Alltagsleben, 93 f.

46 Vgl. Aston, Religion, 273.

47 Zitiert nach Schulin, Revolution, 247.

48 Vgl. Soboul, Revolution, 392–399.

49 Vgl. Soboul, Revolution, 394.

50 Vgl. Aston, Religion, 286.

51 Zitiert nach Fuhrmann, Päpste, 185.

52 Vgl. Fuhrmann, Päpste, 185 f.

53 Vgl. zur Religion in der Direktoriumszeit: Aston, Religion, 279–315; zu den religiösen ‹Kulturschäden›: Aston, Religion, 276.

54 Nipperdey, Deutsche Geschichte. 1800–1866, 11.

55 Vgl. zu den Ereignissen: Willms, Napoleon, 208–226.

56 Vgl. Thamer, Revolution, 108 f.

57 Vgl. zum Folgenden: Aston, Religion, 316 f.

58 Vgl. Aston, Religion, 323.

59 Vgl. zum Folgenden die detaillierte Untersuchung: Dean, L'église constitutionelle; knapper Aston, Religion, 316–335 (knappe Zusammenfassung der Ergebnisse des Konkordats: 324 f.); vgl. auch Ullrich, Napoleon, 57 f.

60 Vgl. Aston, Religion, 324.

61 Vgl. Dean, L'église, 336 ff. und 343 ff.

62 Vgl. Goldstein Sepinwall, Abbé Grégoire, 160 f.

63 Vgl. Aston, Religion, 324.

64 Vgl. Schulin, Revolution, 240.

65 Zitiert nach Fuhrmann, Päpste, 186.

66 Maier, Revolution, 126.

67 Vgl. Willms, Napoleon, 382–385, 397–399.

68 Vgl. zum Folgenden vor allem die Beiträge aus dem vorzüglichen Sammelband: Decot (Hg.), Säkularisation.

69 Vgl. Ruh, Der Begriff Säkularisation, 1–11.

70 Vgl. zum Folgenden die glänzende Übersicht: von Aretin, Reichskirche, 13–32.

71 Vgl. von Aretin, Reichskirche, 19–21.

Anhang: Anmerkungen zum zehnten Kapitel

72 Zitiert nach von Aretin, Reichskirche, 19.
73 Vgl. zum Folgenden: Schmiedl, Reichsdeputationshauptschluss, 87–105.
74 Vgl. zur Durchführung im Einzelnen: Schmiedl, Reichsdeputationshauptschluss, 97–105.
75 Vgl. Willms, Talleyrand, 137.
76 Vgl. zum Folgenden: Rob, Ausnahme, 107–119.
77 Vgl. zum Folgenden: Wolf, Pfründenjäger, 131–138 (Zitat 131).
78 Vgl. Wolf, Pfründenjäger, 134.
79 von Aretin, Reichskirche, 30.
80 Vgl. Stollberg-Rilinger, Reich, 110–116.
81 Vgl. zu den bizarren Krönungsfeierlichkeiten, von denen auch Goethe in *Dichtung und Wahrheit* berichtete: Stollberg-Rilinger, Des Kaisers alte Kleider, 236–246.
82 Vgl. zum Folgenden:. Chaumont, Histoire de Cluny, 222–248.
83 Vgl. zur Gründungsurkunde: Beier/Dobritzsch (Hg.), Tausend Jahre, 363 f. (Zitat 363).
84 Vgl. de Chateaubriand, Geist des Christentums.
85 Ein schönes knappes Porträt zeichnet: Schnabel, Deutsche Geschichte II, 20–25; vgl. auch Maier, Revolution, 141–152.
86 Vgl. Burke, Betrachtungen, 187–209.
87 Vgl. Bergeron, Frankreich, 175–179.
88 Vgl. Zamoyski, 1812, 236 f.
89 Vgl. zur Einführung die Biographie: Appel, Madame de Staël (darin besonders über *De l'Allemagne* 261–272).
90 de Staël, Über Deutschland, 19.
91 Carlyle, State of German Literature, 34.
92 Vgl. Schlaffer, Geschichte, 54 f. unter Berufung auf die Arbeiten von Herbert Schöffler und Albrecht Schöne (55); einen Überblick über die Forschungslage zum Verhältnis von Dichtung und Religion im 18. Jahrhundert liefern: Friedrich/Haefs/Soboth (Hg.), Literatur und Theologie.
93 Gotthold Ephraim Lessing, Sinngedichte an den Leser (1753), zitiert in der Versumstellung nach Sparn, «Messias», 56; vgl. zu Klopstocks *Messias* im Kontext der Theologie des 18. Jahrhundert vorzüglich: Sparn, «Messias», 55–80.
94 Vgl. zur biographischen Einführung: Hildebrandt, Lessing; zur Theologie: Schilson, Lessings Christentum; zu Lessings spätem Religionsverständnis: Oberdorfer, «Die geheime Kraft», 107–124.
95 Vgl. zum philosophischen und auch religionsphilosophischen Überblick mit Hinweis auf die aktuellen Forschungsdebatten und Literaturhinweise grundlegend: Jaeschke/Arndt, Philosophie; aus der älteren Forschung in theologischer Perspektive interessant, allerdings kritisch gegenüber dem Idealismus: Lütgert, Religion des deutschen Idealismus I; zu den Programmwürfen in religionsphilosophisch-theologischer Perspektive: U. Barth, Weg, 309–336; inspirierend und pointiert: Hösle, Kurze Geschichte, 117–152.
96 Frank, Auswege, 68.
97 Folgende Aufzählung nimmt in Variation auf, was U. Barth, Weg, 309, zum Kennzeichen des Idealismus macht.
98 Hösle, Kurze Geschichte, 117.
99 Vgl. Jaeschke/Arndt, Philosophie, 90–96, 131–153, 427–471.
100 Henrich, Fichtes ursprüngliche Einsicht.
101 Fichte, Appellation an das Publikum, 437.
102 Vgl. Jaeschke/Arndt, Philosophie, 142–153; Kodalle (Hg.), Fichtes Entlassung.
103 Fichte, Die Bestimmung des Menschen, 192.
104 Vgl. Jaeschke/Arndt, Philosophie, 75–90, 335–423, 475–542, 693–742; zur Biographie: Tilliette, Schelling.
105 Schelling, Freiheit, 399 (Paginierung nach der Werkausgabe von 1860).

Anhang: Anmerkungen zum zehnten Kapitel

106 Vgl. Jaeschke/Arndt, Philosophie, 492–497.

107 Vgl. Jaeschke/Arndt, Philosophie, 547–689; grundlegend zur Einführung: Fulda, Hegel; Taylor, Hegel; vgl. zum Folgenden auch: Hösle, Kurze Geschichte, 135–152.

108 Vgl. Hegel, Phänomenologie des Geistes, 495–574.

109 Vgl. Hegel, Vorlesungen über die Philosophie der Religion I, 114–159, 192–202.

110 Vgl. Hegel, Vorlesungen über die Philosophie der Religion II, 221–241.

111 Vgl. Hegel, Vorlesungen über die Philosophie der Religion II, 241–298.

112 Vgl. Hösle, Kurze Geschichte, 151.

113 Vgl. Hegel, Vorlesungen über die Philosophie der Religion II, 320–344.

114 Hösle, Kurze Geschichte, 151.

115 Glänzende Einführung, die neben der Darstellung der Romantik auch deren Wirkungsgeschichte in Deutschland beleuchtet: Safranski, Romantik; eine sehr gute knappe Zusammenfassung auch mit Ausblicken auf die europäische Perspektive: Schulz, Romantik; speziell zum Verhältnis von Romantik und Religion: Buntfuß, Erscheinungsform; Hampton, Romanticism; vorzügliche Quellensammlung der romantischen Theorieentwürfe: Uerlings (Hg.), Theorien der Romantik.

116 Vgl. zu Fichtes Einfluss: Jaeschke/Arndt, Philosophie, 195–200 (Novalis), 230–244 (Schlegel); Safranski, Romantik, 70–89.

117 Novalis, Fragmente und Studien, 384f. (Nr. 37; orthographisch angepasst JL).

118 Frank, Auswege, 68.

119 Ebd.

120 Vgl. zum Programm der Romantisierung Jaeschke/Arndt, Philosophie, 208–214; zum Begriff ‹Bedeutsamkeitsaufladung› Safranski, Romantik, 58 f.

121 Zu Schlegels philosophischem Programm der Frühromantik vgl. Jaeschke/Arndt, Philosophie, 215–245 mit Überblick über die Forschungsliteratur; zu Überblick und Einführung: Safranski, Romantik, 60–69.

122 Vgl. z. B. die «Rede über die Mythologie» und den «Brief über den Roman» in Uerlings, Theorien der Romantik, 79–102.

123 F. Schlegel, Fragmente, 136.

124 Vgl. dazu den gesamten zweiten Teil von Safranskis Romantik-Buch.

125 Zitiert nach: Schulz, Novalis, 141.

126 Vgl. zur Biographie und Einführung mit den entsprechenden Literaturüberblicken: Schulz, Novalis; Uerlings, Novalis; zur Philosophie Jaeschke/Arndt, Philosophie, 191–214; vgl. auch Safranski, Romantik, 109–132.

127 Novalis, Christenheit, 499, 1 (zitiert mit Seiten- und Zeilenzahl); vgl. zur Interpretation einführend: Schulz, Novalis, 135–151; Uerlings, Novalis, 93–117; sowie den Textkommentar: Schulz, Kommentar zu Christenheit oder Europa, 799–812.

128 Novalis, Christenheit, 499,16–21.

129 Vgl. Novalis, Christenheit, 504,23–28.

130 Novalis, Christenheit, 505,12.

131 Novalis, Christenheit, 505,20 f.

132 Novalis, Christenheit, 508,13–18.

133 Novalis, Christenheit, 508,33–509,1.

134 Zu Novalis' geschichtsphilosophischen Grundlagen des Religionsverständnisses vgl. Uerlings, Novalis, 112–117.

135 Novalis, Christenheit, 513,33.

136 Novalis, Christenheit, 513,25–27.

137 Novalis, Christenheit, 517,33 f.

138 Vgl. zur Interpretation einführend Schulz, Novalis, 235–249; Uerlings, Novalis, 127–151; sowie den Textkommentar Schulz, Kommentar zu Hymnen an die Nacht, 620–641.

139 Schulz, Novalis, 237.

140 Novalis, Hymnen, 41,15 f.

141 Novalis, Hymnen, 43,11–14.21 f.

142 Novalis, Hymnen, 48,29–49,2.

143 Friedrich Schleiermacher zählt seit über drei Jahrzehnten zu den besterforschten Theologen des 19. Jahrhunderts. Exzellenter kurzer Überblick: Fischer, Schleiermacher; das gegenwärtige Standardwerk: Nowak, Schleiermacher (beide jeweils mit Forschungs- und Literaturüberblick); vgl zur Philosophie Schleiermachers: Jaeschke/Arndt, Philosophie, 254–305.

144 Vgl. Fischer, Schleiermacher, 27, mit der Quellenangabe eines Briefes Schleiermachers an seine Schwester (KGA V/2, 213).

145 Vgl. Schleiermacher, Religion (zitiert wird nach der dort angegebenen Originalpaginierung).

146 Vgl. Schleiermacher, Religion, 50.

147 Schleiermacher, Religion, 133.

148 Vgl. Schleiermacher, Religion, 56, 118; vgl. dazu auch Fischer, Schleiermacher, 53.

149 Otto, Kommentar, in: Schleiermacher, Reden, 64, Anm.

150 Schleiermacher, Religion, 53.

151 Schleiermacher, Religion, 144.

152 Schleiermacher, Religion, 177.

153 Vgl. Schleiermacher, Religion, 203 f.

154 Schleiermacher, Religion, 129.

155 Schleiermacher, Religion, 131.

156 Schleiermacher, Religion, 122.

157 Vgl. zur Rezeption: Nowak, Schleiermacher, 110–112.

158 Vgl. U. Barth, Die Religionstheorie der ‹Reden›, 288.

159 Luzide Gesamtinterpretation mit Überblick über die Forschungsdiskussionen: Buntfuß, Erscheinungsform, 87–151; vgl. auch U. Barth, Ästhetisierung der Religion, 225–258; Beutel, Kunst als Manifestation des Unendlichen, 299–326.

160 Vgl. Wackenroder/Tieck, Herzensergießungen.

161 Vgl. Wackenroder/Tieck, Herzensergießungen, 60–63; zur Interpretation: Buntfuß, Erscheinungsform, 94–106.

162 Wackenroder/Tieck, Herzensergießungen, 60.

163 Wackenroder/Tieck, Herzensergießungen, 61.

164 Alle Zitate: Wackenroder/Tieck, Herzensergießungen, 61.

165 Wackenroder/Tieck, Herzensergießungen, 62.

166 Wackenroder/Tieck, Herzensergießungen, 63.

167 Ebd.

168 Vgl. Buntfuß, Erscheinungsform, 145 f.

169 Wackenroder/Tieck, Herzensergießungen, 106.

170 Wackenroder/Tieck, Herzensergießungen, 108.

171 Buntfuß, Erscheinungsform, 129.

172 Wackenroder/Tieck, Herzensergießungen, 117.

173 Ebd.

174 Wackenroder/Tieck, Herzensergießungen, 118.

175 Wackenroder/Tieck, Herzensergießungen, 119.

176 Wackenroder/Tieck, Herzensergießungen, 122.

177 Träger, Renaissance, 427–437; vgl. zum Problem dieser Lesart Wackenroders: Buntfuß, Erscheinungsform, 141–143; vgl. zur Differenz zwischen Wackenroder und dem ästhetischen Restaurationsprogramm U. Barth, Ästhetisierung der Religion, 229.

178 Vgl. Buntfuß, Erscheinungsform, 143–151; Barth, Ästhetisierung der Religion, 254–256.

179 Vgl. Frühwald, Gedächtnis, 159–181, mit Hinweisen zu weiterer Literatur im Anmerkungsteil 341–344; Safranski, Romantik, 210–219.

180 Vgl. Safranski, Romantik, 211.
181 Safranski, Romantik, 214.
182 Frühwald, Gedächtnis, 164.
183 Safranski, Romantik, 214.
184 Vgl. Safranski, Romantik, 214.
185 Vgl. Beutel, «Jenseits des Mondes ist alles unvergänglich», 489 f. Dort finden sich auch weiterführende Literaturhinweise zur Claudius-Interpretation. Vgl. auch Frühwald, Gedächtnis, 65–90; zum Hintergrund der ‹Empfindsamkeit› des 18. Jahrhunderts: Krüger, Empfindsamkeit, 47–55.
186 von Eichendorff, Gedichte, 83.
187 Vgl. Safranski, Romantik, 219; zum romantischen Motiv des «als ob» vgl. auch U. Barth, Ästhetisierung der Religion, 244–249.
188 Vgl. als Überblick und Einführung: Hofmann, Friedrich; Jensen, Friedrich; zum Verhältnis von Kunst und Religion: Busch, Friedrich; zum theoretischen Hintergrund seiner Landschaftsmalerei: Noll, Landschaftsmalerei.
189 Vgl. Busch, Friedrich, 22–26.
190 Vgl. Busch, 159–161.
191 Busch, Friedrich, 74 (zur Chronologie der Begegnung 74–76; zur Bedeutung für Friedrichs Kunst s. o.).
192 Vgl. zur Interpretation und zur Debatte um das Bild ebenso knapp wie luzide: Beyer, Klassizismus und Romantik, 52–57; ausführlich zur Motiv- und Kompositionsinterpretation Busch, Friedrich, 46–82; vgl. auch zur inneren Spannung des Bildes: Hofmann, Friedrich, 53–60, und zur Bildbeschreibung: Jensen, Friedrich, 84–91.
193 von Kleist, Empfindungen, 284.
194 Vgl. Busch, Friedrich, 68.
195 Busch, Friedrich, 71.
196 von Kleist, Empfindungen, 283; zum Nachweis, dass die Passage ursprünglich auf Brentano zurückgeht, vgl. Busch, Friedrich, 72 f., mit Hinweisen auf die Debatte innerhalb der Germanistik um die ursprüngliche Textgestalt (197, Anm. 75–78).
197 von Kleist, Empfindungen, 284.
198 Ebd.
199 Ebd.
200 Vgl. Busch, Friedrich, 73.
201 Caspar David Friedrich, Beschreibung, 282.
202 Otto, Aufbruch, 131.
203 Otto, Aufbruch, 133.
204 Vgl. Busch, Friedrich, 68 f.
205 Hofmann, Friedrich, 63.
206 Vgl. Beyer, Klassizismus und Romantik, 58.
207 Vgl. Busch, Friedrich, 68.
208 Vgl. Busch, Friedrich, 38.
209 Vgl. Busch, Friedrich, 34–45; Hofmann, Friedrich, 41–52; zum Bild als Allegorie: Koerner, Friedrich, 137 f.
210 Vgl. H. Frank, Ramdohrstreit, 144.
211 Vgl. von Ramdohr, Altarblatte, 121–138.
212 von Ramdohr, Altarblatte, 143.
213 von Ramdohr, Altarblatte, 145.
214 von Rahmdor, Altarblatte, 124.
215 von Ramdohr, Altarblatte, 146.
216 Friedrich, Tetschener Altar, 120 f.
217 Vgl. zur Biographie und Werkübersicht: Safranski, Goethe (mit einer Literaturübersicht 677–688), und Friedenthal, Goethe.
218 Goethe, Dichtung und Wahrheit I, 178–196.
219 Vgl. Voigt, Goethe-Rezeption, 93–119.
220 Vgl. Richardson, Emerson, 24 and 249; Gura, American Transcendentalism, 91 f.
221 Vgl. Safranski, Goethe, 152–166.
222 Goethe, Werther, 13.
223 Goethe, Werther, 53.

224 Vgl. dazu Frühwald, Gedächtnis, 95 f.; zur ‹Empfindsamkeit› als kulturellem Hintergrund: Krüger, Empfindsamkeit, 41 f.

225 Vgl. Safranski, Goethe, 162.

226 Vgl. Safranski, Goethe, 359–363.

227 Vgl. Safranski, Schiller, 408–421.

228 Safranski, Goethe, 610.

229 Safranski, Goethe, 612.

230 Dilthey, Erlebnis, 195.

231 Vgl. zu Goethes Religion und seiner Stellung zum Christentum umfassend: Hofmann, Goethes Theologie; aus der älteren protestantischen Literatur sei verwiesen auf: Aner, Religiosität; Lütgert, Die Religion des deutschen Idealismus I, 77–101; vgl. auch: Thielicke, Goethe und das Christentum; aus germanistischer Perspektive bietet einen glänzenden Überblick Frühwald, Gedächtnis, 91–114 (mit Literaturübersicht und Verweis auf Quellensammlungen 335–337); vgl. zur Wirkungsgeschichte: Mandelkow, Goethe in Deutschland I, 160–173 (zur christlichen Kritik an Goethe), und Voigt, Goethe-Rezeption, 93–119.

232 Vgl. Harnack, Die Religion Goethes, 141–170; vgl. dazu auch Voigt, Goethe-Rezption, 105 f.

233 Vgl. Lütgert, Die Religion des deutschen Idealismus I, 100 f.

234 Aner, Goethes Religiosität, 3.

235 Frühwald, Gedächtnis, 91.

236 Vgl. Safranski, Goethe, 62 f.

237 Goethe, Dichtung und Wahrheit I, 288; vgl. Safranski, Goethe, 533.

238 Vgl. Safranski, Goethe, 509 f.

239 Vgl. Frühwald, Gedächtnis, 96–98; Safranski, Goethe, 275–283.

240 Vgl. Hofmann, Goethes Theologie, 414–422.

241 Goethe, Eckermann, 694.

242 Goethe, Wilhelm Meisters Wanderjahre, 156.

243 Ebd.

244 Ebd.

245 Goethe, Wilhelm Meisters Wanderjahre, 157.

246 Vgl. Hofmann, Goethes Theologie, 384–394.

247 Goethe, Eckermann, 694 f.

248 Goethe, Briefe, 98 (Weimarer Ausgabe IV / 8), Safranski, Goethe, 329; vgl. zu Goethes Gott-Natur-Religion: Hofmann, Goethes Theologie, 431–468; Frühwald, Gedächtnis, 100–105.

249 Safranski, Goethe, 290.

250 Vgl. zu Goethes Spinoza-Aneignung: Safranski, Goethe, 288–293.

251 Vgl. zur Farbenlehre umfassend: Hofmann, Goethes Theologie, 188–284; zum Überblick: Safranski, Goethe, 488–495.

252 Vgl. Hofmann, Goethes Theologie, 362–368; knapp: Safranski, Goethe, 536–538.

253 Hofmann, Goethes Theologie, 405; im Anschluss daran Frühwald, Gedächtnis, 94.

254 Vgl. Frühwald, Gedächtnis, 101–105.

255 Vgl. Goethe, Noten und Abhandlungen zu besserem Verständnis des west-östlichen Divans, 136; vgl. Frühwald, Gedächtnis, 114.

Elftes Kapitel: Das vervielfältigte Christentum im 19. und 20. Jahrhundert

1 So der Buchtitel der gegenwärtig faszinierendsten Beschreibung des 19. Jahrhunderts in globaler Perspektive: Osterhammel, Die Verwandlung der Welt.

2 Vgl. Blumenberg, Legitimität der Neuzeit, 11–134.

3 Vgl. die Kapitelüberschrift für die hier

behandelte Epoche: «Europe – Re-enchanted or Disenchanted? (1815–1914) bei MacCulloch, Christianity, 817.

4 Hans Joas hat die fehlenden inhaltlichen, zeitlichen und regionalen Differenzierungsgrade der klassischen Säkularisierungsthese benannt und entsprechend komplexere Beschreibungsformen vorgeschlagen. Damit ist auch dem Mythos ein Ende bereitet, Modernisierung notwendigerweise mit Säkularisierung gleichzusetzen. Vgl. Joas, Glaube als Option, 23–42, 70–85; vgl. auch Joas / Wiegandt (Hg.), Säkularisierung und die Weltreligionen. Hugh McLeod hat ein feingliedriges Beurteilungsraster entworfen und darin verschiedene Säkularisierungsfelder vorgeschlagen, um zwischen den Prozessen, die sich auf der Ebene des individuellen Glaubens abspielen, der Beteiligung am kirchlichen Leben und dem Einfluss des Christentums auf die breite Öffentlichkeit unterscheiden zu können. Vgl. McLeod, Secularisation in Western Europe, 285–289; vgl. dazu auch Osterhammel, Verwandlung, 1248 f.

5 Vgl. Taylor, Zeitalter, 899.

6 Taylor, Zeitalter, 990.

7 Taylor, Zeitalter, 991.

8 Rössler, Positionelle und kritische Theologie, 153.

9 Vgl. zum Optionsbegriff und seiner Einführung durch Charles Taylor: Joas, Glaube als Option, 10 f.

10 Tillich, Lage, 88.

11 Vgl. Benrath, Art. Erweckung / Erweckungsbewegungen, 205–220 / Wallmann, Kirchengeschichte, 197–207; Nowak, Geschichte, 97–99; vgl. zur Einordnung in den historischen und kulturellen Kontext: Nipperdey, Deutsche Geschichte. 1800–1866, 424–426.

12 Vgl. Nowak, Geschichte, 97.

13 Vgl. Holifield, Theology, 102–126.

14 Vgl. Heitzenrater, John Wesley.

15 Vgl. Schlögl, Alter Glaube, 260 f.

16 Vgl. Wallmann, Kirchengeschichte, 198 f.

17 Zitiert nach Wallmann, Kirchengeschichte, 198.

18 Vgl. Axt-Piscalar, Ohnmächtige Freiheit, 26–140.

19 Vgl. Wallmann, Kirchengeschichte, 205–207; Schlögl, Alter Glaube, 263–268.

20 Vgl. Wallmann, Kirchengeschichte, 222–224; Nowak, Geschichte, 99–102.

21 Vgl. zum Folgenden Gaustad / Schmidt, Religious History, 291; vgl. zu den Hintergründen und der Vorgeschichte des Kampfes zwischen Liberalen und Fundamentalisten grundlegend Marsden, Fundamentalism, 102–118.

22 Vgl. Gennrich, Kampf um die Schrift.

23 Vgl. zur historischen Genese die klassische Darstellung: Marsden, Fundamentalism; einen knappen Überblick bietet: Kienzler, Fundamentalismus, 9–35; vgl. zur aktuellen Debatte Meyer, Was ist Fundamentalismus?; aus der Perspektive der Religionssoziologie: Riesebrodt, Rückkehr. Für wertvolle Hinweise danke ich Andreas Bechstein.

24 Vgl. zu der Auflistung: Marsden, Fundamentalism, 117–123; knapp und etwas abweichend (ohne die Wunder) Kienzler, Fundamentalismus, 30.

25 Vgl. Gaustad / Schmidt, Religious History, 296–298; knapp Kienzler, Fundamentalismus, 30 f.

26 Vgl. zu Bryan als Gestalt des amerikanischen Fundamentalismus: Marsden, Fundamentalism, 132–135.

27 Vgl. zum Überblick: Graf, Protestantismus, 54–61; detailliert ausgeführt am Beispiel Lateinamerikas: Martin, Tongues of Fire, 163–269.

28 Trotz eines sehr weit gefassten Fundamentalismusbegriffs liefert aufschlussreiche Beispiele aus dem protestantischen, katholischen und orthodoxen Christentum, Islam, Judentum, Hinduismus und Buddhismus: Wippermann, Fundamentalismus; vgl. kritisch zur

Anwendung des Begriffs auf den Islam: Seidensticker, Islamismus.

29 Vgl. zum Folgenden: Riesebrodt, Rückkehr, 48–59.

30 Vgl. Riesebrodt, Rückkehr, 52–57.

31 Vgl. Riesebrodt, Rückkehr, 42.

32 Ebd.

33 Die insgesamt drei Erklärungen sind in deutscher Übersetzung zugänglich: Bibeltreue in der Offensive.

34 Hier zeigt sich auch die Grenze des ansonsten so erhellenden soziologischen Zugangs von Martin Riesebrodt. Der Ansatz interessiert sich dafür, wie religiöse Systeme funktionieren, nicht aber oder entschieden weniger dafür, was die Substanz einer Religion, ihr Verständnis von Transzendenz und Welt ist. Damit wird die Frage nach dem «Einstieg» in fundamentalistische Religionssysteme allein daraus erklärt, dass sie funktionieren. Von diesem Ansatz einer funktionalen Religionstheorie wird dem Christentum m. E. zu rasch eine prinzipiell unvermeidliche Unverträglichkeit mit der Aufklärung attestiert; vgl. Riesebrodt, Religion zwischen Aufgeklärtheit und Aufklärungsresistenz, 23–25.

35 Vgl. zum Überblick: Kienzler, Fundamentalismus, 32–34.

36 Vgl. zum Folgenden: Angenendt, Heilige, 282–285; knapp: Nipperdey, Deutsche Geschichte. 1800–1866, 412.

37 Ronges Schreiben an den Bischof Arnoldi erschien zunächst in mehreren Zeitschriften und wurde dann im Jahr seines ersten Erscheinens von dem evangelischen Pfarrer Wagner mit dem Hinweis auf die Bedeutsamkeit der Argumente veröffentlicht und kommentiert; vgl. Wagner (Hg.), Der heilige Rock, 3–8.

38 Vgl. Wagner, Der heilige Rock, 4.

39 Vgl. Wagner, Der heilige Rock, 6.

40 Wagner, Der heilige Rock, 5.

41 Vgl. Sperber, Marx, 22–24.

42 Vgl. Sperber, Marx, 28 f.

43 Vgl. Rohls, Schleiermacher; Nowak, Schleiermacher, 215–234.

44 Schleiermacher, Kurze Darstellung, 142 (§ 9).

45 Rohls, Schleiermacher, 17.

46 Nowak, Geschichte, 107.

47 Vgl. zu Aufbau und Inhalt: Zager, Einleitung, 5–32; ein schönes Vermächtnis auf Strauß und die sich daran anschließende Debatte bietet: Schweitzer, Geschichte der Leben-Jesu-Forschung, 106–154.

48 Strauß, Leben Jesu I, 29.

49 Schweitzer, Geschichte der Leben-Jesu-Forschung, 109 (Punkte im Original). Viele seiner Einsichten sind heute selbstverständliche Grundlagen der modernen Bibelwissenschaft; vgl. die schöne Zusammenstellung der wichtigsten Punkte, die noch heute für die Exegese prägend sind: Zager, Einleitung, 24–27; zu Strauß' Verständnis der Bibel vgl. knapp Lauster, Prinzip, 102–106.

50 Berger, Zwang, 70.

51 Vgl. Lüdemann, Wissenschaftsverständnis, 78–107, und Ders., Religionsgeschichtliche Schule, 311–337.

52 Vgl. Assmann, Das kulturelle Gedächtnis, 44 f.

53 Vgl. zu Maria als Figur der christlichen Religionsgeschichte den knappen Überblick: Schreiner, Maria; vgl. zur Theologie: Courth, Mariologie, 301–398.

54 Vgl. Schreiner, Maria, 18–23.

55 Vgl. Schreiner, Maria, 26.

56 Vgl. Schreiner, Maria, 38.

57 Vgl. Schreiner, Maria, 48–60.

58 Vgl. dazu den interessanten Essay: Koschorke, Die Heilige Familie.

59 Vgl. Schreiner, Maria, 59.

60 Vgl. Schreiner, Maria, 94–108.

61 Vgl. Lumen Gentium 60 und 68 (=DH 4176 und 4179).

62 Vgl. Schreiner, Maria, 110–113.
63 Vgl. Schreiner, Maria, 113–115.
64 Werfel, Das Lied von Bernadette, 12.
65 Vgl. zum Folgenden die glänzende Untersuchung, die die politischen und sozialen Faktoren ausführlich mitberücksichtigt: D. Blackbourn, Wenn ihr sie seht.
66 Vgl. D. Blackbourn, Wenn ihr sie seht, 183–200.
67 Vgl. D. Blackbourn, Wenn ihr sie seht, 451–480.
68 Vgl. Courth, Mariologie, 357–388.
69 DH 2803.
70 Vgl. Courth, Mariologie, 357 f.
71 Vgl. zu den Verlautbarungen Pius' XII. aus dem Jahr 1952: Barbour, Wissenschaft, 278.
72 DH 3902.
73 Vgl. dazu glänzend unter sorgfältiger Einbeziehung der politischen und internationalen Aspekte: Nipperdey, Deutsche Geschichte II. 1866–1918, 364–381; Nowak, Geschichte, 152–156.
74 Vgl. Wehler, Geschichte des Westens I, 828.
75 Vgl. Lauster, Die ewige Stadt, 123–128.
76 Vgl. Lauer, Das Phantasma Rom, 194–202.
77 Vgl. Seibt, Rom oder Tod; vgl. zur antiklerikalen Rolle Garibaldis: Hausmann, Garibaldi, 131 (zu Garibaldis Rolle in der Römischen Republik, die kurzzeitig Pius IX. als Herrscher des Kirchenstaates absetzte: 60 f.).
78 Vgl. zum Folgenden: Wehler, Geschichte des Westens I, 827.
79 Vgl. ausführlich Seibt, Rom oder Tod, 78–110.
80 Vgl. Seibt, Rom oder Tod, 180–183.
81 Vgl. Seibt, Rom oder Tod, 299–312 (mit Hinweisen auf die kirchenfeindlichen Gewaltandrohungen Mussolinis, a. a. O., 308 f.).
82 Vgl. Nipperdey, Deutsche Geschichte. 1800–1866, 406.
83 Vgl. Fuhrmann, Päpste, 240.
84 Vgl. Fuhrmann, Päpste, 240.
85 Vgl. zum Folgenden: Neuner, Modernismus, 21–23, unter Einbeziehung des kulturellen Hintergrunds Nipperdey, Deutsche Geschichte. 1800–1866, 407–409.
86 Vgl. grundlegend: Geiselmann, Die katholische Tübinger Schule.
87 Kasper, Schrift und Tradition, 352.
88 Vgl. Kasper, Schrift und Tradition, 352.
89 Vgl. DH 3074.
90 Vgl. zu seiner Persönlichkeit Fuhrmann, Päpste, 190–203.
91 Vgl. zum Folgenden: DH 2901–2980.
92 Vgl. den prägnanten Überblick (mit Werkübersicht und den wichtigsten Werken der Sekundärliteratur) Neuner, Modernismus, 60–74.
93 Loisy, Das Evangelium und die Kirche, 112.
94 Vgl. DH 3537–3550.
95 Troeltsch, Katholizismus, 382.
96 Troeltsch, Katholizismus, 386.
97 Nowak, Geschichte, 107.
98 Vgl. Albrecht, Rothe, 97 f. (Auswahlbibliographie 107), ausführlich: Ders., Historische Kulturwissenschaft, 147–198; vgl. zur politischen Dimension: von Scheliha, Ethik, 132–144.
99 Vgl. Albrecht, Rothe, 102–104.
100 Vgl. Oberdorfer, Ritschl, 183–203 (Auswahlbibliographie 203); aus dem Umkreis Nietzsches stammt eine scharfe Kritik der kulturprotestantischen Aussöhnung von Christentum und Moderne: Overbeck, Christentum und Kultur (zu Ritschl: 159–180, zu Harnack: 198–241).
101 Vgl. Harnack, Wesen 87 (Entfaltung 88–104).

102 Agnes von Zahn-Harnack, Adolf von Harnack, 171.
103 Mann, Buddenbrooks, 493.
104 Mann, Buddenbrooks, 494.
105 Mann, Buddenbrooks, 495.
106 Mann, Buddenbrooks, 496.
107 Vgl. Schopenhauer, Welt I und II; knapp und glänzend zu seiner Philosophie: Hösle, Kurze Geschichte, 153–163; ausführlich zu Leben und Werk: Safranski, Schopenhauer.
108 Vgl. zur Kritik seiner «Metaphysik»: Hösle, Kurze Geschichte, 156 f.
109 Hösle, Kurze Geschichte, 156.
110 Vgl. Schopenhauer, Welt I, 243–247 (§ 34).
111 Safranski, Schopenhauer, 173.
112 Schopenhauer, Welt I, 347 (§ 52); vgl. Safranski, Schopenhauer, 352 f.; Hösle, Kurze Geschichte, 162.
113 Schopenhauer, Welt I, 409 (§ 57).
114 Schopenhauer, Welt I, 405 (§ 56).
115 Schopenhauer, Welt I, 422 (§ 59).
116 Schopenhauer, Welt II, 589 (c. 41).
117 Ebd.
118 Vgl. Schopenhauer, Welt I, 483–487 (§ 67).
119 Schopenhauer, Welt I, 489 (§ 67).
120 Vgl. ebd.
121 Vgl. Schopenhauer, Welt II, 591 (§ 41).
122 Vgl. Schopenhauer, Welt I, 520 f. (§ 70).
123 Vgl. von Glasenapp, Indienbild deutscher Denker, 68–101; Halbfass, Indien und Europa, 122–137; knapp: Hösle, Kurze Geschichte, 158 f.
124 Hösle, Kurze Geschichte, 157.
125 Hösle, Kurze Geschichte, 162.
126 Vgl. zum Folgenden: Zeller, Strauß, 106–114.
127 Strauß, Glaube, 2.
128 Strauß, Glaube, 3.
129 Strauß, Glaube, 8.
130 Strauß, Glaube, 61.
131 Strauß, Glaube, 62.
132 Strauß, Glaube, 96.
133 Strauß, Glaube, 150.
134 Strauß, Glaube, 152.
135 Strauß, Glaube, 181.
136 Strauß, Glaube, 184.
137 Strauß, Glaube, 185.
138 Strauß, Glaube, 200.
139 Strauß, Glaube, 252.
140 Strauß, Glaube, 252.
141 Nietzsche, Strauss 2, 165.
142 Nietzsche, Strauss 4, 182.
143 Nietzsche, Strauss 6, 191.
144 Nietzsche, Strauss 7, 199.
145 Jean Paul, Siebenkäs, 298 f.
146 Jean Paul, Siebenkäs, 301.
147 Ebd.
148 Jean Paul, Siebenkäs, 295.
149 Vgl. Kurzke, Büchner, 314–321.
150 Vgl. die gut verständliche Einführung: Küng, Existiert Gott?
151 Vgl. zur Biographie: Winiger, Feuerbach; vgl. zur Einführung in seine Philosophie: Hösle, Kurze Geschichte, 165–172; einführend zur Religionskritik: Küng, Exisitert Gott?, 223–250.
152 Vgl. Feuerbach, Wesen, 37.
153 Feuerbach, Wesen, 38.
154 Feuerbach, Wesen, 39.
155 Feuerbach, Wesen, 10.
156 Feuerbach, Wesen, 53.
157 Feuerbach, Wesen, 141.
158 Feuerbach, Wesen, 77.
159 Vgl. zur Biographie: Sperber, Marx; einführend zu seiner Philosophie: Hösle, Kurze Geschichte, 173–183; ein-

führend zur Religionskritik: Küng, Existiert Gott?, 251–298.
160 Vgl. Sperber, Marx, 72–80.
161 Marx/Engels, Ideologie, 27.
162 Marx, Zur Kritik der Hegelschen Rechtsphilosophie, 378.
163 Ebd.
164 Marx/Engels, Manifest der kommunistischen Partei, 22.
165 Ebd.
166 Vgl. Sperber, Marx, 137 f.
167 Marx, Zur Kritik der Hegelschen Rechtsphilosophie, 379.
168 Marx/Engels, Ideologie, 33.
169 Ebd.
170 Vgl. zur Biographie: Safranski, Nietzsche; einführend zur Religionskritik: Küng, Existiert Gott?, 383–470; klassisch: Jaspers, Nietzsche und das Christentum; zur späten Religionskritik: Meier, Nietzsches Vermächtnis, 173–310; Detering, Antichrist.
171 Nietzsche, Die fröhliche Wissenschaft 125, 481.
172 Nietzsche, Antichrist 35, 207 (gesperrt im Original).
173 Nietzsche, Antichrist 40, 214.
174 Nietzsche, Antichrist 42, 215.
175 Nietzsche, Antichrist 44, 220.
176 Nietzsche, Antichrist 15, 182.
177 Vgl. z. B. Nietzsche, Zur Genealogie der Moral 44, 367–372.
178 Vgl. zur Biographie klassisch: Gay, Freud (darin zu Freuds Haltung zur Religion 588–610); einführend zur Religionskritik: Küng, Existiert Gott?, 299–362.
179 Freud, Illusion, 163.
180 Freud, Illusion, 164.
181 Freud, Unbehagen, 208.
182 Freud, Illusion, 182.
183 Ebd.
184 Pfister, Einwände, 185–197.
185 Zitiert nach Browne, Darwin II, 403 (mit Verweis auf die Quellenverifizierung 526 Anm. 86).
186 Vgl. grundlegend zur Bedeutung der Frontiers für die Kultur des 19. Jahrhunderts Osterhammel, Verwandlung, 465–477.
187 Vgl. Stöver, United States, 184–195.
188 Vgl. zur Besonderheit der amerikanischen *frontier*: Osterhammel, Verwandlung, 478–500; Stöver, United States, 151–172.
189 Vgl. Oltmer, Migration, 43; vgl. auch zum Phänomen der hohen Migration aus Deutschland: Hoerder, Geschichte der deutschen Migration, 59–63.
190 Plath, Die Bedeutung der Atlantik-Pazifik-Eisenbahn fuer das Reich Gottes.
191 Vgl. Stöver, United States, 172–184 (zur Ost-West-Verbindung 178 f.).
192 Vgl. Oltmer, Migration, 53.
193 Vgl. zur Religions- und Missionsgeschichte des ‹Wilden Westens›: Gaustad/Schmidt, Religious History, 162–183.
194 Vgl. z. B. Leskow, Ende, 22.
195 Vgl. Leskow, Ende, 23.
196 Vgl. Kappeler, Russland, 141–179.
197 Vgl. Hildermeier, Geschichte Russlands, 1112–1117.
198 Osterhammel, Verwandlung, 1174.
199 Vgl. den Überblick: Ansprenger, Geschichte Afrikas, 75–84.
200 Vgl. zur Missionsgeschichte den knappen Überblick: Ansprenger, Geschichte Afrikas, 84–88; umfassend bis ins frühe 20. Jahrhundert: van der Heyden/Becker, Mission und Gewalt; zur Mission als religiöses Kulturphänomen des 19. Jahrhunderts: Osterhammel, Verwandlung, 1261–1268; vgl. allgemein: Sievernich, Mission.
201 Vgl. ebd.

202 Osterhammel, Verwandlung, 1179.
203 Osterhammel, Verwandlung, 1166.
204 Vgl. Reybrouck, Kongo, 65.
205 Vgl. Ansprenger, Geschichte Afrikas, 86.
206 Osterhammel, Verwandlung, 1179.
207 Vgl. zur Ambivalenz der Mission in der Praxis exemplarisch: Reybrouck, Kongo, 91–99.
208 Vgl. Ansprenger, Geschichte Afrikas, 84.
209 Vgl. Osterhammel, Verwandlung, 1263.
210 Vgl. die grundlegende Quellensammlung: Koschorke/Ludwig/Delgado (Hg.), Außereuropäische Christentumsgeschichte.
211 Vgl. Flaig, Sklaverei, 193 f.; Osterhammel, Verwandlung, 1205.
212 Vgl. Reybrouck, Kongo, 77–126.
213 Vgl. zum Folgenden die Überblicke: Osterhammel, Verwandlung, 1188–1214; Ders., Sklaverei; Flaig, Sklaverei, 179–217; Standardwerk: R. Blackbourn, Overthrow; zum religionsgeschichtlichen Hintergrund: Gaustad/Schmidt, Religious History, 184–202.
214 Vgl. Flaig, Sklaverei, 73 f.
215 Vgl. Flaig, Sklaverei, 79 f.; zu Paulus: Schnelle, Einleitung, 169–171 (mit Literaturhinweisen zur Stellung des frühen Christentums zur Sklaverei 165).
216 Vgl. Flaig, Skaverei, 80–82.
217 Vgl. Osterhammel, Sklaverei, 45 f.
218 Vgl. Flaig, Sklaverei, 199 f.
219 Osterhammel, Verwandlung, 1190.
220 Vgl. Osterhammel, Verwandlung, 1193–1196; Flaig, Sklaverei, 201 f.
221 Flaig, Sklaverei, 207.
222 Vgl. Flaig, Sklaverei, 207 f.
223 Vgl. Osterhammel, Sklaverei, 36 f. unter Hinweis auf die Arbeiten von Robert W. Fogel und Seymour Drescher, die den Begriff einführten (Osterhammel, Sklaverei, 37 Anm. 51).
224 Vgl. Flaig, Sklaverei, 184 f.
225 Vgl. Flaig, Sklaverei, 202–206.
226 Osterhammel, Sklaverei, 55.
227 Vgl. zu den wirtschaftlichen Hintergründen Flaig, Sklaverei, 185–187.
228 Vgl. Osterhammel, Sklaverei, 53; Stöver, United States, 207 f.
229 Zitiert nach Osterhammel, Sklaverei, 60, mit Hinweisen zur unsicheren Quellenlage (Anm. 100).
230 Vgl. zum Überblick: Stöver, United States, 197–217; Lepore, Wahrheiten, 339–381: McPerson, Für die Freiheit sterben (zur «Kultur» der Sklaverei: 71–134; zum Motiv der Sklavenbefreiung: 481–502).
231 Vgl. Joas, Sakralität, 144, unter Hinweis auf die Arbeiten von David B. Davis (Anm. 38).
232 Vgl. Joas, Sakralität, 138–140.
233 Osterhammel, Sklaverei, 60.
234 Vgl. zum Folgenden: Joas, Sakralität, 140–146.
235 Böckenförde, Staat, 60.
236 Vgl. Nowak, Geschichte, 126–129.
237 Vgl. Nowak, Geschichte, 134–137.
238 Vgl. zur Problemexposition: Braune-Krickau, Die Wahrheit des Versprechens, 141–143. Ich danke Tobias Braune-Krickau für wertvolle Hinweise.
239 Osterhammel, Verwandlung, 541.
240 Vgl. D. Blackbourn, Eroberung.
241 Zitiert nach Barbour, Wissenschaft, 33.
242 Vgl. Barbour, Wissenschaft, 37–46.
243 Barbour, Wissenschaft, 45.
244 Vgl. Barbour, Wissenschaft, 42–45.
245 Zur Biographie klassisch und preisgekrönt: Browne, Darwin I und II; zum Überblick: Wuketits, Darwin (ausgewählte Literaturübersicht: 109–112).
246 Vgl. zum Folgenden: Darwin, Mein Leben; vgl. zum Verhältnis Darwin und Christentum die glänzende Über-

sicht: Rohls, Darwin, 107 ff.; Wuketits, Darwin, 18–22.

247 Darwin, Mein Leben, 65.
248 Vgl. Darwin, Mein Leben, 71.
249 Paley, Natural Theology, 8.
250 Paley, Natural Theology, 230.
251 Vgl. Darwin, Mein Leben, 67.
252 Vgl. Darwin, Mein Leben, 100.
253 Darwin, Mein Leben, 101.
254 Darwin, Mein Leben, 102.
255 Vgl. das Schlusswort: Darwin, Die Entstehung der Arten, 678.
256 Darwin, Mein Leben, 104.
257 Vgl. Darwin, Mein Leben, 94 f.
258 Darwin, Mein Leben, 97.
259 Darwin, Mein Leben, 102.
260 Vgl. zum Folgenden: Rohls, Darwin; vgl. zur Debattenlage heute: Graf, Kreationistische Internationale, 166–202.
261 Vgl. Temple, Science, 14.
262 Vgl. zum Folgenden: Otto, Weltansicht. Für wichtige Hinweise danke ich Peter Schüz.
263 Otto, Weltansicht, 107.
264 Otto, Weltansicht, 130.
265 Vgl. Wuketits, Darwin, 93–96.
266 Wuketits, Darwin, 93.
267 Monod, Zufall und Notwendigkeit, 157.
268 Bemerkenswert und gemessen an seinen früheren Schriften erstaunlich offen gegenüber einer nicht ausschließlich naturalistischen Erklärung der Religion und der Kultur ist das Alterswerk des großen Soziobiologen: Wilson, Eroberung, 231–340; eine der gegenwärtig geistreichsten evolutionsbiologischen Kulturtheorien: Eibl, Kultur als Zwischenwelt; mit ‹klassisch› hohen christentumskritischen Anteilen: Dupré, Darwins Vermächtnis; vgl. auch: Junker/Paul, Der Darwin Code.

269 Vgl. Teilhard de Chardin, Der Mensch im Kosmos; vgl. dazu knapp und dennoch sehr informativ: Barbour, Wissenschaft, 346 f.
270 Vgl. den glänzenden historischen und systematischen Überblick: Barbour, Wissenschaft, 310–348; für die deutschsprachige Theologie immer noch herausragend: Pannenberg, Systematische Theologie II, 139–161.
271 Vgl. zum Folgenden: sehr guter Überblick: Barbour, Wissenschaft, 233–309; einführend zu den Umwälzungen in der Physik: Maddox, Was zu entdecken bleibt, 39–143; ein Klassiker der Gegenwart: Hawking, Geschichte; zu den philosophischen Implikationen: Scheibe, Philosophie der Physiker.
272 Vgl. einführend vor dem Hintergrund der Biographie: Fölsing, Einstein, 203–225, 343–367; Hawking, Geschichte, 29–52; Scheibe, Philosophie, 164–206.
273 Vgl. Maddox, Was zu entdecken bleibt, 48.
274 Vgl. zur Übersicht: Fritzsch, Elementarteilchen, 117–119.
275 Vgl. Ingold, Quantentheorie, 37 f.; Hawking, Geschichte, 75–87; Scheibe, Philosophie, 237–271.
276 «Man klagt darüber, dass unsere Generation keine Philosophen habe. Mit Unrecht: Die Philosophen sitzen jetzt nur in der anderen Fakultät, sie heißen Planck und Einstein», zitiert nach Scheibe, Philosophie, 12 (zum Nachweis des Zitats: Scheibe, Philosophie, 331 Anm. 6).
277 Vgl. Maddox, Was zu entdecken bleibt, 136–140.
278 Vgl. Heisenberg, Der Teil und das Ganze (darin zum Verhältnis von Physik und Religion: 101–114, 241–256).
279 Vgl. Davies, Der Plan Gottes; Rees, Das Rätsel unseres Universums; Börner, Schöpfung ohne Schöpfer?
280 «Die Quantenmechanik ist sehr achtungs-gebietend. Aber eine innere Stimme sagt mir, daß das noch nicht der wahre Jakob ist. Die Theorie liefert

viel, aber dem Geheimnis des Alten bringt sie uns kaum näher. Jedenfalls bin ich überzeugt, daß *der* nicht würfelt.» (Brief von Albert Einstein vom 4.12.1926 an Max Born) Albert Einstein, Hedwig und Max Born, Briefwechsel, 129 f.

281 Hawking, Geschichte, 218.

282 Vgl. klassisch: Kuhn, Struktur.

283 Hawking, Geschichte, 217.

284 Bultmann, Neues Testament und Mythologie, 16.

285 Vgl. den Überblick: Barbour, Wissenschaft, 351–458; Pannenberg, Systematische Theologie II, 77–163. Hierzu lässt sich auch ein betrübliches Beispiel aus den deutschsprachigen theologischen Debatten anführen. Die von Pannenberg entworfene Feldtheorie ist häufig Gegenstand der Kritik geworden, kaum einer der Kritiker hat sich aber der Mühe unterzogen, eine bessere Theorie vorzuschlagen; vgl. einführend: Küng, Anfang.

286 Simmel, Philosophie der Landschaft, 43.

287 Ritter, Landschaft, 419.

288 Vgl. Ritter, Landschaft, 424 f.

289 Ritter, Landschaft, 426.

290 Alle Zitate: Emerson, Natur, 13; vgl. zu Leben und Werk: Richardson, Emerson (zu *Nature* 218–234); vgl. zu einer Einführung in seine Theologie im Kontext des Transzendentalismus: Holifield, Theology in America, 439–451; Gura, American Transcendentalism (zu *Nature*: 90–96); eine knappe deutsche Zusammenfassung seiner Theologie und die seiner amerikanischen Kritiker bietet: Rohls, Neuzeit I, 492 f.; vgl. zur Wirkungsgeschichte in Deutschland: Julius, Emerson; neuere Überblicke über seinen Einfluss auf Nietzsche und Thomas Mann bieten: Ratner-Rosenhagen, American Nietzsche, 1–27; Detering, Thomas Manns amerikanische Religion, 27–40, 135–138.

291 Emerson, Natur, 16.

292 Emerson, Natur, 16.

293 Emerson, Natur, 79.

294 Vgl. zum Folgenden: Richardson, Emerson, 125–127.

295 Vgl. Gura, American Transcendentalism, 101–116.

296 Vgl. Eggebrecht, Musik, 590–592.

297 Vgl. Küng, Musik, 32.

298 Küng, Musik, 21.

299 Vgl. zum aktuellen Forschungsstand die knappe Einführung: Gruber, Mozart; Eggebrecht, Musik, 545–562; den ‹entmythologisierenden› Neuansatz der Mozartforschung bringt sprachgewaltig und inzwischen als Klassiker zum Ausdruck: Hildesheimer, Mozart; vgl. zum Verhältnis Mozarts zur Religion: Küng, Musik, 21–88 (mit einer kommentierten Einführungsbibliographie zu Leben und Werk Mozarts: 82, Anm. 8); zum Hintergrund des Musiklebens im 18. Jahrhundert: Krüger, Empfindsamkeit, 164–185.

300 Vgl. Gruber, Mozart, 87–90.

301 Vgl. Gruber, Mozart, 138 f.

302 Hildesheimer, Mozart, 375.

303 Vgl. Küng, Musik, 59–62.

304 Gruber, Mozart, 134.

305 Mozart, Briefe, 405.

306 Mozart, Briefe, 427.

307 K. Barth, Kirchliche Dogmatik III/3; 337.

308 K. Barth, Kirchliche Dogmatik III/3; 337 f.

309 Vgl. zu Beethovens Biographie und Werk: Caeyers, Beethoven; Eggebrecht, Musik, 563–580.

310 Caeyers, Beethoven, 581.

311 Caeyers, Beethoven, 583.

312 Vgl. Caeyers, Beethoven, 583 f.

313 E. T. A. Hofmann, Schriften zur Musik, zitiert nach Dahlhaus, Idee, 96.

314 Vgl. Dahlhaus, Idee, 96 f.

315 Dahlhaus, Idee, 87.

Anhang: Anmerkungen zum elften Kapitel

316 Vgl. Dahlhaus, Idee, 88 f.
317 Schopenhauer, Welt I, 347 (§ 52); vgl. Dahlhaus, Idee, 130 f.
318 Vgl. Dahlhaus, Idee, 134.
319 Vgl. Dahlhaus, Idee, 84.
320 Vgl. zum Folgenden: Barth, Religion und ästhetische Erfahrung, 240–252 (Zitat 240).
321 Im Falle der Kunst gehen dem Charme der ästhetischen Erfahrung nach: Erne/Schüz, Charme.
322 Vgl. Caeyers, Beethoven, 650.
323 Mann, Doktor Faustus, 74; vgl. Caeyers, Beethoven, 649 f.
324 Vgl. Caeyers, Beethoven, 622–639.
325 Vgl. Caeyers, Beethoven, 624.
326 Caeyers, Beethoven, 638.
327 Vgl. zu Leben und Werk: Borchmeyer, Wagner; einführend zum Verhältnis von Musik und Religion bei Wagner: Küng, Musik, 89–166; Steinacker, Wagner; zur Erlösungskonzeption: Osthövener, Erlösung, 139–177 (zum Hintergrund bei Schopenhauer 109–139).
328 Vgl. Floros, Mahler, 63.
329 Vgl. Floros, Mahler, 57.
330 Vgl. zur ‹Kommunikationsverweigerung› der neuen Musik: Heinemann, Geschichte, 292 f.
331 Mann, Doktor Faustus, 256.
332 Vgl. zu Leben und Werk: Bailey, Constable.
333 Vgl. Wagner, Turner (mit Literaturübersicht 124–126).
334 Wagner, Turner, 52.
335 Vgl. Wagner, Turner, 90 f.
336 Vgl. Wagner, Turner, 100.
337 Vgl. zum Folgenden: Gombrich, Geschichte, 499–626, und Hofmann, Moderne, 127–372; im Folgenden sind auch Überlegungen aufgenommen aus: Lauster, Charmelose Kunst, 159–174.
338 Vgl. knapp Gombrich, Geschichte, 508 f.; vgl. zur zeit- und ideengeschichtlichen Einordnung: Hofmann, Atelier.
339 Vgl. zum einführenden Überblick: Schneede, van Gogh, 12–16.
340 Vgl. zu van Goghs Religion: Rohls, Van Gogh, 504–531 (hier: 525).
341 Vgl. Ullrich, Was war Kunst?, 144–164; Schneede, Moderne, 21–30.
342 Vgl. Göttler, Der Blaue Reiter, 73–81.
343 Vgl. knapp Schneede, Moderne, 98–101.
344 Vgl. Schneede, Moderne, 109–111.
345 Vgl. Ursprung, Die Kunst der Gegenwart, 16–23.
346 Vgl. Graw, Preis.
347 Vgl. Sedlmayr, Verlust, 226 f.
348 Vgl. Sedlmayr, Verlust, 114–117.
349 Sedlmayr, Verlust, 7.
350 Vgl. Sedlmayr, Verlust, 165.
351 Vgl. Sedlmayr, Verlust, 205.
352 Vgl. Sedlmayr, Verlust, 60.
353 Vgl. zu Leben und Werk: Trempler, Schinkel.
354 Vgl. Trempler, Schinkel, 179; Beyer, Klassizismus und Romantik, 115; ausführlich zu Schinkels Kirchenbauprogramm im Kontext des Historismus: Erne, Kirchenbau, 200–221.
355 Sedlmayr, Verlust, 35.
356 Beyer, Klassizismus und Romantik, 116.
357 Wölfflin, Renaissance und Barock, 58.
358 Wölfflin, Renaissance und Barock, 63.
359 Vgl. Tillich, Aspekte, 101 f.
360 Vgl. dazu: Gumbrecht, Schwindende Stabilität, 729.
361 Vgl. Regulativ für den evangelischen Kirchenbau. Eisenach 1861, in: Langmaack, Evangelischer Kirchenbau, 272 (Nr. 3); vgl. einführend dazu und am Beispiel der Hamburger Nikolaikirche ausgeführt: Claussen, Gottes Häuser, 209–237.

362 Nipperdey, Deutsche Geschichte I. 1866–1918, 722.

363 Vgl. zu Le Corbusier und dem Kirchenbau der Gegenwart: Erne, Kirchenbau, 224–302; zu Niemeyer: Claussen, Gottes Häuser, 237–265.

364 Vgl. Frühwald, Gedächtnis, 182–199.

365 Vgl. Schlaffer, Geschichte, 123–126; vgl. auch: Wenz, Himmel, 197–214.

366 Vgl. Schlaffer, Geschichte, 125.

367 Vgl. zum Folgenden Schlaffer, Geschichte, 126–128.

368 So die m. E. plausible These bei: Schlaffer, Geschichte, 126.

369 Siehe dazu auch S. 464.

370 Carlyle, State of German Literature, 56 f.

371 Siehe dazu auch S. 572.

372 Vgl. Freeman, Dickinson; Keane, Approving God; McIntosh, Nimble Believing. Für den Hinweis auf Emily Dickinson danke ich Sophie Lauster.

373 Dickinson, Gedichte, 116–117 (J501).

374 Vgl. die Interpretationsvorschläge: Freeman, Dickinson, 6 f.; Keane, Approving God, 201 f.; McIntosh, Nimble Believing, 32–34.

375 McIntosh, Nimble Believing, 34, der Moby-Dick nach folgender Ausgabe zitiert: Herman Melville, Moby-Dick. Ed. Harrison Hayford, 374 (vgl. McInthosh, Believing, 167, Anm. 74); vgl. auch Keane, Aproving God, 202.

376 Vgl. zu Leben und Werk: Delbanco, Melville.

377 Vgl. zu Melvilles Verhältnis zur Religion: Herbert, Moby-Dick; Ders., Calvinist Earthquake, 109–140; Wright, Melville's Use; knapp: Delbanco, Melville, 40 f.

378 Vgl. grundlegend: Wright, Melville's Use.

379 Vgl. Delbanco, Melville, 347 f.

380 Vgl. zum Folgenden: Delbanco, Melville, 158–190; vgl. grundlegend: Brodhead, New Essays.

381 Vgl. Delbanco, Melville, 158 f.

382 Vgl. Wright, Melville's Use, 7.

383 Alle Zitate: Mann, Über mich selbst, 138.

384 Vgl. zum Überblick: Hildermeier, Geschichte Russlands, 1269–1282.

385 Vgl. zur Einführung in Leben und Werk: Müller, Dostojewskij; zur ‹Religion› Dostojewskis: Doerne, Gott und Mensch; Onasch, Dostojewski.

386 Vgl. Onasch, Orthodoxie, 82–93.

387 Vgl. zur «Unheldenhaftigkeit» Jens/Küng, Dichtung, 252.

388 Vgl. den luziden Überblick: Rohls, Tolstoj, 165–201; Tamcke, Tolstojs Religion.

389 Vgl. Rohls, Tolstoj, 167–170.

390 Vgl. Rohls, Tolstoj, 172–187.

391 Vgl. Rohls, Tolstoj, 184–186.

392 Vgl. Rohls, Tolstoj, 190–194.

393 Tolstoi, Auferstehung, 595, vgl. dazu Rohls, Tolstoj, 194.

394 Rohls, Tolstoj, 195.

395 Vgl. zur Rezeption: Rohls, Tolstoj, 195–201.

396 Zitiert nach Blom, Kontinent, 96; vgl. zum Folgenden: Wien um 1900. Hg. von Peter Berner, Emil Brix und Wolfgang Mantl; Wien 1900. Hg. von Christian Bandstätter.

397 Vgl. zum Folgenden: Straub, Kaiser, 77–195.

398 Vgl. Blom, Kontinent, 87–96.

399 Vgl. Spengler, Untergang, 43–50.

400 Jaspers, Situation, 191–194.

401 Tillich, Lage, 20.

402 Ebd.

403 Tillich, Lage, 21.

404 Vgl. Snyder, Bloodlands, 213–215.

Anhang: Anmerkungen zum elften Kapitel

405 Arendt, Eichmann; vgl. zur ‹Endlösung›: Snyder, Bloodlands, 199–233.

406 Vgl. Snyder, Bloodlands, 43–77.

407 Vgl. Snyder, Bloodlands, 107–133.

408 Vgl. K. Schlögl, Terror, 166–173.

409 Vgl. Thum, Die fremde Stadt.

410 Vgl. Snyder, Bloodlands, 70–72.

411 Vgl. Lehmann, Christentum im 20. Jahrhundert, 94–105.

412 Vgl. Lehmann, Christentum im 20. Jahrhundert, 97.

413 Vgl. zum Überblick: Nowak, Geschichte, 255–259.

414 Vgl. Lehmann, Christentum im 20. Jahrhundert, 98 f.

415 Vgl. zum Folgenden: Hildermeier, Sowjetunion, 328–333.

416 Vgl. Hildermeier, Sowjetunion, 330.

417 Vgl. zum Folgenden: Hildermeier, Sowjetunion, 580–585.

418 Vgl. Hildermeier, Sowjetunion, 584.

419 Vgl. Lehmann, Christentum im 20. Jahrhundert, 154–158.

420 Vgl. zum Überblick: Fischer, Protestantische Theologie, 64–67; zum historischen Hintergrund: Nowak, Geschichte, 262 f.

421 Sehr häufig abgedruckt, hier zitiert nach: Evangelisches Gesangbuch, 1578.

422 Ausgewogener, aber der Sache nach auch kritisch zu den kulturellen Folgen der Barmer Erklärung: von Scheliha, Protestantische Ethik, 178–182.

423 Vgl. Otto, Rabindranath Tagore's Bekenntnis, 5 f.

424 Die These wird prominent in mehreren Büchern von Philipp Jenkins vertreten; vgl. dazu: Lehmann, Christentum im 20. Jahrhundert, 15 f.

425 Vgl. Gensichen, Die Kirche von Südindien.

Literatur

Aufsätze und Buchbeiträge werden nur mit Seitenzahlen angegeben, wenn das Sammelwerk an anderer Stelle dieses Literaturverzeichnisses aufgeführt ist. Dort finden sich dann die vollständigen bibliographischen Angaben.

DH = Denziger, Heinrich, Kompendium der Glaubensbekenntnisse und kirchlichen Lehrentscheidungen. Lateinisch–Deutsch. Hg. von Peter Hünermann, Freiburg/Basel/Wien ^{42}2009.
TRE = Theologische Realenzyklopädie.

Abaelard: Der Briefwechsel mit Heloisa. Übersetzt und mit einem Anhang hg. von Hans-Wolfgang Krautz, Stuttgart 2001.

Actus Vercellenses (Petrusakten), in: Wilhelm Schneemelcher, Neutestamtentliche Apokryphen II. Apostolisches und Verwandtes, Tübingen ^{5}1989, 243–289.

Albrecht, Christian: Historische Kulturwissenschaft neuzeitlicher Christentumspraxis, Tübingen 2000.

–: Richard Rothe. Versöhnung von Christentum und Kultur, in: Peter Neuner/Gunther Wenz (Hg.), Theologen des 19. Jahrhunderts, Darmstadt 2002, 94–107.

Albrecht, Michael: Einleitung, in: Christian Wolff, Rede über die praktische Philosophie der Chinesen. Lateinisch–Deutsch. Übersetzt, eingeleitet und hg. von Michael Albrecht, Hamburg 1985, IX–LXXXIX.

Aldini Luchinat, Cristina: Michelangelo pittore, Mailand 2007.

Allen, Michael J. B./Rees, Valery (Hg.): Marsilio Ficino: His Theology, His Philosophy, His Legacy, Leiden 2002.

Ambrosius: Über die Jungfrauen. Übersetzt und eingeleitet von Peter Dückers, Turnhout 2009.

Andersson, Christiane D.: Religiöse Bilder Cranachs im Dienste der Reformation, in: Spitz, Humanismus, 43–79.

Aner, Karl: Goethes Religiosität, Tübingen 1910.

Angenendt, Arnold: Das Frühmittelalter. Die abendländische Christenheit von 400 bis 900, Stuttgart/Berlin/Köln ²1995.

–: Geschichte der Religiosität im Mittelalter, Darmstadt ⁴2009.

–: Heilige und Reliquien. Die Geschichte ihres Kultes vom frühen Christentum bis zur Gegenwart, Hamburg ²2007.

–: Toleranz und Gewalt. Das Christentum zwischen Bibel und Schwert, Münster ⁵2009.

Anselm von Canterbury: Cur deus homo. Warum Gott Mensch geworden ist. Lateinisch und deutsch, Darmstadt ⁵1993.

–: Proslogion. Hg. von F. S. Schmitt, Stuttgart-Bad Canstatt 1962.

Ansprenger, Franz: Geschichte Afrikas, München ³2007.

Antike christliche Apokryphen in deutscher Übersetzung. I. Band. Evangelien und Verwandtes Teilband 1 und 2. Hg. von Christoph Markschies und Jens Schröter, Tübingen 2012.

Appel, Sabine: Madame de Staël. Kaiserin des Geistes. Eine Biographie, München 2011.

Arendt, Hannah: Eichmann in Jerusalem. Die Banalität des Bösen, München ¹⁵2006.

Arens, Werner/Braun, Hans-Martin: Die Indianer Nordamerikas. Geschichte, Kultur, Religion, München 2004.

Aretin, Karl Otmar von: Die Reichskirche und die Säkularisation, in: Decot, Säkularisation, 13–32.

Aristoteles: Politik, in: Werke. In deutscher Übersetzung 9/1–2, übersetzt und erläutert von Eckart Schütrumpf, Berlin 1991.

Arndt, Johannes: Der Dreißigjährige Krieg 1618–1648, Stuttgart 2009.

Assmann, Jan: Das kulturelle Gedächtnis. Schrift, Erinnerung und politische Identität in frühen Hochkulturen, München ²1997.

–: Die mosaische Unterscheidung oder der Preis des Monotheismus, München 2003.

–: Erinnern, um dazuzugehören. Schrift, Gedächtnis und Identität, in: Ders., Religion und kulturelles Gedächtnis, 101–123.

–: Fünf Stufen auf dem Weg zum Kanon. Tradition und Schriftkultur im alten Israel und frühen Judentum, in: Ders., Religion und kulturelles Gedächtnis, 81–100.

–: Kulturelle Texte im Spannungsfeld von Mündlichkeit und Schriftlichkeit, in: Ders., Religion und kulturelles Gedächtnis, 124–147.

–: Religion und kulturelles Gedächtnis, München 2000.

–: Text und Ritus. Die Bedeutung der Medien für die Religionsgeschichte, in: Ders., Religion und kulturelles Gedächtnis, 148–166.

–: Unsichtbare Religion und kulturelles Gedächtnis, in: Ders., Religion und kulturelles Gedächtnis, 45–61.

–: Was ist das ‹kulturelle Gedächtnis›?, in: Ders., Religion und kulturelles Gedächtnis, 11–44.

Aston, Nigel: Christianity and Revolutionary Europe. 1750–1830, Cambridge 2002.

–: Religion and Revolution in France 1780–1804, Washington 2000.

–: The End of an Élite. The French Bishops and the Coming of the Revolution 1786–1790, Oxford 1992.

Athanasius: Leben des Heiligen Antonius. Aus dem Griechischen übersetzt von Hans Mertel, Kempten/München 1917.

Auerbach, Erich: Mimesis. Dargestellte Wirklichkeit in der abendländischen Literatur (1946), Tübingen/Basel [10]2001.

Auffarth, Christoph: Die Ketzer. Katharer, Waldenser und andere religiöse Bewegungen, München 2005.

Augustijn, Cornelis: Erasmus von Rotterdam. Leben – Werk – Wirkung, München 1986.

Augustinus: Bekenntnisse (Confessiones): Eingeleitet und übertragen von Wilhelm Thimme, München [2]1993.

–: Vom Gottesstaat (De civitate Dei): Aus dem Lateinischen übertragen von Wilhelm Thimme, München 2007.

Axt-Piscalar, Christine: Ohnmächtige Freiheit. Studien zum Verhältnis von Subjektivität und Sünde bei August Tholuck, Julius Müller, Sören Kierkegaard und Friedrich Schleiermacher, Tübingen 1996.

Bachmann, Peter R.: Roberto Nobili. 1577–1656. Ein missionsgeschichtlicher Beitrag zum christlichen Dialog mit Hinduismus, Rom 1972.

Bailey, Anthony: John Constable. A Kingdom of his Own, London 2007.

Balzer, Otto: Die Sentenzen des Petrus Lombardus. Ihre Quellen und ihre dogmengeschichtliche Bedeutung, Aalen 1987 (Leipzig 1902).

Barbour, Ian G.: Wissenschaft und Glaube. Historische und zeitgenössische Aspekte, Göttingen [2]2006.

Barth, Karl: Kirchliche Dogmatik III/3. Die Lehre von der Schöpfung, Zürich 1950.

Barth, Ulrich: Ästhetisierung der Religion – Sakralisierung der Kunst. Wackenroders Konzept der Kunstandacht, in: Ders., Aufgeklärter Protestantismus, 225–258.

–: Aufgeklärter Protestantismus, Tübingen 2004.

–: Der Weg zur absoluten Revolution im nachkantischen Idealismus, in: Ders., Gott als Projekt der Vernunft, 309–336.

–: Die Geburt religiöser Autonomie. Luthers Ablassthesen von 1517, in: Ders., Aufgeklärter Protestantismus, 53–93.

–: Die Religionstheorie der ‹Reden›. Schleiermachers theologisches Modernisierungsprogramm, in: Ders., Aufgeklärter Protestantismus, 259–289.

–: Gott als Projekt der Vernunft, Tübingen 2005.

–: Pietismus als religiöse Kulturidee. Speners und Franckes Ethos der Bekehrung, in: Ders., Aufgeklärter Protestantismus, 149–166.

–: Religion in der Moderne, Tübingen 2003.

–: Religion und ästhetische Erfahrung. Interdependenzen symbolischer Erlebniskultur, in: Ders., Religion in der Moderne, 235–262.

–: Sichtbare und unsichtbare Kirche, in: Klaus Tanner (Hg.), Christentumstheorie. Geschichtsschreibung und Kulturdeutung. Trutz Rendtorff zum 24.01.2006, Leipzig 2008, 179–230.

–: Von der Theologia naturalis zur natürlichen Religion. Wolff – Reimarus – Spalding, in: Ders., Gott als Projekt der Vernunft, 145–160.

Bartlett, Robert: Die Geburt Europas aus dem Geist der Gewalt. Eroberung, Kolonisierung und kultureller Wandel von 950 bis 1350, München 1998.

Bartuschat, Wolfgang: Baruch de Spinoza, München ²2006.

Bauer, Walter: Rechtgläubigkeit und Ketzerei im ältesten Christentum, Tübingen 1934.

Becher, Matthias: Chlodwig I. Der Aufstieg der Merowinger und das Ende der antiken Welt, München 2011.

–: Karl der Große, München 2008 (=⁵2007).

Beck, Rainer: Ebersberg oder das Ende der Wildnis. Eine Landschaftsgeschichte, München 2003.

–: Mäuselmacher oder die Imagination des Bösen, München 2011.

Behringer, Wolfgang: Hexen. Glaube, Verfolgung, Vermarktung, München 2008 (=⁴2005).

–: Kulturgeschichte des Klimas. Von der Eiszeit bis zur globalen Erwärmung, München 2007.

Beier, K./Dobritzsch A. (Hg.): Tausend Jahre deutscher Vergangenheit in Quellen heimatlicher Geschichte, Leipzig 1911.

Beierwaltes, Werner: Marsilio Ficinos Theorie des Schönen im Kontext des Platonismus, Heidelberg 1980.

Belting, Hans: Bild und Kult. Eine Geschichte des Bildes vor dem Zeitalter der Kunst, München ⁶2004.

–: Florenz und Bagdad. Eine westöstliche Geschichte des Blicks, München ³2009.

Beltramini, Guido: Palladio. Lebensspuren, Berlin 2009.

(Die) Benediktsregel. Lateinisch/Deutsch. Hg. von P. Ulrich Faust OSB, Stuttgart 2009.

Benrath, Gustav Adolf: Art. Erweckung/Erweckungsbewegungen, in: TRE 10, Berlin/New York 1982, 205–220.

Berger, Peter L.: Der Zwang zur Häresie. Religion in der pluralistischen Gesellschaft, Freiburg 1991.

Bergeron, Louis: Frankreich und Europa zur Zeit Napoleons, in: Fischer Weltgeschichte. Band 26. Das Zeitalter der europäischen Revolutionen, Frankfurt 1983, 135–179.

Bertaud, Jean-Paul: Alltagsleben während der Französischen Revolution, Freiburg/Würzburg 1989.

Bertsch, Janet: Storytelling in the Work of Bunyan, Grimmelshausen, Defoe, and Schnabel, Rochester 2004.

Besch, Werner/Reichmann, Oskar/Sonderegger, Stefan (Hg.): Sprachgeschichte. Ein Handbuch zur Geschichte der deutschen Sprache und ihrer Erforschung. Erster Halbband, Berlin/New York 1984.

Betz, Hans Dieter: The Sermon of the Mount, Philadelphia 1995.

Beutel, Albrecht: «Gebessert und zum Himmel tüchtig gemacht». Die Theologie der Predigt nach Johann Joachim Spalding, in: Ders., Reflektierte Religion, 210–236.

–: «Jenseits des Monds ist alles unvergänglich». Das «Abendlied» von Matthias Claudius, in: Zeitschrift für Theologie und Kirche 87 (1990), 487–520.

–: Aufklärer höherer Ordnung. Die Bestimmung der Religion bei Schleiermacher (1799) und Spalding (1797), in: Ders., Reflektierte Religion, 266–298.

–: Causa Wolffiana. Die Vertreibung Christian Wolffs aus Preußen 1723 als Kulminationspunkt des theologisch-politischen Konflikts zwischen Halleschem Pietismus und Aufklärungsphilosophie, in: Ders., Reflektierte Religion, 125–169.

–: Herder und Spalding. Ein theologiegeschichtlicher Generationenkonflikt, in: Ders., Reflektierte Religion, 237–265.

–: Kirchengeschichte im Zeitalter der Aufklärung. Ein Kompendium, Göttingen 2009.

–: Kunst als Manifestation des Unendlichen. Wackenroders «Herzensergießungen eines kunstliebenden Klosterbruders» (1796/97), in: Ders., Reflektierte Religion, 299–326.

–: (Hg.), Luther Handbuch, Tübingen 2005.

–: Reflektierte Religion. Beiträge zur Geschichte des Protestantismus, Tübingen 2007.

–: Spalding und Goeze und «Die Bestimmung des Menschen». Frühe Kabalen um ein Erfolgsbuch der Aufklärungstheologie, in: Ders., Reflektierte Religion, 186–209.

Beutel, Albrecht/Böttler, Winfried (Hg.): «Unverzagt und ohne Grauen» – Paul Gerhardt, der ‹andere› Luther, Berlin 2008.

Beutel, Albrecht/Leppin, Volker (Hg.): Religion und Aufklärung. Studien zur neuzeitlichen ‹Umformung des Christentums›, Leipzig 2004.

Beyer, Andreas: Die Kunst des Klassizismus und der Romantik, München 2011.

Beyer, Hermann Wolfgang: Die Religion Michelangelos, Bonn 1926.

Bibeltreue in der Offensive. Die drei Chicagoerklärungen zur biblischen Irrtumslosigkeit, Hermeneutik und Anwendung. Hg und übersetzt von Thomas Schirrmacher, Bonn ²2004.

Bieritz, Karl-Heinrich: Liturgik, Berlin/New York 2004.

Bitterli, Urs: Die ‹Wilden› und die ‹Zivilisierten›. Grundzüge einer Geistes- und Kulturgeschichte der europäisch-überseeischen Begegnung, München ³2004.

–: Die Entdeckung Amerikas. Von Kolumbus bis Alexander von Humboldt, München ²2006.

Blackbourn, David: Die Eroberung der Natur. Eine Geschichte der deutschen Landschaft, München 2008.

–: Wenn ihr sie seht, fragt, wer sie sei. Marienerscheinungen in Marpingen. Aufstieg und Niedergang des deutschen Lourdes, Reinbek 1997.

Blackbourn, Robin: The Overthrow of Colonial Slavery 1776–1848, London/New York 1988.

Blanke, Heinz: Bibelübersetzung, in: Albrecht Beutel (Hg.), Luther Handbuch, 258–265.

Blickle, Peter: Der Bauernkrieg. Die Revolution des Gemeinen Mannes, München ⁴2012.

Bloch, Gregor: Calvinismus und Aufklärung. Die calvinistischen Wurzeln der praktischen Philosophie der schottischen Aufklärung nach Francis Hutcheson, David Hume und Adam Smith, Tübingen 2019.

Block, Johannes: Verstehen durch Musik. Das gesungene Wort in der Theologie, Tübingen/Basel 2002.

Blom, Philipp: Böse Philosophen. Ein Salon in Paris und das vergessene Erbe der Aufklärung, München 2010.

–: Der taumelnde Kontinent. Europa 1900–1914, München ²2011.

Blum, Gerd: Giorgio Vasari. Der Erfinder der Renaissance. Eine Biographie, München 2011.

Blumenberg, Hans: Die Legitimität der Neuzeit. Erweiterte Ausgabe, Frankfurt 1996.

Bobzin, Hartmut: Mohammed, München ⁴2011.

Böckenförde, Ernst-Wolfgang: Staat, Gesellschaft, Freiheit, Frankfurt 1976.

Bockmaier, Claus: Händels Oratorien. Ein musikalischer Werkführer, München 2008.

Böhm, Thomas: Die Christologie des Arius. Dogmengeschichtliche Überlegungen unter besonderer Berücksichtigung der Hellenisierungsfrage, St. Ottilien 1991.

Bohn, Robert: Geschichte der Seefahrt, München 2011.

Borchmeyer, Dieter: Richard Wagner. Werk – Leben – Zeit, Stuttgart 2013.

Börner, Gerhard: Schöpfung ohne Schöpfer? Das Wunder des Universums, München 2006.

Borst, Arno: Die Katharer, Freiburg 1991.

Brandt, Hartwin: Konstantin der Große. Der erste christliche Kaiser, München ³2011.

Braun, Karl: Vorwort, in: Ders. (Hg.), «Sie suchen nach dem Gold wie Schweine». Die Eroberung Mexiko-Tenochtitlans aus indianischer Sicht. Zusammengestellt und bearbeitet nach Bildern und Texten von Bernardino de Sahagún, Tübingen 1982, 7–16.

Braune-Krickau, Tobias: Die Wahrheit des Versprechens. Henning Luthers Beitrag zu einer «Praktischen Theologie der Diakonie», in: Kristian Fechtner/Christian Mulia (Hg.), Henning Luther. Impulse für eine Praktische Theologie der Spätmoderne, Stuttgart 2014, 141–155.

Braunfels, Wolfgang: Karl der Große. Mit Selbstzeugnissen und Bilddokumenten, Hamburg ¹³1994.

Bredekamp, Horst: Botticelli. Primavera. Florenz als Garten der Venus, Frankfurt 1988.

–: Sankt Peter in Rom und das Prinzip der produktiven Zerstörung. Bau und Abbau von Bramante bis Bernini, Berlin 2008.

Brown, Peter: Autorität und Heiligkeit. Aspekte der Christianisierung des römischen Reiches, Stuttgart 1988.

–: Die Entstehung des christlichen Europas, München 1999.

–: Die Keuschheit der Engel. Sexuelle Entsagung, Askese und Körperlichkeit am Anfang des Christentums, München/Wien 1991.

Browne, Janet: Charles Darwin. The Power of Place. Volume II of a Biography, Princeton 2002.

–: Charles Darwin. Voyaging. Volume I of a Biography, London 1995.

Büchsel, Martin: Die Entstehung des Christusporträts. Bildarchäologie statt Bildhypnose, Mainz 2003.

–: Die Geburt der Gotik. Abt Sugers Konzept für die Abteikirche St. Denis, Freiburg 1997.

Buck, August: Humanismus. Seine europäische Entwicklung in Dokumenten und Darstellungen, Freiburg/München 1987.

Bultmann, Rudolf: Das Verhältnis der urchristlichen Christusbotschaft zum historischen Jesus, in: Ders., Exegetica, Tübingen 1967, 445–469.

–: Jesus Christus und die Mythologie, in: Ders., Glauben und Verstehen. Gesammelte Aufsätze. Band IV, Tübingen ⁵1993, 141–189.

–: Neues Testament und Mythologie. Das Problem der Entmythologisierung der neutestamentlichen Verkündigung. Nachdruck der 1941 erschienenen Fassung. Hg. von Eberhard Jüngel, München 1988.

–: Theologie des Neuen Testaments, Tübingen ⁹1984.

Bunners, Christian: Paul Gerhardt. Weg – Werk – Wirkung, Göttingen ²2007.

Buntfuß, Markus: Die Erscheinungsform des Christentums. Zur ästhetische Neugestaltung der Religionstheologie bei Herder, Wackenroder und De Wette, Berlin/New York 2004.

Bunyan, John: The Pilgrim's Progress from This World to That Which is to Come. Ed. R. Pooley, London 2008.

Burbaum, Sabine: Kunst-Epochen. Band 8: Barock, Stuttgart 2003.

Burckhardt, Jacob: Der Cicerone. Eine Anleitung zum Genuss der Kunstwerke Italiens, Neudruck der Urausgabe, Stuttgart 1986 (1855).

–: Die Kultur der Renaissance in Italien. Ein Versuch (²1869). Hg. von Konrad Hoffmann, Stuttgart ¹¹1988.

–: Die Kunst der Malerei in Italien, München 2003.

–: Die Zeit Constantins des Großen, Neudruck, München 1982.

–: Erinnerungen aus Rubens. Aus dem Nachlass hg. von Edith Struchholz und Martin Warnke, JBW 11, München/Basel 2006.

Burger, Christoph: Calvin und die Humanisten, in: Herman J. Selderhuis (Hg.), Calvin-Handbuch, Tübingen 2008, 137–143.

Burke, Edmund: Betrachtungen über die Französische Revolution, Zürich 1986.

Burke, Peter: Die europäische Renaissance. Zentren und Peripherien, München 1998.

–: Die Geschickte des ‹Hofmann›. Zur Wirkung eines Renaissance-Breviers über angemessenes Verhalten, Berlin 1996.

–: Was ist Kulturgeschichte?, Frankfurt 2005.

Busch, Werner: Caspar David Friedrich. Ästhetik und Religion, München 2003.

Büttner, Frank/Gottdang, Andrea: Einführung in die Ikonographie. Wege zur Deutung von Bildinhalten, München ²2009, 21 f.

Büttner, Nils: Rubens, München 2007.

Caeyers, Jan: Beethoven. Der einsame Revolutionär. Eine Biographie, München 2012.

Cameron, Alan: The Last Pagans of Rome, Oxford 2011.

Cameron, Euan: The European Reformation, Oxford 1991.

Campenhausen, Hans Freiherr von: Die Entstehung der christlichen Bibel, Tübingen 1968.

Carlyle, Thomas: State of German Literature, in: Ders., Complete Works. Volume 13. Critical and Miscellaneous Essays I, New York 1901, 26–84.

Cassianus, Johannes: Über die Einrichtung von Klöstern. Nach dem Urtexte übersetzt von Antonius Abt, Kempten 1877.

–: Vierundzwanzig Unterredungen mit den Vätern (Collationes). Aus dem Urtexte übersetzt von Karl Kohlhund, Kempten 1879.

Cassiodor: Einführung in die geistlichen und weltlichen Wissenschaften. Lateinisch–Deutsch. Übersetzt und eingeleitet von Wolfgang Bürsgens, Freiburg 2003.

Cassirer, Ernst: Individuum und Kosmos in der Philosophie der Renaissance (1927), Darmstadt ⁶1987.

–: Über Rousseau. Hg. von Guido Kreis, Frankfurt 2012.

Castiglione, Baldassare: Der Hofmann. Lebensart in der Renaissance, Berlin 1996.

–: Il cortegiano. A cura di Carlo Cordié, Milano 1991.

Chadwick, Henry: Die Kirche in der antiken Welt, Berlin/New York 1972.

Chateaubriand, François-René de: Geist des Christentums oder Schönheiten der christlichen Religion (franz. 1802), Berlin 2004.

Chaumont, Louis M. J.: Histoire de Cluny depuis les origins jusqu'à la ruine de l'Abbaye, Paris ²1911, 222–248 (Zugriff: http://gallica.bnf.fr/ark:/12148/bpt6k503803f).

Clanchy, Michael T.: Abaelard. Ein mittelalterliches Leben. Übersetzung aus dem Englischen von Raul Niemann und Ralf M. W. Stammberger, Darmstadt 2000.

Clark, Christopher: Preußen. Aufstieg und Niedergang. 1600–1947, München ⁵2007.

Clauss, Manfred: Konstantin der Große und seine Zeit, München ⁴2009.

Claussen, Johann Hinrich: Gottes Häuser oder Die Kunst, Kirchen zu bauen und zu verstehen, München 2010.

Cleugh, James: Die Medici. Macht und Glanz einer europäischen Familie, München ⁶1992.

Condivi, Ascanio: Das Leben des Michelangelo Buonarroti, Frankfurt 1924.

Conzelmann, Hans: Die Mitte der Zeit. Studien zur Theologie des Lukas, Tübingen 1954.

Cortés, Hernán: Die Eroberung Mexikos. Drei Berichte an Kaiser Karl V., Frankfurt 1980.

Coulmas, Florian: Die Kultur Japans. Tradition und Moderne, München ²2009.

Courth, Franz: Mariologie – Maria, die Mutter Gottes, in: Glaubenszugänge. Lehrbuch der katholischen Dogmatik. Hg. von Wolfgang Beinert, Band 2, Paderborn/München/Wien/Zürich 1995, 301–398.

Cronin, Vincent: A Pearl to India. The Life of Roberto de Nobili, London 1959.

–: Der Jesuit als Mandarin, Stuttgart 1959.

–: Napoleon, Stratege und Staatsmann, München ⁹2000.

Curtius, Ernst Robert: Europäische Literatur und lateinisches Mittelalter (1948), Tübingen/Basel ¹¹1993.

Dahlhaus, Carl: Die Idee der absoluten Musik, Kassel ³1994.

Dahlheim, Werner: Die Welt zur Zeit Jesu, München 2013.

Dalferth, Ingolf U.: Volles Grab, leerer Glaube? Zum Streit um die Auferweckung des Gekreuzigten, in: ZThK 95 (1998), 379–402.

Daniel, Ute: Kompendium Kulturgeschichte, Theorien – Praxis – Schlüsselwörter, Frankfurt ²2001.

Dante Alighieri: Die Göttliche Komödie. Aus dem Italienischen mit einer Einleitung und Anmerkungen von Karl Vossler (1941), München ⁵2006.

Darwin, Charles: Die Entstehung der Arten, Stuttgart 2007.

–: Mein Leben. Die vollständige Autobiographie, Frankfurt/Leipzig 2008.

Davies, Paul: Der Plan Gottes. Die Rätsel unserer Existenz und die Wissenschaft, Frankfurt 1996.

Dean, Rodney J.: L'église constitutionnelle, Napoléon et le Concordat de 1801, Paris 2004.

Deckers, Johannes G.: Die frühchristliche und byzantinische Kunst, München 2007.

Decot, Rolf (Hg.): Säkularisation der Reichskirche 1803. Aspekte eines kirchlichen Umbruchs, Mainz 2002.

Defoe, Daniel: Das Leben und die seltsamen Abenteuer des Robinson Crusoe, Frankfurt 1995.

–: Robinson Crusoe, Oxford 2008.

Delbanco, Andrew: Melville. Biographie, München 2009.

Delgado, Mariano: Stein des Anstoßes. Bartolomé de Las Casas als Anwalt der Indios, St. Ottilien 2011.

Demandt, Alexander: Die Kelten, München ⁷2011.

–: Geschichte der Spätantike. Das Römische Reich von Diocletian bis Justinian 284–565 n. Chr., München ²2008.

Denziger, Heinrich: Kompendium der Glaubensbekenntnisse und kirchlichen Lehrentscheidungen. Lateinisch–Deutsch. Hg. von Peter Hünermann, Freiburg/Basel/Wien ⁴²2009.

Detering, Heinrich: Der Antichrist und der Gekreuzigte. Friedrich Nietzsches letzte Texte, Stuttgart 2012.

–: Thomas Manns amerikanische Religion, Frankfurt 2012.

Díaz del Castillo, Bernal: Wahrhafte Geschichte der Entdeckung und Eroberung von Mexiko. Hg. von Georg A. Narciß, Frankfurt ²1981 (=Historia verdadera de la conquista de la Nueva España).

Dickinson, Emily: Gedichte. Englisch und deutsch. Hg. und übersetzt und mit einem Nachwort von Gunhild Kübler, Frankfurt 2011.

Didache, in: Die Apostolischen Väter. Griechisch-deutsche Parallelausgabe. Neu übersetzt und hg. von Andreas Lindemann und Henning Paulusen, Tübingen 1992, 1–21.

Dilthey, Wilhelm: Das Erlebnis und die Dichtung, Leipzig ²1991 (=²1910).

Doering-Manteuffel, Sabine: Okkultismus. Geheimlehre, Geisterglaube, magische Praktiken, München 2011.

Doerne, Martin: Gott und Mensch in Dostojewskijs Werk, Göttingen 1957.

Dombrowski, Damian: Botticelli. Ein Florentiner Maler über Gott, die Welt und sich selbst, Berlin 2010.

Donnelly, Joseph P.: Jean de Brébeuf. 1593–1649, Chicago 1975.

Dostojewski, Fjodor: Die Brüder Karamasow, München ⁶1984.

Drecoll, Volker Henning: Entwicklungen und Positionen in der Geschichte des Christentums, in: Ders. (Hg.), Trinität, Tübingen 2011, 81–162.

Dress, Walter: Die Mystik des Marsilio Ficino, Berlin/Leipzig 1929.

Duby, Georges: Die Zeit der Kathedralen. Kunst und Gesellschaft 980–1420, Frankfurt 1992.

Dülmen, Richard van: Kultur und Alltag in der Frühen Neuzeit. Dritter Band. Religion, Magie, Aufklärung. 16.–18. Jahrhundert, München ³2005.

–: Theater des Schreckens. Gerichtspraxis und Strafrituale in der frühen Neuzeit, München ⁵2010.

Dunan-Page, Anne (Hg.): The Cambridge Companion to Bunyan, Cambridge 2010.

Dupré, John: Darwins Vermächtnis. Die Bedeutung der Evolution für die Gegenwart der Menschen, Frankfurt 2005.

Dürr, Alfred: Die Kantaten von Johann Sebastian Bach. Mit ihren Texten, München ⁶1995.

Dussel, Enrique: Die Geschichte der Kirche in Lateinamerika, Mainz 1988.

Ebert-Schifferer, Sybille: Caravaggio. Sehen – Staunen – Glauben, München 2009.

Eggebrecht, Hans Heinrich: Musik im Abendland. Prozesse und Stationen vom Mittelalter bis zur Gegenwart, München ⁵2004.

Eibl, Karl: Kultur als Zwischenwelt. Eine evolutionsbiologische Perspektive, Frankfurt 2009.

Eichendorff, Joseph von: Gedichte, Stuttgart 2006.

Einhard: Vita Karoli Magni. Das Leben Karls des Großen. Lateinisch/Deutsch. Übersetzung, Anmerkungen und Nachwort von Evelyn Scherabon Firchow, Stuttgart 2001.

Einstein, Albert, Born, Hedwig und Max: Briefwechsel 1916 – 1955, München 1969, 129 f.

Emerson, Ralph Waldo: Natur. Hg. und aus dem Amerikanischen übertragen von Harald Kiczka, Zürich 1988.

Erasmus von Rotterdam: De libero arbitrio diatribe sive collatio. Gespräch oder Unterredung über den freien Willen, in: Ders., Ausgewählte Schriften. Lateinisch–Deutsch, Band 4, Darmstadt 1995, 1–195.

–: Enchiridion militis christianis. Handbüchlein eines christlichen Streiters, in: Ders., Ausgewählte Schriften. Lateinisch–Deutsch, Band 1, Darmstadt 1995, 56–375.

–: Institutio Principis Christiani. Die Erziehung des christlichen Fürsten, in: Ders., Ausgewählte Schriften. Lateinisch–Deutsch, Band 5, Darmstadt 1995, 111–357.

–: Laus Stultitiae. Lob der Torheit, in: Ders., Ausgewählte Schriften. Lateinisch–Deutsch, Band 2, Darmstadt 1995, 1–211.

–: Querela Pacis. Die Klage des Friedens, in: Ders., Ausgewählte Schriften. Lateinisch–Deutsch, Band 5, Darmstadt 1995, 359–451.

Erben, Dietrich: Die Kunst des Barock, München 2008.

Erdmann, Karl Dietrich: Volkssouveränität und Kirche. Studien über das Verhältnis von Staat und Religion in Frankreich vom Zusammentritt der Generalstände bis zum Schisma, 5. Mai 1789 – 13. April 1791, Köln 1949.

Erne, Thomas (Hg.): Kirchenbau, Göttingen 2012.

Erne, Thomas/Schüz, Peter (Hg.): Der religiöse Charme der Kunst, Paderborn 2012.

Ernst, Stephan: Anselm von Canterbury, Münster 2011.

Evangelisches Gesangbuch: Ausgabe für die Evangelisch-Lutherischen Kirchen in Bayern und Thüringen, München o. J.

Ewig, Eugen: Die Merowinger und das Frankenreich, Stuttgart ⁶2012.

Faust, Ulrich: Nachwort, in: Die Benediktsregel, 177–203.

Feld, Helmut: Franziskus von Assisi und seine Bewegung, Darmstadt ²2007.

–: Franziskus von Assisi, München 2001.

Feldmeier, Reinhard: Gottvater. Neutestamentliche Gotteslehre zwischen Theologie und Religionsgeschichte, in: Friedrich Schweitzer (Hg.), Kommunikation über Grenzen. Kongressband des XIII. Europäischen Kongresses für Theologie 21. bis 25. September 2008 in Wien, Gütersloh 2009, 302–323.

Fest, Joachim: Aufgehobene Vergangenheit. Portraits und Betrachtungen, Stuttgart ²1981.

Feuerbach, Ludwig: Das Wesen des Christentums (³1849), Stuttgart 1984.

Fichte, Johann Gottlieb: Appellation an das Publikum, in: J. G. Fichte Gesamtausgabe I/5, Stuttgart-Bad Cannstatt 1977, 375–452.

–: Die Bestimmung des Menschen, Stuttgart 2003.

Ficino, Marsilio: Theologia Platonica. Theologie Platonicienne de l'immortalité des ames. Hg. Raymond Marcel, Band 2, Paris 1964.

–: Über die Liebe oder Platons Gastmahl (De Amore). Lateinisch–Deutsch. Hg. und eingeleitet von Paul Richard Blum, Hamburg ²1984.

Field, Arthur: The Origins of the Platonic Academy of Florence, Princeton 1988.

Fielitz, Sonja: William Shakespeare, Darmstadt 2013.

Fisch, Stefan: Geschichte der europäischen Universität. Von Bologna nach Bologna, München 2015.

Fischer, Hermann: Protestantische Theologie im 20. Jahrhundert, Stuttgart 2002.

–: Friedrich Schleiermacher, München 2001.

Flaig, Egon: Weltgeschichte der Sklaverei, München 2009.

Flasch, Kurt: Augustin. Einführung in sein Denken, Stuttgart 1980.

–: Das philosophische Denken im Mittelalter. Von Augustin zu Machiavelli, Stuttgart 1988.

Floros, Constantin: Gustav Mahler, München 2010.

Flossmann, Paul: Picander (Christian Friedrich Henrici), Leipzig 1899.

Fölsing, Albrecht: Albert Einstein. Eine Biographie, Frankfurt 1995.

Fonti Francescane: Nuova Edizione, Padova 2004.

Forcellino, Antonio: Michelangelo. Eine Biographie, München 2006.

–: Raffael. Biographie, München 2008.

Forschner, Maximilian: Thomas von Aquin, München 2006.

Frank, Hilmar: Der Ramdohrstreit. Caspar David Friedrichs ‹Kreuz im Gebirge›, in: Karl Möseneder (Hg.), Streit um Bilder. Von Byzanz bis Duchamp, Berlin 1997, 141–160.

Frank, Manfred: Auswege aus dem deutschen Idealismus, Frankfurt 2007.

Franz, Gunther (Hg.): Friedrich Spee zum 400. Geburtstag. Kolloquium der Friedrich-Spee-Gesellschaft Trier, Paderborn 1995.

Franziskus von Assisi: Die Schriften des heiligen Franziskus von Assisi, Werl ⁷1982.

Freeman, Linda: Emily Dickinson and the Religious Imagination, Cambridge 2011.

Freigang, Christian: Meisterwerke des Kirchenbaus, Stuttgart 2009.

Freud, Sigmund: Das Unbehagen in der Kultur, in: Ders., Gesammelte Schriften. Studienausgabe, Band IX. Fragen der Gesellschaft. Ursprünge der Religion, Frankfurt 2000, 197–270.

–: Die Zukunft einer Illusion, in: Ders., Gesammelte Schriften. Studienausgabe, Band IX. Fragen der Gesellschaft. Ursprünge der Religion, Frankfurt 2000, 139–189.

Frey, Jörg: Marcion, in: Friedrich W. Graf, Klassiker der Theologie. Band 1. Von Tertullian bis Calvin, München 2005, 11–27.

–: Probleme des Todes Jesu in der neutestamentlichen Wissenschaft. Streiflichter zur exegetischen Diskussion, in: Frey/Schröter, Deutungen, 3–50.

Frey, Jörg/Schröter, Jens: Deutungen des Todes Jesu im Neuen Testament, Tübingen 2007.

Freyer, Johannes Baptist: Klara von Assisi. Ein Leben nach dem Evangelium, Werl 1997.

–: Rezension: Helmut Feld, Franziskus von Assisi und seine Bewegung, in: Wissenschaft und Weisheit 58 (1995), 330–338.

Fried, Johannes: Karl der Große. Gewalt und Glaube. Eine Biographie, München 2013.

–: Mittelalter. Geschichte und Kultur, München ^{4}2009.

Friedell, Egon: Kulturgeschichte der Neuzeit. Die Krisis der europäischen Seele von der schwarzen Pest bis zum Ersten Weltkrieg (1927–1931), München 1996.

Friedenthal, Richard: Goethe. Sein Leben und seine Zeit, München ^{12}1999 (=1963).

Friedrich der Große: Der Antimachiavel oder: Widerlegung des Fürsten von Machiavelli, in: Ders., Werke in 12 Bänden. VI. Philosophische Schriften. Hg. von Anne Baillot und Brunhilde Wehinger. Übersetzt von Brunhilde Wehinger, Berlin 2007, 45–260.

–: Kritische Überprüfung des *Systems der Natur,* in: Ders., Werke in 12 Bänden. VI. Philosophische Schriften, 381–410.

–: Politisches Testament (1768), in: Die politischen Testamente der Hohenzollern. Bearbeitet von Richard Dietrich, Köln/Wien 1986, 54–70.

Friedrich Spee. Priester, Mahner und Poet, Köln 2008.

Friedrich, Caspar David: Da hier einmal von Beschreibung die Rede ist, in: Uerlings, Theorien, 282–283.

–: Caspar David Friedrich. Museum Folkwang Essen. Hamburger Kunsthalle. Die Erfindung der Romantik (Ausstellungskatalog), München 2007.

–: Der Tetschener Altar, in: Caspar David Friedrich, Was die fühlende Seele sucht. Briefe und Bekenntnisse. Hg. von Sigrid Hinz, Berlin 1968, 120–121.

Friedrich, Hans-Edwin/Haefs, Wilhelm/Soboth, Christian (Hg.): Literatur und Theologie im 18. Jahrhundert, Berlin/New York 2011.

Friesenegger, Maurus: Tagebuch aus dem 30jährigen Krieg. Nach einer Handschrift im Kloster Andechs herausgegeben von Pater Willibald Mathäser, München 2007.

Fritzsch, Harald: Elementarteilchen, München 2004.

Frühwald, Wolfgang: Das Gedächtnis der Frömmigkeit. Religion und Literatur in Deutschland, Frankfurt/Leipzig 2008.

Fuhrmann, Horst: Die Päpste. Von Petrus zu Benedikt XVI., München ^{3}2005.

Fulda, Hans Friedrich: Georg Wilhelm Friedrich Hegel, München 2003.

Fumagalli, Vito: Wenn der Himmel sich verdunkelt. Lebensgefühl im Mittelalter, Berlin 1988.

Furet, François/Richet, Denis: Die Französische Revolution, Frankfurt 1968.

Gäbler, Ulrich: Huldrych Zwingli. Eine Einführung in sein Leben und Werk, München 1983.

Gaines, James R.: Das musikalische Opfer. Johann Sebastian Bach trifft Friedrich den Großen am Abend der Aufklärung, Frankfurt 2008.

Ganzer, Klaus: Art. Contarini, Gasparo, in: TRE 8, Berlin/New York 1981, 202–206.

Gaustad, Edwin/Schmidt, Leigh: The Religious History of America. The Heart of the American Story from Colonial Times to Today. Revised Edition, New York 2002.

Gay, Peter: Freud. Eine Biographie für unsere Zeit, Frankfurt 2000.

Geary, Patrick J.: Die Merowinger. Europa vor Karl dem Großen, München ³2007.

Geck, Martin: Bach, Hamburg 2000.

Geertz, Clifford: Dichte Beschreibung. Beiträge zum Verstehen kultureller Systeme, Frankfurt ⁶1999.

Geier, Manfred: Aufklärung. Das europäische Projekt, Hamburg 2012.

Geiselmann, Josef Rupert: Die katholische Tübinger Schule. Ihre theologische Eigenart, Freiburg/Basel/Wien 1964.

Gemeinhardt, Peter: Antonius. Der erste Mönch. Leben – Lehre – Legende, München 2013.

–: Die Heiligen. Von den frühchristlichen Märtyrern bis zur Gegenwart, München 2010.

Gennrich, Paul: Der Kampf um die Schrift in der deutsch-evangelischen Kirche des 19. Jahrhunderts, Berlin 1898.

Gensichen, Hans-Werner: Die Kirche von Südindien, Stuttgart 1957.

Geyer, Christian: Einleitung, in: Lothar de Segni, Elend, 1–39.

Gibbon, Edward: Allgemeine Betrachtungen über den Fall des Weströmischen Reiches (1781), 35–38, in: Karl Christ (Hg.), Der Untergang des Römischen Reiches, Darmstadt 1970, 32–38.

Giebel, Marion: Kaiser Julian Apostata. Die Wiederkehr der alten Götter, Düsseldorf/Zürich 2002.

Gillner, Matthias: Bartolomé de Las Casas und die Eroberung des indianischen Kontinents. Das friedensethische Profil eines weltgeschichtlichen Umbruchs aus der Perspektive eines Anwalts der Unterdrückten, Stuttgart/Berlin/Köln 1997.

Glasenapp, Helmuth von: Das Indienbild deutscher Denker, Stuttgart 1960.

Glaue, Paul: Die Vorlesung heiliger Schriften im Gottesdienste. I. Teil. Bis zur Entstehung der altkatholischen Kirche, Leipzig 1907.

Gnilka, Joachim: Die frühen Christen. Ursprünge und Anfang der Kirche, Freiburg 1999.

Goethe, Johann Wolfgang von: Die Leiden des jungen Werther. Werke. Band 6. Romane und Novellen I, München 1998 (Hamburger Ausgabe).

–: Werke. Abteilung IV, Band 8, Goethes Briefe, Weimar 1890 (Weimarer Ausgabe).

–: Gedichte und Epen II. Noten und Abhandlungen zu besserem Verständnis des west-östlichen Divans. Werke. Band 2, München 1999 (Hamburger Ausgabe).

–: Wilhelm Meisters Wanderjahre, Werke. Band 8. Romane und Novellen III, München 1998 (Hamburger Ausgabe).

–: Dichtung und Wahrheit, Werke. Band 9. Autobiographische Schriften I, München 1998 (Hamburger Ausgabe).

–: Sämtliche Werke nach Epochen seines Schaffens. Band 19. Johann Peter Eckermann, Gespräche mit Goethe in den letzten Jahren seines Lebens, München 1986.

Goldenbaum, Ursula: Der Skandal der Wertheimer Bibel. Die philosophisch-theologische Entscheidungsschlacht zwischen Pietisten und Wolffianern, in: Dies. (Hg.), Appell an das Publikum. Die öffentliche Debatte in der deutschen Aufklärung 1687–1796, Band 1, Berlin 2004, 175–508.

Gombrich, Ernst H.: Aby Warburg. Eine intellektuelle Biographie (engl.: 1970), Hamburg 2012.

–: Die Geschichte der Kunst, London [16]2000.

Göttler, Norbert: Der Blaue Reiter, Reinbek 2008.

Grabmann, Martin: Die Geschichte der scholastischen Methode. Nach den gedruckten und ungedruckten Quellen bearbeitet. Erster Band: Die scholastische Theologie von ihren ersten Anfängen in der Väterliteratur bis zum Beginn des 12. Jahrhunderts, Basel/Stuttgart 1961 (Nachdruck der ersten Auflage von 1909).

–: Die Geschichte der scholastischen Methode. Nach den gedruckten und ungedruckten Quellen bearbeitet. Zweiter Band: Die scholastische Theologie im 12. und beginnenden 13. Jahrhundert, Basel/Stuttgart 1961 (Nachdruck der ersten Auflage von 1911).

Graf, Friedrich Wilhelm: Die Kreationistische Internationale, in: Ders., Götter global. Wie die Welt zum Supermarkt der Religionen wird, München 2014, 166–202.

–: Die Wiederkehr der Götter. Religion in der modernen Kultur, München 2004.

–: Der Protestantismus. Geschichte und Gegenwart, München 2006.

Graf, Friedrich Wilhelm/Tanner, Klaus: Philosophie des Protestantismus. Immanuel Kant (1724–1804), in: Friedrich Wilhelm Graf (Hg.), Profile des neuzeitlichen Protestantismus I, Gütersloh 1990, 86–112.

Grafton, Anthony: Leon Battista Alberti. Baumeister der Renaissance, Berlin 2002.

Graw, Isabelle: Der große Preis. Kunst zwischen Markt und Celebrity, Köln 2008.

Greenblatt, Stephen: Die Wende. Wie die Renaissance begann, München 2012.

Gregor I.: Buch der Pastoralregel. Aus dem Lateinischen übersetzt von Joseph Funk, München 1933.

–: Vier Bücher Dialoge. Aus dem Lateinischen übersetzt von Joseph Funk, München 1933.

Grimm, Herman: Das Leben Michelangelos, Frankfurt/Leipzig 1995.

Groh, Ruth/Groh, Dieter: Petrarca und der Mont Ventoux, in: Dies., Die Außenwelt der Innenwelt. Zur Kulturgeschichte der Natur, Band 2, Frankfurt 1996, 17–82.

Gruber, Gernot: Wolfgang Amadeus Mozart, München 2005.

Gulyga, Arsenij: Immanuel Kant, Frankfurt 1985.

Gumbrecht, Hans Ulrich: Schwindende Stabilität der Wirklichkeit. Eine Geschichte des Stilbegriffs, in: Stil. Geschichten und Funktionen eines kulturwissenschaftlichen Diskurselements. Hg. von Hans Ulrich Gumbrecht und K. Ludwig Pfeiffer, Frankfurt 1986, 726–788.

Gura, Philip F.: American Transcendentalism. A History, New York 2007.

Gutierrez, Gustavo: Gott oder das Gold. Der befreiende Weg des Bartolomé de Las Casas, Freiburg 1990.

Haas, Alois M.: Mystik als Aussage. Erfahrungs-, Denk- und Redeformen christlicher Mystik, Frankfurt 1996.

Hadot, Pierre: Wege zur Weisheit oder Was lehrt uns die antike Philosophie?, Berlin 1999.

Hägermann, Dieter: Karl der Große. Herrscher des Abendlandes. Biographie, München 2003.

Hahn, Ferdinand/Klein, Hans: Die frühchristliche Prophetie. Ihre Voraussetzungen, ihre Anfänge und ihre Entwicklung bis zum Montanismus. Eine Einführung, Neukirchen-Vluyn 2011.

Halbfass, Wilhelm: Indien und Europa. Perspektiven ihrer geistigen Begegnung, Basel/Stuttgart 1981.

Hale, John: Die Kultur der Renaissance in Europa, München 1994.

Halfwassen, Jens: Plotin und der Neuplatonismus, München 2004.

Halm, Heinz: Der Islam. Geschichte und Gegenwart, München ^{6}2005.

Hammann, Gottfried: Martin Bucer 1491–1551. Zwischen Volkskirche und Bekenntnisgemeinschaft, Stuttgart 1989.

Hampton, Alexander J. B.: Romanticism and the Re-invention of Modern Religion. The Reconciliation of German Idealism and Platonic Realism, Cambridge 2018.

Harnack, Adolf von: Lehrbuch der Dogmengeschichte, 3 Bde., Freiburg 1886–1890.

–: Das Wesen des Christentums. Hg. und kommentiert von Trutz Rendtorff, Gütersloh 1999.

–: Die Religion Goethes in der Epoche seiner Vollendung, in: Ders., Erforschtes und Erlebtes, Gießen 1923, 141–170.

–: Marcion. Das Evangelium vom fremden Gott. Eine Monographie zur Geschichte der Grundlegung der katholischen Kirche. Neue Studien zu Marcion. Unveränderter reprographischer Nachdruck der 2., verbesserten und vermehrten Auflage, Darmstadt 1996 (=Leipzig 1924).

–: Militia Christi. Die christliche Religion und der Soldatenstand in den ersten drei Jahrhunderten (1905), Darmstadt 1963.

–: Mission und Ausbreitung des Christentums in den ersten drei Jahrhunderten. Zwei Bände, Leipzig ^{4}1924.

–: Über den privaten Gebrauch der Heiligen Schriften in der alten Kirche, Leipzig 1912.

Hartmann, Peter C.: Die Jesuiten, München ^{2}2008.

Haub, Rita/Oberholzer, Paul: Matteo Ricci und der Kaiser von China. Jesuitenmission im Reich der Mitte, Würzburg 2010.

Hauschild, Wolf-Dieter: Lehrbuch der Kirchen- und Dogmengeschichte. Band 1. Alte Kirche und Mittelalter, Gütersloh ³2007.

–: Lehrbuch der Kirchen- und Dogmengeschichte. Band 2. Reformation und Neuzeit, Gütersloh ⁴2010.

Hauser, Arnold: Sozialgeschichte der Kunst und Literatur (1953), München 1990.

Hausmann, Friederike: Garibaldi, Berlin 1999.

Hawking, Stephen: Eine kurze Geschichte der Zeit. Die Suche nach der Urkraft des Universums, Reinbek 1988.

Heer, Friedrich: Die dritte Kraft. Der europäische Humanismus zwischen den Fronten des konfessionellen Zeitalters, Frankfurt 1959.

Hegel, Georg Wilhelm Friedrich: Grundlinien der Philosophie des Rechts. Werke 7, Frankfurt 1986.

–: Phänomenologie des Geistes. Werke 3, Frankfurt 1986.

–: Vorlesungen über die Ästhetik III. Werke 15, Frankfurt 1986.

–: Vorlesungen über die Philosophie der Geschichte. Werke 12, Frankfurt 1986.

–: Vorlesungen über die Philosophie der Religion I. Werke 16, Frankfurt 1986.

–: Vorlesungen über die Philosophie der Religion II. Werke 17, Frankfurt 1986.

–: Wissenschaft der Logik I. Werke 5, Frankfurt 1986.

Heine, Heinrich: Zur Geschichte der Religion und Philosophie in Deutschland, Stuttgart 1997.

Heinemann, Michael: Heinrich Schütz, Reinbek ²2005.

–: Kleine Geschichte der Musik, Stuttgart 2004.

Heinzmann, Richard: Thomas von Aquin. Eine Einführung in sein Denken, Stuttgart 1994.

Heisenberg, Werner: Der Teil und das Ganze. Gespräche im Umkreis der Atomphysik, München 2006.

Heitzenrater, Richard P.: John Wesley und der frühe Methodismus, Göttingen 2007.

Henning, Andreas: Raffaels Sixtinische Madonna, in: Ders./Arnold Nesselrath (Hg.), Himmlischer Glanz. Raffael, Dürer und Grünewald malen die Madonna, München 2011, 52–59.

Henrich, Dieter: Fichtes ursprüngliche Einsicht, Frankfurt 1967.

Herbert, Thomas Walter: Calvinist Earthquake: Moby-Dick and Religious Tradition, in: Richard H. Brodhead (Hg.), New Essays on Moby-Dick, Cambridge 1986, 109–140.

–: Moby-Dick and Calvinism. A World Dismantled, New Brunswick 1977.

Hermanni, Friedrich: Metaphysik. Versuche über letzte Fragen, Tübingen 2011.

Hildebrandt, Dieter: Lessing. Biographie einer Emanzipation, München 1979.

Hildermeier, Manfred: Geschichte der Sowjetunion 1917–1991. Entstehung und Niedergang des ersten sozialistischen Staates, München 1998.

–: Geschichte Russlands. Vom Mittelalter bis zur Oktoberrevolution, München 2013.

Hildesheimer, Wolfgang: Mozart, Frankfurt 1977.

Hinz, Sigrid: Vorwort, in: Caspar David Friedrich, Was die fühlende Seele sucht. Briefe und Bekenntnisse. Hg. von Sigrid Hinz, Berlin 1968, 7–15.

Hobbes, Thomas: Leviathan oder Stoff, Form und Gewalt eines kirchlichen und bürgerlichen Staates, Frankfurt 1966.

Hoerder, Dirk: Geschichte der deutschen Migration. Vom Mittelalter bis heute, München 2010.

Höffe, Otfried: Immanuel Kant, München [7]2007.

–: Kants Kritik der reinen Vernunft. Die Grundlegung der modernen Philosophie, München 2011 (2003).

–: Thomas Hobbes, München 2010.

Hofmann, Peter: Goethes Theologie, Paderborn/München/Wien 2001.

Hofmann, Werner: Caspar David Friedrich. Naturwirklichkeit und Kunstwahrheit, München [2]2007.

–: Das Atelier. Courbets Jahrhundertbild, München 2010.

–: Die Moderne im Rückspiegel. Hauptwege der Kunstgeschichte, München 1998.

Hofmeister, Johannes (Hg.): Briefe von und an Hegel. Band I: 1785–1812, Hamburg 1952.

Holifield, E. Brooks: Theology in America. Christian Thought from the Age of the Puritans to the Civil War, New Haven/London 2003.

Hölscher, Lucian: Geschichte der protestantischen Frömmigkeit in Deutschland, München 2005.

Horn, Friedrich W. (Hg.): Paulus Handbuch, Tübingen 2013.

Hornemannn von Laer, David: Vom Geschöpf zum Schöpfer. Die Genesisfresken Michelangelos in der Sixtinischen Kapelle, Stuttgart 2009.

Hornig, Gottfried: Johann Salomo Semler. Studien zu Leben und Werk des Hallenser Aufklärungstheologen, Tübingen 1996.

Hösle, Vittorio: Eine kurze Geschichte der deutschen Philosophie. Rückblick auf den deutschen Geist, München 2013.

Huizinga, Johan: Erasmus. Eine Biographie (1958), Reinbek 1993.

–: Herbst des Mittelalters. Studien über Lebens- und Geistesformen des 14. und 15. Jahrhunderts in Frankreich und in den Niederlanden (1924), Stuttgart [16]2006.

–: Holländische Kultur im 17. Jahrhundert. Eine Skizze, München 2007.

Ignatius: An die Epheser, in: Die Apostolischen Väter. Griechisch–deutsche Parallelausgabe. Neu übersetzt und hg. von Andreas Lindemann und Henning Paulusen, Tübingen 1992, 178–190.

–: Polykarpmartyrium, in: Die Apostolischen Väter. Griechisch–deutsche Parallelausgabe.

Neu übersetzt und hg. von Andreas Lindemann und Henning Paulusen, Tübingen 1992, 260–285.

Ingold, Gert-Ludwig: Quantentheorie. Grundlagen der modernen Physik, München 2002.

Irenäus, Adversus Haereses: Gegen die Heiden. Übersetzt und eingeleitet von Norbert Brox, Freiburg 1995.

Iser, Wolfgang: Der implizite Leser. Kommunikationsformen des Romans von Bunyan bis Beckett, München 1972.

Jaeschke, Walter/Arndt, Andreas: Die Klassische Deutsche Philosophie nach Kant. Systeme der reinen Vernunft und ihre Kritik. 1785–1845, München 2012.

James, William: Die Vielfalt religiöser Erfahrung, Frankfurt/Leipzig 1997.

Jaspers, Karl: Die geistige Situation der Zeit. Neunter Abdruck der im Sommer 1932 bearbeiteten 5. Auflage, Berlin/New York 1999.

–: Die großen Philosophen (1957), München ⁸2007.

–: Nietzsche und das Christentum, München ³1985.

Jean Paul: Siebenkäs (1796), Stuttgart 2002.

Jeanrond, Werner G.: A Theology of Love, London 2010.

Jenkins, Philip: Jesus Wars. How Four Patriarchs, Three Queens, and Two Emperors Decided What Christians Would Believe for the Next 1,500 Years, New York 2010.

–: Das Goldene Zeitalter des Christentums. Die vergessene Geschichte der größten Weltreligion, Freiburg 2010.

Jenny, Markus: Art. Kirchenlied I, in: TRE 18, Berlin/New York 1989, 602–629.

Jensen, Jens Christian: Caspar David Friedrich. Leben und Werk, Köln 1999.

Jerouschek, Günter/Behringer, Wolfgang: Einleitung, in: Kramer, Hexenhammer, 9–97.

Joas, Hans: Die Sakralität der Person. Eine neue Genealogie der Menschenrechte, Berlin 2011.

–: Glaube als Option. Zukunftsmöglichkeiten des Christentums, Freiburg 2012.

Joas, Hans/Wiegandt, Hans (Hg.): Säkularisierung und die Weltreligionen, Frankfurt 2007.

Jonas, Hans: Wissenschaft als persönliches Erlebnis, Göttingen 1987.

Julius, Simon: Ralph Waldo Emerson in Deutschland, Berlin 1937.

Jung, Volker: Das Ganze der Heiligen Schrift. Hermeneutik und Schriftauslegung bei Abraham Calov, Stuttgart 1999.

Junker, Thomas/Paul, Sabine: Der Darwin Code. Die Evolution erklärt unser Leben, München 2009.

Justin: Apologie I. Übersetzt von Gerhard Rauschen, Kempten/München 1913.

Kähler, Martin: Der sogenannte historische Jesus und der geschichtliche, biblische Christus, München ⁴1969.

Kant, Immanuel: Beantwortung der Frage: Was ist Aufklärung?, in: Ders., Schriften zur

Anthropologie, Geschichtsphilosophie, Politik und Pädagogik 1. Werke XI, Frankfurt 1977, 53–65.

–: Die Religion innerhalb der Grenzen der bloßen Vernunft. Werke VIII, Frankfurt 1977.

–: Kritik der praktischen Vernunft. Werke VII, Frankfurt 1974.

–: Kritik der reinen Vernunft I. Werke III, Frankfurt 2000.

Kappeler, Andreas: Russland als Vielvölkerreich. Entstehung – Geschichte – Zerfall, München ²2008.

Karsten, Arne: Bernini. Der Schöpfer des barocken Rom, München 2007.

–: Kleine Geschichte Venedigs, München 2008.

Käsemann, Ernst: Das Problem des historischen Jesus, in: Ders., Exegetische Versuche und Besinnungen. Erster Band, Göttingen ⁴1965, 187–214.

Kasper, Walter: Das Verhältnis von Schrift und Tradition. Eine pneumatologische Perspektive, in: Verbindliches Zeugnis I. Kanon – Schrift – Tradition. Hg. von Wolfhart Pannenberg und Theodor Schneider, Freiburg/Göttingen 1992, 335–370.

Kaufmann, Thomas: Die Täufer. Von der radikalen Reformation zu den Baptisten, München 2019.

–: Erlöste und Verdammte. Eine Geschichte der Reformation, München ⁴2017.

–: Geschichte der Reformation, Frankfurt/Leipzig 2009.

–: Martin Luther, München 2006.

Keane, Patrick J.: Emily Dickinson's Approving God. Divine Design and the Problem of Suffering, Columbia 2008.

Keeble, Neil H.: Puritanism and Literature, in: John Coffey/Paul C. H. Lim (Hg.), The Cambridge Companion to Puritanism, Cambridge 2008, 309–324.

Keßler, Eckhard: Die Philosophie der Renaissance. Das 15. Jahrhundert, München 2008.

Kienzler, Klaus: Der religiöse Fundamentalismus. Christentum, Judentum, Islam, München ⁵2007.

King, Karen L.: What Is Gnosticism?, Cambridge/London 2003.

King, Ross: Michelangelo und die Fresken des Papstes, München 2009.

Kirchen- und Theologiegeschichte in Quellen III. Die Kirche im Zeitalter der Reformation. Ausgewählt und kommentiert von Heiko A. Obermann, Neukirchen ³1988.

Kircher, Athanasius: Musurgia universalis. Zwei Teile in einem Band. Mit einem Vorwort, Personen-, Orts- und Sachregister von Ulf Scharlau, Olms 1970.

Klauck, Hans-Josef: Die antike Briefliteratur und das Neue Testament. Ein Lehr- und Arbeitsbuch, Paderborn 1998.

–: Die apokryphe Bibel. Ein anderer Zugang zum frühen Christentum, Tübingen 2008.

Klein, Dietrich: Herman Samuel Reimarus (1694–1768). Das theologische Werk, Tübingen 2009.

Kleist, Heinrich von: Empfindungen vor Friedrichs Seelandschaft, in: Uerlings, Theorien, 283–284.

Klemm, Elisabeth: Die künstlerische Gestaltung der Handschriften, in: Pracht auf Pergament, 47–57.

Knutzen, Matthias: Schriften. Dokumente. Mit einer Einleitung hg. von Winfried Schröder, Stuttgart-Bad Canstatt 2010.

Koch, Dietrich-Alex: Geschichte des Urchristentums. Ein Lehrbuch, Göttingen 2013.

Kodalle, Klaus-Michael (Hg.): Fichtes Entlassung. Der Atheismusstreit vor 200 Jahren, Würzburg 1999.

Koerner, Joseph Leo: Caspar David Friedrich. Landschaft und Subjekt, München 1998.

Kohler, Alfred: Columbus und seine Zeit, München 2006.

–: Karl V. 1500–1558. Eine Biographie, München 2005.

Kohls, Ernst-Wilhelm: Die Theologie des Erasmus. Zwei Bände, Basel 1966.

Kollmann, Bernd: Einführung in die neutestamtentliche Zeitgeschichte, Darmstadt 2006.

Kollmar-Paulenz, Karénina: Die Mongolen. Von Dschingis Khan bis heute, München 2011.

Kolmer, Lothar: Abaelard. Vernunft und Leidenschaft, München 2008.

König, Johann Friedrich: Theologia positiva acroamatica (Rostock 1664). Hg. und übersetzt von Andreas Stegemann, Tübingen 2006.

Konrad, Franz-Michael: Geschichte der Schule. Von der Antike bis zur Gegenwart, München 2007.

Korn, Lorenz: Geschichte der islamischen Kunst, München 2008.

Korsch, Dietrich: Religionsbegriff und Gottesglaube, Tübingen 2005.

Koschorke, Albrecht: Die Heilige Familie und ihre Folgen, Frankfurt 2000.

Koschorke, Klaus/Ludwig, Frieder/Delgado, Mariano (Hg.): Außereuropäische Christentumsgeschichte. Asien, Afrika, Lateinamerika 1450–1990, Neukirchen 2004.

Köster, Helmut: Einführung in das Neue Testament, Berlin/New York 1980.

Kramer, Heinrich: Der Hexenhammer. Malleus Maleficarum, München ⁶2007.

Krauss, Heinrich: Das Paradies. Eine kleine Kulturgeschichte, München 2004.

Kristeller, Paul Oskar: Heidentum und Christentum, in: Ders., Humanismus und Renaissance I. Die antiken und mittelalterlichen Quellen. Hg. von Eckard Keßler, München 1974, 69–86.

–: Die Philosophie Marsilio Ficinos, Frankfurt 1972.

–: Platonismus in der Renaissance, in: Ders., Humanismus und Renaissance I. Die antiken und mittelalterlichen Quellen. Hg. von Eckard Keßler, München 1974, 50–68.

Krüger, Jürgen/Wallraff, Martin: Luthers Rom. Die Ewige Stadt in der Renaissance, Darmstadt 2010.

Krüger, Renate: Das Zeitalter der Empfindsamkeit. Kunst und Kultur des späten 18. Jahrhunderts in Deutschland, Wien/München 1972.

Kuhn, Thomas S.: Die Struktur wissenschaftlicher Revolutionen (1970), Frankfurt 1976.

Kulke, Hermann/Rothermund, Dietmar: Geschichte Indiens. Von der Induskultur bis heute, München 2006.

Küng, Hans: Das Christentum. Wesen und Geschichte, München 2007.

–: Der Anfang aller Dinge. Naturwissenschaft und Religion, München ³2007.

–: Existiert Gott? Antwort auf die Gottesfrage in der Neuzeit, München 1981.

–: Musik und Religion. Mozart – Wagner – Bruckner, München 2006.

Kunisch, Johannes: Friedrich der Große, München 2011.

Kurzke, Hermann: Georg Büchner. Geschichte eines Genies, München 2013.

–: Kirchenlied und Kultur, Tübingen 2010.

Küster, Hansjörg: Geschichte der Landschaft in Mitteleuropa. Von der Eiszeit bis zur Gegenwart, München 1995.

Laktanz: Von den Todesarten der Verfolger. Lateinisch–Deutsch. Übersetzt und eingeleitet von Alfons Städele, Turnhout 2003.

Lang, Bernhard: Himmel und Hölle. Jenseitsglaube von der Antike bis heute, München 2003.

Lange, Christian/Pinggéra, Karl (Hg.): Die altorientalischen Kirchen. Glaube und Geschichte, Darmstadt 2010.

Langmaack, Gerhard: Evangelischer Kirchenbau im 19. und 20. Jahrhundert. Geschichte – Dokumentation – Synopse, Kassel 1971.

Las Casas, Bartolomé de: Bericht von der Verwüstung der Westindischen Länder, hg. von Hans Magnus Enzensberger, Frankfurt 1981 (=Brevissima relación de la destrucción de las Indias occidentales).

Laube, Martin: Theologie und neuzeitliches Christentum, Tübingen 2006.

Lauer, Gerhard: Das Phantasma Rom und sein bürgerliches Fortleben. Zum Funktionswandel des Rombildes in der deutschen protestantischen Literatur des langen 19. Jahrhunderts, in: Wallraff/Matheus/Lauster (Hg.), Rombilder, 182–202.

Lauster, Jörg: Charmelose Kunst. Die Autonomie der Kunst als Selbstbanalisierung?, in: Erne/Schüz, Charme, 159–174.

–: Die Erlösungslehre Marsilio Ficinos, Berlin/New York 1998.

–: Die ewige Stadt und das Heilige. Liberale Protestanten in Rom, in: Wallraff/Matheus/ Lauster (Hg.), Rombilder, 121–134.

–: Prinzip und Methode. Die Transformation des protestantischen Schriftprinzips durch die historische Kritik von Schleiermacher bis zur Gegenwart, Tübingen 2004.

Le Tonnelier de Bretuel, Gabrielle-Émilie, Marquise du Châtelet-Lomond: Examens de la Bible, édités et annotés par Bertram Eugene Schwarzbach, Paris 2011.

Lehmann, Hartmut: Das Christentum im 20. Jahrhundert: Fragen, Probleme, Perspektiven, Leipzig 2012.

Lehmann, Max: Preussen und die katholische Kirche seit 1640. Nach den Acten des Geheimen Staatsarchives, 2. Theil. 1740–1747, Leipzig 1881. (Zugriff: http://www.archive.org/stream/preussenunddiek06grangoog#page/n25/mode/2up)

Leibniz, Gottfried Wilhelm: Die Theodizee von der Güte Gottes, der Freiheit des Menschen und dem Ursprung des Übels I. Philosophische Schriften 2.1., Frankfurt 1996.

Leinkauf, Thomas: Mundus combinatus. Studien zur Struktur der barocken Universalwissenschaft am Beispiel Athanasius Kircher SJ (1602–1680), Berlin 1993.

Lemberg, Margret: Die Universität Marburg im Königreich Westfalen, in: Andreas Hedwig/Klaus Malettke/Karl Murk (Hg.), Napoleon und das Königreich Westphalen. Herrschaftssystem und Modellstaatspolitik, Marburg 2008, 223–238.

Leonhard, Kurt: Dante in Selbstzeugnissen und Bilddokumenten (1970), Reinbek [11]2005.

León-Portilla, Miguel: Bernardino de Sahagún, Madrid 1987.

Lepore, Jill: Diese Wahrheiten: Eine Geschichte der Vereinigten Staaten von Amerika. Aus dem Englischen übersetzt von Werner Roller, München [3]2020.

Leppin, Volker: Geschichte des mittelalterlichen Christentums, Tübingen 2012.

–: Martin Luther, Darmstadt 2006.

–: Thomas von Aquin, Münster 2009.

–: Wilhelm von Ockham. Gelehrter – Streiter – Bettelmönch, Darmstadt [2]2012.

Leskow, Nikolai: Am Ende der Welt. Erzählung, München [2]1997.

Li, Wenchao: Die christliche China-Mission im 17. Jahrhundert. Verständnis, Unverständnis, Missverständnis. Eine geistesgeschichtliche Studie zum Christentum, Buddhismus und Konfuzianismus, Stuttgart 2000.

Lightbown, Ronald: Botticelli. Leben und Werk, München 1989.

Lips, Herman von: Der neutestamentliche Kanon. Seine Geschichte und Bedeutung, Zürich 2004.

Locher, Gottfried W.: Die Zwinglische Reformation im Rahmen der Europäischen Kirchengeschichte, Göttingen 1979.

Loisy, Alfred: Das Evangelium und die Kirche, München 1904.

Luchinat, Cristina Acidini: Michelangelo pittore, Mailand 2007.

Lüdemann, Gerd: Das Wissenschaftsverständnis der Religionsgeschichtlichen Schule im Rahmen des Kulturprotestantismus, in: H.-M. Müller (Hg.), Kulturprotestantismus. Beiträge zu einer Gestalt des modernen Christentums, Gütersloh 1992, 78–107.

–: Die Religionsgeschichtliche Schule und ihre Konsequenzen, beide Aufsätze in: H.-M. Müller (Hg.), Kulturprotestantismus. Beiträge zu einer Gestalt des modernen Christentums, Gütersloh 1992, 311–337.

Ludolphy, Ingetraut: Friedrich der Weise. Kurfürst von Sachsen 1463–1525, Göttingen 1984.

Lütgert, Wilhelm: Die Religion des deutschen Idealismus und ihr Ende I. Die religiöse Krise des deutschen Idealismus, Gütersloh 1923.

Luther, Martin: Abhandlung über die christliche Freiheit, in: Ders., Lateinisch–deutsche Studienausgabe. Band 2, Leipzig 2006, 101–185.

–: An den christlichen Adel deutscher Nation von des Christlichen standes besserung, in: Martin Luthers Werke, WA 6, Weimar 1888, 381–470.

–: Assertio omnium articulorum Martini Lutheri per bullam Leonis X. novissimam damnatorum, in: Ders., Lateinisch–deutsche Studienausgabe. Band 1, Leipzig 2006, 71–217.

–: Vom unfreien Willensvermögen, in: Ders., Lateinisch–deutsche Studienausgabe. Band 1, Leipzig 2006, 219–661.

–: Von der Babylonischen Gefangenschaft der Kirche, in: Ders., Lateinisch–deutsche Studienausgabe. Band 3, Leipzig 2009, 173–375.

–: Wider Hans Worst, in: Martin Luthers Werke, WA 51, Weimar 1914, 461–572.

Luz, Ulrich / Michaels, Axel: Jesus oder Buddha. Leben und Lehre im Vergleich, München 2002.

Maalouf, Amin: Der Heilige Krieg der Barbaren, München 1996.

MacCulloch, Diarmaid: A History of Christianity. The First Three Thousand Years, London 2010.

–: Die Reformation 1490–1700, München 2010.

MacMullen, Ramsay: Christianity and Paganism in the Forth to Eighth Centuries, New Haven / London 1997.

–: Christianizing the Roman Empire (A. D. 100–400), New Haven / London 1984.

Madariaga, Salvador de: Cortés. Eroberer Mexikos, München 1984.

–: Kolumbus. Entdecker neuer Welten, München / Zürich 1966.

Maddox, John: Was zu entdecken bleibt. Über die Geheimnisse des Universums, den Ursprung des Lebens und die Zukunft der Menschheit, Frankfurt 2002.

Maier, Hans: Revolution und Kirche. Zur Frühgeschichte der Christlichen Demokratie, München 2006.

Mandelkow, Karl Robert (Hg.): Goethe im Urteil seiner Kritiker. Wirkungsgeschichte Goethes in Deutschland. Vier Bände, München 1975–1984.

–: Goethe in Deutschland. Rezeptionsgeschichte eines Klassikers. 2 Bände, München 1980–1989.

Mann, Thomas: Buddenbrooks. Verfall einer Familie, Frankfurt 1987.

–: Der Zauberberg, Frankfurt 1986.

–: Doktor Faustus. Das Leben des deutschen Tonsetzers Adrian Leverkühn, erzählt von einem Freunde, Frankfurt 2005.

–: Über mich selbst, Frankfurt ⁶2010.

Manselli, Raoul: Franziskus. Der solidarische Bruder, Zürich / Einsiedeln / Köln 1984.

Markschies, Alexander: Brunelleschi, München 2011.

Markschies, Christoph: Die Gnosis, München 2001.

–: Gibt es eine ‹Theologie der gotischen Kathedrale›?, Heidelberg 1995.

–: Kaiserzeitliche christliche Theologie und ihre Institutionen. Prolegomena zu einer Geschichte der antiken christlichen Theologie, Tübingen 2007.

–: Warum hat das Christentum in der Antike überlebt? Ein Beitrag zum Gespräch zwischen Kirchengeschichte und Systematischer Theologie, Leipzig 2004.

–: Zwischen den Welten wandern. Strukturen des antiken Christentums, Frankfurt ²2001.

Marrou, Henri-Irénée: Augustinus und das Ende der antiken Bildung, Paderborn 1982.

Marsden, George M.: Fundamentalism and American Culture. The Shaping of Twentieth-Century Evangelicalism 1870–1925, Oxford 1980.

Martin, David: Tongues of Fire. The Explosion of Protestantism in Latin America, Oxford / Cambridge 1993.

Martin, Gerhard Marcel: Werdet Vorübergehende. Das Thomasevangelium zwischen Alter Kirche und New Age, Stuttgart 1988.

Marx, Karl: Zur Kritik der Hegelschen Rechtsphilosophie, in: Karl Marx / Friedrich Engels, MEW 1, Berlin 1961, 378–391.

Marx, Karl / Engels, Friedrich: Die deutsche Ideologie, MEW 3, Berlin 1962.

–: Manifest der kommunistischen Partei, Stuttgart 2011.

May, Gerhard: Das Marburger Religionsgespräch 1529, Gütersloh 1970.

May, Gerhard / Greschat, Katharina (Hg.): Marcion und seine kirchengeschichtliche Wirkung. Marcion and his impact on Church History, Berlin / New York 2002.

Mayer, Hans Eberhard: Geschichte der Kreuzzüge. Neunte, verbesserte und erweiterte Auflage, Stuttgart 2000.

McGinn, Bernard: Die Mystik im Abendland, Band 1–4, Freiburg 1994–2008.

McIntosh, James: Nimble Believing. Dickinson and the Unknown, Ann Arbor 2000.

McLeod, Hugh: Secularisation in Western Europe 1848–1914, Basingstoke / London 2000.

McPerson, James M.: Für die Freiheit sterben. Die Geschichte des amerikanischen Bürgerkriegs, München 1992.

Meffert, Ekkehard: Die Zisterzienser und Bernhard von Clairvaux. Ihre spirituellen Impulse und die Verschristlichung der Erde Europas, Altenburg 2010.

Meier, Heinrich: Nietzsches Vermächtnis. Ecce Homo und Der Antichrist. Zwei Bücher über Natur und Politik, München 2019.

–: Über das Glück des philosophischen Lebens. Reflexionen zu Rousseaus Rêveries, München 2011.

Meier, Johannes (Hg.): Sendung – Eroberung – Begegnung. Franz Xaver, die Gesellschaft Jesu und die katholische Weltkirche im Zeitalter des Barock, Wiesbaden 2005.

Meier, Mischa: Das andere Zeitalter Justinians. Kontingenzerfahrung und Kontingenzbewältigung im 6. Jahrhundert n. Chr., Göttingen 2003.

–: Geschichte der Völkerwanderung. Europa, Asien und Afrika vom 3. bis zum 8. Jahrhundert n. Chr., München ²2020.

–: Justinian. Herrschaft, Reich und Religion, München 2004.

Melanchthon, Philipp: De potestate et primatu papae tractatus (1537), in: Die Bekenntnisschriften der evangelisch-lutherischen Kirche. Hg. im Gedenkjahr der Augsburgischen Konfession 1930, Göttingen ¹⁰1986, 471–498.

–: Loci Communes 1521. Lateinisch–Deutsch. Übersetzt von Horst Georg Pöhlmann, Gütersloh ²1997.

–: Loci praecipui theologici von 1559 (1. Teil), in: Melanchthons Werke in Auswahl. Hg. von Robert Stupperich, Gütersloh 1978, 186–388.

Melville, Gert: Die Welt der mittelalterlichen Klöster. Geschichte und Lebensformen, München 2012.

Melville, Herman: Moby-Dick. Ed. Harrison Hayford, Evanston / Chicago 1988.

Menninghaus, Winfried: Ekel. Theorie und Geschichte einer starken Empfindung, Frankfurt 2002.

Meßmer, Reinhard: Einführung in die Liturgiewissenschaft, Paderborn 2001.

Meyer zur Capellen, Jürg: Raffael, München 2010.

Meyer, Thomas: Was ist Fundamentalismus? Eine Einführung, Wiesbaden 2011.

Möhring, Hannes: Saladin. Der Sultan und seine Zeit, München 2005.

(Die) Mönche des Kublai Khan. Die Reise der Pilger Mar Yahballaha und Rabban Sauma nach Europa. Hg. und übersetzt von Alexander Toepel, Darmstadt 2008.

Monod, Jacques: Zufall und Notwendigkeit. Philosophische Fragen der modernen Biologie, München ⁶1983.

Mozart, Wolfgang Amadeus: Briefe. Ausgewählt und hg. von Stefan Kunze, Stuttgart 2005.

Mühlegger, Florian: Hugo Grotius. Ein christlicher Humanist in politischer Verantwortung, Berlin / New York 2007.

Mühlenberg, Ekkehard (Hg.): Die Konstantinische Wende, Gütersloh 1998.

Müller, Ludolf: Dostojewskij. Sein Leben. Sein Werk. Sein Vermächtnis, München 1982.

Mulsow, Martin: Prekäres Wissen. Eine andere Ideengeschichte der Frühen Neuzeit, Berlin 2012.

Mulsow, Martin / Rohls, Jan: Socinianism and Arminianism. Antitrinitarians, Calvinists, and cultural exchange in seventeenth-century Europe, Leiden 2005.

Münkler, Herfried: Die Deutschen und ihre Mythen, Reinbek 2010.

Musil, Robert: Die Verwirrungen des Zöglings Törleß, Reinbek bei Hamburg 1963.

Neiman, Susan: Das Böse denken. Eine andere Geschichte der Philosophie, Frankfurt 2004.

Nesselrath, Arnold: Raphael's School of Athens, in: Ders., Raphael's School of Athens, Recent Restorations of the Vatican Museums, Volume I, hg. von Allen Duston, Vatican 1997, 9–25.

Neuner, Peter: Der Streit um den katholischen Modernismus, Frankfurt/Leipzig 2009.

–: Ökumenische Theologie. Die Suche nach der Einheit der christlichen Kirchen, Darmstadt 1997.

Neuser, Wilhelm H.: Prädestination, in: Selderhuis, Calvin-Handbuch, 307–317.

Neutestamentliche Apokryphen in deutscher Übersetzung. Hrsg. von Wilhelm Schneemelcher. Band I: Die Evangelien, Tübingen ⁶1990. Band II: Apostolisches, Apokalypsen und Verwandtes, Tübingen ⁵1989.

Niehr, Klaus: Die Kunst des Mittelalters. Band II: 1200 bis 1500, München 2009.

Nietzsche, Friedrich: Der Antichrist, in: Ders., Kritische Studienausgabe 6. Hg. von Giorgio Colli und Mazzino Montinari, München/Berlin/New York 1999, 165–254.

–: Die fröhliche Wissenschaft, in: Ders., Kritische Studienausgabe 3. Hg. von Giorgio Colli und Mazzino Montinari, München/Berlin/New York 1999, 343–651.

–: Morgenröthe, in: Ders., Kritische Studienausgabe 3. Hg. von Giorgio Colli und Mazzino Montinari, München/Berlin/New York 1999, 9–331.

–: Unzeitgemäße Betrachtungen I. David Strauss. Der Bekenner und der Schriftsteller, in: Ders., Kritische Studienausgabe 1. Hg. von Giorgio Colli und Mazzino Montinari, München/Berlin/New York 1999, 157–242.

–: Vom Nutzen und Nachteil der Historie für das Leben, in: Ders., Kritische Studienausgabe 1, Berlin/New York 1999, 243–334.

–: Zur Genealogie der Moral, in: Ders., Kritische Studienausgabe 5. Hg. von Giorgio Colli und Mazzino Montinari, München/Berlin/New York 1999, 245–412.

Niggli, Ursula (Hg.): Peter Abaelard. Leben – Werk – Wirkung, Freiburg 2003.

Nipperdey, Thomas: Deutsche Geschichte. 1866–1918 Band II. Machtstaat vor der Demokratie, München 1998.

–: Deutsche Geschichte 1866–1918. Band I. Arbeitswelt und Bürgergeist, München 1998.

–: Deutsche Geschichte. 1800–1866. Bürgerwelt und starker Staat, München 1998.

Noll, Thomas: Die Landschaftsmalerei von Caspar David Friedrich, München/Berlin 2006.

Noth, Albrecht: Früher Islam, in: Ulrich Haarmann/Heinz Halm (Hg.), Geschichte der arabischen Welt, München ⁵2004, 11–100.

Novalis: Die Christenheit oder Europa, in: Ders., Werke, 499–518.

–: Fragmente und Studien 1797–98, in: Ders., Werke, 375–414.

–: Hymnen an die Nacht, in: Ders., Werke, 41–53.

–: Werke. Hg. und kommentiert von Gerhard Schulz, München ⁴2001.

Nowak, Kurt: Der erste christliche Kaiser. Konstantin der Große und das ‹Konstantinische Zeitalter› im Widerstreit der neueren Kirchengeschichte, in: Mühlenberg, 186–233.

–: Geschichte des Christentums in Deutschland. Religion, Politik und Gesellschaft vom Ende der Aufklärung bis zur Mitte des 20. Jahrhunderts, München 1995.

–: Schleiermacher. Leben, Werk und Wirkung, Göttingen 2001.

Oberdorfer, Bernd: «Die geheime Kraft, vor Gott und Menschen angenehm zu machen». Lessings «Nathan der Weise» und die Humanisierung der Religionen, in: Jan Rohls/ Gunther Wenz (Hg.): Protestantismus und deutsche Literatur, Göttingen 2004, 107–124.

–: Albrecht Ritschl. Die Wirklichkeit des Gottesreiches, in: Peter Neuner/Gunther Wenz (Hg.), Theologen des 19. Jahrhunderts. Eine Einführung, Darmstadt 2002, 183–203.

–: Filioque. Geschichte und Theologie eines ökumenischen Problems, Göttingen 2001.

–: Was sucht ihr den Lebendigen bei den Toten?, KuD 46 (2000), 225–240.

Oberhuber, Konrad: Raffael. Das malerische Werk, München/London/New York 1999.

–: Raphaels ‹Transfiguration›. Stil und Bedeutung, Stuttgart 1982.

Olson, Oliver K.: Matthias Flacius and the Survival of Luther's Reform, Wiesbaden 2002.

Oltmer, Jochen: Globale Migration. Geschichte und Gegenwart, München 2012.

Onasch, Konrad: Die alternative Orthodoxie. Utopie und Wirklichkeit im russischen Laienchristentum des 19. und 20. Jahrhunderts, Paderborn 1993.

–: Dostojewski als Verführer. Christentum und Kunst in der Dichtung Dostojewskis. Ein Versuch, Zürich 1961.

Origenes: Gegen Celsus. II. Teil. Übersetzt von Paul Koetschau, München 1927.

–: Vier Bücher von den Prinzipien. Hg., übersetzt und mit kritischen und erläuternden Anmerkungen versehen von Heinrich Görgemanns und Heinrich Karpp, Darmstadt ³1992.

Osterhammel, Jürgen: Die Verwandlung der Welt. Eine Geschichte des 19. Jahrhunderts, München ³2009.

–: Kolonialismus. Geschichte – Formen – Folgen, München ⁶2009.

–: Sklaverei und die Zivilisation des Westens, München ²2009.

Osthövener, Claus-Dieter: Erlösung. Transformationen einer Idee im 19. Jahrhundert, Tübingen 2004.

Ott, Karl-Heinz: Tumult und Grazie. Über Georg Friedrich Händel, Hamburg ²2009.

Otto, Rudolf: Das Heilige. Über das Irrationale in der Idee des Göttlichen und sein Verhältnis zum Rationalen. Neuausgabe mit einem Nachwort von Hans Joas, München 2014.

–: Der neue Aufbruch des Sensus Numinis bei Schleiermacher, in: Ders., Sünde und Urschuld und andere Aufsätze zur Theologie, München 1932, 123–139.

–: Kommentar, in: Schleiermacher, Reden (jeweils zur Stelle paginiert).

–: Naturalistische und religiöse Weltansicht, Tübingen ³1929.

–: Rabindranath Tagore's Bekenntnis, Tübingen 1931.

Overbeck, Franz: Christentum und Kultur. Gedanken und Anmerkungen zur modernen Theologie. Aus dem Nachlass hg. von Carl Albrecht Bernoulli, Darmstadt 1963.

Pächt, Otto: Buchmalerei des Mittelalters, München [4]2000.

Padberg, Lutz E. von: Bonifatius. Missionar und Reformer, München 2003.

–: Die Christianisierung Europas im Mittelalter, Stuttgart [2]2009.

Pagels, Elaine: Satans Ursprung, Berlin 1996.

Paley, William: Natural Theology (1802). Edited by Matthew D. Eddy and David Knight, Oxford 2008.

Pannenberg, Wolfhart: Die Aufnahme des philosophischen Gottesbegriffs als dogmatisches Problem der frühchristlichen Theologie, in: Ders., Grundfragen systematischer Theologie, Göttingen [3]1979, 296–346.

–: Systematische Theologie. Band 1, Göttingen 1988.

–: Systematische Theologie. Band 2, Göttingen 1991.

–: Theologie und Philosophie. Ihr Verhältnis im Lichte ihrer gemeinsamen Geschichte, Göttingen 1996.

Panofsky, Erwin: Abt Suger von St. Denis, in: Ders., Sinn und Deutung in der bildenden Kunst, Köln 2002, 125–166.

–: Die neuplatonische Bewegung und Michelangelo, in: Ders., Studien zur Ikonologie. Humanistische Themen in der Kunst der Renaissance, Köln 1980, 251–329.

–: Die Renaissancen der europäischen Kunst, Frankfurt 1990.

–: Die Sixtinische Decke, Leipzig 1921.

Papst Johannes Paul II.: Allgemeines Gebet/Schuldbekenntnis und Vergebungsbitte. Sieben Vergebungsbitten aus einem Gottesdienst in Rom, 12. März 2000, in: epd-Dokumentationen 18 (Frankfurt 2000).

Paulus Diaconus: Geschichte der Langobarden. Historia Langobardorum. Hg. und übersetzt von Wolfgang F. Schwarz, Darmstadt 2009.

(Die) Peinliche Gerichtsordnung Karls V. und des Heiligen Römischen Reichs von 1532 (Carolina). Hg. und erläutert von Friedrich-Christian Schroeder, Stuttgart 2000.

Perler, Dominik: René Descartes, München [2]2006.

Petrarca, Francesco: Canzoniere. Italienisch–Deutsch, Basel/Frankfurt [2]1990.

–: De sui ipsius et multorum ignorantia. Über seine und vieler anderer Unwissenheit. Hg. und eingeleitet von August Buck. Lateinisch–Deutsch, Hamburg 1993.

–: Die Besteigung des Mont Ventoux, Lateinisch–Deutsch. Übersetzt und hg. von K. Steinemann, Stuttgart 1995.

–: Familiaria. Bücher der Vertraulichkeiten. Band 1, Buch 1–12. Hg. von Berthe Widmer, Berlin/New York 2005.

–: Familiaria. Bücher der Vertraulichkeiten. Band 2, Buch 13–24. Hg. von Berthe Widmer, Berlin/New York 2009.

–: Heilmittel gegen Glück und Unglück. De remediis utriusque fortunae. Lateinisch–deutsche Ausgabe in Auswahl übersetzt und kommentiert von Rudolf Schottlaender. Hg. von Eckhard Keßler, München 1988.

Petrus Lombardus [Magistri Petri Lombardi]: Sententiae in IV libris distinctae. Drei Bände, Grottaferrata 1971–1981.

Pfeiffer, Heinrich W.: Die Sixtinische Kapelle neu entdeckt, Stuttgart 2007.

Pfeiffer, Heinrich: Zur Ikonographie von Raffaels Disputa. Egidio da Viterbo und die christlich-platonische Konzeption der Stanza della Segnatura, Rom 1975.

Pfister, Oskar: Einwände gegen Freuds Religionskritik, in: Hoerster, Norbert (Hg.), Glaube und Vernunft. Texte zur Religionsphilosophie, Stuttgart 1988, 185–197 (Auszug aus Oskar Pfister, Die Illusion einer Zukunft).

Pfisterer, Ulrich: Die Sixtinische Kapelle, München 2013.

–: Raffael. Glaube, Liebe, Ruhm, München 2019.

Pico della Mirandola: Über die Würde des Menschen. Lateinisch–Deutsch. Hg. und eingeleitet von August Buck, Hamburg 1990.

Pinggéra, Karl: Die Apostolische Kirche des Ostens der Assyrer, in: Lange/Pinggéra, Die altorientalischen Kirchen, 21–40.

–: Die Armenisch-Apostolische Kirche, in: Lange/Pinggéra, Die altorientalischen Kirchen, 51–63.

Plasger, Georg: Johannes Calvins Theologie – Eine Einführung, Göttingen 2008.

Plath, Carl Heinrich Christian: Die Bedeutung der Atlantik–Pazifik–Eisenbahn fuer das Reich Gottes, Berlin 1871.

Popplow, Marcus: Technik im Mittelalter, München 2010.

Pracht auf Pergament. Schätze der Buchmalerei von 780 bis 1180. Bayerische Staatsbibliothek. Ausstellungskatalog Nr. 86. Hg. von Claudia Fabian und Christiane Lange, München 2012.

Preaching Wisdom to the Wise. Three Treatises by Roberto de Nobili, S. J. Missionary, Scholar and Saint in the 17th Century India. Translated and introduced by Anand Amaladass, S. J. and Francis X. Clooney, S. J., Chennai 2005.

Prinz, Friedrich: Kelten, Römer und Germanen. Deutschlands Frühgeschichte, München 2004.

Prokop: Bauten. Griechisch–Deutsch. Hg. von Otto Veh, München 1977.

Quellen zum Investiturstreit. Erster Teil. Ausgewählte Briefe Papst Gregors VII. Übersetzt von Franz-Josef Schmale, Darmstadt 1978 (Dictatus Papae).

Rader, Olaf B.: Friedrich II. Der Sizilianer auf dem Kaiserthron. Eine Biographie, München ^{4}2012.

Rahner, Karl: Kleiner theologischer Traktat über den Ablass, in: Ders., Schriften zur Theologie VIII, Einsiedeln 1967, 472–487.

Ramdohr, Friedrich Wilhelm Basilius von: Über ein zum Altarblatte bestimmtes Landschaftsgemälde von Herrn Friedrich in Dresden, und über Landschaftsmalerei, Allegorie und Mystizismus überhaupt, in: Caspar David Friedrich, Was die fühlende Seele sucht. Briefe und Bekenntnisse. Hg. von Sigrid Hinz, Berlin 1968, 121–147.

Ratner-Rosenhagen, Jennifer: American Nietzsche. A History of an Icon and his Ideas, Chicago/London 2012.

Reed, Terence J.: Mehr Licht in Deutschland. Eine kleine Geschichte der Aufklärung, München 2009.

Rees, Martin: Das Rätsel unseres Universums. Hatte Gott eine Wahl?, München 2006.

Rehm, Ulrich: Botticelli. Der Maler und die Medici. Eine Biographie, Stuttgart 2009.

Reichardt, Rolf E.: Das Blut der Freiheit. Französische Revolution und demokratische Kultur, Frankfurt 1998.

Reimarus, Hermann Samuel: Apologie oder Schutzschrift für die vernünftigen Verehrer Gottes. 2 Bände. Hg. von Gerhard Alexander, Frankfurt 1972.

–: Unmöglichkeit einer Offenbarung, die alle Menschen auf eine gegründete Art glauben können, in: Gotthold Ephraim Lessing, Werke VII. Theologiekritische Schriften I und II. Hg. von Herbert G. Göpfert, München 1976, 344–388.

–: Von dem Zwecke Jesu und seiner Jünger, in: Gotthold Ephraim Lessing, Werke VII. Theologiekritische Schriften I und II. Hg. von Herbert G. Göpfert, München 1976, 496–604.

Reinalter, Helmut: Joseph II. Reformer auf dem Kaiserthron, München 2011.

Reinhard, Wolfgang: Die Unterwerfung der Welt. Globalgeschichte der europäischen Expansion 1415–2015, München ⁴2018.

–: Lebensformen Europas. Eine historische Kulturanthropologie, München 2004.

Reinhardt, Volker: Der Göttliche. Das Leben des Michelangelo. Biographie, München 2010.

–: Die Tyrannei der Tugend. Calvin und die Reformation in Genf, München 2009.

Rendtorff, Trutz: Kirche und Theologie. Die systematische Funktion des Kirchenbegriffs in der neueren Theologie, Gütersloh 1966.

Reudenbach, Bruno: Die Kunst des Mittelalters. Band I: 800–1200, München 2008.

Reventlow, Henning Graf: Epochen der Bibelauslegung. Band IV. Von der Aufklärung bis zum 20. Jahrhundert, München 2001.

Rich, Arthur: Die Anfänge der Theologie Zwinglis, Zürich 1949.

Richardson, Robert D.: Emerson. The Mind on Fire, Berkeley/Los Angeles/London 1995.

Riché, Pierre: Die Karolinger. Eine Familie formt Europa, Düsseldorf 2003.

Richetti, John (Hg.): The Cambridge Companion to Daniel Defoe, Cambridge 2008.

Ricken, Friedo: Das Homoousios von Nikaia als Krisis des altchristlichen Platonismus, in: Bernhard Welte (Hg.), Zur Frühgeschichte der Christologie. Ihre biblischen Anfänge und die Lehrformel von Nikaia, Freiburg/Basel/Wien 1970, 74–99.

Riese, Berthold: Das Reich der Azteken. Geschichte und Kultur, München 2011.

Riesebrodt, Martin: Cultus und Heilsversprechen. Eine Theorie der Religionen, München 2007.

–: Die Rückkehr der Religionen. Fundamentalismus und der «Kampf der Kulturen», München 2000.

–: Religion zwischen Aufgeklärtheit und Aufklärungsresistenz, in: Ulrich Barth / Christian Danz / Wilhelm Gräb / Friedrich Wilhelm Graf (Hg.), Aufgeklärte Religion und ihre Probleme. Schleiermacher – Troeltsch – Tillich, Berlin / Boston 2013, 3–25.

Rietschel, Georg: Die Aufgabe der Orgel im Gottesdienste bis in das 18. Jahrhundert, Hildesheim / New York ²1971 (Nachdruck Leipzig 1893).

Riley-Smith, Jonathan: Art. Kreuzzüge, in: TRE 20, Berlin / New York 1990, 1–10.

–: Wozu heilige Kriege? Anlässe und Motive der Kreuzzüge, Berlin 2003.

Ritter, Adolf Martin: Dogma und Lehre in der Alten Kirche, in: Handbuch der Dogmengeschichte. Band I. Die Lehrentwicklung im Rahmen der Katholizität. Hg. von Carl Andresen, Göttingen ²1999, 99–221.

Ritter, Joachim: Landschaft. Zur Funktion des Ästhetischen in der modernen Gesellschaft (1963), in: Ders., Metaphysik und Politik. Erweiterte Neuausgabe, Frankfurt 2003, 407–441.

Ritter, Joachim-Friedrich: Einleitung, in: Spee, Cautio Criminalis, VII–XXXIII.

Rob, Klaus: Die Ausnahme von der Säkularisation: Geistliches Fürstentum unter Karl Theodor von Dalberg, in: Decot, Säkularisation, 107–119.

Roeck, Bernd: Der Morgen der Welt: Geschichte der Renaissance, München 2017.

Röd, Wolfgang: Bendictus de Spinoza. Eine Einführung, Stuttgart 2002.

–: Der Gott der reinen Vernunft. Ontologischer Gottesbeweis und rationalistische Philosophie, München 2009.

Rohls, Jan: Darwin und die Theologie. Zwischen Kritik und Adaption, in: Kurt Bayertz, Myriam Gerhard, Walter Jaeschke (Hg.), Weltanschauung, Philosophie und Naturwissenschaft im 19. Jahrhundert. Band 2, Der Darwinismus-Streit, Hamburg 2007, 107–131.

–: Philosophie und Theologie in Geschichte und Gegenwart, Tübingen 2002.

–: Protestantische Theologie der Neuzeit I–II. Zwei Bände, Tübingen 1997.

–: Rembrandt und der niederländische Protestantismus, in: Kerygma und Dogma 52 (2006), 198–224.

–: Schleiermacher und die wissenschaftliche Kultur des Christentums, Berlin 2009.

–: Theologie und Metaphysik. Der ontologische Gottesbeweis und seine Kritiker, Gütersloh 1987.

–: Tolstoj und das Christentum, in: Zeitschrift für Theologie und Kirche 108 (2011), 165–201.

–: Van Gogh und die religiöse Expression, in: Zeitschrift für Theologie und Kirche 102 (2005), 504–531.

–: Zwischen Bildersturm und Kapitalismus. Der Beitrag des reformierten Protestantismus zur Kulturgeschichte Europas, Wuppertal 1999.

Roloff, Jürgen: Die Kirche im Neuen Testament, Göttingen 1993.

Roper, Lyndal: Hexenwahn. Geschichte einer Verfolgung, München 2007.

–: Der Mensch Martin Luther: Die Biographie. Aus dem Englischen übersetzt von Holger Fock und Sabine Müller, Frankfurt ⁴2016.

Rosen, Klaus: Die Völkerwanderung, München 2002.

–: Julian. Kaiser, Gott und Christenhasser, Stuttgart 2006.

Roskoff, Gustav: Geschichte des Teufels. Eine kulturhistorische Satanologie von den Anfängen bis ins 18. Jahrhundert (1869), Zwei Bände, Nördlingen 1987.

Rössler, Dietrich: Grundriss der Praktischen Theologie, Berlin/New York 1986.

–: Positionelle und kritische Theologie (1970), in: Ders., Überlieferung und Erfahrung. Hg. von Christian Albrecht und Martin Weeber, Tübingen 2006, 140–156.

Rousseau, Jean Jacques: Abhandlung über den Ursprung und die Grundlagen der Ungleichheit unter den Menschen, Stuttgart 1998.

–: Emile oder Über die Erziehung, Stuttgart 2006.

–: Vom Gesellschaftsvertrag oder Grundsätze des Staatsrechts, Stuttgart 2008.

–: Träumereien eines einsamen Spaziergängers, Stuttgart 2003.

Rudolph, Ulrich: Islamische Philosophie. Von den Anfängen bis zur Gegenwart, München ³2013.

Rüegg, Walter (Hg.): Geschichte der Universität in Europa. Band I. Mittelalter, München 1993.

Ruh, Kurt: Geschichte der abendländischen Mystik. Band 1–4, München 1990–1996.

Ruh, Ulrich: Der Begriff Säkularisation und seine Geschichte, in: Decot, Säkularisation, 1–11.

Rupp, Walter: Friedrich von Spee. Dichter und Kämpfer gegen den Hexenwahn, Kevelaer 2006.

Safranski, Rüdiger: Goethe. Kunstwerk des Lebens, München 2013.

–: Nietzsche. Biographie seines Denkens, Frankfurt 2002.

–: Romantik. Eine deutsche Affäre, München 2007.

–: Schiller oder Die Erfindung des deutschen Idealismus, München/Wien 2004.

–: Schopenhauer und Die wilden Jahre der Philosophie, Frankfurt ²2002.

Sáhagun: Aus der Welt der Azteken. Die Chronik des Fray Bernardino de Sahagún. Ausgewählt und mit einem Nachwort versehen von Claus Litterscheid, Frankfurt 1989 (=Historia general de las cosas de Nueva España).

Sanders, E. P.: Paulus. Eine Einführung, Stuttgart 1995.

Sando, Joe D.: The Pueblo Revolt, in: Ders./Agoyo, Herman, Po'Pay, 5–53.

Sando, Joe D./Agoyo, Herman: Po'Pay. Leader of the First American Revolution, Santa Fe 2005.

Sarnowsky, Jürgen: Die Johanniter. Ein geistlicher Ritterorden in Mittelalter und Neuzeit, München 2011.

–: Die Templer, München 2009.

Sauerländer, Willibald: Der katholische Rubens. Heilige und Märtyrer, München 2011.

Schapp, Wilhelm: In Geschichten verstrickt. Zum Sein von Mensch und Ding, Hamburg 1953.

Schärf, Christian: Goethes Ästhetik. Eine Genealogie der Schrift, Stuttgart/Weimar 1994.

Scharlau, Ulf: Athanasius Kircher (1601–1680) als Musikschriftsteller. Ein Beitrag zur Musikanschauung des Barock, Marburg 1969.

Schäufele, Wolf-Friedrich: Christoph Matthäus Pfaff und die Kirchenunionsbestrebungen des Corpus Evangelicorum, Mainz 1998.

–: Der «Pessimismus» des Mittelalters, Akademie der Wissenschaften und der Literatur. Abhandlungen der Geistes- und sozialwissenschaftlichen Klasse. Jahrgang 2007, Nr. 7, Mainz 2006.

– (Hg.): Die Marburger Artikel als Zeugnis der Einheit, Leipzig 2012.

Scheibe, Erhard: Die Philosophie der Physiker, München 2007.

Scheible, Heinz: Melanchthon. Eine Biographie, München 1997.

Scheliha, Arnulf von: Protestantische Ethik des Politischen, Tübingen 2013.

Schelling, Friedrich Wilhelm Joseph: Über das Wesen der menschlichen Freiheit (1809), Stuttgart 2003.

Schenke, Ludger: Die Urgemeinde. Geschichtliche und theologische Entwicklung, Stuttgart 1990.

Schieder, Theodor: Friedrich der Große. Ein Königtum der Widersprüche, Frankfurt 1983.

Schilling, Heinz: Martin Luther. Rebell in einer Zeit des Umbruchs, München [2]2013.

Schilson, Arnold: Lessings Christentum, Göttingen 1980.

Schlaffer, Heinz: Die kurze Geschichte der deutschen Literatur, München/Wien 2002.

Schlegel, Friedrich: Fragmente, in: Uerlings, Theorie, 79–81.

Schleiermacher, Friedrich Daniel Ernst: Über die Religion. Reden an die Gebildeten unter ihren Verächtern. Hg. von Rudolf Otto, Göttingen [6]1967.

–: Kurze Darstellung des theologischen Studiums (1811/1830). Hg. von Dirk Schmid, Berlin/New York 2002.

Schlögl, Karl: Terror und Traum. Moskau 1937, München 2008.

Schlögl, Rudolf: Alter Glaube und moderne Welt. Europäisches Christentum im Umbruch 1750–1850, Frankfurt 2013.

Schmid, Heinrich: Die Dogmatik der evangelisch-lutherischen Kirche. Dargestellt und aus den Quellen belegt, Gütersloh [10]1983.

Schmid, Konrad/Schröter, Jens: Die Entstehung der Bibel. Von den ersten Texten zu den heiligen Schriften, München [2]2019.

Schmidt, Georg: Wandel durch Vernunft. Deutsche Geschichte im 18. Jahrhundert, München 2009.

Schmidt, Heinrich und Margarethe: Die vergessene Bildersprache christlicher Kunst. Ein Führer zum Verständnis der Tier-, Engel- und Mariensymbolik, München 2007.

Schmidt, Johann Michael: Die Matthäus-Passion von Johann Sebastian Bach, Berlin 2013.

Schmidt-Biggemann, Wilhelm: Philosophia perennis. Historische Umrisse abendländischer Spiritualität in Antike, Mittelalter und Früher Neuzeit, Frankfurt 1998.

Schmiedl, Joachim: Vor und nach dem Reichsdeputationshauptschluss. Bestimmungen und konkrete Maßnahmen zur Durchführung der Säkularisation am Beginn des 19. Jahrhunderts, in: Decot, Säkularisation, 87–105.

Schnabel, Franz: Deutsche Geschichte im neunzehnten Jahrhundert. Band 2. Monarchie und Souveränität, München 1987 (1933).

Schneede, Uwe M.: Die Kunst der klassischen Moderne, München 2009.

–: Vincent van Gogh. Leben und Werk, München 2003.

Schneider, Hans: Der fremde Arndt. Studien zu Leben, Werk und Wirkung Johann Arndts (1555–1621), Göttingen 2006.

–: Martin Luthers Reise nach Rom – neu datiert und neu gedeutet. Studien zur Wissenschafts- und Religionsgeschichte. Hg. von der Akademie der Wissenschaften zu Göttingen, Berlin/Boston 2011.

Schneider, Reinhold: Innozenz der Dritte, Köln/Olten 1960.

–: Las Casas vor Karl V., Frankfurt 1990.

Schneider-Ludorff, Gury: Der fürstliche Reformator. Theologische Aspekte im Wirken Philipps von Hessen von der Homburger Synode bis zum Interim, Leipzig 2006.

Schneidmüller, Bernd: Imperium und Pergament – Wege zum Heiligen Römischen Reich, in: Pracht auf Pergament. Schätze der Buchmalerei von 780 bis 1180 (Ausstellungskatalog), München 2013, 25–46.

Schnelle, Udo: Die ersten 100 Jahre des Christentums 30–130 n. Chr. Die Entstehungsgeschichte einer Weltreligion, Göttingen ²2016.

–: Einleitung in das Neue Testament, Göttingen ⁶2007.

–: Paulus. Leben und Werk, Berlin/New York 2003.

–: Theologie des Neuen Testaments, Göttingen 2007.

Schöffler, Herbert: Protestantismus und Literatur. Neue Wege zur englischen Literatur des 18. Jahrhunderts, Göttingen ²1958 (1922).

Scholz, Gottfried: Bachs Passionen. Ein musikalischer Werkführer, München 2000.

Schönberger, Rolf: Anselm von Canterbury, München 2004.

–: Was ist Scholastik?, Hildesheim 1991.

Schopenhauer, Arthur: Die Welt als Wille und Vorstellung. Band I und II. Nach den Ausgaben letzter Hand hg. von Ludger Lütkehaus, München ²2002.

Schorn-Schütte, Luise: Konfessionskriege und europäische Expansion. Europa 1500–1648, München 2010.

Schreiner, Klaus: Maria. Leben, Legenden, Symbole, München 2003.

Schröder, Dorothea: Georg Friedrich Händel, München 2008.

–: Johann Sebastian Bach, München 2012.

Schröder, Winfried (Hg.): Gestalten des Deismus in Europa, Wiesbaden 2013.

–: Athen und Jerusalem. Die philosophische Kritik am Christentum in Antike und Neuzeit, Stuttgart-Bad Canstatt 2011.

–: Einleitung, in: Matthias Knutzen, Schriften. Dokumente. Hg. von Winfried Schröder, Stuttgart-Bad Canstatt 2010, 7–32.

–: Ursprünge des Atheismus. Untersuchungen zur Metaphysik- und Religionskritik des 17. und 18. Jahrhunderts, Stuttgart-Bad Canstatt ²2012.

Schröter, Jens: Die apokryphen Evangelien: Jesusüberlieferungen außerhalb der Bibel, München 2020.

–: Das Abendmahl in der frühchristlichen Literatur. Frühchristliche Deutungen und Impulse für die Gegenwart, Stuttgart 2006.

–: Jesus von Nazareth. Jude aus Galiläa – Retter der Welt, Leipzig 2006.

Schröter, Marianne: Aufklärung durch Historisierung. Johann Salomo Semlers Hermeneutik des Christentums, Berlin 2012.

Schulin, Ernst: Die Französische Revolution, München ⁴2004.

Schulz, Gerhard: Kommentar zu: Die Christenheit oder Europa 1799, in: Novalis, Werke, 799–812.

–: Kommentar zu: Hymnen an die Nacht 1799–1800, in: Novalis, Werke, 620–641.

–: Novalis. Leben und Werk Friedrich von Hardenbergs, München 2011.

–: Romantik. Geschichte und Begriff, München ²2002.

Schulz, Hartmut H. R.: Johann Salomo Semlers Wesensbestimmung des Christentums. Ein Beitrag zur Erforschung der Theologie Semlers, Würzburg 1988.

Schulze, Gerhard: Die Sünde. Das schöne Leben und seine Feinde, München 2006.

Schunk, Erich: Französische Revolution und pfälzischer Protestantismus, St. Ingbert 1992.

Schwaiger, Georg: Art. Papsttum I, in: TRE 25, Berlin/New York, 647–676.

–: Johann Michael Sailer. Der bayerische Kirchenvater, München 1982.

Schwaiger, Georg/Heim, Manfred: Orden und Klöster. Das christliche Mönchtum in der Geschichte, München ²2004.

Schwartz, Gary: Das Rembrandt-Buch. Leben und Werk eines Genies, München 2006.

Schwarz, Michael Viktor: Giotto, München 2009.

Schweitzer, Albert: Die Mystik des Apostels Paulus, Tübingen 1981.

–: Geschichte der Leben-Jesu-Forschung (1906/1913), Tübingen ⁹1984.

–: Johann Sebastian Bach, Wiesbaden ¹¹1990.

Schwerhoff, Gerd: Die Inquisition. Ketzerverfolgung in Mittelalter und Neuzeit, München 2004.

Sedlmayr, Hans: Die Entstehung der Kathedrale. Freiburg 1993.

–: Verlust der Mitte. Die bildende Kunst des 19. und 20. Jahrhunderts als Symptom und Symbol der Zeit (1948), Frankfurt/Berlin ^{17}1991.

Segni, Lotario de (Papst Innozenz III.): Vom Elend des menschlichen Daseins. Aus dem Lateinischen übersetzt und eingeleitet von Carl-Friedrich Geyer, Hildesheim/Zürich/New York 1990.

Segni, Lotario de (Pope Innocent III): De miseria condicionis humanae. Edited by Robert E. Lewis, Athens (USA) 1978.

Seibt, Gustav: Goethe und Napoleon. Eine historische Begegnung, München 2010.

–: Rom oder Tod. Der Kampf um die italienische Hauptstadt, Berlin 2001.

Seidel, Michael: Robinson Crusoe: Varieties of fictional experience, in: Richetti, Cambridge Companion to Daniel Defoe, 182–200.

Selderhuis, Herman J. (Hg.): Calvin-Handbuch, Tübingen 2008.

Selge, Kurt-Victor (Hg.): Texte zur Inquisition, Gütersloh 1977.

Semler, Johann Salomo: Abhandlung von freier Untersuchung des Kanons. Hg. von Heinz Scheible, Gütersloh 1967.

Seneca: De vita beata, Philosophische Schriften. Lateinisch–Deutsch, Band II, Darmstadt 1995, 1–77.

Sepinwall, Alyssa Goldstein: The Abbé Grégoire and the French Revolution. The Making of Modern Universalism, Berkeley/Los Angeles/London 2005.

Sievernich, Michael: Die christliche Mission. Geschichte und Gegenwart, Darmstadt 2009.

Simmel, Georg: Philosophie der Landschaft, in: Ders., Jenseits der Schönheit. Schriften zur Ästhetik und Kunstphilosophie, ausgewählt und mit einem Nachwort von Ingo Meyer, Frankfurt 2008, 42–52.

Simson, Otto von: Peter Paul Rubens (1577–1640). Humanist, Maler und Diplomat, Mainz 1996.

Sloterdijk, Peter: Du musst dein Leben ändern. Über Anthropotechnik, Frankfurt 2009.

Sloterdijk, Peter/Macho, Thomas H. (Hg.): Weltrevolution der Seele. Ein Lese- und Arbeitsbuch der Gnosis von der Spätantike bis zur Gegenwart. Band I und II, München 1991.

Snyder, Timothy: Bloodlands. Europa zwischen Hitler und Stalin, München ^{4}2012.

Soboul, Albert: Die Große Französische Revolution. Ein Abriss ihrer Geschichte (1789–1799), Darmstadt 1983 (franz.: ^{31}1971).

Sommer, Andreas U.: Sinnstiftung durch Individualgeschichte: Johann Joachim Spaldings Bestimmung des Menschen, in: Zeitschrift für neuere Theologiegeschichte 8 (2001), 163–200.

Spaemann, Robert: Rousseau – Mensch oder Bürger. Das Dilemma der Moderne, Stuttgart 2008.

Spalding, Johann Joachim: Die Bestimmung des Menschen. Hg. von Albrecht Beutel/Daniela Kirschkowski/Dennis Prause. Kritische Ausgabe I/1, Tübingen 2006.

–: Religion, eine Angelegenheit des Menschen. Hg. von Tobias Jersak und Georg Friedrich Wagner. Kritische Ausgabe I/5, Tübingen 2001.

Sparn, Walter: «Der Messias». Klopstocks protestantische Ilias, in: Jan Rohls/Gunther Wenz (Hg.), Protestantismus und deutsche Literatur, Göttingen 2004, 55–80.

–: Die Wiederkehr der Metaphysik. Die ontologische Frage in der lutherischen Theologie des frühen 17. Jahrhunderts, Stuttgart 1976.

Spee, Friedrich von: Cautio Criminalis oder Rechtliche Bedenken wegen der Hexenprozesse, München ⁶2000.

Spener, Philipp Jakob: Pia Desideria. Deutsch–Lateinische Studienausgabe. Hg. von Beate Köster, Gießen 2005.

Spengler, Oswald: Der Untergang des Abendlandes. Umrisse einer Morphologie der Weltgeschichte (1923). Ungekürzte Sonderausgabe, München 1998.

Sperber, Jonathan: Karl Marx. Sein Leben und sein Jahrhundert, München 2013.

Spinoza: Die Ethik. Lateinisch–Deutsch, Stuttgart 2002.

Spitz, Lewis W. (Hg.): Humanismus und Reformation als kulturelle Kräfte in der deutschen Geschichte, Berlin u. a. 1981.

Spranger, Eduard: Der Philosoph von Sanssouci, Heidelberg ²1962 (1942).

Stadler, Ulrich: Die theuren Dinge, Berlin/München 1980.

Staël, Anne Germaine de: Über Deutschland. Hg. von Monika Bosse, Frankfurt 1985, 19.

Stanford, Peter: Der Teufel. Eine Biographie, Frankfurt/Leipzig 2000.

Starobinski, Jean: Rousseau. Eine Welt von Widerständen (1971), Frankfurt 2012.

Starr, George A.: Defoe and Spiritual Autobiography, Princeton 1965.

Stegemann, Andreas: Johann Friedrich König. Seine *Theologia positiva acromatica* (1664) im Rahmen des frühneuzeitlichen Theologiestudiums, Tübingen 2006.

Steiger, Johann Anselm: Philologia Sacra. Zur Exegese der Heiligen Schrift im Protestantismus des 16. und 18. Jahrhunderts, Neukirchen 2011.

Steinacker, Peter: Richard Wagner und die Religion, Darmstadt 2008.

Steinemann, K.: Nachwort, in: Petrarca, Die Besteigung, 39–49.

Stierle, Karlheinz: Das große Meer des Sinns. Hermenautische Erkundungen in Dantes «Commedia», München 2007.

–: Ein Geschenk Griechenlands an das zukünftige Europa. Wie die Akademie als Ort der wissenschaftlichen Geselligkeit von Athen nach Florenz und schließlich zu uns fand, in: NZZ vom 10. April 2010 Nr. 82, S. 61 f.

–: Francesco Petrarca. Ein Intellektueller im Europa des 14. Jahrhunderts, München/Wien 2003.

Stollberg-Rilinger, Barbara: Das Heilige Römische Reich Deutscher Nation. Vom Ende des Mittelalters bis 1806, München 2006.

–: Des Kaisers alte Kleider. Verfassungsgeschichte und Symbolsprache des Alten Reiches, München 2008.

–: Europa im Jahrhundert der Aufklärung, Stuttgart 2000.

Stöver, Bernd: United States of America. Geschichte und Kultur. Von der ersten Kolonie bis zur Gegenwart, München 2012.

Straub, Eberhard: Drei letzte Kaiser. Der Untergang der großen europäischen Dynastien, Berlin 1998.

Strauß, David Friedrich: Das Leben Jesu kritisch bearbeitet. Mit einer Einleitung von Werner Zager, Band 1, Darmstadt 2012 (Nachdruck 1835).

–: Der alte und der neue Glaube. Ein Bekenntnis (1872), Bonn ^{9}1877.

Streminger, Gerhard: David Hume. Der Philosoph und sein Zeitalter. Eine Biographie, München 2011.

Strohm, Christoph: Johannes Calvin. Leben und Werk des Reformators, München 2009.

Sturma, Dieter: Jean-Jacques Rousseau, München 2001.

Tamcke, Martin: Tolstojs Religion. Eine spirituelle Biographie, Berlin 2010.

Taylor, Charles: Ein säkulares Zeitalter, Frankfurt 2009.

–: Hegel, Frankfurt 1983.

Teilhard de Chardin, Pierre: Der Mensch im Kosmos (1955), München 1999.

Temple, Frederick: The Present Relations of Science to Religion, Oxford 1860.

Templer, Jörg: Karl Friedrich Schinkel. Baumeister Preußens. Eine Biographie, München 2012.

Tertullian: Apologeticum. Übersetzt von Heinrich Kellner, Kempten/München 1915.

Thamer, Hans-Ulrich: Die Französische Revolution, München ^{3}2009.

Theißen, Gerd: Das Neue Testament, München 2002.

–: Die Jesusbewegung. Sozialgeschichte einer Revolution der Werte, Gütersloh 2004.

–: Die Religion der ersten Christen. Eine Theorie des Urchristentums, Gütersloh 2000.

–: Erleben und Verhalten der ersten Christen. Eine Psychologie des Urchristentums, Gütersloh 2007.

Theißen, Gerd/Merz, Annette: Der historische Jesus. Ein Lehrbuch, Göttingen ^{4}2011.

Thielicke, Helmut: Goethe und das Christentum, München 1982.

Thode, Henry: Franz von Assisi und die Anfänge der Kunst der Renaissance in Italien (1885), Berlin ^{2}1904.

Thomas von Aquin: Summa Theologiae. Die deutsche Thomasausgabe. Hg. vom Katholischen Akademiker-Verband, Band 1, Salzburg 1934.

Thorau, Peter: Die Kreuzzüge, München 2004.

Thum, Gregor: Die fremde Stadt. Breslau nach 1945, München 2006.

Tillich, Paul: Aspekte einer religiösen Analyse der Kultur, in: Ders., Die religiöse Substanz der Kultur. Schriften zur Theologie der Kultur, Gesammelte Werke IX, Stuttgart 1967, 100–109.

–: Die religiöse Lage der Gegenwart (1926), in: Ders., Die religiöse Deutung der Gegenwart. Schriften zur Zeitkritik, Gesammelte Werke X, Stuttgart 1968, 9–94.

Tilliette, Xavier: Schelling. Biographie, Stuttgart ²2004.

Toland, John: Christianity not mysterious (Christentum ohne Geheimnis). Übersetzt von W. Lunde, hg. von Leopold Zscharnack, Gießen 1908.

Tolnay, Charles de: Michelangelo. II. The Sistine Ceiling, Princeton 1949.

–: Michelangelo. V. The Final Period, Princeton 1960.

Tolstoi, Leo: Auferstehung, Frankfurt ⁴2012.

Tönnesmann, Andreas: Die Kunst der Renaissance, München 2007.

Torre, Arnaldo della: Storia dell'Accademia Platonica di Firenze, Florenz 1902.

Traditio Apostolica. Apostolische Überlieferung. Übersetzt und eingeleitet von Wilhelm Geerlings, Freiburg 1991.

Traeger, Jörg: Renaissance und Religion. Die Kunst des Glaubens im Zeitalter Raphaels, München 1997.

Trinkaus, Charles: In Our Image and Likeness. Humanity and Divinity in Italian Humanist Thought. 2 Bände, London/Chicago 1970.

Troeltsch, Ernst: Die Bedeutung des Protestantismus für die moderne Welt, München 1911.

–: Die Soziallehren der christlichen Kirchen und Gruppen, Tübingen 1922.

–: Judentum und christliche Antike, in: Ders., Gesammelte Schriften IV. Aufsätze zur Geistesgeschichte und Religionssoziologie, Tübingen 1925, 98–101.

–: Katholizismus und Reformismus, in: Neuner, Modernismus, 382–387.

–: Luther, der Protestantismus und die moderne Welt, in: Ders., Gesammelte Schriften. Vierter Band. Aufsätze zur Geistesgeschichte und Religionssoziologie, Tübingen 1925, 202–254.

Uerlings, Herbert: Theorien der Romantik, Stuttgart 2000.

–: Novalis, Stuttgart 1998.

Ullrich, Volker: Napoleon, Reinbek ²2010.

Ullrich, Wolfgang: Was war Kunst? Biographien eines Begriffs, Frankfurt 2005.

Ursprung, Philip: Die Kunst der Gegenwart. 1960 bis heute, München 2010.

van der Heyden, Ulrich/Becker, Jürgen: Mission und Gewalt. Der Umgang christlicher Missionen mit Gewalt und die Ausbreitung des Christentums in Afrika und Asien in der Zeit von 1792 bis 1918/19, Stuttgart 2000.

Van Reybrouck, David: Kongo. Eine Geschichte, Berlin ⁵2012.

van't Spijker, Willem: Calvin. Biographie und Theologie, Göttingen 2001.

Vasari, Giorgio: Das Leben des Michelangelo, Berlin 2009.

–: Lebensgeschichten der berühmtesten Maler, Bildhauer und Architekten der Renaissance, Zürich 1980.

Vasoli, Cesare: Francesco Patrizi da Cherso, Rom 1989.

Verger, Jacques: Grundlagen, in: Ruegg, Geschichte der Universität I, 49–80.

Veyne, Paul: Als unsere Welt christlich wurde. Aufstieg einer Sekte zur Weltmacht, München 2008.

–: Die Kunst der Spätantike. Geschichte eines Stilwechsels, Stuttgart 2009.

Vielhauer, Philipp: Geschichte der urchristlichen Literatur, Berlin/New York 1975.

Vietta, Silvio: Europäische Kulturgeschichte. Eine Einführung. Erweiterte Studienausgabe, Paderborn 2007.

Voigt, Friedemann: Die Goethe-Rezeption der protestantischen Theologie in Deutschland 1890–1932, in: Volker Drehsen, Wilhelm Gräb, Dietrich Korsch (Hg.), Protestantismus und Ästhetik. Religionskulturelle Transformationen am Beginn des 20. Jahrhunderts, Gütersloh 2001, 93–119.

–: Vermittlung im Streit. Das Konzept theologischer Vermittlung in den Zeitschriften der Schulen Schleiermachers und Hegels, Tübingen 2006.

Vouga, François: Geschichte des frühen Christentums, Tübingen/Basel 1994.

Vovelle, Michel: La Révolution contre l'église. De la raison à l'être suprême, Bruxelles 1988.

–: Religion et Révolution. La Déchristianisation de l'an II, Paris 1976.

Wackenroder, Wilhelm Heinrich/Tieck, Ludwig: Herzensergießungen eines kunstliebenden Klosterbruders (1797), Stuttgart 1991.

Wagner, Friedrich Ludwig Wilhelm (Hg.): Der heilige Rock zu Trier. Katholischer Text mit protestantischen Noten, Darmstadt 1844.

Wagner, Monika: William Turner, München 2011.

Wallace, William E.: Michelangelo. The Artist, the Man and His Times, Cambridge 2010.

Wallmann, Johannes: Der Pietismus, Göttingen 2005.

–: Neues Licht auf die Zeit Johann Sebastian Bachs in Mühlhausen. Zu den Anfängen des Pietismus in Thüringen, in: Ders., Pietismus und Orthodoxie, Tübingen 2010, 191–257.

–: Kirchengeschichte Deutschlands seit der Reformation, Tübingen ³1988.

Wallraff, Martin: Christus verus sol. Sonnenverehrung und Christentum in der Spätantike, Münster 2001.

–: Sonnenkönig der Spätantike. Die Religionspolitik Konstantins des Großen, Freiburg 2013.

Wallraff, Martin/Matheus, Michael/Lauster, Jörg (Hg.): Rombilder im deutschsprachigen Protestantismus. Begegnungen mit der Stadt im ‹langen 19. Jahrhundert›, Tübingen 2011.

Walzer, Michael: Der Sieg der Lehre vom gerechten Krieg – und die Gefahren ihres Erfolgs, in: Ders., Erklärte Kriege – Kriegserklärungen. Essays, Hamburg 2003, 31–51.

Warburg, Aby: Sandro Botticellis ‹Geburt der Venus› und ‹Frühling› (1893), in: Werke in einem Band. Hg. von Martin Treml, Sigrid Weigel und Perdita Ludwig, Berlin 2010, 39–123.

Weber, Max: Die protestantische Ethik und der Geist des Kapitalismus. Hg. und eingeleitet von Dirk Kaesler, München ²2006.

Weber, Wolfgang: Geschichte der europäischen Universität, Stuttgart 2002.

Wendebourg, Dorothea (Hg.): Paul Gerhardt – Dichtung, Theologie, Musik, Tübingen 2008.

Wenz, Gunther: Der Himmel auf Erden. Gottfried Keller als literarischer Adept Feuerbachscher Religionskritik, in: Jan Rohls/Gunther Wenz (Hg.), Protestantismus und deutsche Literatur, München 2004, 197–214.

Werfel, Franz: Das Lied von Bernadette (1941), Frankfurt ¹³2011.

Widor, Charles Marie: Vorrede, in: Schweitzer, Bach, VII–XI.

Wiemer, Hans-Ulrich: Theoderich der Große. König der Goten – Herrscher der Römer. Eine Biographie, München 2018.

Wien 1900. Kunst und Kultur. Fokus der europäischen Moderne. Hg. von Christian Bandstätter, München 2005.

Wien um 1900. Aufbruch in die Moderne. Hg. von Peter Berner, Emil Brix und Wolfgang Mantl, München 1986.

Wili, Walter: Innozenz III. und sein Werk «Über das Elend des menschlichen Daseins», in: Josef Koch (Hg.), Humanismus, Mystik und Kunst in der Welt des Mittelalters, Leiden/Köln 1959, 125–136.

Willms, Johannes: Napoleon. Eine Biographie, München 2005.

–: Talleyrand. Virtuose der Macht 1754–1838, München ²2011.

Wilson, Edward O.: Die soziale Eroberung der Erde. Eine biologische Geschichte des Menschen, München 2013.

Wind, Edgar: Heidnische Mysterien in der Renaissance, Frankfurt 1987.

–: The Religious Symbolism of Michelangelo. The Sistine Ceiling. Hg. von Elizabeth Sears, Oxford 2000.

Winiger, Josef: Ludwig Feuerbach. Denker der Menschlichkeit. Biographie, Berlin 2004.

Winkelmann, Friedhelm: Geschichte des frühen Christentums, München 1996.

Winkler, Dietmar: Die altorientalischen Kirchen im ökumenischen Dialog der Gegenwart, in: Christian Lange/Karl Pinggéra, Die altorientalischen Kirchen. Glaube und Geschichte, Darmstadt 2010, 89–122.

Winkler, Heinrich August: Geschichte des Westens. Die Zeit der Weltkriege 1914–1945, München 2011.

–: Geschichte des Westens. Von den Anfängen in der Antike bis zum 20. Jahrhundert, München 2009.

Wippermann, Wolfgang: Fundamentalismus. Radikale Strömungen in den Weltreligionen, Freiburg 2013.

Wißmann, Hans: Sind doch die Götter auch gestorben. Das Religionsgespräch der Franziskaner mit den Azteken von 1524, Gütersloh 1981.

Wittschier, Heinz Willi: Dantes Divina Commedia. Erzählte Transzendenz. Einführung und Handbuch, Frankfurt 2004.

Wohlmuth, Joseph (Hg.): Concilium Oecumenicorum Decreta. Band 1. Konzilien des ersten Jahrtausends, Paderborn ³2002.

Wolf, Hubert: Johann Michael Sailer. Das postume Inquisitionsverfahren, Paderborn/München 2002.

–: Pfründenjäger, Dunkelmänner, Lichtgestalten, in: Decot, Säkularisation, 121–146.

–: Verdammtes Licht. Der Katholizismus und die Aufklärung, München 2019.

Wolff, Christian: Rede über die praktische Philosophie der Chinesen. Lateinisch–Deutsch. Übersetzt, eingeleitet und hg. von Michael Albrecht, Hamburg 1985.

Wolff, Christoph: Johann Sebastian Bach, Frankfurt ⁴2011.

Wölfflin, Heinrich: Renaissance und Barock. Eine Untersuchung über Wesen und Entstehung des Barockstils in Italien, München 1888 (Zugriff: http://digi.ub.uni-heidelberg.de/diglit/woelfflin1888).

Wolfram, Herwig: Die Germanen, München ⁷2002.

Wrede, William: Untersuchungen zum Ersten Klemensbrief, Göttingen 1891.

Wright, Nathalia: Melville's Use of the Bible, Durham (USA) 1949.

Wuketits, Franz M.: Darwin und der Darwinismus, München 2005.

Wundram, Manfred: Renaissance. Kunst-Epochen, Band 6, Stuttgart 2004.

Zager, Werner: Einleitung, in: David Friedrich Strauß, Das Leben Jesu I, 5–32.

Zahn-Harnack, Agnes von: Adolf von Harnack, Berlin 1936.

Zamoyski, Adam: 1812. Napoleons Feldzug in Russland, München ⁹2012.

Zeller, Eduard: David Friedrich Strauß in seinem Leben und seinen Schriften, Bonn 1874.

Zimmerling, Peter: Evangelische Mystik, Göttingen 2015.

Zöllner, Frank: Der Bildhauer, in: Ders./Christof Thoenes, Michelangelo, 218–222.

–: Botticelli, München 2009.

–: Die Sixtinische Kapelle, in: Ders./Christof Thoenes, Michelangelo, 80–150.

Zöllner, Frank/Thoenes, Christof: Michelangelo. Leben und Werk, Köln 2010.

Zscharnack, Leopold: Einleitung, in: John Toland, Christianity not mysterious (Christentum ohne Geheimnis). Übersetzt von W. Lunde, hrsg. von Leopold Zscharnack, Gießen 1908, 1–53.

Zweig, Stefan: Triumph und Tragik des Erasmus von Rotterdam, Frankfurt 1984 (1938).

Bildnachweis

Abbildungen

1: akg-images / Bildarchiv Monheim / Achim Bednorz | 2: ullstein bild – imageBROKER / Klaus-Werner Friedrich | 3: akg-images / Bildarchiv Monheim | 4: Roland and Sabrina Michaud / akg-images | 5: akg-images / Erich Lessing | 6: akg-images / André Held | 7: Aus: B. Lang, Jesus der Hund, München: C.H.Beck, 2010 | 8: akg-images / Mondadori Portfolio / Giuseppe Schiavinotto | 9–10: akg-images / Cameraphoto | 11: akg-images | 12: akg-images / Hilbich | 13: akg-images | 14: akg-images / Jürgen Raible | 15: akg-images / Rabatti – Domingie | 16: Hervé Champollion / akg-images | 17: akg-images / Joseph Martin | 18: akg-images / Günter Hogen | 19: Yvan Travert / akg-images | 20: Hervé Champollion / akg-images | 21: akg-images / James Morris | 22: akg-images / Orsi Battaglini | 23: akg-images / MPortfolio / Electa | 24: Hervé Champollion / akg-images | 25: akg / Bildarchiv Monheim | 26: akg-images / Orsi Battaglini | 27–28: akg-images / Erich Lessing | 29: akg-images / MPortfolio / Electa | 30: akg-images / De Agostini Picture Lib. / G. Nimatallah | 31: akg-images / Erich Lessing | 32: akg-images / Science Photo Library | 33: akg-images / Erich Lessing | 34: akg-images / Mondadori Portfolio | 35: akg-images / Andrea Jemolo | 36: akg-images / Rabatti – Domingie | 37: akg-images | 38: akg-images / Mondadori Portfolio / Antonio Quattrone | 39–41: akg-images | 42: akg-images / Bildarchiv Monheim | 43–44: akg-images | 45: akg-images / Erich Lessing | 46: A. F. Kersting / akg-images | 47: akg-images / André Held | 48: akg-images / Album / Oronoz | 49–51: akg-images | 52: akg-images / Erich Lessing | 53: akg-images / Paul M.R. Maeyaert | 54: Album / Documenta | 55: akg-images / MPortfolio / Electa | 56: akg-images / picture-alliance | 57: akg-images / Rainer Hackenberg | 58: akg-images | 59: akg-images / Jost Schilgen | 60–61: akg-images | 62: akg-images / Stefan Drechsel | 63: akg-images / Rüdiger Müller | 64: akg-images / Erich Lessing

Tafeln

1–2: akg-images | *3:* akg-images / Rabatti - Domingie | *4:* akg-images | *5:* akg-images / Erich Lessing | *6:* akg-images / Cameraphoto | *7:* akg-images / Erich Lessing | *8:* akg-images | *9:* akg-images / Pirozzi | *10:* akg-images | *11:* akg-images / Nimatallah | *12:* akg-images / Erich Lessing | *13:* akg-images / MPortfolio / Electa | *14:* akg-images / Pirozzi | *15:* akg-images / Erich Lessing | *16–17:* akg-images | *18:* akg-images / Joseph Martin | *19–20:* The National Gallery, London / akg-images | *21:* akg-images / Laurent Lecat | *22:* akg-images / MPortfolio / Electa | *23–25:* akg-images

Vorsatzblätter

Vorne: Michelangelo, Deckengemälde in der Sixtinischen Kapelle (vgl. Tafel 12), Foto: akg-images / Erich Lessing | *Hinten:* Caspar David Friedrich, Der Mönch am Meer (vgl. Tafel 18), Foto: akg-images / Joseph Martin

Personenregister

Kursiv gesetzte Seitenzahlen verweisen auf Abbildungen und Farbtafeln.

Abaelard 197, 219–221, 224 f.
Abraham (bibl. Person) *Tafel 16*, 383
Adam (bibl. Person) 240, 282, *283*, 284, *284*, 287
Alarich (Führer der Westgoten) 124–126
Alberti, Leon Battista 251, 254, 261, *262*
Albertus Magnus 214, 226 f.
Albrecht von Brandenburg 298–300
Alexander der Große 22
Alexander I. (russ. Zar) 462
Al-Farabi 217
Al-Kindi 217
Alkuin 161, 163
Amalasuntha (ostgot. Königin) 145
Ambrosius von Mailand (Kirchenvater) 78, 111 f., 182, 196
Aner, Karl 496
Anselm von Canterbury 213–216, 220
Anthemios von Tralleis 102, *104*
Antonius (Heiliger) 71 f., 143, 145, 147, 149
Apollinaris von Laodicea 120
Arghun (mongol. Il-Khan) 213
Aristoteles *Tafel 8*, 56, 216–218, 225 f., 239 f., 248, 252 f., 256, 273, 550, 569
Arius (Presbyter) 118 f.
Arndt, Johann 364, 403
Arendt, Hannah 604
Arnold, Gottfried 405 f.
Assmann, Jan 62 f., 122, 365

Atahualpa (Inkaherrscher) 346
Athanasius (Kirchenvater) 72, 119, 143, 147
August III. (Kg. von Polen, Kurfürst von Sachsen) 274
Augustinus (Kirchenvater) 71 f., 78, 83 f. 109 f., 114, 125 f., 145, 147, 154, 182, 185, 196, 224, 227, 240, 247, 386, 550
Austen, Jane 589
Averroes (Ibn Ruschd) 217 f.
Avicenna (Ibn Sina) 217 f.

Bach, Johann Sebastian 386, 389, 392–399, 401, 577, 617
Bacon, Roger 228
Balduin von Bouillon 186 f.
Barabbas (bibl. Person) 31
Barth, Karl 388, 574 f.
Basilius (Kirchenvater) 62, 114, 119, 133, 147
Bauer, Walter 55
Bayly, Lewis 436
Beda Venerabilis 154
Beethoven, Ludwig van 536, 573, 575–578
Bellah, Robert 617
Bellarmino, Roberto 202, 363, 372
Benedikt von Nursia 147–152, 177
Berengar von Tours 214
Berlioz, Hector 578
Bernhard von Clairvaux 187 f., 198, 220, 240–243

Bernhard von Quintavalle 207
Bernini, Gian Lorenzo 372, 374–377, *375, 376*
Berthier, Louis Alexandre 454
Bismarck, Otto von 179, 519, 530
Blumenberg, Hans 502
Boccaccio 238
Boethius 136, 145
Boff, Leonardo 613
Bonaventura (Franziskaner) 228, 241
Bonifatius (Missionar) 155–158, 161
Bonifaz VIII. (Papst) 183
Botticelli, Sandro Tafel 7, 269–272, *270*, 276, 281
Brahms, Johannes 578
Bramante 273, 282, 373 f.
Brébeuf, Jean de 353
Brentano, Clemens 488
Briggs, Charles A. (Theologe) 506
Brontë, Charlotte und Emily 589
Brown, Peter 169
Bruckner, Anton 578
Brunelleschi, Filippo 254, 260, *261*, 269
Bruno, Giordano 202
Bryan, William Jennings 507
Bucer, Martin 305, 315
Büchner, Georg 538
Buddha 19
Bultmann, Rudolf 21, 31, 35, 52 f., 569
Buñuel, Luis 123
Bunyan, John 436–439, 442
Burckhardt, Jacob 15, 92, 245, 247, 250 f., 254, 260, 371, 378 f.
Burke, Edmund 447, 449, 462
Bush, George W. jun. 521, *523*
Bush, George W. sen. 521, *523*
Buxtehude, Dietrich 391, 393

Cabotto, Giovanni (John Cabot) 351
Cacan (awar. Kg.) 130 f.
Cajetan, Thomas 302
Calov, Abraham 363, 398
Calvin, Johannes 199, 296, 314–319, 325, 330 f., 408
Caravaggio, Michelangelo Merisi da Tafel 14, *377*, 378
Cardenal, Ernesto 613
Carlyle, Thomas 464, 591 f.
Carranza, Bartolomé de (Erzbischof von Toledo) 329
Cassian, Johannes (Kirchenvater) 145–147
Cassiodor (Kirchenvater) 145, 152
Cassirer, Ernst 255, 271
Castiglione, Baldassare 251–253, 273
Celsus 85 f., 98, 114

Cézanne, Paul 580
Champlain, Samuel de (Entdecker) 352
Chateaubriand, FrançoisRené de 462, 497
Châtelet, Marquise du 426
Chemnitz, Martin 363
Chlodwig I. (fränk. Kg.) 137–139, 153
Chosrau I. (pers. Kg.) 127
Christian III. (Kg. von Dänemark) 324
Chrodehild (fränk. Königin) 138
Cicero 145, 169, 246, 248 f., 253
Cimabue Tafel 4, 263, 265
Claudius, Matthias 484
Clemens von Alexandria 62, 98
Clinton, Bill 521, *523*
Colet, John 307
Colonna, Vittoria 291, 326
Columbanus der Ältere 152
Columbanus der Jüngere 152
Condivi, Ascanio 276 f.
Conrad, Joseph 549
Constable, John Tafel 19, 579 f.
Constantius I. Chlorus (röm. Ks.) 93
Constantius II. (röm. Ks.) 97
Contarini, Gasparo 326
Cooper, James Fenimore 352, 590
Cortés, Hernán 344–346, 352
Courbet, Gustave 580
Cranach, Lukas *330, 333*
Cranmer, Thomas 323
Cromwell, Oliver 324
Crüger, Johann 389
Cuauthémoc (Aztekenherrscher) 345

Dahn, Felix 136
Dalberg, Karl Theodor von 459
Dante Alighieri 178, 183, 238–243, 246, 253, 263, 289, 371
Darwin, Charles 509, 535, 545, 559–565, 569 f., 593, 617
David, JacquesLouis 453
Dawkins, Richard 564
Decius (röm. Ks.) 81 f.
Defoe, Daniel 439–442
Delcanos, Juan Sebastián 340
Delumeau, Jean 203, 368
Demokrit 239
Descartes, René 215, 411 f.
Diaz, Bartolomeu 338, 345
Dickinson, Emily 572, 593 f.
Diderot, Denis 426
Dilthey, Wilhelm 428, 496
Diocletian (röm. Ks.) 82, 92 f.
Dionysios Areopagita 227, 234, 236
Dippel, Johann Konrad 406

Donatus (Bischof) 83
Dostojewski, Fjodor M. 203 f., 595–597
Duby, Georges 208
Duns Scotus 228
Dürer, Albrecht *331, 332*

Eanes, Gill (Seefahrer) 338
Eckermann, Johann Peter 497 f.
Eckhart, Meister 227 f.
Edison, Thomas 558
Edwards, Jonathan 504 f.
Egidio da Viterbo 284 f., 295 f.
Eichendorff, Joseph von 484 f.
Einhard (fränk. Gelehrter) 159 f., 169 f.
Einstein, Albert 565–567, 617
Elisabeth I. (Königin von England) 323 f.
Emerson, Ralph Waldo 494, 570–572, 591–594
Emmeran (Missionar) 154
Erasmus von Rotterdam 214, 298, 307–310, 313 f., 318, 325
Ethelbert (Kg. von England) 154
Eva (bibl. Person) 282, 284, 287

Faber Stapulensis 298
Farel, Guillaume 316 f.
Fauchet, Claude 450
Ferdinand V. (Kg. von Kastilien und León) 202
Feuerbach, Ludwig 513, 538–541, 543 f., 590
Fichte, Johann Gottlieb 412, 465–468, 471 f., 591
Ficino, Marsilio 257–260, 271, 273, 277, 285, 307, 387
Filippo Lippi 269
Flacius, Matthias 313
Fontane, Theodor 591
Forman, Milos 433
Foucault, Michel 205, 610
Fox, George 356
Francisco de Xavier (Franz Xaver) 341–343
Franck, Sebastian 304
Francke, August Hermann 404–406
Franklin, Benjamin 409
Franz I. (Ks.) 460
Franz I. (Kg. von Frankreich) 322, 339
Franz Joseph I. (Ks.) 600 f.
Franziskus von Assisi *Tafel 3,4,* 180, 205–212, 238, 240 f., 254, 266, *268*
Franziskus (Papst) 612
Freud, Sigmund 538, 542 f., 601, 606
Friedell, Egon 16, 378, 383
Friedrich Barbarossa (Ks.) 181, 188

Friedrich der Weise (Kurfürst von Sachsen) 302 f., 306, 320
Friedrich II. der Große (Kg. von Preußen) 361, 402, 422, 425, 429–434, 448, 453, 477, 494
Friedrich II. (Ks.) 189, 225
Friedrich III. (Kurfürst von der Pfalz) 318
Friedrich Wilhelm I. (Kg. in Preußen) 401, 405, 422, 430
Friedrich Wilhelm II. (Kg. von Preußen) 433
Friedrich, Caspar David *Tafel 17, 18, 486, 487–493, 489, 490, 493, 579, 582, 616 f.*
Friesenegger, Maurus 360 f.
Froschauer, Christoph 314
Fulbert (Onkel der Heloise) 219 f.

Gabrieli, Giovanni 391
Galen, Clemens August von 217, 607
Galerius (röm. Ks.) 82, 84, 92 f., 95, 112
Galilei, Galileo 202, 557 f.
Gandhi, Mahatma 598
Gaunilo (Mönch) 215
Gelasius I. (Papst) 176, 183
Georgios Gemistos Plethon 256
Gerhard, Johann 363
Gerhardt, Paul 389 f.
Gesner, Johann 394
Ghiberti, Lorenzo 282, *283*
Ghirlandaio (Gebrüder) 277, 281
Gibbon, Edward 126
Giotto di Bondone *Tafel 4, 6,* 206, 212, 263, 265 f., *267, 268, 269 f., 270, 272,* 276, 377
Goethe, Johann Wolfgang von 412, 463, 478, 494–498, 519, 536
Goeze, Johann Melchior 425
Gombrich, Ernst 271
Gottfried von Bouillon 186 f.
Greenblatt, Stephen 254
Greene, Graham 608
Grégoire (Bischof) 456
Gregor der Große (Papst) 147, 153, 176–178, 181
Gregor IX. (Papst) 210 f.
Gregor VII. (Papst) 179 f., 184 f.
Gregor von Nazianz 62, 114, 119
Gregor von Nyssa 62, 114, 119, 122
Gregor von Tours 138
Grimm, Herman 277, 293
Grotius, Hugo 361
Gui, Bernard (Inquisitor) 200 f.
Guido (Kg. von Jerusalem) 188
Gustav Adolf (Kg. von Schweden) 359
Gustav I. (Kg. von Schweden) 324

Hadot, Pierre 151
Hadrian I. (Papst) 164
Hales, Alexander von 228
Haller, Johannes 177
Händel, Georg Friedrich 386 f., 391 f., 577
Harms, Claus 505
Harnack, Adolf von 13, 41, 49, 70, 75, 85–88, 496, 526, 529 f., 567, 598
Harun alRaschid (Kalif) 159
Hawking, Stephen 567
Haydn, Joseph 577
Hegel, Georg Wilhelm Friedrich 15, 42, 84, 117, 151, 215, 241, 362, 412, 465, 468–471, 536, 539
Heine, Heinrich 417 f.
Heinrich der Seefahrer (portugies. Prinz) 338
Heinrich IV. (Ks.) 179, 181, 183, 322 f.
Heinrich VIII. (Kg. von England) 323
Heisenberg, Werner 566 f.
Helena (Mutter Ks. Konstantins) 92, 96, 101
Heloise (Geliebte Abaelards) 219
Herder, Johann Gottfried 425, 498
Hideyoshi, Shogun 343
Hieronymus (Kirchenvater) 114
Hilarius (Metropolit) 175
Hildesheimer, Wolfgang 574
Hippokrates 217
Hitler, Adolf 603
Hobbes, Thomas 362
Hobsbawm, Eric 501, 610
Hoffmann, E. T. A. 575
Holbach, Paul Henri Thiry d' 428, 431
Hölderlin, Friedrich 468
Hollaz, David 363 f.
Honoratus (Bischof) 144
Honorius (röm. Ks.) 124
Hooker, Richard 323 f.
Hopper, Edward *Tafel 24*, 582
Hoyle, Fred 566
Hubble, Edwin 566
Hugo von Sankt Viktor 224
Hugolin von Ostia 210 f., *s. auch* Gregor IX.
Huizinga, Johan 15, *335*
Humbert von Silva Candida 179
Humboldt, Alexander und Wilhelm von 432, 463
Hume, David 435
Huntington, Samuel 613
Hus, Jan 183, 199. 320
Hutchinson, Anne 356
Huxley, Thomas Henry 562
Hypatia (Philosophin) 113

Ibn Ruschd *s.* Averroes
Ibn Sina *s.* Avicenna
Ieyasu (Shogun) 343
Ignatius von Antiochia 74, 82
Ignatius von Loyola 328, 341
Innozenz III. (Papst) 180–183, 188, 198, 200, 207, 249
Innozenz IV. (Papst) 183
Irenäus von Lyon 52, 68 f.
Irene (Kaiserin) 159
Isaak (bibl. Person) *Tafel 16*, 383
Isabella (Königin von Kastilien und León) 202
Iser, Wolfgang 438
Isidor von Milet 103, *104*, 137
Isidor von Sevilla 137

Jacobi, Friedrich Heinrich 498
Jacopo della Quercia 282
Jakobus, Apostel 511
Jakobus (Bruder Jesu) 23
James, William 516
Jaspers, Karl 602
Jean de BilhèresLagraulas 277 f.
Jean Paul (Johann Paul Friedrich Richter) 537 f.
Jesus Christus 19–35 *und passim*
Joas, Hans 553
Johann Friedrich (Kurfürst von Sachsen) 320 f.
Johann Sigismnd (Kurfürst von Brandenburg) 319
Johannes der Täufer (bibl. Person) 20, 23, 26, 40, 74, 77, 140
Johannes I. (Papst) 176
Johannes Paul II. (Papst) 191, 521, *523*
Johannes (Evangelist) 52, 54, 57–69, 117, 163, *332*, 467, 596
Johannes (Priesterkönig) 337
Jolliet, Louis 353
Jonas, Hans 53
Jona (bibl. Person) 282
Joseph II. (Ks.) 421, 430, 433–435, 447 f., 494
Julian (röm. Ks.) 97, 111 f.
Julius II. (Papst) *Tafel 8*, 273–275, 281–283, 288, 291, *292*, 374
JungStilling, Johann Heinrich 505
Justin (Kirchenvater) 62, 98, 103
Justinian (röm. Ks.) 97, 102 f., 126–129, 145, 166

Kähler, Martin 496
Kandinsky, Wassily *Tafel 23*, 581 f.

Kant, Immanuel 215, 362, 410, 412, 416–420, 465, 467, 505, 531, 569, 597
Karl der Große (Ks.) *Tafel 1*, 130, 158–161, 163 f., *165*, 166–171, 178, 184, 221, 390
Karl I. (Kg. von England) 324
Karl II. (Kg. von England) 356
Karl Martell (fränk. Hausmeier)140
Karl V. (Ks.) 320–322, 324, 326, 329, 346–349, 367
Karlstadt, Andreas Bodenstein von 302 f.
Katharina von Bora 303
Katte, Hans Hermann von 430
Keller, Gottfried 590
Kersting, Friedrich Georg *486*, 487
Ketteler, Wilhelm Emmanuel von 555
Kilian, Missionar 154
Kircher, Athanasius 387, 398
Klara von Assisi 207
Kleist, Heinrich von 488
Klemens VII. (Papst) 288
Klimt, Gustav 601
Klopstock, Friedrich Gottlieb 464
Knox, John 325
Knutzen, Matthias 428
Kolumbus, Christoph 336 f., 339 f., 344, 351, 353
König, Johann Friedrich 364
Konstantin (röm. Ks.) 84, 91–102, *101*, 105, 110–113, 119, 125, 127, 138, 178, 186, 252, 373
Kopernikus, Nikolaus 557
Korbinian (Missionar) 154
Koselleck, Reinhart 445
Kramer, Heinrich 368 f.
Kraus, Karl 600 f.
Kristeller, Paul Oskar 271
Kues, Nikolaus von 387
Kuhnau, Johann 395
Küng, Hans 574

Laktanz (Kirchenvater) 112
La Mettrie, Julien Offray de 428
Landino, Cristoforo 277
Lanfranc, Abt 214
Las Casas, Bartolomé de 347–349, 351
Laud, William 324
Lavater, Johann Caspar 497
Lea, Henry Charles 203
Le Corbusier *588*, 588
Leibniz, Gottfried Wilhelm 362, 366, 401 f., 420
Leo I. (Papst) 175 f.
Leo X. (Papst) 288, 298, 300
Leonardo da Vinci 251, 272 f.

Leopold II. (Kg. der Belgier) 547, 549
Leskow, Nikolai 546
Lessing, Gotthold Ephraim 412, 425, 427 f., 464
Licinius 93, 95
Lincoln, Abraham 552, 554
Lippi, Filippo 269
Liszt, Franz 578
Livingstone, David 547 f.
Loisy, Alfred 524, 527
Loos, Adolf 601
Lotario di Segni *s.* Innozenz III.
Ludwig IV. der Bayer (Ks.) 228
Ludwig XII. (Kg. von Frankreich) *Tafel 5*, 449, 451
Ludwig XIV. (Kg. von Frankreich) 323
Ludwig XVI. (Kg. von Frankreich) 449, 451
Lukas (Evangelist) *Tafel 1*, 40–43, 50, 57, 65, 67 f., 107
Lukrez 254 f.
Lütgert, Wilhelm 496
Luther, Martin 25, 44, 199, 238, 241, 295–307, 309–320, 322–325, 329–333, 366, 388, 394, 399, 374, 505

Al-Ma'arri 242
Machiavelli, Niccolò 250
Maderno, Carlo 375
Magellan, Ferdinand 340
Mahler, Gustav 578, 617
Maimonides 218
Maistre, Joseph de 462
Manet, Eduard *581*
Mani (Religionsgründer) 52
Mann, Thomas 530 f., 577, 595, 602
Marcion 50 f., 55, 66, 70
Marheinecke, Philipp Konrad 471
Maria I. Tudor (Königin von England) 323
Maria (Mutter Jesu) 20, 23, 78, 86, 108, 121, 240, 265, 274 f., 279, 288, 291, 299, 511–516, *514*, *517*, *518*
Maria Magdalena (bibl. Person) 32
Maria Theresia (Kaiserin) 433
Markus (Evangelist) 30, 64 f., 67 f., *162*, 163, *332*
Marlowe, Christopher 436
Marquette, Jacques 353
Marsilius von Padua 183
Martin von Tours 144, 196
Marx, Karl 509, 513, 538, 540–542, 544 f., 548, 593
Masaccio (Tommaso di Ser Cassai) 269
Mather, Cotton 356

Matthäus (Evangelist) 26, 32, 65, 67 f., 163, 174
Maxentius (röm. Ks.) 91–94, *99*, 99 f.
Maximian (röm. Ks.) 92
Medici, Cosimo de' 256 f.
Medici, Lorenzo de' 256, 269, 277
Melanchthon, Philipp 311–313, 316, 318, 321, 326, 333
Melek alKamil (Sultan) 189, 208
Melville, Herman 572, 590, 593–595, 617
Mendelssohn Bartholdy, Felix 397, 577
Michael Kerullarios (Patriarch) 179
Michael (byz. Ks.) 390
Michelangelo *Tafel 12, 13*, 254, 256, 273, 276–279, *280*, 281–293, *283, 284, 285, 286, 290, 292*, 323, 326, 374, 380, 511, 617
Michelet, Jules 245, 450
Milton, John 436, 464, 594
Mirabeau, Honoré Gabriel Victor de Riqueti, Comte de 452
Moctezuma (Aztekenherrscher) 346
Mohammed (Prophet) 19, 139, *239*, 242
Möhler, Johann Adam 524
Mommsen, Theodor 177
Monet, Claude *Tafel 21*, 580, *581*
Monod, Jacques 564
Montesino, Antonio de 349
Montesquieu, Charles-Louis de Secondat, Baron de 426
Monteverdi, Claudio 386, 391
Moore, Robert I. 203
Moritz, Landgraf von Hessen-Kassel 319, 391
Moritz, Kurfürst von Sachsen 321
Moses 19, 240, 279, 281, 291, *292*
Mozart, Wolfgang Amadeus 433, 536, 572–577
Müntzer, Thomas 306
Muratori, Ludovico 67
Mussolini, Benito 520

Napoleon Bonaparte (Ks. der Franzosen) 358, 446, 455–457, 459–463, 494, 510, 520, 552
Napoleon III. (Ks. der Franzosen) 515
Necker, Jacques 463
Nero (röm. Ks.) 40, 46, 80
Nestorius (Bischof) 121
Newton, Isaac 498, 557 f., 565
Niemeyer, Oscar 588, *589*
Nietzsche, Friedrich 13, 29, 43, 85, 130, 181 f., 254, 272, 378, 509, 511, 534, 536–538, 542 f., 578, 600, 602

Nikolaus (Kreuzfahrer) 189
Nipperdey, Thomas 455
Noah (bibl. Person) 283, 286
Nobili, Roberto de 342 f., 350 f.
Novalis 472–477, 479, 483, 616

Odoaker (Kg. von Italien) 125, 134
Odysseus 239 f.
Oehme, Ernst Ferdinand *493*
Origenes (Kirchenvater) 62, 71, 85, 98, 114 f., 118, 242
Osterhammel, Jürgen 553, 557
Otto III. (Ks.) *Tafel 2*
Otto, Rudolf 310, 489, 513, 563 f., 611

Pachelbel, Johann 391, 393
Pachomius (Heiliger) 144, 147
Palestrina, Giovanni Pierluigi da 387
Paley, William 560–562
Palladio, Andrea 261, *263*, 264
Panofsky, Erwin 234, 271, 384
Patrick (Heiliger) 152, 157
Paul III. (Papst) 293
Paul IV. (Papst) 279, 291
Paulinus (Missionar) 154
Paulus Diaconus 130, 161
Paulus (Apostel) *Tafel 14*, 32 f., 38–51, 57, 59–61, 64, 67–69, 71 f., 80, 98, 101, 109, 116, 227, 293, 298, *332*, 378, 428, 542, 550
Penn, William 356 f.
Petrarca 238, 246–250, 252 f.
Petrus (Apostel) 20, 23, 31, 38, 40, 42, 45, 47 f., 68 f., 80, 101, 174 f., 182, 240, *332*
Petrus Catanii 207
Petrus Damiani 179
Petrus Lombardus 223–226
Petrus Venerabilis 220
Pfister, Oskar 544
Philipp, Landgraf von Hessen 315, 320 f.
Picander, Paul 396
Picasso, Pablo *604*
Pico della Mirandola 258, 271, 273, 277
Pippin (fränk. Kg.) 155, 159, 178
Pius IX. (Papst) 520, 522 f.
Pius VI. (Papst) 449, 454 f.
Pius VII. Papst 456 f.
Pizarro, Francisco 345 f.
Platon *Tafel 8*, 51, 150, 239 f., 252, 254, 256 f., 273, 539, 550
Plinius 79, 81
Plotin 53, 254, 257, 273
Plutarch 24
Po'Pay (Anführer der Pueblo-Indianer) 352
Pocahontas (Indianerprinzessin) 353

Podesti, Francesco 517
Pole, Reginald 323
Poliziano, Angelo 271, 277
Pollock, Jackson 582
Polo, Marco 337
Pontius Pilatus 23 f., 31
Porphyrios (Philosoph) 97, 114
Porta, Giacomo della 374
Preysing, Konrad von 607
Priscillan, Asket 196
Proust, Marcel 265
Pufendorf, Samuel 362

Rabban Sauma 213
Rade, Martin 530
Raffael *Tafel 8, 9, 10, 11,* 272–276, 281 f., 297, 374, 380, 480, 482, 513, *517, 581*
Rahner, Karl 298
Raimund von Toulouse 186
Raimund VII. von Toulouse 197
Raleigh, Walter 353
Ramdohr, Friedrich Wilhelm Basilius 491 f.
Reimarus, Hermann Samuel 32 f., 426–428
Rembrandt van Rijn *Tafel 16,* 380, *382,* 382–384, *385*
Reuchlin, Johannes 311
Ricci, Matteo 343 f., 350 f.
Richard Löwenherz (Kg. von England) 181, 188
Richter, Gerhard 582
RileySmith, Jonathan 190
Rilke, Rainer Maria 602
Ritschl, Albrecht 529
Ritter, Joachim 569 f.
Robespierre, Maximilien de 453 f.
Romilda (Königsgattin) 130 f.
Romulus Augustulus (röm. Ks.) 125
Ronge, Johannes 509
Roth, Joseph 600
Rothe, Richard 519, 528 f.
Rothko, Mark 582
Rousseau, Jean-Jacques 362, 412–416, 419 f., 424, 426, 447, 473, 597
Rubens, Peter Paul *Tafel 15,* 372, 378–380, *379, 382,* 383
Rudolph (Erzherzog von Österreich, Kardinal) 577
Rupert (Missionar) 154

Sabatier, Paul 210
Safranski, Rüdiger 473, 484
Sahagún, Bernardino de 349–351
Sailer, Johann Michael 421
Saladin (Sultan) 188, 241

Salieri, Antonio 433
Sangallo, Antonio da 374
Savonarola 269 f.
Scheibe, Johann Adolph 397
Scheidt, Samuel 391
Schelling, Friedrich Wilhelm Joseph 465, 468 f., 471 f., 480, 498
Schiele, Egon *Tafel 25,* 601
Schiller, Friedrich 478, 495, 670
Schinkel, Karl Friedrich 583, *584,* 585
Schlegel August Wilhelm 463, 533
Schlegel, Friedrich von 463, 472 f., 477, 483, 533
Schleiermacher, Friedrich 15, 56, 70, 412, 419, 432, 473, 476–479, 487, 489, 505, 527, 536, 556
Schmidt, Johann Lorenz 426
Schneider, Reinhold 180
Schnitzler, Arthur 601
Schöffler, Herbert 438
Schönberg, Arnold 578
Schopenhauer, Arthur 150, 503, 531–535, 537, 576, 578, 611
Schubert, Franz 573, 575
Schütz, Heinrich 386, 391
Schweitzer, Albert 21, 31, 46, 392–394, 396, 398, 427, 602
Schwenckfeld, Kaspar von 304
Scopes, John Thomas 507
Scrovegni, Enrico 265
Sedlmayr, Hans 234, 582–585
Semler, Johann Jakob Salomo 422 f., 432
Seneca 239, 249, 316
Sepúlveda, Juan Ginés de 348
Servet, Miguel 318
Shakespeare, William 436, 594
Shelley, Mary 589, 594
Sienkiewicz, Henryk 40
Silvester (Papst) 96, 178
Simmel, Georg 569
Siricius (Papst) 196
Sixtus IV. (Papst) 274 f., 281
Smith, Adam 408, 553
Sokrates 239 f., 257, 273, 402
Soubirous, Bernadette 513 f.
Spalding, Johann Joachim 424 f., 432
Spee, Friedrich 369 f.
Spener, Philipp Jakob 403–406
Spengler, Oswald 13, 16, 122, 601 f.
Spinoza, Baruch 363, 411 f., 469, 498
Staël, Anne Germaine de 463–465, 591
Stalin, Josef 546, 603, 605 f.
Stanley, Henry Morton 547 f.
Stefan II. (Papst) 178

Stein, Charlotte vom 498
Stephanus (Heiliger) 49
Stifter, Adalbert 590
Stowe, Harriet Beecher 552
Strauß, David Friedrich 527, 534–539, 597
Strindberg, August 602
Stuyvesant, Peter 357
Suger, Abt *233*, 234, 236
Symmachus (röm. Stadtpräfekt) 112 f.

Tacitus 79–81, 131
Tagore, Rabindranath 611
Talleyrand, Charles-Maurice de 358 f., 448, 459
Taylor, Charles 502, 610
Teilhard de Chardin, Pierre 565, 567
Telemann, Georg Philipp 386
Temple, Frederick 562
Tertullian (Kirchenvater) 49, 55, 83, 114
Tetzel, Johannes 299 f.
Theoderich (röm. Ks.) 97, 125, *134*, 134–136, 145, *165*, 176
Theodor von Mopsuestia 121
Theodora (Ehefrau Ks. Justinians) 128
Theodosius (röm. Ks.) 97
Theodulf von Orléans (westgot. Gelehrter) 161
Thode, Henry (Heinrich) 211, 254, 266
Thomas von Aquin 214, 218, 225–229, 241, 348, 368, 390
Thomas (Apostel) 69, 341, *377*, 341, 378
Thomasius, Christian 370
Thoreau, Henry David 572, 592
Tieck, Ludwig 479 f., 482, 491
Tillich, Paul 15, 503, 585, 602
Tilly, Johann 't Serclaes von 359 f.
Tizian (Tiziano Vecellio) *518*
Toland, John 420
Tolnay, Charles de 285, 287
Tolstoi, Leo 595–598, 617
Trajan (röm. Ks.) 79
Troeltsch, Ernst 15, 150 f., 304, 310, 330, 357 f., 438, 526 f.
Turner, William Tafel 20, 579 f., 582, 594

Umar (Kalif) 139
Urban II. (Papst) 185 f.

Valdivieso, Antonio di 349
Valens (röm. Ks.) 124
Valentinus (röm. Ks.) 52
Valerian (röm. Ks.) 81 f.
Valla, Lorenzo 178, 252, 255, 298

van Gogh, Vincent Tafel 22, 580, 582, 594, 602
van der Weyden, Rogier *514*
Vasari, Giorgio 263
Vasco da Gama 338
Veit, Dorothea 473 f., 476
Verdi, Giuseppe 578
Vergil 239–241, 243, 253
Vespucci, Amerigo 339
Veyne, Paul 85–88, 94
Vignola, Jacopo Barozzi da *374*, 374
Vittorio Emanuele II. (Kg. von Italien) 520
Vivaldi, Antonio 386, 392
Voltaire 402, 409, 426, 431, 452
Volterra, Daniele da 289

Wackenroder, Heinrich 272, 479–483, 572 f., 576
Wagner, Otto 601
Wagner, Richard 503, 534, 573, 576, 578
Waldus, Petrus 199
Wallenstein, Albrecht Wenzel Eusebius von 359
Warburg, Aby 270 f., 284 f.
Weber, Max 13, 150, 330, 408 f., 438, 557, 598
Werfel, Franz 513, 515
Wesley, John 504 f.
Whitman, Walt 572, 592
Wichern, Johann Hinrich 555
Widor, Charles Marie 392
Widukind (Führer der Sachsen) 161
Wilberforce, Samuel 562
Wilhelm II. (dt. Ks.) 530
Wilhelm von Ockham 183, 214, 228 f.
Williams, Roger 355
Willibald (Bischof) 155 f.
Willibrord (Missionar) 155
Wind, Edgar 271
Wittgenstein, Ludwig 601
Wolff, Christian 401–404, 422
Wölfflin, Heinrich 266, 372, 384, 585
Wren, Christopher 380, *381*
Wulfila (Bischof) 133
Wyclif, John 183, 199, 241

Zarathustra 257
Zenon von Kition 273
Zinzendorf, Nikolaus Ludwig Graf von 405 f.
Zosimos 95
Zweig, Stefan 318
Zwingli, Huldrych 199, 296, 314–317